高橋忠彦
高橋久子
古辞書研究会 編著

いろは分類体辞書の総合的研究

武蔵野書院

いろは分類体辞書の総合的研究——目　次

いろは分類体辞書の総合的研究——目　次

はじめに　高橋忠彦　高橋久子……1

——影印——

国会本色葉字尽影印……3

国会本色葉字尽書誌……4

東大本伊呂波集影印……53

東大本伊呂波集書誌……54

高橋本色葉字影印……149

高橋本色葉字書誌……150

——翻字——

国会本色葉字尽翻字本文……303

国会本色葉字尽翻字本文凡例……304

東大本伊呂波集翻字本文……327
東大本伊呂波集翻字本文凡例……328
高橋本色葉字翻字本文……373
高橋本色葉字翻字本文凡例……374
高橋本色葉字本文　校訂・通用・異表記その他……451
高橋本色葉字割記……469

—— 索引 ——

三本総合語彙索引……485
三本総合語彙索引凡例……485
三本総合漢字索引……667
三本総合漢字索引凡例……667
三本総合漢字索引部首索引……669

―― 研究 ――

色葉字総論　高橋忠彦　高橋久子……797
国会本色葉字尽について　李妍……885
東大本伊呂波集について　石和田理沙……915
高橋本色葉字について　望月敬子　中原友美子　高橋久子……935
運歩色葉集について　島田栄子　高橋久子……1041

猪無野本色葉集について　小池一恵・石和田理沙……1071
北野本色葉集について　戸谷順子・高橋久子……1083
色葉字その他の諸本　山口純礼・市川加奈・佐々木倭子……1135
倭玉篇と高橋本色葉字　鈴木功眞……1143
日葡辞書と高橋本色葉字　近藤健次・高橋忠彦……1161

はじめに

編著者は、かねてより、中世の古辞書研究の大きな課題として、いろは分類体辞書（色葉字類）の総合的研究が必要であると痛感していた。それが、本書のような形にまとまるに当たっては、以下の経緯がある。平成十三年十一月の東京古典会「古典籍展観大入札会」の目録に於いて、「色葉字」（目録番号二八九）なる、写真付きの文献を見いだし、それが未見の色葉字類であることに気付いた。そこで入札により購入し、手元に置くことができたのは幸いであった。実物を繙いてみたところ、やはり世に知られていない色葉字類の一書であり、これを学界に紹介する必要を感じたことであった。なお、目録の図版には「貞享二年写」とあったが、これは別筆であることが、後に確認された。これを「高橋本色葉字」と名づける。

その後、編著者の手元での、資料の下調べの期間を経て、平成二十二年四月より、古辞書研究会において、本格的な研究に着手した。本研究会は、東京学芸大学の学生・院生、卒業生及び有志の研究者の参加するゼミであるが、二手に分かれ、在学生中心の毎週金曜日のゼミでは、本書の読解と索引作成の作業にとりかかった。一方、卒業生を中心とした隔月日曜日のゼミでは、役割分担を決め、毎回報告を積み重ねて、資料の日本語学的分析につとめた。

これら、高橋本色葉字に関する研究活動の成果が、ある程度まとまりを見せた段階で、平成二十七年五月に、武蔵野書院に御相談する機会を得、書物として刊行する計画にご快諾をいただいた。この計画を具体化する過程で、高橋本だけでなく、色葉字類全体にわたる研究とした方が、学術的な意義があると考えた。その結果、国会本色葉字尽、東大本伊呂波集の影印・翻字・索引を付すこと、高橋本色葉字を中心にしながらも、色葉字類全体に関する論考を収めること、という二つの方針を加えて、本書の内容構成を決定したものである。

国会本色葉字尽については、李妍さんの作成したものを、また、東大本伊呂波集については、石和田理沙さんの作成したものを、それぞれ原型として、三本総合の語彙索引および漢字索引を作成した。影印・翻字・索引のあとに、研究論文を排列したが、その構成は以下のとおりである。

冒頭に、色葉字の全体像を論じた総論を置き、次に、国会本、東大本、高橋本について、さらに、それ以外の色葉字類諸本の論考を並べた。最後に、高橋本色葉字に関する多角的な研究論文を配したものである。

本書が、中世の古辞書研究に関する新たな視野を開くものであれば幸いであるが、新たな資料の提供ということについては自負するものである。

今回のような、浩瀚なる書物が出版にこぎつけられたについては、全般にわたってご助言・ご協力をいただいた、武蔵野書院院主の前田智彦氏に、心より感謝を申し上げたい。また、影印と翻刻を許可していただいた国立国会図書館、および東京大学文学部国語研究室に感謝し、あわせて、優れた撮影技術でお力添えいただいた国際マイクロ写真工業社の方々に、あらためて感謝する次第である。

平成二十八年一月

高橋忠彦
高橋久子

国会本色葉字尽影印

国会本色葉字尽書誌

一、底本は、国立国会図書館所蔵の「色葉字尽」である。
一、函架番号は「わ八一三・六四」である。
一、テキストは、墨付き22丁、横一五・三センチメートル、縦二三・九センチメートル。
一、虫損有り、全丁にわたり裏打ちが施されている。
一、栗色の原表紙、綴じ方は五針眼の袋綴じ。
一、題簽は無く、表紙打ち付けに、本文と別筆で「色葉字盡」と墨書されている。
一、表紙裏の左に、本文と同筆で「色葉字盡」と墨書されている。
一、江戸時代初期の写しで、最終丁に「天和二壬戌年／霜月下旬写之」の奥書がある。天和二年は西暦一六八二年。
一、編纂者は高辻長雅、原本成立は天正四年（西暦一五七六）以前と推定される。

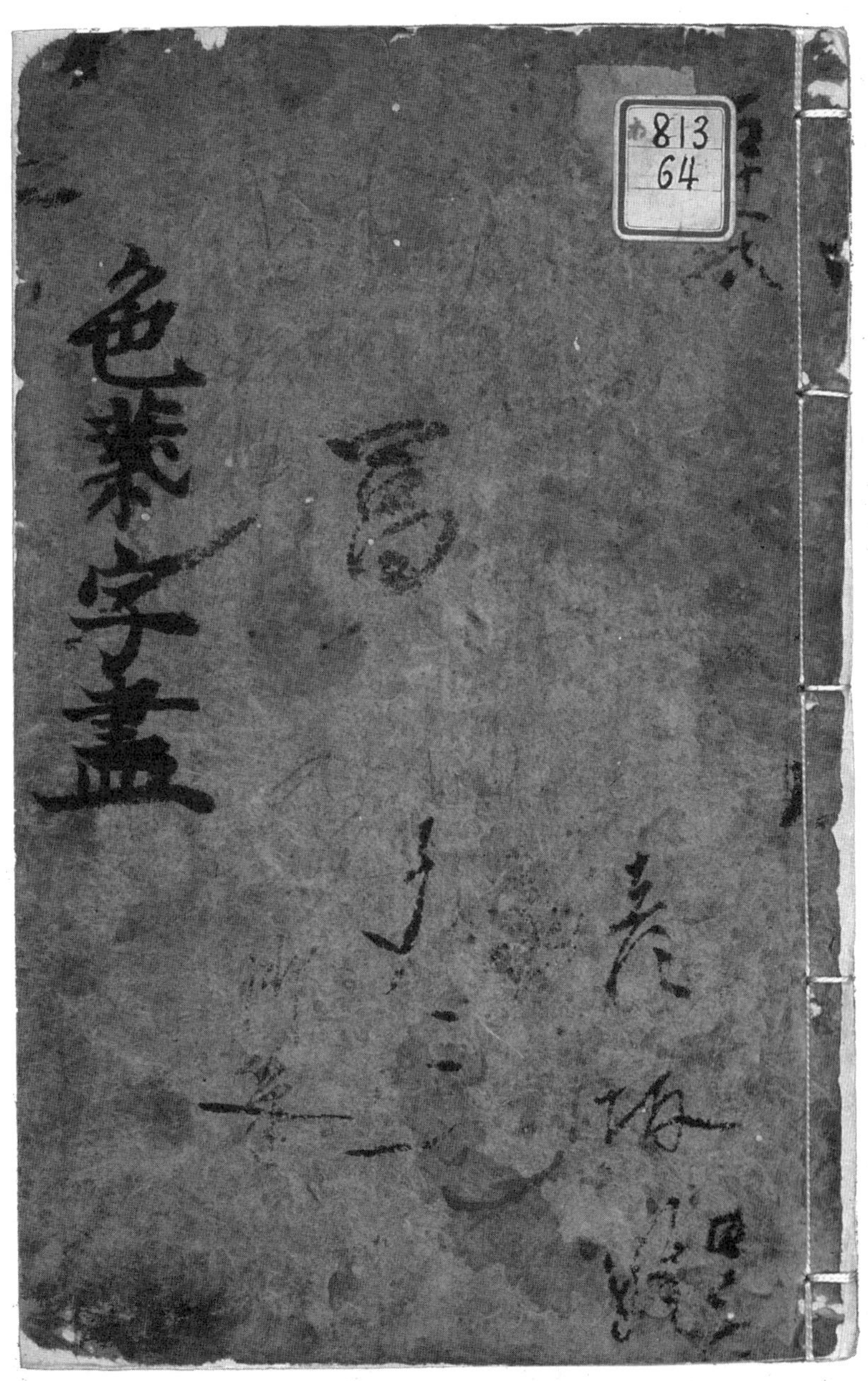

国会本色葉字尽影印

【1オ】

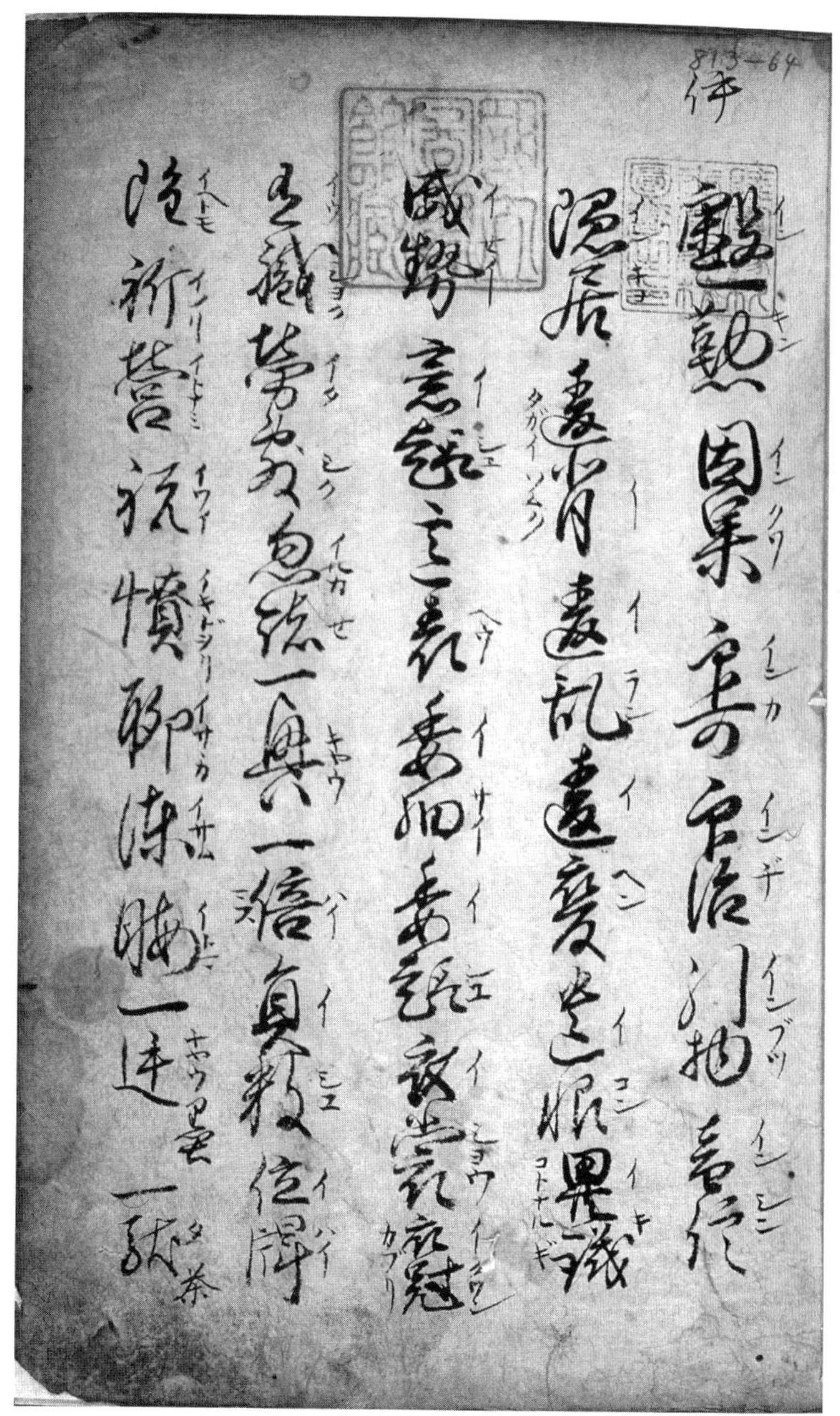

【1ウ】

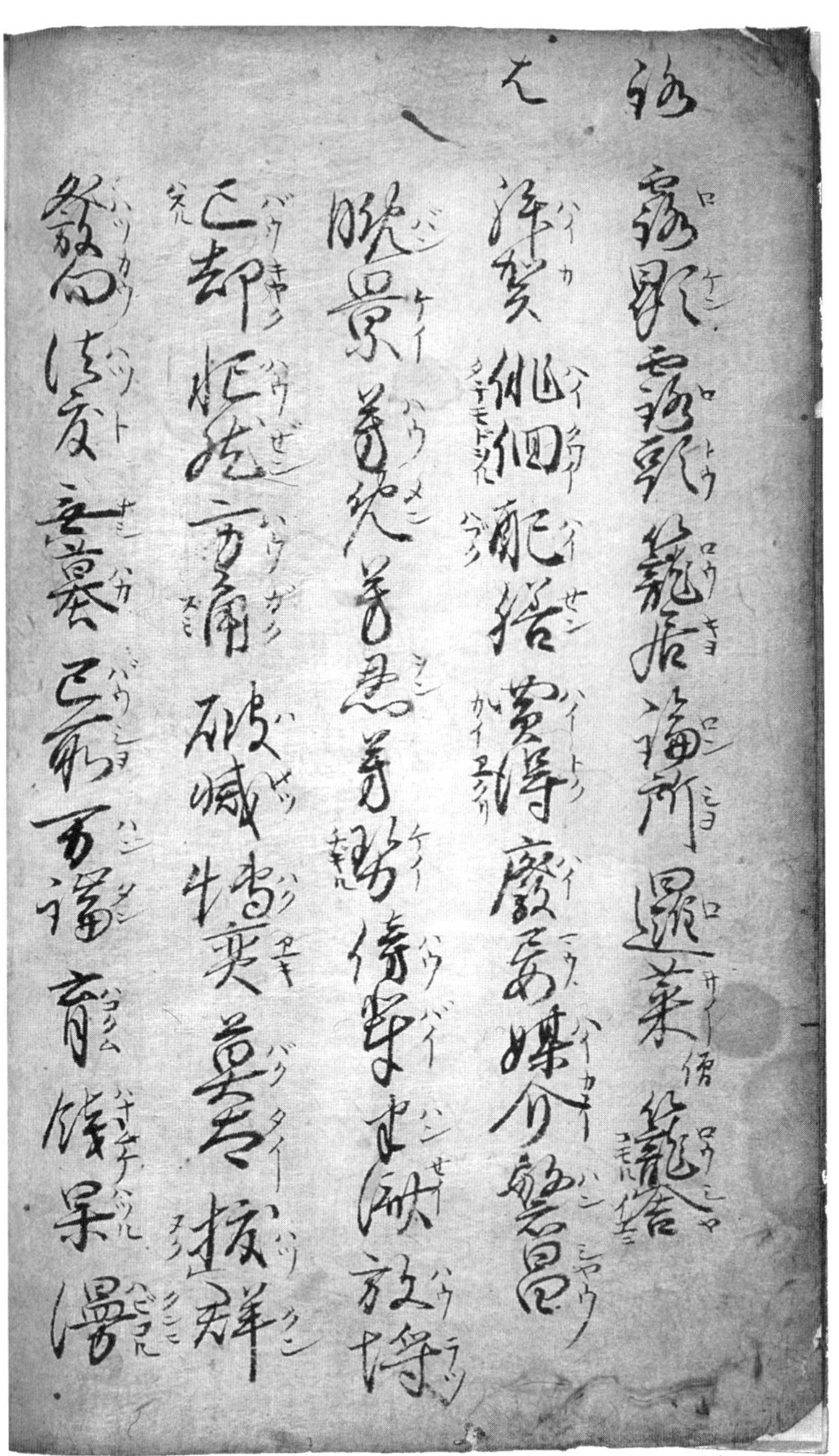

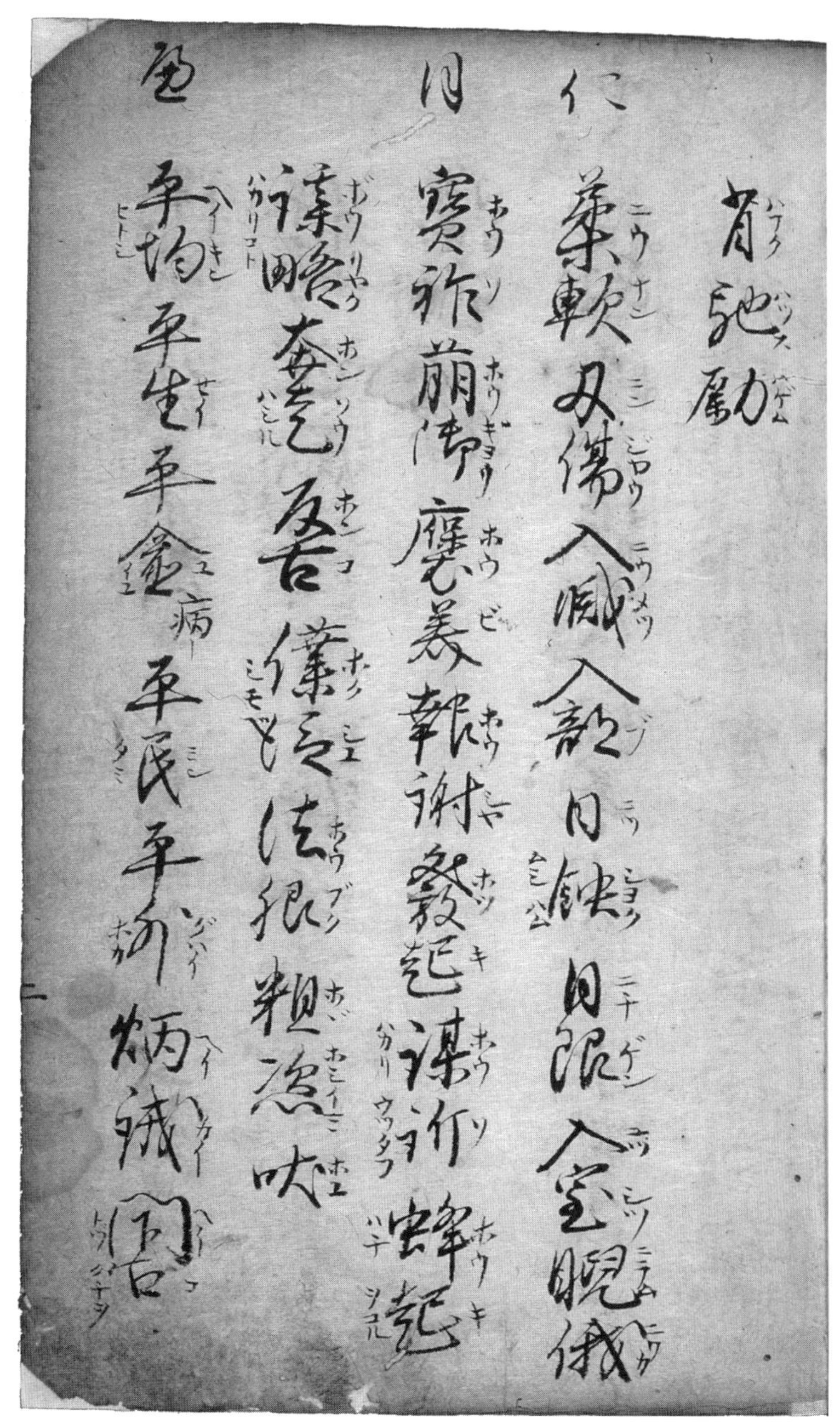

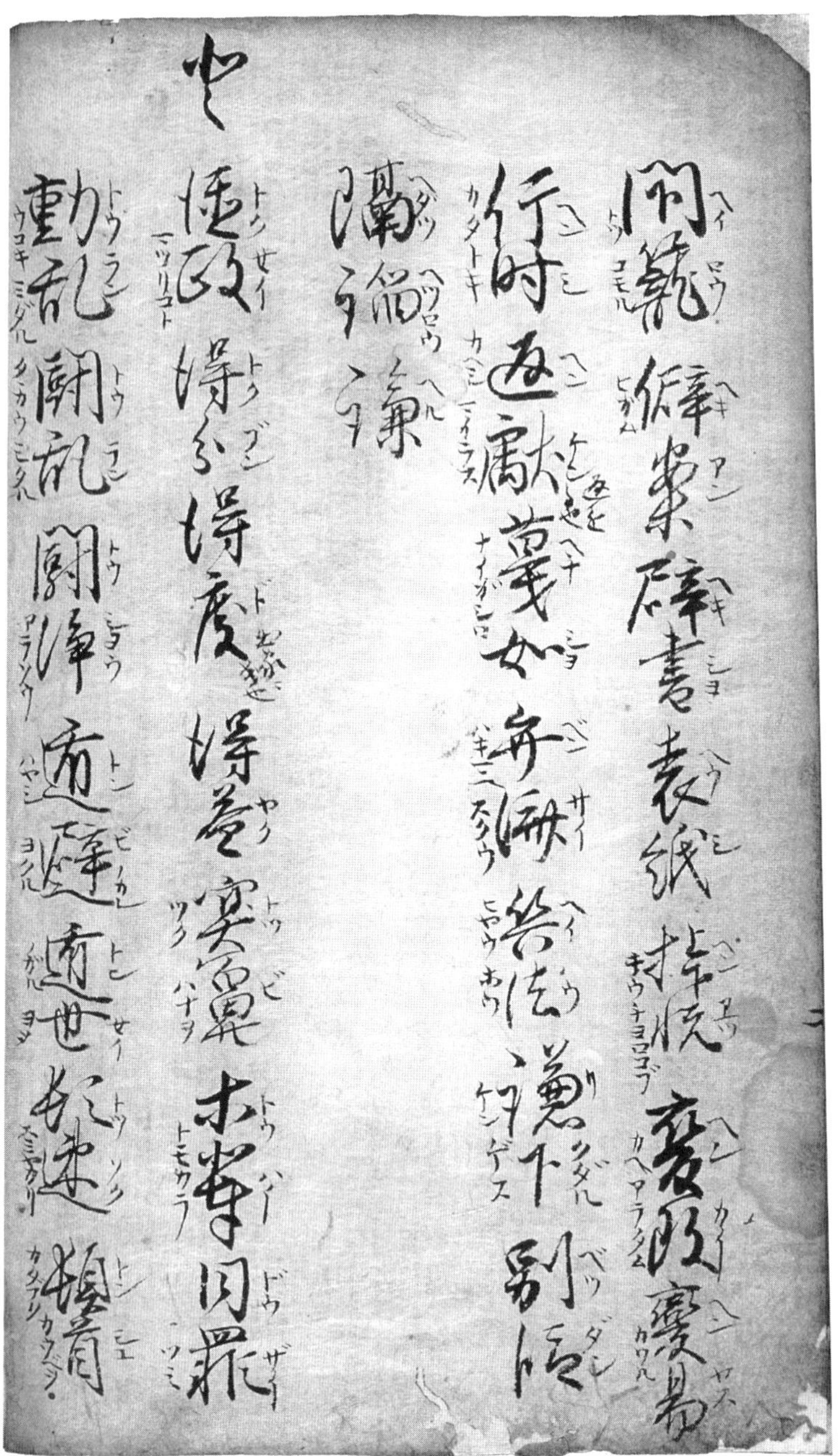

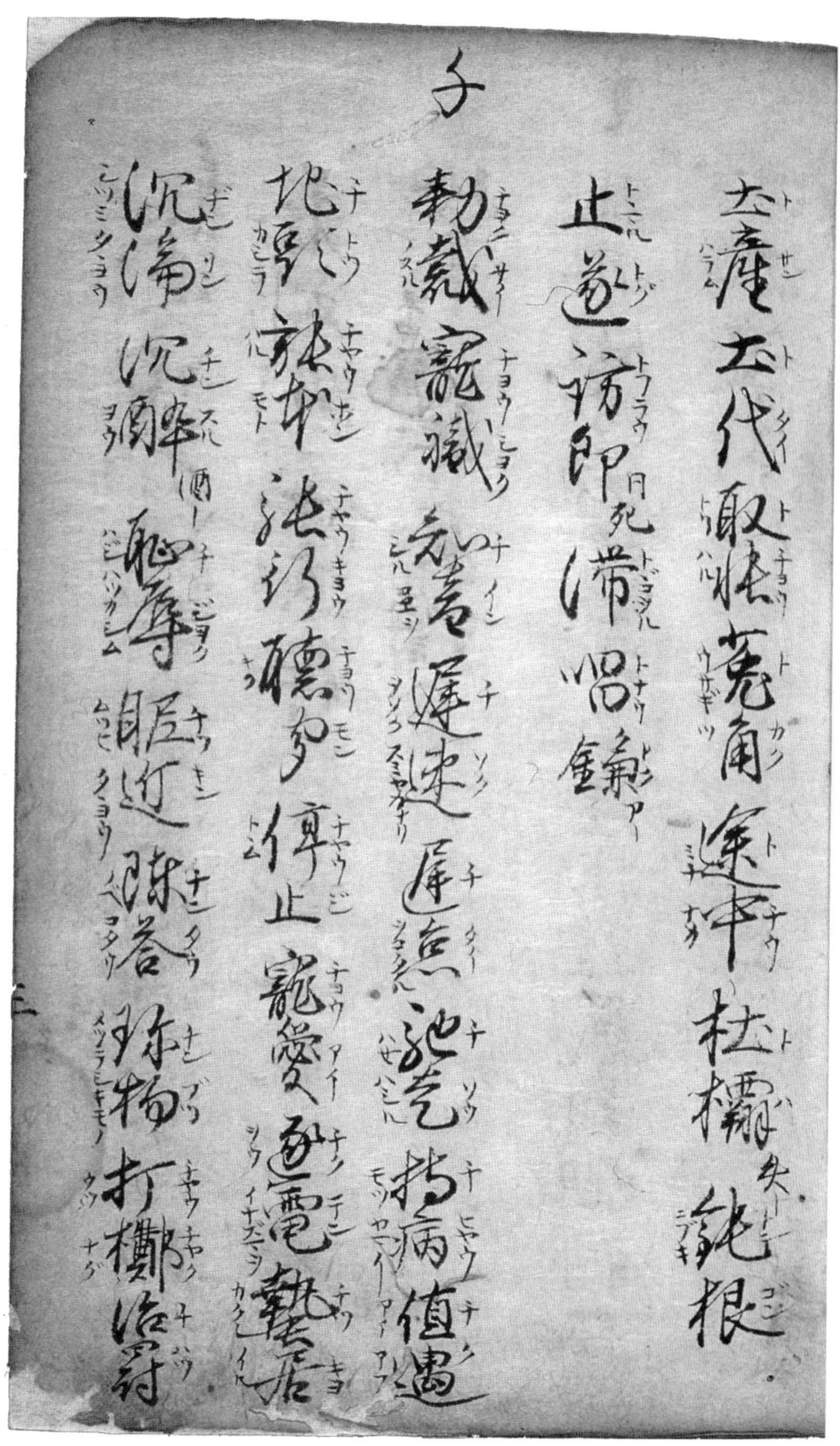

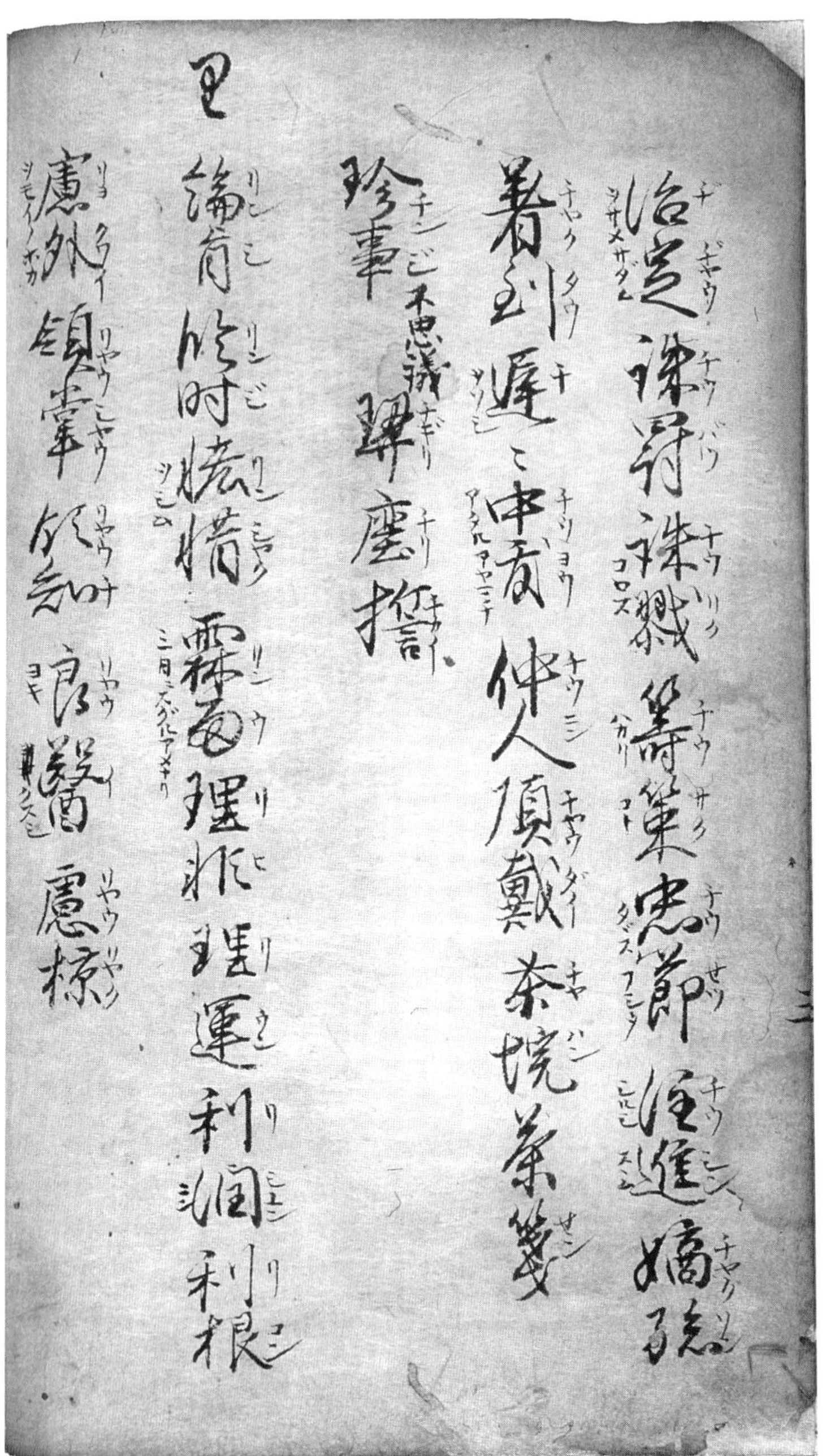

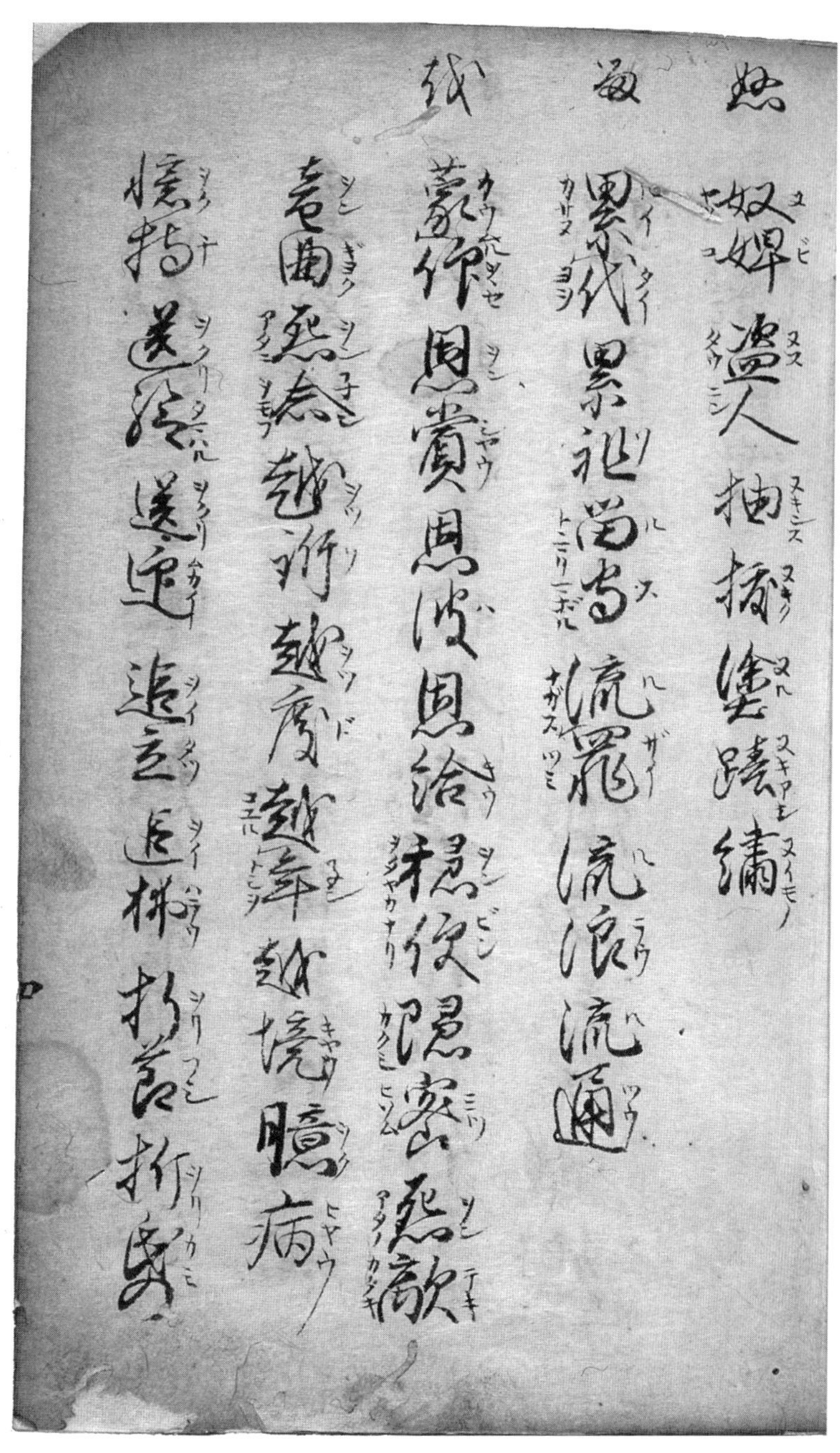

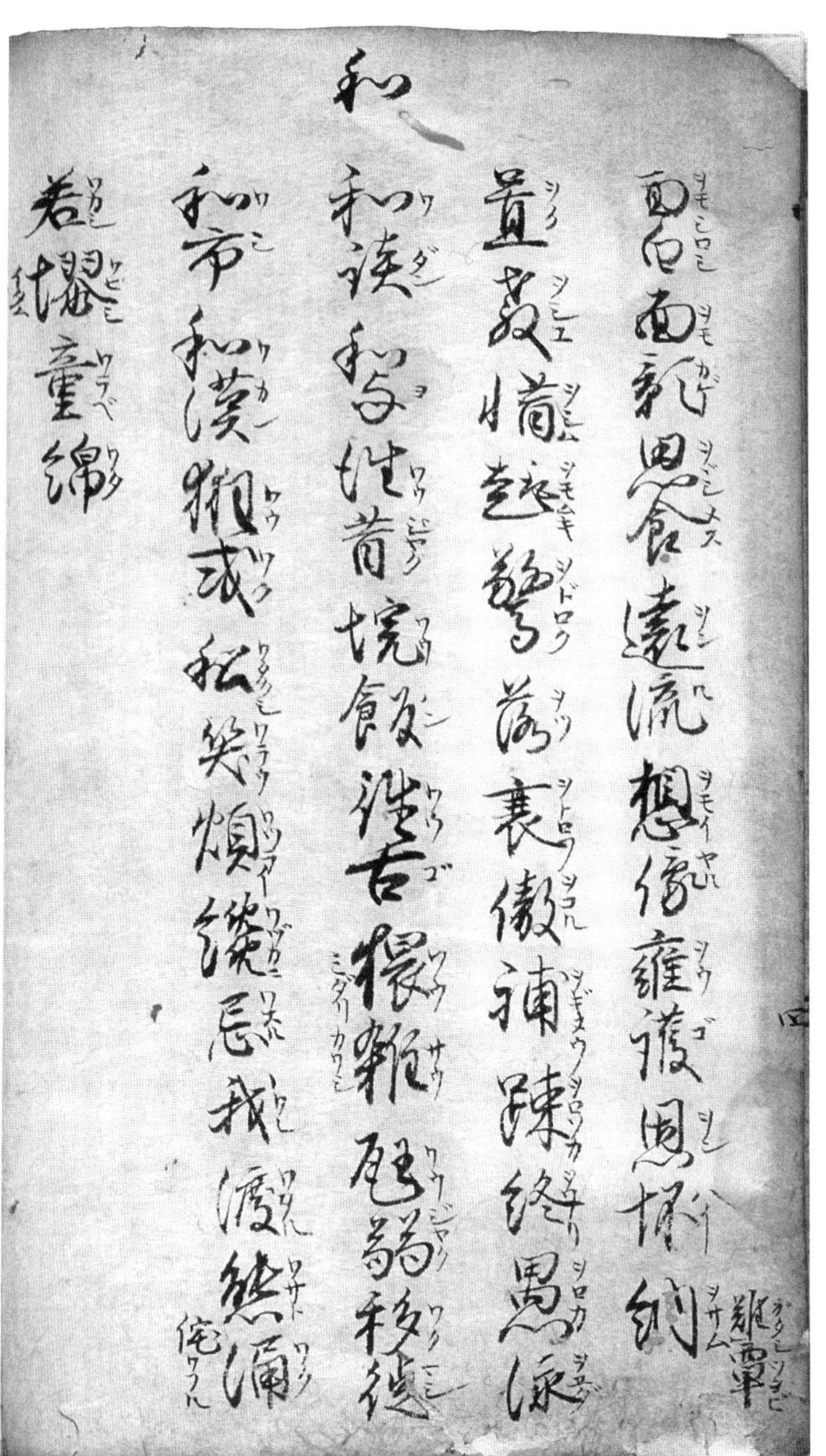

【5オ】

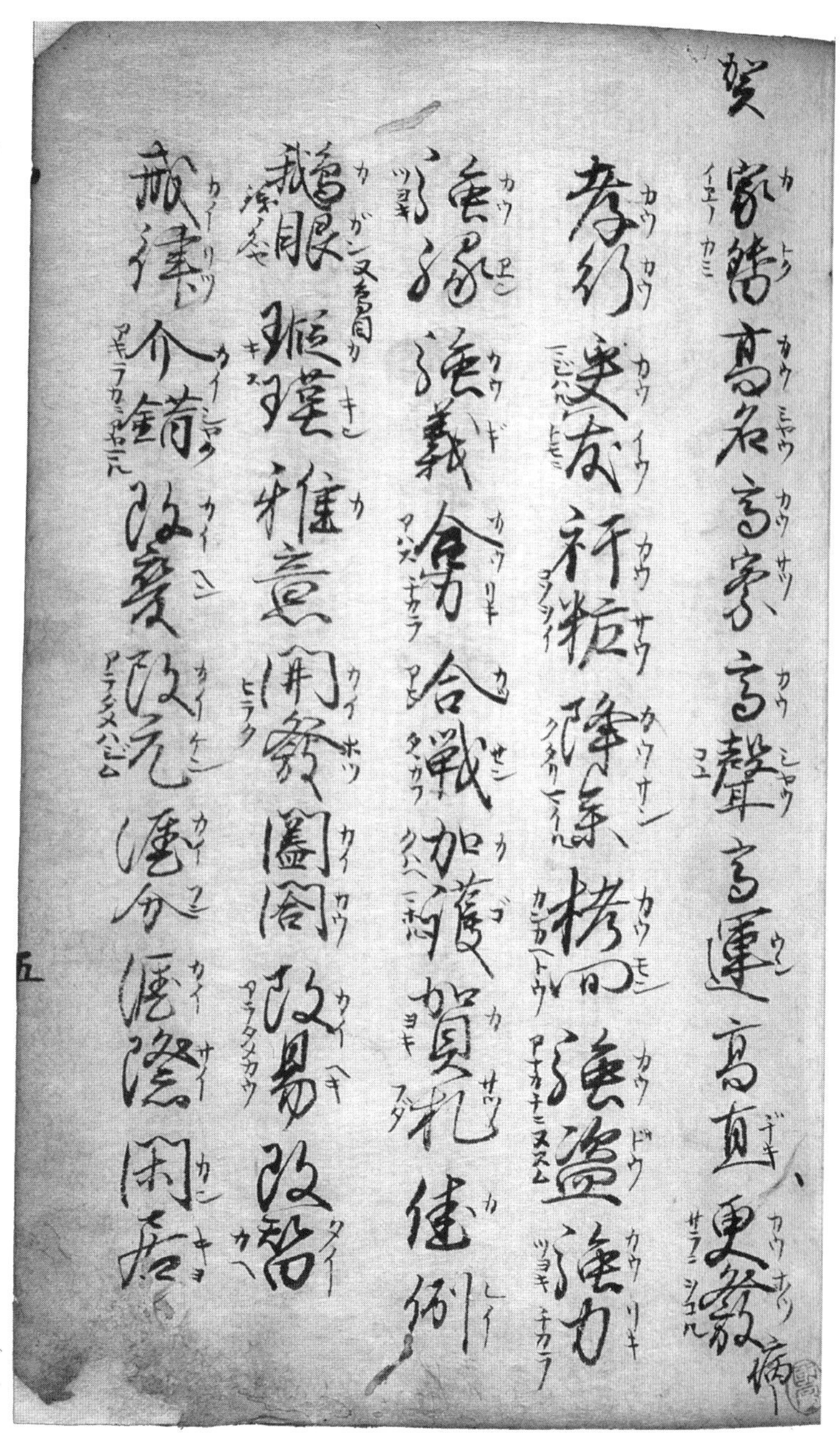

閑談 簡略 函蓋 姦訴 奸曲 感悦 感得 感涙
勘状 勘当 勘定 肝心 行粧 鴈札 鴈書 艱難
旱魃 眼前 耕作 我慢 学文 覚悟 格別 隔絶
渇仰 勘解由 替目 搦取 構而 甲斐 巌窟 降伏
看経 恰合 合壁 且 畏 通 忝 限 掠 懸 傾

【6オ】

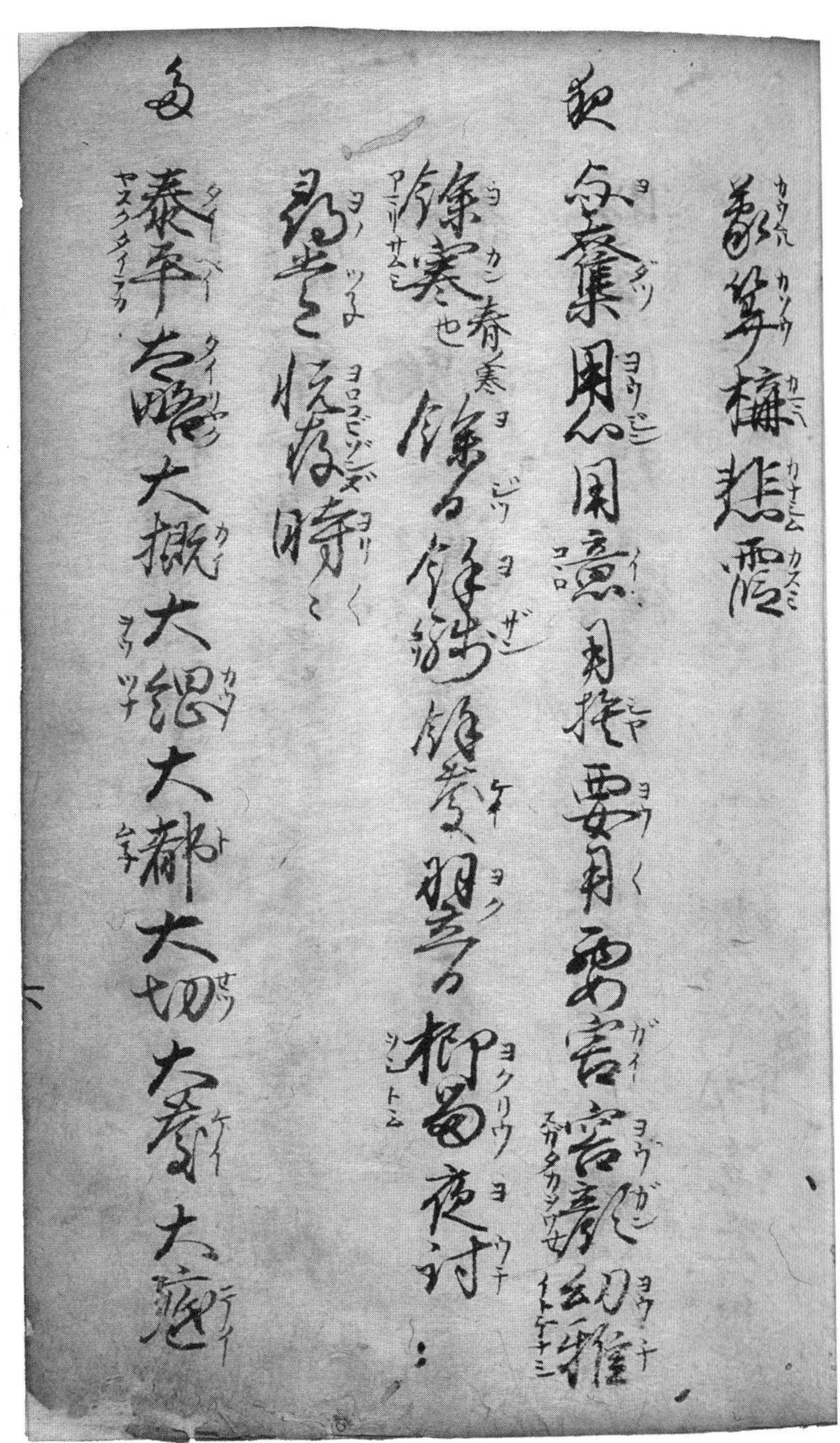

對面（タイメン）　對揚（タイヤウ）　對炎（タイエン）返治（ヘンヂ）返發（ヘンパツ）返勝（ヘンセウ）返噸（ヘンドン）〻鑿（ダイサク）

代官（ダイクワン）代々年（ダウライ）湯治（タウヂ）當行（タウギヤウ）堂上（ダウジヤウ）堂塔（ダウタフ）

斷後（ダンゴ）短慮（タンリヨ）彈的（ダンテキ）短冊（タンジヤク）誕生（タンジヤウ）短札（タンサツ）談義（ダンギ）

髪利（ミヅカリヨ）　氣應（ヨキンカウ）　彈別（ダンベツ）他他他界（タカイ）他事（タジ）

暖氣（ダンキ）道理（ダウリ）〻具（ダウグ）〻者（ダウジヤ）〻行（ダウギヤウ）

明朝（ミヤウテウ）　且書（カツシヨ）　足駄（アシダ）

只今（タダイマ）歷々（レキレキ）日來（ヒゴロ）給（タマフ）賜（タマフ）助（タスク）便（タヨリ）戯（タハフレ）類（タグイ）忽（タチマチ）轉（タチマチ）様（タグヒ）尊（タフトシ）司（タヅサフ）

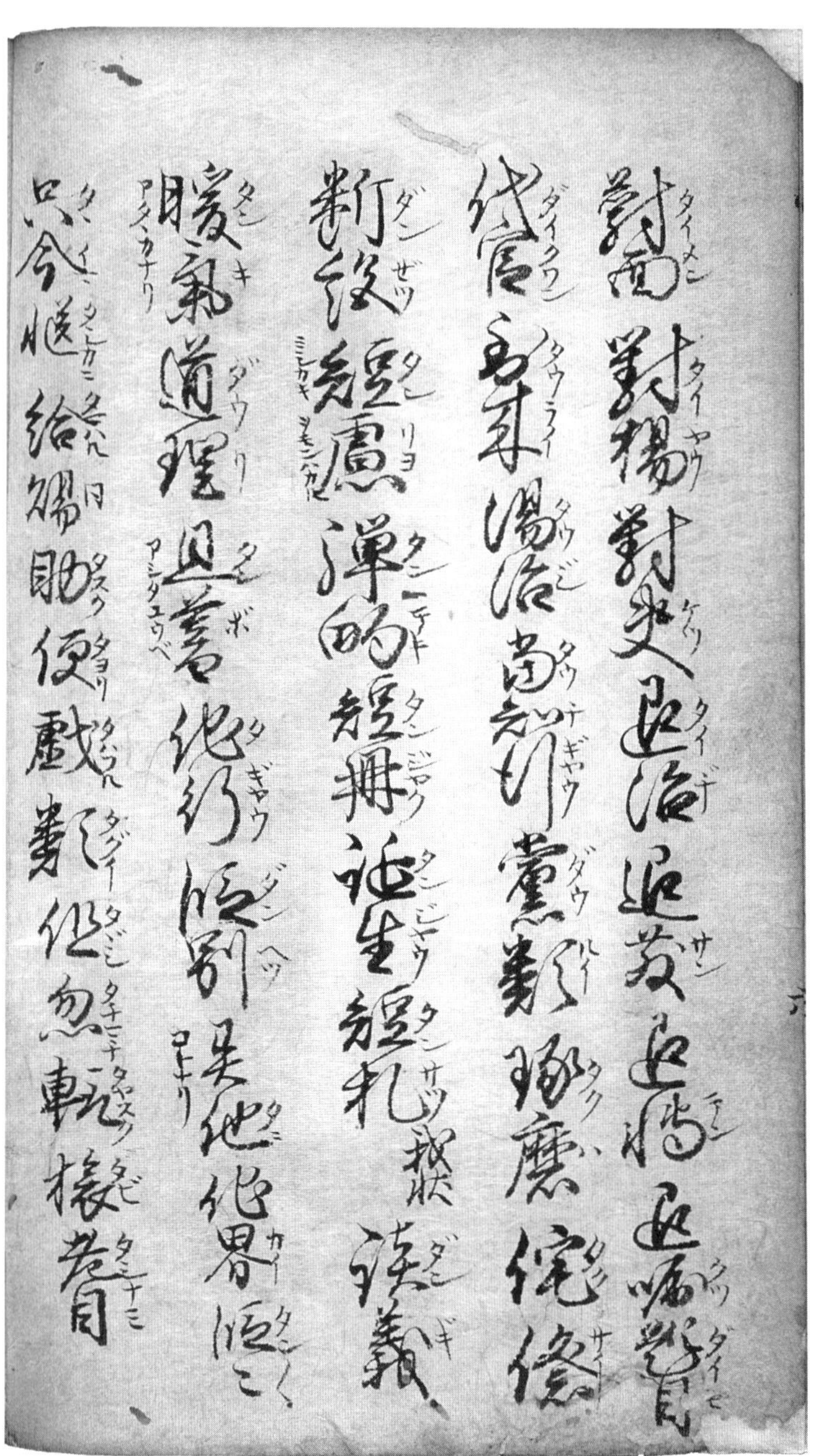

【7オ】

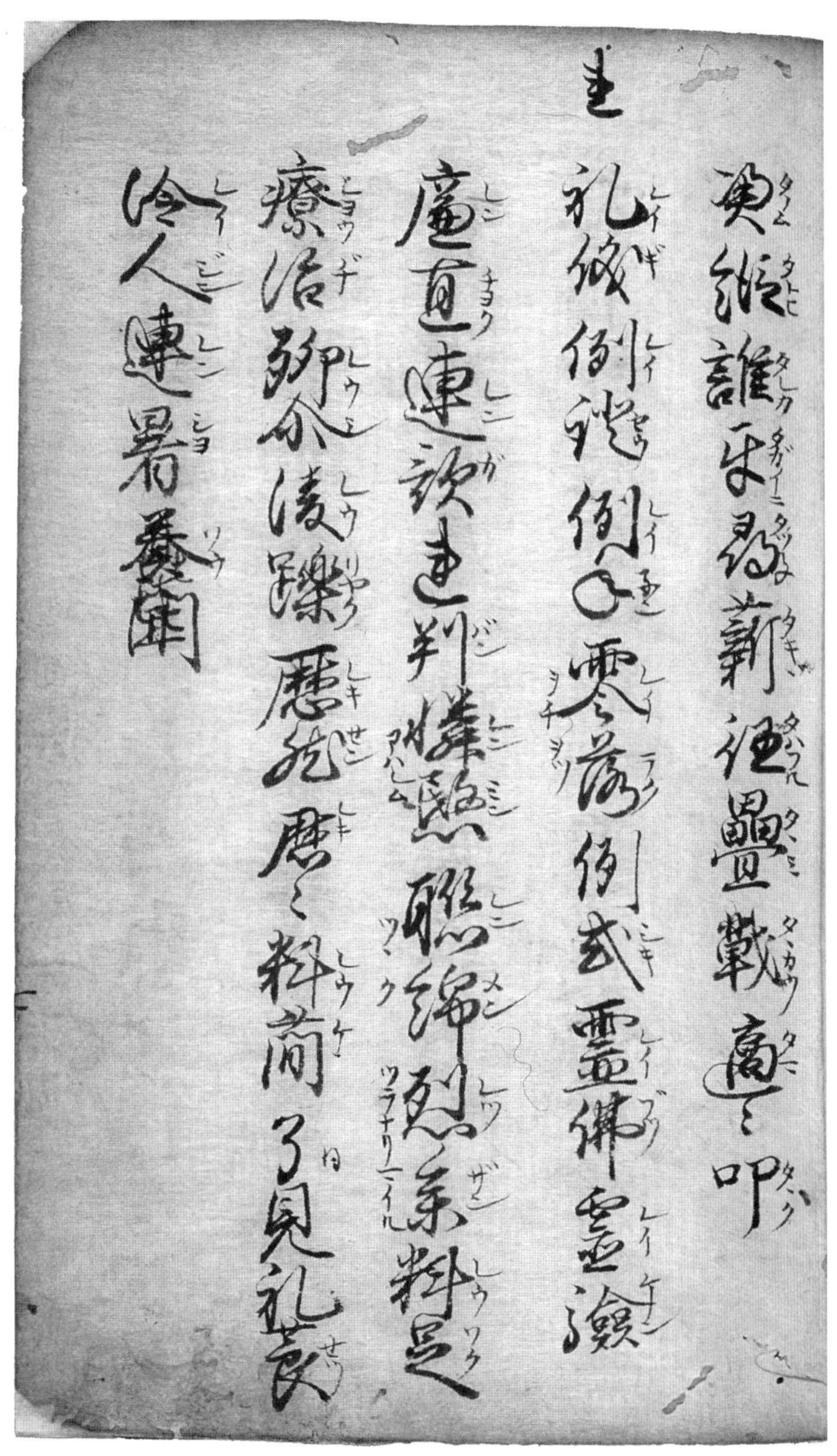

そ

叅問 崇敬 怱劇 族姓 [illegible] 俗諦 [illegible] [illegible]

[illegible] 宗匠 存知 楚忽 疎遠 疎略 訴状

訴訟 訴陳 [illegible] [illegible] 損亡 [illegible] 若干 [illegible]

束帯 即剋 怱々 [illegible] 息災 疎遠 抑 其

[illegible]

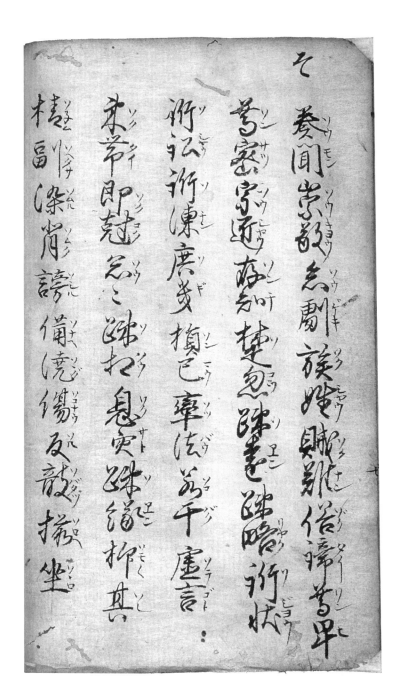

【8オ】

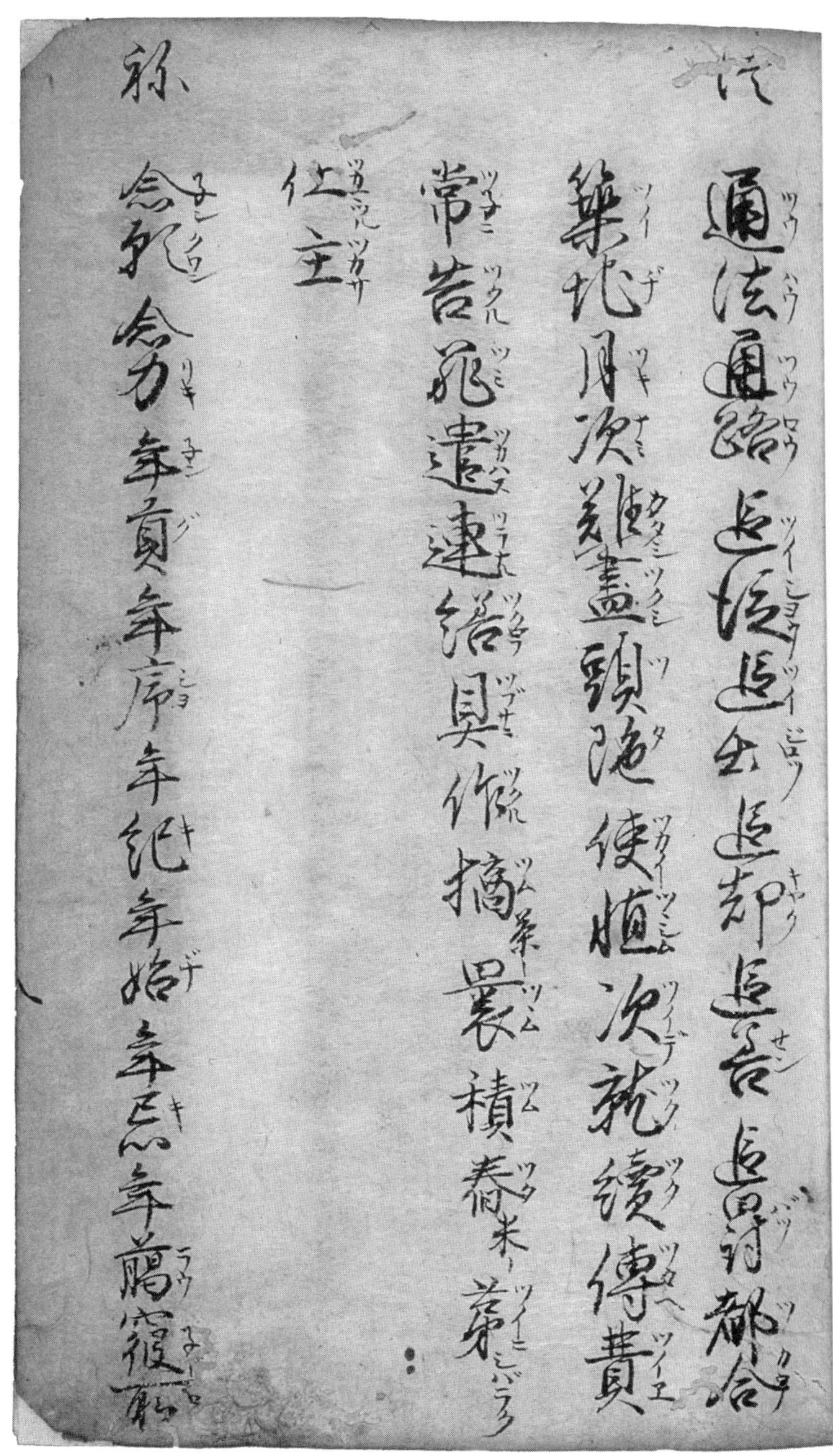

那

誅貫（ミツヌキ） 怨（ミココロ） 乳（ミガク） 姤（ミタム） 動（ミユズ） 陳（ミタレ） 眠（ミネムル） 藝（ミゴト）

内外（ナイグワイ） 内談（ダン） 内證（ツ） 内藏（ゾウ） 何事（ナニコト） 難儀（ナンギ） 難堪（ナンカン）

難澁（ナンジウ） 納受（ナツジユ） 納所（ナツシヨ） 納閑（ナツサリ） 悩乱（ナウラン） 難所（ナンジヨ） 名残（ナゴリ） 納豆（ナツトウ）

蔑如（ナイガシロ） 泣（ナク） 習（ナラウ） 慰（ナグサミ） 半（ナカバ） 涙（ナミダ） 宥（ナダム） 撫（ナデスチ） 莫（ナカレ） 歎（ナゲク） 流（ナガス） 斜（ナナメ） 情（ナサケ）

来臨（ライリン・キタルノゾム） 来迎（ライカウ・キタリムカフ） 礼拝（ライハイ・ヲガム） 老耄（ラウモウ・オイボレ） 老躰（ラウタイ・オイスガタ） 老若（ラウニヤク・オイワカシ） 郎等（ラウトウ・ヤツラ） 狼藉（ラウゼキ）

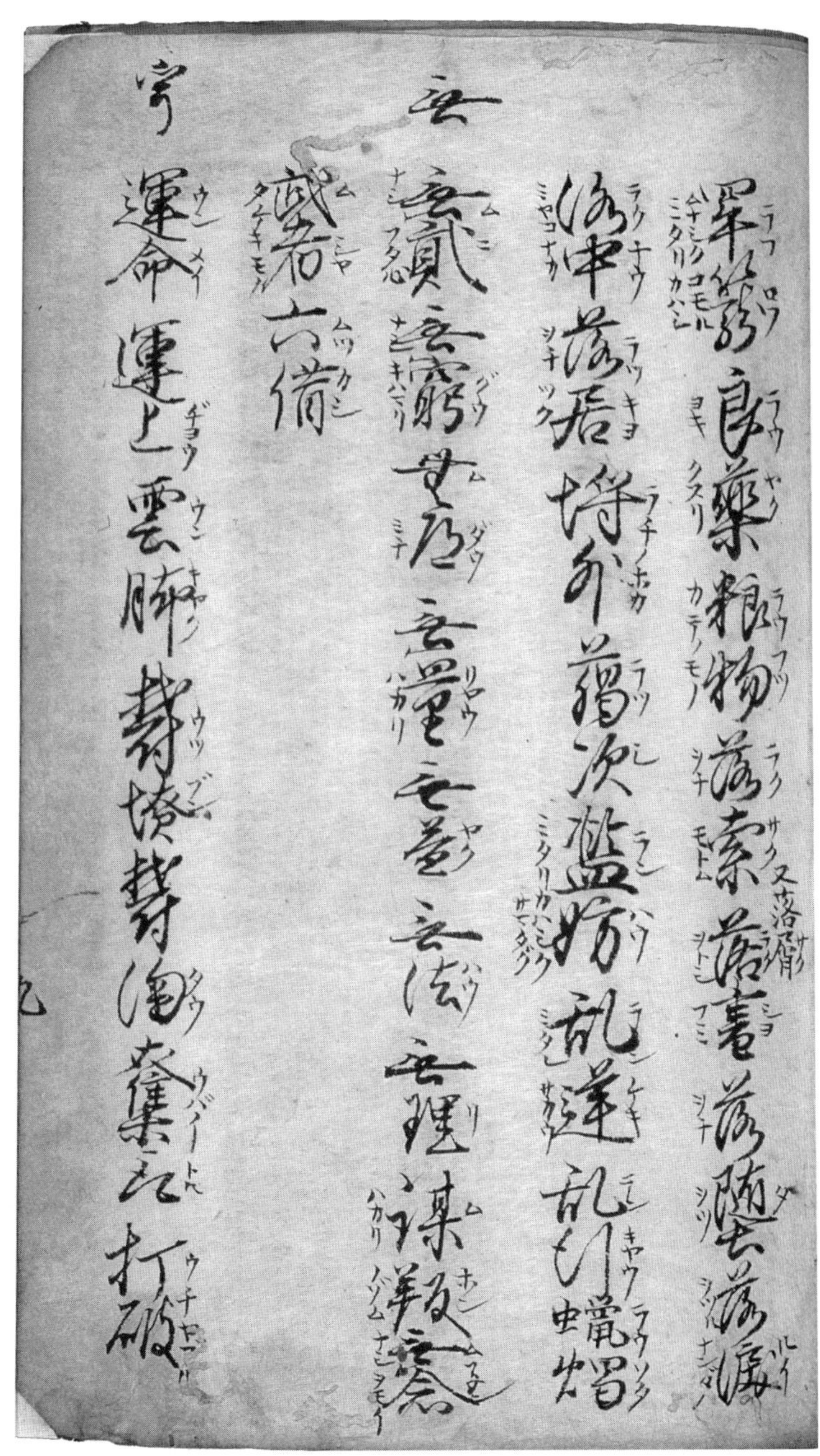

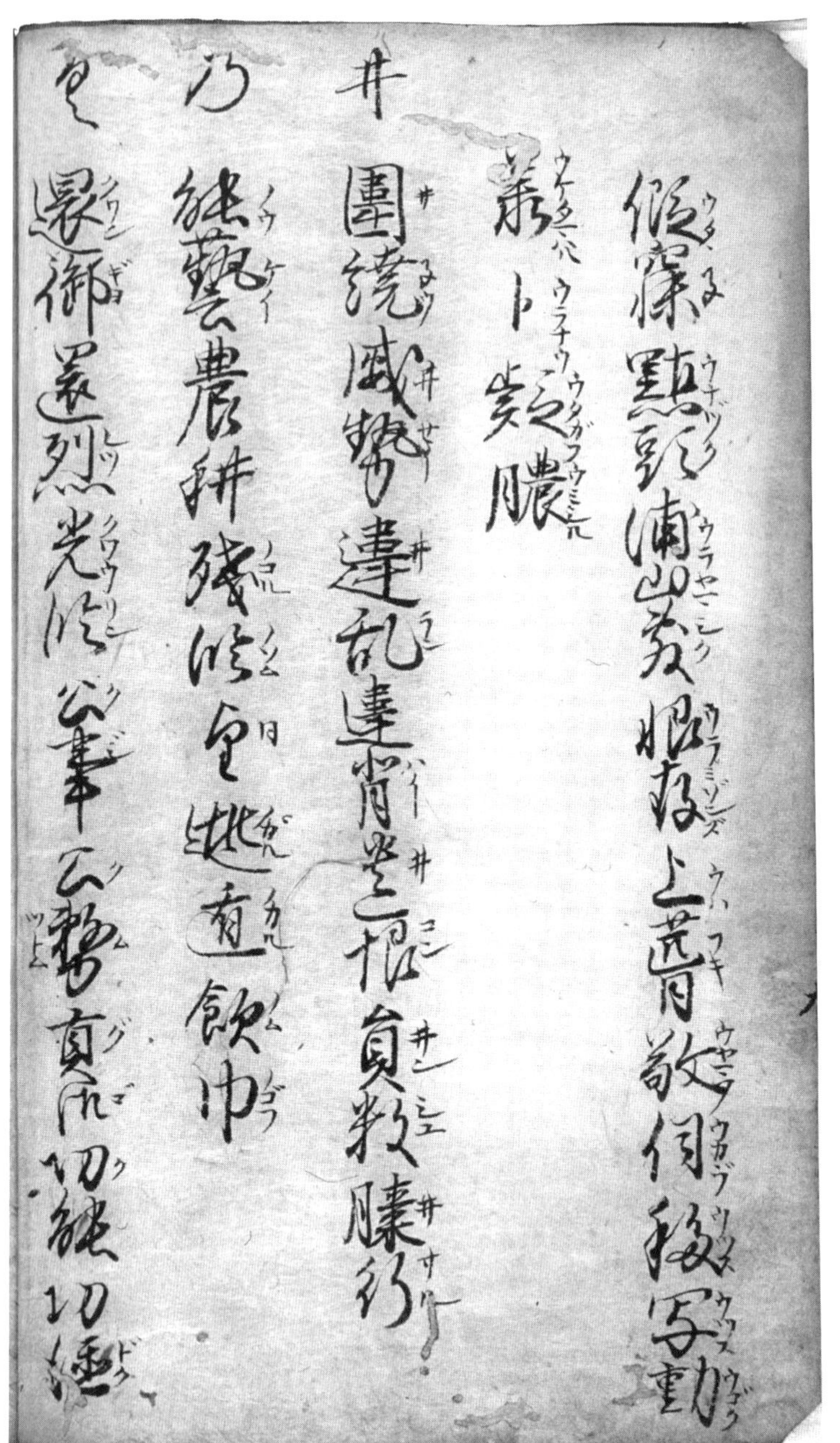

【10オ】

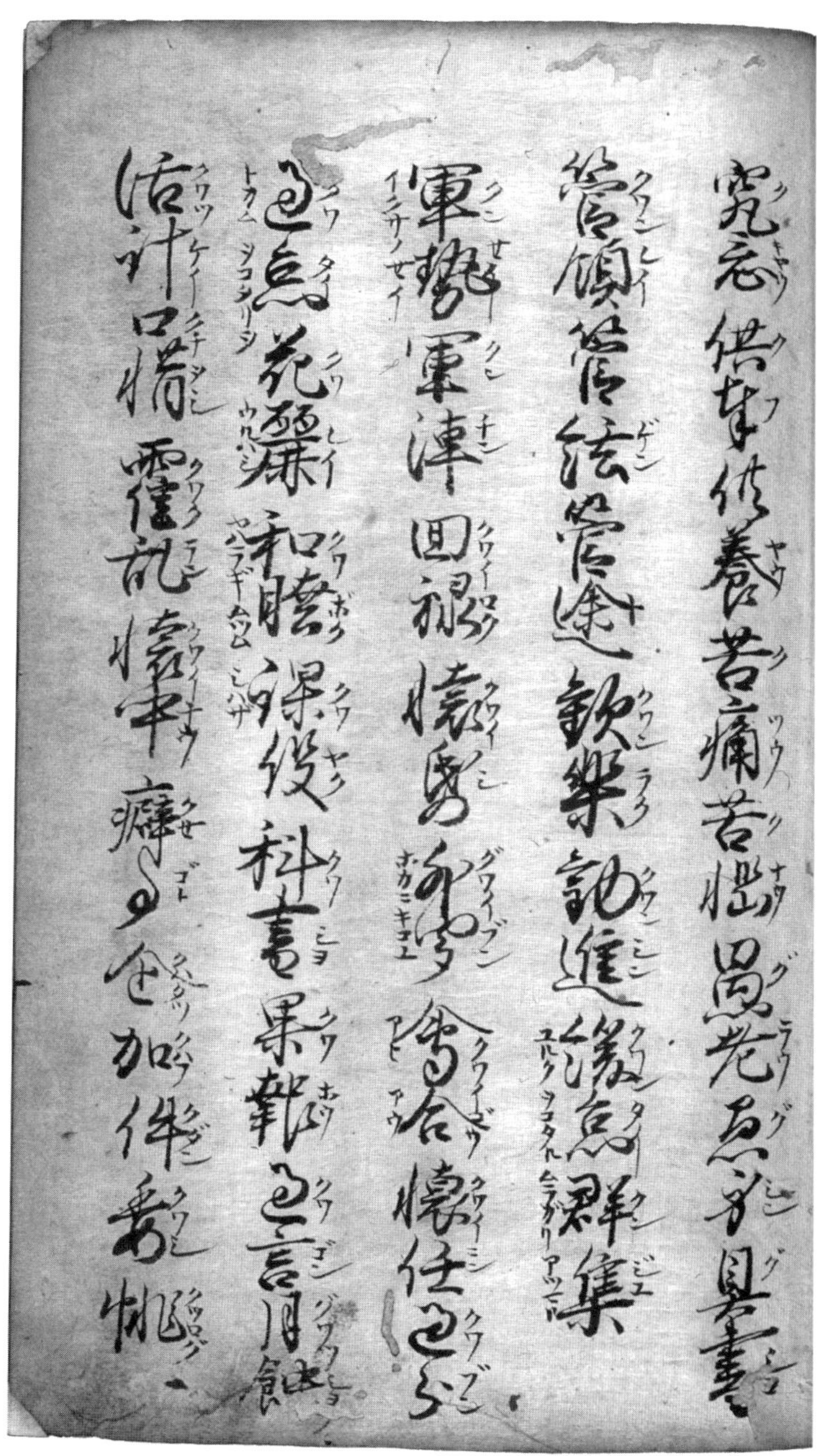

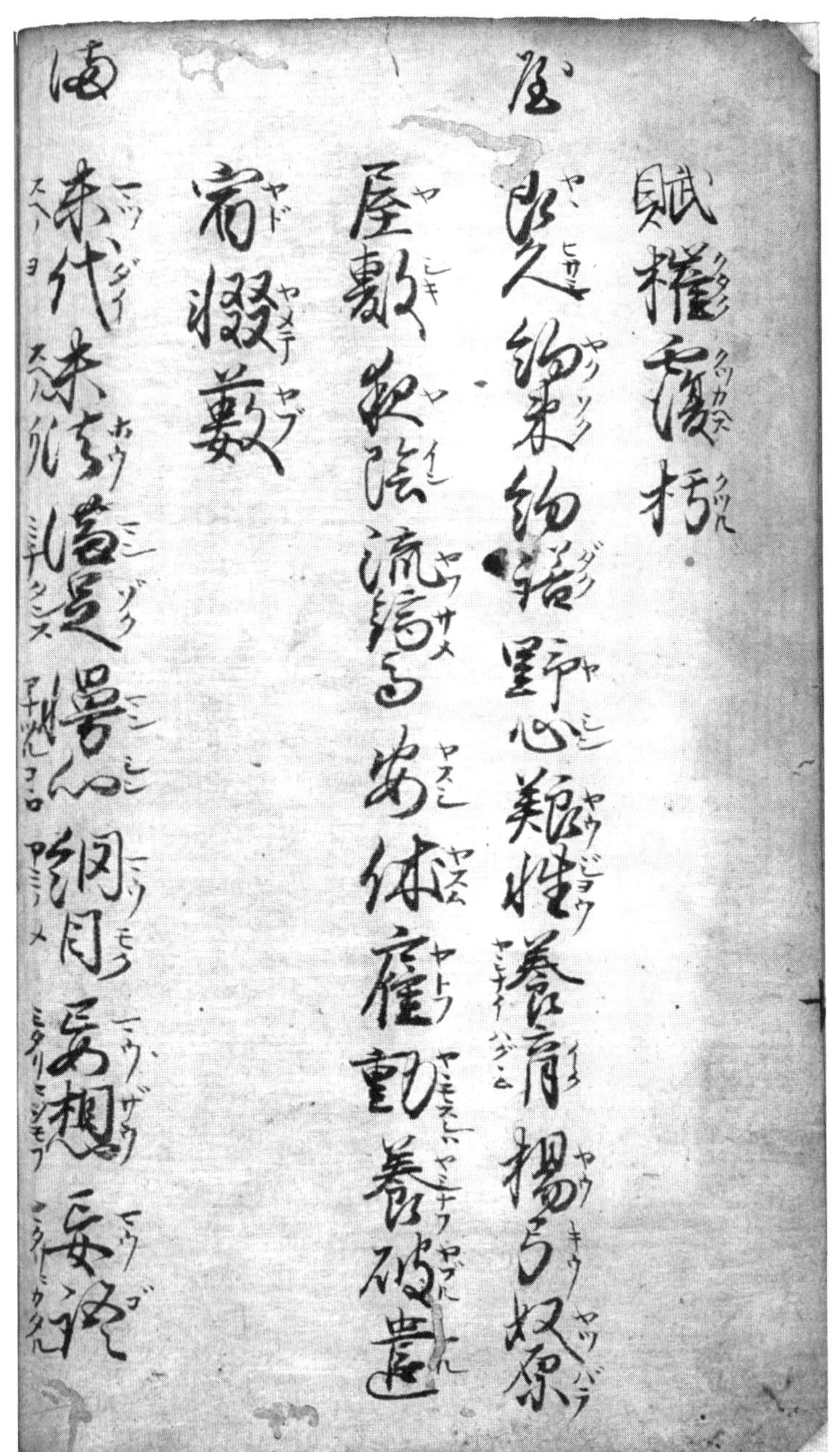

【11オ】

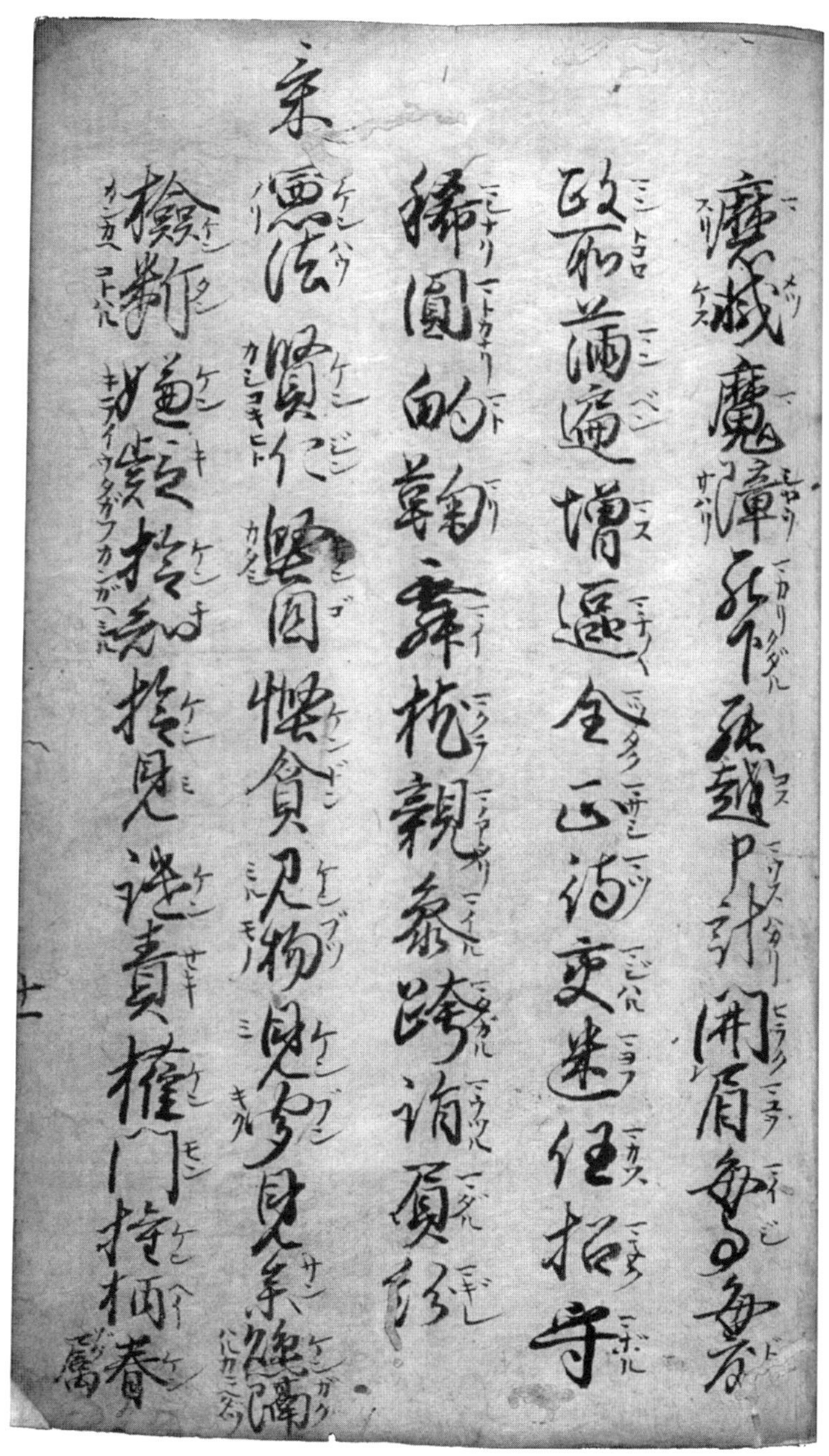

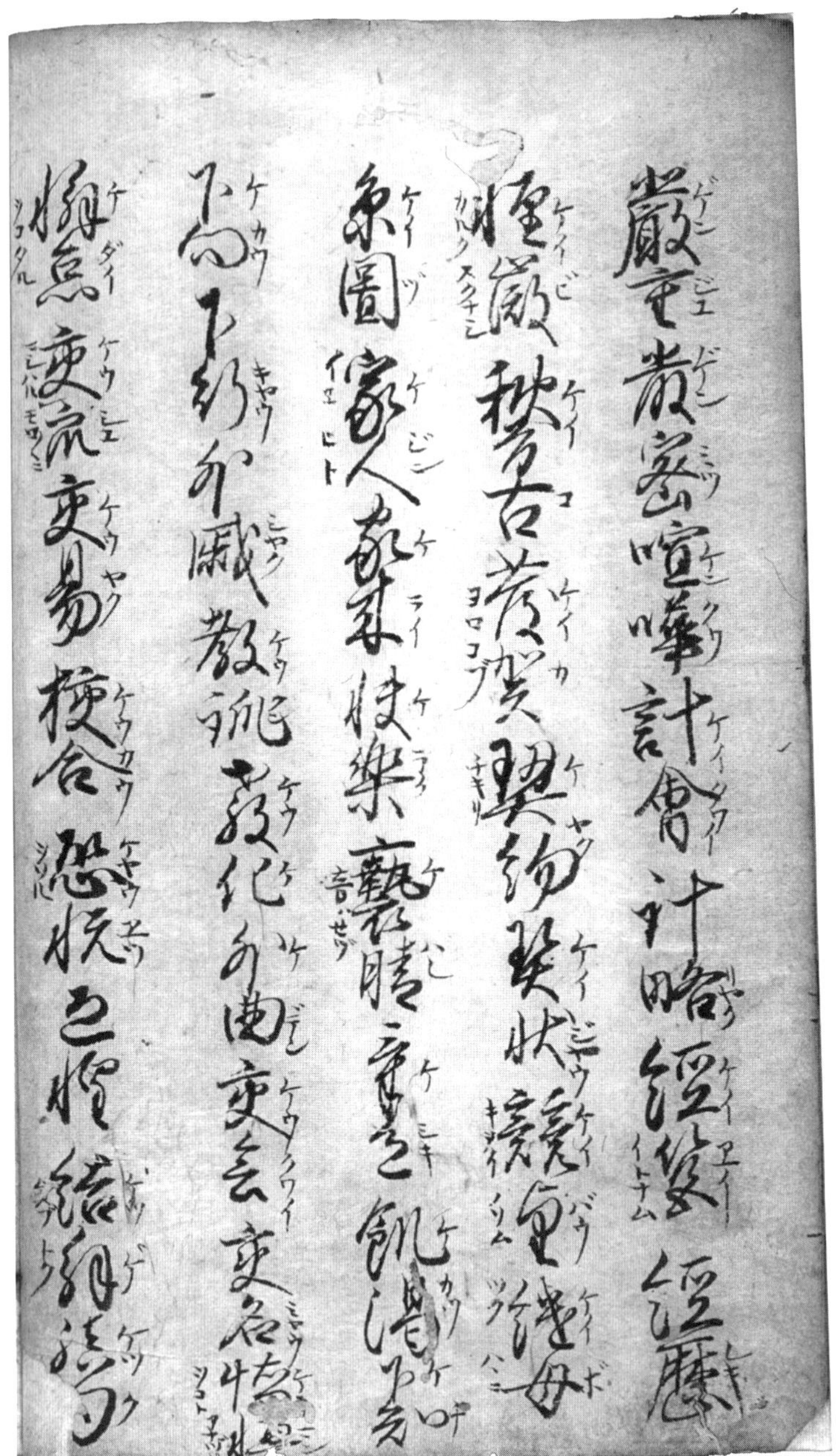

【12オ】

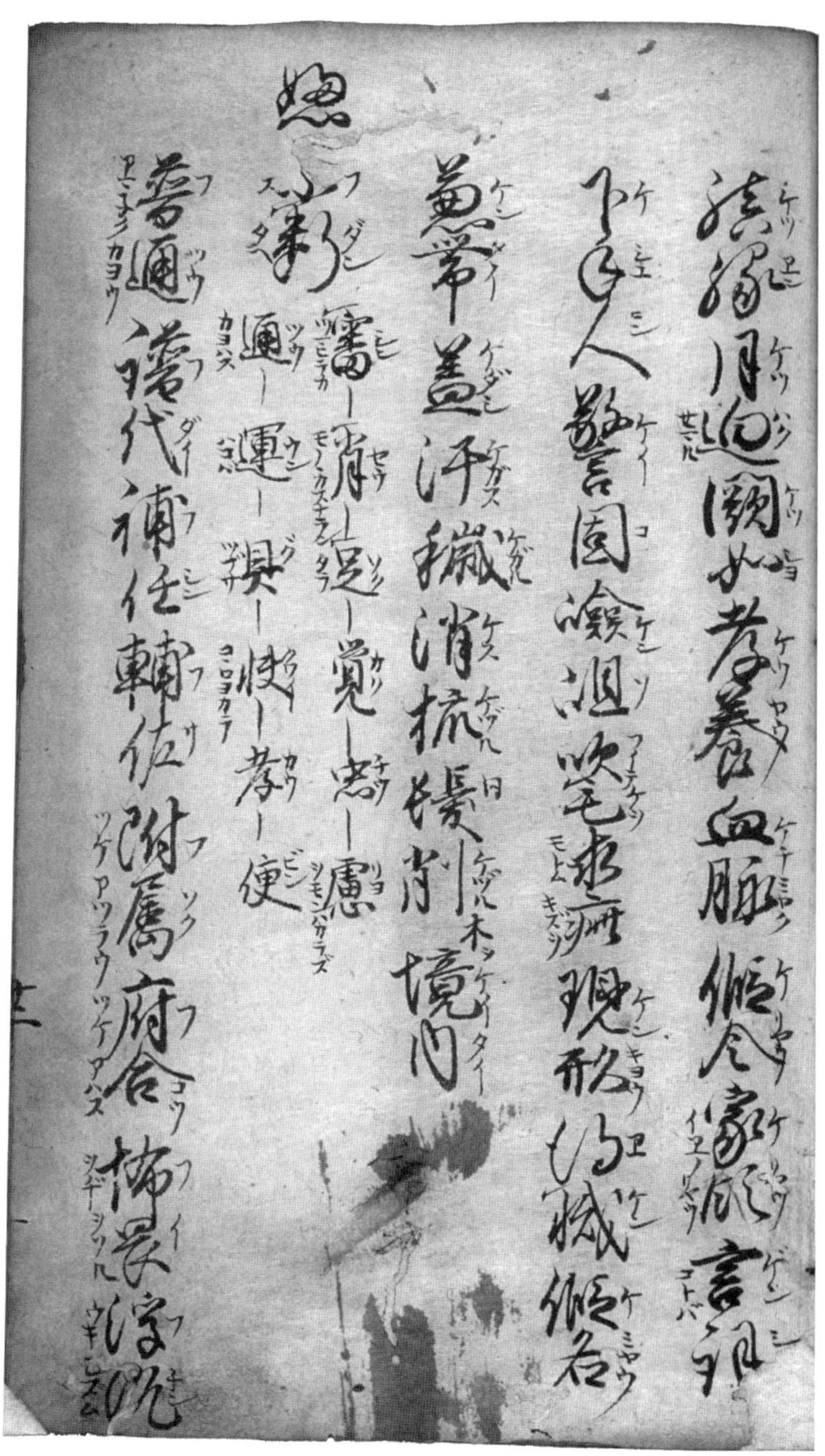

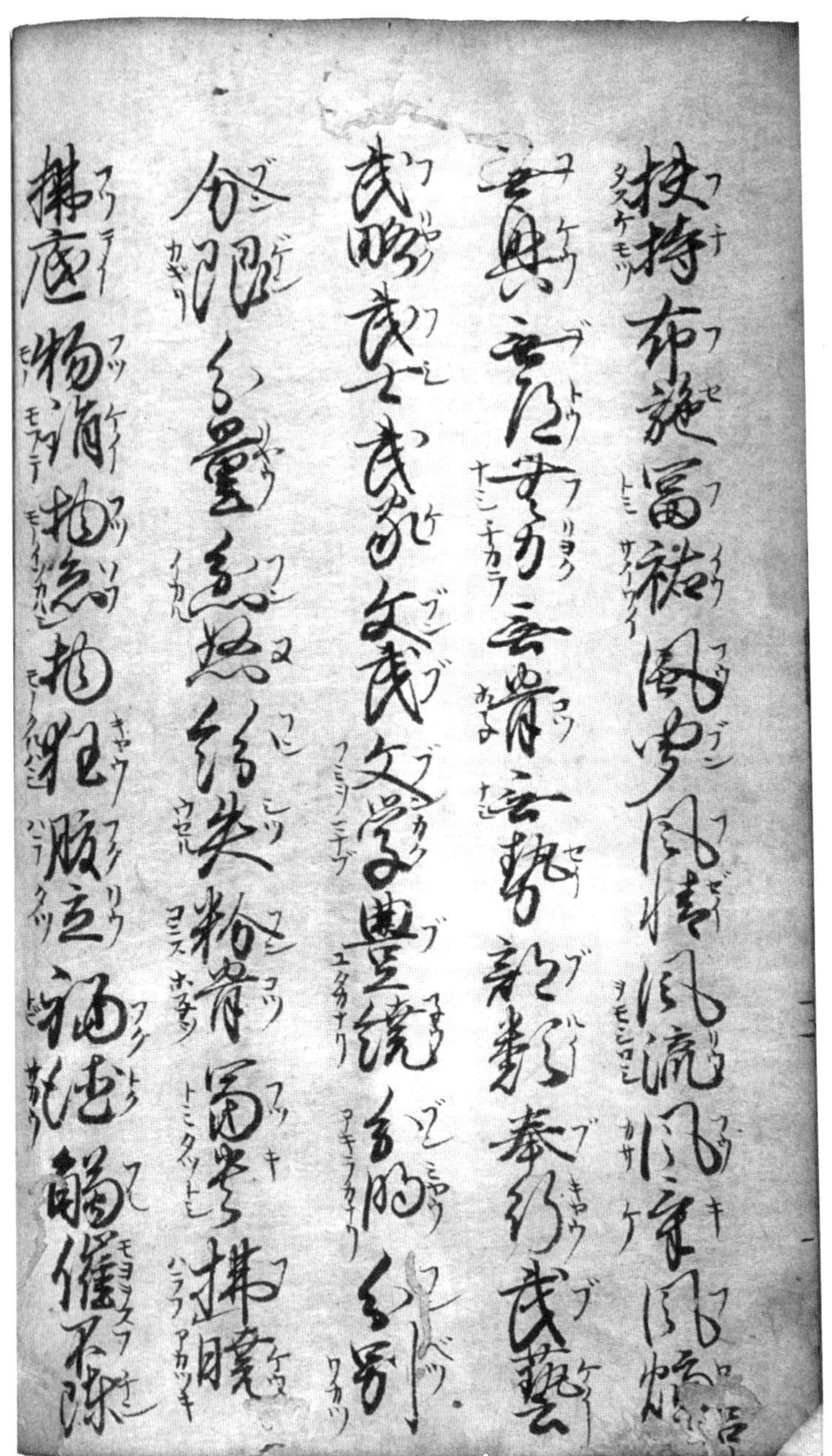

【13オ】

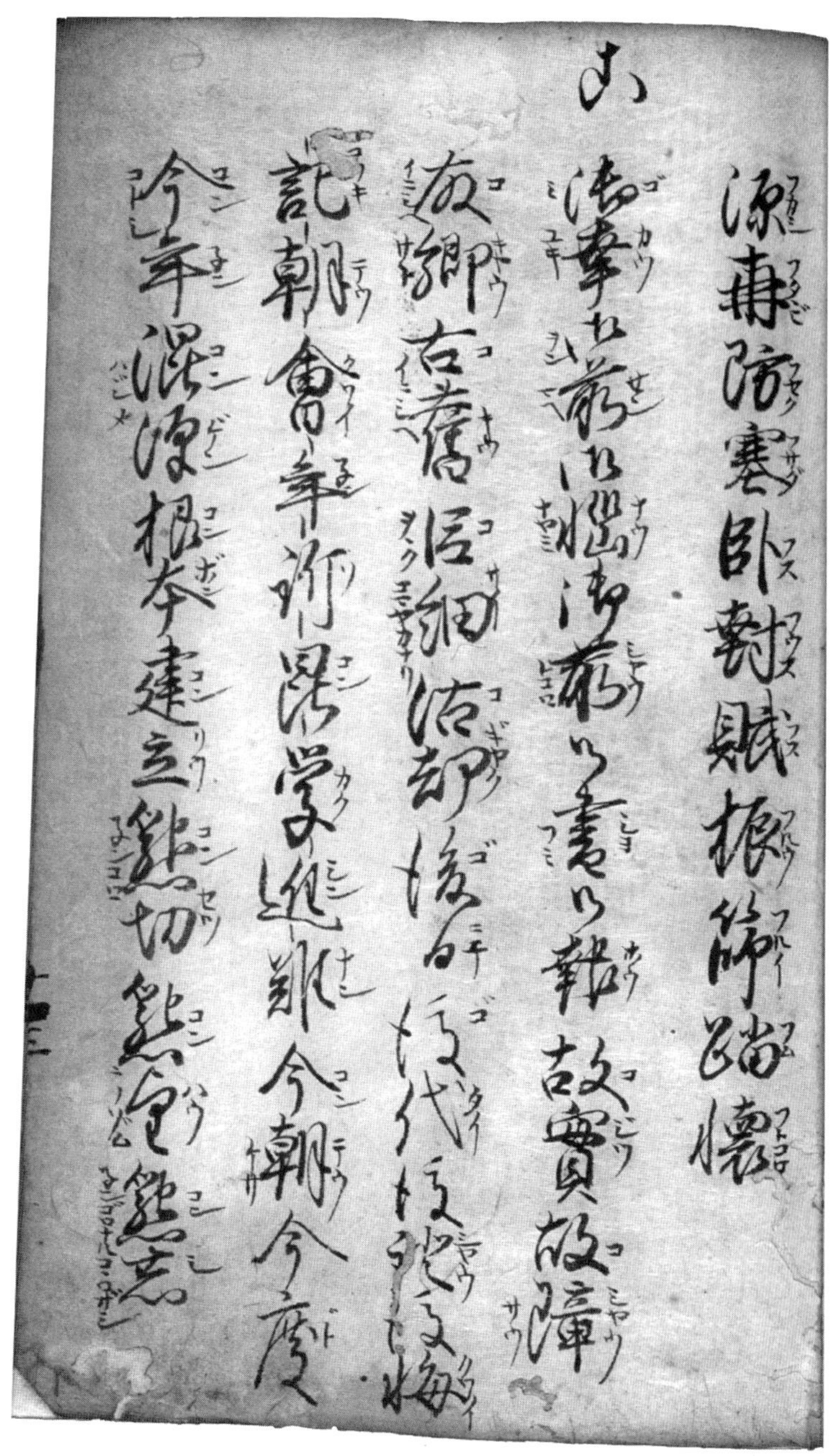

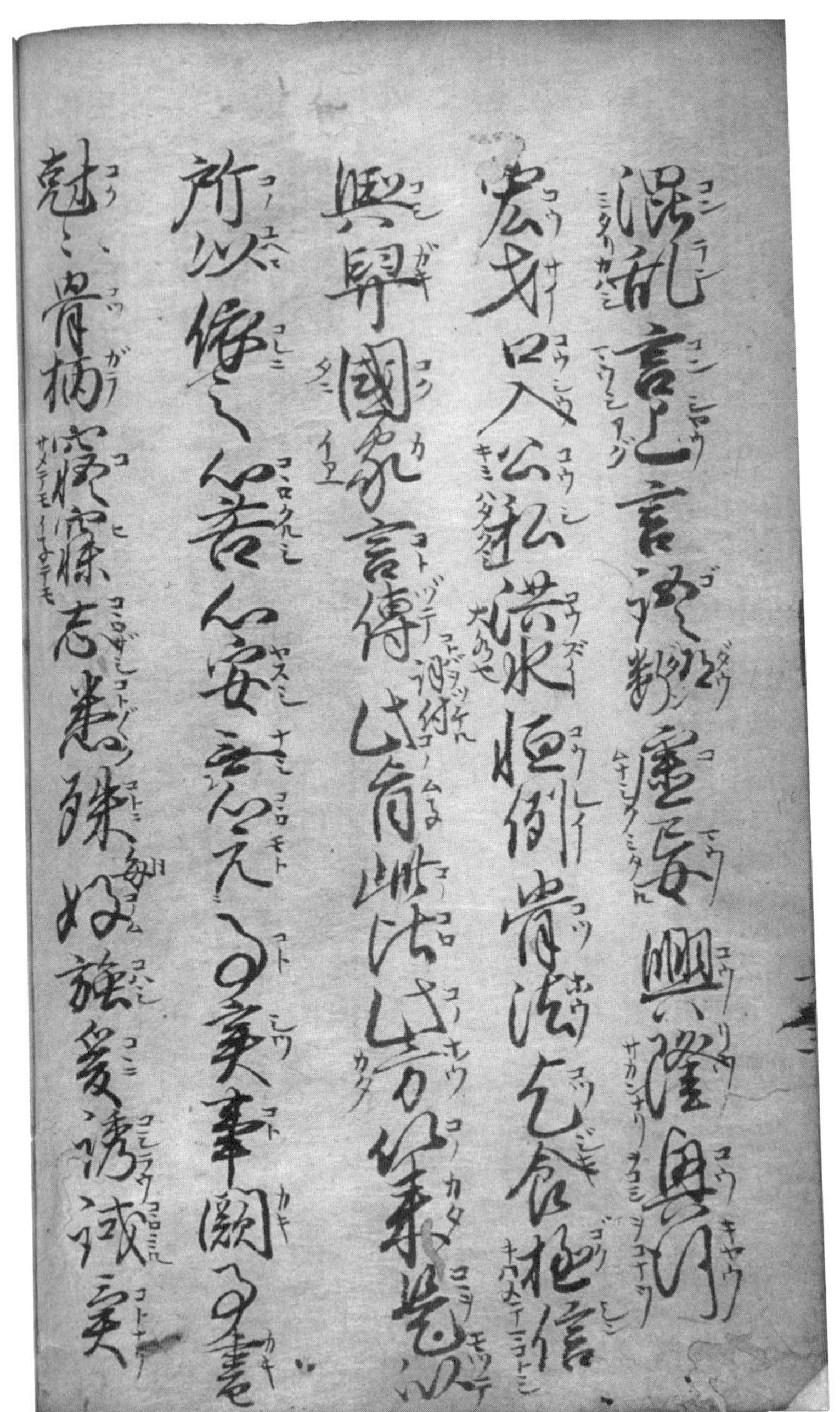

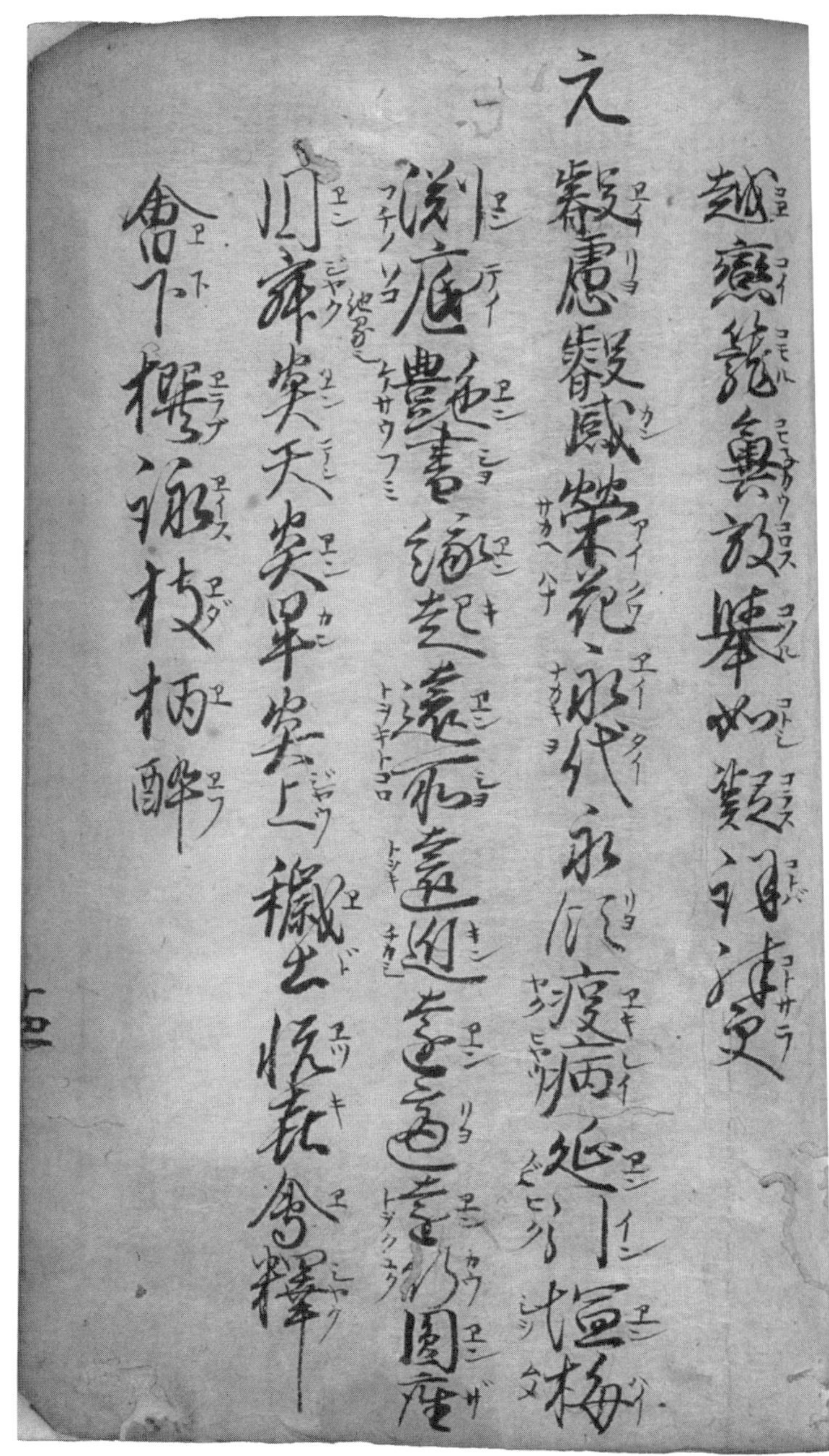

【14ウ】

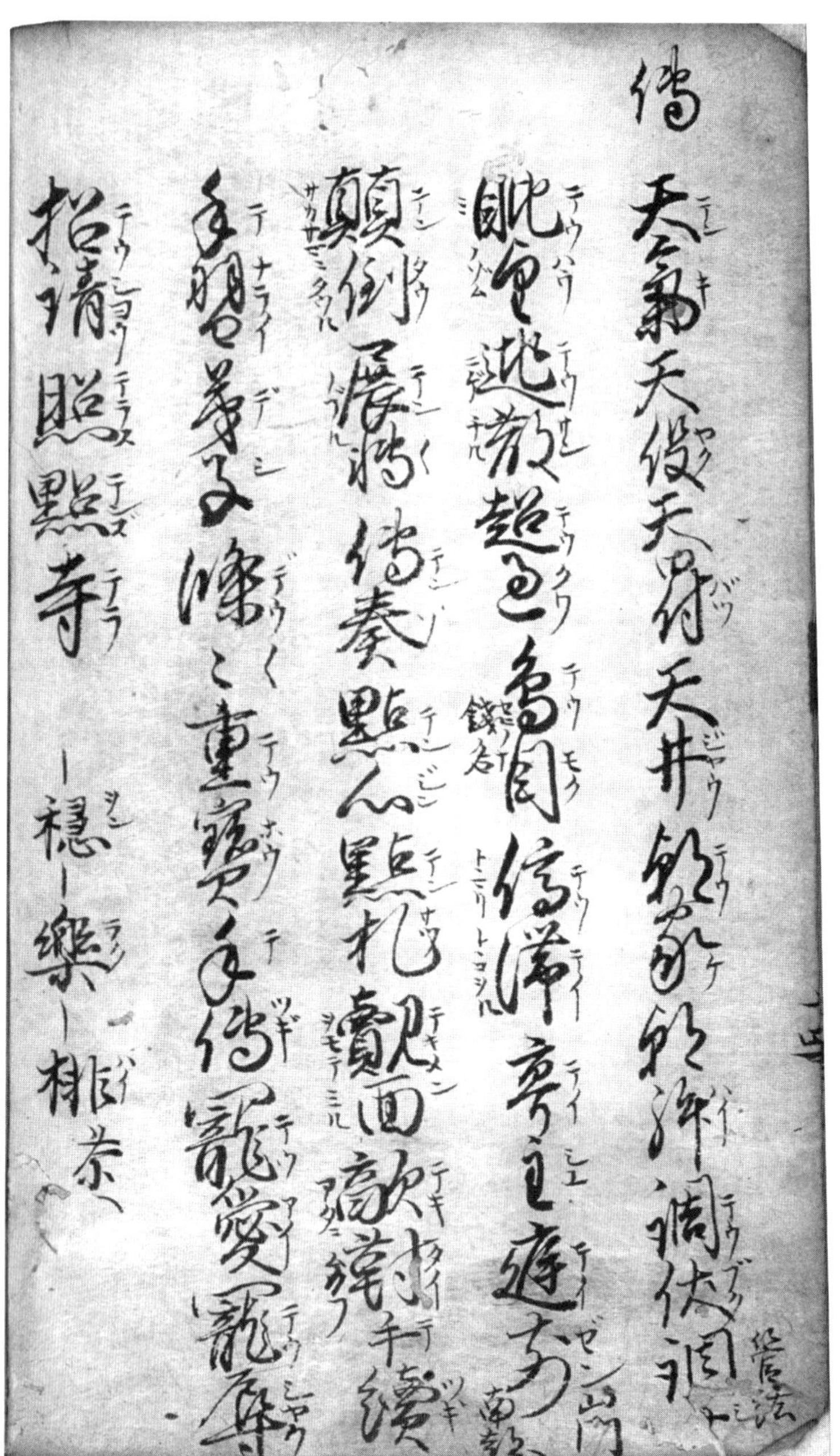

【15オ】

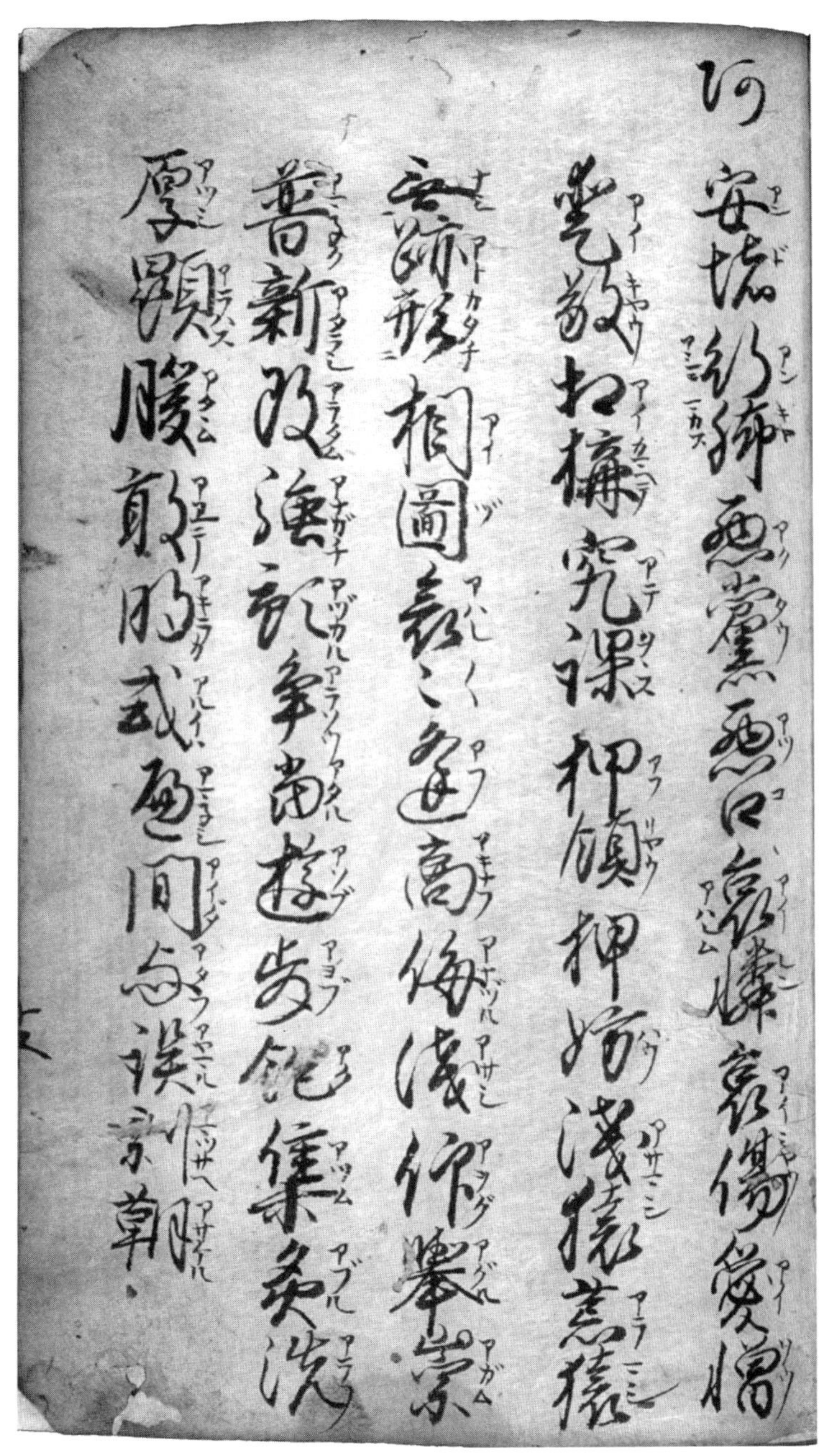

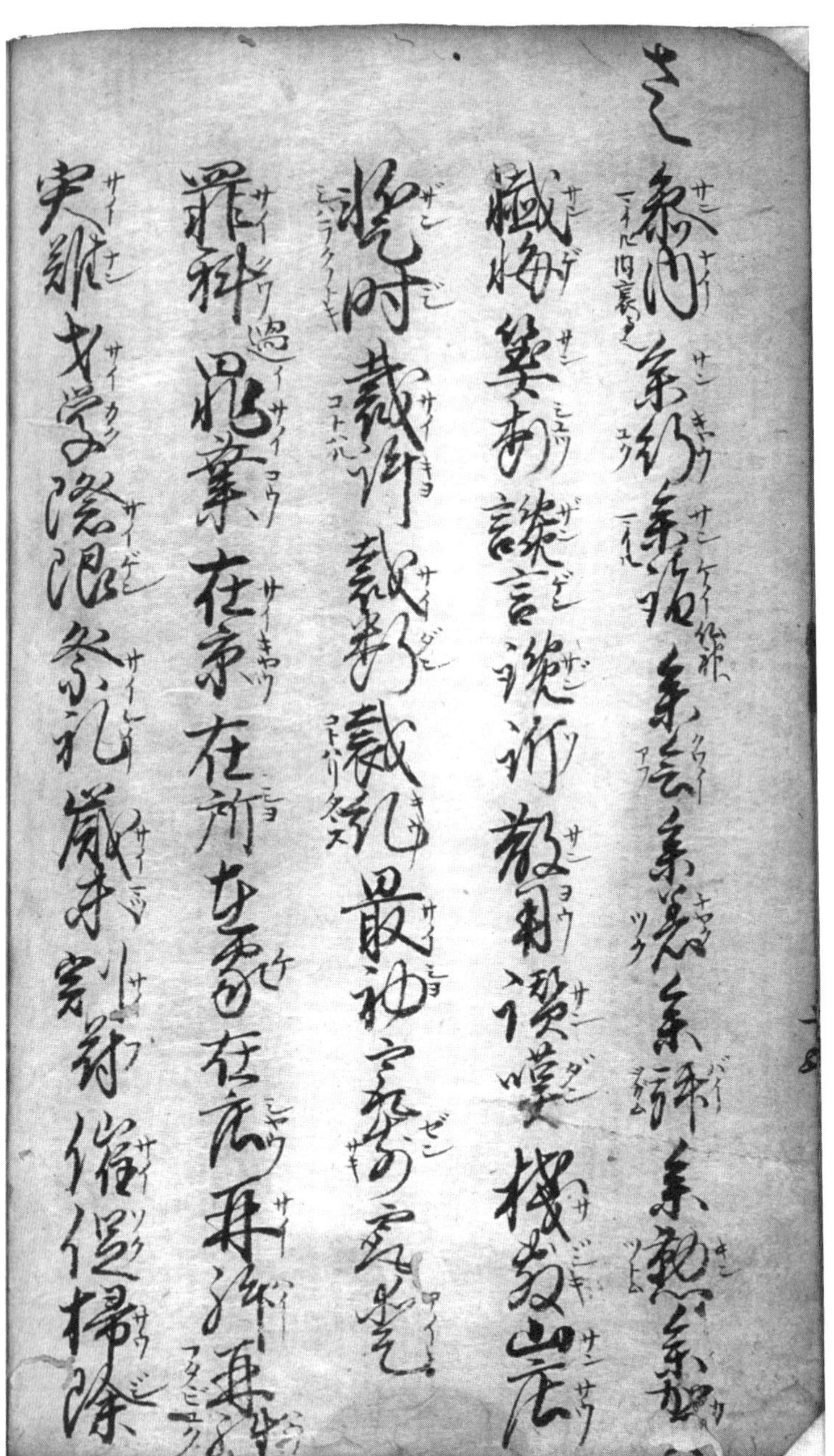

【16オ】

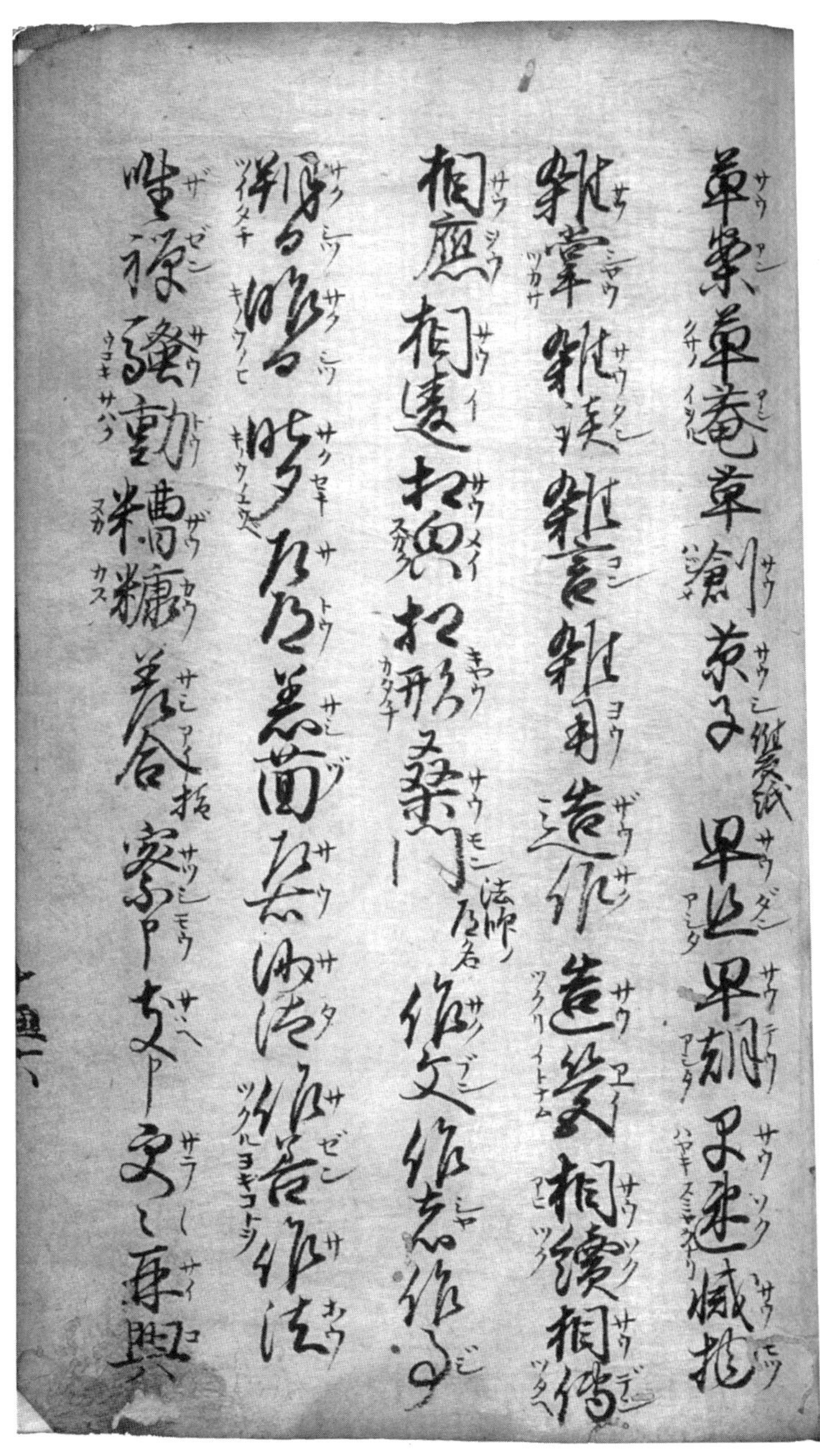

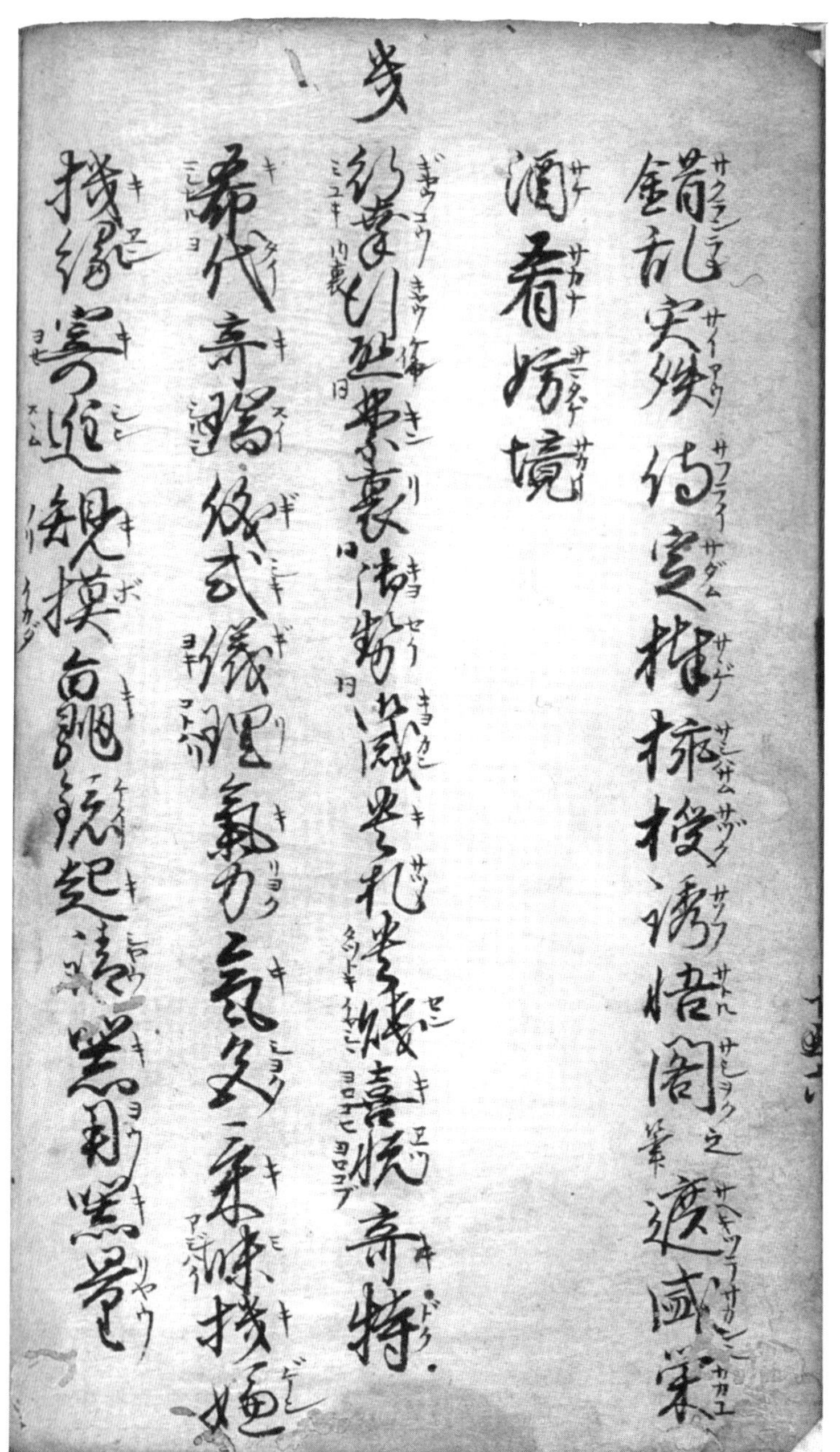

【17オ】

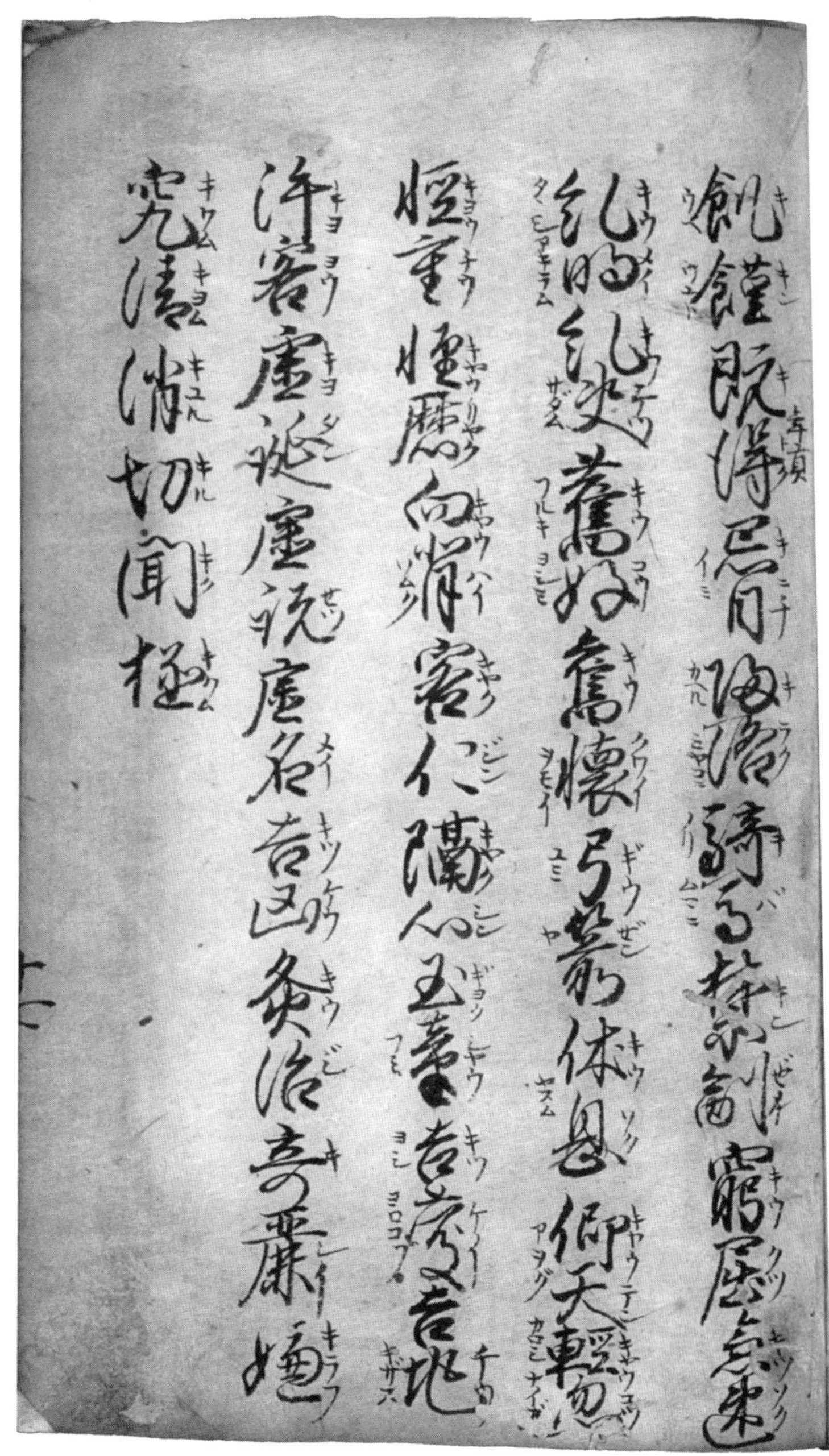

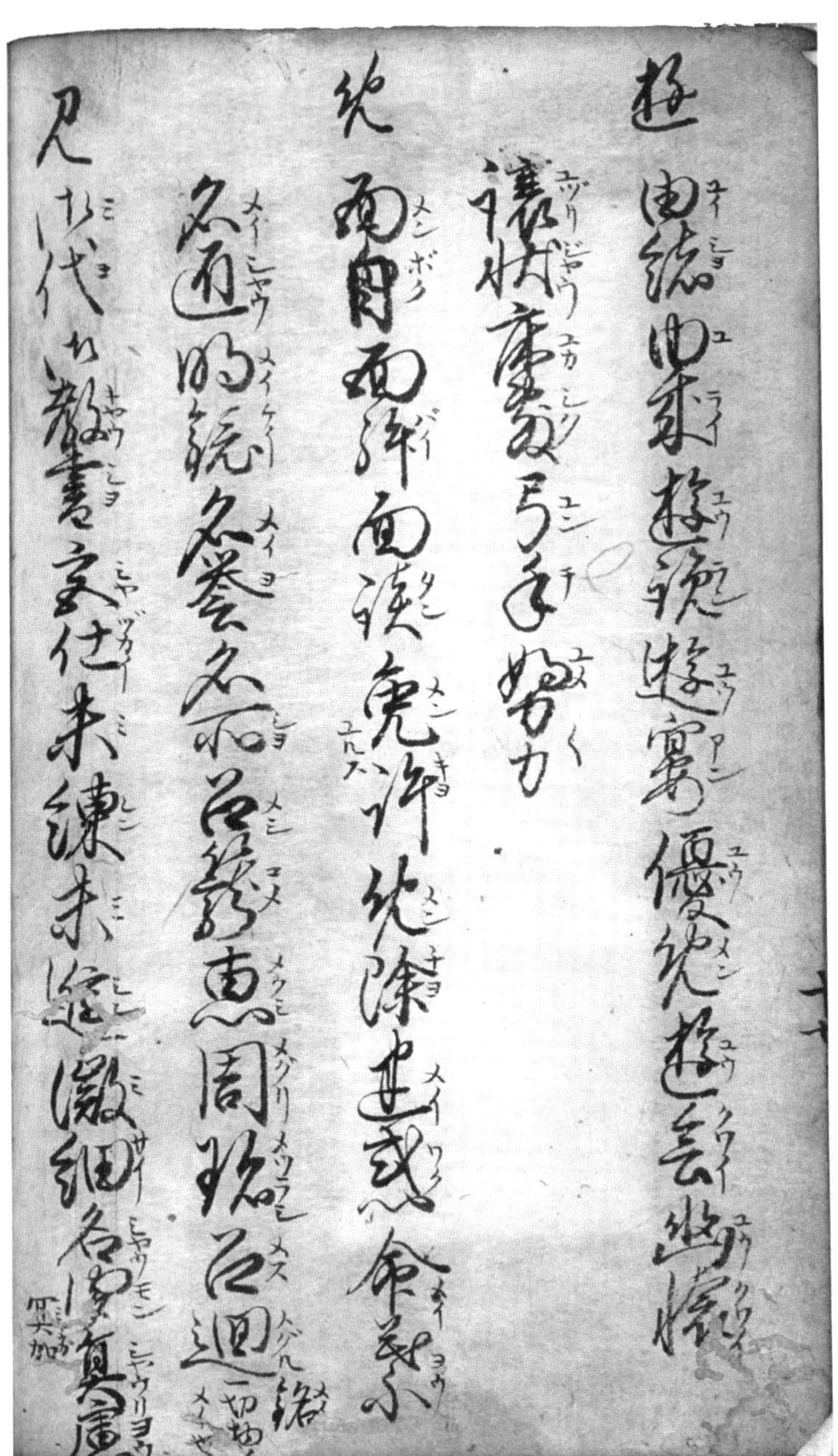

【18オ】

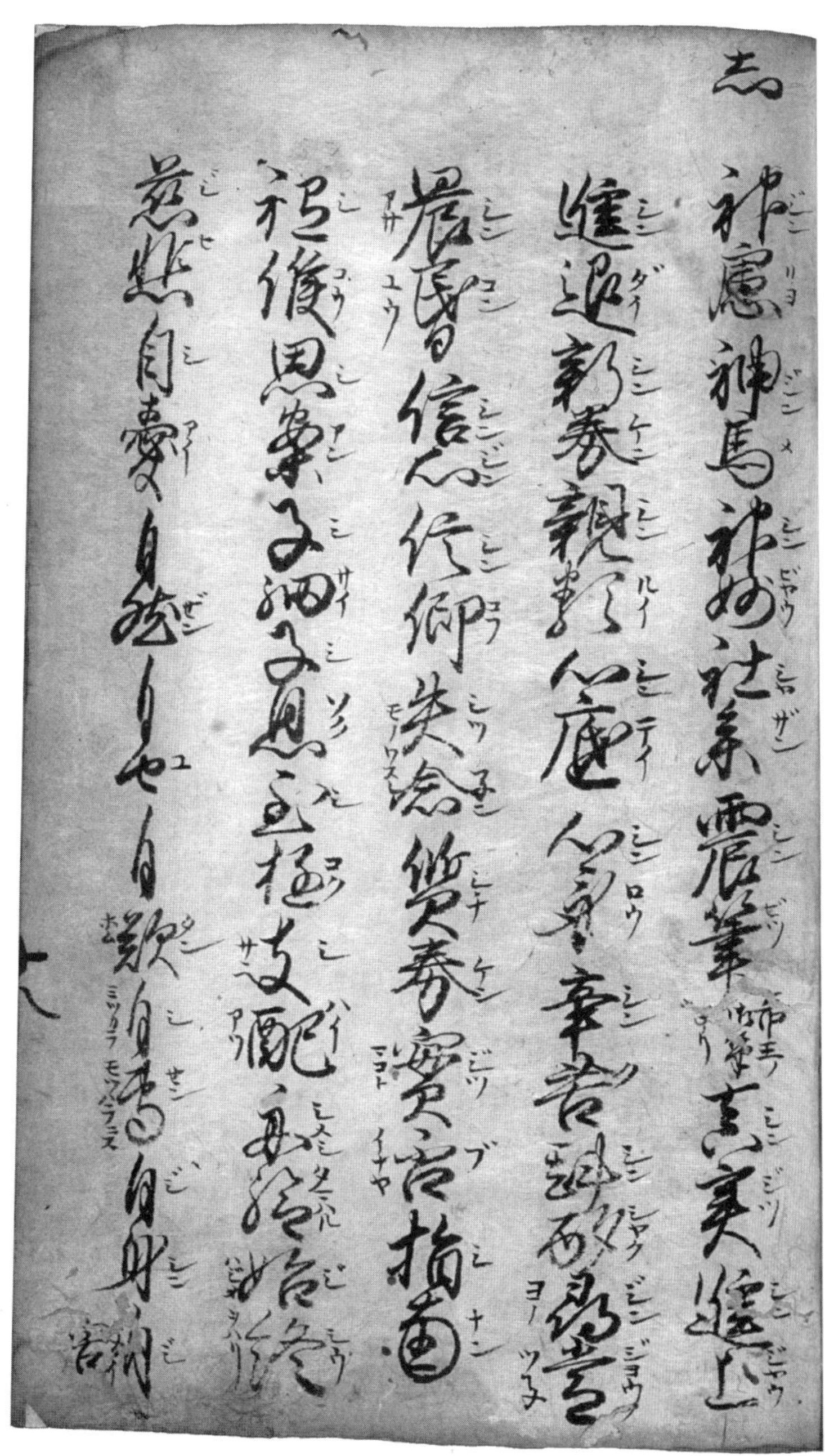

【18ウ】

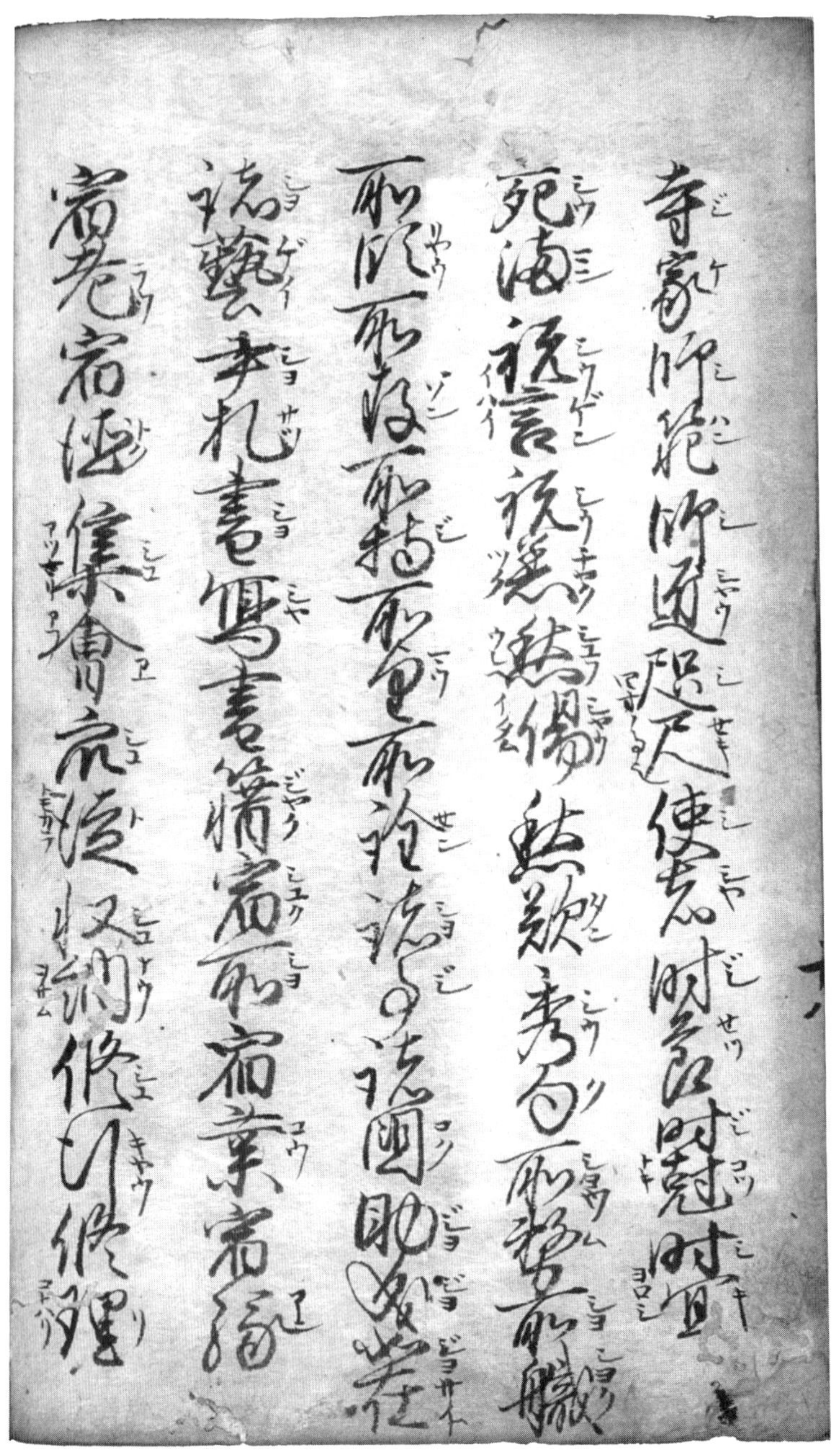

【19オ】

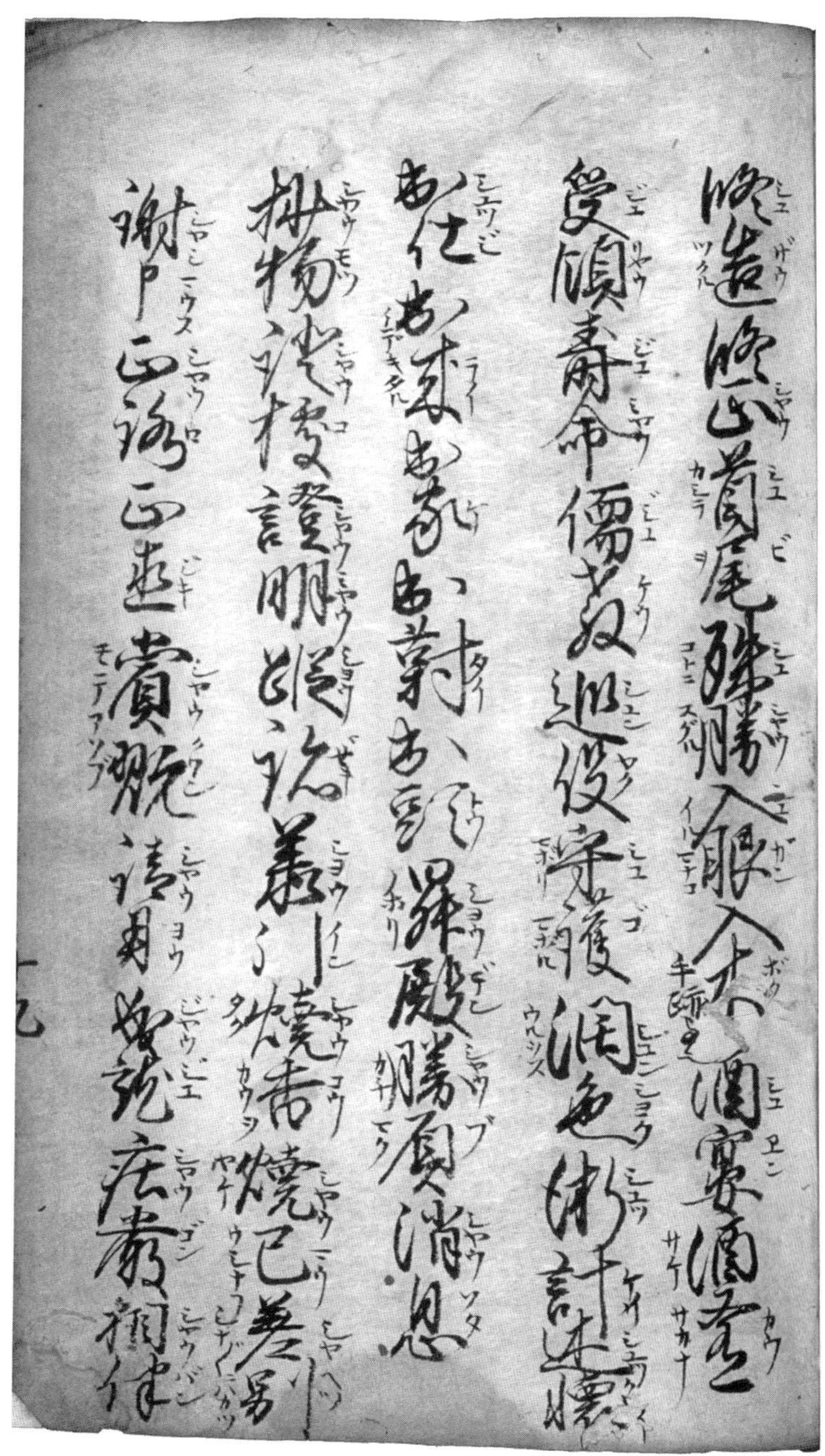

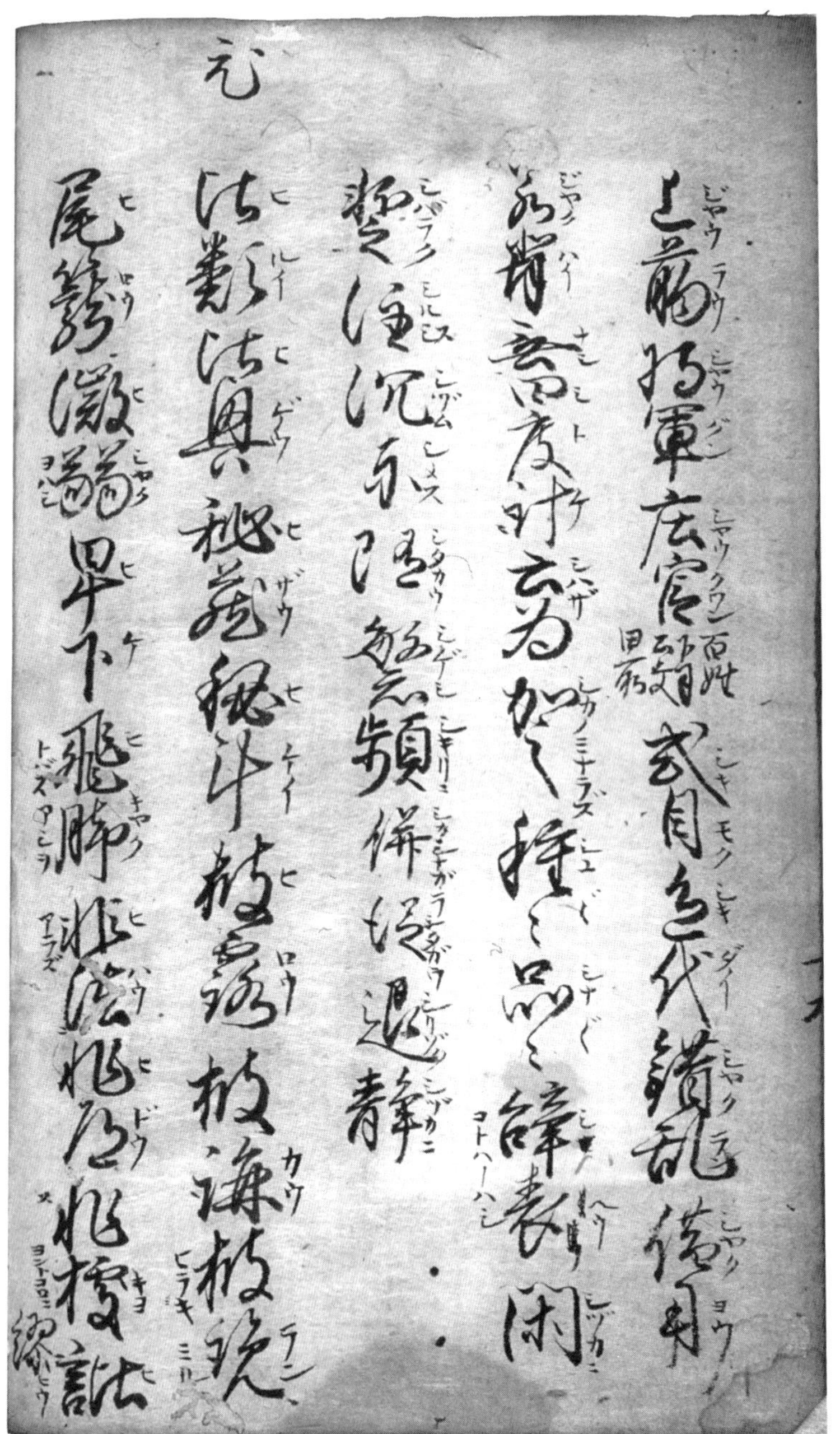

鼻(ヒ)員(キ)顕(ビ)激力(リョウ)眉目(ビボク)義抱(ギ)評定(ヒヨウジャウ)評儀(ギ)兵乱(ヒョウラン)
兵粮(ロウ)兵法(ヒョウ)柳又(ヒガツコト)屏風(ビョウブ)病気(ビン)便宜(ビンギ)貧窮(ヒンクウ)
貧痛(ブツ)僻事(ヒガコト)必定(ヒッチャウ)必然(ヒツゼン)畢竟(ヒツキャウ)筆王(ヒツボク)
頻(ヒン)事(ミッ)頻(イテモ)直密(ヒタヒタ)遍(ヒラ)被官(ヒクハン)肥満(ヒロ)激(ヒ)
引 提久(ヒロ)開廣(ヒロ)縫(ヌジカミ)浴(ヌカ)光(ヒカリ)

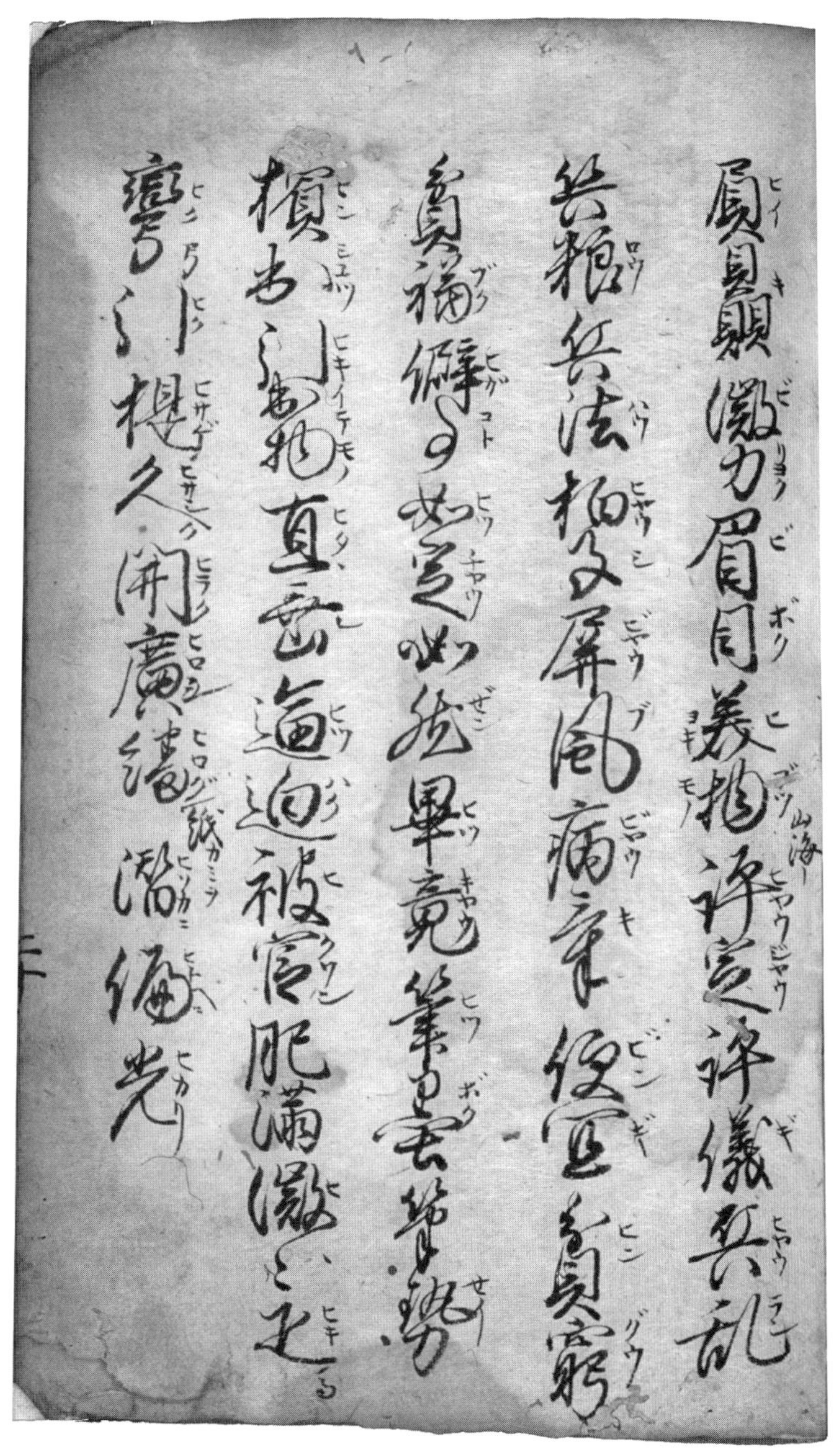

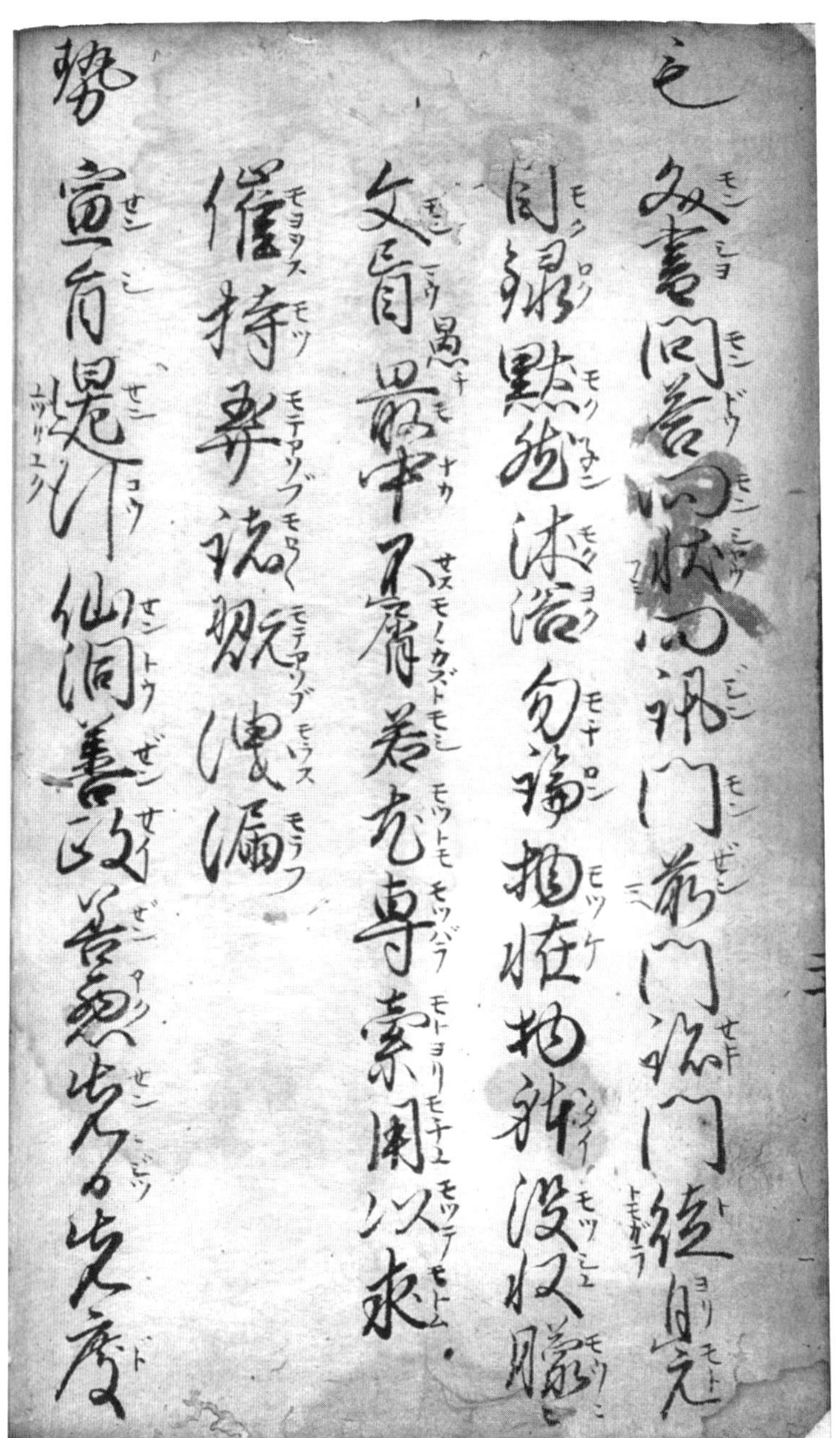

【21オ】

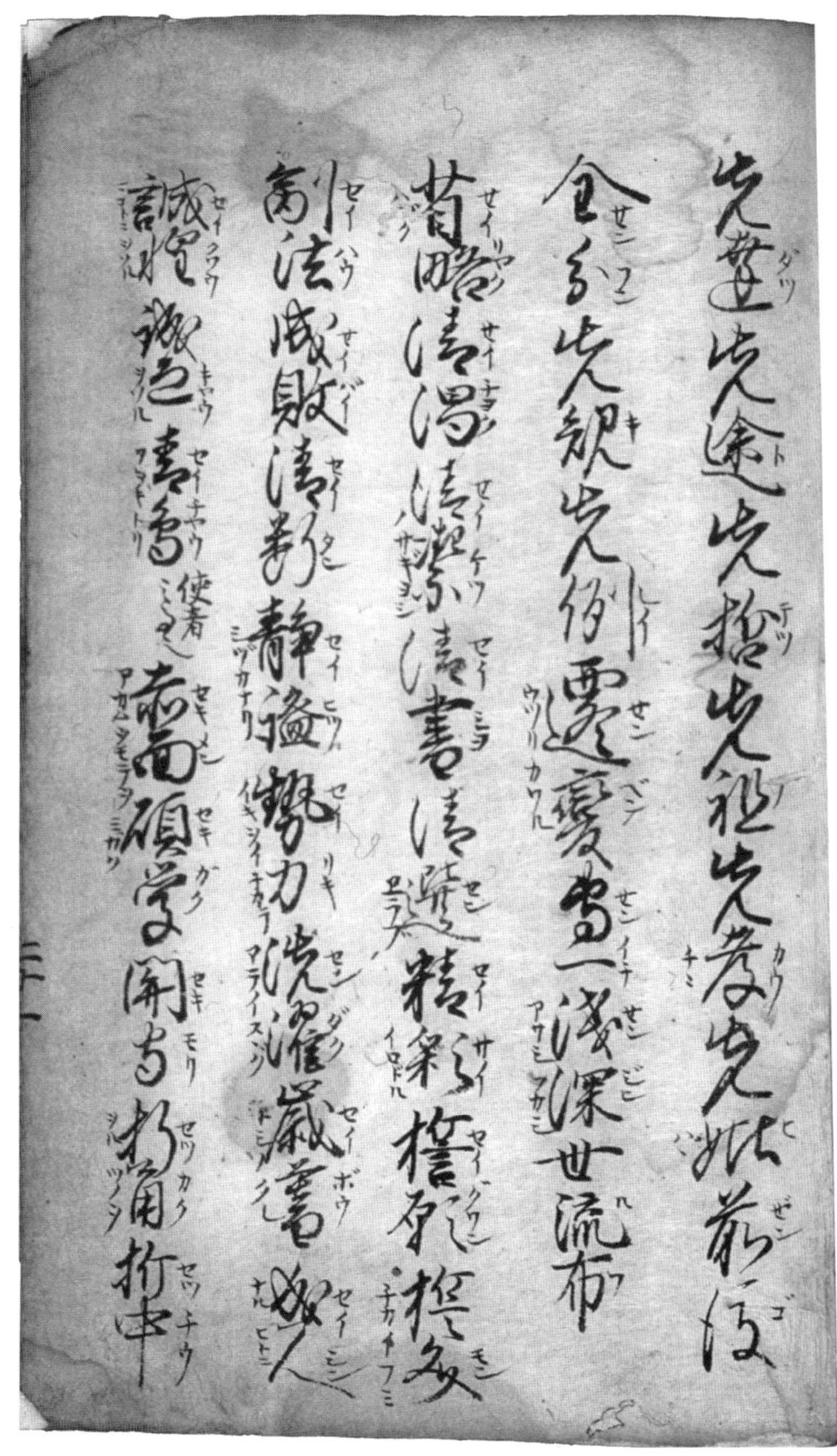

【21ウ】

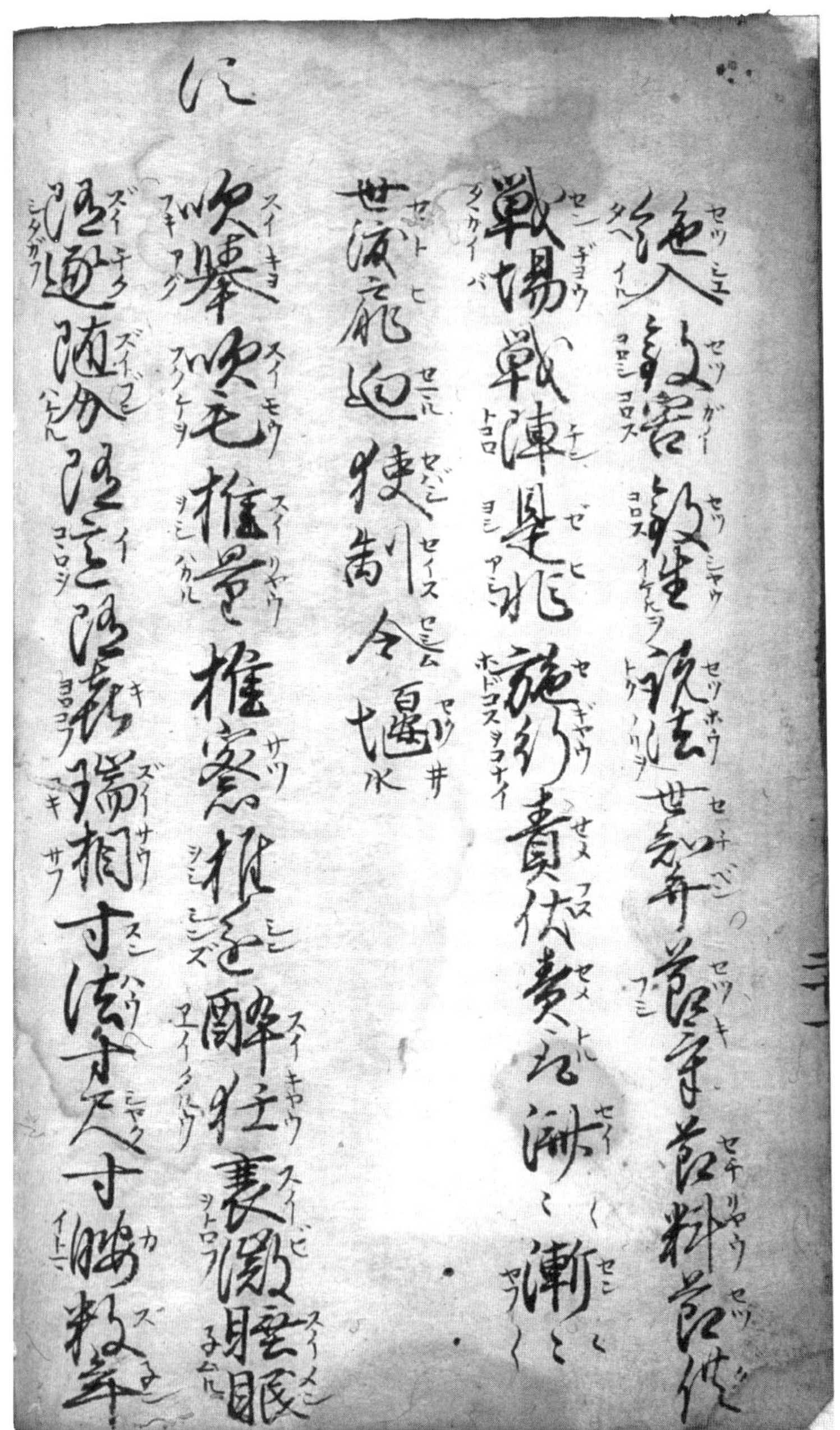

【22オ】

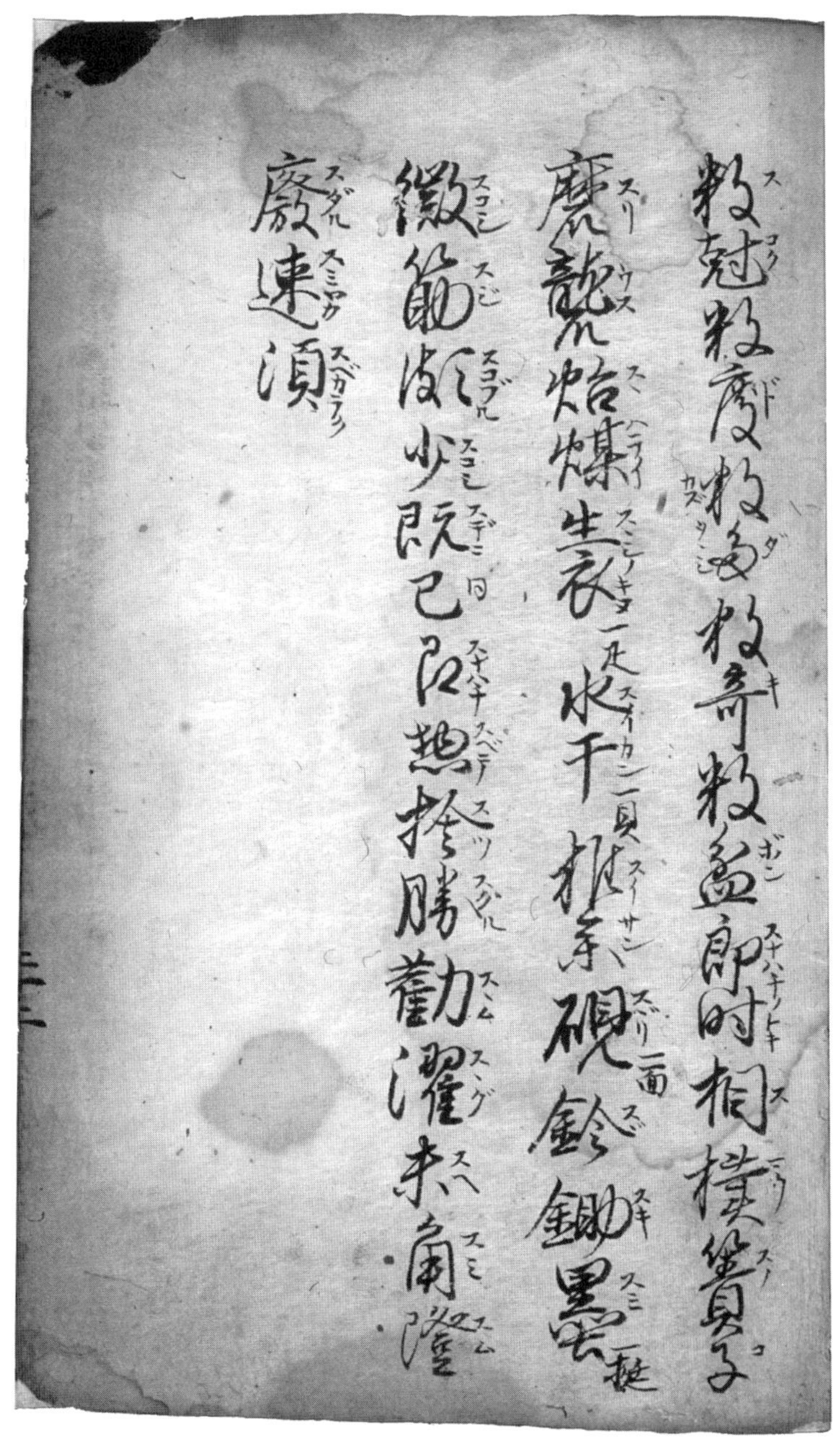

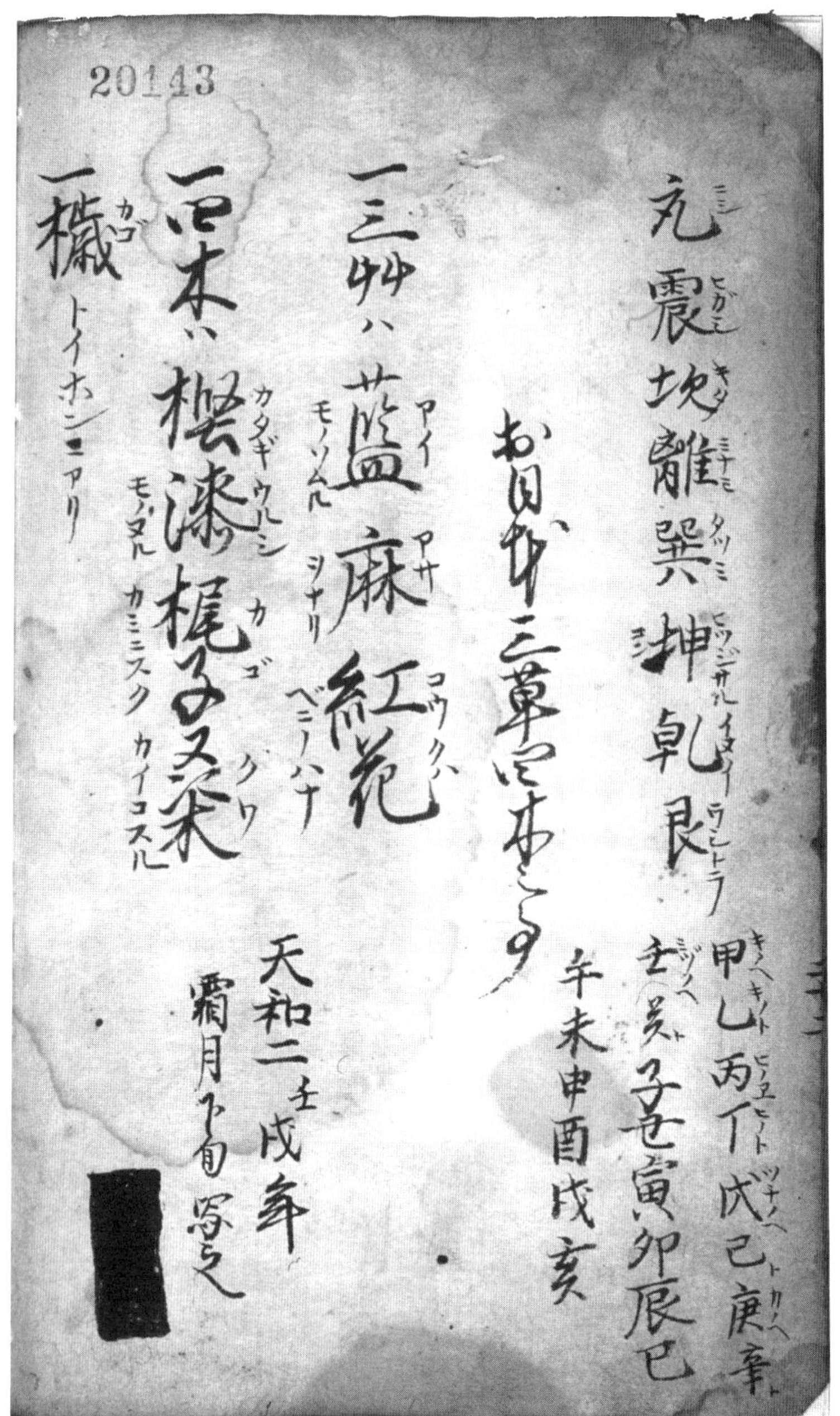

兌(ニシ)震(ヒガシ)坎(キタ)離(ミナミ)巽(タツミ)坤(ヒツジサル)乾(イヌイ)艮(ウシトラ)

甲(キノヘ)乙(キノト)丙(ヒノエ)丁(ヒノト)戊(ツチノヘ)己(ツチノト)庚(カノヘ)辛(カノト)

壬(ミヅノヘ)癸(ミヅノト)子丑寅卯辰巳

午未申酉戌亥

お目出三草宝来より

一三艸ハ 藍(アイ)モノソムル 麻(アサ)ヲナリ 紅花(コウクハ)ベニノハナ

一四木ハ 樫(カタギ)モノヌル 漆(ウルシ) 梶(カゴ)カミニスク 桑(クワ)カイコスル

一[illegible](カゴ) トイホンニアリ

天和二壬戌年
霜月下旬写之

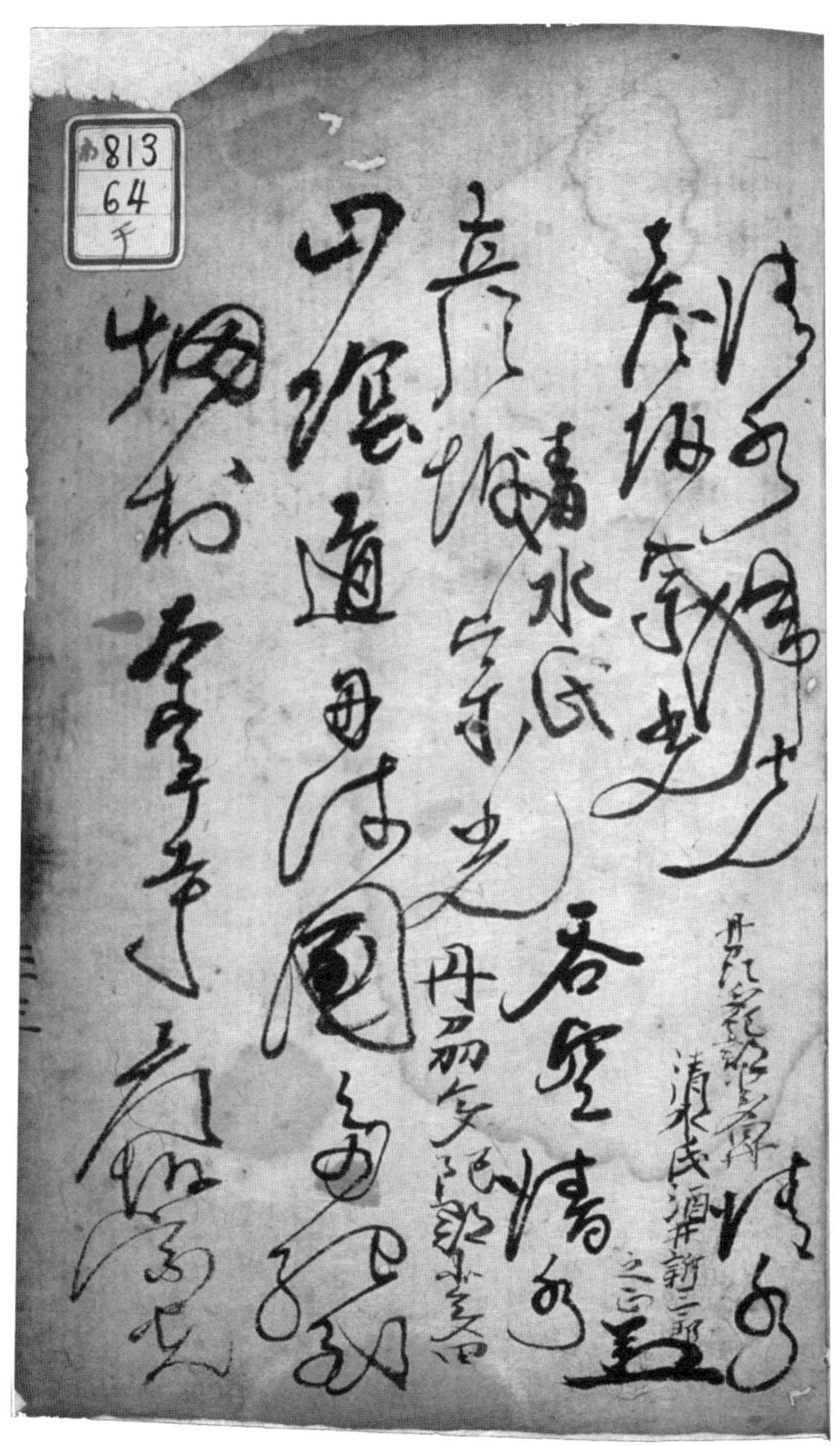

国会本色葉字尽影印

東大本伊呂波集影印

東大本伊呂波集書誌

一、底本は、東京大学文学部国語研究室所蔵の「伊呂波集」（仮題名）である。書名は帙の背の題簽による。

一、函架番号は「二二A‐一一」である。

一、テキストは、遊び紙一枚、墨付き44丁、横二〇・五センチメートル、縦二八・一センチメートル。

一、わずかに虫損有り。

一、栗色の原表紙、綴じ方は七針眼の袋綴じ。

一、題簽は無く、表紙右下に、本文と別筆で「岩千代」と墨書されている。岩千代は所蔵者の一人。

一、巻末、裏表紙下部折り返しに、本文と別筆で「江州坂田郡相撲庭村岩千代所領」と墨書されている。

一、裏表紙は一部が剥落している。

一、室町時代末期の写しと推定される。

一、原本成立は、内部徴証から、永禄年間と推定される。

一、東大本伊呂波集の31丁裏から32丁表にかけての「免」（メ）部には、「ミ」で始まる語句が収められており、実質的に「ミ」部が欠落している。これは、転写の際の誤りであろう。

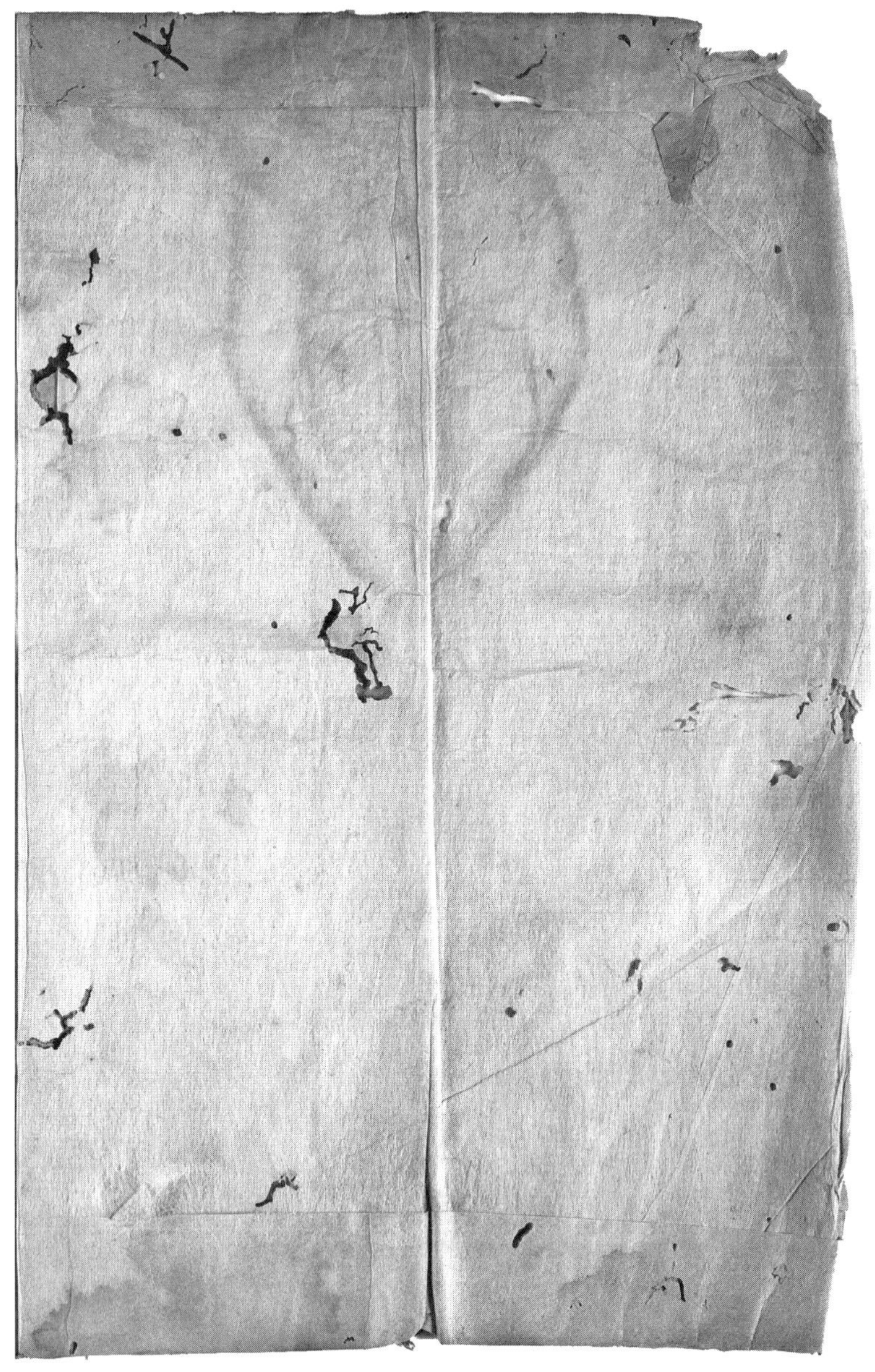

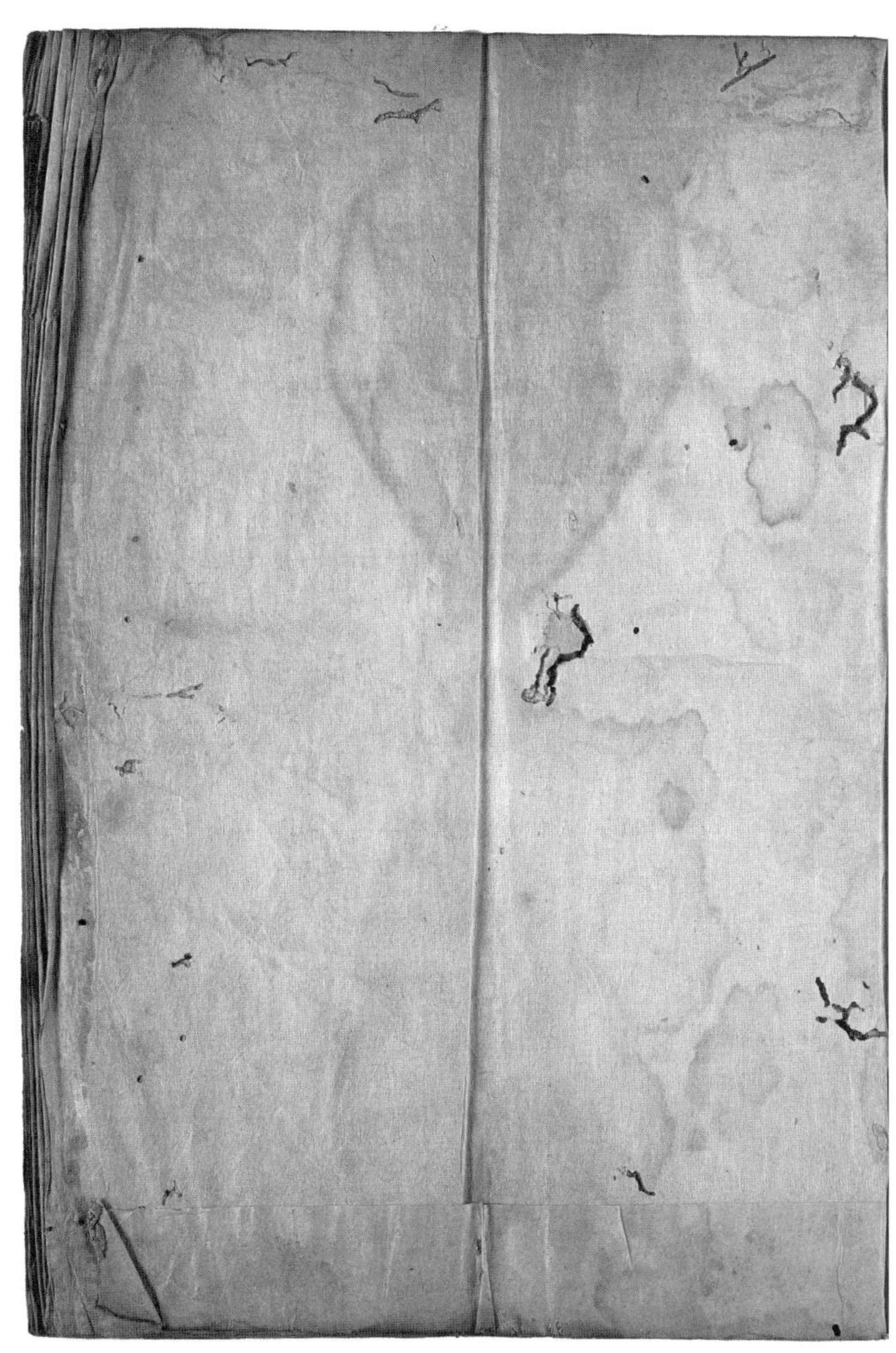

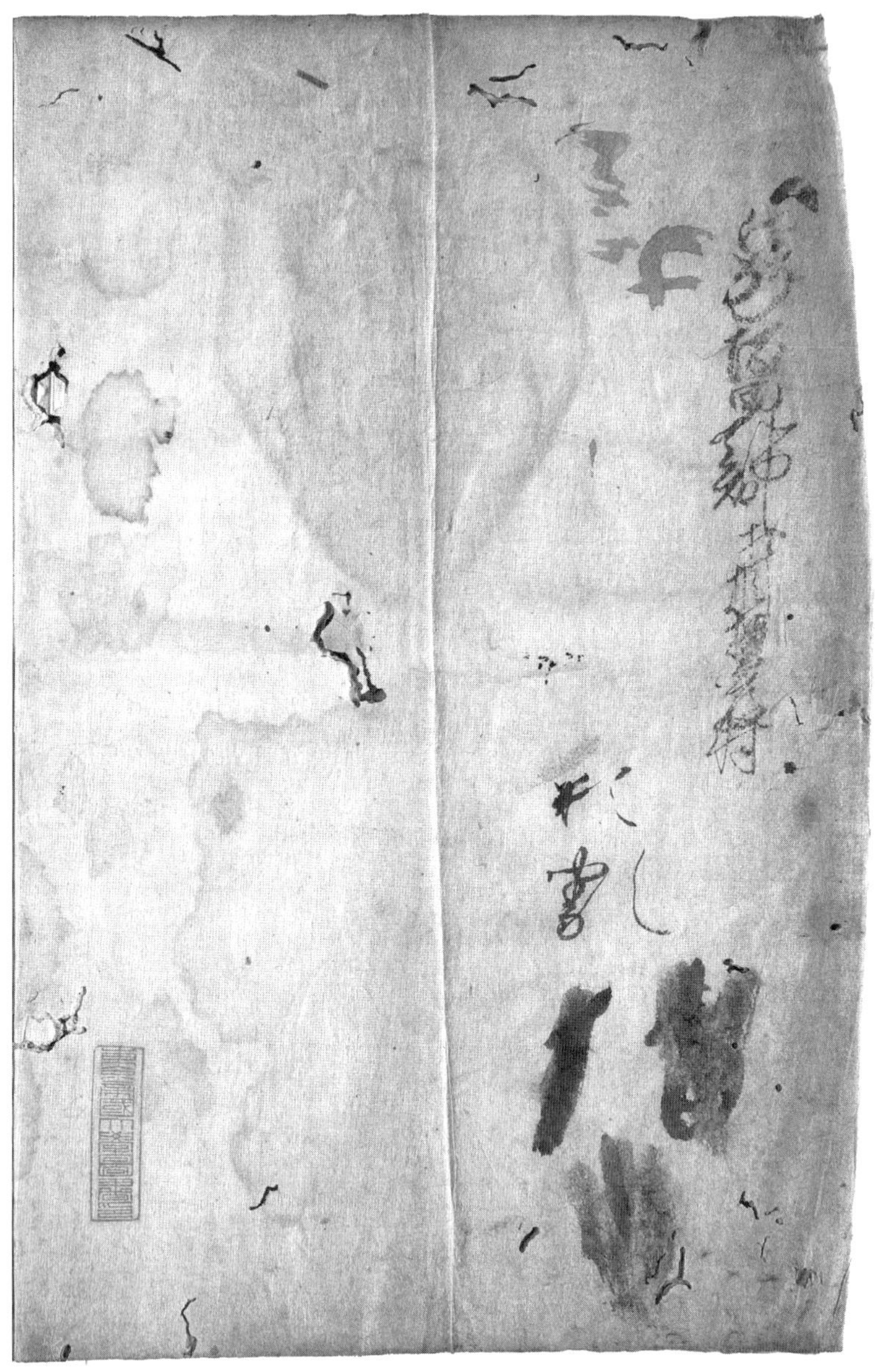

【1オ】

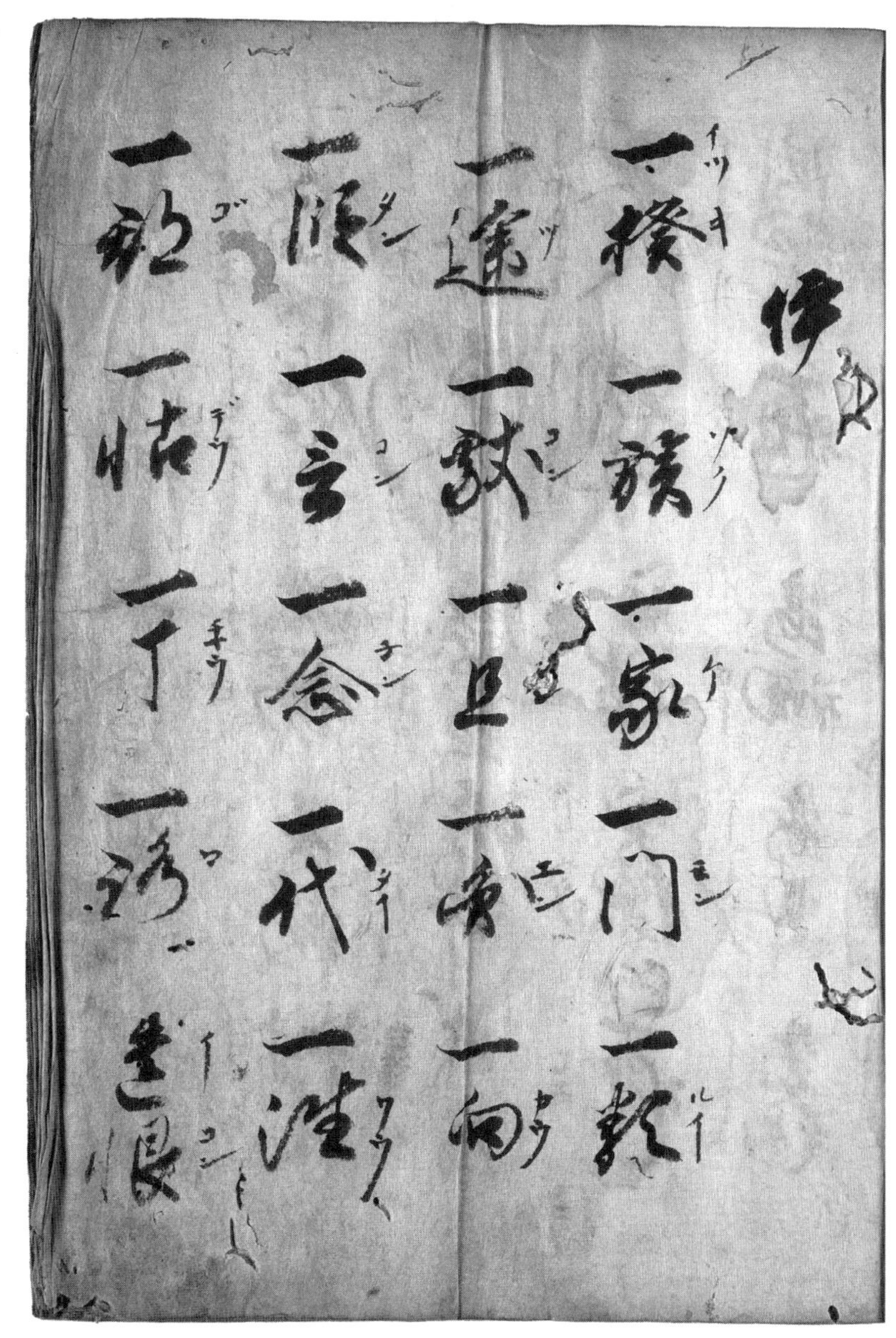

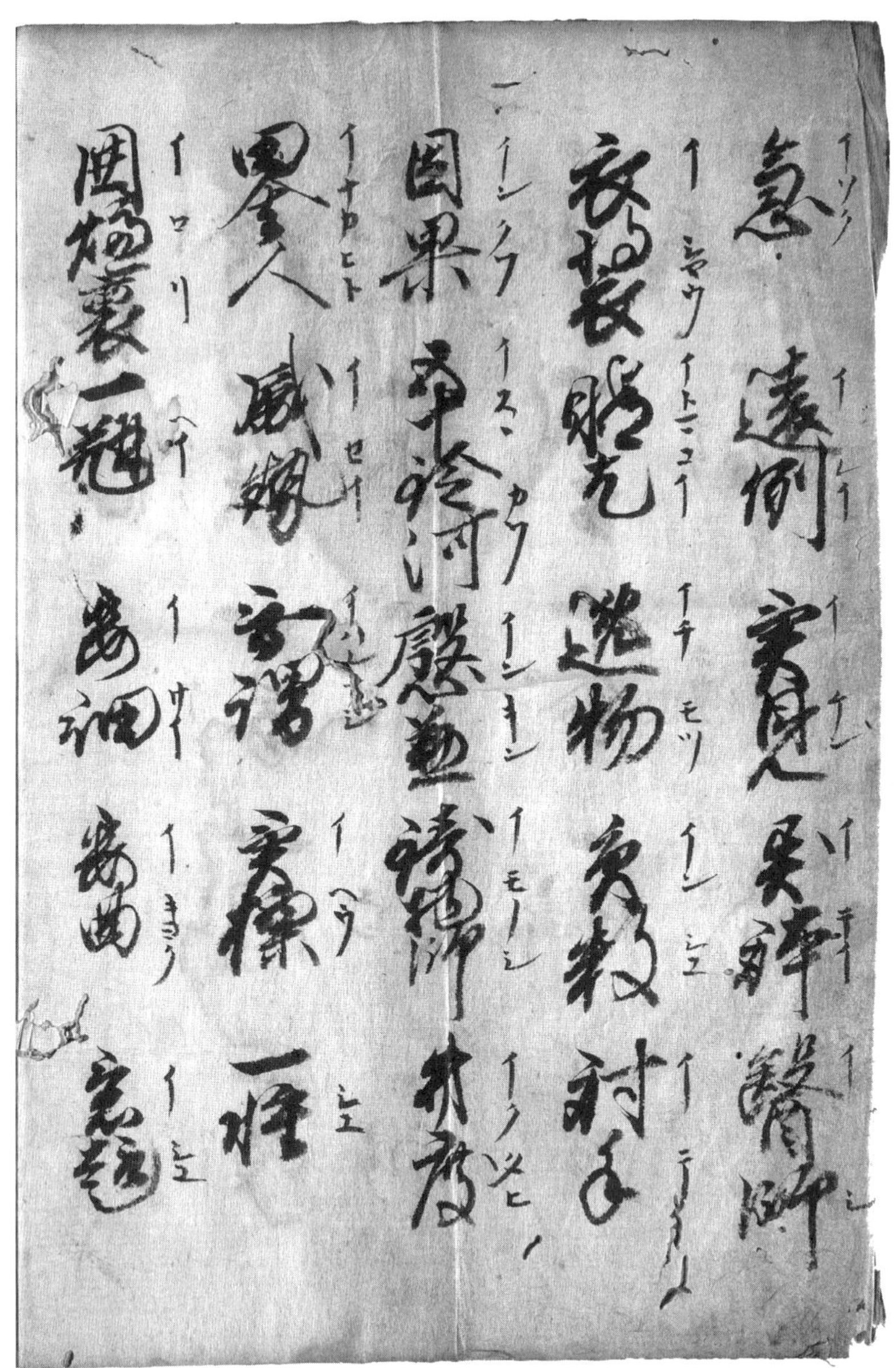

【2オ】

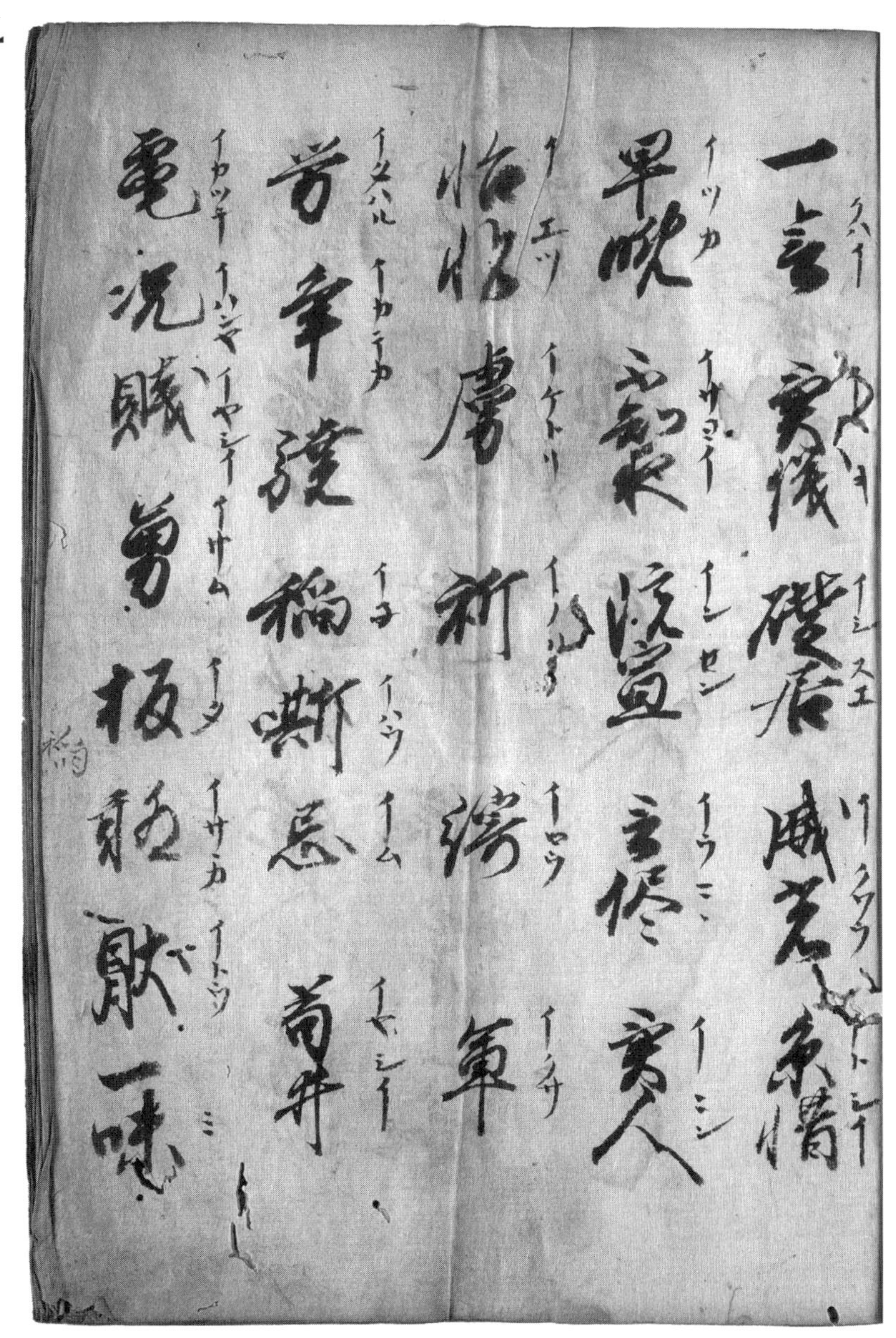

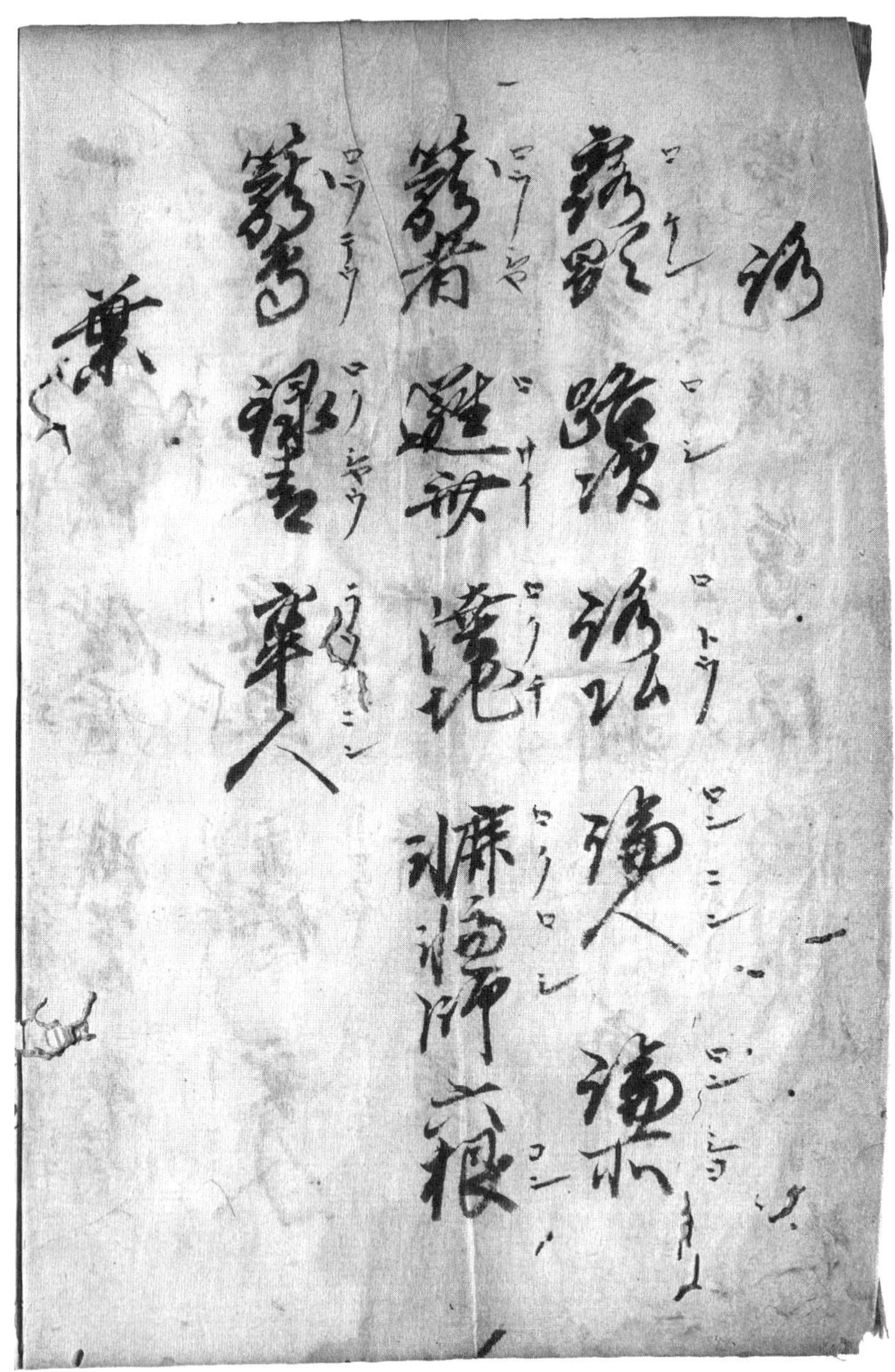

【3オ】

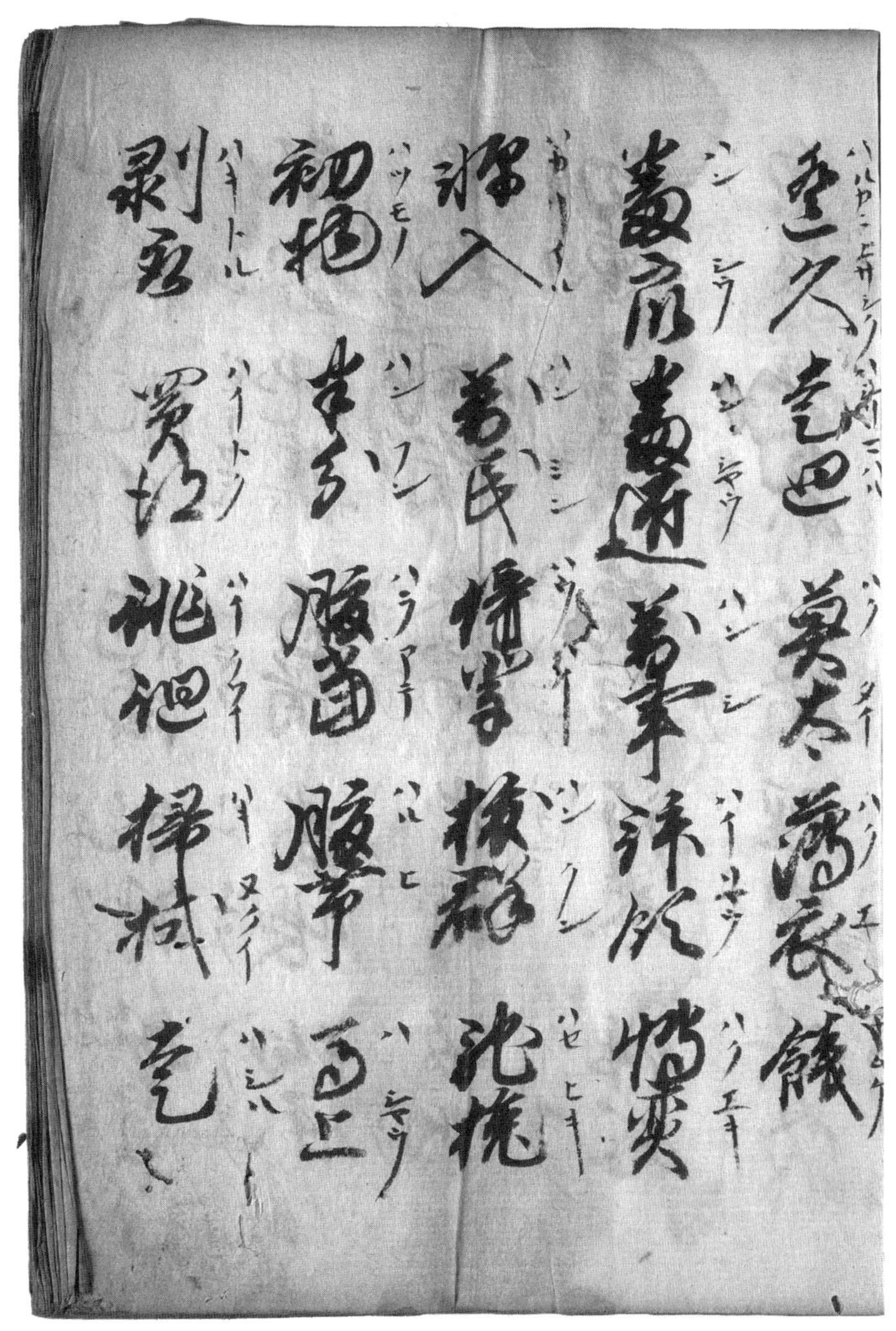

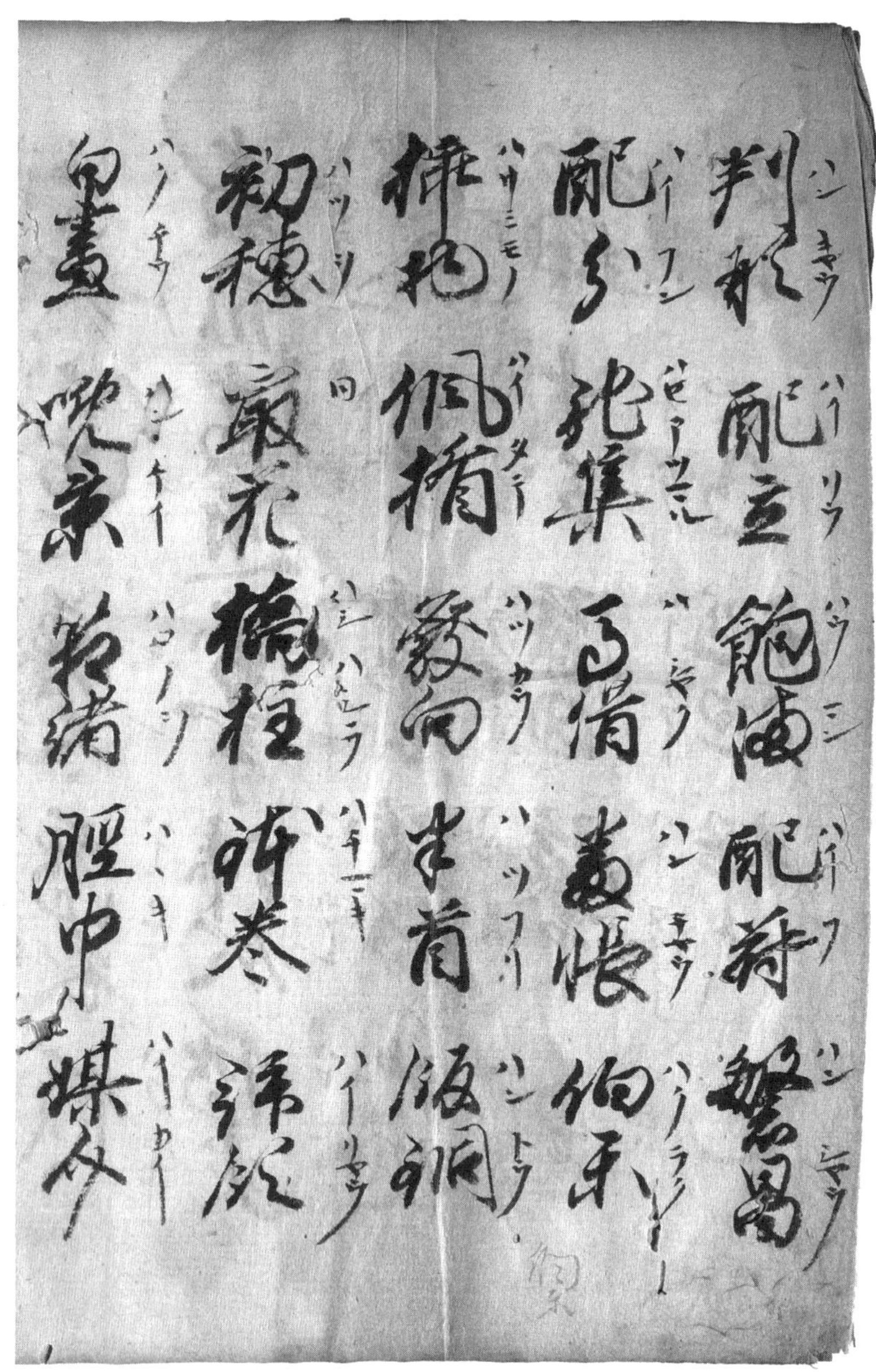

【4オ】

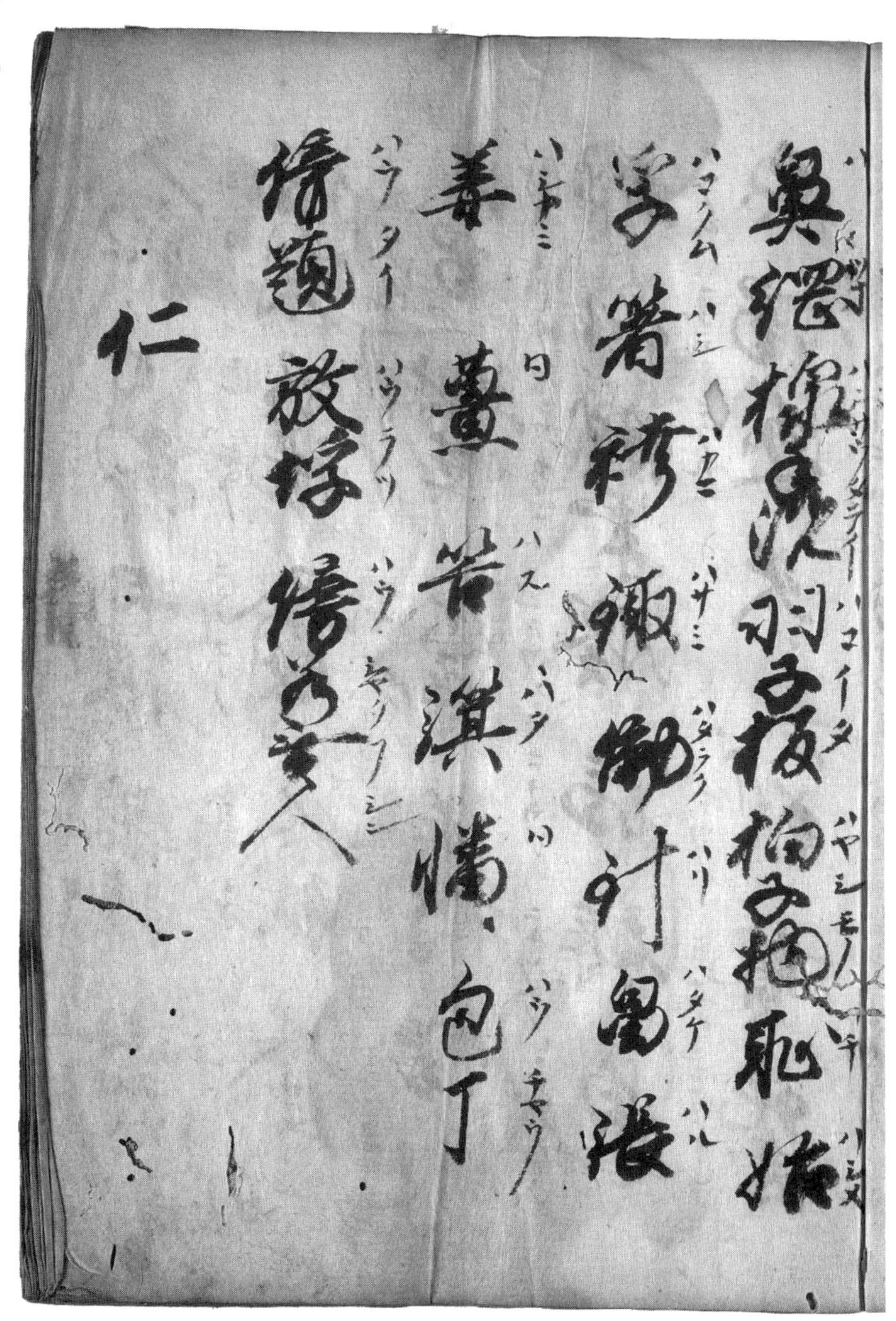

【4ウ】

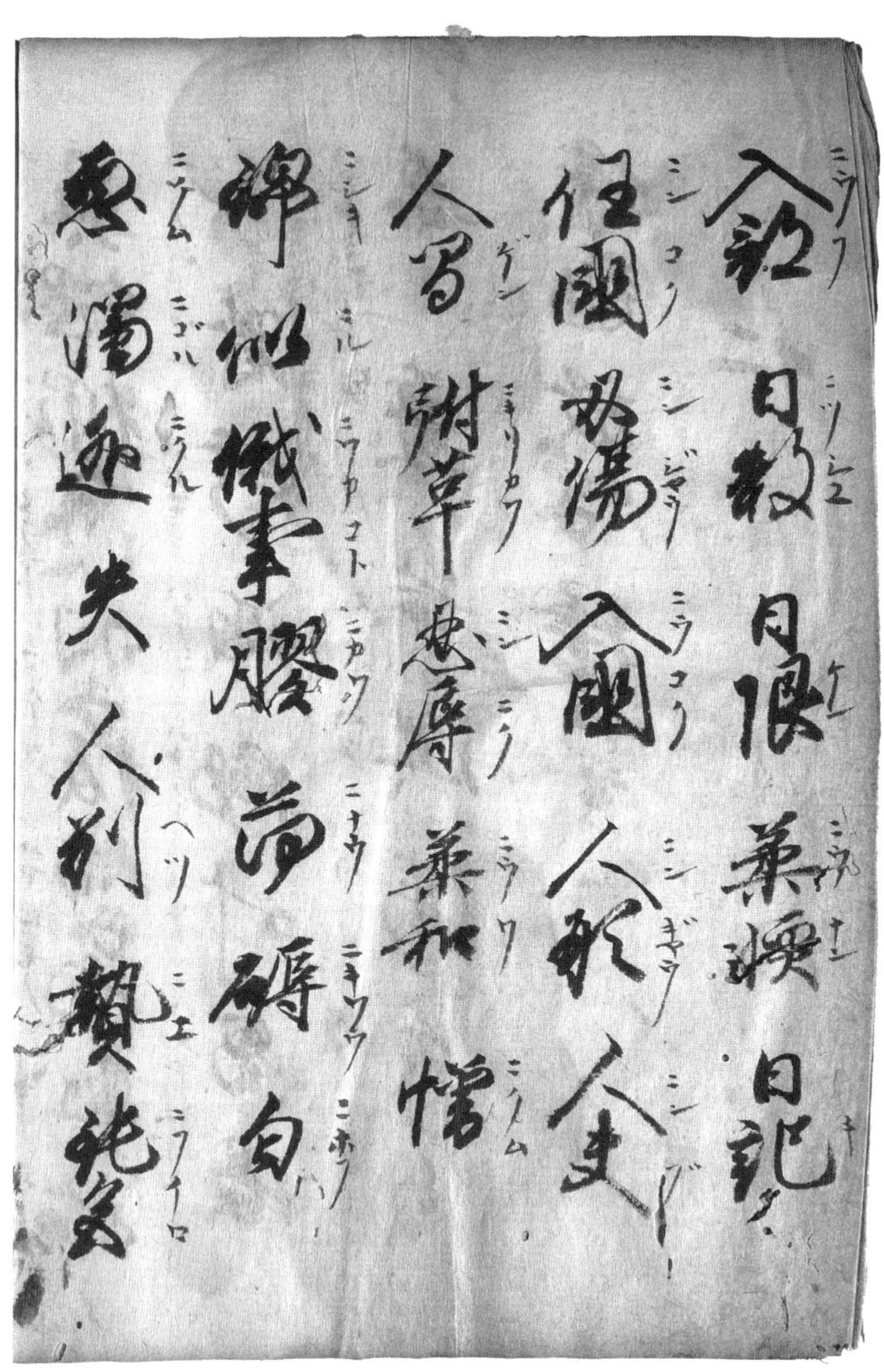

【5オ】

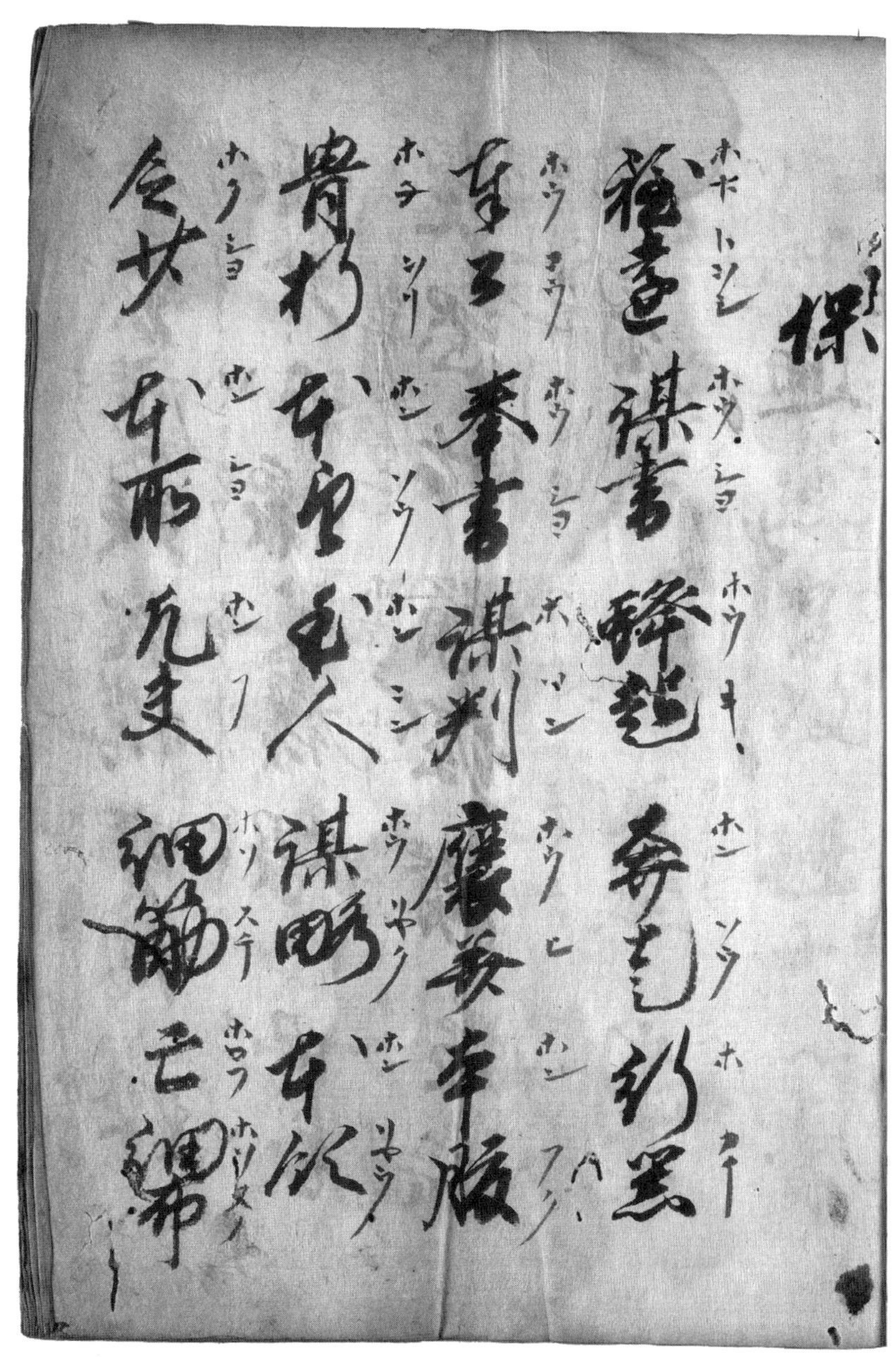

【5ウ】

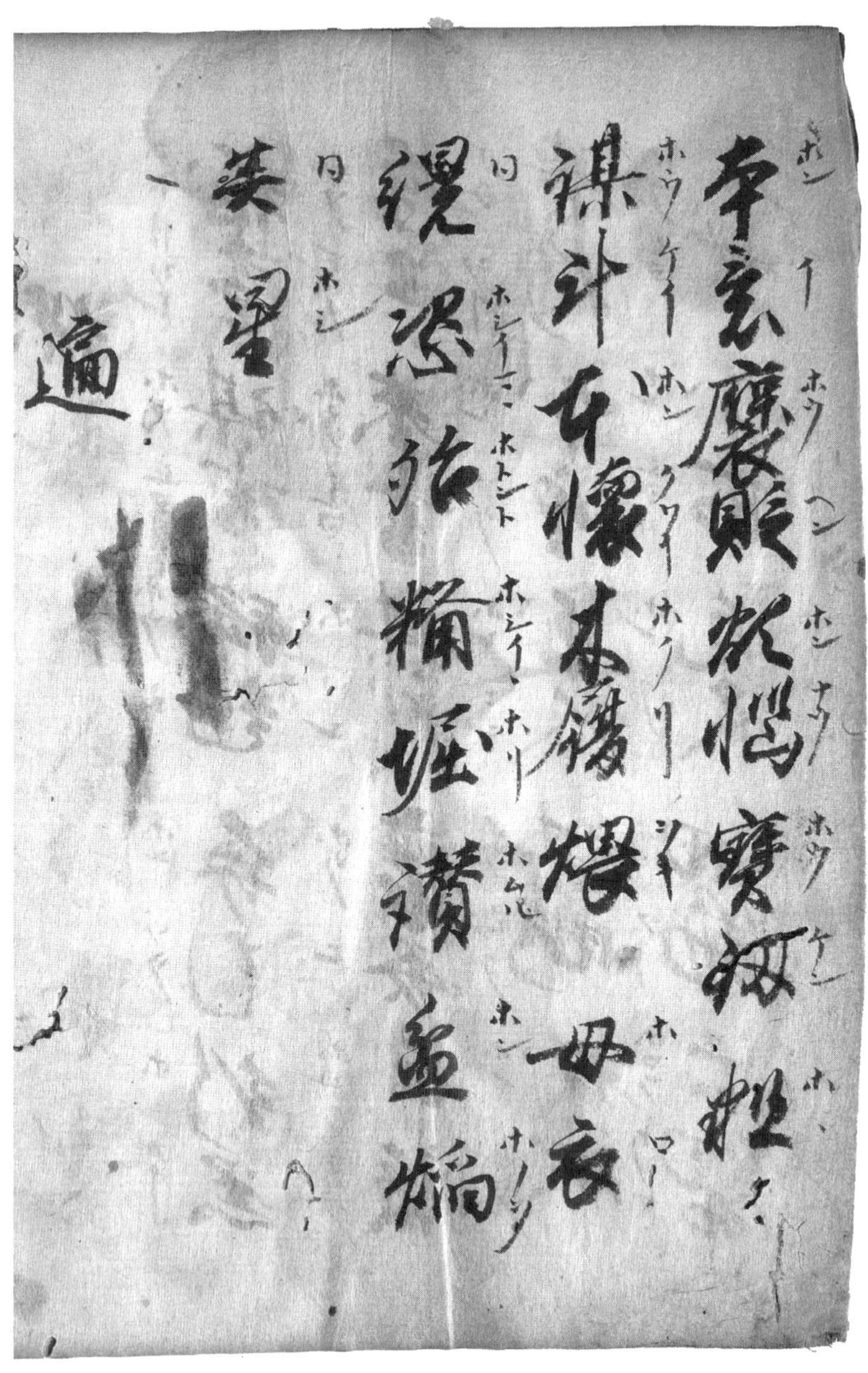

【6オ】

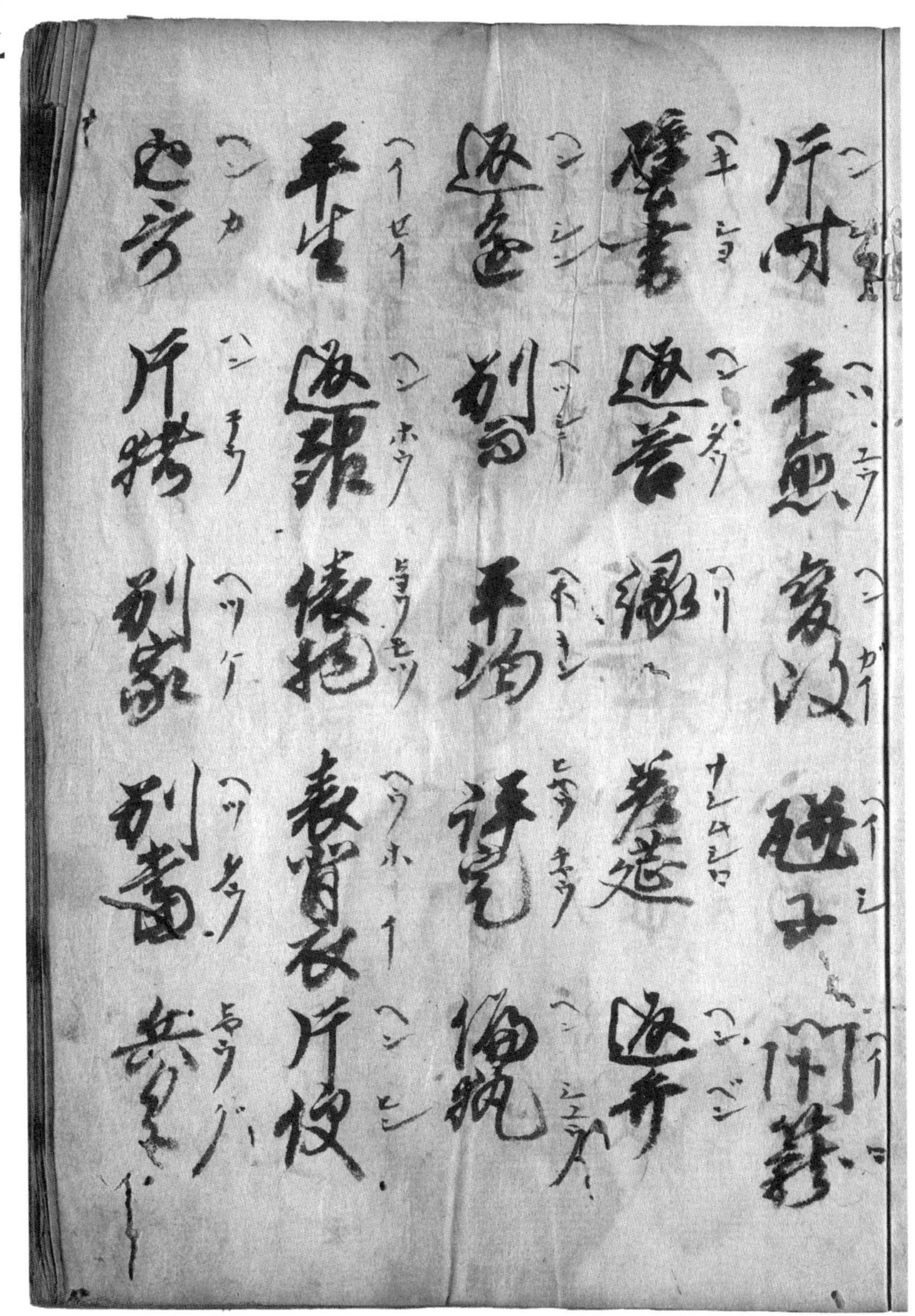

別服 ベツフク

心

トヒ゛ トウノハ トウルイ トウナウクトヒ
後拖 蒙角 同類
トハ゛ トサ トハ゛ウナク
トリハウノ トサ゛ トハ゛ トリセウ トクノブン
死逃 主産 逃世 が 亥救
ヒノイ トクウ トノセイ トリセイ
當逗 黄 漁政 寒殺 漁ち

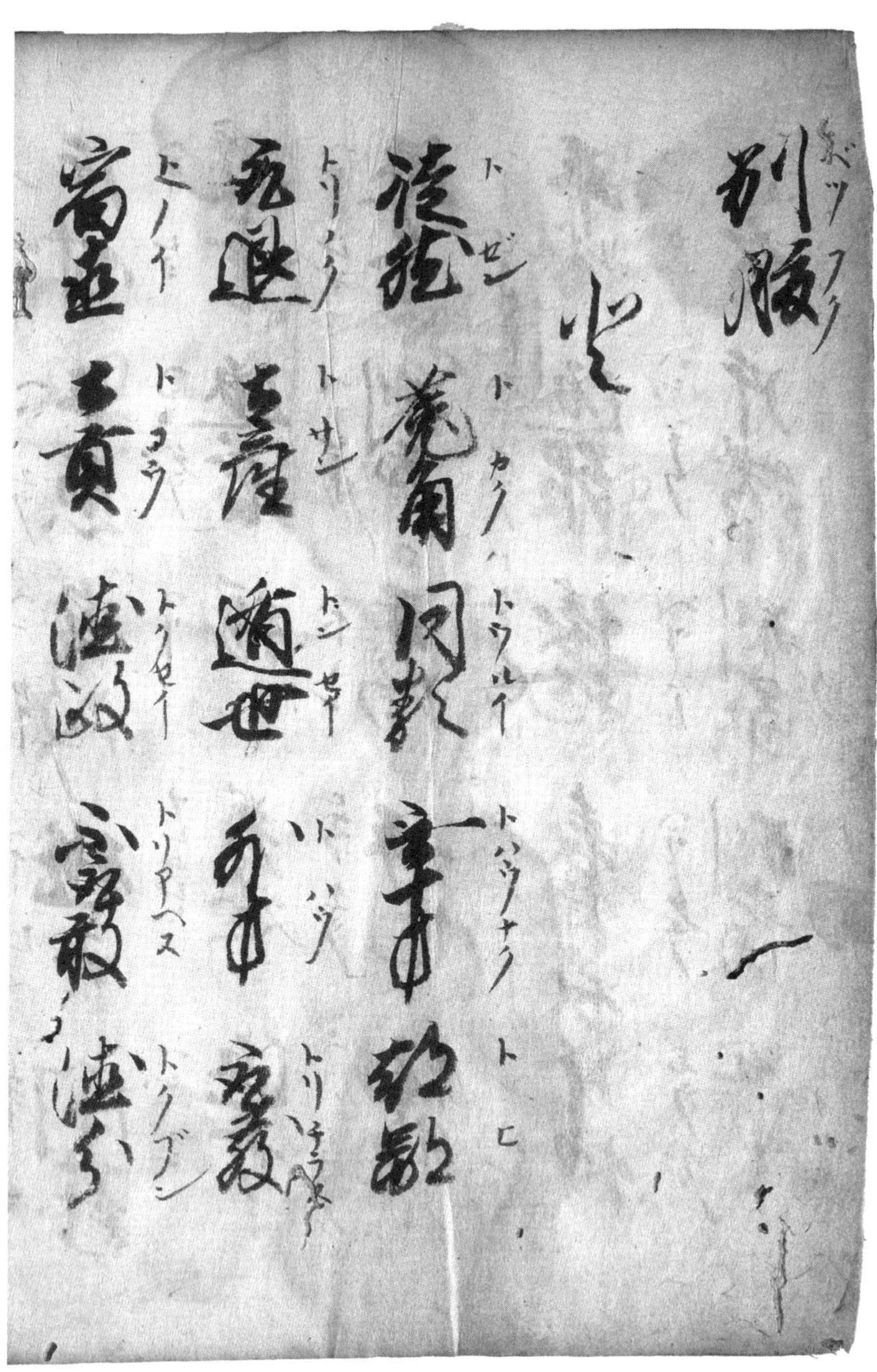

【7オ】

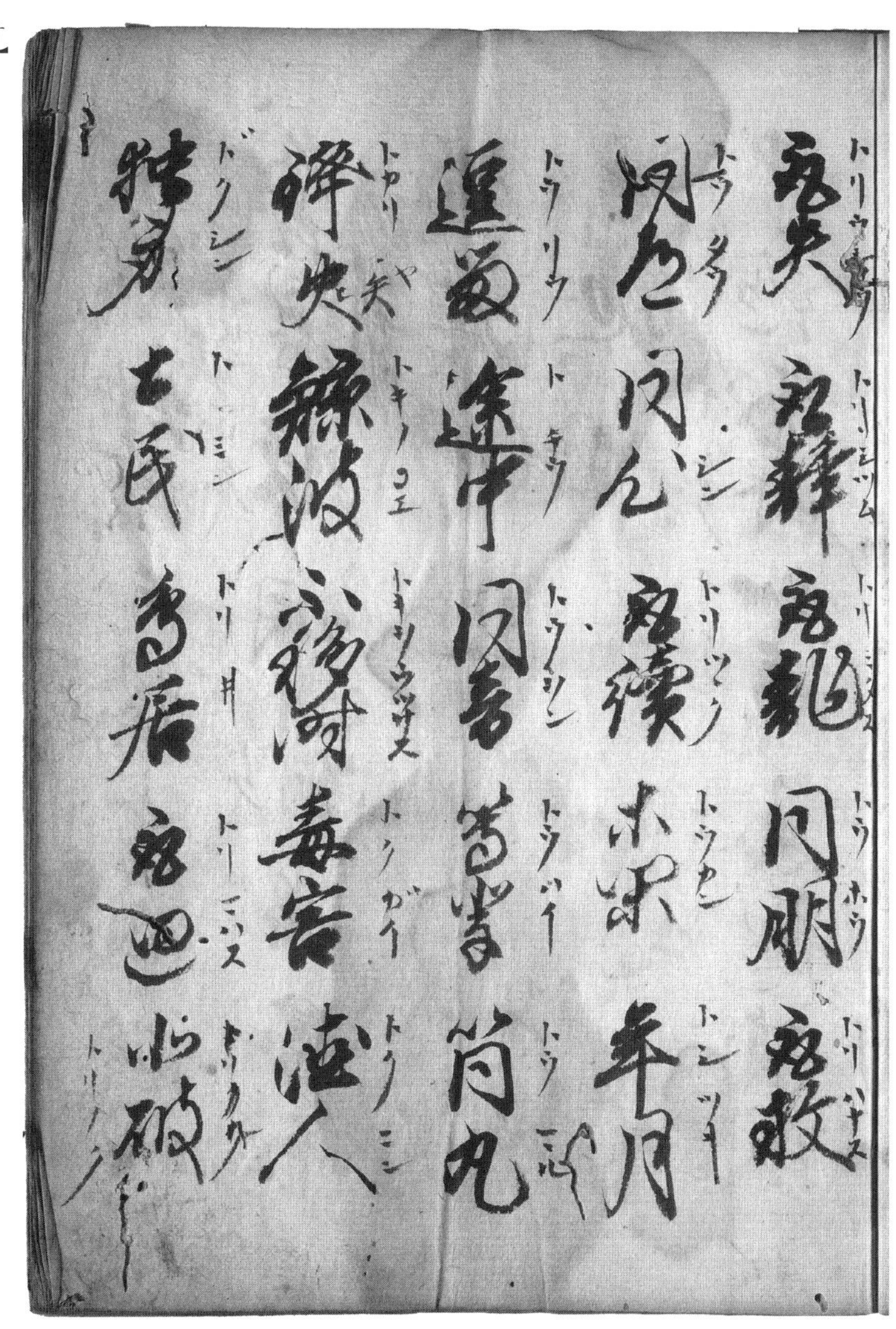

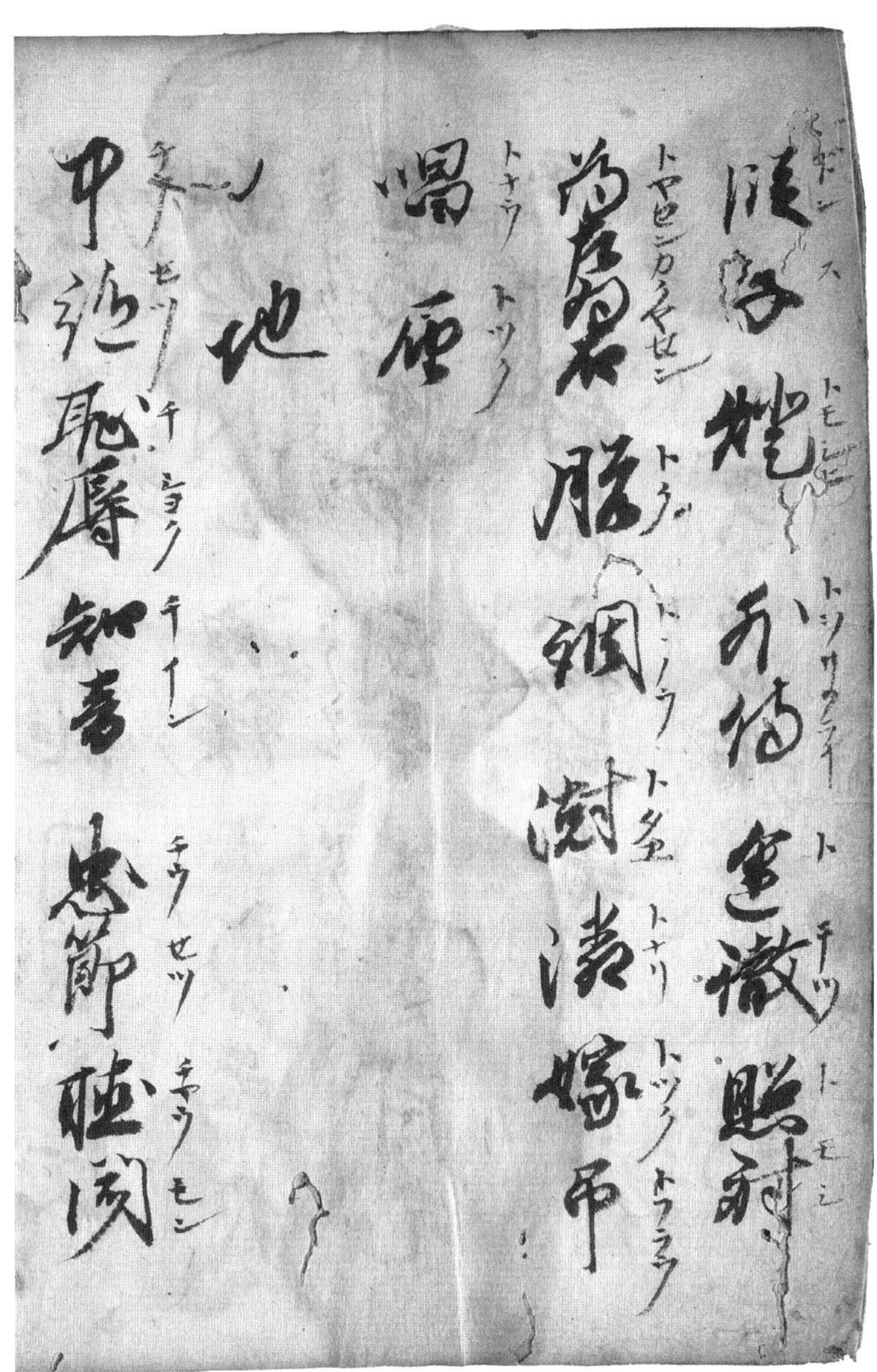

【8オ】

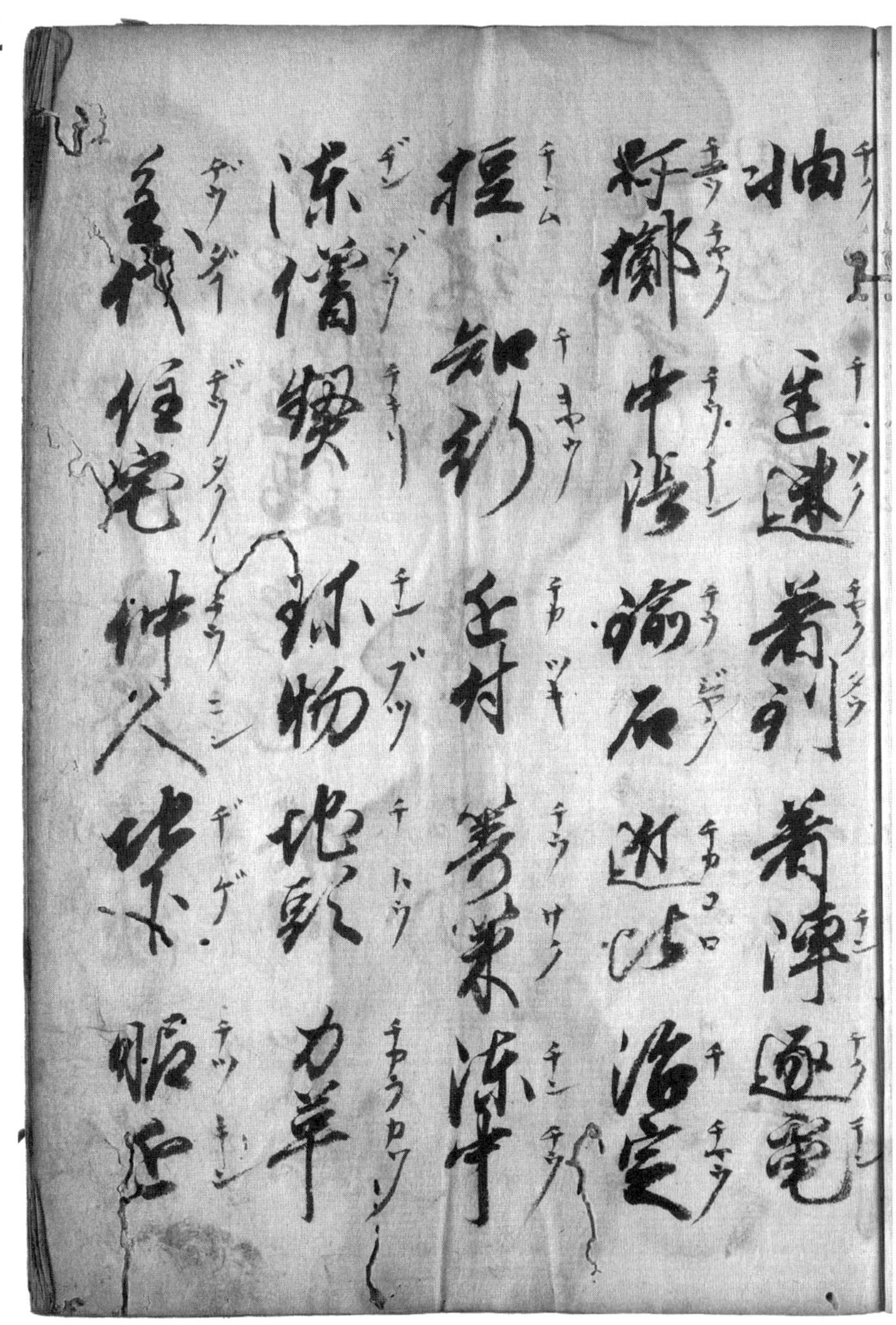

【8ウ】

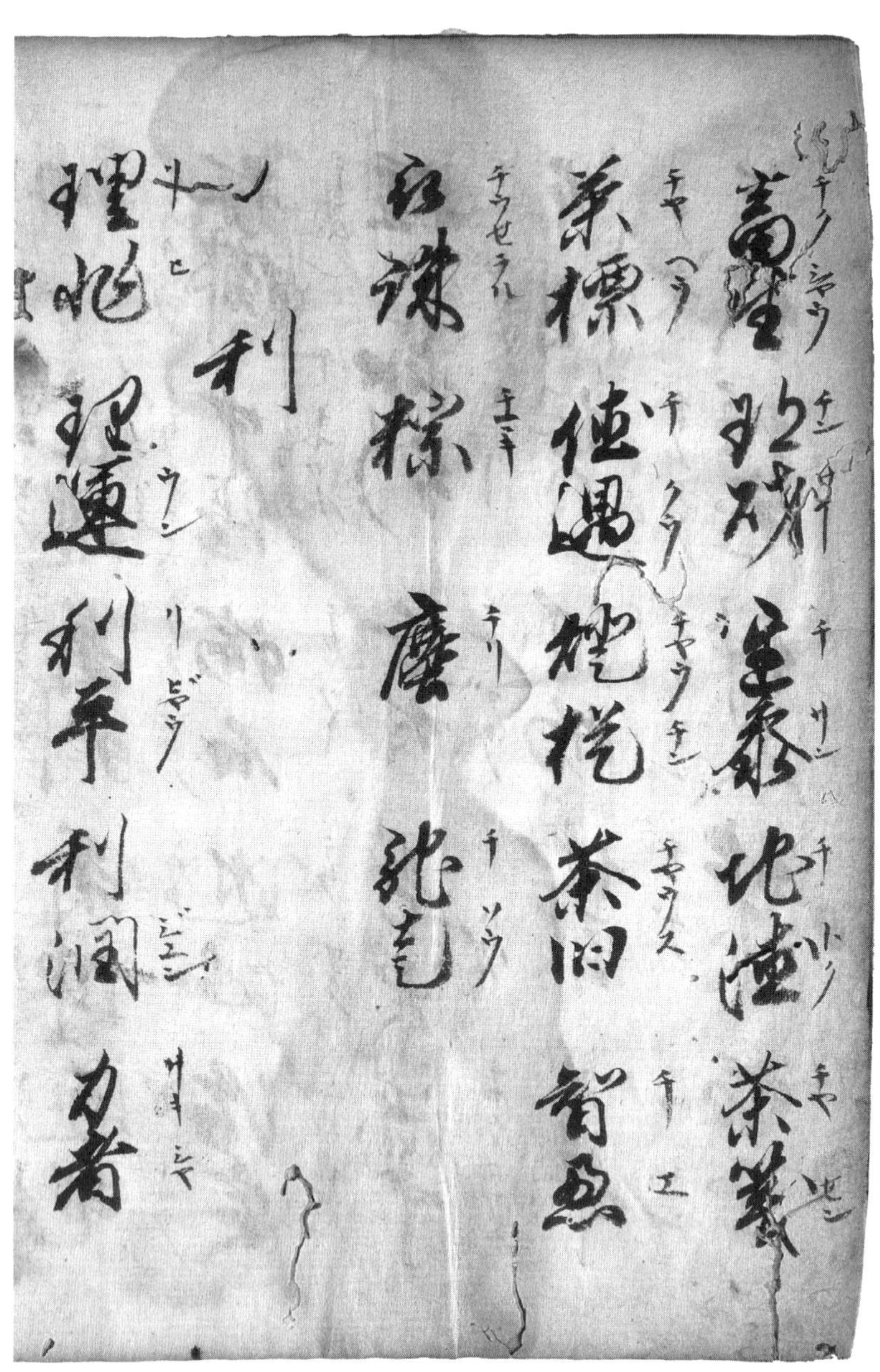

【9オ】

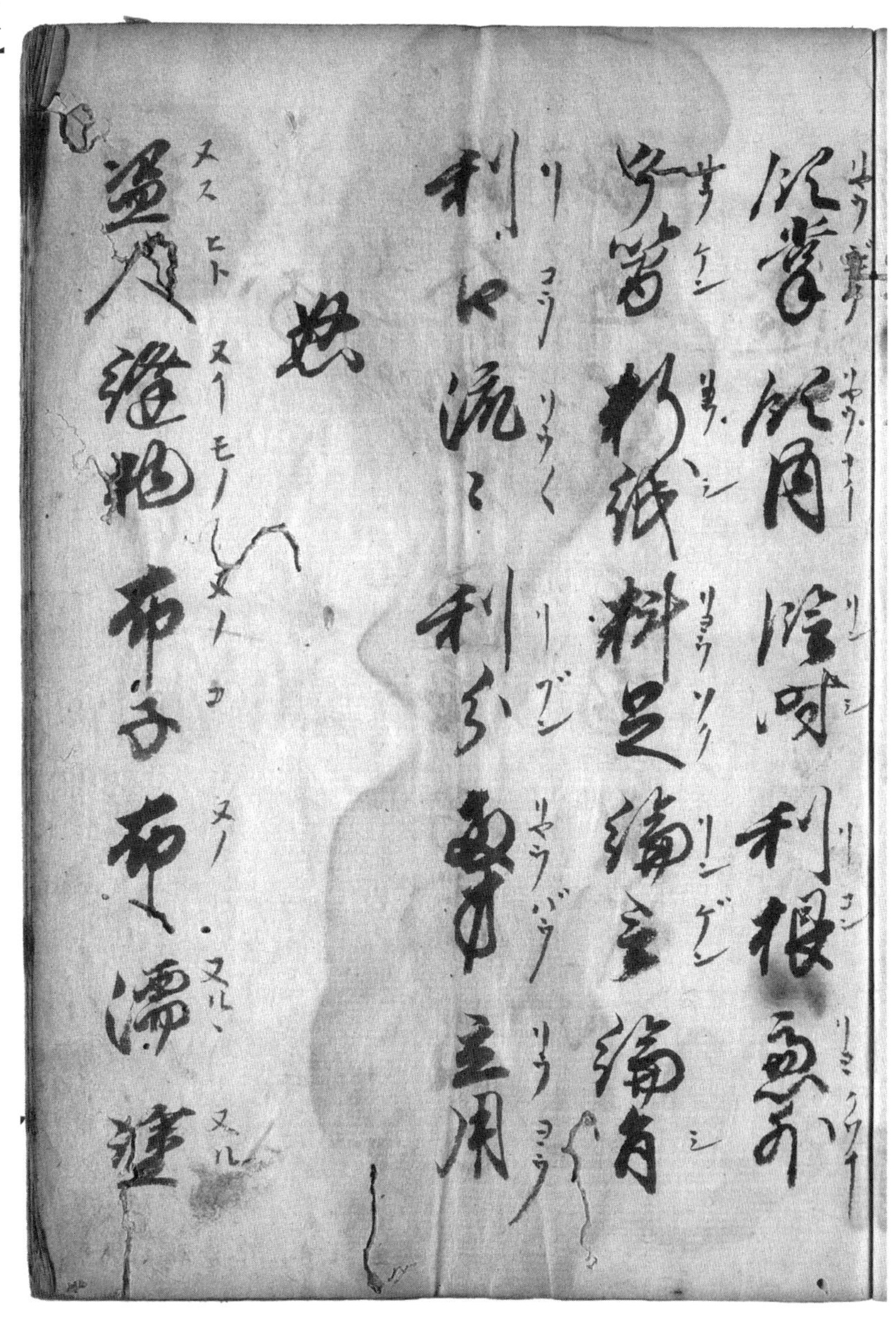

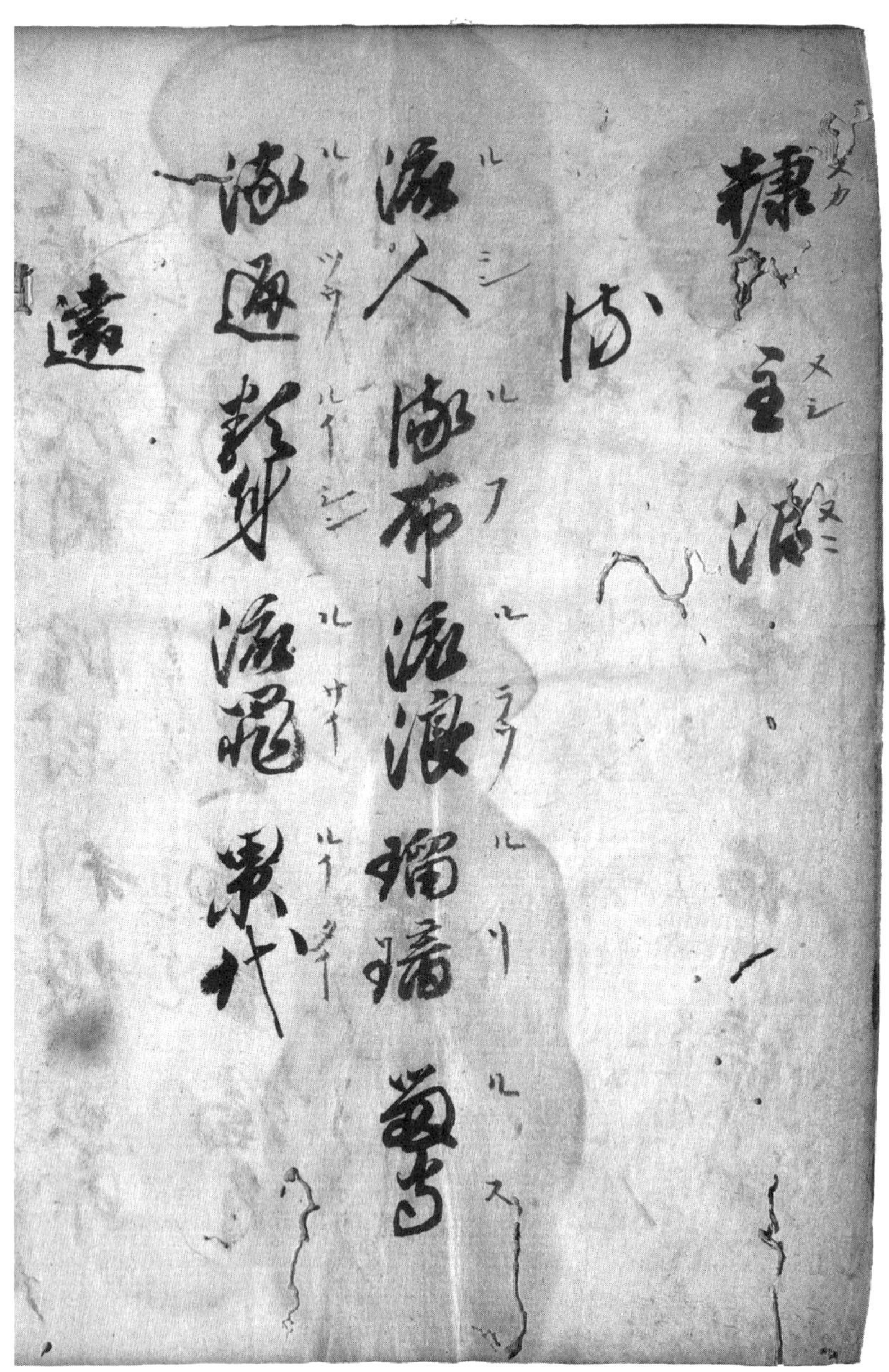

【10オ】

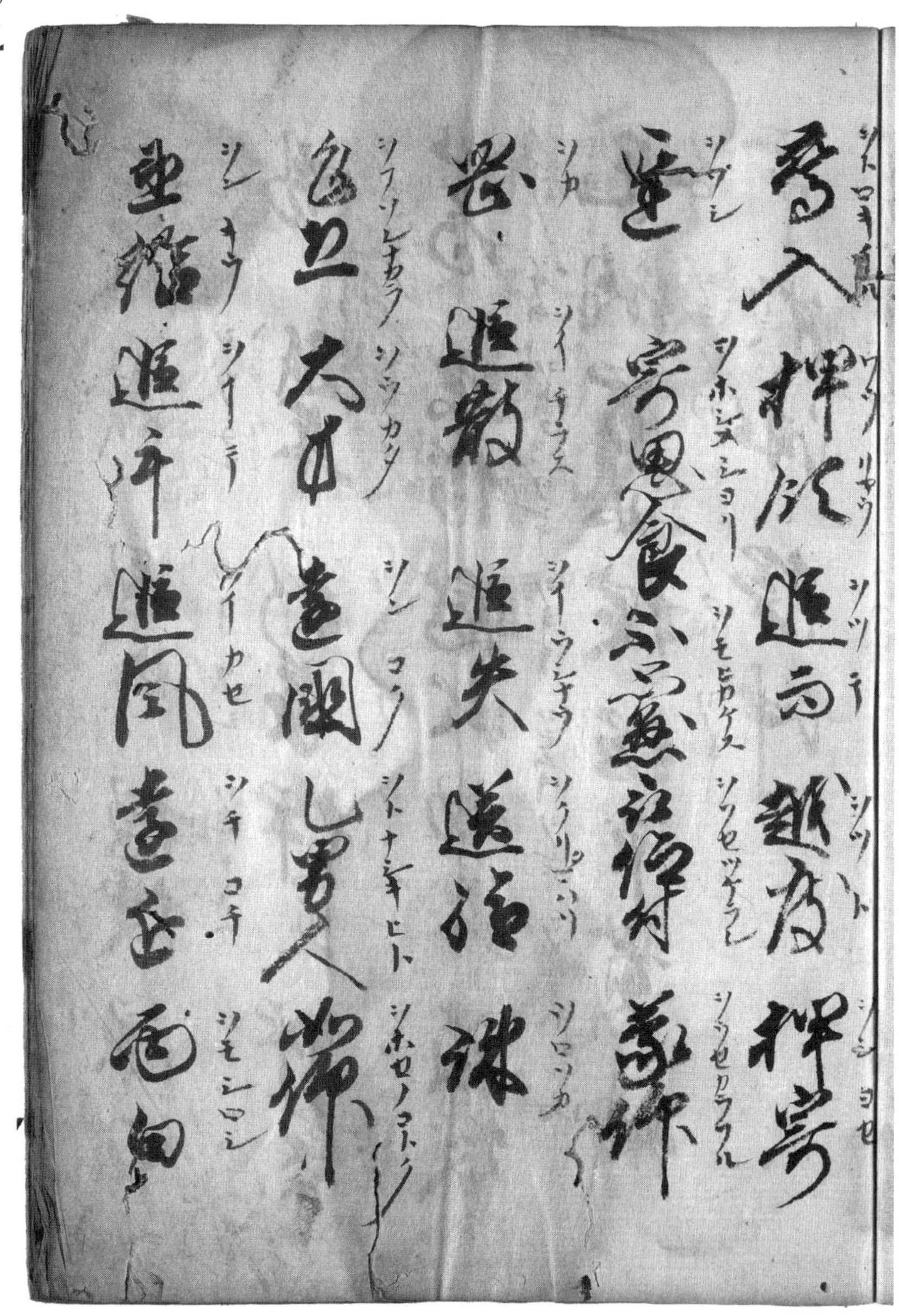

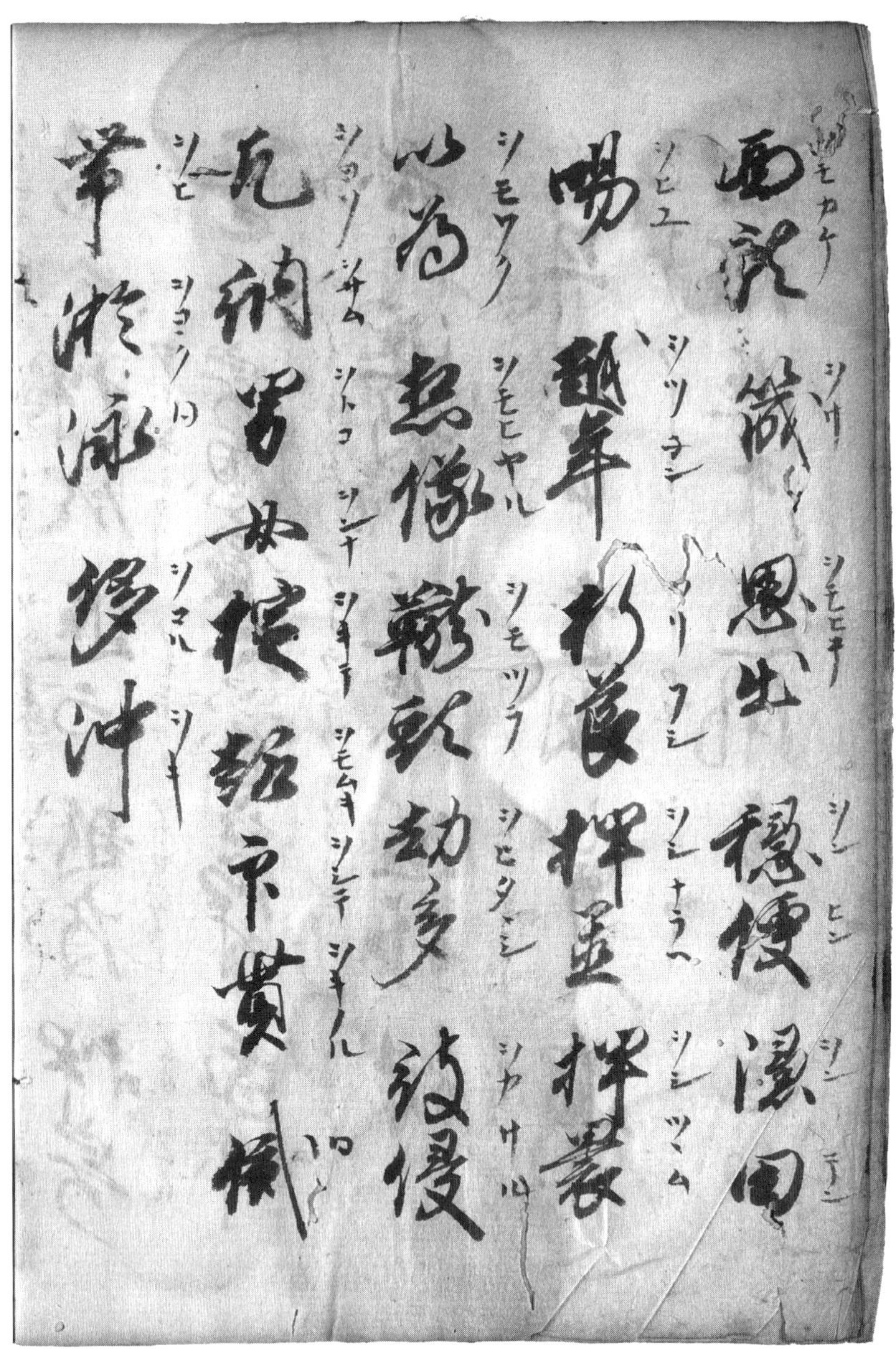

【11オ】

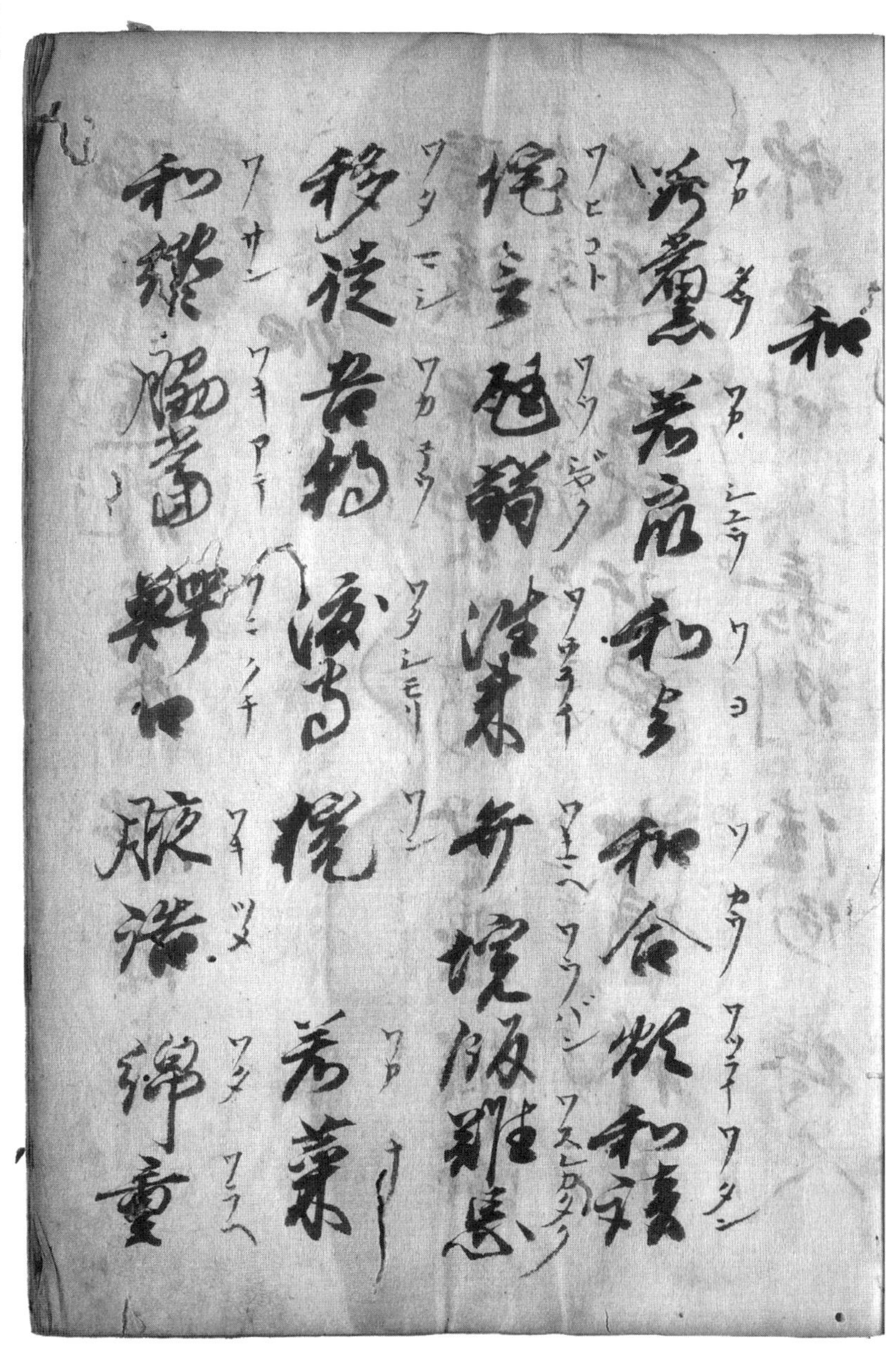

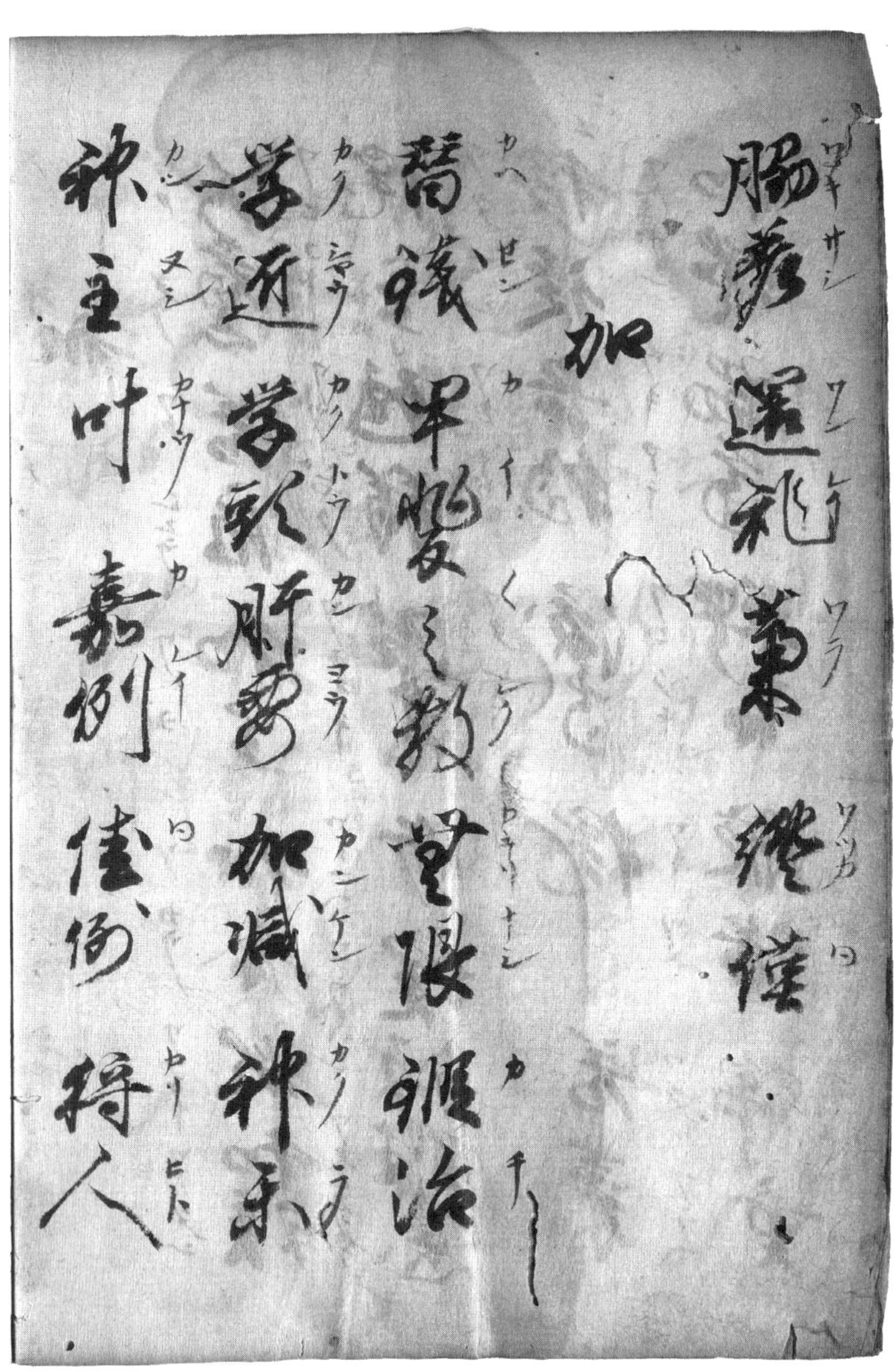

【12オ】

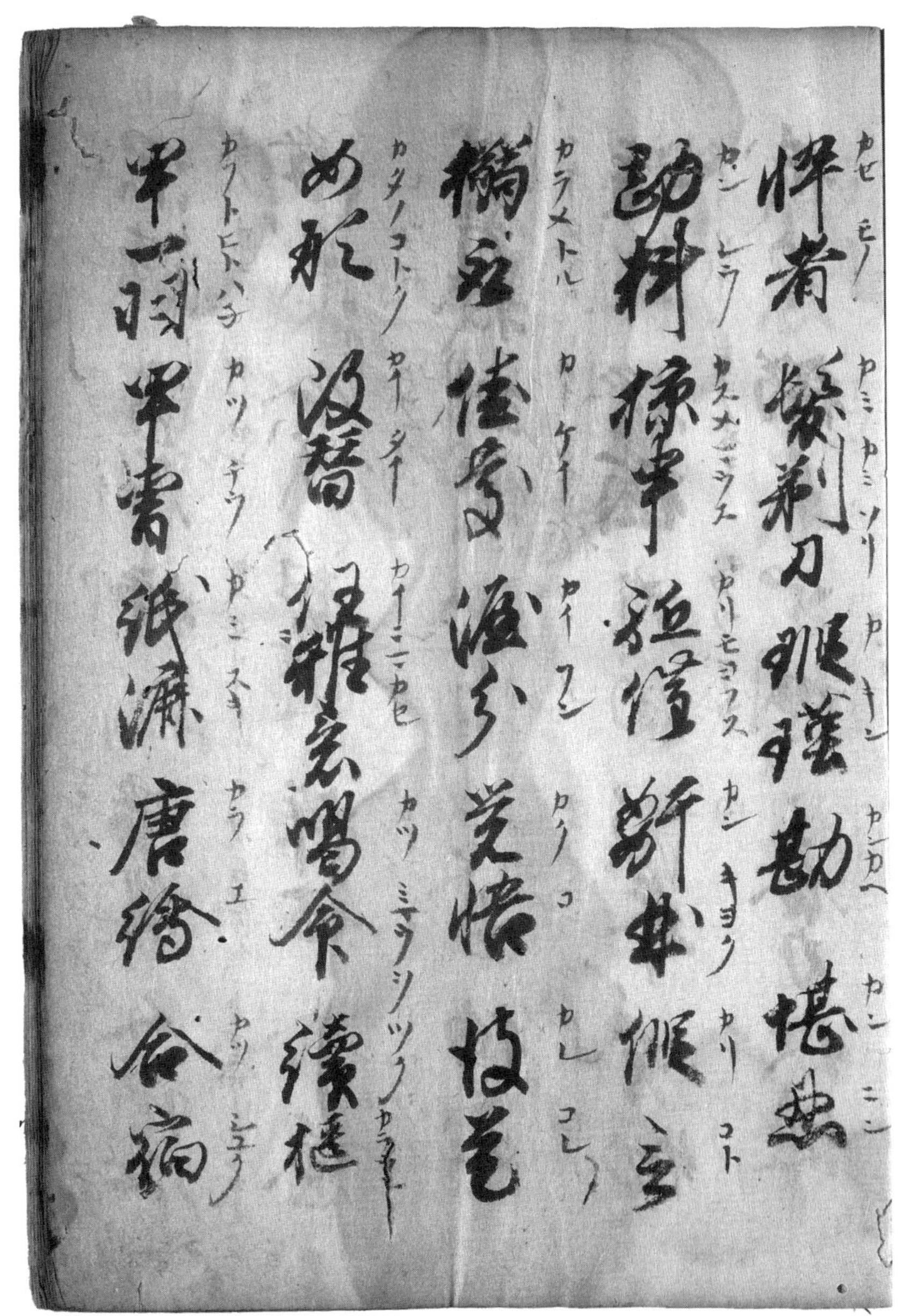

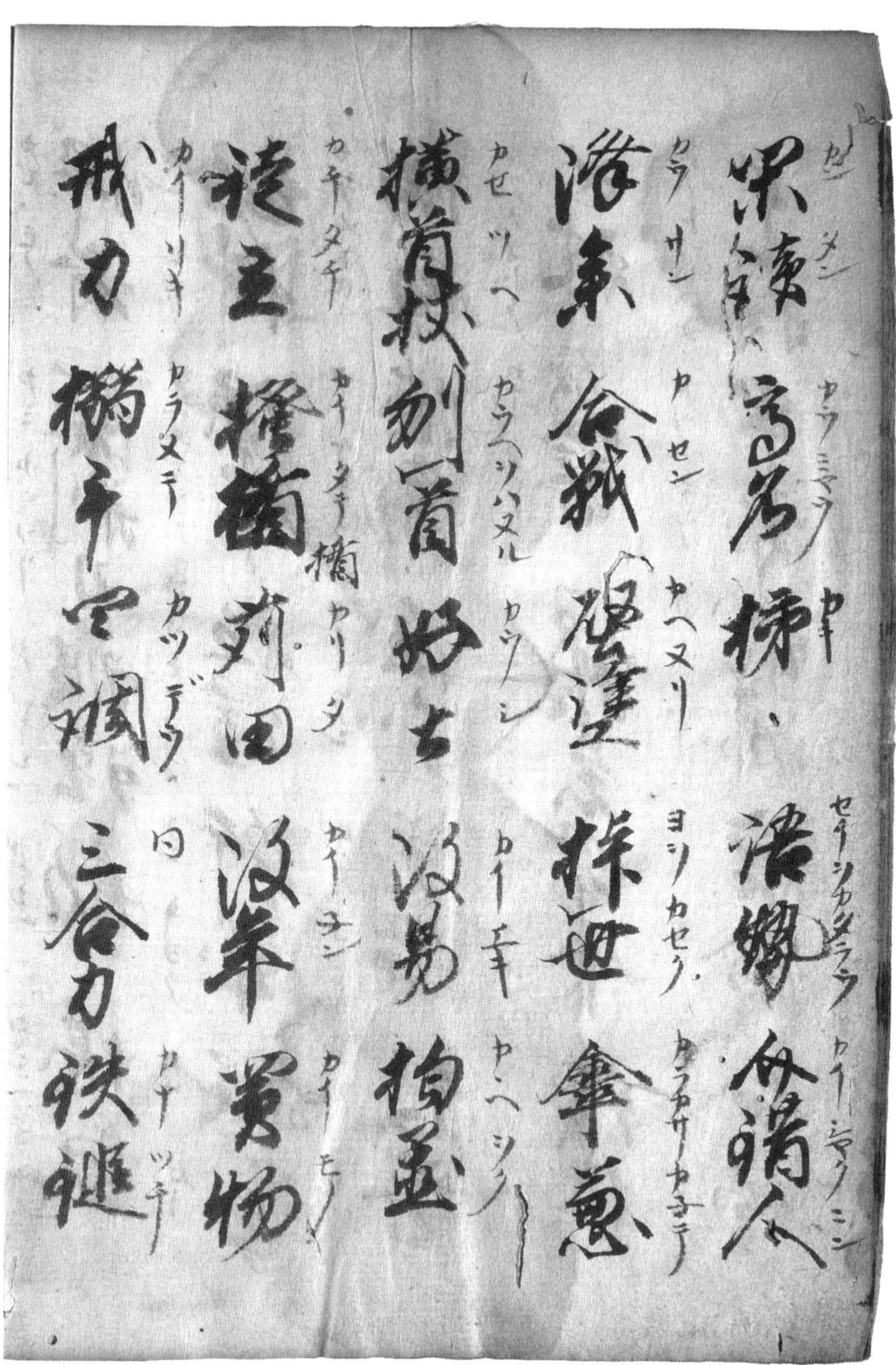

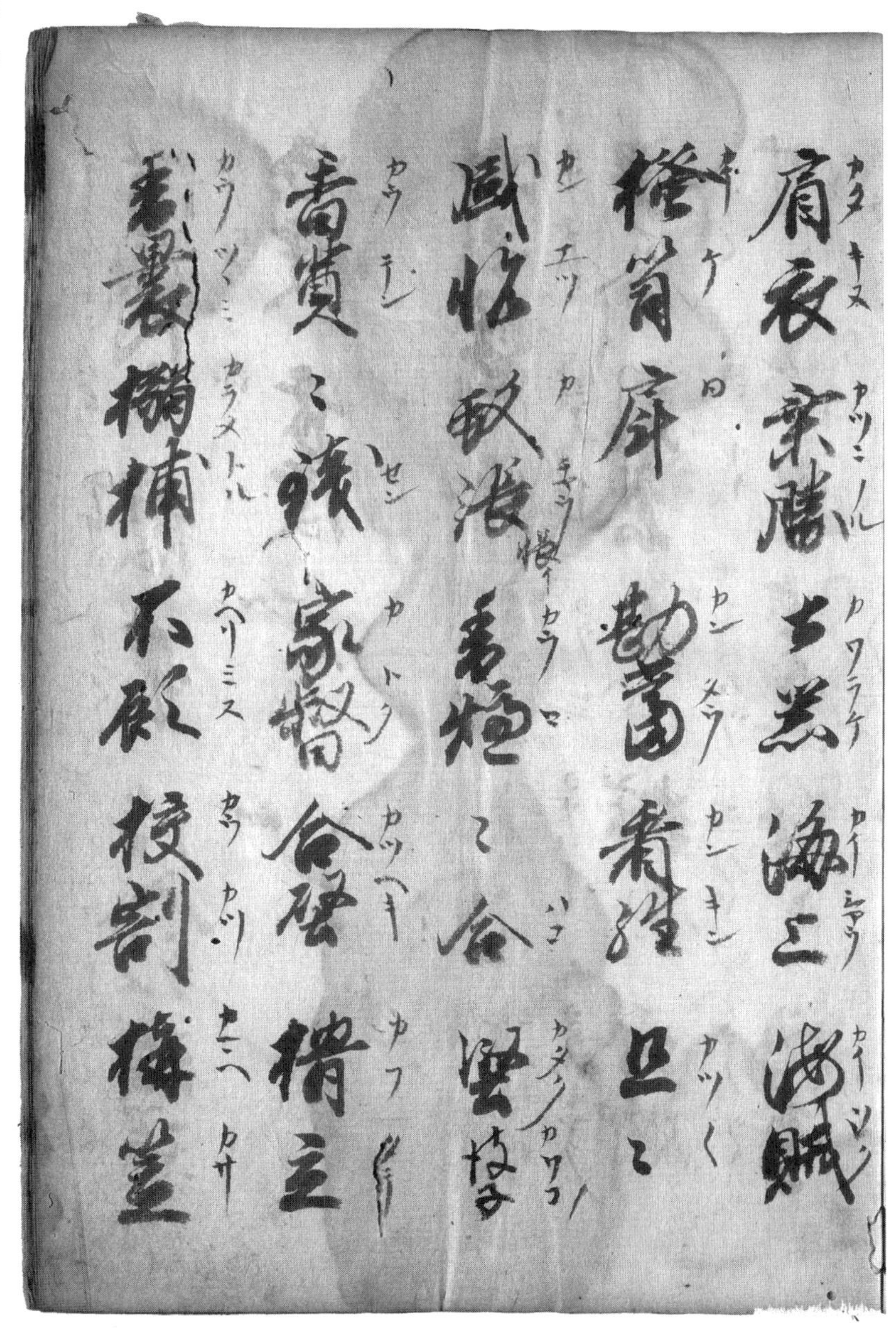

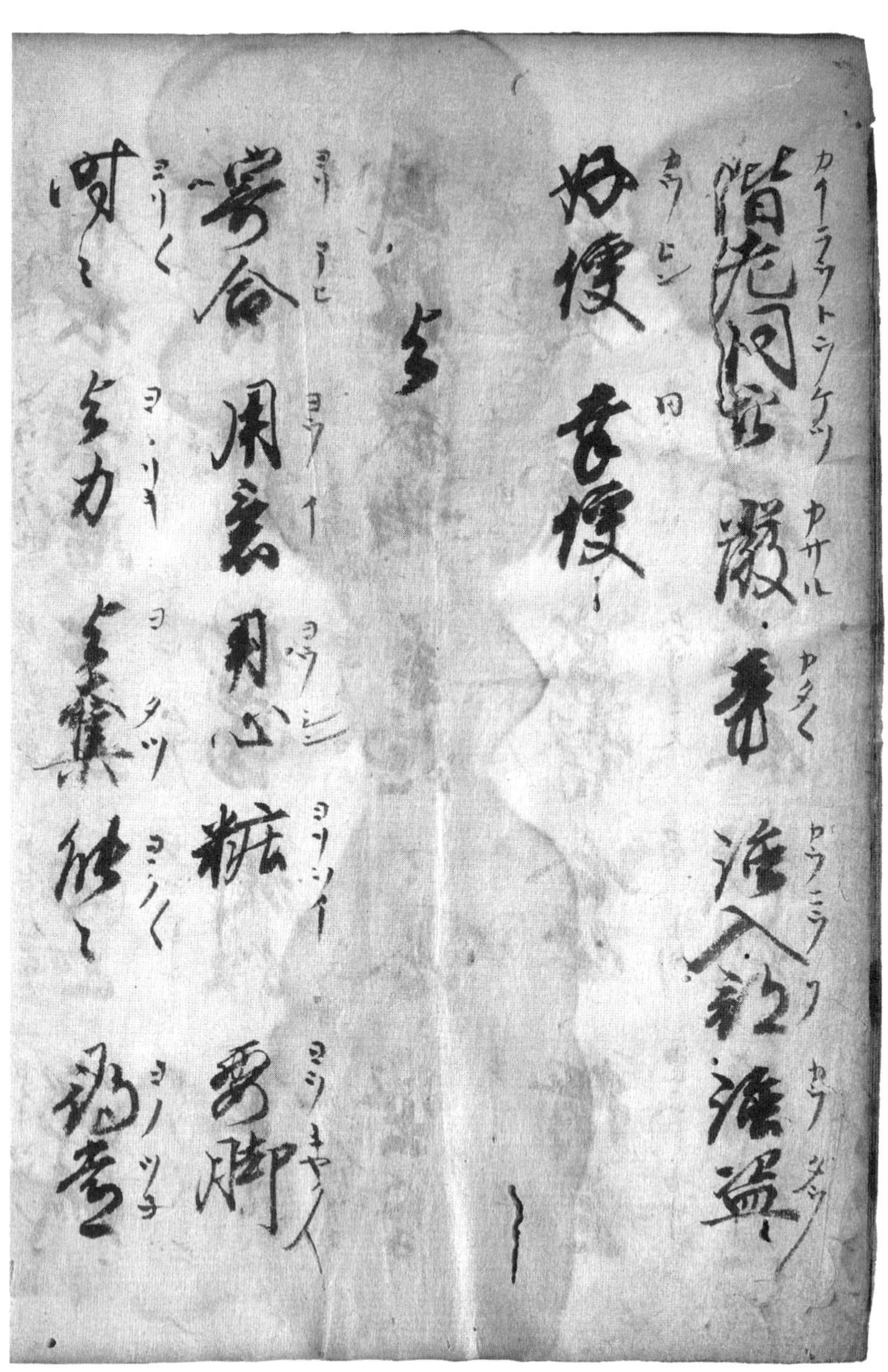

齢　柳営　幻化　翌月　欲化
風俗　栄諧　余閏　栄恩　栄盈
栄鬖　横苗　餡䐗　餘䓁　体捨

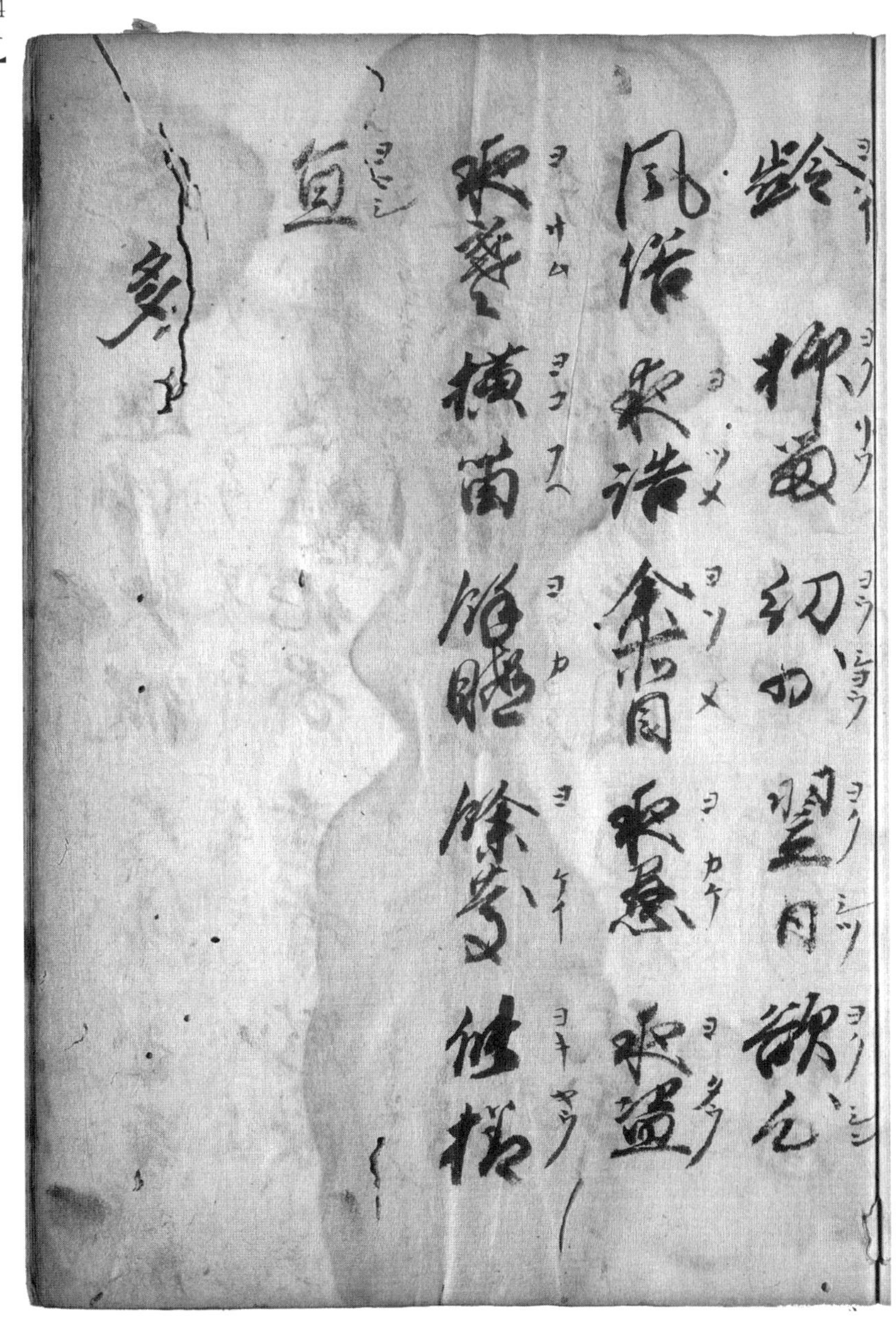

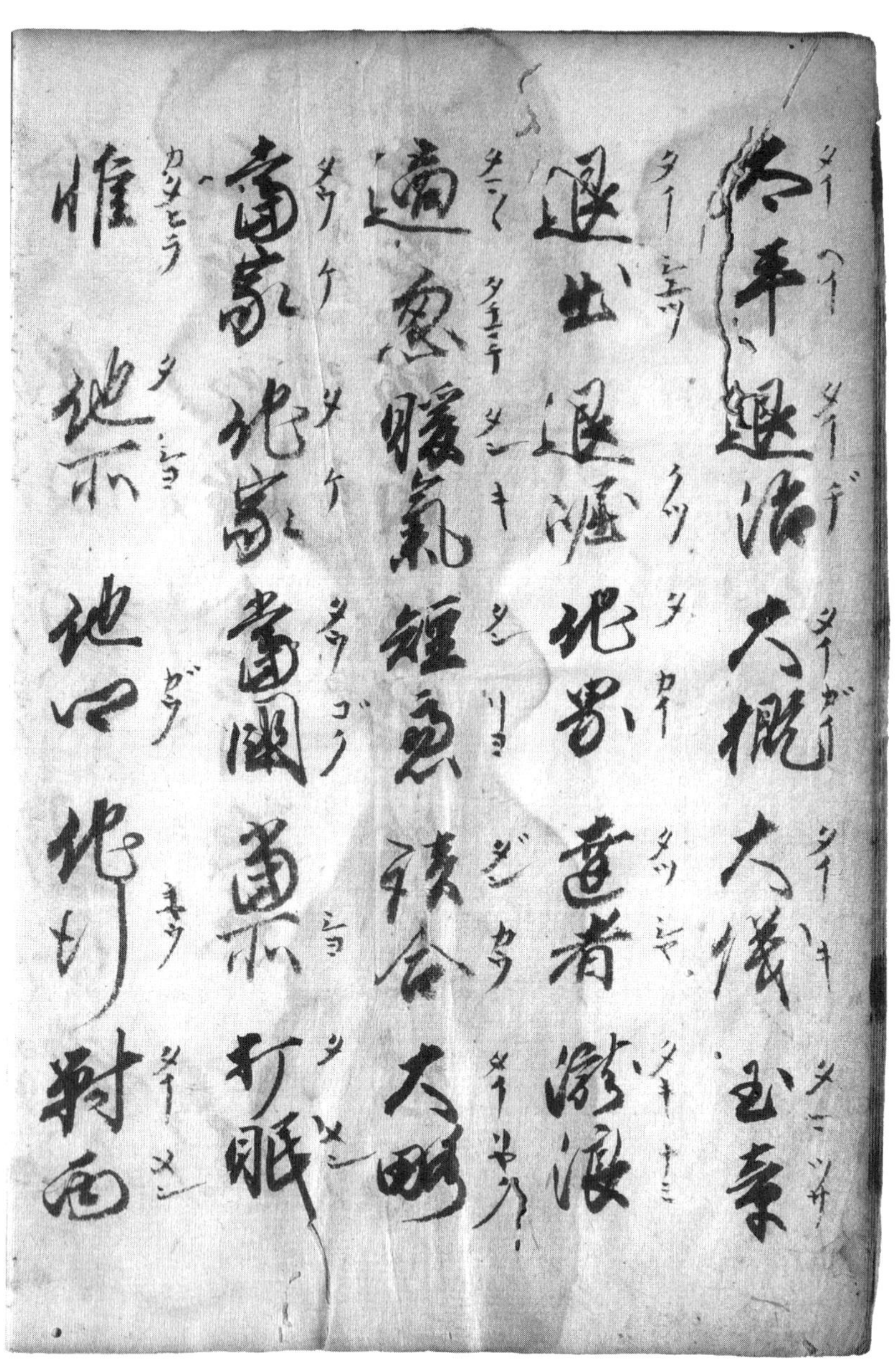

【15オ】

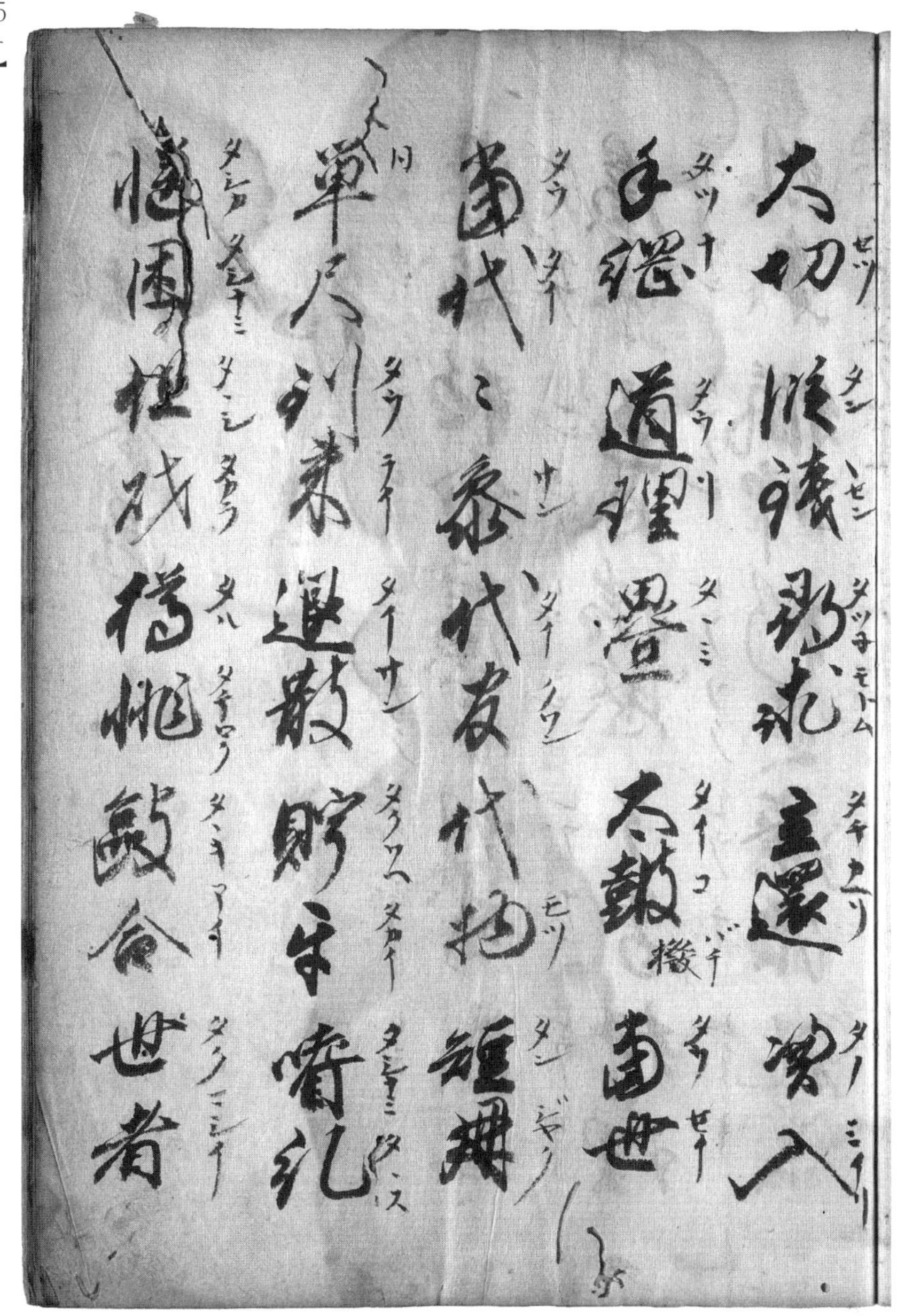

當社茶毘〔タウヤタビ〕

礼

烈父獵師刹是療治礼義
歴祖豚介蘆舌例弐走而
蘆中走日惰憨乡营料理

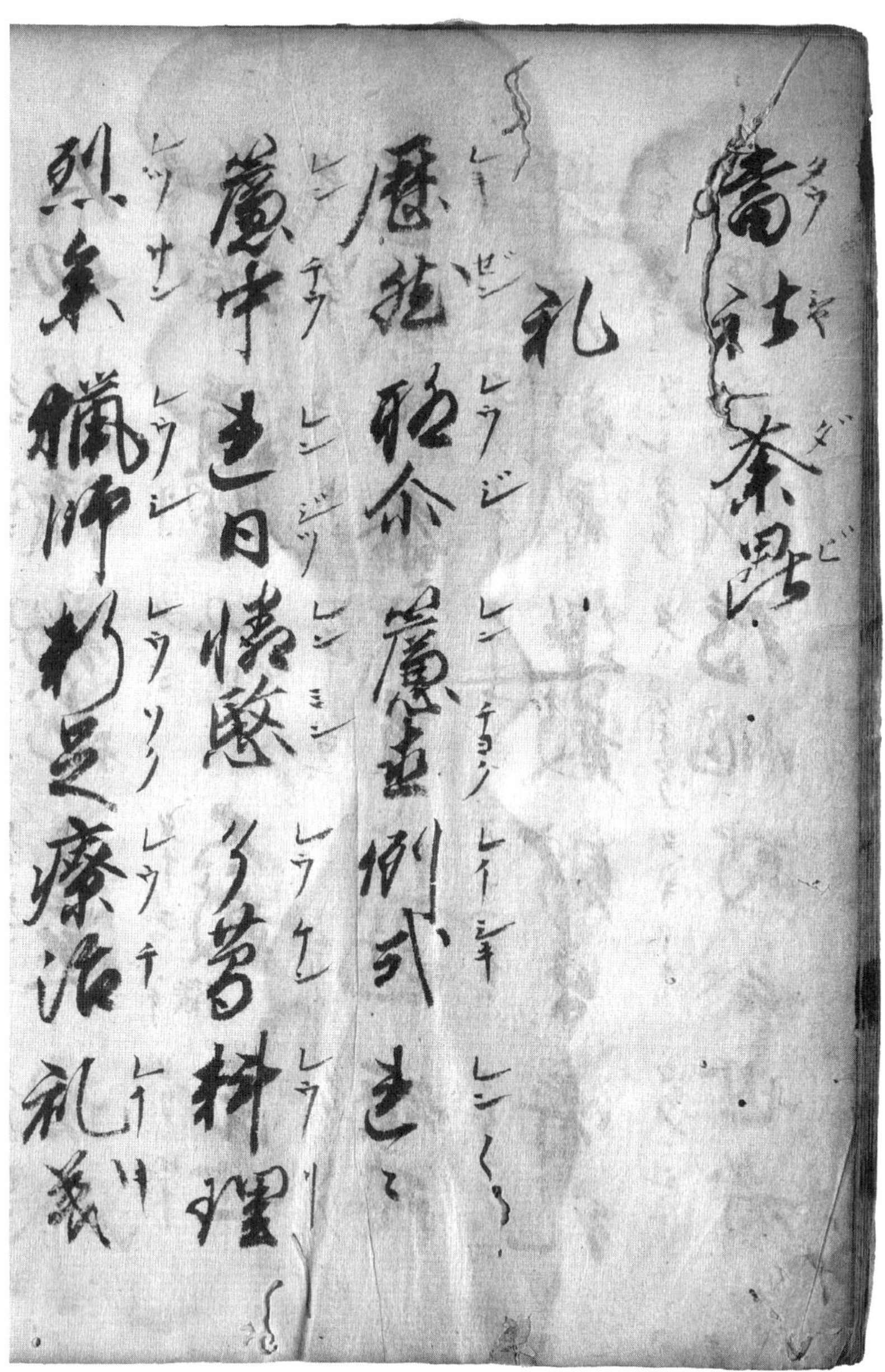

【16オ】

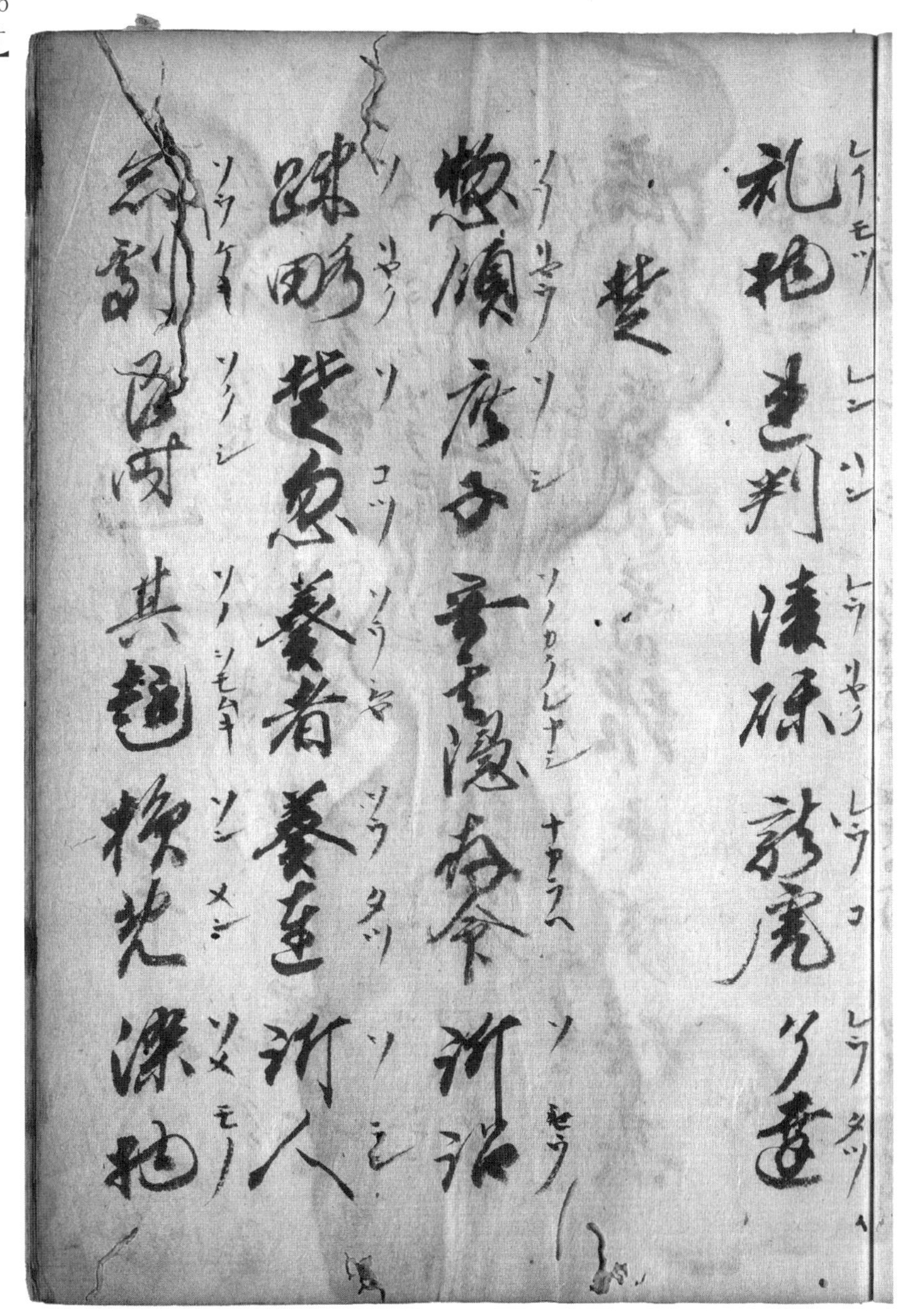

【16ウ】

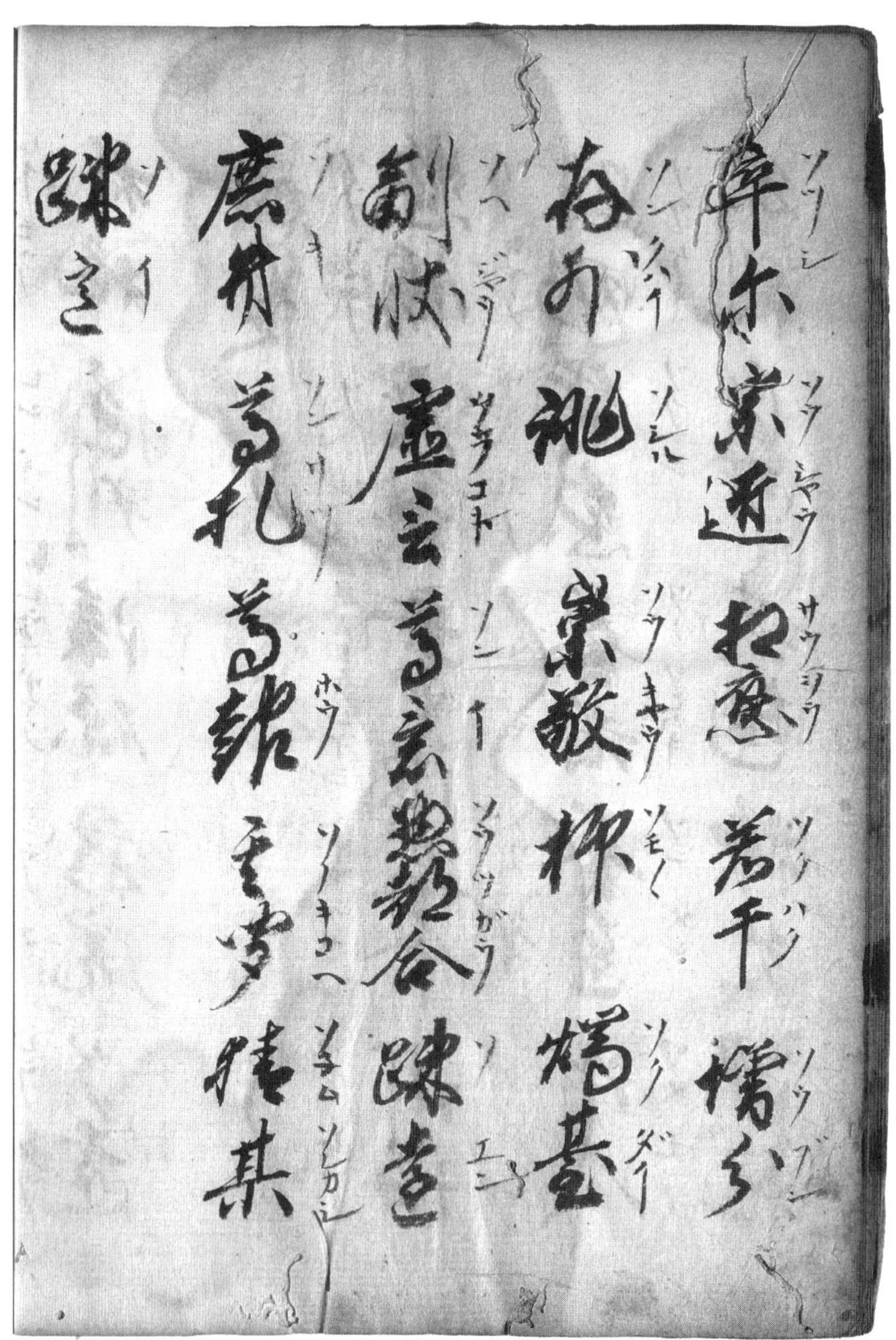

【17オ】

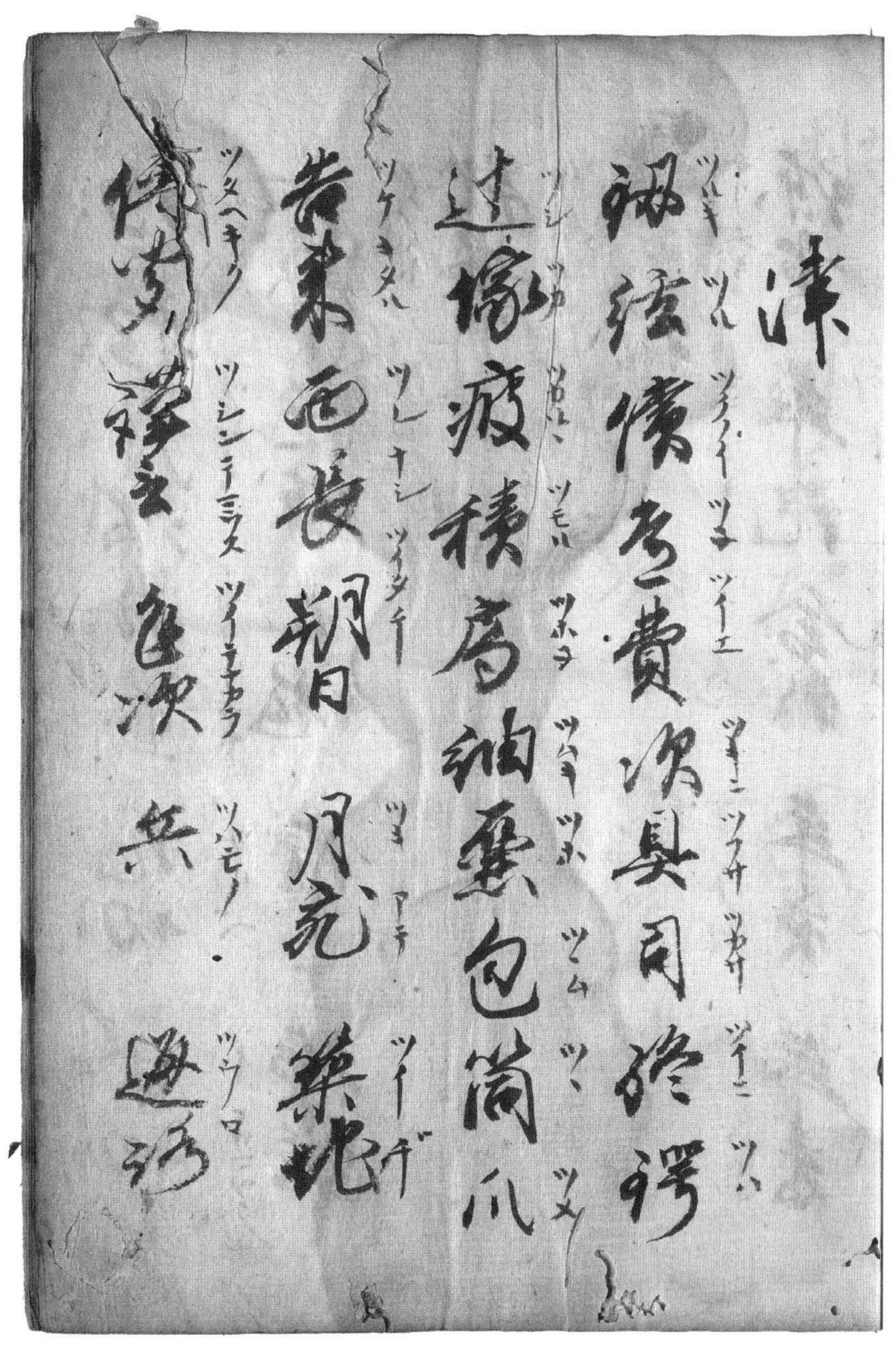

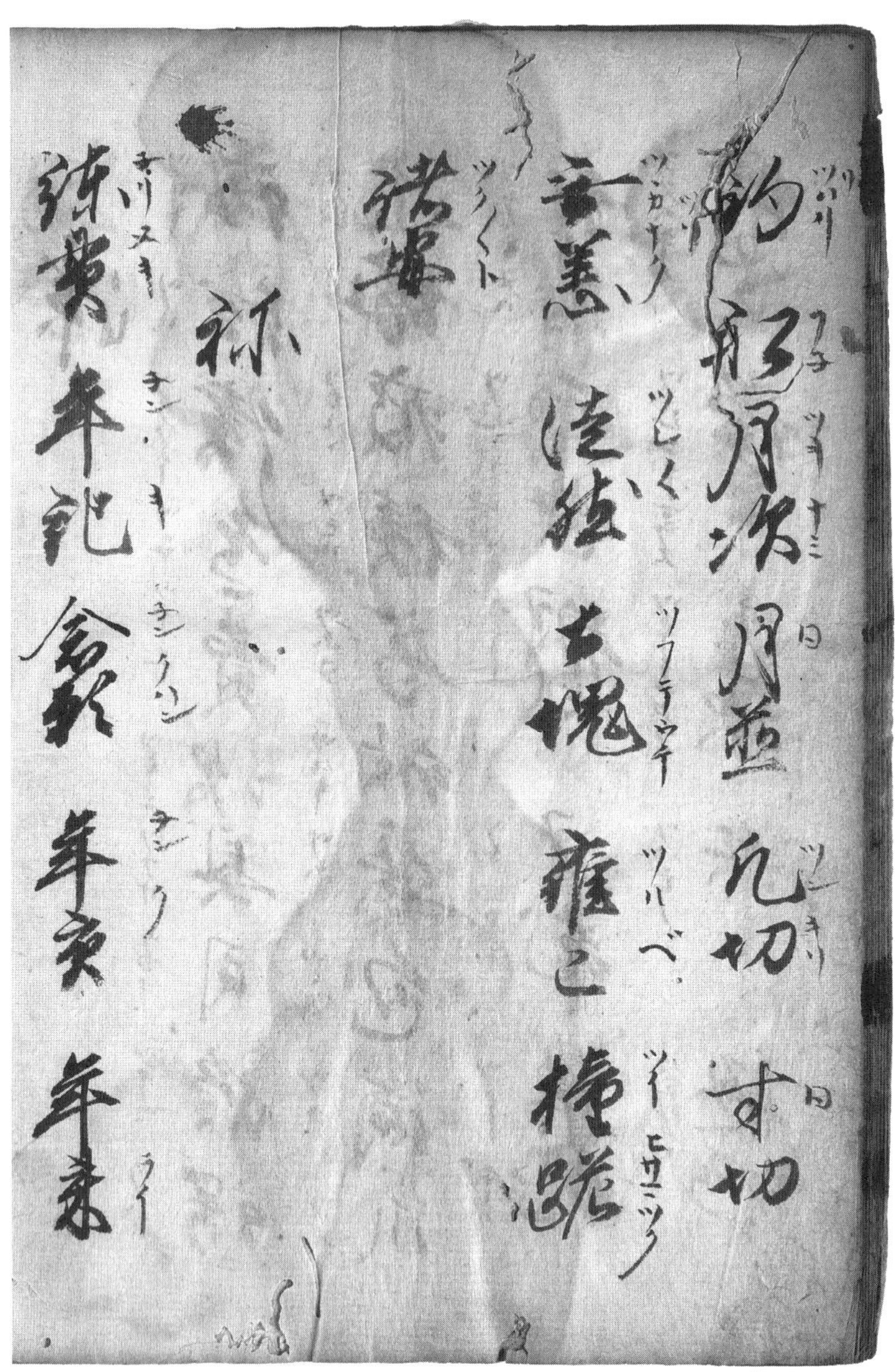

【18オ】

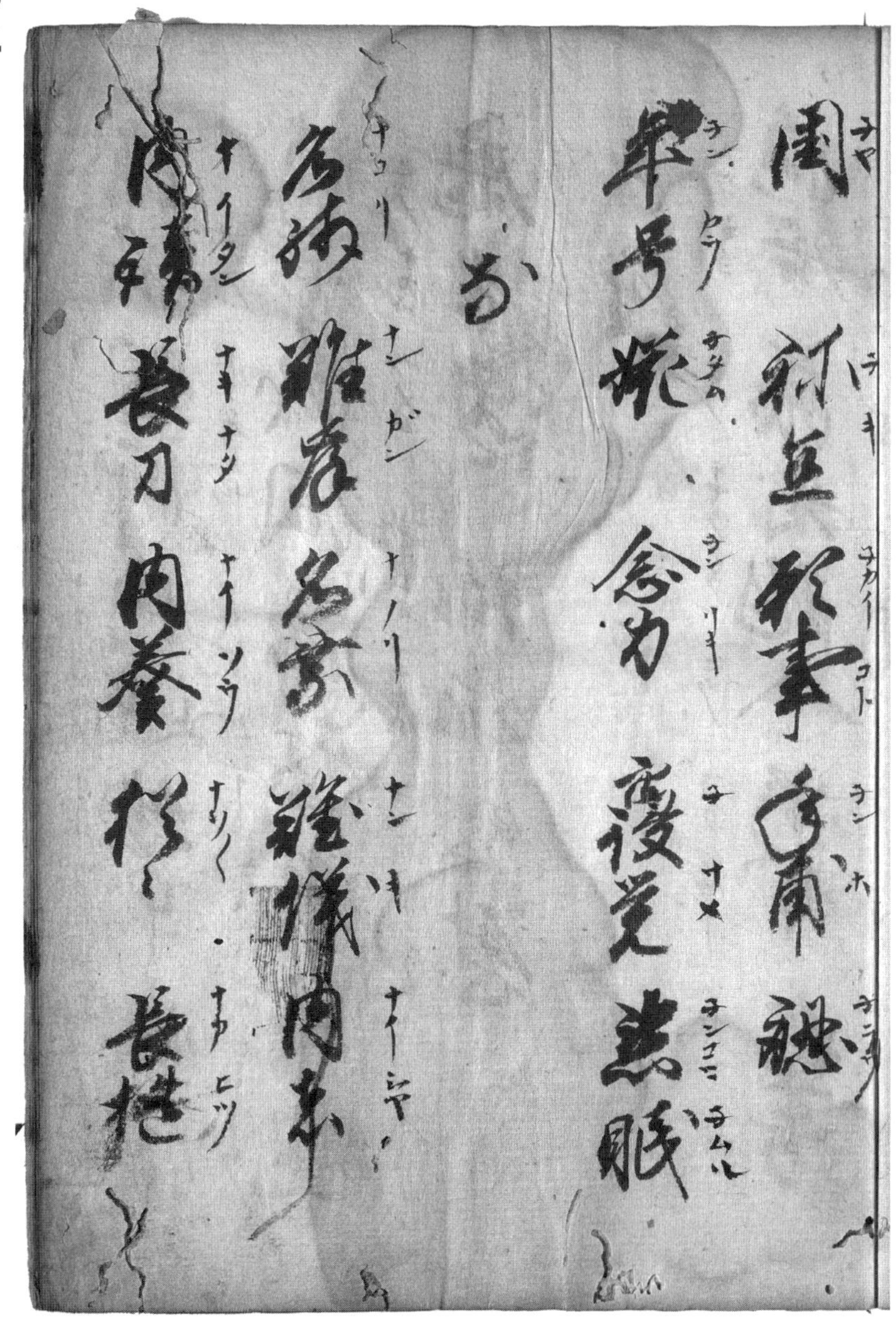

【18ウ】

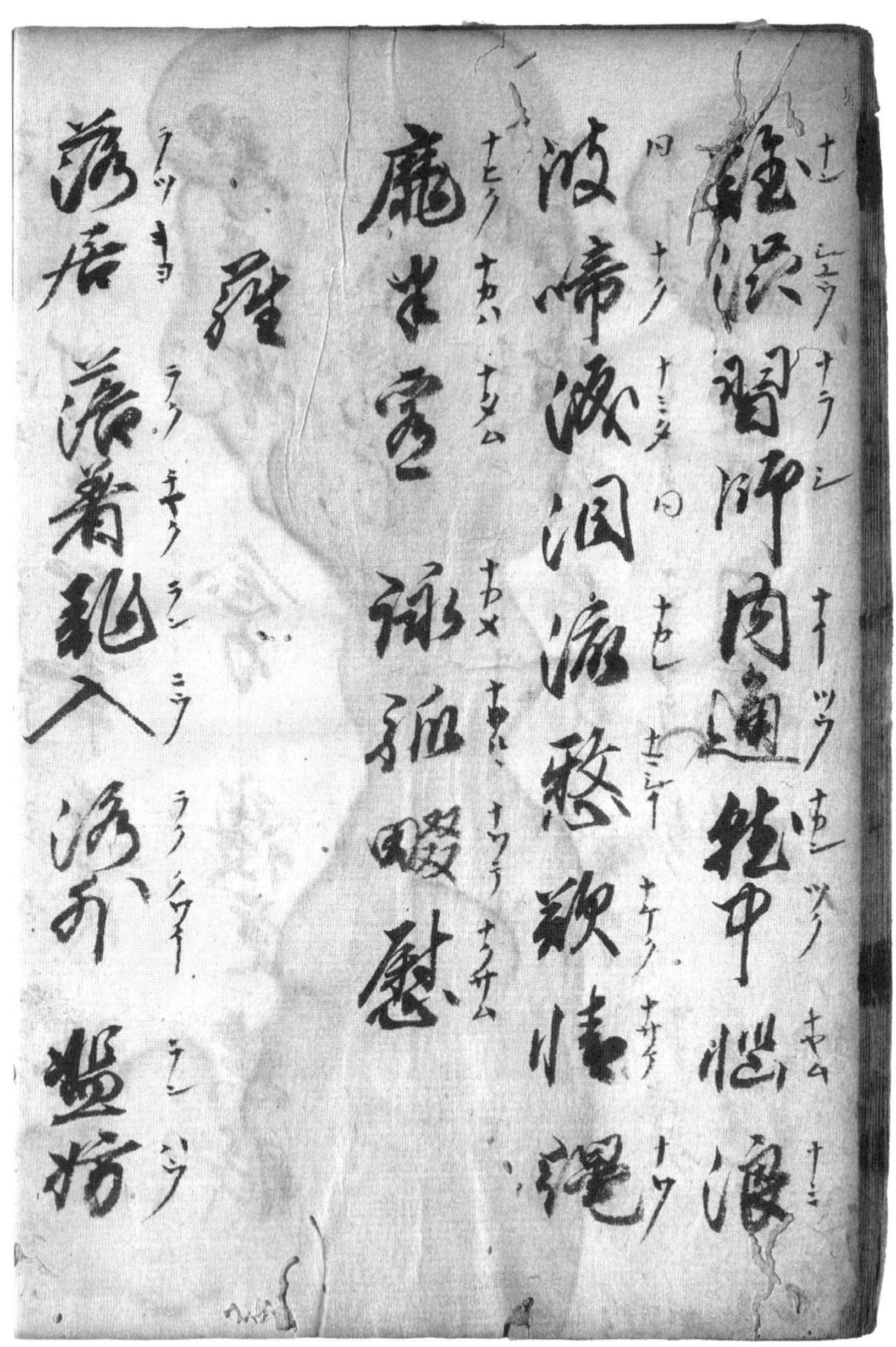

【19オ】

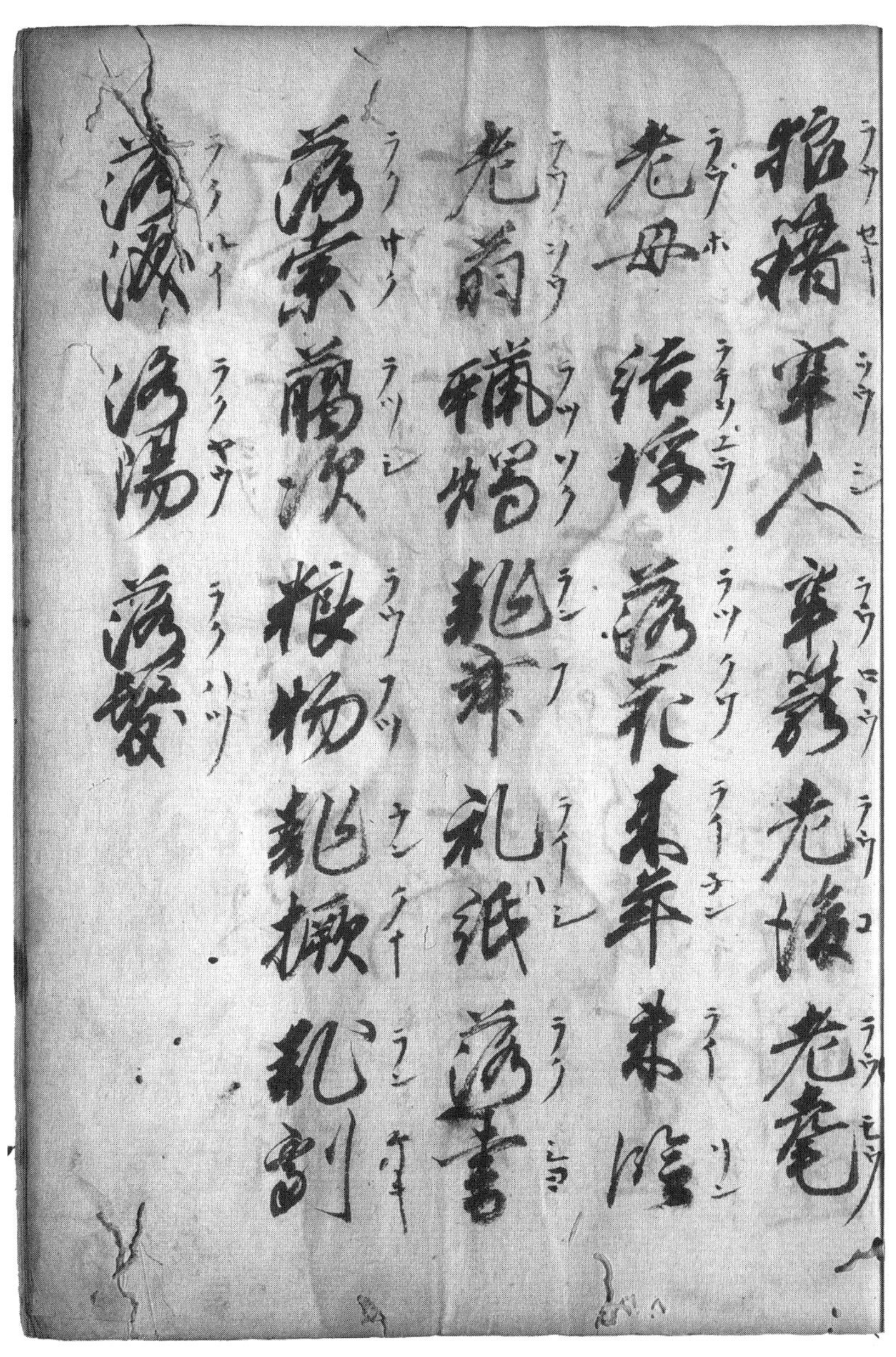

【19ウ】

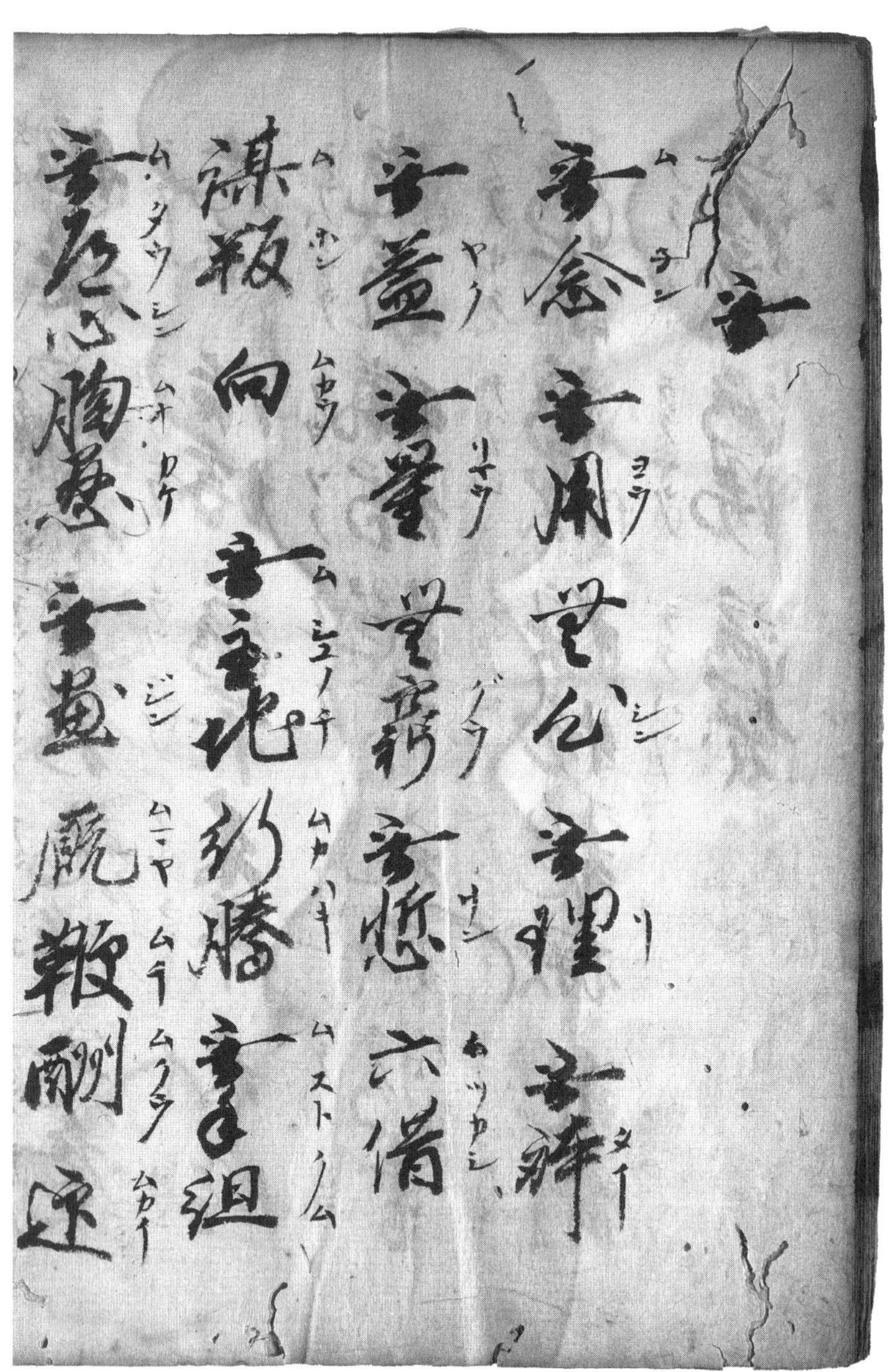

【20オ】

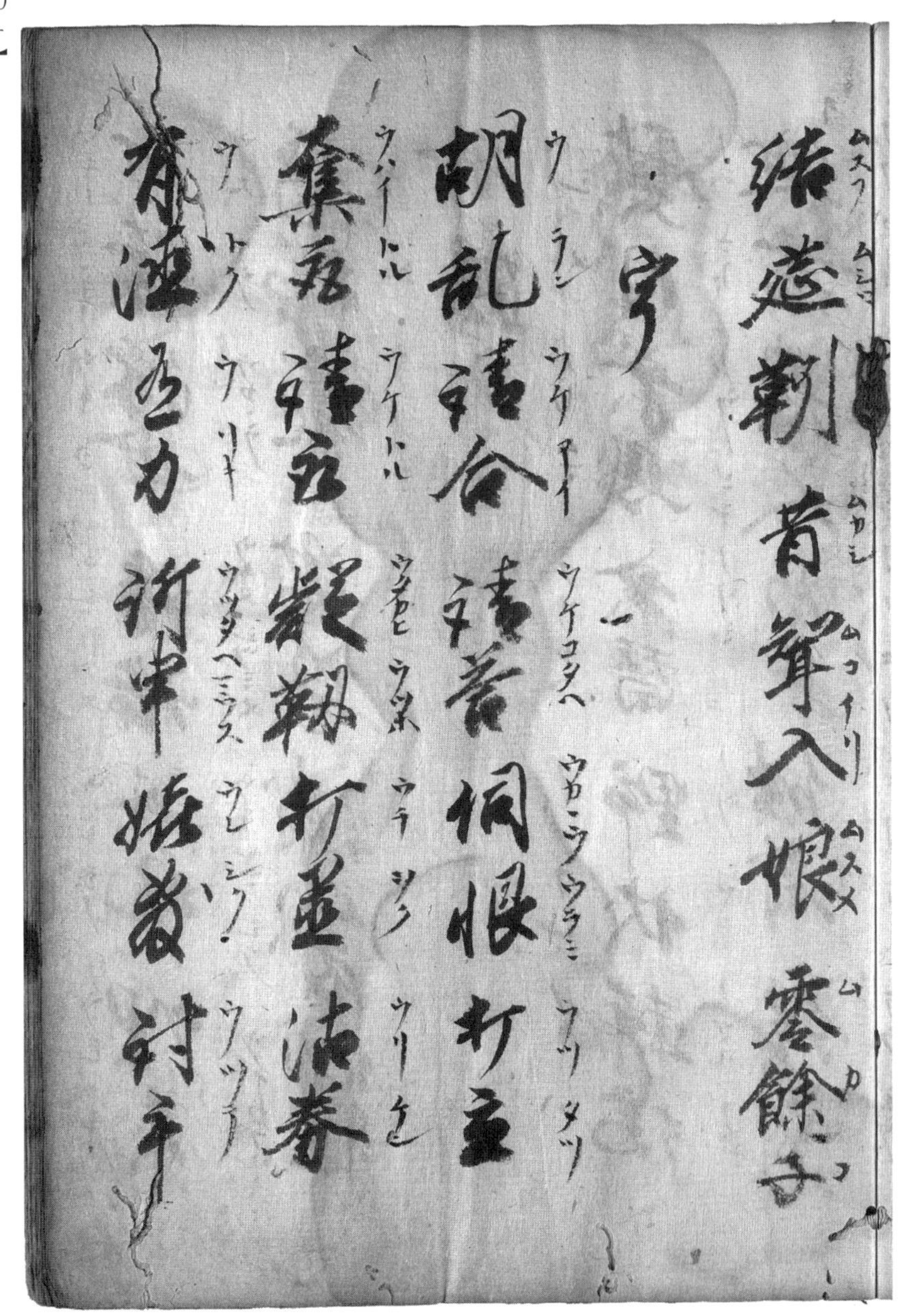

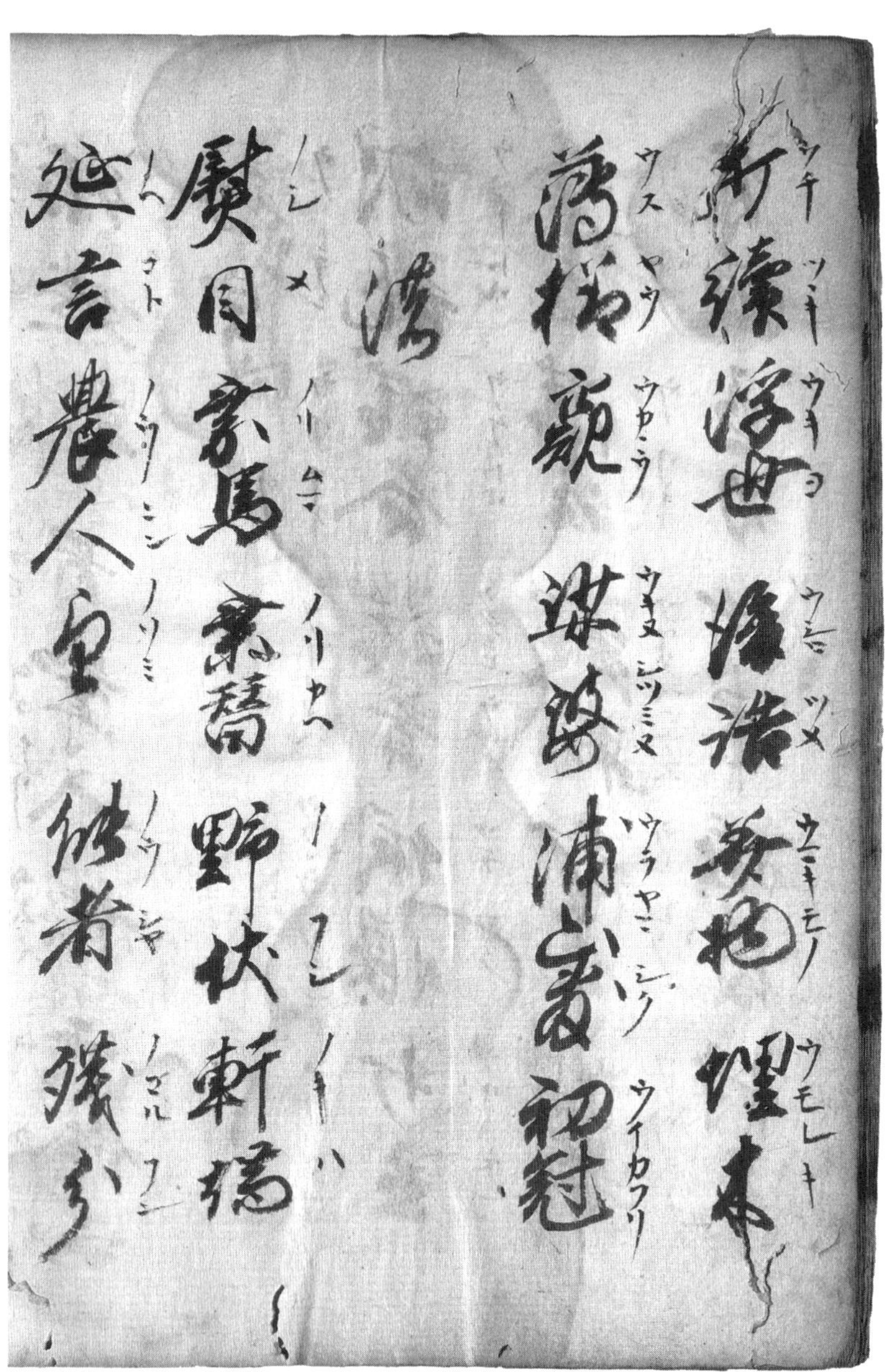

【21オ】

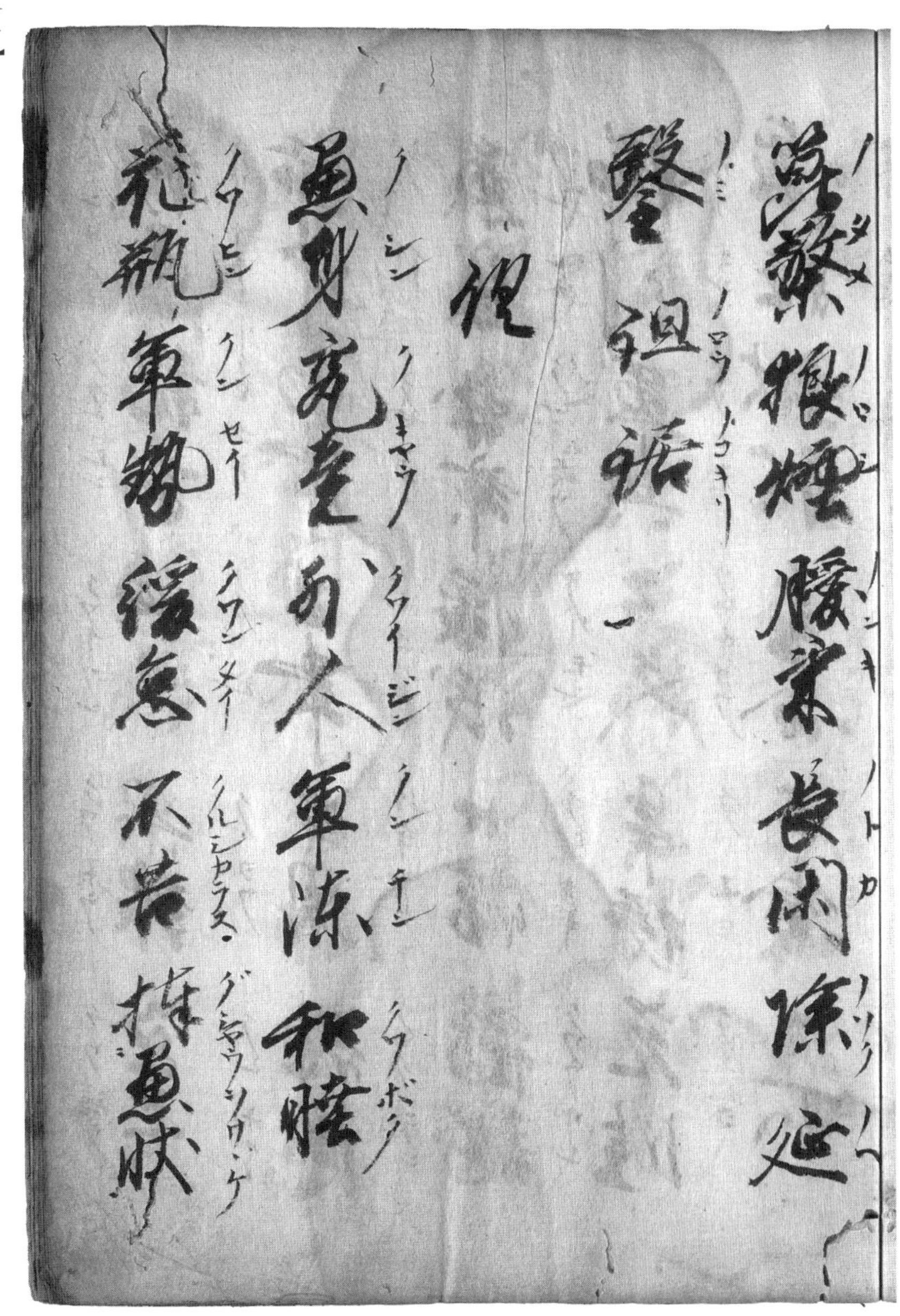

【21ウ】

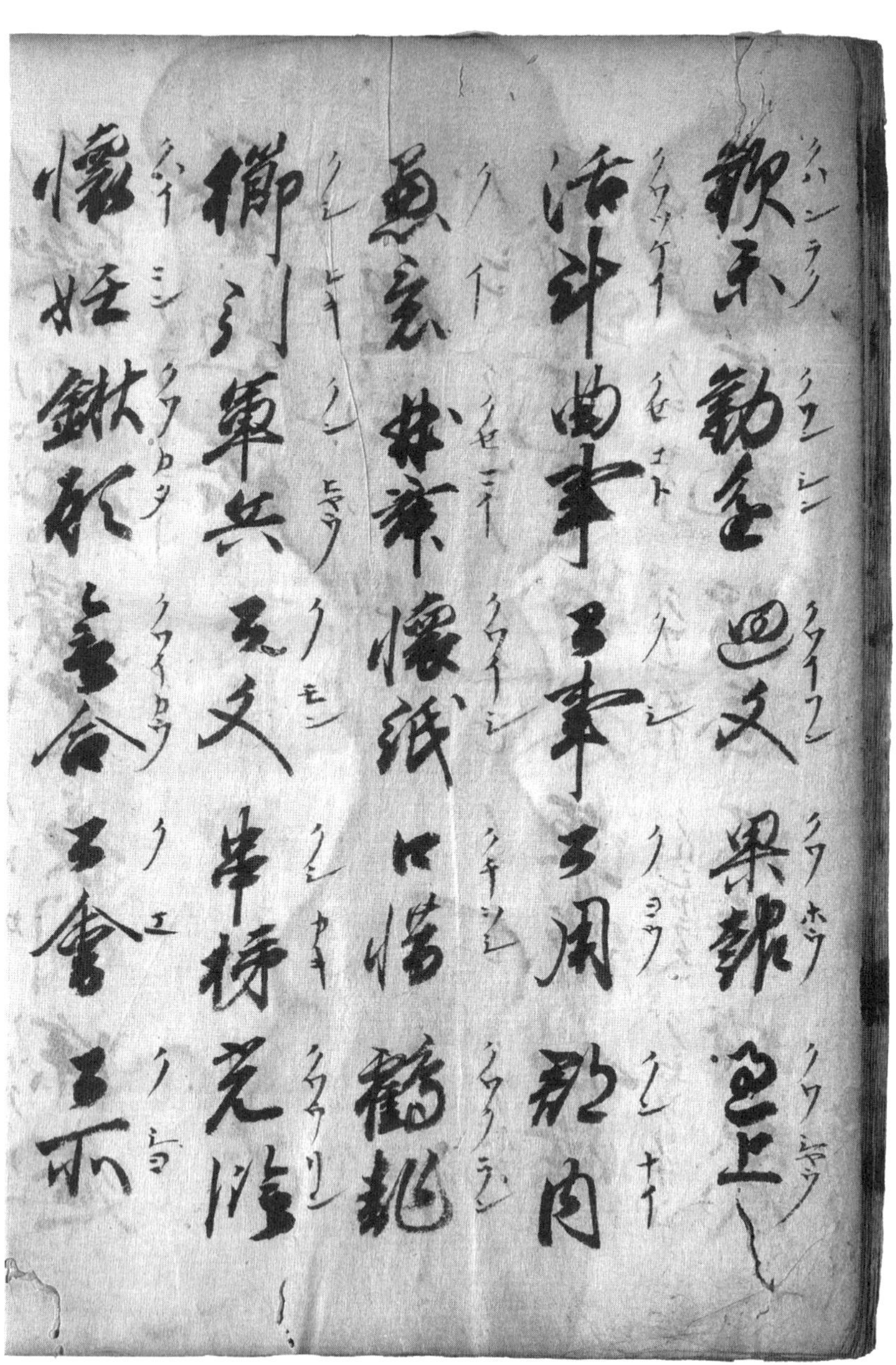

【22オ】

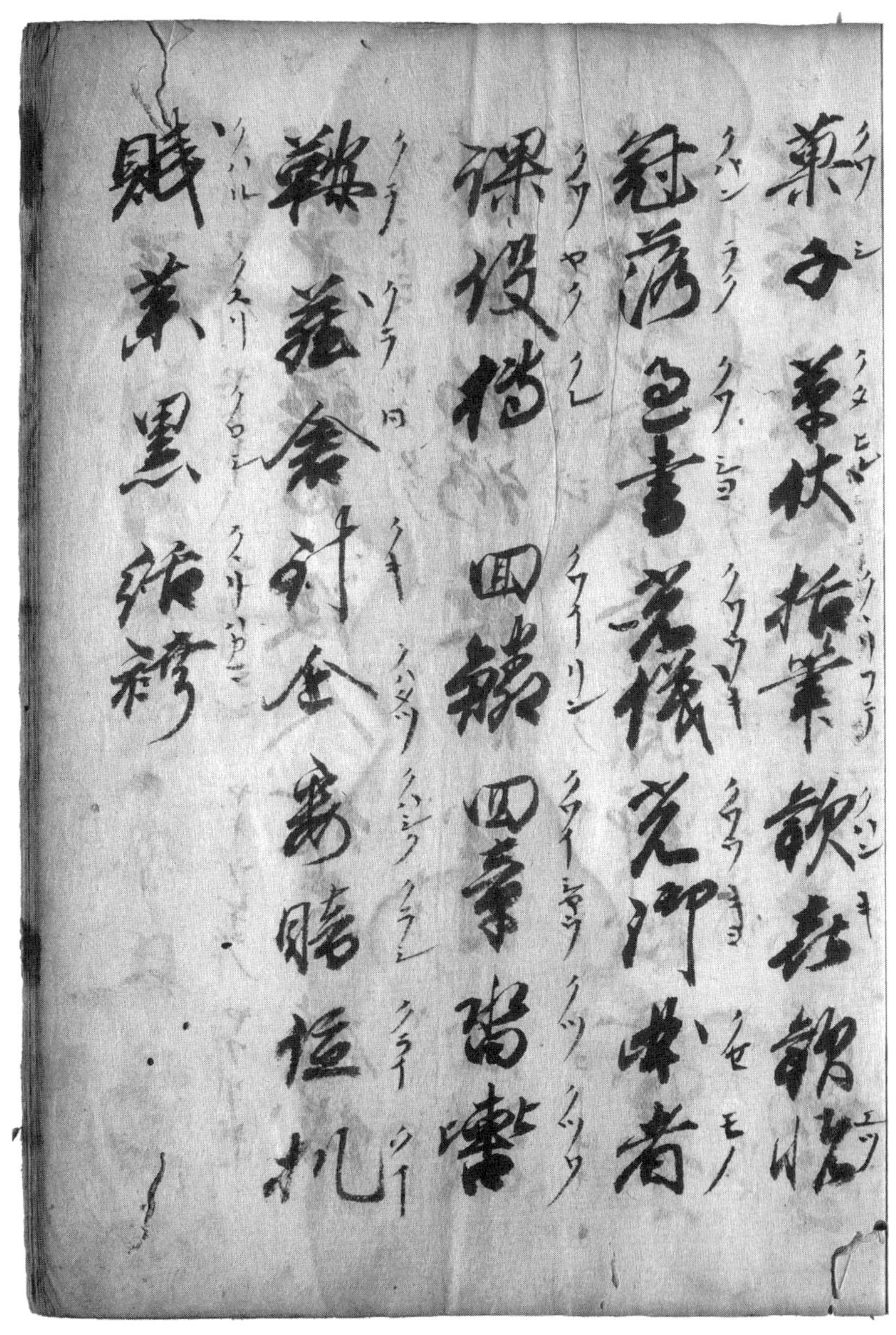

屋ヤノツクヤカヽヤノシヤキウキフヤフリキ
納米籠弓役人燒失破儀
ヤスミトコヽヤクタヽヤセンヤキヤキ
体而物游衣前屑屋敷
キヤツテシキヤヤシヤコトキ
巷惟春月巻肓野心安事
ヤインヤヽキシヤシンヤツソヽヤフサメ
衣佺良久衰き奴東泝繡弓

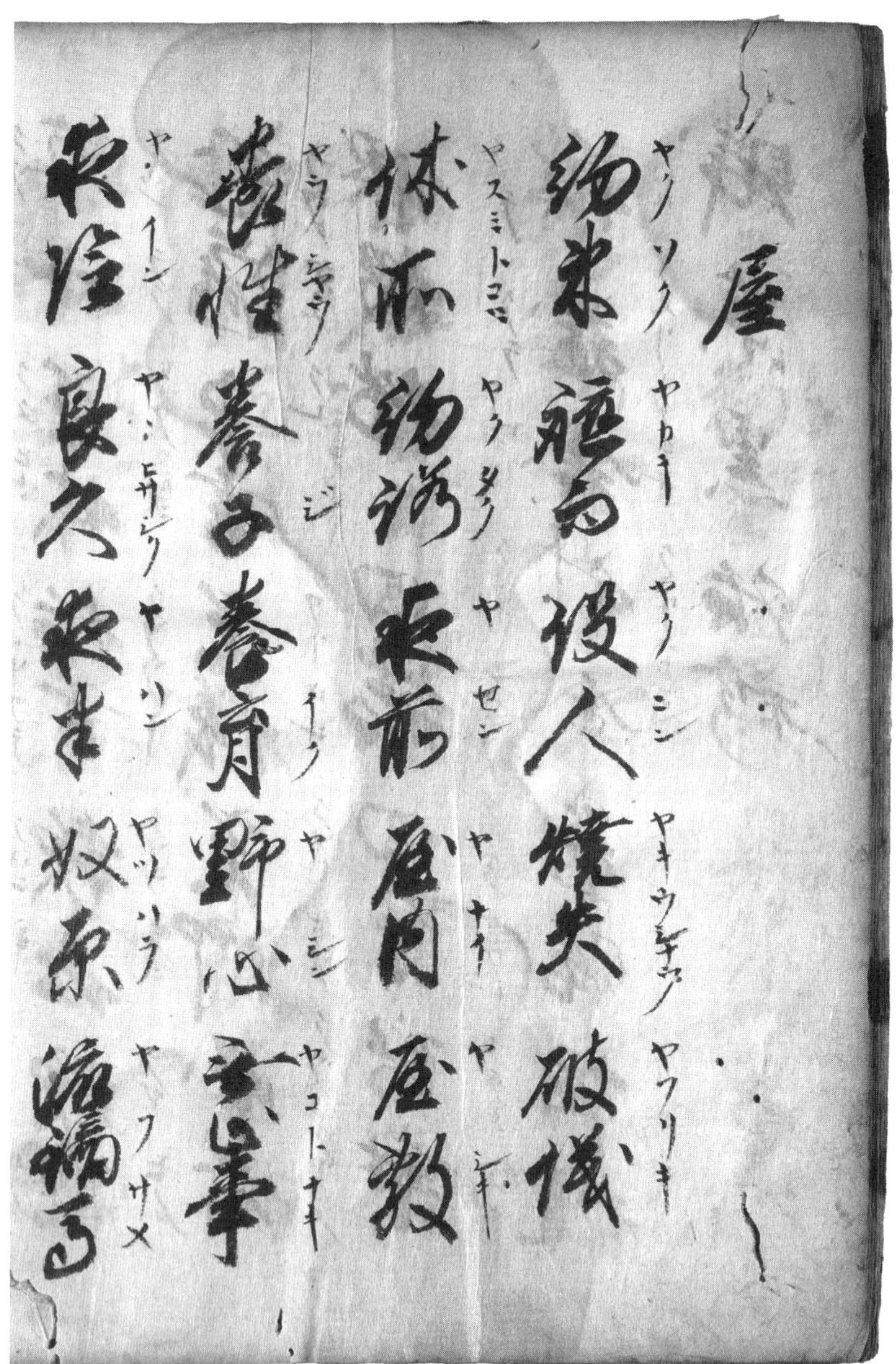

牧原	ヤケン ヤクハタ マキハフ ヤ山
					ヤキシコト	ケン
揩	ヤクタイ
業研	マキヽト
業代
纂山家

亡里痃氣役所矢枢揚枝
サトヤキケ ヤノ旨 ヤクト ヤウシ

園水槽
ヤミノヲ ヤヽウ

油

花似油足毎年毎日毎年
コツ キツテ シツ ミシ ミキ ミキヽ

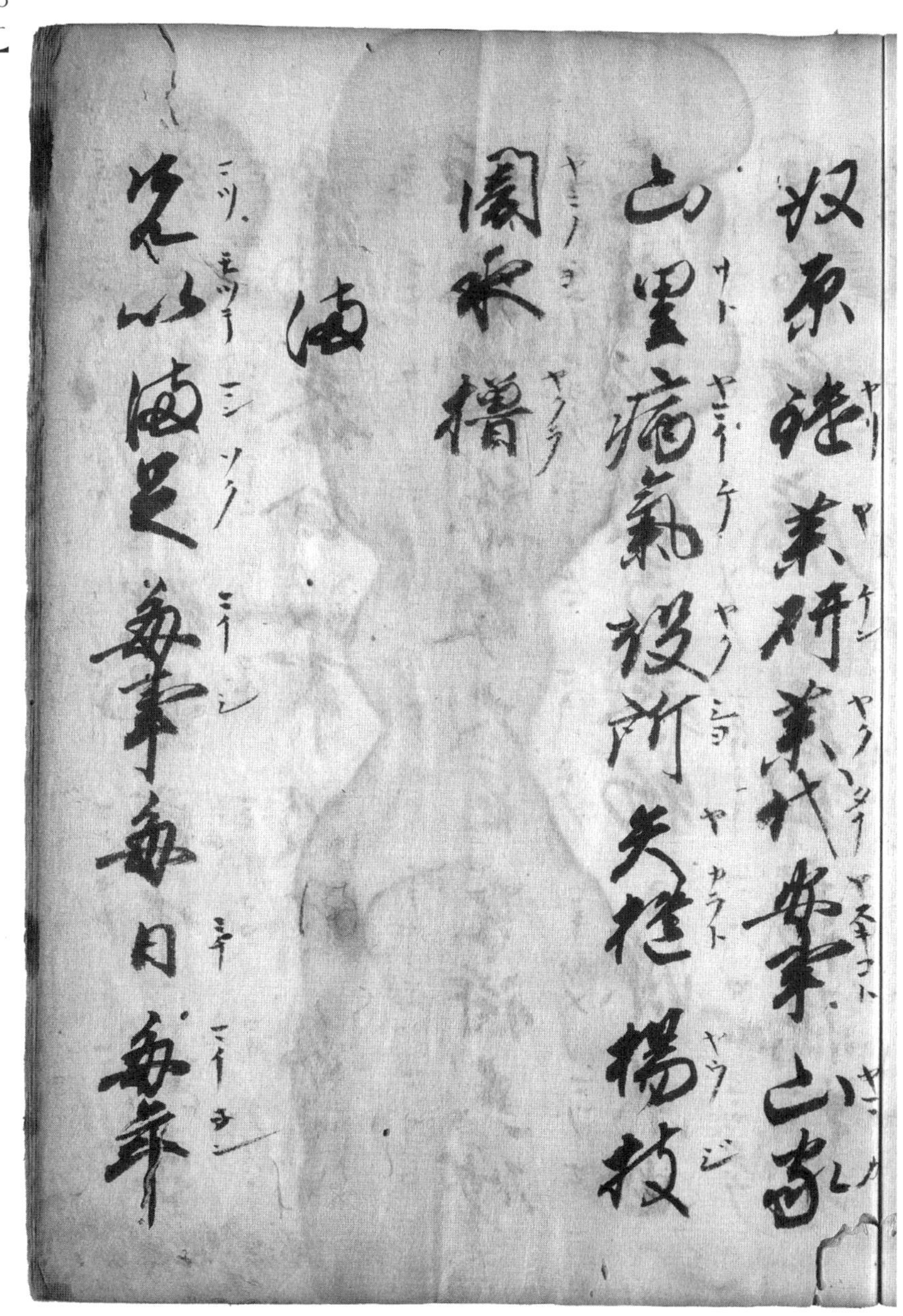

【23ウ】

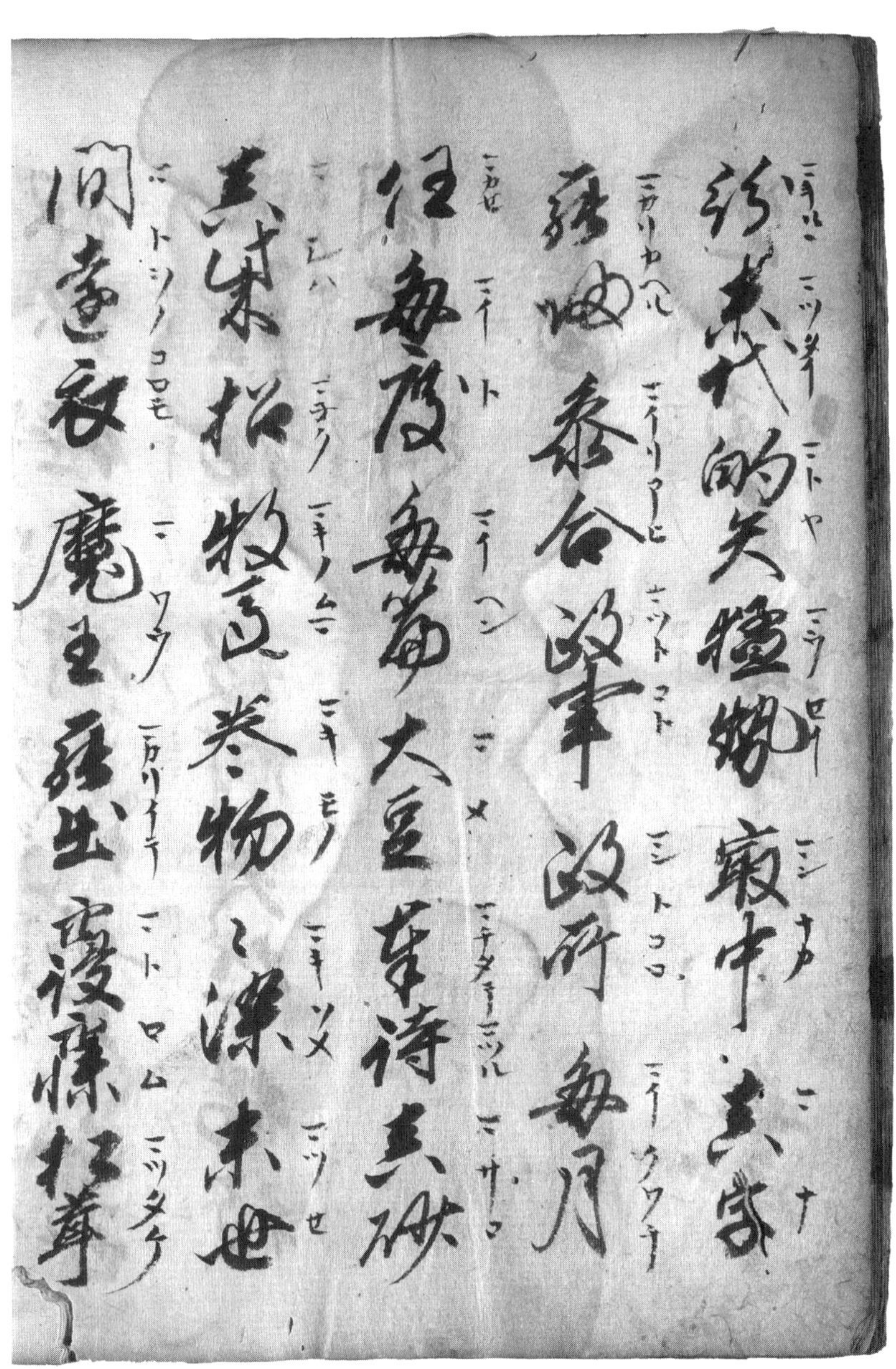

【24オ】

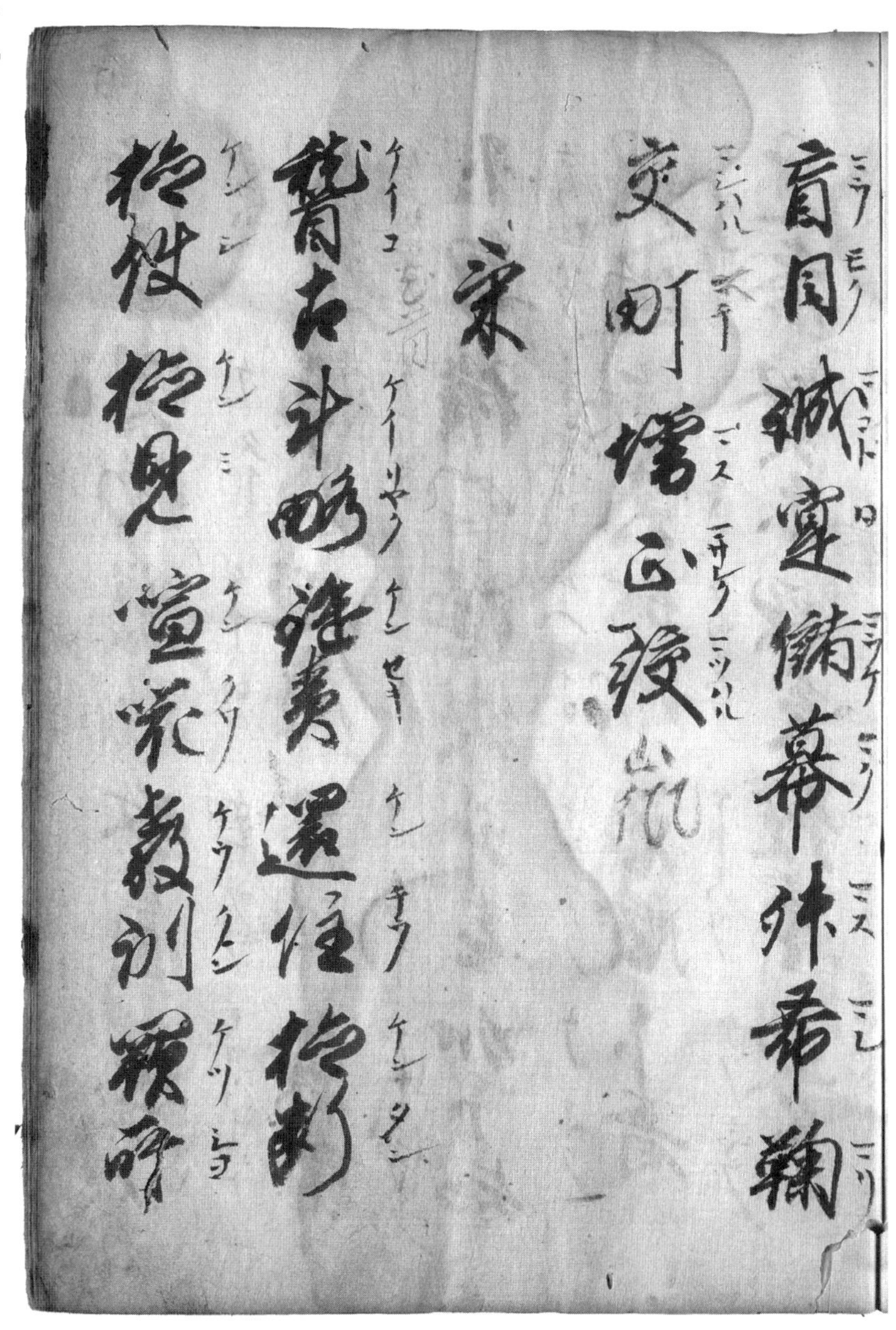

結句(ケツク)　興物(ケイヤン)　厳密(ケンミツ)　警固(ケイコ)　恵沢(ケイタク)
削(ケツル)　懈怠(ケタイ)　怪異(ケイヒ)　欠乏(ケツフツ)　毛利(モリ)
下向(ケカウ)　擔(ケン)　煙疑(ケムリ)　斗(ケシヤウ)　加下知(ケチンダウ)
明迎(ケイゲイ)　気久(ケセキ)　克服(ケフク)　下着(ケチヤク)
見参(ケンサン)　賢玄(ケンゲン)　観音(ケンノン)　交名(ケウミヤウ)

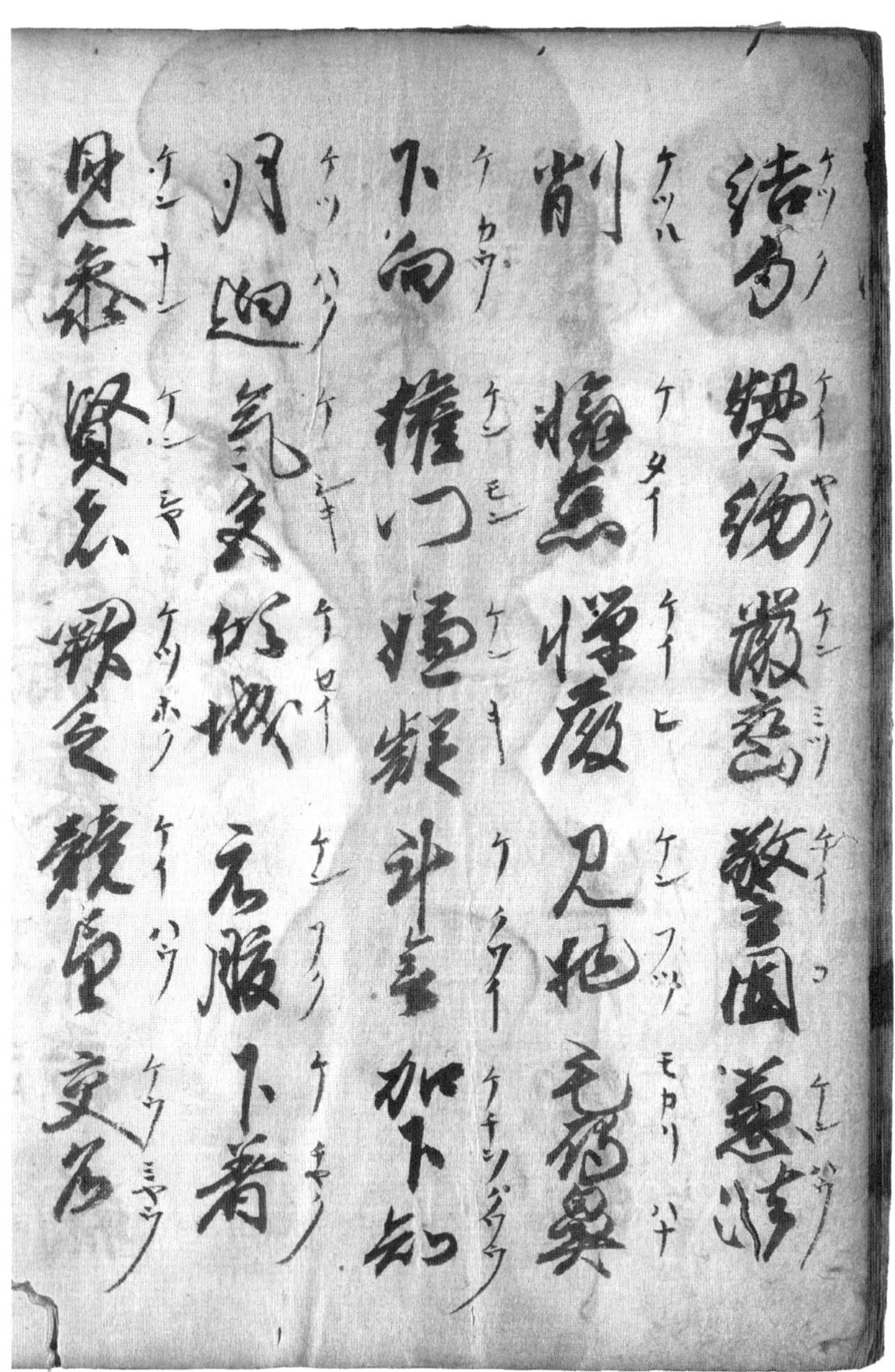

【25オ】

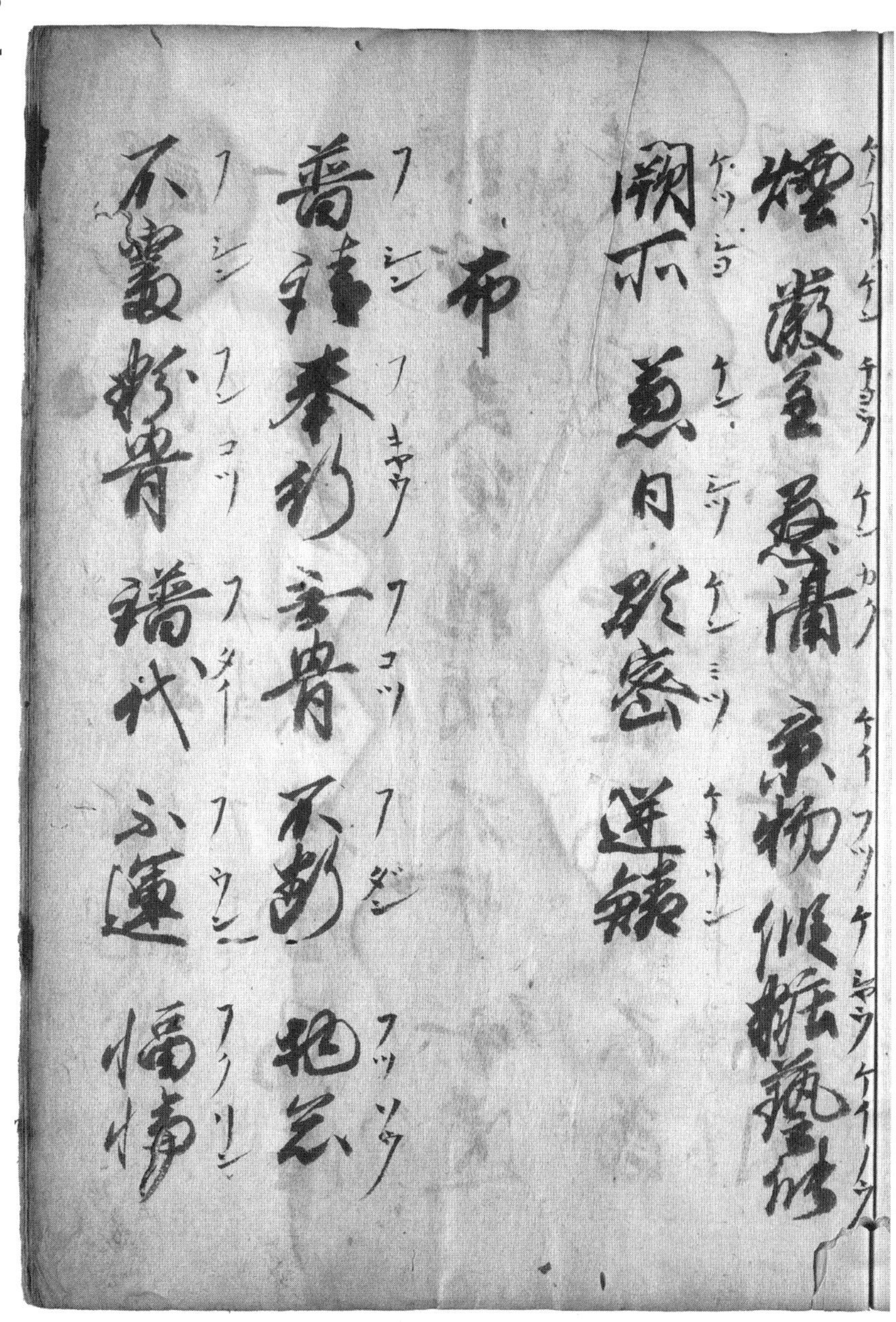

觸迴　服主　不敏　浮沈浅きヤ
フリ　フッキ　フシ
立力　富芳不意枝指風情
フョウ　フッキョ　フセイ　フシ　フジョ　フチ　フゼイ　フタ
引浪支實抱病不弁宣通
フケイ　フシ　フロ　フヘイ　フツウ
蒹振舞彿暁風呂不當
フモト　フケ　フロ　フトウ
フネ　フサタ　フヨキ　フトウ
器冬蕨齋肯風肉
フヌメノ　フユコモル　フサタ　フヒキ　フクフン

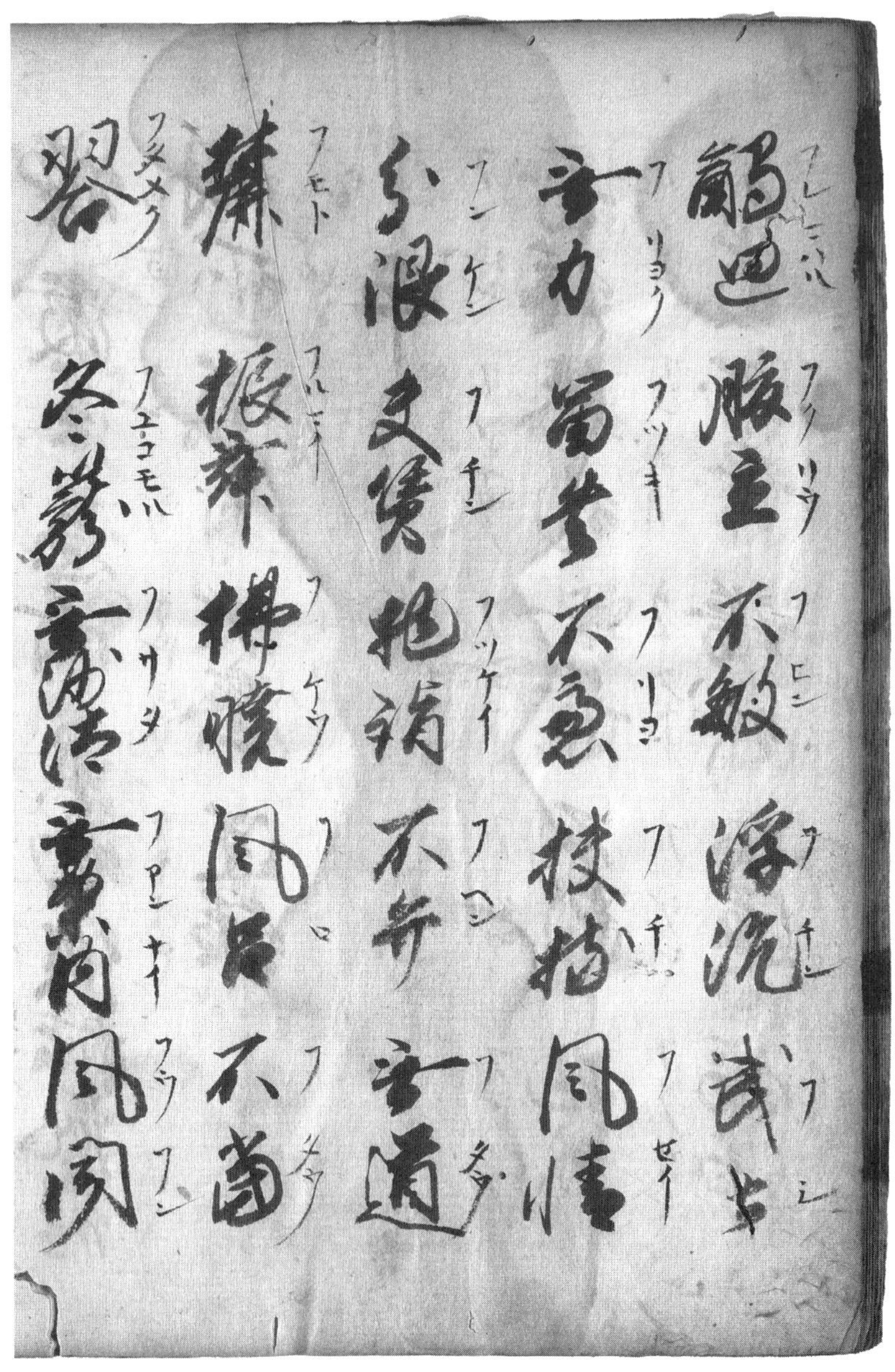

【26オ】

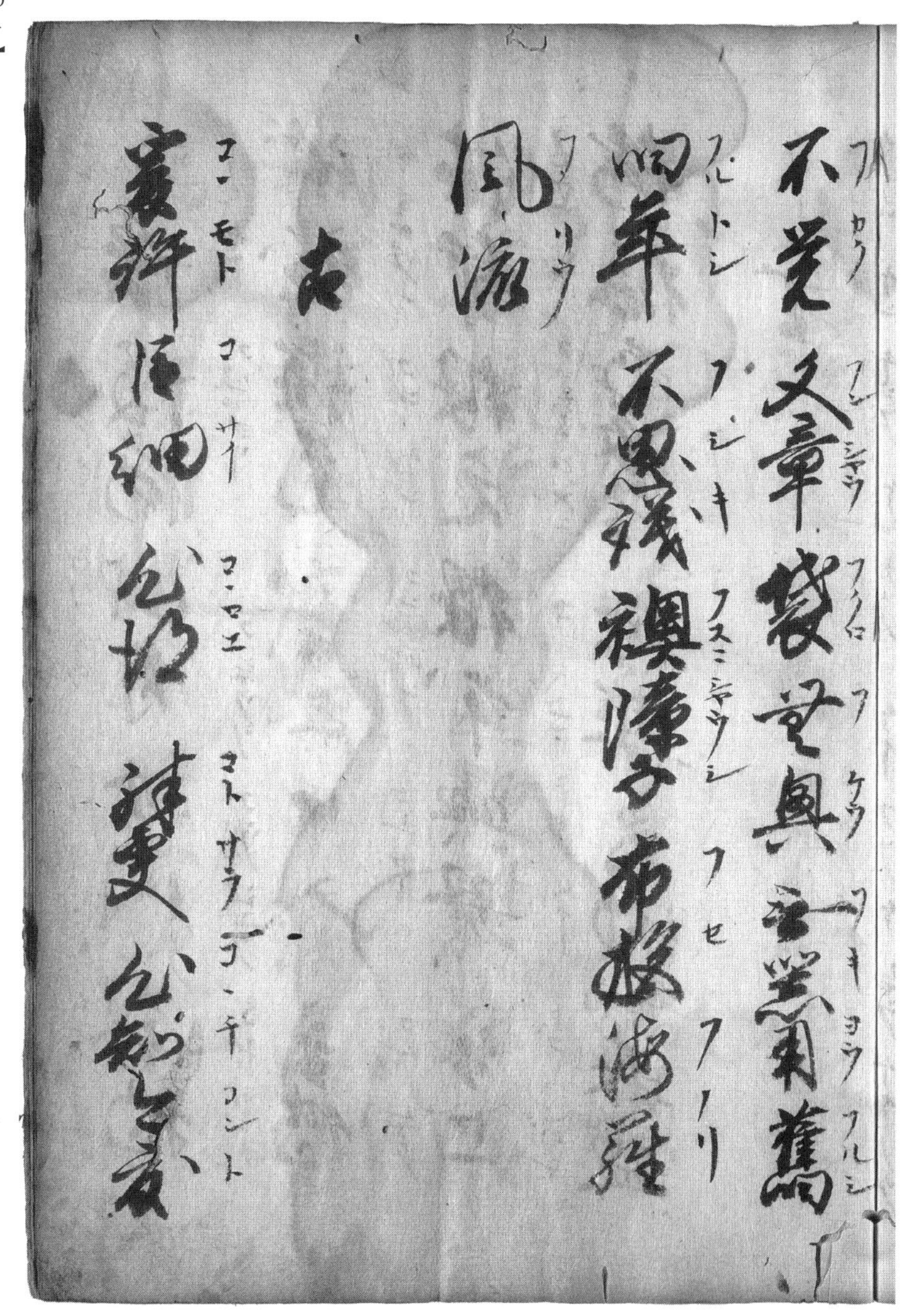

不覚（フカク）文章（フンシヤウ）袋（フクロ）不興（フケウ）臺簑（フキヨウ）舊（フルシ）
旧年（フルトシ）不思議（フシキ）襖障子（フスマシヤウシ）布施（フセ）海羅（フノリ）
風流（フウリウ）

古

爰許（コヽモト）巨細（コサイ）心得（コヽロエ）殊更（コトサラ）心地（コヽチ）今度（コント）

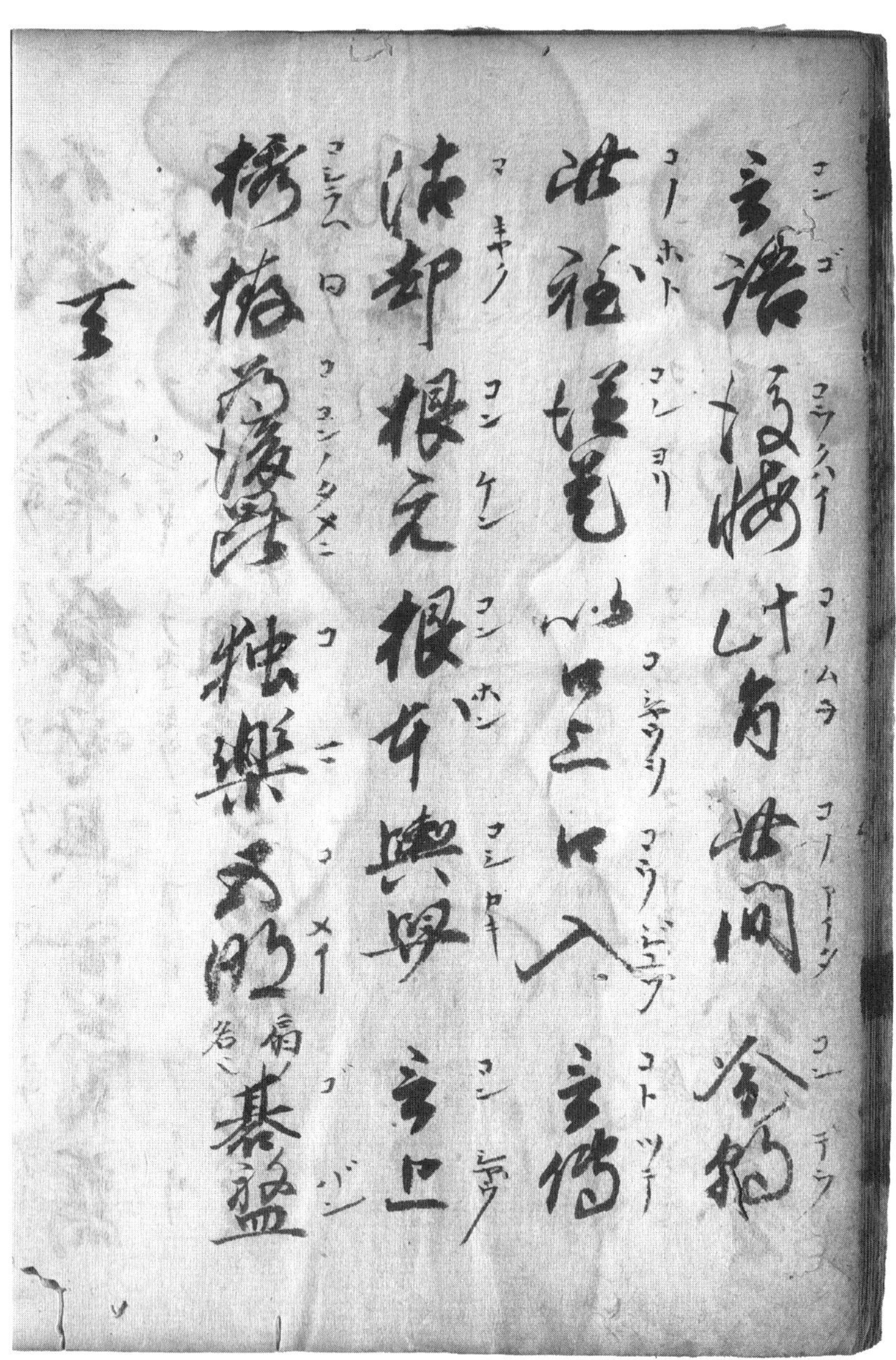

【27オ】

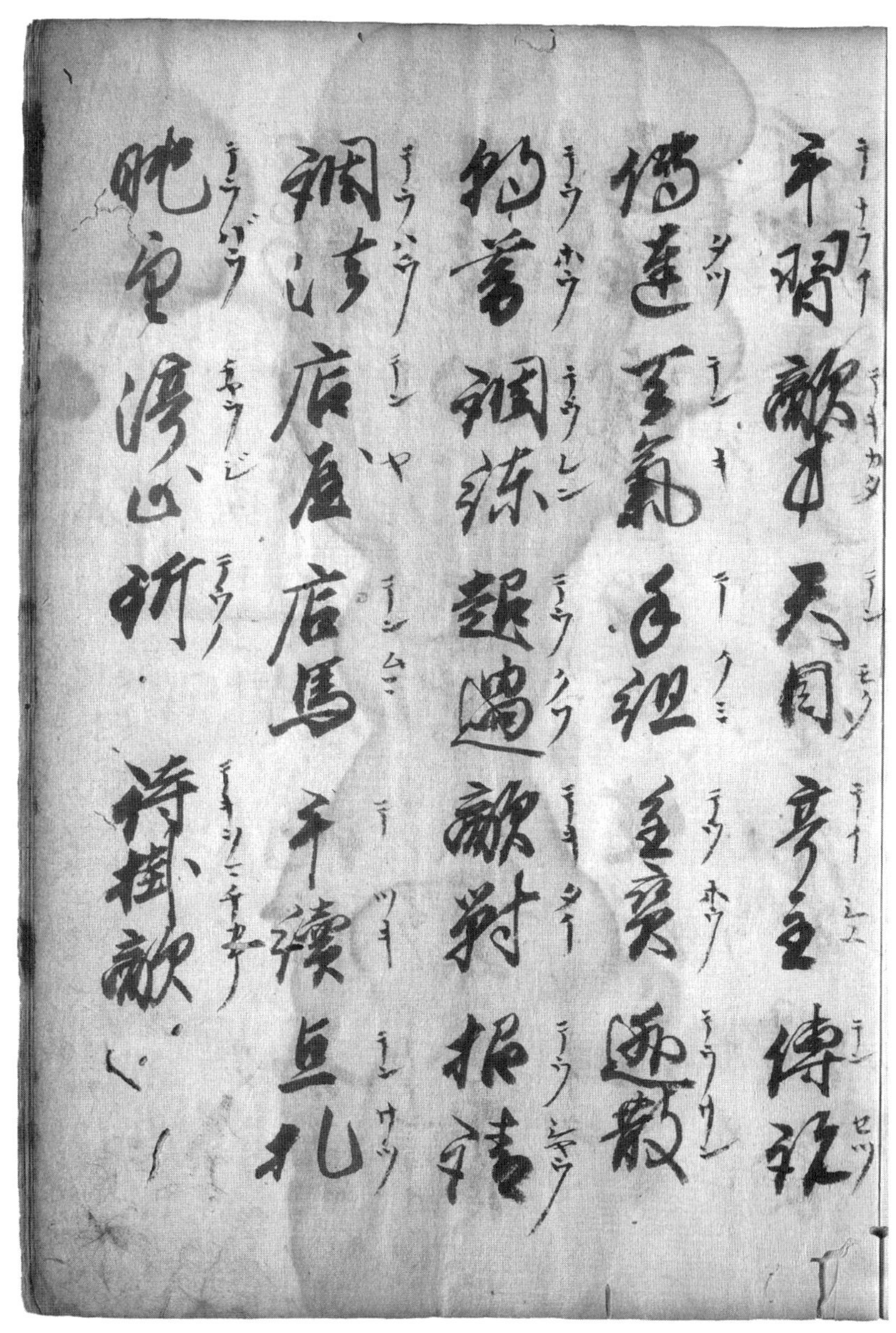

安

ねらむ アンカメツフ アンキント
アンヅラヘモア アンツメシキ

扨鞘 扨濃 商人 池物 集亞
アント アンヲ アンニン アノタウ アンヒウ
アンモノ アノアツ

尻楼 淺僧 扨延 暁泊 扨平
アントン アンヒン アヒノへ アツキヨトシ アンタヒ
アンキ アンソウ アンノヘ アンハク アンヘイ

行脚 奈多 庵主 庵室 朝食
アンギ アンタ アンシュ アンシツ アンシキ

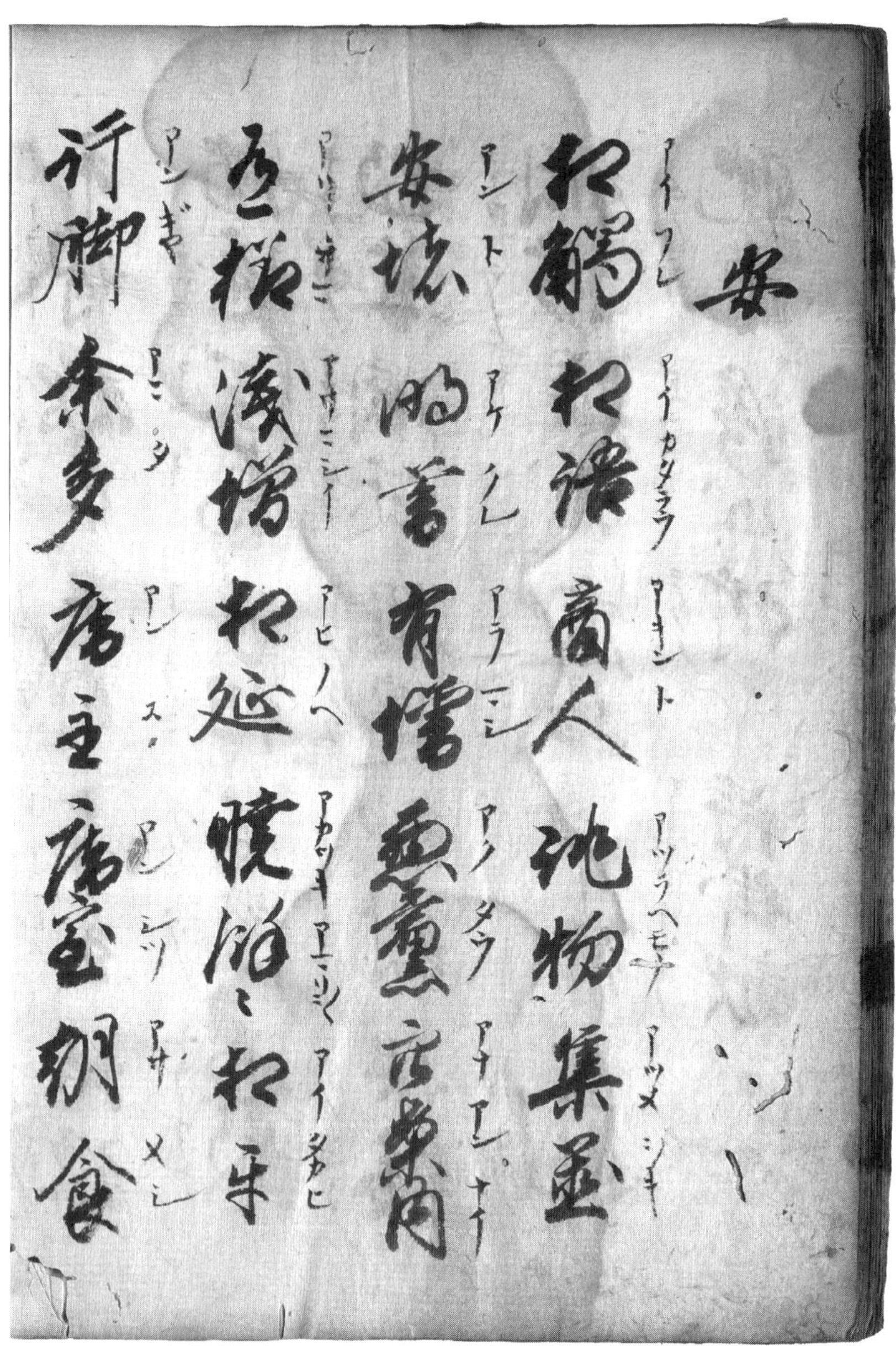

【28オ】

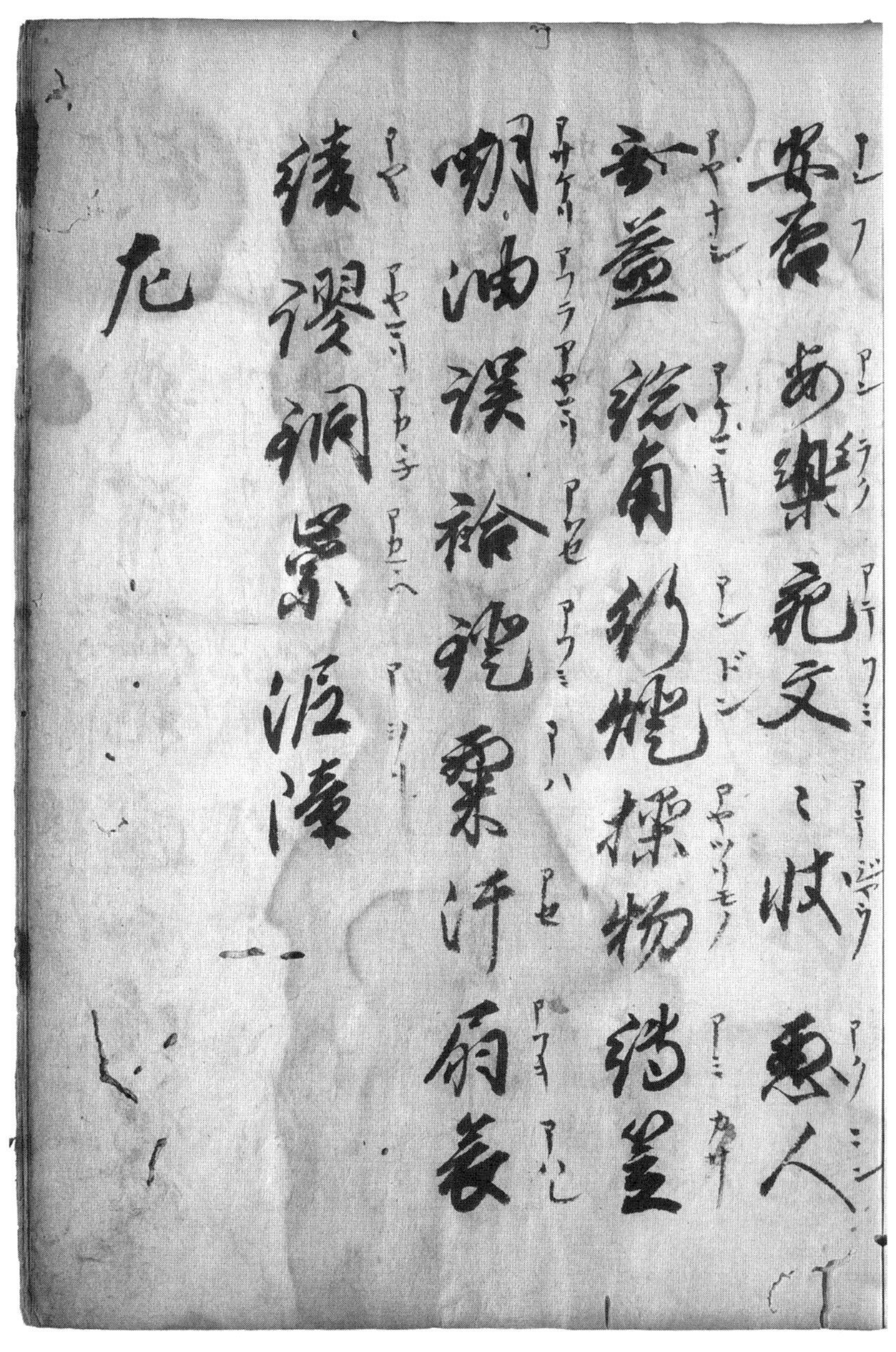

割符　サイフ
裁許　サイキヨ
礒抱　サイモツ
癈亡　サイハツ
境場　サイモタリ
谐耗亡三ヶ条　サクス／サイハツ／サイモタリ
細姜信促模歎文愛雜誉　サイソ／サイタニ／サイカク／サツシヤ／サイワク／せれカノ／
榜谷若出箕月来洋猿樂　サンアイ／サシメシ／サンヨフ／サンタノ／サシヌルコ／サシヂ／
細工　桐達　庐尼　士江　君馬　サーノ／サウ／

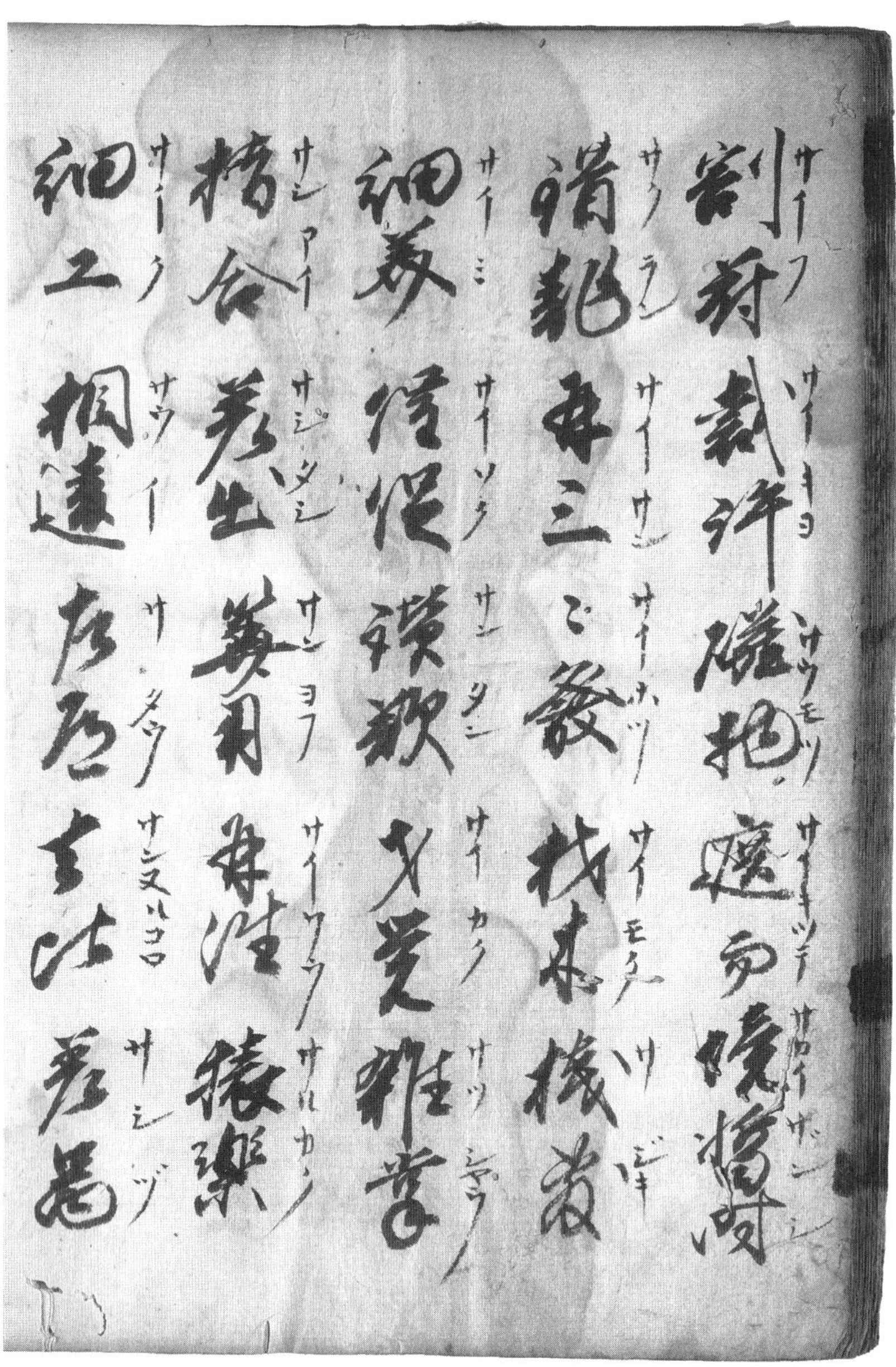

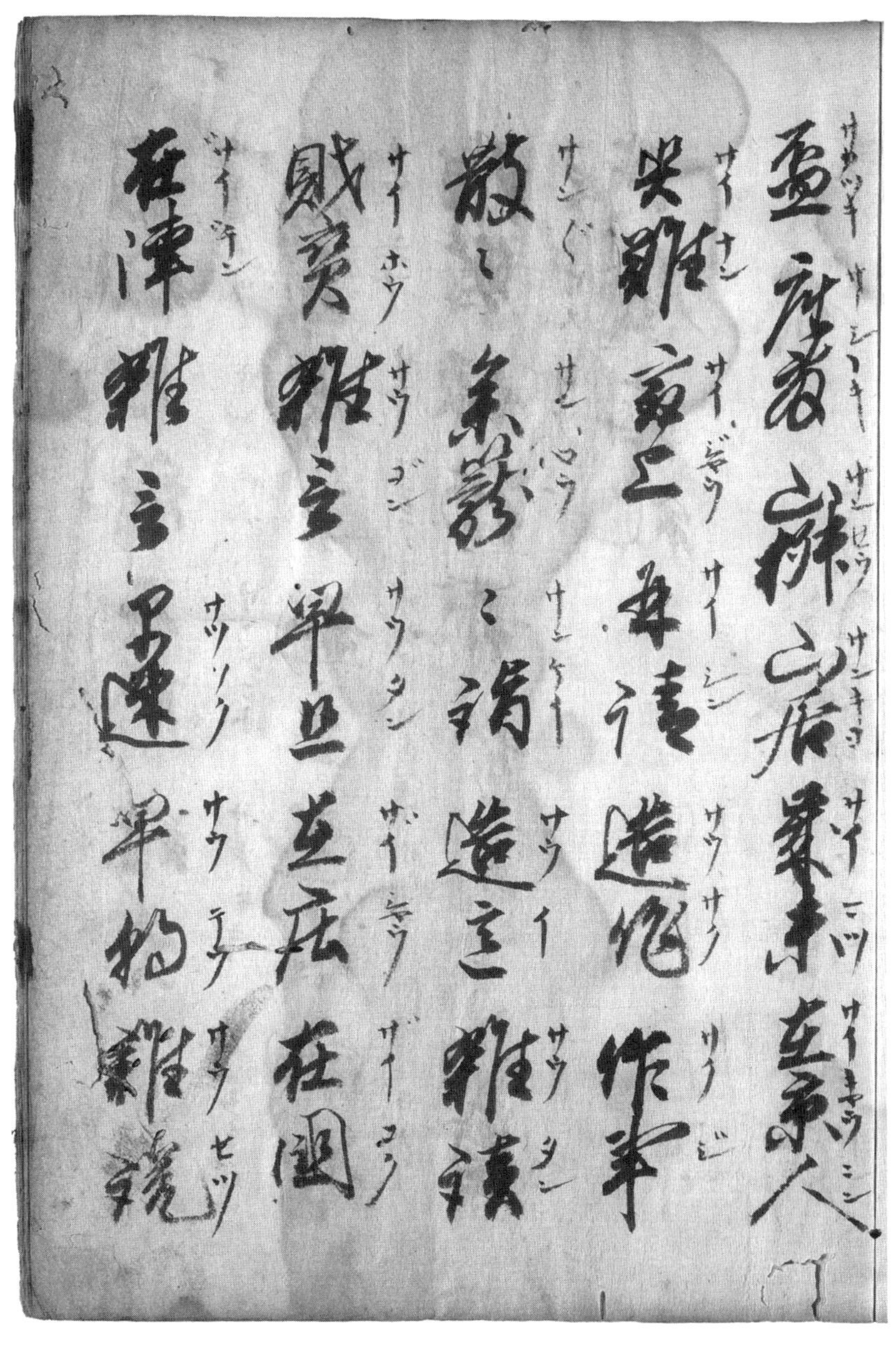

【29ウ】

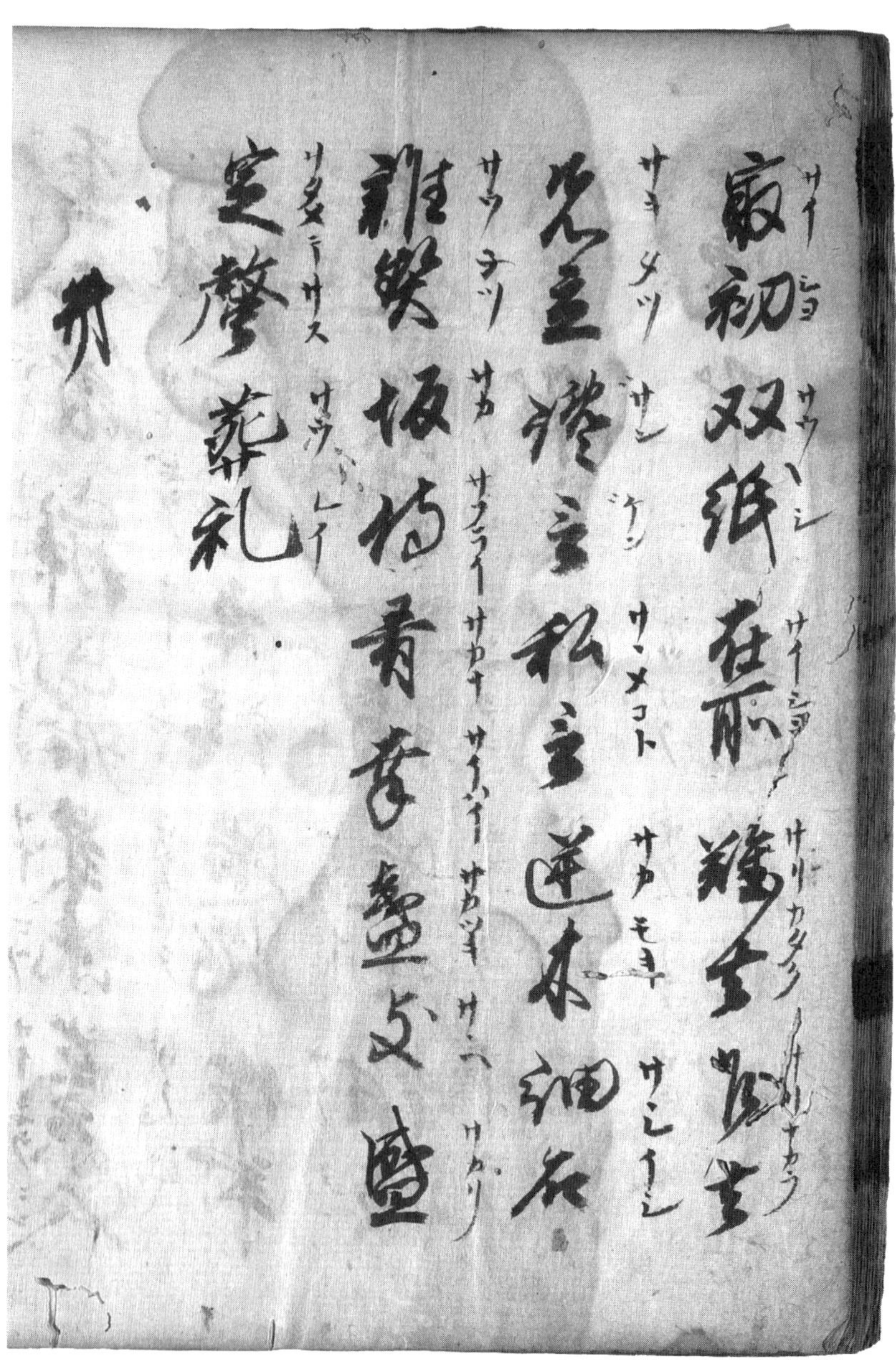

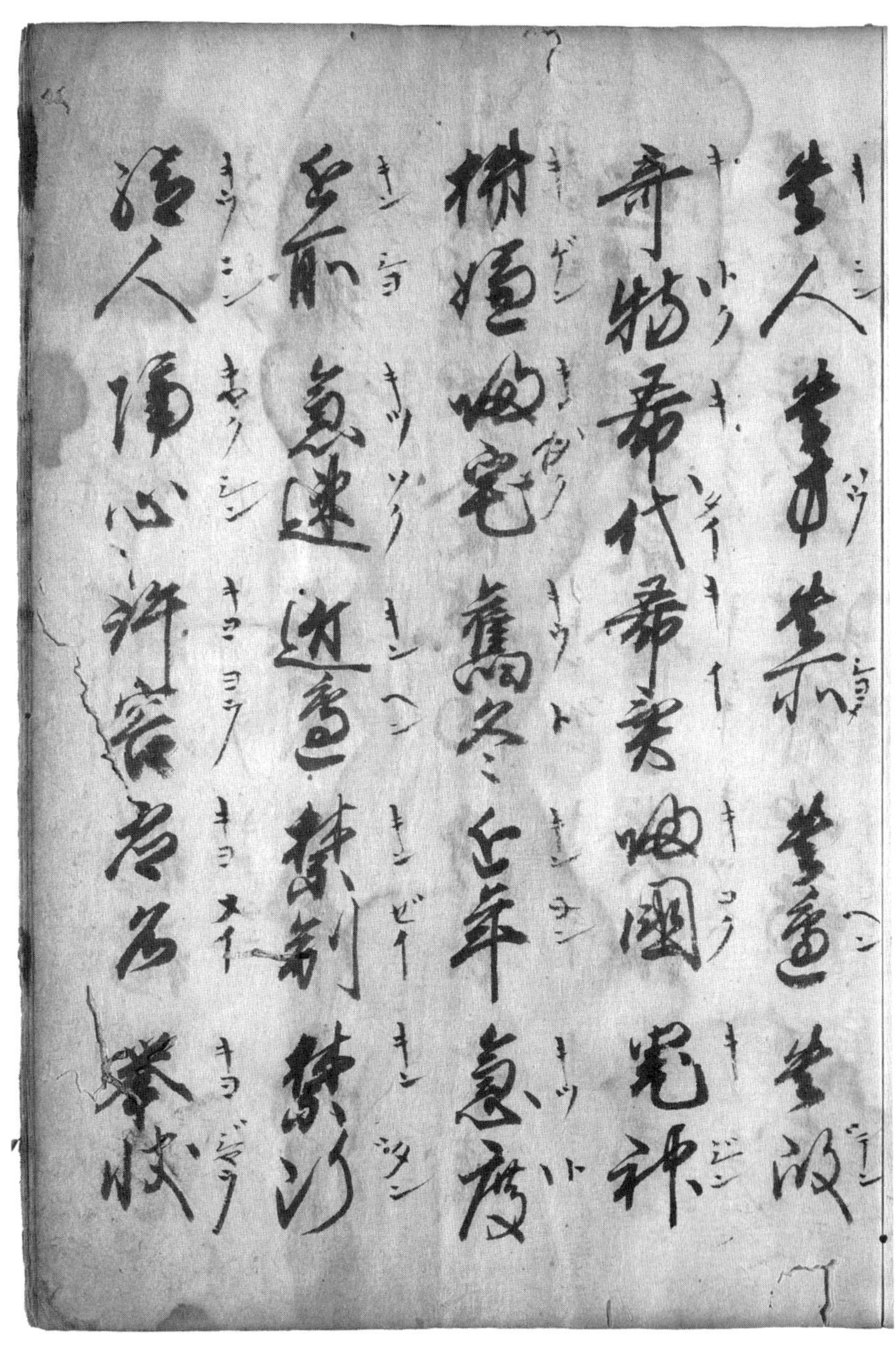

【30ウ】

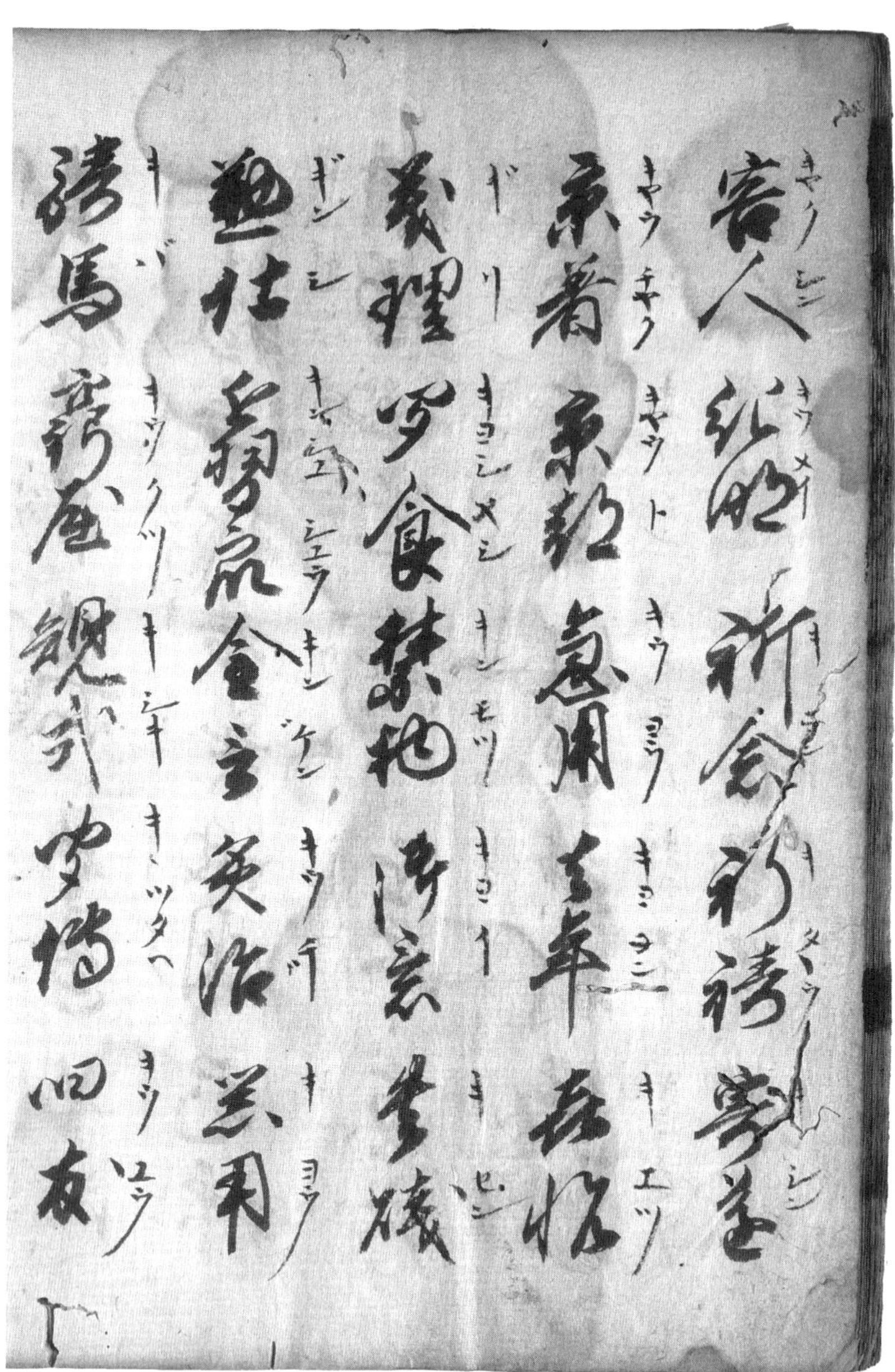

【31オ】

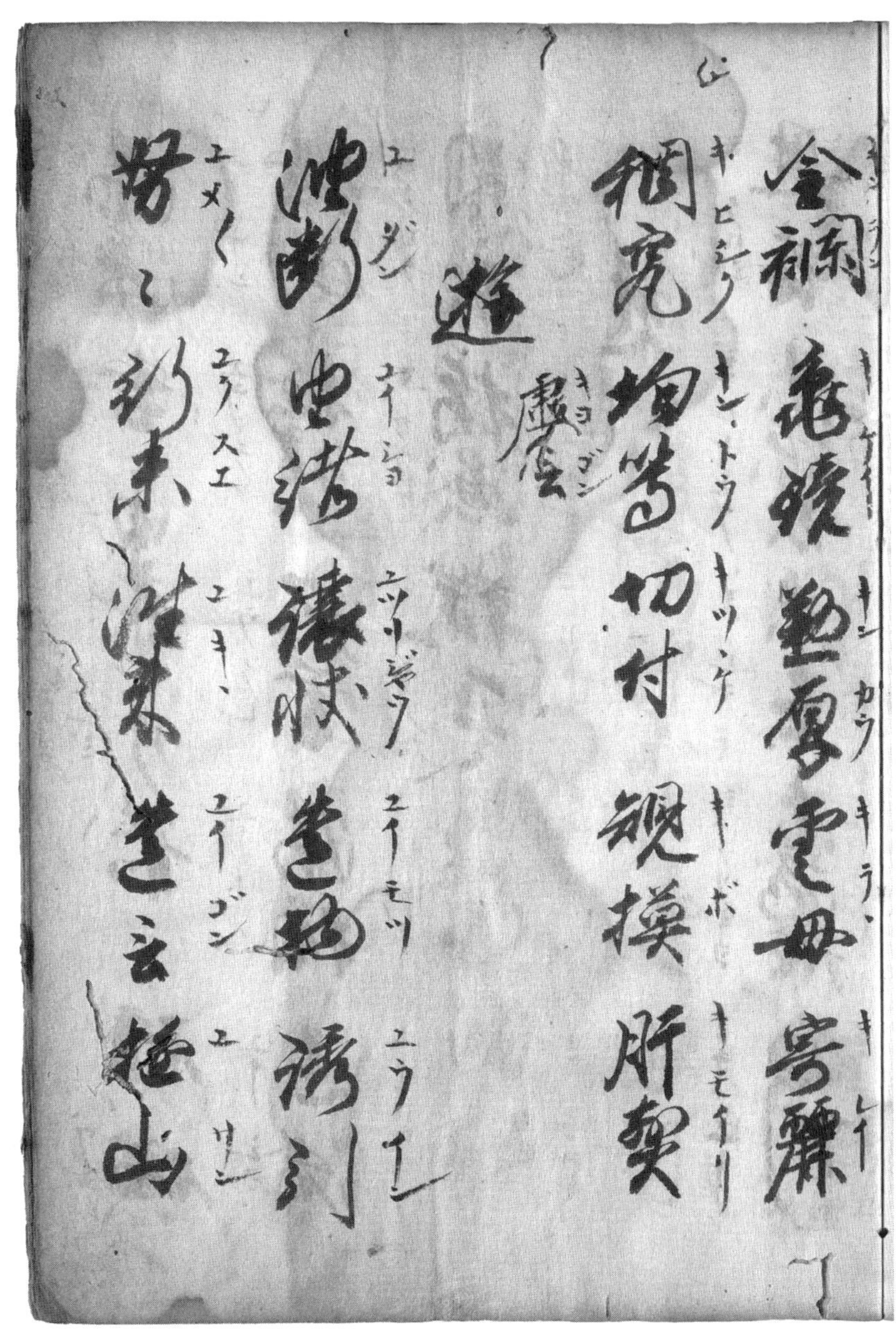

【31ウ】

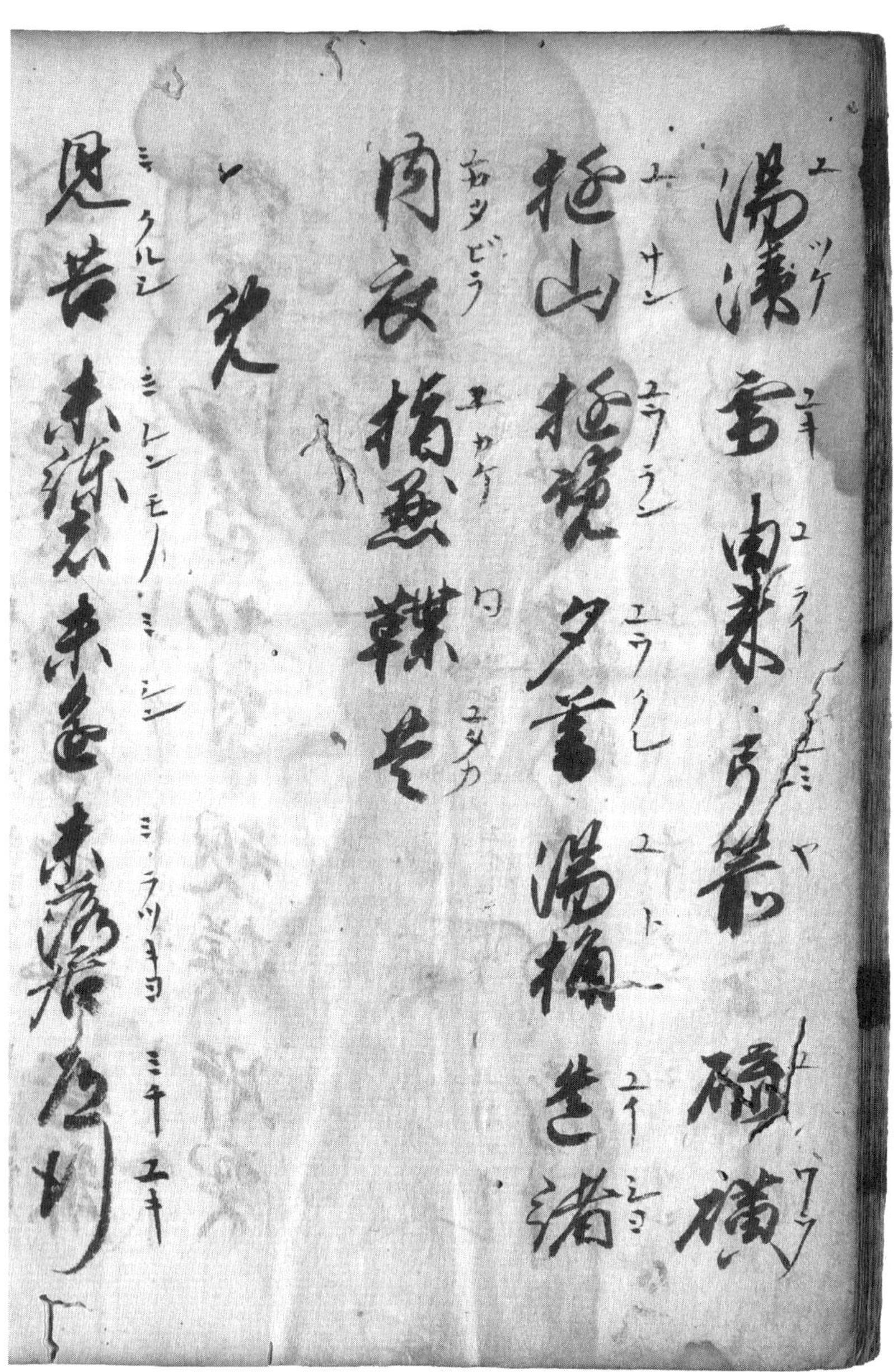

【32オ】

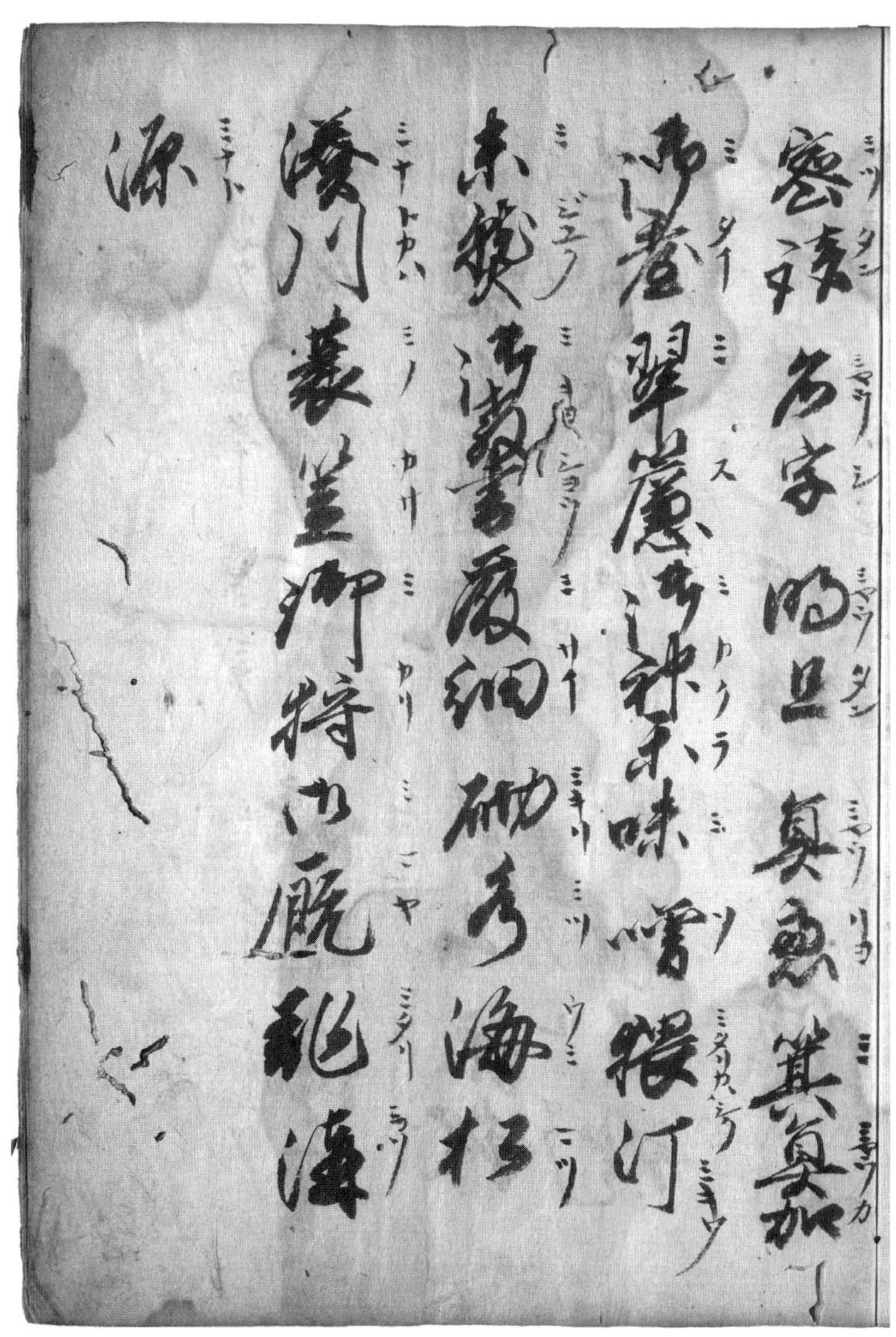

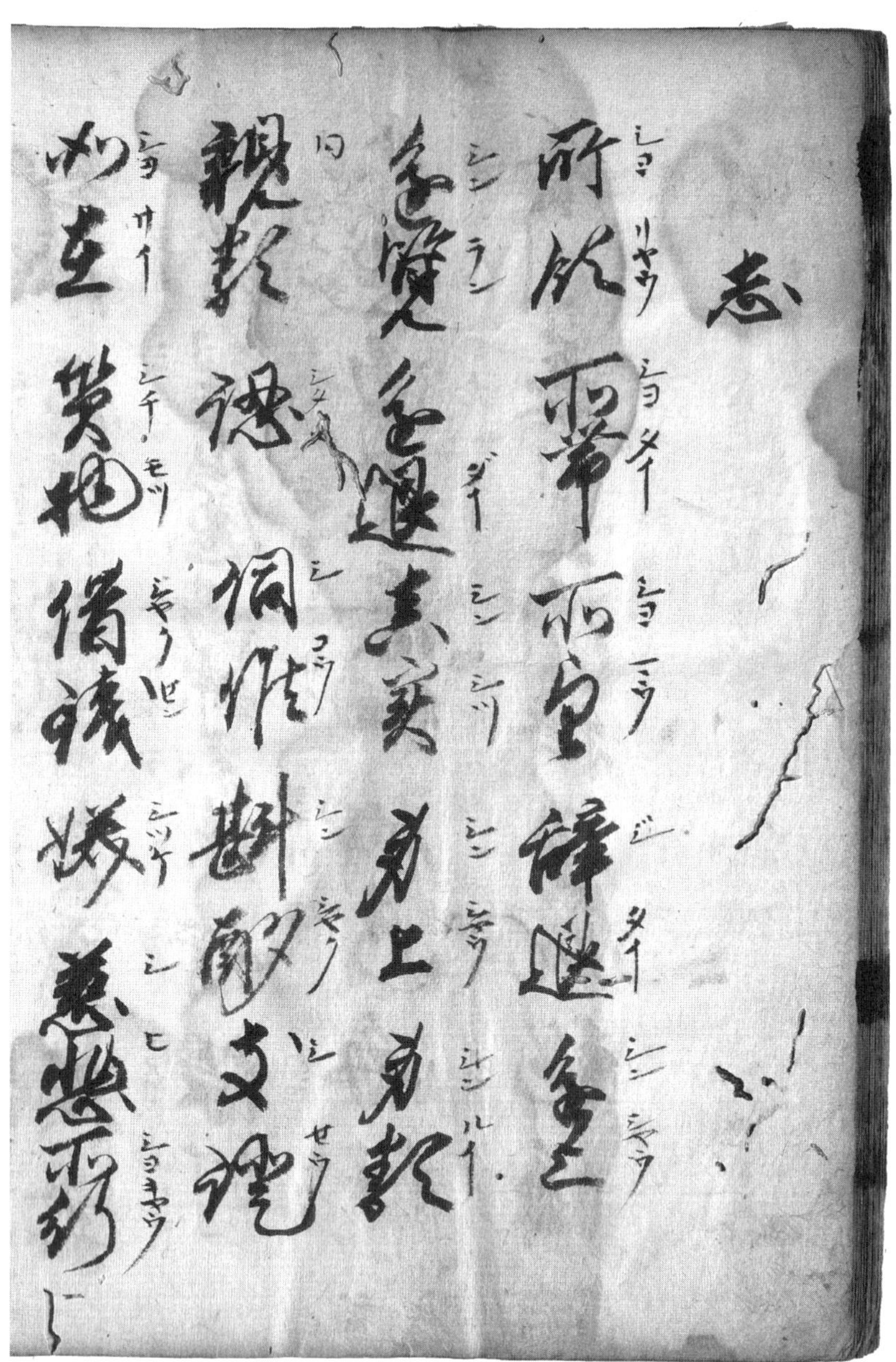

【33オ】

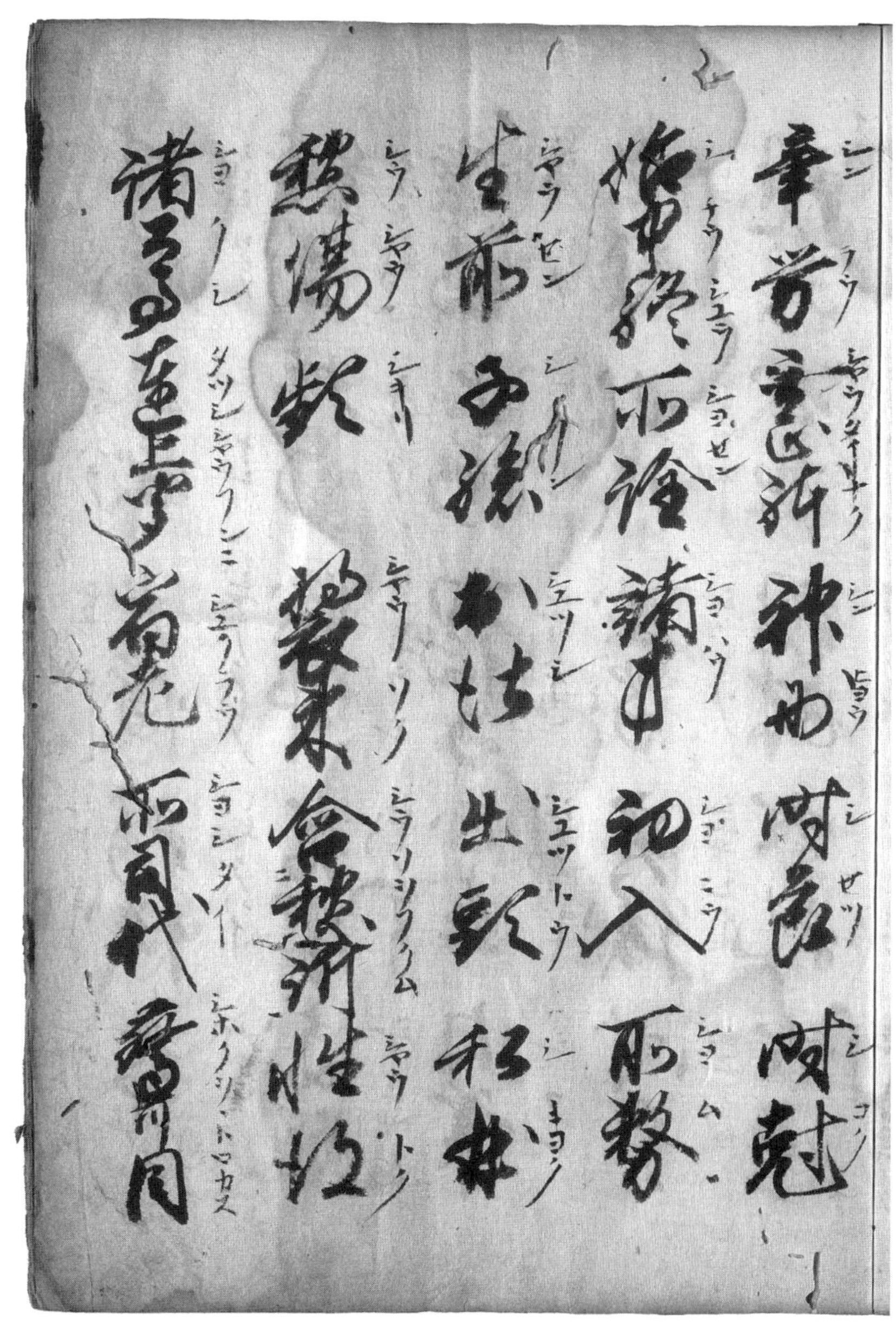

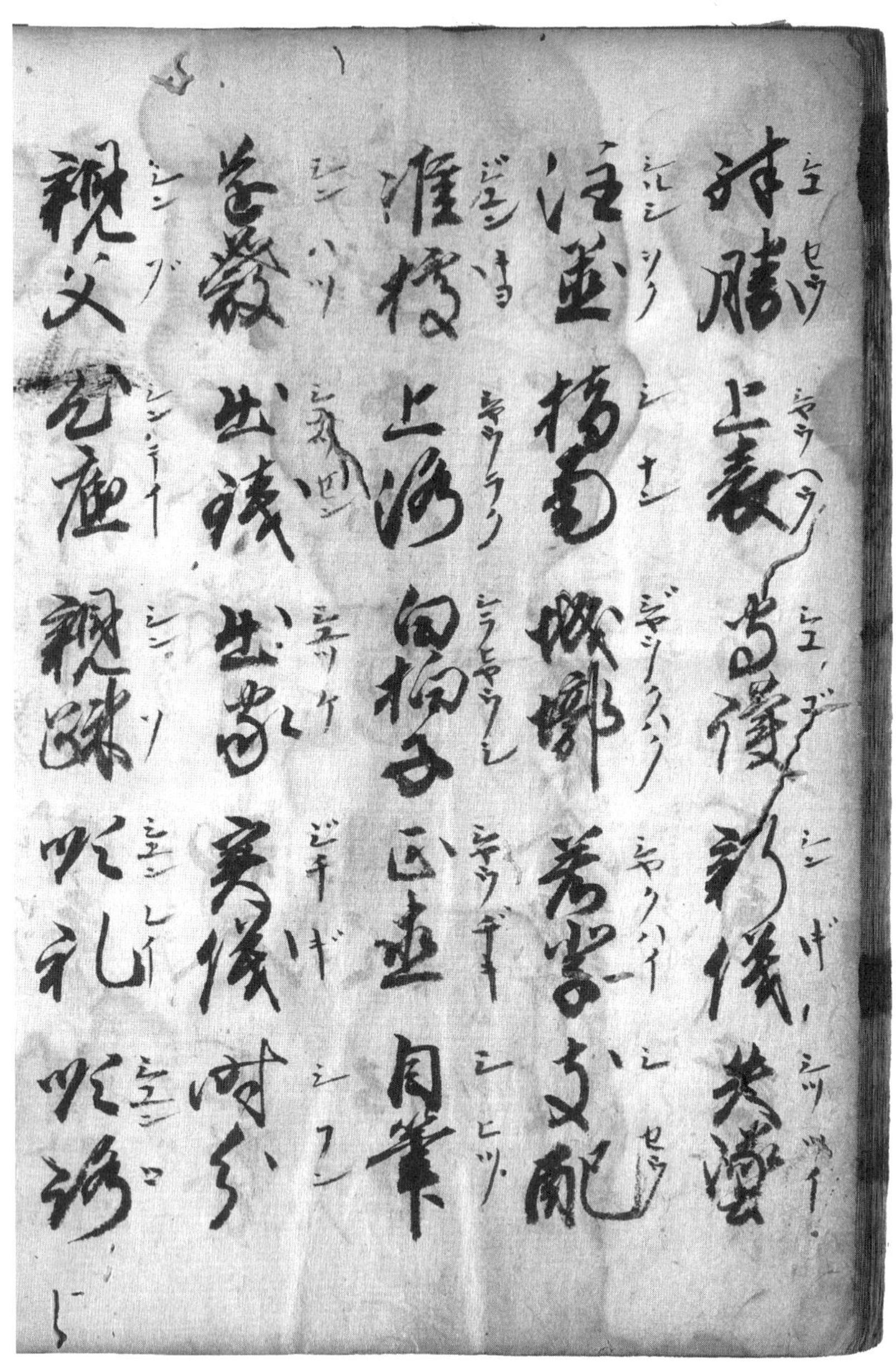

【34オ】

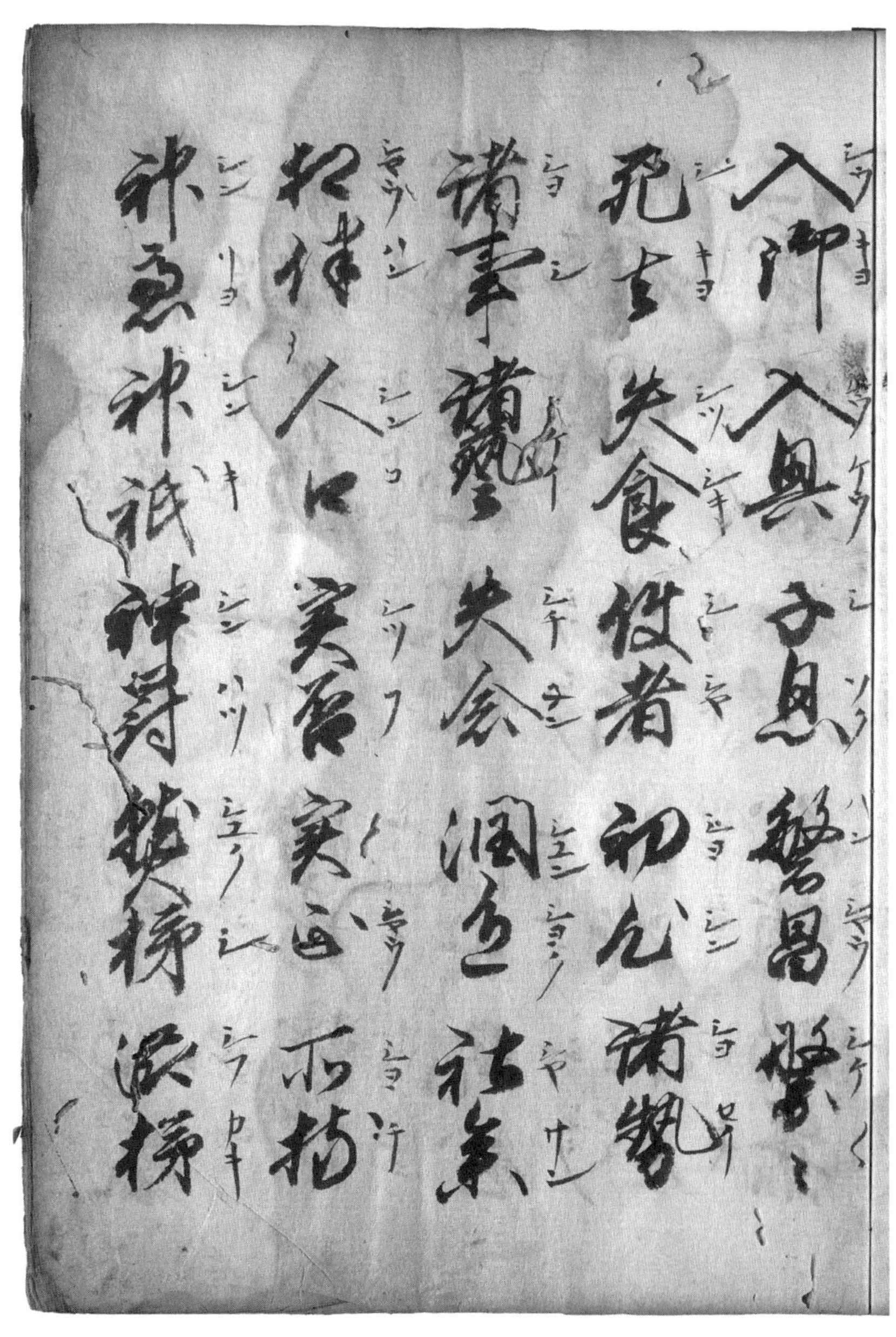

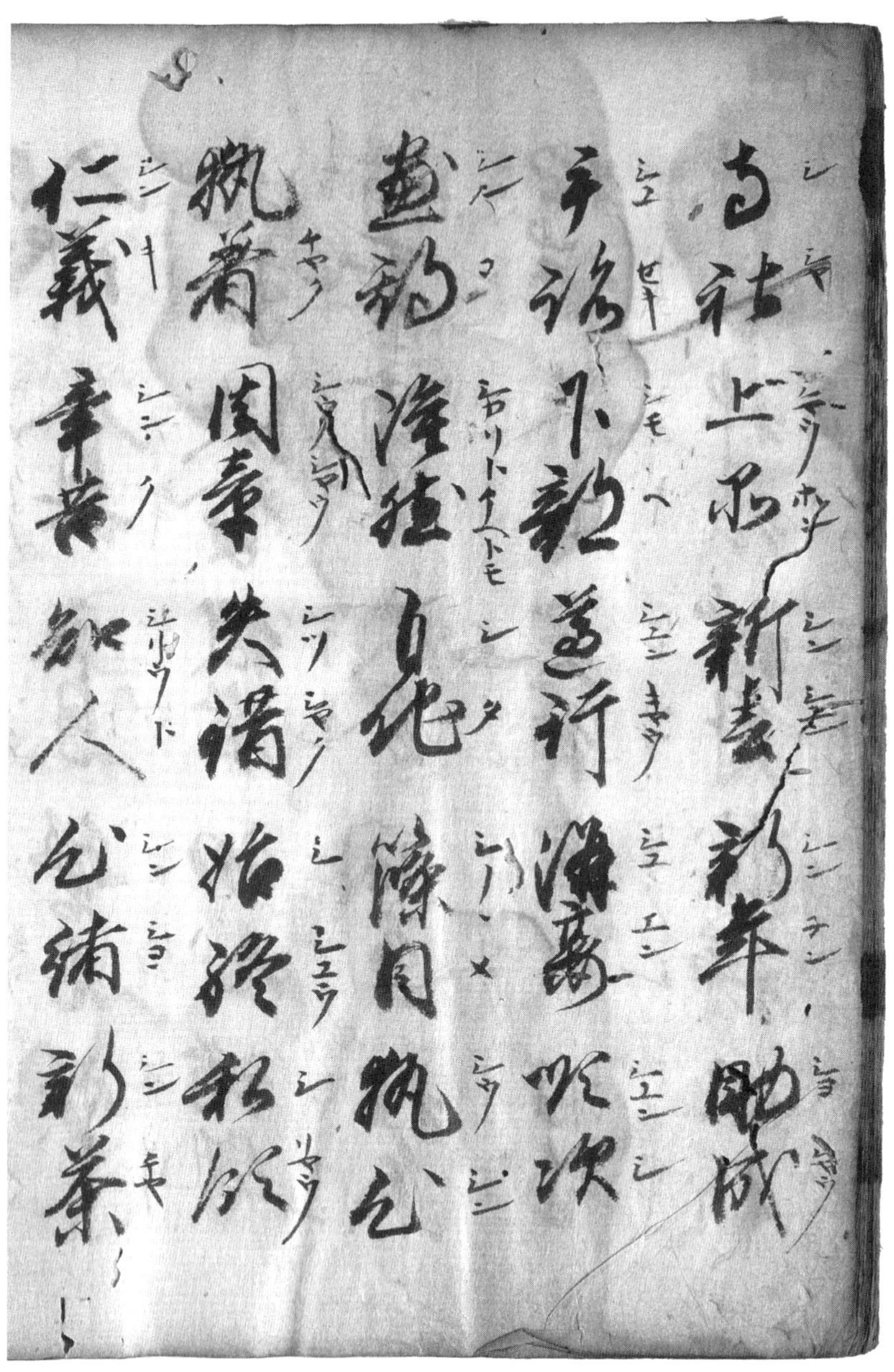

【35オ】

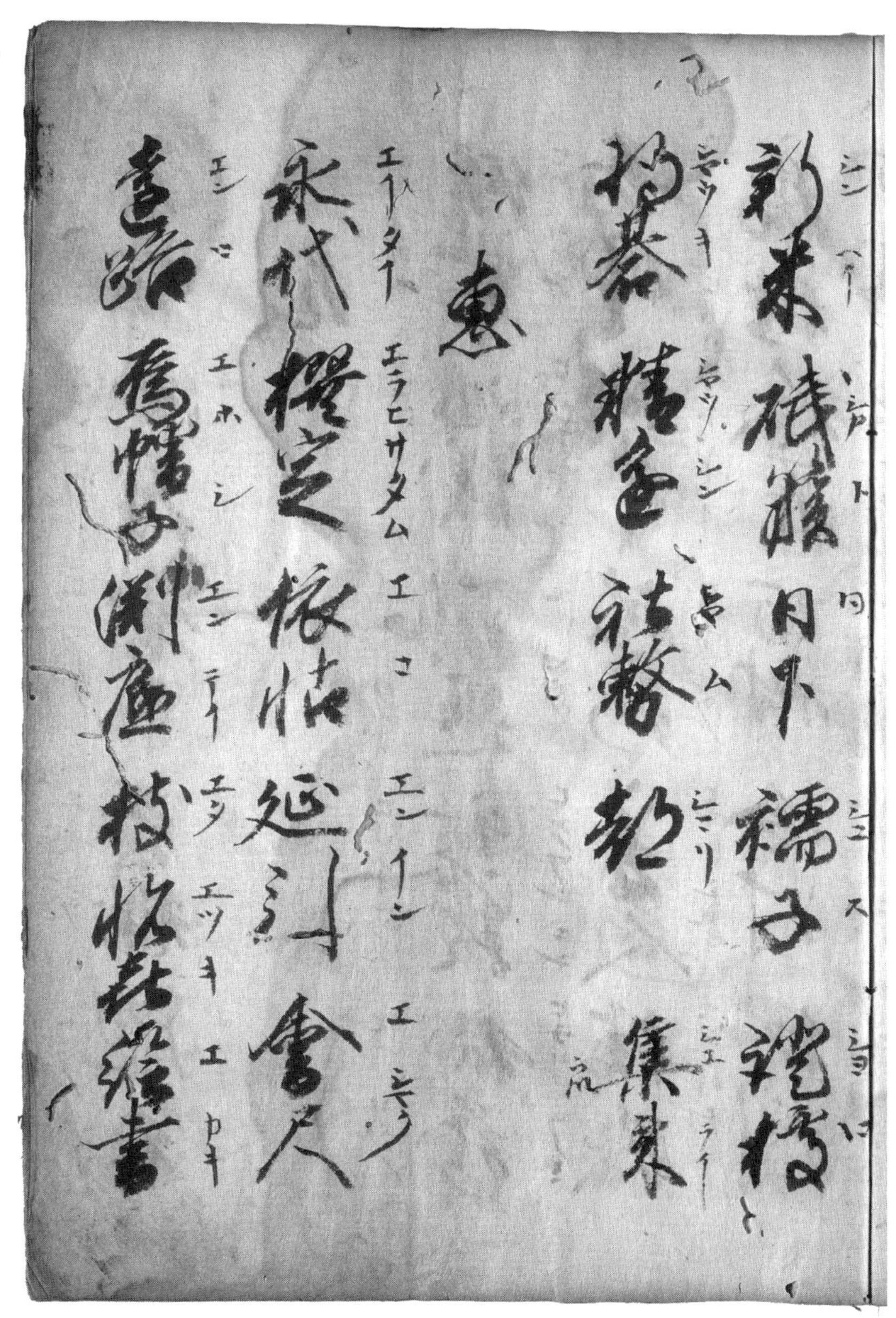

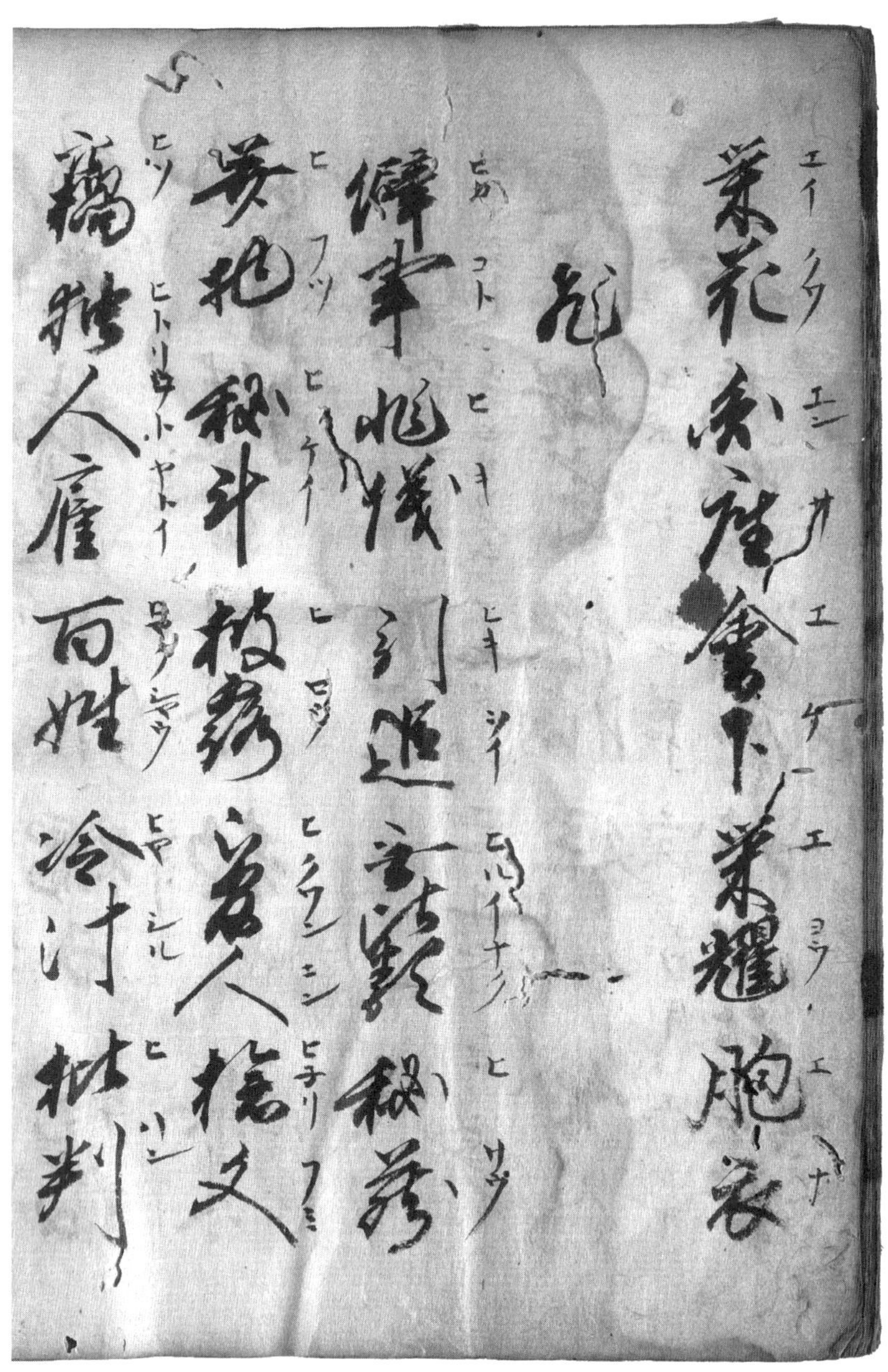

【36オ】

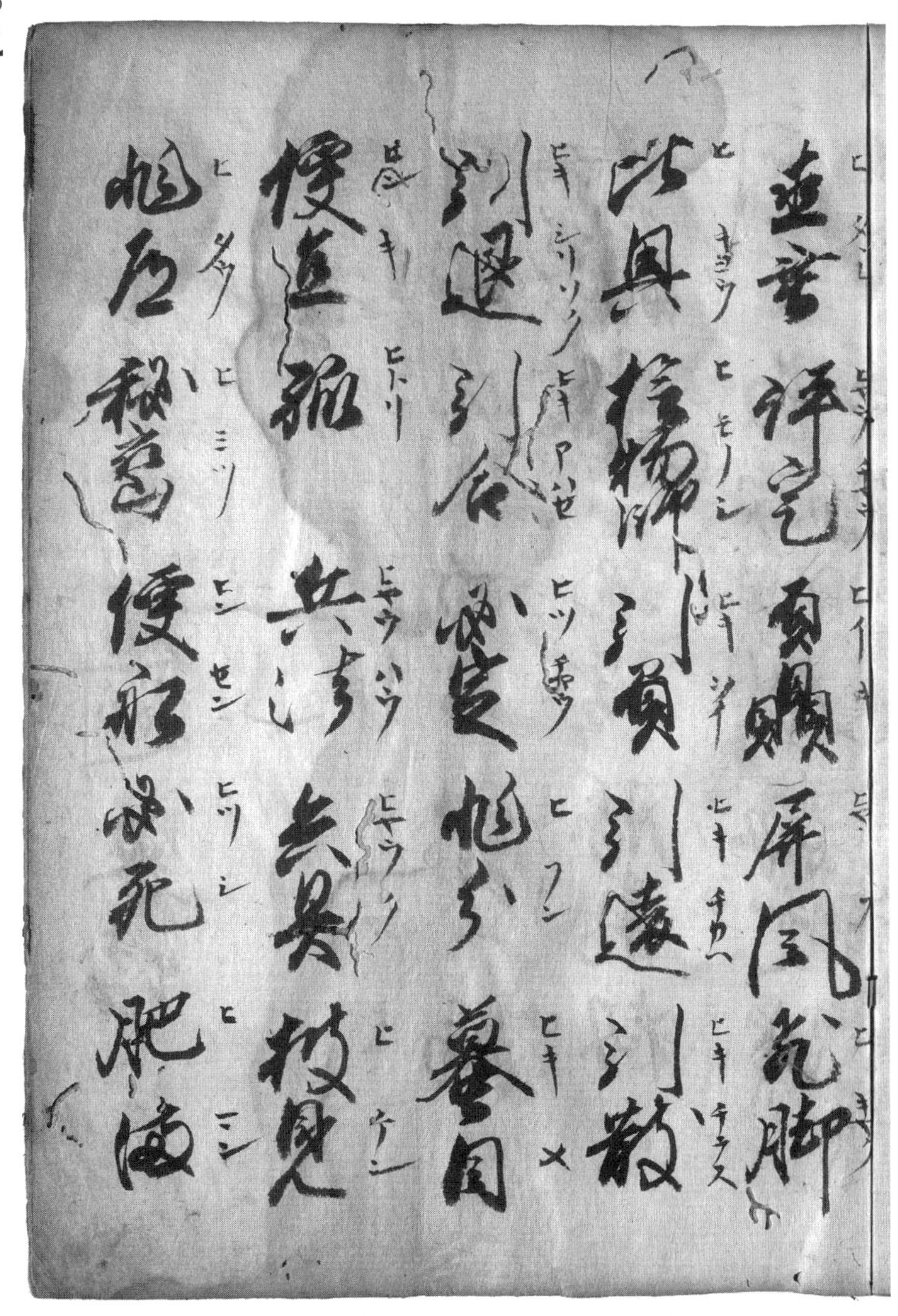

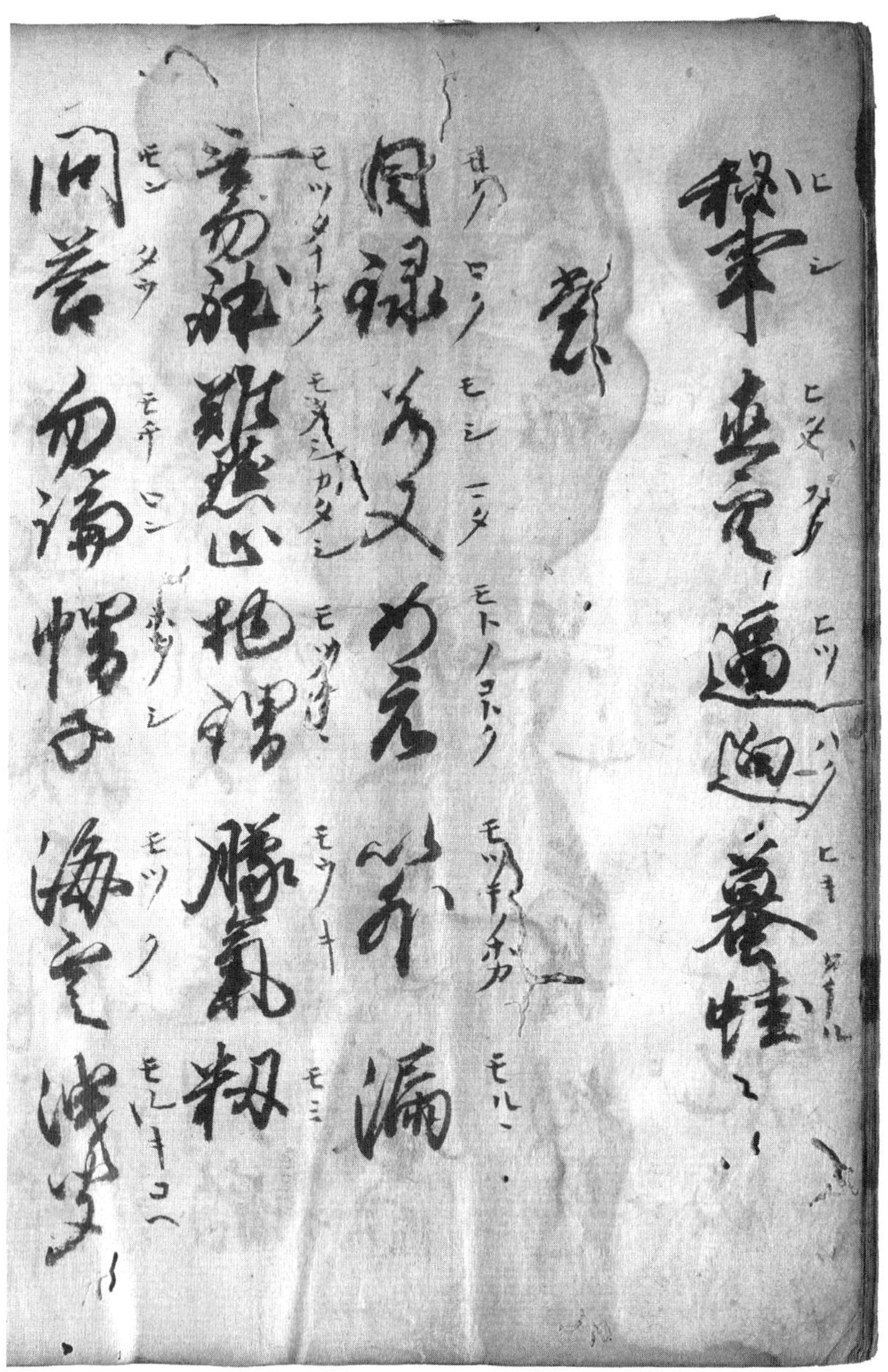

【37オ】

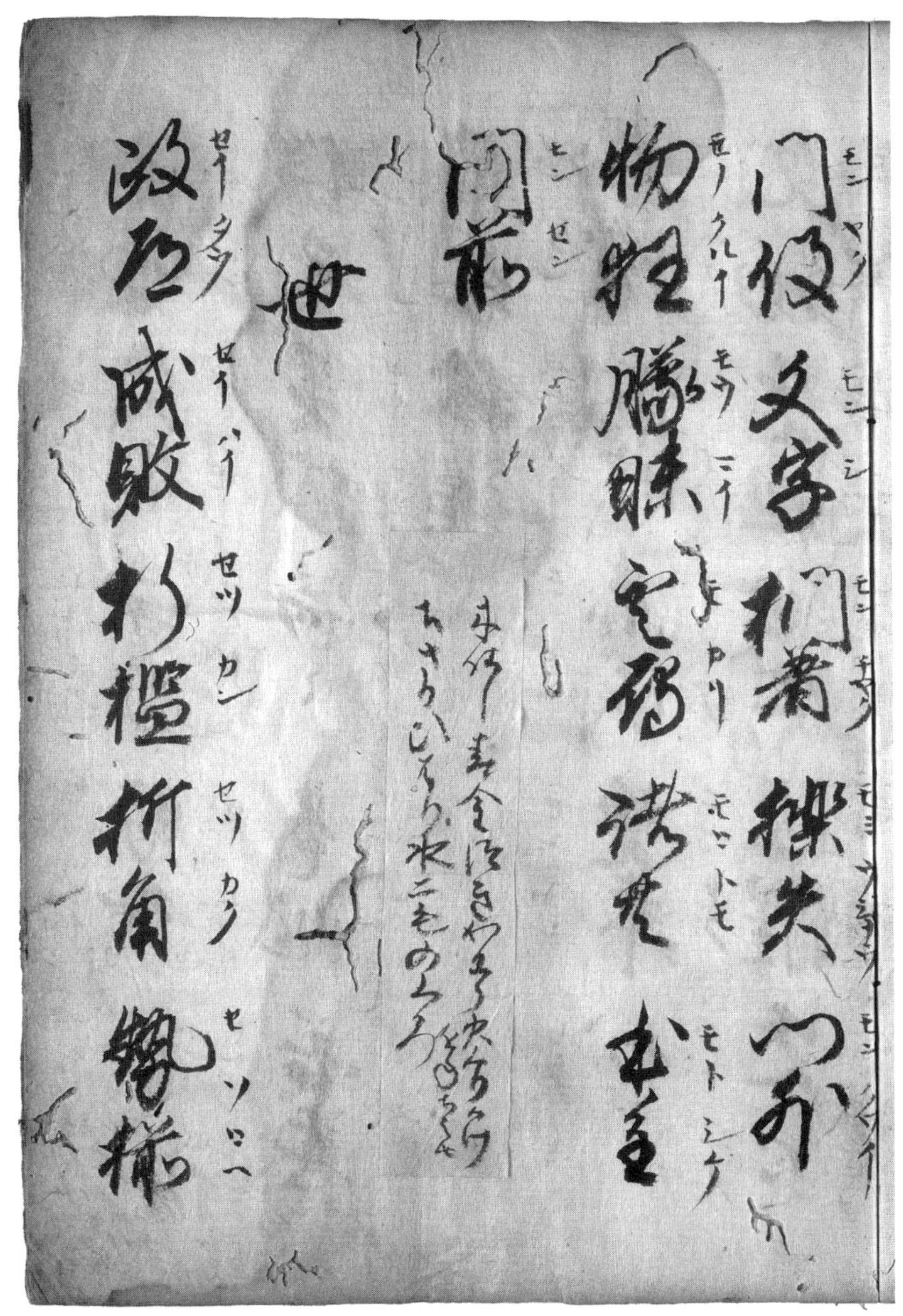

【37ウ】

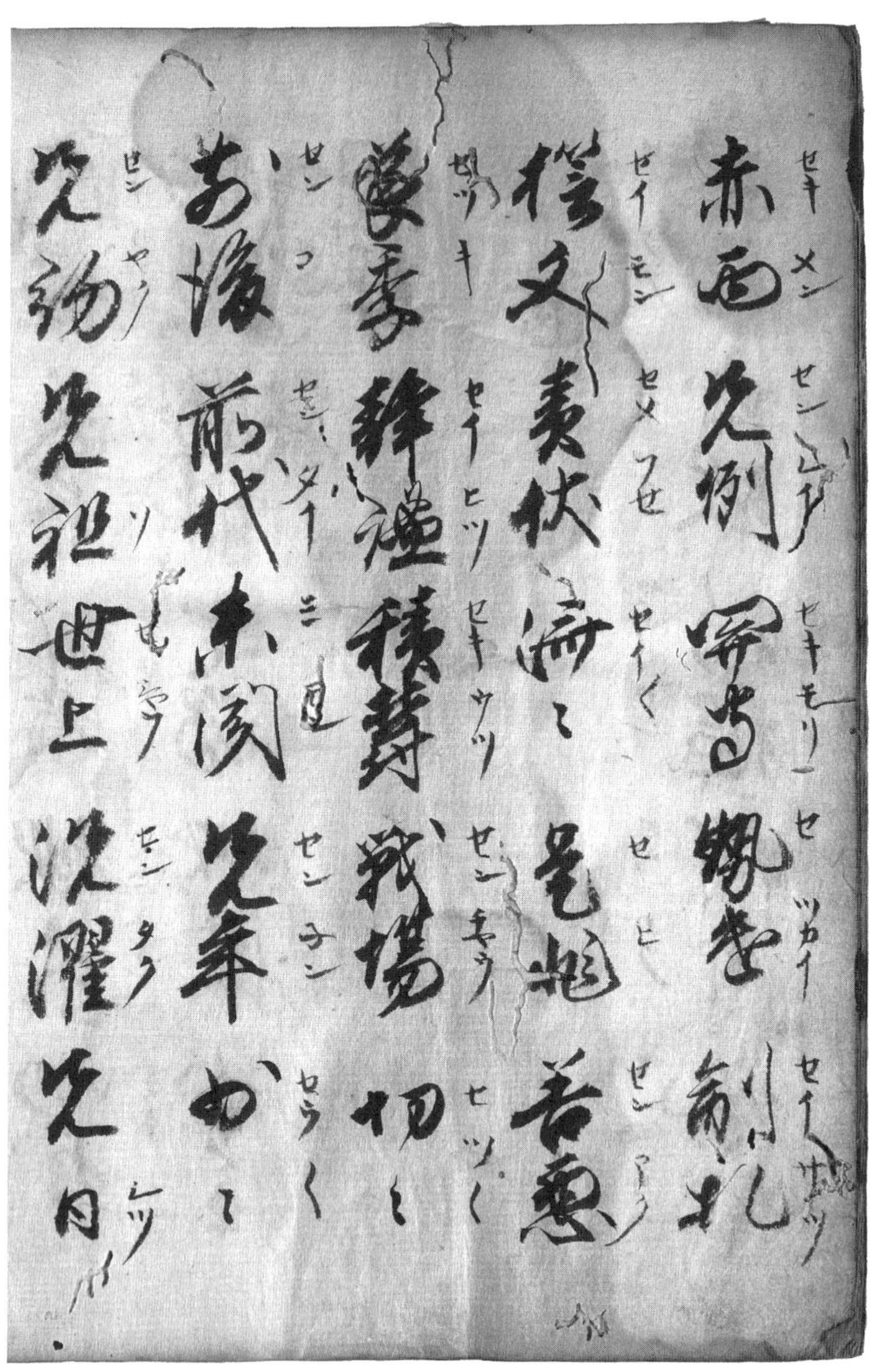

【38オ】

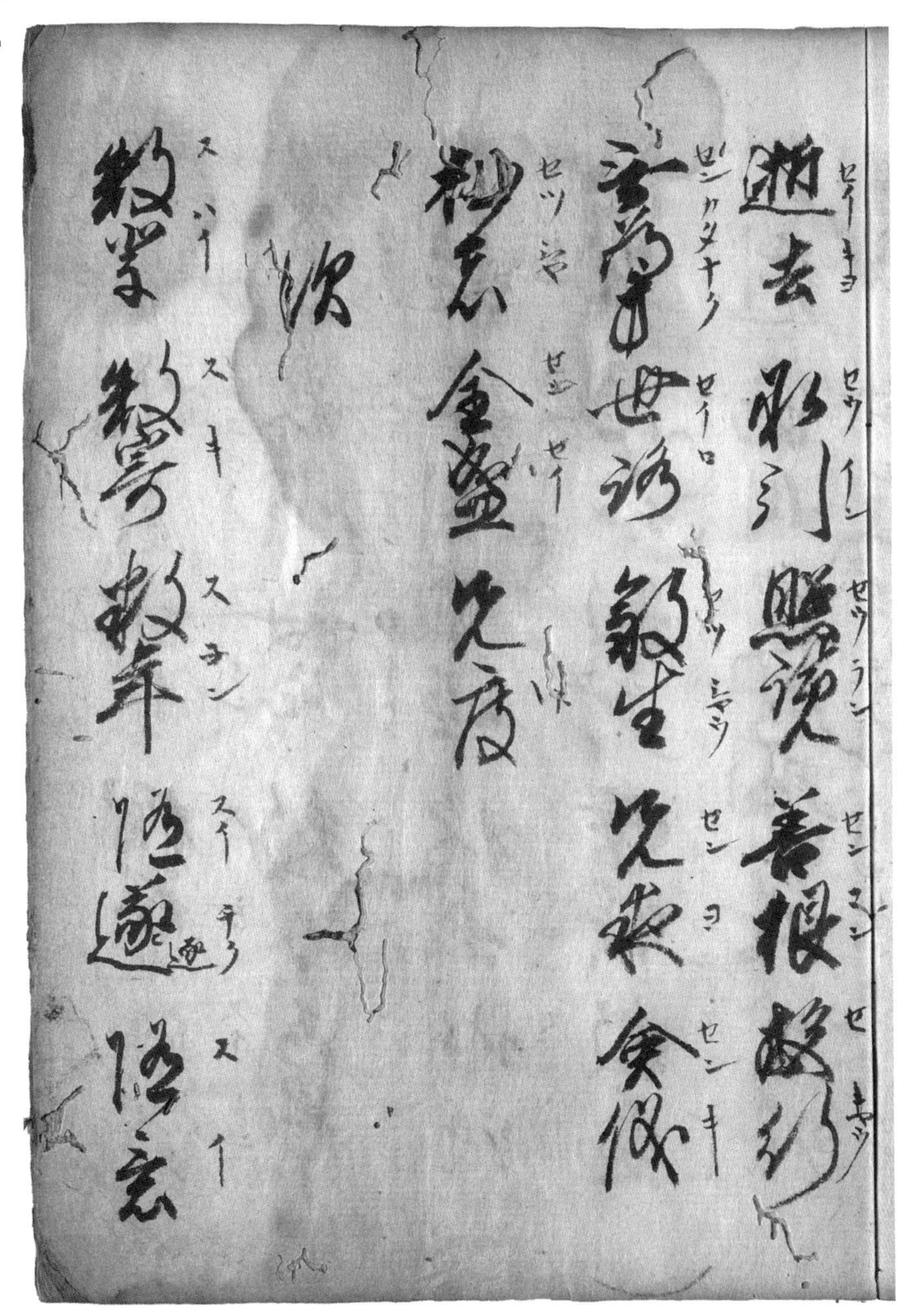

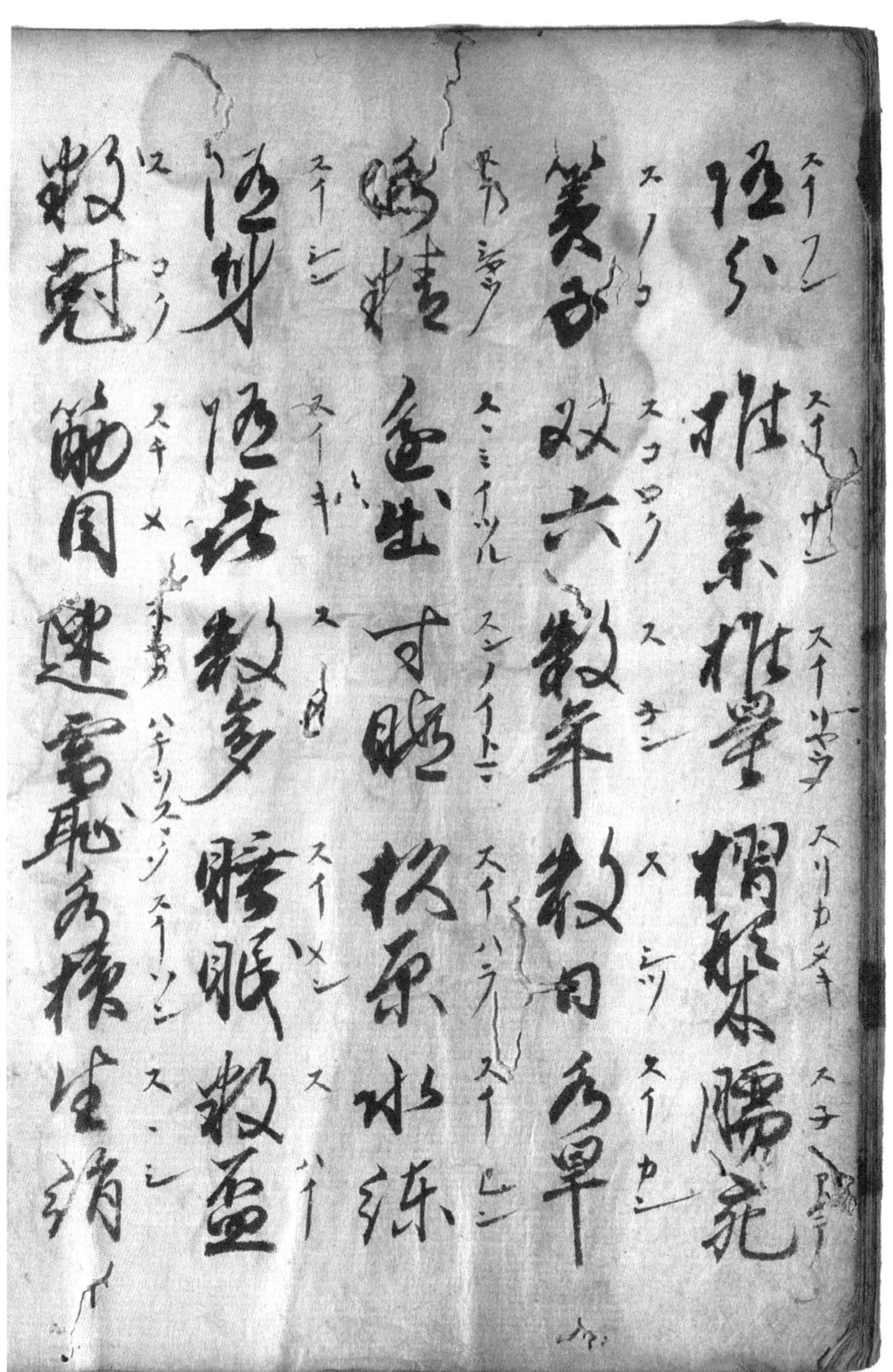

【39オ】

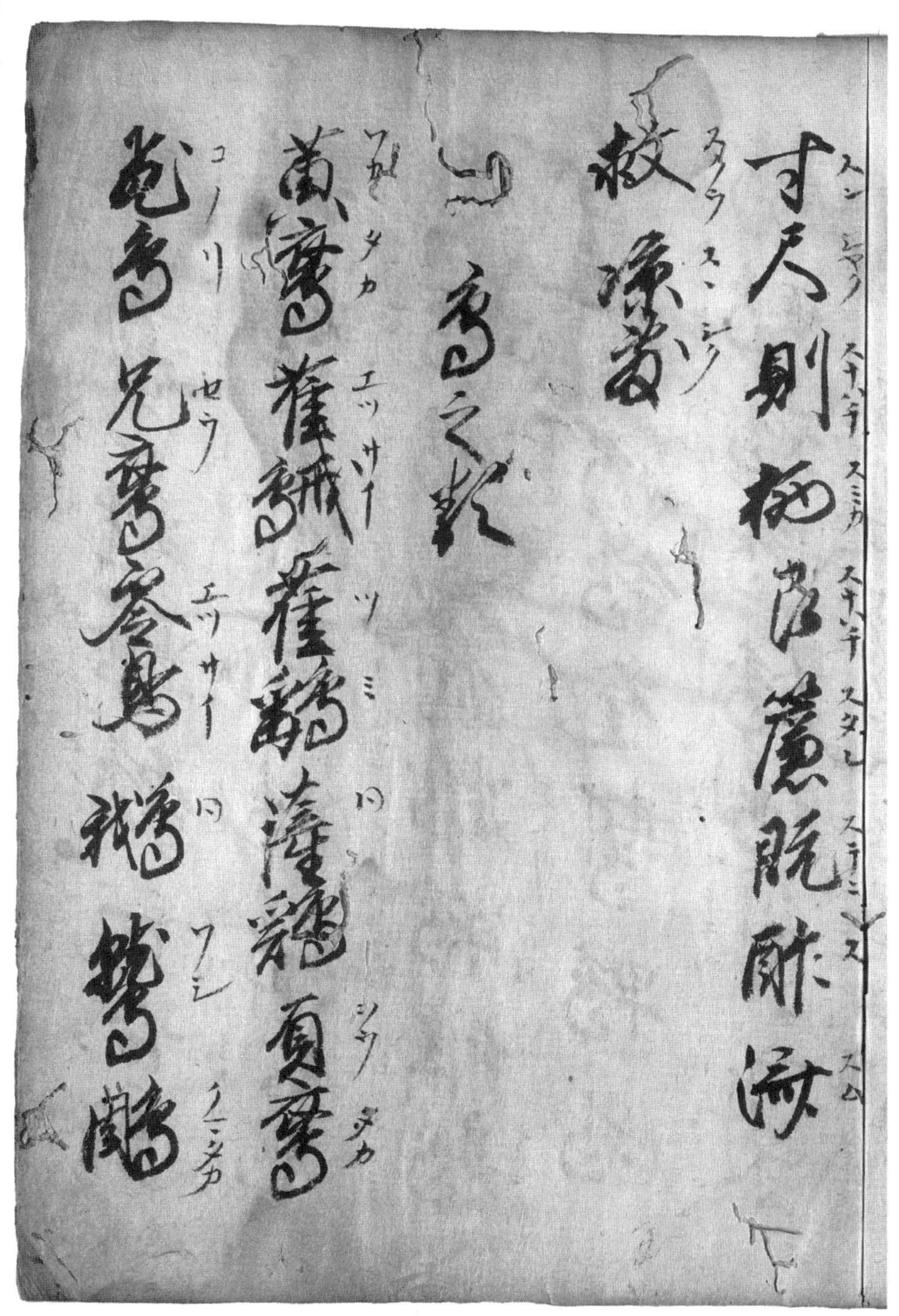

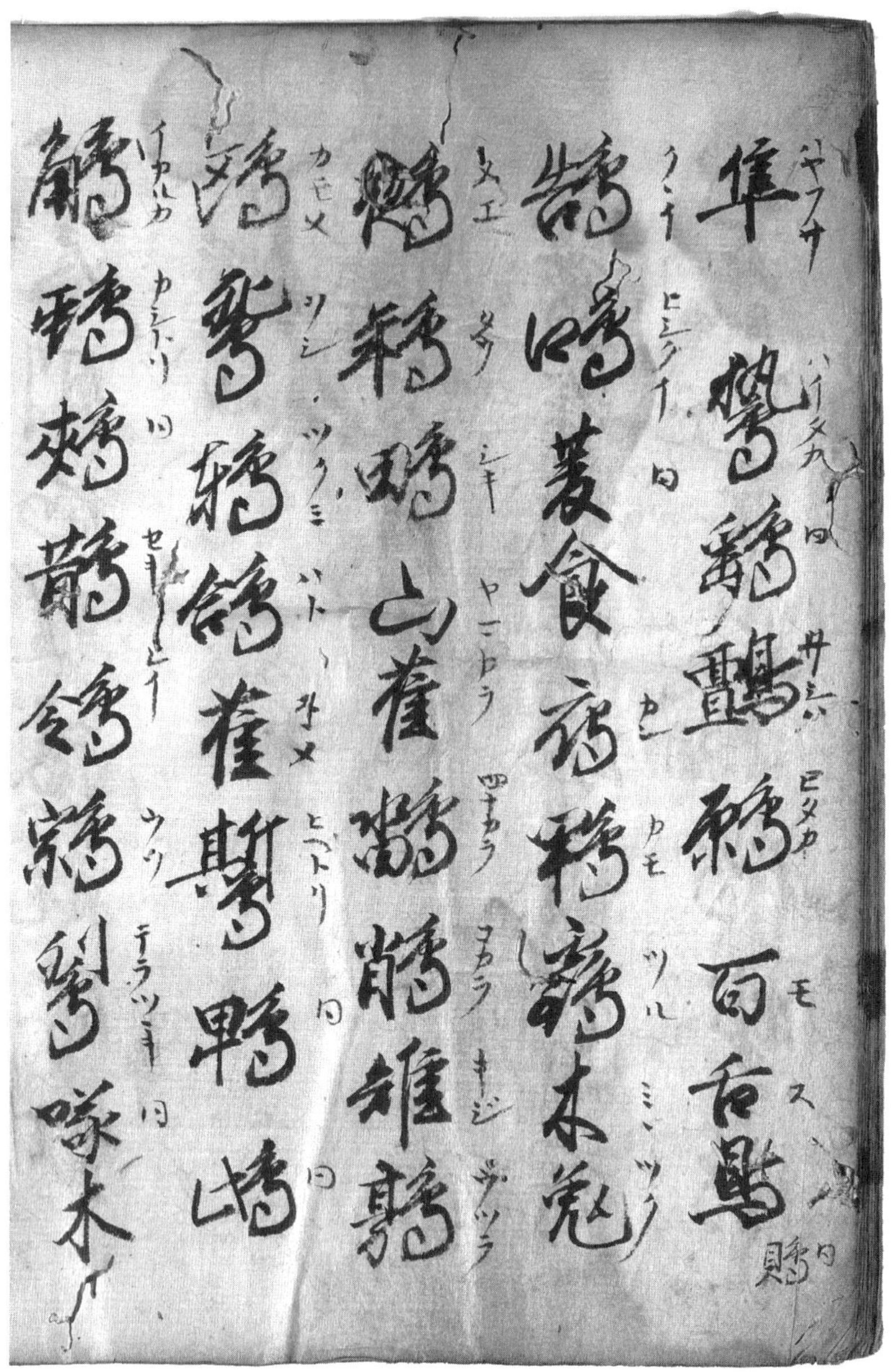

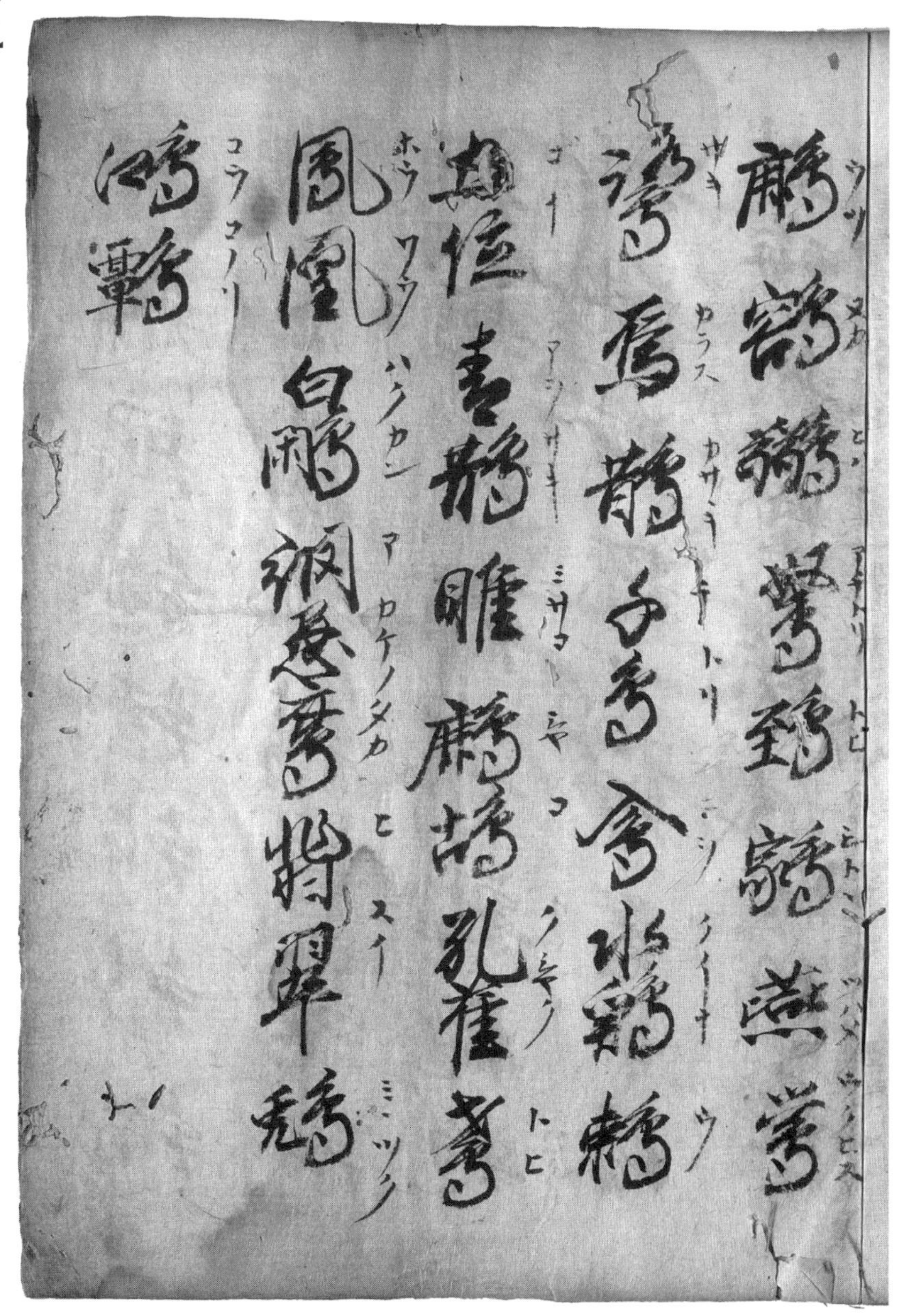

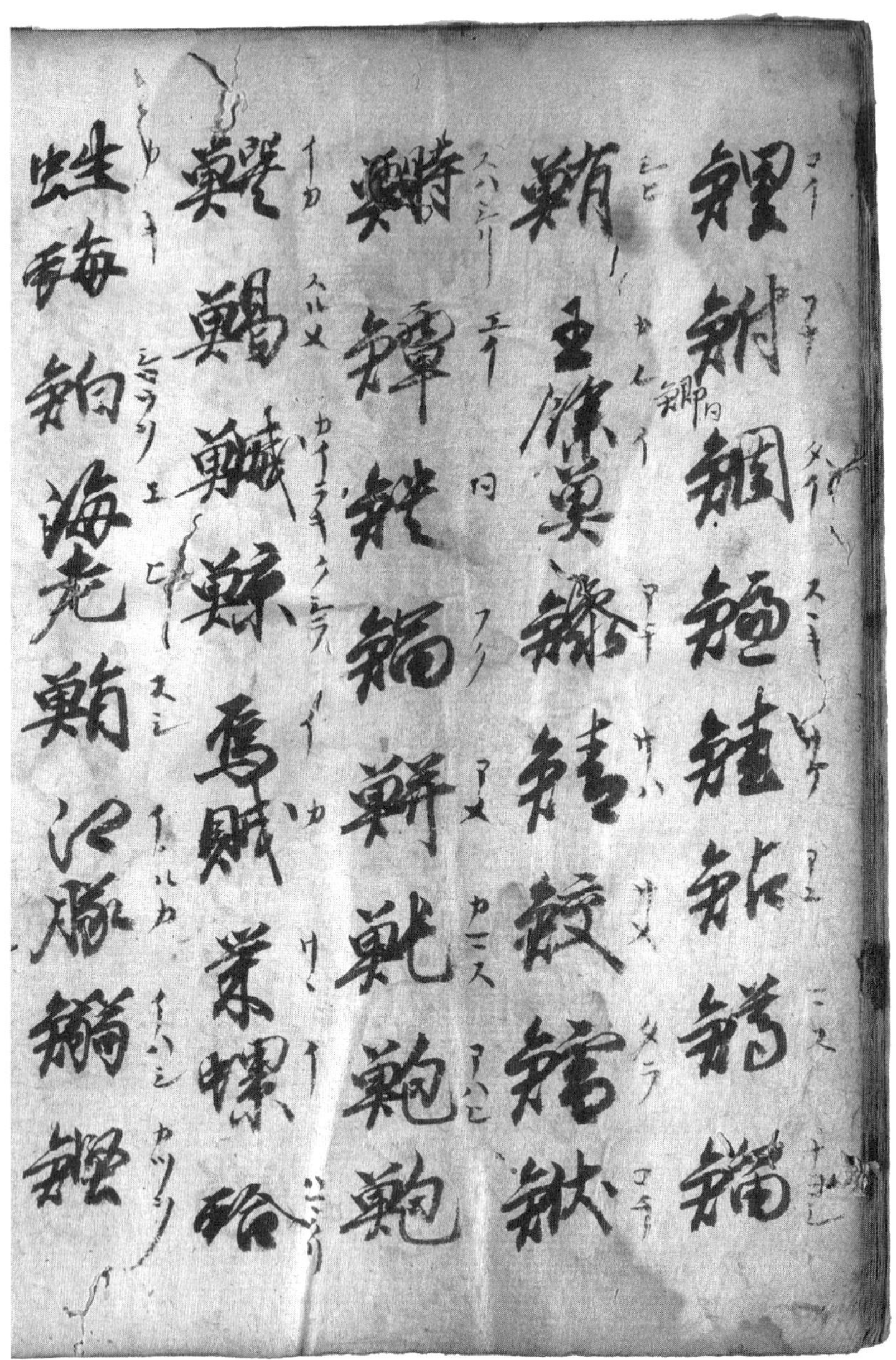

【41オ】

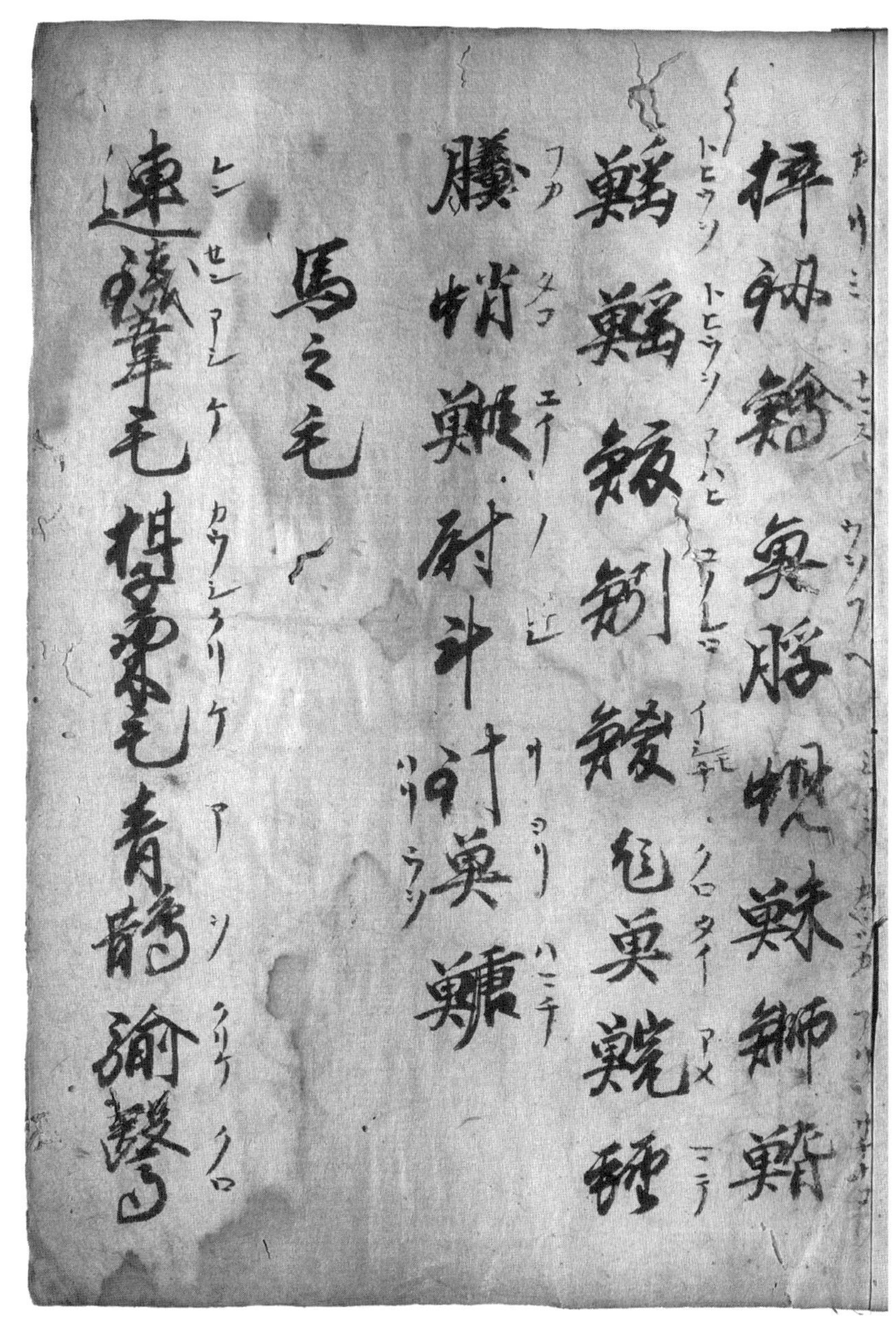

【41ウ】

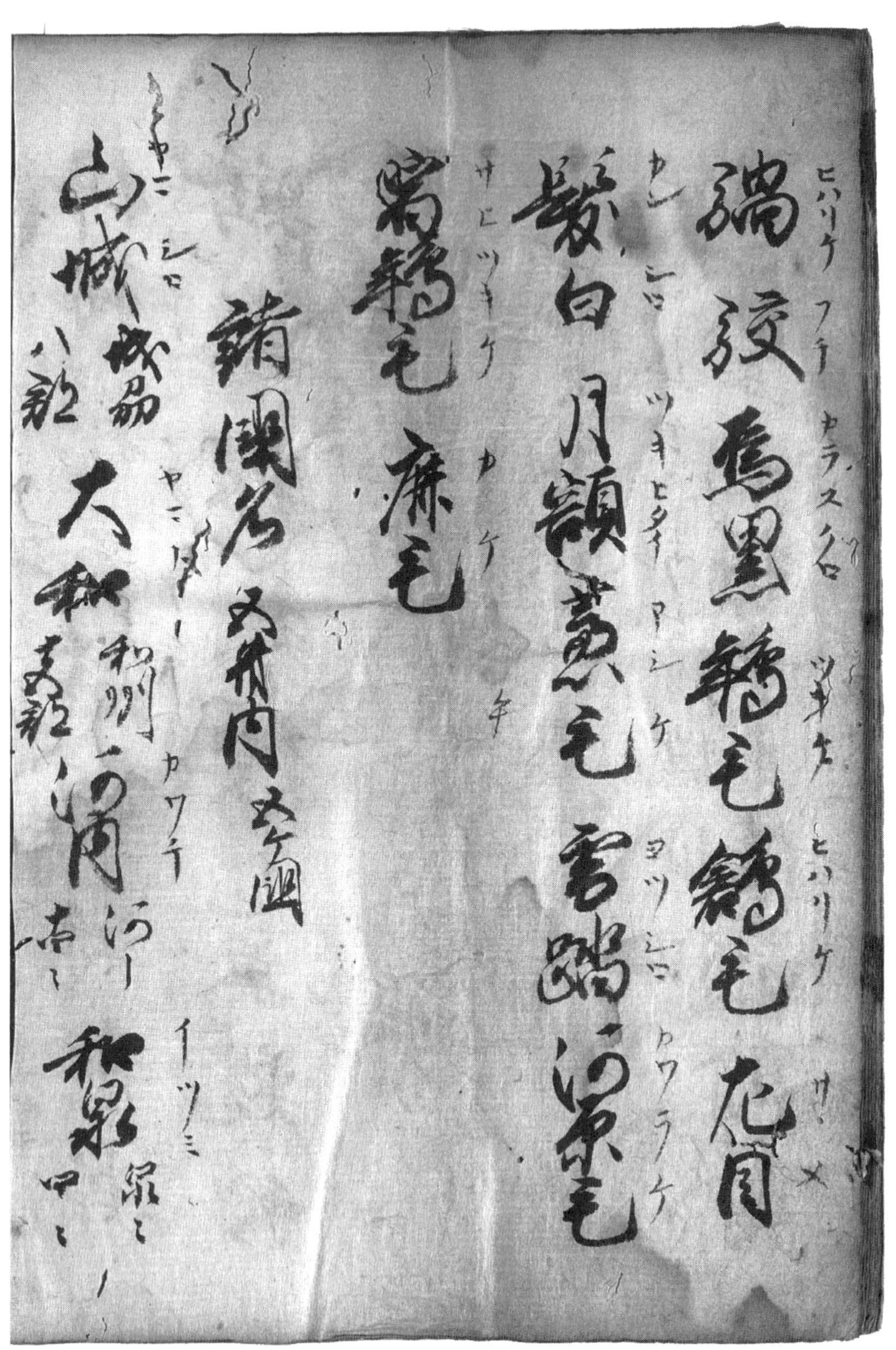

【42オ】

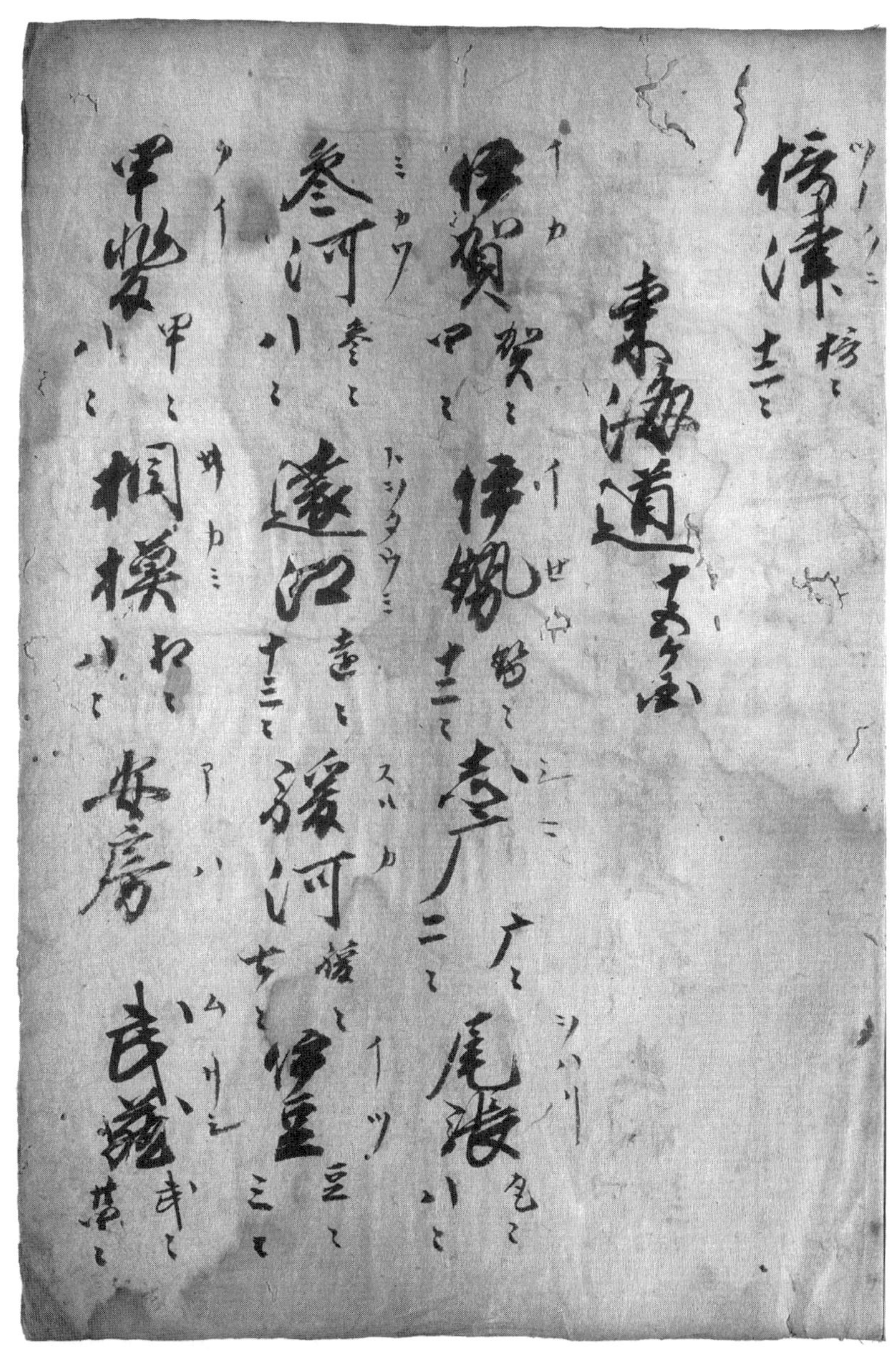

摂津 摂 十三

東海道 十五ケ国

伊賀 賀 四

伊勢 勢 十三

志摩 二

尾張 八

参河 参 八

遠江 遠 十三

駿河 駿 七

伊豆 豆 三

甲斐 甲 八

相模 相 八

安房

武蔵

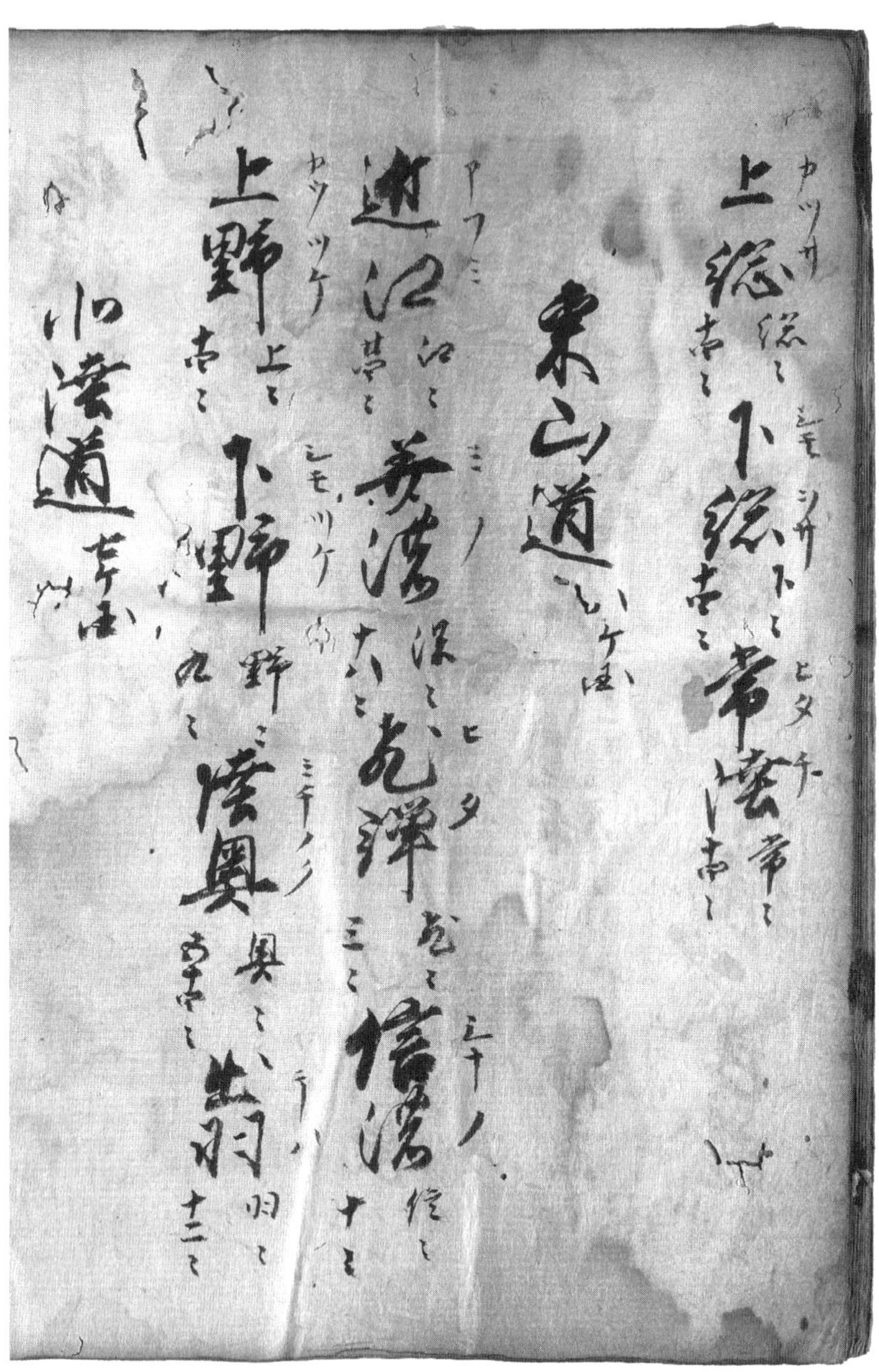
上総　下総　常陸
東山道
近江　美濃　飛騨　信濃
上野　下野　陸奥　出羽
北陸道

若狭 三ヶ 越前 十三ヶ 加賀 四ヶ 能登 七ヶ
越中 十七ヶ 越後 五十三ヶ 佐渡 三郡

山陰道

丹波 六ヶ 丹後 五ヶ 但馬 八ヶ 出雲 七ヶ
石見 六ヶ 隠波 源十 伯耆 六ヶ

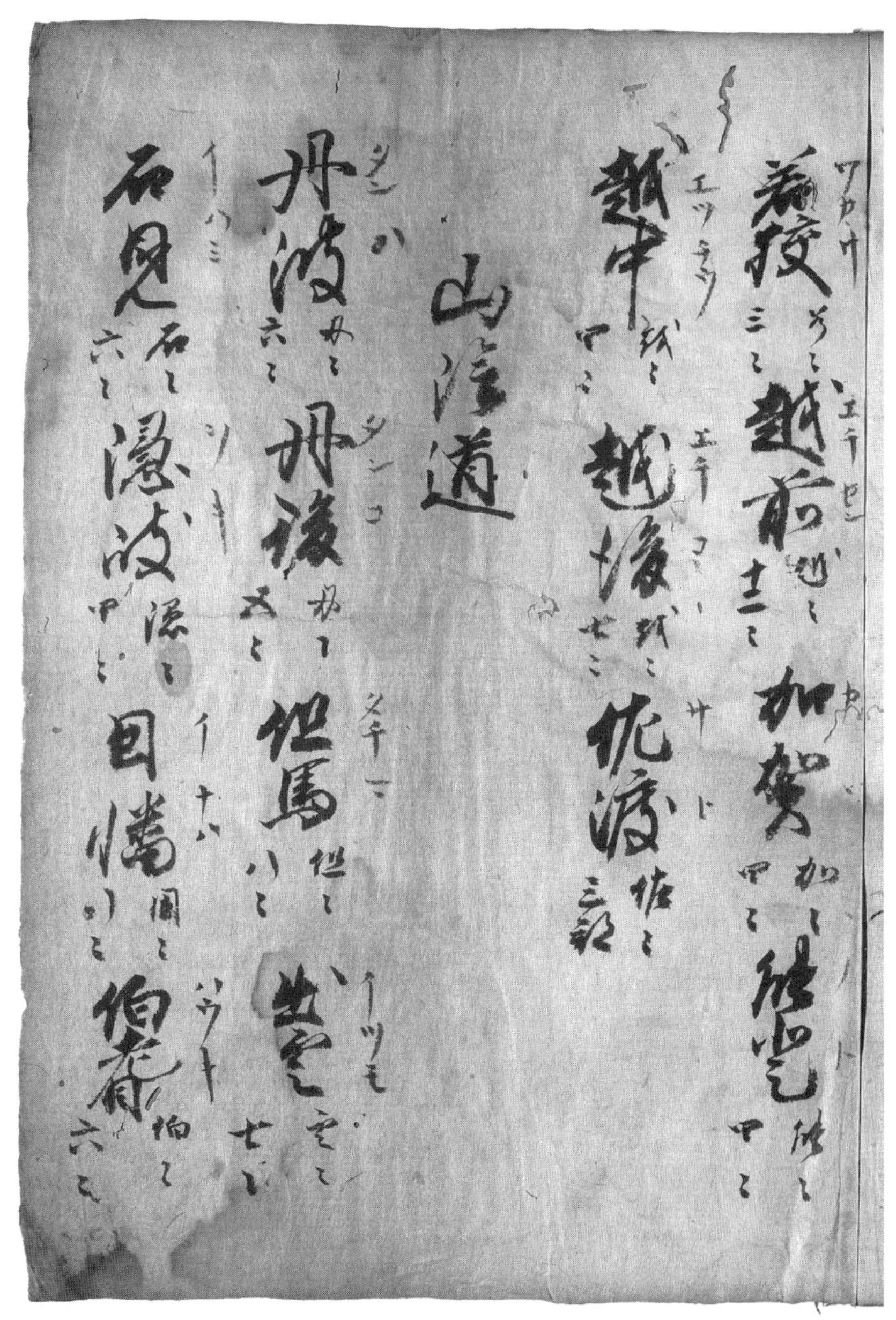

【43ウ】

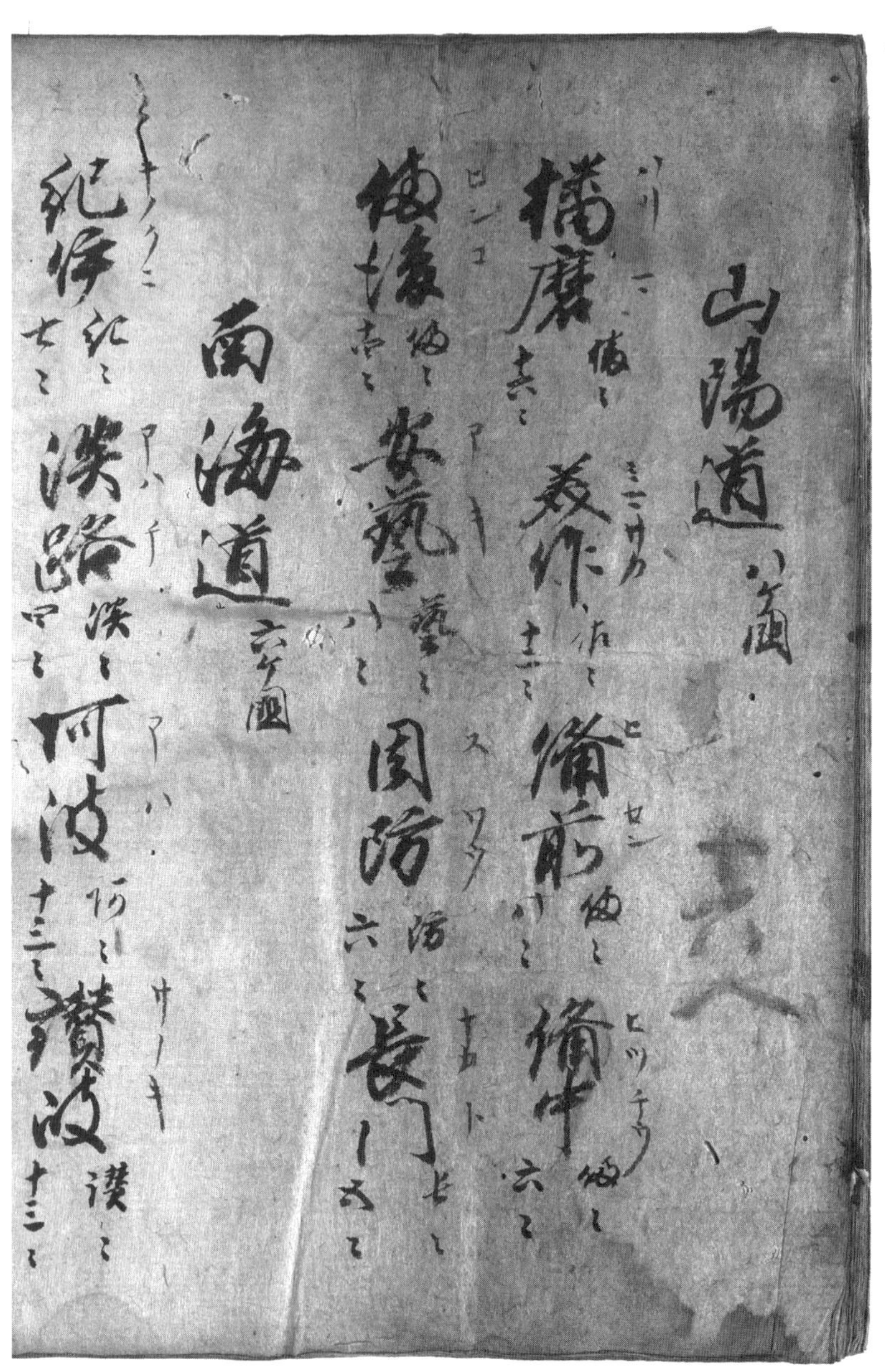
山陽道八ヶ国。
播磨 播々 十六々　美作 作々 十一々　備前 備々 八々　備中 備々 六々
備後 備々 十四々　安芸 芸々 八々　周防 防々 六々　長門 長々 五々
南海道六ヶ国
紀伊 紀々 七々　淡路 淡々 二々　阿波 阿々 十三々　讃岐 讃々 十三々

【44オ】

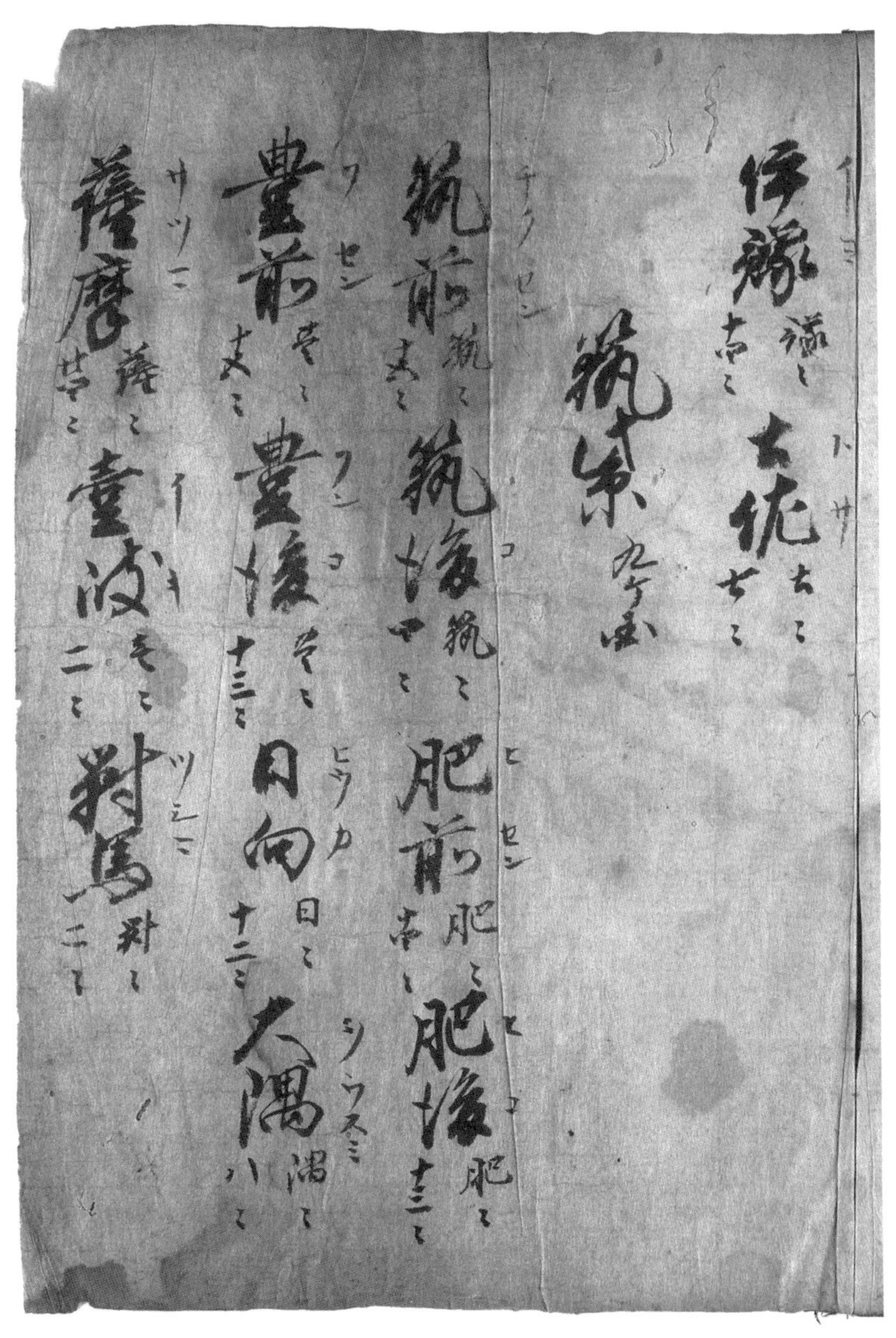

伊豫（イヨ）　土佐（トサ）

筑紫

筑前（チクセン）　筑後（チクコ）

肥前（ヒセン）　肥後（ヒコ）

豊前（フセン）　豊後（フンコ）　日向（ヒウカ）　大隅（シウスミ）

薩摩（サツマ）　壹岐（イキ）　對馬（ツシマ）

桐棒之事村
枚板横三尺

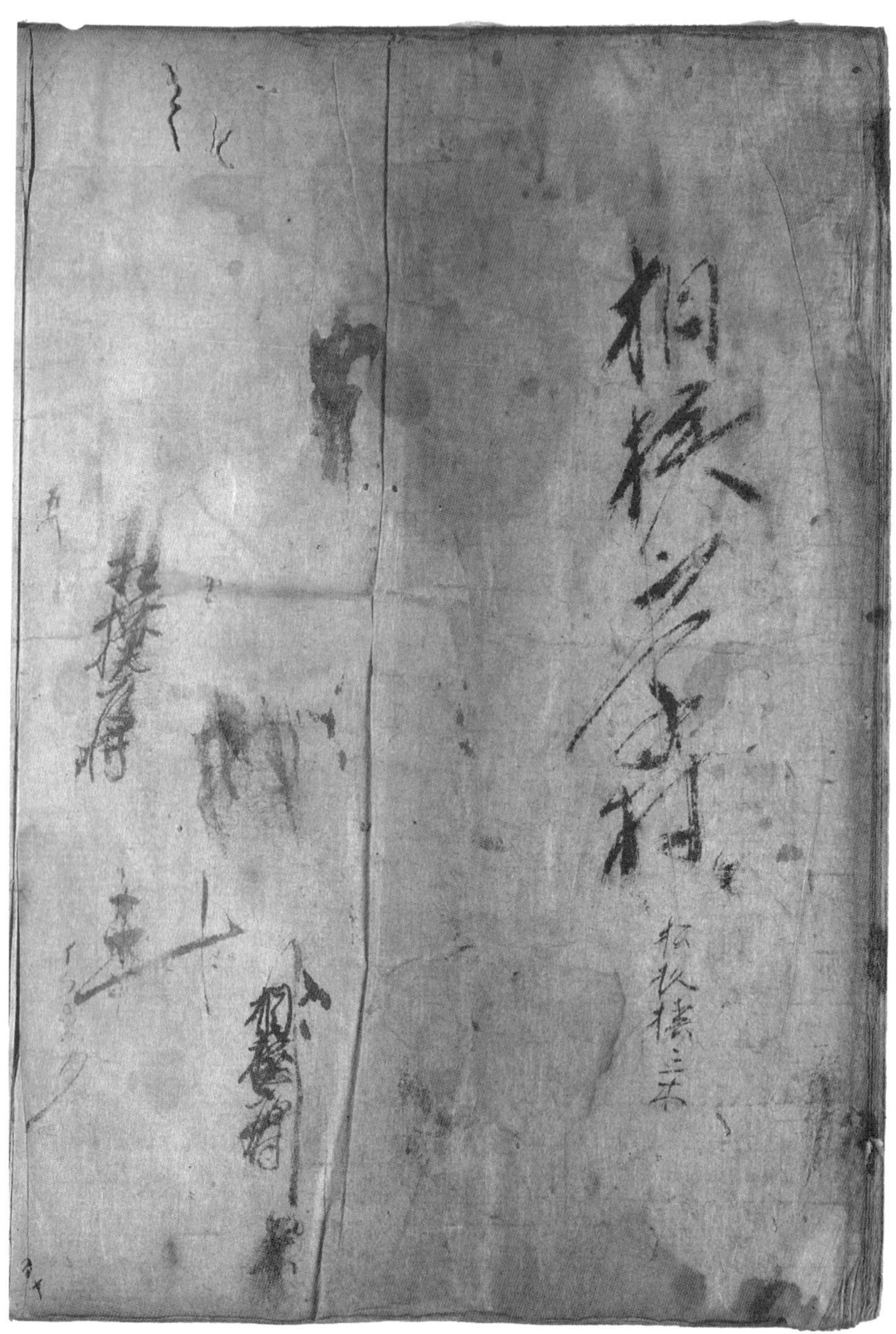

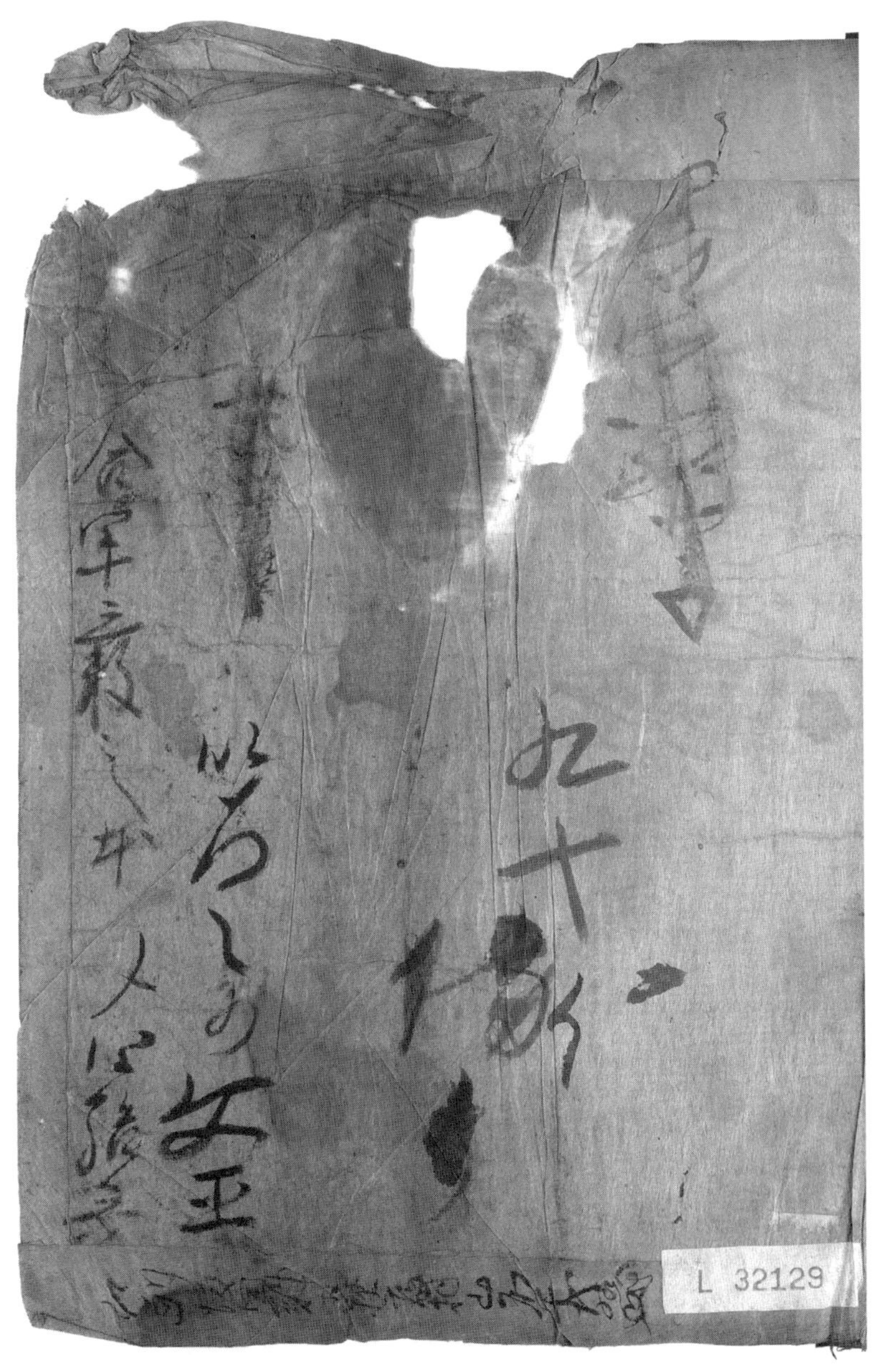

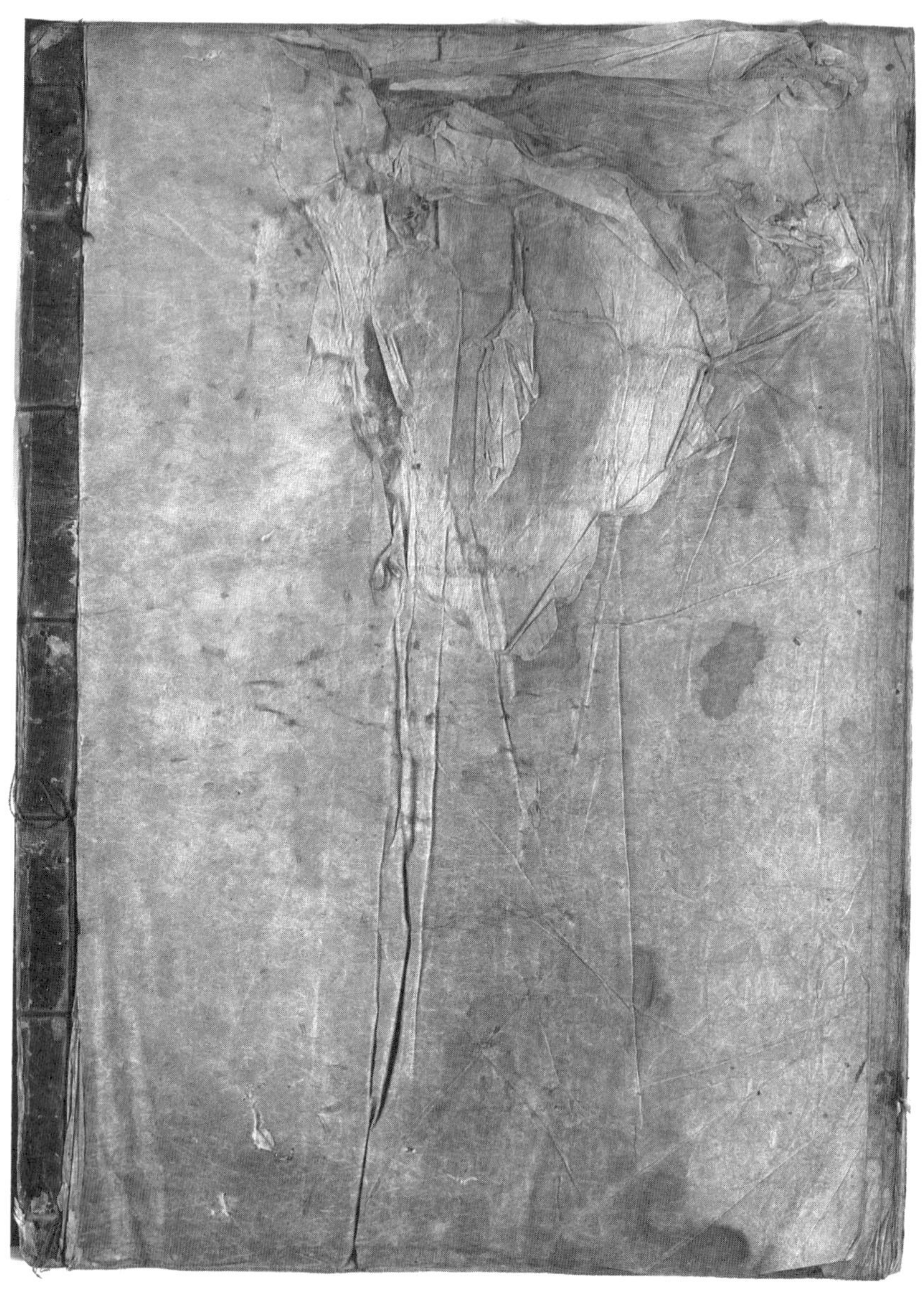

高橋本色葉字影印

高橋本色葉字書誌

一、底本は、高橋忠彦・高橋久子所蔵の「色葉字」である。
一、テキストは、墨付き75丁、横一八・三センチメートル、縦二五・七センチメートル。
一、各丁下部に傷み有り。
一、栗色の原表紙、綴じ方は四針眼の袋綴じ。
一、題簽は無い。
一、1丁表冒頭に、本文と同筆で「色葉字」と内題が墨書されている。
一、裏表紙中央に、本文と別筆で「貞享二年」と墨書されている。
一、江戸時代初期の書写と推定される。
一、原本成立は、内部徴証から、天正年間と推定される。

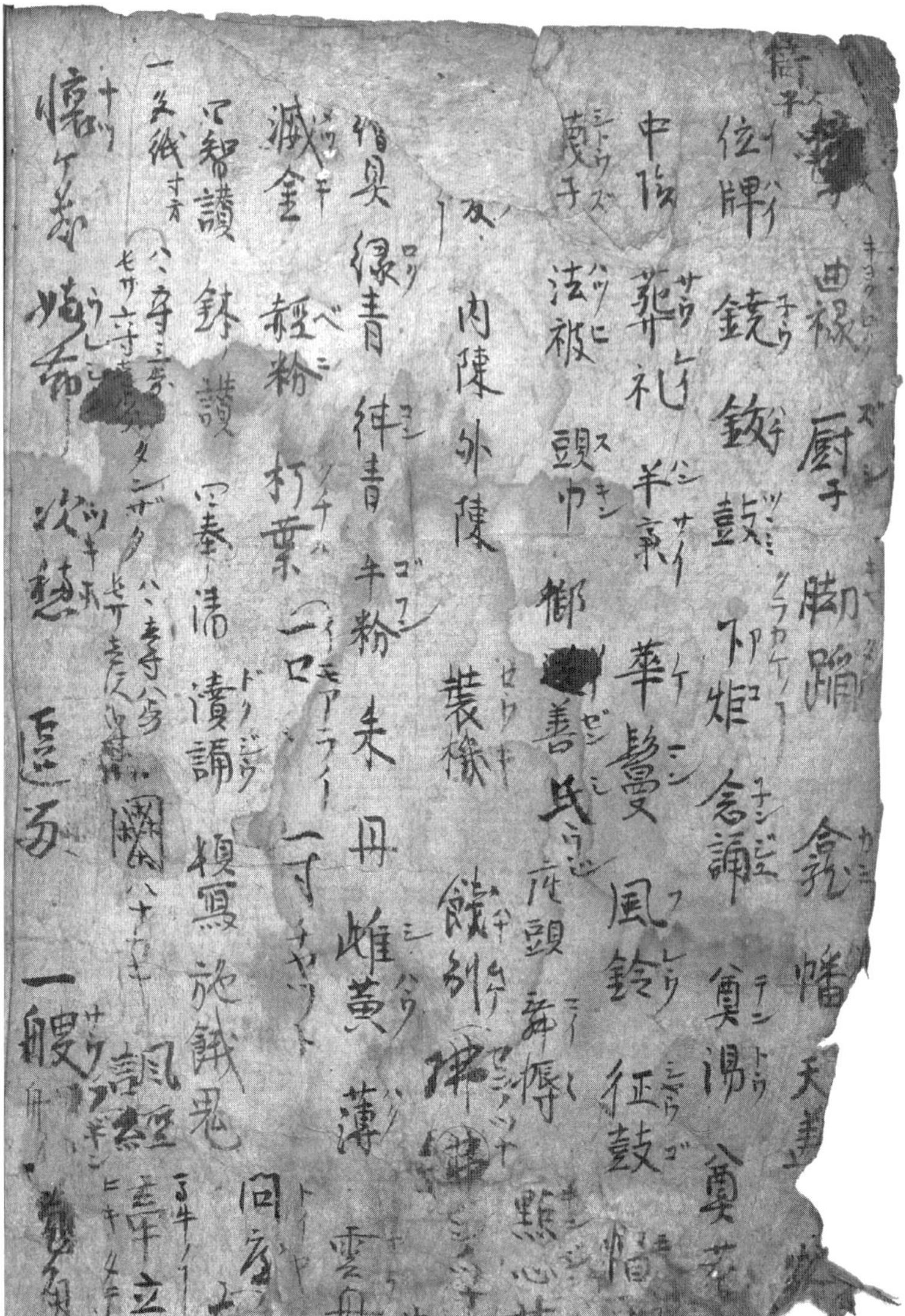

曲彔 厨子 脚踏 龕 幡 天蓋

位牌 鐃 鈸 鼓 下炬 念誦 奠湯 奠茶 幡

中陰 葬礼 半斎 華鬘 風鈴 征鼓 幡

法被 頭巾 善氏 庵頭 舞楽 点心 茶

肉陳 外陳 装束 饒鈸 仏事 葬

縁青 紺青 牛粉 朱 丹 雌黄 薄 雲母

滅金 軽粉 打葉 二口 一寸 同前 大鼓

智識 鉢 讃 奉請 読誦 模写 施餓鬼 諷経 平立

一文紙

【1オ】

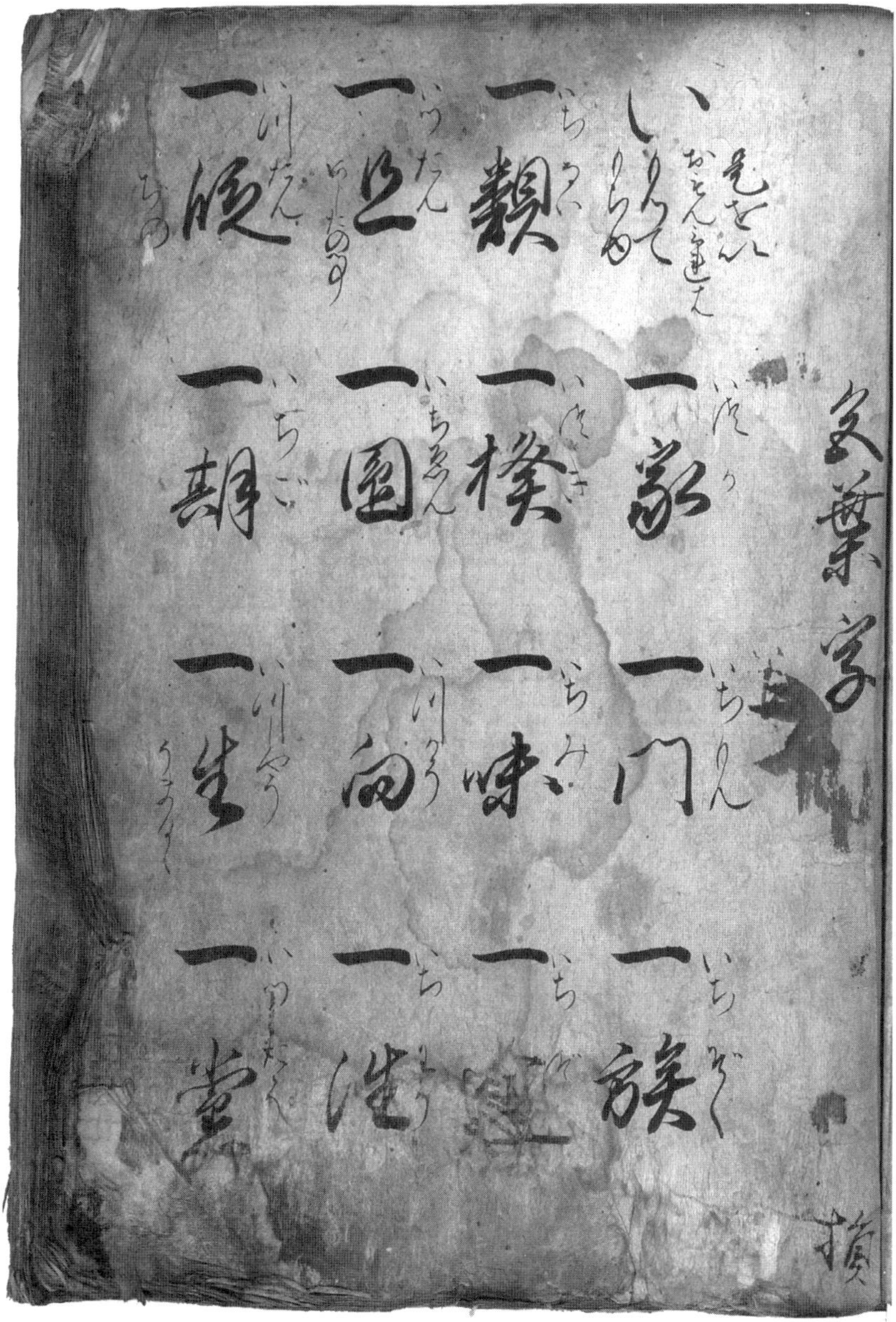

色葉字

一類
一旦
一家
一揆
一圓
一期
一門
一味
一向
一生
一族

【1ウ】

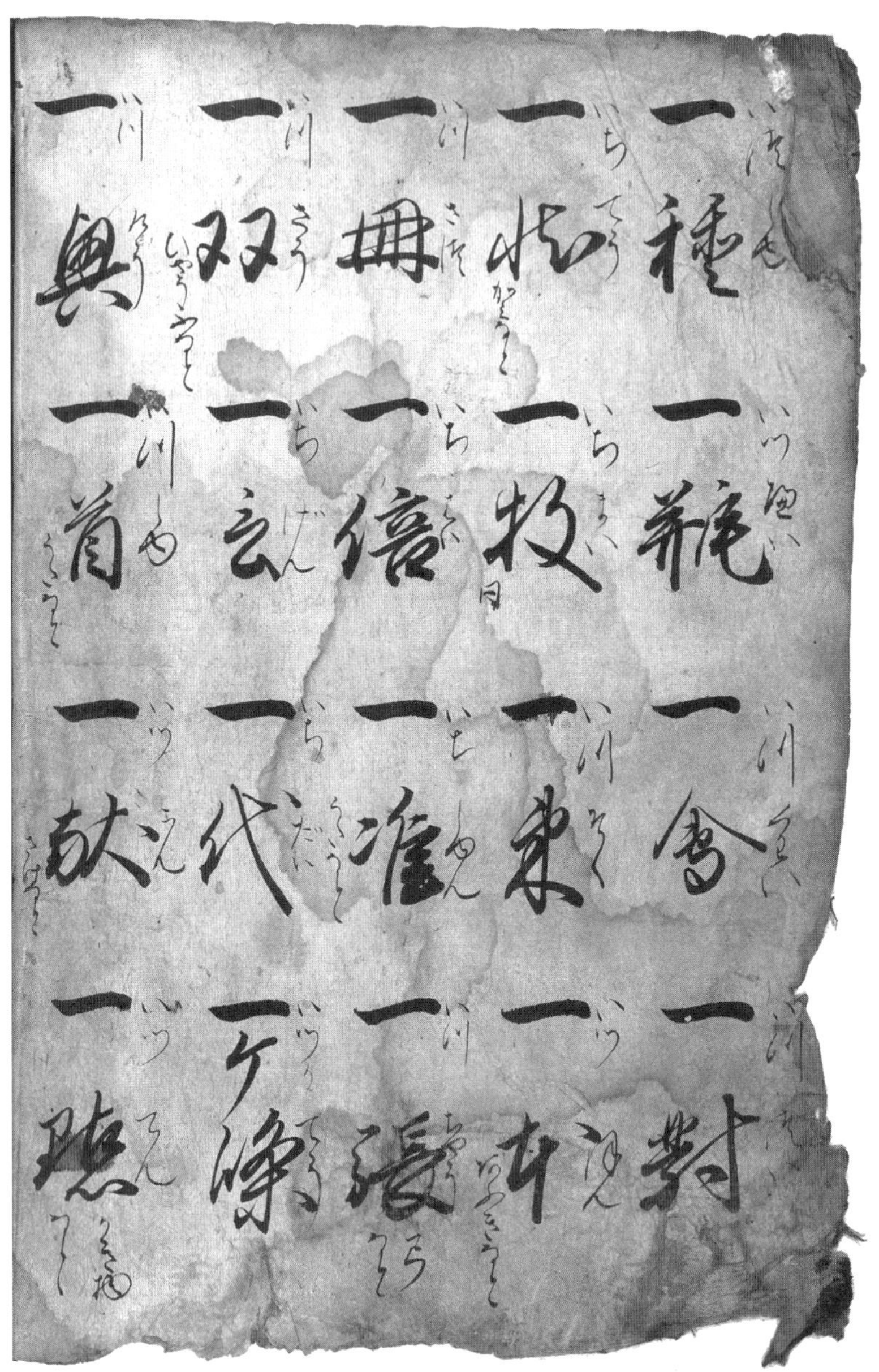

【2オ】

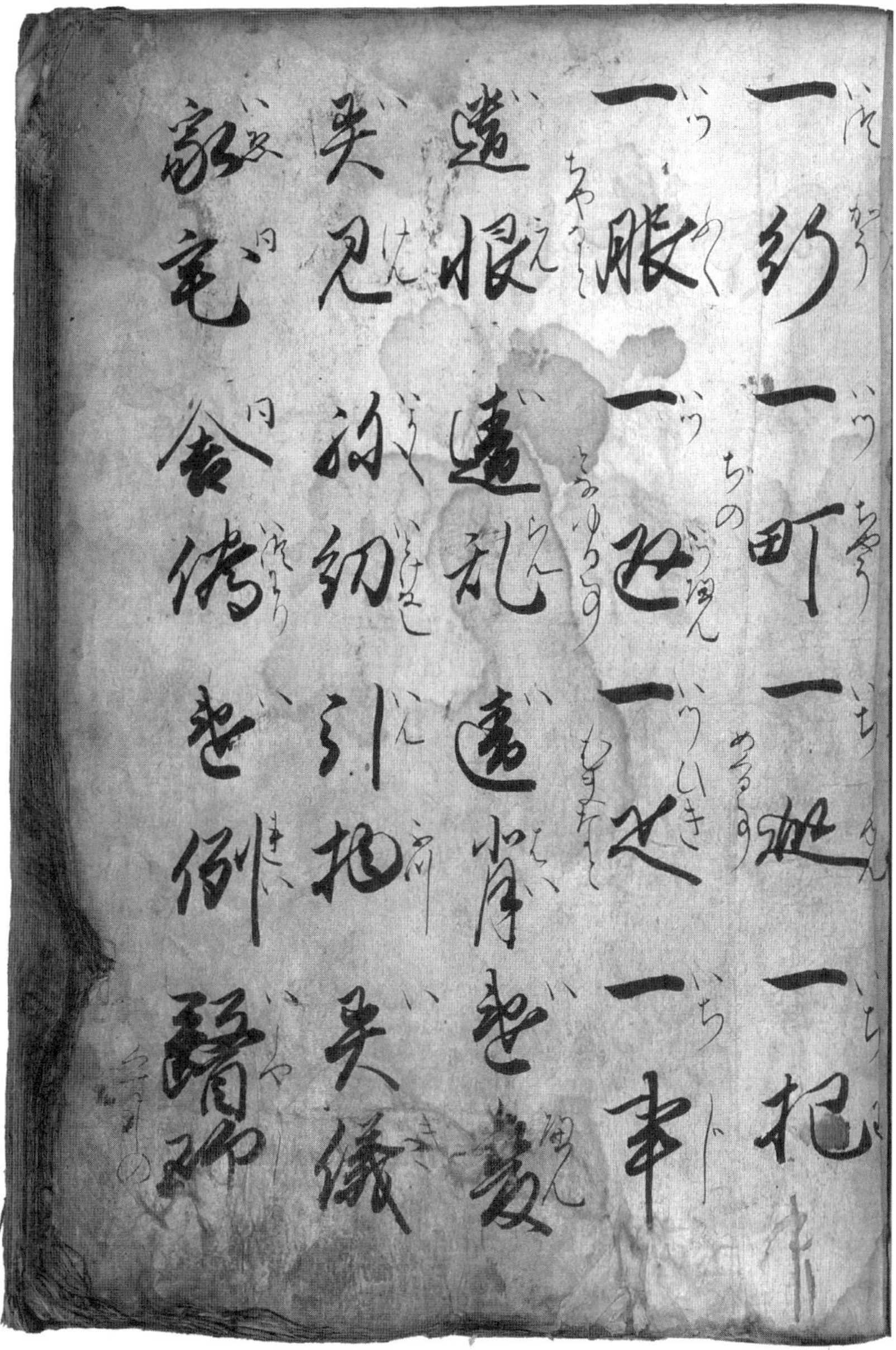

[illegible] 一町 [illegible] 一把

一服 [illegible]

遺恨 違乱 違背 [illegible]

異見 [illegible] 異儀

[illegible]

いちゃう　いきごい　いきまいり
記裳　賕乞　痛　入威嚇

いくさ　いきほひ　いきまう　いきむ
軍勢　憤肬　む向　流忘

いさう　いさかひ　いさめ　いざ
郷衫　賤綺　貴友　板袋　何比

いやしき　いその　いにしへ
犬鑑擒　綉綿音絵

いぬる　いぬ　いにしへ　いなか
汲心荒禁裳　田舎

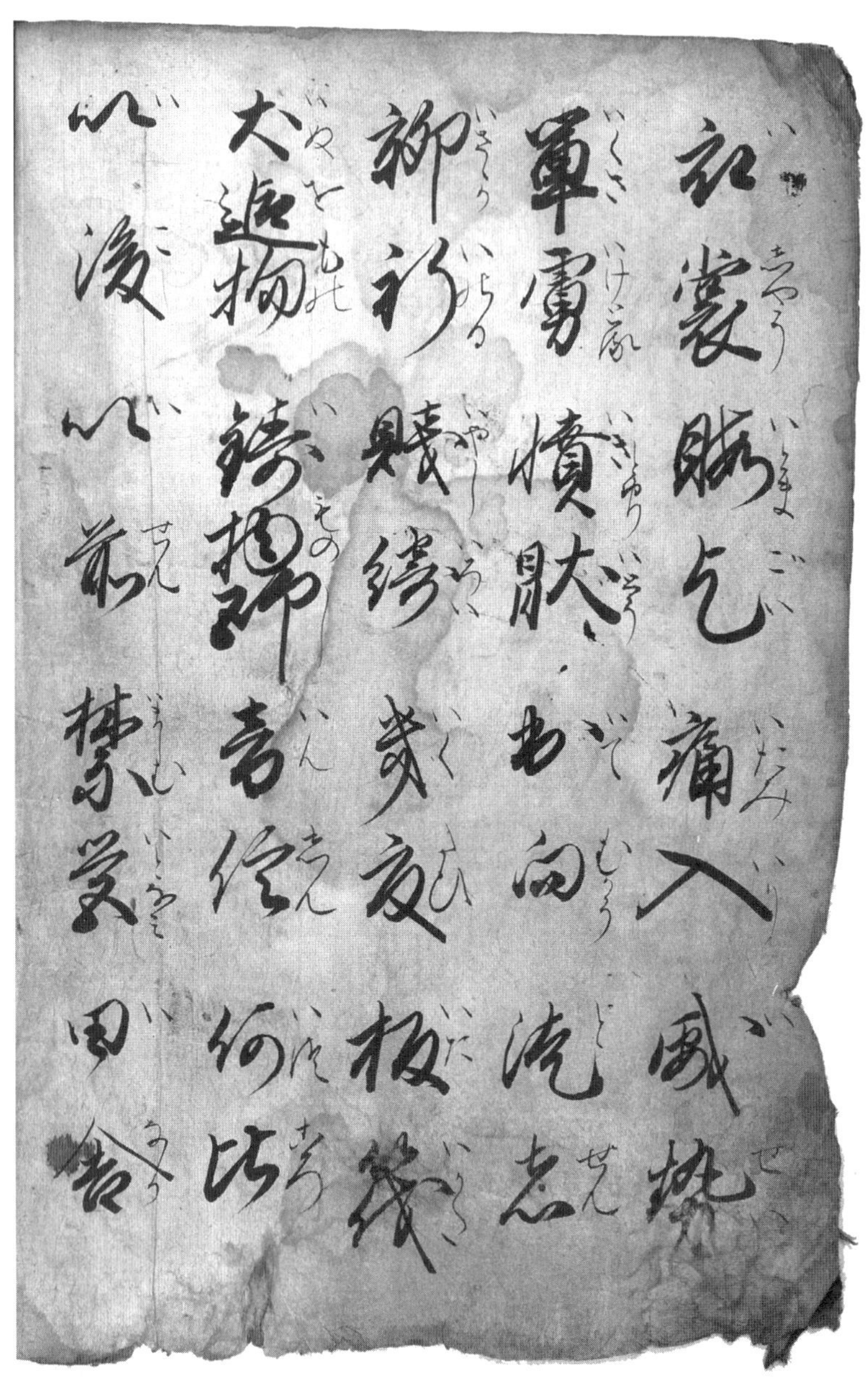

【3オ】

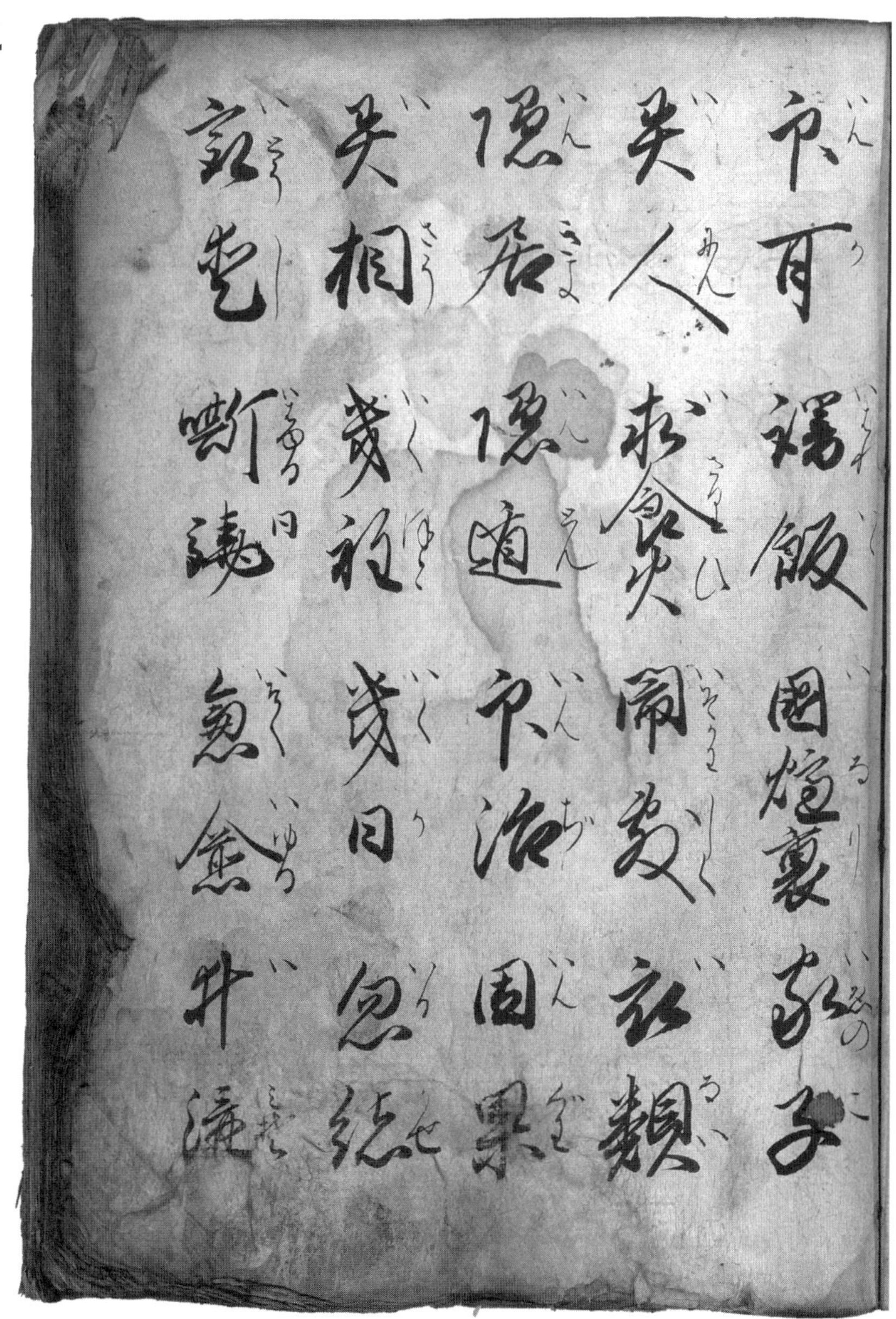

慇懃（ゐんぎん）頂戴（ちやうだい）鼻（はな）いき
負（お）ふ頂（いたゞき）給（たま）ふ
救（すくふ）鼾（いひき）
勇（いさむ）鮑（あはび）
怒（いかる）
逸物（いちもつ）
鼓（つゞみ）
辱（はづかしめ）

弓（ゆみ）
意（こゝろ）
競（きほふ）
彩（いろどる）
諚（ぢやう）次（つぎ）
賂（まひなひ）
饌（せん）

諺（ことわざ）
諭（さとす）人
諭（さとす）不
諭（さとす）飯（めし）

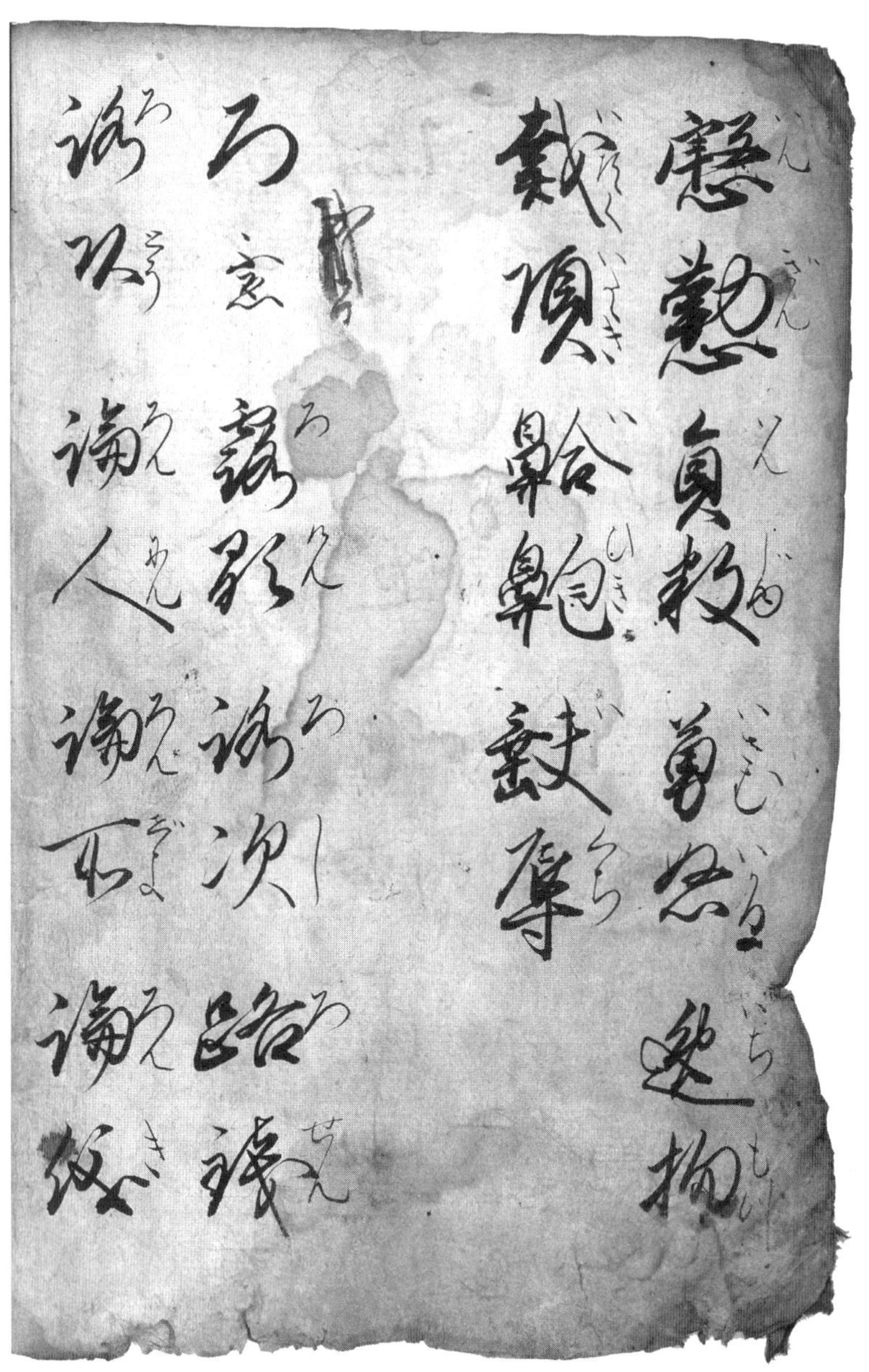

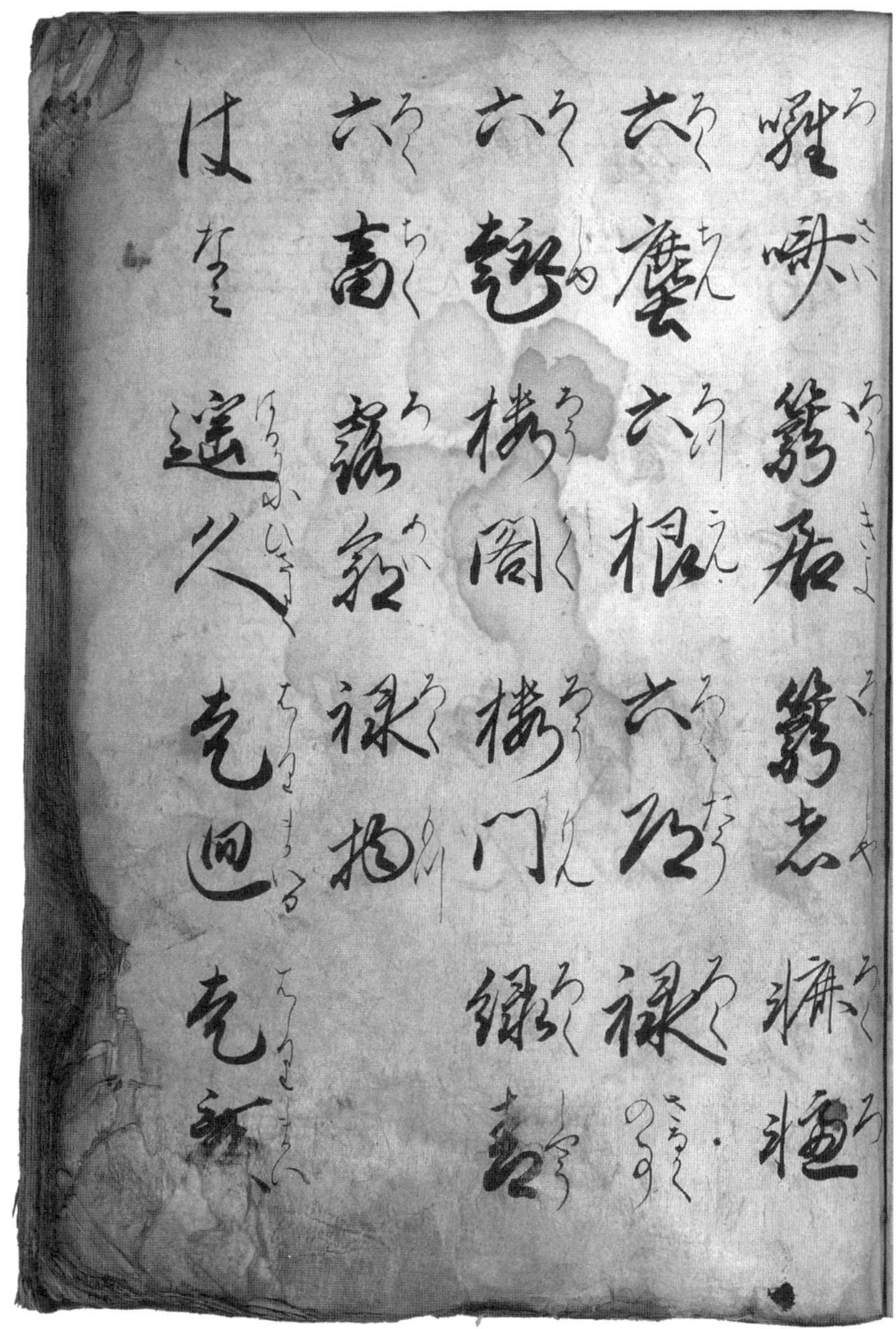

【4ウ】

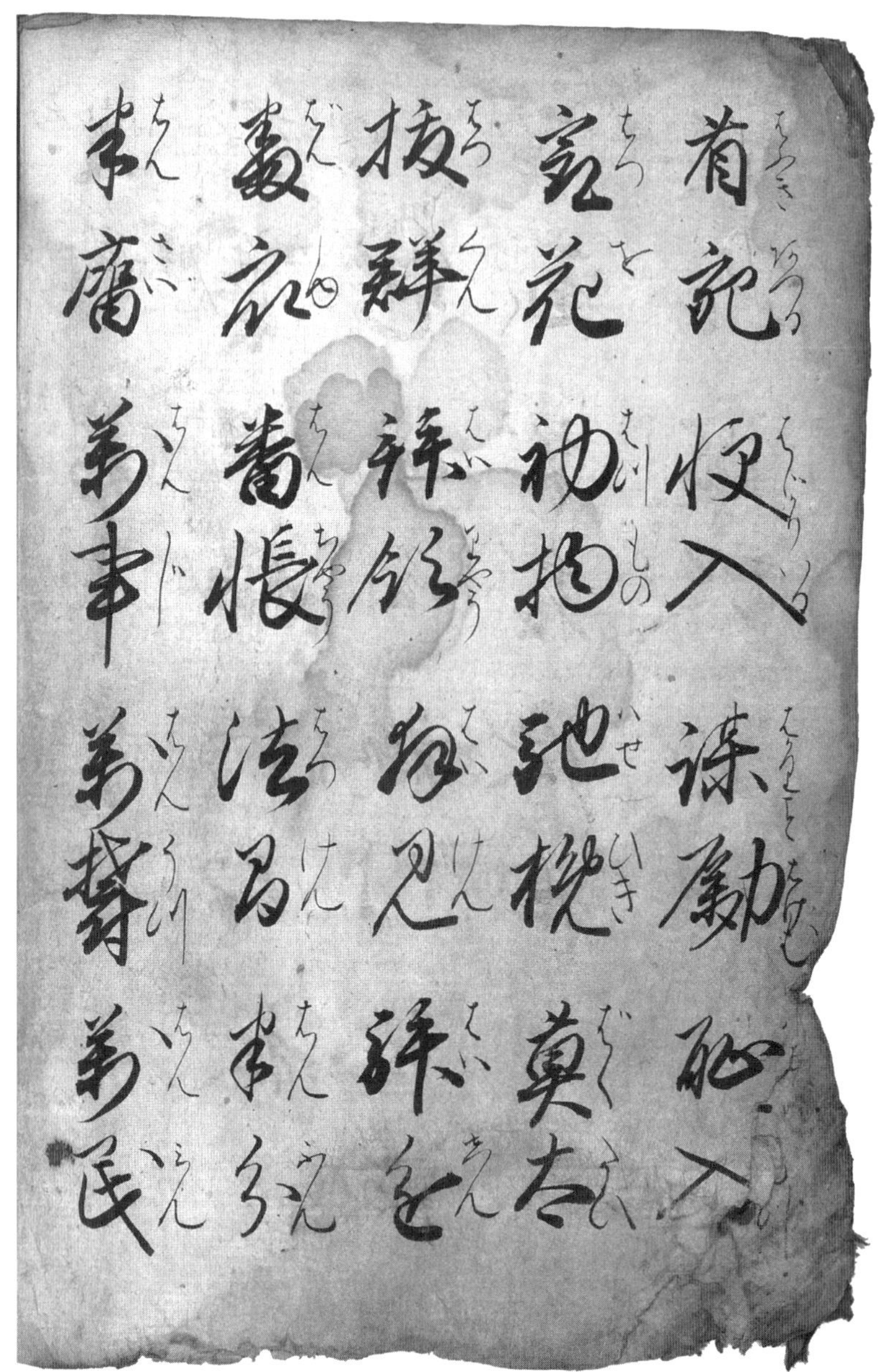

【5オ】

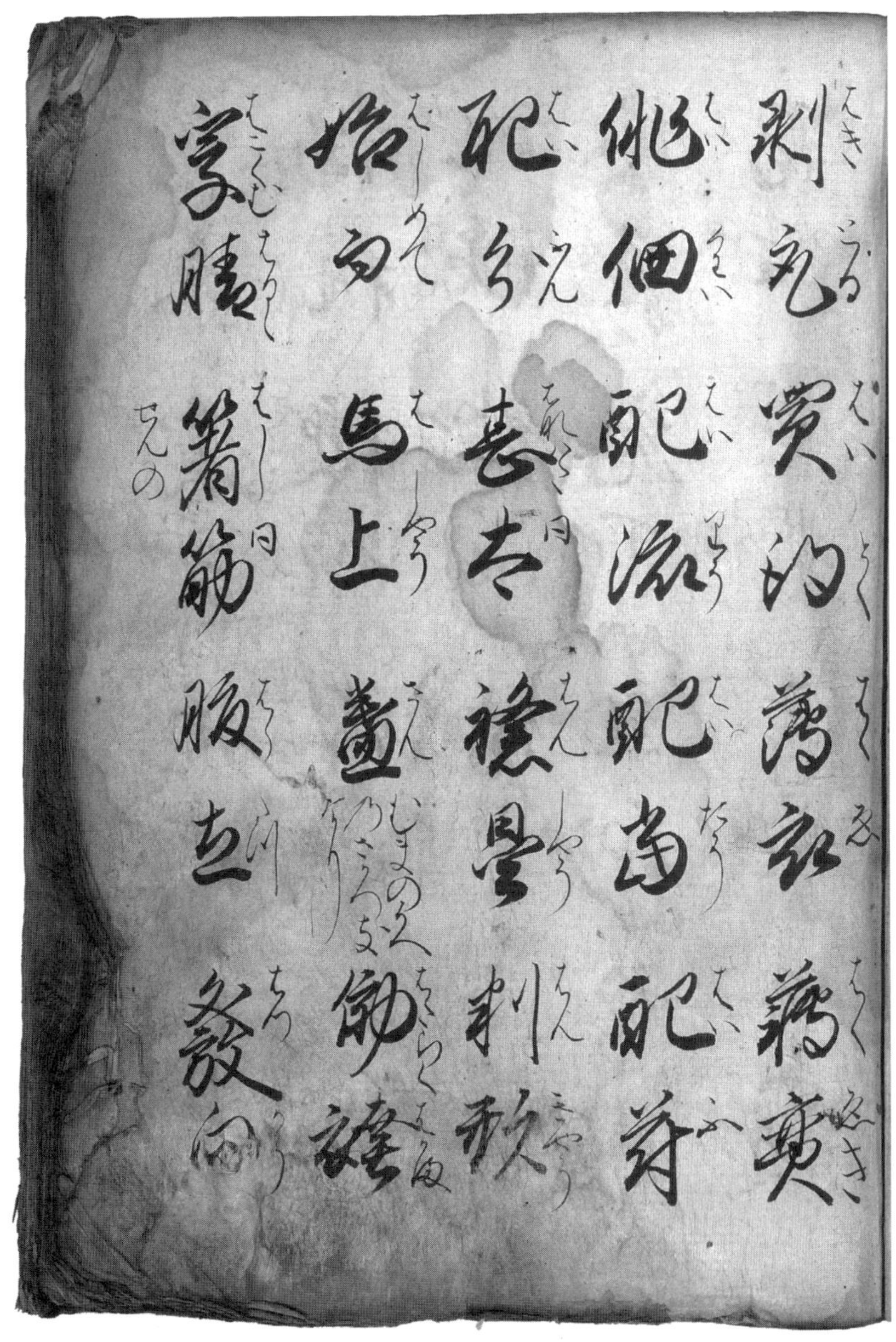

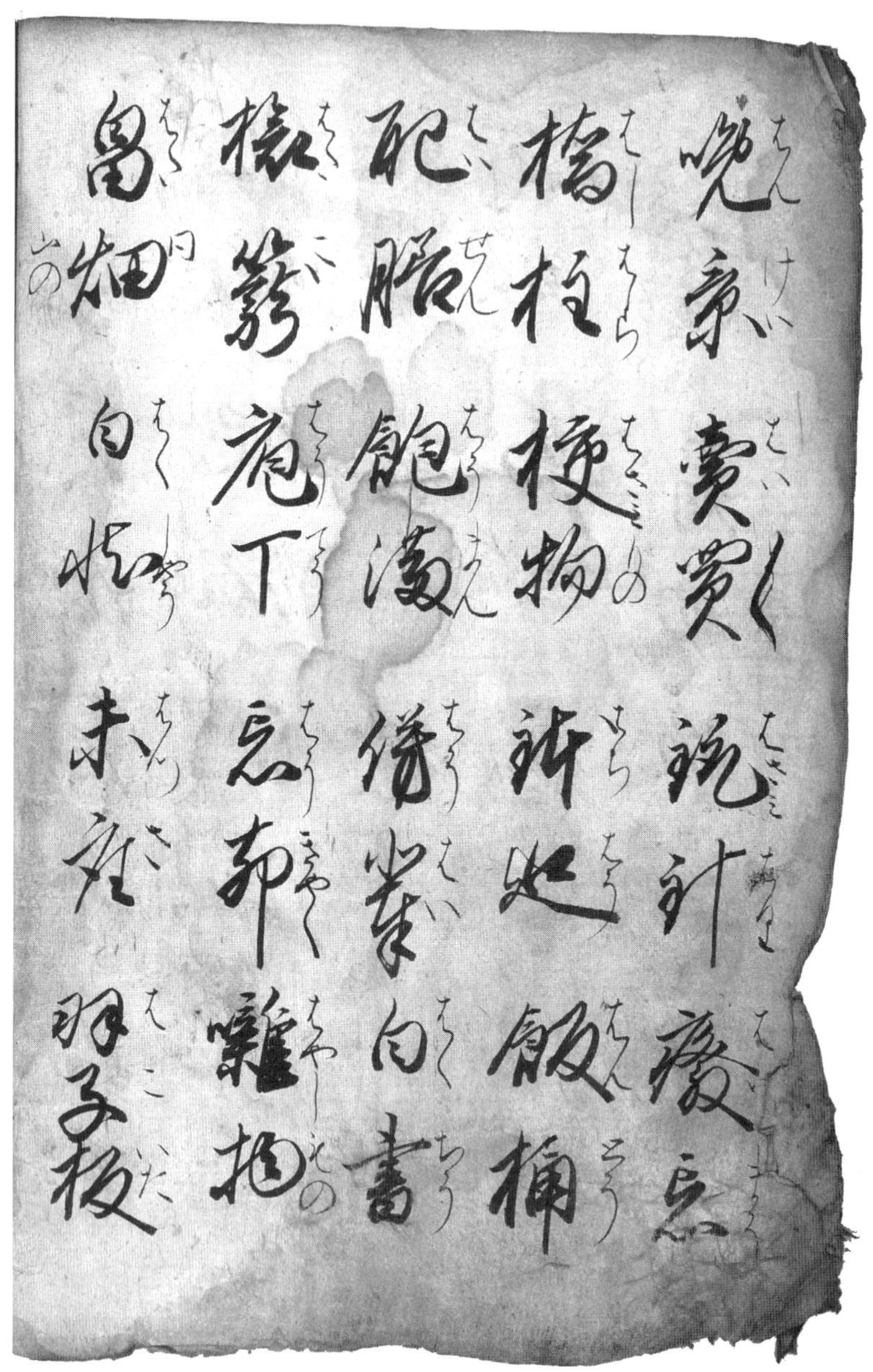

【6オ】

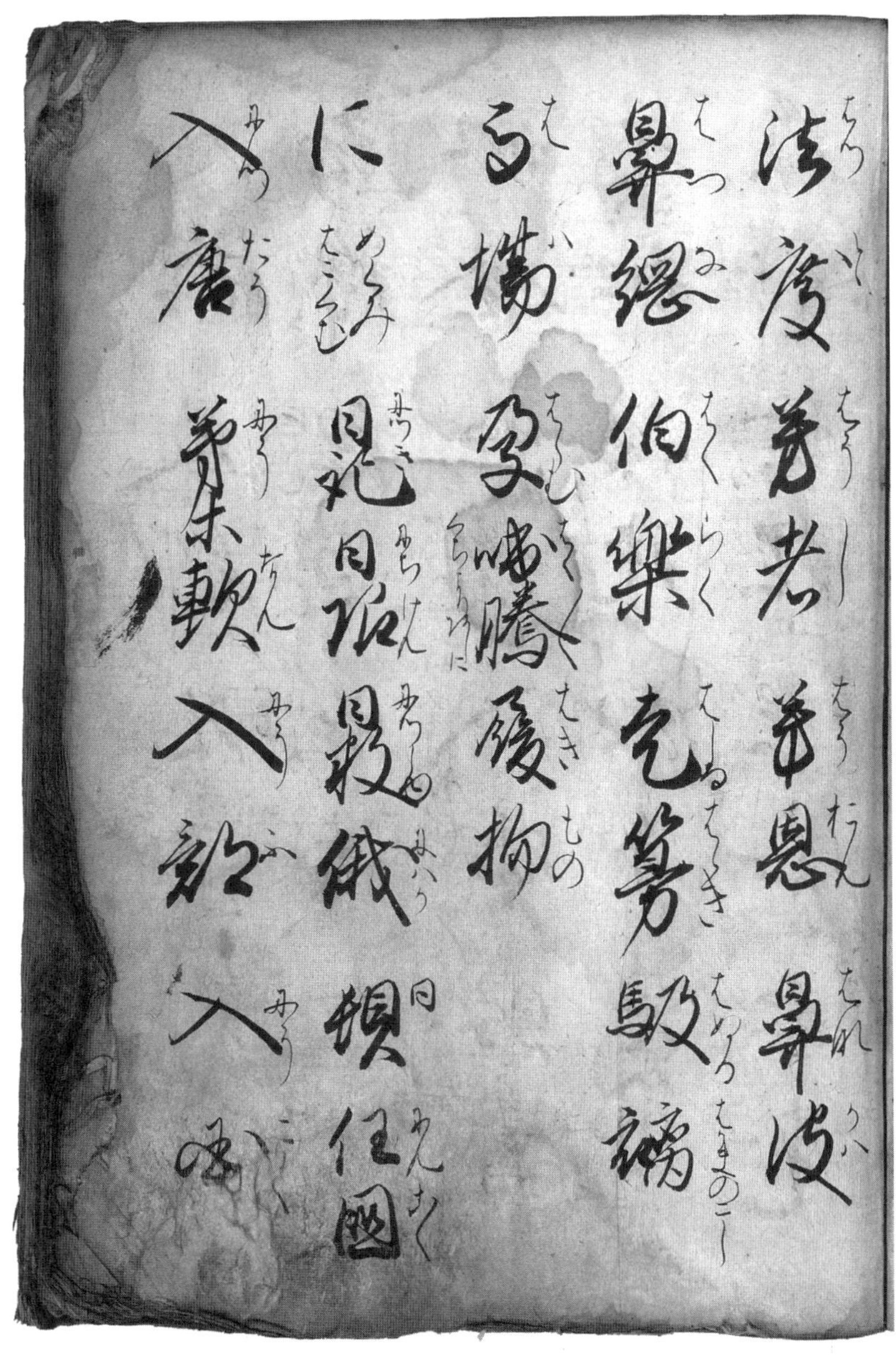

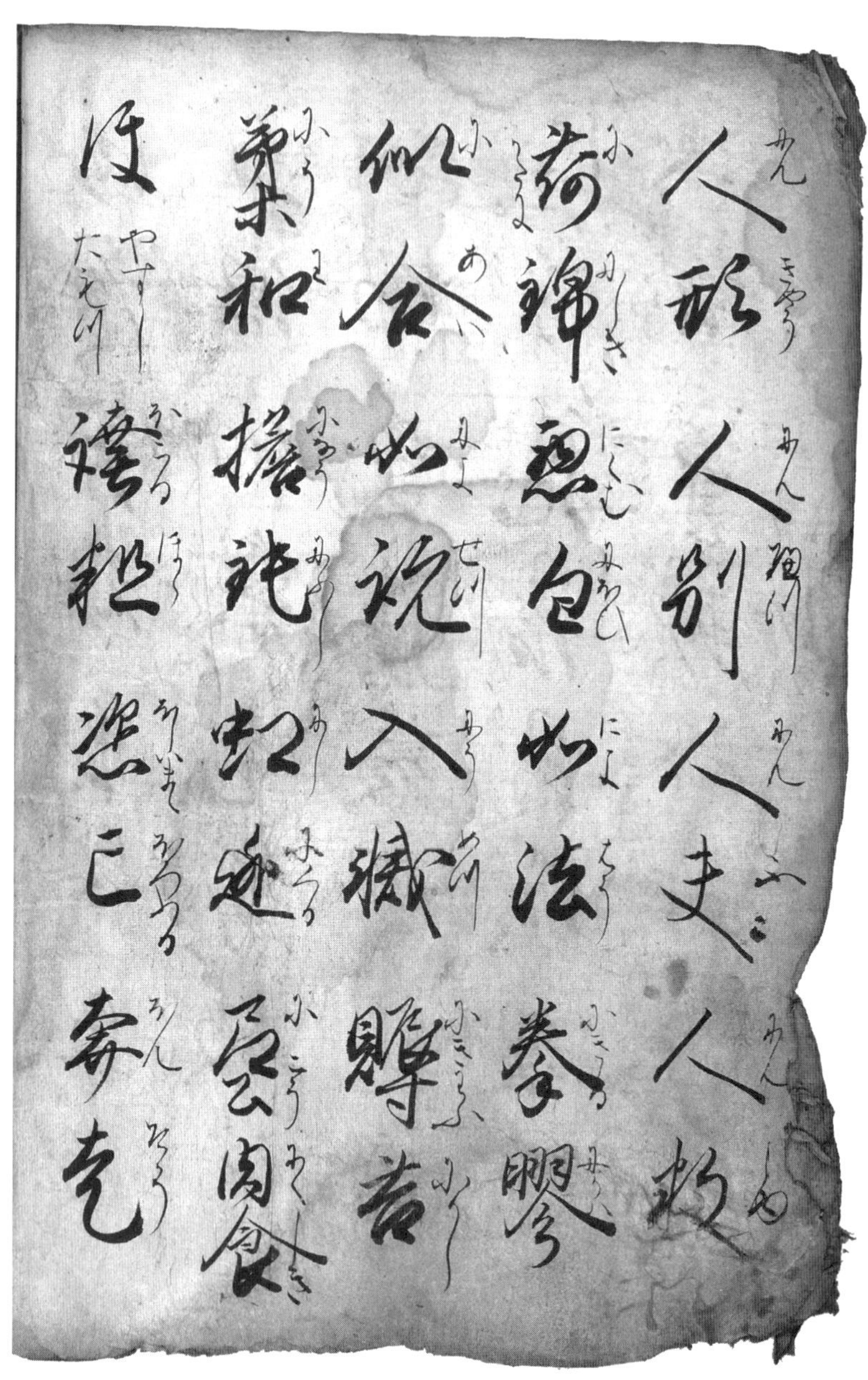

【7オ】

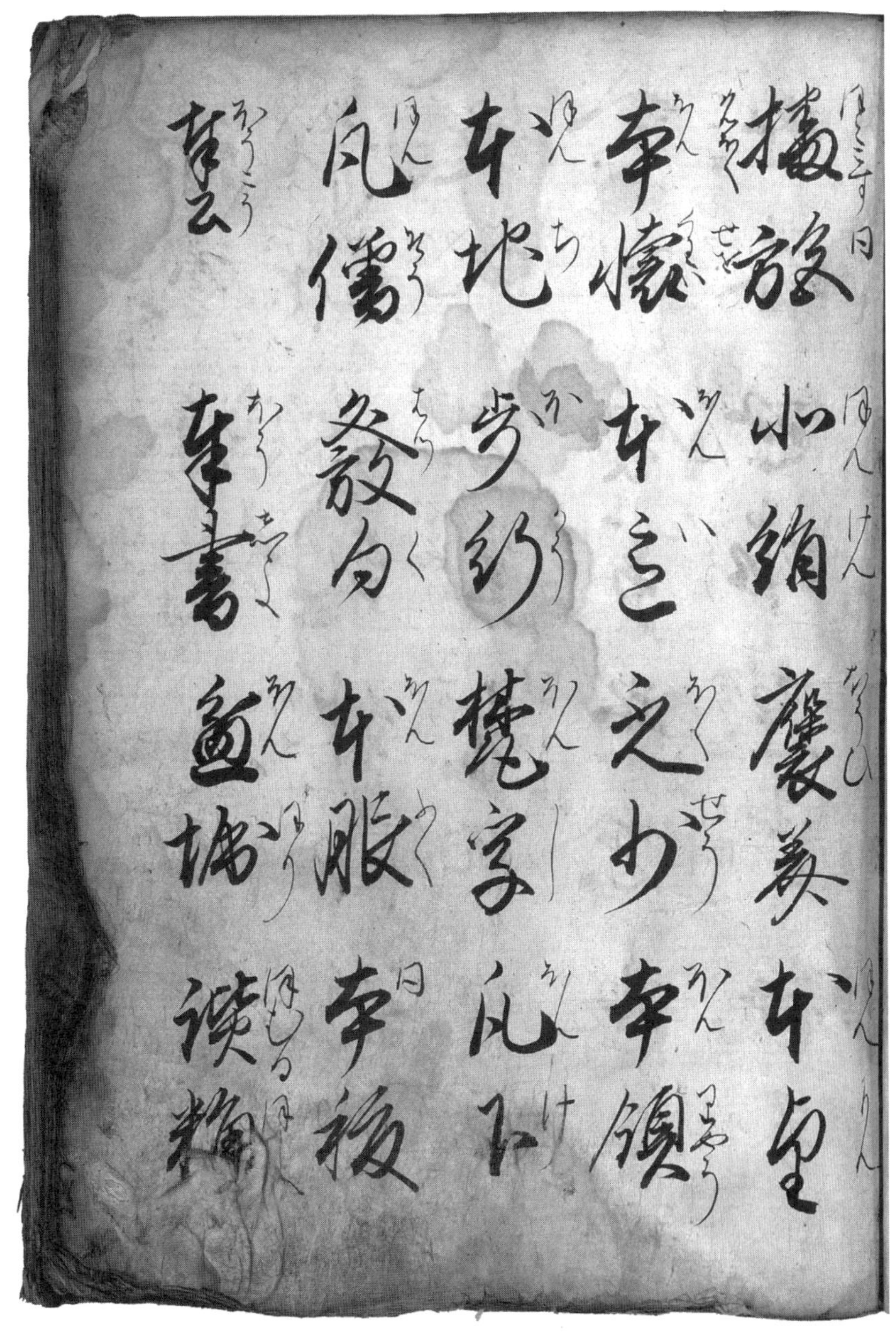

【7ウ】

誅書 誅[illegible] [illegible]思 末[illegible]

[illegible]打 發起 [illegible]金 朗[illegible]

[illegible] 方量 [illegible]加 [illegible]年

[illegible] [illegible]書 平[illegible] [illegible]

[illegible] [illegible] [illegible] [illegible]子

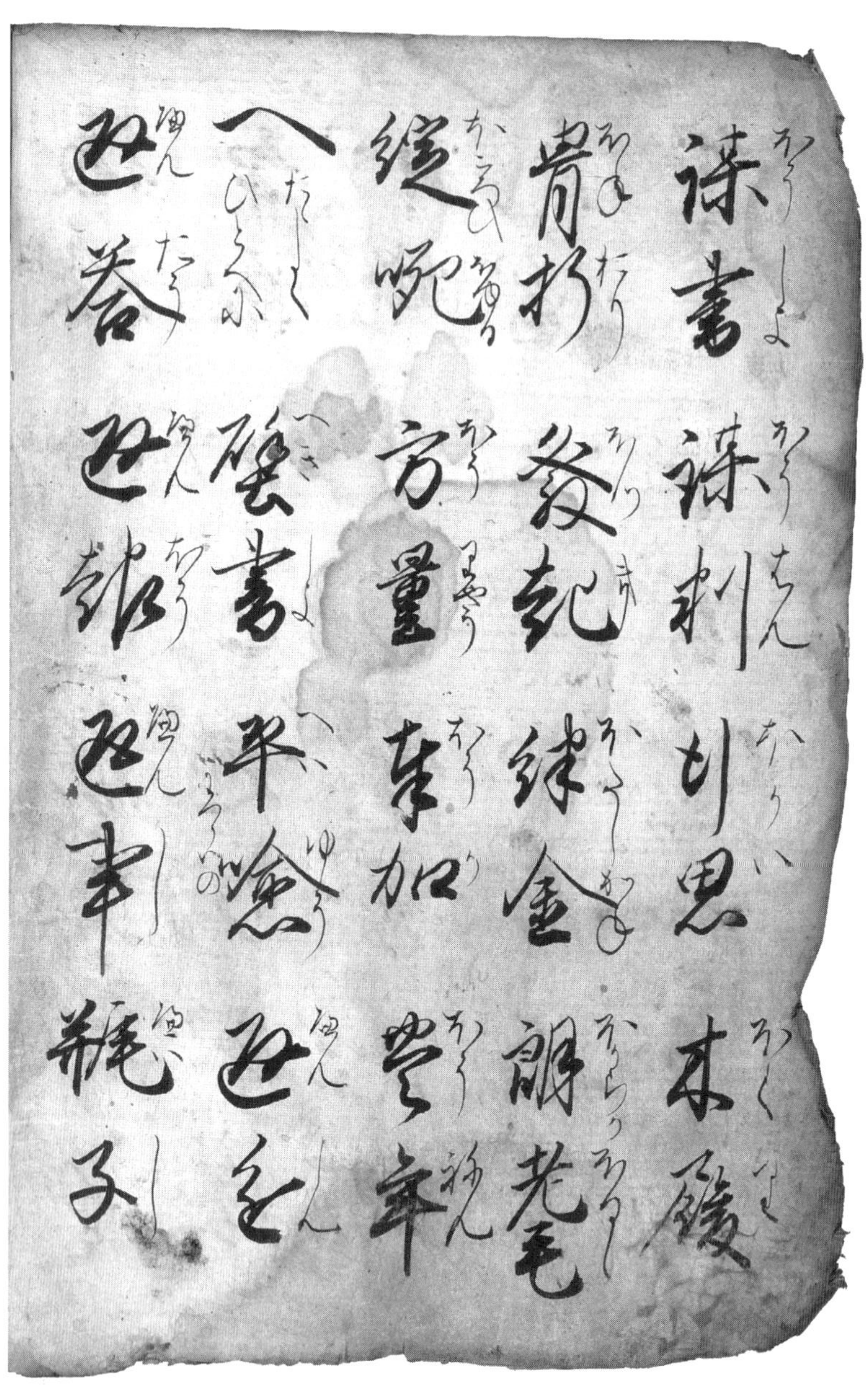

【8オ】

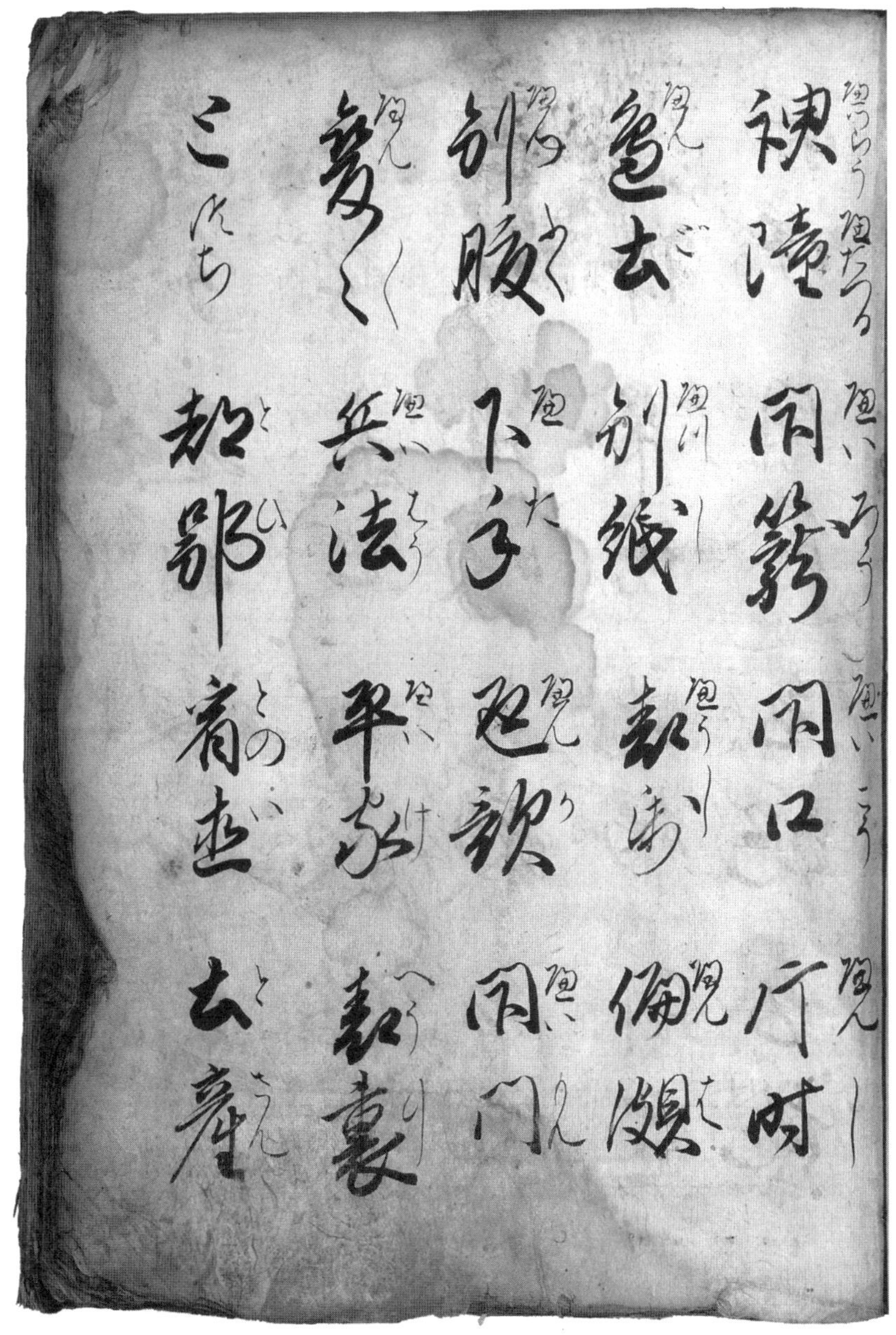

【8ウ】

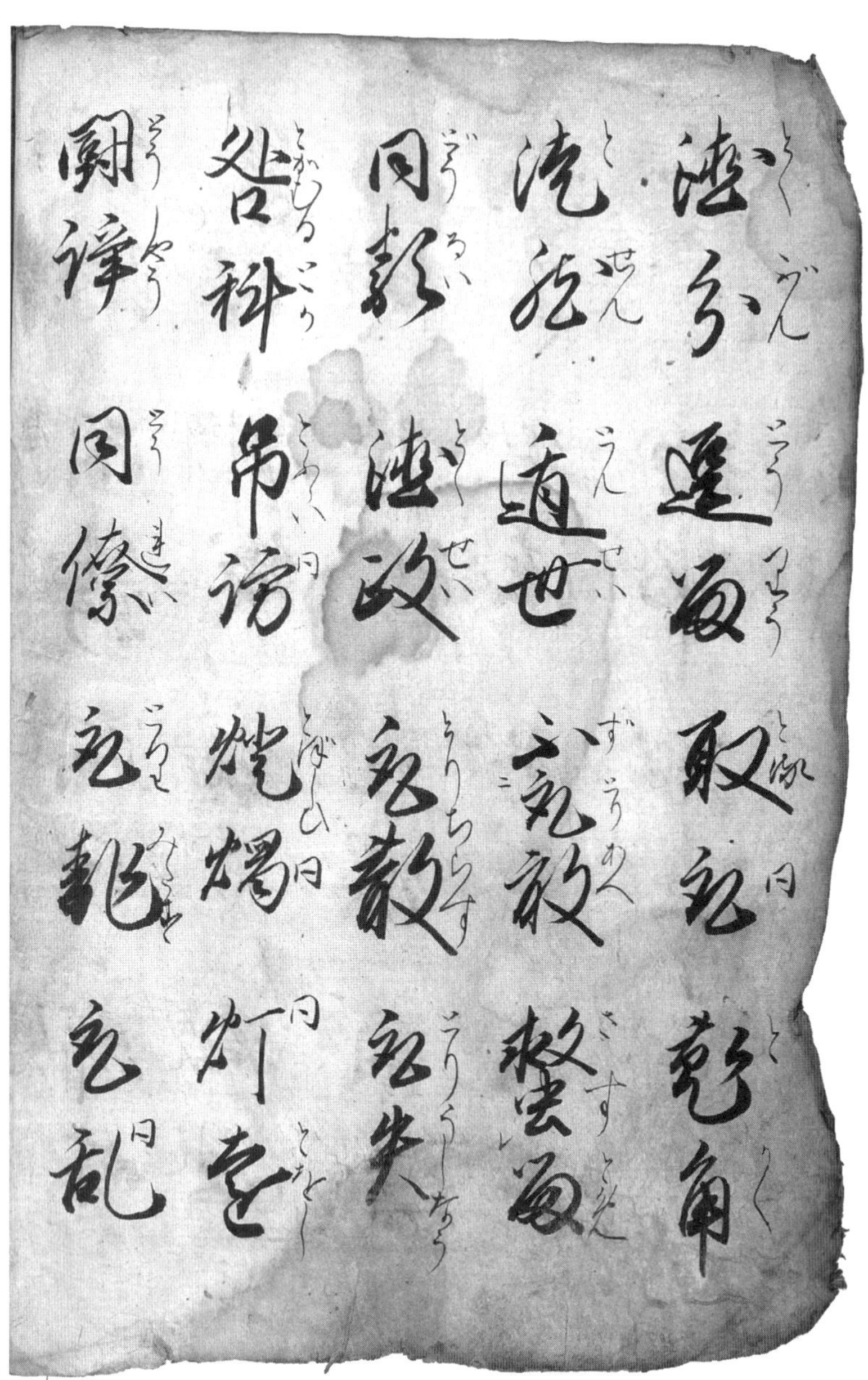

【9オ】

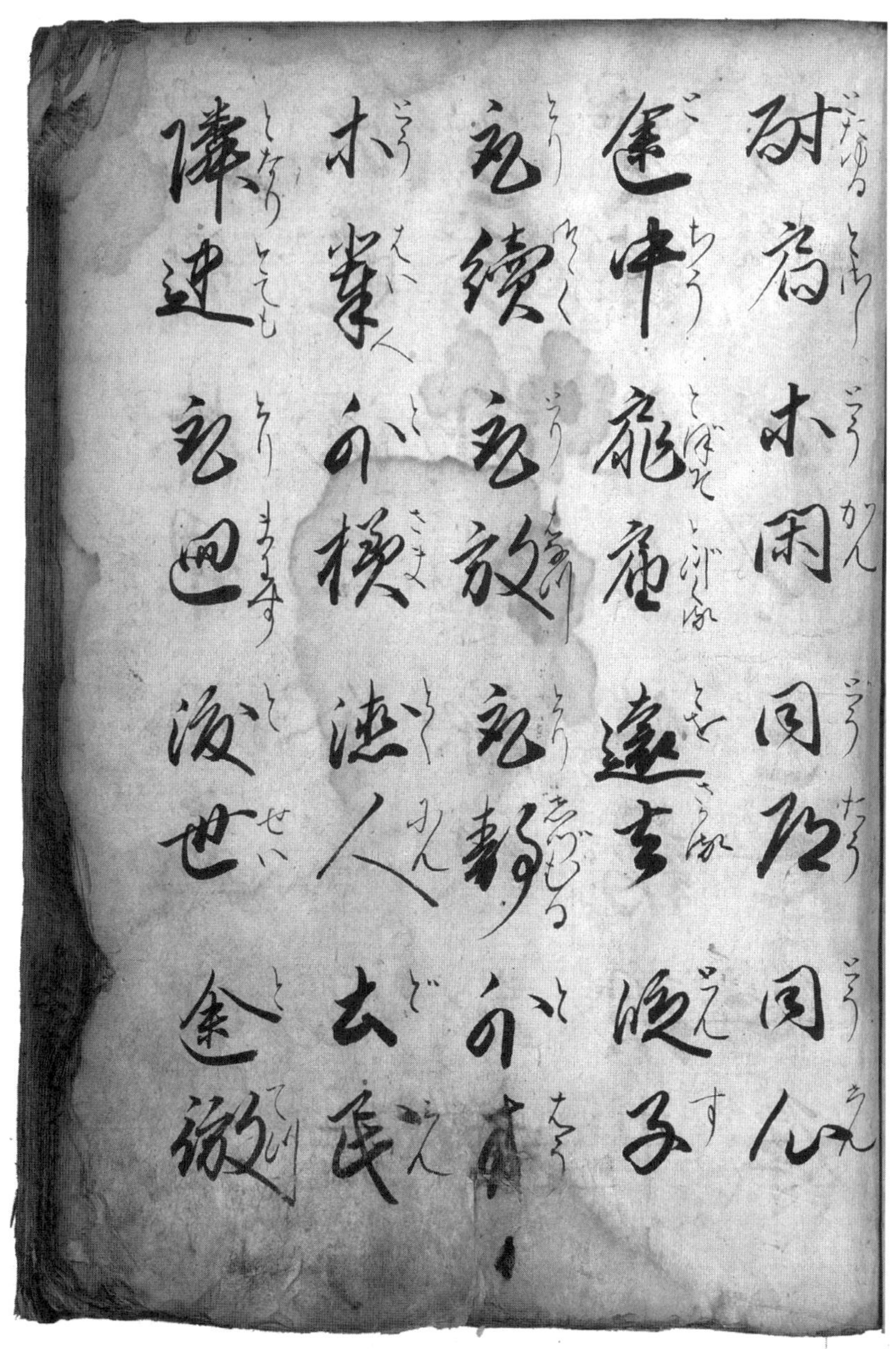

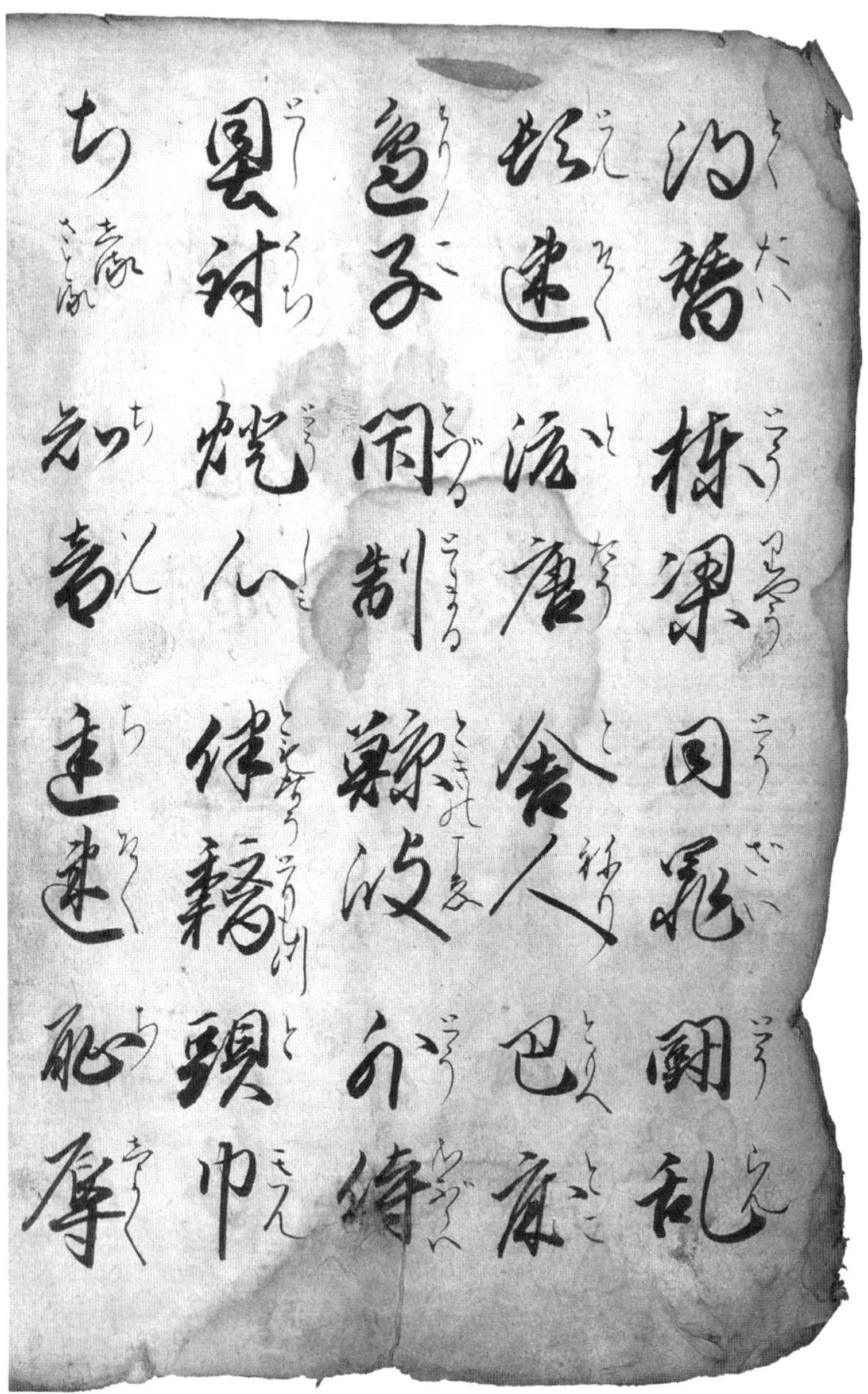

【10オ】

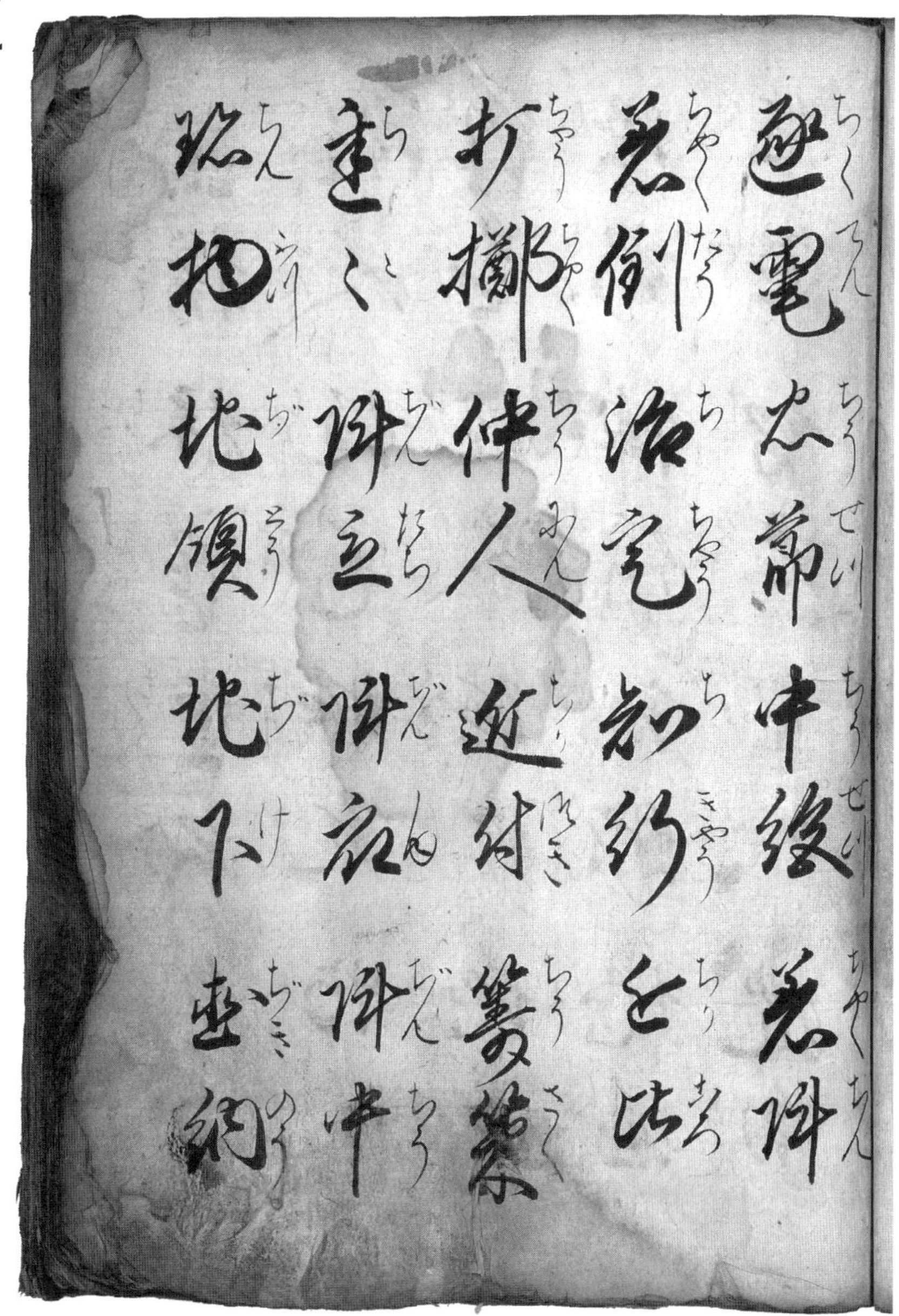

中務(ちうむ)　粽(ちまき)　塵(ちり)　重宝(ちうほう)　重代(ちうだい)

住人(ちうにん)　住宅(ちうたく)　昵近(ちつきん)　遅参(ちさん)

注進(ちうしん)　注文(ちうもん)　聴聞(ちやうもん)　地蔵(ちざう)

張行(ちやうぎやう)　陳状(ちんじやう)　珍財(ちんざい)　地獄(ぢごく)

値遇(ちぐ)　智恵(ちゑ)　中夭(ちうよう)　沈淪(ちんりん)

【11オ】

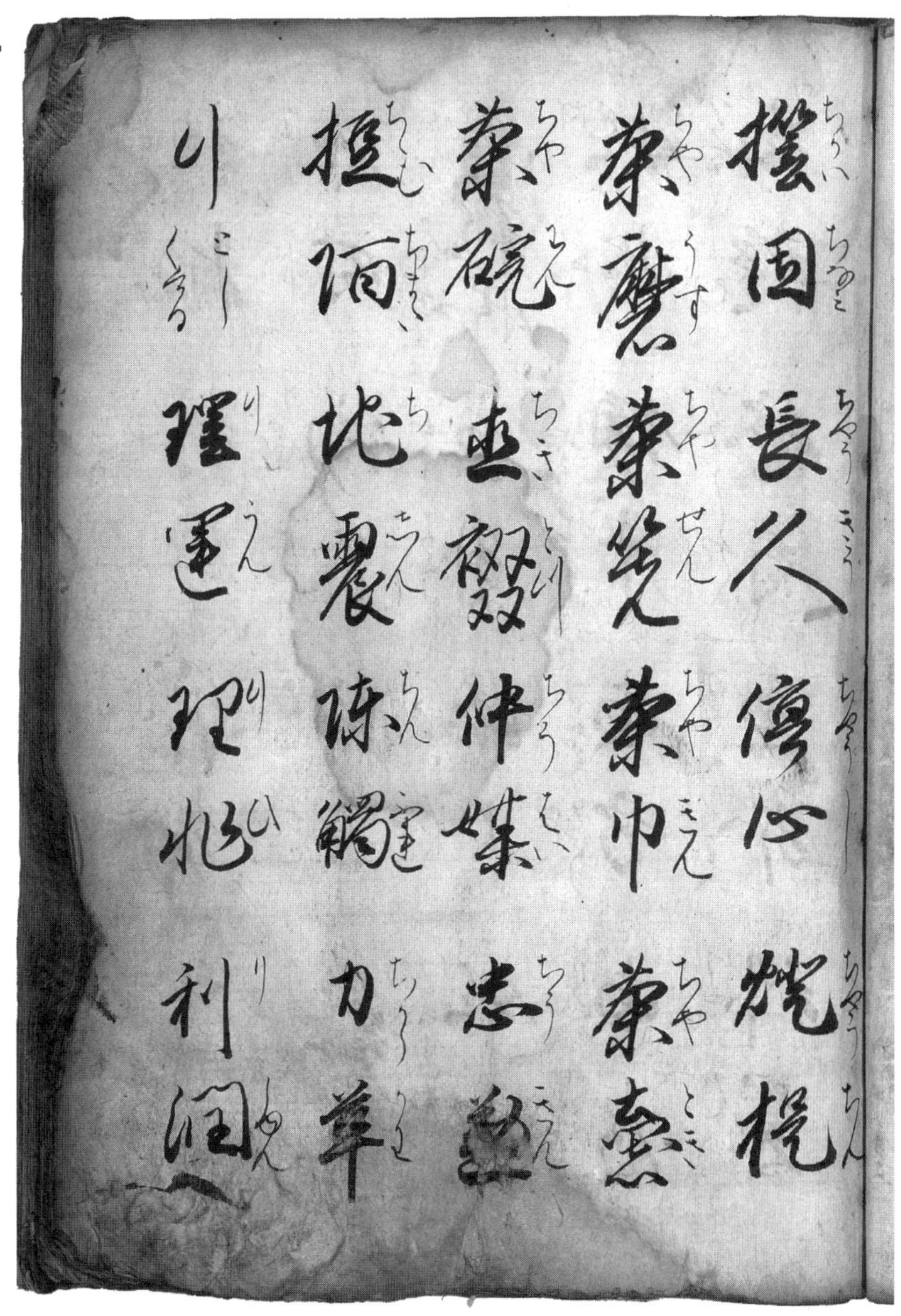

【11ウ】

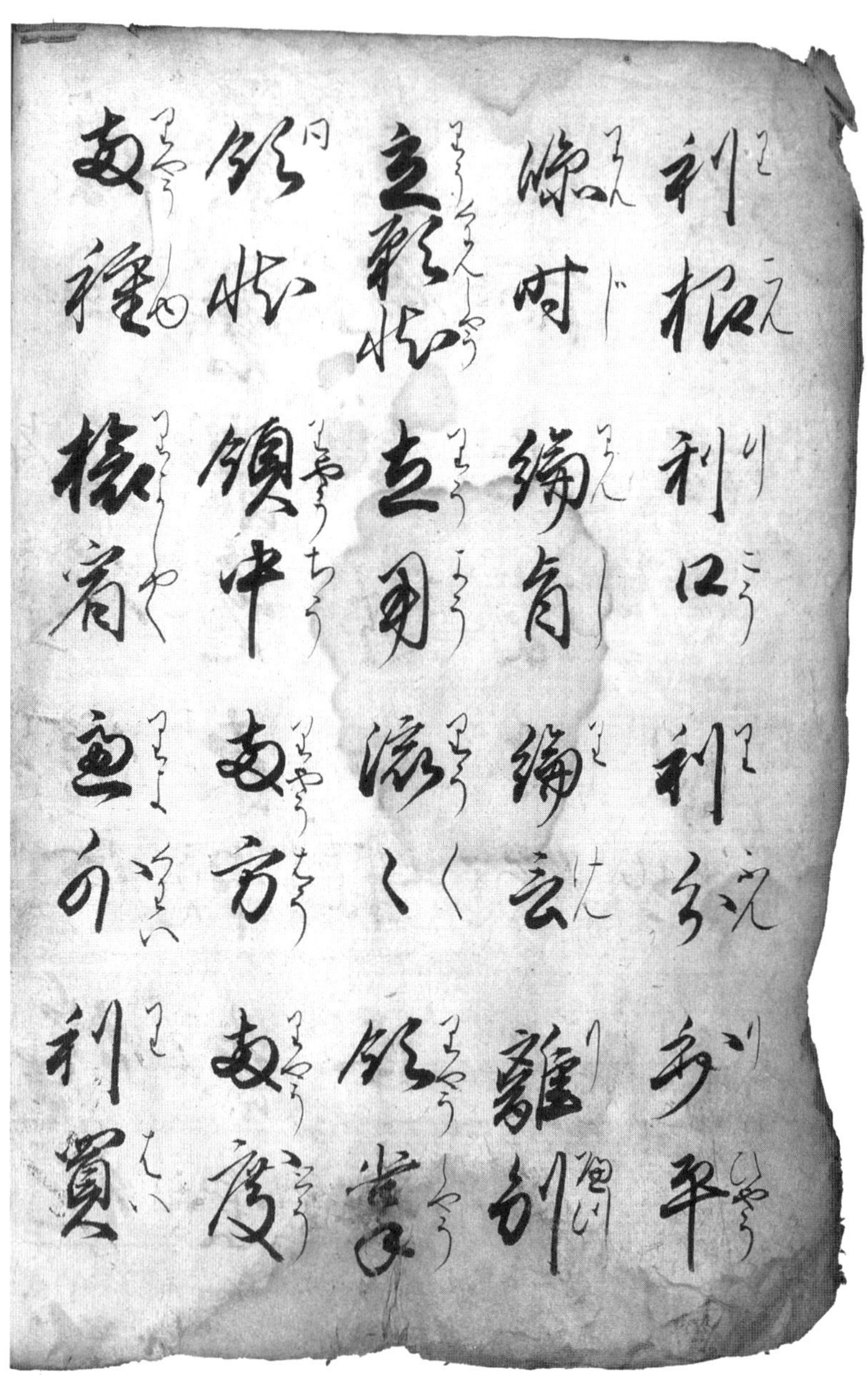

【12オ】

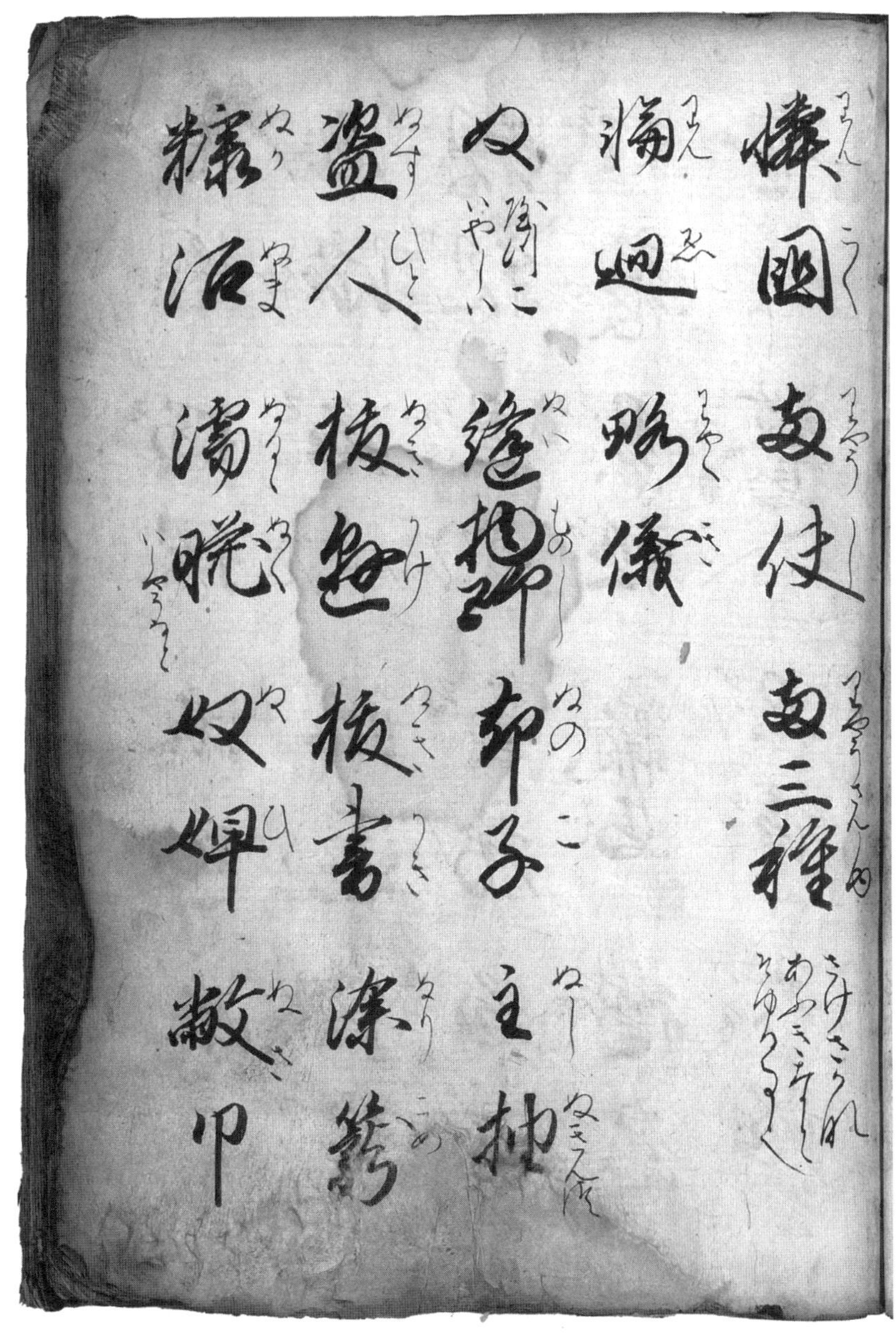

【12ウ】

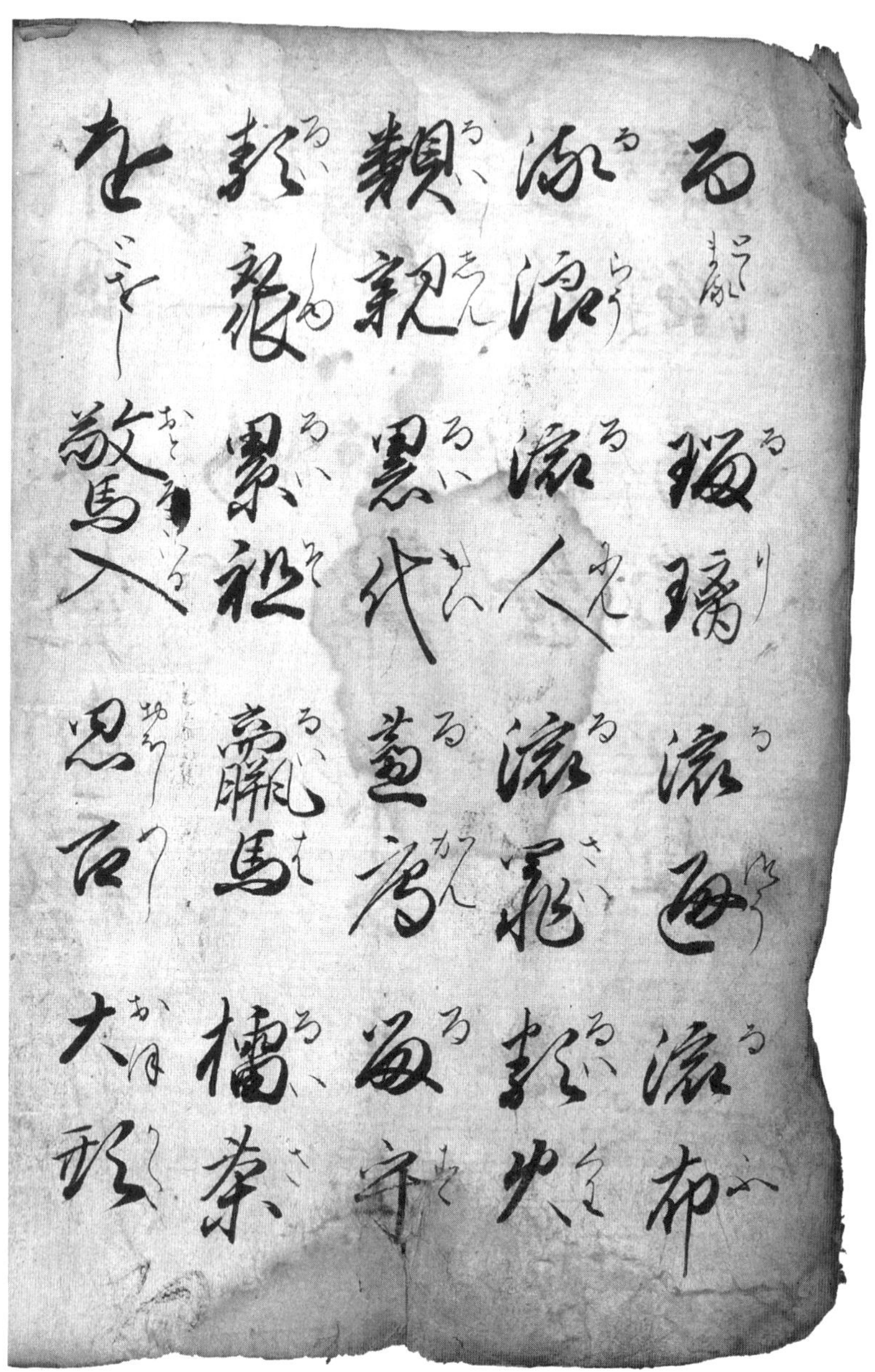

【13オ】

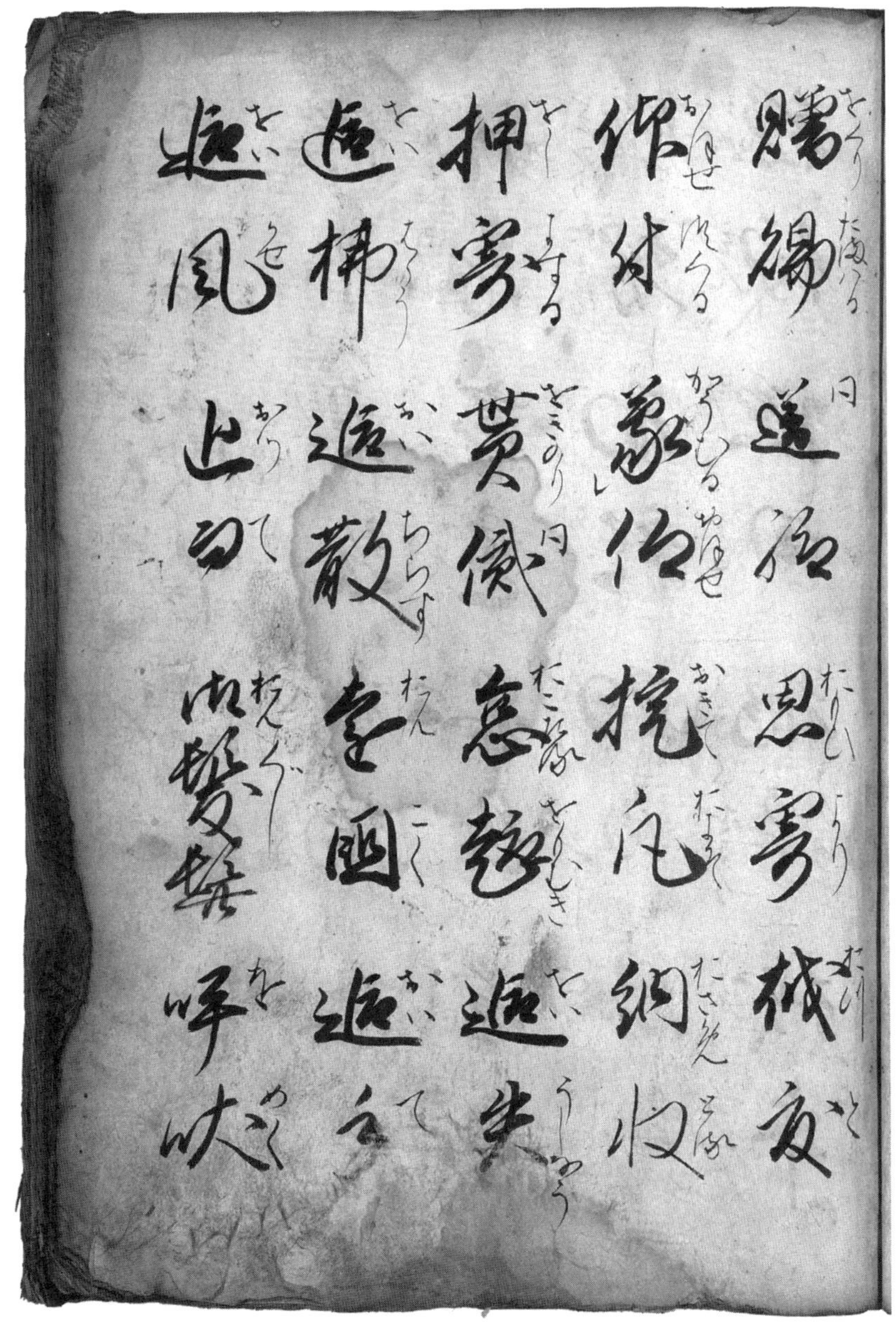

【13ウ】

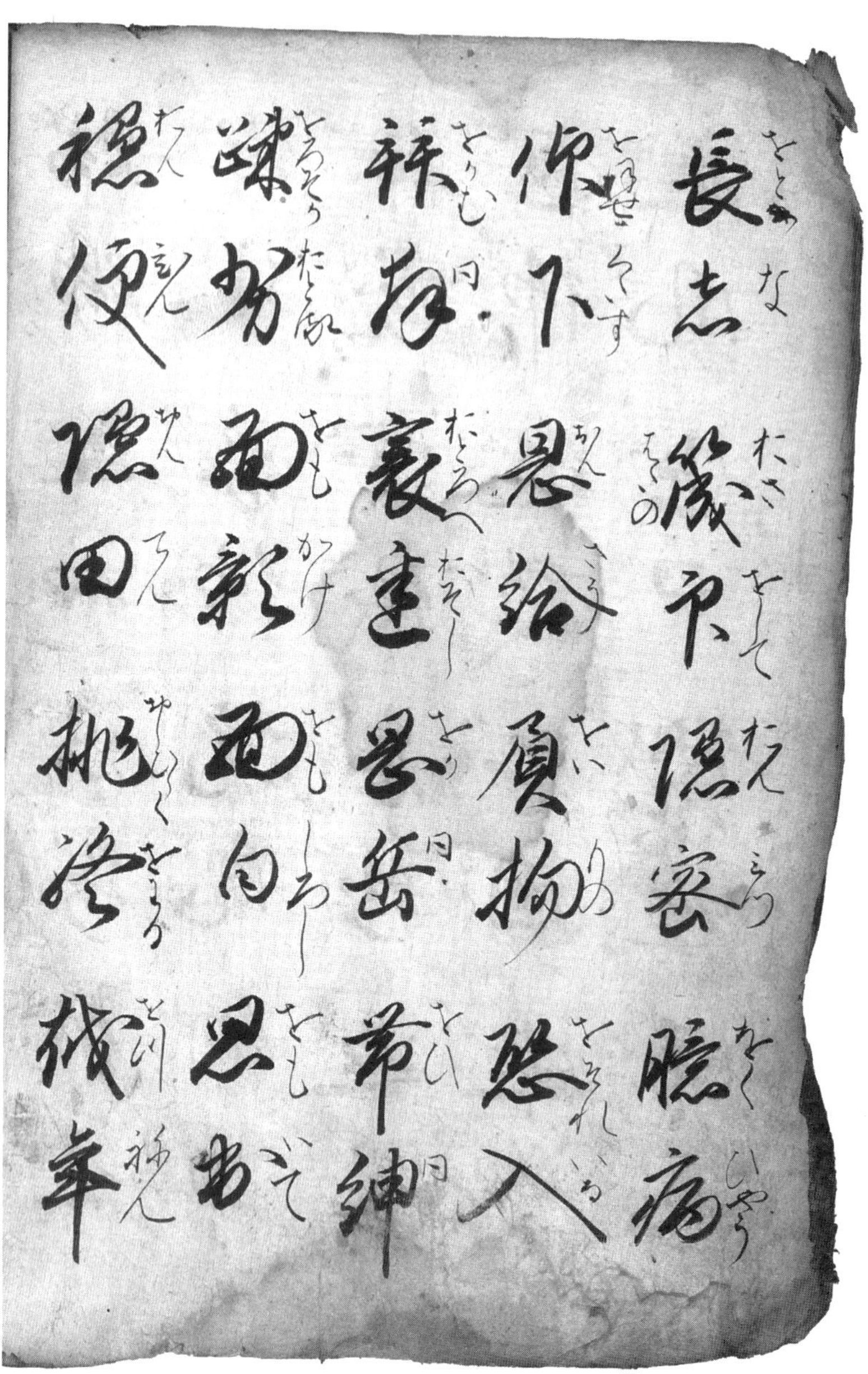

【14オ】

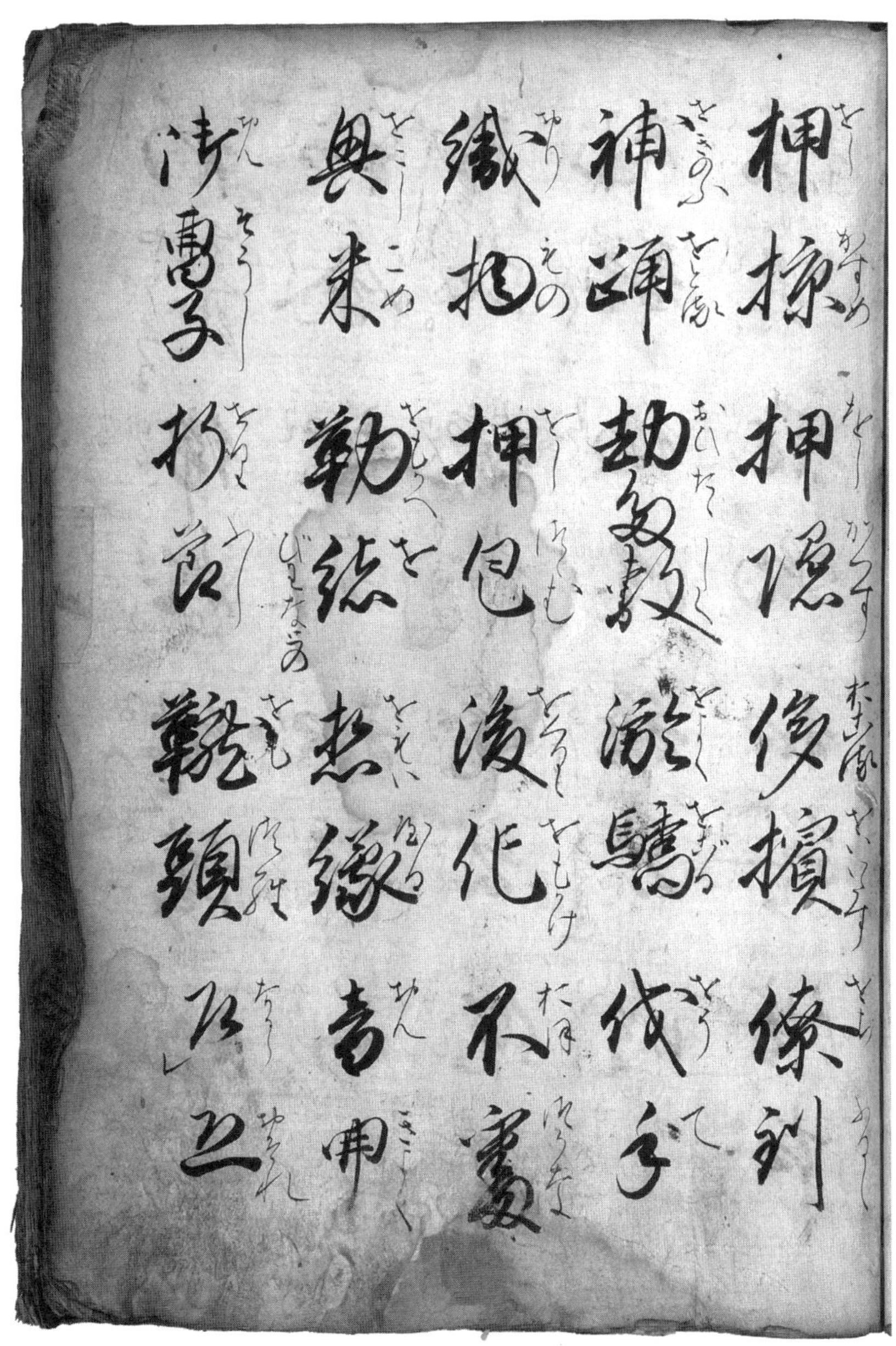

【14ウ】

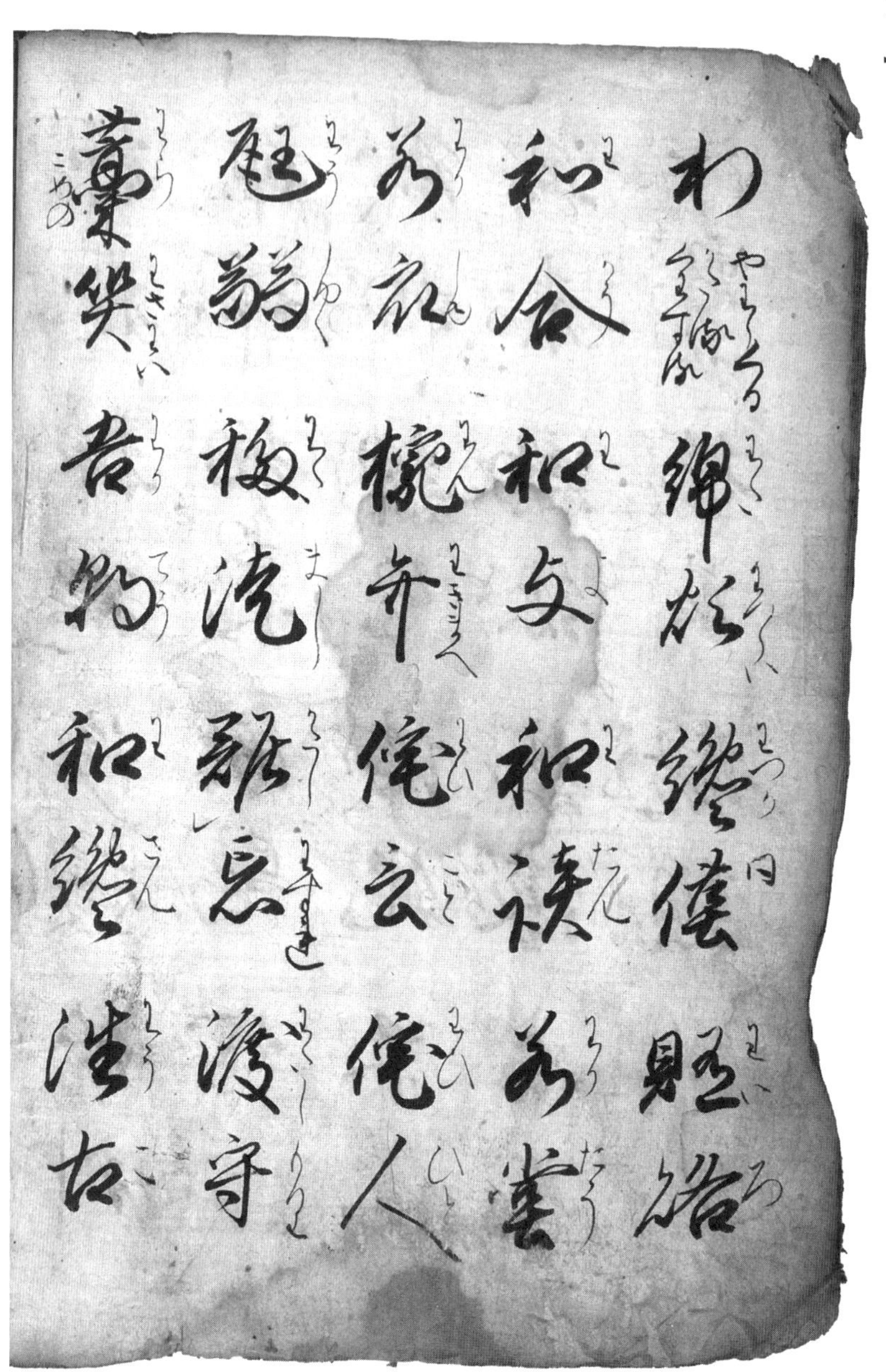

【15オ】

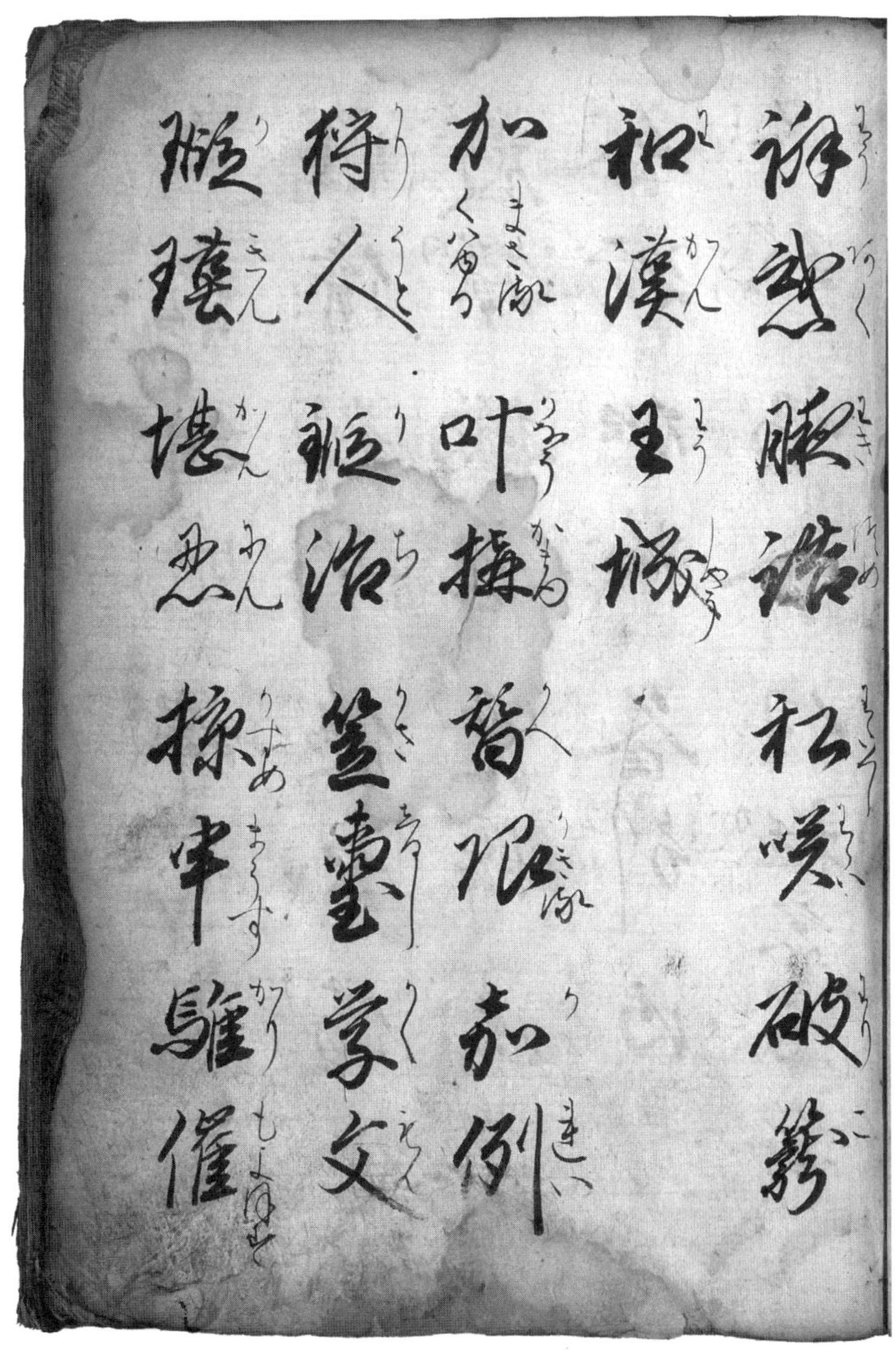

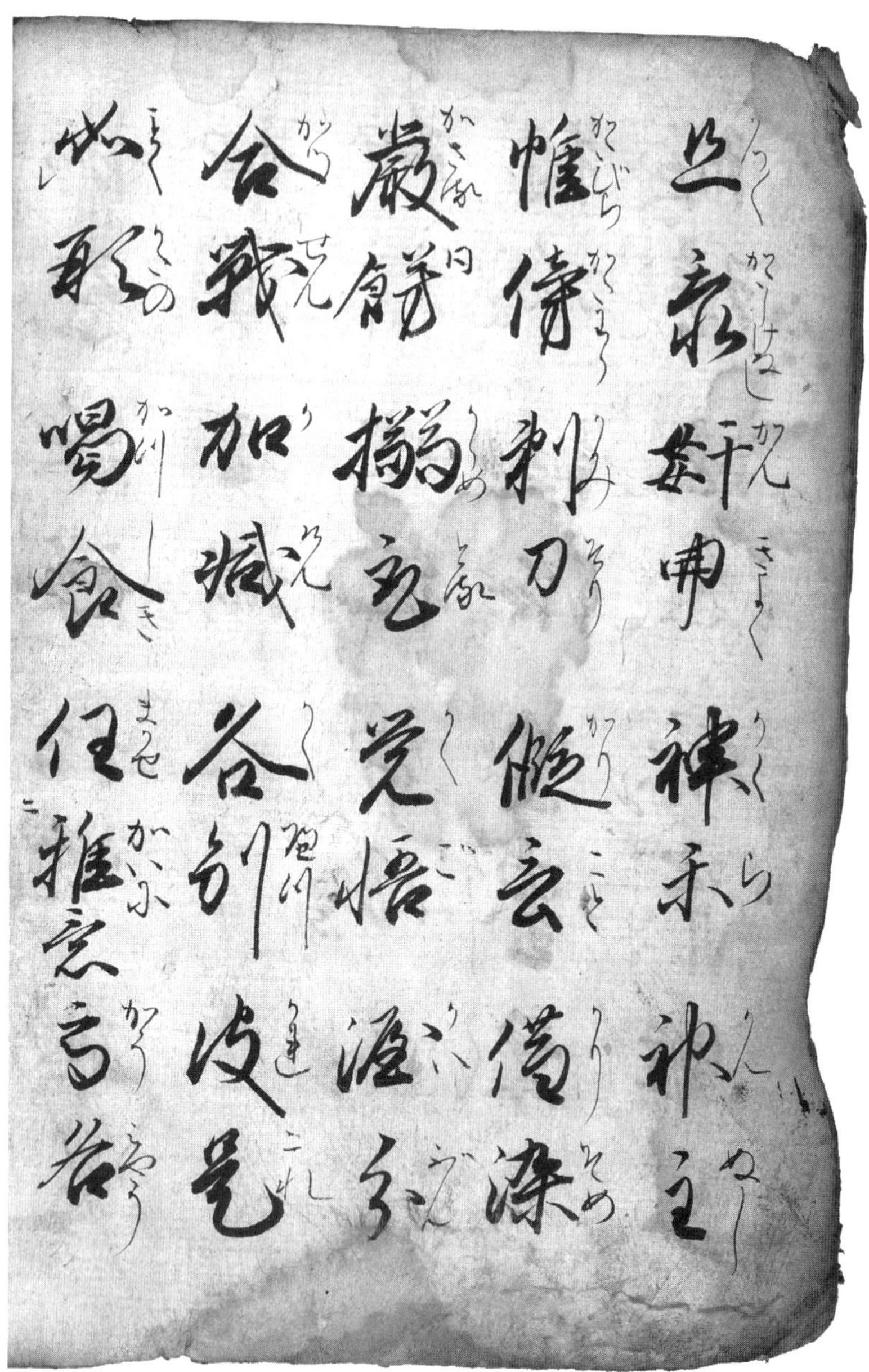

【16オ】

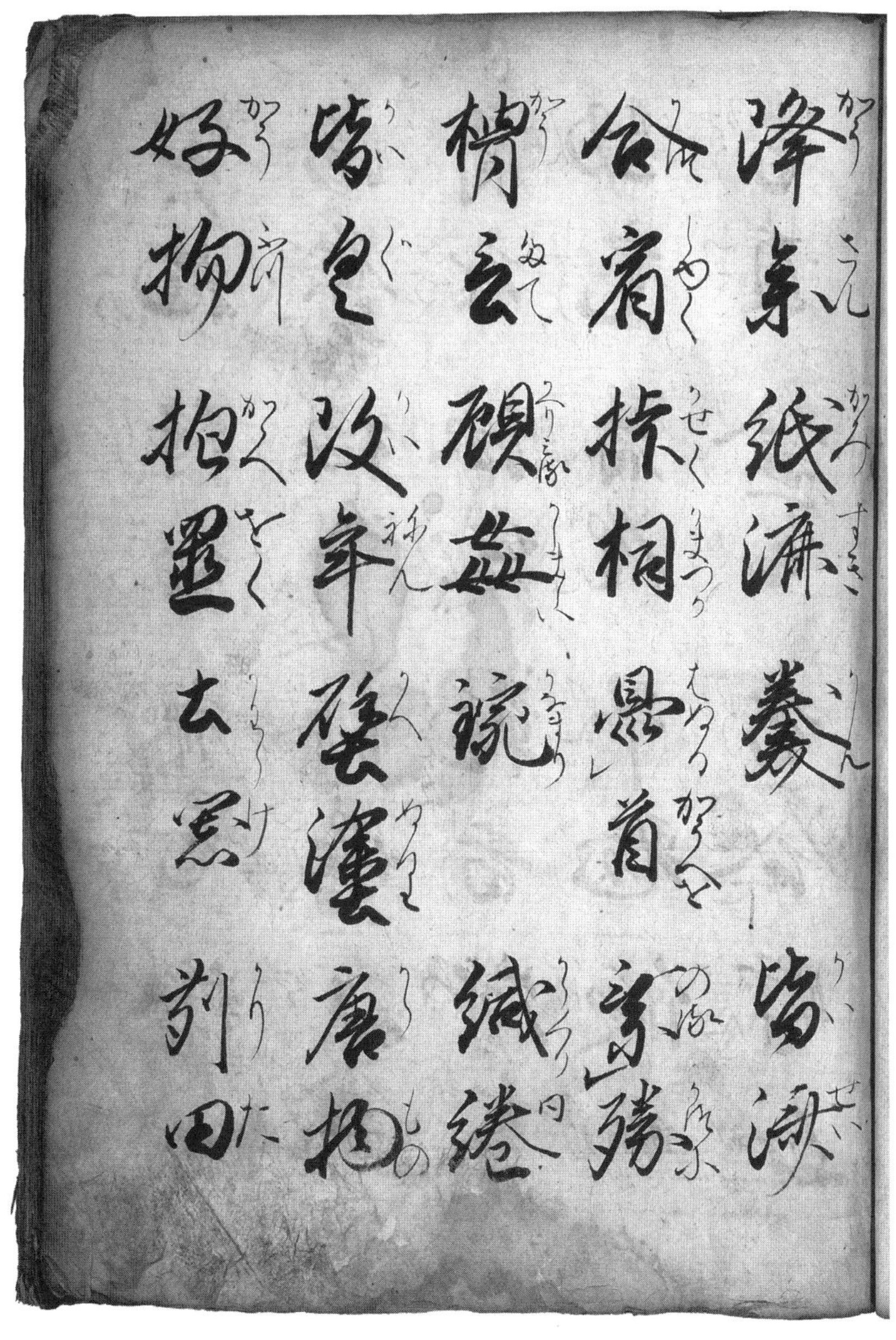

買物　狩衣　鹿毛　糟毛
河原毛　梅花皮　耕作　[illegible]
[illegible]　海賊　[illegible]　[illegible]
[illegible]　[illegible]　[illegible]　[illegible]
高直　傘　[illegible]　肝心

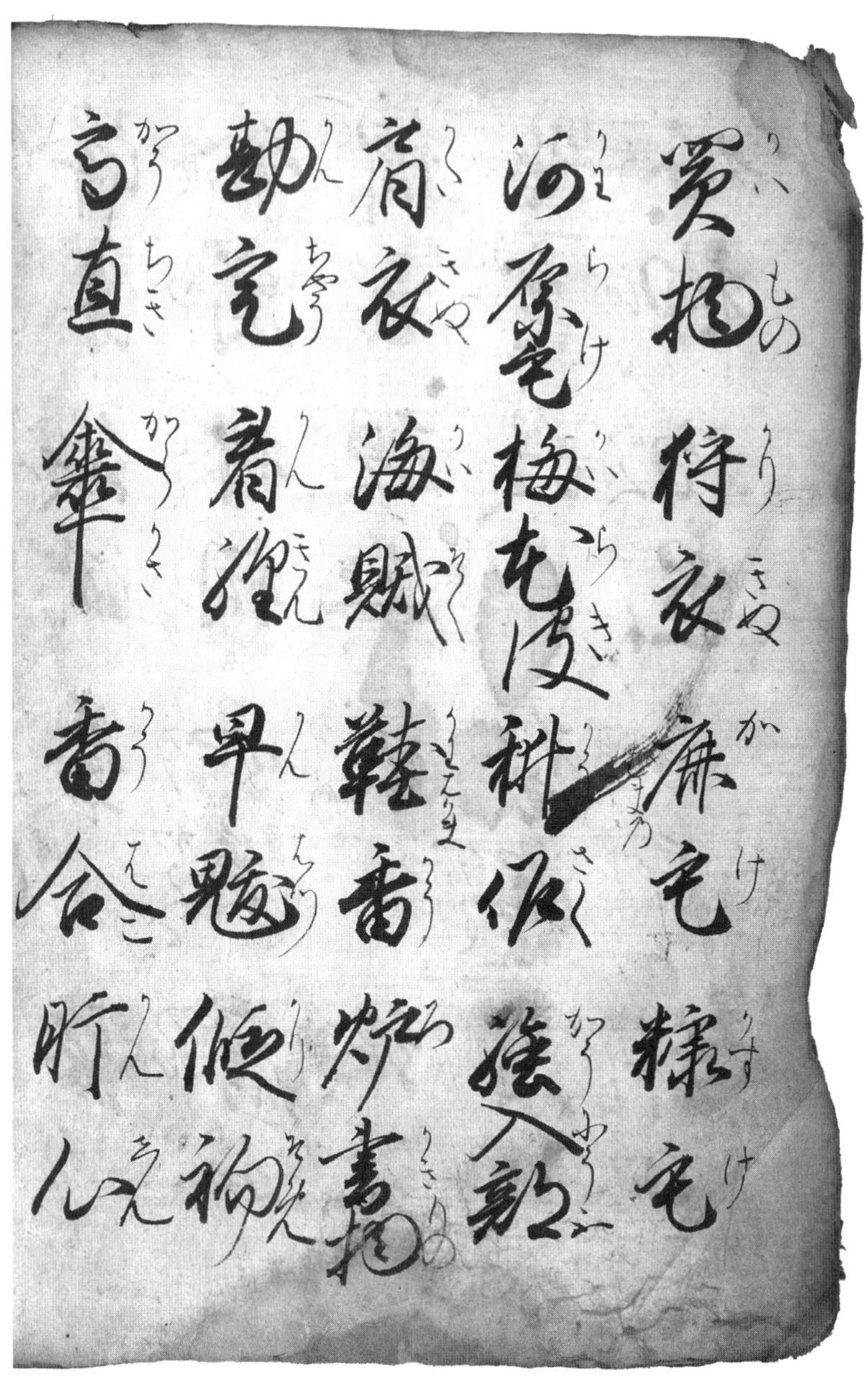

感涙 唐錦甲斐香興
家蓄 合戦祀念加増
擽者 その禅縛 かん 戒行
伽藍 授叙 勸奔
則者 誼凱薫

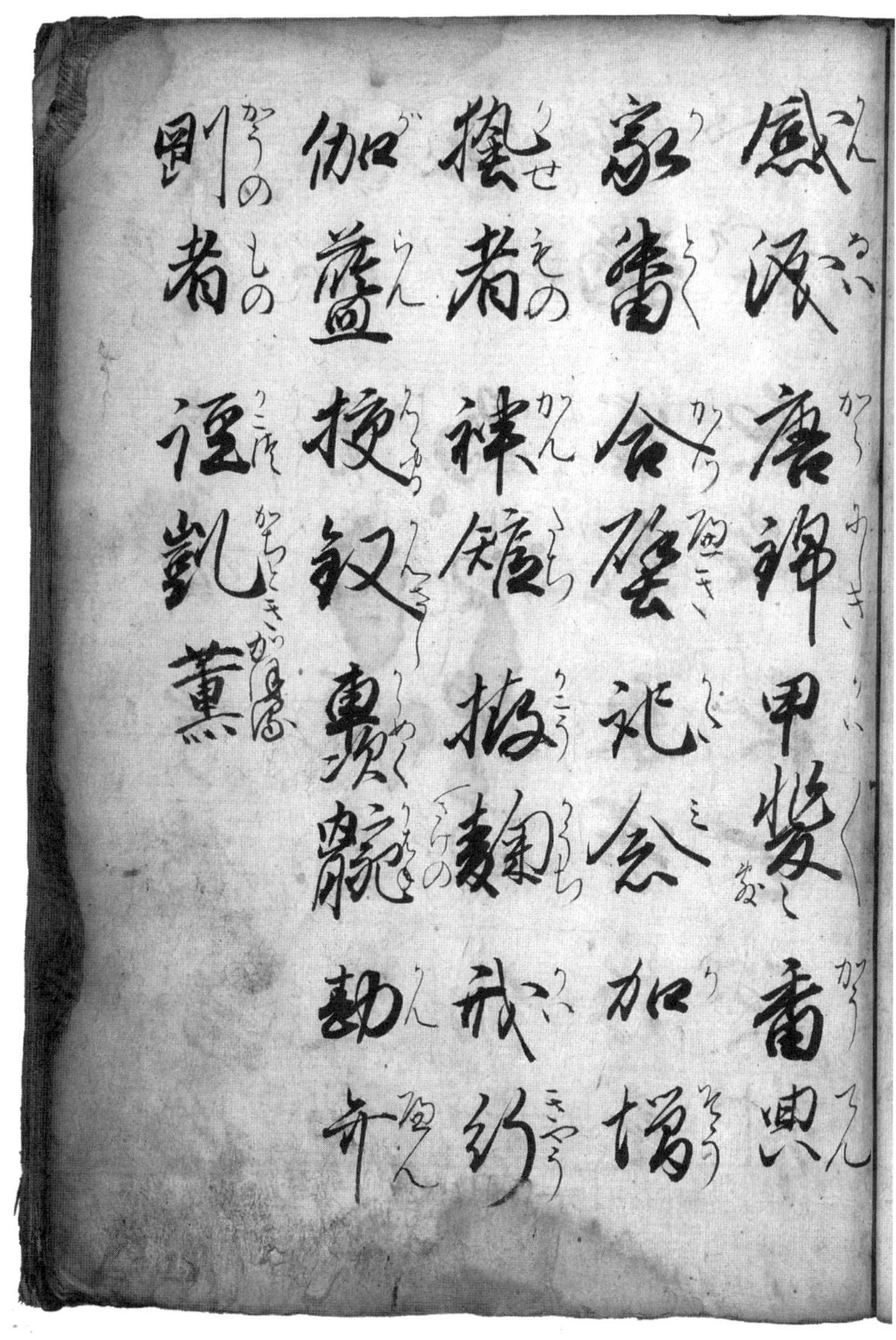

【18オ】

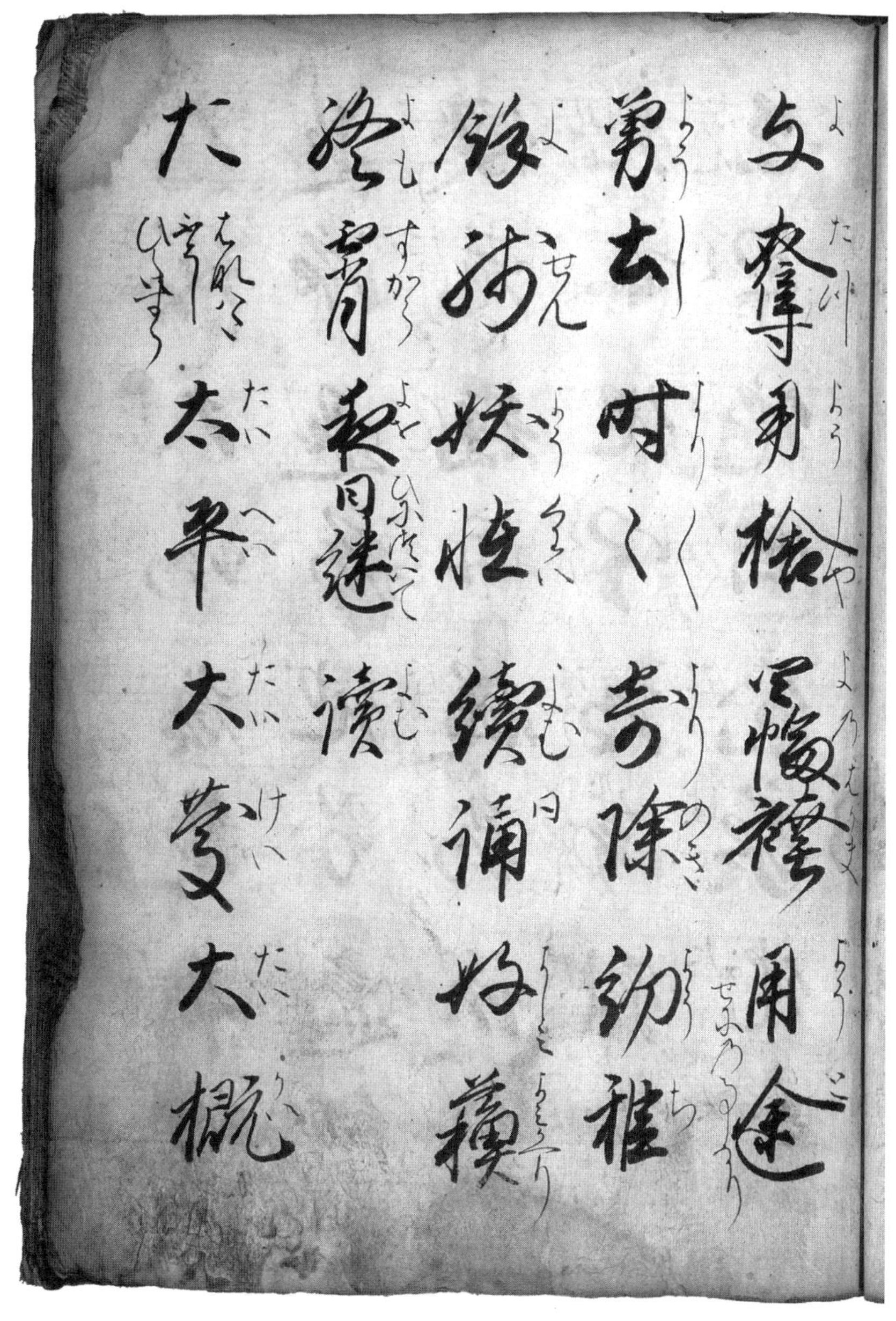

大儀（たいぎ） 大略（たいりゃく） 唐紙（たうし） 大訴（たいそ）

退治（たいぢ） 退屈（たいくつ） 他界（たかい） 適（たまさか） 乳（たくそ）

便（たより） 嗜（たしなむ） 短冊（たんじゃく） 慥（たしか） 弱（たゆる） 談合（だんかう）

他所（たしょ） 他行（たかう） 道場（たうぢやう） 對揚（たいやう）

丹（たん） 色（しき） 他國（たこく） 他家（たけ） 他出（たしゅつ）

[illegible] 對面 大切 當家

當[illegible] [illegible] [illegible] [illegible]

太鼓 [illegible] 代[illegible] 代[illegible]

[illegible] [illegible] 道理 當代

[illegible] [illegible] 大將 [illegible]

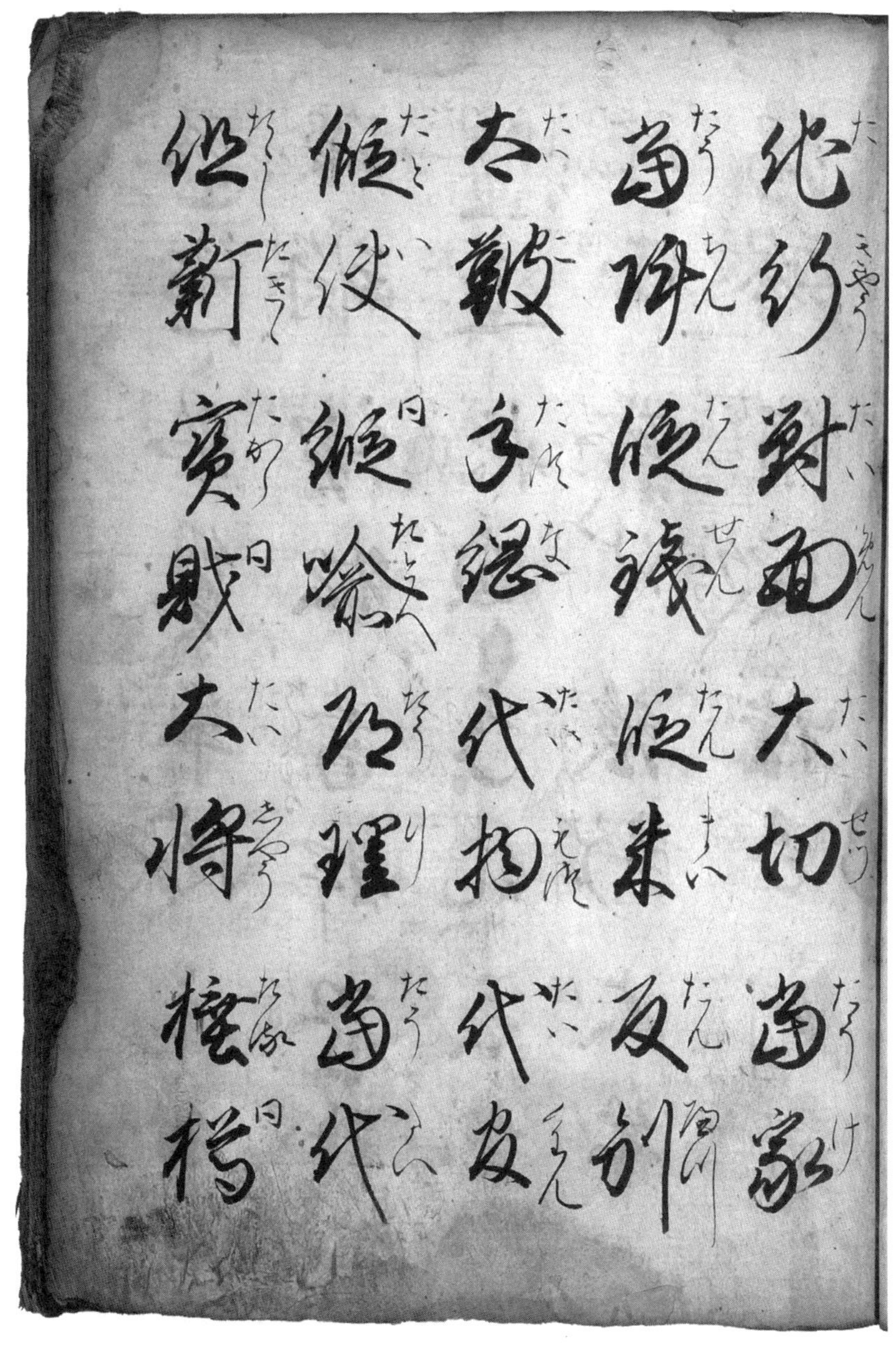

【19ウ】

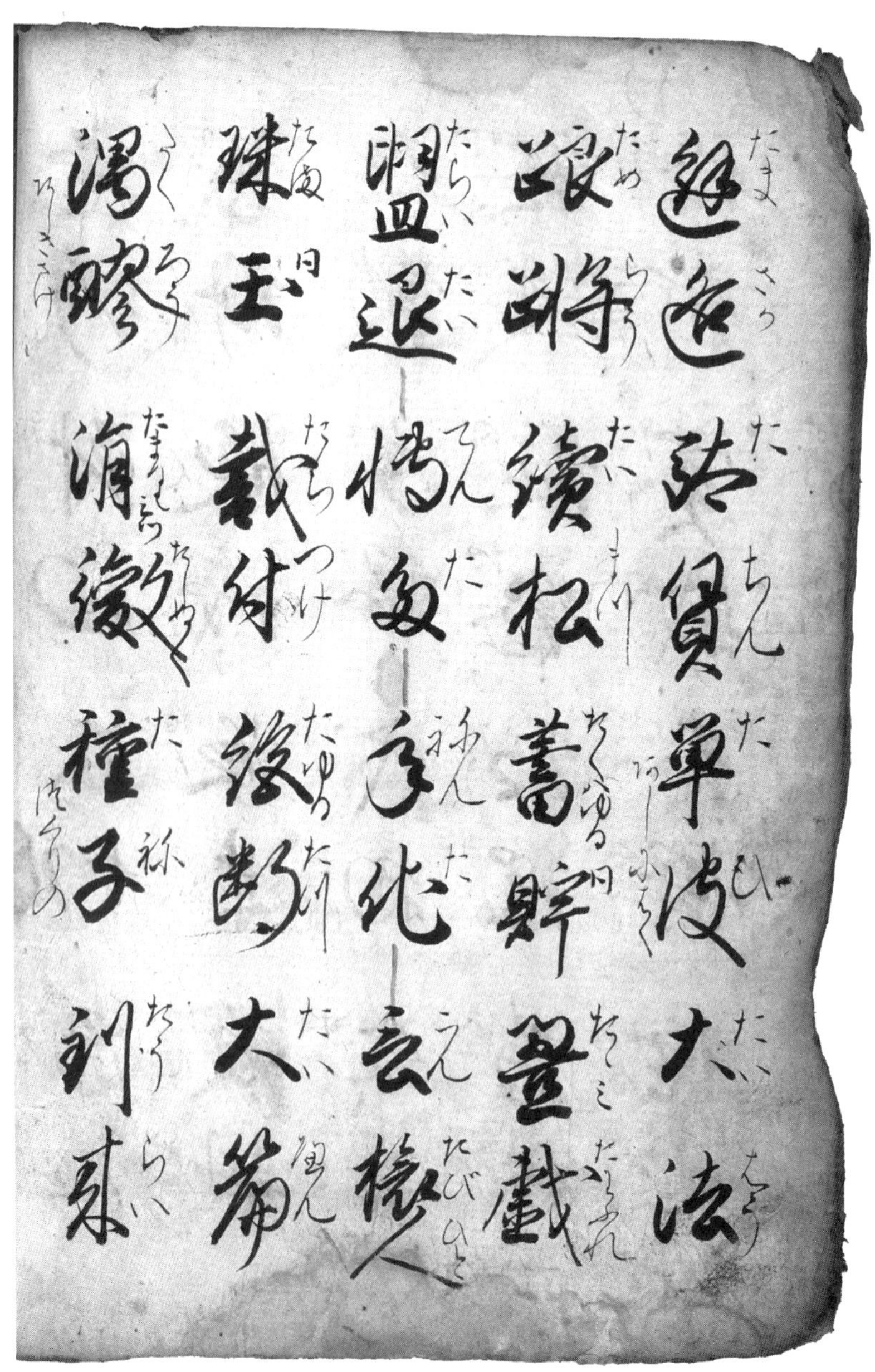

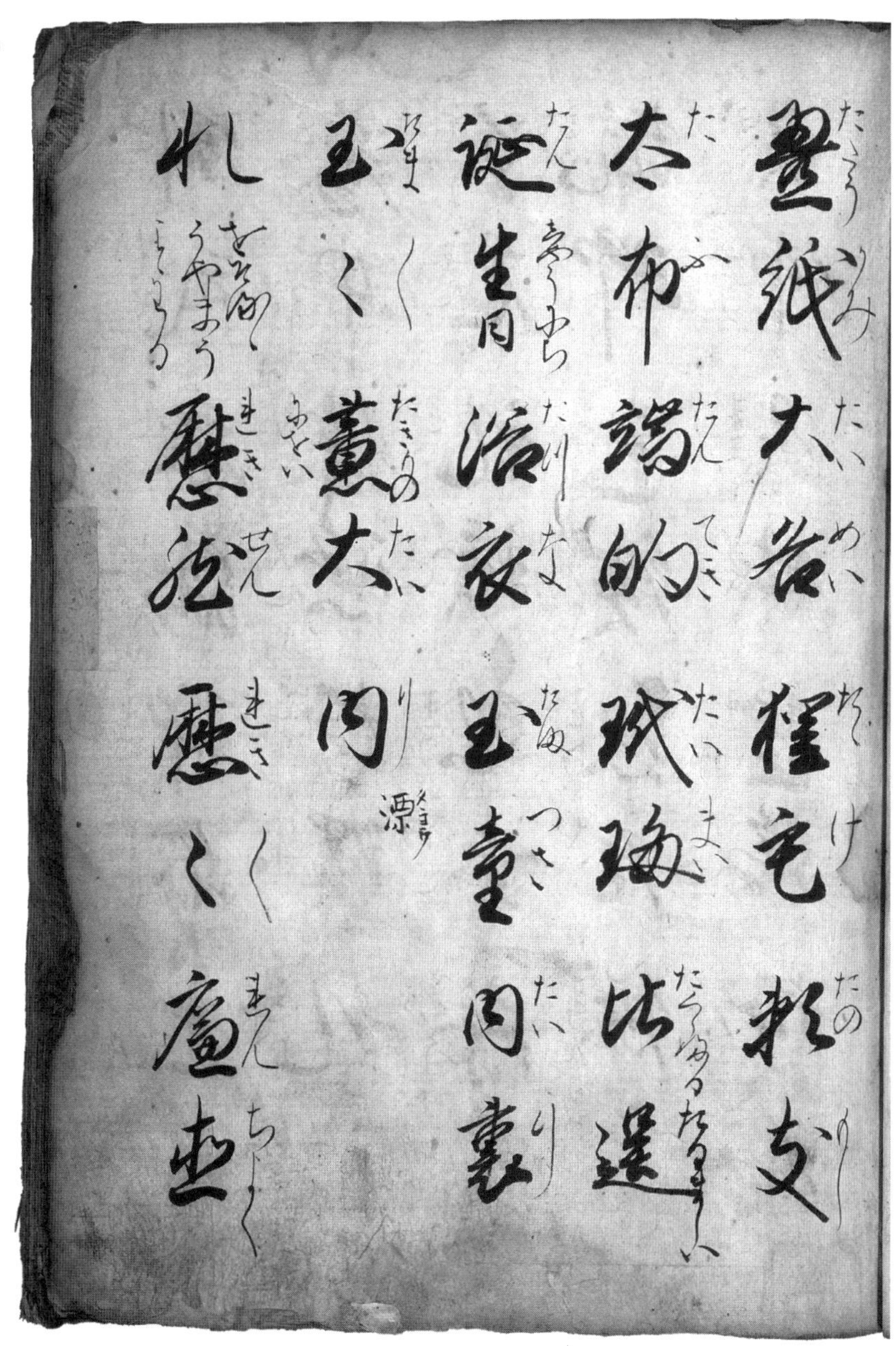

例式　零落　聊爾　連々

簾中　憐愍　料理　礼儀

了見　礼銭　烈参　療治

猟師　連続　列座　練磨

霊仏　霊社　霊験　料紙

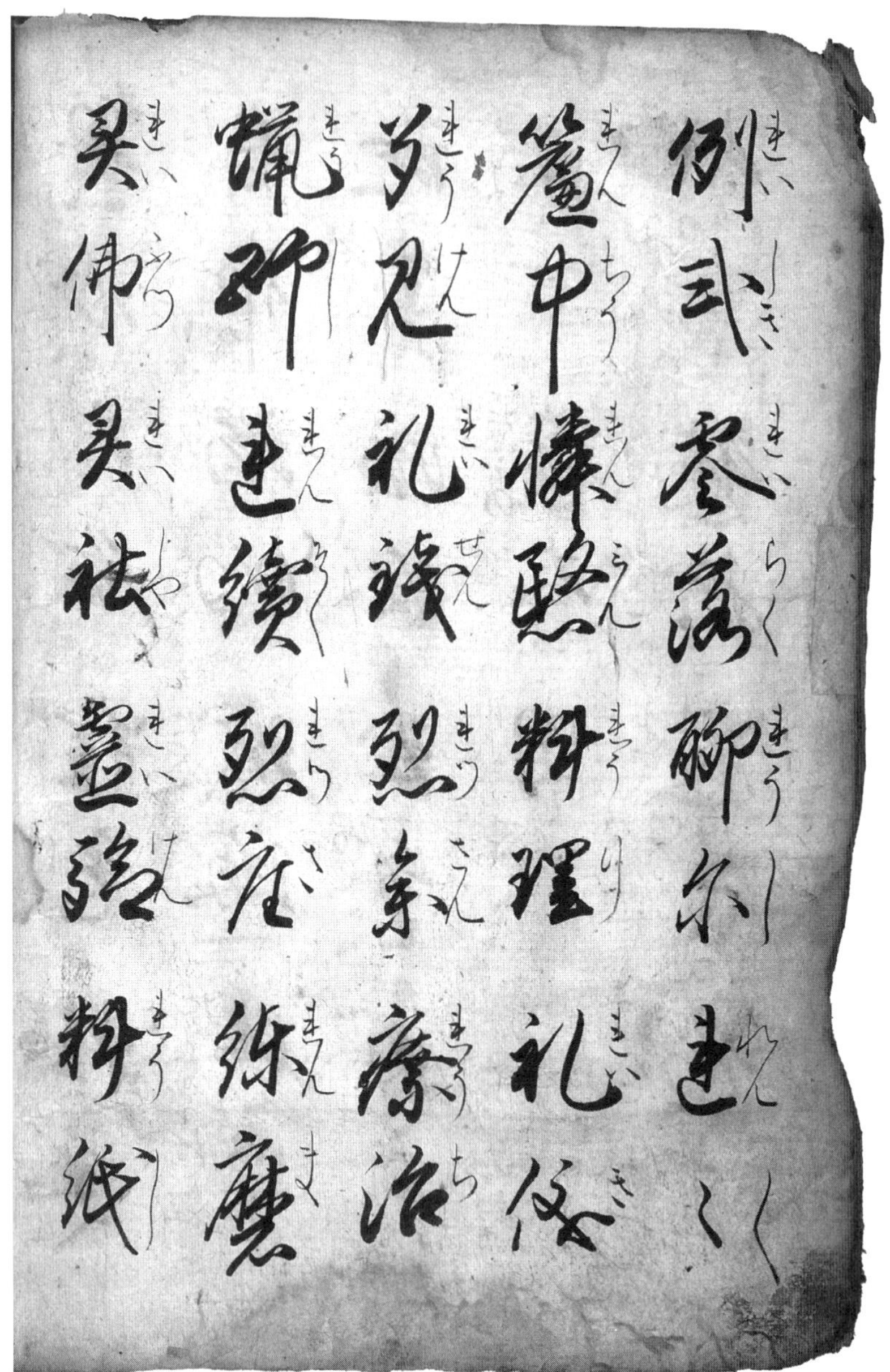

乃　想像　麁子　訴詔

楚忽　即時　其趣　踈略

奏者　惣劇　存命　卒爾

宗匠　損亡　損免　染物

若干　訴人　底　揃　添　猜

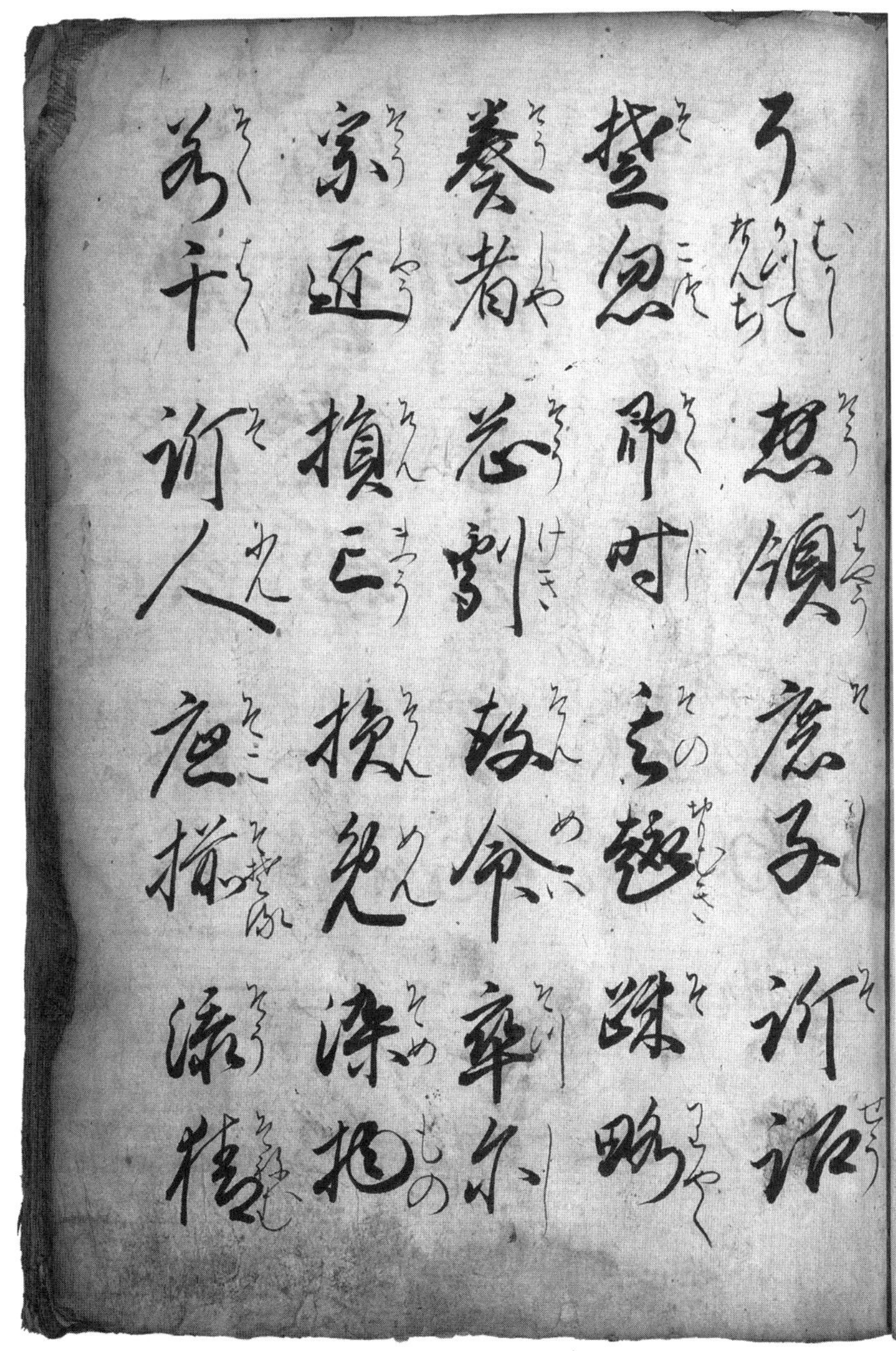

謗訕（そしり） 虚言（そらこと） 存分（ぞんぶん） 存外（ぞんぐわい）
燭台（そくたい） 騒動（さうどう） 剣杖（けんじやう） 麁忽（そこつ）
尊報（そんぽう） 尊意（そんい） 尊札（そんさつ） 尊答（そんたう）
蹲踞（そんし） 耗（そうい） [illegible] 賊難（ぞくなん） 杣道（そまみち）
惣別（そうべつ） 衣物（そもつ） 園祠（そのりう） 疎学（そかく）

【22オ】

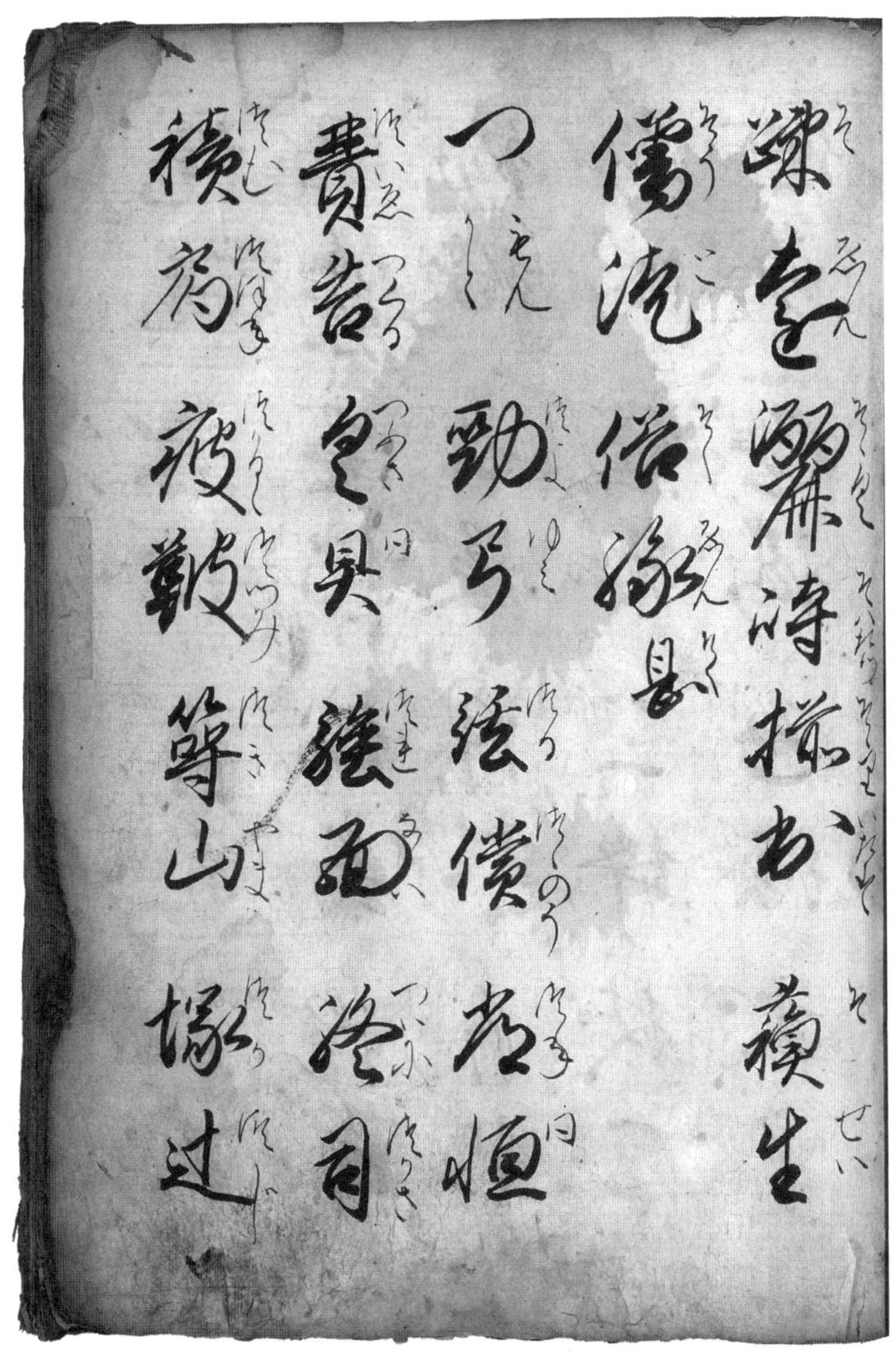

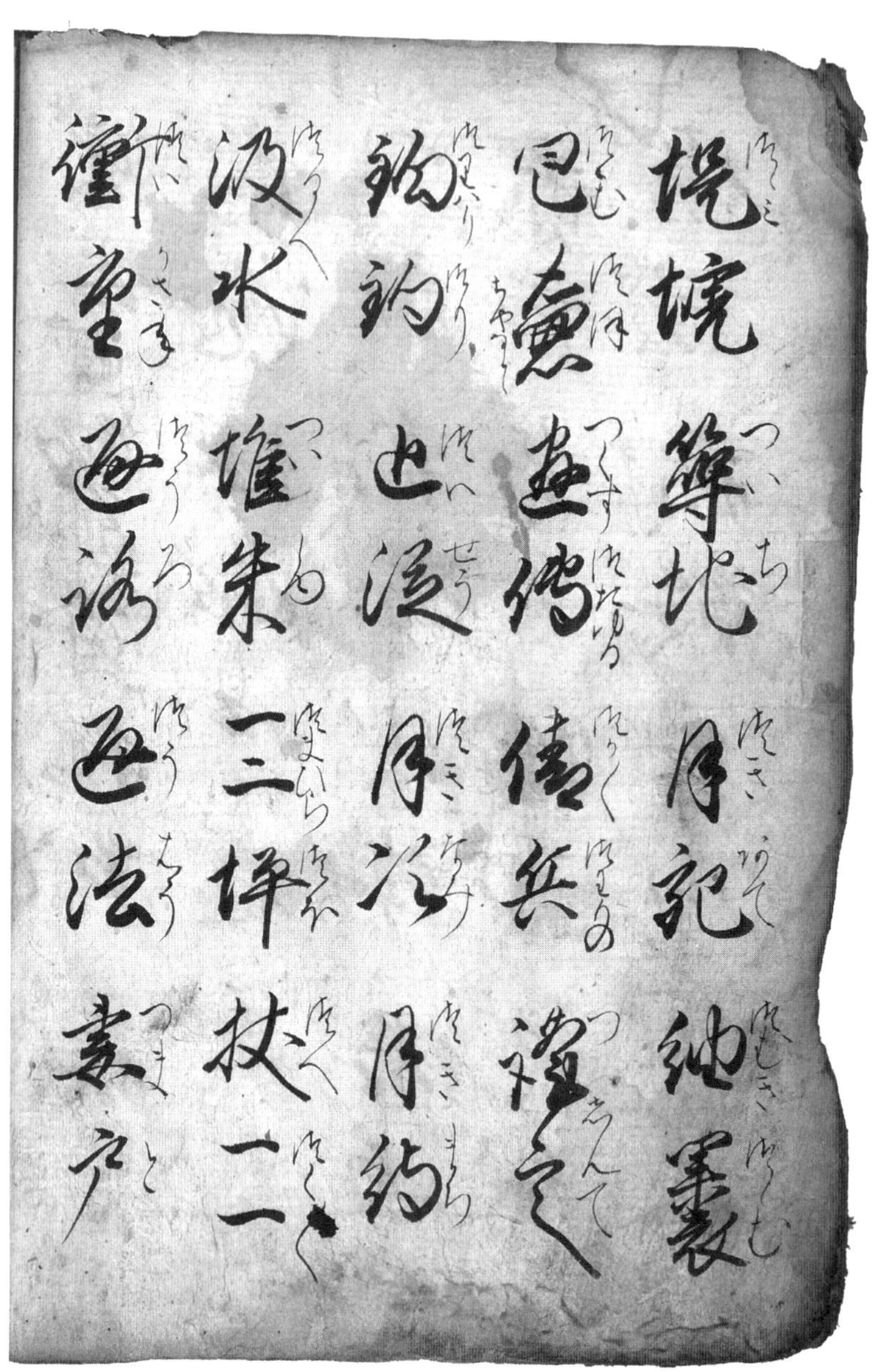

【23オ】

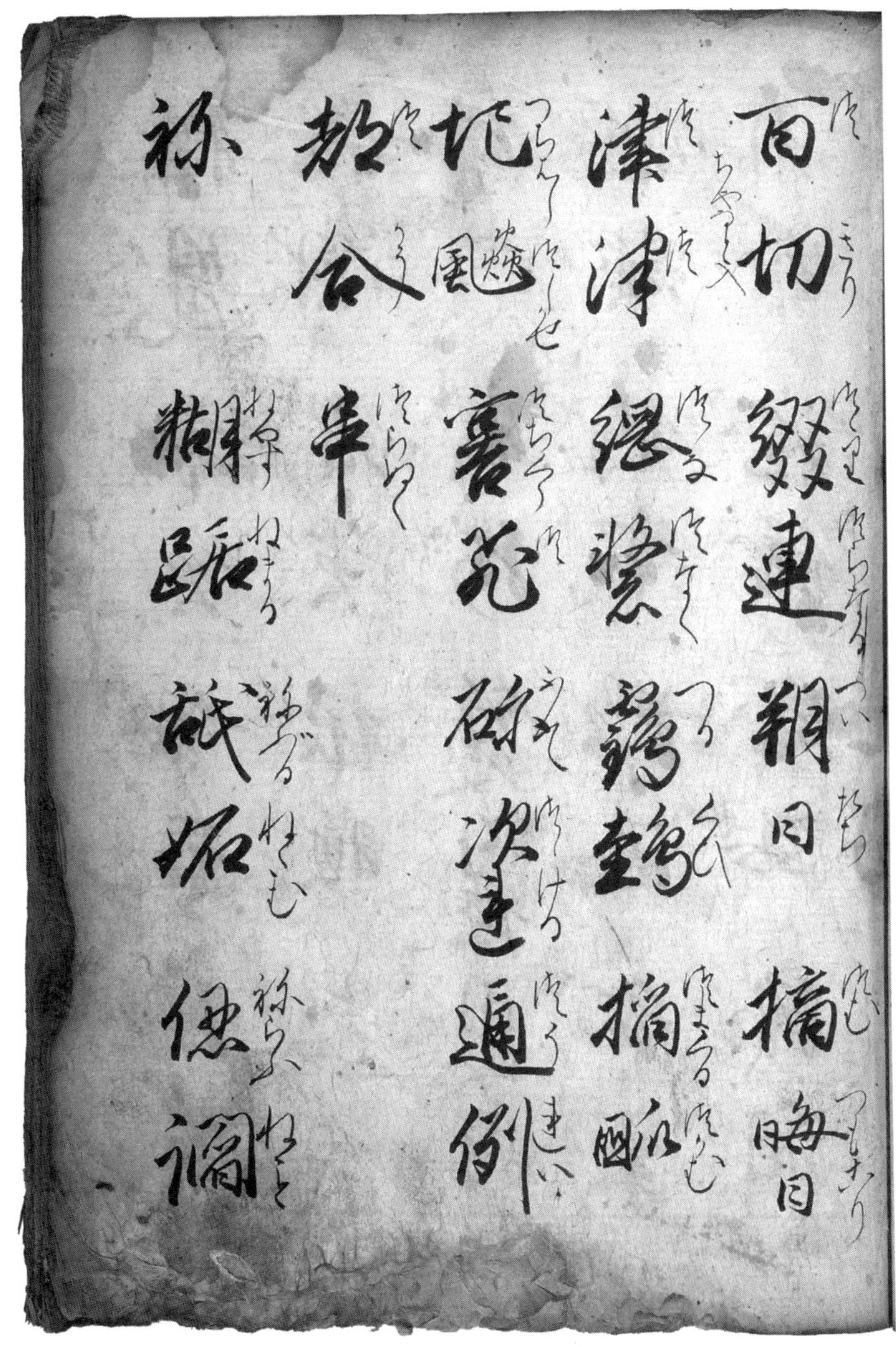

【23ウ】

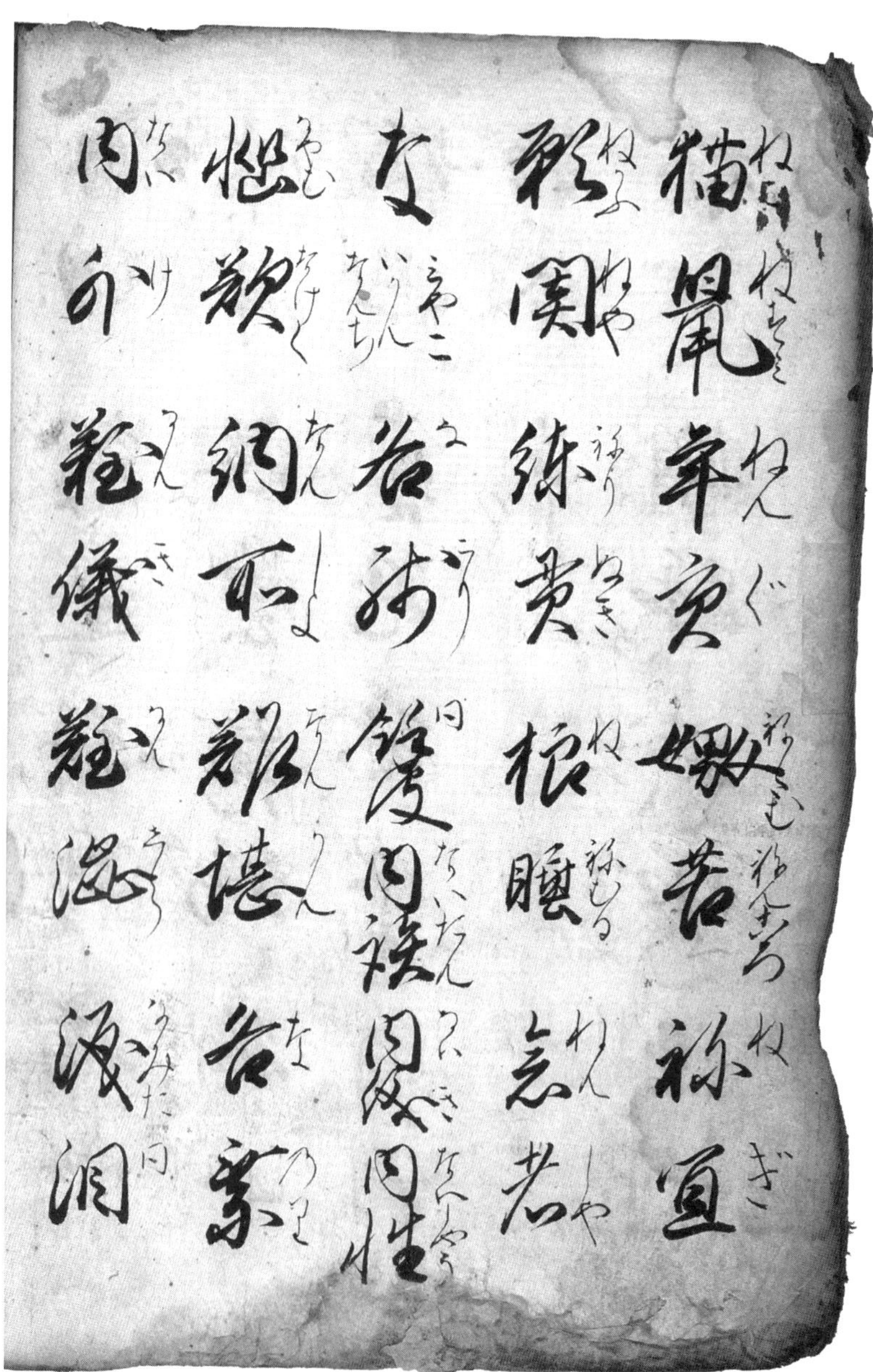

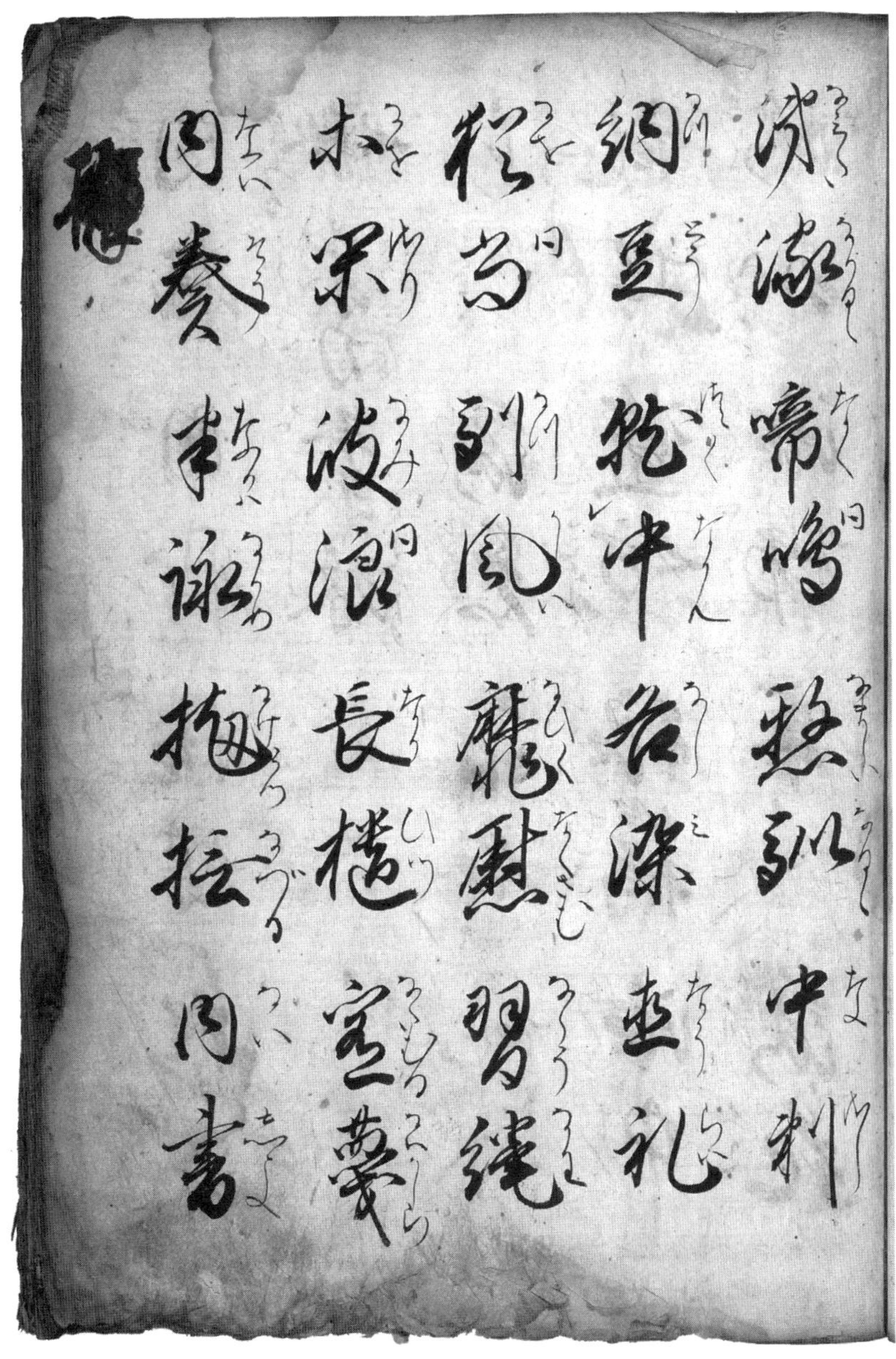

肉慾 肉戯 情媒 狼交
嬲 索刀 桑脣
ら 蕩君 落居 乱入
乱世 鑑妨 狼藉 治中
海魚 治陽 軍人 落花

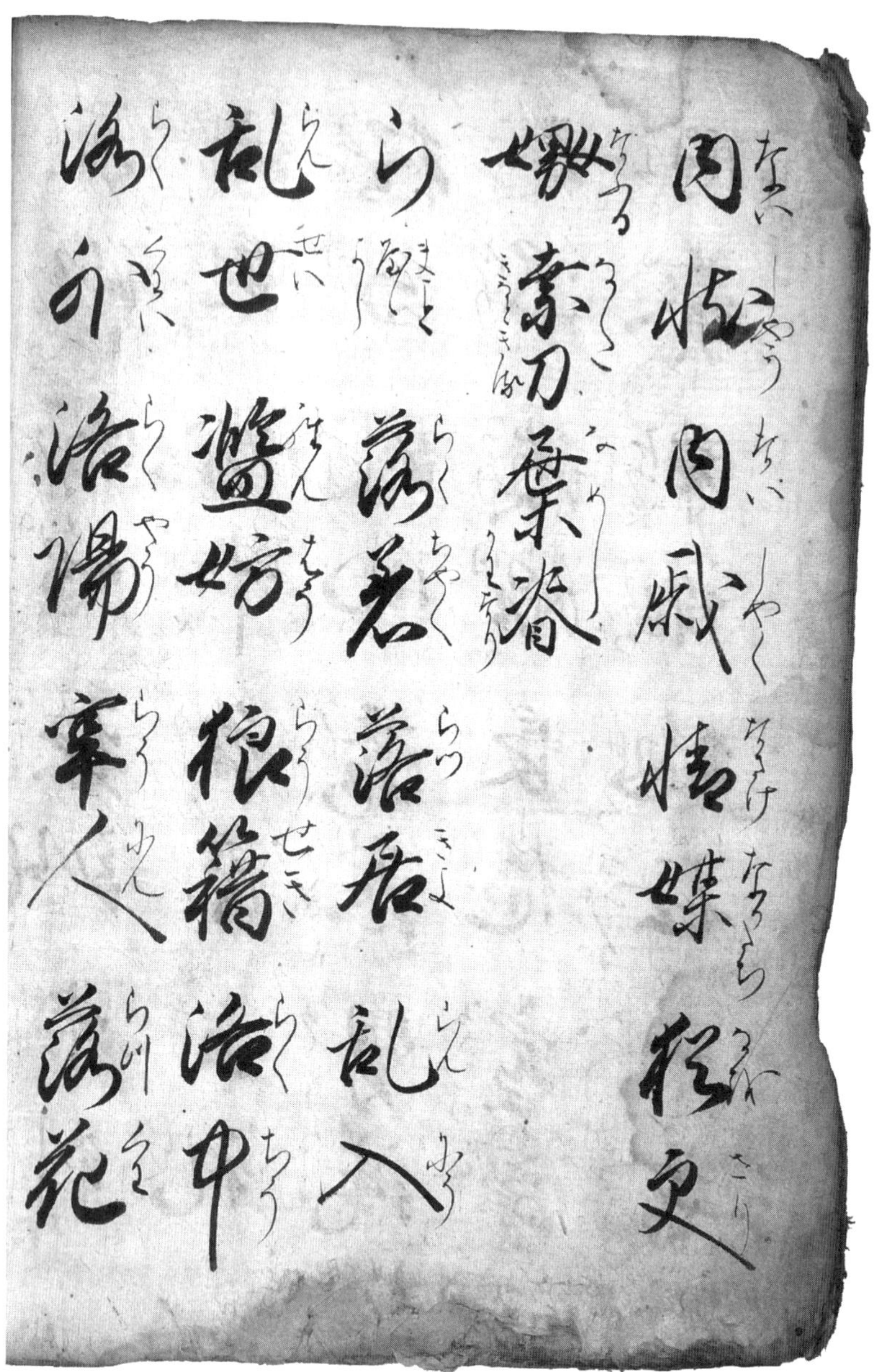

【25オ】

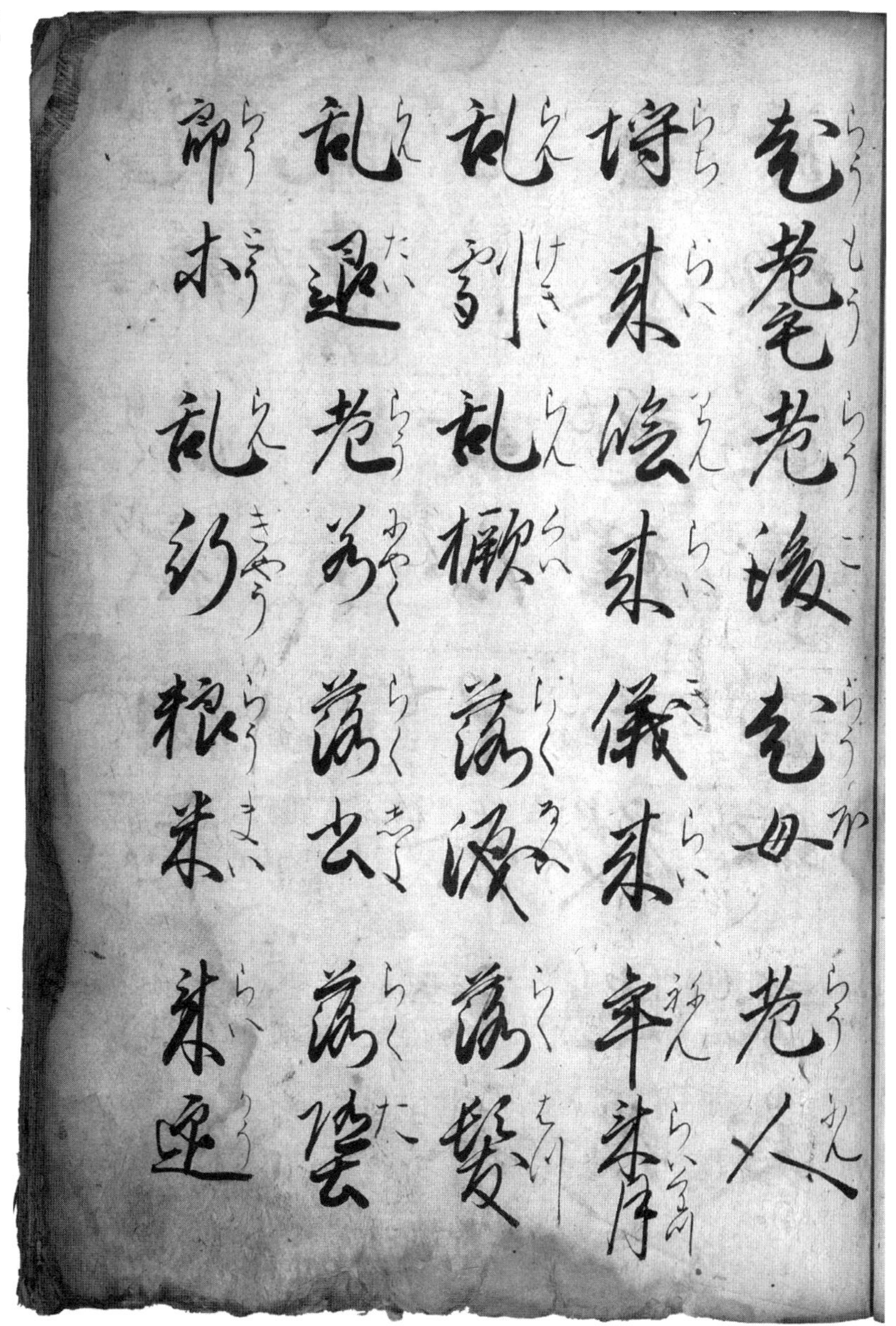

礼拝落索欄干蝋燭
蝋茶
む
無心無念無用
無益無理馬被迎結
謀叛[illegible]莚向脛六ケ敷

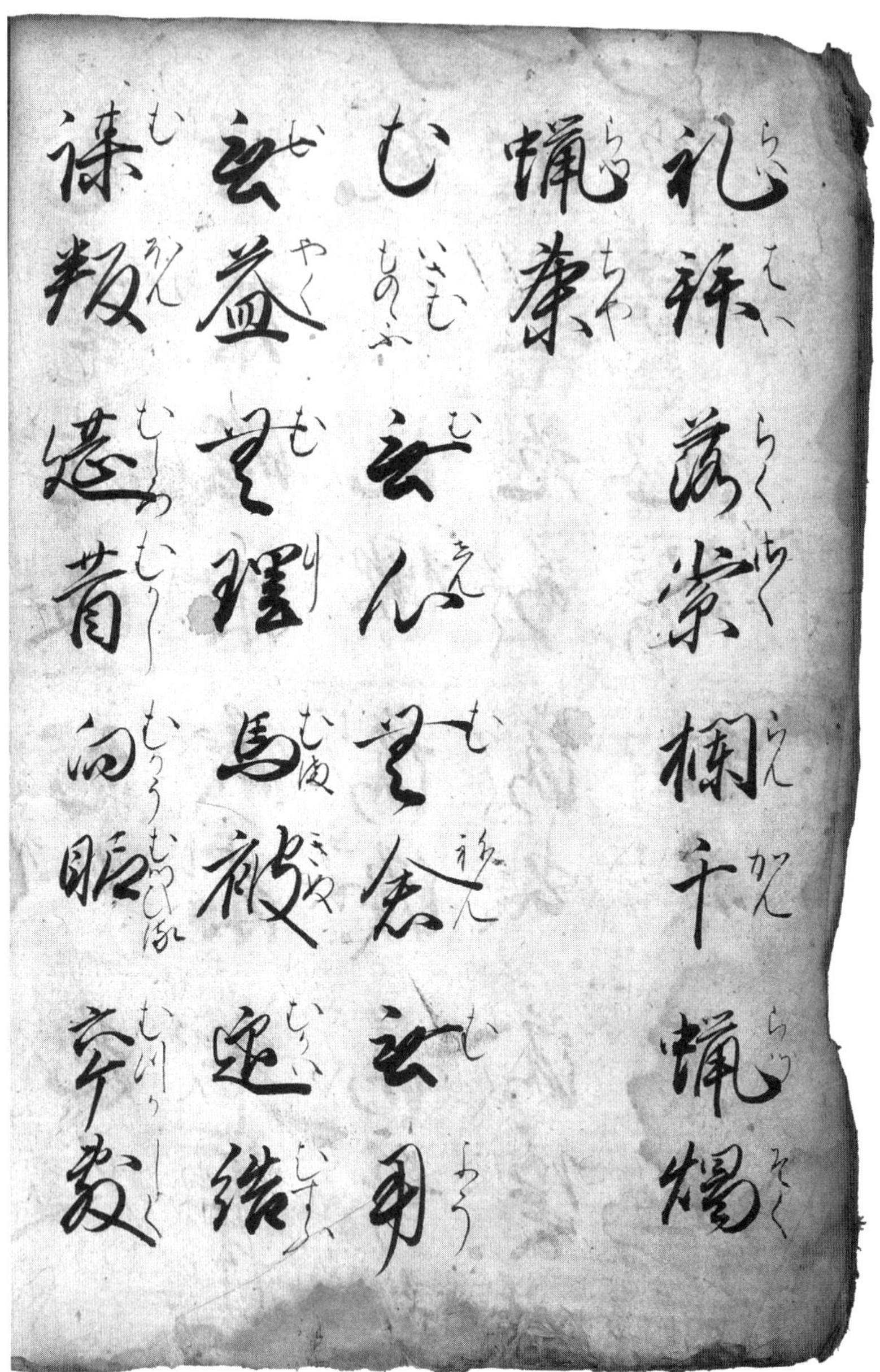

夢想 武者 株別 群簇
玄祈 驂屍
紗騰
う 棑乱 窺伺 禧冤
悒顗 扞立 餩餘 扞墨

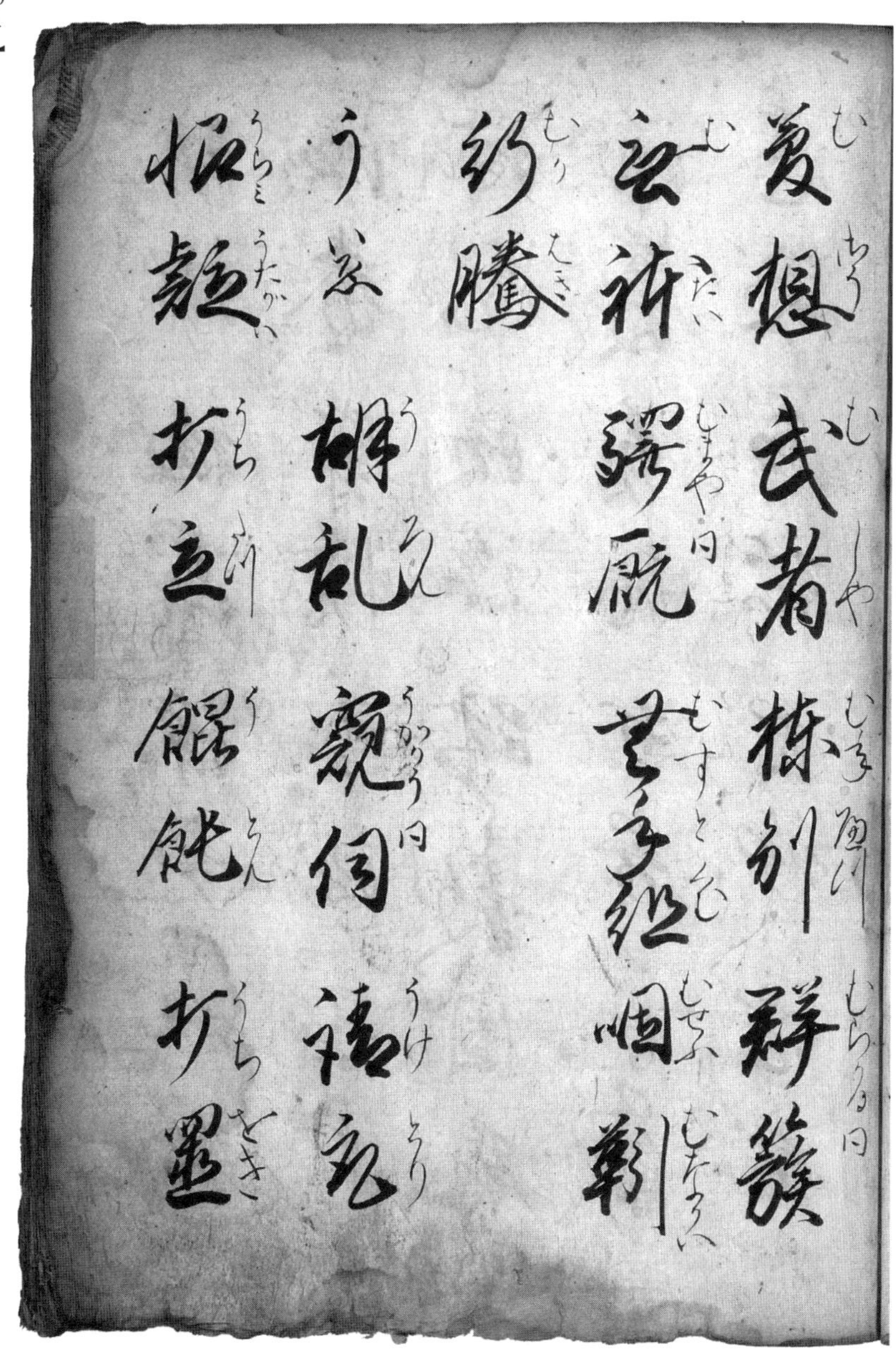

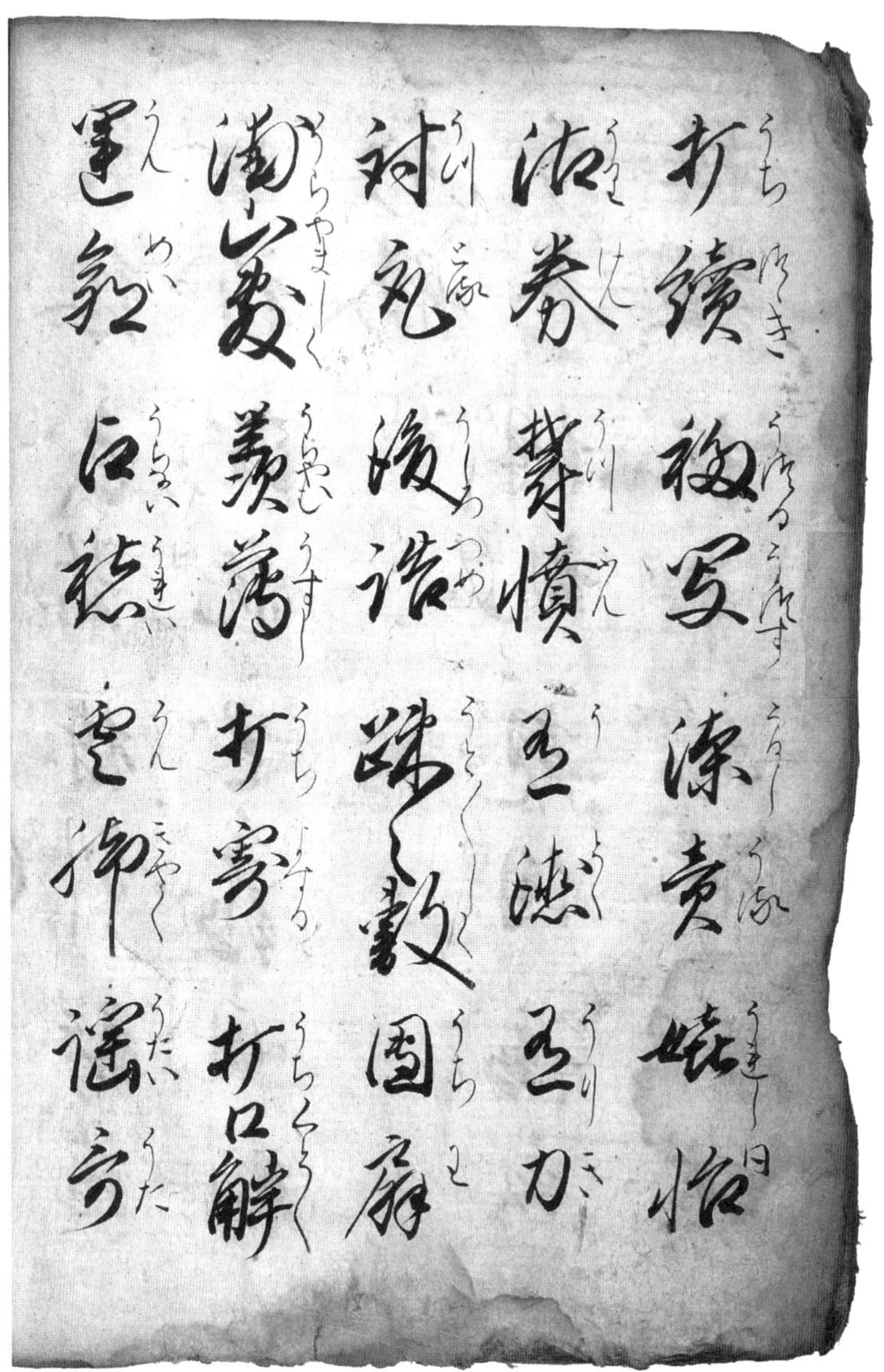

【27オ】

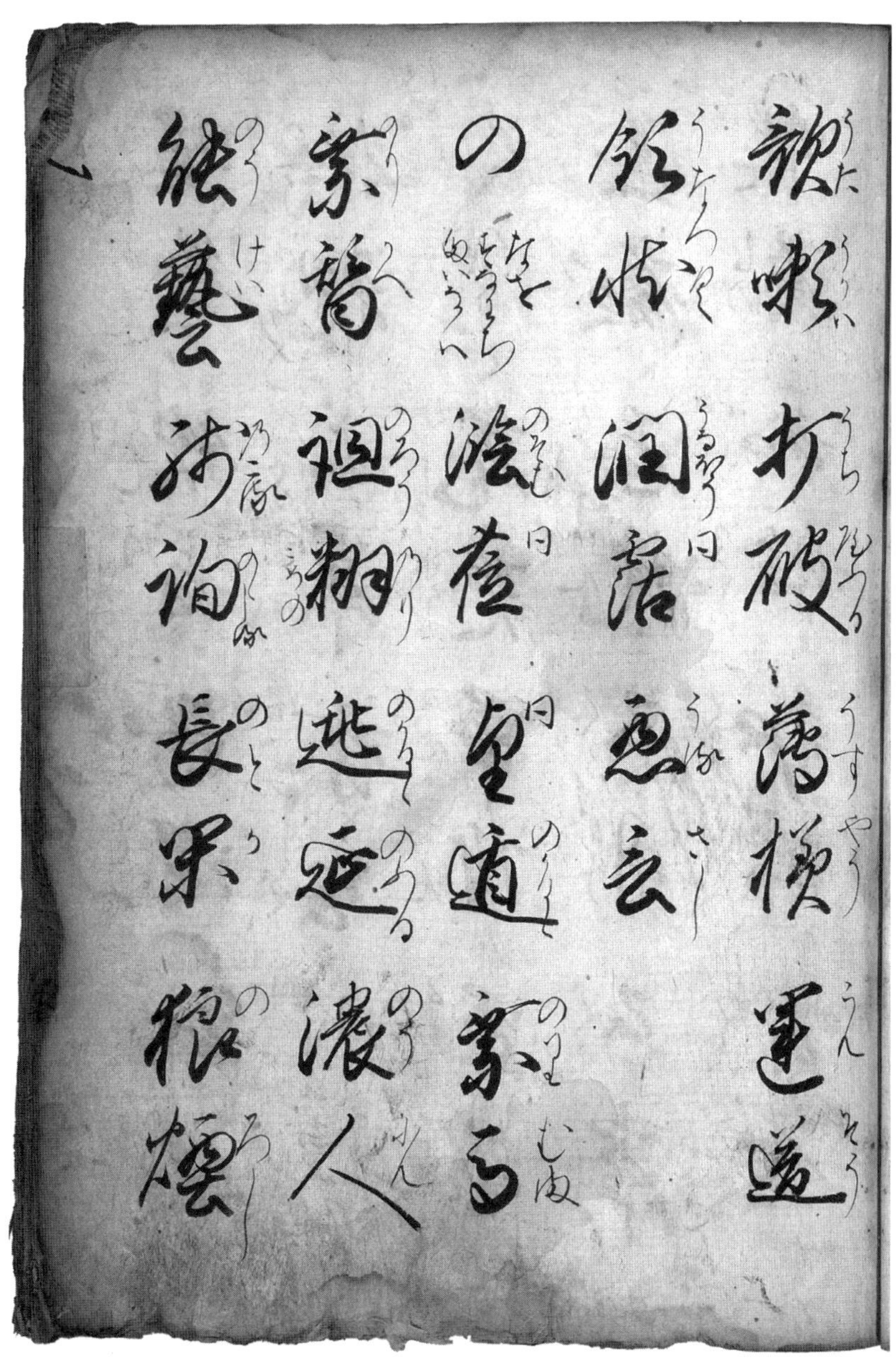

【27ウ】

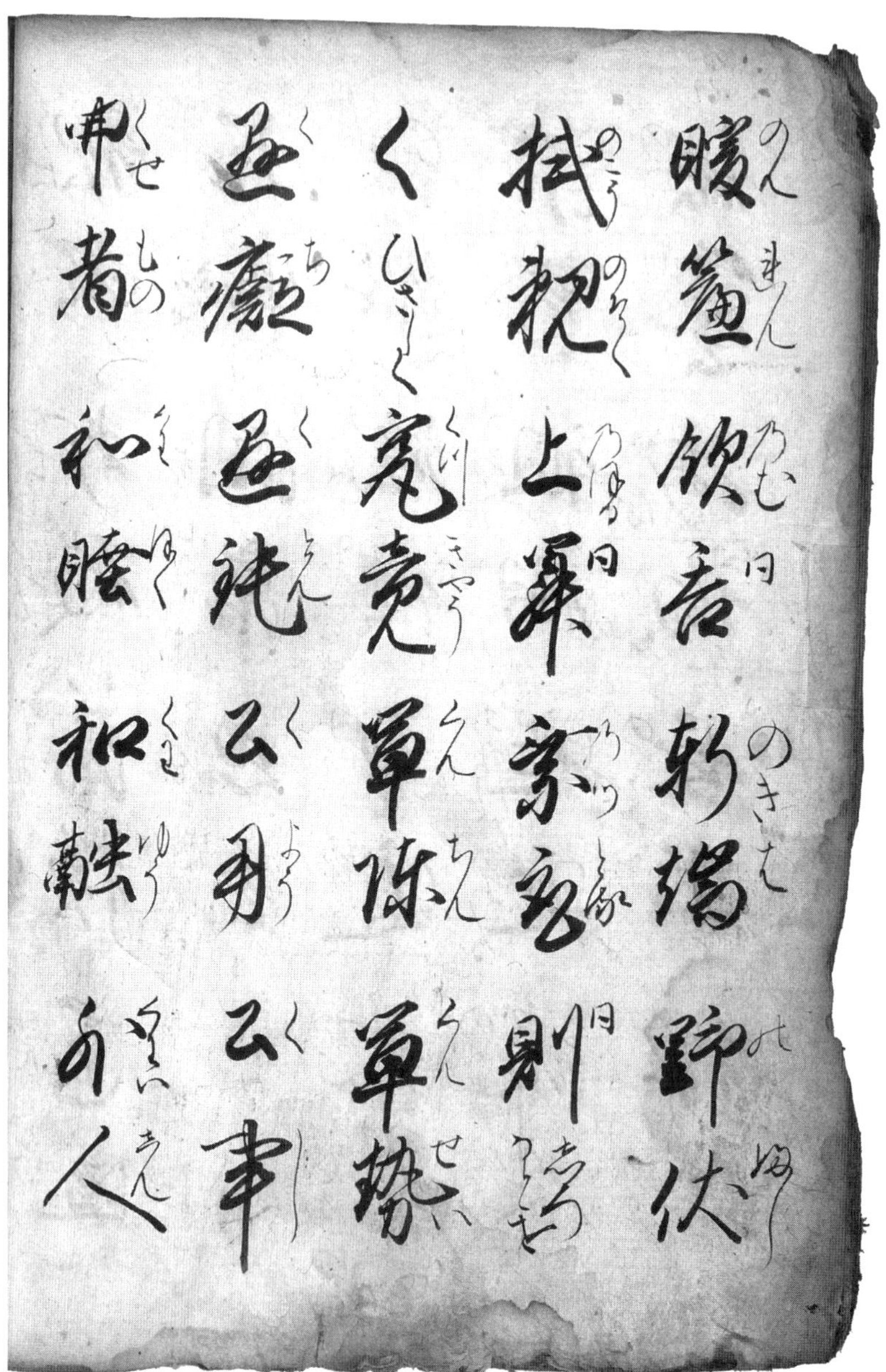

可剱 結袴 老救 緩怠
勅進 飲樂 花瓶 回文
女縹 如件 包書 乾倉
活計 褂腹 惡口 櫛箱
懷中 口惜敷 懷紙 革兵

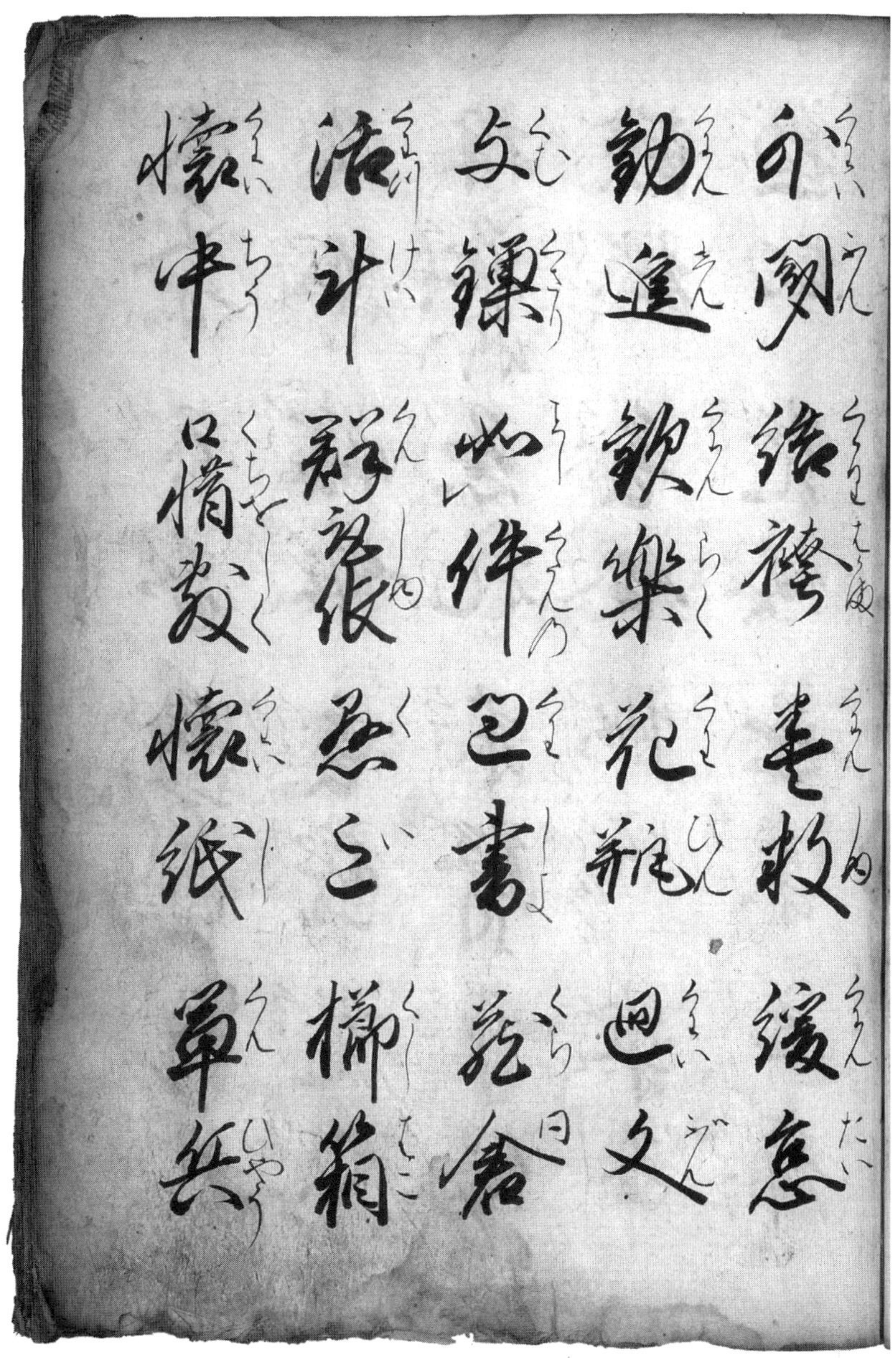

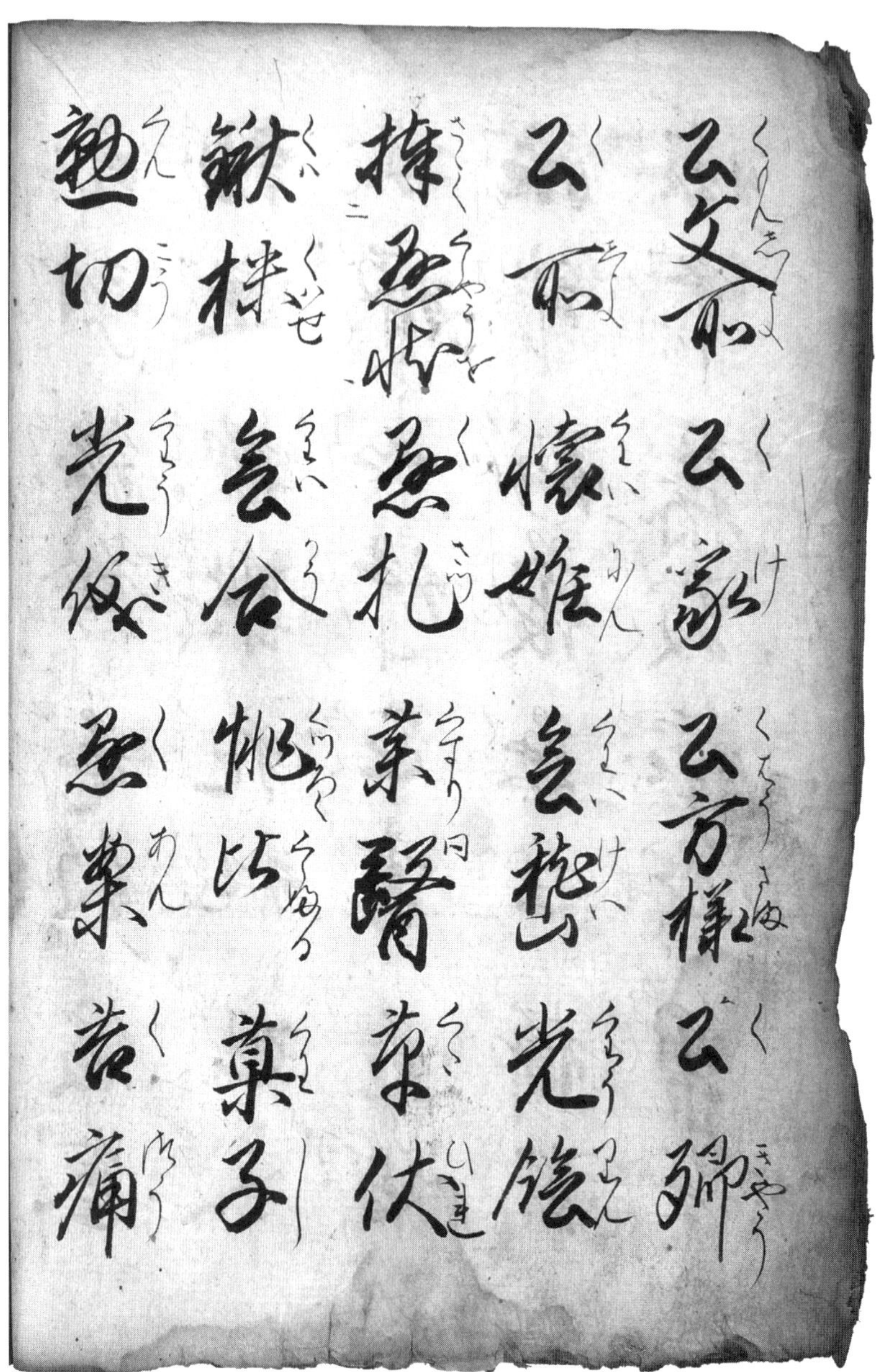

【29オ】

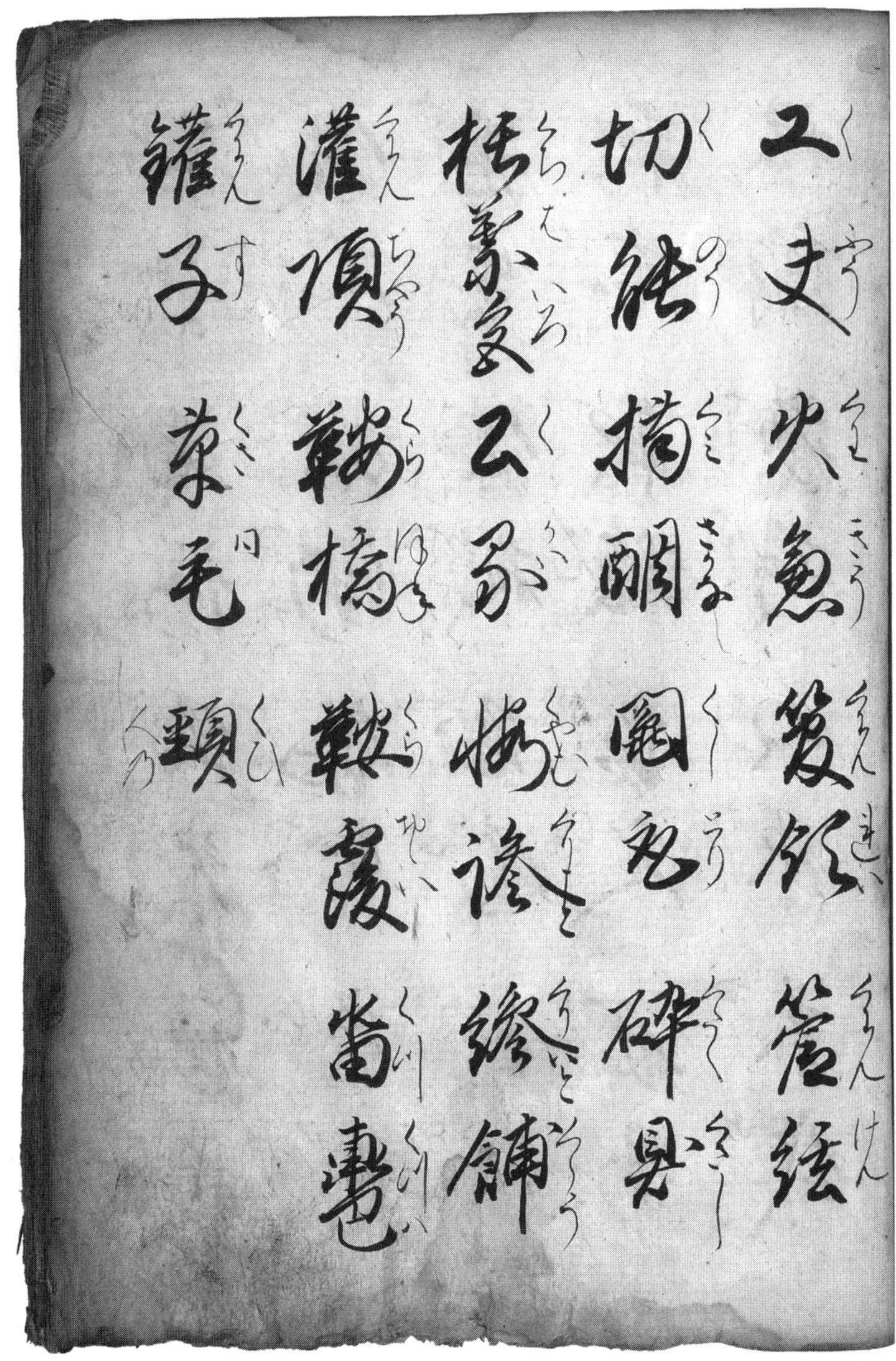

や

約諾　約束（やくそく）　譲和（やはらく）

役人（やくにん）　族（やから）　漸（やうやく）　焼止（やくやむ）　雇（やとふ）　安（やすし）

養生（やうじやう）　休（やすむ）　破（やぶる）　屋敷（やしき）　野人

夜前（やせん）　夜陰（やいん）　良久（やゝひさし）　動（やゝもすれば）　易（やすし）

社（やしろ）　廟（同）　痩　疲（同）　奴原（やつばら）　薬代（やくだい）

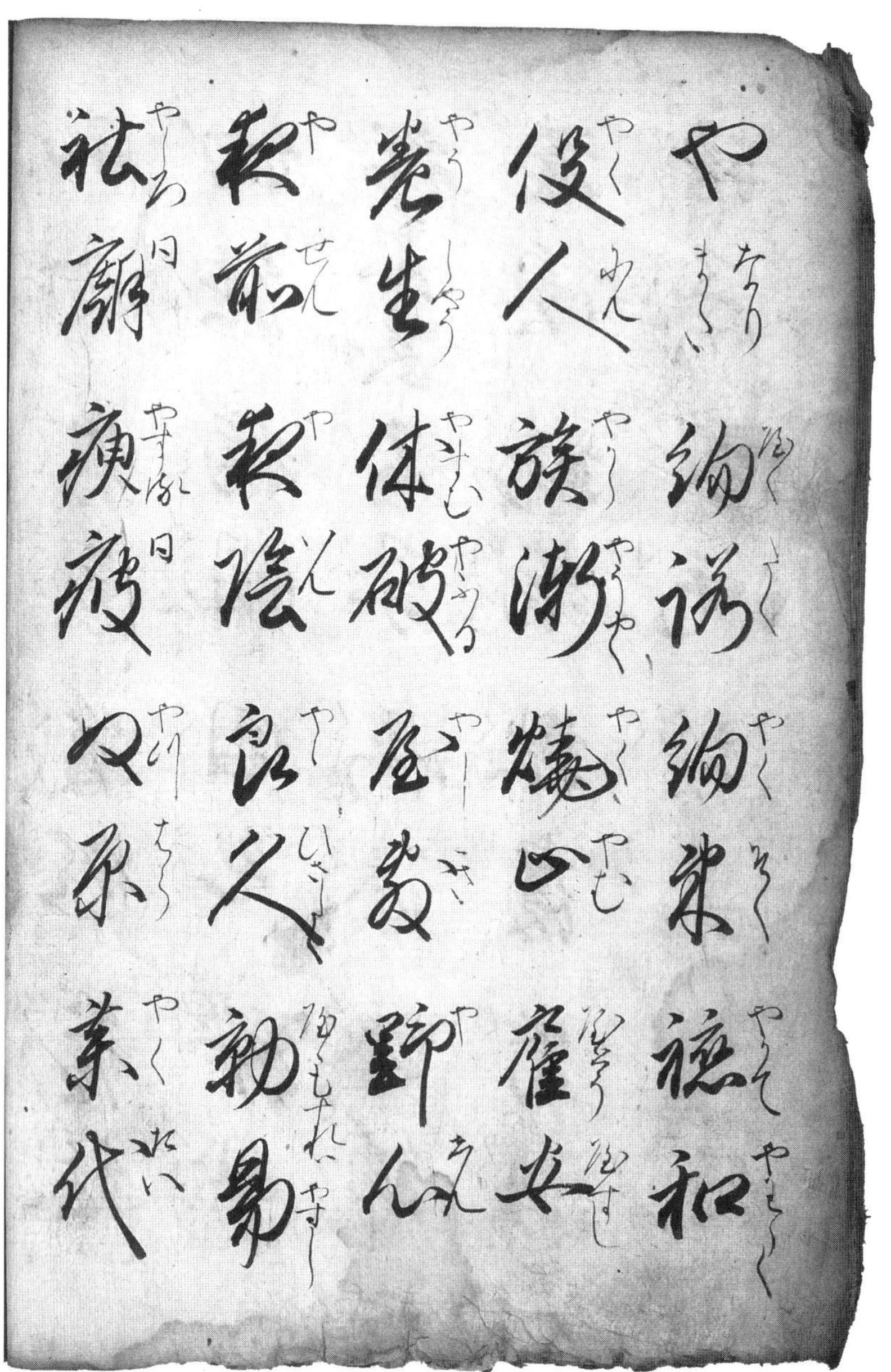

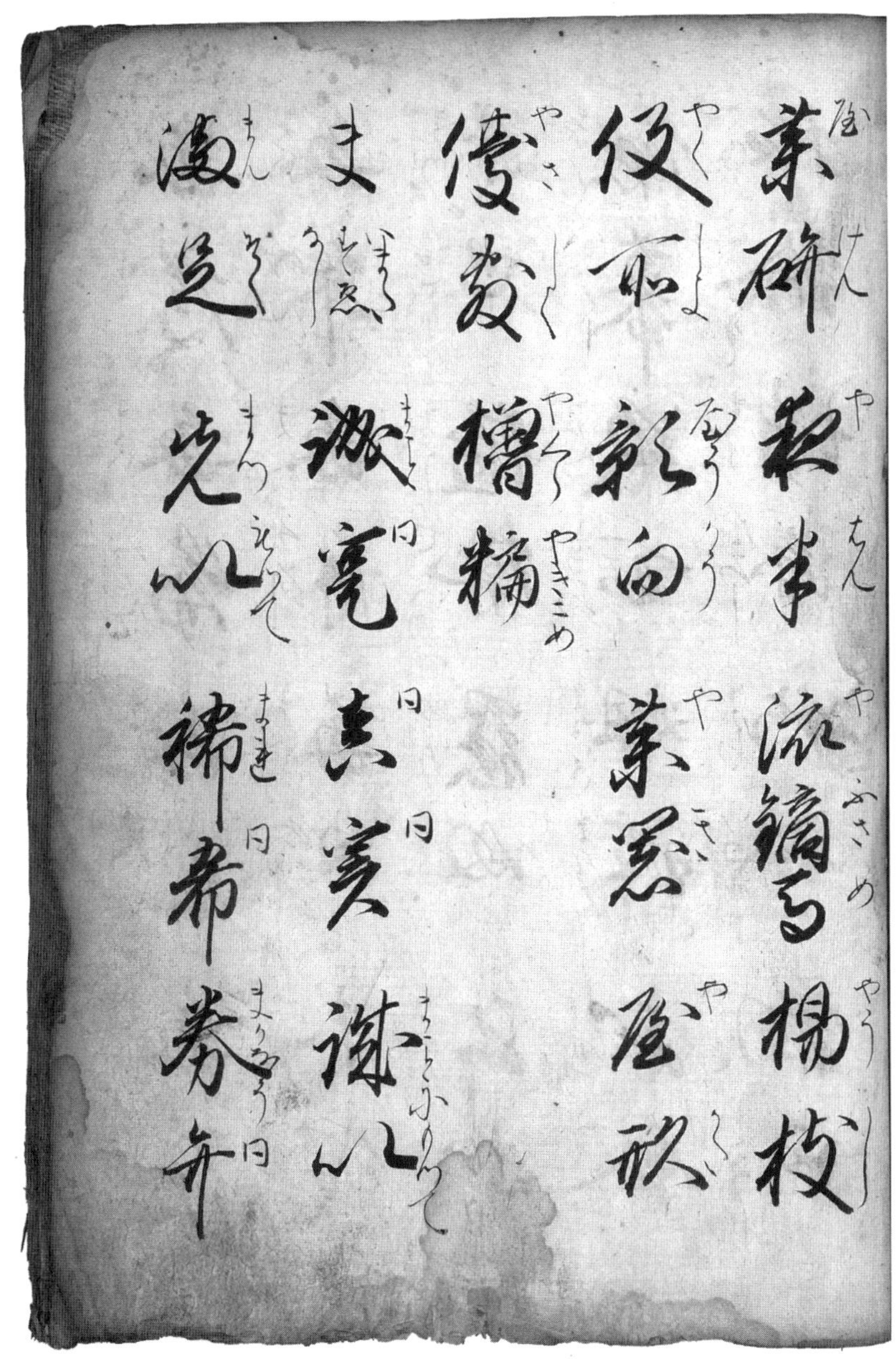

毎度毎篇毎く毎す
毎年毎月毎日末代
末世猶捗羅砧社出
倣幕政而父且誰彖合
拍給憍愈約入鞦正

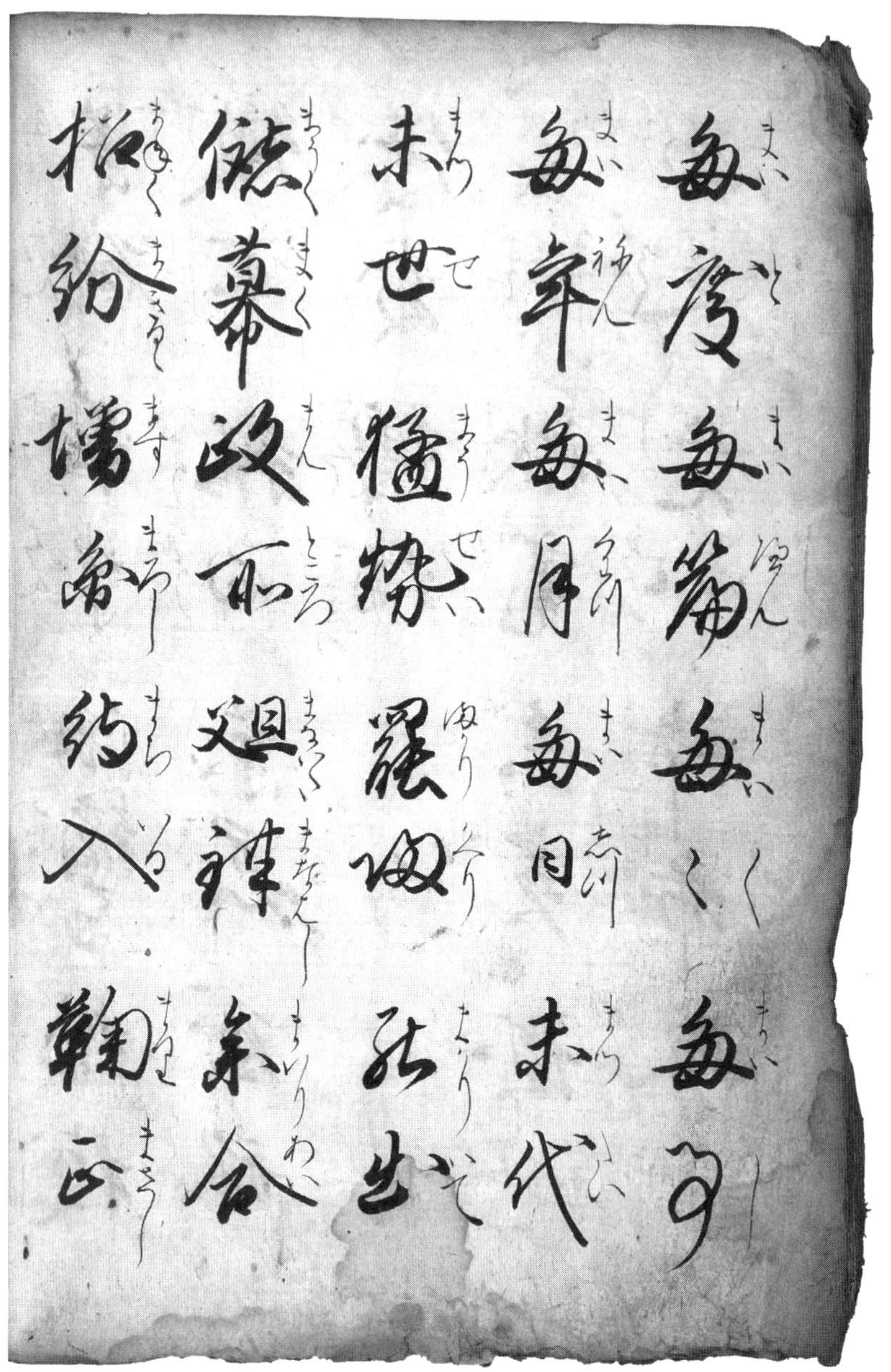

【31オ】

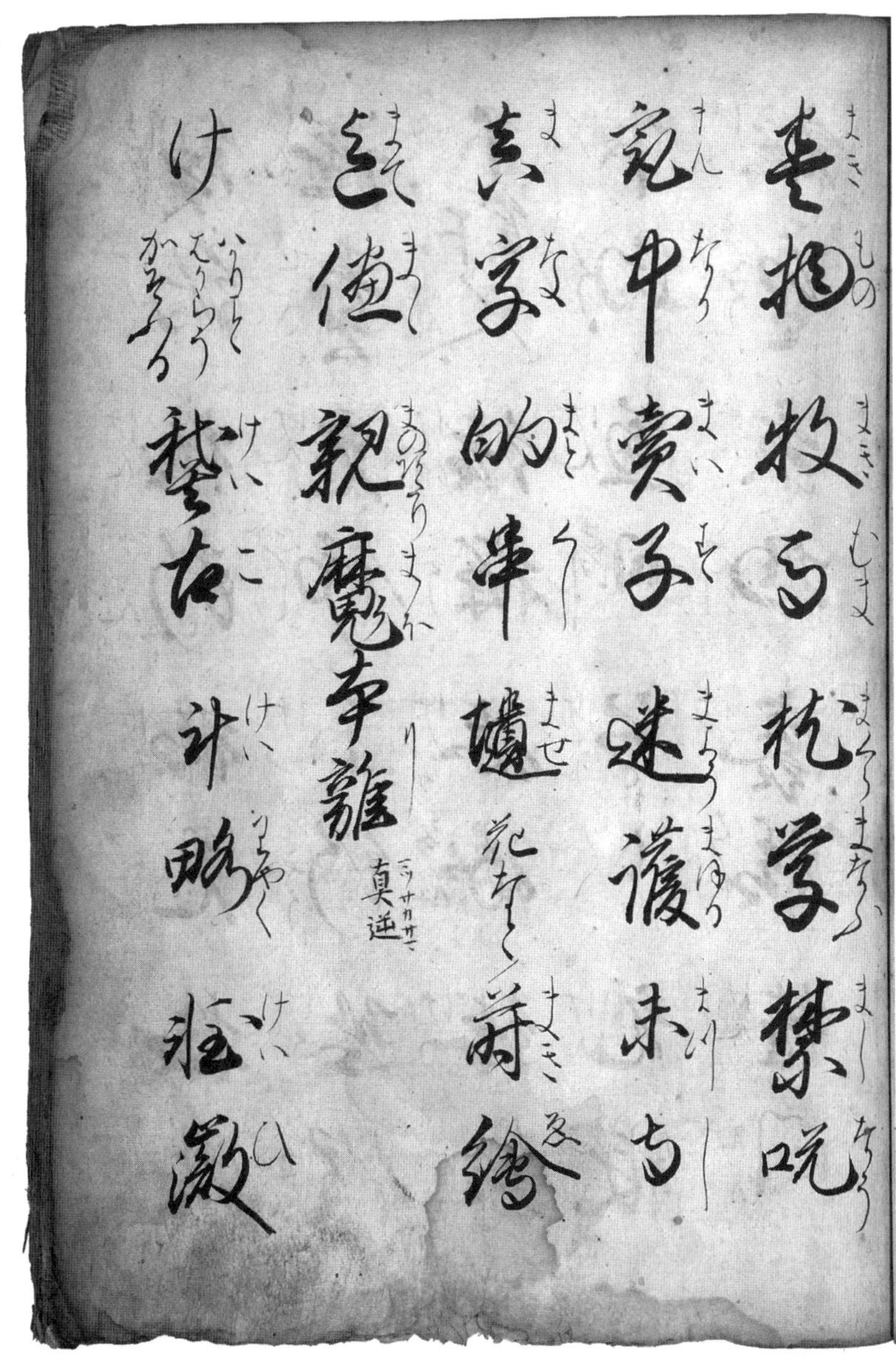

契約(けいやく)　検断(けんだん)　検見(けみ)　検使(けんし)

譴責(けんせき)　見参(けんざん)　下行(げぎやう)　恐惶(けうくわう)

下手人(げしゆにん)　結構(けつこう)　結縁(けちえん)　結解(けつけ)

下向(げかう)　兼日(けんじつ)　仰々(けうけう)　元服(げんぷく)

競望(けいまう)　京都(けいと)　懸膳(けちん)　権門(けんもん)

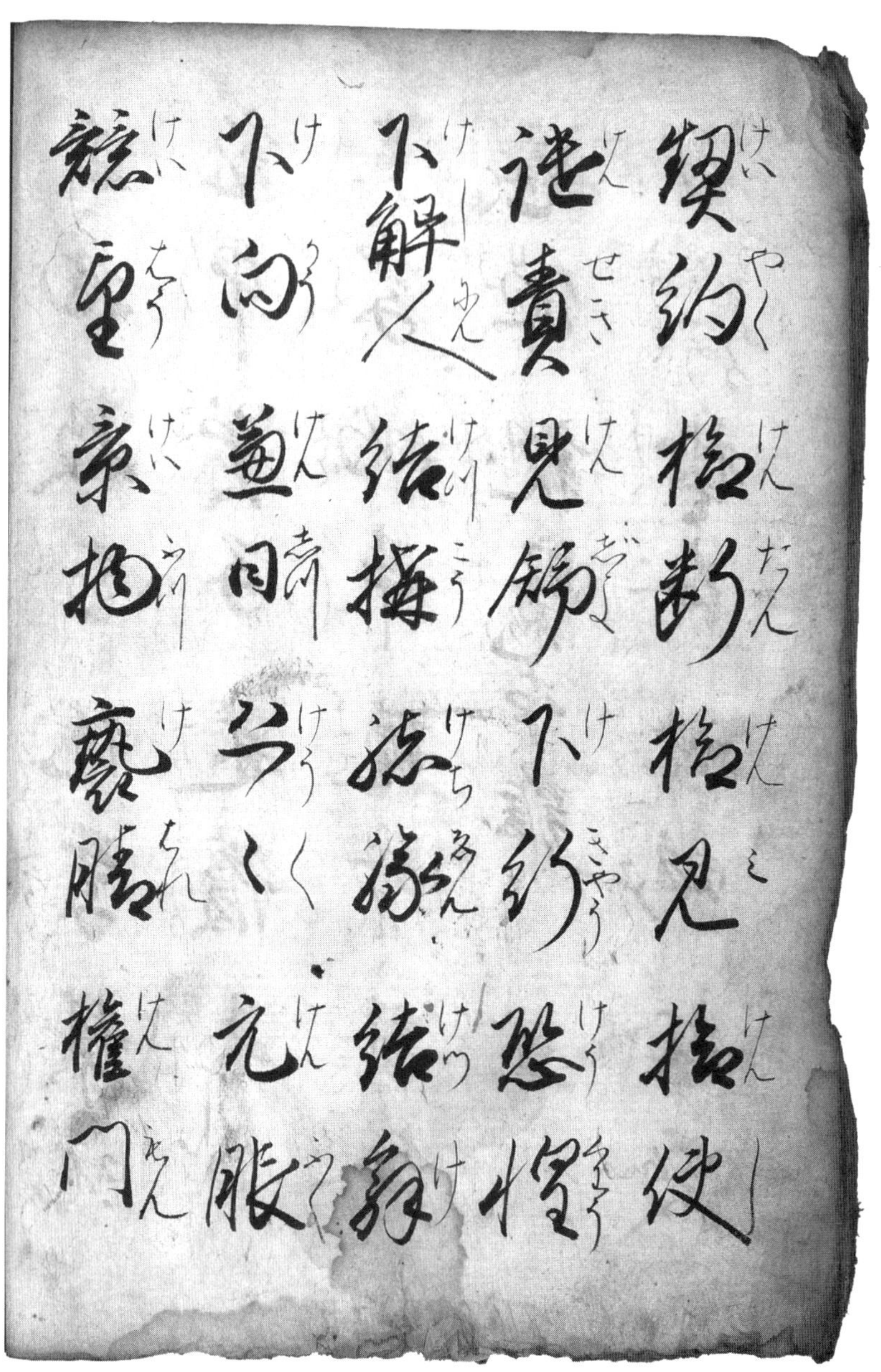

【32オ】

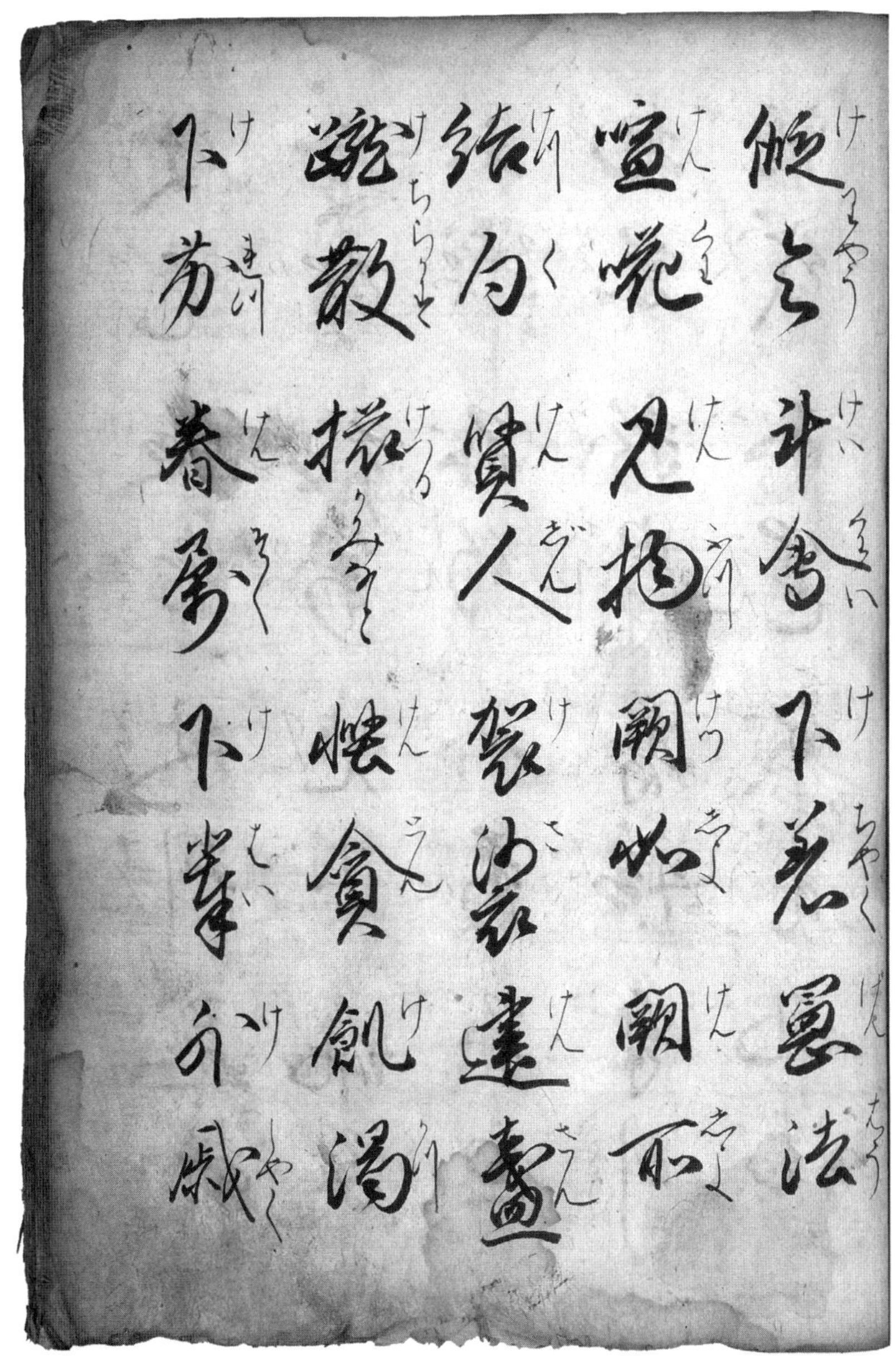

【32ウ】

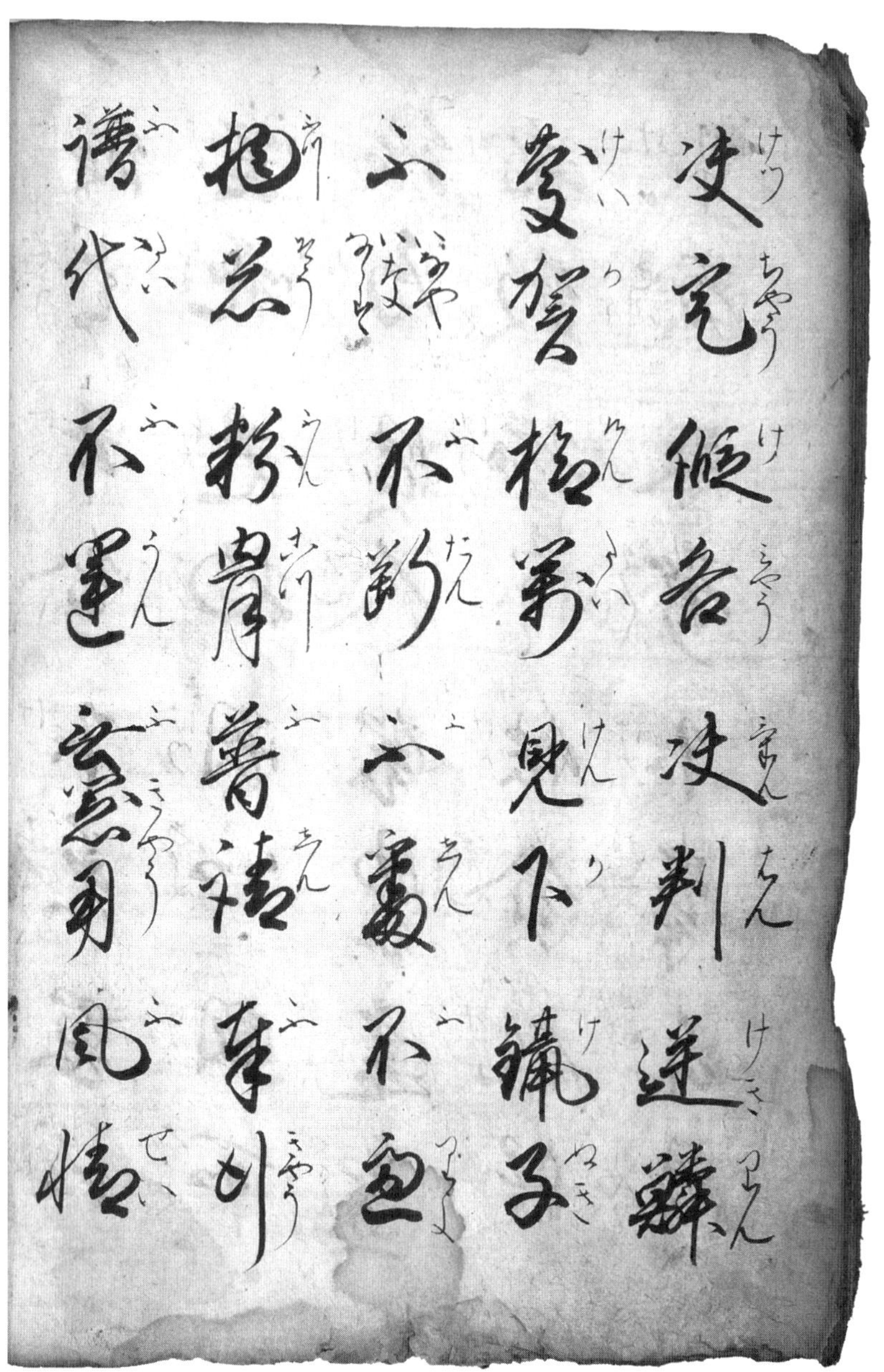

【33オ】

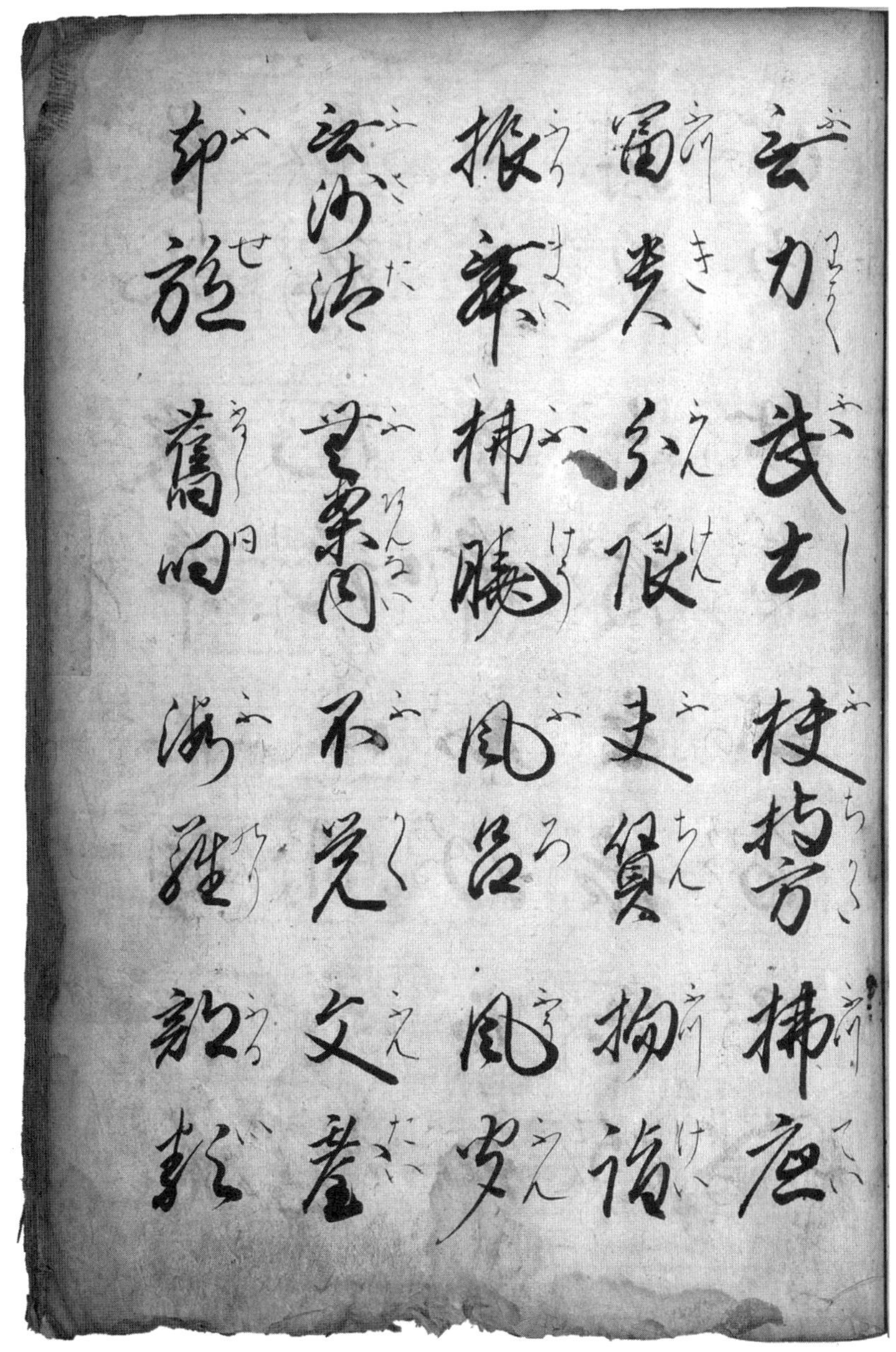

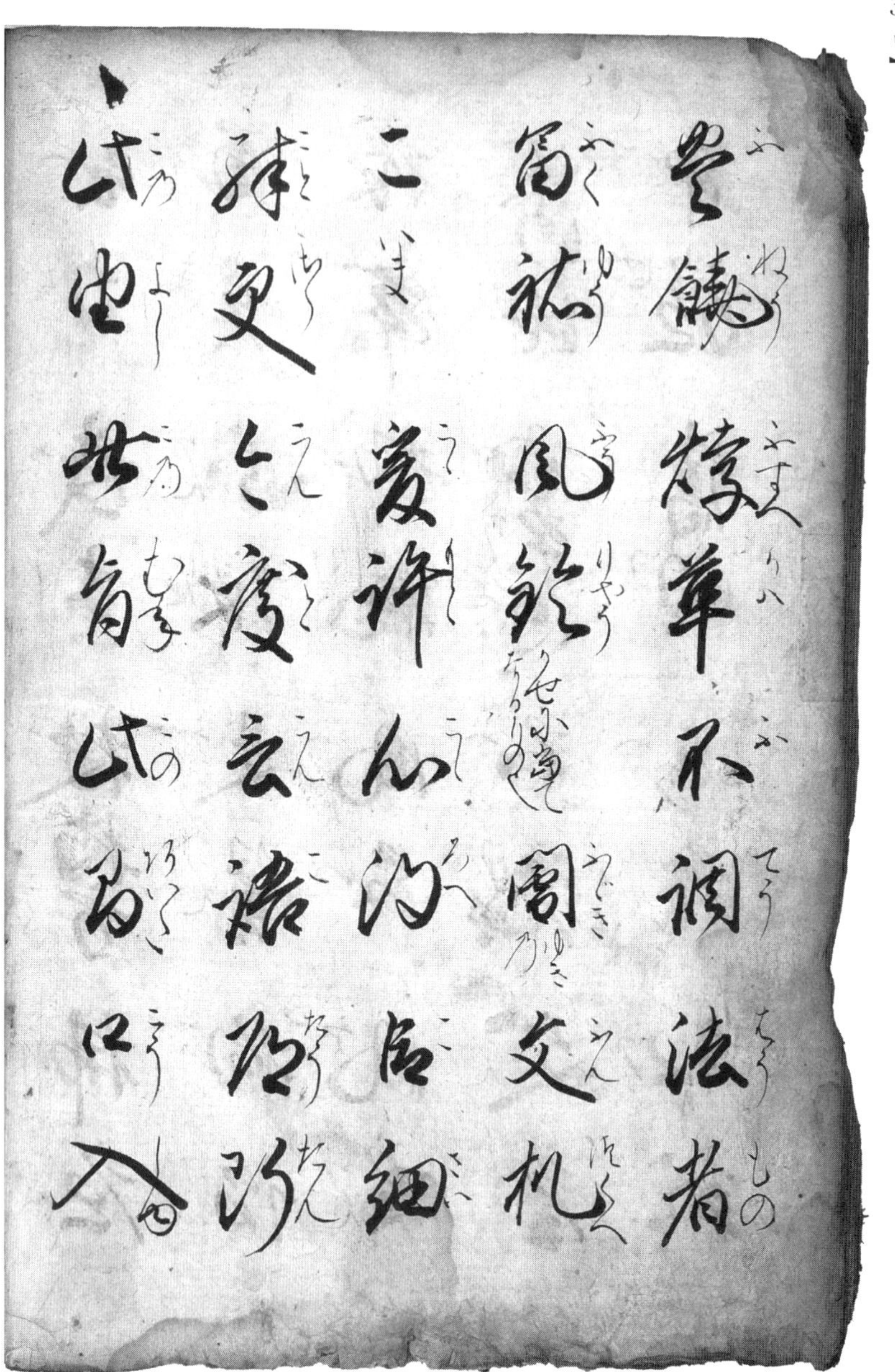

この
こゝろ 代従り先
玄偽
法郡

こう
奥引根本
えた
後代
えしん
新人

こう
口㐫輿暦
こう
後室
こまやう
春苔

こめ
米穀
こと
支柄
こえ
魂
こはい
魄
こう
任情

こう
後物
こえ
梆
御
鈴
こえ
匕鬯

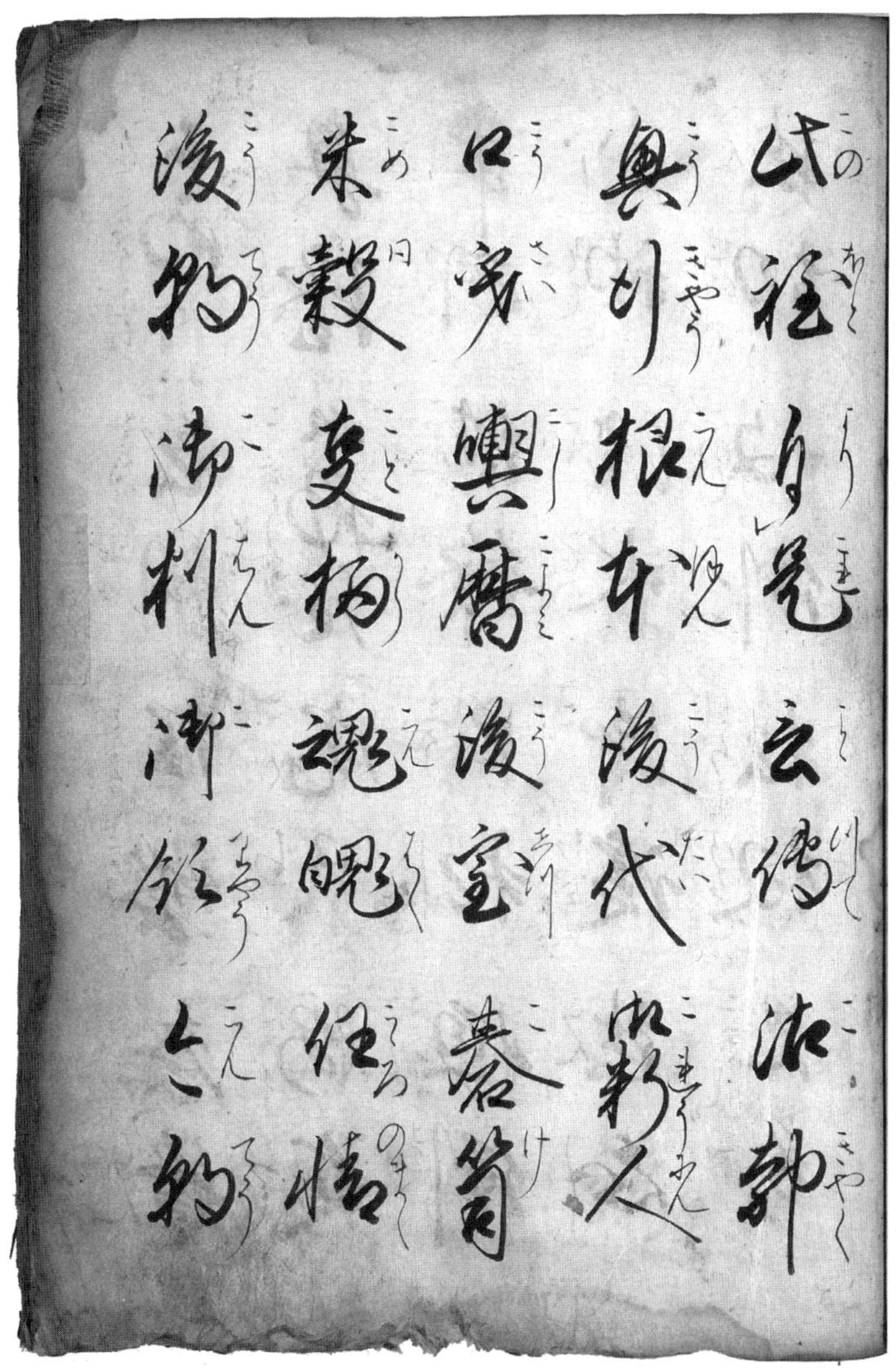

【34ウ】

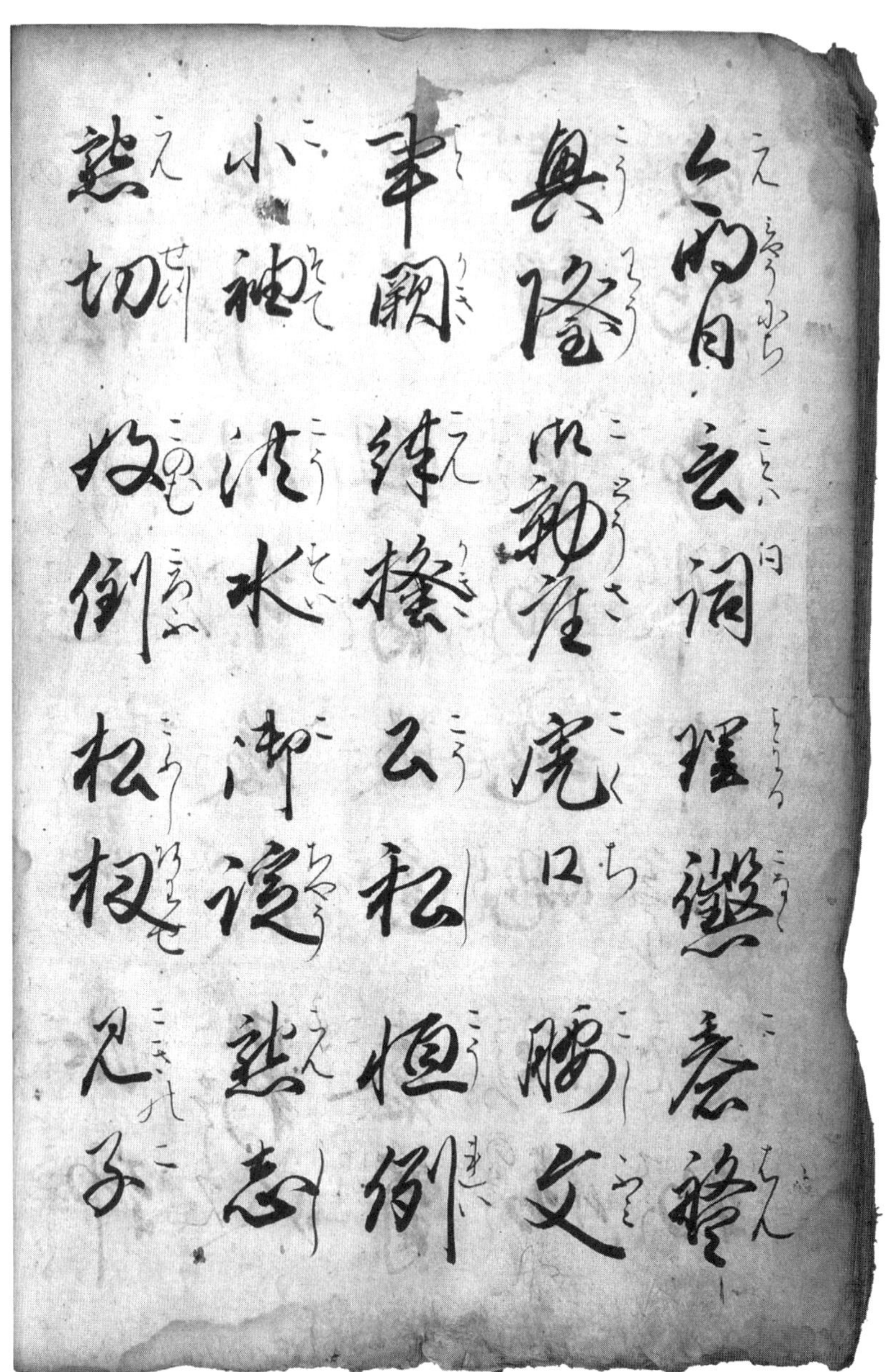

【35オ】

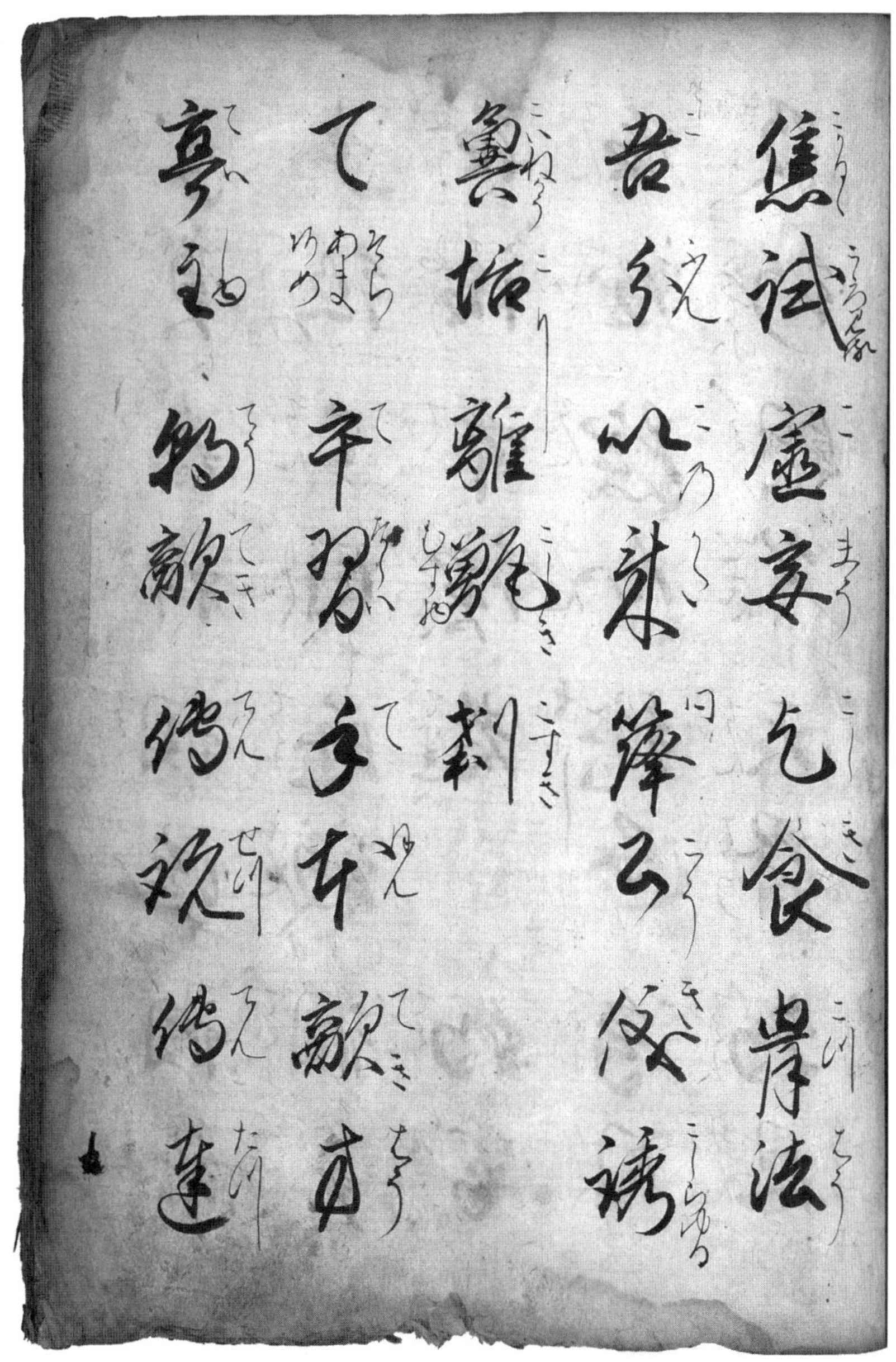

【35ウ】

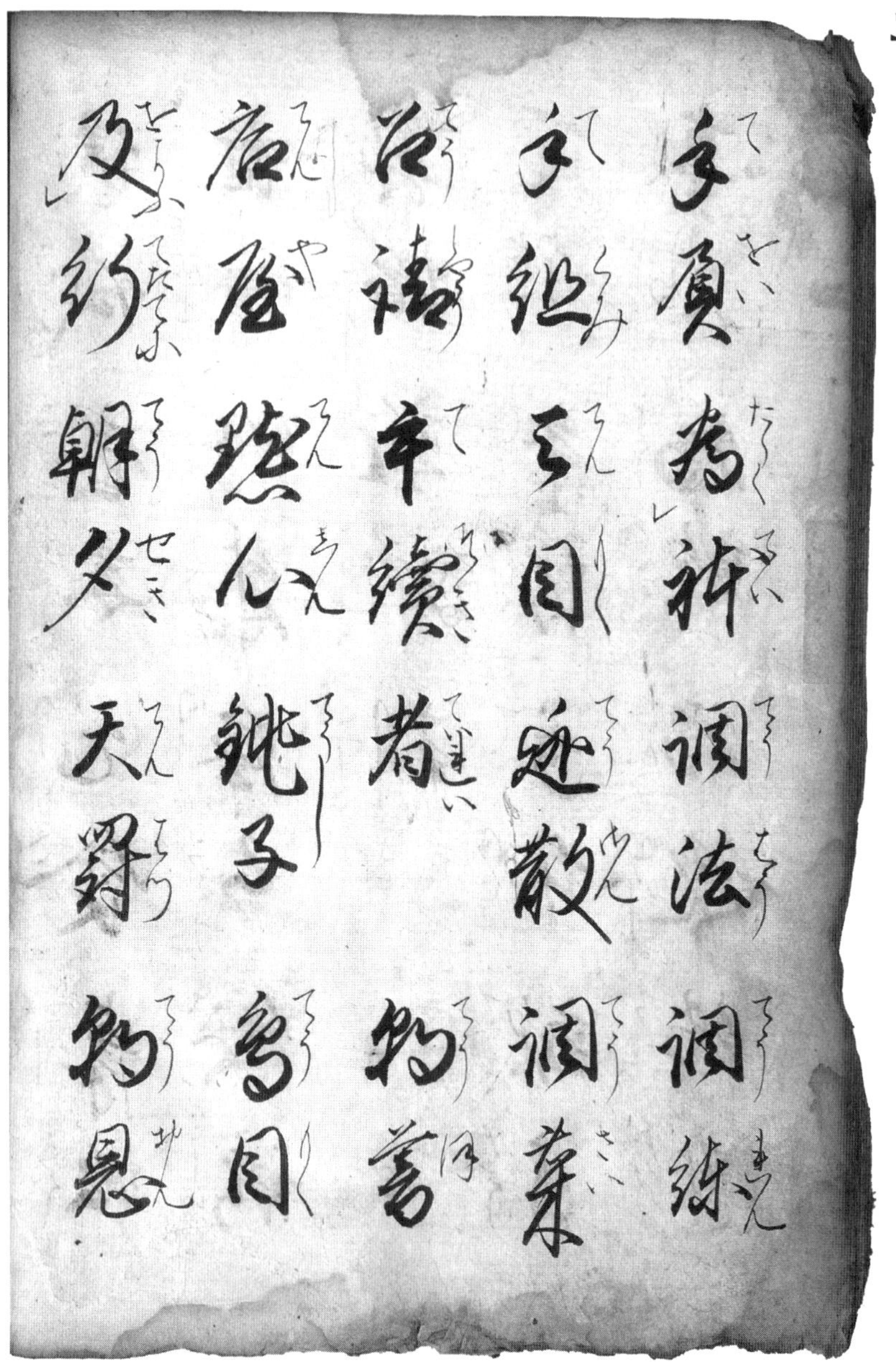

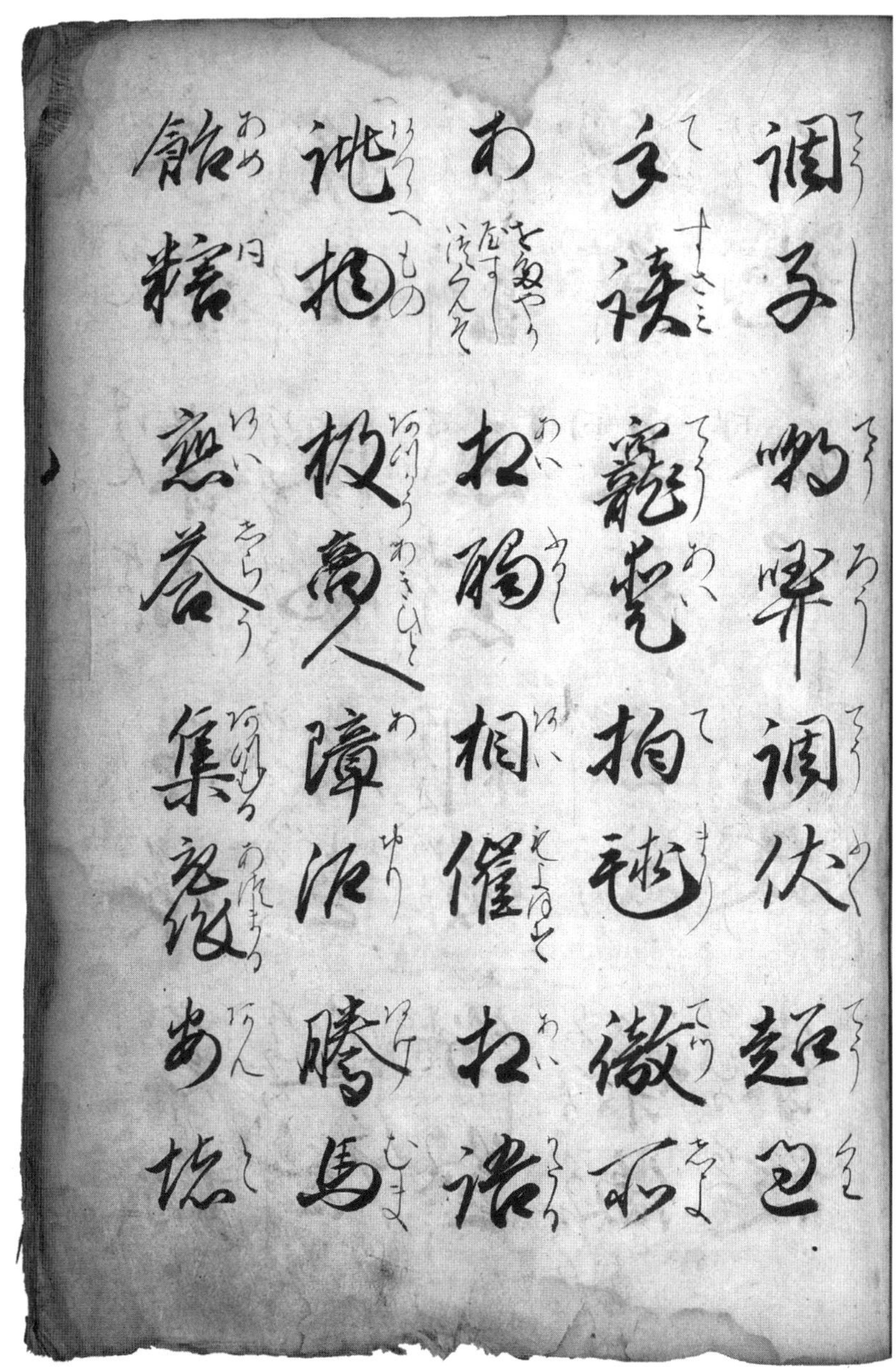

【36ウ】

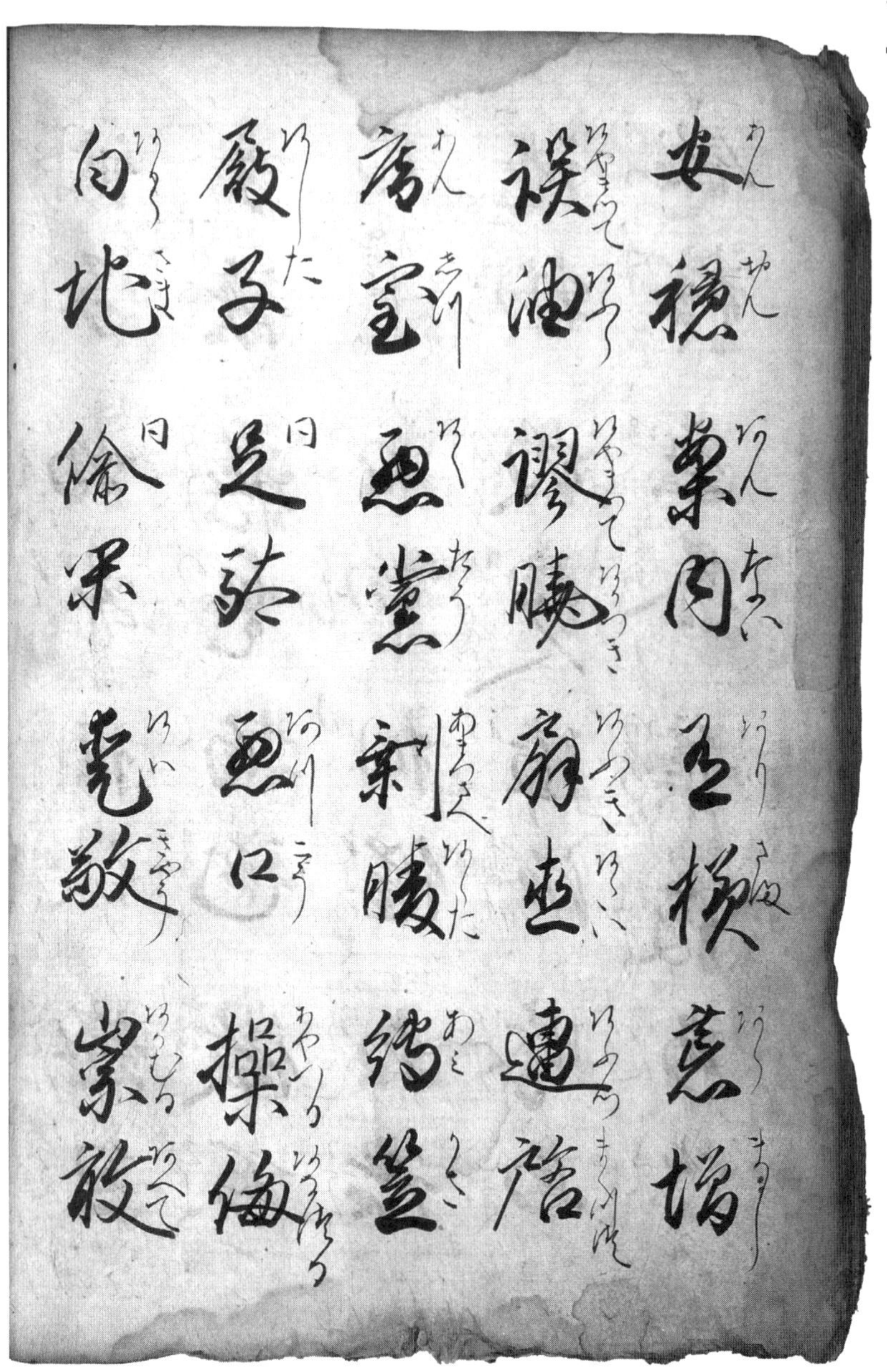

【37オ】

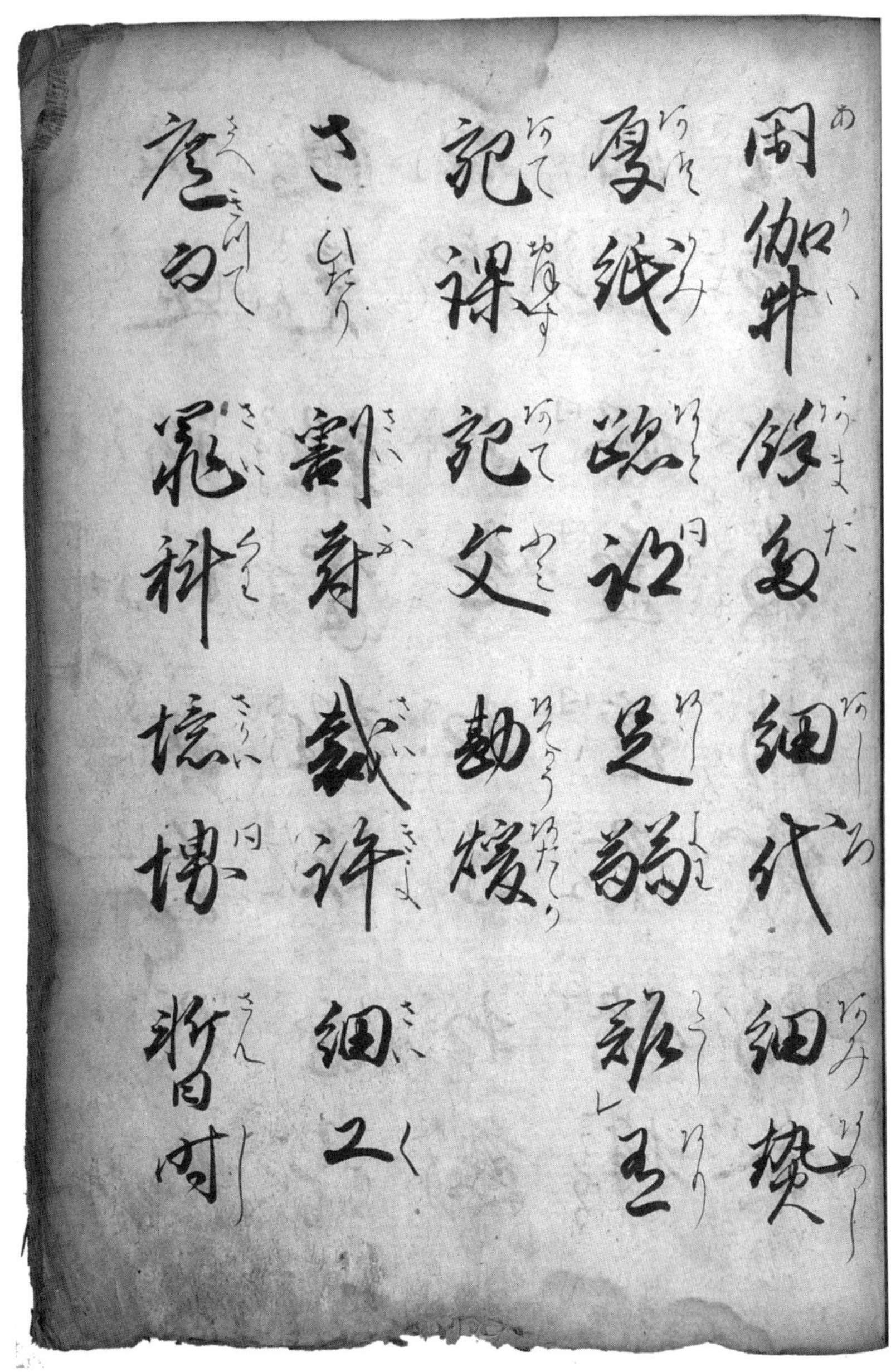

坂迎（さかむかへ）　錯乱（さくらん）　再発（さいほつ）　材木（さいもく）

捜（さぐる）　覚（さとる）　雑掌（ざつしやう）　雑談（ざうたん）　[illegible]（さうえい）

相続（さうぞく）　相違（さうい）　相当（さうたう）　相応（さうたう）

酒（さけ）　盃（さかづき）　坏（同）　盞（同）　鍾（同）　肴（さかな）　餚（同）　搾（さかづる）

座席（ざせき）　座敷（ざしき）　指儀（させるぎ）　指合（さしあひ）

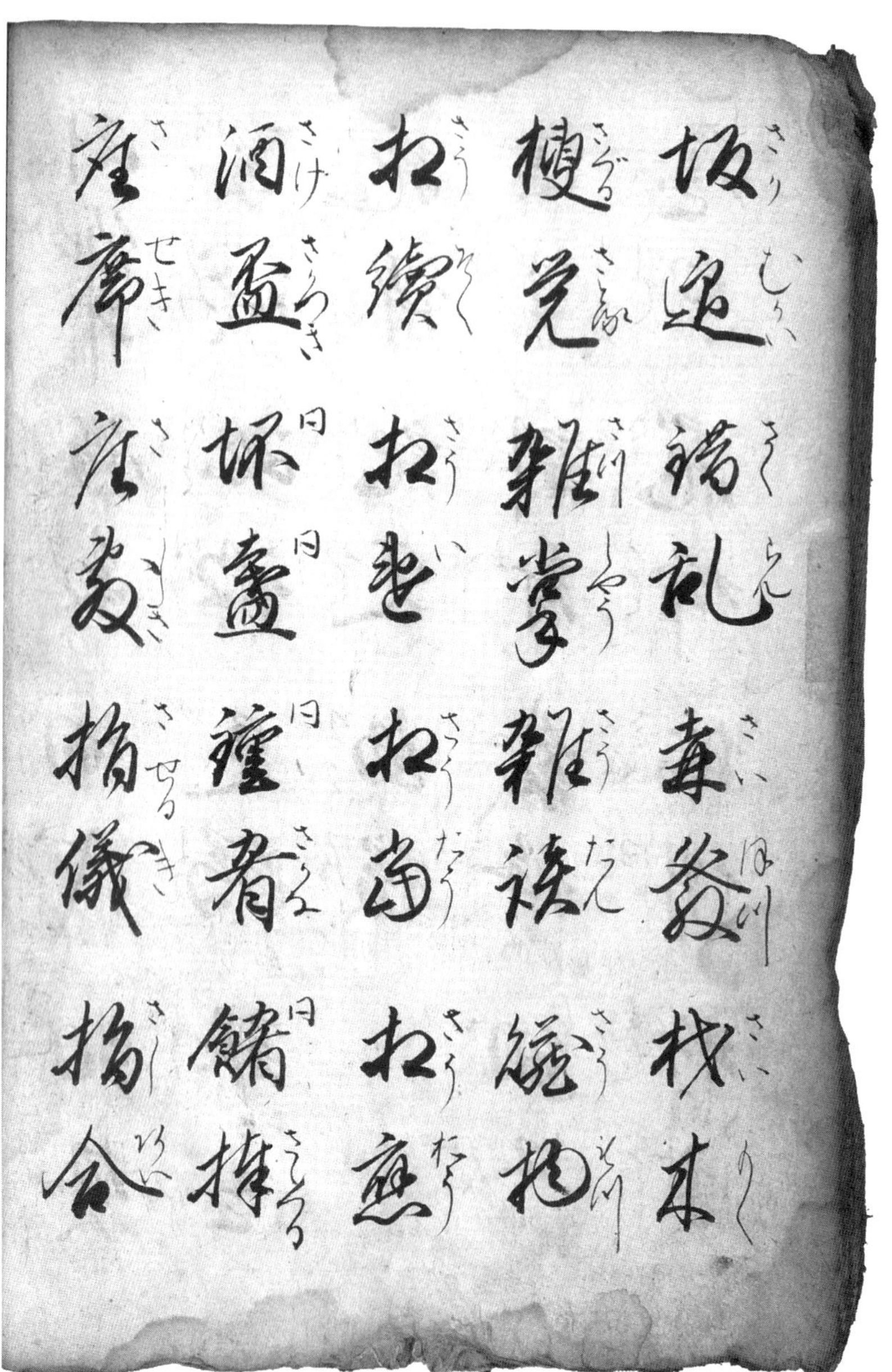

【38オ】

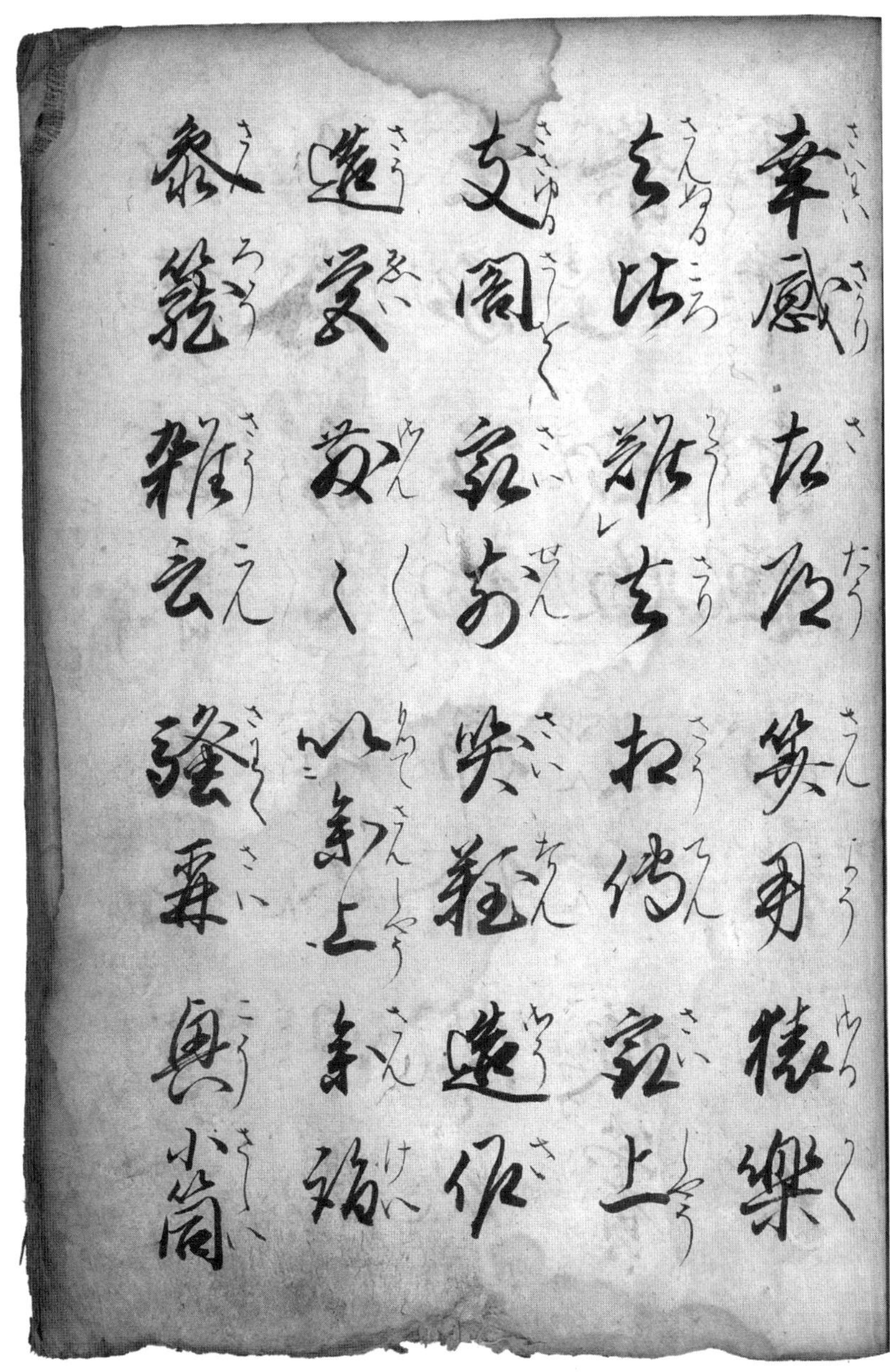

財（さい）寶（ほう）　在（さい）京（きやう）　在（さい）国（こく）　在（さい）陣（ちん）

早（さう）速（そく）　早（さう）々（さう）　早（さう）天（てん）　早（さう）朝（てう）

在（さい）家（け）　宰（さい）相（しやう）　掃（さう）除（ぢ）　讒（さん）言（けん）

祭（さい）礼（れい）　懺（さん）悔（け）　散（さん）田（でん）　捜（さぐる）賫（さい・たからの）

咡（さゝやく）跰（さまよふ）　索（さう）麺（めん）　沙（さ）糖（たう）　緬（さて）木（ら）

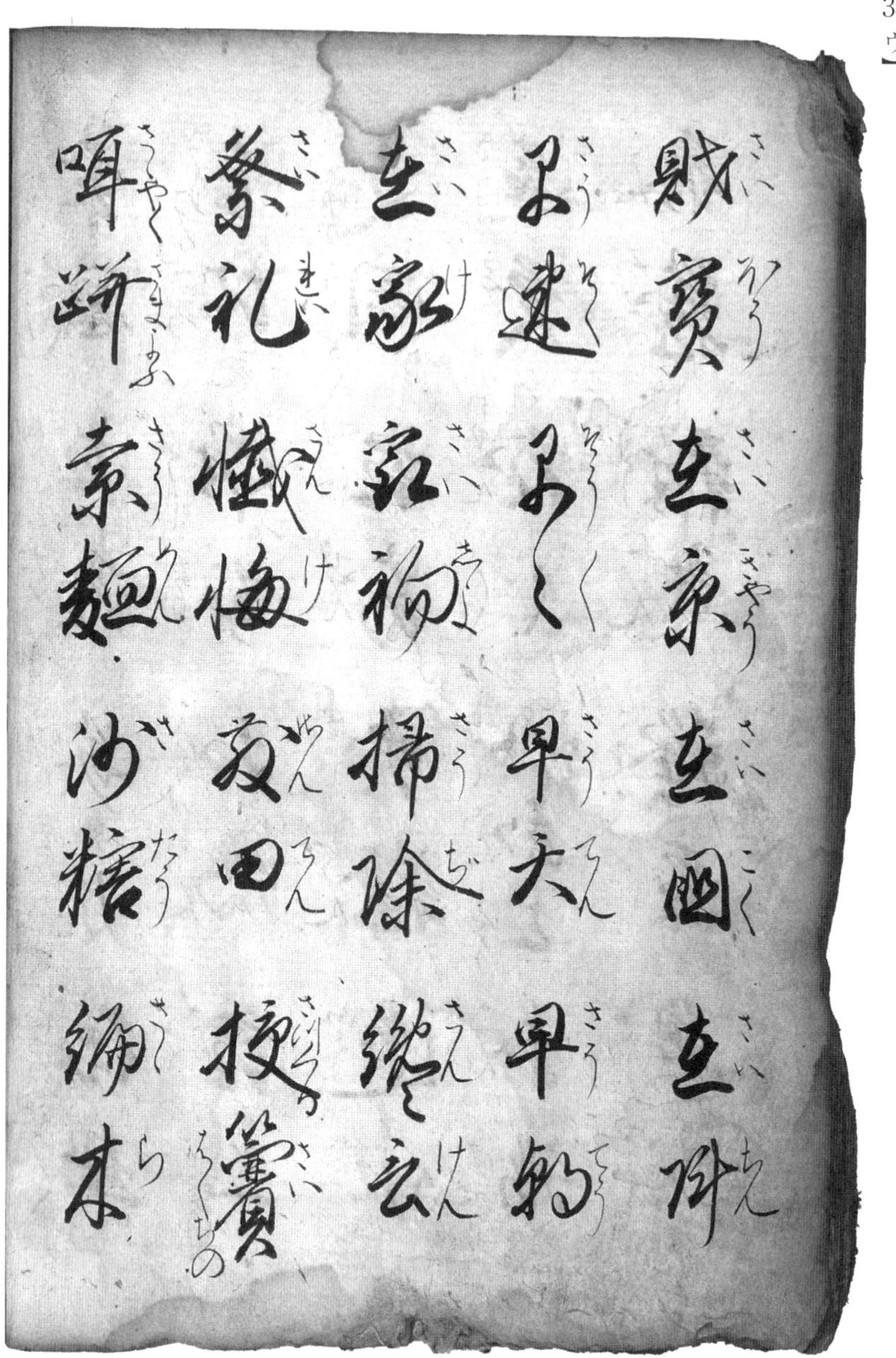

【39オ】

醒 曝 下 [illegible] [illegible] [illegible] 爆竹

[illegible] [illegible] 桟敷 私語

き [illegible] [illegible] [illegible] [illegible] [illegible]

貴人 [illegible] [illegible] [illegible] [illegible] [illegible]

[illegible] [illegible] [illegible] 奇特 希代

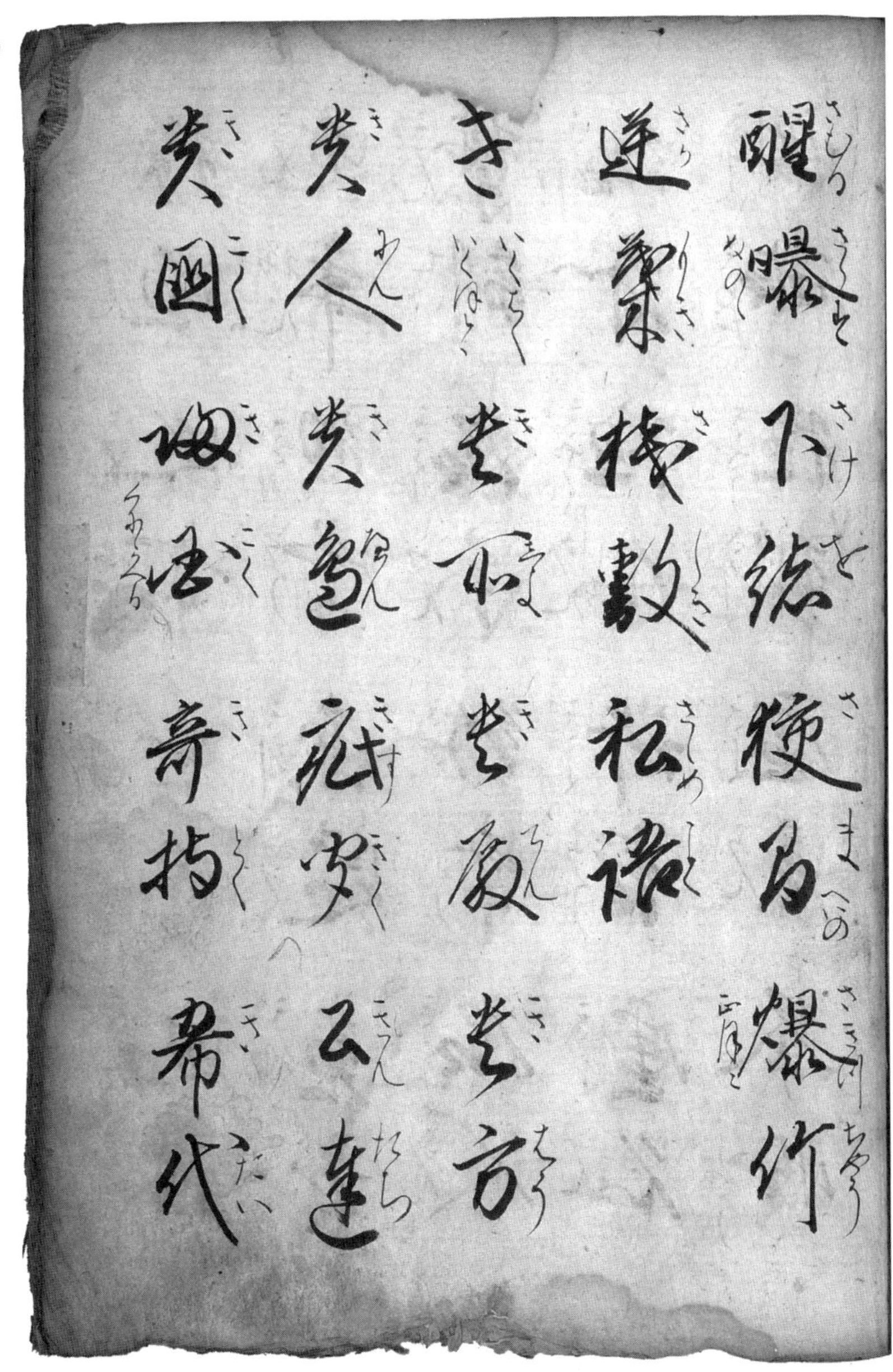

【39ウ】

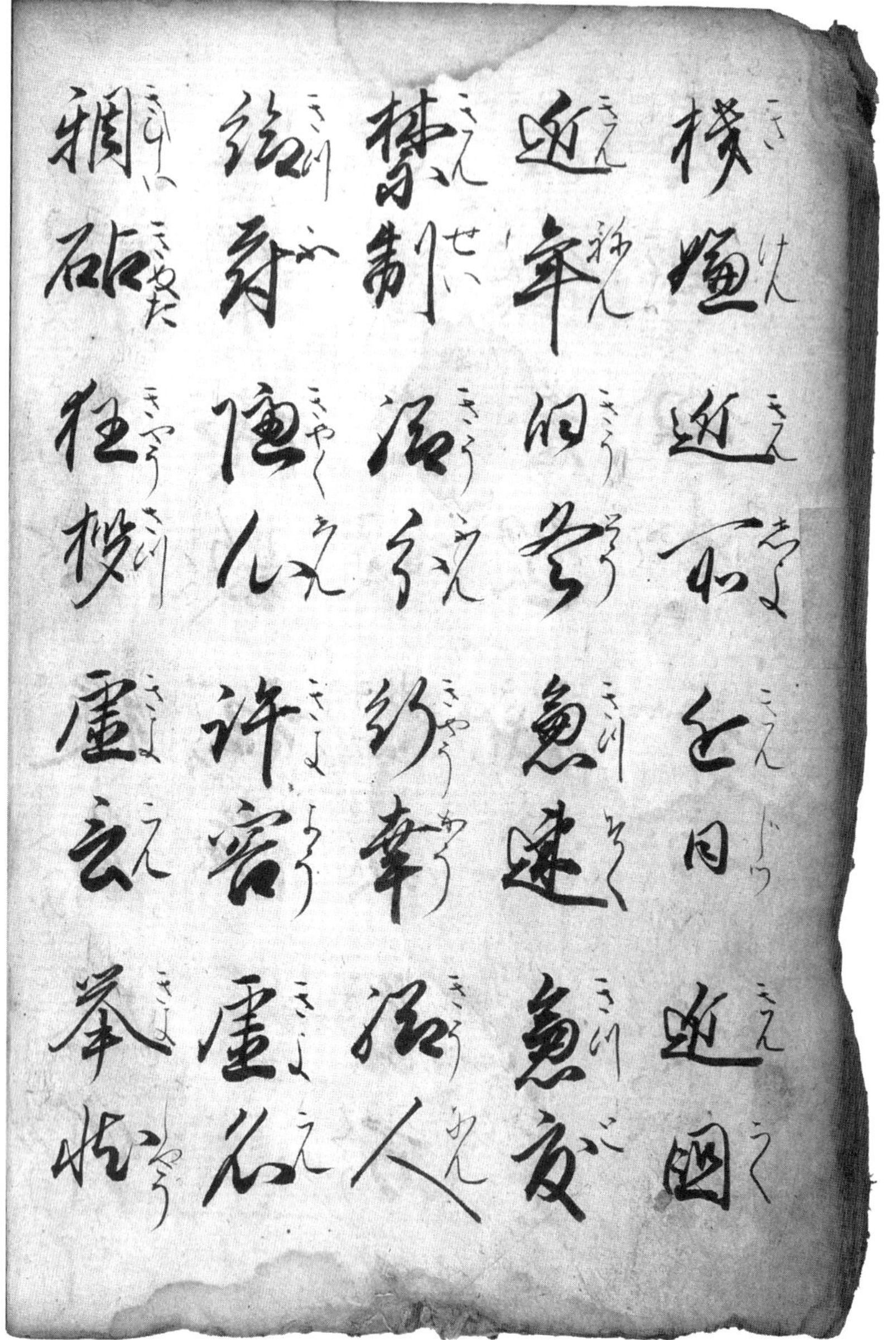

【40オ】

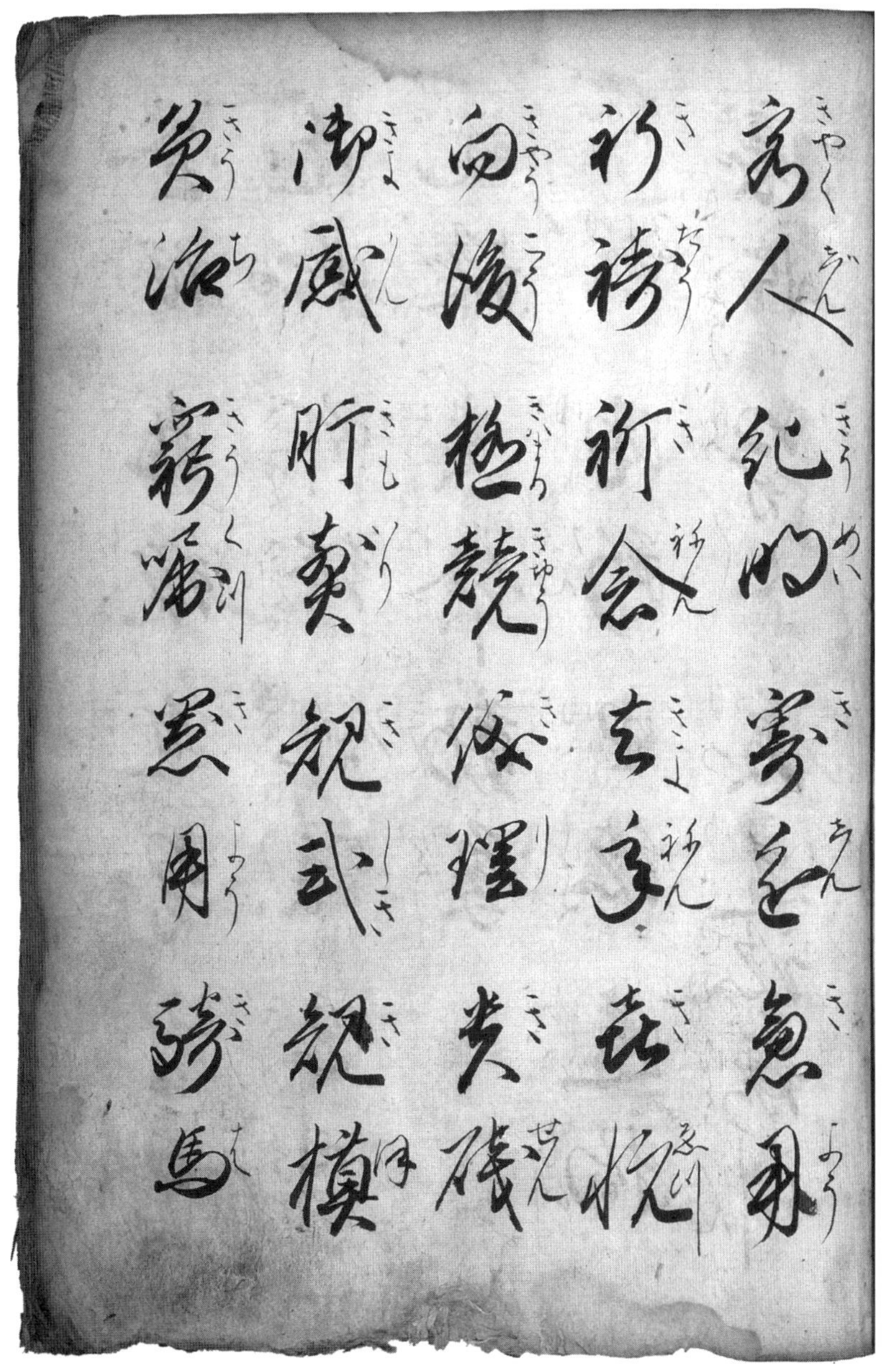

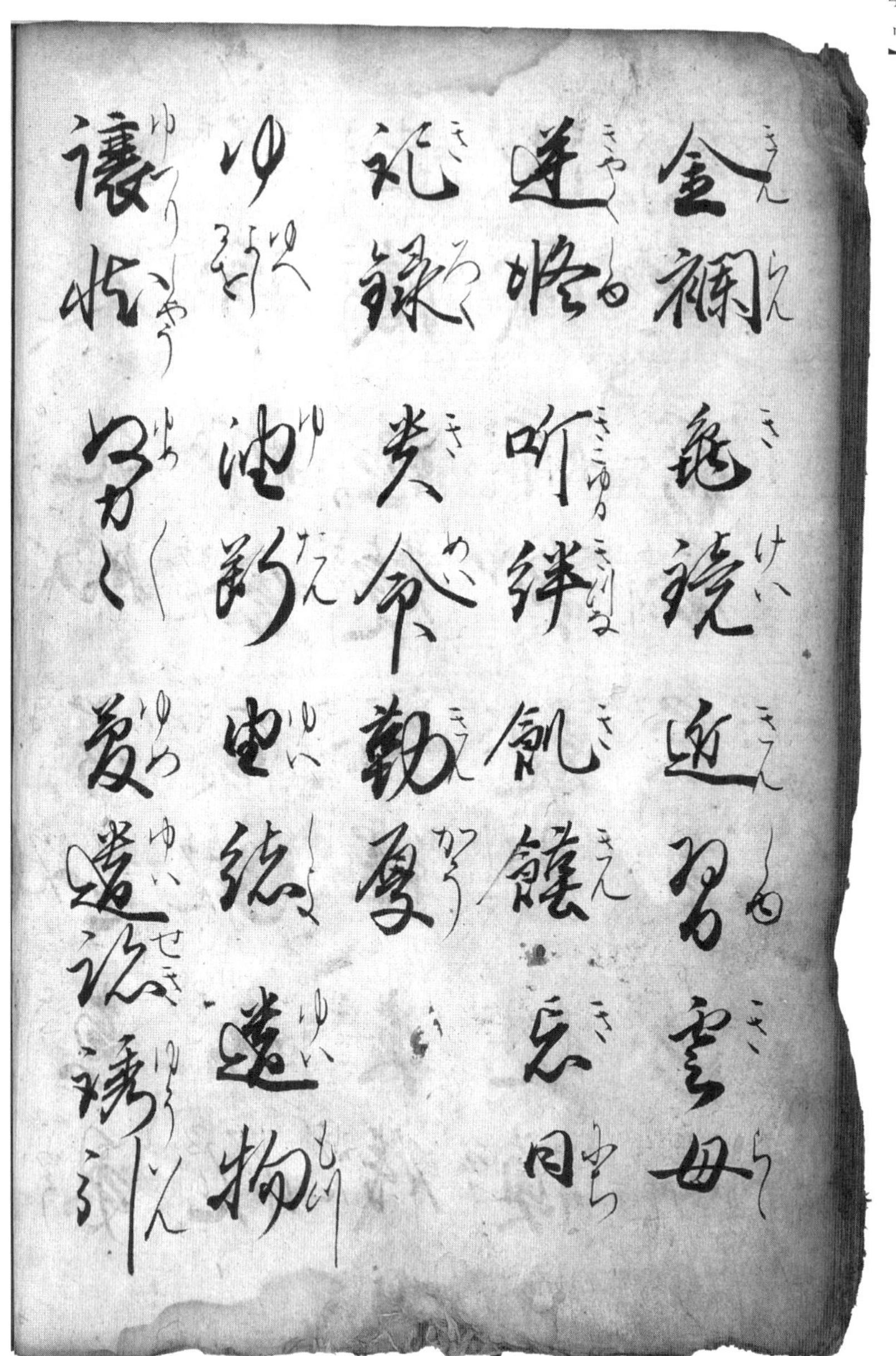

【41オ】

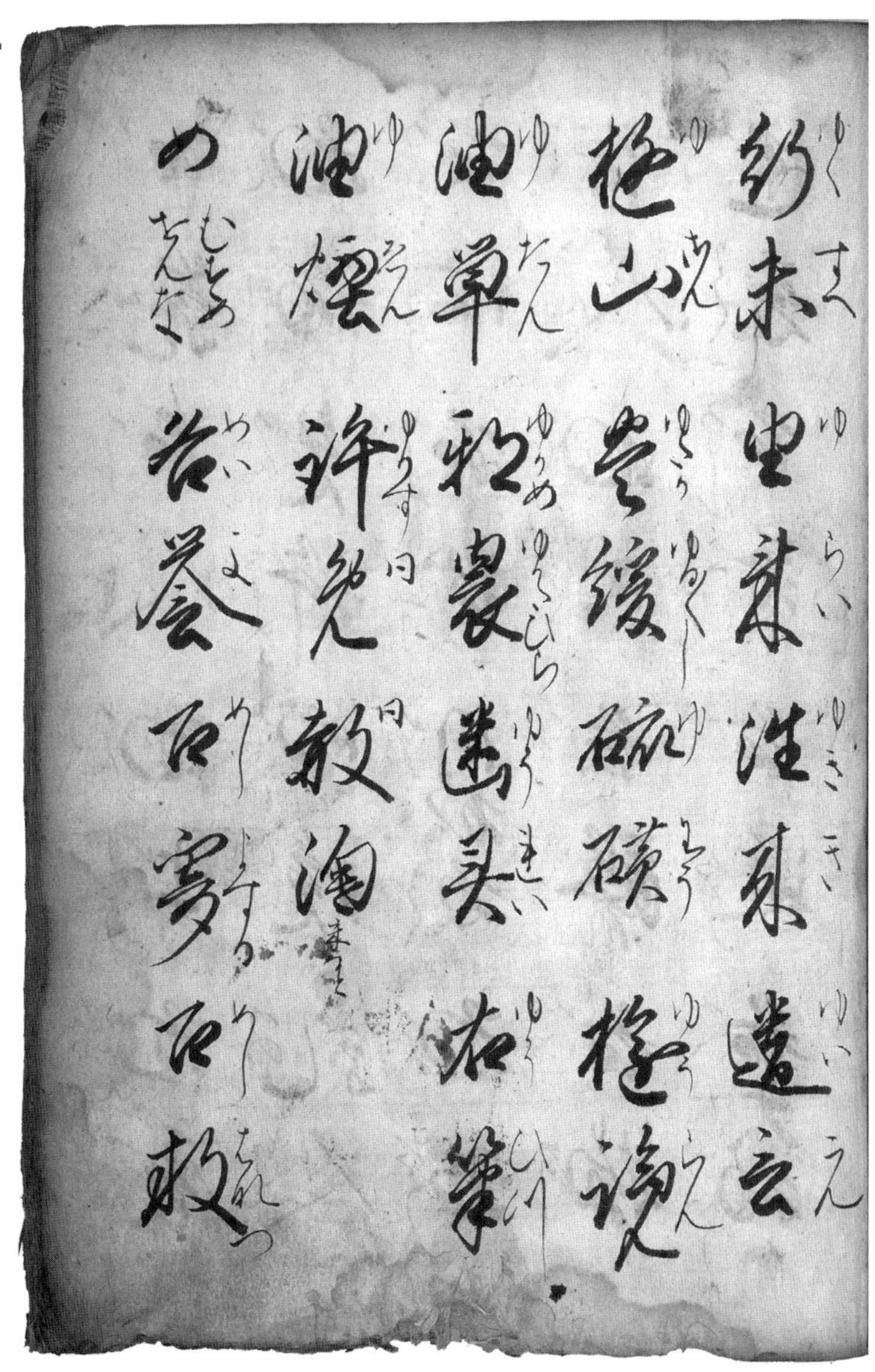

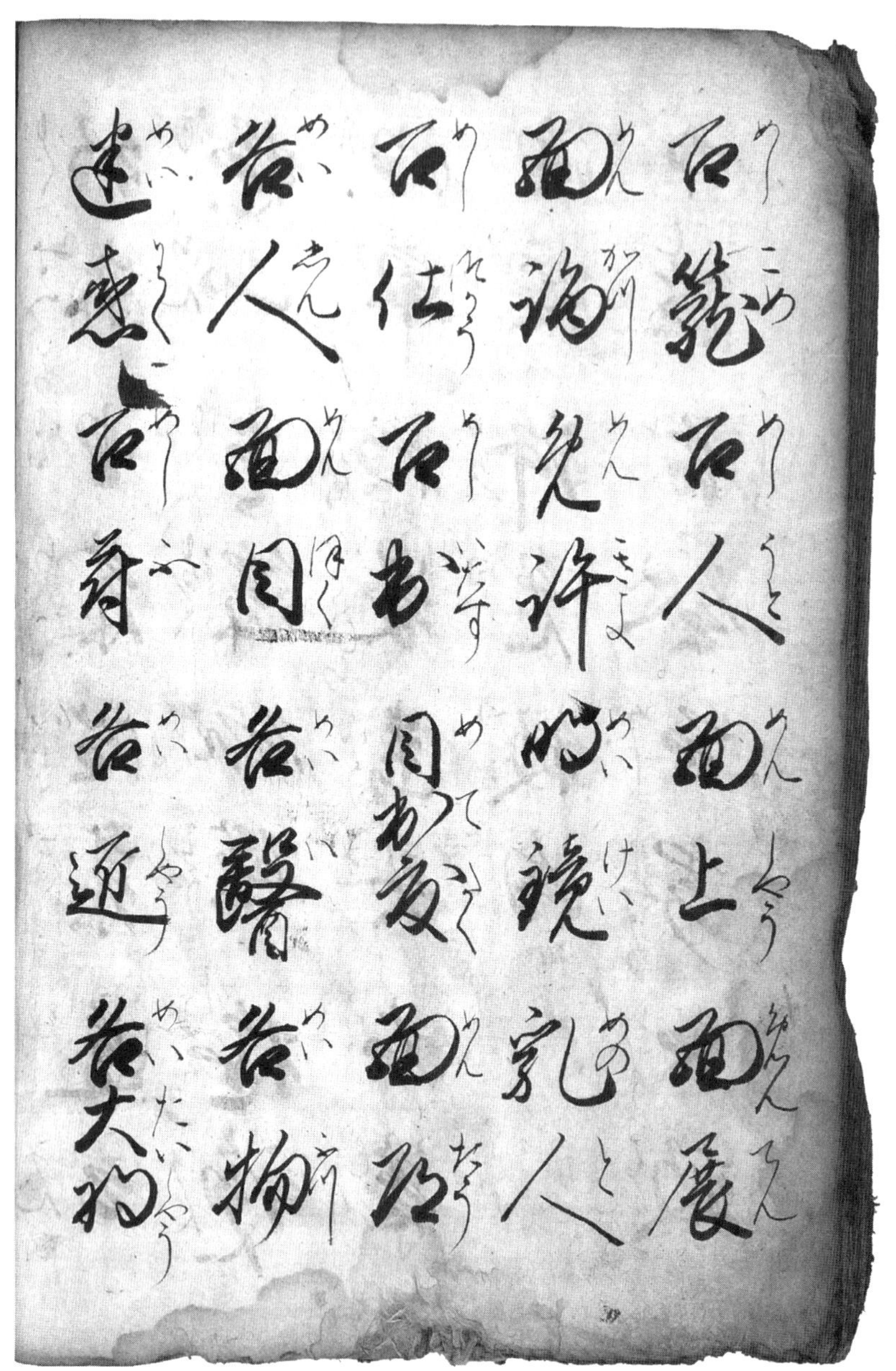

【42オ】

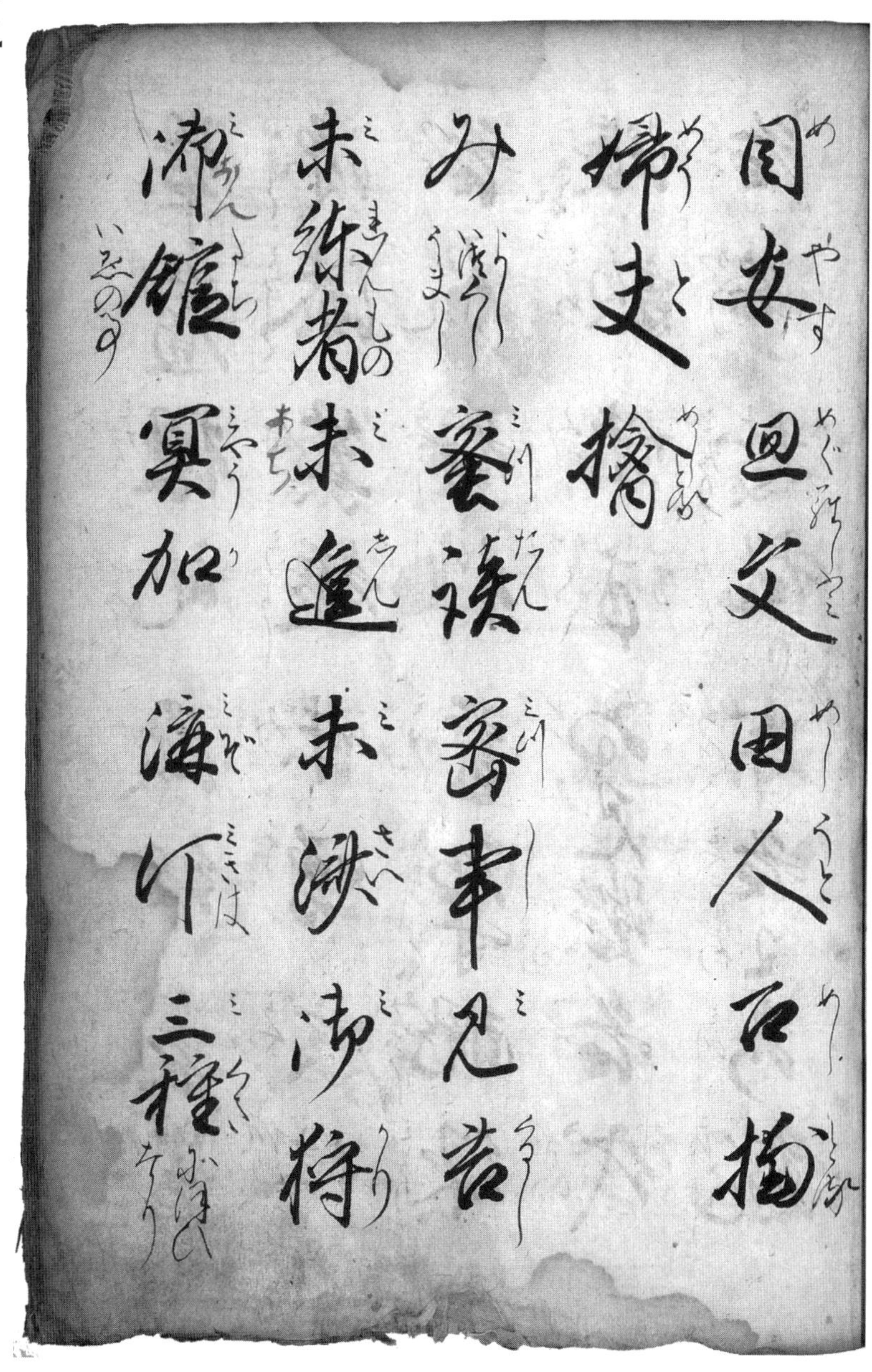

翠簾（みそ日か）　猥乱（みたりかはし）　激細（こまかし）　蓑笠（みの）
涼漆（こくろくし）　箕箆（みへら）　味噌（みそ）　交仕（まれに）
吉兇（みよし）　吉利（みきり）　壹翠（みどりの）　醍醐（みだいご）
涙頷（こみなみだ）　味林（みりん）　見繼（みつぎ）　吉代（みよ）
吉号（こうがう）　捜乱（こりこりさがす）　寺吉（てら）　名義（こかへに）

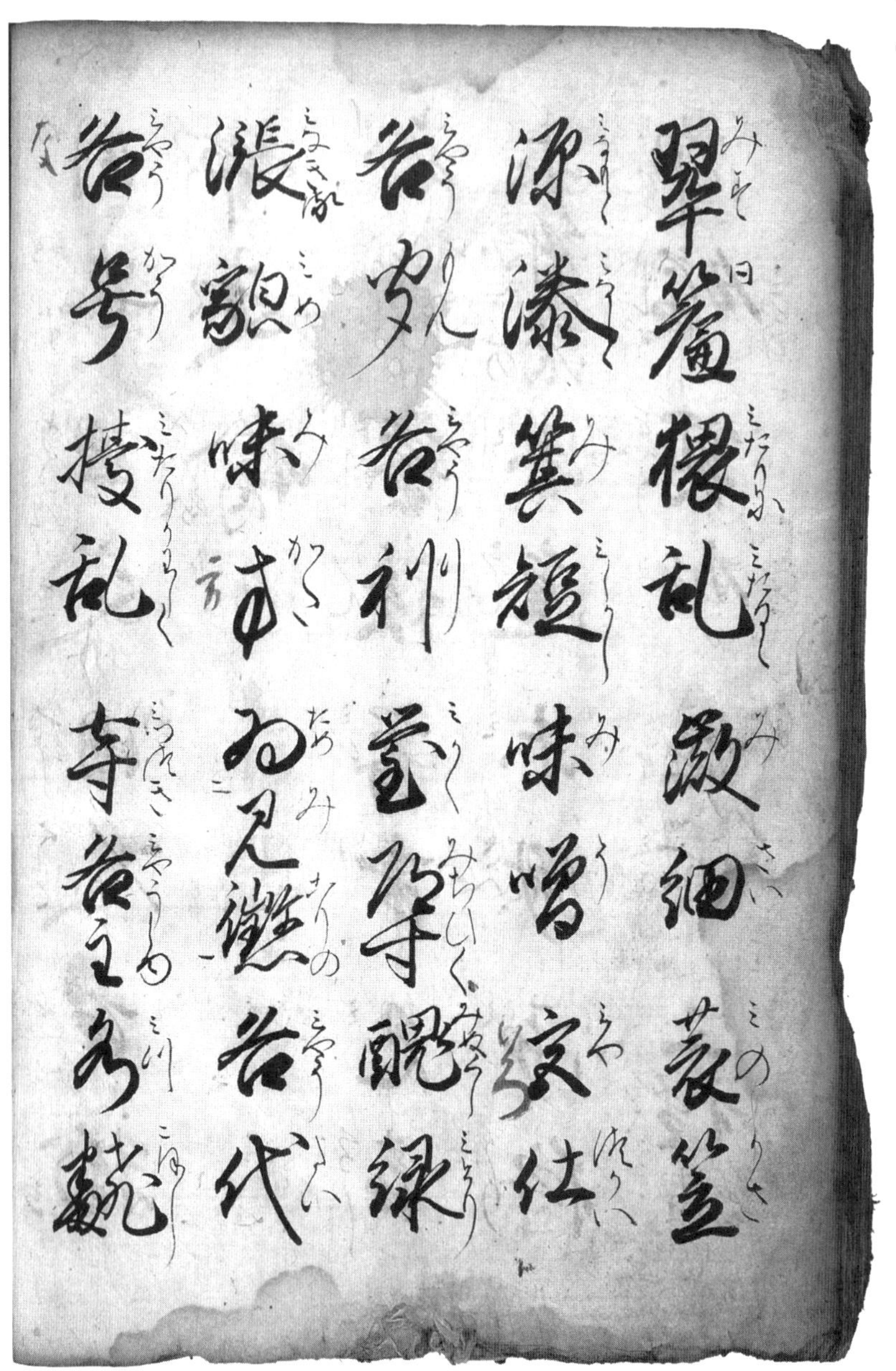

【43オ】

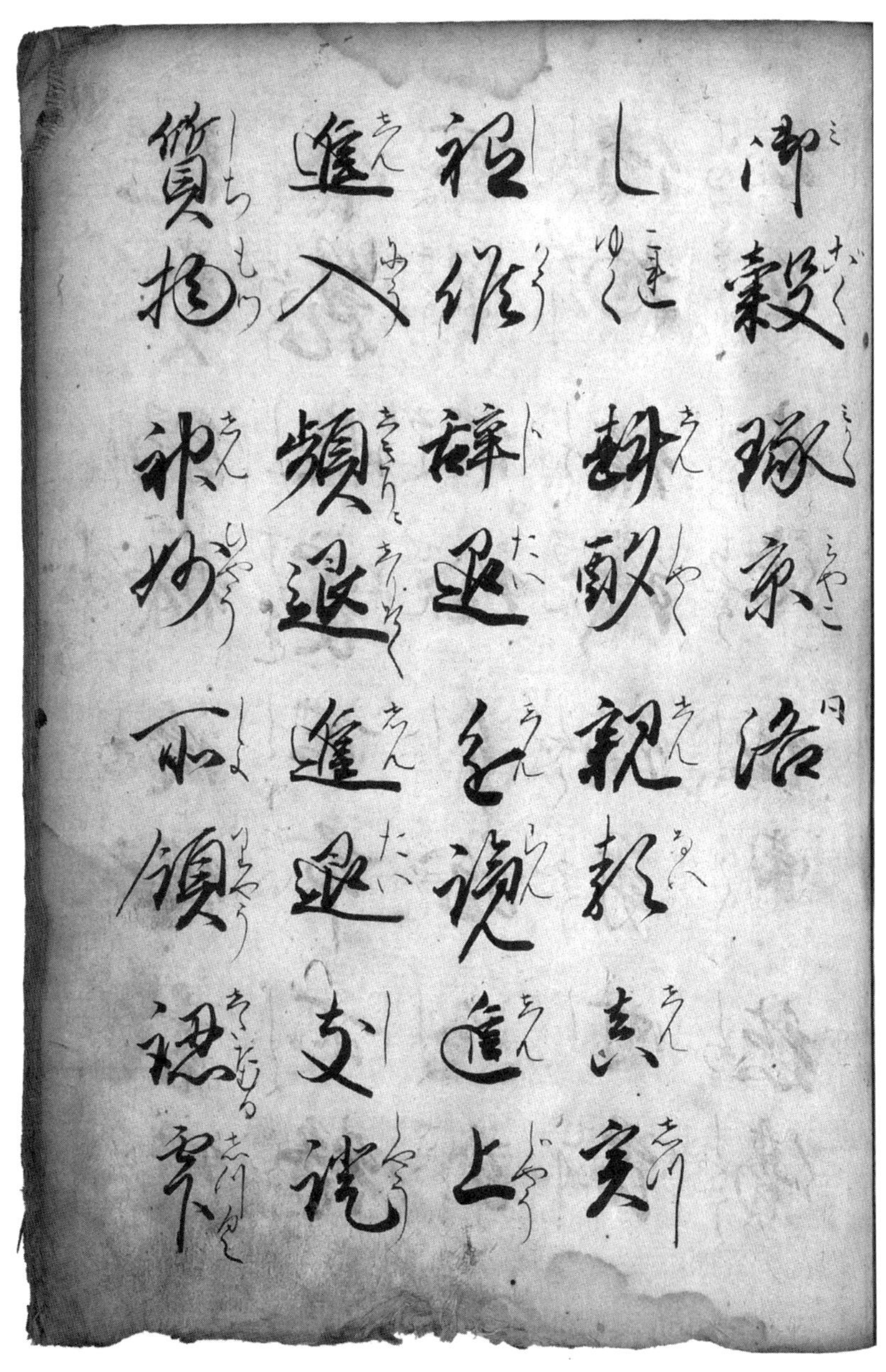

【43ウ】

【44オ】

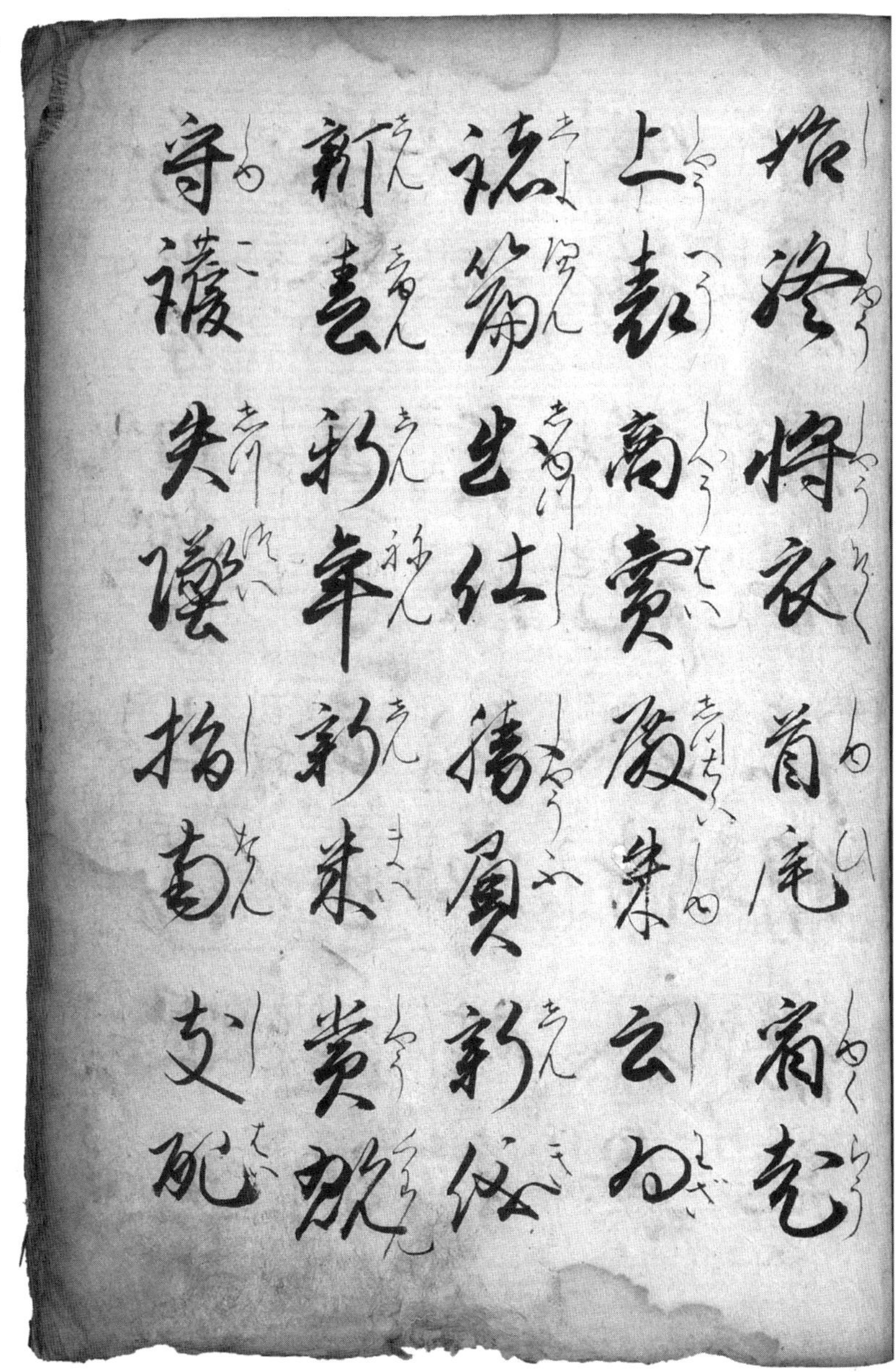

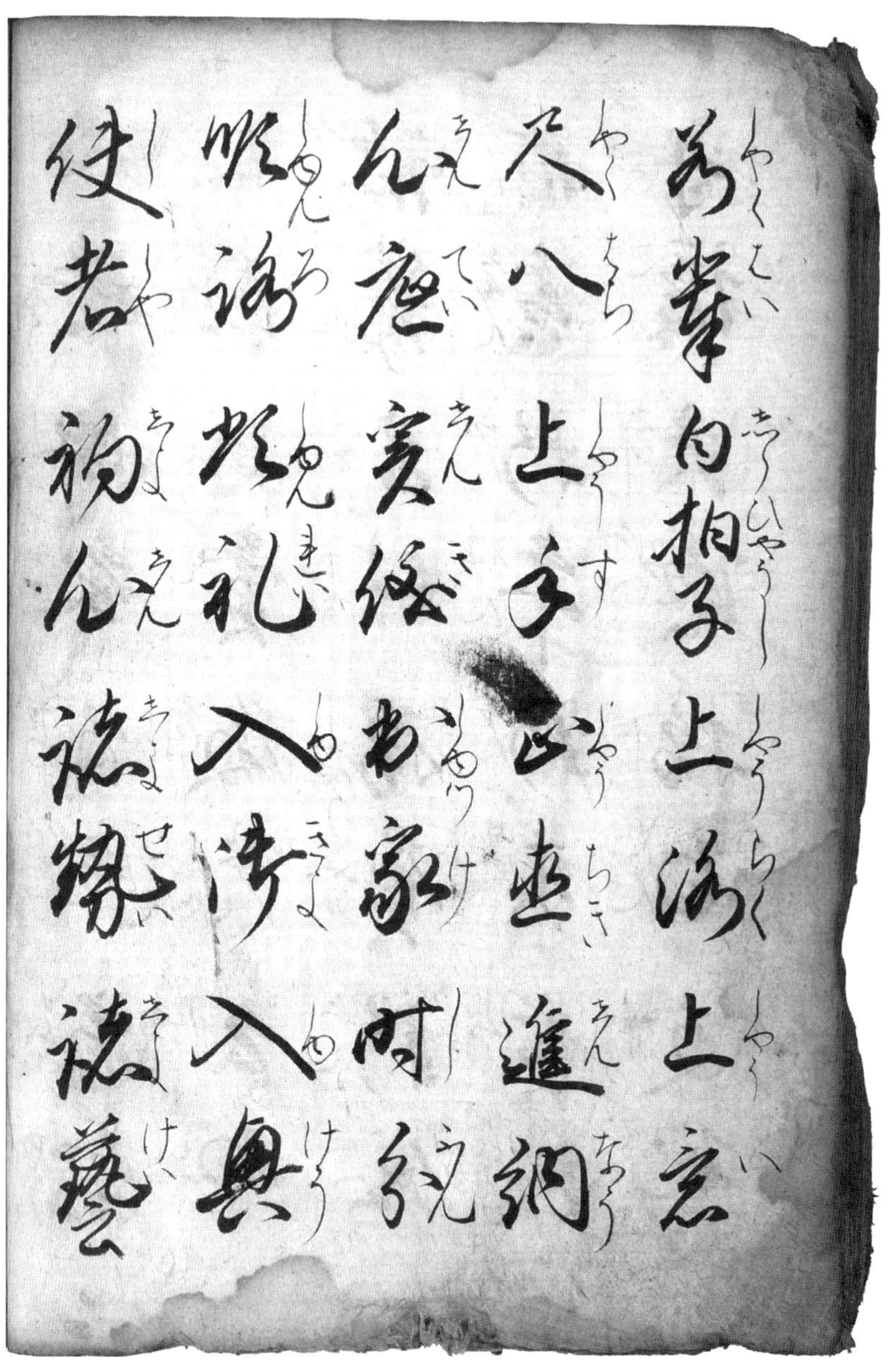

【45オ】

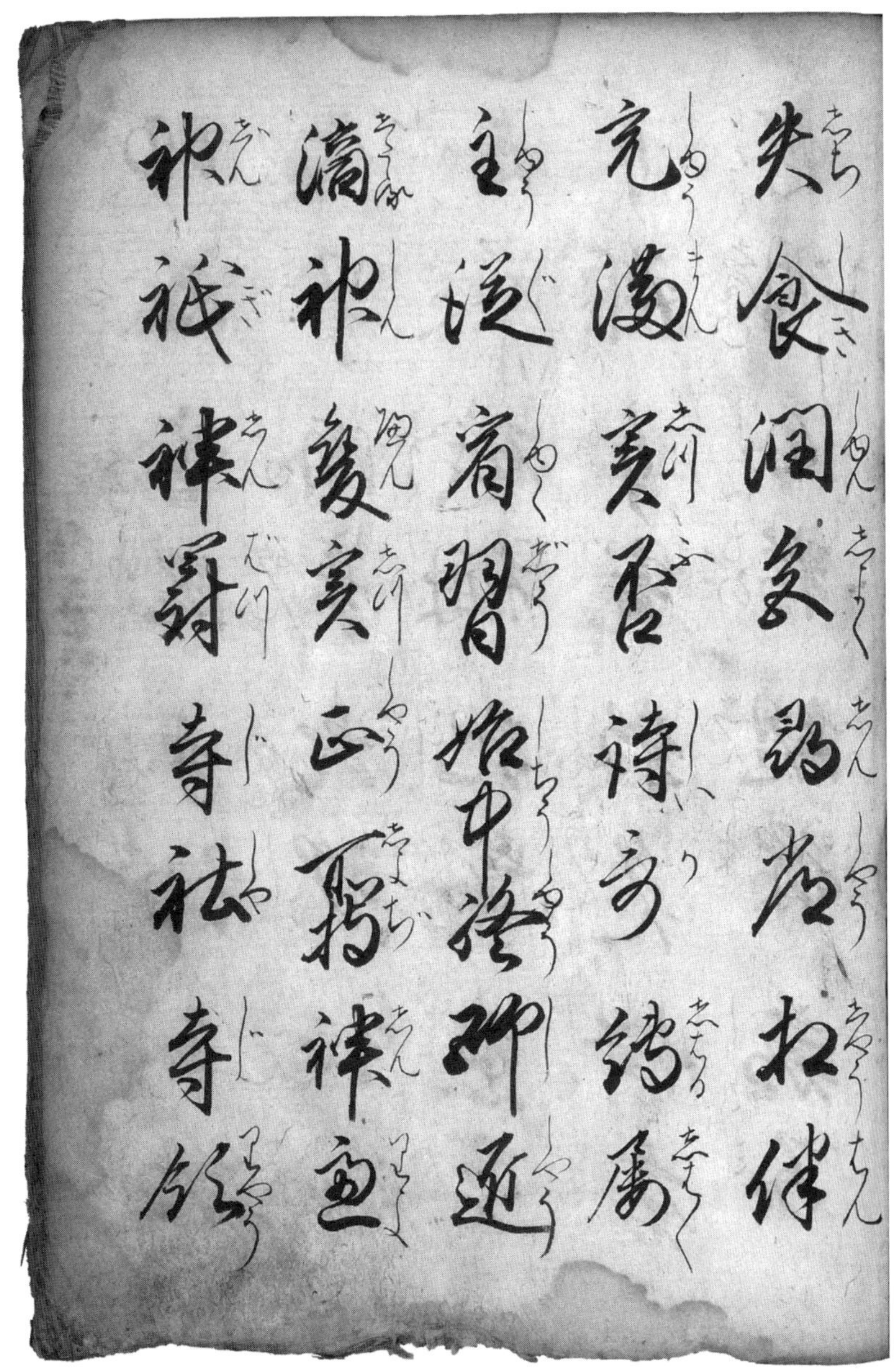

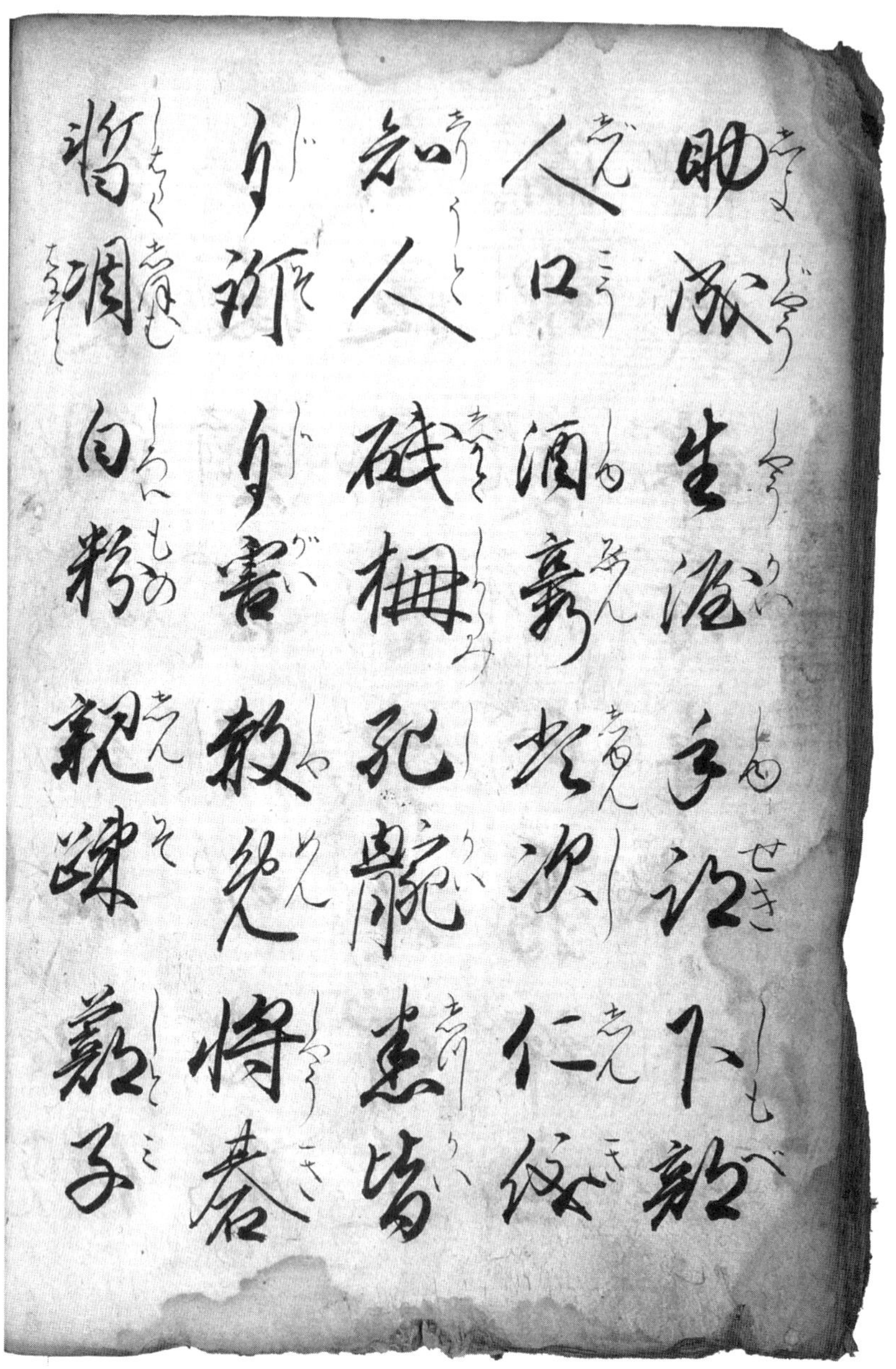

【46オ】

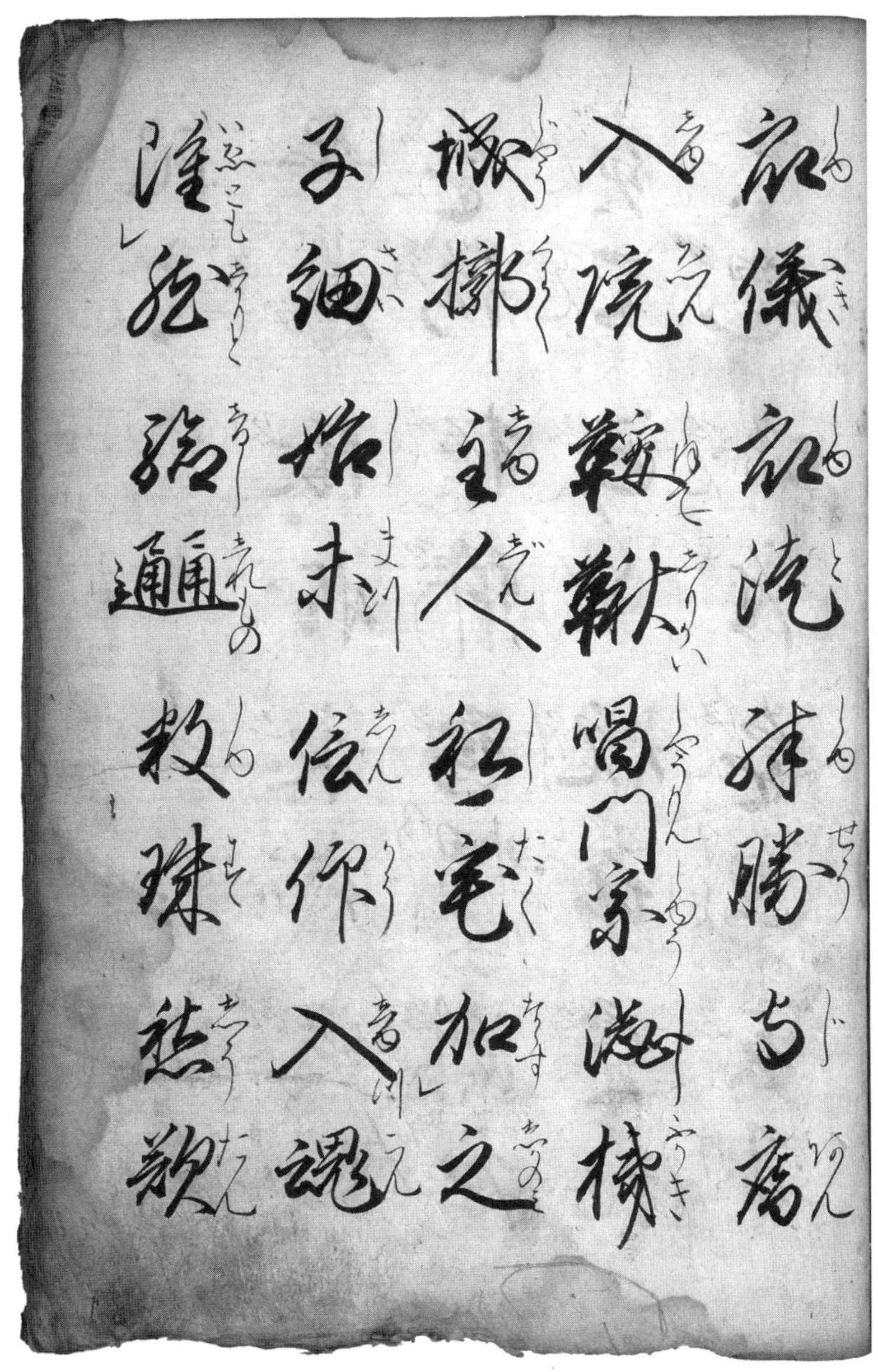

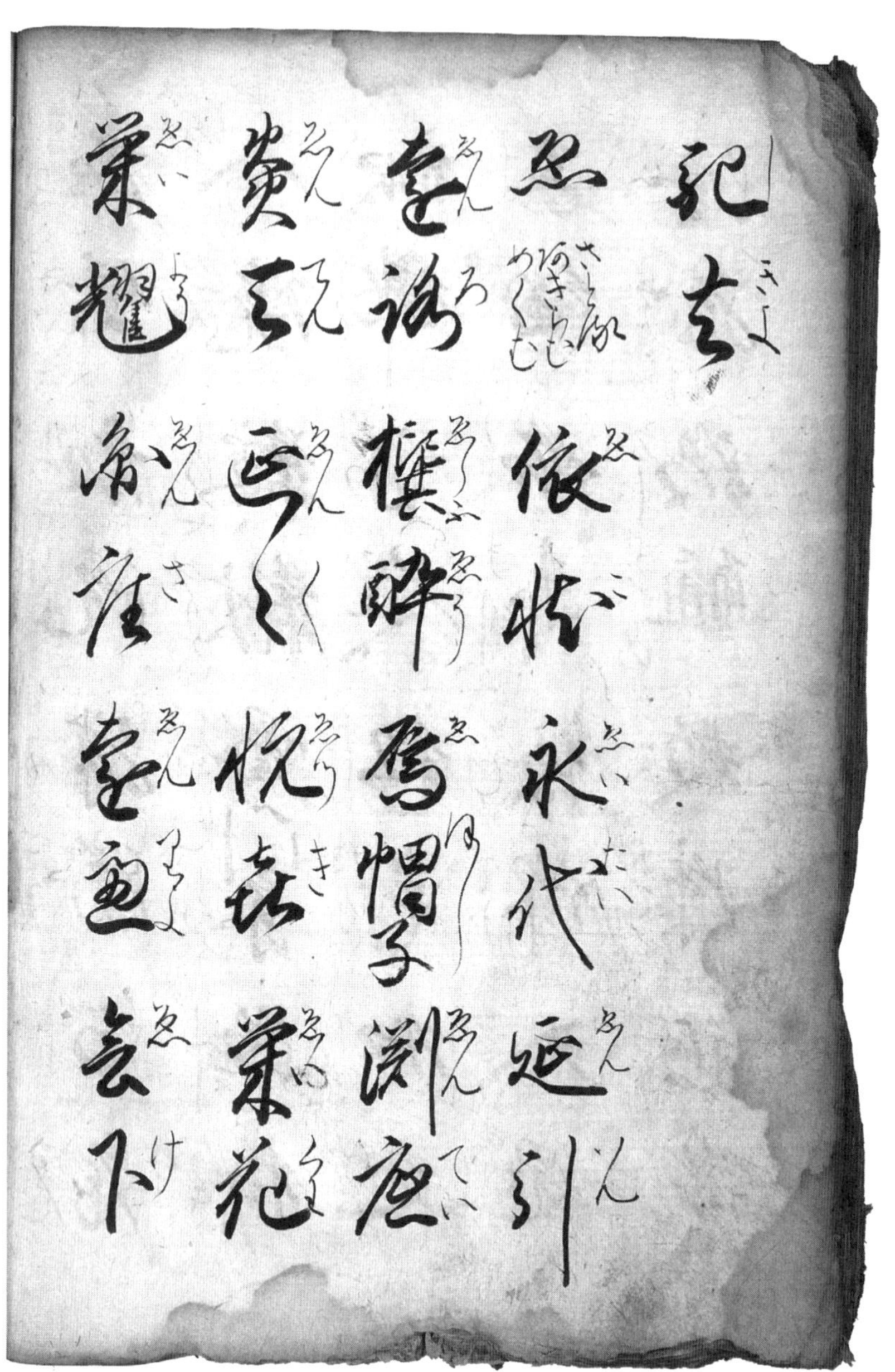

【47オ】

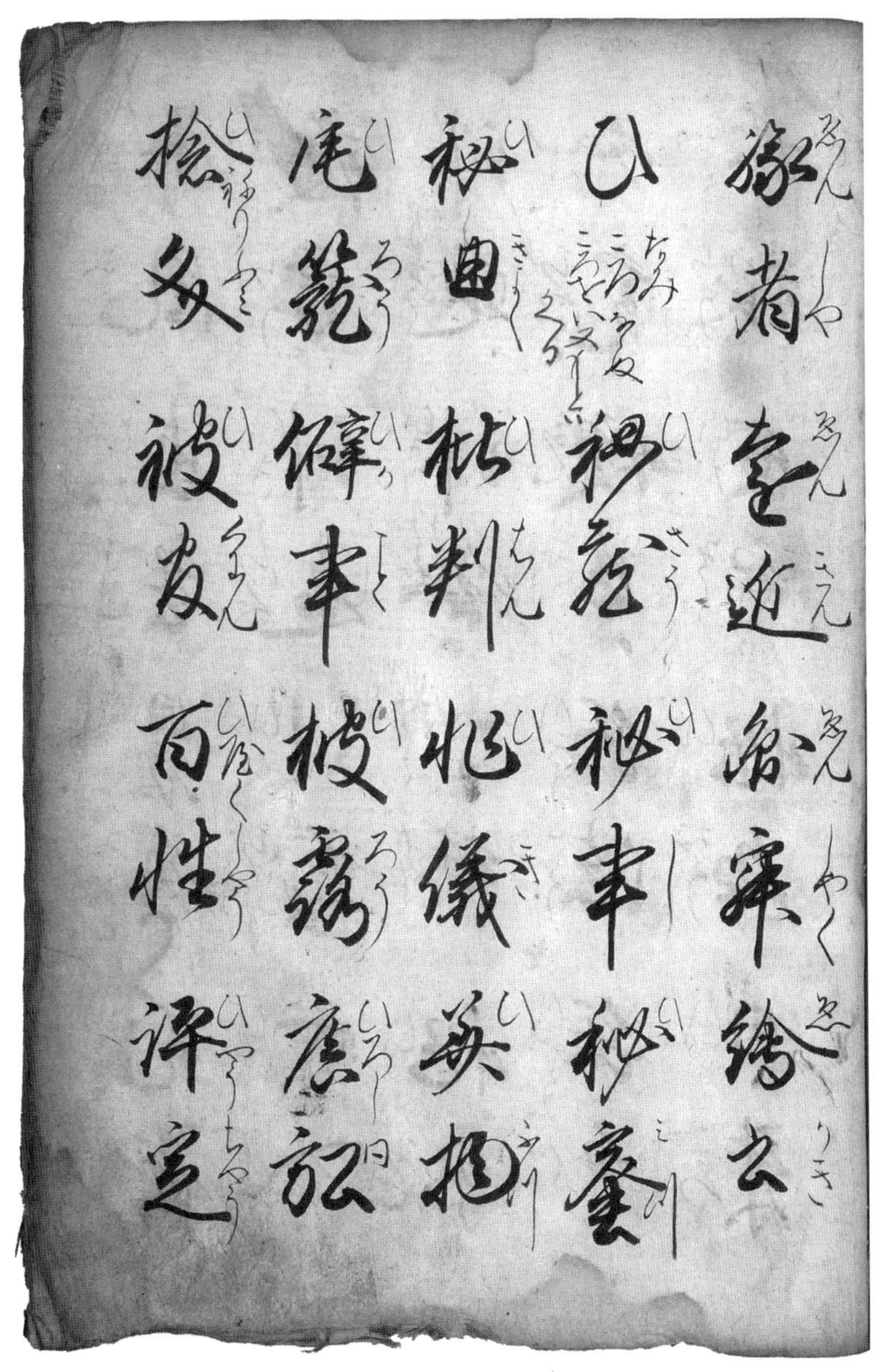

屏風（いやうぶ）　直垂（いたゝれ）　贔屓（いいき）　飛脚（いきやく）

疲労（いらう）　引遠（いきちく）　引發（いちつす）　一入（いとしほ）

引退（いきしりぞく）　引合（いきあはせ）　一括（ひとくゝり）　非分（いぶん）

外帳（いけちやう）　便宜（ひんき）　兵法（いやうはう）　兵具（いやうぐ）

兵粮（いやうらう）　直奏（いたそう）　非道（いたう）　日来（いころ）

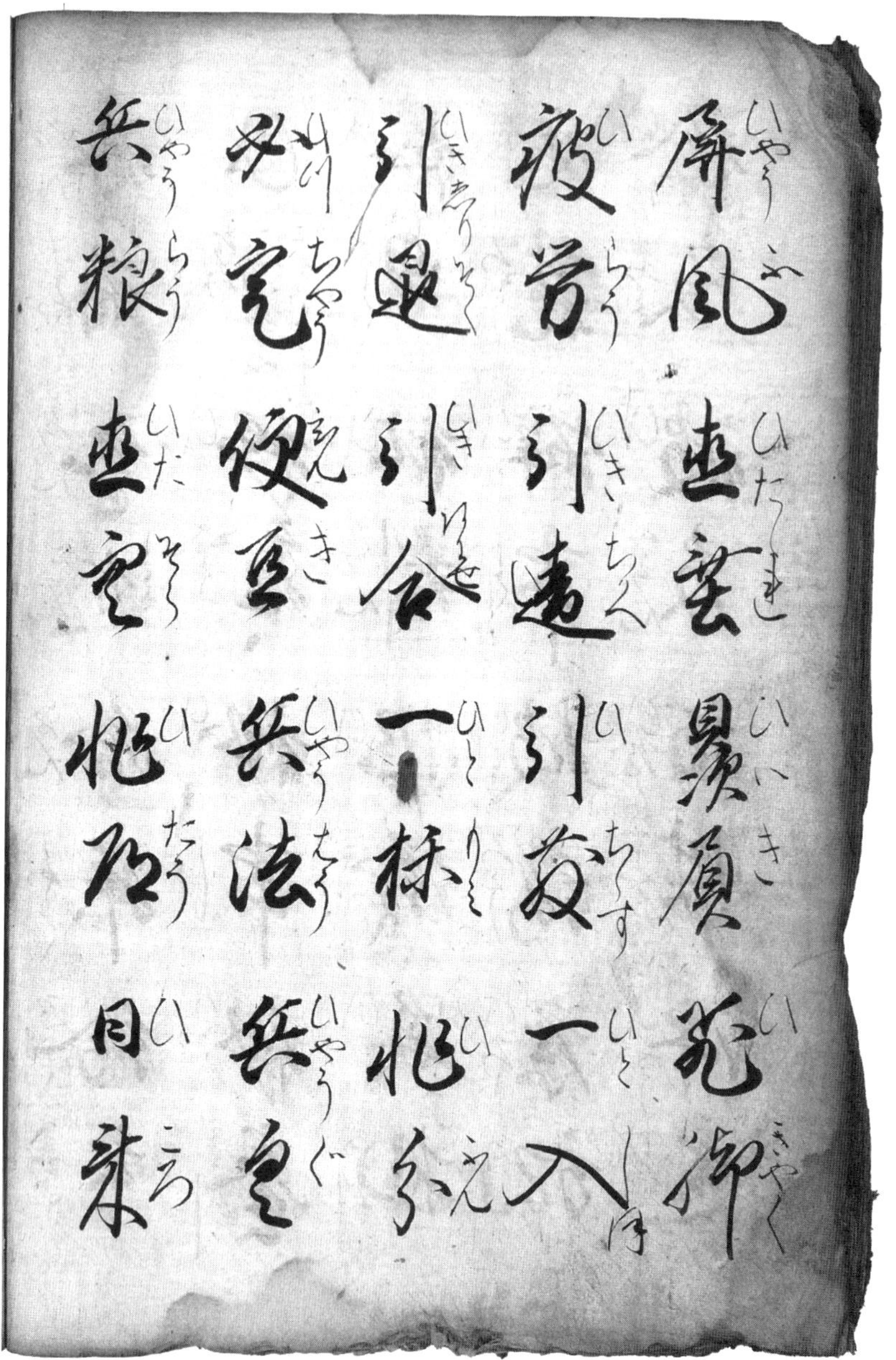

【48オ】

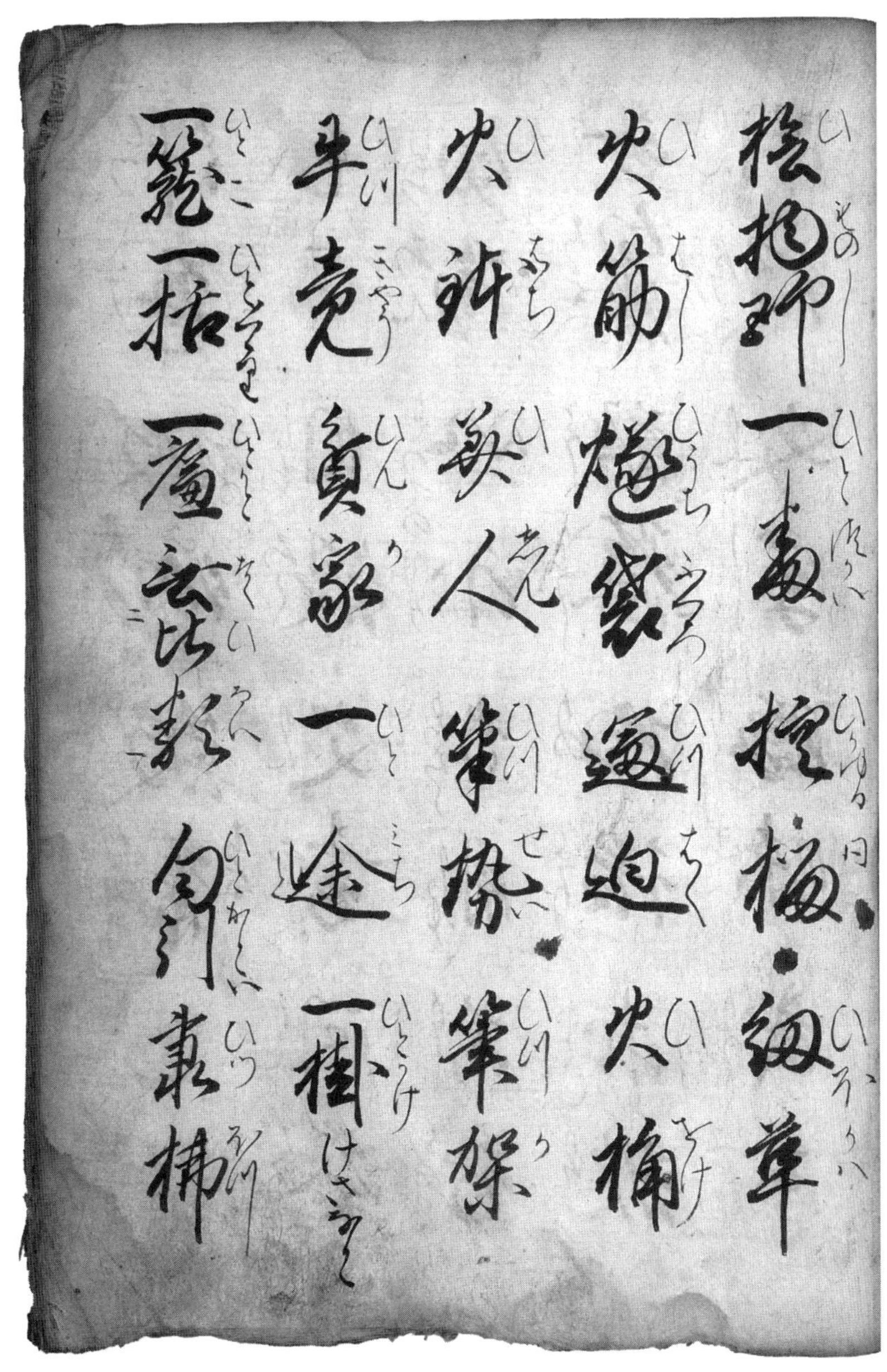

[illegible]

もけ　目録　文書　問答

勿論　以の外　[illegible]

[illegible]

[illegible]　文字　[illegible]

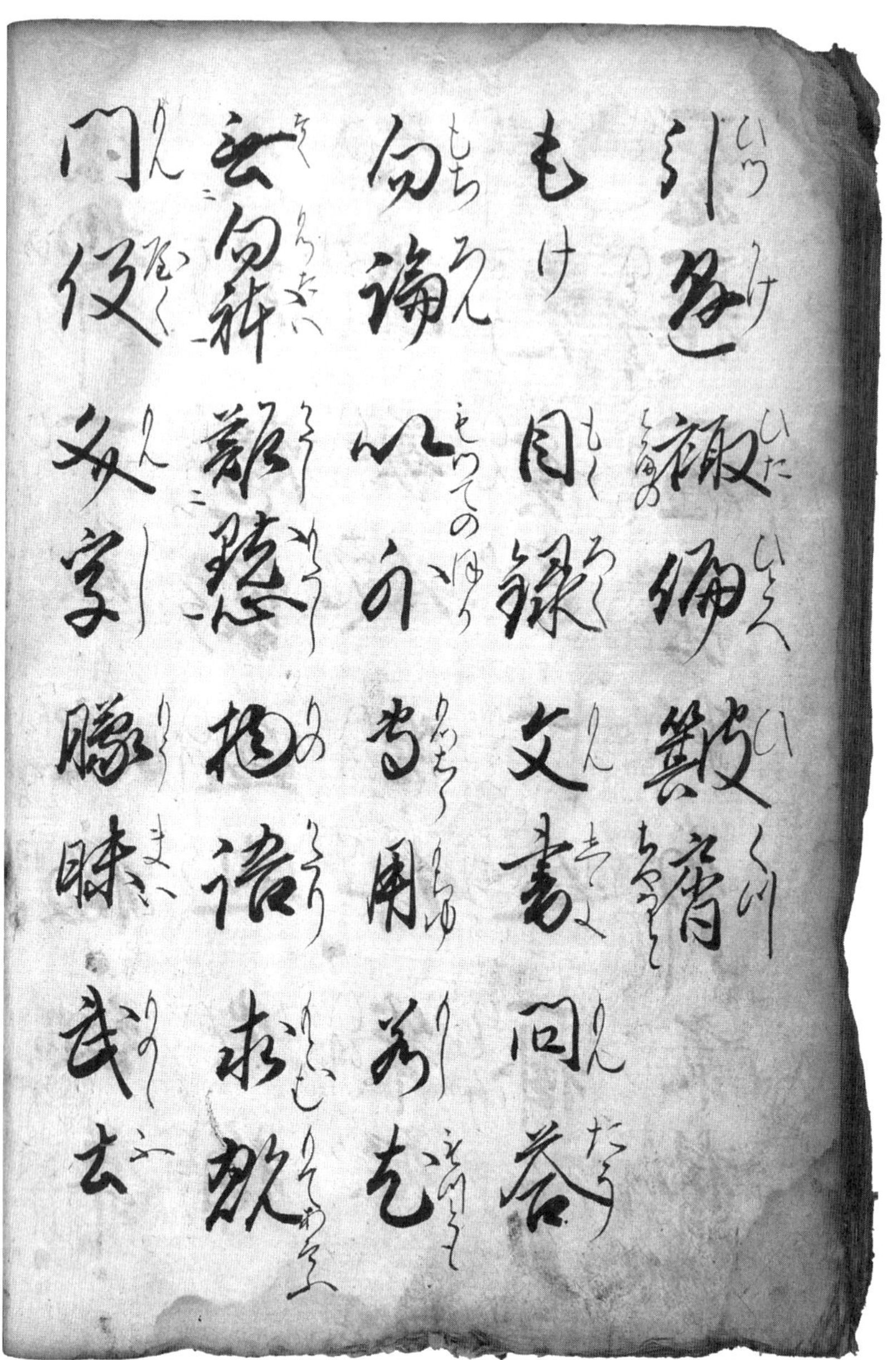

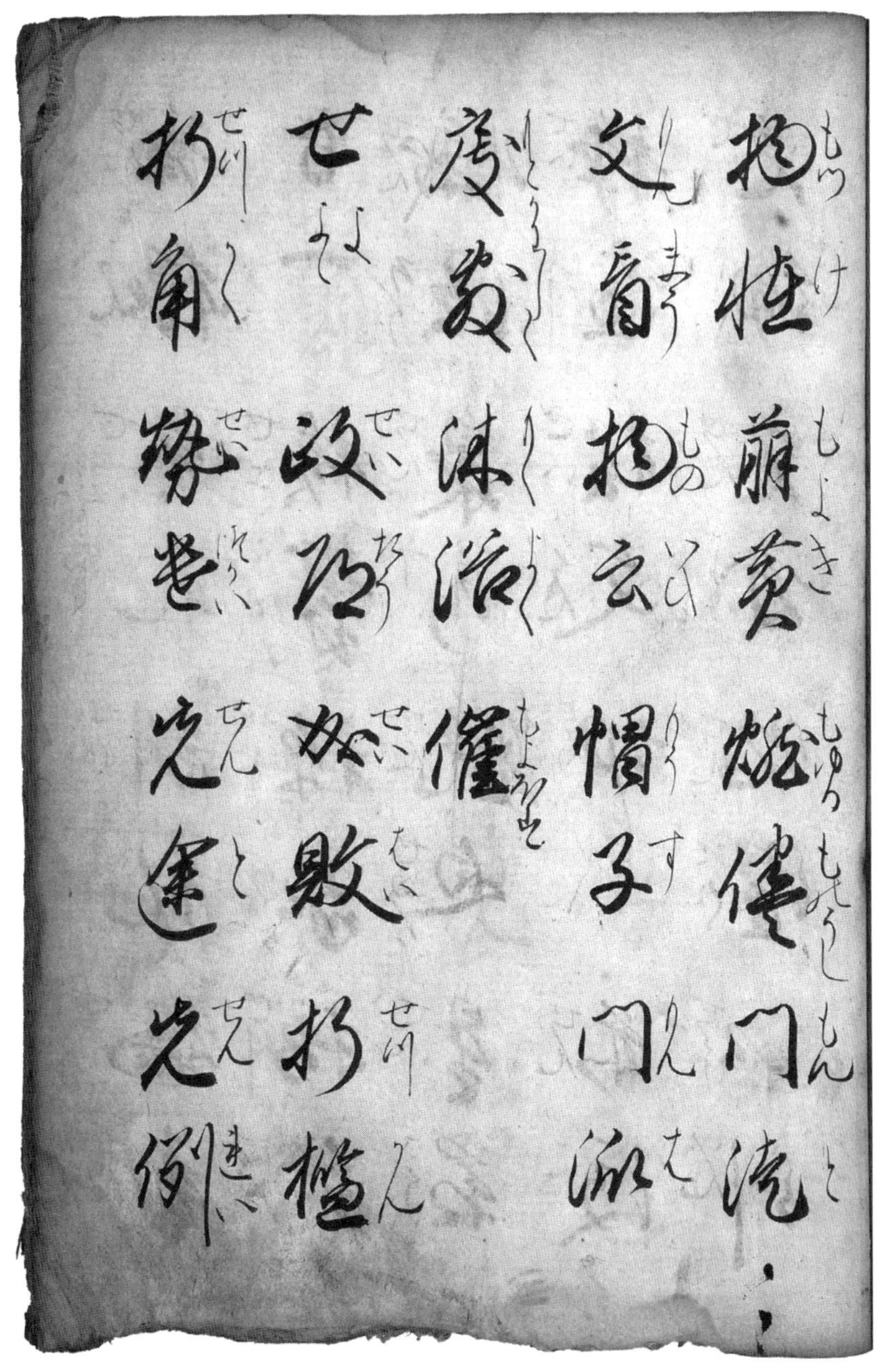

善根　是非　制札　焼香

専一　積鬱　禅家　接待

懴法　泉水　氈迴　星霜

静謐　誓文　切々　前後

先約　先度　洗濯　承引

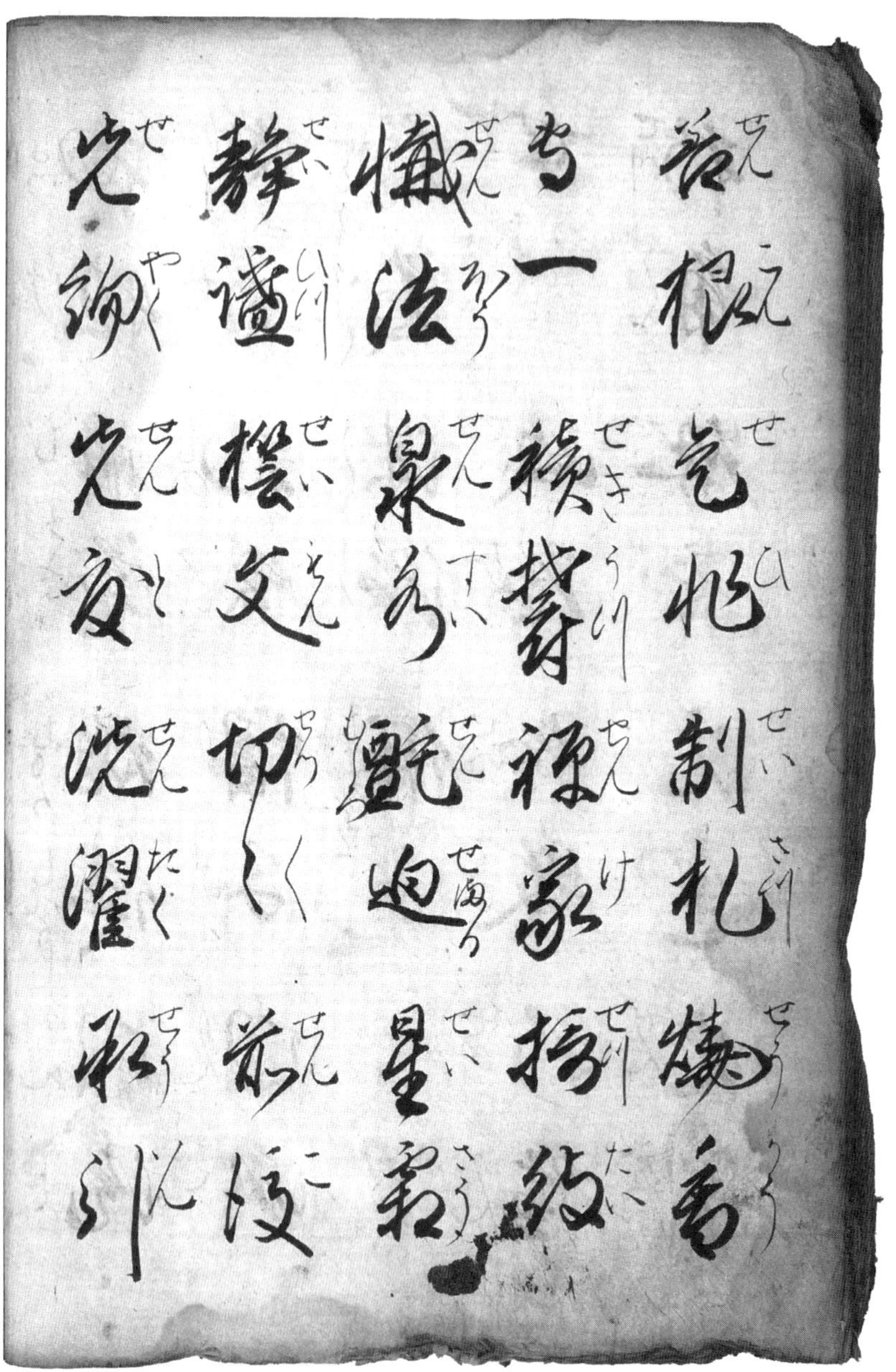

【50オ】

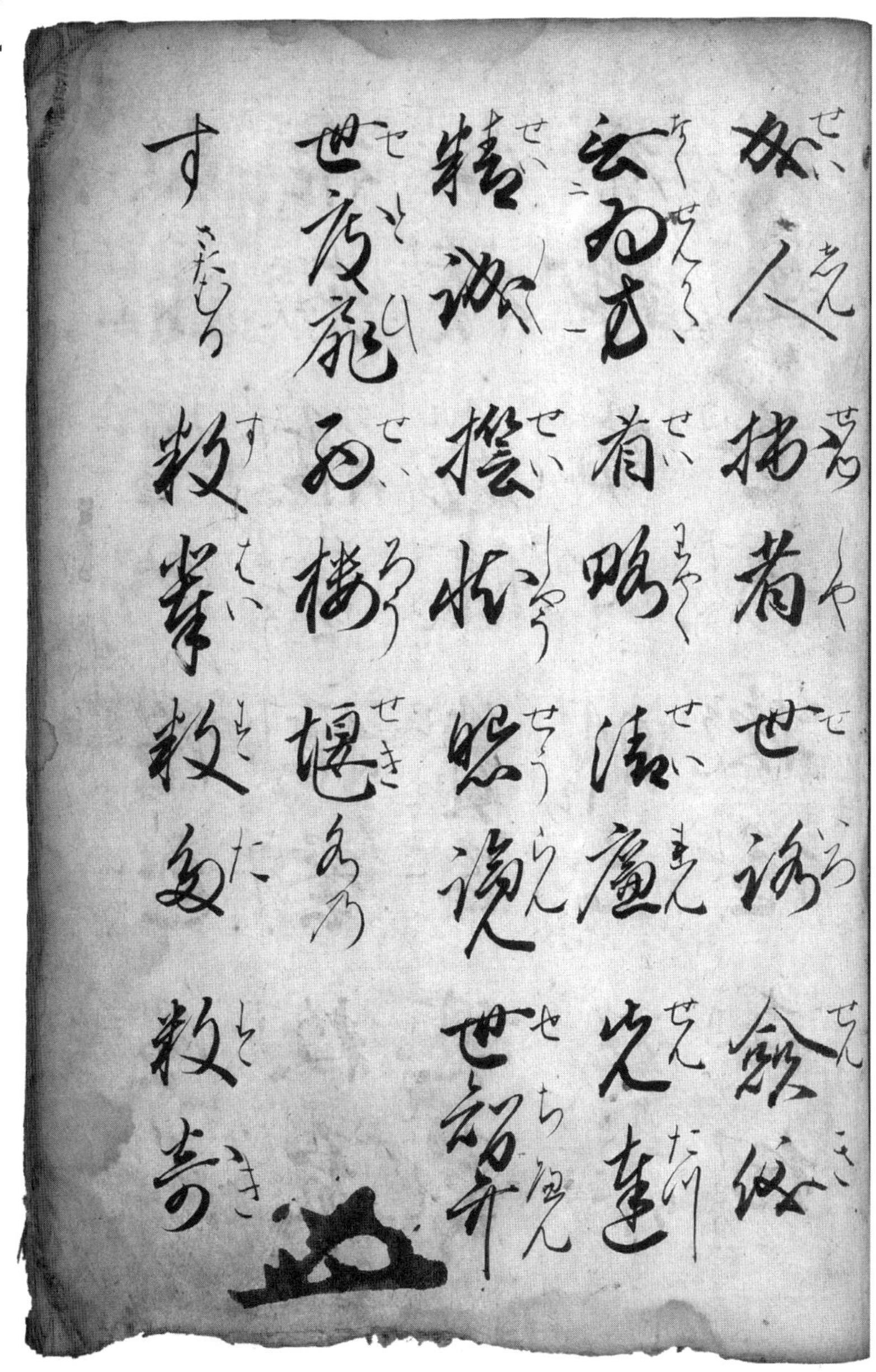

【51オ】

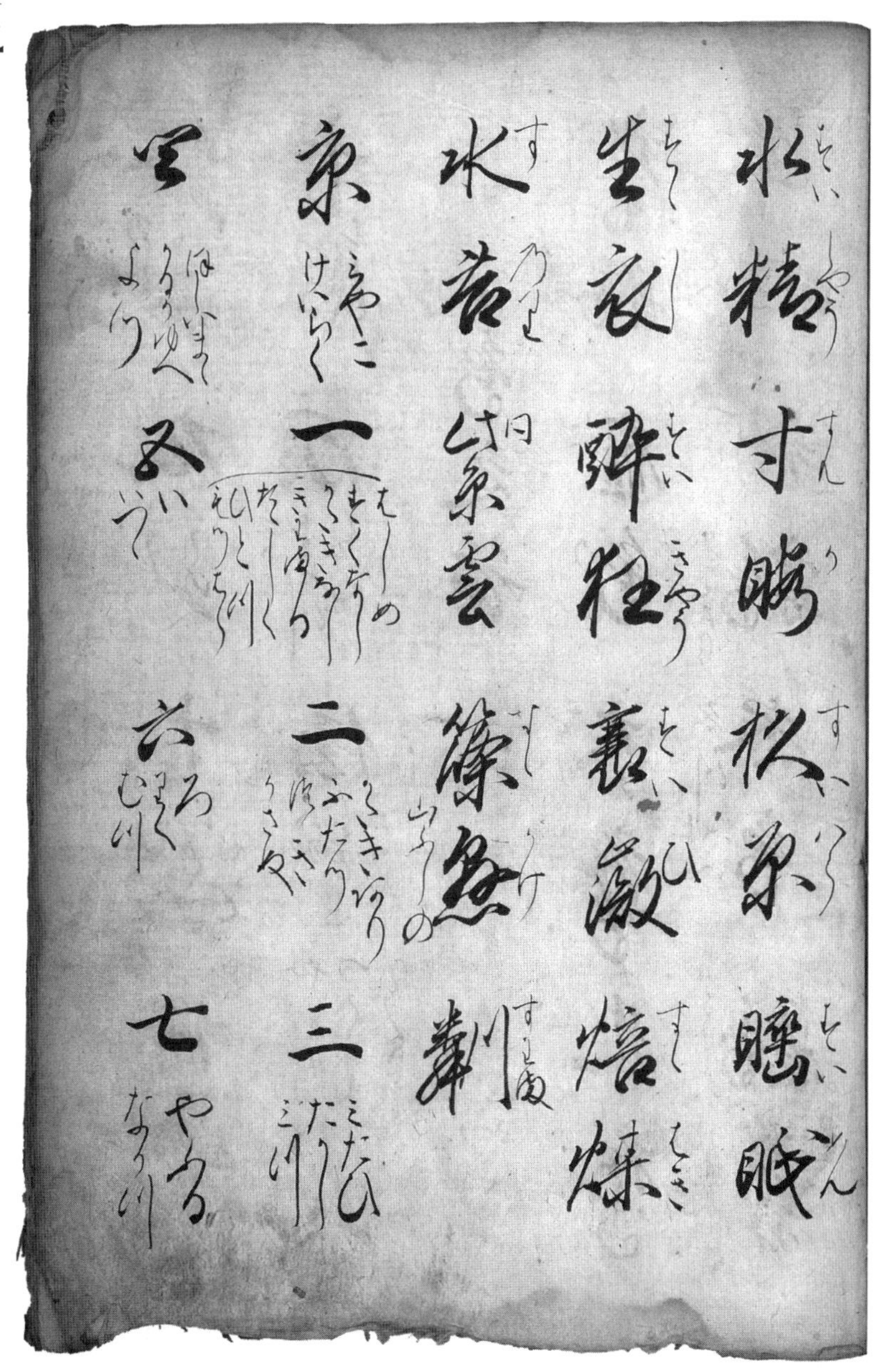

八 やつもゝ 登川そう
九 こゝのゝ
十 つくすとを
百 もゝ ひろう そも
千 ちらき
万 よろつかわ
億 やおくやすく つく とく ふ もく
・鳥之名
鶯 うくひす
鵬 ほう
鷹鳥 たか
大鷲 おほわし
先鴒 せきれい
黄鶯 かうらい
隼 はやふさ
鵤 いかるか
鶴 つる
鸛 こふのとり
鵲 かささき
鶍 いすか

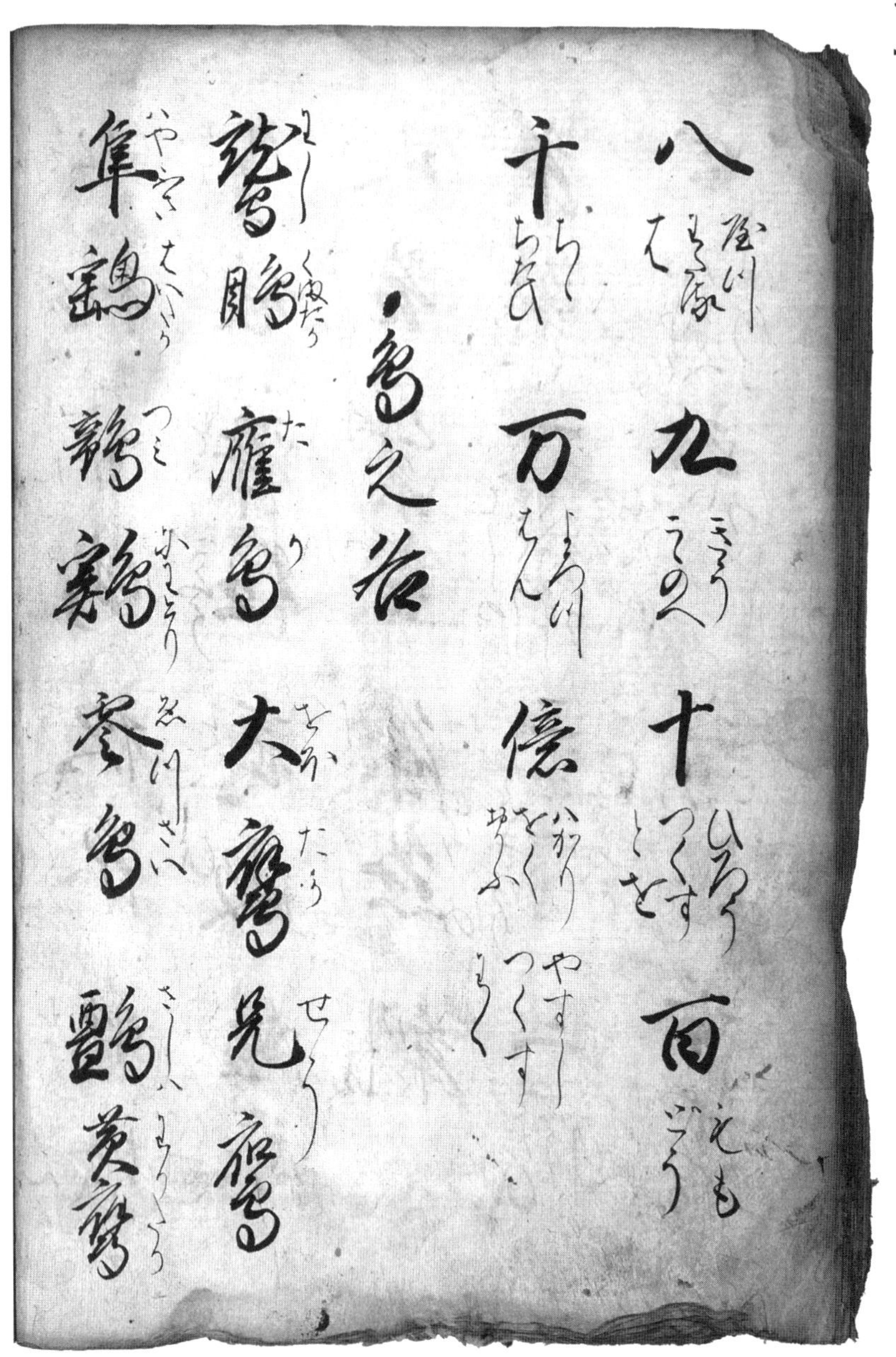

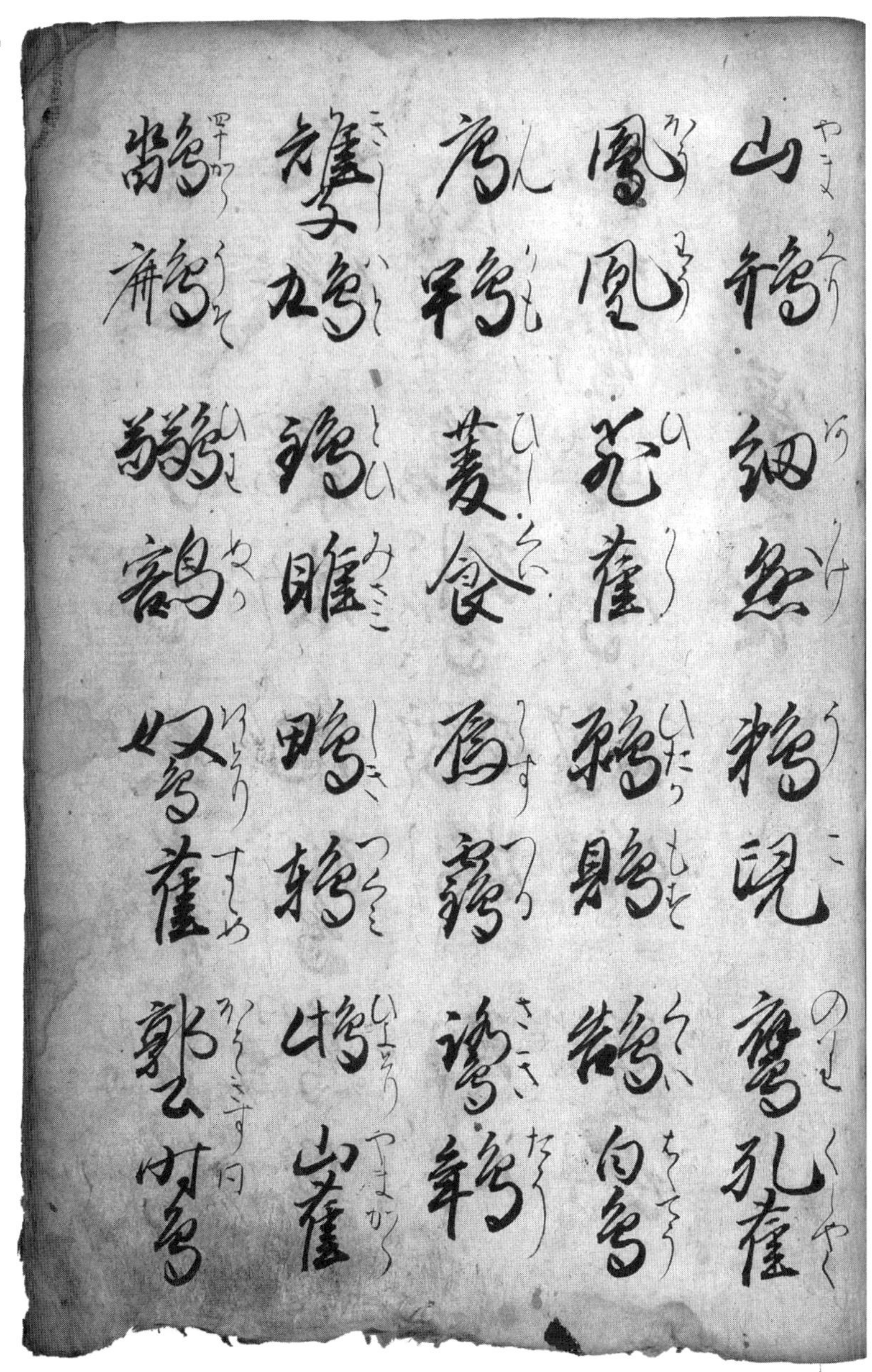

【52ウ】

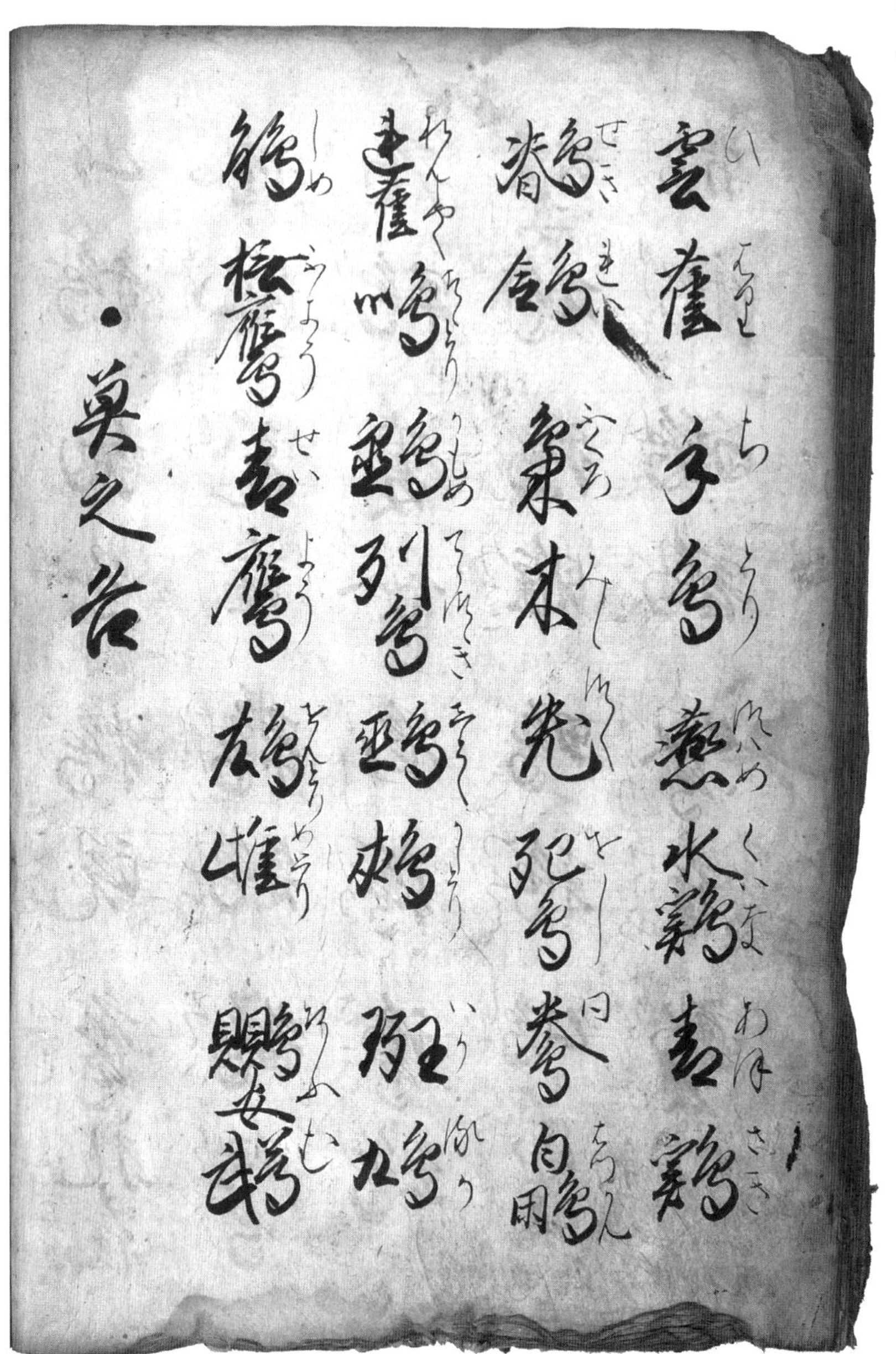

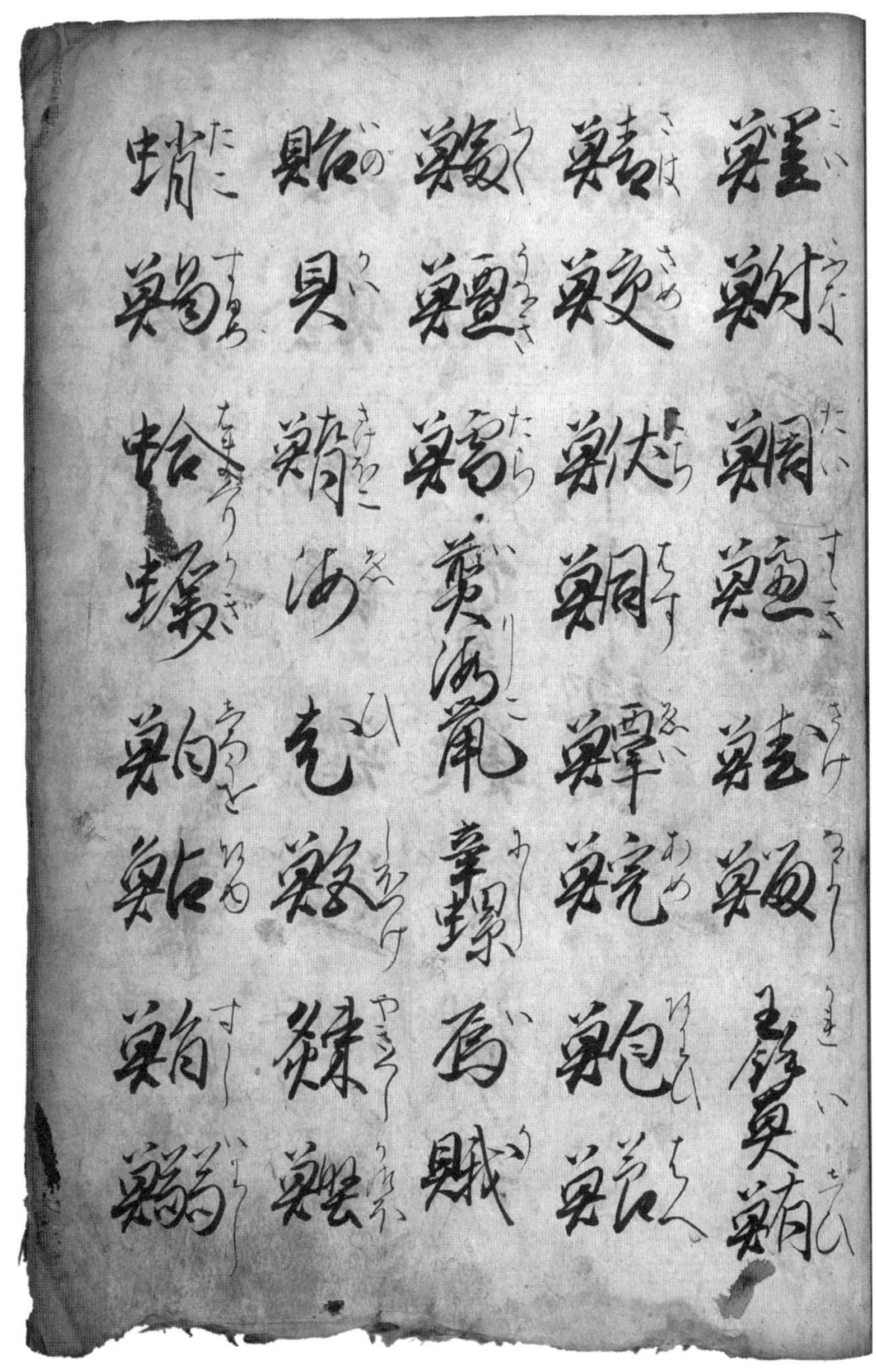

【53ウ】

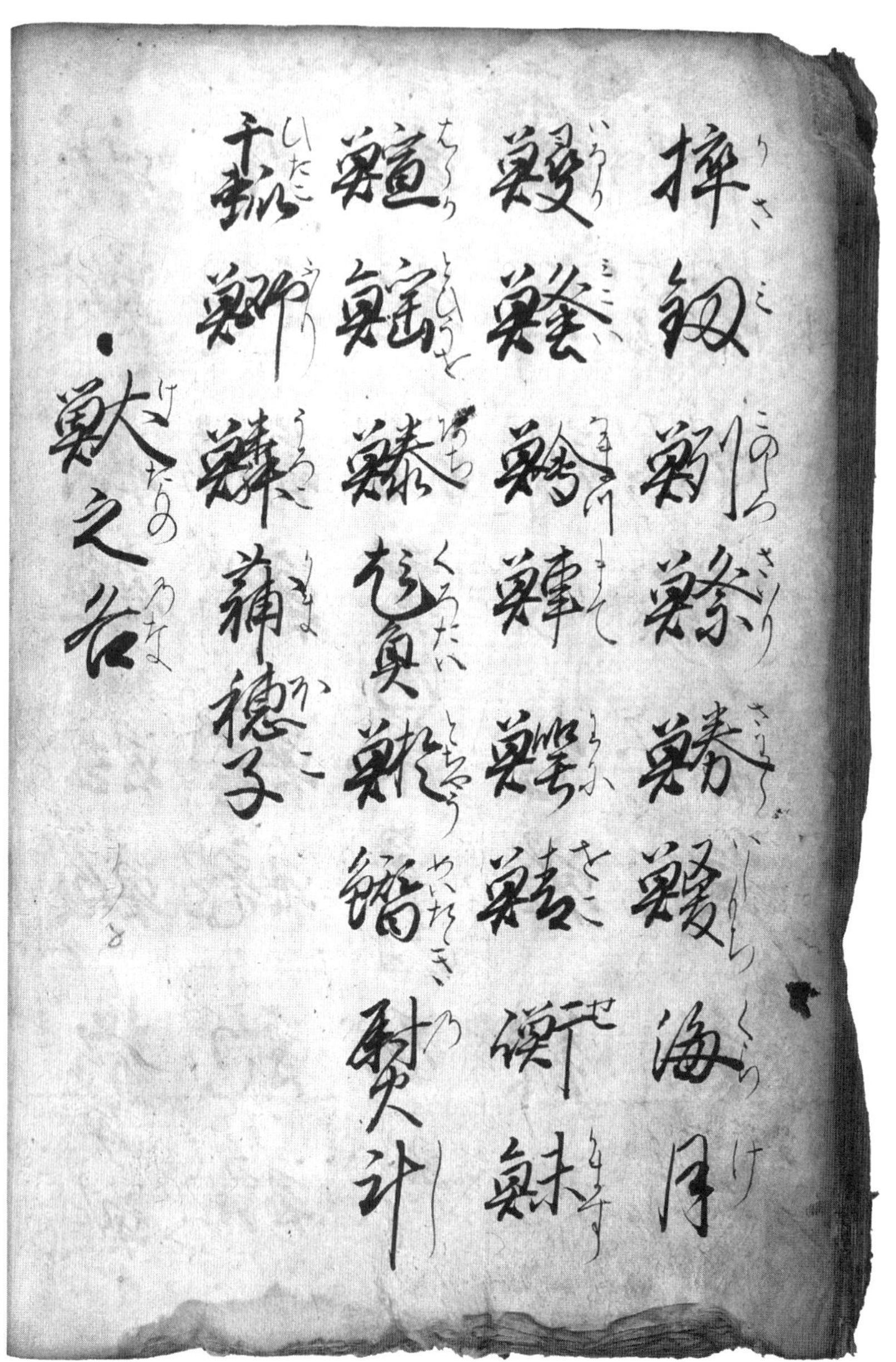

【54オ】

豹 虎 獅子 象 羊 猿 狸 虎

獺 麝 猪 狐 梶 尾 犬 狼

猫 鼬 麟 兕 馬 牛 鼠 羚羊

特 駒 鶯 水牛 犀 獏 犢子 熊

牧 犛牛 猿 猴 猩々 麒麟

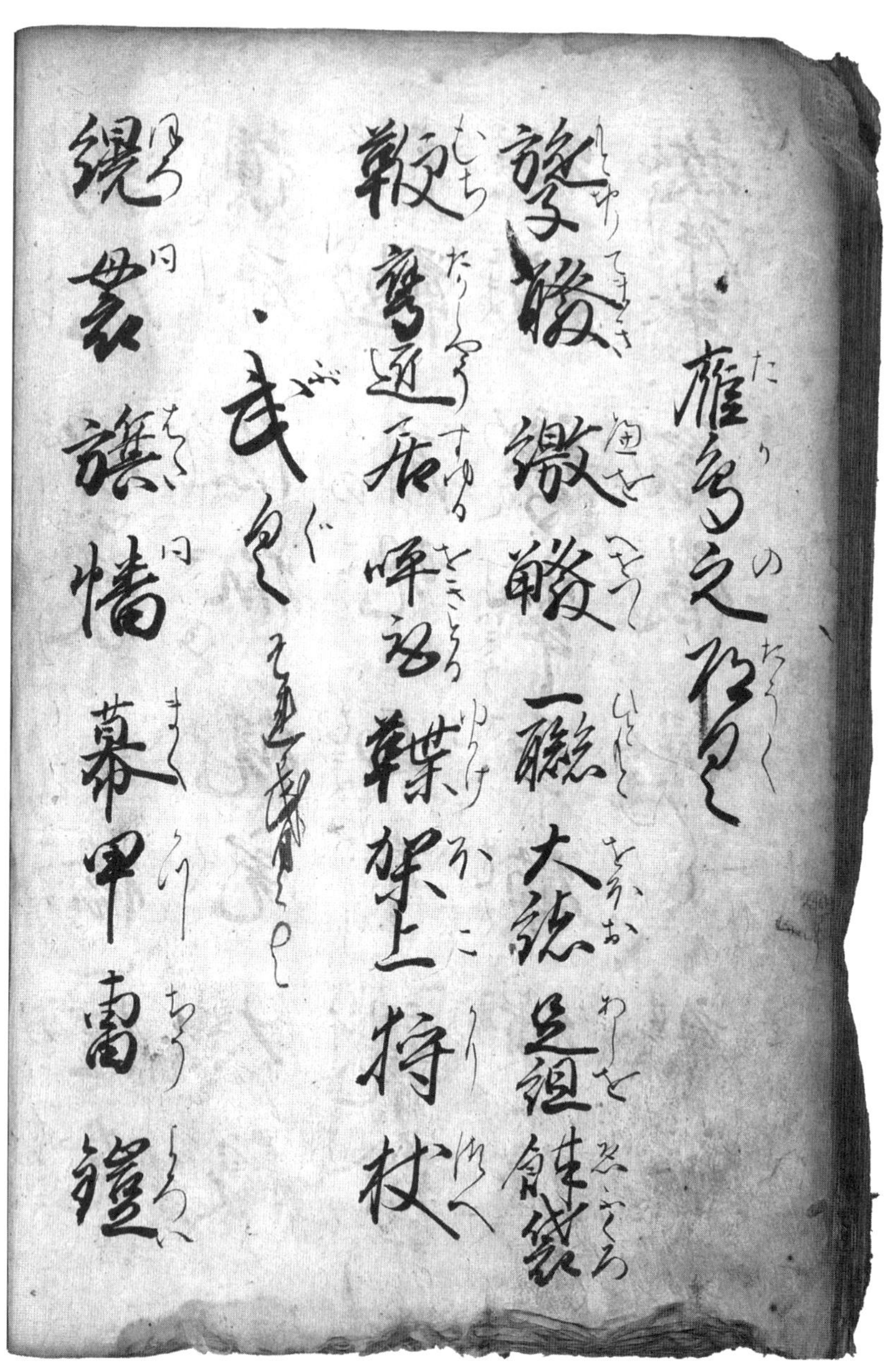

【55オ】

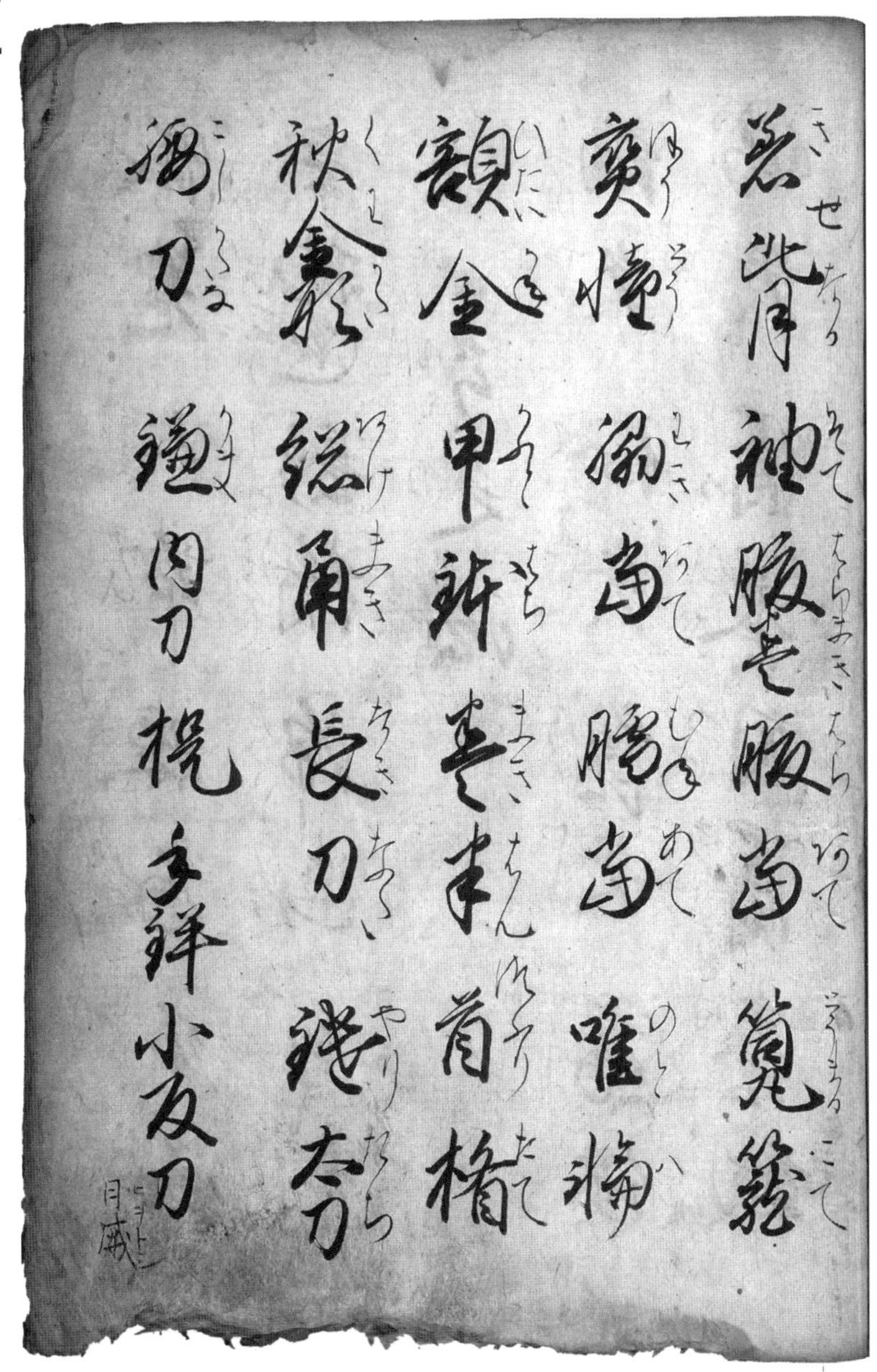

脉兎 上帯 腰 肩 肩
草摺逢 影楯 縛臨 烏頸

弓之法

鏑矢 征矢 箆矢 鷹俊
的矢 胃鎧 月冑 笠 鞦

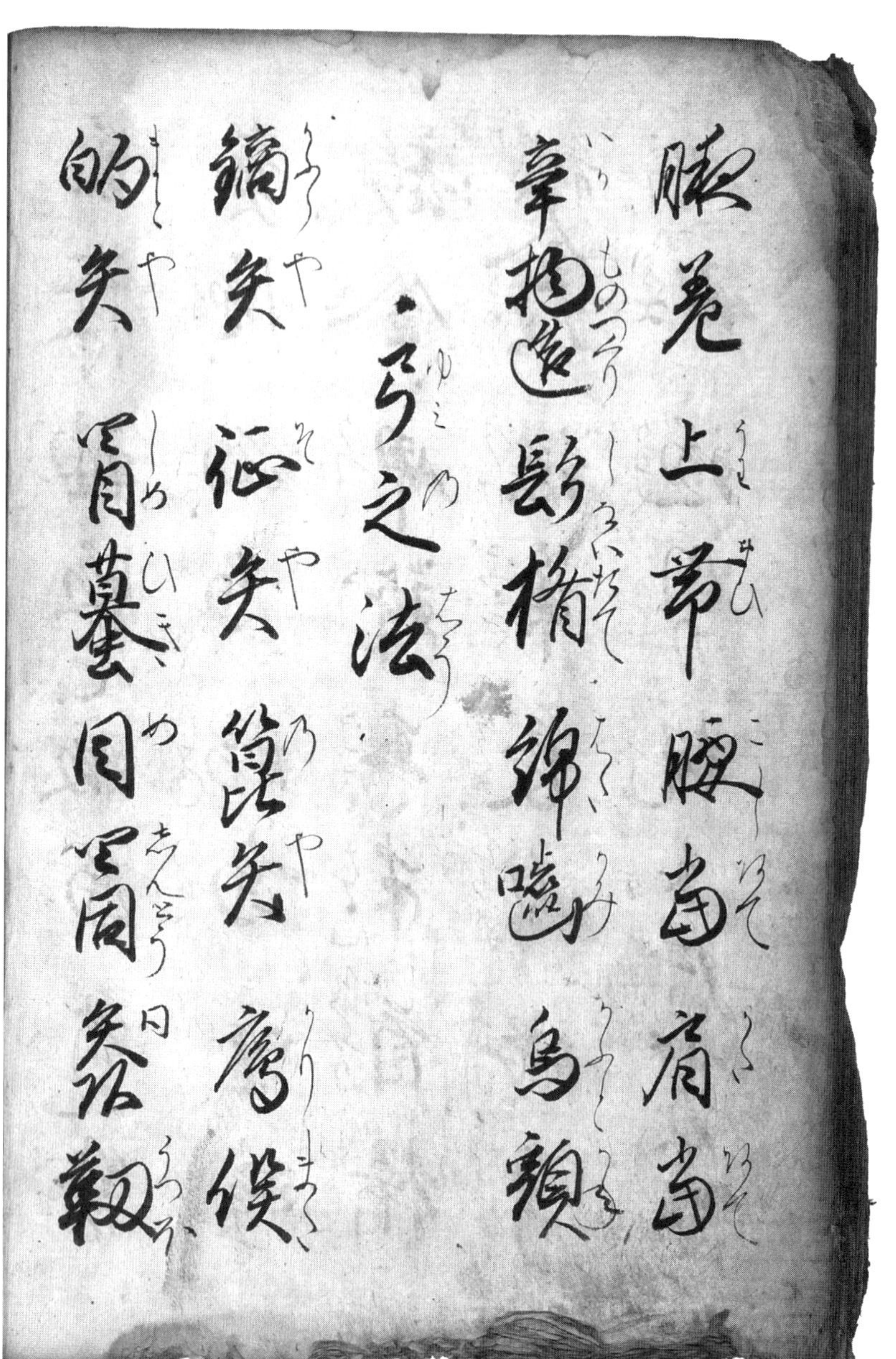

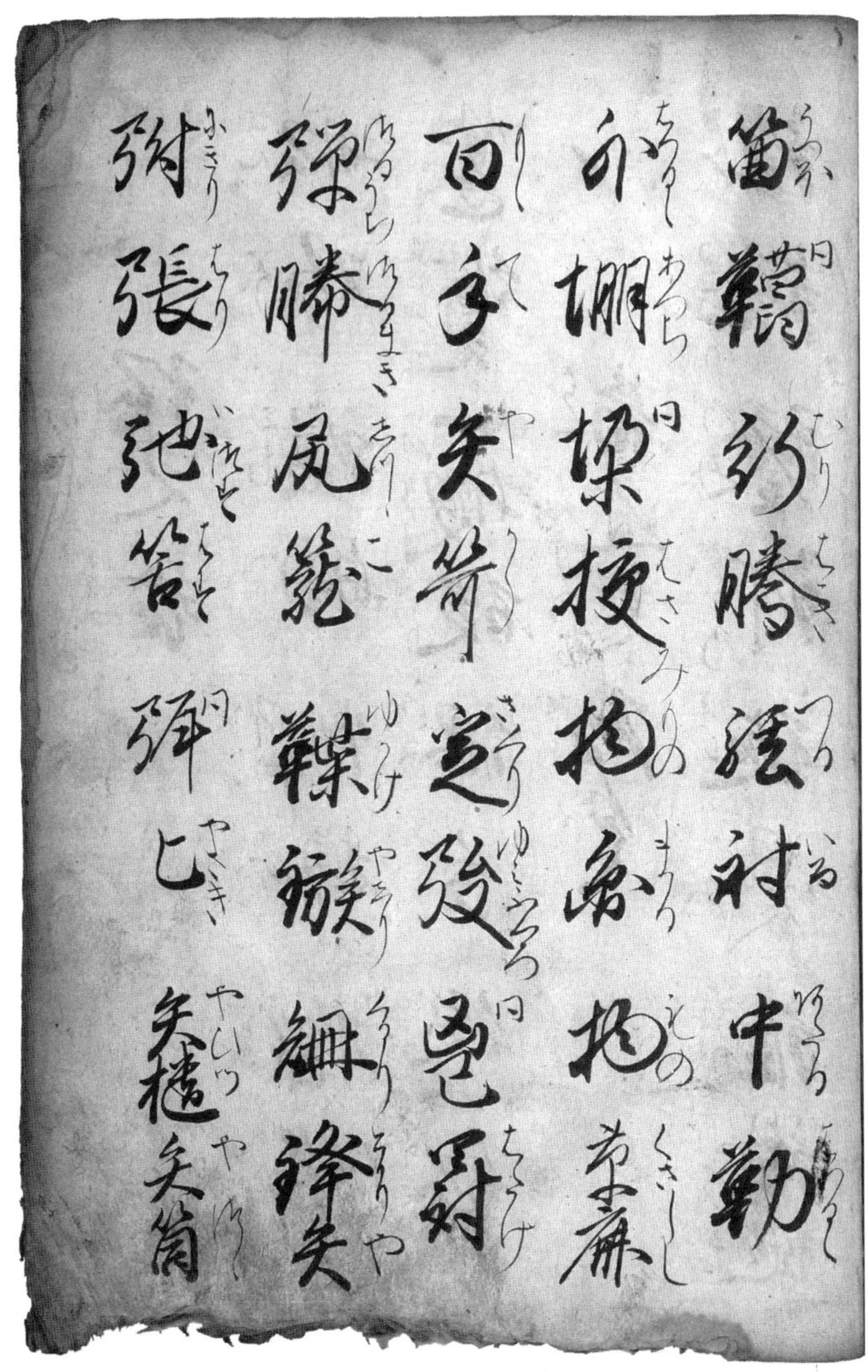

【56ウ】

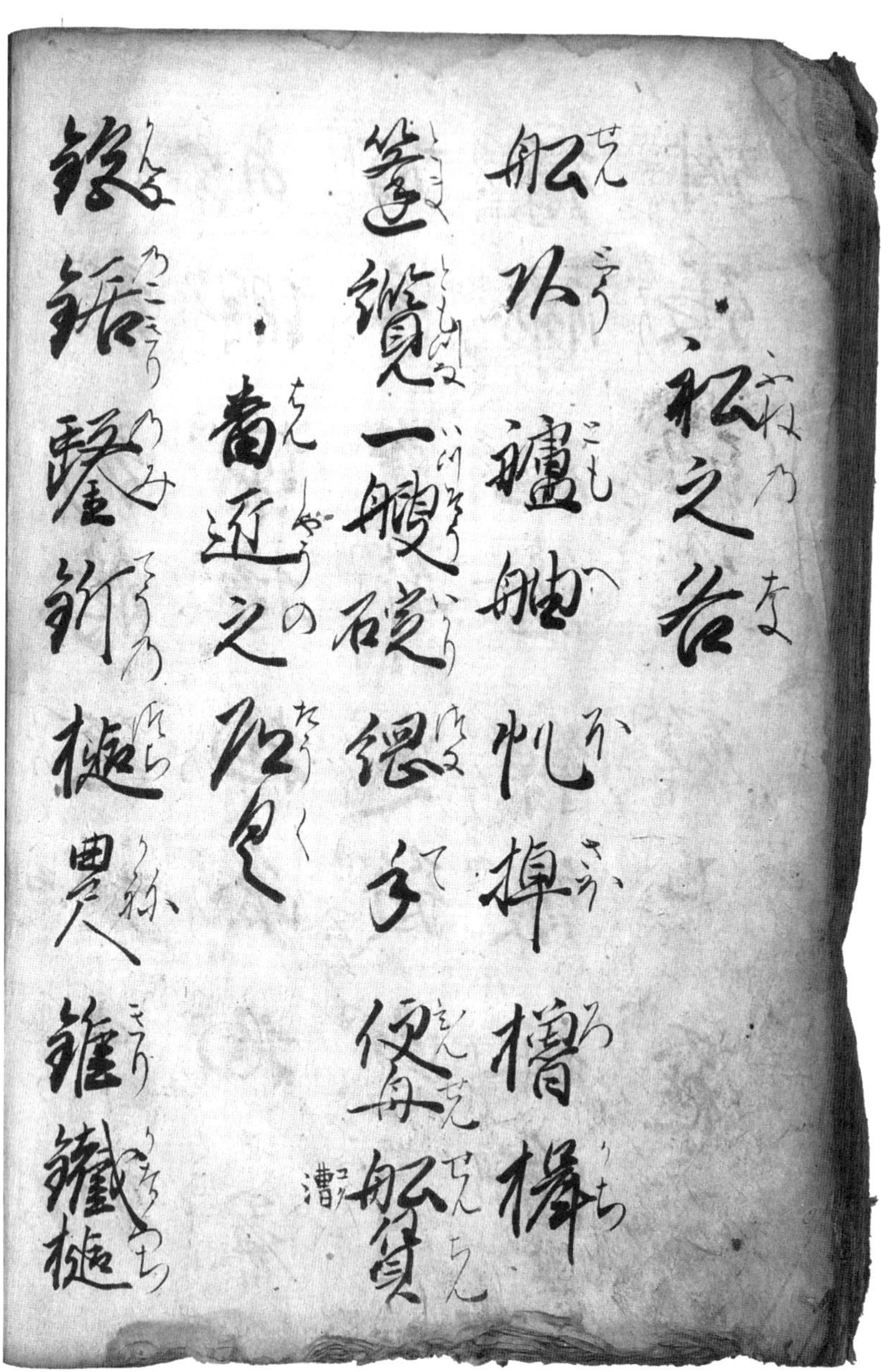

衣斗

・人之五体

頭髪鬢頬眉目額頂辰岸

髑歯眼䫉肘肱腕掖

脇胸腋腹膊膝脛頚睡

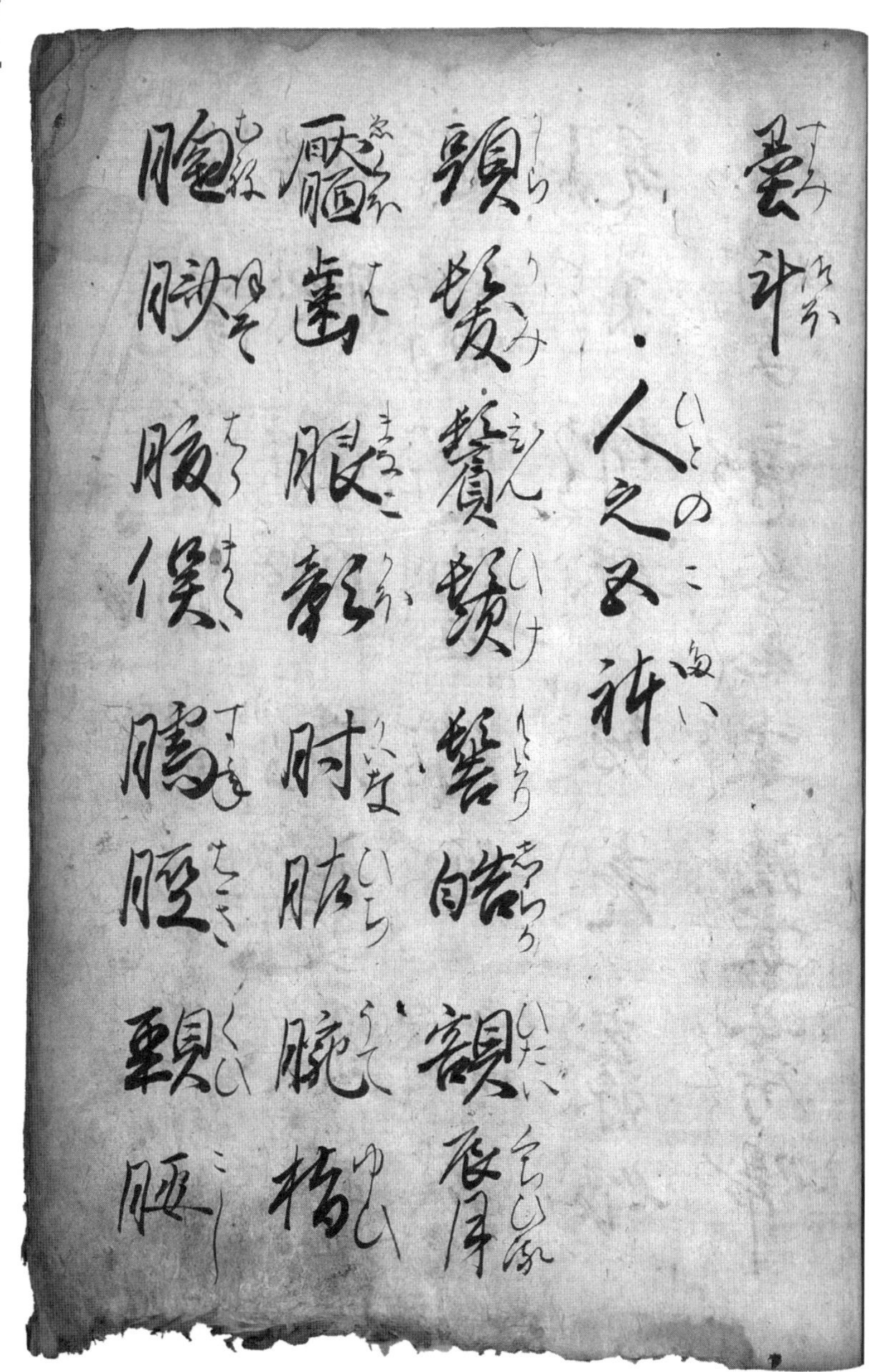

胭乳背膂筋皮骨血
喉腰閇開尻祖父皺祖母
親父母伯父伯母甥姪聟舅
兄弟姉妹孫曾玄孫娘
姫嫡子二男子息妻後妻女房婦

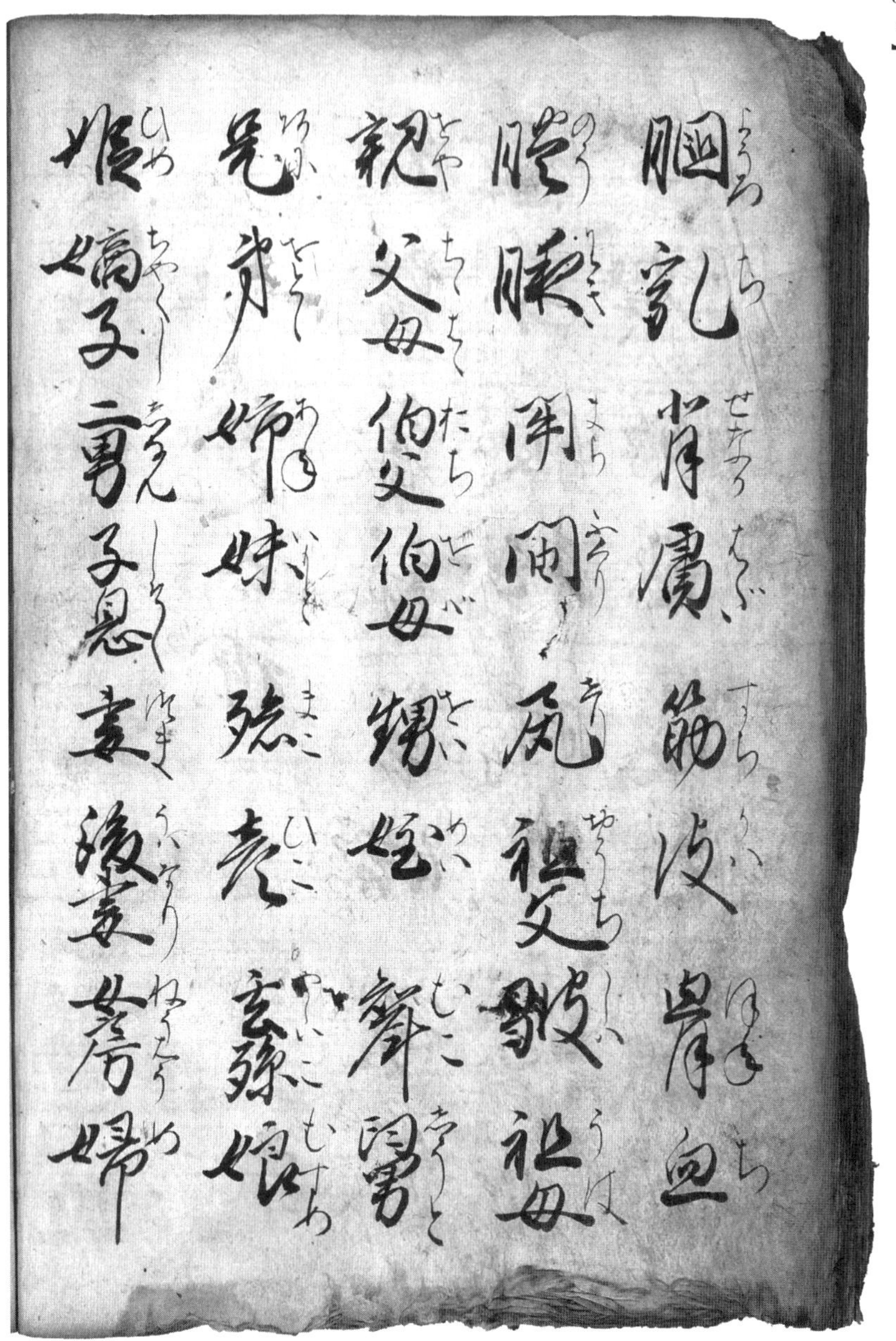

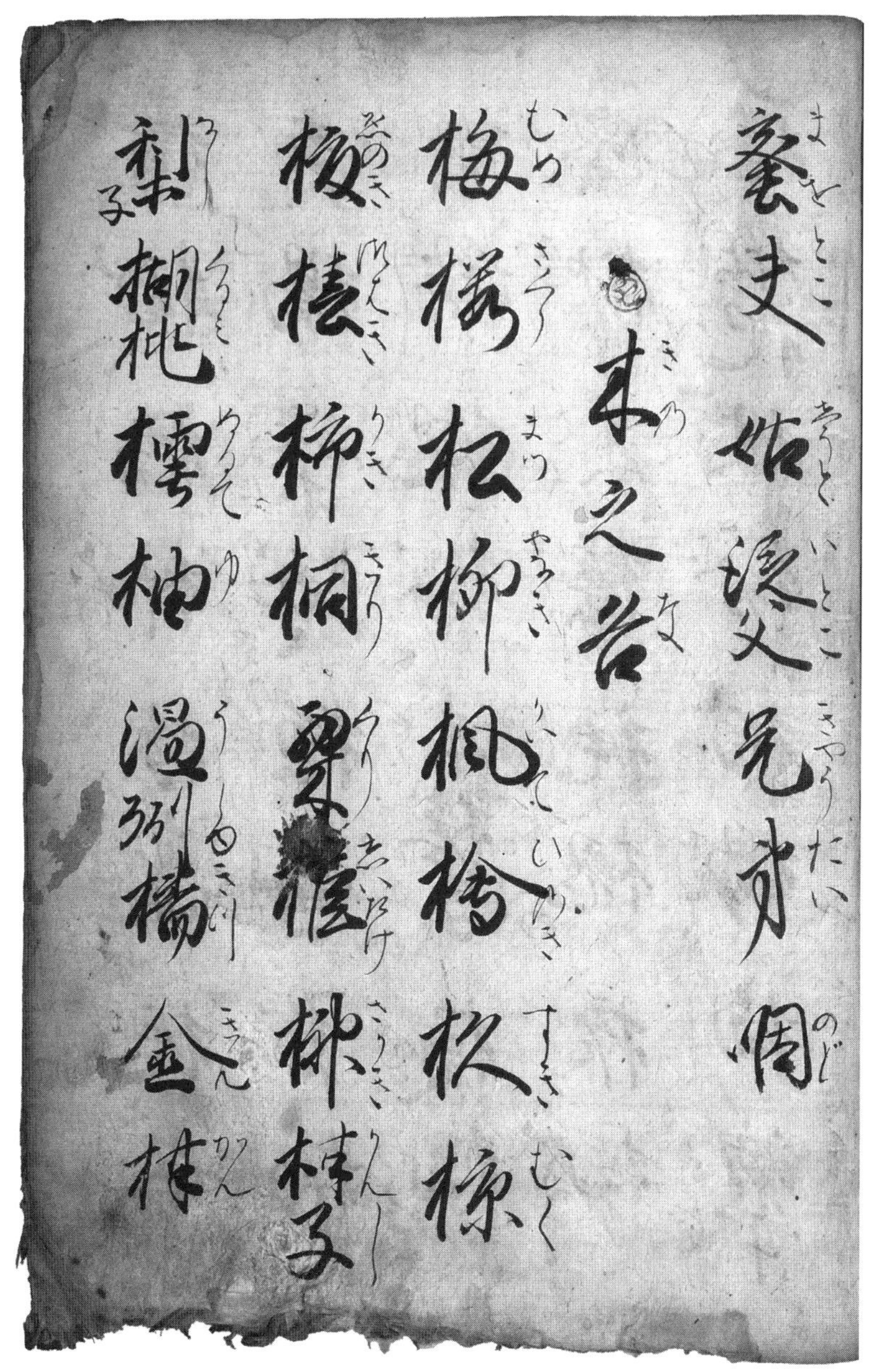

柘榴 橘 朴 柾 楤 梔子

黄楊 檗 榧 樒 李 杏 枸

櫟 櫸 樫 櫨 木槵子 橡 榴

樒 楸 木 槿 梍 槐 柞 樟

桂 枇杷 林檎 椥 楊梅 海棠

【59オ】

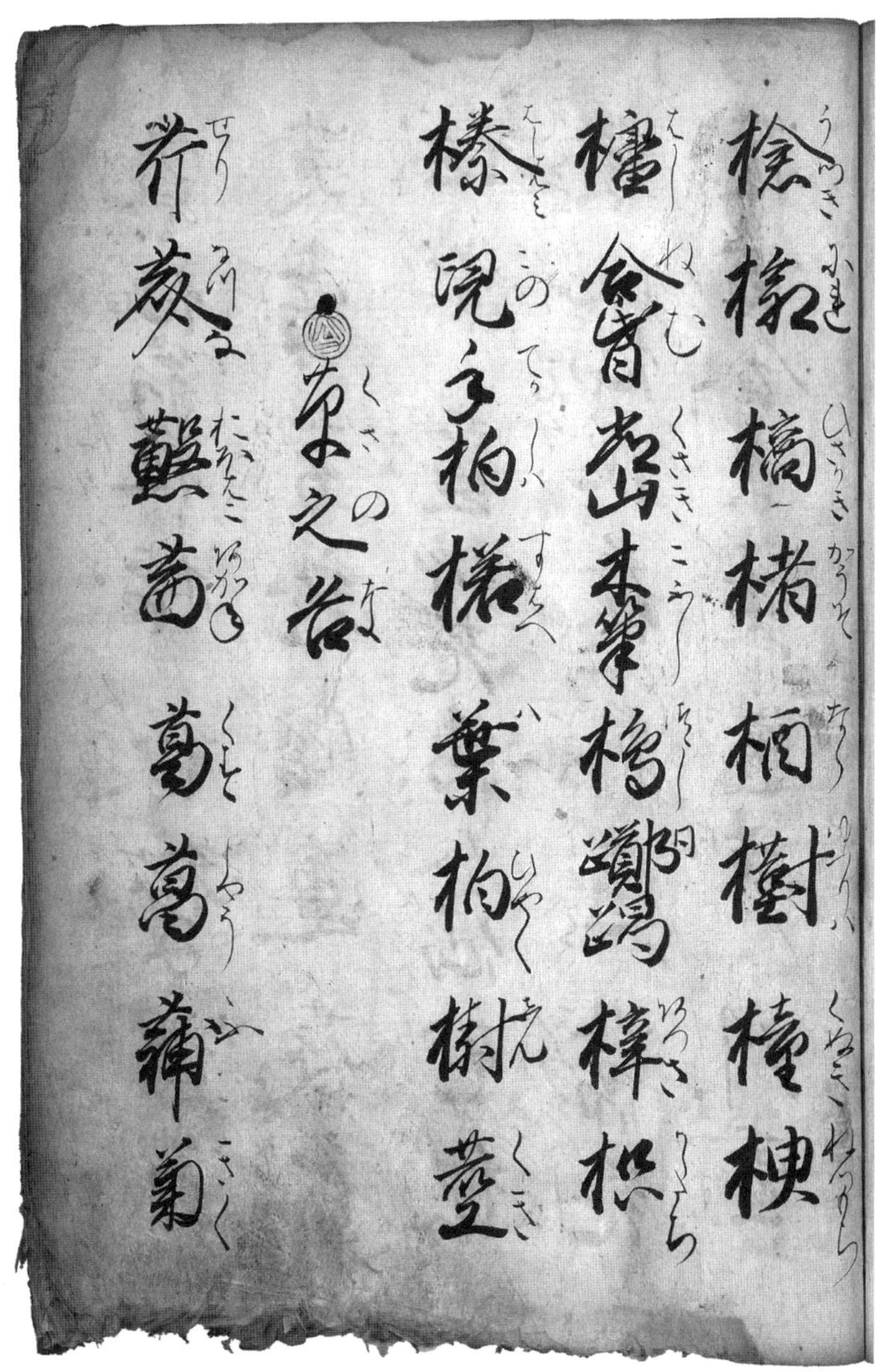

石菖　仙翁花　桔梗　撫子　紫苑
芙蓉　菊　龍膽　蓮　萩　石竹
忍　萱　野老　薄　金仙花　樸
連翹　鳳仙花　荻　萩　芝　女郎花
萵苣　百合　杏　葦　蒿　同　芦　同　刈萱

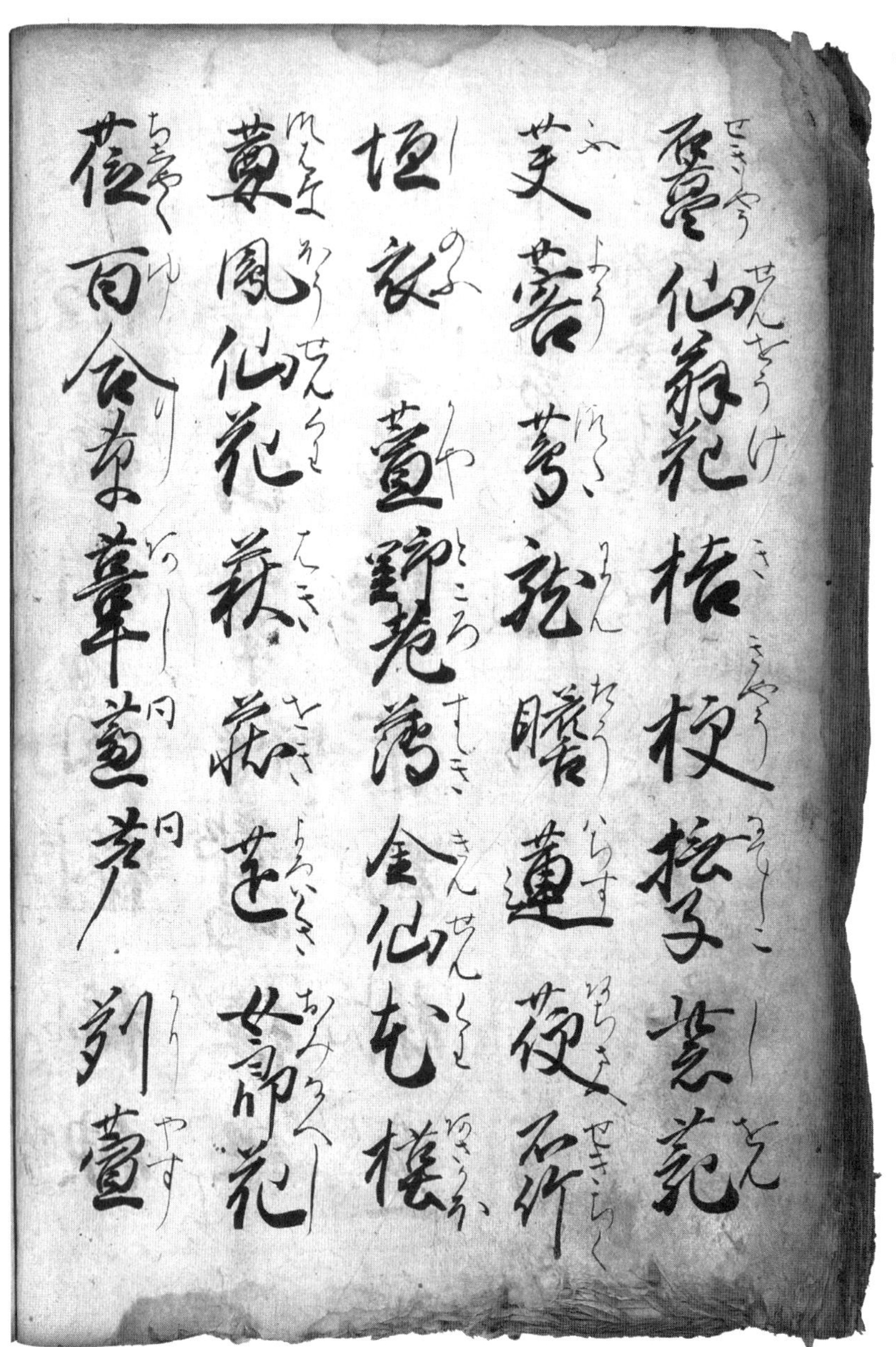

【60オ】

芍薬　藻　蓴菜　松茸　平茸　菱

椎茸　芝茸　翠茸　蕨　蘆

木賊　廚　枸杞　苦　章　蕗　[illegible]

蓼　薯蕷　覆盆子　苔　菩　浮　瀉

芹　蕪　山葵　茄子　葱　苳

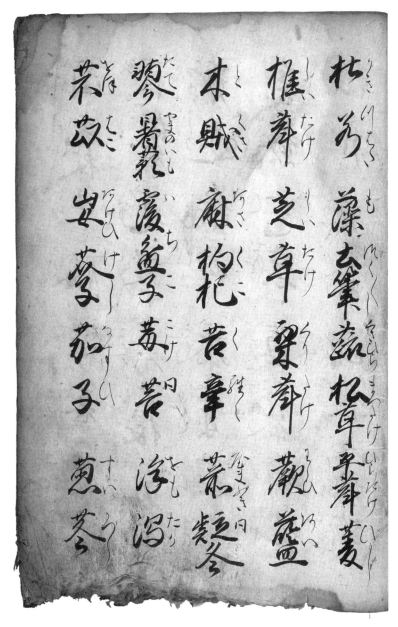

藺（い）　虎杖（いたどり）　牛膝（いのこづち）　芎藭　蕗

荏（ゑ）　胡麻（ごま）　莧（ひゆ）　蕓薹　牛蒡（ごばう）　大根（だいこん）　萵苣

茅　蕨　稲（いね）　稗（ひえ）　黍（きび）　粟　蔵　蔓

菫（すみれ）　蘩蔞　芭蕉（ばせを）　萆薢　荻　蘞　薬

稂　芹　莧　藜　鳥　蘇　薏苡

【61オ】

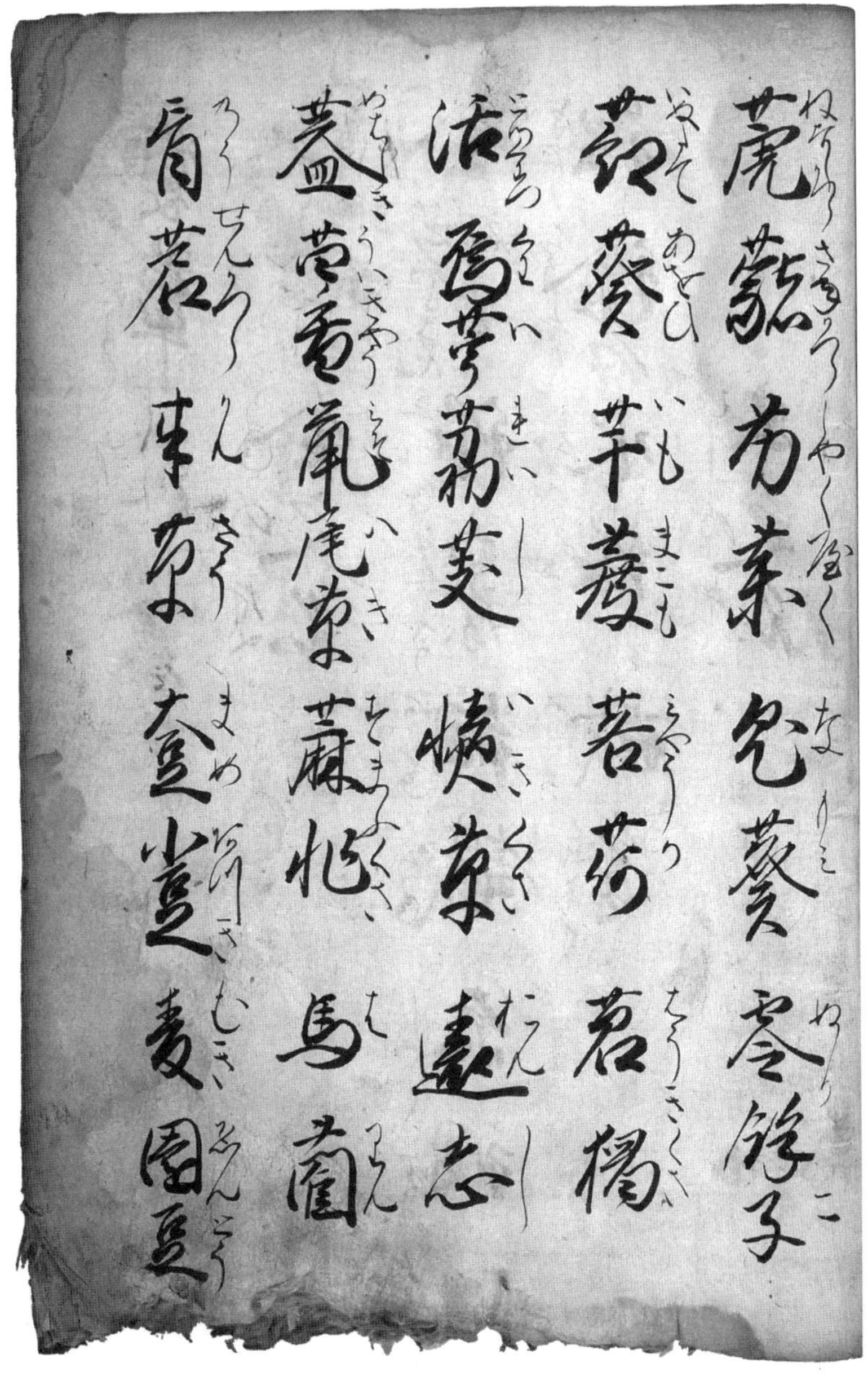

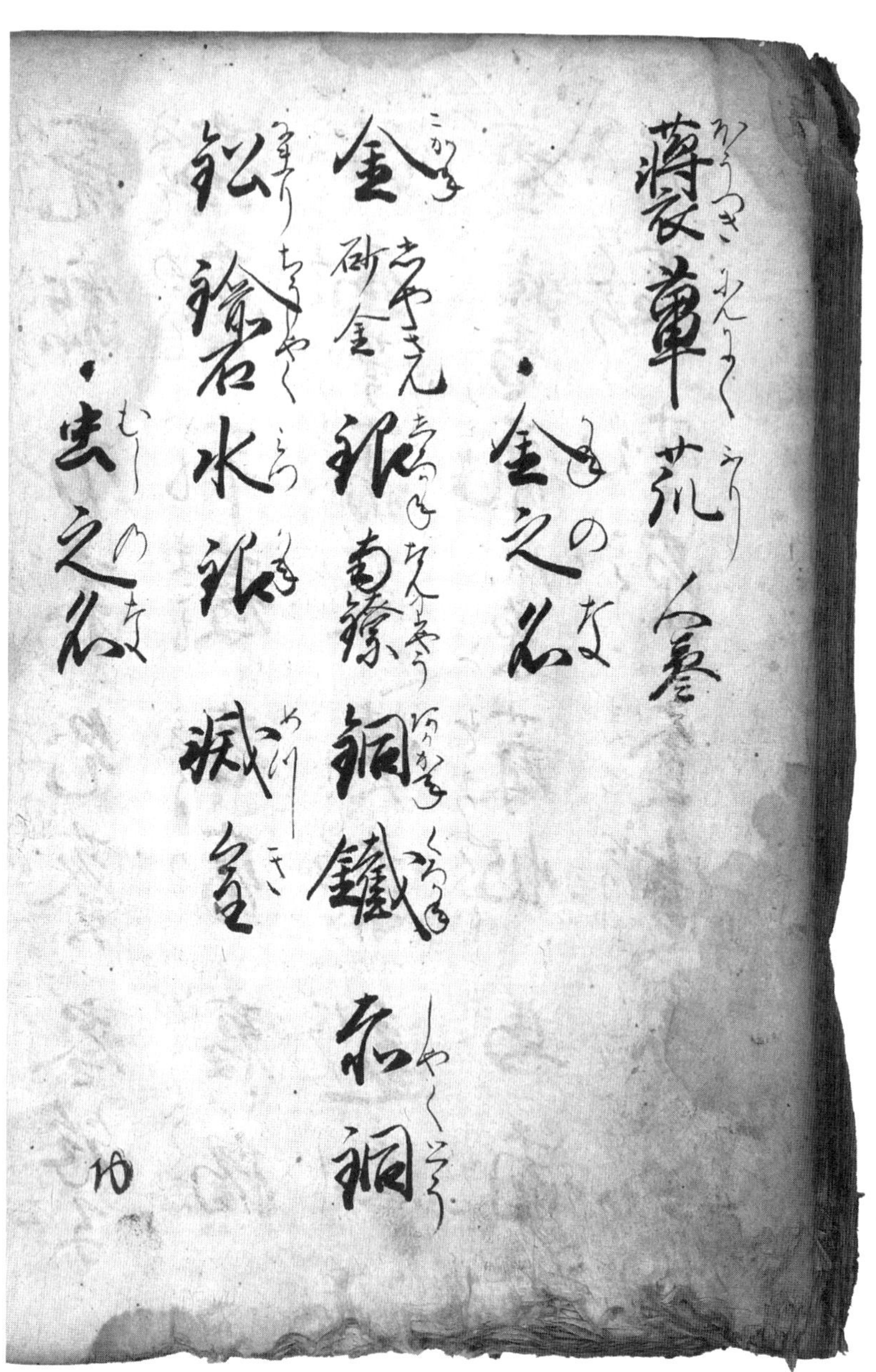

蜓（あきつ）　蠘（さそり）　蠋（いもむし）　蛬（きりきりす）　蜍（すゝむし）　螢（ほたる）　蝶（てふ）　蟉（もうら）

蚊（か）　蟁（かはむし）　𧎥（いなむし）　蜻（とんはう）　蜒　蛙（かへる）　螢（かゝり）　蟢（けら）

蟻（あり）　蜻（あを）　蠐（あへ）　蛭（ひす）　百足（むかて）　蛞（なめくし）　螺（すかい）　守宮（いもり）

蟦（たまむし）　蟋蟀（きりきりす）　蟬（しここ）　蚱（いなこ）　蠐（こうかり）　蟷（たうろう）　蝙（かうもり）　蝠

蠆（たかり）　蜋（らう）　蚤（のみ）　虱（しらみ）　蛛

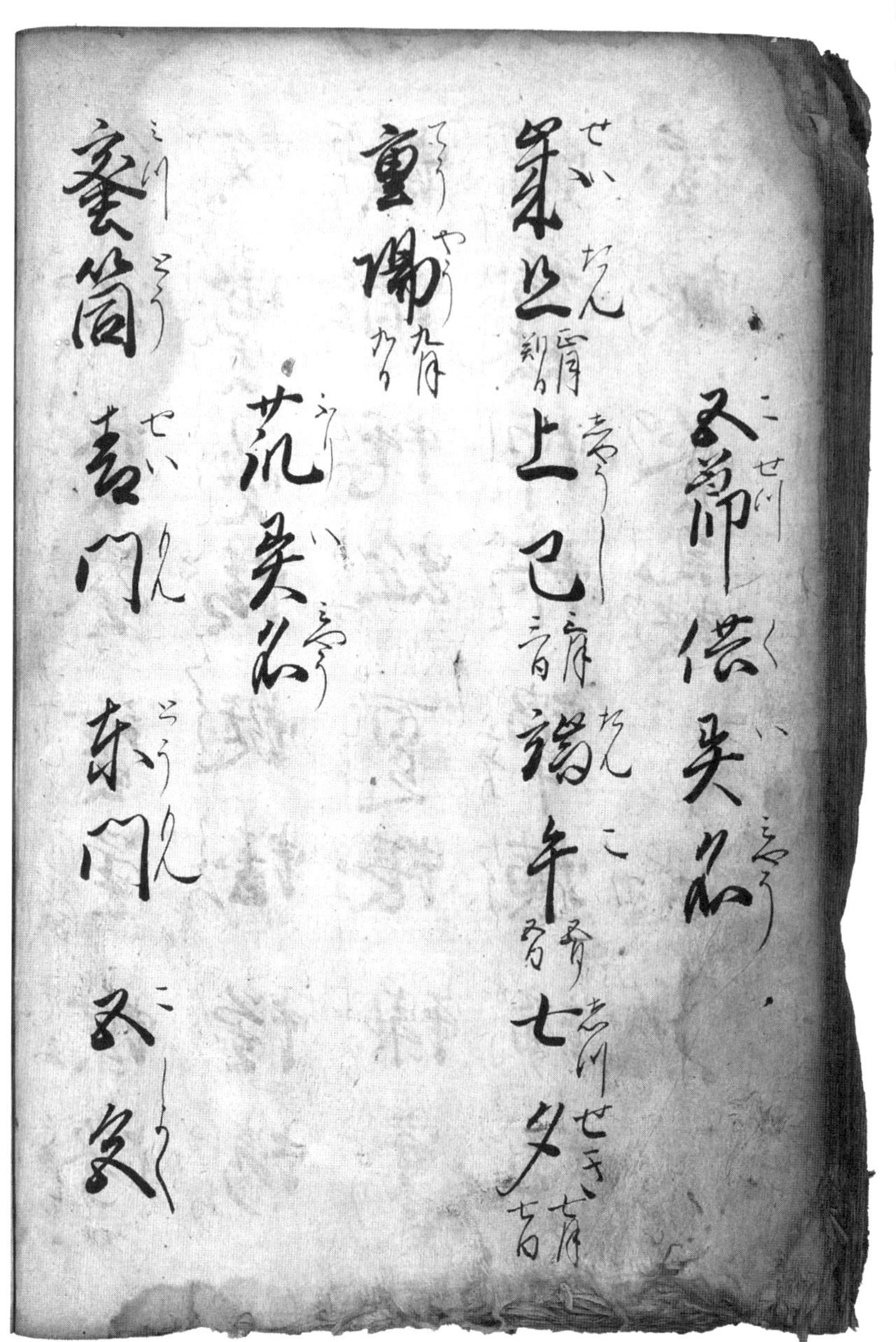

五節供異名

歳旦（正月朔日）　上巳（三月三日）　端午（五月五日）　七夕（七月七日）

重陽（九月九日）

花異名

蜜筒　青門　東門　五象

【63オ】

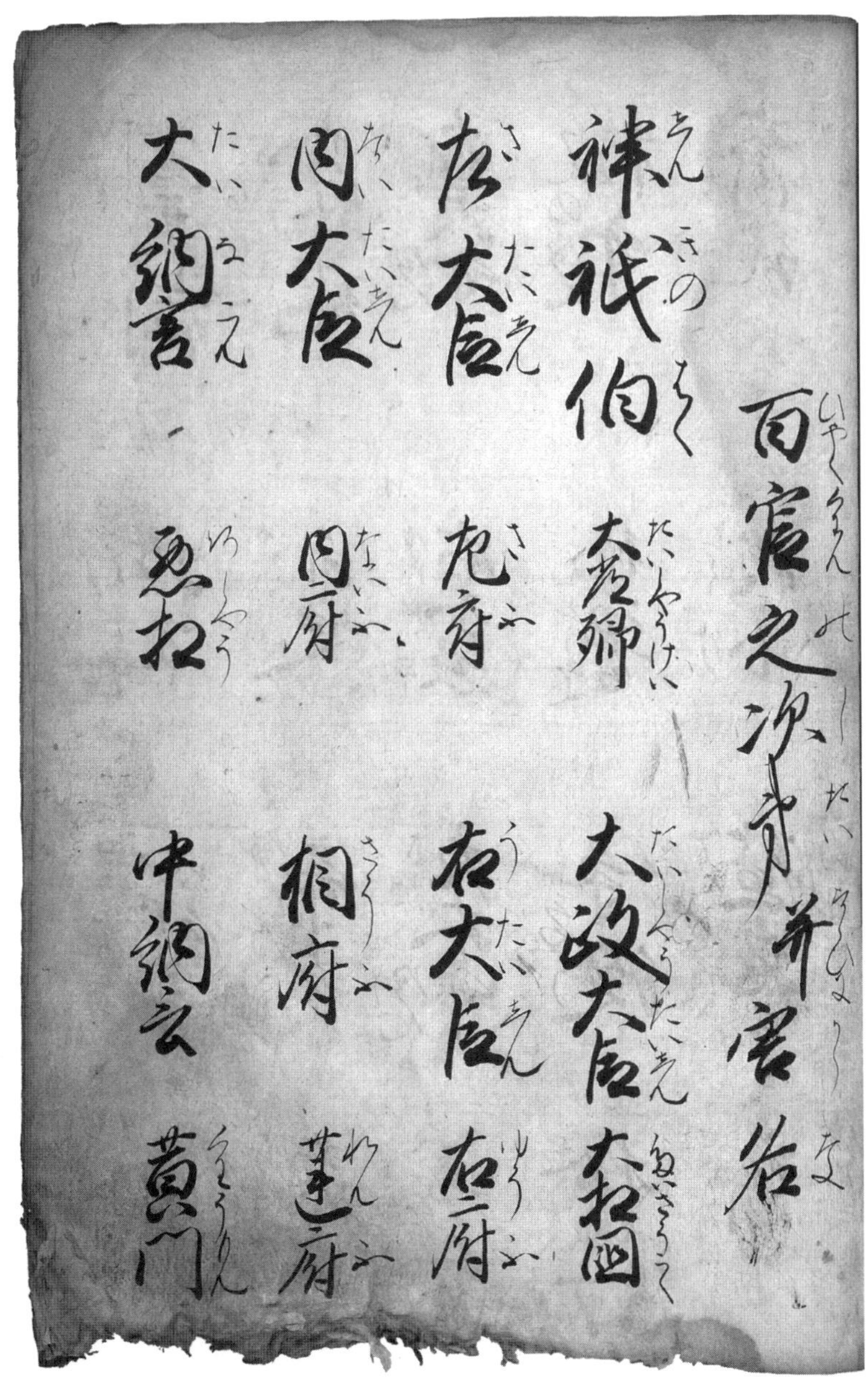

百官之次第并唐名

神祇伯　太常卿　太政大臣　太相国

左大臣　左府　右大臣　右府

内大臣　内府　槐府　蓮府

大納言　亜相　中納言　黄門

宰相（さいしやう）
相公（さうこう）
小納言（せうなごん）
給事中（きうしちう）

外記（げき）
外史（ぐわいし）
弁曹（べんのさう）
蘭台（らんたい）

右大弁（うたいべん）
右大丞（ゆうたいせう）
左大弁（さたいべん）
左大丞（さたせう）

権弁（ごんのべん）
権尚書（ごんしやうしよ）
侍従（しじう）
拾遺（しうい）

大内記（だいないき）
柱下（ちうけ）
監物（けんもつ）
城門郎（せいもんらう）

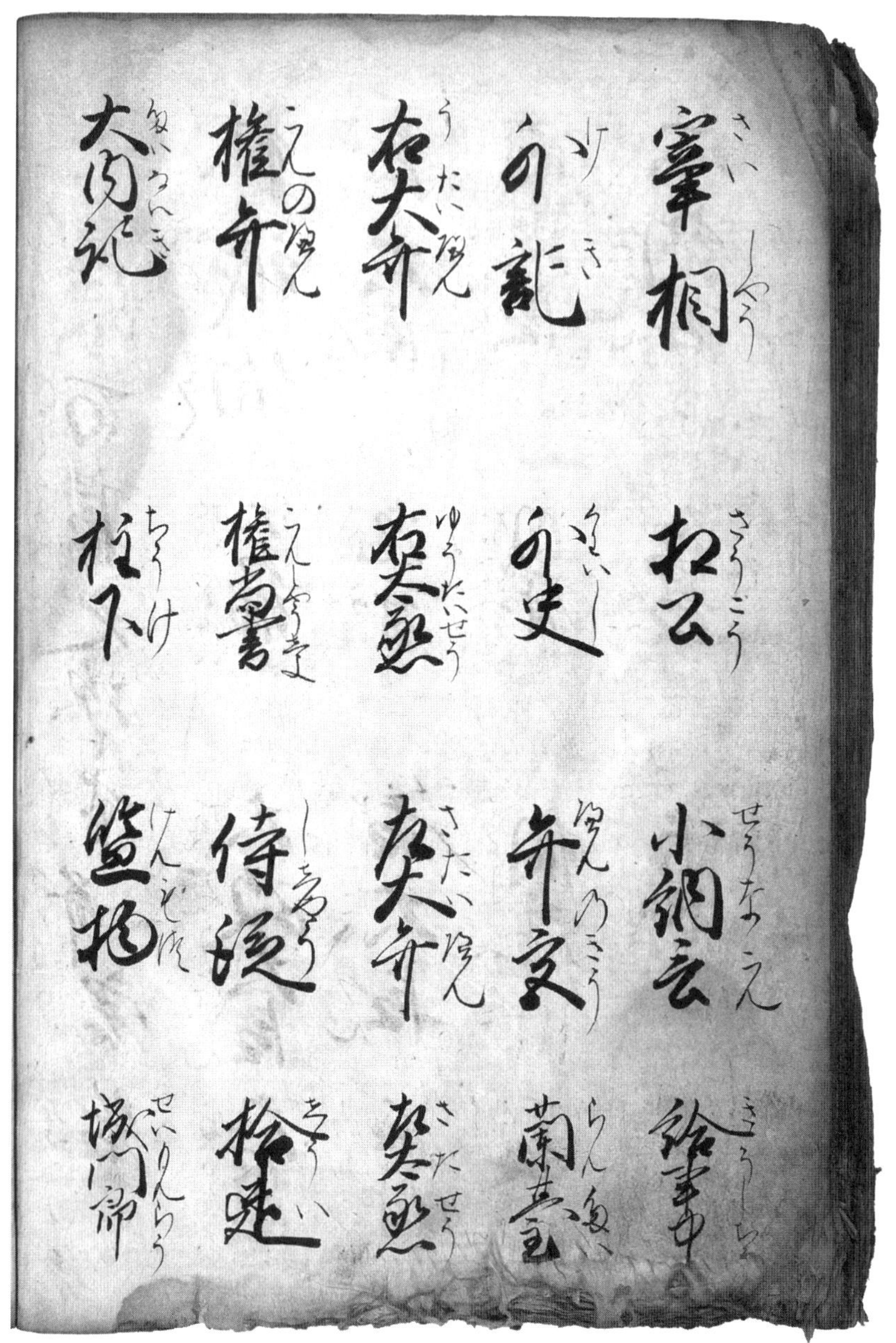

中宮大夫（ちうぐうたゆう）　大進（たいしん）　大舎人（おほとねり）　主當令（しゆたうれい）

図書頭（つしよのかみ）　秘書郎（ひしよらう）　内蔵頭（くらのかみ）　倉部（さうはう）

中務（なかつかさ）　中書（ちうしよ）　縫殿頭（ぬいのかみ）　尚衣（しやうい）

陰陽頭（おんやうのかみ）　祠部（しほう）　天文博士（てんもんはかせ）　[illegible]

漏剋博士（ろくこくのはかせ）　挈壺（けいこ）　内匠頭（うちたくみのかみ）　中匠（ちうしやう）

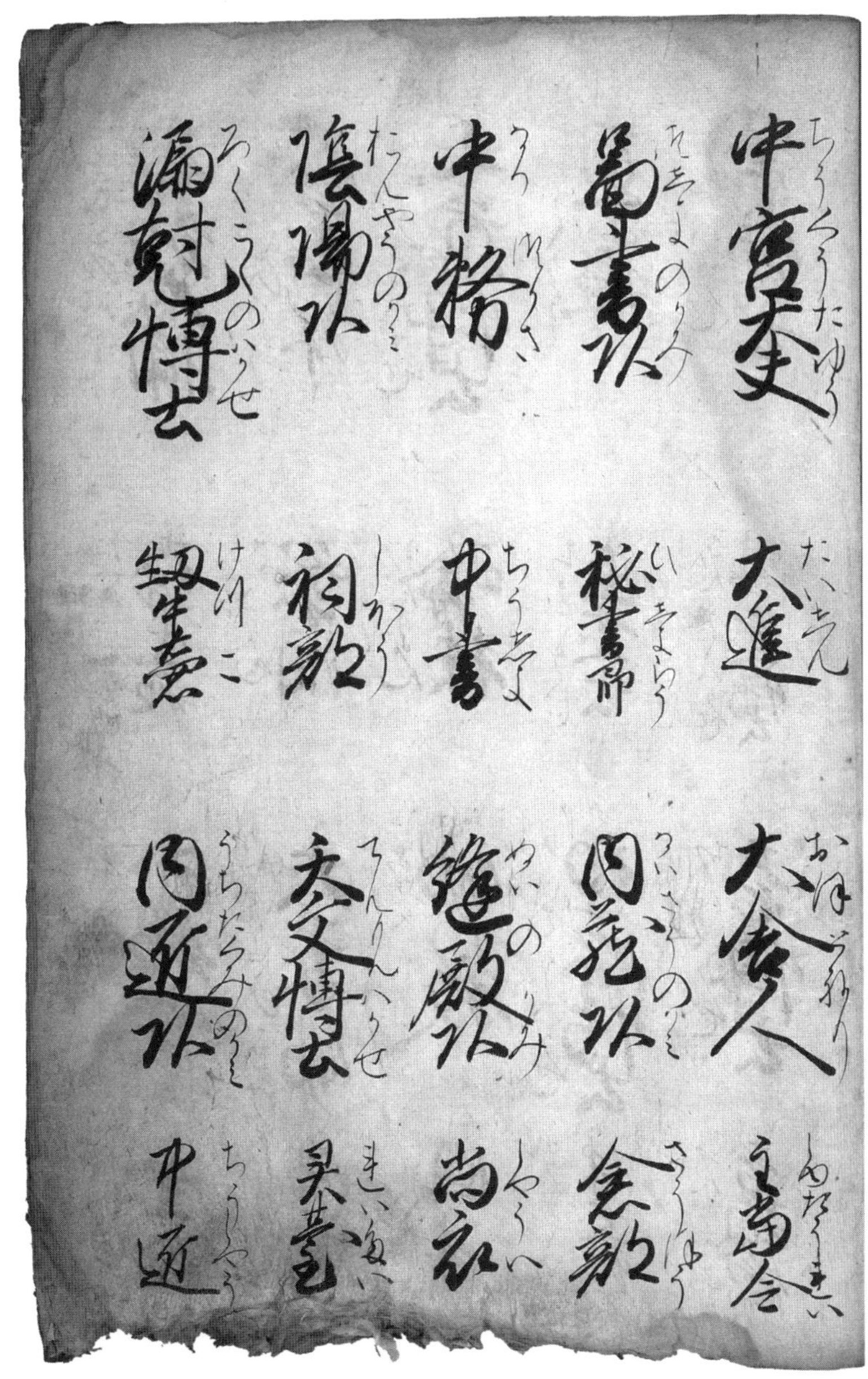

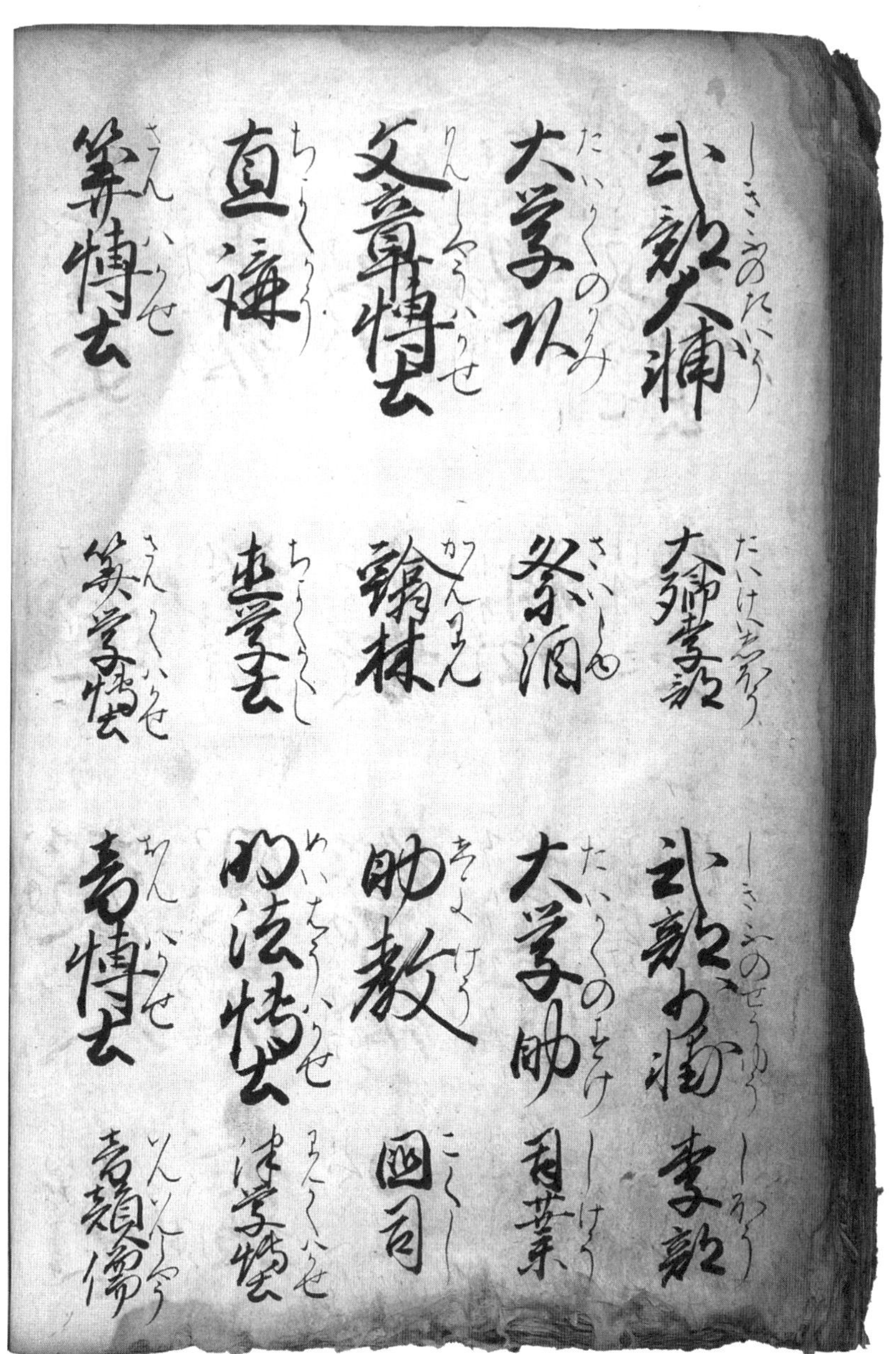

式部大輔（しきぶのたいふ）
大学頭（だいがくのかみ）
文章博士（もんじやうはかせ）
直講（ちよくかう）
算博士（さんはかせ）

大卿李部（たいけいりほう）
祭酒（さいしゆ）
翰林（かんりん）
直学士（ちよくかくし）
算学博士（さんかくはかせ）

式部少輔（しきぶのせうゆう）
大学助（だいがくのすけ）
助教（じよけう）
明法博士（めいほうはかせ）
音博士（おんはかせ）

李部（しりほう）
司業（しけう）
国子（こくし）
律学博士（りつがくはかせ）
音韻儒（いんゐんじゆ）

【65オ】

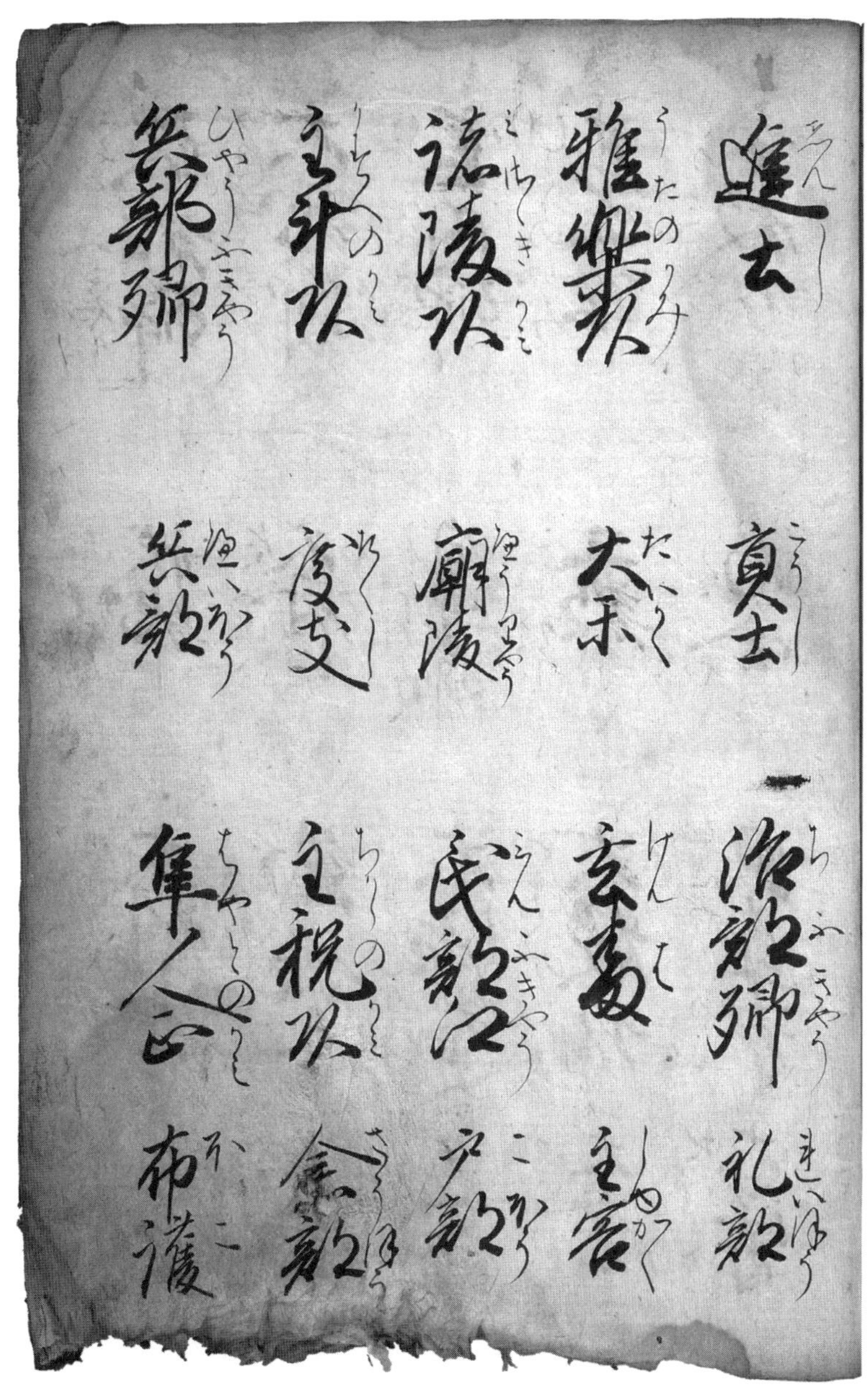

【65ウ】

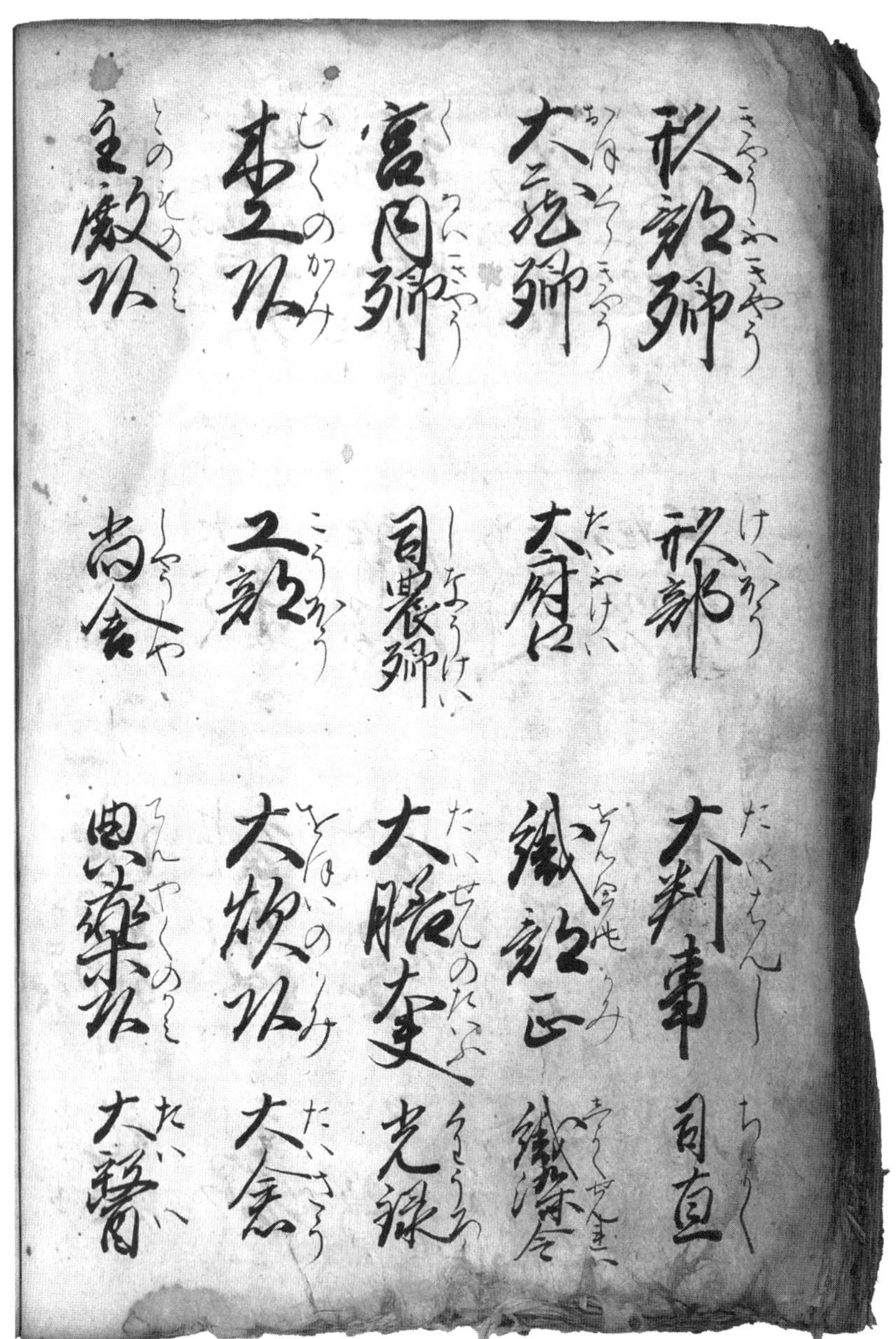

刑部卿　刑部　大判事　司直

大蔵卿　大府　織部正　織染令

宮内卿　司農卿　大膳大夫　光禄

木工頭　工部　大炊頭　大倉

主殿頭　尚舎　典薬頭　太醫

【66オ】

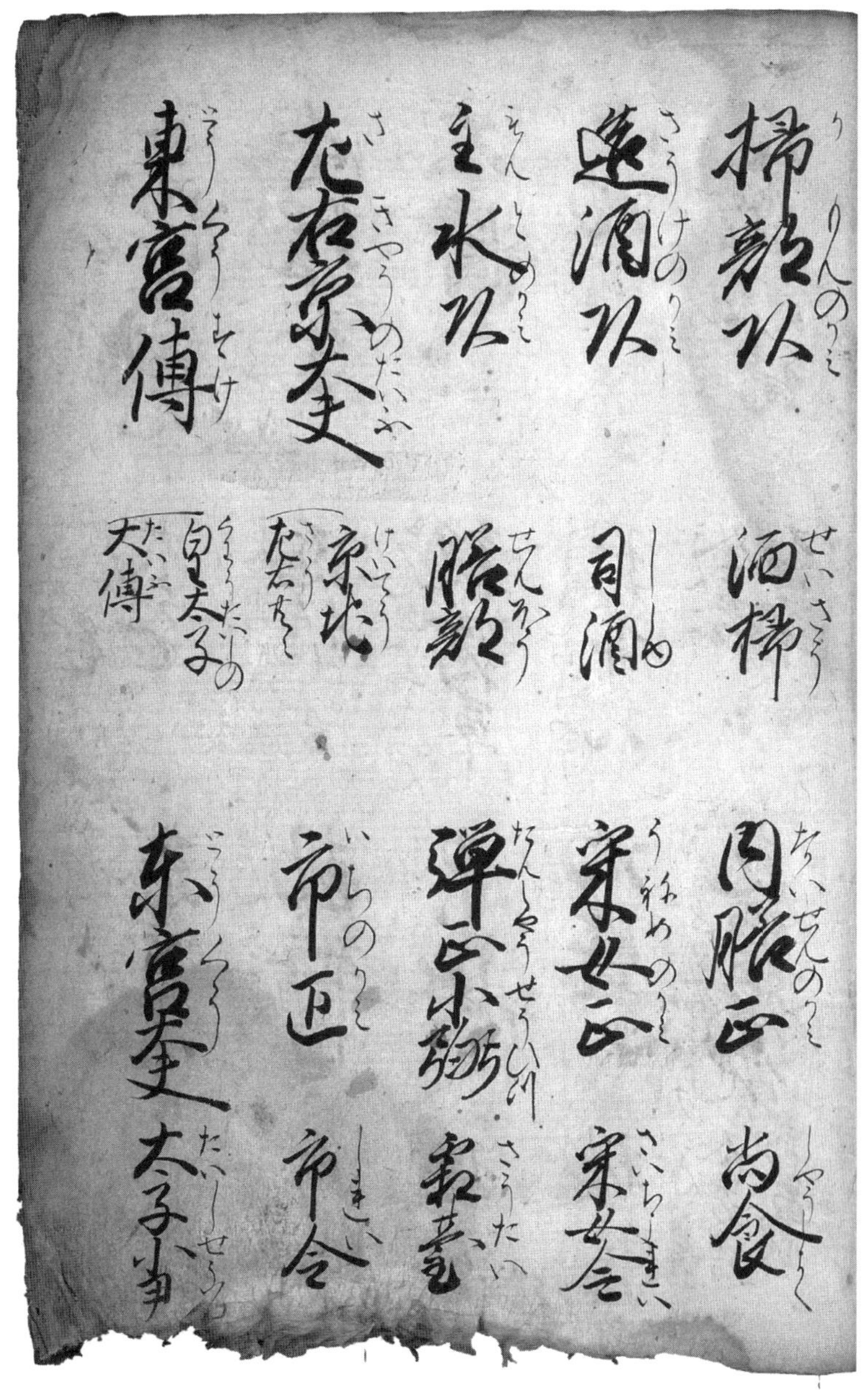

東宮亮　大監　東宮学士　太子賓客

修理大夫　造作　勘解由　勾勘

大将　親衛将軍　中将　羽林

少将　羽林郎将　少監　親衛校尉

左右衛門督　金吾大将軍　左右衛門佐　金吾将軍

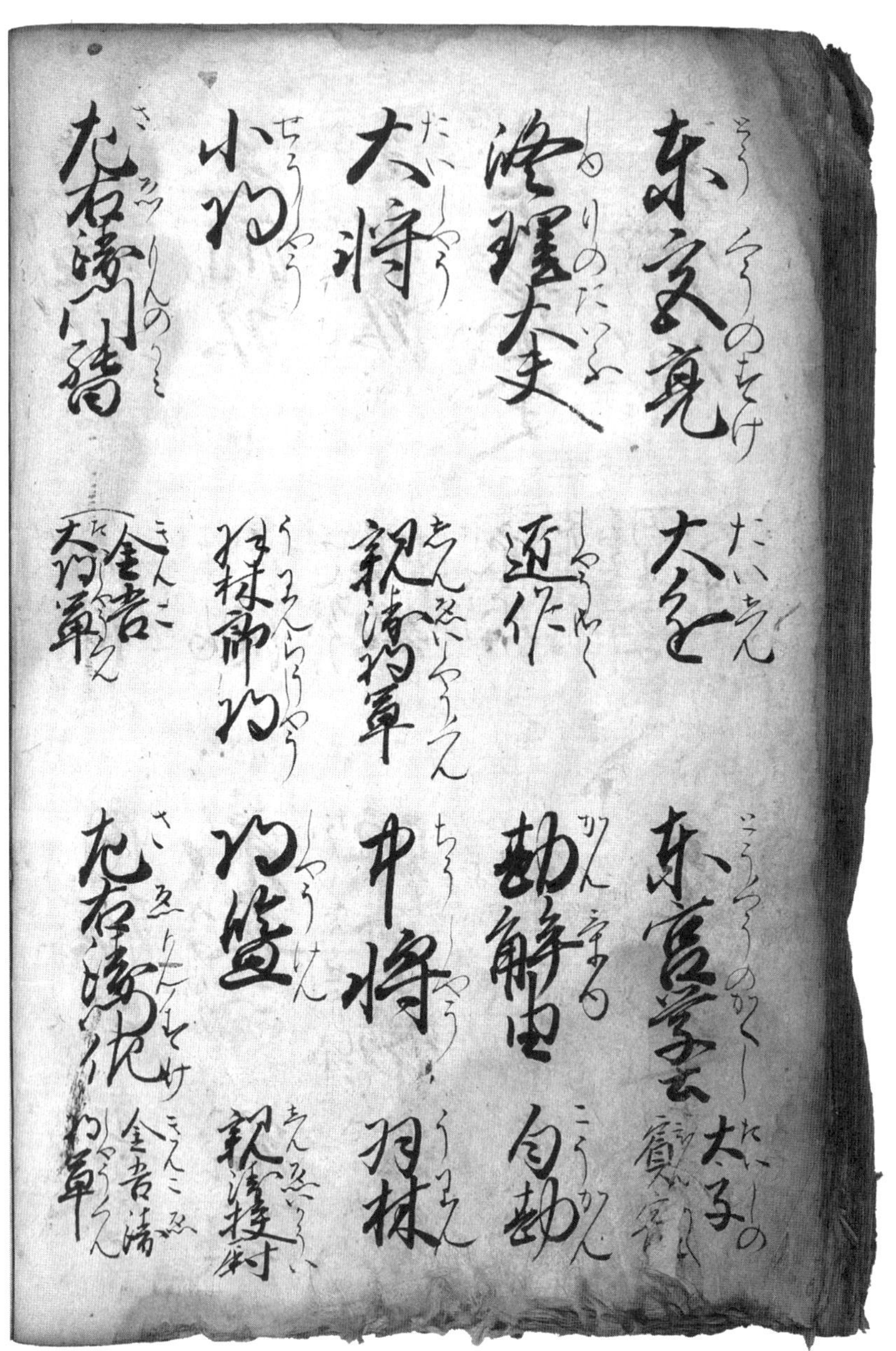

【67オ】

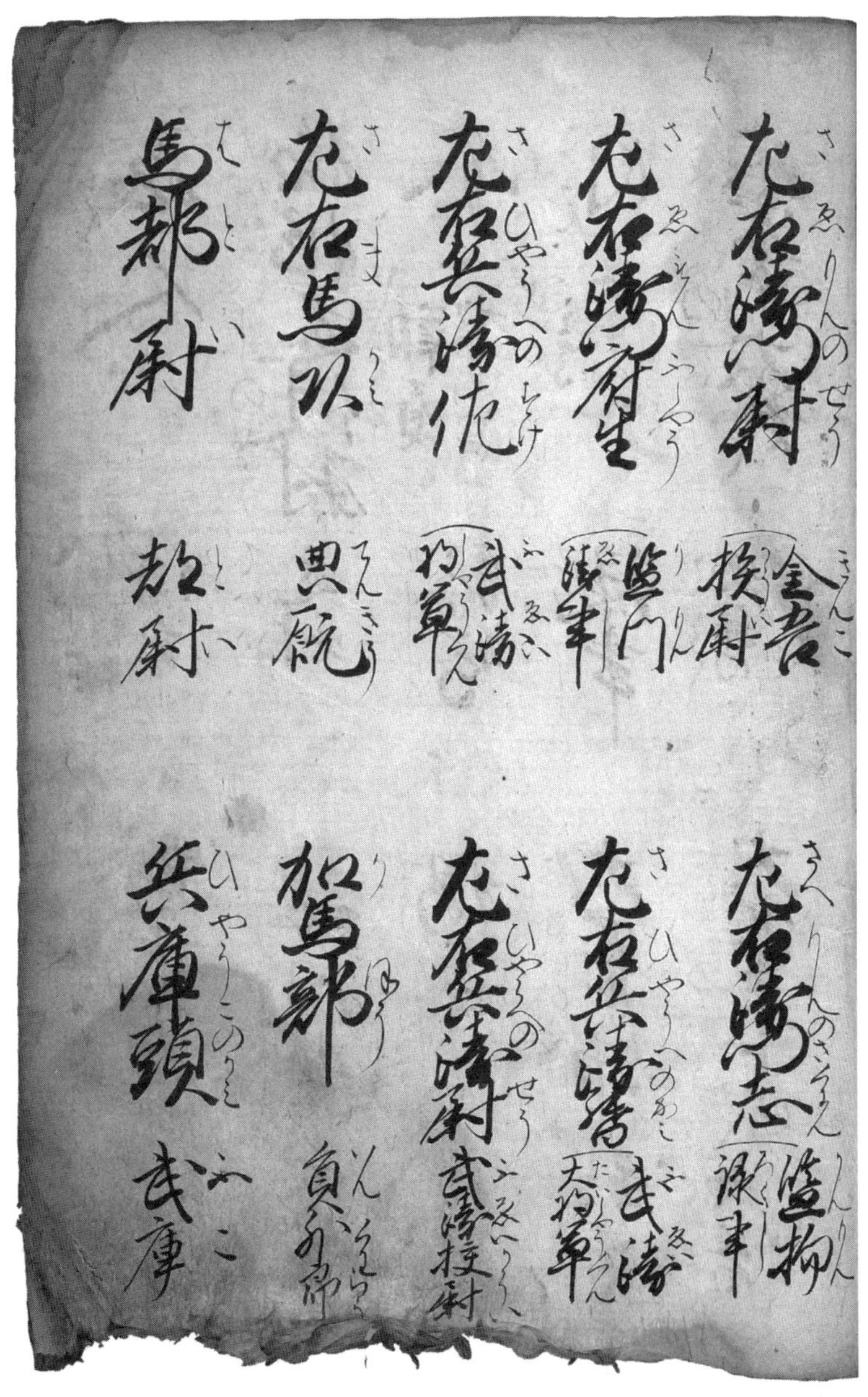

【67ウ】

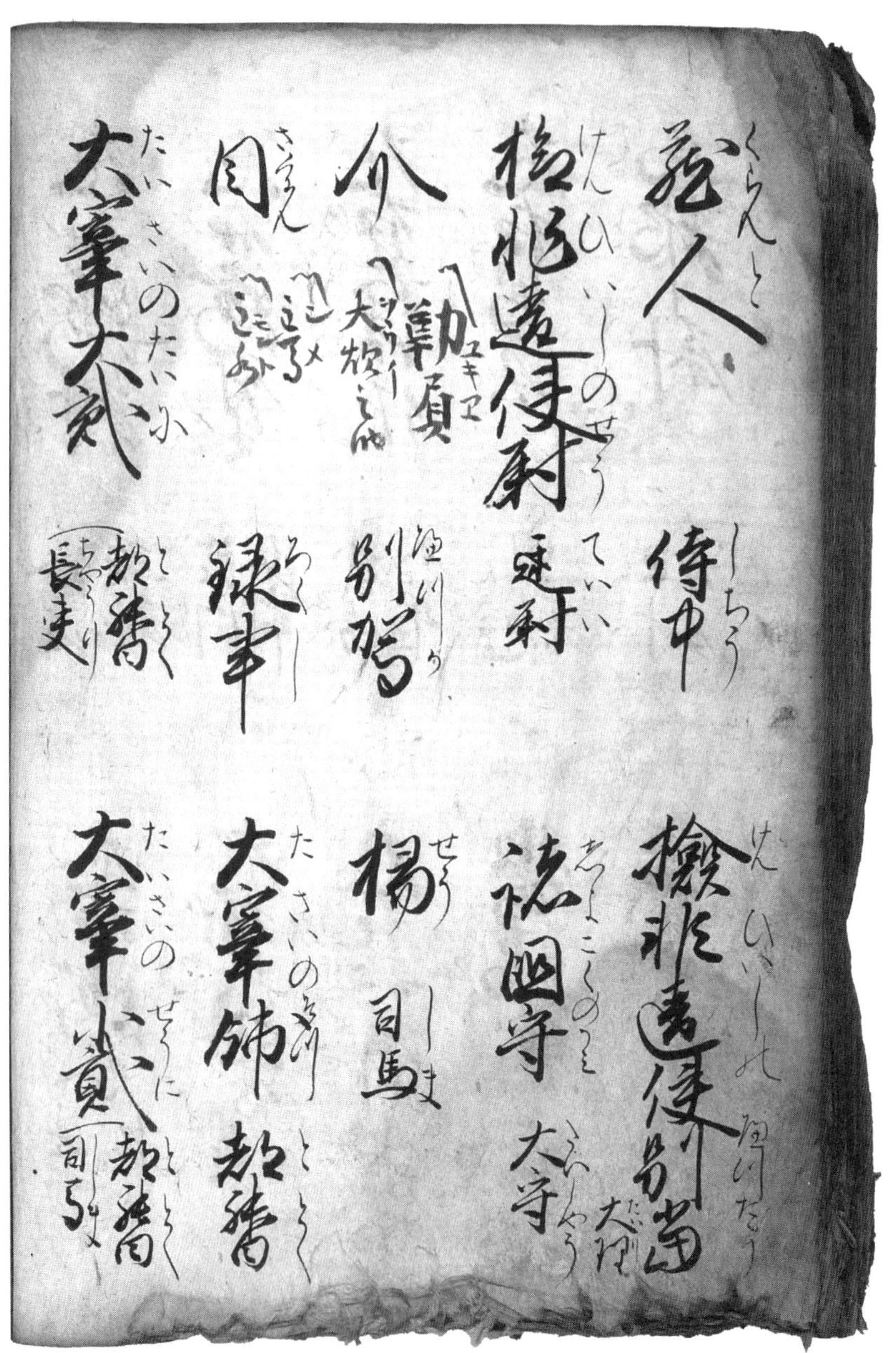

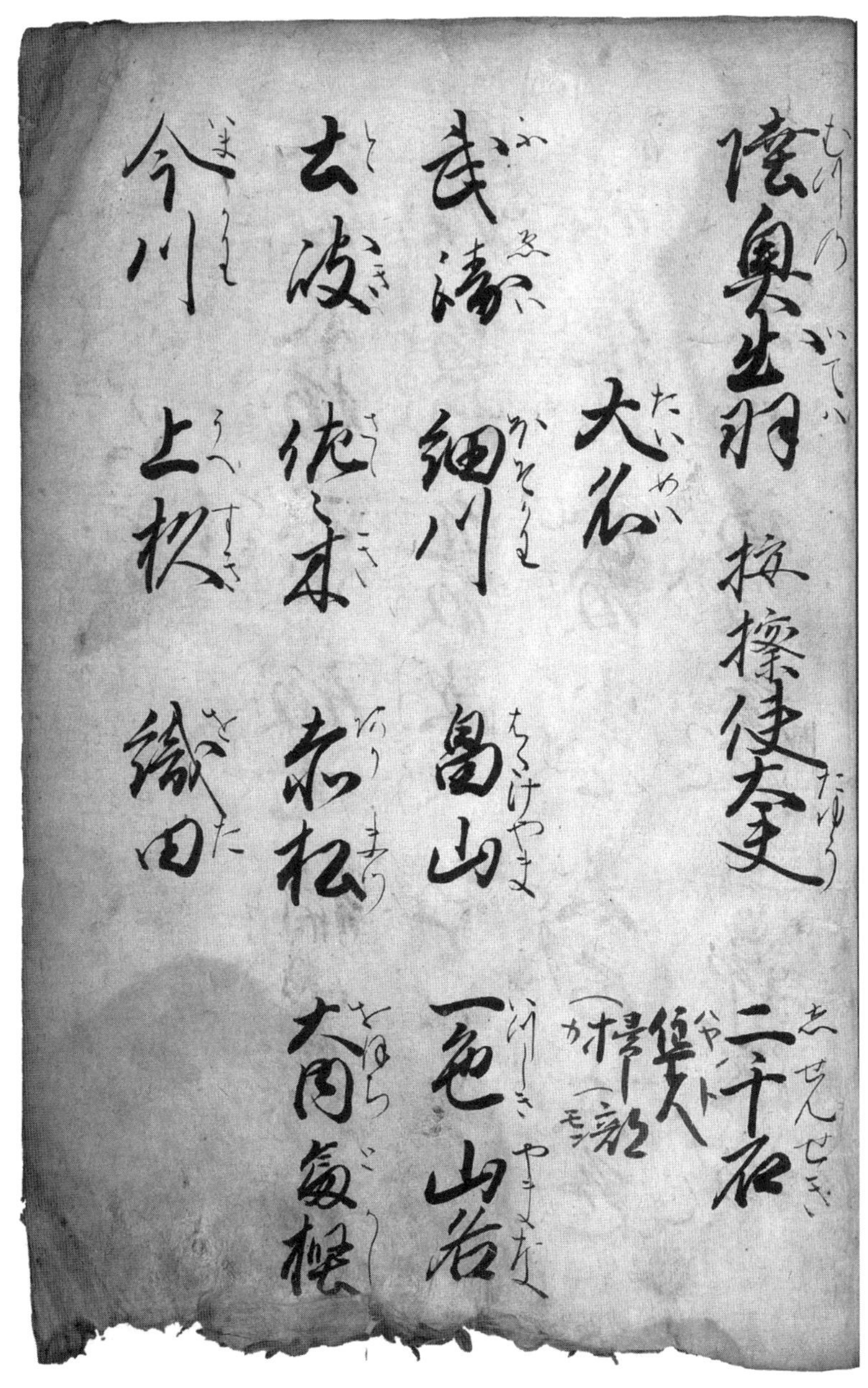

陸奥出羽　按察使大夫
大名　二千石　隼人　[illegible]
武衛　細川　畠山　一色山名
土岐　佐々木　赤松　大[illegible]
今川　上杉　織田

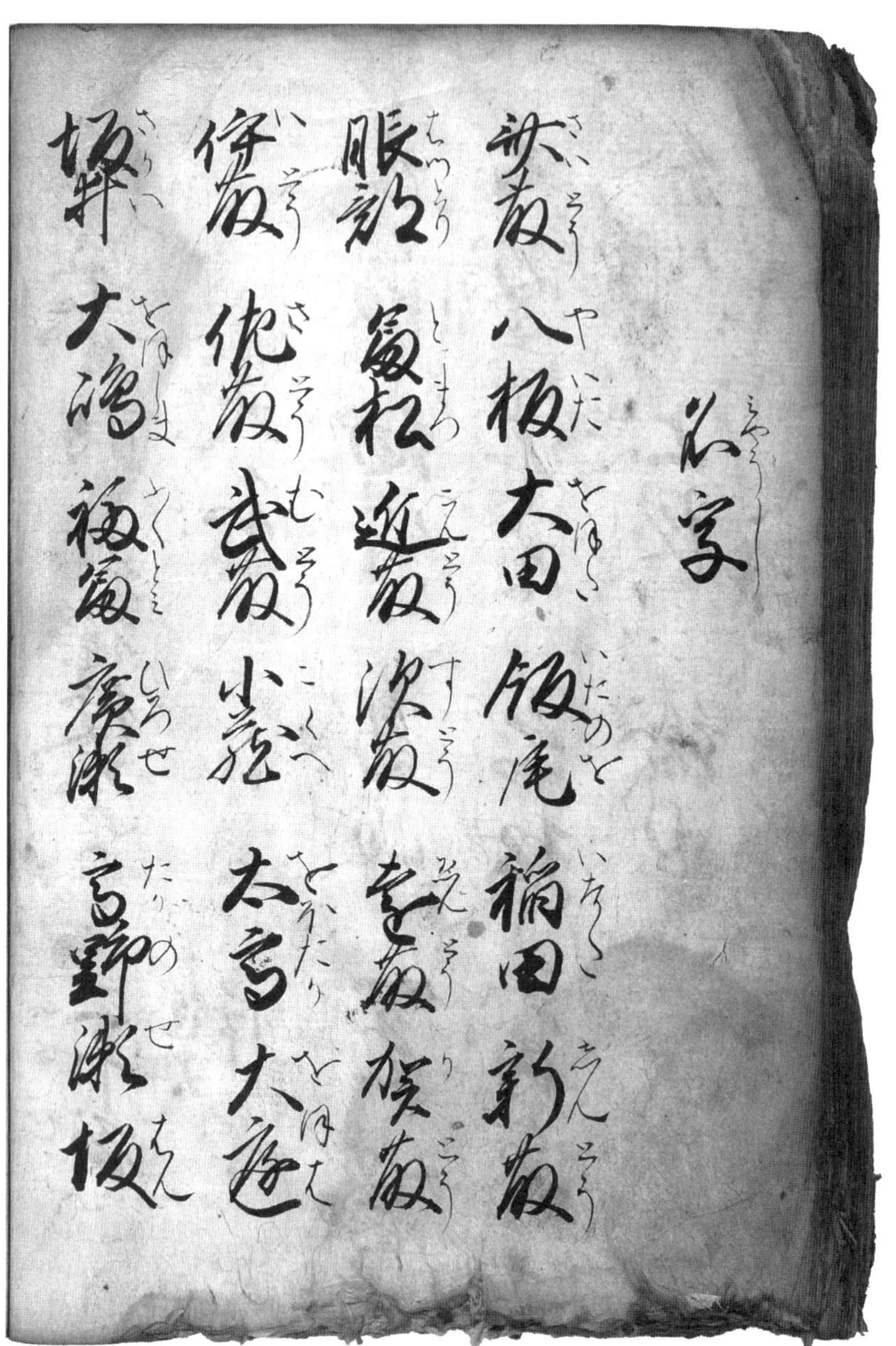

豊嶋(としま) 友田(ともた) 牛牧(うしまき) 小栗(をくり) 多治見(たちみ) 関(せき)

関戸(せきと) 宮田(みやた) 苅田(かりた) 玉井(たまのゐ) 木下(きのした) 林律(はやしちん)

中澤(なかさハ) 私市(きさいち) 大塚(をほつか) 万年(まんねん) 伊地知(いぢち) 不破(ふハ)

塙(ちんかふ) 栗山(くりやま) 山内(やまのうち) 山縣(やまかた) 神尾(かみを) 神戸(かんべ)

安宅(あたき) 日置(へき) 都筑(つゝき) 榛澤(はんさハ) 小下(こみざい) 栗飯原(あいはら)

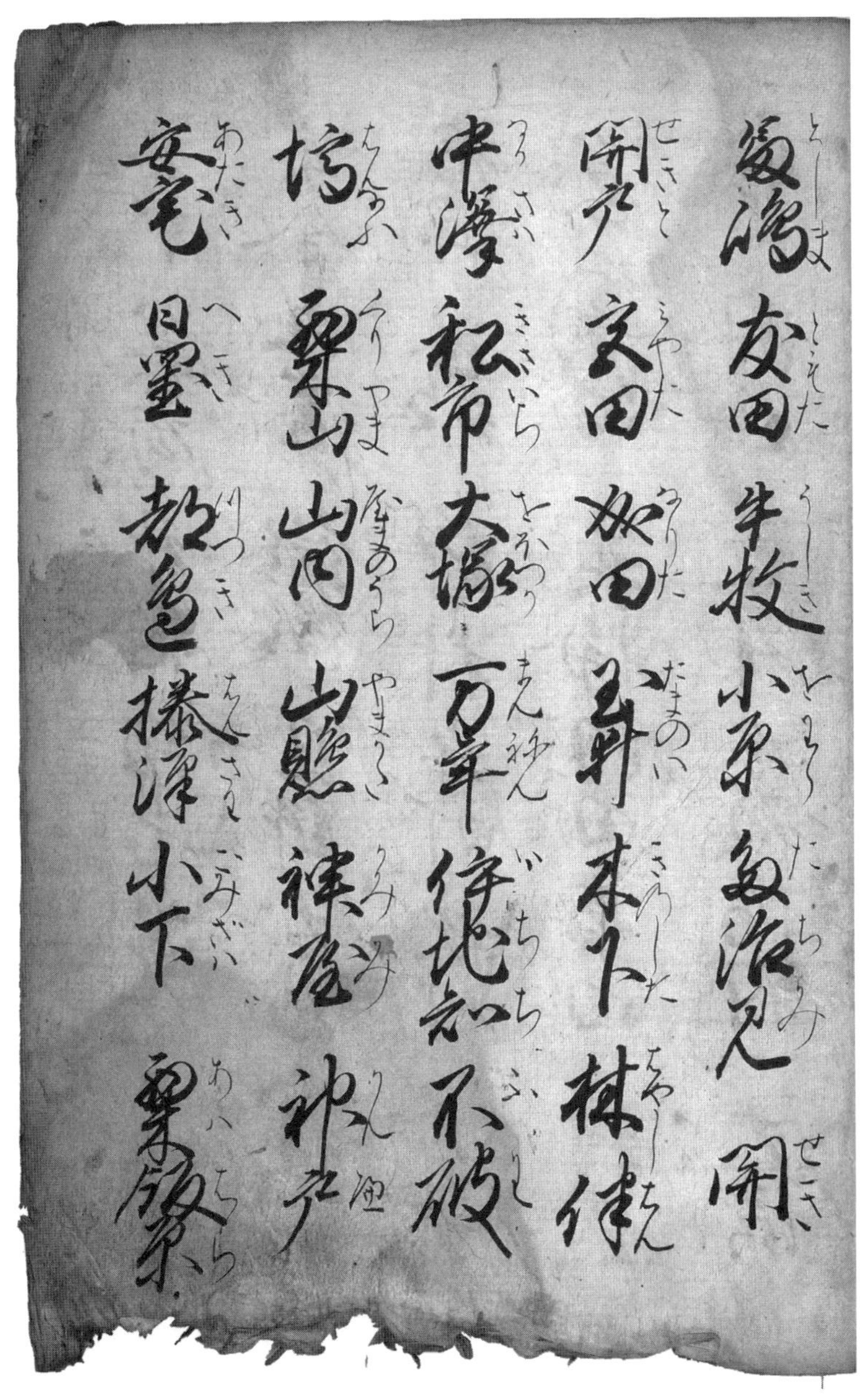

【69ウ】

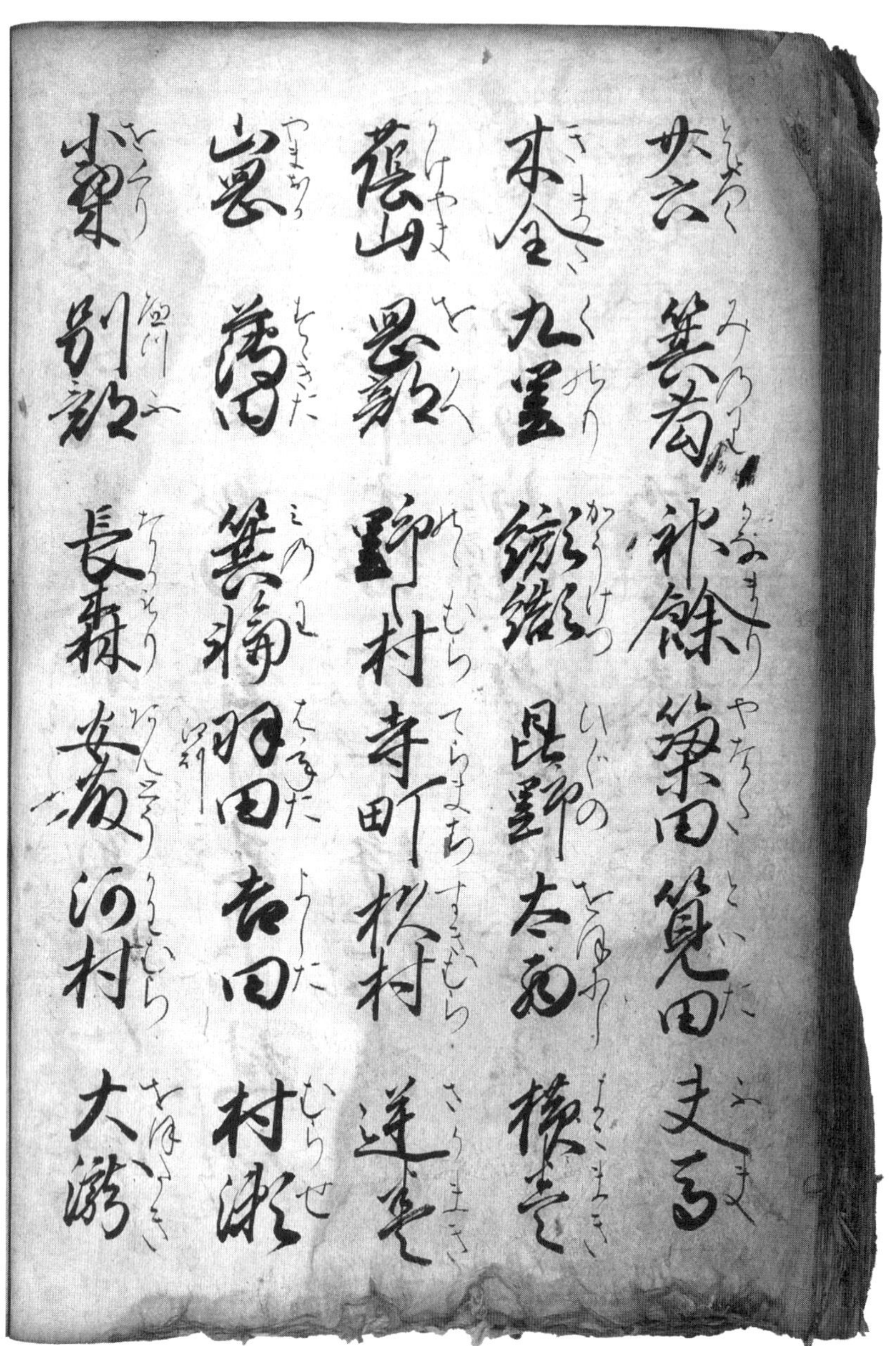

【70オ】

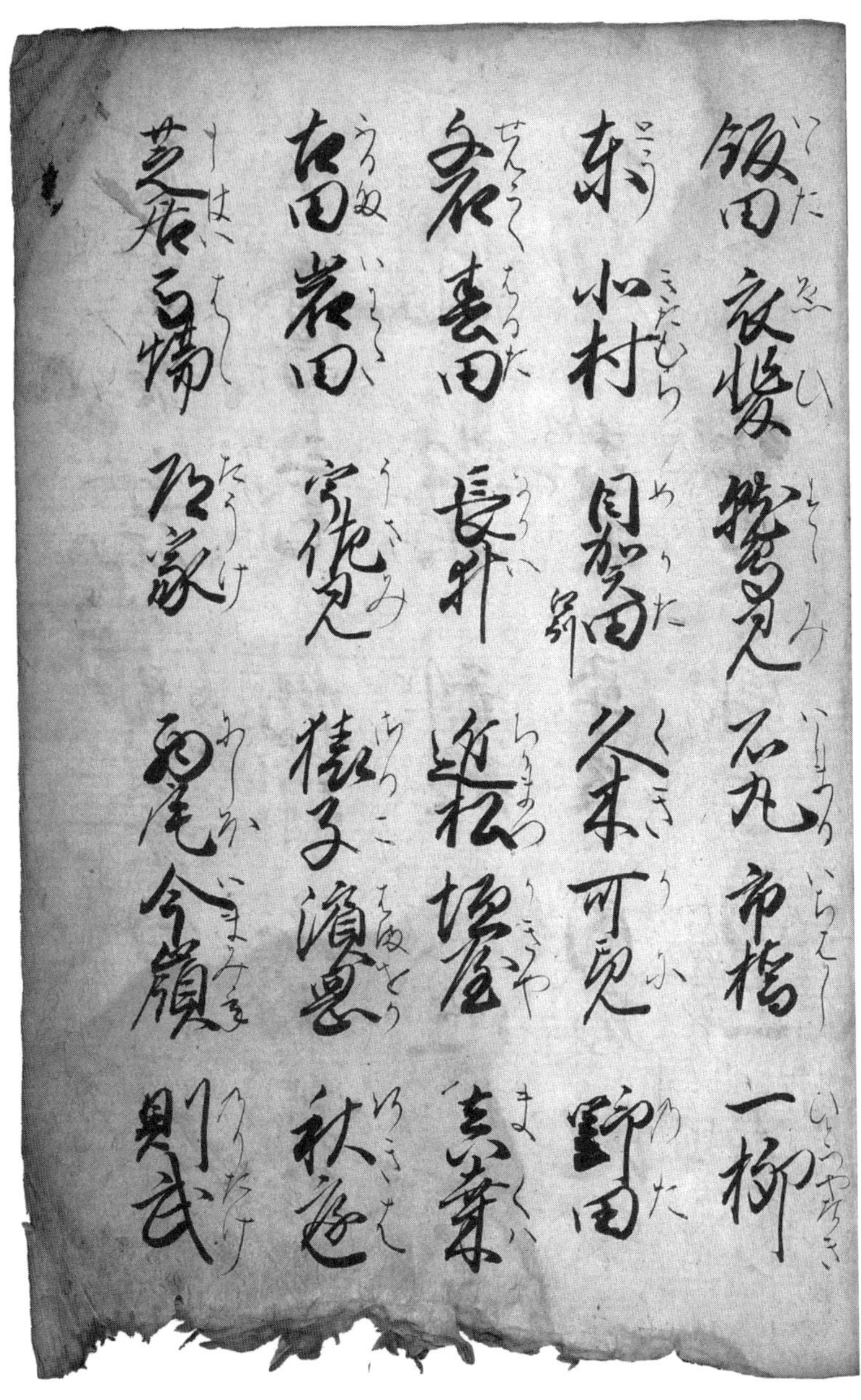

書寫石山(とうしょせきさん)　多賀(たが)　黒田庄(くろだしょう)　伊庭(いば)　梅本(うめもと)
本深津(きたふかつ)　亀居(かめい)　鳥山(とりやま)　浅井(あさい)　草部(くさべ)
平嵐(ひらあらし)　御薬(おくすり)　利松(としまつ)　釈迦牟尼(しゃかむに)
柳下(やぎした)　素末(そまつ)　平家(ひらや)　肉叛池田(にくはんいけだ)
安倍(あべ)　板田(うただ)　菌戸(きのへ)　田上(たのかみ)　山崎(やまざき)

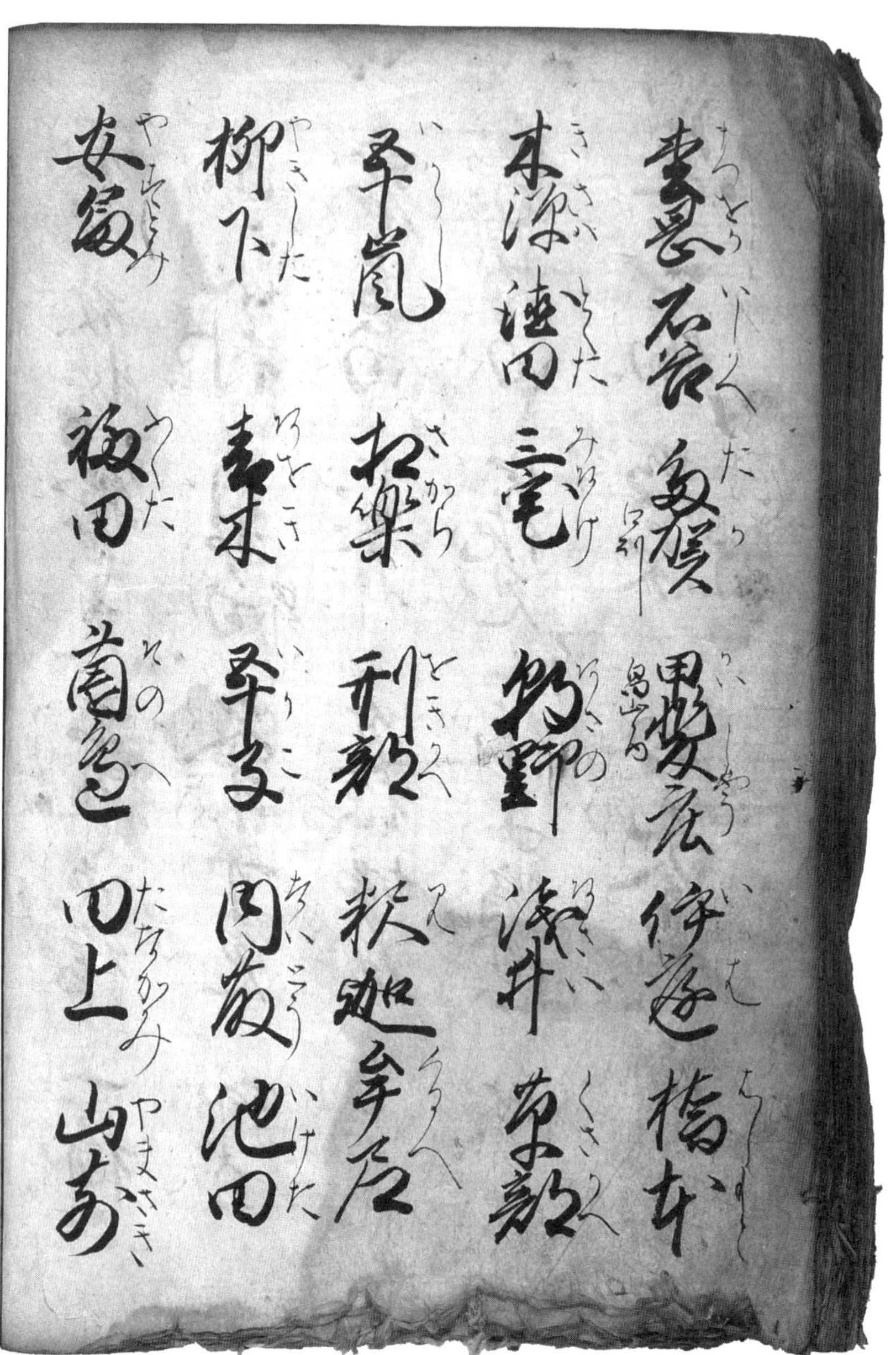

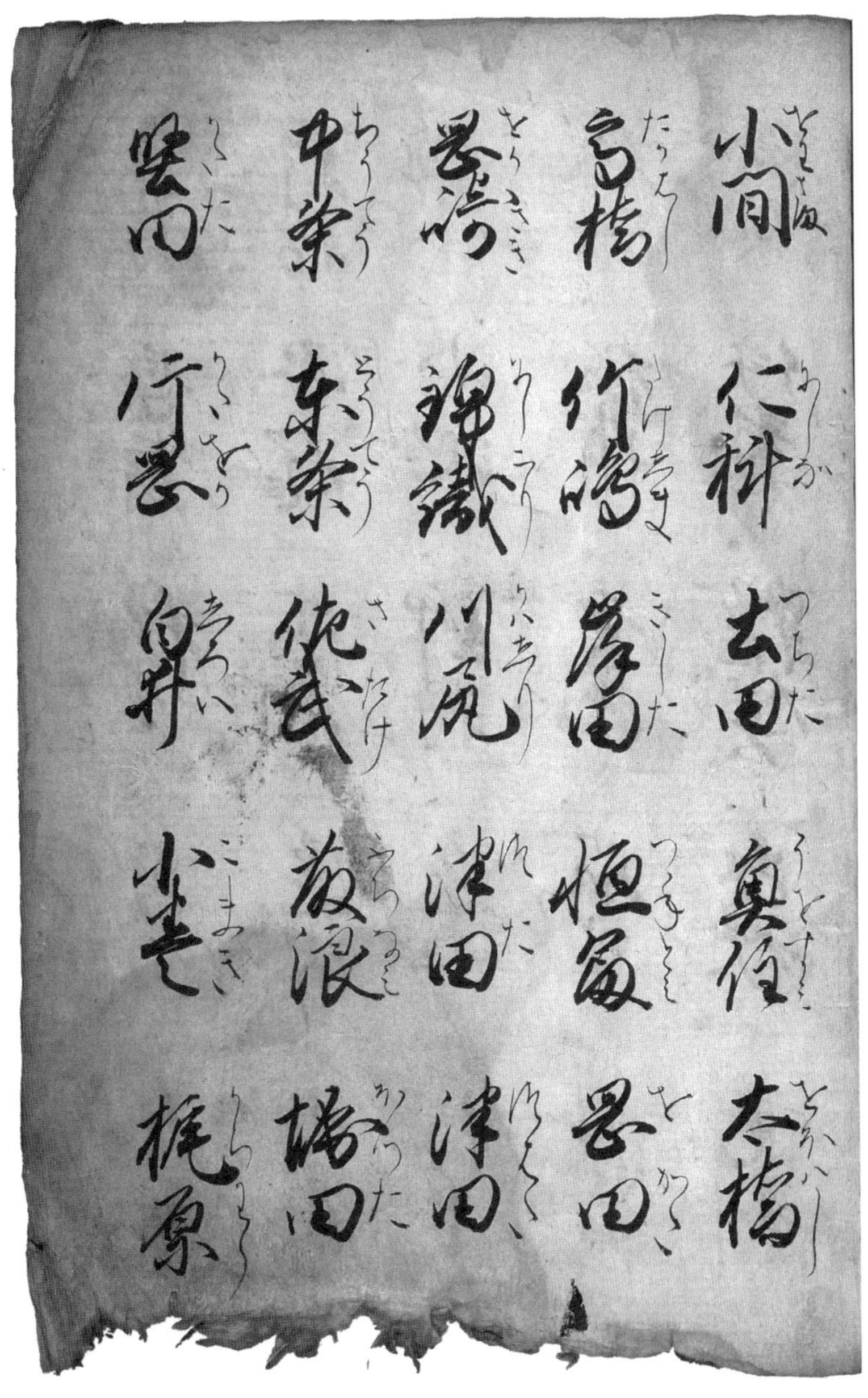

【71ウ】

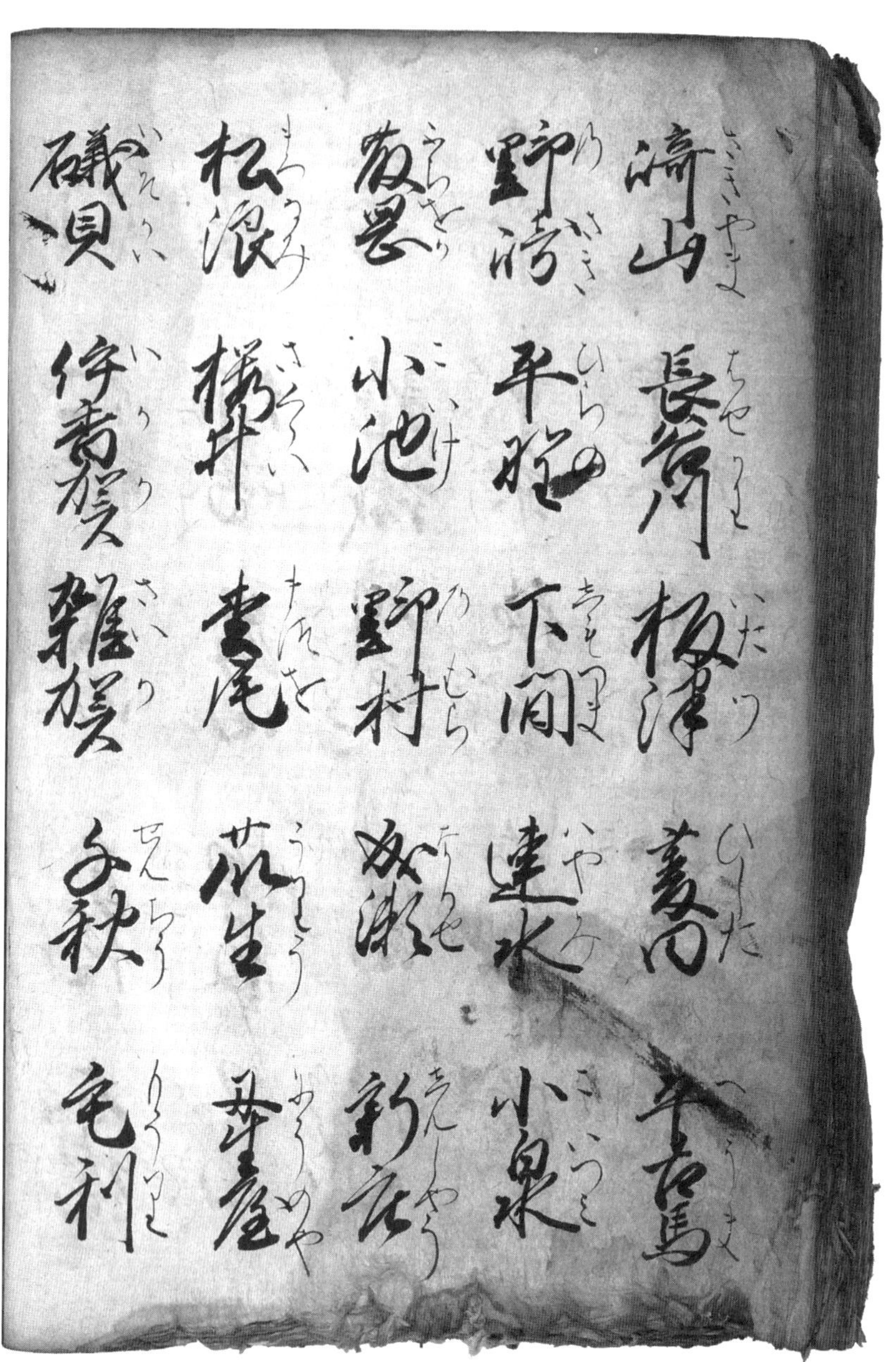

崎山　長瀬　板津　菱田　対馬

野崎　平野　下間　速水　小泉

浦野　小池　野村　成瀬　新庄

松浪　桜井　寺尾　瓜生　井戸

磯貝　伊香賀　雑賀　千秋　毛利

【72オ】

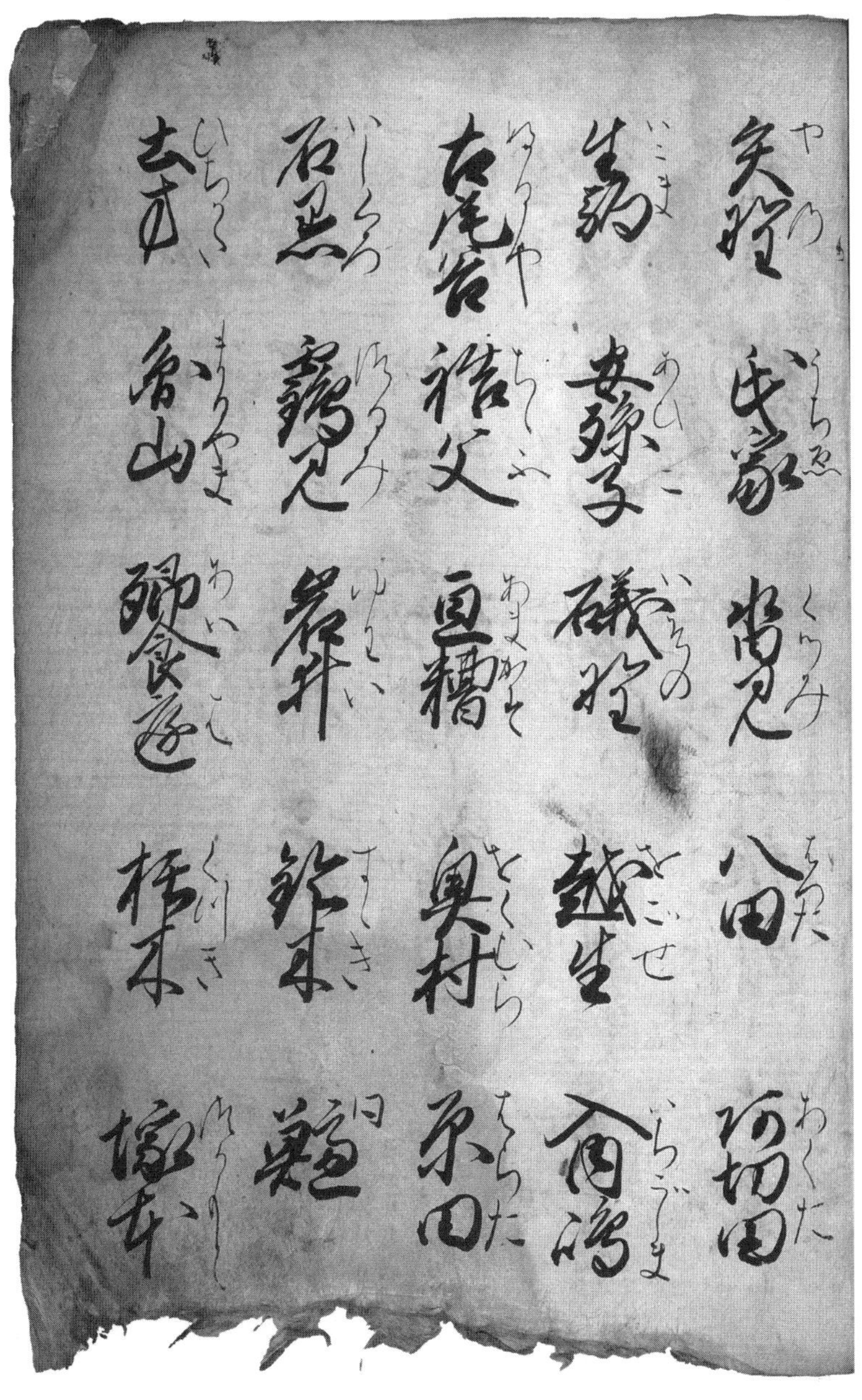

【72ウ】

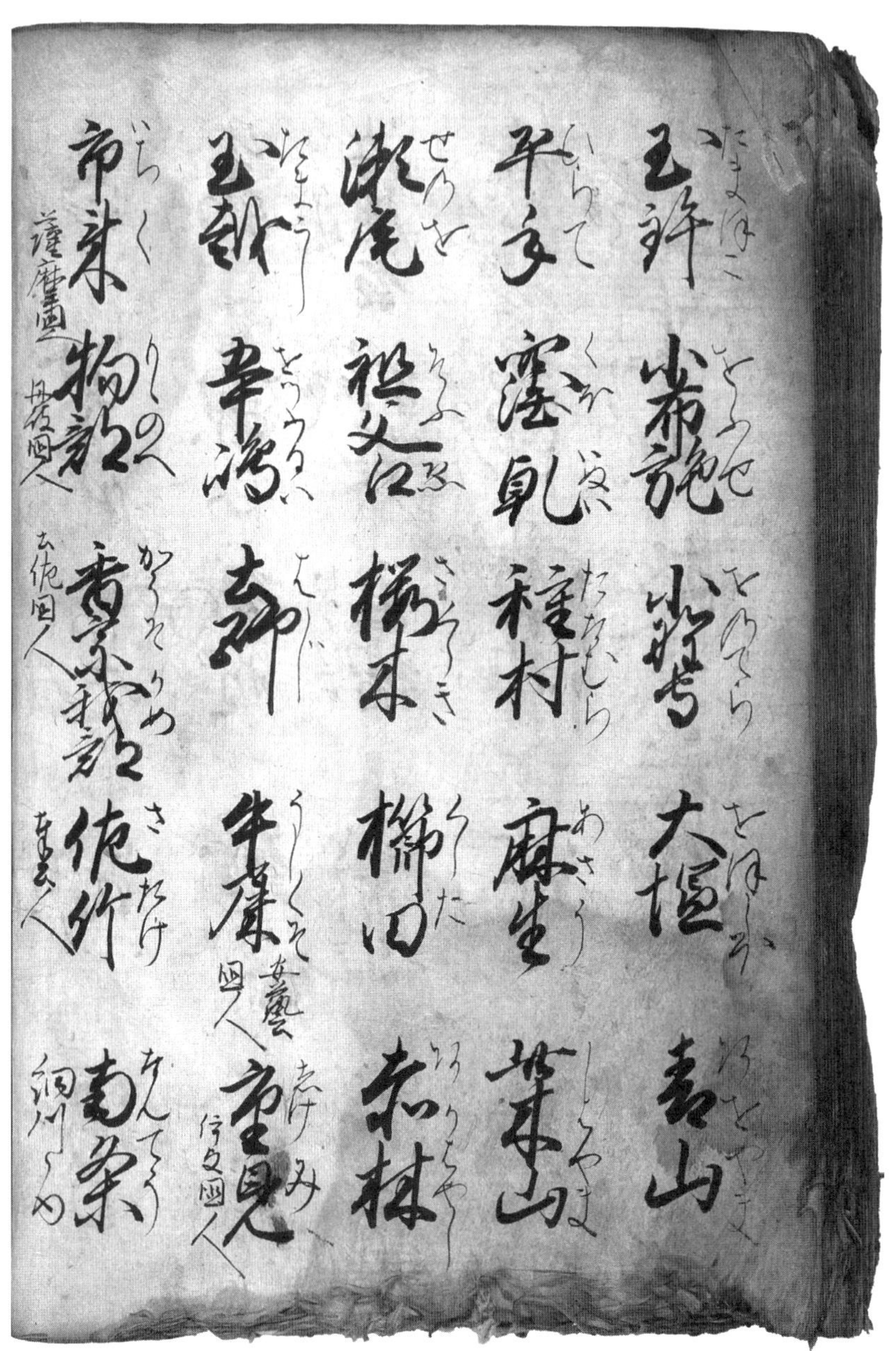

【73オ】

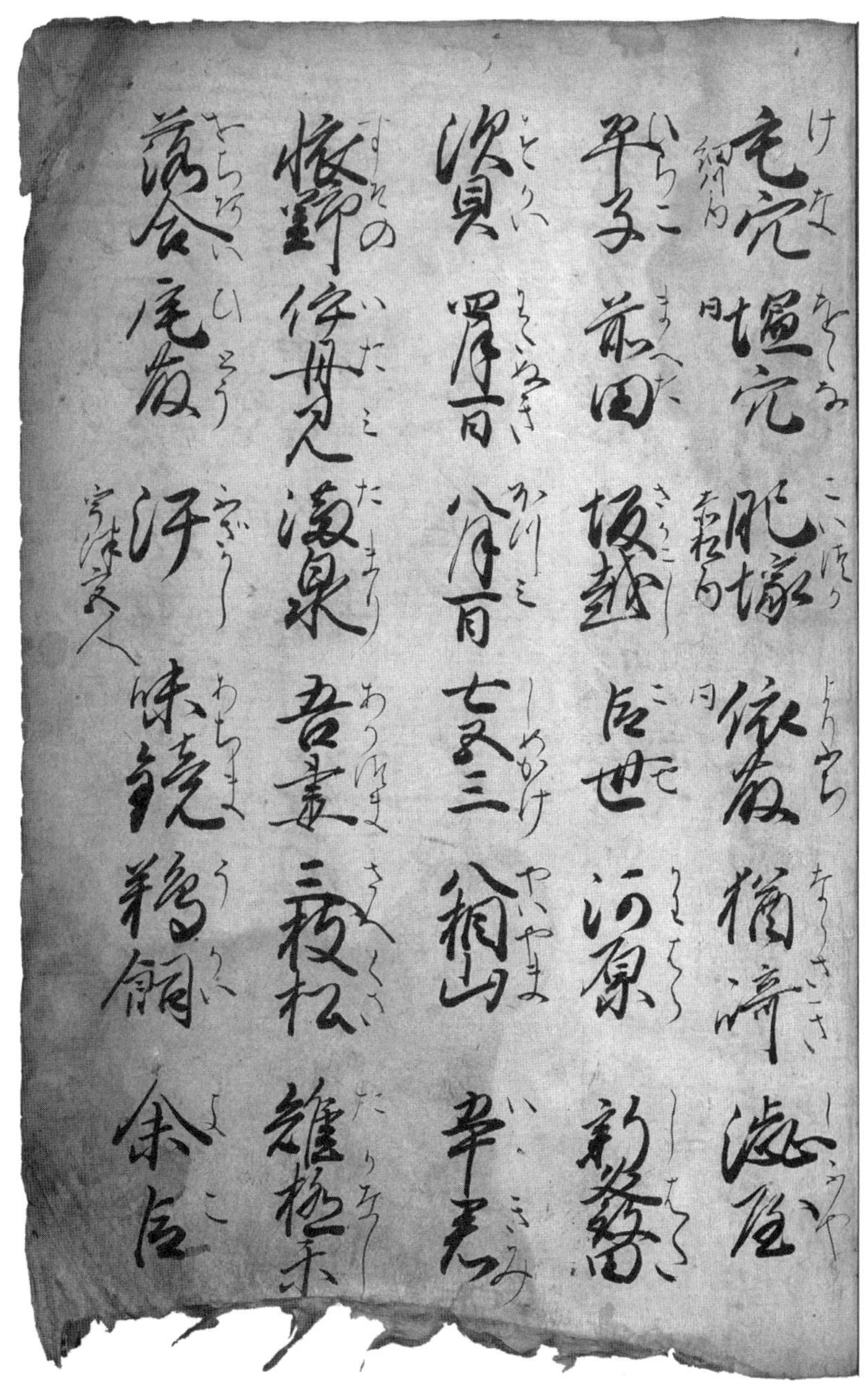

【73ウ】

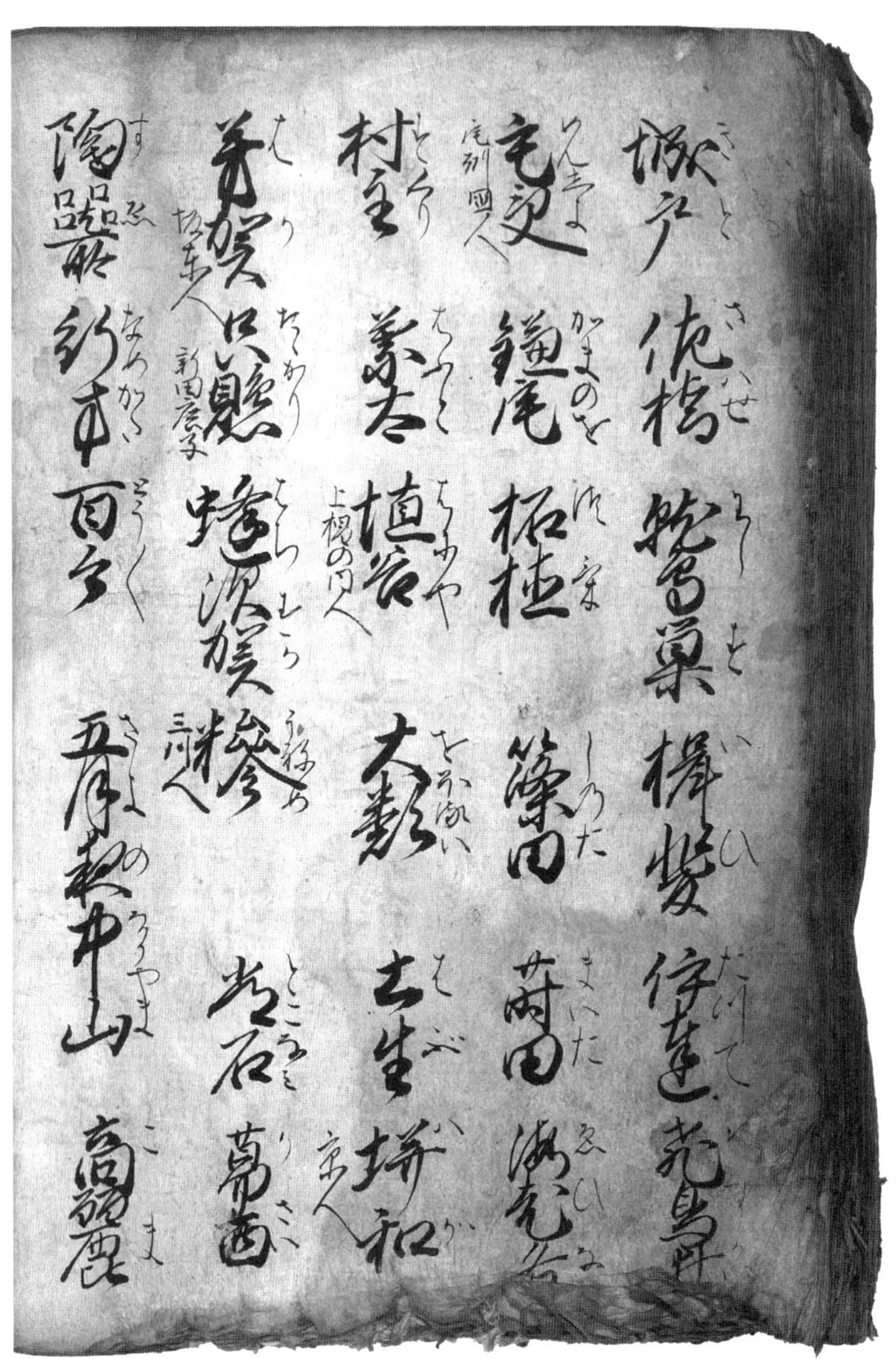

【74オ】

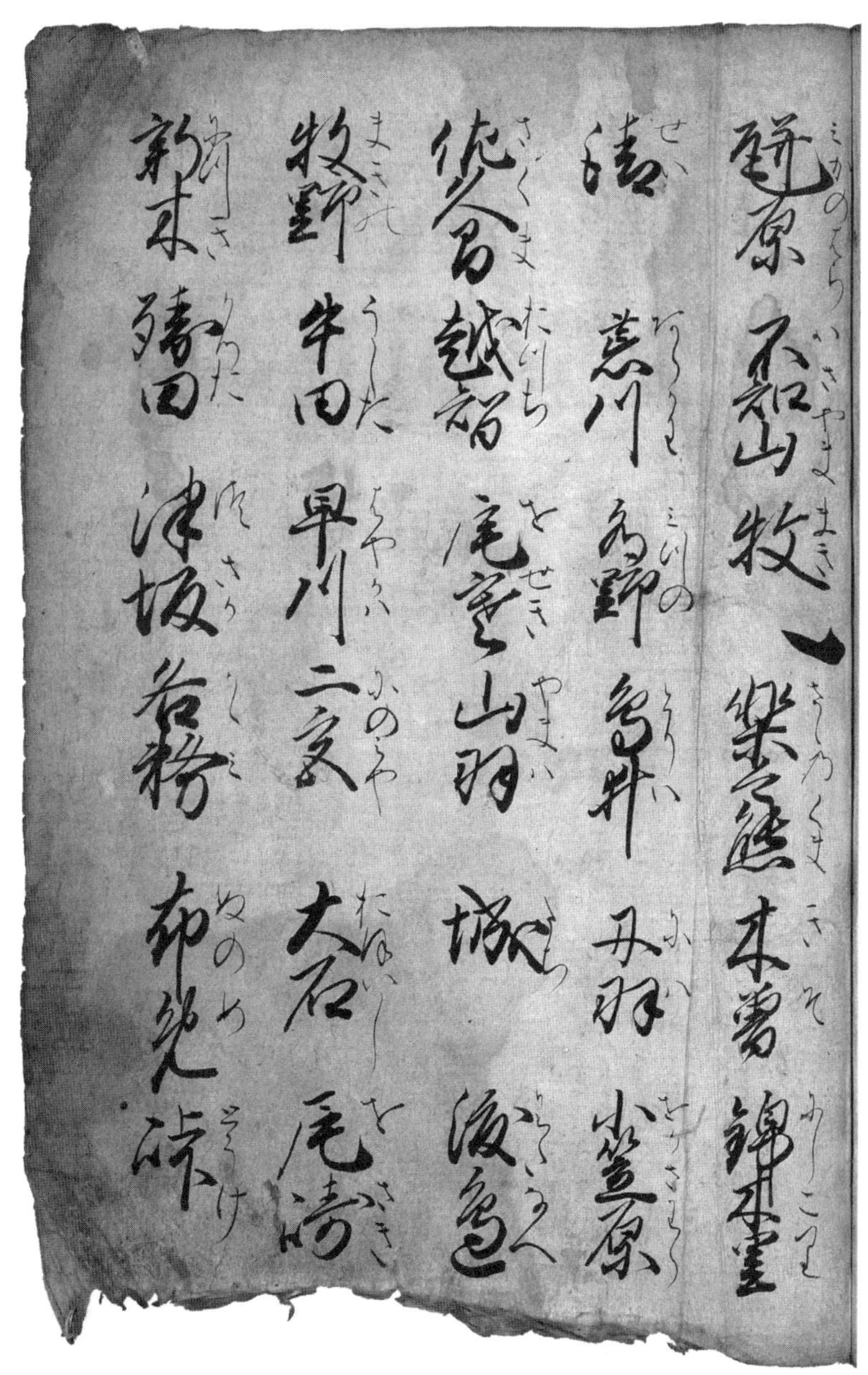

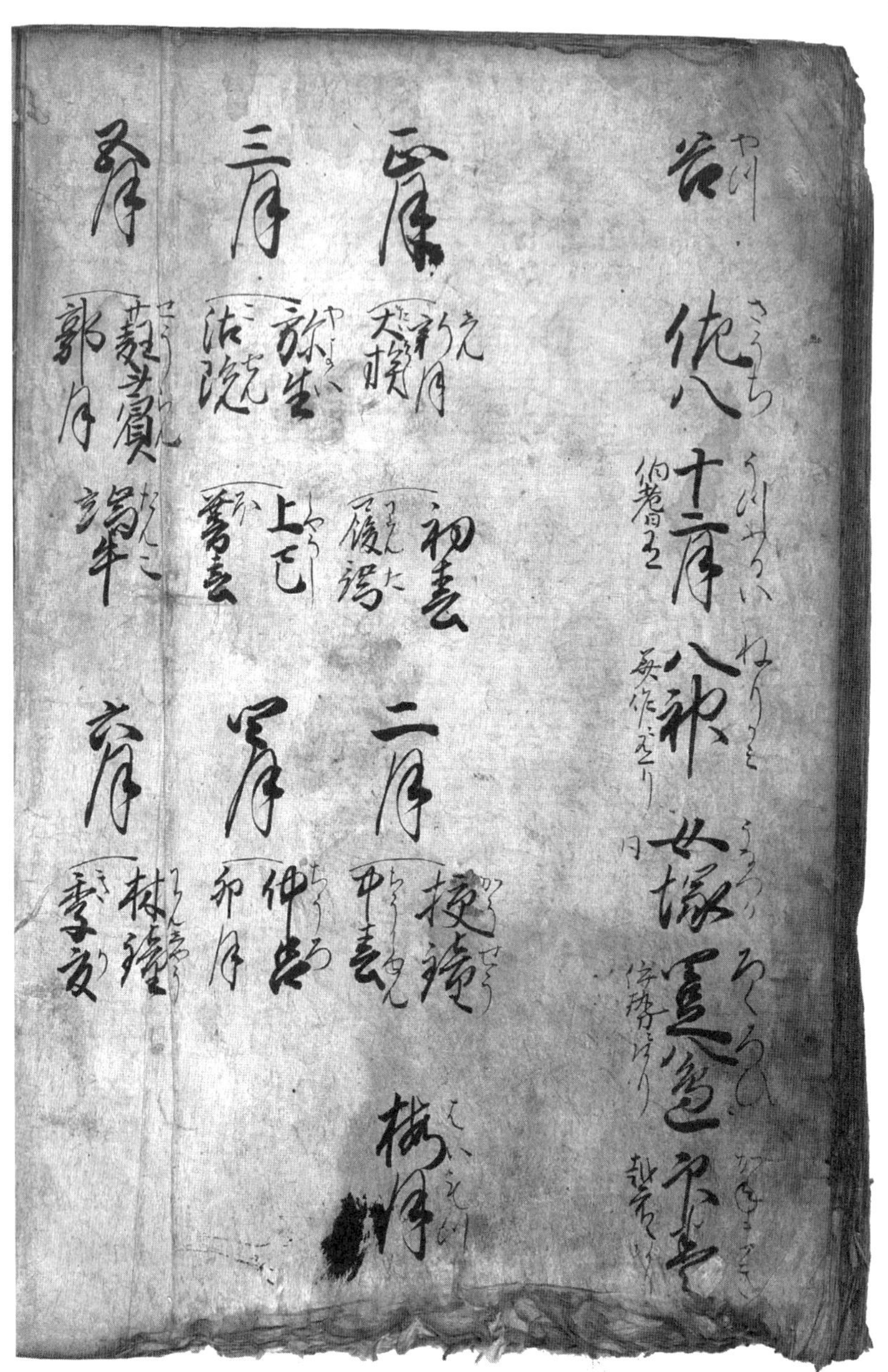

【75オ】

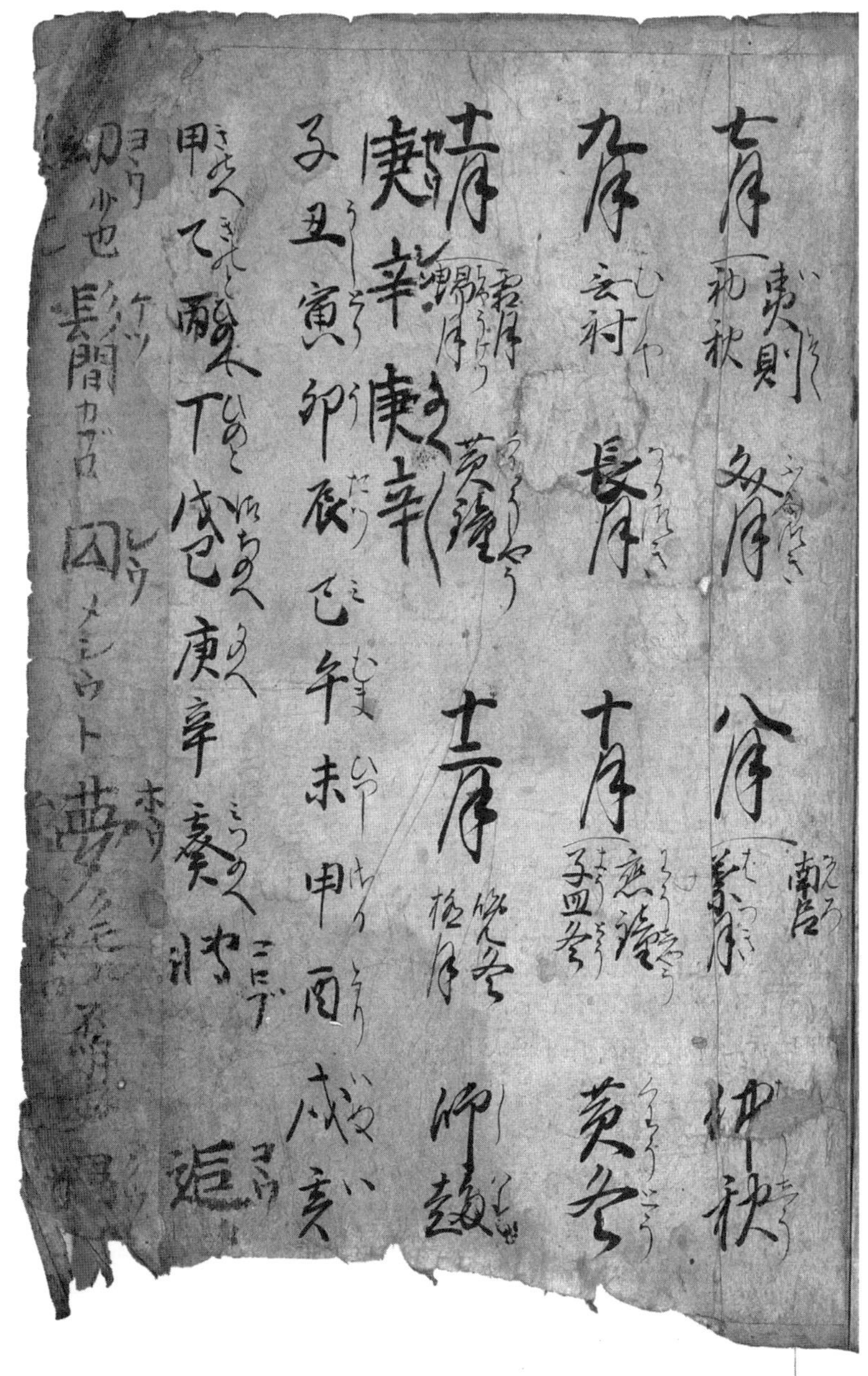

国会本色葉字尽翻字本文

国会本色葉字尽翻字本文凡例

一、底本は、国立国会図書館蔵『色葉字尽』である。
一、行款は、底本通りとした。
一、漢字の字体は、原則として、康熙字典体にあらためた。
一、異体の片仮名は、今日通行の字体にあらためた。
一、濁点の施点は底本通りとし、一切私的に改変しなかった。
一、底本の誤字・通用字・脱字等は、原則としてその儘とし、一切校訂は加えなかった。
一、底本の虫損・破損部分で判読不能の文字は、□で示した。

【1オ】

伊

殷懃(インギン)　因果(インクワ)　印可(インカ)　印治(インチ)　引物(インブツ)　音信(インシン)

隱居(インキヨ)　違背(イハイ／タガイソムク)　違亂(イラン)　違變(イヘン)　違恨(イコン)　異議(イキ／コトナルギ)

威勢(イセイ)　意趣(イシユ)　意表(イヘウ)　委細(イサイ)　委趣(イシユ)　衣裳(イシヤウ)　衣冠(イクワン／カブリ)

有職(イウシヨク)　勞敷(イタハシク)　忽緒(イルカセ)　一興(キヤウ)　一倍(ハイ／マス)　員數(イシユ)　位牌(イハイ)

雖(イヘトモ)　祈(イノリ)　營(イトナミ)　祝(イワイ)　憤(イキドヲリ)　聊(イサヽカ)　涑(イサム)　暇(イトマ)　一廷(チヤウ)墨　一駄(タ)茶

【1ウ】

路

露顯(ロケン)　露頭(ロトウ)　籠居(ロウキヨ)　論所(ロンシヨ)　邏菜(ロサイ)僧　籠舎(ロウシヤ／コモルレイエニ)

者

拜賀(ハイカ)　俳佪(ハイクワイ／タチモドヲル)　配膳(ハイセン／ハブク)　買得(ハイトク／カイエタリ)　廢妄(ハイマウ)　媒介(ハイカイ)　繁昌(ハンシヤウ)

晩景(バンケイ)　芳免(ハウメン)　芳恩(ヲン)　芳契(ケイ／チギル)　傍輩(ハウバイ)　半濟(ハンセイ)　放埒(ハウラツ)

亡卻(バウキヤク／ハスル)　忙然(ハウゼン)　方角(ハウガク／スミ)　破滅(ハメツ)　博奕(ハクエキ)　莫太(バクタイ)　拔群(ハツクン／ヌクレクンニ)

發向(ハツカウ)　法度(ハツト)　無墓(ナシレハカ)　亡所(バウシヨ)　萬端(ハンタン)　育(ハコクム)　餞(ハナムケ)　果(ハツル)　漫(ハビコル)

【2オ】

省(ハフク) 弛(ハツス) 勵(ハゲム)

仁　柔輭(ニウナン) 刃傷(ニンジヤウ) 入滅(ニウメツ) 入部(ブ) 日蝕(ニツシヨク/ムシハム) 日限(ニチゲン) 入室(ニツシツ) 睨(ニラム) 俄(ニワカ)

保　寶祚(ホウソ) 葫御(ホウギヨウ) 褒美(ホウビ) 報謝(ホウシヤ) 發起(ホツキ) 謀訴(ホウソ/ハカリウツタフ) 蜂起(ホウキ/ハチヲコル)

謀略(ボウリヤク/ハカリコト) 奔走(ホンソウ/ハシル) 反古(ホンコ) 僕從(ホクシユ/シモベ) 法服(ホウブク) 粗(ホヾ) 恣(ホシイマヽ) 吠(ホユ)

【2ウ】

遍　平均(ヘイキン/ヒトシ) 平生(セイ) 平愈(ユ/イユ)病― 平民(ミン/タミ) 平外(グハイ/ホカ) 炳誡(ヘイカイ) 閉口(ヘイコ/トヅレクチヲ)

閉籠(ヘイロウ/トツコモル) 僻案(ヘキアン/ヒガム) 辟書(ヘキシヨ) 表紙(ヘウシ) 抃悦(ベンエツ/テウチヨロコブ) 變改(ヘンカイ/カヘアラタム) 變易(ヘンヤス/カワル)

片時(ヘンシ/カタトキ) 返獻(ヘンケン/カヘシマイラス)返進事也 蔑如(ヘチシヨ/ナイガシロ) 辨濟(ベンサイ/ハキマヘスクウ) 兵法(ヘイハウ/ヒヤウホウ) 謙下(ヘリクダル/ケンゲス) 別段(ベツダン)

隔(ヘダツ) 諂(ヘツロウ) 謙(ヘル)

登　德政(トクセイ/マツリコト) 得分(トクブン) 得度(ド)出家義也 得益(ヤク) 突鼻(トツビ/ツクレハナヲ) 等輩(トウハイ/トモカラ) 同罪(ドウザイ/ツミ)

動亂(トウラン/ウコキミダル) 鬬亂(トウラン/タヽカウミタル) 鬬諍(トウシヨウ/アラソウ) 遁避(トンビノカレ/ハヤシヨクル) 遁世(トンセイ/ノガルヨヲ) 頓速(トツソク/スミヤカリ) 頓首(トンシユ/カタブクカウベヲ)

【3オ】

土産（トサン／ハラム）　土代（トタイ）　取帳（トチヤウ／トリハル）　兎角（トカク／ウサギツノ）　途中（トチウ／ミチナカ）　杜欛（トハ）失ー　鈍根（トンゴン／ニブキ）

止（ト、マル）　遂（トグ）　訪（トフラウ）　弔（同）死　滞（ト、コヲル）　唱（トナウ）　鎌（トク）刀ー

千

敕裁（チヨクサイ／ノスル）　寵職（チヨウシヨク）　知音（チイン／シルコエヲ）　遅速（チソク／ヲソクスミヤカナリ）　遅怠（チタイ／ヲコタル）　馳走（チソウ／ハセハシル）　持病（チヒヤウ／モツヤマイ）　値遇（チグ／アイアフ）

地頭（チトウ／カシラ）　張本（チヤウホン／ハルモト）　張行（チヤウキヨウ）　聴聞（チヨウモン／キク）　停止（チヤウジ／ト、ム）　寵愛（チヨウアイ）　逐電（チクテン／ヲウイレナズマヲ）　蟄居（チツキヨ／カクレイル）

沈淪（ヂンリン／シツミタ、ヨウ）　沈酔（チンスル／ヨウ）酒ー　恥辱（チジヨク／ハジハツカシム）　昵近（チツキン／ムツヒタ、ヨウ）　陳答（チンタウ／ノベコタウ）　珍物（チンブツ／メツラシキモノ）　打擲（チヤウチヤク／ウツナグ）　治罰（チハツ）

【3ウ】

治定（ヂヂヤウ／ヲサメサダム）　誅罰（チウバツ）　誅戮（チウリク／コロス）　籌策（チウサク／ハカリコト）　忠節（チウセツ／タヾスレフシヲ）　注進（チウシン／シルシス、ム）　嫡孫（チヤクソン）

著到（チヤクタウ）　遅々（チ、／ヲソシ）　中夭（チウヨウ／アタルアヤマチ）　仲人（チウニン）　頂戴（チヤウダイ）　茶垸（チヤハン）　茶箋（セン）

珍事（チンジ）不思議　契（チギリ）　塵（チリ）　誓（チカイ）

里

綸旨（リンシ）　臨時（リンジ）　悋惜（リンシヤク／ヲシム）　霖雨（リンウ／三日ニスグルアメナリ）　理非（リヒ）　理運（リウン）　利潤（リシユン／ニン）　利根（リコン）

慮外（リヨクワイ／ヲモイノホカ）　領掌（リヤウシヤウ）　領知（リヤウチ）　良醫（リヤウイ／ヨキクスシ）　慮掠（リヤウリヤク）

【4オ】

怒

奴婢（ヌビ・ヤツコ） 盗人（ヌスタウニン） 抽（ヌキンス） 拔（ヌキク） 塗（ヌル） 蹐（ヌキアシ） 繡（ヌイモノ）

留

累代（ルイタイ・カサヌレヨヲ） 累祖（ソ） 留守（ルス・トヽマリマボル） 流罪（ルザイ・ナガスレツミ） 流浪（ルラウ） 流通（ルツウ）

越

蒙レ仰（カウムルヲヽセ） 恩賞（ヲンシヤウ） 恩波（ハ） 恩給（キウ） 穩便（ヲンビン・ヲタヤカナリ） 隱密（ミツ・カクシヒソム） 怨敵（ヲンテキ・アタノカタキ）

音曲（ヲンギヨク） 怨念（ヲンネン・アタニヲモフ） 越訴（ヲツソ） 越度（ヲツド） 越年（ネン・コユルレトシヲ） 越境（キヤウ） 臆病（ヲクヒヤウ）

憶持（ヲクチ） 送給（ヲクリタマハル） 送迎（ヲクリムカイ） 追立（ヲイタツ） 追拂（ヲイハラウ） 折節（ヲリフシ） 折紙（ヲリカミ）

【4ウ】

面白（ヲモシロシ） 面影（ヲモカゲ） 思食（ヲボシメス） 遠流（ヲンル） 想像（ヲモイヤル） 雍護（ヲウゴ） 恩坏（ヲンハイ） 納（ヲサム） 難レ覃（ガタシ ヲヨビ）

置（ヲク） 敎（ヲシユ） 惜（ヲシム） 趣（ヲモムキ） 驚（ヲドロク） 落（ヲツ） 衰（ヲトロフ） 傲（ヲコル） 補（ヲギヌウ） 疎（ヲロソカ） 終（ヲワリ） 愚（ヲロカ） 泳（ヲエグ）

和

和談（ワダン） 和與（ヨ） 往昔（ワウジヤク） 垸飯（ワウハン） 往古（ワウゴ） 猥雜（ワウサウ・ミダリカワシ） 尩弱（ワウジヤク） 移徙（ワタマシ）

和市（ワシ） 和漢（ワカン） 誑或（ワウワク） 私（ワタクシ） 笑（ワラウ） 煩（ワツライ） 纔（ワヅカニ） 忘（ワスル） 我（ワレ） 渡（ワタル） 態（ワサト） 侘（ワフル） 涌（ワク）

若（ワカシ） 憀（ワヒシ・イタム） 童（ワラベ） 緜（ワタ）

【5オ】

賀

家督（カトク・イヱノカミ） 高名（カウミヤウ） 高察（カウサツ） 高聲（カウシヤウ・コヱ） 高運（ウン） 高直（ヂキ） 更發（カウホツ・サラニヲコル）病ー

孝行（カウカウ） 交友（カウイウ・マジハルトモニ） 行妝（カウサウ・ヨソヲイ） 降參（カウサン・クダリマイル） 拷問（カウモン・カンカヘトウ） 強盜（カウドウ・アナカチニヌスム） 強力（カウリキ・ツヨキチカラ）

強緣（カウヱン・ツヨキ） 強義（カウギ） 合力（カウリキ・アハスレチカラ） 合戰（カツセン・アヒタヽカフ） 加護（カゴ・クハヘマホル） 賀札（カサツ・ヨキフダ） 佳例（カレイ）

鵝眼（カガン・錢ノ名也）又鳥目 瑕瑾（カキン・キス） 雅意（カイ） 開發（カイホツ・ヒラク） 闔閣（カイカウ） 改易（カイヘキ・アラタメカウ） 改替（タイ・カヘ）

戒律（カイリツ） 介錯（カイシヤク・アキラカニアヤマル） 改變（カイヘン） 改元（カイケン・アラタメハジム） 涯分（カイフン） 涯際（カイサイ） 閑居（カンキヨ）

【5ウ】

閑談（カンタン・シツカニカタル） 簡略（カンリヤク・ヘツラウ） 函蓋（カンガイ・ハコフダ） 奸訴（カンソ・ミダリカハシ） 奸曲（カンキヨク） 感悅（カンヱツ） 感得（トク） 感淚（ルイ）

勘狀（カンシヨウ） 勘當（タウ） 勘定（ヂヨウ） 肝心（カンシン） 肝要（カンヤウ） 鴈札（カンサツ） 鴈書（シヨ） 艱難（カンナン）

旱魃（カンハチ・ヒテリ） 眼前（ガンゼン） 耕作（カウサク） 我慢（ガマン） 学問（ガクモン） 覺悟（カクカウ） 各別（カクベツ） 書絶（カキタヱ）

偈仰（カツカウ） 效驗（カウケン・シルシ） 替目（カハリメ） 搦取（カラメトル） 兼又（カネテハ） 甲斐（カイ） 巖崛（カンクツ） 降伏（カウブク）

看經（カンキン） 恰合（カツカウ） 合壁（カツベキ） 且（カツウ） 畏（カシコマル） 通（カヨウ） 忝（カタシケナシ） 限（カキル） 掠（カスム） 懸（カク） 傾（カタブク）

【6オ】

蒙（カウムル） 算（カソウ） 構（カマヘ） 悲（カナシム） 霞（カスミ）

夜

與奪（ヨダツ） 用心（ヨウジン） 用意（ヨウイ／コヽロ） 用捨（ヨウシヤ） 要用（ヨウヨウ） 要害（ヨウガイ） 容顔（ヨウガン／スガタカヲワセ） 幼稚（ヨウチ／イトケナシ）

餘寒（ヨカン／アマリサムシ）春ノ寒也 餘日（ヨジツ） 餘殘（ヨザン／ノコリ） 餘慶（ヨケイ） 翌日（ヨク） 抑留（ヨクリウ／ヲシトヽム） 夜討（ヨウチ）

尋常（ヨノツネ） 悦存（ヨロコビゾンズ） 時々（ヨリヨリ）

【6ウ】

多

泰平（タイヘイ／ヤスクタイラカ） 太略（タイリヤク） 大概（カイ） 大綱（カウ／ヲウツナ） 大都（ト／ムネ） 大切（セツ） 大慶（ケイ） 大底（テイ）

對面（タイメン） 對揚（タイヤウ） 對決（ケツ） 退治（タイヂ） 退散（サン） 退轉（テン） 退啒（クツ） 題目（ダイモ□）

代官（ダイクワン） 到來（タウライ） 湯治（タウジ） 當知行（タウチギヤウ） 黨類（ダウルイ） 琢磨（タクハ） 侘傺（タクサイ）

斷絶（ダンぜツ） 短慮（タンリヨ／ミシカキヲモンハカル） 彈的（タンテキ） 短冊（タンジヤク） 誕生（タンジヤウ） 短札（タンサツ）我状 談義（ダンギ）

暖氣（ダンキ／アタヽカナリ） 道理（ダウリ） 旦暮（タンボ／アシタユウベ） 他行（タギヤウ） 段別（ダンヘツ） 異他（タニ／コトナリ） 他界（カイ） 段々（タンタン）

只今（タヽイマ） 慥（タシカニ） 給（タマハル） 賜（同） 助（タスク） 便（タヨリ） 戯（タハフル） 類（タグイ） 但（タヾシ） 忽（タチマチ） 輒（タヤスク） 旅（タビ） 耆（タシナミ）

【7オ】

憑(タノム) 縦(タトヒ) 誰(タレカ) 互(タガイニ) 尋(タツネ) 薪(タキヾ) 狂(タハフル) 疊(タヽミ) 戰(タヽカウ) 適々(タマ) 叩(タヽク)

連

禮儀(レイギ) 例證(レイセウ) 例年(レイネン) 零落(レイラク・ヲチヲツ) 例式(シキ) 靈佛(レイブツ) 靈驗(レイケン)

廉直(レンチヨク) 連歌(レンガ) 連判(バン) 憐愍(レンミン・アハレム) 聯緜(レンメン・ツヽク) 烈參(レツザン・ツラナリマイル) 料足(レウソク)

療治(レウヂ) 聊爾(レウシ) 凌躒(レウリヤク) 歴然(レキセン) 歴々(レキ) 料簡(レウケン) 了見(同) 禮節(セツ)

冷人(レイジン) 連署(レンシヨ)

【7ウ】

曾

奏聞(ソウモン) 崇敬(ソウキヨウ) 悤劇(ソウゲキ) 族姓(ソクシヤウ) 賊難(ソクナン) 俗諦(ゾクタイ) 尊卑(ソンヒ)

尊密(ソンサツ) 宗匠(ソウシヤウ) 存知(ソンチ) 楚忽(ソコツ) 疎遠(ソエン) 疎略(リヤク) 訴状(ソジヨウ)

訴訟(ソシヤウ) 訴陳(ソチン) 庶幾(ソギ) 損亡(ソンマウ) 率法(ソツバウ) 若干(ソコバク) 虚言(ソラゴト)

束帶(ソクタイ) 即剋(ソクコク) 悤々(ソウ) 疎相(ソソウ) 息災(ソクサト) 疎縁(ソエン) 抑(ソモソモ) 其(ソレ)

猜(ソネム) 副(ソヘタサ) 染(ソムル) 背(ソムク) 謗(ソシル) 備(ソナヘ) 澆(ソヽグ) 傷(ソコナウ) 反(ソル) 敧(ソバタツ) 揃(ソロヘ) 坐(ソヽロ)

【8オ】

徒　通法（ツウハウ）　通路（ツウロウ）　追從（ツイシヨウ）　追出（ツイジユツ）　追卻（キヤク）　追善（セン）　追罰（バツ）　都合（ツカウ）

築地（ツイヂ）　月次（ツキナミ）　難（カタシ）レ盡（ツクシ）　頭陀（ツタ）　使（ツカイ）　愼（ツヽシム）　次（ツイデ）　就（ツク）　續（ツク）　傳（ツタヘ）　費（ツイヱ）

常（ツネニ）　告（ツクル）　罪（ツミ）　遣（ツカハス）　連（ツラナル）　繕（ツクロフ）　具（ツブサニ）　作（ツクル）　摘（ツム）茶―　裹（ツヽム）　積（ツム）　舂（ツク）米―　第（ツイニ／シバラク）

仕（ツカマツル）　主（ツカサ）

禰　念願（ネンクワン）　念力（リキ）　年貢（ネング）　年序（シヨ）　年紀（キ）　年始（チ）　年忌（キ）　年臘（ラウ）　寢所（ネドコロ）

練貫（ネリヌキ）　懇（ネンコロ）　願（ネガハク）　妬（ネタム）　黏（ネヤス）　練（ネル）　眠（ネムル）　囈（ネゴト）

【8ウ】

那　内外（ナイグワイ）　内談（ダン）　内訴（ソ）　内歳（シヤク）　何事（ナニコト）　難儀（ナンギ）　難堪（ナンカン）

難澀（ナンシフ）　納受（ナウジユ）　納所（ナツシヨ）　等閑（ナヲサリ）　惱亂（ナウラン）　難所（ナンシヨ）　名殘（ナゴリ）　納豆（ナツトウ）

蔑如（ナイカシロ）　泣（ナク）　習（ナラウ）　慭（ナマジイニ）　半（ナカバ）　涙（ナミダ）　宥（ナダム）　抛（ナゲステ）　莫（ナカレ）　歎（ナゲク）　流（ナカル）　情（ナサケ）　斜（ナヽメ）

羅　來臨（ライリン／キタノゾム）　來迎（カウ／ムカウ）　禮拜（ライハイ／ヲガム）　老耄（ラウモウ／ヲイホケ）　老體（ラウタイ／ヲイノスガタ）　老若（ラウニヤク／ヲイワカシ）　郎等（ラウトウ／ヤツラ）　狼籍（ラウゼキ）

【9オ】

牢籠(ラフロフ／ムナシクコモル・ミタリカハシ)　良薬(ラウヤク／ヨキクスリ)　糧物(ラウフツ／カテノモノ)　落索(ラクサク／ヲチモトム)又落屑(サク)　落書(ラクショ／ヲトシフミ)　落堕(タ／ヲチヲツ)　落涙(ルイ／ヲツルナンダ)

洛中(ラクチウ／ミヤコナカ)　落居(ラツキヨ／ヲチツク)　埒外(ラチノホカ)　臘次(ラツシ)　濫妨(ランハウ／ミタリカハシク・サマタグ)　亂逆(ランケキ／ミタレサカウ)　亂行(ランキヤウ)　蠟燭(ラウソク)

無

無㆑貳(ムニ／ナシフタ心)　無㆑窮(グウ／ナシキハマリ)　無道(ムダウ／ミチ)　無㆑量(リヤウ／ハカリ)　無益(ヤク)　無法(ハウ)　無理(リ)　謀叛(ムホン／ハカリノゾム)　無念(ムネン／ナシヲモイ)

武者(ムシヤ／タケキモノ)　六借(ムツカシ)

宇

運命(ウンメイ)　運上(ヂヨウ)　雲脚(ウンキヤク)　鬱憤(ウツブン)　鬱陶(タウ)　奪取(ウバイトル)　打破(ウチヤブル)

【9ウ】

假寐(ウタヽネ)　點頭(ウナヅク)　浦山敷(ウラヤマシク)　恨存(ウラミゾンズ)　上葺(ウハフキ)　敬(ウヤマフ)　伺(ウカヾフ)　移(ウツス)　寫(ウツス)　動(ウゴク)

承(ウケタマハル)　卜(ウラナウ)　疑(ウタガフ)　膿(ウミシル)

井

圍繞(ヰネウ)　威勢(ヰセイ)　違亂(ヰラン)　違背(ハイ)　遺恨(ヰコン)　員數(ヰンシユ)　膝行(ヰサル)

乃

能藝(ノウケイ)　農耕　殘(ノコル)　臨(ノソム)　望(同)　逃(ノガル)　遁(ノカル)　飲(ノム)　巾(ノゴフ)

具

還御(クワンギヨ)　還烈(レツ)　光臨(クワウリン)　公事(クジ)　公務(クム／ツトム)　貢御(グゴ)　功能(ク)　功德(ドク)

【10オ】

究竟（クキヤウ）　供奉（クフ）　供養（ヤウ）　苦痛（クツウ）　苦惱（クナウ）　愚老（グラウ）　愚身（グシン）　具書（グシヨ）

管領（クワンレイ）　管絃（ゲン）　管途（ト）　歡樂（クワンラク）　勸進（クワンシン）　緩怠（クワンタイ）〔ユルクヲコタル〕　群集（クンジユ）〔ムラガリアツマル〕

軍勢（クンセイ）〔イクサノセイ〕　軍陣（クンヂン）　回祿（クワイロク）　懷紙（クワイシ）　外聞（グワイブン）〔ホカニキコユ〕　會合（クワイゴウ）〔アヒアウ〕　懷任（クワイニン）　過分（クワブン）

過怠（クワタイ）〔トカムヲコタリヲ〕　花麗（クワレイ）〔ウルハシ〕　和睦（クワボク）〔ヤハラギムツム〕　課役（クワヤク）〔シハザ〕　科書（クワシヨ）　果報（クワホウ）　過言（クワゴン）　月蝕（グワツシヨク）

活計（クワツケイ）　口惜（クチヲシ）　霍亂（クワクラン）　懷中（クワイチウ）　癖事（クセゴト）　企（クハタツ）　加（クハフ）　件（クダン）　委（クワシ）　恌（クツログ）

賦　摧（クタク）　覆（クツカヘス）　朽（クツル）

【10ウ】

屋

良久（ヤヽヒサシ）　約束（ヤクソク）　約諾（ダク）　野心（ヤシン）　養性（ヤウジヨウ）　養育（イク）〔ヤシナイハグヽム〕　楊弓（ヤウキウ）　奴原（ヤツバラ）

屋敷（ヤシキ）　夜陰（ヤイン）　流鏑馬（ヤブサメ）　安（ヤスシ）　休（ヤスム）　雇（ヤトフ）　動（ヤヽモスレハ）　養（ヤシナフ）　破（ヤブル）　遣（ヤル）

宿（ヤド）　輟（ヤメテ）　藪（ヤブ）

滿

末代（マツダイ）〔スヘノヨ〕　末法（ホウ）〔スヘノノリ〕　滿足（マンゾク）〔ミチタンヌ〕　慢心（マンシン）〔アナツルコヽロ〕　網目（マウモク）〔アミノメ〕　妄想（マウザウ）〔ミタリニヲモフ〕　妄語（マウゴ）〔ミタリニカタル〕

【11オ】

磨滅(マメツ／スリケス)　魔障(マシヤウ／サハリ)　罷下(マカリクダル)　罷越(コス)　申計(マウスハカリ)　開(ヒラク)レ眉(マユヲ)　毎事(マイジ)　毎度(ド)

政所(マントコロ)　滿遍(マンベン)　增(マス)　區(マチマチ)　全(マツタク)　正(マサシ)　待(マツ)　交(マジハル)　迷(マヨフ)　任(マカス)　招(マネク)　守(マボル)

稀(マレナリ)　圓(マトカナリ)　的(マト)　鞠(マリ)　舞(マイ)　枕(マクラ)　親(マノアタリ)　參(マイル)　跨(マタガル)　詣(マウツル)　負(マダル)　紛(マギレ)

氣

憲法(ケンハウ／ノリ)　賢仁(ケンジン／カシコキヒト)　堅固(ケンゴ／カタシ)　慳貪(ケンドン)　見物(ケンブツ／ミルモノ)　見聞(ケンブン／ミキク)　見參(サン)　懸隔(ケンガク／ハルカニヘダツ)

檢斷(ケンタン／カンカヘコトハル)　嫌疑(ケンキ／キライウタガフ)　檢知(ケンチ／カンガヘシル)　檢見(ケンミ)　譴責(ケンセキ)　權門(ケンモン)　權柄(ケンヘイ)　眷屬(ケンゾク)

【11ウ】

嚴重(ゲンジユ)　嚴密(ゲンミツ)　喧嘩(ケンクワ)　計會(ケイクワイ)　計略(リヤク)　經營(ケイエイ／イトナム)　經歷(レキ)

輕微(ケイビ／カルクスクナシ)　稽古(ケイコ)　慶賀(ケイカ／ヨロコブ)　契約(ケヤク／チキリ)　契狀(ケイジヤウ)　競望(ケイバウ／キヲイノゾム)　繼母(ケイボ／ツクハヽニ)

系圖(ケイヅ)　家人(ケジン／イエヒト)　家來(ケライ)　快樂(ケラク)　褻晴(ケハレ／音ハセツ)　氣色(ケシキ)　飢渴(ケカツ)　下知(ケチ)

下向(ケカウ)　下行(キヤウ)　外戚(シヤク)　敎訓(ケウクン)　敎化(ケウケ)　外曲(ケデン)　交會(ケウクワイ)　交名(ミヤウ)　憍慢(ケウマン／ヲコトアナヅル)

懈怠(ケダイ／ヲコタル)　交レ衆(ケウシユ／マシハルモロモロニ)　交易(ケウヤク)　校合(ケウカウ)　恐悅(ケヤウヱツ／ヲソル)　恐惶　結解(ケツゲ／ムスブトク)　結句(ケツク)

【12オ】

結緣(ケツエン)　月迫(ケツハク／セマル)　闕如(ケツジヨ)　孝養(ケウヤウ)　血脈(ケチミヤク)　假令(ケリヤウ)　家領(ケリヤウ／イヱノリヤウ)　言詞(ゲンシ／コトバ)

下手人(ゲシユニン)　警固(ケイコ)　嶮岨(ケンソ)　吹レ毛求疵(フイテ ケヲ／モトムキズヲ)　現形(ケンギヤウ)　得レ減(エ ケン)　假名(ケミヤウ)

兼帶(ケンタイ)　蓋(ケダシ)　汚(ケガス)　穢(ケガル)　消(ケス)　梳(ケヅル)　髮 同　削(ケヅル／木ヲ)　境内(ケイタイ)

婦

不レ斷(フダン／タヘス)　―レ審(シン／ツマヒラカ)　―通(ツウ／カヨハス)　―レ消(セウ／モノヽカスナラン)　―運(ウン／ハコバ)　―レ足(ソク／タラ)　―具(グ／ツブサ)　―覺(カク)　―快(クワイ／コヽロヨカラ)　―忠(チウ)　―孝(カウ)　―慮(リヨ／ヲモンハカラズ)　―便(ビン)

普通(フツウ／アマネクカヨウ)　譜代(フダイ)　補任(フシン)　輔佐(フサ)　附屬(フゾク／ツケアツラウ)　府合(フコウ／ツケアハス)　怖畏(フイ／ヲヂヲソル)　浮沈(フチン／ウキシズム)

【12ウ】

扶持(フチ／タスケモツ)　布施(フセ)　富祐(フイウ／トミサイワイ)　風聞(フウブン)　風情(フゼイ)　風流(フリウ／ヲモシロシ)　風氣(フウキ／カサケ)　風爐(フロ) 呂

無興(フケウ)　無道(ブトウ)　無力(フリヨク／ナシチカラ)　無骨(コツ／ホネ)　無勢(セイ／ナシ)　部類(ブルイ)　奉行(ブギヤウ)　武藝(ブゲイ)

武略(フリヤク)　武士(フシ)　武家(ケ)　文武(ブンブ)　文學(ブンガク／フミヲマナブ)　豐饒(ブネウ／ユタカナリ)　分明(ブンミヤウ／アキラカナリ)　分別(フンベツ／ワカツ)

分限(ブンゲン／カギリ)　分量(リヤウ)　忿怒(フンヌ／イカル)　紛失(フンシツ／ウセル)　粉骨(フンコツ／コニスホネヲ)　富貴(フツキ／トミタツトシ)　拂レ曉(フ ケウ／ハラフアカツキ)

拂底(フツテイ)　物詣(フツケイ／モノモフデ)　物忩(フツソフ／モノイソカハシ)　物狂(キヤウ／モノクルハシ)　腹立(フクリウ／ハラタツ)　福德(フクトク／トビサカウ)　觸催(フレモヨヲス)　不陳(フチン)

【13オ】

深(フカシ) 再(フタヽビ) 防(フセク) 塞(フサグ) 臥(フス) 封(フウス) 賦(フス) 振(フルウ) 篩(フルイ) 踏(フム) 懐(フトコロ)

古

御幸(ゴカウ ミユキ) 御前(セン ヲンマヘ) 御悩(ナウ ナヤミ) 御所(シヤウ トコロ) 御書(シヨ フミ) 御報(ホウ) 故實(コジツ) 故障(コシヤウ サウ)

故郷(コキヤウ イニシヘサト) 古舊(コキウ イニシヘ) 巨細(コサイ ヲヽクコマヤカナリ) 沽卻(コギヤク) 後日(ゴニチ) 後代(ゴタイ) 後證(シヤウ) 後悔(クワイ)

｜記(コウキ)｜朝(テウ)｜會(クワイ)｜年(ネン)｜訴(ソ)｜昆(コン)｜學(カク)｜進(シン)｜難(ナン) 今朝(コンテウ ケサ) 今度(ド)

今年(コンネン コトシ) 混源(コンゲン ハジメ) 根本(コンボン) 建立(コンリウ) 懇切(コンセツ ネンゴロ) 懇望(コンハウ ニノゾム) 懇志(コンシ ネンゴロナルコヽロザシ)

【13ウ】

混亂(コンラン ミダリカハシ) 言上(コンシヤウ マウシアグ) 言語(ゴ) 道(ダウ)断(ダン) 虚妄(コマウ ムナシクミタル) 興隆(コウリウ サカンナリ) 興行(コウキヤウ ヲコシヲコナウ)

宏才(コウサイ) 口入(コウシウ) 公私(コウシ キミハタクシ) 洪水(コウズイ) 大水也 恆例(コウレイ) 骨法(コツホウ) 乞食(コツジキ) 極信(ゴクシン キハメテマコトシ)

輿舁(コシガキ) 國家(コクカ タニイヱ) 言傳(コトヅテ コトバヲツケル) 詞付 此旨(コノムネ) 此比(コノコロ) 此方(コノホウ カタ) 以來(コノカタ) 是以(コヽヲモツテ)

所以(コノユヘニ) 依レ之(コレニ) 心苦(コヽロクルシ) 心安(ヤスシ) 無レ心元ニ(ナシ コヽロモト) 事實(コトシツ) 事闕(コトカキ) 事書(カキ)

剋々(コクコク) 骨柄(コツガラ) 寤寐(コヒ サメテモイネテモ) 志(コヽロザシ) 悉(コトゴトク) 殊(コトニ) 毎(同) 好(コノム) 強(コハシ) 爰(コヽニ) 誘(コシラウ) 試(コヽロミル) 異(コトナリ)

【14オ】

越(コエ) 戀(コイ) 籠(コモル) 冀(コヒネカウ) 殺(コロス) 擧(コソル) 如(コトシ) 凝(コラス) 詞(コトバ) 殊更(コトサラ)

衣

叡慮(ヱイリヨ) 叡感(カン) 榮花(アイクワ/サカヘハナ) 永代(ヱイタイ/ナカキヨ) 永領(リヨ) 疫病(ヱキレイ/ヤクヒヤウ) 延引(ヱンイン/ノビヒク) 鹽梅(ヱンハイ/シヲムメ)

淵底(ヱンテイ/フチノソコ) 艶書(ヱンシヨ/ケサウフミ) 縁起(ヱンキ) 遠所(ヱンシヨ/トヲキトコロ) 遠近(キン/トヲキチカシ) 遠慮(ヱンリヨ) 遠行(ヱンカウ/トヲクユク) 圓座(ヱンザ)

圓寂(ヱンジヤク)他界也 炎天(ヱンテン) 炎旱(ヱンカン) 炎上(ジヤウ) 穢士(ヱド) 悦喜(ヱツキ) 會釋(ヱシヤク)

會下(ヱ下) 撰(ヱラブ) 詠(ヱイス) 枝(ヱダ) 柄(ヱ) 醉(ヱフ)

【14ウ】

傳

天氣(テンキ) 天役(ヤク) 天罰(バツ) 天井(ジヤウ) 朝家(テウケ) 朝拜(ハイ) 調伏(テウブク) 調子(シ)管絃

眺望(テウハウ/ミノゾム) 逃散(テウサン/ニゲチル) 超過(テウクワ) 鳥目(テウモク/セニノナ)錢名 停滯(テウテイ/ト丶マリト丶コヲル) 亭主(テイシユ) 庭前(テイゼン)山門 南都

顚倒(テンタウ/サカサマニタウル) 展轉(テンテン/ノブル) 傳奏(テンソ) 點心(テンジン) 點札(テンサツ) 覿面(テキメン/ヲモテミル) 敵對(テキタイ/アタニムカフ) 手續(テツギ)

手習(テナライ) 弟子(デシ) 條々(デウデウ) 重寶(テウホウ) 手傳(テツギ) 寵愛(テウアイ) 寵辱(テウシヤク)

招請(テウシヨウ) 照(テラス) 點(テンズ) 寺(テラ) ｜穩(ヲン)｜樂(ラク)｜排(ハイ)茶

【15オ】

阿

安堵(アンド)　行脚(アンキヤ・アシニマカス)　惡黨(アクタウ)　惡口(アツコ)　哀憐(アイレン・アハレム)　哀傷(アイシヤウ)　愛憎(アイソウ)

愛敬(アイキヤウ)　相構(アイカマヘテ)　究課(アテヲヽス)　押領(アフリヤウ)　押妨(ハウ)　淺猿(アサマシ)　荒猿(アラマシ)

無跡形(ナシ アトカタチ)　相圖(アイヅ)　哀々(アハレアハレ)　逢(アフ)　商(アキナフ)　侮(アナヅル)　淺(アサシ)　仰(アヲグ)　擧(アグル)　崇(アガム)

普(アマネク)　新(アタラシ)　改(アラタム)　強(アナガチ)　預(アヅカル)　爭(アラソウ)　當(アタル)　遊(アソブ)　歩(アヨブ)　飽(アク)　集(アツム)　炙(アブル)　洗(アラフ)

厚(アツシ)　顯(アラハス)　暖(アタヽム)　敢(アヱテ)　明(アキラカ)　或(アルイハ)　遍(アマネシ)　間(アイダ)　與(アタフ)　誤(アヤマル)　剰(アマツサヘ)　朝(アサケル)

【15ウ】

左

參内(サンナイ・マイル内裏ノ事也)　參行(サンキヤウ・ユク)　參詣(サンケイ・マイル)佛神　參會(クワイ・アフ)　參著(チヤク・ツク)　參拜(バイ・ヲガム)　參懃(キン・ツトム)　參賀(カ)

懺悔(サンゲ)　算術(サンシユツ)　讒言(ザンゲン)　讒訴(ザンソ)　散用(サンヨウ)　讃嘆(サンダン)　棧敷(サジキ)　山莊(サンサウ)

暫時(ザンジ・シハラクノトキ)　裁許(サイキヨ・コトハル)　裁斷(サイダン)　裁糾(キウ・コトハリタヾス)　最初(サイシヨ)　最前(ゼン・サキ)　最愛(アイ)

罪科(サイクワ)過イ　罪業(サイコウ)　在京(サイキヤウ)　在所(シヨ)　在家(ケ)　在莊(シヤウ)　再拜(サイハイ)　再往(ハウ・フタヽビユク)

災難(サイナン)　才學(サイカク)　際限(サイゲン)　祭禮(サイレイ)　歳末(サイマツ)　割符(サイフ)　催促(サイソク)　掃除(サウジ)

【16オ】

草案(サウアン) 草庵(アン・クサノイヲル) 草創(サウ・ハジメ) 草子(サウシ)雙紙 早旦(サウダン・アシタ) 早朝(サウテウ・アシタ) 早速(サウソク・ハヤキスミヤカナリ) 贓物(サウモツ)

雜掌(サツシヤウ・ツカサ) 雜談(サウタン) 雜言(コン) 雜用(ヨウ) 造作(ザウサク) 造營(サウエイ・ツクリイトナム) 相續(サウソク・アヒツク) 相傳(サウデン・ツタヘ)

相應(サウヲウ) 相違(サウイ) 相貌(サウメイ・スガク) 相形(キヤウ・カタチ) 桑門(サウモン)法師ノ道名 作文(サクブン) 作者(シヤ) 作事(ジ)

朔日(サクシツ・ツイタチ) 昨日(サクシツ・キノウノヒ) 昨夕(サクセキ・キノウノユウベ) 左道(サトウ) 差圖(サシヅ) 左右(サウ) 沙汰(サタ) 作善(サゼン・ツクルヨキコトヲ) 作法(サホウ)

坐禪(ザゼン) 騷動(サウトウ・ウコキサハク) 糟糠(ザウカウ・ヌカカス) 差合(サシアイ)指 察申(サツシモウ) 支申(サヽヘ) 更々(サラサラ) 再興(サイコ)

【16ウ】

錯亂(サクランラン) 災殃(サイアウ) 侍(サフライ) 定(サダム) 捧(サヽゲ) 插(サシハサム) 授(サヅク) 誘(サソフ) 悟(サトル) 閣(サシヲク)筆之 遮(サヘキツテ) 盛(サカン也) 榮(サカユ)

酒(サケ) 肴(サカナ) 妨(サマタゲ) 境(サカイ)

幾

行幸(ギヤウコウ・ミユキ)内裏 行啓(キヤウケイ)同 禁裏(キンリ)同 御勢(キヨセイ)同 御感(キヨカン) 貴札(キサツ) 貴賤(セン・タツトキイヤシヽ) 喜悅(キヱツ・ヨロコヒヨロコブ) 奇特(キドク)

希代(キタイ・マレナルヨ) 奇瑞(キスイ・シルシ) 儀式(ギシキ) 儀理(ギリ・ヨキコトハリ) 氣力(キリヨク) 氣色(キシヨク) 氣味(キミ・アジハイ) 機嫌(キゲン)

機緣(キエン) 寄進(キシン・ヨセスヽム) 規模(キボ・ノリイカダ) 龜鏡(キケイ) 起請(キシヤウ) 器用(キヨウ) 器量(キリヤウ)

【17オ】

飢饉(キキン)(ウヘウユル)　既得(キトク)年貢　忌日(キニチ)(イミ)　歸洛(キラク)(カヘルミヤコニ)　騎馬(キバ)(ノリムマニ)　禁制(キンゼイ)　窮屈(キウクツ)　急速(キウソク)

糾明(キウメイ)(タヽシアキラム)　糾決(キウケツ)(サダム)　舊好(キウコウ)(フルキヨシミ)　舊懷(キウクワイ)(ヲモイ)　弓箭(キウゼン)(ユミヤ)　休息(キウソク)(ヤスム)　仰天(キヤウテン)(アヲグ)　輕忽(キヤウコツ)(カロシナイガ□□)

輕重(キヤウチウ)　輕歴(キヤウリヤク)　向背(キヤウハイ)(ソムク)　客仁(キヤクジン)　隔心(キヤクシン)　玉章(ギヨクシヤウ)(フミ)　吉慶(キツケイ)(ヨシヨロコブ)　吉兆(チウ)(キザス)

許容(キヨヨウ)　虚誕(キヨタン)　虚説(セツ)　虚名(メイ)　吉凶(キツケウ)　灸治(キウジ)　奇麗(キレイ)　嫌(キラフ)

究(キワム)　淸(キヨム)　消(キユル)　切(キル)　聞(キク)　極(キワム)

【17ウ】

遊

由緒(ユイシヨ)　由來(ユライ)　遊覽(ユウラン)　遊宴(ユウアン)　優免(ユウメン)　遊會(ユウクワイ)　幽懷(ユウクワイ)

讓状(ユヅリジヤウ)　牀敷(ユカシク)　弓手(ユンテ)　努力(ユメユメ)

免

面目(メンボク)　面拜(バイ)　面談(タン)　免許(メンキヨ)(ユルス)　免除(メンチヨ)　迷惑(メイワク)　命葉(メイヨウ)

名匠(メイシヤウ)　明鏡(メイケイ)　名譽(メイヨ)　名所(シヨ)　召籠(メシコメ)　惠(メクミ)　周(メグリ)　珍(メツラシ)　召(メス)　廻(メグル)　銘(メイ)一切物ノメイ也

見

御代(ミヨ)　御教書(キヤウシヨ)　宮仕(ミヤヅカイ)　未練(ミレン)　未進(ミシン)　微細(ミサイ)　名聞(ミヤウモン)　冥加(ミヤウガ)　冥慮(ミヤウリヨ)

【18オ】

志

神慮(ジンリヨ) 神馬(ジンメ) 神妙(シンビヤウ) 社參(シヤザン) 震筆(シンピツ)〔帝王ノ御筆ナリ〕 眞實(シンジツ) 進上(シンジヤウ)

進退(シンダイ) 新劵(シンケン) 親類(シンルイ) 心底(シンテイ) 心勞(シンロウ) 辛苦(シンク) 斟酌(シンシヤク) 尋常(ジンジヨウ・ヨノツネ)

晨昏(シンコン・アサユウ) 信心(シンジン) 信仰(シンコウ) 失念(シツネン・モノワスレ) 質劵(シチケン) 實否(ジツプ・マコトイナヤ) 指南(シナン)

祇候(シコウ) 思案(シアン) 子細(シサイ) 子息(シソク) 至極(シゴク) 支配(シハイ・サヽヘアツ) 示給(シメシタマハル) 始終(ジシウ・ハジメヲハリ)

慈悲(ジヒ) 自愛(ジアイ) 自然(ジゼン) 自由(ジユ) 自歎(ジタン・ホム) 自專(ジセン・ミツカラモツハラニス) 自身(ジシン) 自害(ジカイ)

【18ウ】

寺家(ジケ) 師範(シハン) 師匠(シシヤウ) 咫尺(シセキ)〔四寸ノ事也〕 使者(シシヤ) 時節(ジセツ) 時剋(ジコツ・トキ) 時宜(シキ・ヨロシ)

充滿(シウマン) 祝言(シウゲン・イハイ) 祝著(シウチヤク・ツク) 愁傷(シユフシヤウ・ウレヘイタム) 愁歎(シウタン) 秀句(シウク) 所務(シヨウム) 所職(シヨシヨク)

所領(リヤウ) 所存(ゾン) 所持(ジ) 所望(マウ) 所詮(セン) 諸事(シヨジ) 諸國(コク) 助成(ジヨジヨ) 如在(ジヨサイ)

諸藝(シヨゲイ) 書札(シヨサツ) 書寫(シヨシヤ) 書籍(ジヤク) 宿所(シユクシヨ) 宿業(コウ) 宿緣(アン)

宿老(ラウ) 宿德(トク) 集會(シユヱ・アツマリアフ) 衆徒(シユト・トモカラ) 收納(シユナウ・ヲサム) 修行(シユキヤウ) 修理(リ・コトハリ)

【19オ】

修造（シユザウ／ツクル）　修正（シヤウ）　首尾（シユビ／カシラヲ）　殊勝（シユシヤウ／コトニスグル）　入眼（シユガン／イルマナコ）　入木（ボク）手跡事也　酒宴（シユエン）　酒肴（カウ／サケサカナ）

受領（ジユリヤウ）　壽命（ジユミヤウ）　儒敎（ジユケウ）　巡役（シユンヤク）　守護（シユゴ／マボリマボル）　潤色（シユンシヨク／ウルヲス）　術計（シユツケイ）　述懐（シユツクワイ）

出仕（シユツジ）　出來（ライ／イデキタル）　出家（ケ）　出對（タイ）　出頭（トウ）　昇殿（シヨウデン／ノホリ）　勝負（シヤウブ／カチマク）　消息（シヤウソク）

抄物（シヤウモツ）　證據（シヤウコ）　證明（シヤウミヤウ）　蹤跡（シヨウゼキ）　承引（シヨウイン）　燒香（シヤウコウ／タクカウヲ）　燒亡（シヤウマウ／ヤケウシナフ）　差別（シヤヘツ／シナジナニハカツ）

謝申（シヤシマウス）　正路（シヤウロ）　正直（ジキ）　賞翫（シヤウクワン／モテアソブ）　請用（シヤウヨウ）　成就（ジヤウジユ）　莊嚴（シヤウゴン）　相伴（シヤウバン）

【19ウ】

上臘（ジヤウラウ）　將軍（シヤウグン）　莊官（シヤウクワン）百姓 下司 公文 田所　式目（シキモク）　色代（シキダイ）　錯亂（シヤクラン）　借用（シヤクヨウ）

若輩（ジヤクハイ）　無二四度計一（ナシ シトケ）　云爲（シハザ）　加之（シカノミナラズ）　種々（シユジユ）　品々（シナジナ）　辭表（シヘウ／コトハノハシ）　閑（シヅカニ）

暫（シバラク）　注（シルシス）　沈（シヅム）　示（シメス）　隨（シタガウ）　繁（シゲシ）　頻（シキリニ）　併（シカシナガラ）　從（シタガウ）　退（シリゾク）　靜（シヅカニ）

飛

比類（ヒルイ）　比興（ヒゲウ）　祕藏（ヒザウ）　祕計（ヒケイ）　披露（ヒロウ）　披講（カウ）　披覽（ラン／ヒラキミル）

尾籠（ヒロウ）　微弱（ヒシヤク／ヨハシ）　卑下（ヒケ）　飛脚（ヒキヤク／トバスアシヲ）　非法（ヒハウ／アラズ）　非道（ヒドウ）　非據（キヨ／ヨントコロニ）　紕繆（ヒヒウ）

【20オ】

贔屓（ヒイキ） 微力（ビリヨク） 眉目（ビボク） 美物（ヒブツ／ヨキモノ）山海― 評定（ヒヤウジヤウ） 評儀（ギ） 兵亂（ヒヤウラン）

兵糧（ロウ） 兵法（ハウ） 拍子（ヒヤウシ） 屛風（ビヤウブ） 病氣（ビヤウキ） 便宜（ビンギ） 貧窮（ヒングウ）

貧福（ブク） 僻事（ヒガコト） 必定（ヒツチヤウ） 必然（ゼン） 畢竟（ヒツキヤウ） 筆墨（ヒツボク） 筆勢（セイ）

擯出（ヒンシユツ） 引出物（ヒキイテモノ） 直垂（ヒタヽレ） 逼迫（ヒツハク） 被官（ヒクワン） 肥滿 微々（ヒヽ） 疋（ヒキ）馬

彎（ヒク）弓 引（ヒク） 提（ヒサゲ） 久（ヒサシク） 開（ヒラク） 廣（ヒロシ） 繙（ヒログ）レ紙（カミヲ） 潜（ヒソカニ） 偏（ヒトヘニ） 光（ヒカリ）

【20ウ】

毛

文書（モンシヨ） 問答（モンドウ） 問狀（モンシヤウ／フミ） 問訊（ジン） 門前（モンゼン／マヘ） 門跡（セキ） 門徒（ト／トモガラ） 自（ヨリ）レ元（モト）

目錄（モクロク） 默然（モクネン） 沐浴（モクヨク） 勿論（モチロン） 物怪（モツケ） 物體（タイ） 沒收（モツシユ） 朦々（モウモウ）

文盲（モンマウ）愚チ 最中（モナカ） 不（セズ）レ屑（モノヽカズト） 若（モシ） 尤（モツトモ） 專（モツバラ） 索（モトヨリ） 用（モチユ） 以（モツテ） 求（モトム）

催（モヨヲス） 持（モツ） 弄（モテアソブ） 諸（モロモロ） 翫（モテアソブ） 洩（モラス） 漏（モラフ）

勢

宣旨（センシ） 遷行（センコウ／ユヅリユク） 仙洞（セントウ） 善政（ゼンセイ） 善惡（ゼンアク） 先日（センジツ） 先度（ド）

【21オ】

先達(ダツ) 先途(ト) 先哲(テツ) 先祖(ソ) 先孝(カウ/チヽ) 先妣(ヒ/ハヽ) 前後(ゼンゴ)

全分(センフン) 先規(キ) 先例(レイ) 遷變(センベン/ウツリカワル) 專一(センイチ) 淺深(センジン/アサシフカシ) 世流布(ルフ)

省略(セイリヤク/ハブク) 淸濁(セイチヨク) 淸潔(セイケツ/イサギヨシ) 淸書(セイシヨ) 淸選(セン/エラブ) 精彩(セイサイ/イロドル) 誓願(セイグワン) 誓文(モン/チカイフミ)

制法(セイハウ) 成敗(セイバイ) 淸斷(セイタン) 靜謐(セイヒツ/シヅカナリ) 勢力(セイリキ/イキヲイチカラ) 洗濯(センダク/アライスヽグ) 歳暮(セイボウ/トシノクレ) 成レ人(セイシン/ナル ヒトニ)

誠惶(セイクワウ/マコトニヲソル) 誠恐(キヤウ/ヲソル) 靑鳥(セイチヤウ/アヲキトリ) 使者之事也 赤面(セキメン/アカムヲモテヲ) 碩學(セキガク/ミガク) 關守(セキモリ) 折レ角(セツカク/ヲル ツノヲ) 折中(セツチウ)

絶入(セツシユ/タヘイル) 殺害(セツガイ/コロシコロス) 殺生(セツシヤウ/コロスイケルヲ) 說法(セツホウ/トクノリヲ) 世知辯(セチベン) 節氣(セツキ/フシ) 節料(セチリヤウ) 節供(セツク)

【21ウ】

戰場(センヂヤウ/タヽカイバ) 戰陣(チン/トコロ) 是非(ゼヒ/ヨシアシヽ) 施行(セギヤウ/ホドコスヲコナイ) 責伏(セメフス) 責取(セメトル) 濟々(セイセイ) 漸々(センセン/ヤフヤフ)

世渡扉(セトヒ) 迫(セマル) 狹(セバシ) 制(セイス) 令(セシム) 堰(セク/水井)

須

吹擧(スイキヨ/フキアグ) 吹毛(スイモウ/フクケヲ) 推量(スイリヤウ/ヲシハカル) 推察(サツ) 推進(シン/ヲシシンズ) 醉狂(スイキヤウ/エイクルウ) 衰微(スイビ/ヲトロフ) 睡眠(スイメン/ネムル)

隨逐(ズイチク/シタガフ) 隨分(ズイブン/ハケル) 隨意(イ/コヽロヲ) 隨喜(キ/ヨロコフ) 瑞相(ズイサウ/ヨキサフ) 寸法(スンハウ) 寸尺(シヤク) 寸暇(カ/イトマ) 數年(スネン)

【22オ】

數剋 數度 數多 數奇 數盆 卽時 相撲 簀子

磨礱 炲煤 生衣一疋 水干一具 推參 硯一面 鈴 鋤 墨一挺

微 筋 頗 少 既 已 卽 總 捨 勝 勸 濯 末 角 澄

廢 速 須

【22ウ】

兌 震 坎 離 巽 坤 乾 艮

甲 乙 丙 丁 戊 己 庚 辛

壬 癸 子 丑 寅 卯 辰 巳

午 未 申 酉 戌 亥

天和二壬戌年

霜月下旬寫之

東大本伊呂波集翻字本文

東大本伊呂波集翻字本文凡例

一、底本は、東京大学文学部国語研究室蔵『伊呂波集』である。

一、行款は、底本通りとした。

一、漢字の字体は、原則として、康熙字典体にあらためた。

一、異体の片仮名は、今日通行の字体にあらためた。

一、濁点の施点は底本通りとし、一切私的に改変しなかった。

一、底本の誤字・通用字・脱字等は、原則としてその儘とし、一切校訂は加えなかった。

一、底本の虫損・破損部分で判読不能の文字は、□で示した。

【1オ】

伊

一揆（イツキ）　一族（ソク）　一家（ケ）　一門（モン）　一類（ルイ）

一途（ツ）　一獻（コン）　一旦（□ン）　一圓（エン）　一向（カウ）

一段（タン）　一言（コン）　一念（ネン）　一代（タイ）　一往（ワウ）

一期（ゴ）　一帖（デウ）　一丁（チヤウ）　一路（ロ）　遺恨（イコン）

【1ウ】

急（イソク）　違例（イレイ）　異見（イケン）　異體（イテイ）　醫師（イシ）

衣裝（イシヤウ）　暇乞（イトマコイ）　逸物（イチモツ）　員數（インシユ）　射手（イテ）

因果（インクワ）　五十鈴河（イスヽカワ）　慇懃（インキン）　鑄物師（イモノシ）　幾度（イクタヒ）

田舍人（イナカヒト）　威勢（イセイ）　無謂（イハレナシ）　異標（イヘウ）　一種（シユ）

圍爐裏（イロリ）　一瓶（ヘイ）　委細（イサイ）　委曲（イキヨク）　意趣（イシユ）

【2オ】

一會(クハイ)　異儀(イキ)　礎居(イシスエ)　威光(イクワウ)　絲惜(イトシイ)

早晩(イツカ)　不知夜(イサヨイ)　院宣(インセン)　言儘(イウマヽ)　異人(イニン)

怡悦(イエツ)　虜(イケトリ)　祈(イノル)　綺(イロウ)　軍(イクサ)

勞(イタハル)　爭(イカテカ)　驍　稲(イネ)　嘶(イハウ)　忌(イム)　苟(イヤシ)　井(イ)

電(イカツチ)　況(イハンヤ)　賤(イヤシイ)　勇(イサム)　板(イタ)　聊(イサヽカ)　厭(イトウ)　一味(ミ)

【2ウ】

路

露顯(ロケン)　路次(ロシ)　路頭(ロトウ)　論人(ロンニン)　論所(ロンシヨ)

籠者(ロウシヤ)　邏齋(ロサイ)　陸地(ロクチ)　轆轤師(ロクロシ)　六根(コン)

籠鳥(ロウテウ)　録青(ロクシヤウ)　牢人(ラウニン)

葉

【3オ】

遙久（ハルカニヒサシク）　走廻（ハシリマハル）　莫太（ハクタイ）　薄衣（ハクエ）　餞（ハナムケ）

番衆（ハンシウ）　番匠（ハンシヤウ）　萬事（ハンシ）　拝領（ハイリヤウ）　博奕（ハクエキ）

憚入（ハヽカリイル）　萬民（ハンミン）　傍輩（ハウハイ）　拔群（ハンクン）　馳挽（ハセヒキ）

初物（ハツモノ）　半分（ハンフン）　腹當（ハラアテ）　腹帶（ハルヒ）　馬上（ハシヤウ）

剝取（ハキトル）　買得（ハイトク）　徘徊（ハイクワイ）　掃拭（ハキヌクイ）　走（ハシル）

【3ウ】

判形（ハンキヤウ）　配立（ハイリウ）　飽滿（ハウマン）　配符（ハイフ）　繁昌（ハンシヤウ）

配分（ハイフン）　馳集（ハセアツマル）　馬借（ハシヤク）　番帳（ハンチヤウ）　伯樂（ハクラク）

插物（ハサミモノ）　佩楯（ハイタテ）　發向（ハツカウ）　半首（ハツフリ）　飯銅（ハントウ）

初穂（ハツヲ）　最花（同）　橋（ハシ）　柱（ハシラ）　鉢卷（ハチマキ）　拝領（ハイリヤウ）

白晝（ハクチウ）　晩景（ハンケイ）　箱緒（ハコノヲ）　脛巾（ハヽキ）　媒介（ハイカイ）

【4オ】

鼻綱(ハツナ)　楾(ハンサウ)手洗(タライ)　羽子板(ハコイタ)　拍子物(ハヤシモノ)　恥(ハチ)　始(ハシメ)

孚(ハコクム)　箸(ハシ)　袴(ハカマ)　鈲(ハサミ)　働(ハタラク)　針(ハリ)　畠(ハタケ)　張(ハル)

姜(ハシカミ)　薑(同)　筈(ハス)　旗(ハタ)　幡(同)　包丁(ハウチヤウ)

傍題(ハウタイ)　放埒(ハウラツ)　傍若無人(ハウシヤクフシン)

仁

【4ウ】

入部(ニウフ)　日數(ニツシユ)　日限(ケン)　柔輭(ニウナン)　日記(キ)

任國(ニンコク)　刄傷(ニンジヤウ)　入國(ニウコク)　人形(ニンギヤウ)　人夫(ニンブ)

人間(ゲン)　弻革(ニキリカワ)　忍辱(ニンニク)　柔和(ニウワ)　憎(ニクム)

錦(ニシキ)　似(ニル)　俄事(ニワカコト)　膠(ニカワ)　荷(ニナウ)　礙(ニキワウ)　匂(ニホフ)

悪(ニクム)　濁(ニゴル)　逃(ニクル)　失　人別(ヘツ)　贄(ニエ)　鈍色(ニフイロ)

【5オ】

保

程遠(ホトトヲシ)　謀書(ホウショ)　蜂起(ホウキ)　奔走(ホンソウ)　行器(ホカイ)

奉公(ホウコウ)　奉書(ホウショ)　謀判(ホハン)　褒美(ホウヒ)　本腹(ホンフク)

骨折(ホネヲリ)　本望(ホンソウ)　本人(ホンニン)　謀略(ホウリヤク)　本領(ホンリヤウ)

乏少(ホクショ)　本所(ホンショ)　凡夫(ホンフ)　細筋(ホソスチ)　亡(ホロフ)　細布(ホソヌノ)

【5ウ】

本意(ホンイ)　褒貶(ホウヘン)　煩悩(ホンナウ)　寶劍(ホウケン)　粗(ホヽ)

謀計(ホウケイ)　本懐(ホンクワイ)　木履(ホクリ)　煨(ヲキ)　母衣(ホロ)

縨(同)　恣(ホシイマヽ)　殆(ホトント)　糒(ホシイヽ)　堀(ホリ)　讃(ホムル)　盆(ホン)　焔(ホノヲ)

炎(同)　星(ホシ)

遍

【6オ】

片時（ヘンシ）　平愈（ヘイユウ）　變改（ヘンガイ）　甁子（ヘイシ）　閉籠（ヘイロ）

壁書（ヘキシヨ）　返答（ヘンタウ）　縁差莚（ヘリサシムシロ）　返辨（ヘンベン）

返進（ヘンシン）　別而（ヘツシテ）　平均（ヘイキン）　評定（ヒヤウチヤウ）　偏執（ヘンシユウ）

平生（ヘイセイ）　返報（ヘンホウ）　俵物（ヒヨウモツ）　表背衣（ヘウホイ）　片便（ヘンヒン）

返哥（ヘンカ）　片楮（ヘンテウ）　別家（ヘツケ）　別當（ヘツタウ）　兵具（ヒヤウグ）

【6ウ】

別腹（ベツフク）

登

徒然（トゼン）　兔角（トカク）　同類（トウルイ）　無十方（トハウナク）　都鄙（トヒ）

取退（トリノク）　土産（トサン）　遁世（トンセイ）　外方（トハウ）　取散（トリチラス）

宿直（トノイ）　土貢（トコウ）　徳政（トクセイ）　不取敢（トリアヘス）　徳分（トクブン）

【7オ】

取失（トリウシ□ウ）　取靜（トリシツム）　取亂（トリミタス）　同朋（トウホウ）　取放（トリハナス）

同道（トウタウ）　同心（シン）　取續（トリツ丶ク）　等閑（トウカン）　年月（トシツキ）

逗留（トウリウ）　途中（トチウ）　同音（トウヲン）　等輩（トウハイ）　筒丸（トウマル）

鋒矢（トカリヤ）　鯨波（トキノコエ）　不移時（トキヲウツサス）　毒害（トクガイ）　德人（トクニン）

獨身（ドクシン）　土民（トミン）　鳥居（トリヰ）　取廻（トリマハス）　北破（トリノク）

段子（ドンス）　燈（トモシヒ）　外侍（トヲサフライ）　途徹（トテツ）　照射（トモシ）

【7ウ】

爲左爲右（トヤセンカクヤセン）　脫（トク）　調（ト丶ノウ）　洄（トタヱ）　鄰（トナリ）　嫁（トツク）　弔（トフラウ）

唱（トナウ）　届（トツク）

地

中絶（チウセツ）　恥辱（チシヨク）　知音（チイン）　忠節（チウセツ）　聽聞（チヤウモン）

【8オ】

軸(チク)　遅速(チソク)　著到(チヤクタウ)　著陣(チン)　逐電(チクテン)

打擲(チ□ウチヤク)　中陰(チウイン)　鍮石(チウジヤク)　近比(チカコロ)　治定(チチヤウ)

挃(チ、ム)　知行(チキヤウ)　近付(チカツキ)　籌策(チウサク)　陳中(チンチウ)

陳僧(ヂンゾウ)　契(チキリ)　珍物(チンブツ)　地頭(チトウ)　力革(チカラカワ)

重代(ヂウダイ)　住宅(ヂウタク)　仲人(チウニン)　地下(ヂゲ)　昵近(チツキン)

【8ウ】

畜生(チクシヤウ)　珍財(チンサイ)　遅参(チサン)　地徳(チトク)　茶筅(チヤセン)

茶標(チヤヘウ)　値遇(チクウ)　燈提(チヤウチン)　茶臼(チヤウス)　智恵(チエ)

被誅(チウセラル)　粽(チマキ)　塵(チリ)　馳走(チソウ)

利

理非(リヒ)　理運(ウン)　利平(リビヤウ)　利潤(ジユン)　力者(リキシヤ)

【9オ】

領掌(リヤウジ□ウ)　領内(リヤウナイ)　臨時(リンシ)　利根(リコン)　慮外(リヨクワイ)

了簡(リウケン)　料紙(リヨウシ)　料足(リヨウソク)　綸言(リンゲン)　綸旨(シ)

利口(リコウ)　流々(リウリウ)　利分(リブン)　兩方(リヤウバウ)　立用(リウヨウ)

怒

盗人(ヌスヒト)　縫物(ヌイモノ)　布子(ヌノコ)　布(ヌノ)　濡(ヌル)、　塗(ヌル)

【9ウ】

糠(ヌカ)　主(ヌシ)　沼(ヌマ)

流

流人(ルニン)　流布(ルフ)　流浪(ルラウ)　瑠璃(ルリ)　留守(ルス)

流通(ルツウ)　類身(ルイシン)　流罪(ルサイ)　累代(ルイタイ)

遠

【10オ】

驚入(ヲトロキイル)　押領(ワウリヤウ)　追而(ヲツテ)　越度(ヲツト)　押寄(ヲシヨセ)

遲(ヲソシ)　寄思食(ヲホシメシヨリ)　不思懸(ヲモヒカケス)　被仰付(ヲフセツケラレ)　蒙仰(ヲウセカウフル)

岡(ヲカ)　追散(ヲイチラス)　追失(ヲイウシナウ)　送給(ヲクリタマハリ)　疎(ヲロソカ)

乍恐(ヲフソレナカラ)　大方(ヲウカタ)　遠國(ヲンコク)　乙男人(ヲトナシキヒト)　如仰(ヲホセノコトク)

恩給(ヲンキウ)　追手(ヲイテ)　追風(ヲイカセ)　遠近(ヲチコチ)　面白(ヲモシロシ)

【10ウ】

面影(ヲモカケ)　筬(ヲサ)　思出(ヲモヒテ)　穩便(ヲンヒン)　隱田(ヲンテン)

喝(ヲヒユ)　越年(ヲツネン)　折節(ヲリフシ)　押竝(ヲシナラヘ)　押裹(ヲシツヽム)

以爲(ヲモワク)　想像(ヲモヒヤル)　龓頭(ヲモツラ)　劫多(ヲヒタヽシ)　被侵(ヲカサル)

凡(ヲヨソ)　納(ヲサム)　男(ヲトコ)　女(ヲンナ)　掟(ヲキテ)　趣(ヲモムキ)　印(ヲシテ)　貫(ヲキノル)　償(同)

帶(ヲヒ)　游(ヲヨク)　泳(同)　侈(ヲコル)　沖(ヲキ)

【11オ】

和

若黨(ワカタウ)　若衆(ワカシユウ)　和與(ワヨ)　和合(ワカウ)　煩(ワツライ)　和談(ワタン)

侘言(ワヒコト)　尩弱(ワウジヤク)　往來(ワウライ)　辨(ワキマヘ)　垸飯(ワウバン)　難忘(ワスレカタク)

移徙(ワタマシ)　吾朝(ワカテウ)　渡守(ワタシモリ)　梡(ワン)　若菜(ワカナ)

和纔(ワサン)　脇當(ワキアテ)　鰐口(ワニクチ)　腋詰(ワキツメ)　緜(ワタ)　童(ワラヘ)

【11ウ】

脇差(ワキサシ)　還禮(ワンレイ)　藁(ワラ)　纔(ワツカ)　僅(同)

加

替錢(カヘセン)　甲斐々々敷(カイカイシク)　無限(カキリナシ)　鍛治(カチ)

學匠(カクシヤウ)　學頭(カクトウ)　肝要(カンヨウ)　加減(カンケン)　神樂(カクラ)

神主(カンヌシ)　叶(カナウ)　嘉例(カレイ)　佳例(同)　狩人(カリヒト)

【12オ】

悴者（カセモノ）　髪（カミ）　剃刀（カミソリ）　瑕瑾（カキン）　勘（カンカヘ）　堪忍（カンニン）

勘料（カンレウ）　掠申（カスメマウス）　駈催（カリモヨフス）　奸曲（カンキヨク）　假言（カリコト）

搦取（カラメトル）　佳慶（カケイ）　涯分（カイフン）　覺悟（カクゴ）　彼是（カレコレ）

如形（カタノコトク）　改替（カイタイ）　任雅意（カイニマカセ）　喝命續（カツミヤウヲツク）　櫃（カラウト）

甲一羽（カフトヒトハネ）　甲冑（カツチウ）　紙漉（カミスキ）　唐繪（カラヱ）　合宿（カツシユク）

【12ウ】

閑談（カンタン）　高名（カウミヤウ）　柿（カキ）　語勢（セイヲカタラウ）　介錯人（カイシヤクニン）

降參（カウサン）　合戰（カセン）　壁塗（カヘヌリ）　拚世（ヨヲカセク）　傘（カラカサ）　兼（カネテ）

横首杖（カセツヘ）　刎首（カウヘヲハヌル）　好士（カウシ）　改易（カイエキ）　拘置（カヽヘヲク）

徒立（カチタチ）　掻楯（カイタテ）　刈田（カリタ）　改年（カイネン）　買物（カイモノ）

戒力（カイリキ）　搦手（カラメテ）　四調（カツデウ）　三合力（同）　鐵鎚（カナツチ）

【13オ】

肩衣(カタキヌ)　乘勝(カツニノル)　土器(カワラケ)　海上(カイシヤウ)　海賊(カイソク)

掻笥(カイケ)　扉 同　勘當(カンタウ)　看經(カンキン)　且々(カツカツ)

感悦(カンエツ)　蚊張(カチヤウ) 帳イ　香爐(カウロ)　々合(ハコ)　堅(カタク)　皮子(カワコ)

香奠(カウテン)　々錢(セン)　家督(カトク)　合壁(カツヘキ)　楫立(カフタテ)

香裹(カウツヽミ)　搦捕(カラメトル)　不顧(カヘリミス)　校割(カウカツ)　構(カマヘ)　笠(カサ)

【13ウ】

偕老同穴(カイラウトウケツ)　嚴(カサル)　旁(カタカタ)　強入部(カウニウフ)　強盜(カウタウ)

好便(カウヒン)　幸便 同

與

寄合(ヨリアヒ)　用意(ヨウイ)　用心(ヨウシン)　妝(ヨソヲイ)　要脚(ヨウキヤク)

時々(ヨリヨリ)　與力(ヨリキ)　與奪(ヨタツ)　能々(ヨクヨク)　尋常(ヨノツネ)

【14オ】

齢(ヨハイ)　抑留(ヨクリウ)　幼少(ヨウシヨウ)　翌日(ヨクシツ)　欲心(ヨクシン)

風俗　夜詰(ヨツメ)　餘所目(ヨソメ)　夜懸(ヨカケ)　夜盗(ヨタウ)

夜寒(ヨサム)　横笛(ヨコフヘ)　餘暇(ヨカ)　餘慶(ヨケイ)　能様(ヨキヤウ)

宜(ヨロシ)

多

【14ウ】

太平(タイヘイ)　退治(タイヂ)　大概(タイガイ)　大儀(タイキ)　玉章(タマツサ)

退出(タイシユツ)　退崛(クツ)　他界(タカイ)　達者(タツシヤ)　瀧浪(タキナミ)

適(タマタマ)　忽(タチマチ)　暖氣(タンキ)　短慮(タンリヨ)　談合(ダンカウ)　大略(タイリヤク)

當家(タウケ)　他家(タケ)　當國(タウゴク)　當所(シヨ)　打眠(タメン)

帷(カタヒラ)　他所(タシヨ)　他郷(ガウ)　他行(キヤウ)　對面(タイメン)

【15オ】

大切（セツ）　段銭（タンセン）　尋求（タツネモトム）　立還（タチカヘリ）　憑入（タノミイリ）

手綱（タツナ）　道理（タウリ）　疊（タヽミ）　太鼓（タイコ）撥（バチ）　當世（タウセイ）

當代（タウタイ）　々參（サン）　代官（タイクワン）　代物（モツ）　短冊（タンジヤク）

單尺（同）　到來（タウライ）　退散（タイサン）　貯（タクワヘ）　互（タカイ）　嗜（タシナミ）　糾（タヽス）

慥（タシカ）　困（タシナミ）　但（タヽシ）　財（タカラ）　樽（タル）　恌（タチロク）　毆合（タヽキアイ）　世者（タクマシイ）

【15ウ】

當社（タウシヤ）　荼毘（ダビ）

禮

歴然（レキゼン）　聊爾（レウジ）　簾直（レンチヨク）　例式（レイシキ）　連々（レンレン）

簾中（レンチウ）　連日（レンジツ）　憐愍（レンミン）　了簡（レウケン）　料理（レウリ）

烈參（レツサン）　獵師（レウシ）　料足（レウソク）　療治（レウチ）　禮義（レイキ）

【16オ】

禮物(レイモツ)　連判(レンハン)　陵礫(レウリヤク)　龍虎(レウコ)　了達(レウタツ)

楚

總領(ソウリヤウ)　庶子(ソシ)　無其隱(ソノカクレナシ)　存命(ナカラヘ)　訴詔(ソセウ)

疎略(ソリヤク)　楚忽(ソコツ)　奏者(ソウシヤ)　奏達(ソウタツ)　訴人(ソニン)

悤劇(ソウケキ)　即時(ソクシ)　其趣(ソノヲモムキ)　損免(ソンメン)　染物(ソメモノ)

【16ウ】

卒爾(ソツシ)　宗匠(ソウシヤウ)　相應(サウヲウ)　若干(ソクハク)　増分(ソウブン)

存外(ソンクハイ)　誹(ソシル)　崇敬(ソウキヤウ)　抑(ソモソモ)　燭臺(ソクダイ)

副狀(ソヘジヤウ)　虚言(ソラコト)　尊意(ソンイ)　總都合(ソウツガウ)　疎遠(ソエン)

庶幾(ソキ)　尊札(ソンサツ)　尊報(ホウ)　其聞(ソノキコヘ)　猜(ソネム)　某(ソレカシ)

疎意(ソイ)

【17オ】

津

劒(ツルキ) 絃(ツル) 償(ツクノイ) 常(ツネ) 費(ツイエ) 次(ツキニ) 具(ツフサ) 司(ツカサ) 終(ツイニ) 鍔(ツハ)

辻(ツシ) 塚(ツカ) 疲(ツカル、) 積(ツモル) 局(ツホネ) 紬(ツムキ) 壷(ツホ) 包(ツヽム) 筒(ツヽ) 爪(ツメ)

告來(ツケキタル) 面長(ツレナシ) 朔日(ツイタチ) 月充(ツキアテ) 築地(ツイヂ)

傳聞(ツタヘキク) 謹言(ツシンテマウス) 乍次(ツイテナカラ) 兵(ツハモノ) 通路(ツウロ)

【17ウ】

釣船(ツリハリフネ) 月次(ツキナミ) 月竝(同) 凡切(ツンキリ) 寸切(同)

無恙(ツヽカナク) 徒然(ツレツレ) 土塊(ツフテウチ) 雍己(ツルベ) 撞跪(ツイヒサマツク)

諸安(ツクツクト)

禰

練貫(ネリヌキ) 年記(ネンキ) 念願(ネンクハン) 年貢(ネンク) 年來(ライ)

【18オ】

閨（ネヤ）　禰宜（ネキ）　願事（ネカイコト）　年甫（ネンホ）　［身+召］（ネラウ）

年號（ネンカウ）　婲（ネタム）　念力（ネンリキ）　寢覺（ネサメ）　懇（ネンコロ）　眠（ネムル）

奈

名殘（ナコリ）　難岸（ナンガン）　名乘（ナノリ）　難儀（ナンキ）　内者（ナイシヤ）

内談（ナイタン）　長刀（ナキナタ）　内奏（ナイソウ）　猶々（ナヲナヲ）　長櫃（ナカヒツ）

【18ウ】

難澀（ナンシユウ）　習師（ナラシ）　内通（ナイツウ）　就中（ナカンツク）　惱（ナヤム）　浪（ナミ）

波（同）　啼（ナク）　涙（ナミタ）　泪（同）　流（ナカレ）　憖（ナマシイ）　歎（ナケク）　情（ナサケ）　繩（ナワ）

靡（ナヒク）　半（ナカハ）　宥（ナタム）　詠（ナカメ）　馴（ナル、）　［目+叕］（ナワテ）　慰（ナクサム）

羅

落居（ラツキヨ）　落著（ラクチヤク）　亂入（ランニウ）　洛外（ラククワイ）　濫妨（ランハウ）

【19オ】

狼籍(ラウセキ)　牢人(ラウニン)　牢籠(ラウロウ)　老後(ラウコ)　老耄(ラウモウ)

老母(ラウホ)　結埒(ラチヲユウ)　落花(ラツクワ)　來年(ライネン)　來臨(ライリン)

老翁(ラウヲウ)　蠟燭(ラツソク)　亂舞(ランフ)　禮紙(ライシ)　落書(ラクシヨ)

落索(ラクサク)　臘次(ラツシ)　粮物(ラウフツ)　亂橛(ランクイ)　亂劇(ランケキ)

落涙(ラクルイ)　洛陽(ラクヤウ)　落髪(ラクハツ)

【19ウ】

無

無念(ムネン)　無用(ヨウ)　無心(シン)　無理(リ)　無體(タイ)

無益(ヤク)　無量(リヤウ)　無窮(グウ)　無慙(サン)　六借(ムツカシ)

謀叛(ムホン)　向(ムカウ)　無主地(ムシユノチ)　行騰(ムカハキ)　無手組(ムストクム)

無道心(ムタウシン)　胸懸(ムナカケ)　無盡(ジン)　廏(ムマヤ)　鞭(ムチ)　酬(ムクウ)　迎(ムカイ)

【20オ】

結(ムスフ)　莚(ムシロ)　靹　昔(ムカシ)　婿入(ムコイリ)　娘(ムスメ)　零餘子(ムカゴ)

宇

胡亂(ウラン)　請合(ウケアイ)　請答(ウケコタヘ)　伺(ウカヽウ)　恨(ウラミ)　打立(ウツタツ)

奪取(ウハイトル)　請取(ウケトル)　疑(ウタカヒ)　靫(ウツホ)　打置(ウチヲク)　沽券(ウリケン)

有徳(ウトク)　有力(ウリキ)　訴申(ウツタヘマウス)　嬉敷(ウレシク)　討手(ウツテ)

【20ウ】

打續(ウチツヽキ)　浮世(ウキヨ)　後詰(ウシロツメ)　美物(ウマキモノ)　埋木(ウモレキ)

薄樣(ウスヤウ)　窺(ウカヽウ)　娑婆(ウキヌシツミヌ)　浦山敷(ウラヤマシク)　初冠(ウイカフリ)

濃

熨目(ノシメ)　乘馬(ノリムマ)　乘替(ノリカヘ)　野伏(ノフシ)　軒端(ノキハ)

延言(ノヘコト)　農人(ノウニン)　望(ノソミ)　能者(ノウシヤ)　殘分(ノコルフン)

【21オ】

箟槃(ノタメ)　狼煙(ノロシ)　暖氣(ノンキ)　長閑(ノトカ)　除(ノソク)　延(ノヘ)

鑿(ノミ)　詛(ノロウ)　鋸(ノコキリ)

俱

愚身(クシン)　究竟(クキヤウ)　外人(クワイジン)　軍陣(クンチン)　和睦(クワボク)

花瓶(クワヒン)　軍勢(クンセイ)　緩怠(クワンタイ)　不苦(クルシカラス)　捧二愚状一(グシヤウヲサヽケ)

【21ウ】

歡樂(クハンラク)　勸進(クワンシン)　廻文(クワイフン)　果報(クワホウ)　過上(クワシヤウ)

活計(クワツケイ)　曲事(クセコト)　公事(クシ)　公用(クヨウ)　郡内(クンナイ)

愚意(クイ)　曲舞(クセマイ)　懷紙(クワイシ)　口惜(クチヲシ)　鶴亂(クワクラン)

櫛引(クシヒキ)　軍兵(クンヒヤウ)　公文(クモン)　串柹(クシカキ)　光臨(クワウリン)

懷妊(クハイニン)　鍬形(クワカタ)　會合(クワイカウ)　公會(クヱ)　公所(クシヨ)

【22オ】

菓子(クワシ)　草伏(クタヒレ)　括筆(クヽリフテ)　歡喜(クハンキ)　歡悅(エツ)

冠落(クハンラク)　過書(クワシヨ)　光儀(クワウキ)　光御(クワウキヨ)　曲者(クセモノ)

課役(クワヤク)　榑(クレ)　回鱗(クワイリン)　回章(クワイシヤウ)　沓(クツ)　轡(クツワ)

鞍(クラ)　藏(クラ)　倉(同)　針(クキ)　企(クハタツ)　委(クハシク)　暗(クラシ)　位(クライ)　杌(クイ)

賦(クハル)　藥(クスリ)　黑(クロシ)　絬袴(クヽリハカマ)

【22ウ】

屋

約束(ヤクソク)　軈而(ヤカテ)、役人(ヤクニン)　燒失(ヤキウシナウ)　破儀(ヤフリキ)

休所(ヤスミトコロ)　約諾(ヤクタク)　夜前(ヤセン)　屋内(ヤナイ)　屋敷(ヤシキ)

養性(ヤウシヤウ)　養子(ジ)　養育(イク)　野心(ヤシン)　無止事(ヤコトナキ)

夜陰(ヤイン)　良久(ヤヽヒサシク)　夜半(ヤハン)　奴原(ヤツハラ)　流鏑馬(ヤフサメ)

【23オ】

奴原　鑓（ヤリ）　藥研（ヤケン）　藥代（ヤクタイ）　安事（ヤスキコト）　山家（ヤマカ）

山里（サト）　病氣（ヤマイケ）　役所（ヤクシヨ）　矢櫃（ヤカラト）　楊枝（ヤウジ）

闇夜（ヤミノヨ）　櫓（ヤクラ）

滿

先以（マツモツテ）　滿足（マンソク）　毎事（マイシ）　毎日（ニチ）　毎年（マイネン）

【23ウ】

紛（マキル、）　末代（マツタイ）　的矢（マトヤ）　猛勢（マウセイ）　最中（マンナカ）　眞字（マナ）

罷歸（マカリカヘル）　參合（マイリアヒ）　政事（マツトコト）　政所（マントコロ）　毎月（マイクワチ）

任（マカセ）　毎度（マイト）　毎篇（マイヘン）　大豆（マメ）　奉待（マチタテマツル）　眞砂（マサコ）

眞柴（マシハ）　招（マネク）　牧馬（マキノムマ）　巻物（マキモノ）　々染（マキソメ）　末世（マツセ）

間遠衣（マトヲノコロモ）　魔王（マワウ）　罷出（マカリイテ）　寝寐（マトロム）　松茸（マツタケ）

【24オ】

盲目(マウモク)　誠(マコト)　寔(同)　儲(マウケ)　幕(マク)　升(マス)　希(マレ)　鞠(マリ)

交(マシハル)　町(マチ)　増(マス)　正(マサシク)　絞(マツハル)

氣

稽古(ケイコ)　計略(ケイリヤク)　譴責(ケンセキ)　還住(ケンチウ)　檢斷(ケンタン)

檢使(ケンシ)　檢見(ケンミ)　喧嘩(ケンクワ)　教訓(ケウクン)　闕所(ケツシヨ)

【24ウ】

結句(ケツク)　契約(ケイヤク)　嚴密(ケンミツ)　警固(ケイコ)　兼法(ケンハウ)

削(ケツル)　懈怠(ケタイ)　憚微(ケイヒ)　見物(ケンフツ)　毛鴈鼻(モカリハナ)

下向(ケカウ)　權門(ケンモン)　嫌疑(ケンキ)　計會(ケクワイ)　加下知(ケチヲクワウ)

月迫(ケツハク)　氣色(ケシキ)　傾城(ケセイ)　元腹(ケンフク)　下著(ケチヤク)

見參(ケンサン)　賢者(ケンシヤ)　闕乏(ケツホク)　競望(ケイハウ)　交名(ケウミヤウ)

【25オ】

煙(ケフリ)　嚴重(ケンチヨウ)　懸隔(ケンカク)　景物(ケイフツ)　假粧(ケシヤウ)　藝能(ケイノウ)

闕所(ケツシヨ)　兼日(ケンシツ)　顯密(ケンミツ)　逆鱗(ケキリン)

布

普請(フシン)　奉行(フキヤウ)　無骨(フコツ)　不斷(フダン)　物忩(フツソウ)

不審(フシン)　粉骨(フンコツ)　譜代(フタイ)　不運(フウン)　輻輪(フクリン)

【25ウ】

觸廻(フレマハル)　腹立(フクリウ)　不敏(フヒン)　浮沈(フチン)　武士(フシ)

無力(フリヨク)　富貴(フツキ)　不慮(フリヨ)　扶持(フチ)　風情(フセイ)

分限(フンケン)　夫賃(フチン)　物詣(フツケイ)　不辨(フヘン)　無道(フタウ)

麓(フモト)　振舞(フルマイ)　拂曉(フケウ)　風呂(フロ)　不當(フタウ)

翕(フタメク)　冬籠(フユコモル)　無沙汰(フサタ)　無案内(フアンナイ)　風聞(フウフン)

【26オ】

不覚(フカク)　文章(フンシヤウ)　袋(フクロ)　無興(フケウ)　無器用(フキヨウ)　舊(フルシ)
舊年(フルトシ)　不思議(フシキ)　襖障子(フスマシヤウシ)　布施(フセ)　海羅(フノリ)
風流(フリウ)

古

爰許(コヽモト)　巨細(コサイ)　心得(コヽロエ)　殊更(コトサラ)　心知(コヽチ)　今度(コント)

【26ウ】

言語(コンゴ)　後悔(コウクハイ)　此旨(コノムネ)　此間(コノアイタ)　今朝(コンテウ)
此程(コノホト)　從是(コレヨリ)　以口上(コシヤウヲ)　口入(コウジユウ)　言傳(コトツテ)
沽卻(コキヤク)　根元(コンケン)　根本(コンホン)　輿舁(コシカキ)　言上(コンシヤウ)
⿰扌秀(コシラヘ)　拵(同)　爲後昆(ココンノタメニ)　獨樂(コマ)　五明(コメイ)(扇ノ名也)　碁盤(ゴバン)

天

【27オ】

手習（テナライ）　敵方（テキカタ）　天目（テンモク）　亭主（テイシユ）　傳說（テンセツ）

傳達（タツ）　天氣（テンキ）　手組（テクミ）　重寶（テウホウ）　逃散（テウサン）

朝暮（テウホウ）　調練（テウレン）　超過（テウクワ）　敵對（テキタイ）　招請（テウシヤウ）

調法（テウハウ）　店屋（テンヤ）　店馬（テンムマ）　手續（テツキ）　點札（テンサツ）

眺望（テウバウ）　停止（チヤウジ）　釿（テウノ）　待掛敵（テキヲマチカケ）

【27ウ】

安

相觸（アイフレ）　相語（アイカタラウ）　商人（アキント）　誂物（アツラヘモノ）　集置（アツメヲキ）

安堵（アント）　明暮（アケクレ）　有增（アラマシ）　惡黨（アクタウ）　穴（アナ）　案內（アンナイ）

有樣（アリサマ）　淺增（アサマシイ）　相延（アヒノヘ）　曉（アカツキ）　餘々（アマリニアマリニ）　相互（アイタカヒ）

行脚（アンギヤ）　餘多（アマタ）　庵主（アンス）　庵室（アンシツ）　朝食（アサメシ）

【28オ】

安否(アンフ)　安樂(アンラク)　充文(アテフミ)　々狀(アテジヤウ)　惡人(アクニン)

無益(アヤナシ)　總角(アケマキ)　行燈(アンドン)　操物(アヤツリモノ)　縛笠(アミカサ)

嘲(アサケリ)　油(アフラ)　誤(アヤマリ)　袷(アワセ)　鐙(アフミ)　粟(アハ)　汗(アセ)　扇(アフキ)　哀(アハレ)

綾(アヤ)　謬(アヤマリ)　銅(アカヽネ)　崇(アカマヘ)　泥障(アヲリ)

左

【28ウ】

割符(サイフ)　裁許(サイキヨ)　贓物(サウモツ)　遮而(サイキツテ)　境(サカイ)　暫時(ザンシ)

錯亂(サクラン)　再三(サイサン)　々發(サイホツ)　材木(サイモク)　棧敷(サジキ)

細美(サイミ)　催促(サイソク)　讚歎(サンタン)　才覺(サイカク)　雜掌(サツシヤウ)

指合(サシアイ)　差出(サシタシ)　算用(サンヨフ)　再往(サイワウ)　猿樂(サルカク)

細工(サイク)　相違(サウイ)　左道(サタウ)　去比(サンヌルコロ)　差圖(サシヅ)

【29オ】

盃(サカツキ)　座敷(サシキ)　山椒(サンセウ)　山居(サンキヨ)　歳末(サイマツ)　在京人(サイキヤウニン)

災難(サイナン)　最上(サイジヤウ)　再請(サイシン)　造作(サウサク)　作事(サクジ)

散々(サンザン)　參籠(サンロウ)　々詣(サンケイ)　造意(サウイ)　雜談(サウタン)

財寶(サイホウ)　雜言(サウゴン)　早旦(サウタン)　在荘(ザイシヤウ)　在國(ザイコク)

在陣(ザイヂン)　雜言　早速(サツソク)　早朝(サウテウ)　雜說(サウセツ)

【29ウ】

最初(サイシヨ)　雙紙(サウシ)　在所(サイシヨ)　難去(サリカタク)　乍去(サリナカラ)

先立(サキタツ)　讒言(ザンゲン)　私言(サヽメコト)　逆木(サカモキ)　細石(サヽレイシ)

雜熱(サウネツ)　坂(サカ)　侍(サフライ)　肴(サカナ)　幸(サイハイ)　盞(サカツキ)　支(サヽヘ)　盛(サカリ)

定(サタメテ)　螫(サス)　葬禮(サウレイ)

幾

【30オ】

貴人(キニン)　貴方(ハウ)　貴所(シヨ)　貴邊(ヘン)　貴殿(デン)

奇特(キトク)　希代(キタイ)　希異(キイ)　歸國(キコク)　鬼神(キジン)

機嫌(キゲン)　歸宅(キタク)　舊冬(キウト)　近年(キンネン)　急度(キツト)

近所(キンシヨ)　急速(キツソク)　近邊(キンヘン)　禁制(キンゼイ)　禁斷(キンダン)

給人(キウニン)　隔心(キヤクシン)　許容(キヨヨウ)　虚名(キヨメイ)　擧狀(キヨジヤウ)

【30ウ】

客人(キヤクシン)　紀明(キウメイ)　祈念(キネン)　祈禱(キタウ)　寄進(キシン)

京著(キヤウチヤク)　京都(キヤウト)　急用(キウヨウ)　去年(キヨネン)　喜悅(キエツ)

義理(ギリ)　聞食(キヨシメシ)　禁物(キンモツ)　御意(キヨイ)　貴賤(キセン)

懃仕(ギンシ)　近習衆(キンシユシユウ)　金言(キンゲン)　灸治(キウヂ)　器用(キヨウ)

騎馬(キバ)　窮屈(キウクツ)　規式(キシキ)　聞傳(キヽツタヘ)　舊友(キウユウ)

【31オ】

金襴（キンラン）　龜鏡（キケイ）　懃厚（キンカウ）　雲母（キラヽ）　寄麗（キレイ）

稠究（キヒシク）　均等（キントウ）　切付（キツヽケ）　規模（キボ）　肝煎（キモイリ）

遊

油斷（ユダン）　由緒（ユイシヨ）　讓狀（ユツリジヤウ）　遺物（ユイモツ）　誘引（ユウイン）

努々（ユメユメ）　行末（ユクスエ）　往來（ユキヽ）　遺言（ユイゴン）　遊山（ユサン）

【31ウ】

湯漬（ユツケ）　雪（ユキ）　由來（ユライ）　弓箭（ユミヤ）　硫磺（ユワウ）

遊山（ユサン）　遊覧（ユウラン）　夕暮（ユウクレ）　湯桶（ユト）　遺緒（ユイシヨ）

内衣（ユカタビラ）　指懸（ユカケ）　韘（同）　豐（ユタカ）

免

見苦（ミクルシ）　未練者（ミレンモノ）　未進（ミシン）　未落居（ミラツキヨ）　道行（ミチユキ）

【32オ】

密談（ミツタン）　名字（ミヤウシ）　明旦（ミヤウタン）　冥慮（ミヤウリヨ）　箕（ミ）　冥加（ミヤウガ）

御臺（ミタイ）　翠簾（ミス）　御神樂（ミカクラ）　味噌（ミソ）　猥（ミタリカハシク）　汀（ミキワ）

未熟（ミジユク）　御教書（ミキヨシヨウ）　微細（ミサイ）　砌（ミキリ）　水（ミツ）　海松（ウミマツ）

湊川（ミナトカハ）　蓑笠（ミノカサ）　御狩（ミカリ）　御廏（ミマヤ）　亂（ミタリ）　溝（ミソ）

源（ミナト）

【32ウ】

志

所領（シヨリヤウ）　所帯（シヨタイ）　所望（シヨマウ）　辭退（ジタイ）　進上（シンシヤウ）

進覧（シンラン）　進退（ダイ）　眞實（シンシツ）　身上（シンシヤウ）　身類（シンルイ）

親類（同）　認（シタ□□）　伺候（シコウ）　斟酌（シンシヤク）　支證（シセウ）

如在（シヨサイ）　質物（シチモツ）　借錢（シヤクセン）　媄（シツケ）　慈悲（シヒ）　所行（シヨキヤウ）

【33オ】

辛勞(シンラウ)　無正體(シヤウタイナク)　神妙(シンヒヨウ)　時節(シセツ)　時剋(シコク)

始中終(シチウシユウ)　所詮(シヨセン)　諸方(シヨハウ)　初入(シヨニウ)　所務(シヨム)

生前(シヤウセン)　子孫(シロン)　出仕(シユツシ)　出頭(シユツトウ)　私曲(シキヨク)

愁傷(シウシヤウ)　頻(シキリ)　裝束(シヤウソク)　含二愁訴一(シウソヲフクム)　性得(シヤウトク)

諸公事(シヨクシ)　達上聞(タツシシヤウフンニ)　宿老(シユクラウ)　所司代(シヨシタイ)　驚耳目(シホクヲ、トロカス)

【33ウ】

殊勝(シユセウ)　上表(シヤウヘウ)　守護(シユゴ)　新儀(シンギ)　失墜(シツツイ)

注置(シルシヲク)　指南(シナン)　城墎(ジヤウクハク)　若輩(シヤクハイ)　支配(シセウ)

準據(ジユンキヨ)　上洛(シヤウラク)　白拍子(シラヒヤウシ)　正直(シヤウヂキ)　自筆(シヒツ)

進發(シンハツ)　出錢(シユツセン)　出家(シユツケ)　實儀(ジチギ)　時分(シフン)

親父(シンブ)　心底(シンテイ)　親疎(シンソ)　順禮(シユンレイ)　順路(シユンロ)

【34オ】

入（シウ）御（キヨ）　入（シウ）興（ケウ）　子（シ）息（ソク）　繁（ハン）昌（シヤウ）　繁（シケ）々（シケ）

死（シ）去（キヨ）　失（シツ）食（シキ）　使（シ）者（シヤ）　初（シヨ）心（シン）　諸（シヨ）勢（セイ）

諸（シヨ）事（シ）　諸藝（ケイ）　失（シチ）念（ネン）　潤（シユン）色（シヨク）　社（シヤ）參（サン）

相（シヤウ）伴（ハン）　人（シン）口（コ）　實（シツ）否（フ）　實正（シヤウ）　所（シヨ）持（チ）

神（シン）慮（リヨ）　神（シン）祇（キ）　神（シン）罰（ハツ）　熟（シユク）柿（シ）　澀（シフ）柿（カキ）

【34ウ】

寺（シ）社（シヤ）　上（シヤウ）品（ホン）　新（シン）春（シユン）　新（シン）年（ネン）　助（シヨ）成（シヤウ）

手（シユ）跡（セキ）　下（シモ）部（ヘ）　遵（シユン）行（キヤウ）　酒（シユ）宴（エン）　順（シユン）次（シ）

盡（シン）期（コ）　雖（シカリトイヘトモ）然　自（シ）他（タ）　篠（シノヽ）目（メ）　執（シウ）心（シン）

執著（チヤク）　周（シウ）章（シヤウ）　失（シツ）錯（シヤク）　始（シ）終（シユウ）　私（シ）領（リヤウ）

仁（シン）義（キ）　辛（シン）苦（ク）　知（シリウト）人　心（シン）緒（シヨ）　新（シン）茶（チヤ）

【35オ】

新米（シンヘイ）　砥簇（シカト）　日下（同）　襦子（シユス）　證據（シヨコ）

將碁（シヤウキ）　精進（シヤウシン）　社務（シヤム）　都（シマリ）　集來（シユライ）

惠

永代（エイタイ）　撰定（エラヒサタム）　依怙（エコ）　延引（エンイン）　會尺（エシヤク）

遠路（エンロ）　烏帽子（エホシ）　淵底（エンテイ）　枝（エタ）　悅喜（エツキ）　繪書（エカキ）

【35ウ】

榮花（エイクワ）　圓座（エンサ）　會下（エケ）　榮耀（エヨウ）　胞衣（エナ）

飛

僻事（ヒカコト）　非儀（ヒキ）　引追（ヒキヲイ）　無比類（ヒルイナク）　祕藏（ヒサウ）

美物（ヒフツ）　祕計（ヒケイ）　披露（ヒロウ）　被官人（ヒクワンニン）　捻文（ヒネリフミ）

竊（ヒソ）　獨人雇（ヒトリウトヤトイ）　百姓（ヒヤクシヤウ）　冷汁（ヒヤシル）　批判（ヒハン）

【36オ】

直垂（ヒタヽレ）　評定（ヒヤウチヤウ）　屭屓（ヒイキ）　屏風（ヒヤフ）　飛脚（ヒキヤク）

比興（ヒキヨウ）　檜物師（ヒモノシ）　引負（ヒキヲイ）　引違（ヒキチカヘ）　引散（ヒキチラス）

引退（ヒキシリソク）　引合（ヒキアハセ）　必定（ヒツチヤウ）　非分（ヒフン）　蟇目（ヒキメ）

便宜（ヒンキ）　孤（ヒトリ）　兵法（ヒヤウハウ）　兵具（ヒヤウク）　披見（ヒケン）

非道（ヒタウ）　祕密（ヒミツ）　便船（ヒンセン）　必死（ヒツシ）　肥滿（ヒマン）

【36ウ】

祕事（ヒシ）　直空（ヒタスラ）　逼迫（ヒツハク）　蟇蛙（ヒキカイル）

裳

目録（モクロク）　若又（モシマタ）　如元（モトノコトク）　以外（モツテノホカ）　漏（モル、）

無勿體（モツタイナク）　難默止（モタシカタシ）　物謂（モノ□□）　朦氣（モウキ）　籾（モミ）

問答（モンタウ）　勿論（モチロン）　帽子（ホウシ）　海雲（モツク）　洩聞（モレキコヘ）

【37オ】

門役（モンヤク）　文字（モンシ）　捫著（モンチヤク）　摸失（モミウシナウ）　門外（モンクワイ）

物狂（モノクルイ）　朦昧（モウマイ）　雲鴈（モカリ）　諸共（モロトモ）　本重（モトシケ）

門前（モンセン）

世

政道（セイタウ）　成敗（セイハイ）　折檻（セツカン）　折角（セツカク）　勢揃（セソロヘ）

【37ウ】

赤面（セキメン）　先例（センレイ）　關守（セキモリ）　勢遣（セツカイ）　制札（セイサツ）

誓文（セイモン）　責伏（セメフセ）　濟々（セイセイ）　是非（セヒ）　善悪（センアク）

節季（セツキ）　靜謐（セイヒツ）　積鬱（セキウツ）　戰場（センチヤウ）　切々（セツセツ）

前後（センコ）　前代未聞（センタイミモン）　先年（センネン）　少々（セウセウ）

先約（センヤク）　先祖（ソ）　世上（セシヤウ）　洗濯（センタク）　先日（シツ）

【38オ】

逝去(セイキヨ)　承引(セウイン)　照覧(セウラン)　善根(センコン)　施行(セキヤウ)

無爲方(センカタナク)　世路(セイロ)　殺生(セツシヤウ)　先夜(センヨ)　僉儀(センキ)

拙者(セツシヤ)　全盛(センセイ)　先度(ト)

須

數輩(スハイ)　數寄(スキ)　數年(スネン)　随逐(スイチク)　随意(スイ)

【38ウ】

随分(スイフン)　推参(スイサン)　推量(スイリヤウ)　摺形木(スリカタキ)　臑充(スネアテ)

簀子(スノコ)　雙六(スコロク)　數年(スネン)　數日(スシツ)　水旱(スイカン)

水精(スイシヤウ)　進出(スヽミイツル)　寸暇(スンノイトマ)　杉原(スイハラ)　水練(スイレン)

随身(スイシン)　随喜(スイキ)　數多(スタ)　睡眠(スイメン)　數盃(スハイ)

數剋(スコク)　筋目(スチメ)　速(スミヤカ)　雪耻(ハチヲスヽク)　水損(スイソン)　生絹(スヽシ)

【39オ】

寸尺(スンシヤク) 則(スナハチ) 栖(スミカ) 即(スナハチ) 簾(スタレ) 既(ステニ) 酢(ス) 濟(スム)

救(スクウ) 涼敷(スヽシク)

鳥之類

黄鷹(ワカタカ) 雀⿰鳥戎(エツサイ) 雀鷂(ツミ) 薩雞(同) 負鷹(ヲウタカ)

飛鳥(コノリ) 兄鷹(セウ) 零鳥(エツサイ) 鵝(同)・鷲(ワシ) 鵰(クマタカ)

【39ウ】

隼(ハヤフサ) 鷙(ハイタカ) 鷂(同) 鸇(サシハ) ⿸原鳥(ヒタカ) 百舌鳥(モス)

鵠(クヽイ) 鴻(ヒシクイ) 菱食(同) 鳫(カン) 鴨(カモ) 鶴(ツル) 木兎(ミヽツク)

鵺(ヌエ) 鴇(タウ) 鴫(シキ) 山雀(ヤマカラ) 鵮(四十カラ) ⿰肖鳥(コカラ) 雉(キジ) 鶉(ウツラ)

鷗(カモメ) 鴛(ヲシ) 鶫(ツクミ) 鴿(ハト) 雀(スヽメ) ⿱斯鳥(ヒヘトリ) 鶇(同) 嶋(同)

鵤(イカルカ) 鵐(カシトリ) 鵊(同) 鶺鴒(セキレイ) 鶎(ウソ) 鴷(テラツヽキ) 啄木(同)

【40オ】

鷓（ウツ） 鵒（ヌカ） 鶸（ヒハ） 鴛（アチトリ） 鵄（トヒ） 鵐（シトヽ） 燕（ツハメ） 鶯（ウクヒス）

鷺（サキ） 烏（カラス） 鵲（カサヽキ） 千鳥（チトリ） 鳰（ニヲ） 水雞（クイナ） 鵜（ウ）

五位（ゴイ） 靑鵲（アヲサキ） 雎（ミサコ） 鷓鴣（シヤコ） 孔雀（クシヤク） 鳶（トヒ）

鳳凰（ホウワウ） 白鷳（ハクカン） 網懸鷹（アカケノタカ） 翡翠（ヒスイ） 鵂（ミヽツク）

鴻（コウ） 鸛（コノリ）

【40ウ】

鯉（コイ） 鮒（フナ） 鯛（タイ） 鱸（スヽキ） 鮭（サケ） 鮎（アユ） 鱒（マス） 鯔（ナヨシ）

鮪（シヒ） 王餘魚（カレイ） 鰺（アチ） 鯖（サハ） 鮫（サメ） 鱈（タラ） 鮲（コチ）

鰣（スハシリ） 鱏（エイ） 鱝（同） 鰏（フク） 鮩（アメ） 魨（カマス） 鮑（アハヒ） 鮑

鱏（イカ） 鰑（スルメ） 鰄（カイラキ） 鯨（クシラ） 烏賊（イカ） 榮螺（サヽイ） 蛤（ハマクリ）

蛙蛑（カキ） 鮊（シロウヲ） 海老（エヒ） 鮨（スシ） 江豚（イルカ） 鰯（イハシ） 鰹（カツヲ）

【41オ】

插劍（カサミ）　鱠（ナマス）　魚脬（ウヲフヘ）　蜆（シヽミ）　鮇（カマツカ）　鰤（フリ）　鯱（サチホコ）

鰩（トヒウヲ）　鰩（トヒウヲ）　鰒（アハヒ）　鮗（コノシロ）　鮻（イシモチ）　尨魚（クロタイ）　鯇（アメ）　蟶（マテ）

鱶（フカ）　蛸（タコ）　鰕（エイ）　尉斗（ノシ）　針魚（サヨリ・ハリウヲ）　鯆（ハマチ）

馬之毛

連錢葦毛（レンセンアシケ）　柑子栗毛（カウシクリケ）　靑鵲（アヲ）　騟（クリケ）　鷺（クロ）

騧（ヒハリケ）　駮（フチ）　烏黑（カラスクロ）　鴾毛（ツキケ）　鶬毛（ヒハリケ）　左目（サメ）

【41ウ】

髮白（カンシロ）　月額（ツキヒタイ）　蘆毛（アシケ）　雪踏（ヨツシロ）　河原毛（カワラケ）

宿鴾毛（サヒツキケ）　鹿毛（カケ）

諸國名　五畿内五个國

山城（ヤマシロ）城州八郡　大和（ヤマト）和州十五郡　河内（カワチ）河ー十四々　和泉（イツミ）泉々四々

【42オ】

攝津（ツノクニ） 攝々十二々

東海道 十五个國

伊賀（イカ） 賀々四々
伊勢（イセ） 勢々十二々
志摩（シマ） 摩々二々
尾張（ヲハリ） 尾々八々

參河（ミカワ） 參々八々
遠江（トヲタウミ） 遠々十三々
駿河（スルカ） 駿々七々
伊豆（イツ） 豆々三々

甲斐（カイ） 甲々八々
相模（サカミ） 相々八々
安房（アハ）
武藏（ムサシ） 武々廿四々

【42ウ】

上總（カツサ） 總々十四々
下總（シモヲサ） 下々十四々
常陸（ヒタチ） 常々十四々

東山道 八个國

近江（アフミ） 江々廿四々
美濃（ミノ） 濃々十八々
飛驒（ヒタ） 飛々三々
信濃（シナノ） 信々十々

上野（カウツケ） 上々十四々
下野（シモツケ） 野々九々
陸奥（ミチノク） 奥々五十四々
出羽（テハ） 羽々十二々

北陸道 七个國

【43オ】

若狹（ワカサ） 若々三々
越前（エチセン） 越々十二々
加賀（カヽ） 加々四々
能登（ノト） 能々四々

越中（エツチウ） 越々四々
越後（エチコ） 越々七々
佐渡（サト） 佐々三郡

山陰道

丹波（タンハ） 丹々六々
丹後（タンコ） 丹々五々
但馬（タチマ） 但々八々
出雲（イツモ） 雲々七々

石見（イハミ） 石々六々
隱岐（ヲキ） 隱々四々
因幡（イナハ） 因々八々
伯耆（ハウキ） 伯々六々

【43ウ】

山陽道 八个國

播磨（ハリマ） 播々十六々
美作（ミマサカ） 作々十二々
備前（ヒセン） 備々八々
備中（ヒツチウ） 備々六々

備後（ヒンコ） 備々十四々
安藝（アキ） 藝々八々
周防（スワウ） 防々六々
長門（ナカト） 長々五々

南海道 六个國

紀伊（キノクニ） 紀々七々
淡路（アハチ） 淡々四々
阿波（アハ） 阿々十三々
讃岐（サノキ） 讃々十三々

【44オ】

伊豫（イヨ） 豫々 十四々
土佐（トサ） 土々 七々

筑紫 九个國

筑前（チクセン） 筑々 十五々
筑後（コ） 筑々 四々
肥前（ヒセン） 肥々 十四々
肥後（ヒコ） 肥々 十三々

豐前（フセン） 豐々 十五々
豐後（フンコ） 豐々 十三々
日向（ヒウカ） 日々 十二々
大隅（ヲウスミ） 隅々 八々

薩摩（サツマ） 薩々 廿四々
壹岐（イキ） 壹々 二々
對馬（ツシマ） 對々 二々

高橋本色葉字翻字本文

高橋本色葉字翻字本文凡例

一、底本は、高橋忠彦・高橋久子蔵『色葉字』である。
一、行款は、底本通りとした。
一、漢字の字体は、原則として、康熙字典体にあらためた。
一、異体の平仮名は、今日通行の字体にあらためた。
一、濁点の施点は底本通りとし、一切私的に改変しなかった。
一、底本の誤字・通用字・脱字等は、原則としてその儘とし、一切校訂は加えなかった。
一、底本の虫損・破損部分で判読不能の文字は、□で示した。

【1オ】

以（是を以 おもんみれは もつて もちゆ）

一類（いちるい）

一旦（いつたん）あしたの事

一段（いつたん）ぢの

一種（いつしゆ）

一狀（いちてう）かみなと

一冊（いつさつ）

一雙（いつさう）ひやうふなと

一興（いつけう）

【1ウ】

色葉字

一家（いつか）

一揆（いつき）

一圓（いちゑん）

一期（いちご）

一瓶（いつへい）

一枚（いちまい）同

一倍（いちはい）

一言（いちげん）

一首（いつしゆ）うたなと

一門（いちもん）

一味（いちみ）

一向（いつかう）

一生（いつしやう）うまるゝ

一會（いつくわい）

一束（いつそく）

一准（いちしゆん）うたなと

一代（いちだい）

一獻（いつこん）さけなと

一族（いちぞく）

一途（いちづ）

一往（いちわう）

一黨（いつたう）

一對（いつつい）

一本（いつほん）あふきなと

一張（いつちやう）弓なと

一个條（いつ〜てう）

一點（いつてん）かき物なと

【2オ】

一行（いつかう）　一町（いつちやう）（ぢの）　一巡（いちしゆん）（めくる事）　一把（いちわ）

一服（いつふく）（ちやなと）　一返（いつへん）（となゆる事）　一疋（いつひき）（むまなと）　一事（いちじ）

遺恨（いこん）　違亂（いらん）　違背（いはい）　違變（いへん）

異見（いけん）　彌（いよいよ）　幼（いとけなし）　引物（いんぶつ）　異儀（いき）

家（いゑ）宅（同）　舍（同）　僞（いつわり）　違例（いれい）　醫師（いしやし）（くすしの）

【2ウ】

衣裳（いしやう）　暇乞（いとまごい）　痛入（いたみいり）　威勢（いせい）

軍（いくさ）　虜（いけとる）　憤（いきとおり）　厭（いとう）　出向（いてむかう）　徒者（とせん）

聊（いさゝか）　祈（いのる）　賤（いやし）　綺（いろい）　幾度（いくたひ）　板（いた）　筏（いかた）

犬追物（いぬをもの）　鑄物師（いものし）　音信（いんしん）　何比（いつころ）

以後（いこ）　以前（いせん）　禁（いましむ）　營（いとなみ）　田舍（いなか）

【3オ】

印可(いんか)　謂飯(いはれいゝ)　圍爐裏(いるり)　家子(いゑのこ)

異人(いにん)　求食火(いさりひ)　閙敷(いそかわしく)　衣類(いるい)

隱居(いんきよ)　隱遁(いんとん)　印治(いんぢ)　因果(いんぐわ)

異相(いさう)　幾程(いくほと)　幾日(いくか)　忽緒(いるかせ)

最愛(いとうし)　嘶(いはゆる)　驟(同)　急(いそく)　愈(いゆる)　井溝(いみそ)

【3ウ】

慇懃(いんぎん)　員數(いんじゆ)　勇(いさむ)　怒(いかる)　逸物(いちもつ)

戴(いたゝく)　頂(いたゝき)　⿰鼻合⿰鼻包(いひき)　缺辱(いくち)

呂　ふゐ

露顯(ろけん)　路次(ろし)　路錢(ろせん)

路頭(ろとう)　論人(ろんにん)　論所(ろんじよ)　論儀(ろんき)

【4オ】

囉嚌（ろさい）
籠居（ろうきよ）
籠者（ろうしや）
轆轤（ろくろ）

六塵（ろくちん）
六根（ろつこん）
六道（ろくたう）
祿（ろく）（さるかくの事）

六趣（ろくしゆ）
樓閣（ろうかく）
樓門（ろうもん）
綠青（ろくしやう）

六畜（ろくちく）
露命（ろめい）
祿物（ろくもつ）

波（なみ）
遙久（はるかにひさしく）
走廻（はしりまはる）
走舞（はしりまい）

【4ウ】

省充（はふきあつる）
憚入（はゞかりいる）
謀（はかりこと）
勵（はけむ）
恥入（□□　□□）

最花（はつを）
初物（はつもの）
馳挽（はせひき）
莫太（ばくたひ）

拔群（はつくん）
拜領（はいりやう）
拜見（はいけん）
拜進（はいしん）

番衆（ばんしゆ）
番帳（はんちやう）
法間（はつけん）
半分（はんふん）

半齊（はんさい）
萬事（はんじ）
萬鬱（はんうつ）
萬民（はんみん）

【5オ】

剥取（はきとる）　買得（はいとく）　薄衣（はくゑ）　薄奕（はくゑき）

俳佪（はいくわい）　配流（はいりう）　配當（はいたう）　配符（はいふ）

配分（はいふん）　甚（はなはた）太 同　繁昌（はんしやう）　判形（はんきやう）

始而（はしめて）　馬上盞（はしやうさん）むまのうへのさかつきなり　働（はたらく）　袴（はかま）

孚（はこくむ）　晴（はるゝ）　箸（はし）節 同 せんの　腹立（はらたつ）　發向（はつかう）

【5ウ】

晩景（はんけい）　賣買（はいはい）　鋏（はさみ）針（はり）　癈忘（はいまう）

橋（はし）　柱（はしら）　挾物（はさみもの）　鉢（はち）延（はう）　飯桶（はんとう）

配膳（はいせん）　飽滿（はうまん）　傍輩（はうはい）　白晝（はくちう）

旅籠（はたこ）　庖丁（はうてう）　忘卻（はうきやく）　囃物（はやしもの）

畠（はた）畑 同 山の　白狀（はくしやう）　末座（はつさ）　羽子板（はこいた）

【6オ】

法度（はつと）　芳者（はうし）　芳恩（はうおん）　鼻皮（はなかは）

鼻綱（はつな）　伯樂（はくらく）　走（はしる）　箒（はゝき）　駮（はぬる）　褵（はかまのこし）

馬場（はは）　孕（はらむ）　咄（はく）（くちより）　騰（はく）（あしに）　履物（はきもの）

仁（はめくみ）（はこくむ）　日記（につき）　日限（にちけん）　日數（につしゆ）　俄（にはか）　頓（同）　任國（にんこく）

入唐（につたう）　柔輭（にうなん）　入部（にうふ）　入國（にうこく）

人形（にんきやう）　人別（にんへつ）　人夫（にんふ）　人數（にんしゆ）

【6ウ】

荷（に）（かたに）　錦（にしき）　悪（にくむ）　匂（にほひ）　如法（によはう）　拳（にきる）　膠（にかは）

似合（にあい）　如說（によせつ）　入滅（にうめつ）　賑（にきわふ）　苦（にかし）

柔和（にうわ）　擔（になう）　鈍（にふし）　虹（にし）　逃（にくる）　尼公（にこう）　肉食（にくしき）

保（たもつ）（やすし）　誇（ほこる）　粗（ほゝ）　恣（ほしいまゝ）　亡（ほろふる）　奔走（ほんそう）

【7オ】

播（ほとこす／left: めんほく）施（同／left: せを）　北絹（ほんけん）　襃美（ほうび）　本望（ほんもん）

本懐（ほんくわい）　本意（ほんい）　乏少（ほくせう）　本領（ほんりやう）

本地（ほんち）　歩行（ほかう）　梵字（ほんし）　凡下（ほんけ）

凡僧（ほんそう）　發句（ほつく）　本服（ほんふく）　本腹（同）

奉公（ほうこう）　奉書（ほうしよ）　盆堀（ほんほり）　讃（ほむる）　糒（ほしい）

【7ウ】

謀書（ほうしよ）　謀判（ほうはん）　行思（ほかい）　木履（ほくり）

骨折（ほねおり）　發起（ほつき）　絆金（ほたしかね）　朗（ほからか）　耄（ほるゝ）

綻（ほころひ）　吼（ほゆる）　方量（ほうりやう）　奉加（ほうか）　豐年（ほうねん）

部（たゝしく／left: ひとへに）　壁書（へきしよ）　平喩（へいゆう／left: わつらいの）　返進（へんしん）

返答（へんたう）　返報（へんほう）　返事（へんし）　瓶子（へいし）

【8オ】

諛(へつらう)障(へたつる)　閉籠(へいろう)　閉口(へいこう)　片時(へんし)

邊土(へんど)　別紙(へつし)　表紙(へうし)　偏頗(へんは)

別腹(へつふく)　下手(へた)　返歌(へんか)　閉門(へいもん)

變々(へんへん)　兵法(へいはう)　平家(へいけ)　表裏(へうり)

止(つち)　都鄙(とひ)　宿直(とのい)　土産(とさん)

【8ウ】

徳分(とくぶん)　逗留(とうりう)　取(とる)[illegible](同)　兎角(とかく)

徒然(とせん)　遁世(とんせい)　不(ず)二取敢(とりあへ)　螫(さす)レ留(とゞめ)

同類(どうるい)　徳政(とくせい)　取散(とりちらす)　取失(とりうしなう)

咎(とかむる)科(とか)　弔(とふらい)訪(同)　燈(とぼしひ)燭(同)　灯(同)遠(とをし)

鬭諍(とうしやう)　同僚(とうれい)　取亂(とりみたす)　取乱(同)

【9オ】

耐(とたゆる)　扃(とさし)　等閑(とうかん)　同道(どうたう)　同心(とうしん)

途中(とちう)　扉(とぼそ)　届(とづくる)　遠去(とをさかる)　段子(とんす)

取續(とりつゝく)　取放(とりはなつ)　取靜(とりしづむる)　外方(とはう)

等輩(とうはい人)　外様(とさま)　徳人(とくにん)　土民(どみん)

鄰(となり)　迚(とても)　取廻(とりまわす)　渡世(とせい)　途徹(とてつ)

【9ウ】

得替(とくたい)　棟梁(とうりやう)　同罪(とうざい)　鬪亂(とうらん)

頓速(とんそく)　渡唐(とたう)　舎人(とねり)　巴(ともへ)　牀(とこ)

鳥子(とりこ)　閉(とづる)　制(とゝまる)　鯨波(ときのこゑ)　外侍(とうさぶらい)

同士討(としうち)　燈心(とうしみ)　伴(ともなう)　黐(とりもつ)　頭巾(ときん)

知(しる さとる)　知音(ちいん)　遲速(ちそく)　恥辱(ちしよく)

【10オ】

逐電(ちくてん)
忠節(ちうせつ)
中絶(ちうせつ)
著陣(ちやくちん)

著倒(ちやくたう)
治定(ちちやう)
知行(ちきやう)
近比(ちかころ)

打擲(ちやうちやく)
仲人(ちうにん)
近付(ちかつき)
籌策(ちうさく)

遅々(ちゝ)
陣立(ぢんたち)
陣衆(ぢんしゆ)
陣中(ぢんちう)

珍物(ちんふつ)
地頭(ぢとう)
地下(ぢけ)
直納(ぢきのう)

【10ウ】

直務(ちきむ)
粽(ちまき)
塵(ちり)
重書(ちうしよ)
重代(ちうたい)

住人(ちうにん)
住宅(ちうたく)
昵近(ちつきん)
持参(ちさん)

注進(ちうしん)
住文(ちうもん)
聴聞(ちやうもん)
地走(ちそう)

張行(ちやうきやう)
陣傍(ちんはう)
珍財(ちんさい)
地徳(ちとく)

値遇(ちぐ)
智恵(ちゑ)
中夭(ちうよう)
沈淪(ちんりん)

【11オ】

誓(ちかい) 因(ちなみ)　長久(ちやうきう)　停止(ちやうし)　燈提(ちやうちん)

茶磨(ちやうす)　茶筅(ちやせん)　茶巾(ちやきん)　茶士器(ちやとき)

茶碗(ちやわん)　直綴(ちきとつ)　仲媒(ちうはい)　忠懃(ちうきん)

拉(ちゝむ) 陌(ちまた)　地震(ちしん)　陳觸(ちんふれ)　力革(ちからかわ)

利(とし くける)　理運(りうん)　理非(りひ)　利潤(りしゆん)

【11ウ】

利根(りこん)　利口(りこう)　利分(りふん)　利平(りひやう)

臨時(りんじ)　綸旨(りんし)　綸言(りけん)　離別(りへつ)

立願状(りうくわんしやう)　立用(りうよう)　流々(りうりう)　領掌(りやうしやう)

領状(同)　領中(りやうちう)　兩方(りやうはう)　兩度(りやうとう)

兩種(りやうしゆ)　旅宿(りよしゆく)　慮外(りよくわい)　利買(りはい)

【12オ】

鄰國（りんこく）　兩使（りやうし）　兩三種（りやうさんしゆ）さけさかなあふきなとそゆる事也

輪廻（りんゑ）　略儀（りやくき）

奴（いやつこ・いやしい）　縫物師（ぬいものし）　布子（ぬのこ）　主（ぬし）　抽（ぬきんつ）

盗人（ぬすひと）　拔懸（ぬきかけ）　拔書（ぬきかき）　涂籠（ぬりこめ）

糠沼（ぬかぬま）　濡（ぬるゝ）　脱（ぬく）いしやうなと　奴婢（ぬひ）　幣（ぬさ）

【12ウ】

留（とゝまる）　瑠璃（るり）　流通（るつう）　流布（るふ）

流浪（るらう）　流人（るにん）　流罪（るさい）　類火（るいくわ）

類親（るいしん）　累代（るいたい）　蘆鴈（るかん）　留守（るす）

類聚（るいしゆ）　累祖（るいそ）　羸馬（るいは）　擂茶（るいさ）

遠（とをし）　驚入（をとろきいる）　思召（おほしめし）　大形（おほかた）

【13オ】

贈賜（をくりたまはる）　送給（同）　思寄（おもひより）　越度（おつと）

仰付（おほせつくる）　蒙（かうむる）レ仰（おほせ）　掟（おきて）凡（およそ）　納收（おさめとる）

押寄（をしよする）　貰（をきのり）償（同）　怠（おこたる）趣（をもむき）　追失（をいうしなう）

追拂（をいはらう）　追散（おいちらす）　遠國（おんこく）　追手（おいて）

追風（をいかせ）　追而（おつて）　御髮髭（おんぐし）　呼吠（をめく）

【13ウ】

長者（をとな）　筬（おさ／はたの）印（をして）　隱密（おんみつ）　臆病（をくひやう）

仰下（をほせくたす）　恩給（おんきう）　負物（をいもの）　恐入（をそれいる）

拜（をかむ）拝（同）　衰（おとろへ）遲（おそし）　岡岳（をか）（同）　帶紳（をひ）（同）

疎（をろそか）劣（おとる）　面影（をもかけ）　面白（をもしろし）　思出（をもいて）

穩便（おんひん）　隱田（おんてん）　排（おしひらく）終（をわる）　越年（をつねん）

【14オ】

押掠（をしかすめ）　押隱（をしかくす）　侈（おこる）擯（をいいたす）　僚到（をちふるゝ）

補（をきのふ）踊（をとる）　刧多敷（おひたゝしく）　游（をよく）驕（をごる）　伐手（をうて）

織物（おりもの）　押包（をしつゝむ）　後（をくるゝ）化（をもかけ）　不審（おほつかな）

興米（をこしこめ）　勒（をもかへ）緒（を）（びわなとの）　想像（をもいやる）　音曲（おんきよく）

御曹子（おんそうし）　折節（をりふし）　龓頭（をもつら）　乍（なから）レ恐（おそれ）

【14ウ】

和（やわらくる・かたる・くわする）　緜（わた）煩（わつらい）　纔（わつか）僅（同）　賄賂（わいろ）

和合（わかう）　和與（わよ）　和談（わたん）　若堂（わかたう）

若衆（わかしゆ）　椀（わん）辨（わきまへ）　侘言（わひこと）　侘人（わひひと）

尩弱（わうしやく）　移徙（わたまし）　難（かたし）レ忘（わすれ）　渡守（わたしもり）

稾（わら）（こめの）災（わさわい）　吾朝（わかてう）　和纔（わさん）　往古（わうこ）

【15オ】

誑惑(わうあく)　腋詰(わきつめ)　私(わたくし)　笑(わらい)　破籠(わりこ)

和漢(わかん)　王城(わうしやう)

加(まさる/くはゆる)　叶(かなう)　構(かまゆ)　替(かへ)　限(かきる)　嘉例(かれい)

狩人(かりうと)　鍛冶(かち)　笠璽(かさしるし)　學文(かくもん)

瑕瑾(かきん)　堪忍(かんにん)　掠申(かすめまうす)　雖催(かりもよほす)

【15ウ】

且(かつかつ)　忝(かたしけなし)　奸曲(かんきよく)　神樂(かくら)　神主(かんぬし)

帷(かたびら)　傍(かたわら)　剃刀(かみそり)　假言(かりこと)　借染(かりそめ)

嚴(かさる)　飾(同)　搦取(からめとる)　覺悟(かくご)　涯分(かいぶん)

合戰(かつせん)　加減(かけん)　各別(かくへつ)　彼是(かれこれ)

如(ことく)レ形(かたの)　喝食(かつしき)　任(まかせ)二雅意(かいに)　高名(かうみやう)

【16オ】

降参(かうさん)　紙漉(かみすき)　羹(かん)　皆済(かいせい)

合宿(かつしゆく)　拵(かせく)　柯(かまつか)　県レ首(はぬるかうへを)　乗レ勝(のるかつに)

椙言(かうたて)　顧(かへりみる)　姦(かしましい)　鋺(かなまり)　縅(からくる)　綣(同)

皆具(かいぐ)　改年(かいねん)　壁塗(かへぬり)　唐物(からもの)

好物(かうふつ)　抱置(かゝへをく)　土器(かわらけ)　刈田(かりた)

【16ウ】

買物(かいもの)　狩衣(かりきぬ)　鹿毛(かけ・むまの)　糠毛(かすけ)

河原毛(かわらけ)　梅花皮(かいらき)　耕作(かうさく)　強入部(かうにうふ)

肩衣(かたきぬ)　海賊(かいそく)　鞋(かわはかま)　香爐(かうろ)　書物(かきもの)

勘定(かんちやう)　看經(かんきん)　旱魃(かんはつ)　假初(かりそめ)

高直(かうちき)　傘(からかさ)　香合(かうはこ)　肝心(かんしん)

【17オ】

感涙(かんるい)　唐錦(からにしき)　甲斐々々敷(かいかいしき)　香典(かうてん)

家督(かとく)　合壁(かつへき)　記念(かたみ)　加増(かそう)

猝者(かせもの)　神館(かんたち)　挎(かこう)　麴(かうち／さけの)　戒行(かいきやう)

伽藍(がらん)　校(かんかゆる)　釵(かんさし)　轟(からめく)　骸(かはね)　勘辨(かんへん)

剛者(かうのもの)　誣(かこつ)　凱(かちとき)

【17ウ】

與(あつかふ／あたゆる／くむ)　寄合(よりあい)　寄據(よりこ)　寄挨(よりき)

用心(ようしん)　用意(ようい)　宜敷(よろしく)　要脚(ようきやく)

能々(よくよく)　尋常(よのつね)　抑留(よくりう)　幼少(ようせう)

粧(よそおい)　弱(よわし)　容顔(ようかん)　要害(ようかい)　餘慶(よけい)

餘所(よそ)　夜詰(よつめ)　夜懸(よかけ)　夜討(ようち)

【18オ】

與奪（よたつ）　用捨（ようしや）　四幅袴（よのはかま）　用途（ようと）せにの事なり

勇士（ようし）　時々（よりより）　寄除（よりのき）　幼稚（ようち）

餘殘（よせん）　妖怪（ようくわい）　續（よむ）　誦（同）　好（よしみ）　蘇（よみかへり）

終宵（よもすから）　夜（よを）日（ひに）繼（ついて）　讀（よむ）

太（はなはた／ふとし／ひたすら）　太平（たいへい）　大慶（たいけい）　大概（たいかい）

【18ウ】

大儀（たいき）　大略（たいりやく）　唐紙（たうし）　大訴（たいそ）

退治（たいち）　退屈（たいくつ）　他界（たいかい）　適（たまたま）　糺（たゝす）

便（たより）　嗜（たしなみ）　短冊（たんしやく）　慥（たしかに）　尋（たつぬる）　談合（たんかう）

他所（たしよ）　他郷（たかう）　道場（たうちやう）　對揚（たいやう）

旦過（たんくわ）　他國（たこく）　他家（たけ）　他出（たしゆつ）

【19オ】

他行(たきやう)　對面(たいめん)　大切(たいせつ)　當家(たうけ)

當陣(たうちん)　段錢(たんせん)　段米(たんまい)　反別(たんへつ)

太鼓(たいこ)　手綱(たつな)　代物(たいもつ)　代官(たいくわん)

假使(たとい)　縱(同)喩(たとへ)　道理(たうり)　當代(たうたい)

但(たゝし)　薪(たきゝ)　寶(たから)　財(同)　大將(たいしやう)　棰(たる)　樽(同)

【19ウ】

邂逅(たまさか)　駄賃(たちん)　單皮(たび／あしにはく)　大法(たいはう)

踉蹡(ためらう)　續松(たいまつ)　蓄(たくはゆる)　貯(同)　疊(たゝみ)　戲(たわふれ)

盥(たらい)　退轉(たいてん)　多年(たねん)　他言(たこん)　旅人(たびひと)

珠(たま)　玉(同)　裁付(たちつけ)　絶(たゆる)斷(たつ)　大篇(たいへん)

濁醪(たくろう／あしきさけ)　涓(たまりみつ)　徹(たしぬく)　種子(たね／つくりの)　到來(たうらい)

【20オ】

疊紙（たたうかみ）　大名（たいめい）　狸毛（たゝけ）　頼支（たのもし）

太布（たふ）　端的（たんてき）　玳瑁（たいまい）　比（たくらふる）　逞（たくましい）

誕生日（たんしやうにち）　浴衣（たつな）　玉章（たまつさ）　内裏（たいり）

玉々（たまたま）　薫（たきもの／にをい）　大内（たいり）

禮（をそるゝ／うやまう／ことわる）　歴然（れきせん）　歴々（れきれき）　廉直（れんちよく）

【20ウ】

例式（れいしき）　零落（れいらく）　聊爾（れうし）　連々（れんれん）

簾中（れんちう）　憐愍（れんみん）　料理（れうり）　禮儀（れいき）

了見（れうけん）　禮錢（れいせん）　烈參（れつさん）　療治（れうち）

蠟師（れうし）　連續（れんそく）　烈座（れつさ）　練磨（れんま）

靈佛（れいふつ）　靈社（れいしや）　靈驗（れいけん）　料紙（れうし）

【21オ】

曾（むかし かつて なんち）　總領（そうりやう）　庶子（そし）　訴詔（そせう）

楚忽（そこつ）　卽時（そくじ）　其趣（そのおもむき）　疎略（そりやく）

奏者（そうしや）　悤劇（そうけき）　存命（そんめい）　卒爾（そつし）

宗匠（そうしやう）　損亡（そんまう）　損免（そんめん）　染物（そめもの）

若干（そくはく）　訴人（そにん）　底（そこ）揃（そそる）　添（そう）猜（そねむ）

【21ウ】

謗（そしる）訕 同　虚言（そらこと）　存分（そんふん）　存外（そんくわい）

燭臺（そくたい）　騷動（そうとう）　副狀（そへしやう）　庶幾（そき）

尊報（そんほう）　尊意（そんい）　尊札（そんさつ）　尊答（そんたう）

蹲鴟（そんし）　秏（そくい）阿（そのうつろ）　賊難（そくなん）　杣取（そまとり）

總別（そうへつ）　衣物（そふつ）　當初（そのかみ）　疎學（そかく）

【22オ】

疎遠(そゑん)　灑(そゝく)　峙(そはたつ)　揃出(そゝりいたす)　蘇生(そせい)

僧徒(そうと)　俗縁(そくゑん)

閂(もん／かと)　勁弓(つよゆみ)　絃(つる)　償(つくのう)　常(つね)　恆(同)

費(ついゑ)　告(つくる)　[illegible](つふさ)　具(同)　強面(つれない)　終(ついに)　司(つかさ)

積(つむ)　局(つほね)　疲(つかるゝ)　鼓(つゝみ)　築山(つきやま)　塚(つか)　辻(つじ)

【22ウ】

堤(つゝみ)　[illegible]　築地(ついち)　月充(つきあて)　紬(つむき)　裹(つゝむ)

包(つゝむ)　壷(つほ／ちやなと)　盡(つくす)　傳(つたゆる)　倩(つらつら)　兵(つわもの)　謹言(つゝしんて)

鉤(つりはり)　釣(つり)　追従(ついせう)　月次(つきなみ)　月待(つきまち)

汲水(つるへ)　堆朱(ついしゆ)　一二(つまひら)　坪(つほ)　杖(つへ)　一一(つくつく)

衝重(ついかさね)　通路(つうろ)　通法(つうはう)　妻戸(つまと)

【23オ】

百切(つきり)　綴(つゞり)　連(つらなる)　朔日(ついたち)　摘(つむ)　晦日(つもこり)

津(つ)ちやなと入　津(つ)　綱(つな)　繫(つなく)　鶴(つる)鴟(くひ)　掐(つまくる)　［國＋瓜］(つかむ)

圮(つちはし)　［風＋夌］(つしかせ)　窖(つちくら)　飛礫(つふて)　次連(つゞける)　通例(つうれい)

都合(つかう)　串(つらぬく)

【23ウ】

禰　糊(ねやす)　踞(ねまる)　舐(ねぶる)　妬(ねたむ)　［亻＋忍］(ねらふ)　譋(ねこと)

猫(ねこ)　鼠(ねすみ)　年貢(ねんぐ)　嫐(ねたむ)　苦(ねんころ)　禰宜(ねぎ)

願(ねかふ)　閨(ねや)　練(ねり)貫(ぬき)　根(ね)　睡(ねむる)　念者(ねんしや)

柰(みやこ/いかん/なんちん)　名残(なこり)　餘波(同)　内談(ないたん)　内儀(ないき)　内性(ないしやう)

惱(なやむ)　歎(なけく)　納所(なんしよ)　難堪(なんかん)　名乗(なのり)

内外(ないけ)　難儀(なんき)　難澀(なんしう)　涙(なみた)　泪(同)

【24オ】

涕流(なみたなかるゝ)　啼(なく)鳴(同)　慭(なましい)　馴(なるゝ)　中刺(なさし)

納豆(なつとう)　就レ中(つくなかん)　名染(なしみ)　直禮(なうらい)

猶(なを)尙(同)　馴風(なつかしい)　靡(なひく)　慰(なくさむ)　習(ならう)　縄(なわ)

等閑(なをさり)　波(なみ)浪(同)　長櫃(なかひつ)　宥(なたむる)　蔑(ないかしら)

内奏(ないそう)　半(なかは)　詠(なかめ)　抛(なけうつ)　撫(なづる)　内書(ないしよ)

【24ウ】

内状(ないしやう)　内戚(ないしやく)　情(なさけ)　媒(なかたち)　猶更(なをさり)

嫐(なふる)　桑刀(なた きなときる)　屢脊(なめし かわなり)

良(まこと やゝ よし)　落著(らくちやく)　落居(らつきよ)　亂入(らんにう)

亂世(らんせい)　濫妨(らんはう)　狼籍(らうせき)　洛中(らくちう)

洛外(らくくわい)　洛陽(らくやう)　牢人(らうにん)　落花(らつくわ)

【25オ】

老耄（らうもう）
老後（らうこ）
老母（らうほ）
老人（らうにん）

埒（らち）
來臨（らいりん）
來儀（らいき）
來年（らいねん）
來月（らいくわつ）

亂劇（らんけき）
亂橛（らんくい）
落淚（らくるい）
落髮（らくはつ）

亂退（らんたい）
老若（らうにやく）
落書（らくしよ）
落墮（らくた）

郎等（らうとう）
亂行（らんきやう）
糧米（らうまい）
來迎（らいかう）

【25ウ】

禮拜（らいはい）
落索（らくさく）
欄干（らんかん）
蠟燭（らつそく）

蠟茶（らつちや）

武（いさむ・ものゝふ）
無心（むしん）
無念（むねん）
無用（むよう）

無益（むやく）
無理（むり）
馬被（むまきぬ）
迎結（むかいむすふ）

謀叛（むほん）
莚（むしろ）
昔（むかし）
向（むかう）
昵（むつひる）
六个敷（むつかしく）

【26オ】

夢想(むさう)　武者(むしや)　棟別(むねへつ)　群(むらかる)　簇(同)

無體(むたい)　驛(むまや)　廏(同)　無手組(むすとくむ)　咽(むせふ)　靮(むなかい)

行騰(むかはき)

宇(いゐ)　胡亂(うろん)　窺(うかかう)　伺(同)　請取(うけとり)

恨(うらみ)　疑(うたがい)　打立(うちたつ)　餛飩(うとん)　打置(うちをき)

【26ウ】

打續(うちつゝき)　移(うつる)　寫(うつす)　漆(うるし)　賣(うる)　嬉(うれし)　怡(同)

沽券(うりけん)　鬱憤(うつふん)　有德(うとく)　有力(うりき)

討取(うつとる)　後詰(うしろつめ)　疎々敷(うとうとしく)　團扇(うちわ)

浦山敷(うらやましく)　羨(うらやむ)　薄(うすし)　打寄(うちよする)　打口解(うちくとく)

運命(うんめい)　占(うらない)　愁(うれい)　雲脚(うんきやく)　謠(うたい)　哥(うた)

【27オ】
歌嗽(うたうかい)　打破(うちやふる)　薄様(うすやう)　運送(うんそう)
領状(うなつく)　潤(うるほう)　霑 同　悪言(うるさし)
乃(なを すなわち たい ない)　臨(のそむ)　莅 同　望 同　遁(のかるゝ)　乗馬(のりむま)
乗替(のりかへ)　詛(のろう)　糊(のり こめの)　逃(のかるゝ)　延(のふる)　濃人(のうにん)
能藝(のうけい)　殘(のこる)　詢(のゝしる)　長閑(のとか)　狼煙(のろし)

【27ウ】
暖簾(のんれん)　飲(のむ)　呑 同　軒端(のきは)　野伏(のふし)
拭(のこう)　覘(のそく)　上(のほる)　昇 同　乗取(のつとる)　則 同(しろ なとを)
久(ひさしく)　究竟(くつきやう)　軍陣(くんちん)　軍勢(くんせい)
愚癡(くち)　愚鈍(くとん)　公用(くよう)　公事(くし)
曲者(くせもの)　和睦(くわほく)　和融(くわゆう)　外人(くわいしん)

【28オ】

外聞(くわいふん)　結袴(くゝりはかま)　卷數(くわんしゆ)　緩怠(くわんたい)

勸進(くわんしん)　歡樂(くわんらく)　花瓶(くわひん)　廻文(くわいぶん)

與鎖(くむくさり)　如(ことし)レ件(くたんの)　過書(くわしよ)　藏倉(くら・同)

活計(くわつけい)　群聚(くんしゆ)　愚意(くい)　櫛箱(くしはこ)

懷中(くわいちう)　口惜敷(くちをしく)　懷紙(くわいし)　軍兵(くんひやう)

【28ウ】

公文所(くもんしよ)　公家(くけ)　公方樣(くはうさま)　公卿(くきやう)

公所(くしよ)　懷妊(くわいにん)　會稽(くわいけい)　光臨(くわうりん)

捧(さゝく)二愚狀(くしやうを)一　愚札(くさつ)　藥醫(くすり・同)　草伏(くたひれ)

鍬株(くはくいせ)　會合(くわいかう)　恌比(くつろくくらふる)　菓子(くわし)

勳功(くんこう)　光儀(くわうき)　愚案(くあん)　苦痛(くつう)

【29オ】

工夫(くふう)　火急(くわきう)　管領(くわんれい)　管絃(くわんけん)

功能(くのう)　掬醐(くみさかな)　鬮取(くしとり)　碎(くたく)　臭(くさし)

朽葉色(くちはいろ)　公界(くかい)　悔(くやむ)　諫(くりこと)　繰(くりいと)　餔(くらう)

灌頂(くわんちやう)　鞍橋(くらほね)　鞍覆(くらおゝい)　沓(くつ)　轡(くつは)

鑵子(くわんす)　草(くさ)毛 同　頸(くひ) 人の

【29ウ】

也 なり また　約諾(やくたく)　約束(やくそく)　軈(やかて)　和(やわらく)

役人(やくにん)　族(やから)　漸(やうやく)　燒(やく)　止(やむ)　雇(やとう)　安(やすし)

養生(やうしやう)　休(やすむ)　破(やふる)　屋敷(やしき)　野心(やしん)

夜前(やせん)　夜陰(やいん)　良久(やゝひさしく)　動(やゝもすれは)　易(やすし)

社(やしろ)廟 同　瘦(やする)　疲 同　奴原(やつはら)　藥代(やくたい)

【30オ】

薬研（やけん）　夜半（やはん）　流鏑馬（やふさめ）　楊枝（やうし）

役所（やくしよ）　影向（やうかう）　薬器（やき）　屋形（やかた）

優敷（やさしく）　櫓（やくら）　編（やきこめ）

未（いまた・すゐ・なし）　誠（まこと）　寔同　眞同　實同　誠以（まことにもつて）

満足（まんそく）　先以（まつもつて）　稀（まれ）　希同　券（まかなう）　辨同

毎度（まいと）　毎篇（まいへん）　毎々（まいまい）　毎事（まいし）

【30ウ】

毎年（まいねん）　毎月（まいくわつ）　毎日（まいしつ）　末代（まつたい）

末世（まつせ）　猛勢（まうせい）　罷歸（まかりかへり）　罷出（まかりいて）

儲（まうく）　幕（まく）　政所（まんところ）　爼（まないた）　鉗（まなはし）　參合（まいりあい）

招（まねく）　紛（まきるゝ）　増（ます）　圓（まろし）　待入（まちいる）　鞠（まり）　正（まさし）

【31オ】

巻物（まきもの）　牧馬（まきむま）　枕（まくら）　學（まなふ）　禁呪（ましなう）

最中（まんなか）　賣子（まいす）　迷（まよう）　護（まほる）　末寺（まつし）

眞字（まな）　的串（まとくし）　壜（ませ）花なと　蒔繪（まきゑ）

迄（まて）　儘（まゝ）　親（まのあたり）　魔本離（まほり）

計（はかりこと・はからう・かそふる）　稽古（けいこ）　計略（けいりやく）　輕微（けいひ）

【31ウ】

契約（けいやく）　檢斷（けんたん）　檢見（けんみ）　檢使（けんし）

譴責（けんせき）　見舒（けんじよ）　下行（けきやう）　恐惶（けうくわう）

下解人（けしにん）　結構（けつこう）　結緣（けちゑん）　結解（けつけ）

下向（けかう）　兼日（けんしつ）　恐々（けうけう）　元服（けんふく）

競望（けいはう）　景物（けいふつ）　褻晴（けはれ）　權門（けんもん）

【32オ】

假令(けりやう)　喧嘩(けんくわ)　結句(けつく)　蹴散(けちらかす)　下劣(けれつ)

計會(けいくわい)　見物(けんぶつ)　賢人(けんじん)　梳(けつる／かみなと)　眷屬(けんぞく)

下著(けちやく)　闕如(けつしよ)　袈裟(けさ)　慳貪(けんとん)　下輩(けはい)

憲法(けんはう)　闕所(けんしよ)　建盞(けんさん)　飢渇(けかつ)　外戚(けしやく)

【32ウ】

決定(けつちやう)　慶賀(けいか)　不(いなや いな ならす)　物悤(ふつそう)　譜代(ふたい)

假名(けみやう)　檢對(けんたい)　不斷(ふたん)　粉骨(ふんこつ)　不運(ふうん)

決判(けんはん)　見下(けんか)　不審(ふしん)　普請(ふしん)　無器用(ふきやう)

逆鱗(けきりん)　鑞子(けぬき)　不慮(ふりよ)　奉行(ふきやう)　風情(ふせい)

【33オ】

無力(ふりよく)　武士(ふし)　扶持方(ふちかた)　拂底(ふってい)

富貴(ふつき)　分限(ふんけん)　夫賃(ふちん)　物詣(ふつけい)

振舞(ふるまい)　拂曉(ふけう)　風呂(ふろ)　風聞(ふうふん)

無沙汰(ふさた)　無案内(ふあんない)　不覺(ふかく)　文臺(ふんたい)

布施(ふせ)　舊(ふるし)旧(同)　海羅(ふのり)　部類(ふるい)

【33ウ】

豐饒(ふねう)　焠革(ふすへかは)　不調法者(ふてうはうもの)

富祐(ふくゆう)　風鈴(ふうりやう)かせに當てなるもの也　鬮(ふゞき)のゆき　文机(ふんつくへ)

己(いま)　爰許(こゝもと)　心得(こゝろへ)　巨細(こさい)

殊更(ことさら)　今度(こんと)　言語道斷(こんこたうたん)

此由(このよし)　此旨(このむね)　此間(このあいた)　口入(こうしゆ)

【34オ】

此程(このほど)　自レ是(よりこれ)　言傳(ことつて)　沽卻(こきやく)

興行(こうぎやう)　根本(こんほん)　後代(こうたい)　御料人(これうにん)

口宰(こうさい)　輿(こし)　暦(こよみ)　後室(こうしつ)　碁笥(こけ)

米(こめ)穀(同)　事柄(ことから)　魂魄(こんはく)　任情(こゝろのまゝ)

後朝(こうてう)　御判(こはん)　御領(こりやう)　今朝(こんてう)

【34ウ】

今明日(こんみやうにち)　言(ことは)詞(同)　理(ことわる)　懲(こるゝ)　碁盤(こはん)

興隆(こうりう)　御動座(こどうさ)　虎口(こくち)　腰文(こしふみ)

事闕(ことかき)　紺掻(こんかき)　公私(こうし)　恆例(こうれい)

小袖(こそて)　洪水(こうすい)　御諚(こちやう)　懇志(こんし)

懇切(こんせつ)　好(このむ)　倒(ころふ)　相扠(こふしあわせ)　見子(こきのこ)

【35オ】

焦(こかるゝ)　試(こゝろみる)　虚妄(こまう)　乞食(こしき)　骨法(こつはう)

吾分(こふん)　以來(このかた)　以降(同)　公儀(こうき)　誘(こしらゆる)

冀(こいねかう)　垢離(こり)　甑(こしき)(むす物)　刻(こすき)

天(そら・あま・あめ)　手習(てならい)　手本(てほん)　敵方(てきはう)

亭主(ていしゆ)　朝敵(てうてき)　傳説(てんせつ)　傳達(てんたつ)

【35ウ】

手負(てをい)　爲(たらく)レ體(てい)　調法(てうはう)　調練(てうれん)

手組(てくみ)　天目(てんもく)　逃散(てうさん)　調菜(てうさい)

召請(てうしやう)　手續(てつゝき)　者(ていれは)　朝暮(てうほ)

店屋(てんや)　點心(てんしん)　銚子(てうし)　鳥目(てうもく)

及(をよふ)レ行(てたてに)　朝夕(てうせき)　天罰(てんはつ)　朝恩(てうおん)

【36オ】

調子（てうし）　嘲哢（てうろう）　調伏（てうふく）　超過（てうくわ）

手談（てすさみ）　寵愛（てうあい）　拍毬（てまり）　徹所（てつしよ）

安（をたやか・やすし・いつくんそ）　相觸（あいふるゝ）　相催（あいもよほす）　相語（あいかたる）

誂物（あつらへもの）　扱（あつかう）　商人（あきひと）　障泥（あおり）　騰馬（あけむま）

飴（あめ）　糖（同）　應答（あいしらう）　集（あつむる）　聚（あつまる）　安堵（あんと）

安穏（あんおん）　案内（あんない）　有様（ありさま）　荒増（あらまし）

【36ウ】

誤（あやまつて）　油（あふら）　謬（あやまつて）　曉（あかつき）　扇（あふき）　直（あたい）　遭啓（あふつまくつつ）

庵室（あんしつ）　惡黨（あくたう）　剰（あまつさへ）　曉（あした）　縛笠（あみかさ）

屐子（あした）　足駄（同）　惡口（あつこう）　操（あやつる）　侮（あなつる）

白地（あからさま）　偸閑（同）　愛敬（あいきやう）　崇（あかむる）　敢（あへて）

【37オ】

閼伽井(あかい)　餘多(あまた)　網代(あしろ)　網(あみ)　熱(あつし)

厚紙(あつかみ)　跡(あと)　[illegible]同　足弱(あしよわ)　難レ有(かたしあり)

充課(あておほす)　充文(あてふみ)　勘(あてかう)　煖(あたゝか)

左(ひたり)　割符(さいふ)　裁許(さいきよ)　細工(さいく)

遮而(さへきつて)　罪科(さいくわ)　境(さかい)　堺同　暫時(さんし)

【37ウ】

坂迎(さかむかい)　錯亂(さくらん)　再發(さいほつ)　材木(さいもく)

搜(さぐる)　覺(さとる)　雜掌(さつしやう)　雜談(さうたん)　贓物(さうもつ)

相續(さうそく)　相違(さうい)　相當(さうたう)　相應(さうおう)

酒(さけ)　盃(さかつき)　坏同　盞同　鍾同　肴(さかな)　餚同　捧(さゝくる)

座席(させき)　座敷(さしき)　指儀(させるき)　指合(さしあい)

【38オ】

幸(さいわい)感(さかり)　左(さ)道(たう)　算(さん)用(よう)　猿(さる)樂(かく)

去(さんぬる)比(ころ)　難(かたし)レ去(さり)　相(さう)傳(てん)　最(さい)上(しやう)

支(ささゆる)　閣(さしをく)　最(さい)前(せん)　災(さい)難(なん)　造(さう)作(さ)

造(さう)營(ゑい)　散(さん)々(さん)　以(もつて)二參(さん)上(しやう)一　參(さん)詣(けい)

參(さん)籠(ろう)　雜(さう)言(こん)　騷(さわく)　再(さい)興(こう)　小(さゝ)筒(い)

【38ウ】

財(さい)寶(ほう)　在(さい)京(きやう)　在(さい)國(こく)　在(さい)陣(ちん)

早(さう)速(そく)　早(そう)々(そう)　早(さう)天(てん)　早(さう)朝(てう)

在(さい)家(け)　最(さい)初(しよ)　掃(さう)除(ぢ)　纔(さん)言(けん)

祭(さい)禮(れい)　懺(さん)悔(け)　散(さん)田(てん)　授(さつくる)　簺(さい)(はくちの)

咡(さゝやく)　跰(さまよふ)　索(さう)麪(めん)　沙(さ)糖(たう)　編(さゝ)木(ら)

【39オ】

醒(さむる)　曝(さらす/ぬのゝ)　下緒(さけを)　狹間(さまへいの)　爆竹(さきつちやう)正月に

逆茂木(さかもき)　棧敷(さしき)　私語(さゝめこと)

幾(いくはく/いくほと)　貴所(きしよ)　貴殿(きてん)　貴方(きはう)

貴人(きにん)　貴邊(きへん)　疵聞(きすきく)　公達(きんたち)

貴國(きこく)　歸國(きこく/くにゝかへる)　奇特(きとく)　希代(きたい)

【39ウ】

機嫌(きけん)　近所(きんしよ)　近日(きんじつ)　近國(きんこく)

近年(きんねん)　舊冬(きうとう)　急速(きつそく)　急度(きつと)

禁制(きんせい)　給分(きうふん)　行幸(きやうかう)　給人(きうにん)

給符(きつふ)　隔心(きやくしん)　許容(きよよう)　虚名(きよこん)

稠(きひしい)　砧(きぬた)　狂拶(きやうさつ)　虚言(きよこん)　擧狀(きよしやう)

【40オ】

客人（きやくじん）　糺明（きうめい）　寄進（きしん）　急用（きよう）

祈禱（きたう）　祈念（きねん）　去年（きよねん）　喜悦（きゑつ）

向後（きやうこう）　極（きはまる）　競（きおう）　儀理（きり）　貴賤（きせん）

御感（きよかん）　肝煎（きもいり）　規式（きしき）　規模（きほ）

灸治（きうち）　窮崛（きうくつ）　器用（きよう）　騎馬（きは）

【40ウ】

金襴（きんらん）　龜鏡（きけい）　近習（きんしゆ）　雲母（きらゝ）

逆修（きやくしゆ）　听（きこゆる）　絆（きつな）　飢饉（ききん）　忌日（きにち）

記錄（きろく）　貴命（きめい）　勤厚（きんかう）

由（ゆへ よし なを）　油斷（ゆたん）　由緒（ゆいしよ）　遺物（ゆいもつ）

讓狀（ゆつりしやう）　努々（ゆめゆめ）　夢（ゆめ）　遺跡（ゆいせき）　誘引（ゆういん）

【41オ】

行末(ゆくすへ)　由來(ゆらい)　往來(ゆきき)　遺言(ゆいこん)

遊山(ゆさん)　豐(ゆたか)　緩(ゆるゆるし)　硫磺(ゆわう)　遊覽(ゆうらん)

油單(ゆたん)　邪(ゆかめ)　衺(ゆかたひら)　幽靈(ゆうれい)　右筆(ゆうひつ)

油煙(ゆゑん)　許(ゆるす)　免(同)　赦(同)　淘(米なと)

女(むすめ・をんな)　名譽(めいよ)　召寄(めしよする)　召放(めしはなつ)

【41ウ】

召籠(めしこめ)　召人(めしうと)　面上(めんしやう)　面展(めんてん)

面謁(めんかつ)　免許(めんきよ)　明鏡(めいけい)　乳人(めのと)

召仕(めしつかう)　召出(めしいたす)　目出度(めてたく)　面道(めんたう)

名人(めいしん)　面目(めんほく)　名醫(めいい)　名物(めいふつ)

迷惑(めいわく)　召符(めしふ)　名匠(めいしやう)　名大將(めいたいしやう)

【42オ】

目安(めやす) 廻文(めぐらしふみ) 囚人(めしうと) 召捕(めしとる)

婦夫(めうと) 擒(めしとる)

美(よし・いつくし・うまし) 蜜談(みつたん) 密事(みつし) 見苦(みくるし)

未練者(みれんもの) 未進(みしん) 未濟(みさい) 御狩(みかり)

御館(みたち)いゑの事 冥加(みやうか) 溝(みぞ) 汀(みきは) 三種(みくさ)にほひなり

翠簾(みす)同 猥(みたりに) 亂(みたるゝ) 微細(みさい) 蓑笠(みのかさ)

【42ウ】

源(みなもと) 湊(みなと) 箕(み) 短(みしかし) 味噌(みそ) 宮仕(みやつかい)

名聞(みやうもん) 名利(みやうり) 瑩(みかく) 導(みちひく) 醜(みぬくし) 緑(みとり)

漲(みなきる) 貌(みめ) 味方(みかた) 爲(ため)二見(み)懲(こりの)一 名代(みやうたい)

名號(みやうかう) 擾亂(みたりかわしく) ［七＋寸］(みつつき) 名主(みやうしゆ) 水翻(みつこほし)

【43オ】

御穀（みごく）　琢京（みかくみやこ）　洛（同）

之（ゆこくれ）　斟酌（しんしやく）　親類（しんるい）　眞實（しんしつ）

祇候（しかう）　辭退（じたい）　進覧（しんらん）　進上（しんじやう）

進入（しんにう）　頻（しきりに）退（しりぞく）　進退（しんたい）　支證（ししやう）

質物（しちもつ）　神妙（しんひやう）　所領（しよりやう）　認（したたむる）雫（しつく）

【43ウ】

執奏（しつそう）　觸穢（しよくゑ）　鐘樓（しゆろう）　書院（しよゐん）

食籠（しきろう）　帷裳（したすたれ）　所帶（しよたい）　所務（しよむ）

所望（しよまう）　所詮（しよせん）　自然（しせん）　如在（しよさい）

借物（しやくもつ）　借錢（しやくせん）　借用（しやくよう）　時節（しせつ）

出頭（しゆつとう）　出張（しゆつちやう）　私曲（しきよく）　愁傷（しゆしやう）

【44オ】

始終(しじゆう)　將衣(しやうそく)　首尾(しゆひ)　宿老(しゆくらう)

上表(しやうへう)　商賣(しやうはい)　殿(しつはらい)　朱(しゆ)　云爲(しわざ)

諸篇(しよへん)　出仕(しゆつし)　勝負(しやうふ)　新儀(しんき)

新春(しんしゆん)　新年(しんねん)　新米(しんまい)　賞翫(しやうくわん)

守護(しゆこ)　失墜(しつつい)　指南(しなん)　支配(しはい)

【44ウ】

若輩(しやくはい)　白拍子(しらひやうし)　上洛(しやうらく)　上意(しやうい)

尺八(しやくはち)　上手(しやうす)　正直(しやうちき)　進納(しんなう)

心底(しんてい)　實儀(しんき)　出家(しゆつけ)　時分(しふん)

順路(しゆんろ)　順禮(しゆんれい)　入御(しゆきよ)　入興(しゆけう)

使者(ししや)　初心(しよしん)　諸勢(しよせい)　諸藝(しよけい)

【45オ】

失食（しちしき）　潤色（しゆんしよく）　尋常（しんしやう）　相伴（しやうはん）

充満（しゆうまん）　實否（しつふ）　詩哥（しいか）　縛（しはる）　屢（しはしは）

主從（しゆうじゆう）　宿習（しゆくじう）　始中終（しちうしゆう）　師匠（ししやう）

滴（したゝる）　神變（しんへん）　實正（しつしやう）　所持（しよぢ）　神慮（しんりよ）

神祇（じんぎ）　神罰（しんはつ）　寺社（じしや）　寺領（じりやう）

【45ウ】

助成（しよじやう）　生涯（しやうかい）　手跡（しゆせき）　下部（しもべ）

人口（じんこう）　酒宴（しゆゑん）　順次（しゆんし）　仁儀（しんき）

知人（しりうと）　砥（しかと）　柵（しからみ）　死骸（しかい）　悉皆（しつかい）

自訴（じそ）　自害（じがい）　赦免（しやめん）　將碁（しやうき）

暫（しはらく）　凋（しほむ）（はななと）　白粉（しろいもの）　親疎（しんそ）　蔀子（しとみ）

【46オ】

衆儀（しゆき）　衆徒（しゆと）　殊勝（しゆせう）　寺庵（じあん）

入院（しゆゐん）　鞖（しほて）鞦（しりかい）　唱門宗（しやうもんしゆう）　澀柿（しふかき）

城槨（じやうくわく）　主人（しゆじん）　私宅（したく）　加レ之（ならすしかのみ）

子細（しさい）　始末（しまつ）　信仰（しんかう）　入魂（しゆつこん）

雖（いゑとも）レ然（しかりと）　驗（しるし）　邂（しれもの）　數珠（しゆす）　愁歎（しうたん）

【46ウ】

死去（しきよ）

惠（さとる・あきらむ・めくむ）　依狀（ゑこ）　永代（ゑいたい）　延引（ゑんいん）

遠路（ゑんろ）　撰（ゑらふ）　醉（ゑう）　烏帽子（ゑほし）　淵底（ゑんてい）

炎天（ゑんてん）　延々（ゑんゑん）　悅喜（ゑつき）　榮花（ゑいくわ）

榮耀（ゑいよう）　圓座（ゑんさ）　遠慮（ゑんりよ）　會下（ゑけ）

【47オ】

縁者（ゐんしや）　遠近（ゐんきん）　圓寂（ゐんしやく）　繪書（ゐかき）

比（なみ　こころならぬ　こころをい）　祕藏（ひさう）　祕事（ひし）　祕蜜（ひみつ）

祕曲（ひきよく）　批判（ひはん）　非儀（ひき）　美物（ひふつ）

尾籠（ひろう）　僻事（ひかこと）　披露（ひろう）　廣（ひろし）弘（同）

捻文（ひねりふみ）　被官（ひくわん）　百性（ひやくしやう）　評定（ひやうちやう）

【47ウ】

屛風（ひやうふ）　直垂（ひたゝれ）　贔屓（ひいき）　飛脚（ひきやく）

疲勞（ひらう）　引違（ひきちかへ）　引散（ひちらす）　一入（ひとしほ）

引退（ひきしりそく）　引合（ひきあわせ）　一揉（ひともみ）　非分（ひふん）

必定（ひつちやう）　便宜（ひんき）　兵法（ひやうはう）　兵具（ひやうぐ）

兵糧（ひやうらう）　直空（ひたそら）　非道（ひたう）　日來（ひころ）

【48オ】

檜物師(ひものし)　一番(ひとつかい)　控(ひかゆる)　搯(同)　紐革(ひほかは)

火箸(ひはし)　燧袋(ひうちふくろ)　逼迫(ひつはく)　火桶(ひをけ)

火鉢(ひはち)　美人(ひしん)　筆勢(ひつせい)　筆架(ひつか)

畢竟(ひつきやう)　貧家(ひんか)　一途(ひとみち)　一掛(ひとかけ)けさなと

一籠(ひとこ)　一括(ひとくゝり)　一廉(ひとかと)　無二比類一(なくひるい)　勾引(ひとかとい)　秉拂(ひつほつ)

【48ウ】

引懸(ひつかけ)　[衤亟](ひた)はかまの　偏(ひとへ)　簸屑(ひくつ)ちやなと

毛(け)　目録(もくろく)　文書(もんしよ)　問答(もんたう)

勿論(もちろん)　以外(もつてのほか)　専(もつはら)　用(もちゆ)　若(もし)　尤(もつとも)

無二勿體一(なくもつたい)　難二默止一(かたしもたし)　物語(ものかたり)　求(もとむ)　翫(もてあそふ)

門役(もんやく)　文字(もんし)　朦昧(もうまい)　武士(ものゝふ)

【49オ】

物怪（もつけ）
萌黄（もよき）
燃（もゆる）
倦（ものうし）
門徒（もんと）

文盲（もんまう）
物云（ものいひ）
帽子（もうす）
門派（もんは）

戻敷（もとかわしく）
沐浴（もくよく）
催（もよほす）

世（よ よゝ）
政道（せいたう）
成敗（せいはい）
折檻（せつかん）

折角（せつかく）
勢遣（せいつかい）
先途（せんと）
先例（せんれい）

【49ウ】

善根（せんこん）
是非（せひ）
制札（せいさつ）
焼香（せうかう）

専一
積鬱（せきうつ）
禪家（せんけ）
攝待（せつたい）

懺法（せんほう）
泉水（せんすい）
氈（せん むしろ）
迫（せまる）
星霜（せいさう）

静謐（せいひつ）
誓文（せいもん）
切々（せつせつ）
前後（せんこ）

先約（せやく）
先度（せんと）
洗濯（せんたく）
承引（せういん）

【50オ】

成人(せいしん)　拙者(せつしや)　世路(せいろ)　僉儀(せんき)

無ニ爲(なくせん)方(かた)一　省略(せいりやく)　清廉(せいれん)　先達(せんたつ)

精誠(せいせい)　誓状(せいしやう)　照覧(せうらん)　世智辨(せちへん)

世度扉(せとひ)　西楼(せいろう)　堰(せき)水の

寸(さたむる)　數輩(すはい)　數多(すた)　數奇(すき)

【50ウ】

數年(すねん)　數通状(すつうのしやう)　隨逐(すいちく)　隨分(すいふん)

推參(すいさん)　推量(すいりやう)　推蜜(すいさつ)　數盃(すはい)

相撲(すまい)　簾(すたれ)　健(すくやか)　簀子(すのこ)　硯(すゝり)　墨(すみ)

炭(すみ)　鋤(すき)　筋目(すちめ)　則(すなわち)　已(すてに)　雙六(すころく)　酢(す)

頗(すこふる)　進(すゝむる)　[illegible]同　水損(すいそん)　隨喜(すいき)　棲(すみか)

【51オ】

水精（すいしやう）
寸暇（すんか）
杉原（すいはら）
睡眠（すいめん）

生衣（すゝし）
醉狂（すいきやう）
衰微（すいひ）
焙煤（すゝはき）

水苔（すのり）
紫雲 同
篠懸（すゝかけ） 山ふしの
鄹（すわま）

京 みやこ けいらく
一 はしめ すくなし かたきなし きわまる たゝしく ひとつ もつはら
二 かたきあり ふたつ つき かさぬ
三 みたひ たかし みつ

四 ほしいまゝ かるかゆへ よつ
五 い いつゝ
六 ろ りく むつ
七 やふる なかつ

八 やつ わたる は
九 きう こゝのへ
十 ひろう つくす とを
百 もも どう

千 ちゝ ちたひ
萬 よろつ はん
億 はかり をく おかふ やすし つくす わく

【51ウ】

鳥之名

鷲（わし）
鵰（くまたか）
𢈘鳥（たか）
大鷹（をほたか）
兄鷹（せう）

隼（はやふさ）
鷂（はいたか）
鶙（つみ）
雞（にわとり）
零鳥（ゐつさい）
鷆（さしは）
黄鷹（わかたか）

【52オ】

山鵤(やまかへり)　網懸(あかけ)　鵜兒(うこ)　鷹(のもり)　孔雀(くしやく)

鳳凰(ほうわう)　飛雀(ひから)　鶻(ひたか)　鵙(もす)　鵠(くゝい)　白鳥(はくてう)

鴈(かん)　鴨(かも)　菱食(ひしくい)　烏(からす)　鶴(つる)　鷺(さき)　鴇(たう)

雉子(きし)　鳩(はと)　鵄(とひ)　睢(みさこ)　鴫(しき)　鶫(つくみ)　嶋(ひよとり)　山雀(やまから)

鶅(四十から)　鶊(うそ)　鶸(ひわ)　鵒(ぬか)　鶩(あとり)　雀(すゝめ)　郭公(ほとゝきす)　時鳥(同)

【52ウ】

雲雀(ひはり)　手鳥(ちとり)　燕(つはめ)　水雞(くいな)　靑雞(あほさき)

鶺鴒(せきれい)　梟(ふくろ)　木兎(みゝつく)　鴛(をし)　鴦(同)　白鷴(はつかん)

連雀(れんしやく)　鴗(つゝとり)　鴎(かもめ)　鴷(てらつゝき)　鵐(しとゝ)　鵽(かしとり)　斑鳩(いかるか)

鵖(しめ)　撫鷹(ふよう)　靑鷹(せいよう)　雄(をんとり)　雌(めとり)　鸚鵡(あふむ)

魚之名

【53オ】

鯉(こい) 鮒(ふな) 鯛(たい) 鱸(すゝき) 鮭(さけ) 鯔(なよし) 王餘魚(かれい) 鮪(しひ)

鯖(さは) 鮫(さめ) 鮲(こち) 鮦(はす) 鱏(ゑい) 鯇(あめ) 鮑(あわひ) 鮠(はへ)

鰒(ふく) 鱣(うなき) 鱈(たら) 煎海鼠(いりこ) 辛螺(にし) 烏賊(いか)

貽貝(いのかい) 鯖(さけほこ) 海老(ゑひ) [魚色](しほつけ) 鰊(やきくし) 鰹(かつほ)

蛸(たこ) 鰑(するめ) 蛤(はまくり) 蠣(かき) 鮊(しろうを) 鮎(あゆ) 鮨(すし) 鰯(いわし)

【53ウ】

插劍(かさみ) 鮗(このしろ) 鰶(さいり) 鰟(さわら) 鮻(いしもち) 海月(くらけ)

鱘(いるか) 鰠(みこい) 鱠(なまつ) 鯆(まて) 鰐(わに) 鯖衡(をこせ) 魳(かます)

鰚(はらか) 鰩(とひうを) 鰺(あち) 尨魚(くろたい) 鯲(とちやう) 鰽(めいたゝき) 熨斗(のし)

干[虫爪](ひたこ) 鰤(ふり) 鱗(うろこ) 蒲穂子(かまほこ)

獣之名(けたもののな)

【54オ】

豹(へう) 虎(とら) 獅子(しし) 象(さう) 羊(ひつし) 猿(さる) 狸(たぬき) 兎(うさき)

獺(かはうそ) 鹿(しか) 豬(いのしし) 狐(きつね) 猊虎(にく) 犬(いぬ) 狼(おほかめ)

猫(ねこ) 鼬(いたち) 鹿兒(かのこ) 馬(むま) 牛(うし) 鼠(ねすみ) 羚羊(にく)

特(ことい) 駒(こま) 驢馬(ろは) 水牛(すいきう) 犀(さい) 貘(はく) 犢子(こうし) 熊(くま)

犛牛(みやうこ) 猿猴(ゑんこう) 猩々(しやうしやう) 麒麟(きりん)

【54ウ】

䧹鳥之道具(たかのたうく)

旋子(もとおり) ⿰舟發(てまき) 繳(へを) ⿰舟發(へをつゝ) 一聯(ひともと) 大緒(をほお) 足組(あしを) 餌袋(ゑふくろ)

鞭(むち) 鷹匠(たかしやう) 居(すゆる) 呼取(をきとる) 韘(ゆかけ) 架上(ほこ) 狩杖(かりつへ)

武具(ぶぐ)

縨(ほろ) ⿱日衣(同) 旗(はた) 幡(同) 幕(まく) 甲冑(かつちう) 鎧(よろい)

【55オ】

著背(きせなか)　袖(そて)　腹卷(はらまき)　腹當(はらあて)　筒丸(とうまる)　籠(こて)

寶幢(ほうとう)　脇當(わきあて)　臑當(むねあて)　喉輪(のとは)

額金(ひたいかね)　甲(かふと)　鉢卷(はちまき)　半首(はんつふり)　楯(たて)

鍬形(くわかた)　總角(あけまき)　長刀(なきなた)　鑓(やり)　太刀(たち)

腰刀(こしかたな)　鎌(かま)　內刀　提　手鉾　小反刀

【55ウ】

腋差　上帶(うわおひ)　腰當(こしあて)　肩當(かたあて)

章物造(いかものつくり)　彭楯(しないたて)　緐嚙(はたかみ)　烏頭(かふとかね)

弓之法(ゆみのはう)

鏑矢(かふらや)　征矢(そや)　篦矢(のや)　鴈俣(かりまた)

的矢(まとや)　四目(しめ)　蟇目(ひきめ)　四同(しんとう)　矢頭(同)　靫(うつほ)

【56オ】

笛(うつほ) 韇(同) 行騰(むかはき) 絃(つる) 射(いる) 中(あたる) 勒(はつるゝ)

外(はつるゝ) 堋(あつち) 垜(同) 挾物(はさみもの) 圓物(まるもの) 草鹿(くさしし)

百手(もゝて) 矢笴(やから) 定(さくり) 弢(ゆみふくろ) [illegible](同) 罰(はたけ)

彈(つるうち) 縢(つるまき) 尻籠(しつこ) 韘(ゆかけ) 鏃(やしり) [illegible](くるり) 鋒矢(とかりや)

弣(にきり) 張(はり) 弛(はつす) 筈(はす) 弭(同) 匕(やさき) 矢櫃(やひつ) 矢筒(やつゝ)

【56ウ】

船之名(ふねのな)

船頭(せんとう) 艫(とも) 舳(へ) 帆(ほ) 棹(さほ) 櫓(ろ) 楫(かち)

篷(とま) 纜(ともつな) 一艘(いつそう) 碇(いかり) 綱手(つなて) 便舟(ひんせん) 船賃(せんちん)

番匠之道具(はんしやうのたうく)

鉋(かんな) 鋸(のこきり) 鑿(のみ) 釿(てうの) 槌(つち) 曲尺(かね) 錐(きり) 鐵槌(かなつち)

【57オ】

墨斗（すみつほ）

人之五體（ひとのごたい）

頭（かしら）　髪（かみ）　鬢（ひん）　鬚（ひけ）　髻（もとゝり）　皓（しらか）　額（ひたい）　脣（くちひる）

齶（ゐくほ）　歯（は）　眼（まなこ）　顔（かほ）　肘（かいな）　肱（ひぢ）　腕（うて）　指（ゆひ）

胸（むね）　臍（ほそ）　腹（はら）　俣（また）　臑（すね）　脛（はき）　頸（くひ）　腰（こし）

【57ウ】

膕（ようろ）　乳（ち）　背（せなか）　膚（はだ）　筋（すち）　皮（かは）　骨（ほね）　血（ち）

膿（のう）　腋（わき）　閇（まら）　閳（ふくり）　尻（しり）　祖父（おうち）　皺（しは）　祖母（うは）

親（をや）　父（ちゝ）　母（はゝ）　伯父（おち）　伯母（をば）　甥（をい）　姪（めい）　聟（むこ）　舅（しうと）

兄（あに）　弟（をとゝ）　姉（あね）　妹（いもと）　孫（まこ）　彦（ひこ）　玄孫（やしはこ）　娘（むすめ）

姫（ひめ）　嫡子（ちやくし）　二男（しなん）　子息（しそく）　妻（つま）　後妻（うはなり）　女房（ねうはう）　婦（め）

【58オ】

蜜夫（まをとこ）　姑（しうと）　從父（いとこ）　兄弟（きやうたい）　咽（のど）

木之名（きのな）

梅（むめ）　櫻（さくら）　松（まつ）　柳（やなき）　楓（かいて）　檜（ひのき）　杉（すき）　椋（むく）

榎（ゑのき）　椿（つはき）　柿（かき）　桐（きり）　栗（くり）　椎（しいたけ）　榊（さかき）　柑子（かんし）

梨子（なし）　楜桃（くるみ）　樗（ぬるて）　柚（ゆ）　溫州橘（うしゆきつ）　金柑（きんかん）

【58ウ】

柘榴（しやくろ）　橘（たちはな）　朴（ほうのき）　槇（まき）　橙（とち）　梔子（くちなし）

黄楊（つけ）　檗（きはた）　檉（かわやなき）　⿰木魚（ねつもち）　李（すもゝ）　杏（からもゝ）　柏（かしは）

櫟（もみ）　檞（かし）　槻（つき）　橡（とち）　木槵子（もくけんし）　椶櫚（しゆろ）

櫁（しきみ）　楸（ひさき）　木槿（むくけ）　梶（かち）　槐（ゑんしゆ）　柞（はゝそ）　楠（くす）

桂（かつら）　枇杷（ひは）　林檎（りんこ）　栢（かや）　楊梅（やまもゝ）　海棠（かいたう）

【59オ】

槍（うつき）　楡（にれ）　樀（ひさかき）　楮（かうそ）　楢（なら）　榭（ゆつりは）　樟（くぬき）　棙（ねつもち）

櫨（はし）　合昏（ねむ）　常山（くさき）　木筆（こふし）　槝（つゝし）　躑躅（同）　梓（あつさ）　枳（からたち）

榛（はしはみ）　児手柏（このてかしは）　椦（すはへ）　葉（は）　柏樹（ひやくしん）　莖（くき）

草之名（くさのな）

【59ウ】

芹（せり）　薺（なつな）　蘩（おほはこ）　茜（あかね）　葛（くす）　菖蒲（しやうふ）　菊（きく）

石菖（せきしやう）　仙翁花（せんをうけ）　桔梗（ききやう）　撫子（なてしこ）　紫苑（しをん）

芙蓉（ふよう）　蔦（つた）　龍膽（りんたう）　蓮（はちす）　葸（あちさへ）　石竹（せきちく）

垣衣（しのふ）　萱（かや）　野老（ところ）　薄（すゝき）　金仙花（きんせんくわ）　槿（あさかほ）

萲（つはな）　鳳仙花（ほうせんくわ）　萩（はき）　荻（をき）　芷（よろいくさ）　女郎花（おみなへし）

菈（ちしやく）　百合草（ゆり）　葦（あし）　蘆（同）　芦（同）　刈萱（かりやす）

【60オ】

杜若(かきつはた)　藻(も)　土筆(つくつくし)　蔬(くさひら)　松茸(まつたけ)　平茸(ひらたけ)　菱(ひし)

椎茸(しいたけ)　芝茸(しはたけ)　栗茸(くりたけ)　蕨(わらひ)　藍(あい)

木賊(とくさ)　麻(あさ)　枸杞(くこ)　苦辛(くらゝ)　萷(やまふき)　款冬(同)

蓼(たて)　暑蕷(やまのいも)　覆盆子(いちこ)　莓(こけ)　苔(同)　澤瀉(をもたか)

芣苡(をほはこ)　⿱山女(あけひ)　芥子(けし)　茄子(なすひ)　葱苳(すいかつら)

【60ウ】

藺(い)　虎杖(いたとり)　牛膝(いのみつち)　苧(からむし)　葱(ひともし)　蒜(ひる)　蕗(ふさ)

荏(ゑ)　胡麻(こま)　莧(ひゆ)　葵(わさひ)　牛房(こはう)　大根(たいこん)　薑(はしかみ)　苗(なへ)

茅(ちはら)　蓫(しのふ)　稲(いね)　稗(ひへ)　黍(きひ)　粟(あわ)　韮(にら)　蔓(な)

菫(すみれ)　⿱艹頬(かたはみ)　芭蕉(はせを)　蕙(をはな)　藜(あかさ)　蒟蒻(こんにやく)

狼牙(こまつなき)　芡(みつふき)　蘁(からし)　島蒜(あさつき)　薏苡(つしたま)

【61オ】

⿱艹虎(ねなしかつら)　藷(さねかつら)　芍藥(しやくやく)　兔葵(なもみ)　零餘子(ぬかご)

葒(いぬたて)　葵(あをひ)　芋(いも)　薦(まこも)　茗荷(みやうか)　苕(はうきくさ)　獨(とつ)

活(くわつ)　烏芋(くわい)　茘芰(れいし)　愼火草(いきくさ)　遠志(おんし)

⿱艹益(めはしき)　茴香(ういきやう)　鼠尾草(みそはき)　蔴非(すまふくさ)　馬藺(はりん)

旨(のうせん)苕(かつら)　甘草(かんさう)　大豆(まめ)　小豆(あつき)　麥(むき)　園豆(ゑんとう)

【61ウ】

蘘(ほうつき)　葷(にんにく)　瓜(ふり)　人參

金之名(かねのな)

金(こかね)　砂金(しやきん)　銀(しろかね)　南鐐(なんりやう)　銅(あかかね)　鐵(くろかね)　赤銅(しやくとう)

鉛(なまり)　鍮石(ちうしやく)　水銀(みつかね)　滅金(めつき)

蟲之名(むしのな)

【62オ】

促織(はたをり)　松蟲(むつむし)　蛬(きりきりす)　鈴蟲(すゝむし)　螢(ほたる)　蝶(てふ)　蜂(はち)

蚊(か)　轡蟲(くつはむし)　日晩(ひくらし)　蜻蜓(とはう)　蛙(かわつ)　蟆(かへる)　螻(けら)

蟻(あり)　蝱(あふ)　蠅(はへ)　蚯(みゝす)　百足(むかて)　蜄(なめくし)　蜾(すかる)　守宮(いもり)

蠙(たまむし)　蠶(かいこ)　蟫(しみ)　蚱(いなこ)　蝸牛(かたつふり)　蟥(たに)　蝙蝠(かうふり)

螳蜋(たうらう)　蚤(のみ)　蝨(しらみ)

【62ウ】

五節句異名(こせつくいみやう)

歳旦(せいたん) 正月朔日　上巳(しやうし) 三月三日　端午(たんこ) 五月五日　七夕(しつせき) 七月七日

重陽(てうやう) 九月九日

瓜異名(ふりいみやう)

蜜筒(みつとう)　青門(せいもん)　東門(とうもん)　五色(こしよく)

【63オ】

百官之次第幷唐名（ひやくくわんのしだいならびにからな）

神祇伯（しんきのはく）　大常卿（たいしやうけい）
大政大臣（たいしやうたいしん）　大相國（たいさうこく）

左大臣（さたいしん）　左府（さふ）
右大臣（うたいしん）　右府（ゆうふ）

内大臣（ないたいしん）　内府（ないふ）
相府（さうふ）　蓮府（れんふ）

大納言（たいなこん）　悪相（あしやう）
中納言　黄門（くわうもん）

【63ウ】

宰相（さいしやう）　相公（さうこう）
小納言（せうなこん）　給事中（きうしちう）

外記（けき）　外史（くわいし）
辨宮（へんのきう）　蘭臺（らんたい）

右大辨（うたいへん）　右太丞（ゆうたいせう）
左大辨（さたいへん）　左太丞（さたせう）

權辨（こんのへん）　權尚書（こんしやうしよ）
侍從（ししやう）　拾遺（しうい）

大内記（たいないき）　柱下（ちうけ）
監物（けんもつ）　城門郎（せいもんらう）

【64オ】

中宮大夫（ちうくうたゆう）　大進（たいしん）
圖書頭（つしよのかみ）　祕書郎（ひしよらう）
中務（なかつかさ）　中書（ちうしよ）
陰陽頭（おんやうのかみ）　祠部（しほう）
漏剋博士（ろくこくのはかせ）　挈壺（けつこ）

大舍人（おほとねり）　主當令（しゆたうれい）
內藏頭（ないさうのかみ）　倉部（さうほう）
縫殿頭（ぬいのかみ）　尚衣（しやうい）
天文博士（てんもんはかせ）　靈臺（れいたい）
內匠頭（うちたくみのかみ）　中匠（ちうしやう）

【64ウ】

式部大輔（しきふのたいう）　大卿李部（たいけいしほう）
大學頭（たいかくのかみ）　祭酒（さいしゆ）
文章博士（もんしやうはかせ）　翰林（かんりん）
直講（ちよくかう）　直學士（ちよくかくし）
算博士（さんはかせ）　算學博士（さんかくはかせ）

式部少輔（しきふのせうゆう）　李部（しほう）
大學助（たいかくのすけ）　司業（しけう）
助教（しよけう）　國司（こくし）
明法博士（めいはうはかせ）　律學博士（りんかくはかせ）
音博士（おんはかせ）　音韻儒（いんいんしやう）

【65オ】

進士(しんし)　貢士(こうし)

雅樂頭(うたのかみ)　大樂(たいかく)

諸陵頭(みさゝきかみ)　廟陵(へうりやう)

主計頭(かすへのかみ)　度支(たくし)

兵部卿(ひやうふきやう)　兵部(へいほう)

形部卿(きやうふきやう)　形部(けいほう)

【65ウ】

大藏卿(おほくらきやう)　大府卿(たいふけい)

宮內卿(くないきやう)　司農卿(しなうけい)

木工頭(むくのかみ)　工部(こうほう)

主殿頭(とのものかみ)　尙舍(しやうしや)

治部卿(ちふきやう)　禮部(れいほう)

玄番(けんは)　主客(しゆかく)

民部卿(みんふきやう)　戸部(こほう)

主稅頭(ちからのかみ)　倉部(さうほう)

隼人正(はやとのかみ)　布護(ほこ)

大判事(たいはんし)　司直(しちよく)

織部正(をんへのかみ)　織染令(しよくせんれい)

大膳大夫(たいせんのたいふ)　光錄(くわうろく)

大炊頭(をほいのかみ)　大倉(たいさう)

典藥頭(てんやくのかみ)　大醫(たいい)

【66オ】

掃部頭(かもんのかみ)　洒掃(せいさう)

造酒頭(さうけのかみ)　司酒(ししゆ)

主水頭(もんとのかみ)　膳部(せんほう)

左右京大夫(さきやうのたいふ)　京兆(けいてう)左右(さう)共に

東宮傅(とうくうすけ)　皇太子(くわうたいしの)大傅(たいふ)

【66ウ】

東宮亮(とうくうのすけ)　大進(たいしん)

修理大夫(しゆりのたいふ)　匠作(しやうさく)

大將(たいしやう)　親衛將軍(しんゑいしやうくん)

小將(せうしやう)　羽林郎將(うりんらうしやう)

左右衛門督(さゑもんのかみ)　金吾(きんこ)大將軍(たいしやうくん)

內膳正(ないせんのかみ)　尙食(しやうしよく)

采女正(うねめのかみ)　采女令(さいちよれい)

彈正小弼(たんしやうせうひつ)　霜臺(さうたい)

市正(いちのかみ)　市令(しれい)

東宮(とうくう)大夫　太子小尹(たいしせういん)

東宮學士(とうくうのかくし)　太子(たいしの)賓客(ひんかく)

勘解由(かんけゆ)　勾勘(こうかん)

中將(ちうしやう)　羽林(うりん)

將監(しやうけん)　親衛校尉(しんゑいかうい)

左右衛門佐(さゑもんのすけ)　金吾衛(きんこゑ)將軍(しやうくん)

【67オ】

左右衛門尉(さゑもんのせう) 金吾(きんこ)校尉(かうい)
左右衛門府生(さゑもんふしやう) 監門(かもん)衛事(ゑし)
左右兵衛佐(さひやうへのすけ) 武衛(ふゑい)將軍(しやうくん)
左右馬頭(さまかみ) 典廄(てんきう)
馬都尉(はとい) 都尉(とい)

【67ウ】

藏人(くらんと) 侍中(しちう)
檢非違使尉(けんひいしのせう) 廷尉(ていい)
介 別駕(へつか)
目(さくわん) 錄事(ろくし)
大宰大貳(たいさいのたいに) 都督(ととく)長吏(ちやうり)

左右衛門志(さへもんのさくわん) 監物(かんもん)錄事(ろくし)
左右兵衛督(さひやうへのかみ) 武衛(ふゑい)大將軍(たいしやうくん)
左右兵衛尉(さひやうへのせう) 武衛校尉(ぶゑいかうい)
駕部(かほう) 員外郎(いんくわらう)
兵庫頭(ひやうこのかみ) 武庫(ふこ)
檢非違使別當(けんひいしのへつたう) 大理(たいり)
諸國守(しよこくのかみ) 大守(たいしやう)
掾(せう) 司馬(しま)
大宰帥(たさいのそつ) 都督(ととく)
大宰小貳(たいさいのせうに) 都督(ととく)司馬(しま)

【68オ】

陸奥出羽（むついては）　按擦使

太夫（たゆう）　二千石（しせんせき）

大名（たいめい）

武衞（ふゑい）　細川（ほそかわ）　畠山（はたけやま）　一色（いつしき）　山名（やまな）

土岐（とき）　佐々木（さゝき）　赤松（あかまつ）　大内（をほち）　富樫（とかし）

今川（いまかわ）　上杉（うへすき）　織田（をた）

【68ウ】

名字（みやうし）

齋藤（さいとう）　八板（やいた）　大田（をほた）　飯尾（いたのを）　稲田（いなた）　新藤（しんとう）

服部（はつとり）　富松（とまつ）　近藤（こんとう）　須藤（すとう）　遠藤（ゑんとう）　賀藤（かとう）

伊藤（いとう）　佐藤（さとう）　武藤（むとう）　小藏（こくへ）　太高（をほたか）　大庭（をほは）

坂井（さかい）　大島（をほしま）　福富（ふくとみ）　廣瀬（ひろせ）　高野瀬（たかのせ）　坂（はん）

【69オ】

富島（としま）　友田（ともた）　牛牧（うしき）　小原（をわら）　多治見（たちみ）　關（せき）

關戸（せきと）　宮田（みやた）　成田（なりた）　玉井（たまのい）　木下（きのした）　林（はやし）　件（はん）

中澤（なかさは）　私市（きさいち）　大塚（をほつか）　萬年（まんねん）　伊地知（いちち）　不破（ふわ）

塙（はんなふ）　栗山（くりやま）　山内（やまのうち）　山懸（やまかた）　神屋（かみみ）　神戸（かんへ）

安宅（あたき）　日置（へき）　都邊（つつき）　榛澤（はんさわ）　小下（こみざは）　粟飯原（あははら）

【69ウ】

廿六（とゝろく）　箕荷（みのわ）　神餘（かなまり）　簗田（やなた）　筧田（といた）　夫馬（ふま）

木全（きまた）　九里（くのり）　纐纈（かうけつ）　日比野（ひゞの）　太西（をほにし）　横巻（よこまき）

蔭山（かけやま）　岡部（をかへ）　野々村（のゝむら）　寺町（てらまち）　杉村（すきむら）　逆巻（さかまき）

山岡（やまおか）　薄田（すゝきた）　箕輪（みのわ）　羽田（はねた）江州　吉田（よした）　村瀬（むらせ）

小栗（をくり）　別部（へつふ）　長森（なかもり）　安藤（あんとう）　河村（かわむら）　大瀧（をほたき）

【70オ】

飯田（いゝた）　衣斐（ゐひ）　鷲見（すゝみ）　石丸（いしまる）　市橋（いちはし）　一柳（ひとつやなき）

東（とう）　北村（きたむら）　目賀田（めかた）江州　久木（くき）　可児（かに）　野田（のた）

千石（せんこく）　春田（はるた）　長井（なかい）　近松（ちかまつ）　垣屋（かきや）　眞桑（まくは）

古田（ふるた）　岩田（いわた）　宇佐見（うさみ）　猿子（さるこ）　濱岡（はまをか）　秋庭（あきは）

芝居（しはい）　馬場（はゝ）　道家（たうけ）　西尾（にしほ）　今嶺（いまみね）　則武（のりたけ）

【70ウ】

松岡（まつをか）　石谷（いしかへ）　多賀（たか）江州　甲斐荘（かいしやう）畠山之内　伊庭（いは）　橋本（はしもと）

木澤（きさは）　徳田（とくた）　三宅（みあけ）　朝野（あさの）　淺井（あさい）　草部（くさかへ）

五十嵐（いからし）　相樂（さから）　刑部（をきかへ）　釋迦牟尼（みくるへ）

柳下（やきした）　青木（あをき）　五十子（いかこ）　内藤（ないとう）　池田（いけた）

安富（やすとみ）　福田（ふくた）　園邊（そのへ）　田上（たなかみ）　山崎（やまさき）

【71オ】

小間（をわさま）　仁科（にしな）　土田（つちた）　魚住（うをすみ）　太橋（をほはし）

高橋（たかはし）　竹島（たけしま）　岸田（きした）　恆富（つねとみ）　岡田（をかた）

岡崎（をかさき）　錦織（にしこり）　川尻（かはしり）　津田（つた）　津田（つはた）

中條（ちうてう）　東條（とうてう）　佐武（さたけ）　藤浪（ふちなみ）　堀田（ほつた）

堅田（かたた）　片岡（かたをか）　白井（しろい）　小卷（こまき）　梶原（かちわら）

【71ウ】

崎山（さきやま）　長谷川（はせかわ）　板津（いたつ）　菱田（ひした）　平右馬（へうま）

野崎（のさき）　平野（ひらの）　下間（しもつま）　速水（はやみ）　小泉（こいつみ）

藤岡（ふちをか）　小池（こいけ）　野村（のむら）　成瀬（なるせ）　新莊（しんしやう）

松浪（まつなみ）　櫻井（さくらい）　松尾（まつを）　瓜生（うりう）　丹生屋（にうのや）

磯貝（いそかい）　伊香賀（いかか）　雑賀（さいか）　千秋（せんちう）　毛利（もうり）

【72オ】

矢野(やの)　氏家(うちゐ)　沓見(くつみ)　八田(はつた)　阿功田(あくた)

生駒(いこま)　安孫子(あひこ)　礒野(いその)　越生(をこせ)　入内島(いちじま)

古尾谷(ふるや)　秩父(ちゝふ)　亘糟(あまかす)　奥村(をくむら)　原田(はらた)

石黑(いしくろ)　鶴見(つるみ)　岩井(ゆわい)　鈴木(すゝき)　鱸 同

土方(ひちかた)　圓山(まるやま)　饗庭(あいは)　朽木(くつき)　塚本(つかもと)

【72ウ】

玉鉾(たまほこ)　小布施(をふせ)　小野寺(をのてら)　大鹽(をほしほ)　青山(あをやま)

平手(ひらて)　窪(くほ)　乾(いぬい)　種村(たなむら)　麻生(あさう)　柴山(しはやま)

瀬尾(せのを)　祖父江(そふゑ)　櫻木(さくらき)　櫛田(くした)　赤林(あかはやし)

玉越(たまこし)　五十島(をつふるい)　土師(はじ)　牛屎(うしくそ) 安藝國人　重見(しけみ) 伊與國人

市來(いちく) 薩摩國人　物部(もゝのへ) 丹波國人　香宗我部(かうそかめ) 土佐國人　佐竹(さたけ) 奉公人　南條(なんてう) 細川之内

【73オ】

毛穴（けな）細川之内　鹽穴（をゝな）同　肥塚（こいつか）赤松之内　依藤（よりふち）同　楢崎（ならさき）　澀屋（しふや）

平子（ひらこ）　前田（まへた）　坂越（さかこし）　巨世（こせ）　河原（かわはら）　新發田（しはた）

須貝（すかい）　四月一日（わたぬき）　八月一日（ほつみ）　七五三（しめかけ）　八相山（やいやま）　五十君（いきみ）

【73ウ】

⿰忄衣野（すその）　伊丹見（いたみ）　滿泉（たまり）　吾妻（あかつま）　三枝松（さへくさ）　雉極樂（たかなし）

落合（をちあい）　尾藤（ひとう）　汗（ふざかし）宇津宮人　味鏡（あちま）　鵜飼（うかい）　余巨（よこ）

城戸（きと）　佐橋（さはせ）　鷲巣（わしす）　揖斐（いひ）　伊達（たつて）　飛鳥井（あすかい）

毛受（めんしよ）尾州國人　鎌尾（かまのを）　柘植（つけ）　篠田（しのた）　蒔田（まいた）　海老名（ゑひな）

村主（すくり）　葉太（はふと）　埴谷（はにや）上椙の内人　大類（をほるい）　土生（はぶ）　垪和（はが）京人

芳賀（はか）坂東人　只懸（たゝかり）新田庶子　蜂須賀（はちすか）　縿（うねめ）三川人　常石（とこなみ）　葛西（かさい）

陶器（すゑ）　行方（なめかた）　百々（とうとう）　五月夜中山（さよのなかやま）　高麗（こま）

【74オ】

甁原(みかのはら)　不知山(いさやま)　牧(まき)　樂々熊(さゝのくま)　木曾(きそ)　錦木里(にしこり)

清(せい)　荒川(あらかわ)　水野(みつの)　鳥井(とりい)　丹羽(には)　小笠原(をかさわら)

佐久間(さくま)　越智(おつち)　尾寒(をせき)　山羽(やまは)　城(たち)　渡邊(わたなへ)

牧野(まきの)　牛田(うした)　早川(はやかは)　二宮(にのみや)　大石(おほいし)　尾崎(をさき)

新木(につき)　勝田(かつた)　津坂(つさか)　各務(かゝみ)　布免(ぬのめ)　峠(とうけ)

【74ウ】

谷(やつ)　佐八(さうち) 伯耆有　十二月(うつふるい)　八神(ねりかみ) 美作に有り　女塚(うなつか) 同　四足八邊(ろくろひ) 伊勢にあり　印巻(かねまき) 越前にあり

正月
新月(しん)　初春
大族(たいそく)　履端(りんた)

二月
挾鐘(かうせう)　梅月(はいもつ)
中春(ちうしゆん)

三月
彌生(やよい)　上巳(しやうし)
沽洗(こせん)　暮春(ほ)

四月
仲呂(ちうろ)
卯月

五月
蕤賓(せうらん)　端午(たんこ)
郭月

六月
林鐘(りんしやう)
季夏(きか)

【75オ】

七月　夷則（いそく）　文月（ふみつき）　初秋

八月　南呂（なんろ）　仲秋（ちうしう）　葉月（はつき）

九月　無射（むしや）　長月（なかつき）

十月　應鐘（わうしやう）　黄冬（くわうとう）　孟冬（まうとう）

十一月　霜月　黄鐘（くわうしやう）　暢月（ちやうけつ）

十二月　晩冬　師趣（しはす）　極月

子　丑（うし）　寅（とら）　卯（う）　辰（たつ）　巳（み）　午（むま）　未（ひつし）　申（さる）　酉（とり）　戌（いぬ）　亥（い）

甲（きのへ）　乙（きのと）　丙（ひのへ）　丁（ひのと）　戊（つちのへ）　己　庚（かのへ）　辛　壬（みつのへ）　癸

高橋本色葉字本文　校訂・通用・異表記その他

［凡例］

一、原本に誤りがある場合、矢印の上に原本の形、下に校訂形を示し、括弧内に「校訂」と記す。
一、原本の漢字表記に通用がある場合、矢印の上に原本の形、下に一般形を示し、括弧内に「通用」と記す。
一、原本の漢字表記に異表記がある場合、矢印の上に原本の形、下に異表記を示し、括弧内に「異表記」と記す。
一、原本の語形に変異がある場合、矢印の上に原本の形、下に異形を示し、括弧内に「異語形」と記す。
一、原本の訓に変異がある場合、矢印の上に原本の形、下に異訓を示し、括弧内に「異訓」と記す。
一、原本の読みに漢字音の相異がある場合、矢印の上に原本の形、下に異音を示し、括弧内に「異音」と記す。
一、原本の読みに音訓の相異がある場合、矢印の上に原本の形、下に異形を示し、括弧内に「音訓」と記す。
一、その他、無訓の補読、撥音無表記、促音無表記、促音撥音表記の交替等、適宜括弧内で説明する。
一、所在は、丁数・表裏・行数・上からの項目数、の順で示す。

1ウ21　一状↓一帖（校訂）
1ウ33　一准↓一準（通用）
2オ12　一町↓一丁（異表記）
2オ13　一巡↓一順（異表記）
2オ22　一返↓一遍・一反（異表記）
2オ23　一疋↓一匹（通用）
2オ32　違乱↓違濫（通用）
2オ34　違変↓違篇・異変・違反（異表記）
2オ41　異見↓意見（異表記）
2オ44　引物↓音物（異表記）

2オ45 異儀↓異議・異義（通用）
2オ56 医師いしやし↓医師いし（校訂）
2ウ11 衣裳↓衣装（異表記）
2ウ26 徒者とせん↓徒然いたつら（校訂）
2ウ41 犬追物↓犬追者（異表記）
2ウ51 以後↓已後（異表記）
2ウ52 以前↓已前（異表記）
3オ33 印治↓印地・因地（異表記）
3オ44 忽緒↓忽諸（異表記）
3ウ23 鮯鮑↓鮯鮈（校訂）
3ウ24 欠辱↓欠唇・欠脣（校訂）
3ウ31 露顕↓露見（異表記）
3ウ44 論儀↓論義・論議（通用）
4オ11 囉嚌↓羅斎・囉斎（通用）
囉嚌↓囉菜・邏斎・邏菜（異表記）
4オ13 籠者↓籠舎・牢舎（異表記）
4ウ15 恥入□□□↓恥入はぢいる（破損・補読）
4ウ21 最花↓最穂・初穂・初尾（異表記）
4ウ24 莫太↓莫大（通用）
4ウ43 法間↓法眷（校訂）
4ウ51 半斉↓半斎（通用）
5オ14 薄奕↓博奕（校訂）
5オ21 俳佪↓徘徊（通用）
5ウ15 癈忘↓廃忘（通用）
癈忘↓敗亡（異表記）

5ウ31 配膳↓配饍・排膳・排饍（異表記）
5ウ42 庖丁↓包丁（通用）
5ウ44 囃物↓囃子物・拍子物（異表記）
6オ12 芳者↓芳志（校訂）
6オ14 鼻皮↓鼻革・紲革（異表記）
6オ21 鼻綱↓鼻縄・端綱・絆綱（異表記）
6オ33 咄↓吐（校訂）
6オ34 騰↓縢（通用）
6ウ31 似合↓似相（異表記）
6ウ34 賜↓賑（校訂）
7オ13 北絹ほんけん↓北絹ほつけん（撥音促音表記交替）
北絹↓黄絹（異表記）
7オ15 本望ほんもん↓ほんもう（校訂）
7オ43 本服↓本復（通用）
7オ44 本腹↓本復（通用）
7ウ13 行思↓行器（校訂）
行思↓外居（異表記）
7ウ42 平喩↓平愈・平癒（通用）
8ウ11 徳分↓得分（通用）
8ウ12 逗留↓逗遛（通用）
8ウ23 不取敢↓取不敢（異表記）
8ウ24 螌留↓螌留目・留目螌（異表記）
8ウ52 同僚とうれい↓とうれう（校訂）
9オ25 段子↓鈍子・端子（異表記）
9オ34 外方↓十方・斗方・戸方・途方（異表記）

9オ55 途徹→途轍（通用）
9ウ31 鳥子とりこ→とりのこ（校訂）
9ウ33 制と丶まる→と丶める（校訂）
9ウ34 鯨波→鯨浪・鬨音（異表記）
9ウ35 外侍→遠侍（異表記）
9ウ44 黐とりもつ→とりもち（校訂）
10オ21 着倒→着到（通用）
10オ24 近比→近来（異表記）
10オ32 仲人→中人（異表記）
10オ34 籌策→中作（異表記）
10オ42 陣立→陣起（異表記）
陣立→陳立（通用）
10オ43 陣衆→陳衆（通用）
10オ44 陣中→陳中（通用）
10ウ31 注進→註進（通用）
10ウ32 住文→注文（通用）
住文→註文（異表記）
10ウ34 地走→馳走（校訂）
10ウ44 地徳→地得（通用）
10ウ52 智恵→智慧・知恵（通用）
11オ14 燈提→提燈（校訂）
燈提→挑燈（異表記）
11オ21 茶臼→茶磨（異表記）
11オ22 茶筅→茶籤・茶筌（異表記）
11オ24 茶土器ちやとき→ちやつき（校訂）
茶土器→茶杯・茶坏（異表記）
11オ31 茶碗→茶椀・茶埦・茶垸・茶梡・茶盌（異表記）
11オ32 直裰→直綴（異表記）
11オ33 仲媒→中媒（異表記）
11オ34 忠懃→忠勤（通用・扁揃）
11オ41 揎→縇（異表記）
11オ43 陳触→陣触（通用）
11オ44 力革→逆鞁・靳（異表記）
11オ52 理運→利運（異表記）
11ウ14 利平→利幷（異表記）
11ウ23 綸言りけん→りんけん（校訂・撥音無表記）
11ウ32 立用→流用（異表記）
11ウ44 両度りやうとう→りやうと（校訂）
11ウ54 利買→利売（通用）
12オ21 輪廻→輪回（異表記）
12オ42 抜懸ぬきかけ→ぬけかけ（校訂）
12オ44 涂籠→塗籠（校訂）
12オ56 敝巾→幣（校訂）
12ウ12 瑠璃→琉璃（異表記）
12ウ44 擂茶→檑茶・擂茶・檑茶・礌茶（異表記）
12ウ53 大形→大方（異表記）
13オ33 貣→貸（通用）
13オ53 御髪髭おんぐし→御髪髭おんぐしおろす（補読）
14オ15 僚到→潦倒（校訂）
14オ32 押包→押裹（異表記）

14ウ24 若堂→若党（通用）
14ウ32 椀→梡（異体）
14ウ34 侘言→詫言（通用）
侘言→侘事（異表記）
14ウ35 侘人→詫人（通用）
14ウ42 移徒→移徙（通用）
14ウ54 和纔→和讒（通用）
15オ11 誑惑→枉惑・抂惑（異表記）
15オ12 腋詰→脇詰（異表記）
15オ14 笑→咲（異体）
15オ15 破籠→破子（異表記）
15オ41 狩人→猟人・猟師（異表記）
15オ42 鍛治→鍛冶（通用）
15オ44 学文→学問（異表記）
15オ54 雖催→駈催＝驅催（校訂）
15ウ11 且→且々（異表記）
15ウ13 奸曲→姧曲・姦曲（異体）
15ウ21 帷→帷子（異表記）
15ウ25 借染→仮借・仮初（異表記）
15ウ33 搦取→搦捕（異表記）
15ウ44 彼是→彼此（異表記）
16オ22 挊→桛（通用）
16オ31 梢言かうたて→梢立かふたて（校訂）
梢言→株立（異表記）
16ウ14 糠毛→糟毛（異表記）

16ウ22 梅花皮→海乱鬼・鰄（異表記）
16ウ33 鞋→鞋（校訂）
鞋→革袴（異表記）
16ウ44 仮初→借染・仮借（異表記）
17オ13 甲斐々敷→甲斐敷（異表記）
17オ14 香典→香奠（異表記）
17オ23 記念→形見（異表記）
17オ31 猝者→悴者（校訂）
猝者→加世者（異表記）
17オ33 拵→栫（通用）
17オ53 凱→凱歌（異表記）
17ウ12 寄拠→寄子（異表記）
17ウ13 寄揆→寄騎・与力（異表記）
17ウ24 要脚→用脚（通用）
17ウ44 要害→用害（通用）
18オ31 余残よせん→余残よさん（校訂）
18オ33 続→読（校訂）
18オ41 終宵→終夜・通宵・通夜・竟夜（異表記）
18オ42 夜日継→夜継日（異表記）
18オ51 太平→泰平（通用）
18ウ21 退治→対治（異表記）
18ウ23 他界たいかい→他界たかい（校訂）
18ウ33 短冊→短尺（異表記）
19オ22 段銭→反銭（異表記）
19オ23 段米→反米（異表記）

19オ24　反別→段別（異表記）
19オ31　太鼔→大鼓（通用）
19オ32　手綱→手縄（異表記）
19ウ13　単皮→蹈皮（異表記）
19ウ22　続松→松明（異表記）
19ウ32　退転→怠転（異表記）
20オ14　頼支→頼子・憑母子（異表記）
20オ23　玳瑇→瑇瑁・玳瑁（異表記）
20オ43　薫→薫物（異表記）
20オ43　大内→内裏（異表記）
20オ51　歴然→歴前（異表記）
20ウ31　了見→了簡・料簡（異表記）
20ウ33　烈参→列参（通用）
20ウ41　蠟師→猟師（校訂）
20ウ43　烈座→列座（通用）
20ウ44　練磨→錬磨（異表記）
21オ13　訴詔→訴訟（通用）
21オ21　楚忽→疎忽（異表記）
21ウ43　阿→其阿（校訂）
22オ31　勁弓→強弓（異表記）
22オ45　強面→強顔（異表記）
22ウ12　墟→塘（校訂）
22ウ14　月充→月宛（異体）
22ウ27　謹言つ、しんて→謹言つ、しんてまうす（補読）
22ウ34　月次→月並（異表記）
22ウ43　一二つまひら→一二つまひらか（校訂）
23オ11　百切→頭切・十切（異表記）
23オ16　晦日つもこり→晦日つこもり（異語形）
23オ25　鶴鵄→鶴頸（通用）
23オ55　偲→躯（校訂）
23ウ23　練貫→練緯（異表記）
23ウ34　内儀→内議・内義（通用）
23ウ35　内性→内証（校訂）
23ウ43　納所なんしよ→納所なつしよ（促音・撥音表記の交替）
23ウ52　難儀→難義（通用）
24オ17　中刺なさし→中刺なかさし（校訂）
24オ23　名染→馴染（異表記）
24オ46　蔑ないかしら→蔑ないかしろ（異語形）
24ウ15　猶更なをさり→猶更なをさら（校訂）
24ウ22　桑刀→奈刀（校訂）
24ウ42　濫妨→乱妨（異表記）
24ウ43　狼籍→狼藉（通用）
24ウ53　牢人→浪人・労人（異表記）
25オ31　乱劇→乱逆（異表記）
25オ32　乱橛→乱杭（異表記）
25オ52　乱行→濫行（異表記）
25オ53　糧米→粮米（異体）
25ウ51　謀叛→謀反（通用）
25ウ56　六个敷→六箇敷（異体）
26オ11　夢想→夢相（通用）

26オ21　無体→無代・無台（異表記）
26オ31　行騰→行縢（通用）
26オ41　胡乱→烏乱（異表記）
26オ54　餛飩→饂飩・温飩（異表記）
26ウ23　有徳→有得（通用）
26ウ32　後詰→後攻（異表記）
27オ21　領状うなつく→りやうしやう（音訓）
27オ46　濃人→農人（通用）
27オ53　詢→詾（校訂）
27オ55　狼煙→烽火（異表記）
27ウ22　覩→覩（異体）
27ウ32　軍陳→軍陣（通用）
28オ12　絓袴→括袴（異表記）
28オ24　廻文→回文（異表記）
28オ42　群聚→群集（異表記）
28オ44　櫛箱→櫛匣（異表記）
28オ53　懐紙→会紙（異表記）
28ウ34　医くすり→医くすし（校訂）
28ウ35　草伏→草臥（異表記）
28ウ44　挑→兆・下挑（異表記）
29オ34　譟→繰言（異表記）
29オ51　鑵子→罐子（異表記）
29ウ31　養生→養性（異表記）
30オ13　流鏑馬→流鏑（異表記）
30オ23　薬器やき→薬器やつき（異語形）
30オ33　糲やきこめ→糲やいこめ（異語形）
　　　　糲→糲米（異表記）
30オ55　券→劵（校訂）
30ウ23　毎日まいしつ→毎日まいにち（異語形）
30ウ45　鉗まなはし→鉗かなはし（校訂）
31オ33　壏→籬・欄（異表記）
31オ34　蒔絵→蒔画（異表記）
31オ44　魔本離→魔奔離（校訂）
31ウ22　見舒→見証・見所（異表記）
31ウ31　下解人→下死人・解死人（校訂）
　　　　下解人→下手人（異表記）
32オ24　闕所けんしよ→闕所けつしよ（撥音促音表記交替）
32ウ13　決判けんはん→決判けつはん（撥音促音表記交替）
32ウ24　鑼子→鑷子（校訂）
33オ21　富貴ふつき→富貴ふき・ふくき・ふうき（異語形）
33オ32　払暁ふけう→払暁ふつけう（促音無表記）
33オ33　風呂→風炉（異表記）
33オ34　風聞ふうふん→風聞ふふん（異語形）
33オ42　無案内→不案内（異表記）
33オ54　海羅→海蘿（校訂）
33ウ12　焠革→焠皮・薫革・熏革（異表記）
33ウ13　不調法者→無調法者（異表記）
33ウ21　富祐→福祐（異表記）
　　　　富祐ふくゆう→富祐ふゆう（異語形）
33ウ23　闉→凬（校訂）

33ウ31　爰許→爰元（異表記）
33ウ54　口入こうしゆ→口入こうしふ・くにふ（異語形）
34オ12　自是→従是（異表記）
34オ31　口㝵→口才・宏才（校訂）
34オ35　碁笥→棋笥・棊笥（異体）
碁笥→棋器・棊器（異表記）
34ウ16　碁盤→棋盤・棊盤（異体）
碁盤→棋局・棊局（異表記）
34ウ23　虎口→小口（異表記）
34ウ31　事闕→事欠（異表記）
34ウ32　紺掻こんかき→こうかき（異語形）
34ウ43　御諚→御定（異表記）
34ウ55　見子→胡鬼子（校訂）
35オ12　試こゝろみる→こゝろむ・こゝろむる（異語形）
35オ14　乞食こしき→こつしき（異語形）
35オ21　吾分→御分（異表記）
35オ25　誘こしらゆる→こしらふ・こしらう（異語形）
35オ34　剗→剗子（異表記）
35オ44　敵方てきはう→てきかた（異語形）
35ウ31　召請→招請（通用）
35ウ32　手続てつゝき→てつき（校訂）
36オ12　嘲哢→嘲弄（通用）
36オ23　拍毬→手毬（異表記）
36オ24　徹所→徹処・的処（異表記）
36オ32　相触あいふるゝ→あいふれ（異語形）
36オ34　相語あいかたる→あいかたらう（異語形）
36オ43　商人あきひと→あきんと・あきうと（異語形）
36オ44　障泥→泥障（異表記）
36オ45　騰馬あけむま→あかりむま（異語形）
36オ53　応答→会釈（異表記）
36ウ12　案内→安内（通用）
36ウ14　荒増→有増・荒猿（異表記）
36ウ26　直→価直・価（異表記）
36ウ27　遭啓あふつまくつつ→おひつまくりつ・おつつまくつつ（異語形）
36ウ35　縛笠→編笠・網笠（異表記）
36ウ41　屧子→屧（異表記）
37オ12　余多→数多（異表記）
37オ13　網代→簻篠（異表記）
37オ31　充課→宛課（異体）
37オ32　充文→宛文（異体）
37オ51　遮而さへぎつて→さいぎつて（異語形）
37ウ11　坂迎→馬向・酒向・酒迎（異表記）
37ウ12　錯乱さくらん→しやくらん（異音）
38オ12　感→盛（校訂）
38オ14　算用→散用（異表記）
38オ15　猿楽→申楽（異表記）
38オ35　造作さうさ→さうさく（異語形）
38オ55　小筒→小竹筒・竹筒（異表記）
38ウ33　掃除→掃治・掃地（異表記）

38ウ34 纔言↓讒言（校訂）
38ウ45 簑↓簔（異表記）
38ウ51 呫↓囁（通用）
呫↓耳語・私語（異表記）
38ウ52 跰↓伶俜（異表記）
38ウ53 索麺↓素麺（通用）
38ウ54 沙糖↓砂糖（異体）
39オ15 爆竹↓左義長（異表記）
39オ21 逆茂木↓逆木・逆母木（異表記）
39オ23 私語↓耳語（異表記）
39オ45 公達↓君達（異表記）
39オ54 希代↓稀代（通用）
39ウ41 給符↓切符（異表記）
39ウ44 虚名きよこん↓きよめい（校訂）
40オ14 急用きよう↓きうよう・きふよう（校訂）
40オ34 儀理↓義理（通用）
40オ52 窮崛↓窮屈（異表記）
40ウ22 听↓聴（異体）
40ウ23 絆↓紲・緤（異表記）
40ウ33 勤厚↓懃厚（通用）
40ウ41 油断↓由断（異表記）
40ウ42 努々↓努力（異表記）
41オ14 遺言ゆいこん↓ゆいげん（異語形）
41オ24 硫磺↓硫黄・油黄・㶲熿（異表記）
41オ33 袞↓内衣（異表記・合字）
内衣↓浴衣・明衣（異表記）
41オ45 淘↓汰（異表記）
41オ53 召放めしはなつ↓めしはなす（異語形）
41ウ11 召籠めしこめ↓めしこむる（異語形）
41ウ21 面謁めんかつ↓めんえつ（校訂）
41ウ23 明鏡めいけい↓めいきやう（異語形）
41ウ24 乳人↓乳母（異表記）
41ウ33 目出度↓目出（異表記）
41ウ34 面道めんたう↓めだう（異語形）
面道↓馬道（異表記）
41ウ42 面目めんもく↓めんぼく（異語形）
41ウ53 名匠↓明匠（異表記）
42オ12 廻文めぐらしふみ↓くわいぶん（音訓）
42オ13 囚人↓召人（異表記）
42オ22 擒↓召捕（異表記）
42オ31 蜜談↓密談（通用）
42オ33 見苦↓見苦敷（異表記）
42オ43 未済みさい↓みせい（異語形）
42ウ11 翠みす 簾（同）↓翠簾みす（校訂）
42ウ35 醜みぬくし↓みにくし（異語形）
42ウ42 貌↓眉目（異表記）
42ウ43 味方↓御方（異表記）
42ウ53 寺↓七寸（異表記・合字）
七寸↓鞚（異表記）
42ウ55 水翻↓水覆（異表記）

43オ11　御穀→御供（異表記）
43オ31　祗候→伺候（異表記）
43ウ14　書院しよゑん→しよゐん（異語形）
43ウ22　帷裳→下簾（異表記）
43ウ33　自然しせん→しねん（異語形）
43ウ44　所務しよむ→しやうむ（類義語「荘務」への連想）
43ウ54　愁傷しゆしやう→しうしやう（異語形）
44オ12　将衣→装束（校訂）
44オ23　殿→殿後・後殿（異表記）
44オ34　師匠→師聖（異表記）
44オ43　新米しんまい→しんへい（異語形）
44ウ32　実儀しんき→しちき・しつき（撥音・促音表記交替）
　実儀→実義（通用）
44ウ42　順礼→巡礼（異表記）
45オ11　失食しちしき→しつしき（異語形）
45オ22　実否しつふ→しつひ（異語形）
45オ23　詩哥→詩歌（異体）
45オ31　主従しゆうじゆう→しゆじゆう（異語形）
45オ32　宿習→夙習（異表記）
45ウ12　生涯→生害（異表記）
45ウ23　順次→巡次（異表記）
45ウ24　仁儀→仁義（通用）
45ウ32　碇→矴（異表記）
45ウ44　将碁→将棋（異体）
　将碁→象碁・象戯（異表記）
45ウ55　蔀子→蔀（異表記）
46オ11　衆儀→衆議・衆義（通用）
46オ21　入院しゆゑん→しゆゐん（異語形）
46オ22　鞍→鞦（異表記）
46オ31　城埓→城郭・城墎・城槨・城廓（通用）
46オ41　子細→仔細（異表記）
46オ53　邂→白痴・白人・畠者（異表記）
46オ54　数珠→珠数・念珠（異表記）
46オ55　愁歎→愁嘆（異体）
46ウ21　依状→依怙（校訂）
46ウ44　栄花→栄華（異体）
46ウ52　円座→円坐（通用）
47オ23　秘蜜→秘密（通用）
47オ32　批判→誹判・批捌（異表記）
47オ33　非儀→非義・非議（通用）
47オ53　百性→百姓（通用）
47ウ13　贔屓→屓贔（異表記）
47ウ22　引違ひきちかへ→ひつちかへ（異語形）
47ウ23　引散ひちらす→ひきちらす・ひつちらす（異語形）
47ウ51　兵糧→兵粮（異体）
47ウ52　直空ひたそら→ひたすら（異語形）
　直空→直平・混空・浸空・一向・平天・永常（異表記）
48オ14　搯→騊（異表記）
48オ15　紐革ひほかは→ひもかは（異語形）
48オ22　燧袋→火燧袋・火打袋（異表記）

48オ55 勾引ひとかとい↓ひとかとへ（異語形）
勾引↓人勾引（異表記）
48オ56 秉払ひつほつ↓ひんほつ（撥音・促音表記交替）
48ウ11 引懸ひつかけ↓ひきかけ（異語形）
48ウ43 物語↓話・談・語（異表記）
48ウ53 朦昧↓蒙昧・曚昧（異表記）
48ウ54 武士↓物夫・兵人（異表記）
49オ11 物怪↓物化・勿怪（異表記）
49オ12 萌黄もよき↓もえき（異語形）
萌黄↓萌木・青黄（異表記）
49オ14 倦↓慵・懶・嬾（異表記）
49オ22 物云↓物言（異表記）
49オ23 帽子もうす↓ほうし（異音）
49オ24 摂待↓接待（通用）
49オ31 戻敷↓全輪敷（異表記）
49オ43 折檻↓切檻（異表記）
49ウ21 専一↓専一せんいつ・せんいち（補読）
49ウ43 切々↓節々・折々（異表記）
49ウ51 先約せやく↓せんやく（撥音無表記）
50オ13 世路せいろ↓せろ（異語形）
50オ14 僉儀↓僉議（通用）
50オ41 世度扉↓世渡扉・世度卑・世渡卑（異表記）
50オ42 西楼↓井楼・勢楼（異表記）
50オ54 数奇↓数寄（異表記）
50ウ13 随逐↓随遂（通用）

50ウ23 推蜜↓推察（校訂）
50ウ31 相撲すまい↓すまう（異語形）
50ウ33 健すくやか↓すくよか（異語形）
50ウ44 則↓即（異表記）
50ウ45 已↓既（異表記）
50ウ46 双六すころく↓すくろく（異語形）
50ウ56 棲↓栖（異体）
51オ12 寸暇すんか↓すんのいとま（音訓）
51オ13 杉原すいはら↓すきはら（異語形）
杉原↓椙原（異表記）
51オ21 生衣↓生絹（異表記）
51オ24 焙煤↓炲煤掃（校訂）
焙煤↓煤掃（異表記）
51オ31 水苔すのり↓すむのり（異語形）
水苔↓水雲・洲苔（異表記）
51オ32 紫雲すのり↓すむのり（異語形）
紫雲↓紫苔（異表記）
51オ34 粼↓洲濱・洲輪間（異表記）
51オ54 七なかつ↓なゝつ（校訂）
51ウ43 雁鳥↓鷹（校訂）
51ウ44 大鷹↓白鷹（異表記）
51ウ51 隼↓鶽（異表記）
52オ22 鵙↓鸇（異表記）
52オ47 嶋↓鸞（校訂）
52オ52 鷉↓鸕（校訂）

52オ54　鶬→鶬（異表記）
52ウ12　手鳥→千鳥（校訂）
52ウ15　青雞→青鵲・青鸖（校訂）
52ウ22　梟ふくろ→ふくろう（異語形）
52ウ32　鳴→塢（校訂）
　　　　鳴→嶋（異表記）
53オ24　鮦はす→はむ・はも（校訂）
53オ31　鰛→鰛（異表記）
53オ34　煎海鼠→熬海鼠（異表記）
53オ41　貽貝いのかい→いがい（方言異形）
53オ42　鯖さけほこ→鱐さちほこ　鮏鯖なまこ（校訂）
53オ44　鮀→鮑（校訂）
53ウ11　挿剣→擁剣（校訂）
53ウ13　鯵さいり→鯵このしろ　鯯さい（校訂）
53ウ14　鯵→鰆（異表記）
53ウ23　鱠なまつ→鱠なます（校訂）
53ウ24　鯶→鯉・蚌（校訂）
53ウ33　鯵→鰷・鰺（通用）
54オ13　獅子→師子（異表記）
54オ17　狸たぬき→たのき・たたげ（異語形）
54オ21　頼かはうそ→獺（校訂）
　　　　頼かはうそ→かはをそ（異語形）
　　　　頼かはうそ→うそ・をそ（異訓）
54オ22　鹿しか→しし（異訓）
54オ23　猪いのしし→いのこ（異訓）

54オ24　狐きつね→くつね（異語形）
54オ26　犬→狗（異表記）
54オ27　狼おほかめ→おほかみ（異語形）
　　　　狼→豺狼（異表記）
54オ32　鼬→鼬鼠（異表記）
54オ33　鹿児→麑（異表記・分字）
　　　　麑かのこ→かご（異語形）
54オ34　馬→胡馬（異表記）
54オ37　羚羊→零羊（異表記）
54オ41　特→特牛（異表記）
54オ47　犢子→犢（異表記）
51ウ1　雁鳥→鷹（校訂）
54ウ21　旋子もとおり→もとおし（異語形）
54ウ22　韝てまき→へまき（校訂）
54ウ25　一聯→一連・一居（異表記）
54ウ26　大緒→絛（異表記）
54ウ27　足組→攣（異表記）
54ウ31　鞭むち→ぶち（異語形）
54ウ32　鷹匠→鷹師・鷹司（異表記）
54ウ35　韘→弽・弶・韘・弓懸・指懸（異表記）
54ウ36　架上ほこ→架（異表記）
　　　　架上ほこ→たかほこ（異訓）
54ウ51　緄→幌（通用）
54ウ52　褁→母衣（異表記・合字）
54ウ57　鎧→冑・甲（異表記）

55オ13 腹巻↓勒吐巾（異表記）
55オ15 筒丸↓胴丸・同丸（異表記）
55オ16 籠↓籠手（校訂）
籠↓射韝（異表記）
55オ23 臑当むねあて↓すねあて（校訂）
臑当↓腨当（通用）
臑当↓髄当（異表記）
55オ32 甲かふと↓よろひ（国訓）
55オ34 半首はんつふり↓はつつぶり（撥音促音表記交替）
半首はんつふり↓はつぶり（異語形）
55オ42 総角↓角（異表記）
55オ43 長刀↓薙刀・長大刀（異表記）
55オ45 太刀↓大刀（通用）
55オ54 提↓提刀（校訂）
55オ56 小反刀↓小反刃（校訂）
小反刀↓小剃刃（異表記）
55ウ11 腋差↓脇指（異表記）
55ウ13 腰当↓腰充（異表記）
55ウ21 章物造↓鮑作（異表記）
55ウ24 烏頭↓甲金（異表記）
55ウ41 鏑矢↓鏑箭（異表記）
55ウ43 箟矢↓篦矢（通用）
55ウ44 鴈俣↓雁俣（異体）
鴈俣↓雁股・狩俣・狩股（異表記）
55ウ53 蟇目↓引目・曳目（異表記）
55ウ54 四同しんとう↓しとう（異語形）
55ウ56 靫↓空穂・空蒲・虚穂・虚蒲・右局・右壷・
箙（異表記）
56オ13 行騰↓行縢（通用）
56オ14 絃↓弦（異体）
56オ17 勒↓却（校訂）
56オ25 円物↓丸物（異表記）
56オ32 矢笴↓笴・簳（異表記）
56オ34 弢ゆみふくろ↓ゆふくろ（異語形）
弢↓韔・韣・櫜（異表記）
56オ42 幐↓藤（異体）
幐↓弦巻・絃巻（異表記）
56オ43 尻籠しつこ↓しこ（異語形）
56オ44 韘↓韘（通用）
韘↓指懸（異表記）
56オ46 姍↓[illegible]（校訂）
[illegible]↓[illegible]矢（異表記）
56オ47 鋒矢↓鉾矢（通用）
56オ52 張はり↓はる（異語形）
56オ57 矢櫃↓医（異表記）
56ウ27 楫↓檝（異体）
56ウ31 篷↓苫（異表記）
56ウ35 綱手↓縄手（異表記）
56ウ36 便舟↓便船（校訂）
56ウ37 船賃せんちん↓ふねちん・ふなちん（異語形）

56ウ51　鉇→鉈（異体）
鉇→鏩（異表記）
56ウ54　釿てうの→てうな・てをの（異語形）
56ウ56　曲尺かね→まかりかね（異訓）
曲尺→典尺（通用）
56ウ58　鉄槌かなつち→鎚・鉄鎚（異表記）
57オ11　墨斗すみつほ→つほ（異訓）
57オ31　頭かしら→あたま・かうべ（異訓）
57オ36　皓→白髪（異表記）
57オ38　脣→唇（異体）
57オ43　眼まなこ→まなく（異語形）
57オ45　肘かいな→ひぢ（異訓）
57オ54　俣→腂・股・胯（異表記）
57ウ14　膚はだ→はだへ（異語形）
57ウ17　骨ほね→こつ（音訓）
57ウ21　膿のう→うみ・うみしる（音訓）
57ウ22　腋→脇（異表記）
57ウ23　閈→屎・末裸・閉（異表記）
57ウ24　閪→陰嚢（異表記）
57ウ28　祖母うは→おほば（異訓）
57ウ32　父母ちゝはゝ→ぶも（音訓）
57ウ38　舅しうと→をじうと（異訓）
57ウ42　弟をとゝ→をとうと（異語形）
57ウ44　妹いもと→いもうと（異語形）
57ウ53　二男→次男（異表記）
57ウ55　妻つま→め（異訓）
58オ11　蜜夫→密夫（通用）
58オ12　姑しうと→しうとめ（異語形）
58オ14　従父→従父兄弟・従母兄弟・従父兄・従父弟・従子・従弟（異表記）
58オ15　咽のど→喉（異表記）
58オ35　楓かいて→かへで・かやで（異語形）
58オ44　桐→梧桐（異表記）
58オ46　椎しいたけ→しい（校訂）
58オ48　柑子かんし→かうじ（異語形）
58オ51　梨子→梨（異表記）
58オ52　椈桃→胡桃（通用・扁揃）
58オ53　樗ぬるて→ぬりで（異語形）
樗→樗・勝軍木・白膠木（異表記）
58オ55　温州橘うしゆきつ→うんじゆきつ・うんじうきつ（異語形）
温州橘→雲州橘（異表記）
58ウ11　柘榴じやくろ→ざくろ（異語形）
柘榴→石榴（異表記）
58ウ13　朴→厚朴・朴木（異表記）
58ウ15　橙とち→たちばな・かぶち（校訂）
58ウ24　楾→�（校訂）
58ウ32　檞かし→かしは（校訂）
檞→槲（通用）
58ウ31　櫟もみ→いちひ（校訂）

58ウ34 椽→杼・杤（異表記）
58ウ41 櫁→榁（通用）
58ウ45 槐ゑんしゆ→ゑんず（異語形）
58ウ47 楠くす→くすのき（異訓）
58ウ54 栢かや→かへ（異語形）
栢→柏（異体）
59オ16 榭→杠（異表記）
59オ22 合昏ねむ→ねぶ（異語形）
合昏ねむ→ねむのき・ねむりのき（異訓）
59オ25 槝つゝし→つた（校訂）
59オ35 柏樹ひやくしん→柏槇（異表記）
59オ53 蘩おほはこ→はこべ（方言異形）
59オ57 菊きく→かはらよもぎ（音訓）
59ウ14 撫子→瞿麦（異表記）
59ウ23 龍胆りんたう→えやみぐさ（音訓）
59ウ25 葰あちさへ→あづさゐ・あぢさゐ（異語形）
59ウ26 石竹せきちく→なでしこ（音訓）
59ウ35 金仙花→金銭花（異表記）
59ウ45 芷→白芷（異表記）
59ウ51 莅ちしやく→苣ちしや（校訂）
59ウ56 刈萱かりやす→かるかや（方言異形）
60オ34 苦辛くら、→苦参（校訂）
苦辛くら、→くしん（音訓）
60オ35 葥→山吹（異表記）
60オ42 暑蕷→暑預・薯蕷（通用）
暑蕷→山芋（異表記）
60オ51 茉苡→茉莒（異体）
60オ52 岦→山女（異表記・合字）
60オ55 葱苳→忍冬（異表記）
60ウ12 牛膝いのみつち→いのこづち（校訂）
60ウ17 蕗ふさ→ふき（校訂）
60ウ24 葵→山葵（異表記・合字）
山葵→山薑（異表記）
60ウ25 牛房→牛蒡（異表記）
60ウ26 大根たいこん→おほね（音訓）
60ウ27 薑→生薑（異表記）
60ウ32 蓫しのふ→しのね（校訂）
60ウ35 黍→秬（異表記）
60ウ37 韮→薤（異表記）
60ウ38 蔓→菜（異表記）
60ウ42 蘞かたはみ→かがみ・かがみぐさ（校訂）
60ウ44 蕙→尾花（異表記）
60ウ46 蒟蒻→昆若（異表記）
60ウ53 虀→芥子・辛菜・辛子（異表記）
60ウ54 島蒜→胡葱・蘭葱（異表記）
61オ11 莵→蓎（校訂）
61オ14 兎葵なもみ→兎葵いへにれ　羊附来・羊負来なもみ（校訂）
61オ15 零余子ぬかこ→むかご（異語形）
61オ21 葒→葒草（異表記）

61オ24　鷶↓真鷶・葑・菰・真菰（異表記）
61オ25　茗荷↓蘘荷（異表記）
61オ27　独活とつくわつ↓うど（音訓）
61オ41　莶↓益・益母草・茺蔚・天魔草（異表記）
61オ44　蔴非↓蘼（校訂）
61ウ11　蘡↓薁（校訂）
61ウ31　金↓黄金（異表記）
61ウ32　砂金↓沙金（異体）
61ウ33　銀↓白銀（異表記）
61ウ42　鍮石↓鍮鉐（異表記）
62オ12　松虫むつむし↓まつむし（校訂）
62オ13　蛬↓蛩・蟋蟀（異表記）
62オ23　日晩↓茅蜩・蜩・蟪（異表記）
62オ26　蟆↓蝦蟆（異表記）
62オ27　螻↓螻蛄（異表記）
62オ34　蚯↓蚯蚓（異表記）
62オ35　百足↓蜈蚣（異表記）
62オ36　蝘↓蚰蜒（異表記）
62オ37　蜾↓蜾蠃（異表記）
62オ41　蠙↓蠼（校訂）
62オ44　蚱↓蚱蜢・螽蟖（異表記）
62オ46　蟥↓蟎・蜹（校訂）
62オ51　螳蜋↓蟷蜋（異体）
62ウ21　歳旦せいたん↓さいたん（校訂）
62ウ54　五色こしよく↓ごしき（異音）

63オ23　大政大臣↓太政大臣（通用）
63オ24　大相国たいさうこく↓だいしやうこく（異音）
63オ34　右府ゆうふ↓うふ（異音）
63オ42　内府ないふ↓だいふ（異音）
63オ43　相府さうふ↓しやうふ（異音）
63オ52　悪相↓亜相（校訂）
63ウ12　相公さうこう↓しやうこう（異音）
63ウ13　小納言↓少納言（通用）
63ウ23　弁宮へんのきう↓弁官べんくわん（校訂）
63ウ32　右太丞↓右大丞（通用）
63ウ34　左太丞↓左大丞（通用）
63ウ52　柱下ちうけ↓ちうか（異音）
63ウ54　城門郎せいもんらう↓じやうもんらう（異音）
64オ23　内蔵頭ないさうのかみ↓くらのかみ（音訓）
64オ51　漏剋博士ろくこくのはかせ↓ろうこくのはかせ（校訂）
64オ53　内匠頭うちたくみのかみ↓たくみのかみ（異訓）
64ウ13　李部しほう↓りほう（校訂）
64ウ15　李部しほう↓りほう（校訂）
64ウ34　国司↓国子（校訂）
64ウ43　明法博士めいはうはかせ↓みやうばふはかせ（異音）
64ウ44　律学博士りんかくはかせ↓りつがくはかせ（撥音・促音表記交替）
64ウ54　音韻儒いんいんしやう↓おんゐんじゆ（校訂）

65オ23 玄番けんは↓玄番頭げんばのかみ（校訂）
65ウ11 玄番↓玄蕃（通用）
65ウ12 形部卿↓刑法卿（通用）
65ウ34 光録↓光禄（通用）
66オ12 洒掃せいさう↓さいさう（異音）
66オ21 造酒頭さうけのかみ↓造酒正さけのかみ（校訂）
66オ31 主水頭↓主水正（校訂）
66オ33 弾正小弼↓弾正少弼（通用）
弾正小弼↓弾正尹（校訂）
66オ51 東宮傅とうくうすけ↓東宮傅とうぐうのふ（校訂）
66オ52 皇太子大傅↓太子大傅（校訂）
66オ54 太子小尹↓太子少尹（通用）
66ウ23 勘解由かんけゆ↓かげゆ（異語形）
66ウ41 小将↓少将（通用）
67オ14 監物録事↓監門録事（校訂）
67オ22 監門衛事↓監門衛史（校訂）
67オ44 員外郎いんくわらう↓ゐんぐわいらう（校訂）
67ウ34 司馬しま↓しば（校訂）
67ウ51 大宰大弐たいさいのたいに↓ださいのだいに（校訂）
67ウ52 都督長吏ととくちやうり↓都督長史ととくちやうし（校訂）
67ウ53 大宰小弐↓大宰少弐（通用）
67ウ54 都督司馬ととくしま↓ととくしば（校訂）
68オ11 陸奥出羽按擦使↓陸奥出羽按察使（通用）
68オ44 大内をほち↓をほうち（異語形）
68ウ24 飯尾いたのを↓いひのを（校訂）
68ウ32 富松とまつ↓とみまつ（異語形）
68ウ44 小蔵こくへ↓こぐい・こぐら（異語形）
68ウ45 太高↓大高（通用）
69オ41 塙はんなふ↓はんなは・はなは（異語形）
69オ44 山懸↓山県（校訂）
69オ45 神屋かみみ↓かみや（校訂）
神屋かみみ↓かぎや（異語形）
69オ51 安宅あたき↓あたか（異語形）
69オ53 都辺↓都筑・都築（異表記）
69オ55 小下こみざは↓こみざ（異語形）
69オ56 粟飯原あははら↓あひはら（異語形）
69ウ11 廿六とゝろく↓とゞろき（異語形）
69ウ12 箕荀↓箕輪・箕和（異表記）
69ウ25 太西↓大西（通用）
70オ13 鷲見すゝみ↓すみ（校訂）
70オ25 可児かに↓かじ（異語形）
70ウ12 石谷いしかへ↓いしがい（異語形）
70ウ23 三宅みあけ↓みやけ（異語形）
70ウ33 刑部をきかへ↓をさかべ（校訂）
70ウ34 釈迦牟尼みくるへ↓にくるべ（異語形）
71オ15 太橋↓大橋（通用）
71オ34 津田↓津畠（校訂）
71ウ15 平右馬へうま↓へいま（異語形）

71ウ23　下間しもつま↓しもま（異語形）
71ウ54　千秋せんちう↓せんしう（校訂）
72オ12　氏家うちゑ↓うぢいへ（異語形）
72オ25　入内島いちじま↓いりうちじま（異語形）
72オ33　亘糟↓甘糟（校訂）
72オ43　岩井ゆわい↓いはゐ（異語形）
72ウ23　種村たなむら↓たねむら（異語形）
72ウ42　五十島をつふるい↓いがしま（校訂）
72ウ51　市来いちく↓いちき（異語形）
72ウ52　物部も丶のへ↓もの丶べ（校訂）
72ウ53　香宗我部かうそかめ↓かうそかべ（異語形）
73オ12　塩穴を丶な↓しほな（校訂）
73オ35　八相山やいやま↓やへやま（異語形）
73オ41　㤧野↓裾野・祛野（校訂）
73オ44　吾妻あかつま↓あづま（異語形）
73ウ12　佐橋さはせ↓さはし（異語形）
73ウ15　伊達たつて↓だて（異語形）
73ウ21　毛受めんしよ↓めんじゆ・もず（異語形）
73ウ25　蒔田まいた↓まきた（異語形）
73ウ42　只懸た丶かり↓たゞかけ（校訂）
73ウ44　糝うねめ↓うねへ（異語形）
73ウ53　百々とうとう↓どど（異語形）
74オ32　越智をつち↓をち（異語形）
74オ33　尾寒↓尾塞（校訂）
74オ51　新木につき↓にき（異語形）

74オ54　各務か丶み↓かくみ（異語形）
74ウ13　十二月うつふるい↓おつぷるひ（異語形）
74ウ15　女塚うなつか↓をなづか（異語形）
74ウ16　四足八辺ろくろひ↓四足八鳥（校訂）
四足八辺↓九足八鳥（異表記）
四足八辺ろくろひ↓ろくろみ（異語形）
74ウ21　新月↓親月（校訂）
74ウ21　大族↓大蔟（校訂）
74ウ21　履端りんた↓りたん（校訂）
74ウ22　挟鐘↓夾鐘（通用）
74ウ22　梅月はいもつ↓ばいげつ（校訂）
74ウ41　蕤薲せうらん↓蕤賓（通用）
蕤薲せうらん↓すいひん（校訂）
75オ12　南呂なんろ↓なんりよ（異音）
75オ21　無射むしや↓ぶえき（校訂）
無射むしや↓ぶしや（異音）
75オ22　応鐘わうしやう↓おうしよう（校訂）
75オ22　黄冬くわうとう↓わうとう（異音）
75オ31　黄鐘くわうしやう↓わうしよう（異音）

1ウ33「一准」は、魏書、出帝紀に「理有一準、則民無覬覦」とあるように、一定のきまり、統一的な基準の意。古文書の用例として、集古文書十三所蔵不詳、承元二年（一二〇八）三月三日、関東御教書（鎌倉遺文一七一八号）「下　高野山／可　令早随所司法橋下知停止混乱沙汰事／右、高野山之衆僧繁多、而諸沙汰不一准、毎度令混乱旨、甚以不可然、自今已後、随所司法橋下知、可為寺家神妙之条、依仰執達如件、一山宜承知、勿令違越、以下」、東京大学所蔵東大寺文書、承久元年（一二一九）四月十六日、僧印賢啓状案（鎌倉遺文二五〇七号）「上啓／祈雨霊験事／右、当炎旱時、被修大法事、先蹤是雖多、霊験之有無、前代未一准」、高野山文書宝簡集三十七、文永八年（一二七一）七月日、金剛峯寺年預置文案（鎌倉遺文一〇八五六号）「定置金剛峰寺□□／条条…一、不断経事／右、発願経地廻向等、音曲高下不一准、行道着座有不同」、建治三年記六月十六日条、建治三年（一二七七）頃、関東評定事書（鎌倉遺文一二七五五号）「諸人官途事、自今以後、罷評定之儀、准御恩沙汰、直被聞食、内々可有御計之由、被定了、且前々名国司御免之時、諸大夫者不及成功沙汰、侍者進成功之条、御沙汰之趣不一准歟、為被全公益、向後者、不論諸大夫・侍、平均可被召功要之由、同被定了」、高野山文書宝簡集五十二、弘安六年（一二八三）頃二月二十七日、開田准后法助御教書（鎌倉遺文一四七九六号）「条々具披露候了、…一、六箇郷事、先例不一准、依時有御計、凡寺僧事、不可私思食放候条、勿論事歟」等がある。このように「一准」は、しばしば「不」「未」を伴い、一定の方法や基準で統一されていない意を表す。高橋本の注に「うたなと」とあるが、「うた」の「いちじゅん」は通常「一巡」または「一順」と書かれ、連歌や連句で一座の衆が発句以下の付句を一めぐり作り終ること。したがって、被注語と注が一致せず、妥当でない。

3オ33「印治」は、いわゆる「印地打（いんぢうち）」の意。一般に「印地」「因地」と表記されるが、高橋本色葉字と国立国会図書館本色葉字尽には「印治」とあり、かかる表記も行われたと考えられる。

4ウ34「拝進」は、主として書状の後付即ち宛名の上部に置いて、この書翰を貴方に謹んで奉る意を表す。修禅寺文書、明応八年（一四九九）三月二十八日、早雲庵宗瑞伊勢長氏証文（中世法制史料集、武家家法Ⅱ、二二一号）「修禅寺東陽院支置…仍証文如件／明応八年〈己未〉三月廿八日　早雲庵宗瑞（花押）／拝進　修禅寺東陽院〈侍者禅師足下〉」、大徳寺文書、天文十二年（一五四三）六月七日、法泉寺役者連署状案（大徳寺文書之一、六〇〇号）「態呈一書候、…恐惶頓首／六月七日　宗洋（花押）／宗欣（花押）／拝進　龍翔寺〈納所禅師〉」等の例がある。

4ウ53「万鬱」については、本書の「高橋本色葉字について」参照。

8オ41「変々」については、本書の「高橋本色葉字について」参照。

10ウ44「地徳」は「地得」の通用。大徳寺文書、文明八年（一四七六）二月七日、堅田祥瑞庵校割状（大徳寺文書之十二、三〇二五号）「江州志賀郡堅田荘／祥瑞庵什物〈次第不同〉…田〈壱段、字ヒシ田、壱石三斗五升ノ内公方六斗弐升、地得七斗三升〉」、大徳寺文書、長享二年（一四八八）三月十八日、宗巨海心田地寄進状（大徳寺文書之四、一七〇四号）「奉寄進　田地之事／合壱段者、〈字上ノヒシ田、公方橋三位ナリ、公方年貢七斗、地徳六斗五升也〉」とある。このように、「地得」「地徳」は、荘園等において、その土地からあがる収益のうち、荘園領主に納付する分を除いた、私的収益を言う。

11ウ32「立用」は、「用に立つ」を漢字表記して字音で読んだ結果できた和製漢語である。原義は、ある使途・用途に充当する意である。のち、都合により予定の使途以外のことに用いる、即ち融通する意味が派生し、その場合「流用」の表記も用いられた。日本国語大辞典では、東寺百合文書は、正応三年（一二九〇）九月十八日、某書状案（鎌倉遺文一七四五〇号）「ようとうの事、しさい申され候、まことに□いはれて候、せんするところ、ゐ中へいそき御つかひをくたされて、ようとう十五くわん、今月廿七八日以前、さたしのほすへきよし、おほせられくたし候へ、たうしのれうにまかりて、御ねんくの中にりうようすへき□（よ）し、御しゆき候也、そのやうを御心へ候て、いそきいそき、御けち候へく候、あなかしこ、／九月十八日〈たつの時〉（草名）〈在判〉／たらの預所殿へ」の「りうよう」の例が「流用」の用例として示されているが、「立用」の項目下で出すべき例である。また、同辞典で「立用」と「流用」を別語として立項することには問題がある。

13オ33「貸」については「日本語と辞書」第十五輯所収、高橋忠彦・高橋久子「「おきのる」の漢字表記について」参照。

17オ31「猝者」については、高橋久子・山口純礼「「せがれ」の表記について」（『訓点語と訓点資料』第一二三輯、平成二十一年九月）参照。

17オ33「拵」と「かこう」の対応については、高橋忠彦・高橋久子「国訓考証五則」（『国語文字史の研究』六所収、平成十三年十一月）六〜九頁参照。

17ウ12「寄拠〈よりこ〉」は、次に「寄揆〈よりき〉」が続くことから、通常「寄子」に当たる語であると考えられる。戦国時代、親子関係に擬制された主従関係における「従」、即ち家来を言う。「拠」は呉音「コ」。元亀二年京大本運歩色葉集及び節用集諸本に「寄子」とある。猪無野本色葉集、与部冒頭の欄外に「寄拠〈ヨリコ〉」が見え、増補語と認められる。

17ウ13「寄揆〈よりき〉」は、通常「与力」と表記され、「寄子」と類義の語である。元亀二年京大本運歩色葉集及び節用集諸本に「与力」、広本節用集に「寄騎」とある。猪無野本色葉集、与部冒頭の欄外に「寄挨〈ヨリキ〉」が見え、増補語と認められる。

18オ31「余残」とその傍訓「よせん」について、標出字の「余残」が正しく、「よせん」が「よざん」の誤りである可能性と、傍訓の「よせん」が正しく、標出字が「余銭」の誤りである可能性の二つがある。以下の二つの根拠により前者の可能性が高いと判断される。一、古文書における使用頻度は、「余残」が高く、「余銭」は極めて低い。二、色葉字諸本の掲載状況を見ると、元亀二年京大本運歩色葉集は「余残」・「余銭」の両者を採録するが、慶應義塾大学本色葉集・国立国会図書館蔵色葉字尽・北野天満宮蔵佚名古辞書色葉集・猪無野本色葉集の四本は「余残」のみを採録する。

19ウ46「大篇」については、本書の「高橋本色葉字について」参照。

19ウ53「徼」は、類聚名義抄で「方」を「反」に作り、ここは、この漢字の異体と認められる。傍訓「たしぬく」との対応関係については、以下の説明が成り立つ。「徼」は音「ケウ」、もとめる、かすめとる意。論語、陽貨篇「悪徼以為智者」の何晏集解所引孔安国注に「徼、抄也、抄人之意以為己有」とある。また、「徼功」は、功をもとめる、他人に先んじて手柄を立てようとする意である。このように「徼」は、ある特定の文脈において和語「だしぬく」と意味的に対応する。

20オ14「頼支」は、いわゆる「頼母子講」である。古文書では、高野山文書又続宝簡集八十六、乾元元年（一三〇二）十二月十四日、紀伊神野荘公文（平義信）起請文（鎌倉遺文二一三二四号）・高野山文書宝簡集三十八、正和四年（一三一五）十二月二日、紀伊神野・猿川・真国荘々官連署起請文（鎌倉遺文二五六七六号）・高野山文書又続宝簡集八十四、正慶元年（一三三二）七月十二日、紀伊荒河荘々官等請文（鎌倉遺文三一七七七号）・高野山文書又続宝簡集百三十二、正慶元年（一三三二）七月十二日、紀伊調月荘沙汰人等連署起請文案（鎌倉遺文三一七七八号）・金剛峯寺文書、正慶元年（一三三二）七月十二日、紀伊三箇荘猿河・真国・神野荘官請文（鎌倉遺文三一七七九号）に「憑支」、古代取集記録、永正八年（一五一一）十一月一日、赤松義村徳政制札抄（中世法制史料集、武家家法Ⅱ、二〇号）・享禄天文之記、永禄五年（一五六二）八月、松永久秀大和・南山城徳政定書写（中世法制史料集、武家家法Ⅲ、五四八号）・四天王寺文書、元亀三年（一五七二）八月日、多羅尾綱知天王寺地下中掟書（中世法制史料集、武家家法Ⅲ、七六五号）に「頼支」、古辞書では、伊京集に「憑母子・頼支」、広本節用集に「憑母子・憑子・頼子・頼支」とある。

21オ12「庶子」は、上の「総領」に続く位置に排列されていることから、「総領」に対する「庶子」、即ち跡取りの子息以外の実子を言う。

23ウ35「内談　内儀　内性」と類義語をまとめたと仮定すれば、「内性」は「内証」に当たる語であろう。

25オ41「乱退」は、戦争の場面で使用される語であり、中国文献では周書・宋史等に見える。周書、巻十八、王思政伝に「東魏太尉高岳、行台慕容紹宗、儀同劉豊生等、率歩騎十万来攻潁川。城内臥鼓偃旗、若無人者。岳恃其衆、謂一戦可屠、乃四面鼓譟而上。思政選城中驍勇、開門出突。岳衆不敢当、引軍乱退」、太平御覧、巻三一九、兵部五十に「（後周書）又曰、王思政守潁川兼河南諸軍事、東魏太尉高岳、行台慕容紹宗、儀同劉豊生等、率騎十万来攻潁川。城内臥鼓偃旗、若無人者。岳恃其衆、謂一戦可屠、乃四面鼓譟而上。思政選城中驍勇、開門出入。岳衆不能当、引軍乱退」とある。

27オ21「領状」は、水滸伝、第十六回に「你常説這個人十分了得、何不着他委紙領状、送去走一遭、不致失誤」とあるように、中国では受取書・領収書の意味で用いられる。日本では、小右記、寛仁元年（一〇一七）九月二十六日の条に「起座、〈戌三剋、〉料物可召具事仰資業、又領状今月内可令進事可仰綱所之事、仰同弁」、高野山文書宝簡集二十六、平治元年（一一五九）五月二十八日、後白河院庁下文（平安遺文二九七九号）に

「当荘堺任御使盛弘注文四至、停止田仲・吉仲両荘異論、可為美福門院領状、所仰如件」、日下文書、嘉応二年（一一七〇）六月十六日、某書状（平安遺文三五五〇号）に「先日令触申候西津荘御月忌事、以供僧所役分、毎年可有御勤仕之由、御領状に候しやらん、存知不分明之間、尋申候、仍評定可注定之間、驚申候也、恐々謹言、嘉応二／六月十六日（草名）／一心房御房」とあるように、承諾の書状、あるいは、承諾する、の意味で用いる。匠材集に「うなづく　領状したる也」。

27ウ22 「覘」は「覘」の俗体。説文解字に「覘、覘覰、窺観也」、玉篇に「覘、盗視貌」とあり、ぬすみ見る、うかがう、のぞく意。

28オ22 「歓楽」は古文書・古記録では主として病気の意で用いられる。

30ウ12 「毎篇」については、本書の「高橋本色葉字について」参照。

32ウ13 「決判」は日本国語大辞典・大漢和辞典に立項されていない。唐、馮贄、雲仙雑記に「陸余慶為洛陽長史、善論事而謬於決判」とあるように、裁断の意。東寺百合文書ち、永享九年（一四三七）九月二十日、廿一口方評定引付（大日本古文書、東寺文書之四、東寺百合文書ち、一一号）「此上事者、為寺家被相計、可有御決判之由、寺家被申了」、東寺百合文書ち、文明十六年（一四八四）十月二十六日、廿一口方評定引付（大日本古文書、東寺文書之四、東寺百合文書ち、二四号）「就員へツイ之事、公文所越訴之通、并一紙之旧記、致披露之処、重而可有決判云々」、東寺百合文書ち、永正九年（一五一二）三月十二日、廿一口方評定引付（大日本古文書、東寺文書之四、東寺百合文書ち、二七号）「三月十二日〈去月六日、諸職事雖令披露、無決判之間、于今日延引、披露了〉」、東寺百合文書ち、永正九年（一五一二）十二月二十日、廿一口方評定引付（大日本古文書、東寺文書之四、東寺百合文書ち、二七号）「正月廿八日仏事田〈字号大君〉参川買得相伝之由申之、支証出之、雖爾、先御代無理之御奉書之間、更不可為支証者也、於寺家、分明之寄進状有之上者、従当年、堅年貢可沙汰者也、但、来〈廿三日〉以内談、能々可有御決判之由、衆義了」、高野山文書又続宝簡集、天正十年（一五八二）三月二日、無量寿院評定連署事書（又続宝簡集一九七八号）「若輩衆非分之公事於有沙汰者、為坊主衆不可有介錯、為惣分、理非次第〈仁〉可有決判事」とある。

32ウ23「見下」については、本書の「高橋本色葉字について」参照。

33ウ23「[門+雪]〈ふゞき〉」は、元亀二年京大本運歩色葉集にも見える。「ふぶき」は中世一般に「雪吹」「雪風」と表記される。菅原義三編『国字の字典』によれば、字形の近似した例として、児玉辰右衛門日記に、「風」と「雪」の合字「[几+雪]」の使用例がある。高橋本色葉字・運歩色葉集の「[門+雪]」は、「[几+雪]」と極めて似ており、同系統の国字と考えられる。

34オ31「口[宀+才]」の通常の表記は「口才」または「宏才」。「[宀+才]」は、「才」と「宏」とのコンタミネーションか。

35オ21「吾分」は対称代名詞。歴代古案四、永禄三年（一五六〇）八月二十五日、長尾景虎越後府内町人定書写（中世法制史料集、武家家法Ⅲ、五一七号）「府内掟以下事、各々申付、以条書雖立置制札、動町人等違背吾分策配云々、甚曲次第也、就中今度於在陣〈陣〉留守中、或仮構〈権〉家、或号対主人軍役致之属、町屋者至于何事も難渋族、不嫌甲乙人可加成敗、万一於拘置者、其方前一段可成咎目者也、仍如件、／永禄三／八月廿五日　景虎／蔵田五郎左衛門殿」、上杉文書、天正元年（一五七三）十月十九日、謙信上杉輝虎越中太田上郷定書案（中世法制史料集、武家家法Ⅲ、七八九号）「今度改而太田之上郷、吾分ニ為料所申付候、縦如何様ニ前々無沙汰申候百姓等有之共、此度者令宥赦召返、如前々用所等申付、可相立人家候也、仍如件、／天正元年／十月十九日　謙信／村田忠右衛門尉殿」とあり、下位者に対して使用されている。

36オ21「手談〈てすさみ〉」は、世説新語、巧芸に「支公（支遁）以囲棋為手談」とあることから、「碁」の異名として用いられる。伊京集、天、財宝に「手談〈テズサミ、碁名〉」とある。

37ウ53「指儀」については、本書の「高橋本色葉字について」参照。

39ウ41「給符」は、通常「切符」と書かれる語に当たる。「キリフ」（切符）の撥音便形「キップ」の前項を、入声韻尾の「給」で表記したものであろう。東南院文書、弘仁六年（八一五）十月三十日、山城国宇治郡家地等売買寄進券文（東南院文書之二、五六四号）「東大寺／請納奉入般若院仏御供養料物状書事／合参道／一道　奉入墾田二町并白米十斛状／一道　奉入白米肆斛状／一道　越中国砺波郡杵名蛭荘長〈船木弟虫〉給符状／一道　白米伍斗・塩壱籠・雑海菜壱折櫃・雑菜直新銭壱佰文／右四種物、自今月卅日始、荘春米未運進之間、且可供奉状、／以前、奉入般若院仏御供養料状如件」、大徳寺文書、年月日未詳、如意庵所領注文（大徳寺文書之十、二六二一号）「梶井殿御寄進、江州礼乃名内、国ニテ十五石関賃ニ引間、京着十一二石ナリ、毎年富小路方ヨリ給符ヲ取テ下国ニ、今ハ不知行」とある。「切符」のうち、行事等に入り用な物資等を給付することを記載したもので、荘園領主・国司が交付する文書、の意味の場合、「給符」と表記されることがあったと考えられる。

39ウ53「狂拶」は、管見の範囲で未だ使用例を見出していない。

39ウ55「挙状」は、「虚言　挙状」の排列から見て、推薦状ではなく、裁判の手続きに伴い添付される文書の意味で採録されたものであろう。

41ウ21「面謁」の傍訓「めんかつ」は「めんえつ」の誤り。同じ漢字文字列で、慶應義塾大学本色葉集・元亀二年京大本運歩色葉集も「メンカツ」と施訓する。

42ウ44「為見懲」は、古文書での使用例は多いが、古辞書での採録は他に所見が無い。「見懲」の形での載録は、妙本寺蔵永禄二年いろは字・易林本節用集にある。

44オ31「諸篇」については、本書の「高橋本色葉字について」参照。

44オ５２「失墜」の中世文書における用法は、主として、年貢・公事銭（公用銭）・利息等の納入不足、または、それらを契約通りに納入しない意味である。東寺百合文書よ、永和三年（一三七七）九月十六日、播磨矢野荘学衆方給主弘雅所務請文（大日本古文書、東寺文書之十一、東寺百合文書よ、七三号）「東寺領播磨国矢野荘学衆方当年所務間事／右、代官祐尊法眼之所務、地下称有其煩、名主百姓等致無窮嗷訴、令逃散荘家之条、希代所行也、而祐尊就歎申、執達于衆中之処、別而被差下公人、以和睦之途、如元可被沙汰居地下云々、若猶不応寺命者、為後昆、張本之輩名田等、且致点札、且可加厳密炳誡之旨、被任申請之上者、以内外籌策、致無為所務、可執達有限寺用、依此沙汰、縦地下雖令錯乱、至供僧・学衆年貢者曾不可散失、若背此趣寺用若令失墜者、為衆中沙汰、不日可被改替学衆方給主職、仍請文如件」、東寺百合文書る、明徳二年（一三九一）六月二十九日、最勝光院方評定引付（大日本古文書、東寺文書之五、東寺百合文書る、一四号）「新見入道別納請文加判形進之畢、就中彼任料等、先度三十貫文可致沙汰候由被仰候処、今度返事、依飯尾口入候之上者、不可致沙汰候由申之間、彼状披露候処、衆儀云、彼別納事、雖不可及相伝、依飯尾口入、以別儀□□下地被□遣上者、年貢失墜及百貫計代歟、任寺例於有限任料并酒肴料者、固可致沙汰候由、重厳密可申含候旨、衆義畢」のように、「失墜」は「年貢」・「寺用」等と共起する事例が多い。

45ウ３２「碔」は、大広益会玉篇に「碔、浮石也」とあり、中国においては軽石の意である。「碔」と「しかと」の関係は以下のように推察される。「しかと」の通常の表記漢字「確」の草書体の右旁と、「武」の草書体は酷似している。そのため、「確」の草書体を楷書化するに当たり、誤って「碔」としたものであろう。東京大学文学部国語研究室室蔵伊呂波集に「碔簇〈シカト〉」とあり、高橋本色葉字との近縁関係の傍証の一つとなり得る。

46オ３１「城揶」については、高橋久子・劉瀟雅「漢字表記から見た日本と中国―「城郭」の異体・通用の事例―」

（東京学芸大学紀要、人文社会科学系Ⅰ、第六十二集、平成二十三年一月）参照。

46オ53「遡」については、本書の「運歩色葉集について」参照。

47ウ22「引違」の中世文書における用法は、主として、年貢や金銭等を立て替える意味である。蜷川家文書、延徳二年（一四九〇）、将軍足利義材仰事条々事書（大日本古文書、蜷川家文書之二、二七五号）「以前一衆等申納銭引違分事／就被改替御倉、御返弁之儀、有先例哉否相尋之、左右可申之由、被仰出之」、大徳寺文書別集、真珠庵文書、永禄八年（一五六五）七月五日、深岳寺宗俊書状（大日本古文書、真珠庵文書之四、三三一号）「百文ハ、霊火忌出銭、俊分常住引違候由候ニ、返弁申候、残テ五百文ヨリモ夫賃可出候」のように、「引違」は「返弁」と共起する事例が多い。日本国語大辞典では、古文書に多用される「立て替え」の意味が記述されていない。

50ウ12「数通状」については、本書の「高橋本色葉字について」参照。

50ウ21「推参」の中世文書における用法は、自分から押し掛けて行く意味と、非難されるべきさま、無礼千万なさま、の意味とがある。東寺百合文書は、若狭太良荘時沢名本名主国広代行信重申状（大日本古文書、東寺文書之一、東寺百合文書は、一一四号）「若狭国太良荘内時沢名本名主国広代行信重謹重言□（上）／欲早実円無極謀陳令露顕上者厳蜜〔密〕被経御沙汰蒙御成敗全御年貢以下御公事当名主職間事…次実円去年六七月之間、度々企上洛之、当荘可為御一円之由申上之云々、此条荒涼比興申状也、何為実円身管領天下而当荘可為御一円之由可令計申哉、推参申状、非御沙汰之限〈是十〉矣」とあり、「推参」は「荒涼」・「比興」の言い換えとして使用されており、常軌をはずれていて、非難されるべきさまを表す。日本国語大辞典では、上の東寺百合文書は、一一四号の例が「招かれもしないのに自分からおしかけていくこと。また、そうする人。また、人を訪問することを謙遜していう語。」の意味の用例として挙げられているが、誤りである。

52オ47「鵃」については、高橋忠彦・高橋久子・古辞書研究会編『御伽草子精進魚類物語研究・索引篇』（平成十六年十一月、汲古書院）一四六〜一四七頁参照。

52ウ32「鴗」については、高橋忠彦・高橋久子・古辞書研究会編『御伽草子精進魚類物語研究・索引篇』（平成十六年十一月、汲古書院）一五九〜一六〇頁参照。

53オ42「鮹」については、高橋忠彦・高橋久子・古辞書研究会編『御伽草子精進魚類物語研究・索引篇』（平成十六年十一月、汲古書院）一三二〜一三三頁参照。「鮹」はウヲノコ、即ち魚卵である。「さちほこ」は通常「鱐」と表記される。ここから、何らかの理由により、標出字と傍訓のずれが生じたと推察される。「鱐(さちほこ)鯹鮹(なまこ)」のような排列の原形が想定される。

53ウ24「鯶」と傍訓「まて」との結合には問題がある。「マテ」の表記は平安以来「蟶」・「馬蛤」・「馬刀」。東京大学文学部国語研究室蔵伊呂波集の「マテ」の標出字は「蟶」の草書体であるが、一見したところ「蜱」に近似する。天理本和名集は「マテ」の標出字を「蜱」とする。これらを総合して勘案すれば、高橋本色葉字の「鯶」は、草書体を媒介とする「蟶」の誤りと推せられる。

54オ25「猊虎」の傍訓「にく」は字音。「猊」は獅子の意で唐音（南方呉語）「ニ」、「虎」はトラの意で呉音「ク」。胡仔の苕溪漁隠叢話前集、巻二十九に「苕溪漁隠曰、六一居士（欧陽脩の号）守汝陽日、因雪会客賦詩…詩曰…龍蛇掃起断復続、猊虎囲成呀且攫」とあり、宋の欧陽脩の詩において、「龍蛇」と対にして「猊虎」が用いられている。

56オ36「罰」については、本書の「運歩色葉集について」参照。

56ウ33「一艘」の傍訓「いつそう」について、日本国語大辞典「艘」の補注で「「艘」の字音は漢呉音ともに「さう」のはずであるが、「色葉字類抄」「伊呂波字類抄」「節用文字」「伊京集」「運歩色葉集」などではすべて

「そう」としている」と疑問が呈されている。この相違は、以下のように方言を視野に入れれば解決される。「艘」の字音「ソウ」は、中国南方音に基づくものであると考えられる。中国南方の方言では「so」「sɔ」が多い。広州「ʃou」、厦門「so」、湖州「so」、福州「sɔ」である。閩南音は「ソウ」に近い発音であったことが分かる。つまり、「艘」の唐音が「ソウ」であったと考えて良いであろう。

58ウ31「櫟」の傍訓「もみ」は、漢字と和訓のずれ等、誤りの可能性もある。「もみ」は通常「樅」で表記し、「櫟」は通常「いちひ」と訓む。しかし一方で、方言の可能性もある。『山形県方言辞典』（山形県方言研究会、昭和四十五年）及び『日本植物方言集成』（八坂書房、平成十三年）によれば、山形県飽海郡で「いちい（一位）」の樹を「もみ」と言う。「いちひ」と「いちゐ」は別の樹木であるが、音韻変化の結果同音となり、混同されたものか。

59オ25「樢」は、説文解字・集韻によれば、「蔦」と同じく、ツタを表す。高橋本色葉字の傍訓「つゝし」は誤りであろう。しかし、同じ誤りが他の古辞書類にも複数見られる。大永四年写玉篇要略集に「樢〈ツ、シ　テウ〉」、元亀二年京大本運歩色葉集に「樢同(ツ、シ)」。

59オ53「蘩」の傍訓「おほはこ」は、漢字と和訓のずれ等、誤りの可能性もある。「おほばこ」は通常「車前草」で表記し、「蘩蔞」は通常「はこべら」または「はこべ」と訓む。しかし一方で、方言の可能性もある。『信州木曾山産草之類以呂波寄』（大窪昌章、文政八年）、『言語変化の類型』（馬瀬良雄、昭和三十八年）、『愛知県方言集』（黒田鉱一、昭和九年）、『方言の性格と分布相』（田中正行、昭和十七年）によれば、木曾与川村・長野県上水内郡・愛知県一宮市・熊本県阿蘇郡・菊池郡で「はこべ」を「おおばこ」または「おばこ」と言う。

59ウ56「刈萱」の傍訓「かりやす」は、漢字と和訓のずれ等、誤りの可能性もある。「かりやす」は通常「刈易」または「刈安」で表記し、「刈萱」は通常「かるかや」と訓む。しかし一方で、方言の可能性もある。『山形県方言辞典』（山形県方言研究会、昭和四十五年）によれば、山形県北村山郡で「かるかや」を「かりやす」と言う。

60ウ42「薟」の傍訓「かたはみ」は「かがみ」の誤りである。前田本色葉字類抄・観智院本類聚名義抄等に「薟〈カ、ミ〉」とある。また「かがみぐさ」とも言う。慶應義塾大学図書館本色葉集に「蘞〈カタハミ〉」とあり、高橋本色葉字と同趣の誤りをおかす点、注目される。「薟」と「蘞」は異体関係。

61オ41「めはじき」の通常の表記は「益母草」または「茺蔚」である。「⿱艹益」は、「益母草」の一字目に艸冠を加えて作成された国字であろうと推定される。古辞書類では、弘治二年本・慶長十五年版倭玉篇、天正十八年本・早大本節用集に見える。

61オ51「旨苕」は、毛詩、陳風「防有鵲巣」に「防有鵲巣、邛有旨苕」とあり、「邛」は丘の意で、「旨苕」は、二字で一つの植物名である。毛詩正義の引く、陸璣の毛詩草木鳥獣虫魚疏には「苕、苕饒也。幽州人謂之翹饒。蔓生、茎如労豆而細、葉似蒺藜而青、其茎葉緑色、可生食、如小豆藿也」とあるように、「労豆」つまり、ツルマメ（大豆の原種）に似た食用の豆である。一方、同じ毛詩、小雅「苕之華」に、「苕之華、芸其黄矣」とあり、毛伝に「苕、陵苕也」、鄭箋に「陵苕之華、紫赤而繁」とある。つまり、「苕」は「旨苕」とは別の「陵苕」であり、紫赤の花を多くつけるノウゼンカズラを指す。したがって、ここで「旨苕」を「のうせんかつら」と訓ずるのは、同じ毛詩に出る別の「苕」と、意味を混同したものであろう。天正十八年本節用集にも、「旨苕〈ノウゼンカツラ〉」とある。

62オ36「⿰虫長」は、方言に「蚰⿱衍虫（中略）或謂之⿰虫長⿰虫麗」とあり、広雅の「蚰蜒、⿰虫長⿰虫麗」は、これに依ったと考えられる。「蚰⿱衍虫」は「蚰蜒」の異表記であって、ともにゲジゲジを意味する。「⿰虫長⿰虫麗」の由来は不明であるが、やはり方言でゲジゲジのことであり、ナメクジの訓とは合わない。また、おそらく「⿰虫長」で単用することはないだろう。しかし、日本では和名抄以来、「蚰蜒」を誤ってナメクジと読む習慣があるので、同義語の「⿰虫長⿰虫羅」を、さらには「⿰虫長」一字を、ナメクジと訓ずるのであろう。弘治二年本倭玉篇に「⿰虫長〈ナメクチ〉」、慶長十五年本和玉篇に「⿰虫長〈ナメクヂ〉」とある。

62オ46「たに」の漢字表記の、日本における「蜽」から「蟎」への変化については、笹原宏之「異体字・崩し字に字源俗解を介した漢字の国字化―「蜽」からの「蟎」の派生を例として―」（『国語文字史の研究』第二集、平成六年十月）参照。「蟥」はダニとは無関係であり、中国において「蟥蛢」はコガネムシ、「馬蟥」はウマビルである。

63オ42「相府」は「蓮府」とともに「大臣」の唐名である。したがって、「相府」が大字で書かれていることは、疑問の持たれるところである。

64オ11「中宮大夫」の注記として示されている「大進」は、令制で、中宮職の第三等官、判官（じょう）の称であり、唐名ではない。「中宮大夫」の唐名として、職原抄は「長秋監」のみを、拾芥抄は「長楽令、長秋監、内侍省、内宮主人」の四者を挙げる。

66オ51「東宮傅」の注記として示されている「皇太子大傅」は、文献上に見られない唐名である。「太子大傅」の誤りであろう。「東宮傅」の唐名として、職原抄は「太子大傅」のみを、拾芥抄は「大師、大保、皇太子傅、大師正小卿、太子小卿、大子大博士、唐太子三師、太子大師、太子大傅、太子大保」の十者を挙げる。

72ウ42「五十島」は、普通「いがしま」である。「おつぷるひ」は、「十六島」または「十二神島」が通例の表記である。傍訓、漢字表記のいずれかが誤っていると考えられる。

74ウ16「四足八辺」の四字目は存疑。通常、「四足八鳥」または「九足八鳥」の文字列で、「ろくろび」または「ろくろみ」と対応する。之繞に「鳥」と書くような「辺」の異体を媒介として、「鳥」が「辺」に誤られたものと考えられる。

索引

三本総合語彙索引

三本総合語彙索引凡例

［採録の範囲］

一、国会本色葉字尽（略号「国」）・東大本伊呂波集（略号「東」）・高橋本色葉字（略号「高」）三本の標出語句全てを採録の対象とした。

一、但し、別筆書き入れは除外した。

一、標出語句のうち、訓を欠くもの、また、訓を一部のみ存するものについては、色葉字諸本その他の古辞書を参照し、補読した上で採録した。

［排列］

一、歴史的仮名遣いに還元した上で、五十音順に排列し、清音を先、濁音を後とした。

一、複数の本に同じ語句で同表記の項目が存する場合は、国、東、高の順に排列した。

一、一つの本の中に同じ訓を有する項目がある場合、同本の内部におけるそれぞれの標出語句の出現順に排列した。

一、語句の清濁は、室町時代末期に基準を求めた。

［参照注記］

一、語形に揺れが見られるもの、また、三本に施された訓の他に一般的なものが存する場合、それぞれから、三本の標出語句を検索できるように、空見出しを立てた。

〔補正〕

一、三本の傍訓には、例えば国会本色葉字尽の16丁裏1行目「錯乱　サクランラン」、東大本伊呂波集24丁裏2行目「毛鵬鼻　モカリハナ」等、明確な誤りもある。このような場合、索引見出しは、あるべき語形（右の場合、「さくらん」「けがりはな」）に補正した。

〔字体〕

一、康熙字典に準拠し、異体は正体に改めた。但し、康熙字典と室町期通行の字体とに、大きな違いが見られる場合に、後者を採ったものもある。

〔索引の形態〕

一、索引見出しの次に、三本のいずれかに掲載されている漢字文字列と傍訓を挙げ、次いで本の略号（国・東・高）、続いて所在（丁数、表裏、行数）を表示した。

一、漢字文字列の掲出に当たっては、各本に施されている返り点、音合符・訓合符等の連読符、その他の訓点を省略した。

一、三本における漢字文字列が明らかに誤っている場合、その下に一般的な表記を山形括弧〈　〉に入れて示した。

一、三本における漢字文字列が誤りではなく、当時の文献に見られる通用現象・省画・増画である場合は、その下に一般的な表記を亀甲括弧〔　〕に入れて示した。

一、左右両訓ある場合は、右訓・左訓の順で示した。

一、訓が一部分のみ存する場合は、欠けている訓の部分を「—」で示した。

一、古辞書では、異なる漢字文字列で同じ訓を有するものが続いている場合、二項目め以下は、傍訓の代わりに「同」と記されることが多い。この場合、索引では「同」の下に当該の訓を（　）に入れて示した。

一、本文の文字が、虫損等で不明な場合は、その部分を□で示した。

あ

あい（鮎）↓あゆ
あいぎやう
　愛敬　アイキヤウ　国15オ2
　愛敬　あいきやう　高36ウ5
あいしやう
　哀傷　アイシヤウ　国15オ1
あいぞう
　愛憎　アイソウ　国15オ1
あいれん
　哀憐　アイレン・アハレム　国15オ1
あうむ
　鸚鵡　あふむ　高52ウ4
あかがね
　銅　アカヽネ　東28オ4
　銅　あかかね　高61ウ3
あがけ
　網懸　あかけ　高52オ1
あがけのたか
　網懸鷹　アカケノタカ　東40オ4
あかざ
　藜　あかさ　高60ウ4
あかつき
　曉　アカツキ　東27ウ4
　曉　あかつき　高36ウ2
あかつきはらふ
　拂曉　フケウ・アカツキハラフ　国12ウ4
あがつま
　吾妻　あかつま　高73オ4
あかね
　茜　あかね　高59オ5
あかばやし
　赤林　あかはやし　高72ウ3
あかまつ
　赤松　あかまつ　高68オ4
あがまふ（崇）↓あがまへ
あがまへ
　崇　アカマヘ　東28オ4
あかむ（赤）↓おもてをあかむ（赤面）
あがむ
　崇　アガム　国15オ3
　↓あがまへ・あがむる
あがむる
　崇　あかむる　高36ウ5
　↓あがまへ・あがむ
あからさま
　白地　あからさま　高36ウ5
　偸閑　同(あからさま)　高36ウ5
あがりうま（騰馬）↓あげうま
あかゐ
　閼伽井　あかい　高37オ1
あき
　安藝　アキ　東43ウ3
あきうど（商人）↓あきんど
あきなふ
　商　アキナフ　国15オ3
あきば
　秋庭　あきは　高70オ4
あきびと
　商人　あきひと　高36オ4
　↓あきんど
あきらか
　明　アキラカ　国15オ5
　↓あきらかなり
あきらかなり
　分明　ブンミヤウ・アキラカナリ　国12ウ3
　↓あきらか
あきらかにあやまる
　介錯　カイシヤク・アキラカニアヤマル　国5オ5
あきらむ（明）↓ただしあきらむ（糾明）
あきんど
　商人　アキント　東27ウ2
　↓あきびと
あく
　飽　アク　国15オ4
あぐ（擧・上）↓あぐる・ふきあぐ（吹擧）・まうしあぐ（言上）
あくく（惡口）↓あくこう

あくこう
惡口　アツコ　国15オ1
惡口　あつこう　高36ウ4
あくた
阿功田　あくた　高72オ1
あくたう
惡黨　アクタウ　国15オ1
惡黨　アクタウ　東27ウ3
惡黨　あくたう　高36ウ3
あくにん
惡人　アクニン　東28オ1
あぐる
擧　アグル　国15オ3
あげうま
騰馬　あけむま　高36オ4
あけぐれ
明暮　アケクレ　東27ウ3
あけび
安〔山女〕　あけひ　高60オ5
あげまき
總角　アケマキ　東28オ2
總角　あけまき　高55オ4
あげむま（騰馬）→あげうま
あさ
麻　あさ　高60オ3
あさがほ
槿　あさかほ　高59ウ3
あざけり
嘲　アサケリ　東28オ3
→あざける
あざける
朝〈嘲〉　アサケル　国15オ5
→あざけり
あさし
淺　アサシ　国15オ3
あさしふかし
淺深　センジン・アサシフカシ　国21オ2
あさつき
島蒜　あさつき　高60ウ5
あさの
朝野　あさの　高70ウ2
あさふ
麻生　あさう　高72ウ2
あさまし
淺猿　アサマシ　国15オ2
→あさましい
あさましい
淺增　アサマシイ　東27ウ4
→あさまし
あさめし
朝食　アサメシ　東27ウ5
あさゆふ
晨昏　シンコン・アサユウ　国18オ3
あざゐ
淺井　あさい　高70ウ2
あし
葦　あし　高59ウ5
蘆　同（あし）　高59ウ5
芦　同（あし）　高59ウ5
あし（非）→あしし
あしげ
蘆毛　アシケ　東41ウ2
あしし（非）→よしあしし（是非）
あした
早旦　サウダン・アシタ　国16オ1
早朝　サウテウ・アシタ　国16オ1
曉　あした　高36ウ3
あしだ
屐子　あした　高36ウ4
足駄　同（あした）　高36ウ4
あしたゆふべ
旦暮　タンボ・アシタユウベ　国6ウ4
あしにまかす
行脚　アンキヤ・アシニマカス　国15オ1
あしやう
惡〔亞〕相　あしやう　高63オ5
あしよわ
足弱　あしよわ　高37オ2
あじろ
網代　あしろ　高37オ1
あしを

足組　あしを　高54ウ2
あしをとばす
飛脚　ヒキヤク・アシヲトバス　国19ウ5
あすかゐ
飛鳥井　あすかい　高73ウ1
あせ
汗　アセ　東28オ3
あそぶ
遊　アソブ　国15オ4
あたか（安宅）→あだき
あだき
安宅　あたき　高69オ5
あたたか
煖　あたゝか　高37オ3
→あたたかなり
あたたかなり
暖氣　ダンキ・アタヽカナリ　国6ウ4
→あたたか
あたたむ
暖　アタヽム　国15オ5
あたにおもふ
怨念　ヲンネン・アタニヲモフ　国4オ4
あたにむかふ
敵對　テキタイ・アタニムカフ　国14ウ3

あたのかたき
怨敵　ヲンテキ・アタノカタキ　国4オ3
あたひ
直　あたい　高36ウ2
あたふ
與　アタフ　国15オ5
あたらし
新　アタラシ　国15オ4
あたる
中夭　チウヨウ・アタルアヤマチ　国3ウ2
當　アタル　国15オ4
中　あたる　高56オ1
あぢ
鯵　アチ　東40ウ2
鰺〔鯵〕　あち　高53ウ3
あぢさゐ（葎）→あぢさゑ
あぢさゑ
葎　あちさへ　高59ウ2
あぢはひ
氣味　キミ・アジハイ　国16ウ4
あぢま
味鏡　あちま　高73オ5
あつ（配）→ささへあつ（支配）
あつかふ
扱　あつかう　高36オ4
あつがみ

厚紙　あつかみ　高37オ2
あづかる
預　アヅカル　国15オ4
あづき
小豆　あつき　高61オ5
あつく（悪口）→あくこう
あつこう（悪口）→あくこう
あづさ
梓　あつさ　高59オ2
あづさゐ（葎）→あぢさゑ
あつし
厚　アツシ　国15オ5
あつし
熱　あつし　高37オ1
あづち
堋　あつち　高56オ2
垜　同（あつち）　高56オ2
あつとり
鶖　アチトリ　東40オ1
→あとり
あづま（吾妻）→あがつま
あつまりあふ
集會　シユヱ・アツマリアフ　国18ウ5
あつまる
聚　あつまる　高36オ5
→むらがりあつまる（群集）
あつむ

集　アツム　国15オ4
　↓あつむる
あつむる
　集　あつむる　高36オ5
　↓あつむ
あつめおき
　集置　アツメヲキ　東27ウ2
あつめおく（集置）↓あつめおき
あつらふ（屬）↓つけあつらふ（附屬）
あつらへもの
　誂物　アツラヘモノ　東27ウ2
　誂物　あつらへもの　高36オ4
あておほす
　究課　アテヲヽス　国15オ2
　充課　あておほす　高37オ3
あてがふ
　勘　あてかう　高37オ3
あてじやう
　々（充）状　アテジヤウ　東28オ1
あてぶみ
　充文　アテフミ　東28オ1
　充文　あてふみ　高37オ3
あと
　跡　あと　高37オ2
あとかたちなし
　無跡形　アトカタチナシ　国15オ3
あとかたなし（無跡形）↓あとかたちなし

あとり
　鵞　あとり　高52オ5
　↓あつとり
あな
　穴　アナ　東27ウ3
あない（案内）↓あんない
あながち
　強　アナガチ　国15オ4
あながちにぬすむ
　強盗　カウドウ・アナカチニヌスム　国5オ2
あなづる
　侮　アナヅル　国15オ3
　侮　あなつる　高36ウ4
　↓をことあなづる（憍慢）
あなづるこころ
　慢心　マンシン・アナツルコヽロ　国10ウ5
あに
　兄　あに　高57ウ4
あね
　姉　あね　高57ウ4
あは
　粟　アハ　東28オ3
　粟　あわ　高60ウ3
あは
　安房　アハ　東42オ5
あは

　阿波　アハ　東43ウ5
あはす（合）↓ちからあはす（合力）・
　つけあはす（符合）
あはせ
　袷　アワセ　東28オ3
あはぢ
　淡路　アハチ　東43ウ5
あははら（粟飯原）↓あひはら
あはび
　鮑　アハヒ　東40ウ3
　鰒　アハヒ　東41オ2
　鮑　あわひ　高53オ2
あはれ
　哀　アハレ　東28オ3
あはれあはれ
　哀々　アハレアハレ　国15オ3
あはれむ
　憐愍　レンミン・アハレム　国7オ3
　哀憐　アイレン・アハレム　国15オ1
あひあふ
　會合　クワイゴウ・アヒアフ　国10オ3
あひかたらふ
　相語　アイカタラウ　東27ウ2
　↓あひかたる
あひかたる
　相語　あいかたる　高36オ3
　↓あひかたらふ

あひかまへて
相構　アイカマヘテ　国15オ2

あびこ
安孫子　あひこ　高72オ2

あひしらふ
應答　あいしらう　高36オ5

あひだ
間　アイダ　国15オ5
↓このあひだ（此間）

あひたがひ
相互　アイタカヒ　東27ウ4

あひたたかふ
合戰　カツセン・アヒタヽカフ　国5オ3

あひづ
相圖　アイヅ　国15オ3

あひつぐ
相續　サウソク・アヒツク　国16オ2

あひのぶ（相延）↓あひのべ

あひのべ
相延　アヒノヘ　東27ウ4

あひば
饗庭　あいは　高72オ5

あひはら
粟飯原　あははら　高69オ5

あひふる（相觸）↓あひふるる・あひふれ

あひふるる
相觸　あいふるゝ　高36オ3
↓あひふれ

あひふれ
相觸　アイフレ　東27ウ2
↓あひふるる

あひもよほす
相催　あいもよほす　高36オ3

あふ
逢　アフ　国15オ3
參會　—クワイ・アフ　国15ウ1
↓あつまりあふ（集會）・あひあふ（會合）

あぶ
蝱　あふ　高62オ3

あふぎ
扇　アフキ　東28オ3
扇　あふき　高36ウ2

あふぐ
仰　アヲグ　国15オ3
仰天　キヤウテン・アヲグ　国17オ2

あふつまくつつ
遭啓　あふつまくつつ　高36ウ2

あふばう
押妨　—ハウ　国15オ2

あふひ
葵　あをひ　高61オ2

あふみ
近江　アフミ　東42ウ3

あぶみ
鐙　アフミ　東28オ3

あぶら
油　アフラ　東28オ3
油　あふら　高36ウ2

あふり
泥障　アヲリ　東28オ4
障泥　あおり　高36オ4

あふりやう
押領　アフリヤウ　国15オ2
押領　ワウリヤウ　東10オ1

あぶる
炙　アブル　国15オ4

あへて
敢　アヱテ　国15オ5
敢　あへて　高36ウ5

あへもの（虀）↓からし

あまかす
亘〈甘〉糟　あまかす　高72オ3

あまた
餘多　アマタ　東27ウ5
餘多　あまた　高37オ1

あまつさへ
剩　アマツサヘ　国15オ5
剩　あまつさへ　高36ウ3

あまねく
普　アマネク　国15オ4
↓あまねし

あまねくかよふ
普通　フツウ・アマネクカヨウ　国12オ5
あまねし
遍　アマネシ　国15オ5
→あまねく
あまりさむし
餘寒　ヨカン・アマリサムシ　国6オ3
あまりにあまりに
餘々　アマリニアマリニ　東27ウ4
あみ
網　あみ　高37オ1
あみがさ
縛笠　アミカサ　東28オ2
縛笠　あみかさ　高36ウ3
あみのめ
網目　マウモク・アミノメ　国10ウ5
あめ
飴　あめ　高36オ5
糖　同（あめ）　高36オ5
あめ
鮩〈魷〉　アメ　東40ウ3
鯇　アメ　東41オ2
鯇　あめ　高53オ2
あめのうを（魷・鯇）→あめ
あや
綾　アヤ　東28オ4

あやつりもの
操物　アヤツリモノ　東28オ2
あやつる
操　あやつる　高36ウ4
あやなし
無益　アヤナシ　東28オ2
あやまち
中夭　チウヨウ・アタルアヤマチ　国3ウ2
あやまつて
誤　あやまつて　高36ウ2
謬　あやまつて　高36ウ2
→あやまり・あやまる
あやまり
誤　アヤマリ　東28オ3
謬　アヤマリ　東28オ4
→あやまつて・あやまる
あやまる
誤　アヤマル　国15オ5
→あきらかにあやまる（介錯）・あやまつて・あやまり
あゆ
鮎　アユ　東40ウ1
鮎　あゆ　高53オ5
あゆぶ（歩）→あよぶ
あゆむ（歩）→あよぶ
あよぶ
歩　アヨブ　国15オ4

あよむ（歩）→あよぶ
あらかは
荒川　あらかわ　高74オ2
あらず
非法　ヒハウ・アラズ　国19ウ5
あらそふ
鬪諍〈諍〉　トウシヨウ・アラソウ　国2ウ5
争　アラソウ　国15オ4
あらたし（新）→あたらし
あらたむ
改　アラタム　国15オ4
→かへあらたむ（變改）
あらためはじむ
改元　カイケン・アラタメハジム　国5オ5
あらはす
顯　アラハス　国15オ5
あらひすすぐ
洗濯　センダク・アライスヽグ　国21オ4
あらふ
洗　アラフ　国15オ4
あらまし
荒猿　アラマシ　国15オ2
有増　アラマシ　東27ウ3
荒増　あらまし　高36ウ1
あり

蟻　あり　高62オ3

ありがたし
難有　ありかたし　高37オ2

ありさま
有様　アリサマ　東27ウ4
有様　ありさま　高36ウ1

あるいは
或　アルイハ　国15オ5

あゐ
藍　あい　高60オ2

あを
青鵠　アヲ　東41オ5

あをき
青木　あをき　高70ウ4

あをきとり
青鳥　セイチヤウ・アヲキトリ　国21オ5

あをさぎ
青鵠　アヲサキ　東40オ3
青雞〈鵠〉　あほさき　高52ウ1

あをやま
青山　あをやま　高72ウ1

あんぎや
行脚　アンキヤ・アシニマカス　国15オ1
行脚　アンギヤ　東27ウ5

あんじち（庵室）→あんじつ

あんじつ
庵室　アンシツ　東27ウ5
庵室　あんしつ　高36ウ3

あんじゆ（庵主）→あんず

あんず
庵主　アンス　東27ウ5

あんど
安堵　アンド　国15オ1
安堵　アント　東27ウ3
安堵　あんと　高36オ5

あんどう
安藤　あんとう　高69ウ5

あんどん
行燈　アンドン　東28オ2

あんない
案内　アンナイ　東27ウ3
案内　あんない　高36ウ1

あんのん（安穏）→あんをん

あんばい
安排　―ハイ　国14ウ5

あんぷ
安否　アンフ　東28オ1

あんらく
安樂　―ラク　国14ウ5
安樂　アンラク　東28オ1

あんをん
安穩　―ヲン　国14ウ5
安穩　あんおん　高36ウ1

い

い
五　い　高51オ5

いういん
誘引　ユウイン　東31オ4
誘引　ゆういん　高40ウ5

いうえん
遊宴　ユウアン　国17ウ1

いうくわい
遊會　ユウクワイ　国17ウ1

いうくわい
幽懷　ユウクワイ　国17ウ1

いうしよく
有職　イウショク　国1オ4

いうそく（有職）→いうしよく

いうだいじよう（右大丞）→うだいじよう

いうひつ
右筆　ゆうひつ　高41オ3

いうふ（右府）→うふ

いうめん
優免　ユウメン　国17ウ1

いうらん
遊覽　ユウラン　国17ウ1
遊覽　ユウラン　東31ウ2
遊覽　ゆうらん　高41オ2

いうれい

幽靈　ゆうれい　高41オ3
いえつ
怡悦　イエツ　東2オ3
いか
鰞　イカ　東40ウ4
烏賊　イカ　東40ウ4
烏賊　いか　高53オ3
いが
伊賀　イカ　東42オ3
いかが
伊香賀　いかか　高71ウ5
いかご
五十子　いかこ　高70ウ4
いがしま
五十島　をつふるい　高72ウ4
いかだ
筏　いかた　高2ウ3
いがた
規模　キボ・ノリイカダ　国16ウ5
いかづち
雷　イカツチ　東2オ5
いかでか
爭　イカテカ　東2オ4
いがひ（貽貝）→いのがひ
いかものづくり
章物造　いかものつくり　高55ウ2
いがらし
五十嵐　いからし　高70ウ3

いかり
碇　いかり　高56ウ3
いかる
忿怒　フンヌ・イカル　国12ウ4
怒　いかる　高3ウ1
いかるが
鵤　イカルカ　東39ウ5
斑鳩　いかるか　高52ウ3
いき
壹岐　イキ　東44オ5
いぎ
異議〔儀〕　イキ・コトナルギ　国1オ2
異儀　イキ　東2オ1
異儀　いき　高2オ4
いきくさ
愼火草　いきくさ　高61オ3
いきどほり
憤　イキドヲリ　国1オ5
憤　いきとおり　高2ウ2
いきどほる（憤）→いきどほり
いきほひちから
勢力　セイリキ・イキヲイチカラ　国21オ4
いぎみ
五十君　いきみ　高73オ3
いくか
幾日　いくか　高3オ4

いくさ
軍　イクサ　東2オ3
軍　いくさ　高2ウ2
いくさのせい
軍勢　クンセイ・イクサノセイ　国10オ3
いくさば（戰場）→せんぢやう
いくたび
幾度　イクタヒ　東1ウ3
幾度　いくたひ　高2ウ3
いぐち
缺脣〈唇〉　いくち　高3ウ2
いくほど
幾程　いくほと　高3オ4
いくわん
衣冠　イクワン・カブリ　国1オ3
いけだ
池田　いけた　高70ウ4
いけどり
虜　イケトリ　東2オ3
→いけどる
いけどる
虜　いけとる　高2ウ2
→いけどり
いけるをころす
殺生　セツシヤウ・イケルヲコロス　国21ウ1
いけん
異見　イケン　東1ウ1

異見　いけん　高2オ4
いご
以後　いご　高2ウ5
いこま
生駒　いこま　高72オ2
いさう
異相　いさう　高3オ4
いさぎよし
清潔　セイケツ・イサギヨシ　国21オ3
いささか
聊　イサヽカ　国1オ5
聊　イサヽカ　東2オ5
聊　いさゝか　高2ウ3
↓れうじ（聊爾）
いさむ
湅〈諫〉　イサム　国1オ5
いさむ
驍　東2オ4
勇　イサム　東2オ5
勇　いさむ　高3ウ1
いさやま
不知山　いさやま　高74オ1
いざよひ
不知夜　イサヨイ　東2オ2
いさりび
求食火　いさりひ　高3オ2
いし
醫師　イシ　東1ウ1
醫師　いしやし　高2オ5
いしがえ
石谷　いしかへ　高70ウ1
いしぐろ
石黒　いしくろ　高72オ4
いしずゑ
礎居　イシスエ　東2オ1
いしまる
石丸　いしまる　高70オ1
いしもち
鮸　イシモチ　東41オ2
鮸　いしもち　高53ウ1
いしや（醫者）↓いし（醫師）
いしやう
衣裳　イシヨウ　国1オ3
衣装　イシヤウ　東1ウ2
衣裳　いしやう　高2ウ1
いしゆ
意趣　イシユ　国1オ3
意趣　イシユ　東1ウ5
いじん（異人）↓いにん
いすずがは
五十鈴河　イスヽカワ　東1ウ3
いせ
伊勢　イセ　東42オ3
いぜん
以前　いせん　高2ウ5
いそがはし（悤）↓いそがはしく・もの
いそがはし（物悤）
いそがはしく
閙敷　いそかわしく　高3オ2
いそがひ
磯貝　いそかい　高71ウ5
いそく
夷則　いそく　高75オ1
いそぐ
急　イソク　東1ウ1
急　いそく　高3オ5
いその
礒野　いその　高72オ2
いた
板　イタ　東2オ5
板　いた　高2ウ3
いただき
頂　いたゝき　高3ウ2
いただく
戴　いたゝく　高3ウ2
いたち
鼬　いたち　高54オ3
いたつ
板津　いたつ　高71ウ1
いたづら
徒者〈然〉　とせん　高2ウ2
いたどり
虎杖　いたとり　高60ウ1

いたのを（飯尾）↓いひのを
いたはし（労）↓いたはしく（労敷）
いたはしく
　労敷　イタハシク　国1オ4
いたはる
　労　イタハル　東2オ4
いたみ
　伊丹見　いたみ　高73オ4
いたみいり
　痛入　いたみいり　高2ウ1
いたみいる（痛入）↓いたみいり
いたむ
　慘　ワヒシ・イタム　国4ウ5
　↓うれへいたむ（愁傷）
いちき（市來）↓いちく
いちく
　市來　いちく　高72ウ5
いちげん
　一言　いちげん　高1ウ4
　↓いちごん
いちご
　一期　―ゴ　東1オ5
　一期　いちご　高1オ5
いちご
　覆盆子　いちこ　高60オ4
いちごん
　一言　―コン　東1オ4
　↓いちげん

いちじ
　一事　いちじ　高2オ2
いちじま
　入内島　いちじま　高72オ2
いちじゆん
　一准　いちしゆん　高1ウ3
いちじゆん
　一巡　いちしゆん　高2オ1
いちぞく
　一族　―ソク　東1オ2
　一族　いちぞく　高1オ2
いちだ
　一駄　―タ　国1オ5
いちだい
　一代　―タイ　東1オ4
　一代　いちだい　高1ウ4
いちだん（一段）↓いつたん
いぢち
　伊地知　いちち　高69オ3
いちづ
　一途　―ツ　東1オ3
　一途　いちづ　高1オ3
いちでふ
　一帖　―デウ　東1オ5
　一狀〈帖〉　いちてう　高1ウ2
いちねん
　一念　―ネン　東1オ4
いちのかみ

　市正　いちのかみ　高66オ4
いちは
　一把　いちわ　高2オ1
いちばい
　一倍　―ハイ・マス　国1オ4
　一倍　いちはい　高1ウ3
いちはし
　市橋　いちはし　高70オ1
いちひ（櫟）↓もみ
いちまい
　一枚　いちまい　高1ウ2
いちみ
　一味　―ミ　東2オ5
　一味　いちみ　高1オ3
いちもつ
　逸物　イチモツ　東1ウ2
　逸物　いちもつ　高3ウ1
いちもん
　一門　―モン　東1オ2
　一門　いちもん　高1オ2
いちるい
　一類　―ルイ　東1オ2
　一類　いちるい　高1オ3
いちろ
　一路　―ロ　東1オ5
いちろう（一籠）↓ひとこ
いちわう
　一往　―ワウ　東1オ4

—往　いちわう　高1オ4
いちゑん
—圓　—エン　東1オ3
—圓　いちゑん　高1オ4
いづ
伊豆　イツ　東42オ4
いつか
早晩　イツカ　東2オ2
いつか
—家　いつか　高1オ2
↓いつけ
いつかう
—向　—カウ　東1オ3
—向　いつかう　高1オ4
いつかう
—行　いつかう　高2オ1
いつかでう
—个條　いつ—てう　高1ウ4
いつかど（—簾）↓ひとかど
いつき
—揆　イツキ　東1オ2
—揆　いつき　高1オ3
いつきよう
—興　—キヤウ　国1オ4
—興　いつけう　高1ウ5
いつくわい
—會　—クハイ　東2オ1
—會　いつくわい　高1ウ1

いつけ
—家　—ケ　東1オ2
↓いつか
いつごろ
何比　いつころ　高2ウ4
いつこん
—獻　—コン　東1オ3
—獻　いつこん　高1ウ5
いつさう
—雙　いつさう　高1ウ4
いつさう（—艘）↓いつそう
いつさつ
—冊　いつさつ　高1ウ3
いつしき
—色　いつしき　高68オ3
いつしやう
—生　いつしやう　高1オ5
いつしゆ
—種　—シユ　東1ウ4
—種　いつしゆ　高1ウ1
いつしゆ
—首　いつしゆ　高1ウ5
いつそう
—艘　いつそう　高56ウ3
いつそく
—束　いつそく　高1ウ2
いつたう
—黨　いつたう　高1オ5

いつたん
—旦　—□ン　東1オ3
—旦　いつたん　高1オ4
いつたん
—段　—タン　東1オ4
—段　いつたん　高1オ5
いつちやう
—廷〔梃〕　—チヤウ　国1オ5
いつちやう
—丁　—チヤウ　東1オ5
いつちやう
—町　いつちやう　高2オ1
いつちやう
—張　いつちやう　高1ウ3
いつつ
五　いつゝ　高51オ5
いつつい
—對　いつつい　高1ウ1
いつてん
—點　いつてん　高1ウ5
いつはり
僞　いつわり　高2オ5
いつぴき
—疋　いつひき　高2オ2
いつぷく
—服　いつふく　高2オ2
いつぺい
—瓶　—ヘイ　東1ウ5

いつぺん
一瓶　いつへい　高1ウ1
一返　いつへん　高2オ2
いつぽん
一本　いつほん　高1ウ2
いづみ
和泉　イツミ　東41ウ5
いづも
出雲　イツモ　東43オ4
いて
射手　イテ　東1ウ2
いてい
異體　イテイ　東1ウ1
いできたる
出來　―ライ・イデキタル　国19オ3
いでむかふ
出向　いてむかう　高2ウ2
いとう
伊藤　いとう　高68ウ4
いとけなし
幼稚〔稚〕　ヨウチ・イトケナシ　国6オ2
幼　いとけなし　高2オ4
いとこ
從父　いとこ　高58オ1
いとし（絲惜・最愛）↓いとしい・いとほし
いとしい
絲惜　イトシイ　東2オ1
↓いとほし
いとなみ
營　イトナミ　国1オ5
營　いとなみ　高2ウ5
↓いとなむ
いとなむ
經營　ケイヱイ・イトナム　国11ウ1
↓いとなみ・つくりいとなむ（造營）
いとふ
厭　イトウ　東2オ5
厭　いとう　高2ウ2
いとほし
最愛　いとうし　高3オ5
↓いとしい
いとま
暇　イトマ　国1オ5
寸暇　―カ・イトマ　国21ウ5
↓すんのいとま（寸暇）
いとまごひ
暇乞　イトマコイ　東1ウ2
暇乞　いとまごい　高2ウ1
いとをし（絲惜）↓いとしい
いなご
蚱　いなこ　高62オ4
いなごまろ（蚱）↓いなご
いなだ
稲田　いなた　高68ウ2
いなづまをおふ
逐電　チクテン・イナズマヲヲウ　国3オ4
いなば
因幡　イナハ　東43オ5
いなや（否）↓まこといなや（實否）
いにしへ
古舊　コキウ・イニシヘ　国13オ3
いにしへさと
故鄕　コキヤウ・イニシヘサト　国13オ3
いにん
異人　イニン　東2オ2
異人　いにん　高3オ2
いぬ
犬　いぬ　高54オ2
いぬ
戌　いぬ　高75オ4
いぬ（寐）↓さめてもいねても（寤寐）
いぬおふもの（犬追物）↓いぬおもの
いぬおもの
犬追物　いぬをもの　高2ウ4
いぬたで
萪　いぬたて　高61オ2
いぬゐ
乾　いぬい　高72ウ2
いね
稲　イネ　東2オ4

稲　いね　高60ウ3
いのがひ
貽貝　いのかい　高53オ4
いのみつち（牛膝）↓ゐのこづち
いのり
祈　イノリ　国1オ5
↓いのる
いのる
祈　イノル　東2オ3
祈　いのる　高2ウ3
↓いのり
いのを（飯尾）↓いひのを
いば
伊庭　いは　高70ウ1
いはた
岩田　いわた　高70オ4
いはひ
祝　イワイ　国1オ5
祝言　シウゲン・イハイ　国18ウ2
いばふ
嘶　イハウ　東2オ4
いはみ
石見　イハミ　東43オ5
いはむや
況　イハンヤ　東2オ5
いばゆ（嘶・驟）↓いばゆる
いばゆる
嘶　いはゆる　高3オ5
驟　同（いはゆる）　高3オ5
いはれ
謂　いはれ　高3オ1
いはれなし
無謂　イハレナシ　東1ウ4
いはゐ（岩井）↓ゆはゐ
いはんや（況）↓いはむや
いひ
飯　いゝ　高3オ1
いび
揖斐　いひ　高73ウ1
いび（衣斐）↓えび
いびき
⿰鼻合⿰鼻包〈齁〉　いひき　高3ウ2
いひだ
飯田　いゝた　高70オ1
いひのを
飯尾　いたのを　高68ウ2
いひを（飯尾）↓いひのを
いふまま
言儘　イウマヽ　東2オ2
いへ
家　いゑ　高2オ5
宅　同（いゑ）　高2オ5
舎　同（いゑ）　高2オ5
↓くにいへ（國家）
いへう
意表　イヘウ　国1オ3
いへう
異標　イヘウ　東1ウ4
いへども
雖　イヘトモ　国1オ5
いへにこもる
籠舎　ロウシヤ・イエニコモル　国1ウ1
いへにれ
兔葵　なもみ　高61オ1
いへのかみ
家督　カトク・イヱノカミ　国5オ1
いへのこ
家子　いゑのこ　高3オ1
いへのりやう
家領　ケリヤウ・イヱノリヤウ　国12オ1
いへばと（鴿）↓はと
いへひと
家人　ケジン・イヱヒト　国11ウ3
いほり（庵）↓くさのいほり（草庵）
いまがは
今川　いまかわ　高68オ5
いましむ
禁　いましむ　高2ウ5
いまみね
今嶺　いまみね　高70オ5
いみ
忌日　キニチ・イミ　国17オ1

↓いむ
いむ
忌　イム　東2オ4
↓いみ
いも
芋　いも　高61オ2
いもうと（妹）↓いもと
いもじ（鋳物師）↓いものし
いもと
妹　いもと　高57ウ4
いものし
鋳物師　イモノシ　東1ウ3
鋳物師　いものし　高2ウ4
いやし
苛　イヤシ　東2オ4
いやし
賤　いやし　高2ウ3
↓いやしい・いやしし
いやしい
賤　イヤシイ　東2オ5
↓いやし・いやしし
いやしし（賤）↓たつときいやしし（貴賤）
いゆ
平愈　―ユ・イユ　国2オ5
↓いゆる
いゆる
愈　いゆる　高3オ5

↓いゆ
いよ
伊豫　イヨ　東44オ1
いよいよ
彌　いよいよ　高2オ4
いりうちじま（入内島）↓いちじま
いりこ
煎海鼠　いりこ　高53オ3
いる
射　いる　高56オ1
いる（入）↓まなこいる（入眼）
いるい
衣類　いるい　高3オ2
いるか
江豚　イルカ　東40ウ5
鱘　いるか　高53ウ2
いるかせ
忽緒〔諸〕　イルカセ　国1オ4
忽緒〔諸〕　いるかせ　高3オ4
いろどる
精彩　セイサイ・イロドル　国21オ3
いろひ
綺　いろい　高2ウ3
↓いろふ
いろふ
綺　イロウ　東2オ3
↓いろひ
いわう（硫磺）↓ゆわう

いわし
鰯　イハシ　東40ウ5
鰯　いわし　高53オ5
いんか
印可　インカ　国1オ1
印可　いんか　高3オ1
いんきよ
隠居　インキヨ　国1オ2
隠居　いんきよ　高3オ3
いんぎん
慇懃　インギン　国1オ1
慇懃　インキン　東1ウ3
慇懃　いんぎん　高3ウ1
いんぐわ
因果　インクワ　国1オ1
因果　インクワ　東1ウ3
因果　いんぐわ　高3オ3
いんしん
音信　インシン　国1オ1
音信　いんしん　高2ウ4
いんぢ
印治　インヂ　国1オ1
印治　いんぢ　高3オ3
いんとん
隠遁　いんとん　高3オ3
いんぶつ
引物　インブツ　国1オ1
引物　いんふつ　高2オ4

いんゐんしやう（音韻儒）→おんゐんじ
ゆ

う

う
　鵜　ウ　東40オ2
う
　卯　う　高75オ4
う（得）→えたり・げんをえ（得減）
ういきやう
　茴香　ういきやう　高61オ4
うう（飢・饉）→うえうゆる（飢饉）・
　うゆる
うえうゆる
　飢饉　キキン・ウヘウユル　国17オ1
うかがふ
　伺　ウカヾウ　国9ウ1
　伺　ウカヽウ　東20オ3
　窺　ウカヽウ　東20ウ2
　窺　うかかう　高26オ4
　伺　同（うかかう）　高26オ4
うかひ
　鵜飼　うかい　高73オ5
うがひ
　嗽　うかい　高27オ1
うきしづむ
　浮沈　フチン・ウキシズム　国12オ5

うきぬしづみぬ
　娑婆　ウキヌシツミヌ　東20ウ2
うきやうのだいぶ（右京大夫）→さうき
　やうのだいぶ（左右京大夫）
うきよ
　浮世　ウキヨ　東20ウ1
うぐひす
　鶯　ウクヒス　東40オ1
うけあひ
　請合　ウケアイ　東20オ3
うけあふ（請合）→うけあひ
うけこたふ（請答）→うけこたへ
うけこたへ
　請答　ウケコタヘ　東20オ3
うけたまはる
　承　ウケタマハル　国9ウ2
うけどり
　請取　うけとり　高26オ4
　→うけとる
うけとる
　請取　ウケトル　東20オ4
　→うけどり
うこ
　鵜兒　うこ　高52オ1
うごきさわぐ
　騒動　サウトウ・ウコキサハク　国16オ5
うごきみだる

　動亂　トウラン・ウコキミダル　国2ウ5
うごく
　動　ウゴク　国9ウ1
うさぎ
　兎　うさき　高54オ1
うさぎつの
　兎角　トカク・ウサギツノ　国3オ1
うさみ
　宇佐見　うさみ　高70オ4
うし
　牛　うし　高54オ3
うし
　丑　うし　高75オ4
うしき
　牛牧　うしき　高69オ1
うしくそ
　牛屎　うしくそ　高72ウ4
うしだ
　牛田　うした　高74オ4
うしなふ（亡）→やけうしなふ（焼亡）
うじゆきつ
　溫州橘　うしゆきつ　高58オ5
うしろづめ
　後詰　ウシロツメ　東20ウ1
　後詰　うしろつめ　高26ウ3
うす（紛失）→うせる
うすぎぬ（薄衣）→はくえ

うすし
薄　うすし　高26ウ4
うすやう
薄様　ウスヤウ　東20ウ2
薄様　うすやう　高27オ1
うせる
紛失　フンシツ・ウセル　国12ウ4
うそ
鵨　ウソ　東39ウ5
鷓〈鸕〉　ウツ　東40オ1
鷓〈鸕〉　うそ　高52オ5
うた
哥　うた　高26ウ5
歌　うた　高27オ1
うだいじよう
右太〔大〕丞　ゆうたいせう　高63ウ3
うだいじん
右大臣　うたいしん　高63オ3
うだいべん
右大辨　うたいへん　高63ウ3
うたがひ
疑　ウタカヒ　東20オ4
疑　うたがい　高26オ5
→うたがふ
うたがふ
疑　ウタガフ　国9ウ2
→うたがひ・きらひうたがふ（嫌疑）
うたたね
假寐　ウタヽネ　国9ウ1
うたのかみ
雅樂頭　うたのかみ　高65オ2
うたひ
謡　うたい　高26ウ5
うぢいへ（氏家）→うぢへ
うちおき
打置　うちをき　高26オ5
→うちおく
うちおく
打置　ウチヲク　東20オ4
→うちおき
うちがたな
内刀　高55オ5
うちくどく
打口解　うちくとく　高26ウ4
うちたくみのかみ（内匠頭）→たくみのかみ
うちたつ
打立　うちたつ　高26オ5
→うつたつ
うちつづき
打續　ウチツヽキ　東20ウ1
打續　うちつゝき　高26ウ1
うちつづく（打續）→うちつづき
うちて（討手）→うつて
うちとる（討取）→うつとる
うちは
團扇　うちわ　高26ウ3
うぢへ
氏家　うちゑ　高72オ1
うちやぶる
打破　ウチヤブル　国9オ5
打破　うちやふる　高27オ1
うちよす（打寄）→うちよする
うちよする
打寄　うちよする　高26ウ4
うつ
打擲　チヤウチヤク・ウツナグ　国3オ5
うつぎ
槍　うつき　高59オ1
うづき
四月　高74ウ4
卯月　高74ウ4
うつす
移　ウツス　国9ウ1
うつす
寫　ウツス　国9ウ1
寫　うつす　高26ウ1
うつたう
鬱陶　―タウ　国9オ5
うつたつ
打立　ウツタツ　東20オ3
→うちたつ

うつたふ（訴）↓はかりうつたふ（謀訴）
うつたへまうす
訴申　ウツタヘマウス　東20オ5
うつて
討手　ウツテ　東20オ5
うつとる
討取　うつとる　高26ウ3
うつぷるひ
十二月　うつふるい　高74ウ1
うつぷん
鬱憤　ウツブン　国9オ5
鬱憤　うつふん　高26ウ2
うつぼ
靫　ウツホ　東20オ4
靫　うつほ　高55ウ5
笛　うつほ　高56オ1
韇　同（うつほ）　高56オ1
うづら
鶉　ウツラ　東39ウ3
うつりかはる
遷變　センベン・ウツリカワル　国21オ2
うつりゆく
遷行　センコウ・ユヅリユク　国20ウ5
うつる
移　うつる　高26ウ1

うで
腕　うて　高57オ4
うど（獨活）↓どくくわつ
うとうとし（疎々）↓うとうとしく（疎々敷）
うとうとしく
疎々敷　うとうとしく　高26ウ3
うとく
有徳　ウトク　東20オ5
有徳　うとく　高26ウ2
うどん
餛飩　うとん　高26オ5
うなぎ
鱣　うなき　高53オ3
うなづか
女塚　うなつか　高74ウ1
うなづく
點頭　ウナヅク　国9ウ1
頷狀　うなつく　高27オ2
うねへ（糝）↓うねめ
うねめ
糝　うねめ　高73ウ4
うねめのかみ
采女正　うねめのかみ　高66オ2
うば
祖母　うは　高57ウ2
うはおび
上帯　うわおひ　高55ウ1

うはなり
後妻　うはなり　高57ウ5
うばひとる
奪取　ウバイトル　国9オ5
奪取　ウハイトル　東20オ4
うはぶき
上葺　ウハフキ　国9ウ1
うひかうぶり（初冠）↓うひかぶり
うひかぶり
初冠　ウイカフリ　東20ウ2
うひやうゑのかみ（右兵衞督）↓さうひやうゑのかみ（左右兵衞督）
うひやうゑのじよう（右兵衞尉）↓さうひやうゑのじよう（左右兵衞尉）
うひやうゑのすけ（右兵衞佐）↓さうひやうゑのすけ（左右兵衞佐）
うふ
右府　ゆうふ　高63オ3
うへすぎ
上杉　うへすき　高68オ5
うま
馬　むま　高54オ3
うま（馬）↓まきのむま（牧馬）
うま
午　むま　高75オ4
うまぎぬ
馬被　むまきぬ　高25ウ4
うまきもの

うまにのり
美物　ウマキモノ　東20ウ1
騎馬　キバ・ムマニノリ　国17オ1
うまのかみ（右馬頭）↓さうまのかみ（左右馬頭）
うまや
廏　ムマヤ　東19ウ5
驛　むまや　高26オ2
廏　同（むまや）　高26オ2
うみ（膿）↓のう
うみしる
膿　ウミシル　国9ウ2
うみまつ（海松）↓みる
うめ
梅　むめ　高58オ3
うもれぎ
埋木　ウモレキ　東20ウ1
うやまふ
敬　ウヤマフ　国9ウ1
うゆる（饉）↓うえうゆる（飢饉）
うらなひ
占　うらない　高26ウ5
↓うらなふ
うらなふ
ト　ウラナウ　国9ウ2
↓うらなひ
うらみ
恨　ウラミ　東20オ3

恨　うらみ　高26オ5
うらみぞんず
恨存　ウラミゾンズ　国9ウ1
うらむ（恨）↓うらみ
うらやまし（浦山敷）↓うらやましく
うらやましく
浦山敷　ウラヤマシク　国9ウ1
浦山敷　ウラヤマシク　東20ウ2
浦山敷　うらやましく　高26ウ4
うらやむ
羨　うらやむ　高26ウ4
うり
瓜　ふり　高61ウ1
うりき
有力　ウリキ　東20オ5
有力　うりき　高26ウ2
うりけん
沽券　ウリケン　東20オ4
沽券　うりけん　高26ウ2
うりふ
瓜生　うりう　高71ウ4
うりん
羽林　うりん　高66ウ3
うりんじしやう（羽林次將）↓うりんらうしやう（羽林郎將）
うりんちゆうらうしやう（羽林中郎將）↓うりん（羽林）
うりんらうしやう

羽林郎將　うりんらうしやう　高66ウ4
うる
賣　うる　高26ウ1
うるさし
悪言　うるさし　高27オ2
うるし
漆　うるし　高26ウ1
うるはし
花麗　クワレイ・ウルハシ　国10オ4
うるほす
潤色　シユンショク・ウルヲス　国19オ2
うるほふ
潤　うるほう　高27オ2
霑　同（うるほう）　高27オ2
うれし
嬉　うれし　高26ウ1
怡　同（うれし）　高26ウ1
↓うれしく（嬉敷）
うれしく
嬉敷　ウレシク　東20オ5
↓うれし（嬉・怡）
うれひ
愁　うれい　高26ウ5
うれへいたむ
愁傷　シユフシヤウ・ウレヘイタム　国18ウ2

うろこ
鱗　うろこ　高53ウ4
うろん
胡亂　ウラン　東20オ3
胡亂　うろん　高26オ4
うゐうゆる（飢饉）↓うえうゆる・ききん
うゐもんのかみ（右衛門督）↓さうゐもんのかみ（左右衛門督）
うゐもんのさくわん（右衛門志）↓さうゐもんのさくわん（左右衛門志）
うゐもんのじよう（右衛門尉）↓さうゐもんのじよう（左右衛門尉）
うゐもんのすけ（右衛門佐）↓さうゐもんのすけ（左右衛門佐）
うゐもんのふしやう（右衛門府生）↓さうゐもんのふしやう（左右衛門府生）
うをずみ
魚住　うをすみ　高71オ1
うをのふえ
魚脬　ウヲフヘ　東41オ1
うんきやく
雲脚　ウンキヤク　国9オ5
雲脚　うんきやく　高26ウ5
うんじうきつ（溫州橘）↓うじゆきつ
うんじやう
運上　―ヂヨウ　国9オ5
うんじゆきつ（溫州橘）↓うじゆきつ
うんそう
運送　うんそう　高27オ1
うんどん（餛飩）↓うどん
うんめい
運命　ウンメイ　国9オ5
運命　うんめい　高26ウ5
うんも（雲母）↓きらら

え

え
荏　ゐ　高60ウ2
え
柄　ヱ　国14オ5
えいえう
榮耀　ゐいよう　高46ウ5
↓ええう
えいかん
叡感　―カン　国14オ2
えいぐわ
榮花　アイクワ・サカヘハナ　国14オ2
榮花　エイクワ　東35ウ1
榮花　ゐいくわ　高46ウ4
えいず
詠　ヱイス　国14オ5
えいたい
永代　ヱイタイ・ナカキヨ　国14オ2
永代　エイタイ　東35オ4
永代　ゐいたい　高46ウ2
えいりやう
永領　ヱイリヨ　国14オ2
えいりよ
叡慮　ヱイリヨ　国14オ2
えうがい
要害　―ガイ　国6オ2
要害　ようかい　高17ウ4
えうきやく
要脚　ヨウキヤク　東13ウ4
要脚　ようきやく　高17ウ2
えうくわい
妖怪　ようくわい　高18オ3
えうせう
幼少　ヨウシヨウ　東14オ1
幼少　ようせう　高17ウ3
えうち
幼雅〔稚〕　ヨウチ・イトケナシ　国6オ2
幼稚　ようち　高18オ2
えうよう
要用　ヨウヨウ　国6オ2
ええう
榮耀　エヨウ　東35ウ1
↓えいえう
えきれい
疫病　ヱキレイ・ヤクヒヤウ

国14オ2

えこ
依怙　エコ　東35オ4
依狀〈怙〉　ゑこ　高46ウ2

えだ
枝　ヱダ　国14オ5
枝　エタ　東35オ5

えたり（得）↓かひえたり（買得）

えつき
悦喜　ヱツキ　国14オ4
悦喜　エツキ　東35オ5
悦喜　ゑつき　高46ウ4

えつさい
雀鯱　エツサイ　東39オ4
雩鳥　エツサイ　東39オ5
鵝〈鯱〉　同（エツサイ）　東39オ5
雩鳥　ゑつさい　高51ウ5

えな
胞衣　エナ　東35ウ1

えのき
榎　ゑのき　高58オ4

えひ
鱏　エイ　東40ウ3
鱝　同（エイ）　東40ウ3
鱏　ゑい　高53オ2

えひ
衣斐　ゑひ　高70オ1

えび
海老　エヒ　東40ウ5
鰕　エイ　東41オ3
海老　ゑひ　高53オ4

えびな
海老名　ゑひな　高73ウ2

えぼうし（烏帽子）↓えぼし

えぼし
烏帽子　エホシ　東35オ5
烏帽子　ゑほし　高46ウ3

えらびさだむ
撰定　エラヒサタム　東35オ4

えらぶ
撰　ヱラブ　国14オ5
清選　―セン・ヱラブ　国21オ3
撰　ゑらふ　高46ウ3

えんいん
延引　ヱンイン・ノビヒク　国14オ2
延引　エンイン　東35オ4
延引　ゑんいん　高46ウ2

えんえん
延々　ゑんゑん　高46ウ4

えんかん
炎旱　ヱンカン　国14オ4

えんぎ
縁起　ヱンキ　国14オ3

えんじや
縁者　ゑんしや　高47オ1

えんじやう
炎上　―ジヤウ　国14オ4

えんしよ
艶書　ヱンショ・ケサウフミ　国14オ3

えんてい
淵底　ヱンテイ・フチノソコ　国14オ3
淵底　エンテイ　東35オ5
淵底　ゑんてい　高46ウ3

えんてん
炎天　ヱンテン　国14オ4
炎天　ゑんてん　高46ウ4

えんばい
鹽梅　ヱンハイ・シヲムメ　国14オ2

お

おいのすがた
老體　ラウタイ・ヲイノスガタ　国8ウ5

おいぼけ
老耄　ラウモウ・ヲイホケ　国8ウ5

おいわかし
老若　ラウニヤク・ヲイワカシ　国8ウ5

おうご
雍〔擁〕護　ヲウゴ　国4ウ1

おうしよう

おえぐ
　應鐘　わうしやう　高75オ2
　泳　ヲエグ　国4ウ2
　↓およぐ
おおそれながら
　乍恐　ヲフソレナカラ　東10オ4
　↓おそれながら
おかふ
　億　おかふ　高51ウ2
　↓おくこふ
おき
　煨　ヲキ　東5ウ2
おき
　沖　ヲキ　東10ウ5
おき
　隠岐　ヲキ　東43オ5
おきかべ（刑部）↓おさかべ
おきて
　掟　ヲキテ　東10ウ4
　掟　おきて　高13オ2
おぎなふ（補）↓おぎぬふ
おぎぬふ
　補　ヲギヌウ　国4ウ2
　↓おぎのふ
おぎのふ
　補　をきのふ　高14オ2
　↓おぎぬふ
おきのり
　貰　をきのり　高13オ3
　貣〔貸〕　同（をきのり）　高13オ3
　↓おきのる
おきのる
　貰　ヲキノル　東10ウ4
　貣〔貸〕　同（ヲキノル）　東10ウ4
　↓おきのる
おく
　億　をく　高51ウ2
おく
　置　ヲク　国4ウ2
おくこふ（億）↓おかふ
おくぢ
　憶持　ヲクチ　国4オ5
おくびやう
　臆病　ヲクヒヤウ　国4オ4
　臆病　をくひやう　高13ウ1
おくむら
　奥村　をくむら　高72オ3
おくりたまはり
　送給　ヲクリタマハリ　東10オ3
　↓おくりたまはる
おくりたまはる
　送給　ヲクリタマハル　国4オ5
　贈賜　をくりたまはる　高13オ1
　送給　同（をくりたまはる）　高13オ1
　↓おくりたまはり
おくりむかひ
　送迎　ヲクリムカイ　国4オ5
おくる（後）↓おくるる
おくるる
　後　をくるゝ　高14オ3
おこしおこなふ
　興行　コウキヤウ・ヲコシヲコナウ　国13ウ1
おこしごめ
　興米　をこしこめ　高14オ4
おごせ
　越生　をこせ　高72オ2
おこたりをとがむ
　過怠　クワタイ・ヲコタリヲトカム　国10オ4
おこたる
　遲怠　チタイ・ヲコタル　国3オ3
　懈怠　ケダイ・ヲコタル　国11ウ5
　怠　おこたる　高13オ3
　↓ゆるくおこたる（緩怠）
おこなひ（行）↓ほどこすおこなひ（施行）
おこなふ（行）↓おこしおこなふ（興行）
おこる（發・起）↓さらにおこる（更發）・はちおこる（蜂起）
おごる
　傲　ヲコル　国4ウ2
　侈　ヲコル　東10ウ5

侈　おこる　高14オ1
驕　をごる　高14オ2
おさかべ
刑部　をきかへ　高70ウ3
おしかくす
押隠　をしかくす　高14オ1
おしかすむ（押掠）↓おしかすめ
おしかすめ
押掠　をしかすめ　高14オ1
おししんず
推進　─シン・ヲシシンズ　国21ウ4
おしつつむ
押裹　ヲシツヽム　東10ウ2
押包　をしつゝむ　高14オ3
おして
印　ヲシテ　東10ウ4
印　をして　高13ウ1
おしとどむ
抑留　ヨクリウ・ヲシトヽム　国6オ3
おしならぶ（押竝）↓おしならべ
おしならべ
押竝　ヲシナラヘ　東10ウ2
おしはかる
推量　スイリヤウ・ヲシハカル　国21ウ4
おしひらく
排　おしひらく　高13ウ5

おしよす（押寄）↓おしよする・おしよせ
おしよする
押寄　をしよする　高13オ3
↓おしよせ
おしよせ
押寄　ヲシヨセ　東10オ1
↓おしよする
おしろい（白粉）↓しろいもの
おそくすみやかなり
遅速　チソク・ヲソクスミヤカナリ　国3オ3
おそし
遅々　チヽ・ヲソシ　国3ウ2
遅　ヲソシ　東10オ2
遅　おそし　高13ウ3
おそる
恐悦　ケヤウヱツ・ヲソル　国11ウ5
誠恐　─キヤウ・ヲソル　国21オ5
↓おぢおそる（怖畏）・まことにおそる（誠惶）
おそれいる
恐入　をそれいる　高13ウ2
おそれながら
乍恐　おそれなから　高14オ5
↓おおそれながら
おだ
織田　をた　高68オ5

おだやかなり
穏便　ヲンビン・ヲタヤカナリ　国4オ3
おちあひ
落合　をちあい　高73オ5
おぢおそる
怖畏　フイ・ヲヂヲソル　国12オ5
おちおつ
零落　レイラク・ヲチヲツ　国7オ2
落墮　─タ・ヲチヲツ　国9オ1
おちつく
落居　ラツキヨ・ヲチツク　国9オ2
おちぶる（僚倒）↓おちぶるる
おちぶるる
僚到〈倒〉　をちふるゝ　高14オ1
おちもとむ
落索　ラクサク・ヲチモトム　国9オ1
おつ
落　ヲツ　国4ウ2
↓おちおつ（落墮）・おちおつ（零落）
おっちらす（追散）↓おひちらす
おつつまくつつ（遭啓）↓あふつまくつつ
おつて
追而　ヲツテ　東10オ1
追而　おつて　高13オ5
おつて（追手・伐手）↓おひて・おふて

おつぷるひ（十六島）↓いがしま（五十島）
おつぷるひ（十二月）↓うつぷるひ
おつるなんだ
　落涙　―ルイ・ヲツルナンダ　国9オ1
おとうと（弟）↓おとと
おとしぶみ
　落書　ラクショ・ヲトシフミ　国9オ1
おとと
　弟　をとゝ　高57ウ4
おとな
　長者　をとな　高13ウ1
おとなしきひと
　乙男人　ヲトナシキヒト　東10オ4
おとる
　劣　おとる　高13ウ4
おどろかす（驚）↓じぼくをおどろかす（驚耳目）
おどろきいる
　驚入　ヲトロキイル　東10オ1
　驚入　をとろきいる　高12ウ5
おどろく
　驚　ヲドロク　国4ウ2
おとろふ
　衰　ヲトロフ　国4ウ2
　衰微　スイビ・ヲトロフ　国21ウ4
　↓おとろへ
おとろへ
　衰　おとろへ　高13ウ3
　↓おとろふ
おび
　帯　ヲヒ　東10ウ5
　帯　をひ　高13ウ3
　紳　同（をひ）　高13ウ3
おひいだす
　擯　をいいたす　高14オ1
おひうしなふ
　追失　ヲイウシナウ　東10オ3
　追失　をいうしなう　高13オ3
おひかぜ
　追風　ヲイカセ　東10オ5
　追風　をいかせ　高13オ5
おびたたし
　劫多　ヲヒタヽシ　東10ウ3
　↓おびたたしく
おびたたしく
　劫多敷　おひたゝしく　高14オ2
　↓おびたたし
おひたつ
　追立　ヲイタツ　国4オ5
おひちらす
　追散　ヲイチラス　東10オ3
　追散　おいちらす　高13オ4
おひつまくりつ（遭啓）↓あふつまくつつ
おひて
　追手　ヲイテ　東10オ5
　追手　おいて　高13オ4
おひて（追風）↓おひかぜ
おひはらふ
　追拂　ヲイハラウ　国4オ5
　追拂　をいはらう　高13オ4
おひもの
　負物　をいもの　高13ウ2
おびゆ
　喝　ヲヒユ　東10ウ2
おふ（逐）↓いなづまをおふ（逐電）
おふて
　伐手　をうて　高14オ2
おほいし
　大石　おほいし　高74オ4
おほうち（大内）↓おほち
おほおび（紳）↓おび
おほかた
　大方　ヲウカタ　東10オ4
　大形　おほかた　高12ウ5
おほかみ（狼）↓おほかめ
おほかめ
　狼　おほかめ　高54オ2
おほくこまやかなり
　巨細　コサイ・ヲヽクコマヤカナリ　国13オ3
おほくらのきやう

大藏卿　おほくらきやう　高65ウ2
おほし（多）↓かずおほし（數多）
おほしほ
　大鹽　をほしほ　高72ウ1
おほしま
　大島　をほしま　高68ウ5
おぼしめし
　思召　おほしめし　高12ウ5
　↓おぼしめす
おぼしめしより
　寄思食　ヲホシメシヨリ　東10オ2
おぼしめしよる（寄思食）↓おぼしめし
　より
おぼしめす
　思食　ヲヾシメス　国4ウ1
　↓おぼしめし
おほすみ
　大隅　ヲウスミ　東44オ4
おほせかうぶる
　蒙仰　ヲウセカウフル　東10オ2
　↓おほせかうむる
おほせかうむる
　蒙仰　ヲヽセカウムル　国4オ3
　蒙仰　おほせかうむる　高13オ2
　↓おほせかうぶる
おほせくだす
　仰下　をほせくたす　高13ウ2
おほせつく（仰付）↓おほせつくる・お
　ほせつけられ（被仰付）
おほせつくる
　仰付　おほせつくる　高13オ2
　↓おほせつけられ（被仰付）
おほせつけらる（被仰付）↓おほせつけ
　られ
おほせつけられ
　被仰付　ヲフセツケラレ　東10オ2
　↓おほせつくる（仰付）
おほせのごとく
　如仰　ヲホセノコトク　東10オ4
おほせのごとし（如仰）↓おほせのごと
　く
おほた
　大田　をほた　高68ウ2
おほたか
　負鷹　ヲウタカ　東39オ4
おほたか
　太［大］高　をほたか　高68ウ4
おほだか
　大鷹　をほたか　高51ウ4
おほだか（青鷹）↓せいよう
おほたき
　大瀧　をほたき　高69ウ5
おほち
　大内　をほち　高68オ4
おほぢ
　祖父　おうち　高57ウ2
おほつか
　大塚　をほつか　高69オ3
おぼつかな
　不審　おほつかな　高14オ3
おぼつかなし（不審）↓おぼつかな
おほづな
　大綱　―カウ・ヲウツナ　国6オ5
おほとねり
　大舍人　おほとねり　高64オ1
おほにし
　太［大］西　をほにし　高69ウ2
おほね（大根）↓だいこん
おほば
　大庭　をほは　高68ウ4
おほばこ
　芣苡　をほはこ　高60オ5
　蘩　おほはこ　高59オ5
おほはし
　太［大］橋　をほはし　高71オ1
おほひのかみ
　大炊頭　をほいのかみ　高65ウ4
おほむね（大都）↓むね
おほるい
　大類　をほるい　高73ウ3
おほを
　大緒　をほお　高54ウ2
おもがい
　勒　をもかへ　高14オ4

おもかげ
面影　ヲモカゲ　国4ウ1
面影　ヲモカケ　東10ウ1
面影　をもかけ　高13ウ4
化　をもかけ　高14オ3
おもしろし
面白　ヲモシロシ　国4ウ1
風流　―リウ・ヲモシロシ　国12ウ1
面白　ヲモシロシ　東10オ5
面白　をもしろし　高13ウ4
おもだか
澤瀉　をもたか　高60オ4
おもづら
韉頭　ヲモツラ　東10ウ3
韉頭　をもつら　高14オ5
おもてみる
覿面　テキメン・ヲモテミル　国14ウ3
おもてをあかむ
赤面　セキメン・ヲモテヲアカム　国21オ5
おもはく
以爲　ヲモワク　東10ウ3
おもひ
舊懷　キウクワイ・ヲモイ　国17オ2
おもひかけず
不思懸　ヲモヒカケス　東10オ2
おもひで
思出　ヲモヒテ　東10ウ1
思出　をもいて　高13ウ4
おもひなし
無念　ムネン・ヲモイナシ　国9オ3
おもひのほか
慮外　リヨクワイ・ヲモイノホカ　国3ウ5
おもひやる
想像　ヲモイヤル　国4ウ1
想像　ヲモヒヤル　東10ウ3
想缘〈像〉　をもいやる　高14オ4
おもひより
思寄　おもひより　高13オ1
おもひよる（思寄）→おもひより
おもふ（念・想）→あたにおもふ（怨念）・みだりにおもふ（妄想）
おもむき
趣　ヲモムキ　国4ウ2
趣　ヲモムキ　東10ウ4
趣　をもむき　高13オ3
→そのおもむき（其趣）
おもんぱからず
不慮　フリヨ・ヲモンハカラズ　国12オ4
おもんぱかり（慮）→みじかきおもんぱかり（短慮）
おや
親　をや　高57ウ3
およぐ
游　ヲヨク　東10ウ5
泳　同（ヲヨク）　東10ウ5
游　をよく　高14オ2
→およぐ
およそ
凡　ヲヨソ　東10ウ4
凡　およそ　高13オ2
およびがたし
難覃　ヲヨビガタシ　国4ウ1
およぶ（及）→てだてにおよぶ（及行）
おりべのかみ（織部正）→おんべのかみ
おりもの
織物　おりもの　高14オ3
おろか
愚　ヲロカ　国4ウ2
おろそか
疎　ヲロソカ　国4ウ2
疎　ヲロソカ　東10オ3
疎　をろそか　高13ウ4
おんきふ
恩給　―キウ　国4オ3
恩給　ヲンキウ　東10オ5
恩給　おんきう　高13ウ2
おんぎよく
音曲　ヲンギヨク　国4オ4
音曲　おんきよく　高14オ4
おんぐしおろす

　御髪髠　おんぐし―　高13オ5
おんざうし
　御曹子　おんそうし　高14オ5
おんしやう
　恩賞　ヲンシヤウ　国4オ3
おんじゆ（音儒）↓おんゐんじゆ（音韻儒）
おんでん
　隠田　ヲンテン　東10ウ1
　隠田　おんてん　高13ウ5
おんぱ
　恩波　―ハ　国4オ3
おんぱい
　恩坏　ヲンハイ　国4ウ1
おんはかせ
　音博士　おんはかせ　高64ウ5
おんべのかみ
　織部正　をんへのかみ　高65ウ2
おんまへ（御前）↓ごぜん
おんみつ
　隠密　―ミツ・カクシヒソム　国4オ3
　隠密　おんみつ　高13ウ1
おんやうのかみ
　陰陽頭　おんやうのかみ　高64オ4
おんゐんじゆ
　音韻儒　いんいんしやう　高64ウ5

か

か
　蚊　か　高62オ2
がい
　雅意　カイ　国5オ4
かいえき
　改易　カイヘキ・アラタメカウ　国5オ4
　改易　カイエキ　東12ウ3
かいかふ
　闔閤〔開闔〕　カイカウ　国5オ4
かいぎやう
　戒行　かいきやう　高17オ3
かいぐ
　皆具　かいぐ　高16オ4
かいげ
　搔笥　カイケ　東13オ2
　戽　同（カイケ）　東13オ2
かいげん
　改元　カイケン・アラタメハジム　国5オ5
かいさい（皆濟）↓かいせい
がいさい
　涯際　カイサイ　国5オ5
かいしやう
　海上　カイシヤウ　東13オ1
かいしやく
　介錯　カイシヤク・アキラカニアヤマル　国5オ5
かいしやくにん
　介錯人　カイシヤクニン　東12ウ1
かいせい
　皆濟　かいせい　高16オ1
がいせき（外戚）↓げしやく
かいぞく
　海賊　カイソク　東13オ1
　海賊　かいそく　高16ウ3
かいたい
　改替　―タイ・カヘ　国5オ4
　改替　カイタイ　東12オ4
かいだう
　海棠　かいたう　高58ウ5
かいだて
　搔楯　カイタテ　東12ウ4
かいで
　楓　かいて　高58オ3
がいにまかす（任雅意）↓がいにまかせ
がいにまかせ
　任雅意　カイニマカセ　東12オ4
　任雅意　かいにまかせ　高15ウ5
かいねん
　改年　カイネン　東12ウ4
　改年　かいねん　高16オ4
がいぶん
　涯分　カイフン　国5オ5

涯分　カイフン　東12オ3
涯分　かいぶん　高15ウ3
かいへん
改變　カイヘン　国5オ5
かいほつ
開發　カイホツ・ヒラク　国5オ4
かいらうどうけつ
偕老同穴　カイラウトウケツ　東13ウ1
かいらぎ
鰄　カイラキ　東40ウ4
梅花皮　かいらき　高16ウ2
かいりき
戒力　カイリキ　東12ウ5
かいりつ
戒律　カイリツ　国5オ5
かういう
交友　カウイウ・トモニマジハル　国5オ2
かううん
高運　―ウン　国5オ1
がうえん
強緣　カウエン・ツヨキ　国5オ3
かうかう
孝行　カウカウ　国5オ2
かうかつ
校割　カウカツ　東13オ5
がうぎ
強義　カウギ　国5オ3
かうけつ
纐纈　かうけつ　高69ウ2
かうげん
效驗　カウケン・シルシ　国5ウ4
かうさう
行粧　カウサウ・ヨソヲイ　国5オ2
かうさく
耕作　カウサク　国5ウ3
耕作　かうさく　高16ウ2
かうさつ
高察　カウサツ　国5オ1
かうさん
降參　カウサン・クタリマイル　国5オ2
降參　カウサン　東12ウ2
降參　かうさん　高16オ1
かうじ
好士　カウシ　東12ウ3
かうじ（柑子）↓かんじ
かうじくりげ
柑子栗毛　カウシクリケ　東41オ5
かうしやう
高聲　カウシヤウ・コユ　国5オ1
かうせん
々（香）錢　―セン　東13オ4
かうぞ
楮　かうそ　高59オ1
かうそかべ（香宗我部）↓かうそかめ
かうそかめ
香宗我部　かうそかめ　高72ウ5
がうだう
強盜　カウドウ・アナカチニヌスム　国5オ2
強盜　カウタウ　東13ウ1
かうぢ
麴　かうち　高17オ3
かうぢき
高直　―ヂキ　国5オ1
高直　かうちき　高16ウ5
かうづけ
上野　カウツケ　東42ウ4
かうつつみ
香裹　カウツヽミ　東13オ5
かうでん
香奠　カウテン　東13オ4
香典　かうてん　高17オ1
がうにふぶ
強入部　カウニウフ　東13ウ1
強入部　かうにうふ　高16ウ2
かうのもの
剛者　かうのもの　高17オ5
かうばこ
々（香）合　―ハコ　東13オ3
香合　かうはこ　高16ウ5
かうびん

好便　カウヒン　東13ウ2
幸便　同（カウヒン）　東13ウ2
がうぶく
降伏　カウブク　国5ウ4
かうぶつ
好物　かうぶつ　高16オ5
かうぶり
蝙蝠　かうぶり　高62オ4
かうぶる（蒙）→かうむる
かうべをかたぶく
頓首　トンシユ・カウベヲカタブク　国2ウ5
かうべをはぬ（刎首）→かうべをはぬる
かうべをはぬる
刎首　カウヘヲハヌル　東12ウ3
県首　かうへをはぬる　高16オ2
かうほつ
更發　カウホツ・サラニヲコル　国5オ1
かうみやう
高名　カウミヤウ　国5オ1
高名　カウミヤウ　東12ウ1
高名　かうみやう　高15ウ5
かうむり（蝙蝠）→かうぶり
かうむる
蒙　カウムル　国6オ1
↓おほせかうむる（蒙仰）
かうめい（高名）→かうみやう

がうもん
拷問　カウモン・カンカヘトウ　国5オ2
がうりき
強力　カウリキ・ツヨキチカラ　国5オ2
かうろ
香爐　カウロ　東13オ3
香爐　かうろ　高16ウ3
かうをたく
燒香　シヤウコウ・カウヲタク　国19オ4
かが
加賀　カヽ　東43オ1
かかへおく
拘置　カヽヘヲク　東12ウ3
抱置　かゝへをく　高16オ5
かがみ
蓌　かたはみ　高60ウ4
かがみ
各務　かゝみ　高74オ5
ががん
鵝眼　カガン　国5オ4
かき
柿　カキ　東12ウ1
柿　かき　高58オ4
かき
蛙蝐　カキ　東40ウ5

蠣　かき　高53オ5
かきたえ
書絶　カキタヱ　国5ウ3
かきつばた
杜若　かきつはた　高60オ1
かきもの
書物　かきもの　高16ウ3
かきや
垣屋　かきや　高70オ3
かぎや（神屋）→かみや
かぎり
分限　ブンゲン・カギリ　国12ウ4
↓かぎる
かぎりなし
無限　カキリナシ　東11ウ3
かぎる
限　カキル　国5ウ5
限　かきる　高15オ3
↓かぎり
かきん
瑕瑾　カキン・キス　国5オ4
瑕瑾　カキン　東12オ1
瑕瑾　かきん　高15オ5
かく
懸　カク　国5ウ5
かくご
覺悟　カクカウ　国5ウ3
覺悟　カクコ　東12オ3

覺悟　かくご　高15ウ3
かくしひそむ
隱密　―ミツ・カクシヒソム　国4オ3
がくしやう
學匠　カクシヤウ　東11ウ4
がくとう
學頭　カクトウ　東11ウ4
かくべつ
各別　カクベツ　国5ウ3
各別　かくへつ　高15ウ4
かくみ（各務）↓かがみ
がくもん
學問　ガクモン　国5ウ3
學文　かくもん　高15オ4
かぐら
神樂　カクラ　東11ウ4
神樂　かくら　高15ウ1
かくれなし（無隱）↓そのかくれなし（無其隱）
かくれゐる
蟄居　チツキヨ・カクレイル　国3オ4
かげ
鹿毛　カケ　東41ウ3
鹿毛　かけ　高16ウ1
かけい
佳慶　カケイ　東12オ3

かげやま
蔭山　かけやま　高69ウ3
かげゆ
勘解由　かんけゆ　高66ウ2
かげん
加減　カンケン　東11ウ4
加減　かけん　高15ウ4
かご
加護　カゴ・クハヘマホル　国5オ3
かこつ
誣　かこつ　高17オ5
かこふ
拵〔栫〕　かこう　高17オ3
かさ
笠　カサ　東13オ5
かさい
葛西　かさい　高73ウ4
かざけ
風氣　フウキ・カサケ　国12ウ1
かささぎ
鵲　カサヽキ　東40オ2
かさじるし
笠璽　かさしるし　高15オ4
がさつ
賀札　カサツ・ヨキフダ　国5オ3
かさぬ
二　かさぬ　高51オ4
↓よをかさぬ（累代）

がざみ
插〈擁〉劍　カ□ミ　東41オ1
插〈擁〉劍　かさみ　高53ウ1
かざる
嚴　カサル　東13ウ1
嚴　かさる　高15ウ3
餝　同（かさる）　高15ウ3
かし（檞）↓かしは（槲）
かじ（可兒）↓かに
かしこきひと
賢仁　ケンジン・カシコキヒト　国11オ4
かしこまる
畏　カシコマル　国5ウ5
かしどり
鵁　同（カシトリ）　東39ウ5
鵁　かしとり　高52ウ3
↓しとと
かしは
柏　かしは　高58ウ2
檞〔槲〕　かし　高58ウ3
かしまし（姦）↓かしましい
かしましい
姦　かしましい　高16オ3
かしら
地頭　チトウ・カシラ　国3オ4
頭　かしら　高57オ3
かしらを

首尾　シユビ・カシラヲ　国19オ1
かす（糠）→ぬかかす（糟糠）
かずおほし
數多　―ダ・カズヲヽシ　国22オ1
かすげ
糠毛　かすけ　高16ウ1
かずふ（算）→かぞふ
かずへのかみ
主計頭　かすへのかみ　高65オ4
かすみ
霞　カスミ　国6オ1
かすむ
掠　カスム　国5ウ5
かすめまうす
掠申　カスメマウス　東12オ2
掠申　かすめまうす　高15オ5
かせぐ
挊　かせく　高16オ2
→よをかせぐ（挊世）
かせづゑ
横首杖　カセツヘ　東12ウ3
かせもの
悴者　カセモノ　東12オ1
悴者　かせもの　高17オ3
かせん
合戰　カセン　東12ウ2
→かつせん
かぞう
加增　かぞう　高17オ2
かぞふ
算　カソウ　国6オ1
かた
此方　コノホウ・カタ　国13ウ3
かたあて
肩當　かたあて　高55ウ1
かたがた
旁　カタカタ　東13ウ1
かたがへり（撫鷹）→ぶよう
かたき（敵）→あたのかたき（怨敵）
かたきあり
二　かたきあり　高51オ4
かたきなし
一　かたきなし　高51オ4
かたぎぬ
肩衣　カタキヌ　東13オ1
肩衣　かたきぬ　高16ウ3
かたく
堅　カタク　東13オ3
→かたし
かたし
堅固　ケンゴ・カタシ　国11オ4
→かたく
かたし（難）→ありがたし（難有）・さりがたし（難去）・もだしがたし（難默止）
かたじけなし
忝　カタシケナシ　国5ウ5
忝　かたしけなし　高15ウ1
かただ
堅田　かたた　高71オ5
かたち
相形　―キヤウ・カタチ　国16オ3
かたつぶり
蝸牛　かたつふり　高62オ4
かたつむり（蝸牛）→かたつぶり
かたとき
片時　ヘンシ・カタトキ　国2ウ2
かたとき（片時）→へんし
かたのごとく
如形　カタノコトク　東12オ4
如形　かたのことく　高15ウ5
かたのごとし（如形）→かたのごとく
かたばみ（薟）→かがみ
かたはら
傍　かたわら　高15ウ2
かたびら
帷　カタヒラ　東14ウ5
帷　かたびら　高15ウ2
かたぶく
傾　カタブク　国5ウ5
→かうべをかたぶく（頓首）
かたみ
記念　かたみ　高17オ2
かたむく（傾）→かたぶく

かたらひぜい〔語勢〕↓せいをかたらふ
かたる〔談〕↓しづかにかたる〔閑談〕・みだりにかたる〔妄語〕
かたをか
　片岡　かたをか　高71オ5
かぢ
　鍜治〔鍛治〕　カチ　東11ウ3
　鍜治〔鍛治〕　かち　高15オ4
かぢ
　楫　かち　高56ウ2
かぢ
　梶　かち　高58ウ4
かちだち
　徒立　カチタチ　東12ウ4
かちどき
　凱　かちとき　高17オ5
かぢはら
　梶原　かちわら　高71オ5
かちまく
　勝負　シヤウブ・カチマク　国19オ3
かちやう
　蚊張〔帳〕　カチヤウ　東13オ3
かつ〔且〕↓かつう
かつう
　且　カツウ　国5ウ5
かつうを〔鰹〕↓かつを
かつかう
　恰合　カツカウ　国5ウ5
かつがう
　偈〔渇〕仰　カツカウ　国5ウ4
かつがつ
　且々　カツカツ　東13オ2
　且　かつかつ　高15ウ1
かづさ
　上總　カツサ　東42ウ1
かつしき
　喝食　かつしき　高15ウ5
がつしゆく
　合宿　カツシユク　東12オ5
　合宿　かつしゆく　高16オ2
かつせん
　合戰　カツセン・アヒタヽカフ　国5オ3
　合戰　かつせん　高15ウ4
　↓かせん
かつた
　勝田　かつた　高74オ5
かつた〔刈田〕↓かりた
かつちう
　甲冑　カツチウ　東12オ5
　甲冑　かつちう　高54ウ5
かつでう〔四調・三合力〕↓がんでう
かつにのる
　乘勝　カツニノル　東13オ1
　乘勝　かつにのる　高16オ2
かつぺき
　合壁　カツベキ　国5ウ5
　合壁　カツヘキ　東13オ4
　合壁　かつへき　高17オ2
かつみやうをつぐ
　喝命續　カツミヤウヲツク　東12オ4
かつら
　桂　かつら　高58ウ5
かつを
　鰹　カツヲ　東40ウ5
　鰹　かつほ　高53オ4
かてのもの
　糧物　ラウフツ・カテノモノ　国9オ1
かとう
　賀〈加〉藤　かとう　高68ウ3
かとく
　家督　カトク・イヱノカミ　国5オ1
　家督　カトク　東13オ4
　家督　かとく　高17オ2
かなしむ
　悲　カナシム　国6オ1
かなづち
　鐵鎚　カナツチ　東12ウ5
　鐵槌　かなつち　高56ウ5
かなばし
　鉗　まなはし　高30ウ4
かなふ
　叶　カナウ　東11ウ5

叶 かなう　高15オ3
かなまり
鋺 かなまり　高16オ3
かなまり
神餘 かなまり　高69ウ1
かに
可兒 かに　高70オ2
かね
曲尺 かね　高56ウ5
かねて
兼 カネテ　東12ウ2
かねてはまた
兼又 カネテハ―　国5ウ4
かねまき
印卷 かねまき　高74ウ1
かのえ
庚 かのへ　高75オ5
かのこ
鹿兒〔麑〕 かのこ　高54オ3
かのと
辛　高75オ5
かは
皮 かは　高57ウ1
かはうそ
頼〈獺〉 かはうそ　高54オ2
かはご
皮子 カワコ　東13オ3
かはじり
川尻 かはしり　高71オ3
かはち
河内 カワチ　東41ウ5
かはづ
蛙 かわつ　高62オ2
↓かへる（蟆）
かばね
骸 かはね　高17オ4
かはばかま
鞋〈鞋〉 かわはかま　高16ウ3
かははら
河原 かわはら　高73オ2
かはほり（蝙蝠）↓かうぶり
かはむら
河村 かわむら　高69ウ5
かはやなぎ
檉 かわやなき　高58ウ2
かはらけ
土器 カワラケ　東13オ1
土器 かわらけ　高16オ5
かはらげ
河原毛 カワラケ　東41ウ2
河原毛 かわらけ　高16ウ2
かはらよもぎ（菊）↓きく
かはりめ
替目 カハリメ　国5ウ4
かはる
變易 ヘンヤス・カワル　国2ウ1
↓うつりかはる（遷變）
かはをそ（獺）↓かはうそ
かひ
甲斐 カイ　国5ウ4
甲斐 カイ　東42オ5
かひえたり
買得 ハイトク・カイヱタリ　国1ウ2
かひがひし（甲斐々々）↓かひがひしく
（甲斐々々敷）
かひがひしく
甲斐々々敷 カイカイシク　東11ウ3
甲斐々々敷 かいかい―　高17オ1
かひこ
蠶 かいこ　高62オ4
かひしやう
甲斐莊 かいしやう　高70ウ1
かひな
肘 かいな　高57オ4
かひもの
買物 カイモノ　東12ウ4
買物 かいもの　高16ウ1
かふ（易）↓あらためかふ（改易）・かへ
かふしよう
挍〔夾〕鐘 かうせう　高74ウ3
かぶたて
梢立 カフタテ　東13オ4
梢言〈立〉 かうたて　高16オ3

かぶと
　甲　かふと　高55オ3
かぶとがね
　烏頭　かふとかね　高55ウ2
かぶとひとはね
　甲一羽　カフトヒトハネ　東12オ5
かぶらや
　鏑矢　かふらや　高55ウ4
かぶり
　衣冠　イクワン・カブリ　国1オ3
がふりき
　合力　カウリキ・チカラアハス　国5オ3
かへ
　改替　―タイ・カヘ　国5オ4
　替　かへ　高15オ3
かへあらたむ
　變改　ヘンカイ・カヘアラタム　国2ウ1
かへしまゐらす
　返獻　ヘンケン・カヘシマイラス　国2ウ2
かへせん
　替錢　カヘセン　東11ウ3
かへで（楓）↓かいで
かべぬり
　壁塗　カヘヌリ　東12ウ2
　壁塗　かへぬり　高16オ4

かへりみず
　不顧　カヘリミス　東13オ5
かへりみる
　顧　かへりみる　高16オ3
かへる
　蟆　かへる　高62オ2
　↓かはづ（蛙）
かへる（歸）↓みやこにかへる（歸洛）
かほ
　顔　かほ　高57オ4
がほう
　駕部　かほう　高67オ4
かほばせ（顔）↓すがたかほばせ（容顔）
かま
　鎌　かま　高55オ5
かます
　魨　カマス　東40ウ3
　鮇　かます　高53ウ2
　↓かまつか
かまつか
　桐　かまつか　高16オ2
かまつか
　鮇　カマツカ　東41オ1
　↓かます
かまのを
　鎌尾　かまのを　高73ウ2
かまふ（構）↓かまへ・かまゆ

かまへ
　構　カマヘ　国6オ1
　構　カマヘ　東13オ5
　↓かまゆ
かまぼこ
　蒲穂子　かまほこ　高53ウ4
かまゆ
　構　かまゆ　高15オ3
　↓かまへ
がまん
　我慢　ガマン　国5ウ3
かみ
　髪　同（カミ）　国12オ3
　髪　かみ　高57オ3
かみ（督）↓いへのかみ（家督）
かみかみそり
　髪剃刀　カミカミソリ　東12オ1
かみすき
　紙漉　カミスキ　東12オ5
　紙漉　かみすき　高16オ1
かみそり
　剃刀　かみそり　高15ウ2
　↓かみかみそり（髪剃刀）
かみなづき
　十月　高75オ2
かみみ（神屋）↓かみや
かみや
　神屋　かみみ　高69オ4

かも
　鴨　カモ　東39ウ2
　鴨　かも　高52オ3
かもめ
　鷗　カモメ　東39ウ4
　鷗　かもめ　高52ウ3
かもんのかみ
　掃部頭　かもんのかみ　高66オ1
かや
　栢　かや　高58ウ5
かや
　萱　かや　高59ウ3
かや（蚊帳）↓かちやう
かやで（楓）↓かいで
かよはず
　不通　フツウ・カヨハス　国12オ4
かよふ
　通　カヨウ　国5ウ5
　↓あまねくかよふ（普通）
からうと
　櫃　カラ□□　東12オ4
からかさ
　傘　カラカサ　東12ウ2
　傘　からかさ　高16ウ5
からぐ（絨・綣）↓からぐる
からぐる
　絨　からくる　高16オ3
　綣　同（からくる）　高16オ3

からし
　虀　からし　高60ウ5
からしあへ（芥子虀）↓からし（虀）
からす
　烏　カラス　東40オ2
　烏　からす　高52オ3
からすぐろ
　烏黒　カラスクロ　東41ウ1
からたち
　枳　からたち　高59オ2
からにしき
　唐錦　からにしき　高17オ1
からびつ（櫃）↓からうと
からむし
　苧　からむし　高60ウ1
がらめく
　轟　からめく　高17オ4
からめて
　搦手　カラメテ　東12ウ5
からめとる
　搦取　カラメトル　国5ウ4
　搦取　カラメトル　東12オ3
　搦捕　カラメトル　東13オ5
　搦取　からめとる　高15ウ3
からもの
　唐物　からもの　高16オ4
からもも
　杏　からもゝ　高58ウ2

からゐ
　唐繪　カラヱ　東12オ5
がらん
　伽藍　がらん　高17オ4
かりうど
　狩人　かりうと　高15オ4
　↓かりびと
かりぎぬ
　狩衣　かりきぬ　高16ウ1
かりこと
　假言　カリコト　東12オ2
　假言　かりこと　高15ウ2
かりそめ
　借染　かりそめ　高15ウ2
　假初　かりそめ　高16ウ4
かりた
　刈田　カリタ　東12ウ4
　刈田　かりた　高16オ5
かりづゑ
　狩杖　かりつへ　高54ウ3
かりはな（鴈鼻）↓けがりはな（毛鴈鼻）
かりびと
　狩人　カリヒト　東11ウ5
　↓かりうど
かりまた
　鴈俣　かりまた　高55ウ4
かりもよほす

驅催　カリモヨフス　東12オ2
雛〈驅〉催　かりもよほす　高15オ5
かりやう（家領）↓けりやう
かりやす
　刈萱　かりやす　高59ウ5
かるかや（刈萱）↓かりやす
かるがゆゑ
　四　かるかゆへ　高51オ5
かるくすくなし
　輕微　ケイビ・カルクスクナシ　国11ウ2
かれい
　佳例　カレイ　国5オ3
　嘉例　カレイ　東11ウ5
　佳例　同（カレイ）　東11ウ5
　嘉例　かれい　高15オ3
かれこれ
　彼是　カレコレ　東12オ3
　彼是　かれこれ　高15ウ4
かれひ
　王餘魚　カレイ　東40ウ2
　王餘魚　かれい　高53オ1
かろし
　輕忽　キヤウコツ・カロシナイガ□□　国17オ2
かん
　羹　かん　高16オ1
がん
　鴈　カン　東39ウ2
　鴈　かん　高52オ3
かんえう
　肝要　カンヤウ　国5ウ2
　肝要　カンヨウ　東11ウ4
かんえつ
　感悦　カンヱツ　国5ウ1
　感悦　カンエツ　東13オ3
かんがい
　函蓋　カンガイ・ハコフダ　国5ウ1
かんがふ（勘・校）↓かんがへ・かんがゆる
かんがへ
　勘　カンカヘ　東12オ1
　↓かんがゆる
かんがへことわる
　檢斷　ケンタン・カンカヘコトハル　国11オ5
かんがへしる
　檢知　ケンチ・カンガヘシル　国11オ5
かんがゆる
　校　かんかゆる　高17オ4
　↓かんがへ
かんきよ
　閑居　カンキヨ　国5オ5
かんきよく
　奸曲　カンキヨク　国5ウ1
　奸曲　カンキヨク　東12オ2
　奸曲　かんきよく　高15ウ1
かんきん
　看經　カンキン　国5ウ5
　看經　カンキン　東13オ2
　看經　かんきん　高16ウ4
がんくつ
　巖崛　カンクツ　国5ウ4
かんげゆ（勘解由）↓かげゆ
かんざう
　甘草　かんさう　高61オ5
かんざし
　釵　かんさし　高17オ4
がんさつ
　鴈札　カンサツ　国5ウ2
かんじ
　柑子　かんし　高58オ4
かんじやう
　勘狀　カンシヨウ　国5ウ2
がんしよ
　鴈書　カンシヨ　国5ウ2
かんじろ
　髪白　カンシロ　東41ウ2
かんじん
　肝心　カンシン　国5ウ2
　肝心　かんしん　高16ウ5
がんぜん
　眼前　ガンゼン　国5ウ3

かんそ
　奸訴　カンソ・ミタリカハシ　国5ウ1
かんだう
　勘當　―タウ　国5ウ2
　勘當　カンタウ　東13オ2
かんだち
　神館　かんたち　高17オ3
かんだん
　閑談　カンタン・シツカニカタル　国5ウ1
　閑談　カンタン　東12ウ1
かんぢやう
　勘定　―ヂヨウ　国5ウ2
　勘定　かんちやう　高16ウ4
がんでう
　四調　カツデウ　東12ウ5
　三合力　同（カツデウ）　東12ウ5
かんとく
　感得　―トク　国5ウ1
かんな
　鉋　かんな　高56ウ5
かんなづき（十月）↓かみなづき
かんなん
　艱難　カンナン　国5ウ2
かんにん
　堪忍　カンニン　東12オ1
　堪忍　かんにん　高15オ5

かんぬし
　神主　カンヌシ　東11ウ5
　神主　かんぬし　高15ウ1
かんばち
　旱魃　カンハチ・ヒテリ　国5ウ3
　↓かんばつ
かんばつ
　旱魃　かんはつ　高16ウ4
　↓かんばち
かんべ
　神戸　かんへ　高69オ4
かんべん
　勘辨　かんへん　高17オ4
かんもんろくじ
　監物〈門〉錄事　かんもんろくし　高67オ1
かんもんゑいし
　監門衛事〈史〉　かもんゑし　高67オ2
かんもんゑじ（監門衛事）↓かんもんゑいし（監門衛史）
かんりやく
　簡略　カンリヤク・ヘツラウ　国5ウ1
かんりん
　翰林　かんりん　高64ウ3
かんるい
　感涙　―ルイ　国5ウ1

　感涙　かんるい　高17オ1
かんれう
　勘料　カンレウ　東12オ2

き

き（葱）↓ひともじ
ぎ（儀）↓ことなるぎ（異儀）
きい
　希異　キイ　東30オ2
きい（紀伊）↓きのくに
きう
　九　きう　高51ウ1
きういう
　舊友　キウユウ　東30ウ5
きうかう
　舊好　キウコウ・フルキヨシミ　国17オ2
きうくわい
　舊懷　キウクワイ・ヲモイ　国17オ2
きうけつ
　糾決　キウケツ・サダム　国17オ2
きうそく
　休息　キウソク・ヤスム　国17オ2
きうぢ
　灸治　キウジ　国17オ4
　灸治　キウヂ　東30ウ4
　灸治　きうち　高40オ5

きうとう
舊冬　キウト　東30オ3
舊冬　きうとう　高39ウ2
きうめい
糺明　キウメイ・タヽシアキラム　国17オ2
紀〈糾〉明　キウメイ　東30ウ1
糾明　きうめい　高40オ1
きえつ
喜悦　キヱツ・ヨロコヒヨロコブ　国16ウ3
喜悦　キエツ　東30ウ2
喜悦　きゑつ　高40オ2
きえん
機縁　キヱン　国16ウ5
きか
季夏　きか　高74ウ5
きかつ（飢渇）↓けかつ
ききつたふ（聞傳）↓ききつたへ
ききつたへ
聞傳　キヽツタヘ　東30ウ5
ききやう
桔梗　ききやう　高59ウ1
ききやう（龜鏡）↓ききけい
ききん
飢饉　キキン・ウヘウユル　国17オ1
飢饉　ききん　高40ウ2
きく
菊　きく　高59オ5
きく
聽聞　チヨウモン・キク　国3オ4
聞　キク　国17オ4
聞　きく　高39オ4
↓みきく（見聞）
きけい
龜鏡　キケイ　国16ウ5
龜鏡　キケイ　東31オ1
龜鏡　きけい　高40ウ1
きげん
機嫌　キゲン　国16ウ4
機嫌　キゲン　東30オ3
機嫌　きけん　高39ウ1
きこえ（聞）↓そのきこえ（其聞）
きこく
歸國　キコク　東30オ2
歸國　きこく　高39オ5
きこく
貴國　きこく　高39オ5
きこしめし
聞食　キヨシメシ　東30ウ3
きこしめす（聞食）↓きこしめし
きこゆ（聞）↓きこゆる・ほかにきこゆ（外聞）
きこゆる
听　きこゆる　高40ウ2
きさいち
私市　きさいち　高69オ3
きざす
吉兆　―チウ・キザス　国17オ3
きさつ
貴札　キサツ　国16ウ3
きざは
木澤　きさは　高70ウ2
きさらぎ
二月　高74ウ3
きじ
雉　キジ　東39ウ3
雉子　きし　高52オ4
きしき
規式　キシキ　東30ウ5
規式　きしき　高40オ4
ぎしき
儀式　ギシキ　国16ウ4
きしだ
岸田　きした　高71オ2
きしやう
起請　キシヤウ　国16ウ5
きしよ
貴所　―シヨ　東30オ1
貴所　きしよ　高39オ3
きしよく
氣色　キシヨク　国16ウ4
きしん
寄進　キシン・ヨセスヽム　国16ウ5

寄進　―シン　東30ウ1
寄進　きしん　高40オ1
きじん
鬼神　キジン　東30オ2
きじん（貴人）→きにん
きず
瑕瑾　カキン・キス　国5オ4
疵　きす　高39オ4
きずい
奇瑞　キスイ・シルシ　国16ウ4
きせなが
著背　きせなか　高55オ1
きせん
貴賤　―セン・タツトキイヤシヽ　国16ウ3
貴賤　キセン　東30ウ3
貴賤　きせん　高40オ3
きそ
木曾　きそ　高74オ1
きたい
希代　キタイ・マレナルヨ　国16ウ4
希代　キタイ　東30オ2
希代　きたい　高39オ5
きたう
祈禱　キタウ　東30ウ1
祈禱　きたう　高40オ2
きたく
歸宅　キタク　東30オ3

きたむら
北村　きたむら　高70オ2
きたりのぞむ
來臨　ライリン・キタノゾム　国8ウ5
きちかう（桔梗）→ききやう
きつきよう
吉凶　キツケウ　国17オ4
きつけい
吉慶　キツケイ・ヨシヨロコブ　国17オ3
きつそく
急速　キツソク　東30オ4
急速　きつそく　高39ウ2
きつつけ
切付　キツヽケ　東31オ2
きつてう
吉兆　―チウ・キザス　国17オ3
きつと
急度　キツト　東30オ3
急度　きつと　高39ウ2
きづな
絆　きつな　高40ウ2
きつね
狐　きつね　高54オ2
きつぷ
給符　きつふ　高39ウ4
きでん

貴殿　―デン　東30オ1
貴殿　きてん　高39オ3
きと（急度）→きつと
きど
城戸　きと　高73ウ1
きとく
既得　キトク　国17オ1
きどく
奇特　キドク　国16ウ3
奇特　キトク　東30オ2
奇特　きとく　高39オ5
きにち
忌日　キニチ・イミ　国17オ1
忌日　きにち　高40ウ2
きにん
貴人　キニン　東30オ1
貴人　きにん　高39オ4
きぬた
砧　きぬた　高39ウ5
きねん
祈念　キネン　東30ウ1
祈念　きねん　高40オ2
きのえ
甲　きのへ　高75オ5
きのくに
紀伊　キノクニ　東43ウ5
きのした
木下　きのした　高69オ2

きのと
乙　きのと　高75オ5
きのふのひ
昨日　サクシツ・キノウノヒ　国16オ4
きのふのゆふべ
作夕　サクセキ・キノウノユウベ　国16オ4
きば
騎馬　キバ・ムマニノリ　国17オ1
騎馬　キバ　東30ウ5
騎馬　きは　高40オ5
きはう
貴方　―ハウ　東30オ1
貴方　きはう　高39オ3
きはだ
檗　きはた　高58ウ2
きはまりなし
無窮　―グウ・キハマリナシ　国9オ3
きはまる
極　きはまる　高40オ3
一　きわまる　高51オ4
きはむ
究　キワム　国17オ5
極　キワム　国17オ5
きはめてまことし
極信　ゴクシン・キハメテマコトシ

国13ウ2
きび
黍　きひ　高60ウ3
きびし（稠）→きびしい・きびしく（稠究）
きびしい
稠　きひしい　高39ウ5
→きびしく
きびしく
稠究　キヒシク　東31オ2
→きびしい
きふじちゆう
給事中　きうしちう　高63ウ1
きふそく
急速　キウソク　国17オ1
→きつそく
きふにん
給人　キウニン　東30オ5
給人　きうにん　高39ウ3
きふぶん
給分　きうふん　高39ウ3
きふよう
急用　キウヨウ　東30ウ2
急用　き―よう　高40オ1
きへん
貴邊　―ヘン　東30オ1
貴邊　きへん　高39オ4
きぼ

規模　キボ・ノリイカダ　国16ウ5
規模　キボ　東31オ2
規模　きほ　高40オ4
きほひのぞむ
競望　ケイバウ・キヲイノソム　国11ウ2
きほふ
競　きおう　高40オ3
きまた
木全　きまた　高69ウ2
きみ
氣味　キミ・アジハイ　国16ウ4
きみわたくし
公私　コウシ・キミハタクシ　国13ウ2
きめい
貴命　きめい　高40ウ3
きも（規模）→きぼ
きもいり
肝煎　キモイリ　東31オ2
肝煎　きもいり　高40オ4
ぎやうかう
行幸　ギヤウコウ・ミユキ　国16ウ3
行幸　きやうかう　高39ウ3
ぎやうけい
行啓　キヤウケイ　国16ウ3
きやうこう
向後　きやうこう　高40オ3

きやうこつ
輕忽　キヤウコツ・カロシナイガ□□　国17オ2
きやうさつ
狂拶　きやうさつ　高39ウ5
きやうだい
兄弟　きやうたい　高58オ1
きやうちやく
京著　キヤウチヤク　東30ウ2
きやうぢゆう
輕重　キヨウチウ　国17オ3
ぎやうてん
仰天　キヤウテン・アヲグ　国17オ2
きやうと
京都　キヤウト　東30ウ2
きやうはい
向背　キヤウハイ・ソムク　国17オ3
ぎやうぶのきやう
形〔刑〕部卿　きやうふきやう　高65ウ1
きやうりやく
輕〈經〉歴　キヤウリヤク　国17オ3
→けいれき
ぎやくしゆ
逆修　きやくしゆ　高40ウ2
きやくしん
隔心　キヤクシン　国17オ3
隔心　キヤクシン　東30オ5

隔心　きやくしん　高39ウ4
きやくじん
客仁〔人〕　キヤクジン　国17オ3
客人　キヤクシン　東30ウ1
客人　きやくじん　高40オ1
きゆ（消）→きゆる
きゆうくつ
窮屈　キウクツ　国17オ1
窮屈　キウクツ　東30ウ5
窮崛〔屈〕　きうくつ　高40オ5
きゆうせん
弓箭　ギウゼン・ユミヤ　国17オ2
→ゆみや
きゆる
消　キユル　国17オ5
ぎよい
御意　キヨイ　東30ウ3
きよう
器用　キヨウ　国16ウ5
器用　キヨウ　東30ウ4
器用　きよう　高40オ5
きようえつ
恐悦　ケヤウヱツ・ヲソル　国11ウ5
きようきよう
恐々　けうけう　高31ウ4
きようくわう
恐惶　――　国11ウ5
恐惶　けうくわう　高31ウ2

ぎよかん
御感　キヨカン　国16ウ3
御感　きよかん　高40オ4
きよくげつ（極月）→ごくげつ
ぎよくしやう
玉章　ギヨクシヤウ・フミ　国17オ3
きよごん
虚言　きよこん　高39ウ5
→そらごと
ぎよしちゆうじよう（御史中丞）→さう
たい（霜臺）
きよじやう
擧状　キヨジヤウ　東30オ5
擧状　きよしやう　高39ウ5
ぎよせい
御勢　キヨセイ　国16ウ3
きよせつ
虚説　―セツ　国17オ4
きよたん
虚誕　キヨタン　国17オ4
きよねん
去年　キヨネン　東30ウ2
去年　きよねん　高40オ2
きよむ
清　キヨム　国17オ5
きよめい
虚名　―メイ　国17オ4
虚名　キヨメイ　東30オ5

虚名　きよこん　高39ウ4
きよよう
許容　キヨヨウ　国17オ4
許容　キヨヨウ　東30オ5
許容　きよよう　高39ウ4
きらく
歸洛　キラク・ミヤコニカヘル　国17オ1
きらひうたがふ
嫌疑　ケンキ・キライウタガフ　国11オ5
きらふ
嫌　キラフ　国17オ4
きらら
雲母　キラヽ　東31オ1
雲母　きらゝ　高40ウ1
きり
錐　きり　高56ウ5
きり
桐　きり　高58オ4
ぎり
儀〔義〕理　ギリ・ヨキコトハリ　国16ウ4
義理　ギリ　東30ウ3
儀〔義〕理　きり　高40オ3
きりぎりす
蛬　きりきりす　高62オ1
きりふ（切符）→きつぷ（給符）

きりやう
器量　キリヤウ　国16ウ5
きりよく
氣力　キリヨク　国16ウ4
きりん
麒麟　きりん　高54オ5
きる
切　キル　国17オ4
きれい
奇麗　キレイ　国17オ4
寄〔奇〕麗　キレイ　東31オ1
きろく
記錄　きろく　高40ウ3
きんかん
金柑　きんかん　高58オ5
きんげん
金言　キンゲン　東30ウ4
きんこう
懃〔勤〕厚　キンカウ　東31オ1
勤厚　きんかう　高40ウ3
きんごかうゐ
金吾校尉　きんこかうい　高67オ1
きんごく
近國　きんこく　高39ウ1
きんごしやうぐん
金吾衞將軍〈金吾將軍〉　きんこゐし
やうくん　高66ウ5
きんごだいしやうぐん

金吾大將軍　きんこたいしやうくん　高66ウ5
きんごゐいしやうぐん（金吾衞將軍）→きんごしやうぐん（金吾將軍）
きんじ
懃〔勤〕仕　ギンシ　東30ウ4
きんじつ
近日　きんじつ　高39ウ1
きんじふ（近習）→きんじゆ
きんじふしゆう（近習衆）→きんじゆしゆう
きんじゆ
近習　きんしゆ　高40ウ1
きんじゆしゆう
近習衆　キンシユシユウ　東30ウ4
きんじよ
近所　キンシヨ　東30オ4
近所　きんしよ　高39ウ1
きんぜい
禁制　キンゼイ　国17オ1
禁制　キンゼイ　東30オ4
禁制　きんせい　高39ウ3
きんせんくわ
金仙花　きんせんくわ　高59ウ3
きんだち
公達　きんたち　高39オ4
きんだん
禁斷　キンダン　東30オ4

きんとう

均等　キントウ　東31オ2

きんねん

近年　キンネン　東30オ3

近年　きんねん　高39ウ2

きんぺん

近邊　キンヘン　東30オ4

きんもつ

禁物　キンモツ　東30ウ3

きんらん

金襴　キンラン　東31オ1

金襴　きんらん　高40ウ1

きんり

禁裏　キンリ　国16ウ3

く

ぐあん

愚案　くあん　高28ウ5

ぐい

愚意　クイ　東21ウ3

愚意　くい　高28オ4

くがい

公界　くかい　高29オ3

くがぢ（陸地）→ろくぢ

くき

茎　くき　高59オ3

くき

久木　くき　高70オ2

くぎ

針〔釘〕　クキ　東22オ4

くきやう

究竟　クキヤウ　国10オ1

究竟　クキヤウ　東21オ4

→くつきやう

くぎやう

公卿　くきやう　高28ウ1

くぐひ

鵠　クヽイ　東39ウ2

鵠　くゝい　高52オ2

くくりばかま

絬〔括〕袴　クヽリハカマ　東22オ5

絬〔括〕袴　くゝりはかま　高28オ1

くくりふで

括筆　クヽリフテ　東22オ1

くげ

公家　くけ　高28ウ1

くこ

枸杞　くこ　高60オ3

ぐご

貢御　グゴ　国9ウ5

くさ

草　くさ　高29オ5

毛　同（くさ）　高29オ5

くさかべ

草部　くさかへ　高70ウ2

くさぎ

常山　くさき　高59オ2

くさし

臭　くさし　高29オ2

くさじし

草鹿　くさしし　高56オ2

ぐさつ

愚札　くさつ　高28ウ3

くさのいほり

草庵　―アン・クサノイヲル　国16オ1

くさびら

蔬　くさひら　高60オ1

くさり

鎖　くさり　高28オ3

くじ

公事　クジ　国9ウ5

公事　クシ　東21ウ2

公事　くし　高27ウ4

→しよくじ（諸公事）

くしがき

串柿　クシカキ　東21ウ4

くしだ

櫛田　くした　高72ウ3

くじどり

鬮取　くしとり　高29オ2

くしばこ

櫛箱　くしはこ　高28オ4

くしひき
櫛引　クシヒキ　東21ウ4
ぐじやうをささぐ
捧愚狀　くしやうをさゝく　高28ウ3
↓ぐじやうをささげ
ぐじやうをささげ
捧愚狀　グシヤウヲサヽケ　東21オ5
↓ぐじやうをささぐ
くじやく
孔雀　クシヤク　東40オ3
孔雀　くしやく　高52オ1
くじよ
公所　クショ　東21ウ5
公所　くしよ　高28ウ2
ぐしよ
具書　グショ　国10オ1
くじら（鯨）↓くぢら
くしん（苦參）↓くらら
ぐしん
愚身　グシン　国10オ1
愚身　クシン　東21オ4
くす
楠　くす　高58ウ4
くず
葛　くす　高59オ5
くすし（醫）↓よきくすし（良醫）
くすのき（楠）↓くす
くすり

藥　クスリ　東22オ5
藥　くすり　高28ウ3
醫　同（くすり）　高28ウ3
↓よきくすり（良藥）
くせごと
癖事　クセゴト　国10オ5
曲事　クセコト　東21ウ2
くせまひ
曲舞　クセマイ　東21ウ3
くせもの
曲者　クセモノ　東22オ2
曲者　くせもの　高27ウ5
くだく
摧　クタク　国10ウ1
碎　くたく　高29オ2
くたびる（草伏）↓くたびれ
くたびれ
草伏　クタヒレ　東22オ1
草伏　くたひれ　高28ウ3
くだる（下）↓まかりくだる（罷下）
くだん
件　クダン　国10オ5
くだんのごとし
如件　くたんのことし　高28オ3
ぐち
愚癡　くち　高27ウ4
くちいれ（口入）↓こうじふ
くちき（朽木）↓くつき

くちなし
梔子　くちなし　高58ウ1
くちばいろ
朽葉色　くちはいろ　高29オ3
くちびる
脣　くちひる　高57オ3
くぢら
鯨　クシラ　東40ウ4
くちをし
口惜　クチヲシ　国10オ5
口惜　クチヲシ　東21ウ3
↓くちをしく
くちをしく
口惜敷　くちをしく　高28オ5
↓くちをし
くちをとづ
閉口　ヘイコ・クチヲトヅ　国2オ5
くつ
沓　クツ　東22オ3
沓　くつ　高29オ4
くつ（朽）↓くつる
くつう
苦痛　クツウ　国10オ1
苦痛　くつう　高28ウ5
くつがへす
覆　クツカヘス　国10ウ1
くつき
朽木　くつき　高72オ5

くつきやう
究竟　くつきやう　高27ウ3
→くきやう
くつみ
沓見　くつみ　高72オ1
くつる
朽　クツル　国10ウ1
くつろぐ
恍　クツログ　国10オ5
恍　くつろく　高28ウ4
くつわ
轡　クツワ　東22オ3
轡　くつは　高29オ4
くつわむし
轡蟲　くつはむし　高62オ2
くどく
功徳　―ドク　国9ウ5
ぐどん
愚鈍　くとん　高27ウ4
くないのきやう
宮内卿　くないきやう　高65ウ3
くなう
苦悩　クナウ　国10オ1
くにいへ
國家　コクカ・タニイヱ　国13ウ3
くにふ（口入）→こうじふ・こうじゆ
くぬぎ
樟　くぬき　高59オ1

くのう
功能　ク―　国9ウ5
功能　くのう　高29オ2
くのり
九里　くのり　高69ウ2
くは
鍬　くは　高28ウ4
くばうさま
公方様　くはうさま　高28ウ1
くはがた
鍬形　クワカタ　東21ウ5
鍬形　くわかた　高55オ4
くはし
委　クワシ　国10オ5
→くはしく
くはしく
委　クハシク　東22オ4
→くはし
くはたつ
企　クハタツ　国10オ5
企　クハタツ　東22オ4
くはふ
加　クハフ　国10オ5
→げぢをくはふ（加下知）
くはへまぼる
加護　カゴ・クハヘマホル　国5オ3
くばる
賦　―　国10ウ1

賦　クハル　東22オ5
くひ
杌　クイ　東22オ4
くび
頸　くひ　高29オ5
頸　くひ　高57オ5
くひぜ
株　くいせ　高28ウ4
くひな
水雞　クイナ　東40オ2
水雞　くいな　高52ウ1
ぐぶ
供奉　クフ　国10オ1
くふう
工夫　くふう　高29オ1
くぼ
窪　くほ　高72ウ2
くま
熊　くま　高54オ4
くまだか
鵰　クマタカ　東39オ5
鵰　くまたか　高51ウ4
くみざかな
掏醐　くみさかな　高29オ2
くむ
公務　クム・ツトム　国9ウ5
くむ
與　くむ　高28オ3

↓むずとくむ（無手組）
くもん
公文　クモン　東21ウ4
くもんじよ
公文所　くもんしよ　高28ウ1
くやう
供養　―ヤウ　国10オ1
くやむ
悔　くやむ　高29オ3
くよう
公用　クヨウ　東21ウ2
公用　くよう　高27ウ4
くら
鞍　クラ　東22オ4
くら
藏　クラ　東22オ4
倉　同（クラ）　東22オ4
藏　くら　高28オ3
倉　同（くら）　高28オ3
ぐらう
愚老　グラウ　国10オ1
くらうど（藏人）↓くらんど
くらおほひ
鞍覆　くらおゝい　高29オ4
くらげ
海月　くらけ　高53ウ1
くらし
暗　クラシ　東22オ4

くらのかみ
内藏頭　ないさうのかみ　高64オ2
くらふ
餔　くらう　高29オ3
くらぶ（比）↓くらぶる
くらぶる
比　くらふる　高28ウ4
くらぼね
鞍橋　くらほね　高29オ4
くらら
苦辛〔參〕　くらゝ　高60オ3
くらゐ
位　クライ　東22オ4
くらんど
藏人　くらんと　高67ウ1
くり
栗　くり　高58オ4
くりいと
繰　くりいと　高29オ3
くりげ
騟　クリケ　東41オ5
くりこと
譔　くりこと　高29オ3
くりたけ
栗茸　くりたけ　高60オ2
くりやま
栗山　くりやま　高69オ4
くるしからず

不苦　クルシカラス　東21オ5
くるはし（狂）↓ものぐるはし（物狂）
くるふ（狂）↓ゑひくるふ（醉狂）
くるみ
楜〔胡〕桃　くるみ　高58オ5
くるり
⿰矢冊〈⿰矢舟〉　高56オ4
くれ
榑　クレ　東22オ3
くれ（暮）↓としのくれ（歳暮）
くろ
鷺　クロ　東41オ5
くろがね
鐵　くろかね　高61ウ3
くろし
黑　クロシ　東22オ5
くろだひ
尨魚　クロタイ　東41オ2
尨魚　くろたい　高53ウ3
くわいがふ
會合　クワイゴウ・アヒアフ　国10オ3
會合　クワイカウ　東21ウ5
會合　くわいかう　高28ウ4
くわいけい
會稽　くわいけい　高28ウ2
くわいし
懷紙　クワイシ　国10オ3

懐紙　クワイシ　東21ウ3
懐紙　くわいし　高28オ5
ぐわいし
外史　くわいし　高63ウ2
くわいしやう
回章　クワイシヤウ　東22オ3
ぐわいじん
外人　クワイジン　東21オ4
外人　くわいしん　高27ウ5
くわいちゆう
懐中　クワイチウ　国10オ5
懐中　くわいちう　高28オ5
くわいにん
懐任〔妊〕　クワイニン　国10オ3
懐妊　クハイニン　東21ウ5
懐妊　くわいにん　高28ウ2
くわいぶん
廻文　クワイフン　東21ウ1
廻文　くわいぶん　高28オ2
ぐわいぶん
外聞　グワイブン・ホカニキコユ　国10オ3
外聞　くわいふん　高28オ1
くわいりん
回鱗　クワイリン　東22オ3
くわいろく
回祿　クワイロク　国10オ3
くわうぎ

光儀　クワウキ　東22オ2
光儀　くわうき　高28ウ5
くわうぎよ
光御　クワウキヨ　東22オ2
くわうしよう
黄鐘　くわうしやう　高75オ3
くわうたいしのたいふ（皇太子大傅）→たいしたいふ（太子大傅）
くわうとう
黄冬　くわうとう　高75オ2
くわうもん
黄門　くわうもん　高63オ5
くわうりん
光臨　クワウリン　国9ウ5
光臨　クワウリン　東21ウ4
光臨　くわうりん　高28ウ2
くわうろく
光錄〔祿〕　くわうろく　高65ウ3
くわうろくけい（光祿卿）→くわうろく（光祿）
くわきふ
火急　くわきう　高29オ1
くわくげつ
郭月　高74ウ5
くわくらん
霍亂　クワクラン　国10オ5
鶴〔霍〕亂　クワクラン　東21ウ3
くわごん

過言　クワゴン　国10オ4
くわし
菓子　クワシ　東22オ1
菓子　くわし　高28ウ4
くわじやう
過上　クワシヤウ　東21ウ1
くわしよ
科書　クワシヨ　国10オ4
過書　クワシヨ　東22オ2
過書　くわしよ　高28オ3
くわたい
過怠　クワタイ・ヲコタリヲトカム　国10オ4
くわつけい
活計　クワツケイ　国10オ5
活計　クワツケイ　東21ウ2
活計　くわつけい　高28オ4
ぐわつしよく
月蝕　グワツシヨク　国10オ4
くわひん
花瓶　クワヒン　東21オ5
花瓶　くわひん　高28オ2
くわぶん
過分　クワブン　国10オ3
くわほう
果報　クワホウ　国10オ4
果報　クワホウ　東21ウ1
くわぼく

和睦　クワボク・ヤハラギムツム　国10オ4
和睦　クワボク　東21オ4
和睦　くわほく　高27ウ5
くわやく
課役　クワヤク・シハザ　国10オ4
課役　クワヤク　東22オ3
くわゆう
和融　くわゆう　高27ウ5
くわれい
花麗　クワレイ・ウルハシ　国10オ4
くわゐ
烏芋　くわい　高61オ3
くわんえつ
歡悦　—エツ　東22オ1
くわんぎ
歡喜　クハンキ　東22オ1
くわんぎよ
還御　クワンギヨ　国9ウ5
くわんげん
管絃　—ゲン　国10オ2
管絃　くわんけん　高29オ1
くわんじゆ
巻數　くわんしゆ　高28オ1
くわんじん
勸進　クワンシン　国10オ2
勸進　クワンシン　東21ウ1
勸進　くわんしん　高28オ2

くわんす
鑵子　くわんす　高29オ5
くわんたい
緩怠　クワンタイ・ユルクヲコタル　国10オ2
緩怠　クワンタイ　東21オ5
緩怠　くわんたい　高28オ1
くわんぢやう
灌頂　くわんちやう　高29オ4
くわんど
管〔官〕途　—ト　国10オ2
くわんらく
歡樂　クワンラク　国10オ2
歡樂　クハンラク　東21ウ1
歡樂　くわんらく　高28オ2
くわんらく
冠落　クハンラク　東22オ2
くわんりやう（管領）→くわんれい
くわんれい
管領　クワンレイ　国10オ2
管領　くわんれい　高29オ1
くわんれつ
還烈　—レツ　国9ウ5
くゑ
公會　クエ　東21ウ5
くんこう
勳功　くんこう　高28ウ5
くんじふ（群集）→くんじゆ

くんじゆ
群集　クンジユ・ムラガリアツマル　国10オ2
群聚　くんしゆ　高28オ4
ぐんぜい
軍勢　クンセイ・イクサノセイ　国10オ3
軍勢　クンセイ　東21オ5
軍勢　くんせい　高27ウ3
ぐんぢん
軍陣　クンチン　国10オ3
軍陳〔陣〕　クンチン　東21オ4
軍陳〔陣〕　くんちん　高27ウ3
ぐんない
郡内　クンナイ　東21ウ2
ぐんにぬく
拔群　ハツクン・クンニヌク　国1ウ4
ぐんびやう
軍兵　クンヒヤウ　東21ウ4
軍兵　くんひやう　高28オ5

け

けいえい
經營　ケイヱイ・イトナム　国11ウ1
けいが
慶賀　ケイカ・ヨロコブ　国11ウ2

慶賀　けいか　高32ウ2
けいくわい
計會　ケイクワイ　国11ウ1
計會　ケクワイ　東24ウ3
計會　けいくわい　高32オ1
けいこ
稽古　ケイコ　国11ウ2
稽古　ケイコ　東24オ4
稽古　けいこ　高31オ5
けいご
警固　ケイコ　国12オ2
警固　ケイコ　東24ウ1
けいじやう
契狀　ケイジヤウ　国11ウ2
けいせい
傾城　ケセイ　東24ウ4
けいだい
境内　ケイタイ　国12オ3
けいづ
系圖　ケイヅ　国11ウ3
けいてう
京兆　けいてう　高66オ4
げいのう
藝能　ケイノウ　東25オ1
げいは（鯨波）↓ときのこゑ
けいばう
競望　ケイバウ・キヲイノソム　国11ウ2

競望　ケイハウ　東24ウ5
競望　けいはう　高31ウ5
けいび
輕微　ケイビ・カルクスクナシ　国11ウ2
憚〈輕〉微　ケイヒ　東24ウ2
輕微　けいひ　高31オ5
けいぶつ
景物　ケイフツ　東25オ1
景物　けいふつ　高31ウ5
けいぼ
繼母　ケイボ・ハヽニツク　国11ウ2
けいほう
形〔刑〕部　けいほう　高65ウ1
けいまう（競望）↓けいばう
けいやく
契約　ケヤク・チキリ　国11ウ2
契約　ケイヤク　東24ウ1
契約　けいやく　高31ウ1
けいらく
京　けいらく　高51オ4
けいりやく
計略　―リヤク　国11ウ1
計略　ケイリヤク　東24オ4
計略　けいりやく　高31オ5
けいれき
經歷　―レキ　国11ウ1
↓きやうりやく

けうがふ
校合　ケウカウ　国11ウ5
けうくわい
交會　ケウクワイ　国11オ4
けうくん
敎訓　ケウクン　国11ウ4
敎訓　ケウクン　東24オ5
けうけ
敎化　ケウケ　国11ウ4
けうしゆ
交衆　ケウシユ・モロモロニマシハル　国11ウ5
けうしゆう（交衆）↓けうしゆ
けうしよ（敎書）↓みげうしよ（御敎書）
けうまん
憍慢　ケウマン・ヲコトアナヅル　国11ウ4
けうみやう
交名　―ミヤウ　国11ウ4
交名　ケウミヤウ　東24ウ5
けうやう
孝養　ケウヤウ　国12オ1
けうやく
交易　ケウヤク　国11ウ5
げかう
下向　ケカウ　国11ウ4
下向　ケカウ　東24ウ3

　下向　けかう　高31ウ4
けがす
　汚　ケガス　国12オ3
けかつ
　飢渇　ケカツ　国11ウ3
　飢渇　けかつ　高32オ4
けがりはな
　毛脜鼻　モカリハナ　東24ウ2
けがる
　穢　ケガル　国12オ3
げき
　外記　けき　高63ウ2
げぎやう
　下行　―キヤウ　国11ウ4
　下行　けきやう　高31ウ2
げきりん
　逆鱗　ケキリン　東25オ2
　逆鱗　けきりん　高32ウ1
けさ
　今朝　コンテウ・ケサ　国13オ4
　↓こんてう
けさ
　袈裟　けさ　高32オ3
けさう（假妝）↓けしやう
けさうぶみ
　艷書　エンシヨ・ケサウフミ　国14オ3
けし
　芥子　けし　高60オ5
けしき
　氣色　ケシキ　国11ウ3
　氣色　ケシキ　東24ウ4
げしにん
　下解人〈下死人・解死人〉　けしにん　高31ウ3
　↓げしゆにん
けしやう
　假妝　ケシヤウ　東25オ1
げしやく
　外戚　―シヤク　国11ウ4
　外戚　けしやく　高32オ5
げしゆにん
　下手人　ケシユニン　国12オ2
　↓げしにん
けじん（家人）↓けにん
けす
　消　ケス　国12オ3
　↓すりけす（磨滅）
けだい
　懈怠　ケダイ・ヲコタル　国11ウ5
　懈怠　ケタイ　東24ウ2
けだし
　蓋　ケダシ　国12オ3
げぢ
　下知　ケチ　国11ウ3
けちえん
　結緣　けちゑん　高31ウ3
　↓けつえん
けちみやく
　血脈　ケチミヤク　国12オ1
げちやく
　下著　ケチヤク　東24ウ4
　下著　けちやく　高32オ1
けちらかす
　蹴散　けちらかす　高32オ4
げぢをくはふ
　加下知　ケチヲクワウ　東24ウ3
けつえん
　結緣　ケツエン　国12オ1
　↓けちえん
けつく
　結句　ケツク　国11ウ5
　結句　ケツク　東24ウ1
　結句　けつく　高32オ3
けつげ
　結解　ケツゲ・ムスブトク　国11ウ5
　結解　けつけ　高31ウ3
けつこ
　挈壷　けつこ　高64オ5
けつこう
　結構　けつこう　高31ウ3
けつしよ
　闕所　ケツシヨ　東24オ5
　闕所　ケツシヨ　東25オ2

けつじよ
闕所　けんしよ　高32オ2
闕如　ケツシヨ　国12オ1
闕如　けつしよ　高32オ2
けつぢやう
決定　けつちやう　高32ウ1
けつてい（決定）↓けつぢやう
げつぱく
月迫　ケツハク・セマル　国12オ1
月迫　ケツハク　東24ウ4
けつぱん
決判　けんはん　高32ウ1
けつぼく
闕乏　ケツホク　東24ウ5
けつみやく（血脈）↓けちみやく
けづる
梳　ケヅル　国12オ3
削　ケヅル　国12オ3
削　ケツル　東24ウ2
梳　けつる　高32オ4
げでん
外曲〔典〕　ケデン　国11ウ4
けな
毛穴　けな　高73オ1
けにん
家人　ケジン・イヱヒト　国11ウ3
けぬき
鑷〈鑷〉子　けぬき　高32ウ2

げはい
下輩　けはい　高32オ5
けはひ（假妝）↓けしやう
けはれ
褻晴　ケハレ　国11ウ3
褻晴　けはれ　高31ウ5
けびゐしのじよう（檢非違使尉）↓けんびゐしのじよう
けびゐしのべつたう（檢非違使別當）↓けんびゐしのべつたう
けふしよう（夾鐘）↓かふしよう
けぶり
煙　ケフリ　東25オ1
けみやう
假名　ケミヤウ　国12オ2
假名　けみやう　高32ウ1
けむり（煙）↓けぶり
けら
螻　けら　高62オ2
けらい
家來　ケライ　国11ウ3
けらく
快樂　ケラク　国11ウ3
けらつつき（鴷・啄木）↓てらつつき
けりやう
假令　ケリヤウ　国12オ1
假令　けりやう　高32オ1
けりやう
家領　ケリヤウ・イヱノリヤウ　国12オ1
げれつ
下劣　けれつ　高32オ5
けをふいてきずをもとむ
吹毛求疵　ケヲフイテキズヲモトム　国12オ2
けをふく
吹毛　スイモウ・ケヲフク　国21ウ4
げんえ（得）↓げんをえ（得減）
げんか
見下　けんか　高32ウ2
けんがく
懸隔　ケンガク・ハルカニヘダツ　国11オ4
懸隔　ケンカク　東25オ1
けんぎ
嫌疑　ケンキ・キライウタガフ　国11オ5
嫌疑　ケンキ　東24ウ3
げんぎやう
現形　ケンキヨウ　国12オ2
げんぎよ（言語）↓ごんご
けんくわ
喧嘩　ケンクワ　国11ウ1
喧嘩　ケンクワ　東24オ5
喧嘩　けんくわ　高32オ2
けんげす

謙下　ヘリクダル・ケンゲス　国2ウ2
けんご
　堅固　ケンゴ・カタシ　国11オ4
げんご（言語）↓ごんご
けんざん
　建盞　けんさん　高32オ3
げんざん
　見參　—サン　国11オ4
　見參　ケンサン　東24ウ5
けんし
　檢使　ケンシ　東24オ5
　檢使　けんし　高31ウ1
げんし
　言詞　ゲンシ・コトバ　国12オ1
けんじつ
　兼日　ケンシツ　東25オ2
　兼日　けんしつ　高31ウ4
けんしや
　賢者　ケンシヤ　東24ウ5
けんしよ（闕所）↓けつしよ
けんじよ
　見舒　けんじよ　高31ウ2
けんじん
　賢仁〔人〕　ケンジン・カシコキヒト　国11オ4
　賢人　けんじん　高32オ3
けんせき
　譴責　ケンセキ　国11オ5
　譴責　ケンセキ　東24オ4
　譴責　けんせき　高31ウ2
けんそ
　嶮岨　ケンソ　国12オ2
けんぞく
　眷屬　ケンゾク　国11オ5
　眷屬　けんそく　高32オ5
けんたい
　兼帶　ケンタイ　国12オ3
けんたい
　檢對　けんたい　高32ウ2
けんだん
　檢斷　ケンタン・カンカヘコトハル　国11オ5
　檢斷　ケンタン　東24オ4
　檢斷　けんたん　高31ウ1
けんち
　檢知　ケンチ・カンガヘシル　国11オ5
げんぢゆう
　還住　ケンチウ　東24オ4
げんぢゆう
　嚴重　ゲンジユ　国11ウ1
　↓げんぢよう
げんぢよう
　嚴重　ケンチヨウ　東25オ1
　↓げんぢゆう
けんどん
　慳貪　ケンドン　国11オ4
　慳貪　けんとん　高32オ4
げんば
　玄番〔蕃〕　けんは　高65オ2
けんばふ
　憲法　ケンハウ・ノリ　国11オ4
　兼〈憲〉法　ケンハウ　東24ウ1
　憲法　けんはう　高32オ1
けんぱん（決判）↓けつぱん
けんびゐしのじよう
　檢非違使尉　けんひいしのせう　高67ウ2
けんびゐしのべつたう
　檢非違使別當　けんひいしのへつたう　高67ウ1
げんぷく
　元腹〔服〕　ケンフク　東24ウ4
　元服　けんふく　高31ウ4
けんぶつ
　見物　ケンブツ・ミルモノ　国11オ4
　見物　ケンフツ　東24ウ2
　見物　けんふつ　高32オ2
けんぶん
　見聞　ケンブン・ミキク　国11オ4
けんぺい
　權柄　ケンヘイ　国11オ5
けんみ

檢見　ケンミ　国11オ5
檢見　ケンミ　東24オ5
檢見　けんみ　高31ウ1
けんみつ
顯密　ケンミツ　東25オ2
げんみつ
嚴密　ゲンミツ　国11ウ1
嚴密　ケンミツ　東24ウ1
けんもつ
監物　けんもつ　高63ウ5
けんもん
權門　ケンモン　国11オ5
權門　ケンモン　東24ウ3
權門　けんもん　高31ウ5
げんをう（得減）→げんをえ
げんをえ
得減　ケンヱ　国12オ2

こ

こいけ
小池　こいけ　高71ウ3
こいづみ
小泉　こいつみ　高71ウ2
こう
鴻　コウ　東40オ5
こうがく
後學　コウカク　国13オ4
こうかん
勾勘　こうかん　高66ウ2
こうき
後記　コウキ　国13オ4
こうぎ
公儀　こうき　高35オ2
こうぎやう
興行　コウキヤウ・ヲコシヲコナウ　国13ウ1
興行　こうきやう　高34オ2
こうくわい
後悔　―クワイ　国13オ3
後悔　コウクハイ　東26ウ1
こうくわい
後會　コウクワイ　国13オ4
こうこん
後昆　コウコン　国13オ4
こうこんのために
爲後昆　ココンノタメニ　東26ウ4
こうざい
宏才　コウサイ　国13ウ2
口才〈口才・宏才〉　こうさい　高34オ3
こうし
公私　コウシ・キミハタクシ　国13ウ2
公私　こうし　高34ウ3
こうし
貢士　こうし　高65オ1
こうじ
犢子　こうし　高54オ4
こうしつ
後室　こうしつ　高34オ3
こうじふ
口入　コウシウ　国13ウ2
口入　コウジユウ　東26ウ2
→こうじゆ
こうじやうをもつて
以口上　コシヤウヲ―　東26ウ2
こうじゆ
口入　こうしゆ　高33ウ5
→こうじふ
こうしよう
後證　―シヤウ　国13オ3
こうしん
後進　コウシン　国13オ4
こうずい
洪水　コウズイ　国13ウ2
洪水　こうすい　高34ウ4
こうそ
後訴　コウソ　国13オ4
こうだい
後代　こうたい　高34オ2
→ごだい
こうてう
後朝　コウテウ　国13オ4

後朝　こうてう　高34オ5
こうなん
後難　コウナン　国13オ4
こうねん
後年　コウネン　国13オ4
こうのう（功能）↓くのう
こうほう
工部　こうほう　高65ウ4
こうむ（公務）↓くむ
こうりゆう
興隆　コウリウ・サカンナリ　国13ウ1
興隆　こうりう　高34ウ2
ごうれい
恆例　コウレイ　国13ウ2
恆例　こうれい　高34ウ3
こえ
越　コヱ　国14オ1
ごかう
御幸　ゴカウ・ミユキ　国13オ2
こがね
金　こかね　高61ウ3
こがら
鵃　コカラ　東39ウ3
こがら（鵃）↓しじふから
こがる（焦）↓こがるる
こがるる
焦　こかるゝ　高35オ1

こきう
古舊　コキウ・イニシヘ　国13オ3
こぎのこ
見子〈胡鬼子〉　こきのこ　高34ウ5
こきやう
故郷　コキヤウ・イニシヘサト　国13オ3
こきやく
沽卻　コギヤク　国13オ3
沽卻　コキヤク　東26ウ3
沽卻　こきやく　高34オ1
こぐい（小藏）↓こぐへ
こぐえ（小藏）↓こぐへ
こくか
國家　コクカ・タニイヱ　国13ウ3
ごくげつ
極月　高75オ3
こくこく
剋々　コクコク　国13ウ5
こくし
國司〈子〉　こくし　高64ウ3
ごくしん
極信　ゴクシン・キハメテマコトシ　国13ウ2
こぐち
虎口　こくち　高34ウ2
こぐへ
小藏　こくへ　高68ウ4

こぐら（小藏）↓こぐへ
こけ
苺　こけ　高60オ4
苔　同（こけ）　高60オ4
ごけ
碁笥　こけ　高34オ3
ここち
心知　コヽチ　東26オ5
ここに
爰　コヽニ　国13ウ5
ここのへ
九　こゝのへ　高51ウ1
ここもと
爰許　コヽモト　東26オ5
爰許　こゝもと　高33ウ3
こころ
用意　―イ・コヽロ　国6オ2
↓あなづるこころ（慢心）
こころう（心得）↓こころえ
こころえ
心得　コヽロエ　東26オ5
心得　こゝろへ　高33ウ3
こころぐるし
心苦　コヽロクルシ　国13ウ4
こころざし
志　コヽロザシ　国13ウ5
↓ねんごろなるこころざし（懇志）
こころのまま

任情　こゝろのまゝ　高34オ4
こころみる
試　コヽロミル　国13ウ5
試　こゝろみる　高35オ1
こころもとなし
無心元　コヽロモトナシ　国13ウ4
こころやすし
心安　―ヤスシ　国13ウ4
こころよからず
不快　フクワイ・コヽロヨカラ―　国12オ4
こころをしたがふ
随意　―イ・コヽロヲ―　国21ウ5
ここをもつて
是以　コヽヲモツテ　国13ウ3
こさい
巨細　コサイ・ヲヽクコマヤカナリ　国13オ3
巨細　コサイ　東26オ5
巨細　こさい　高33ウ3
こし
輿　こし　高34オ3
こし
腰　こし　高57オ5
こしあて
腰當　こしあて　高55ウ1
こしかき
輿舁　コシガキ　国13ウ3

輿舁　コシカキ　東26ウ3
こしがたな
腰刀　こしかたな　高55オ5
こしき
甑　こしき　高35オ3
こじき
乞食　こしき　高35オ1
↓こつじき
ごしき
五色　こしよく　高62ウ5
こじつ
故實　コジツ　国13オ2
ごじつ（後日）↓ごにち
こしぶみ
腰文　こしふみ　高34ウ2
こしやう
故障　コシヤウ・サウ　国13オ2
ごしよ
御所　―シヤウ・トコロ　国13オ2
ごしよ
御書　―シヨ・フミ　国13オ2
ごしよう（後證）↓こうしよう
ごしよく（五色）↓ごしき
こしらふ
誘　コシラウ　国13ウ5
↓こしらへ・こしらゆる
こしらへ
拵　コシラヘ　東26ウ4

拵〔栫〕　同（コシラヘ）　東26ウ4
↓こしらふ・こしらゆる
こしらゆる
誘　こしらゆる　高35オ2
↓こしらふ・こしらへ
こす（越）↓まかりこす（罷越）
こすき
剗　こすき　高35オ3
こせ
巨世　こせ　高73オ2
こせん
沽洗　こせん　高74ウ4
ごぜん
御前　―セン・ヲンマヘ　国13オ2
こそで
小袖　こそて　高34ウ4
こぞりは
小反刀〈刃〉　高55オ5
こぞる
擧　コソル　国14オ1
ごだい
後代　ゴタイ　国13オ3
こたふ（答）↓のべこたふ（陳答）
こち
鮲　コチ　東40ウ2
鮲　こち　高53オ2
ごぢやう
御諚　こちやう　高34ウ4

こつか（國家）↓こくか
こつがら
　骨柄　コツガラ　国13ウ5
こつこく（剋々）↓こくこく
こつじき
　乞食　コツジキ　国13ウ2
　↓こじき
こつぱふ
　骨法　コツホウ　国13ウ2
　骨法　こつはう　高35オ1
ごづめ（後詰）↓うしろづめ
こて
　籠〈籠手〉　こて　高55オ1
こと（事）↓やすきこと（安事）
ごどうざ
　御動座　ことうさ　高34ウ2
ことかき
　事闕　コトカキ　国13ウ4
　事闕　ことかき　高34ウ3
ことがき
　事書　―カキ　国13ウ4
ことかく（事闕）↓ことかき
ことがら
　事柄　ことから　高34オ4
ことごとく
　悉　コトゴトク　国13ウ5
ことさら
　殊更　コトサラ　国14オ1
　殊更　コトサラ　東26オ5
　殊更　ことさら　高33ウ4
ことし
　今年　コンネン・コトシ　国13オ5
ごとし
　如　コトシ　国14オ1
ことじつ
　事實　コトシツ　国13ウ4
ことづて
　言傳　コトヅテ　国13ウ3
　言傳　コトツテ　東26ウ2
　言傳　ことつて　高34オ1
ことなり
　異　コトナリ　国13ウ5
ことに
　殊　コトニ　国13ウ5
　毎　同（コトニ）　国13ウ5
ことにすぐる
　殊勝　シユシヤウ・コトニスグル　国19オ1
ことば
　言詞　ゲンシ・コトバ　国12オ1
　詞　コトバ　国14オ1
　言　ことは　高34ウ1
　詞　同（ことは）　高34ウ1
ことばのはし
　辭表　シヘウ・コトハノハシ　国19ウ2
ことひ
　特　ことい　高54オ4
ことわり
　修理　―リ・コトハリ　国18ウ5
　↓よきことわり（義理）・ことわる
ことわりただす
　裁糾　―キウ・コトハリタヾス　国15ウ3
ことわる
　裁許　サイキヨ・コトハル　国15ウ3
　理　ことわる　高34ウ1
　↓かんがへことわる（檢斷）・ことわり
ごなう
　御惱　―ナウ・ナヤミ　国13オ2
こにす（粉）↓ほねをこにす（粉骨）
ごにち
　後日　ゴニチ　国13オ3
このあひだ
　此間　コノアイタ　東26ウ1
　此間　このあいた　高33ウ5
このかた
　以來　コノカタ　国13ウ3
　以來　このかた　高35オ2
　以降　同（このかた）　高35オ2
このごろ
　此比　コノコロ　国13ウ3
このしろ
　鮗　コノシロ　東41オ2

鮰　このしろ　高53ウ1
鰶　さいり　高53ウ1
このたび（今度）→こんど
このてがしは
兒手柏　このてかしは　高59オ3
このはう
此方　コノホウ・カタ　国13ウ3
このほど
此程　コノホト　東26ウ2
此程　このほと　高34オ1
このむ
好　コノム　国13ウ5
好　このむ　高34ウ5
このむね
此旨　コノムネ　国13ウ3
此旨　コノムネ　東26ウ1
此旨　このむね　高33ウ5
このゆゑに
所以　コノユヘニ　国13ウ4
このよし
此由　このよし　高33ウ5
このり
飛鳥　コノリ　東39オ5
鶚　コノリ　東40オ5
ごばう
牛房　こはう　高60ウ2
こはし
強　コハシ　国13ウ5

ごはん
御判　こはん　高34オ5
ごばん
碁盤　ゴバン　東26ウ4
碁盤　こはん　高34ウ1
こひ
戀　コイ　国14オ1
こひ
鯉　コイ　東40ウ1
鯉　こい　高53オ1
ごび
寤寐　コヒ・サメテモイネテモ　国13ウ5
こひづか
肥塚　こいつか　高73オ1
こひねがふ
冀　コヒネカウ　国14オ1
冀　こいねかう　高35オ3
→そき
こぶし
木筆　こふし　高59オ2
こぶしあはせ
相扠　こふしあわせ　高34ウ5
ごぶん
吾分　こふん　高35オ2
こほう
戸部　こほう　高65オ3
ごほう

御報　―ホウ　国13オ2
こま
獨樂　コマ　東26ウ4
こま
駒　こま　高54オ4
こま
高麗　こま　高73ウ5
ごま
胡麻　こま　高60ウ2
こまう
虚妄　コマウ・ムナシクミタル　国13ウ1
虚妄　こまう　高35オ1
こまき
小巻　こまき　高71オ5
こまつなぎ
狼牙　こまつなき　高60ウ5
こまやかなり（細）→おほくこまやかなり（巨細）
こみざ
小下　こみざは　高69オ5
こみざは（小下）→こみざ
こむ（籠）→めしこめ（召籠）
こめ
米　こめ　高34オ4
穀　同（こめ）　高34オ4
こめ（籠）→めしこめ（召籠）
ごめい

五明　コメイ　東26ウ4
こもる
閉籠　ヘイロウ・トツコモル　国2ウ1
籠　コモル　国14オ1
↓いへにこもる（籠舍）・むなしくこもる（牢籠）
こゆ（越）↓こえ
こゆる（越）↓としをこゆる（越年）
こよみ
暦　こよみ　高34オ3
こらす
凝　コラス　国14オ1
こり
垢離　こり　高35オ3
ごりやう
御領　こりやう　高34オ5
こる（懲）↓こるる
こるる
懲　こるゝ　高34ウ1
ごれうにん
御料人　これうにん　高34オ2
これによつて
依之　コレニ―　国13ウ4
これより
従是　コレヨリ　東26ウ2
自是　これより　高34オ1
ころ（比）↓さんぬるころ（去比）
ころしころす
殺害　セツガイ・コロシコロス　国21ウ1
ころす
誅戮　チウリク・コロス　国3ウ1
殺　コロス　国14オ1
↓いけるをころす（殺生）・ころしころす（殺害）
ころぶ
倒　ころふ　高34ウ5
ころも（衣）↓まどほのころも（間遠衣）
ごゐ
五位　ゴイ　東40オ3
ごゐさぎ（五位鷺）↓ごゐ（五位）
こゑ
高聲　カウシヤウ・コユ　国5オ1
こゑをしる
知音　チイン・コヱヲシル　国3オ3
こんかき
紺掻　こんかき　高34ウ3
こんげん
混源　コンゲン・ハジメ　国13オ5
こんげん
根元　コンケン　東26ウ3
ごんご
言語　コンゴ　東26ウ1
ごんごだうだん
言語道斷　―ゴダウダン　国13ウ1
言語道斷　こんこたうたん　高33ウ4
こんし
懇志　コンシ・ネンゴロナルコヽロザシ　国13オ5
懇志　こんし　高34ウ4
ごんじやう
言上　コンシヤウ・マウシアグ　国13ウ1
言上　コンシヤウ　東26ウ3
ごんじやうじよ
權尙書　こんしやうしよ　高63ウ4
こんせつ
懇切　コンセツ・ネンコロ　国13オ5
懇切　こんせつ　高34ウ5
こんてう
今朝　コンテウ・ケサ　国13オ4
今朝　コンテウ　東26ウ1
今朝　こんてう　高34オ5
こんど
今度　―ド　国13オ4
今度　コント　東26オ5
今度　こんと　高33ウ4
こんどう
近藤　こんとう　高68ウ3
こんにやく
蒟蒻　こんにやく　高60ウ4
こんねん

今年　コンネン・コトシ　国13オ5
ごんのべん
權辨　こんのへん　高63ウ4
こんばう
懇望　コンハウ・―ニノゾム　国13オ5
こんぱく
魂魄　こんはく　高34オ4
こんぼん
根本　コンボン　国13オ5
根本　コンホン　東26ウ3
根本　こんほん　高34オ2
こんまう（懇望）→こんばう
こんみやうにち
今明日　こんみやうにち　高34ウ1
こんらん
混亂　コンラン・ミタリカハシ　国13ウ1
こんりふ
建立　コンリウ　国13オ5

さ

さい
簀　さい　高38ウ4
さい
犀　さい　高54オ4
さいあい
最愛　―アイ　国15ウ3
さいあう
災殃　サイアウ　国16ウ1
さいかく
才學　サイカク　国15ウ5
才覺　サイカク　東28ウ3
さいきう
裁糾　―キウ・コトハリタヾス　国15ウ3
さいぎつて
遮而　サイキツテ　東28ウ1
→さえぎつて
ざいきやう
在京　サイキヤウ　国15ウ4
在京　さいきやう　高38ウ1
ざいきやうにん
在京人　サイキヤウニン　東29オ1
さいきよ
裁許　サイキヨ・コトハル　国15ウ3
裁許　サイキヨ　東28ウ1
裁許　さいきよ　高37オ4
さいぎる（遮）→さいぎつて（遮而）
さいく
細工　サイク　東28ウ5
細工　さいく　高37オ4
ざいくわ
罪科　サイクワ　国15ウ4
罪科　さいくわ　高37オ5
ざいけ
在家　―ケ　国15ウ4
在家　さいけ　高38ウ3
さいげん
際限　サイゲン　国15ウ5
さいこう
再興　サイコ　国16オ5
再興　さいこう　高38オ5
ざいこく
在國　ザイコク　東29オ4
在國　さいこく　高38ウ1
ざいごふ
罪業　サイコウ　国15ウ4
さいさう
洒掃　せいさう　高66オ1
さいさん
再三　サイサン　東28ウ2
さいしやう
宰相　さいしやう　高63ウ1
さいじやう
最上　サイジヤウ　東29オ2
最上　さいしやう　高38オ2
ざいしやう
在莊　―シヤウ　国15ウ4
在莊　ザイシヤウ　東29オ4
さいしゆ
祭酒　さいしゆ　高64ウ2
さいしよ

最初　サイショ　国15ウ3
最初　サイショ　東29ウ1
最初　さいしよ　高38ウ3
ざいしよ
在所　―ショ　国15ウ4
在所　サイショ　東29ウ1
さいしん
再請　サイシン　東29オ2
さいぜん
最前　―ゼン・サキ　国15ウ3
最前　さいせん　高38オ3
さいそく
催促　サイソク　国15ウ5
催促　サイソク　東28ウ3
さいだつ（先立）→さきだつ
さいたん
歳旦　せいたん　高62ウ2
さいだん
裁斷　サイダン　国15ウ3
さいぢよれい
采女令　さいちよれい　高66オ2
ざいぢん
在陣　ザイチン　東29オ5
在陣　さいちん　高38ウ1
さいとう
齋藤　さいとう　高68ウ2
さいなん
災難　サイナン　国15ウ5

災難　サイナン　東29オ2
災難　さいなん　高38オ3
さいはい
再拜　サイハイ　国15ウ4
さいはひ
幸　サイハイ　東29ウ3
幸　さいわい　高38オ1
→とみさいはひ（富祐）
さいふ
割符　サイフ　国15ウ5
割符　サイフ　東28ウ1
割符　さいふ　高37オ4
ざいほう
財寶　サイホウ　東29オ4
財寶　さいほう　高38ウ1
さいほつ
々（再）發　サイホツ　東28ウ2
再發　さいほつ　高37ウ1
さいまつ
歳末　サイマツ　国15ウ5
歳末　サイマツ　東29オ1
さいみ
細美　サイミ　東28ウ3
ざいもく
材木　サイモク　東28ウ2
材木　さいもく　高37ウ1
さいり（鰶）→このしろ
さいれい

祭禮　サイレイ　国15ウ5
祭禮　さいれい　高38ウ4
さいわう
再往　―ハウ・フタヽビユク　国15ウ4
再往　サイワウ　東28ウ4
さう
左右　サウ　国16オ4
さう（相）→よきさう（瑞相）
ざう
象　さう　高54オ1
さうあん
草案　サウアン　国16オ1
さうあん
草庵　―アン・クサノイヲル　国16オ1
ざうい
造意　サウイ　東29オ3
ざうえい
造營　サウヱイ・ツクリイトナム　国16オ2
造營　さうゑい　高38オ4
さうおう
相應　サウヲウ　国16オ3
相應　サウヲウ　東16ウ1
相應　さうおう　高37ウ3
さうかう
糟糠　ザウカウ・ヌカカス　国16オ5

さうぎやう
相形　―キヤウ・カタチ　国16オ3
さうきやうのだいぶ
左右京大夫　さきやうのたいふ　高66オ4
さうけのかみ（造酒正）↓さけのかみ
さうこう（相公）↓しやうこう
ざうさ
造作　さうさ　高38オ3
↓ざうさく
さうさう
早々　そうそう　高38ウ2
さうさう
草創　―サウ・ハジメ　国16オ1
ざうさく
造作　ザウサク　国16オ2
造作　サウサク　東29オ2
↓ざうさ
さうし
草子　サウシ　国16オ1
さうし
雙紙　サウシ　東29ウ1
さうそく
早速　サウソク・ハヤキスミヤカナリ　国16オ1
早速　さうそく　高38ウ2
↓さつそく
さうぞく

相續　サウソク・アヒツク　国16オ2
相續　さうそく　高37ウ3
さうたい
霜臺　さうたい　高66オ3
さうたう
相當　さうたう　高37ウ3
さうたん
早旦　サウダン・アシタ　国16オ1
早旦　サウタン　東29オ4
さうち
佐八　さうち　高74ウ1
さうぢ
掃除　サウジ　国15ウ5
掃除　さうぢ　高38ウ3
さうてう
早朝　サウテウ・アシタ　国16オ1
早朝　サウテウ　東29オ5
早朝　さうてう　高38ウ2
さうてん
早天　さうてん　高38ウ2
さうでん
相傳　サウデン・ツタヘ　国16オ2
相傳　さうてん　高38オ2
さうどう
騒動　サウトウ・ウコキサハク　国16オ5
騒動　そうとう　高21ウ2
さうばう（相貌）↓さうめう

さうばん（早晩）↓いつか
さうひやうゑのかみ
左右兵衞督　さひやうへのかみ　高67オ2
さうひやうゑのじよう
左右兵衞尉　さひやうへのせう　高67オ3
さうひやうゑのすけ
左右兵衞佐　さひやうへのすけ　高67オ3
さうふ（相府）↓しやうふ
ざうぶつ（贓物）↓ざうもつ
さうほう
倉部　さうほう　高64オ2
倉部　さうほう　高65オ4
さうまのかみ
左右馬頭　さまのかみ　高67オ4
さうめう
相貌　サウメイ・スガク　国16オ3
さうめん
索麪　さうめん　高38ウ5
ざうもつ
贓物　サウモツ　国16オ1
贓物　サウモツ　東28ウ1
贓物　さうもつ　高37ウ2
さうもん
桑門　サウモン　国16オ3
さうれい

葬禮　サウレイ　東29ウ4
さうゐ
相違　サウイ　国16オ3
相違　サウイ　東28ウ5
相違　さうい　高37ウ3
さうゑもんのかみ
左右衛門督　さゑもんのかみ　高66ウ5
さうゑもんのさくわん
左右衛門志　さへもんのさくわん　高67オ1
さうゑもんのじよう
左右衛門尉　さゑもんのせう　高67オ1
さうゑもんのすけ
左右衛門佐　さゑもんのすけ　高66ウ5
さうゑもんのふしやう
左右衛門府生　さゑもんふしやう　高67オ2
さえぎつて
遮　サヘキツテ　国16ウ1
遮而　さへきつて　高37オ5
↓さいぎつて
さえぐさ
三枝松　さへくさ　高73オ4
さか
坂　サカ　東29ウ3

さか（坂）↓ばん
さかき
榊　さかき　高58オ4
さかこし
坂越　さかこし　高73オ2
さかさまにたふる
顛倒　テンタウ・サカサマニタウル　国14ウ3
さかづき
盃　サカツキ　東29オ1
盞　サカツキ　東29ウ3
盃　さかつき　高37ウ4
坏　同（さかつき）　高37ウ4
盞　同（さかつき）　高37ウ4
鍾　同（さかつき）　高37ウ4
さかな
肴　サカナ　国16ウ2
肴　サカナ　東29ウ3
肴　さかな　高37ウ4
餚　同（さかな）　高37ウ4
↓さけさかな（酒肴）
さかひ
境　サカイ　国16ウ2
境　サカイ　東28ウ1
境　さかい　高37オ5
堺　同（さかい）　高37オ5
さかふ（榮・福）↓さかゆ・とびさかふ（福德）

さかふ（逆）↓みだれさかふ（亂逆）
さかへはな
榮花　アイクワ・サカヘハナ　国14オ2
さかまき
逆卷　さかまき　高69ウ3
さがみ
相模　サカミ　東42オ5
さかむかひ
坂迎　さかむかい　高37ウ1
さかむかへ（坂迎）↓さかむかひ
さかもぎ
逆木　サカモキ　東29ウ2
逆茂木　さかもき　高39オ2
さかゆ
榮　サカユ　国16ウ1
さがら
相樂　さから　高70ウ3
さかり
盛　サカリ　東29ウ3
感〈盛〉　さかり　高38オ1
↓さかんなり
さかゐ
坂井　さかい　高68ウ5
さかん（盛）↓さかり・さかんなり
さかんなり
盛　サカン也　国16ウ1
興隆　コウリウ・サカンナリ

↓さかり　国13ウ1
さき
最前　—ゼン・サキ　国15ウ3
さぎ
鷺　サキ　東40オ2
鷺　さき　高52オ3
さきだつ
先立　サキタツ　東29ウ2
さぎちやう（爆竹）↓さぎつちやう
さぎつちやう
爆竹　さきつちやう　高39オ1
さきやうのだいぶ（左京大夫）↓さうき
やうのだいぶ（左右京大夫）
さきやま
崎山　さきやま　高71ウ1
さきん（砂金）↓しやきん
さくじ
作事　—ジ　国16オ3
作事　サクジ　東29オ2
さくじつ
朔日　サクシツ・ツイタチ　国16オ4
さくじつ
昨日　サクシツ・キノウノヒ　国16オ4
さくしや
作者　—シヤ　国16オ3
さくせき

作夕　サクセキ・キノウノユウベ　国16オ4
さくぶん
作文　サクブン　国16オ3
さくま
佐久間　さくま　高74オ3
さくもん（作文）↓さくぶん
さくら
櫻　さくら　高58オ3
さくらぎ
櫻木　さくらき　高72ウ3
さくらゐ
櫻井　さくらい　高71ウ4
さくらん
錯亂　サクランラン　国16ウ1
錯亂　サクラン　東28ウ2
錯亂　さくらん　高37ウ1
↓しやくらん
さぐり
定　さくり　高56オ3
さぐる
捜　さぐる　高37ウ2
ざくろ（柘榴）↓じやくろ
さくわん
目　さくわん　高67ウ4
さけ
酒　サケ　国16ウ2
酒　さけ　高37ウ4

さけ
鮭　サケ　東40ウ1
鮭　さけ　高53オ1
さけさかな
酒肴　—カウ・サケサカナ　国19オ1
さけのかみ
造酒頭〈正〉　さうけのかみ　高66オ2
さけほこ（鱐）↓さちほこ
さげを
下緒　さけを　高39オ1
ささ（百々）↓どうどう
ささい
小筒　さゝい　高38オ5
さざい
榮螺　サヽイ　東40ウ4
ささえ（小筒）↓ささい
さざえ（榮螺）↓さざい
ささき
佐々木　さゝき　高68オ4
ささぐ（捧）↓ぐじやうをささげ（捧愚
狀）・ささぐる・ささげ
ささぐる
捧　さゝくる　高37ウ4
↓ささげ
ささげ
捧　サヽゲ　国16ウ1
↓ささぐる

ささのくま
楽々熊　さゝのくま　高74オ1
ささふ（支）→ささへ・ささゆる
ささへ
支　サヽヘ　東29ウ3
→ささゆる
ささへあつ
支配　シハイ・サヽヘアツ　国18オ4
ささへまうす
支申　サヽヘ―　国16オ5
ささめごと
私言　サヽメコト　東29ウ2
私語　さゝめこと　高39オ2
ささやく
咡〔囁〕　さゝやく　高38ウ5
ささゆ（支）→ささへ・ささゆる
ささゆる
支　ささゆる　高38オ3
→ささへ
ささら
編木　さゝら　高38ウ5
さざれいし
細石　サヽレイシ　東29ウ2
さしあひ
差合　サシアイ　国16オ5
指合　サシアイ　東28ウ4
指合　さしあい　高37ウ5
さしいだし（差出）→さしだし

さしおく
閣　サシヲク　国16ウ1
閣　さしをく　高38オ3
さじき
桟敷　サジキ　国15ウ2
桟敷　サジキ　東28ウ2
桟敷　さしき　高39オ2
ざしき
座敷　サシキ　東29オ1
座敷　さしき　高37ウ5
さしだし
差出　サシタシ　東28ウ4
さしだす（差出）→さしだし
さしたるぎ（指儀）→させるぎ
さしづ
差圖　サシヅ　国16オ4
差圖　サシヅ　東28ウ5
さしば
鷂　サシハ　東39ウ1
鷂　さしは　高51ウ5
さしはさむ
插　サシハサム　国16ウ1
さしむしろ（差莚）→へりさしむしろ
（縁差莚）
さす
螫　サス　東29ウ4
ざせき
座席　させき　高37ウ5

させるぎ
指儀　させるき　高37ウ5
さぜん
作善　サゼン・ヨキコトヲツクル　国16オ4
ざぜん
坐禪　ザゼン　国16オ5
さそふ
誘　サソフ　国16ウ1
さた
沙汰　サタ　国16オ4
さだいじよう
左太〔大〕丞　さたせう　高63ウ3
さだいじん
左大臣　さたいしん　高63オ3
さだいべん
左大辨　さたいへん　高63ウ3
さたう
左道　サトウ　国16オ4
左道　サタウ　東28ウ5
左道　さたう　高38オ1
さたう
沙糖　さたう　高38ウ5
さたけ
佐武　さたけ　高71オ4
さたけ
佐竹　さたけ　高72ウ5
さだむ

定　サダム　国16ウ1
糾決　キウケツ・サダム　国17オ2
→をさめさだむ（治定）
さだめて
定　サタメテ　東29ウ4
さちほこ
鮹〈鱐〉　サチホコ　東41オ1
鮹〈鱐〉　さけほこ　高53オ4
さちほこ（鮹）→なまこ
さつがい（殺害）→せつがい
さつき
五月　高74ウ5
さづく
授　サヅク　国16ウ1
→さづくる
さづくる
授　さつくる　高38ウ4
→さづく
さつしまうす
察申　サツシモウ　国16オ5
ざつしやう
雑掌　サツシヤウ・ツカサ　国16オ2
雑掌　サツシヤウ　東28ウ3
雑掌　さつしやう　高37ウ2
ざつせつ（雑説）→ざふせつ
さつそく
早速　サツソク　東29オ5
→さうそく

さつま
薩摩　サツマ　東44オ5
さと（郷）→いにしへさと（故郷）
さど
佐渡　サト　東43オ2
さとう
佐藤　さとう　高68ウ4
さとる
悟　サトル　国16ウ1
覺　さとる　高37ウ2
さぬき
讃岐　サノキ　東43ウ5
さねかづら
藸　さねかつら　高61オ1
さば
鯖　サハ　東40ウ2
鯖　さは　高53オ2
さはし（佐橋）→さばせ
さばせ
佐橋　さはせ　高73ウ1
さはふ
作法　サホウ　国16オ4
さはら
鰵〔鰆〕　さわら　高53ウ1
さはり
魔障　マシヤウ・サハリ　国11オ1
さひが
雑賀　さいか　高71ウ5

さびつきげ
宿鴾毛　サヒツキケ　東41ウ3
さひやうゑのかみ（左兵衛督）→さうひやうゑのかみ（左右兵衛督）
さひやうゑのじよう（左兵衛尉）→さうひやうゑのじよう（左右兵衛尉）
さひやうゑのすけ（左兵衛佐）→さうひやうゑのすけ（左右兵衛佐）
さふ
左府　さふ　高63オ3
さふ
故障　コシヤウ・サウ　国13オ2
ざふごん
雑言　―コン　国16オ2
雑言　サウゴン　東29オ4
雑言　東29オ5
雑言　さうこん　高38オ5
ざふしやう（雑掌）→ざつしやう
ざふせつ
雑説　サウセツ　東29オ5
ざふたん
雑談　サウタン　国16オ2
雑談　サウタン　東29オ3
雑談　さうたん　高37ウ2
ざふねつ
雑熱　サウネツ　東29ウ3
ざふよう
雑用　―ヨウ　国16オ2

さぶらひ
侍　サフライ　国16ウ1
侍　サフライ　東29ウ3
さへう（茶瓢）→ちやへう
さべつ（差別）→しやべつ
さま
狹間　さま　高39オ1
さまたぐ（妨）→さまたげ・みだりがはしくさまたぐ（濫妨）
さまたげ
妨　サマタゲ　国16ウ2
さまのかみ（左馬頭）→さうまのかみ（左右馬頭）
さまよふ
跰　さまよふ　高38ウ5
さむ（醒）→さむる
さむし（寒）→あまりさむし（餘寒）
さむらひ（侍）→さぶらひ
さむる
醒　さむる　高39オ1
さめ
鮫　サメ　東40ウ2
鮫　さめ　高53オ2
さめ
左目　サメ　東41ウ1
さめてもいねても
寤寐　コヒ・サメテモイネテモ　国13ウ5
さゆみ（細美）→さいみ
さよのなかやま
五月夜中山　さよのなかやま　高73ウ5
さよみ（細美）→さいみ
さより
針魚　サヨリ・ハリウヲ　東41オ3
さらさら
更々　サラサラ　国16オ5
さらす
曝　さらす　高39オ1
さらにおこる
更發　カウホツ・サラニヲコル　国5オ1
さりがたく
難去　サリカタク　東29ウ1
→さりがたし
さりがたし
難去　さりかたし　高38オ2
→さりがたく
さりながら
乍去　サリナカラ　東29ウ1
さる
猿　さる　高54オ1
さる
申　さる　高75オ4
さるがく
猿樂　サルカク　東28ウ4
猿樂　さるかく　高38オ1
さるこ
猿子　さるこ　高70オ4
さわぐ
騷　さわく　高38オ5
→うごきさわぐ（騷動）
さゑもんのかみ（左衞門督）→さうゑもんのかみ（左右衞門督）
さゑもんのさくわん（左衞門志）→さうゑもんのさくわん（左右衞門志）
さゑもんのじよう（左衞門尉）→さうゑもんのじよう（左右衞門尉）
さゑもんのすけ（左衞門佐）→さうゑもんのすけ（左右衞門佐）
さゑもんのふしやう（左衞門府生）→さうゑもんのふしやう（左右衞門府生）
さを
棹　さほ　高56ウ2
さんが
參賀　―カ　国15ウ1
さんかう
參行　サンキヤウ　国15ウ1
さんがくはかせ
算學博士　さんかくはかせ　高64ウ5
さんぎやう（參行）→さんかう
さんきよ
山居　サンキヨ　東29オ1
さんきん

參懃〔勤〕　―キン・ツトム　国15ウ1

さんくわい

參會　―クワイ・アフ　国15ウ1

さんげ

懺悔　サンゲ　国15ウ2

懺悔　さんけ　高38ウ4

さんけい

參詣　サンケイ・マイル　国15ウ1

々（參）詣　サンケイ　東29オ3

參詣　さんけい　高38オ4

ざんげん

讒言　ザンゲン　国15ウ2

讒言　ザンゲン　東29ウ2

纔〔讒〕言　さんけん　高38ウ3

さんさう

山荘　サンサウ　国15ウ2

さんざん

散々　サンザン　東29オ3

散々　さんさん　高38オ4

ざんじ

暫時　ザンジ・シハラクノトキ　国15ウ3

暫時　ザンシ　東28ウ1

暫時　さんし　高37オ5

さんじき（棧敷）↓さじき

さんじやうをもつて

以參上　さんしやう―もつて　高38オ4

さんじゆつ

算術　サンシユツ　国15ウ2

さんせう

山椒　サンセウ　東29オ1

ざんそ

讒訴　ザンソ　国15ウ2

さんだい（參内）↓さんない

さんだん

讚嘆　サンダン　国15ウ2

讚歎　サンタン　東28ウ3

さんちやく

參著　―チヤク・ツク　国15ウ1

さんでん

散田　さんてん　高38ウ4

さんない

參内　サンナイ・マイル　国15ウ1

さんぬるころ

去比　サンヌルコロ　東28ウ5

去比　さんぬるころ　高38オ2

さんぱい

參拜　―バイ・ヲガム　国15ウ1

さんはかせ

算博士　さんはかせ　高64ウ5

さんよう

散用　サンヨウ　国15ウ2

算用　サンヨフ　東28ウ4

算用　さんよう　高38オ1

さんろう

參籠　サンロウ　東29オ3

參籠　さんろう　高38オ5

し

じあい

自愛　ジアイ　国18オ5

しあん

思案　シアン　国18オ4

じあん

寺庵　じあん　高46オ1

じいう（自由）↓じゆ

しいか

詩哥　しいか　高45オ2

しうく

秀句　シウク　国18ウ2

しうげん

祝言　シウゲン・イハイ　国18ウ2

しうしやう

愁傷　シユフシヤウ・ウレヘイタム　国18ウ2

愁傷　シウシヤウ　東33オ4

↓しゆしやう

しうしやう

周章　シウシヤウ　東34ウ4

しうそをふくむ

含愁訴　シウソヲフクム　東33オ4

しうたん
愁歎　―タン　国18ウ2
愁歎　しうたん　高46オ5
しうちやく
祝著　シウチヤク・ツク　国18ウ2
しうと
舅　しうと　高57ウ3
姑　しうと　高58オ1
しうなふ（収納）↓しゆなふ
しうり（修理）↓しゆり
しか
鹿　しか　高54オ2
しがい
死骸　しかい　高45ウ3
じがい
自害　ジカイ　国18オ5
自害　じがい　高45ウ4
しかしながら
併　シカシナガラ　国19ウ3
しかと
碔簇　シカト　東35オ1
日下　同（シカト）　東35オ1
碔　しかと　高45ウ3
しかのみならず
加之　シカノミナラズ　国19ウ2
加之　しかのみならす　高46オ3
しがらみ
柵　しからみ　高45ウ3

しかりといへども
雖然　シカリトイヘトモ　東34ウ3
雖然　しかりといゐとも　高46オ5
しぎ
鴫　シキ　東39ウ3
鴫　しき　高52オ4
じぎ
時宜　シキ・ヨロシ　国18ウ1
しきだい
色代　シキダイ　国19ウ1
しきび（樒）↓しきみ
しきぶのせう（式部少輔）↓しきぶのせういう
しきぶのせういう
式部少輔　しきふのせうゆう　高64ウ1
しきぶのたいふ
式部大輔　しきふのたいう　高64ウ1
しきみ
樒〔樒〕　しきみ　高58ウ4
しきもく
式目　シキモク　国19ウ1
しきよ
死去　シキヨ　東34オ2
死去　しきよ　高46ウ1
しきよく
私曲　シキヨク　東33オ3
私曲　しきよく　高43ウ5

しきり
頻　シキリ　東33オ4
↓しきりに
しきりに
頻　シキリニ　国19ウ3
頻　しきりに　高43オ4
↓しきり
じきろう
食籠　しきろう　高43ウ2
じけ
寺家　ジケ　国18ウ1
しげし
繁　シゲシ　国19ウ3
しげしげ
繁々　シケシケ　東34オ1
しげふ
司業　しけう　高64ウ2
しげみ
重見　しけみ　高72ウ4
しこ（尻籠）↓しつこ
しこう
祗候　シコウ　国18オ4
伺候　シコウ　東32ウ4
祗候　しかう　高43オ3
しごく
至極　シコク　国18オ4
じこく
時剋　ジコツ・トキ　国18ウ1

時剋　シコク　東33オ1
しさい
子細　シサイ　国18オ4
子細　しさい　高46オ4
しし
獅子　しし　高54オ1
しじふから
鵠　四十カラ　東39ウ3
鵠　四十から　高52オ5
しじみ
蜆　シヽミ　東41オ1
ししや
使者　シシヤ　国18ウ1
使者　シシヤ　東34オ2
使者　ししや　高44ウ5
じしや
寺社　シシヤ　東34ウ1
寺社　じしや　高45オ5
ししやう
師匠　シシヤウ　国18ウ1
師匠　ししやう　高45オ3
ししゆ
司酒　ししゆ　高66オ2
しじゆう
始終　ジシウ・ハジメヲハリ　国18オ4
始終　シシユウ　東34ウ4
始終　ししゆう　高44オ1

じじゆう
侍従　ししやう　高63ウ4
ししよう
支證　シセウ　東32ウ4
支證　ししやう　高43オ4
じしん
自身　ジシン　国18オ5
しせき
咫尺　シセキ　国18ウ1
じせつ
時節　ジセツ　国18ウ1
時節　シセツ　東33オ1
時節　しせつ　高43ウ4
しぜん
自然　―ゼン　国18オ5
自然　しせん　高43ウ3
じせん
自専　シセン・ミツカラモツハラニス　国18オ5
じせんせき
二千石　しせんせき　高68オ1
じそ
自訴　じそ　高45ウ4
しそく
子息　シソク　国18オ4
子息　シソク　東34オ1
子息　しそく　高57ウ5
しそん

子孫　シ□ン　東33オ3
じた
自他　シタ　東34ウ3
じたい
辭退　ジタイ　東32ウ2
辭退　じたい　高43オ3
したがふ
随　シタカウ　国19ウ3
従　シタガウ　国19ウ3
随逐　ズイチク・シタガフ　国21ウ5
↓こころをしたがふ（随意）
したく
私宅　したく　高46オ3
したすだれ
帷裳　したすたれ　高43ウ2
したたむ
認　シタ□□　東32ウ4
↓したたむる
したたむる
認　したたむる　高43オ5
↓したたむ
したたる
滴　したゝる　高45オ4
じたん
自歎　―タン・ホム　国18オ5
じちぎ
實儀　ジチギ　東33ウ4
↓じつぎ

しちけん
質券　シチケン　国18オ3
しちじき
失食　しちしき　高45オ1
↓しつじき
しちせき（七夕）↓しつせき
しちねん
失念　シチネン　東34オ3
↓しつねん
しちもつ
質物　シチモツ　東32ウ5
質物　しちもつ　高43オ5
じちゆう
侍中　しちう　高67ウ1
しちゆうじゆう
始中終　シチウシユウ　東33オ2
始中終　しちうしゆう　高45オ3
しちよく
司直　―ちよく　高65ウ1
しつかい
悉皆　しつかい　高45ウ3
しづかなり
靜謐　セイヒツ・シヅカナリ　国21オ4
↓しづかに
しづかに
閑　シヅカニ　国19ウ2
靜　シヅカニ　国19ウ3
↓しづかなり
しづかにかたる
閑談　カンタン・シツカニカタル　国5ウ1
じつぎ
實儀　しんき　高44ウ3
↓じちぎ
しつく（媄）↓しつけ
しづく
雫　しつく　高43オ5
しつけ
媄　シツケ　東32ウ5
しつこ
尻籠　しつこ　高56オ4
じつこん（入魂）↓じゆつこん
しつさく（失錯）↓しつしやく
しつじき
失食　シツシキ　東34オ2
↓しちじき
じつしやう
實正　―シヤウ　東34オ4
實正　しつしやう　高45オ4
しつしやく
失錯　シツシヤク　東34ウ4
しつしよく（失食）↓しつじき
しつせき
七夕　しつせき　高62ウ2
しつそう
執奏　しつそう　高43ウ1
しつつい
失墜　シツツイ　東33ウ1
失墜　しつつい　高44オ5
しつねん
失念　シツネン・モノワスレ　国18オ3
↓しちねん
しつぱらひ
殿　しつはらい　高44オ2
じつぴ（實否）↓じつぷ
じつぷ
實否　ジツプ・マコトイナヤ　国18オ3
實否　シツフ　東34オ4
實否　しつふ　高45オ2
しづみただよふ
沈淪　ヂンリン・シツミタヽヨウ　国3オ5
しづむ
沈　シヅム　国19ウ3
↓うきしづむ（浮沈）
しどけなし
無四度計　シトケナシ　国19ウ2
しとと
鵐　カシトリ　東39ウ5
鵗　シトヽ　東40オ1
鵐　しとゝ　高52ウ3

しとみ
蔀子　しとみ　高45ウ5
しなじな
品々　シナジナ　国19ウ2
しなじなにわかつ
差別　シヤヘツ・シナジナニハカツ　国19オ4
しなの
信濃　シナノ　東42ウ3
しなひだて
彲楯　しないたて　高55ウ2
しなん
指南　シナン　国18オ3
指南　シナン　東33ウ2
指南　しなん　高44オ5
じなん
二男　しなん　高57ウ5
じねん（自然）→しぜん
しのうけい
司農卿　しなうけい　高65ウ3
しのだ
篠田　しのた　高73ウ2
しのね
蓤　しのふ　高60ウ3
しののめ
篠目　シノヽメ　東34ウ3
しのぶ
垣衣　しのふ　高59ウ3

しのぶ（蓤）→しのね
しば
司馬　しま　高67ウ3
しはい
支配　シハイ・サヽヘアツ　国18オ4
支配　シセウ　東33ウ2
支配　しはい　高44オ5
しばしば
屢　しはしは　高45オ2
しはす
十二月　高75オ3
師趨　しはす　高75オ3
しばた
新發田　しはた　高73オ2
しばたけ
芝茸　しはたけ　高60オ2
しばやま
柴山　しはやま　高72ウ2
しばらく
第　ツイニ・シバラク　国8オ3
暫　シバラク　国19ウ3
暫　しはらく　高45ウ5
しばらくのとき
暫時　ザンジ・シハラクノトキ　国15ウ3
しばる
縛　しはる　高45オ2
しばゐ

芝居　しはい　高70オ5
しはん
師範　シハン　国18ウ1
しひ
椎　しいたけ　高58オ4
しび
鮪　シヒ　東40ウ2
鮪　しひ　高53オ1
じひ
慈悲　ジヒ　国18オ5
慈悲　シヒ　東32ウ5
しひたけ
椎茸　しいたけ　高60オ2
しひたけ（椎）→しひ
じひつ
自筆　シヒツ　東33ウ3
しぶかき
澀柹　シフカキ　東34オ5
澀柹　しふかき　高46オ2
じふぎよ
入御　シウキヨ　東34オ1
→じゆぎよ
じふきよう
入興　シウケウ　東34オ1
→じゆきよう
しふしん
執心　シウシン　東34ウ3
しふぢやく

執著　—チヤク　東34ウ4
しぶや
澀屋　しふや　高73オ1
しふらい（集來）↓しゆらい
しふゐ
拾遺　しうい　高63ウ4
しふゑ（集會）↓しゆゑ
じぶん
時分　シフン　東33ウ4
時分　しふん　高44ウ3
じへう
辭表　シヘウ・コトハノハシ　国19ウ2
しほう
祠部　しほう　高64オ4
しほう（李部）↓りほう
しほうめ
鹽梅　ヱンハイ・シヲムメ　国14オ2
じぼくをおどろかす
驚耳目　シホクヲヽトロカス　東33オ5
しほづけ
鮑〈鮑〉　しほつけ　高53オ4
しほで
鞍　しほて　高46オ2
しほな
鹽穴　をゝな　高73オ1
しぼむ
凋　しほむ　高45ウ5
しま
志摩　シマ　東42オ3
しま（司馬）↓しば
しまつ
始末　しまつ　高46オ4
しまり
都　シマリ　東35オ2
しみ
蟫　しみ　高62オ4
しめ
鵠　しめ　高52ウ4
しめ
四目　しめ　高55ウ5
しめかけ
七五三　しめかけ　高73オ3
しめしたまはる
示給　シメシタマハル　国18オ4
しめす
示　シメス　国19ウ3
じもくをおどろかす（驚耳目）↓じぼくをおどろかす
しもつき
十一月　高75オ3
霜月　高75オ3
しもつけ
下野　シモツケ　東42ウ4
しもつま
下閒　しもつま　高71ウ2
しもふさ
下總　シモヲサ　東42ウ1
しもべ
僕從　ホクシユ・シモベ　国2オ4
下部　シモヘ　東34ウ2
下部　しもべ　高45ウ1
しもま（下閒）↓しもつま
しやうい
尙衣　しやうい　高64オ3
じやうい
上意　しやうい　高44ウ1
しやうがい
生涯　しやうかい　高45ウ1
しやうぎ
將碁　シヤウキ　東35オ2
將碁　しやうき　高45ウ4
じやうくわく
城墎〔郭〕　ジヤウクハク　東33ウ2
城擲〔郭〕　じやうくわく　高46オ3
しやうくわん
賞翫　シヤウクワン・モテアソブ　国19オ5
賞翫　しやうくわん　高44オ4
しやうぐわん
莊官　シヤウクワン　国19ウ1
しやうぐん
將軍　シヤウグン　国19ウ1

しやうげん
將監　しやうけん　高66ウ4
しやうこう
相公　さうこう　高63ウ1
しやうごん
莊嚴　シヤウゴン　国19オ5
しやうさく
匠作　しやうさく　高66ウ2
しやうさくたいゐん（匠作大尹）↓しやうさく（匠作）
しやうじ（障子）↓ふすましやうじ（襖障子）
じやうし
上巳　しやうし　高62ウ2
上巳　しやうし　高74ウ4
しやうしや
尚舍　しやうしや　高65ウ5
しやうじやう
猩々　しやうしやう　高54オ5
しやうしやほうぎよ（尚舍奉御）↓しやうしや（尚舍）
じやうじゆ
成就　ジヤウジユ　国19オ5
しやうしよく
尚食　しやうしよく　高66オ1
しやうじん
精進　シヤウシン　東35オ2
じやうず
上手　しやうす　高44ウ2
しやうぜん
生前　シヤウセン　東33オ3
しやうぞく
裝束　シヤウソク　東33オ4
將衣〈裝束〉　しやうそく　高44オ1
しやうだいなく
無正體　シヤウタイナク　東33オ1
しやうだいなし（無正體）↓しやうだいなく
しやうぢき
正直　―ジキ　国19オ5
正直　シヤウヂキ　東33ウ3
正直　しやうちき　高44ウ2
しやうとく
性［生］得　シヤウトク　東33オ4
しやうばい
商賣　しやうはい　高44オ2
しやうばん
相伴　シヤウバン　国19オ5
相伴　シヤウハン　東34オ4
相伴　しやうはん　高45オ1
しやうふ
相府　さうふ　高63オ4
しやうぶ
菖蒲　しやうふ　高59オ5
しやうぶんにたつし
達上聞　シヤウフンニタツシ　東33オ5
しやうぶんにたつす（達上聞）↓しやうぶんにたつし
しやうへう
上表　シヤウヘウ　東33ウ1
上表　しやうへう　高44オ2
じやうぼん
上品　シヤウホン　東34ウ1
しやうもんしゆう
唱門宗　しやうもんしゆう　高46オ2
じやうもんらう
城門郎　せいもんらう　高63ウ5
しやうよう
請用　シヤウヨウ　国19オ5
しやうらく
上洛　シヤウラク　東33ウ3
上洛　しやうらく　高44ウ1
じやうらふ
上臈　ジヤウラウ　国19ウ1
しやうりやく（省略）↓せいりやく
しやうろ
正路　シヤウロ　国19オ5
しやきん
砂金　しやきん　高61ウ3
しやくせん
借錢　シヤクセン　東32ウ5
借錢　しやくせん　高43ウ4
しやくどう

赤銅　しやくとう　高61ウ3
じやくはい
若輩　ジヤクハイ　国19ウ2
若輩　シヤクハイ　東33ウ2
若輩　しやくはい　高44ウ1
しやくはち
尺八　しやくはち　高44ウ2
しやくもつ
借物　しやくもつ　高43ウ4
しやくやく
芍薬　しやくやく　高61オ1
しやくよう
借用　シヤクヨウ　国19ウ1
借用　しやくよう　高43ウ4
しやくらん
錯亂　シヤクラン　国19ウ1
↓さくらん
じやくろ
柘榴　しやくろ　高58ウ1
しやこ
鷓鴣　シヤコ　東40オ3
しやさん
社參　シヤザン　国18オ1
社參　シヤサン　東34オ3
じやしまうす
謝申　シヤシマウス　国19オ5
しやちほこ（鱐）↓さちほこ
しやべつ
差別　シヤヘツ・シナジナニハカツ　国19オ4
しやむ
社務　シヤム　東35オ2
しやめん
赦免　しやめん　高45ウ4
しゆ
朱　しゆ　高44オ2
じゆ
自由　―ユ　国18オ5
しゆうぎ（衆議）↓しゆぎ
しゆうじゆう
主從　しゆうじゆう　高45オ3
しゆうと（衆徒）↓しゆと
じゆうまん
充滿　シウマン　国18ウ2
充滿　しゆうまん　高45オ2
しゆえん
酒宴　シユヱン　国19オ1
酒宴　シユエン　東34ウ2
酒宴　しゆゑん　高45ウ2
しゆかう
酒肴　―カウ・サケサカナ　国19オ1
しゆかく
主客　しゆかく　高65オ2
じゆがん
入眼　シユガン・イルマナコ　国19オ1
しゆぎ
衆儀〔議〕　しゆき　高46オ1
しゆぎやう
修行　シユキヤウ　国18ウ5
じゆぎよ
入御　しゆきよ　高44ウ4
↓じふぎよ
じゆきよう
入興　しゆけう　高44ウ4
↓じふきよう
しゆくえん
宿緣　―アン　国18ウ4
しゆくごふ
宿業　―コウ　国18ウ4
じゆくし
熟柿　シユクシ　東34オ5
しゆくじふ
宿習　しゆくじう　高45オ3
しゆくしよ
宿所　シユクシヨ　国18ウ4
しゆくとく
宿德　―トク　国18ウ5
しゆくらう
宿老　―ラウ　国18ウ5
宿老　シユクラウ　東33オ5
宿老　しゆくらう　高44オ1
じゆけう
儒教　ジユケウ　国19オ2

しゆご
守護　シユゴ・マボリマボル　国19オ2
守護　シユゴ　東33ウ1
守護　しゆこ　高44オ5
じゆこん（入魂）↓じゆつこん
しゆざう
修造　シユザウ・ツクル　国19オ1
しゆしやう
修正　―シヤウ　国19オ1
しゆしやう
愁傷　しゆしやう　高43ウ5
↓しうしやう
しゆじゆ
種々　シユジユ　国19ウ2
しゆじゆう（主従）↓しゆうじゆう
しゆしよう
殊勝　シユシヤウ・コトニスグル　国19オ1
殊勝　シユセウ　東33ウ1
殊勝　しゆせう　高46オ1
しゆじん
主人　しゆじん　高46オ3
しゆす
繻子　シユス　東35オ1
じゆず
數珠　しゆす　高46オ5
しゆせき

手跡　シユセキ　東34ウ2
手跡　しゆせき　高45ウ1
しゆたうれい
主當令　しゆたうれい　高64オ1
しゆつくわい
述懐　シユツクワイ　国19オ2
しゆつけ
出家　―ケ　国19オ3
出家　シユツケ　東33ウ4
出家　しゆつけ　高44ウ3
じゆつけい
術計　シユツケイ　国19オ2
じゆつこん
入魂　しゆつこん　高46オ4
しゆつし
出仕　シユツジ　国19オ3
出仕　シユツシ　東33オ3
出仕　しゆつし　高44オ3
しゆつせん
出銭　シユツセン　東33ウ4
しゆつたい
出對　―タイ　国19オ3
しゆつたい（出來）↓しゆつらい
しゆつちやう
出張　しゆつちやう　高43ウ5
しゆつとう
出頭　―トウ　国19オ3
出頭　シユツトウ　東33オ3

出頭　しゆつとう　高43ウ5
しゆつらい
出來　―ライ・イデキタル　国19オ3
しゆと
衆徒　シユト・トモカラ　国18ウ5
衆徒　しゆと　高46オ1
しゆなふ
収納　シユナウ・ヲサム　国18ウ5
しゆび
首尾　シユビ・カシラヲ　国19オ1
首尾　しゆひ　高44オ1
じゆぼく
入木　―ボク　国19オ1
じゆみやう
壽命　ジユミヤウ　国19オ2
しゆらい
集來　シユライ　東35オ2
しゆり
修理　―リ・コトハリ　国18ウ5
しゆりのだいぶ
修理大夫　しゆりのたいふ　高66ウ2
じゆりやう
受領　ジユリヤウ　国19オ2
しゆろ
椶櫚　しゆろ　高58ウ3
しゆろう
鐘樓　しゆろう　高43ウ1
じゆゐん（入院）↓じゆゐん

しゆゐ
集會　シユヱ・アツマリアフ　国18ウ5
じゆゐん
入院　しゆゐん　高46オ2
じゆんぎやう
遵行　シユンキヤウ　東34ウ2
じゆんきよ
準據　ジユンキヨ　東33ウ3
じゆんし
順次　シユンシ　東34ウ2
順次　しゆんし　高45ウ2
じゆんしよく
潤色　シユンシヨク・ウルヲス　国19オ2
潤色　シユンシヨク　東34オ3
潤色　しゆんしよく　高45オ1
じゆんやく
巡役　シユンヤク　国19オ2
じゆんれい
順禮　シユンレイ　東33ウ5
順禮　しゆんれい　高44ウ4
じゆんろ
順路　シユンロ　東33ウ5
順路　しゆんろ　高44ウ4
じよう
掾　せう　高67ウ3
しよういん
承引　シヨウイン　国19オ4
承引　セウイン　東38オ1
承引　せういん　高49ウ5
しようご
證據　シヤウコ　国19オ4
證據　シヨコ　東35オ1
しようぜき
蹤跡　シヨウゼキ　国19オ4
しようでん
昇殿　シヨウデン・ノホリ　国19オ3
しようぶ
勝負　シヤウブ・カチマク　国19オ3
勝負　しやうふ　高44オ3
しようみやう
證明　シヤウミヤウ　国19オ4
しようろう（鐘樓）→しゆろう
しよぎやう
所行　シヨキヤウ　東32ウ5
しよくじ
諸公事　シヨクシ　東33オ5
しよくぜんれい
織染令　しよくせんれい　高65ウ2
しよくだい（燭臺）→そくだい
しよくゐ
觸穢　しよくゐ　高43ウ1
しよげい
諸藝　シヨゲイ　国18ウ4
諸藝　―ケイ　東34オ3
諸藝　しよけい　高44ウ5
じよけう
助教　しよけう　高64ウ3
しよこく
諸國　―コク　国18ウ3
しよこくのかみ
諸國守　しよこくのかみ　高67ウ2
じよさい
如在　ジヨサイ　国18ウ3
如在　シヨサイ　東32ウ5
如在　しよさい　高43ウ3
しよさつ
書札　シヨサツ　国18ウ4
しよじ
諸事　シヨジ　国18ウ3
諸事　シヨシ　東34オ3
しよしう
初秋　高75オ1
しよしだい
所司代　シヨシタイ　東33オ5
しよしや
書寫　シヨシヤ　国18ウ4
じよじやう
助成　ジヨジヨ　国18ウ3
助成　シヨシヤウ　東34ウ1
助成　しよじやう　高45ウ1
しよじやく
書籍　―ジヤク　国18ウ4

しよしゆん
初春 高74ウ3
しよしよく
所職 ショショク 国18ウ2
しよしん
初心 ショシン 東34オ2
初心 しよしん 高44ウ5
しよせい
諸勢 ショセイ 東34オ2
諸勢 しよせい 高44ウ5
じよせい（助成）↓じよじやう
しよせき（書籍）↓しよじやく
しよせん
所詮 ―セン 国18ウ3
所詮 ショセン 東33オ2
所詮 しよせん 高43ウ3
しよぞん
所存 ―ゾン 国18ウ3
しよたい
所帯 ショタイ 東32ウ2
所帯 しよたい 高43ウ2
しよぢ
所持 ―ジ 国18ウ3
所持 ショチ 東34オ4
所持 しよち 高45オ4
しよにふ
初入 ショニウ 東33オ2
しよはう
諸方 ショハウ 東33オ2
しよへん
諸篇 しよへん 高44オ3
しよまう
所望 ―マウ 国18ウ3
所望 ショマウ 東32ウ2
所望 しよまう 高43ウ3
しよむ
所務 ショウム 国18ウ2
所務 ショム 東33オ2
所務 しよむ 高43ウ2
しよりやう
所領 ―リヤウ 国18ウ3
所領 ショリヤウ 東32ウ2
所領 しよりやう 高43オ5
しよゐん（書院）↓しよゑん
しよゑん
書院 しよゑん 高43ウ1
しらうを（鮊）↓しろうを
しらが
皓 しらか 高57オ3
しらびやうし
白拍子 シラヒヤウシ 東33ウ3
白拍子 しらひやうし 高44ウ1
しらみ
蝨 しらみ 高62オ5
しり
尻 しり 高57ウ2
しりうと
知人 シリウト 東34ウ5
知人 しりうと 高45ウ3
しりがい
鞦 しりかい 高46オ2
しりぞく
退 シリゾク 国19ウ3
退 しりそく 高43オ4
しりびと（知人）↓しりうと
しりやう
私領 シリヤウ 東34ウ4
じりやう
寺領 じりやう 高45オ5
しる（知）↓かんがへしる（検知）・こゑをしる（知音）
しるし
效験 カウケン・シルシ 国5ウ4
奇瑞 キスイ・シルシ 国16ウ4
注 シルシ 国19ウ3
驗 しるし 高46オ5
しるしおく
注置 シルシヲク 東33ウ2
しるしすすむ
注進 チウシン・シルシス丶ム 国3ウ1
しるす（注）↓しるし
しれい
市令 しれい 高66オ4

しれもの
　邋　しれもの　高46オ5
しろいもの
　白粉　しろいもの　高45ウ5
しろいを（鮊）↓しろうを
しろうを
　鮊　シロウヲ　東40ウ5
　鮊　しろうを　高53オ5
しろがね
　銀　しろかね　高61ウ3
しろゐ
　白井　しろい　高71オ5
しわ
　皺　しは　高57ウ2
しわざ
　課役　クワヤク・シハザ　国10オ4
　云爲　シハザ　国19ウ2
　云爲　しわざ　高44オ2
しをん
　紫苑　しをん　高59ウ1
しんがう
　信仰　シンコフ　国18オ3
　信仰　しんかう　高46オ4
しんぎ
　新儀　シンギ　東33ウ1
　新儀　しんき　高44オ3
じんぎ
　神祇　シンキ　東34オ5
　神祇　じんぎ　高45オ5
じんぎ
　仁義　シンキ　東34ウ5
　仁儀〔義〕　しんき　高45ウ2
じんぎのはく
　神祇伯　しんきのはく　高63オ2
しんく
　辛苦　シンク　国18オ2
　辛苦　シンク　東34ウ5
しんげつ
　新〈親〉月　しん―　高74ウ2
しんけん
　新券　シンケン　国18オ2
じんご
　盡期　シンコ　東34ウ3
じんこう
　人口　シンコ　東34オ4
　人口　じんこう　高45ウ2
しんこん
　晨昏　シンコン・アサユウ　国18オ3
しんじ
　進士　しんし　高65オ1
しんじち（眞實）↓しんじつ
しんじつ
　眞實　シンジツ　国18オ1
　眞實　シンシツ　東32ウ3
　眞實　しんしつ　高43オ2
しんしやう
　身上　シンシヤウ　東32ウ3
しんじやう
　進上　シンジヤウ　国18オ1
　進上　シンシヤウ　東32ウ2
　進上　しんじやう　高43オ3
しんじやう
　新荘　しんしやう　高71ウ3
じんじやう
　尋常　ジンジヨウ・ヨノツネ　国18オ2
　尋常　しんしやう　高45オ1
　↓よのつね
しんしやく
　斟酌　シンシヤク　国18オ2
　斟酌　シンシヤク　東32ウ4
　斟酌　しんしやく　高43オ2
しんしゆん
　新春　シンシユン　東34ウ1
　新春　しんしゆん　高44オ4
しんしよ
　心緒　シンシヨ　東34ウ5
しんじん
　信心　シンジン　国18オ3
しんず（進）↓おししんず（推進）
しんそ
　親疎　シンソ　東33ウ5
　親疎　しんそ　高45ウ5
しんだい

進退　シンダイ　国18オ2
進退　—ダイ　東32ウ3
進退　しんたい　高43オ4
しんちや
新茶　シンチヤ　東34ウ5
しんてい
心底　シンテイ　国18オ2
心底　シンテイ　東33ウ5
心底　しんてい　高44ウ3
しんどう
新藤　しんとう　高68ウ2
じんどう
四同　しんとう　高55ウ5
矢頭　同（しんとう）　高55ウ5
しんなふ
進納　しんなう　高44ウ2
しんにふ
進入　しんにう　高43オ4
しんねん
新年　シンネン　東34ウ1
新年　しんねん　高44オ4
しんぱつ
進發　シンハツ　東33ウ4
しんばつ
神罰　シンハツ　東34オ5
神罰　しんはつ　高45オ5
しんぴつ
震〔宸〕筆　シンビツ　国18オ1

しんぶ
親父　シンブ　東33ウ5
しんぺい
新米　シンヘイ　東35オ1
→しんまい
しんべう
神妙　シンビヤウ　国18オ1
神妙　シンヒヨウ　東33オ1
神妙　しんひやう　高43オ5
じんぺん
神變　しんへん　高45オ4
しんまい
新米　しんまい　高44オ4
→しんぺい
じんめ
神馬　ジンメ　国18オ1
しんめう（神妙）→しんべう
しんらう
心勞　シンロウ　国18オ2
しんらう
辛勞　シンラウ　東33オ1
しんらん
進覽　シンラン　東32ウ3
進覽　しんらん　高43オ3
しんりよ
神慮　ジンリヨ　国18オ1
神慮　シンリヨ　東34オ5
神慮　しんりよ　高45オ4

しんるい
親類　シンルイ　国18オ2
身類　シンルイ　東32ウ3
親類　同（シンルイ）　東32ウ4
親類　しんるい　高43オ2
しんゑいかうゐ
親衛校尉　しんゑいかうい　高66ウ4
しんゑいしやうぐん
親衛將軍　しんゑいしやうくん　高66ウ3
しんゑいたいしやうぐん（親衛大將軍）
→しんゑいしやうぐん（親衛將軍）

す

す
酢　ス　東39オ1
酢　す　高50ウ4
ずいい
隨意　—イ・コヽロヲ—　国21ウ5
隨意　ス—イ　東38オ5
すいかん
水干　スイカン　国22オ2
水旱　スイカン　東38ウ2
ずいき
隨喜　—キ・ヨロコフ　国21ウ5
隨喜　スイキ　東38ウ4
隨喜　すいき　高50ウ5

すいぎう
　水牛　すいきう　高54オ4
すいきやう
　酔狂　スイキヤウ・ヱイクルウ　国21ウ4
　酔狂　すいきやう　高51オ2
すいきよ
　吹擧　スイキヨ・フキアグ　国21ウ4
ずいさう
　瑞相　ズイサウ・ヨキサフ　国21ウ5
すいさつ
　推察　―サツ　国21ウ4
　推蜜〈察〉　すいさつ　高50ウ2
すいさん
　推參　スイサン　国22オ2
　推參　スイサン　東38ウ1
　推參　すいさん　高50ウ2
すいしやう
　水精　スイシヤウ　東38ウ3
　水精　すいしやう　高51オ1
すいしん
　推進　―シン・ヲシシンズ　国21ウ4
ずいしん
　隨身　スイシン　東38ウ4
すいそん
　水損　スイソン　東38ウ5
　水損　すいそん　高50ウ5
ずいちく
　隨逐　ズイチク・シタガフ　国21ウ5
　隨逐　スイチク　東38オ5
　隨逐　すいちく　高50ウ1
すいばら
　杉原　スイハラ　東38ウ3
　杉原　すいばら　高51オ1
すいび
　衰微　スイビ・ヲトロフ　国21ウ4
　衰微　すいひ　高51オ2
すいひん
　蕤賓〔賓〕　せうらん　高74ウ5
ずいぶん
　隨分　ズイブン・ハケル　国21ウ5
　隨分　スイフン　東38ウ1
　隨分　すいふん　高50ウ1
すいみん（睡眠）→すいめん
すいめん
　睡眠　スイメン・ネムル　国21ウ4
　睡眠　スイメン　東38ウ4
　睡眠　すいめん　高51オ1
すいもう
　吹毛　スイモウ・ケヲフク　国21ウ4
すいりやう
　推量　スイリヤウ・ヲシハカル　国21ウ4
　推量　スイリヤウ　東38ウ1
　推量　すいりやう　高50ウ2
すいれん
　水練　スイレン　東38ウ3
すう（居）→すゆる
すうこく（數剋）→すこく
すうじつ（數日）→すじつ
すうた（數多）→すだ
すうつうのじやう（數通狀）→すつうのじやう
すうど（數度）→すど
すうねん（數年）→すねん
すうはい（數輩・數盃）→すはい
すうぼん（數盆）→すぼん
すがた
　相貌　サウメイ・スガク　国16オ3
　→おいのすがた（老體）
すがたかほばせ
　容顔　ヨウガン・スガタカヲワセ　国6オ2
すがひ
　須貝　すかい　高73オ3
すがる
　蜾　すかる　高62オ3
すき
　數奇　―キ　国22オ1
　數寄　スキ　東38オ5
　數奇　すき　高50オ5
すき
　鋤　スキ　国22オ2
　鋤　すき　高50ウ4

すぎ
　杉　すき　高58オ3
すぎはら（杉原）↓すいばら
すぎむら
　杉村　すきむら　高69ウ3
すくなし
　一　すくなし　高51オ4
　↓かるくすくなし（輕微）
すくふ
　救　スクウ　東39オ2
　↓わきまへすくふ（辨濟）
すくやか
　健　すくやか　高50ウ3
すぐり
　村主　すくり　高73ウ3
すぐる
　勝　スグル　国22オ3
　↓ことにすぐる（殊勝）
すぐろく（雙六）↓すごろく
すけ
　介　高67ウ3
すこく
　數剋　スコク　国22オ1
　數剋　スコク　東38ウ5
すこし
　微　スコシ　国22オ3
　少　スコシ　国22オ3
すこぶる
　頗　スコブル　国22オ3
　頗　すこふる　高50ウ5
すごろく
　雙六　スコロク　東38ウ2
　雙六　すころく　高50ウ4
すし
　鮨　スシ　東40ウ5
　鮨　すし　高53オ5
すじつ
　數日　スシツ　東38ウ2
すず
　鈴　スヾ　国22オ2
ずず（數珠）↓じゅず
すずかけ
　篠懸　すゝかけ　高51オ3
すすき
　薄　すゝき　高59ウ3
すずき
　鱸　スヽキ　東40ウ1
　鱸　すゝき　高53オ1
すずき
　鈴木　すゝき　高72オ4
すずき
　鱸　同（すゝき）　高72オ4
すすきだ
　薄田　すゝきた　高69ウ4
すすぐ
　濯　スヽグ　国22オ3
　↓あらひすすぐ（洗濯）・はぢをすすぐ（雪恥）
すすし
　生絹　スヽシ　東38ウ5
　生衣　すゝし　高51オ2
　↓すすしのきぬ
すずし（涼）↓すずしく（涼敷）
すずしく
　涼敷　スヽシク　東39オ2
すすしのきぬ
　生衣　スヽシノキヌ　国22オ2
　↓すすし
すすはき
　焙煤〈焙煤掃〉　すゝはき　高51オ2
　↓すすはらひ
すすはらひ
　炲煤〈炲煤掃〉　スヽハライ　国22オ2
　↓すすはき
すすみ（鷲見）↓すみ
すすみいづ（進出）↓すすみいづる
すすみいづる
　進出　スヽミイツル　東38ウ3
すすむ
　勸　スヽム　国22オ3
すすむ（進）↓しるしすすむ（注進）・すすむる・よせすすむ（寄進）
すずむし

鈴蟲　すゝむし　高62オ1
すすむる
　進　すゝむる　高50ウ5
すずめ
　雀　スヽメ　東39ウ4
　雀　すゝめ　高52オ5
すずり
　硯　スヾリ　国22オ2
　硯　すゝり　高50ウ3
すその
　依〈袪〉野　すその　高73オ4
すだ
　數多　―ダ・カズヲヽシ　国22オ1
　數多　スタ　東38ウ4
　數多　すた　高50オ5
すたる
　廢　スダル　国22オ4
すだれ
　簾　スタレ　東39オ1
　簾　すたれ　高50ウ3
すぢ
　筋　スジ　国22オ3
　筋　すち　高57ウ1
すぢめ
　筋目　スチメ　東38ウ5
　筋目　すちめ　高50ウ4
すつ
　捨　スツ　国22オ3

すつうのじやう
　數通狀　すつうのしやう　高50ウ1
すでに
　既　スデニ　国22オ3
　已　同（スデニ）　国22オ3
　既　ステニ　東39オ1
　已　すてに　高50ウ4
すど
　數度　―ド　国22オ1
すとう（須藤）→すどう
すどう
　須藤　すとう　高68ウ3
すなはち
　即　スナハチ　国22オ3
　則　スナハチ　東39オ1
　即　スナハチ　東39オ1
　則　すなわち　高50ウ4
すなはちのとき
　即時　スナハチノトキ　国22オ1
すね
　臑　すね　高57オ5
すねあて
　臑充　スネアテ　東38ウ1
　臑當　むねあて　高55オ2
すねん
　數年　スネン　国21ウ5
　數年　スネン　東38オ5
　數年　スネン　東38ウ2

　數年　すねん　高50ウ1
すのこ
　簀子　スノコ　国22オ1
　簀子　スノコ　東38ウ2
　簀子　すのこ　高50ウ3
すのり
　水苔　すのり　高51オ3
　紫雲　同（すのり）　高51オ3
すはい
　數輩　スハイ　東38オ5
　數輩　すはい　高50オ5
すはい
　數盃　スハイ　東38ウ4
　數盃　すはい　高50ウ2
すはう
　周防　スワウ　東43ウ3
すはえ
　楉　すはへ　高59オ3
すばしり
　鯆　スハシリ　東40ウ3
すはま
　鄰　すわま　高51オ3
すひかづら
　葱苳　すいかつら　高60オ5
すべからく
　須　スベカラク　国22オ4
すべて
　總　スベテ　国22オ3

すぼん
數盆　—ボン　国22オ1
すまひ
相撲　すまい　高50ウ3
→すまふ
すまふ
相撲　スマウ　国22オ1
→すまひ
すまふぐさ
蕪非〈靡〉　すまふくさ　高61オ4
すまふとりぐさ（靡）→すまふぐさ
すみ
墨　スミ　国22オ2
すみ
墨　すみ　高50ウ3
すみ
炭　すみ　高50ウ4
すみ
方角　ハウガク・スミ　国1ウ4
すみ
角　スミ　国22オ3
すみ
鷲見　すゝみ　高70オ1
すみか
栖　スミカ　東39オ1
棲　すみか　高50ウ5
すみつぼ
墨斗　すみつほ　高57オ1
すみやか
速　スミヤカ　国22オ4
速　スミヤカ　東38ウ5
→すみやかなり
すみやかなり
頓速　トツソク・スミヤカリ　国2ウ5
→おそくすみやかなり（遅速）・すみやか・はやきすみやかなり（早速）
すみれ
菫　すみれ　高60ウ4
すむ
澄　スム　国22オ3
すむ
濟　スム　東39オ1
すむのり（紫雲）→すのり
すもも
李　すもゝ　高58ウ2
すゆ（居）→すゆる
すゆる
居　すゆる　高54ウ3
すりうす
磨礱　スリウス　国22オ2
すりかたぎ
摺形木　スリカタキ　東38ウ1
すりけす
磨滅　マメツ・スリケス　国11オ1
するが
駿河　スルカ　東42オ4
するめ
鰑〔鰑〕　スルメ　東40ウ4
鰑　するめ　高53オ5
すゑ
末　スヘ　国22オ3
すゑ
陶器　すゑ　高73ウ5
すゑのり
末法　—ホウ・スヘノノリ　国10ウ5
すゑのよ
末代　マツダイ・スヘノヨ　国10ウ5
すんか
寸暇　—カ・イトマ　国21ウ5
寸暇　すんか　高51オ1
→すんのいとま
すんしやく
寸尺　—シヤク　国21ウ5
寸尺　スンシヤク　東39オ1
すんのいとま
寸暇　スンノイトマ　東38ウ3
→すんか
すんぱふ
寸法　スンハウ　国21ウ5

せ

せい
清　せい　高74オ2
せい（勢）→いくさのせい（軍勢）

せいきよ
逝去　セイキヨ　東38オ1
せいきよう
誠恐　―キヤウ・ヲソル　国21オ5
せいくわう
誠惶　セイクワウ・マコトニヲソル　国21オ5
せいぐわん
誓願　セイグワン　国21オ3
せいけつ
清潔　セイケツ・イサギヨシ　国21オ3
せいさい
精彩　セイサイ・イロドル　国21オ3
せいさう（洒掃）↓さいさう
せいざう
星霜　せいさう　高49ウ3
せいさつ
制札　セイサツ　東37ウ1
制札　せいさつ　高49ウ1
せいじやう
誓状　せいしやう　高50オ3
せいしよ
清書　セイシヨ　国21オ3
せいじん
成人　セイシン・ヒトニナル　国21オ4
成人　せいしん　高50オ1

せいす
制　セイス　国21ウ3
せいぜい
済々　セイセイ　国21ウ2
済々　セイセイ　東37ウ2
せいぜい
精誠　せいせい　高50オ3
せいせん
清選　―セン・ヱラブ　国21オ3
せいぞろひ（勢揃）↓せいぞろへ
せいぞろへ
勢揃　セソロヘ　東37オ5
せいたう
政道　セイタウ　東37オ5
政道　せいたう　高49オ4
せいだく（清濁）↓せいぢよく
せいたん（歳旦）↓さいたん
せいだん
清断　セイタン　国21オ4
せいぢよく
清濁　セイチヨク　国21オ3
せいづかひ
勢遣　セツカイ　東37ウ1
勢遣　せいつかい　高49オ5
せいてう
青鳥　セイチヤウ・アヲキトリ　国21オ5
せいばい
成敗　セイバイ　国21オ4
成敗　セイハイ　東37オ5
成敗　せいはい　高49オ4
せいはふ
制法　セイハウ　国21オ4
せいひつ
静謐　セイヒツ・シヅカナリ　国21オ4
静謐　セイヒツ　東37ウ3
静謐　せいひつ　高49ウ4
せいぶん（誓文）↓せいもん
せいぼ
歳暮　セイボウ・トシノクレ　国21オ4
せいもん
誓文　―モン・チカイフミ　国21オ3
誓文　セイモン　東37ウ2
誓文　せいもん　高49ウ4
せいもん
青門　せいもん　高62ウ5
せいもんらう（城門郎）↓じやうもんらう
せいよう
青鷹　せいよう　高52ウ4
せいりき
勢力　セイリキ・イキヲイチカラ　国21オ4
せいりやく

省略　セイリヤク・ハブク　国21オ3
省略　せいりやく　高50オ2
せいれん
清廉　せいれん　高50オ2
せいろ
世路　セイロ　東38オ2
世路　せいろ　高50オ1
せいろう
西樓　せいろう　高50オ4
せいをかたらふ
語勢　セイヲカタラウ　東12ウ1
せう
兄鷹　セウ　東39オ5
兄鷹　せう　高51ウ4
せうかう
焼香　シヤウコウ・カウヲタク　国19オ4
焼香　せうかう　高49ウ1
せうしつ（焼失）→やきうしなふ
せうしやう
小［少］將　せうしやう　高66ウ4
せうせう
少々　セウセウ　東37ウ4
せうそく
消息　シヤウソタ　国19オ3
せうなごん
小［少］納言　せうなこん　高63ウ1
ぜうまう
焼亡　シヤウマウ・ヤケウシナフ　国19オ4
せうもつ
抄物　シヤウモツ　国19オ4
せうらん
照覽　セウラン　東38オ1
照覽　せうらん　高50オ3
せうらん（蕤賓）→すいひん
せき
堰　せき　高50オ4
せき
關　せき　高69オ1
せきうつ
積鬱　セキウツ　東37ウ3
積鬱　せきうつ　高49ウ2
せきがく
碩學　セキガク・ミガク　国21オ5
せきしやう
石菖　せきしやう　高59ウ1
せきちく
石竹　せきちく　高59ウ2
せきど
關戸　せきと　高69オ2
せきまぶり（關守）→せきもり
せきめん
赤面　セキメン・ヲモテヲアカム　国21オ5
赤面　セキメン　東37ウ1
せきもり
關守　セキモリ　国21オ5
關守　セキモリ　東37ウ1
せぎやう
施行　セギヤウ・ホドコスヲコナイ　国21ウ2
施行　セキヤウ　東38オ1
せきれい
鶺〈鶴〉鴒　セキレイ　東39ウ5
鶺鴒　せきれい　高52ウ2
せく
堰　セク　国21ウ3
せしむ
令　セシム　国21ウ3
せじやう
世上　セシヤウ　東37ウ5
せぞろへ（勢揃）→せいぞろへ
せちべん
世知辯　セチベン　国21ウ1
世智辨　せちへん　高50オ3
せちれう
節料　セチリヤウ　国21ウ1
せつがい
殺害　セツガイ・コロシコロス　国21ウ1
せつかく
折角　セツカク・ツノヲヲル　国21オ5

折角　セツカク　東37オ5
折角　せつかく　高49オ5
せづかひ（勢遣）↓せいづかひ
せつかん
折檻　セツカン　東37オ5
折檻　せつかん　高49オ4
せつき
節氣　セツキ・フシ　国21ウ1
せつき
節季　セツキ　東37ウ3
せつく
節供　セツク　国21ウ1
せつしや
拙者　セツシヤ　東38オ3
拙者　せつしや　高50オ1
せつしやう
殺生　セツシヤウ・イケルヲコロス　国21ウ1
殺生　セツシヤウ　東38オ2
ぜつじゆ
絶入　セツシユ・タヘイル　国21ウ1
せつせつ
切々　セツセツ　東37ウ3
切々　せつせつ　高49ウ4
せつたい
攝〔接〕待　せつたい　高49ウ2
せつちゆう
折中　セツチウ　国21オ5

せつつ（攝津）↓つのくに
せつぽふ
説法　セツホウ・ノリヲトク　国21ウ1
せどひ
世渡扉　セトヒ　国21ウ3
世度扉　せとひ　高50オ4
せなか
背　せなか　高57ウ1
せのを
瀬尾　せのを　高72ウ3
せばし
狭　セバシ　国21ウ3
ぜひ
是非　ゼヒ・ヨシアシヽ　国21ウ2
是非　セヒ　東37ウ2
是非　せひ　高49ウ1
せまる
月迫　ケツハク・セマル　国12オ1
迫　セマル　国21ウ3
迫　せまる　高49ウ3
せむかたなく（無爲方）↓せんかたなく
せめとる
責取　セメトル　国21ウ2
せめふす
責伏　セメフス　国21ウ2
↓せめふせ
せめふせ

責伏　セメフセ　東37ウ2
↓せめふす
せり
芹　せり　高59オ5
せるふ
世流布　―ルフ　国21オ2
せろ（世路）↓せいろ
せん
氈　せん　高49ウ3
ぜんあく
善惡　ゼンアク　国20ウ5
善惡　センアク　東37ウ2
せんいち
專一　センイチ　国21オ2
專一　せんいち　高49ウ2
せんいつ（專一）↓せんいち
せんかう
先孝〔考〕　―カウ・チヽ　国21オ1
せんかう
遷行　センコウ・ユヅリユク　国20ウ5
せんかたなく
無爲方　センカタナク　東38オ2
無爲方　せんかたなく　高50オ2
せんかたなし（無爲方）↓せんかたなく
せんき
先規　―キ　国21オ2
せんぎ

僉儀 センキ 東38オ2
僉儀〔議〕 せんき 高50オ1
ぜんけ
禪家 せんけ 高49ウ2
ぜんご
前後 ゼンゴ 国21オ1
前後 センコ 東37ウ4
前後 せんこ 高49ウ4
せんごく
千石 せんこく 高70オ3
ぜんごん
善根 センコン 東38オ1
善根 せんこん 高49ウ1
せんじ
宣旨 センシ 国20ウ5
せんしう
千秋 せんちう 高71ウ5
せんじつ
先日 センジツ 国20ウ5
先日 ―シツ 東37ウ5
せんじん
淺深 センジン・アサシフカシ 国21オ2
せんすい
泉水 せんすい 高49ウ3
ぜんせい
善政 ゼンセイ 国20ウ5
ぜんせい

全盛 センセイ 東38オ3
ぜんぜん
漸々 センセン・ヤフヤフ 国21ウ2
せんぞ
先祖 ―ソ 国21オ1
先祖 ―ソ 東37ウ5
ぜんだいみもん
前代未聞 センタイミモン 東37ウ4
せんだく
洗濯 センダク・アライスヽグ 国21オ4
洗濯 センタク 東37ウ5
洗濯 せんたく 高49ウ5
せんだつ
先達 ―ダツ 国21オ1
先達 せんたつ 高50オ2
せんぢやう
戰場 センヂヨウ・タヽカイバ 国21ウ2
戰場 センチヤウ 東37ウ3
せんちん
船賃 せんちん 高56ウ3
せんぢん
戰陣 ―チン・トコロ 国21ウ2
せんてつ
先哲 ―テツ 国21オ1
せんど
先度 ―ド 国20ウ5

先度 ―ト 東38オ3
先度 せんと 高49ウ5
せんど
先途 ―ト 国21オ1
先途 せんと 高49オ5
せんとう
仙洞 セントウ 国20ウ5
せんどう
船頭 せんとう 高56ウ2
ぜんなく（善惡）→ぜんあく
せんねん
先年 センネン 東37ウ4
せんぴ
先妣 ―ヒ・ハヽ 国21オ1
ぜんぶん
全分 センフン 国21オ2
せんぺん
遷變 センベン・ウツリカワル 国21オ2
ぜんぽう
膳部 せんほう 高66オ3
せんぽふ
懺法 せんほう 高49ウ3
せんや（先夜）→せんよ
せんやく
先約 センヤク 東37ウ5
先約 せやく 高49ウ5
せんよ

先夜　センヨ　東38オ2

せんれい

先例　―レイ　国21オ2

先例　センレイ　東37ウ1

先例　せんれい　高49オ5

せんをうけ

仙翁花　せんをうけ　高59ウ1

そ

そい

疎意　ソイ　東16ウ5

そうきやう

崇敬　ソウキヨウ　国7ウ1

崇敬　ソウキヤウ　東16ウ2

そうげき

悤劇　ソウゲキ　国7ウ1

悤劇　ソウケキ　東16オ5

悤劇　そうけき　高21オ3

そうしや

奏者　ソウシヤ　東16オ4

奏者　そうしや　高21オ3

そうしやう

宗匠　ソウシヤウ　国7ウ2

宗匠　ソウシヤウ　東16ウ1

宗匠　そうしやう　高21オ4

そうぞう

悤々　ソウ―　国7ウ4

そうたつ

奏達　ソウタツ　東16オ4

そうつがふ

總都合　ソウツガウ　東16ウ3

そうと

僧徒　そうと　高22オ2

ぞうぶん

增分　ソウブン　東16ウ1

そうべつ

總別　そうへつ　高21ウ5

そうもん

奏聞　ソウモン　国7ウ1

そうりやう

總領　ソウリヤウ　東16オ3

總領　そうりやう　高21オ1

そえん

疎縁　ソエン　国7ウ4

そがく

疎學　そかく　高21ウ5

そき

庶幾　ソギ　国7ウ3

庶幾　ソキ　東16ウ4

庶幾　そき　高21ウ2

ぞくえん

俗縁　そくゑん　高22オ2

そくこく

卽剋　ソクコク　国7ウ4

そくさい

息災　ソクサト　国7ウ4

そくじ

卽時　ソクシ　東16オ5

卽時　そくじ　高21オ2

ぞくしやう

族姓　ソクシヤウ　国7ウ1

そくたい

束帶　ソクタイ　国7ウ4

そくだい

燭臺　ソクダイ　東16ウ2

燭臺　そくたい　高21ウ2

ぞくたい

俗諦　ゾクタイ　国7ウ1

ぞくなん

賊難　ソクナン　国7ウ1

賊難　そくなん　高21ウ4

そくばく

若干　ソクハク　東16ウ1

若干　そくはく　高21オ5

→そこばく

そくひ

粍　そくい　高21ウ4

そこ

底　そこ　高21オ5

→ふちのそこ（淵底）

そこつ

楚忽　ソコツ　国7ウ2

楚忽　ソコツ　東16オ4

楚忽　そこつ　高21オ2
そこなふ
傷　ソコナウ　国7ウ5
そこばく
若干　ソコバク　国7ウ3
→そくばく
そさう
疎相　ソソウ　国7ウ4
そし
庶子　ソシ　東16オ3
庶子　そし　高21オ1
そじやう
訴狀　ソジヨウ　国7ウ2
そしよう
訴訟　ソシヤウ　国7ウ3
訴詔〔訟〕　ソセウ　東16オ3
訴詔〔訟〕　そせう　高21オ1
そしる
謗　ソシル　国7ウ5
誹　ソシル　東16ウ2
謗　そしる　高21ウ1
訕　同（そしる）　高21ウ1
そせい
蘇生　そせい　高22オ1
そそぐ
澆　ソヽグ　国7ウ5
灑　そゝく　高22オ1
そそりいだす

揃出　そゝりいたす　高22オ1
そそる
揃　そそる　高21オ5
そぞろ
坐　ソヽロ　国7ウ5
そちん
訴陳　ソチン　国7ウ3
そつこく（卽剋）→そくこく
そつじ
卒爾　ソツシ　東16ウ1
卒爾　そつし　高21オ3
そつぱふ
率法　ソツバウ　国7ウ3
そで
袖　そて　高55オ1
そなへ
備　ソナヘ　国7ウ5
そにん
訴人　ソニン　東16オ4
訴人　そにん　高21オ5
そねむ
棈〈猜〉　ソネム　国7ウ5
猜　ソネム　東16ウ4
猜　そねむ　高21オ5
そのうつろ
阿〈其阿〉　そのうつろ　高21ウ4
そのおもむき
其趣　ソノヲモムキ　東16オ5

其趣　そのおもむき　高21オ2
そのかくれなし
無其隱　ソノカクレナシ　東16オ3
そのかみ
當初　そのかみ　高21ウ5
そのきこえ
其聞　ソノキコヘ　東16ウ4
そのべ
園邊　そのへ　高70ウ5
そばだつ
鼓〈敧〉　ソバタツ　国7ウ5
峙　そはたつ　高22オ1
そふ
副　ソヘタサ　国7ウ5
添　そふ　高21オ5
そぶえ
祖父江　そふゑ　高72ウ3
そぶつ
衣物　そふつ　高21ウ5
そへ（副）→そふ
そへじやう
副狀　ソヘジヤウ　東16ウ3
副狀　そへしやう　高21ウ2
そまどり
杣取　そまとり　高21ウ4
そむ（染）→そむる
そむく
背　ソムク　国7ウ5

向背　キヤウハイ・ソムク　国17オ3
↓たがひそむく（違背）
そむる
染　ソムル　国7ウ5
そめもの
染物　ソメモノ　東16オ5
染物　そめもの　高21オ4
そもそも
抑　ソモソモ　国7ウ4
抑　ソモソモ　東16ウ2
そや
征矢　そや　高55ウ4
そらごと
虚言　ソラゴト　国7ウ3
虚言　ソラコト　東16ウ3
虚言　そらこと　高21ウ1
↓きよごん
そりやく
疎略　―リヤク　国7ウ2
疎略　ソリヤク　東16オ4
疎略　そりやく　高21オ2
そる
反　ソル　国7ウ5
それ
其　ソレ　国7ウ4
それがし
某　ソレカシ　東16ウ4
そろふ（揃）↓そろへ
そろへ
揃　ソロヘ　国7ウ5
そゑん
疎遠　ソヱン　国7ウ2
疎遠　ソエン　東16ウ3
疎遠　そゑん　高22オ1
そんい
尊意　ソンイ　東16ウ3
尊意　そんい　高21ウ3
ぞんぐわい
存外　ソンクハイ　東16ウ2
存外　そんくわい　高21ウ1
そんさつ
尊密〈察〉　国7ウ2
そんさつ
尊札　ソンサツ　東16ウ4
尊札　そんさつ　高21ウ3
そんし
蹲鴟　そんし　高21ウ4
ぞんず（存）↓よろこびぞんず（悦存）
そんたふ
尊答　そんたう　高21ウ3
ぞんち
存知　ソンチ　国7ウ2
そんばう（損亡）↓そんまう
そんぴ
尊卑　ソンヒ　国7ウ1
ぞんぶん
存分　そんふん　高21ウ1
そんぽう
尊報　―ホウ　東16ウ4
尊報　そんほう　高21ウ3
そんまう
損亡　ソンマウ　国7ウ3
損亡　そんまう　高21オ4
ぞんめい
存命　そんめい　高21オ3
↓ながらへ
そんめん
損免　ソンメン　東16オ5
損免　そんめん　高21オ4

た

たいい
大醫　たいい　高65ウ5
たいいれい（大醫令）↓たいい（大醫）
たいがい
大概　―カイ　国6オ5
大概　タイガイ　東14ウ1
大概　たいかい　高18オ5
たいかう
大綱　―カウ・ヲウツナ　国6オ5
だいがく
大樂　たいかく　高65オ2
だいがくのかみ

大學頭　たいかくのかみ　高64ウ2
だいがくのすけ
大學助　たいかくのすけ　高64ウ2
だいがくれい（大樂令）↓だいがく（大
樂）
たいぎ
大儀　タイキ　東14ウ1
大儀　たいき　高18ウ1
たいくつ
退啒　―クツ　国6ウ1
退崛　―クツ　東14ウ2
退屈　たいくつ　高18ウ2
だいくわん
代官　ダイクワン　国6ウ2
代官　タイクワン　東15オ3
代官　たいくわん　高19オ3
たいけい
大慶　―ケイ　国6オ5
大慶　たいけい　高18オ5
たいけいりほう（大卿李部）↓りほうた
いけい（李部大卿）
たいけつ
對決　―ケツ　国6ウ1
たいこ
太鼓　タイコ　東15オ2
太鼓　たいこ　高19オ3
だいこん
大根　たいこん　高60ウ2

たいさいのせうに（大宰少貳）↓ださい
のせうに
たいさいのだいに（大宰大貳）↓ださい
のだいに
たいさう
大倉　たいさう　高65ウ4
だいさうこく（大相國）↓だいしやうこ
く
たいさうれい（大倉令）↓たいさう（大
倉）
たいさん
退散　―サン　国6ウ1
退散　タイサン　東15オ4
たいしせうゐん
太子小［少］尹　たいしせういん　高66オ5
たいしたいふ
皇太子大傅〈太子大傅〉　くわうたい
しのたいふ　高66オ5
たいしひんかく
太子賓客　たいしのひんかく　高66ウ1
たいしやう（大守）↓たいしゆ
だいしやう
大將　たいしやう　高19オ5
大將　たいしやう　高66ウ3
たいじやうけい
大常卿　たいしやうけい　高63オ2

だいしやうこく
大相國　たいさうこく　高63オ2
だいじやうだいじん
大［太］政大臣　たいしやうたいしん　高63オ2
たいしゆ
大守　たいしやう　高67ウ2
たいしゆつ
退出　タイシユツ　東14ウ2
たいしん
大進　たいしん　高64オ1
大進　たいしん　高66ウ1
たいせつ
大切　―セツ　国6オ5
大切　―セツ　東15オ1
大切　たいせつ　高19オ1
だいぜんのだいぶ
大膳大夫　たいせんのたいふ　高65ウ3
だいそ
大訴　たいそ　高18ウ1
たいそう（大蔟）↓たいぞく
たいぞく
大族〈蔟〉　たいそく　高74ウ3
たいぢ
退治　タイヂ　国6ウ1
退治　タイヂ　東14ウ2
退治　たいち　高18ウ2

だいづ（大豆）↓まめ　国6オ5
たいてい
大底　―テイ　国6ウ1
たいてん
退轉　―テン　高19ウ3
退轉　たいてん
たいと
大都　―ト・ムネ　国6オ5
だいないき
大内記　たいないき　高63ウ5
だいなごん
大納言　たいなこん　高63オ5
たいはふ
大法　たいはう　高19ウ1
だいはんじ
大判事　たいはんし　高65ウ1
たいふ
太夫　たゆう　高68オ1
だいふ
内府　ないふ　高63オ4
たいふけい
大府卿　たいふけい　高65ウ2
たいへい
泰平　タイヘイ・ヤスクタイラカ　国6オ5
太平　タイヘイ　東14ウ1
太平　たいへい　高18オ5
たいへん
大篇　たいへん　高19ウ4
たいまい
玳瑇〈瑁〉　たいまい　高20オ2
たいまつ
續松　たいまつ　高19ウ2
たいめい
大名　たいめい　高20オ1
たいめん
對面　タイメン　国6ウ1
對面　タイメン　東14ウ5
對面　たいめん　高19オ1
だいもく
題目　ダイモ□　国6ウ1
だいもつ
代物　―モツ　東15オ3
代物　たいもつ　高19オ3
たいやう
對揚　タイヤウ　国6ウ1
對揚　たいやう　高18ウ4
だいり
内裏　たいり　高20オ3
大内　たいり　高20オ4
だいり
大理　たいり　高67ウ1
たいりやく
太［大］略　タイリヤク　国6オ5
大略　タイリヤク　東14ウ3
大略　たいりやく　高18ウ1
たう
鴾　タウ　東39ウ3
鴾　たう　高52オ3
たうけ
當家　タウケ　東14ウ4
當家　たうけ　高19オ1
たうげ
峠　とうけ　高74オ5
だうけ
道家　たうけ　高70オ5
たうごく
當國　タウゴク　東14ウ4
たうさん
々（當）參　―サン　東15オ3
たうし
唐紙　たうし　高18ウ1
たうしや
當社　タウシヤ　東15ウ1
たうしよ
當所　―シヨ　東14ウ4
たうせい
當世　タウセイ　東15オ2
たうだい
當代　タウタイ　東15オ3
當代　たうたい　高19オ4
たうぢ
湯治　タウジ　国6ウ2
たうちぎやう

當知行　タウチギヤウ　国6ウ2
だうぢやう
道場　たうちやう　高18ウ4
たうぢん
當陣　たうちん　高19オ2
たうにん
盗人　ヌスー・タウニン　国4オ1
たうらい
到來　タウライ　国6ウ2
到來　タウライ　東15オ4
到來　たうらい　高19ウ5
たうらう
螳蜋　たうらう　高62オ5
だうり
道理　ダウリ　国6ウ4
道理　タウリ　東15オ2
道理　たうり　高19オ4
たうるい
黨類　ダウルイ　国6ウ2
たえいる
絶入　セツシユ・タヘイル　国21ウ1
たえず
不斷　フダン・タヘス　国12オ4
たか
鹿鳥〈鷹〉　たか　高51ウ4
↓あがけのたか（網懸鷹）・のもり
たが
多賀　たか　高70ウ1

たかい
他界　―カイ　国6ウ4
他界　タカイ　東14ウ2
他界　たいかい　高18ウ2
たがう
他郷　―ガウ　東14ウ5
他郷　たかう　高18ウ4
たかし
三　たかし　高51オ4
たかじやう
鷹匠　たかしやう　高54ウ3
たかなし
雉極樂　たかなし　高73オ4
たかのせ
高野瀬　たかのせ　高68ウ5
たかはし
高橋　たかはし　高71オ2
たがひ
互　タカイ　東15オ4
↓たがひに
たがひそむく
違背　イハイ・タガイソムク　国1オ2
たがひに
互　タガイニ　国7オ1
↓たがひ
たかほこ（架上）↓ほこ
たから

財　タカラ　東15オ5
寶　たから　高19オ5
財　同（たから）　高19オ5
たきぎ
薪　タキヾ　国7オ1
薪　たきゝ　高19オ5
たきなみ
瀧浪　タキナミ　東14ウ2
たきもの
薫　たきもの　高20オ4
たぎやう
他行　タギヤウ　国6ウ4
他行　―キヤウ　東14ウ5
他行　たきやう　高19オ1
たく（焼）↓かうをたく（焼香）
たくさい
侘傺　タクサイ　国6ウ2
たくし
度支　たくし　高65オ4
たくば
琢磨　タクハ　国6ウ2
たくはふ（蓄・貯）↓たくはへ・たくはゆる
たくはへ
貯　タクワヘ　東15オ4
↓たくはゆる
たくはゆる
蓄　たくはゆる　高19ウ2

貯　同（たくはゆる）　高19ウ2
↓たくはへ
たぐひ
類　タグイ　国6ウ5
たくま（琢磨）↓たくば
たくまし（世者・逞）↓たくましい
たくましい
世者　タクマシイ　東15オ5
逞　たくましい　高20オ2
たくみのかみ
内匠頭　うちたくみのかみ　高64オ5
だくらう
濁醪　たくろう　高19ウ5
たくらぶ（比）↓たくらぶる
たくらぶる
比　たくらふる　高20オ2
たけ
他家　タケ　東14ウ4
他家　たけ　高18ウ5
たけきもの
武者　ムシヤ・タケキモノ　国9オ4
たけしま
竹島　たけしま　高71オ2
たこ
蛸　タコ　東41オ3
蛸　たこ　高53オ5
たこく
他國　たこく　高18ウ5

たごん
他言　たこん　高19ウ3
ださいのせうに
大宰小［少］貳　たいさいのせうに　高67ウ5
ださいのそつ
大宰帥　たさいのそつ　高67ウ4
ださいのだいに
大宰大貳　たいさいのたいに　高67ウ5
たしか
慥　タシカ　東15オ5
↓たしかに
たしかに
慥　タシカニ　国6ウ5
慥　たしかに　高18ウ3
↓たしか
たしなみ
者　タシナミ　国6ウ5
嗜　タシナミ　東15オ4
嗜　たしなみ　高18ウ3
たしなみ
困　タシナミ　東15オ5
たしなむ（嗜・困）↓たしなみ
だしぬく
儆　たしぬく　高19ウ5
たじま
但馬　タチマ　東43オ4

だじやうだいじん（太政大臣）↓だいじやうだいじん
たしゆつ
他出　たしゆつ　高18ウ5
たしよ
他所　タシヨ　東14ウ5
他所　たしよ　高18ウ4
たすく
助　タスク　国6ウ5
たすけもつ
扶持　フチ・タスケモツ　国12ウ1
ただいま
只今　タヽイマ　国6ウ5
たたうがみ
疊紙　たたうかみ　高20オ1
ただかけ
只懸　たゝかり　高73ウ4
たたかひば
戰場　センヂヨウ・タヽカイバ　国21ウ2
たたかふ
鬭亂　トウラン・タヽカウミタル　国2ウ5
戰　タヽカウ　国7オ1
↓あひたたかふ（合戰）
ただかり（只懸）↓ただかけ
たたきあひ
毆合　タヽキアイ　東15オ5

たたく
　叩　タヽク　国7オ1
たたげ
　狸毛　たゝけ　高20オ1
ただし
　但　タヾシ　国6ウ5
　但　タヽシ　東15オ5
　但　たゝし　高19オ5
ただし（一）→ただしく
ただしあきらむ
　糾明　キウメイ・タヽシアキラム　国17オ2
ただしく
　一　たゝしく　高51オ4
ただす
　糾　タヽス　東15オ4
　糾　たゝす　高18ウ2
　→ことわりただす（裁糾）・ふしをただす（忠節）
たたみ
　疊　タヽミ　国7オ1
　疊　タヽミ　東15オ2
　疊　たゝみ　高19ウ2
ただよふ（淪）→しづみただよふ（沈淪）・むつびただよふ（昵近）
たち
　太刀　たち　高55オ4
たち
　城　たち　高74オ3
たちかへり
　立還　タチカヘリ　東15オ1
たちかへる（立還）→たちかへり
たちつけ
　裁付　たちつけ　高19ウ4
たちばな
　橘　たちはな　高58ウ1
　橙　とち　高58ウ1
たちまち
　忽　タチマチ　国6ウ5
　忽（忽）　タチマチ　東14ウ3
たぢみ
　多治見　たちみ　高69オ1
たちもとほる
　俳佪　ハイクワイ・タチモドヲル　国1ウ2
たぢろく
　恌　タチロク　東15オ5
だちん
　駄賃　たちん　高19ウ1
たつ
　辰　たつ　高75オ4
たつ
　斷　たつ　高19ウ4
たつ（立）→はらたつ（腹立）
たつしや
　達者　タツシヤ　東14ウ2
たつす（達）→しやうぶんにたつし（達上聞）
だつて
　伊達　たつて　高73ウ1
たつときいやしし
　貴賤　―セン・タツトキイヤシヽ　国16ウ3
たつとし（貴）→とみたつとし（富貴）
たづな
　手綱　タツナ　東15オ2
　手綱　たつな　高19オ3
　浴衣　たつな　高20オ3
たづぬ（尋）→たづぬる・たづね
たづぬる
　尋　たつぬる　高18ウ3
　→たづね
たづね
　尋　タツネ　国7オ1
　→たづぬる
たづねもとむ
　尋求　タツネモトム　東15オ1
たて
　楯　たて　高55オ3
たで
　蓼　たて　高60オ4
だて（伊達）→だつて
たてい（侘傺）→たくさい
たとひ

縦　タトヒ　国7オ1
假使　たとい　高19オ4
縦　同（たとい）　高19オ4
たとふ（喩）→たとへ
たとへ
喩　たとへ　高19オ4
たとへ（縦）→たとひ
たなかみ
田上　たなかみ　高70ウ5
たなばた（七夕）→しつせき
たなむら
種村　たなむら　高72ウ2
たに
蟦〈蟎・蛃〉　たに　高62オ4
だに（蛃）→たに
たにことなり
異他　タニコトナリ　国6ウ4
たぬき
狸　たぬき　高54オ1
たね
種子　たね　高19ウ5
たねむら（種村）→たなむら
たねん
多年　たねん　高19ウ3
たのみいり
憑入　タノミイリ　東15オ1
たのみいる（憑入）→たのみいり
たのむ
馮　タノム　国7オ1
たのもし
頼支　たのもし　高20オ1
たはぶる
戯　タハフル　国6ウ5
狂　タハフル　国7オ1
→たはぶれ
たはぶれ
戯　たわふれ　高19ウ2
→たはぶる
たはむる（戯・狂）→たはぶる
たはる（戯・狂）→たはぶる
たひ
鯛　タイ　東40ウ1
鯛　たい　高53オ1
たび
旅　タビ　国6ウ5
たび
單皮　たび　高19ウ1
だび
荼毘　ダビ　東15ウ1
たびびと
旅人　たびひと　高19ウ3
たひらか（平）→やすくたひらか（泰平）
たふ
太布　たふ　高20オ2
たふる（倒）→さかさまにたふる（顛倒）
たま
珠　たま　高19ウ4
玉　同（たま）　高19ウ4
たまこし
玉越　たまこし　高72ウ4
たまさか
邂逅　たまさか　高19ウ1
たまたま
適々　タマ―　国7オ1
適　タマタマ　東14ウ3
適　たまたま　高18ウ2
玉々　たまたま　高20オ4
たまづさ
玉章　タマツサ　東14ウ1
玉章　たまつさ　高20オ3
たまのゐ
玉井　たまのい　高69オ2
たまはる
給　タマハル　国6ウ5
賜　同（タマハル）　国6ウ5
たまぼこ
玉鉾　たまほこ　高72ウ1
たまむし
蠙〈蠼〉　たまむし　高62オ4
たまり
満泉　たまり　高73オ4
たまりみづ

渭　たまりみつ　高19ウ5
たまゐ（玉井）→たまのゐ
たみ
平民　—ミン・タミ　国2オ5
ためらふ
踉蹡　ためらう　高19ウ2
ためん
打眠　タメン　東14ウ4
たやすく
輒　タヤスク　国6ウ5
たやすし（輒）→たやすく
たゆ（絶）→たゆる
たゆう（太夫）→たいふ
たゆる
絶　たゆる　高19ウ4
たより
便　タヨリ　国6ウ5
便　たより　高18ウ3
たら
鱈　タラ　東40ウ2
鱈　たら　高53オ3
たらず
不足　フソク・タラ—　国12オ4
たらひ
盥　たらい　高19ウ3
たる
樽　タル　東15オ5
棰　たる　高19オ5

樽　同（たる）　高19オ5
たる（足）→たらず（不足）
たれか
誰　タレカ　国7オ1
だんかふ
談合　ダンカウ　東14ウ3
談合　たんかう　高18ウ3
だんき
暖氣　ダンキ・アタヽカナリ　国6ウ4
暖氣　タンキ　東14ウ3
だんぎ
談義　ダンギ　国6ウ3
たんぐわ
旦過　たんくわ　高18ウ5
たんご
端午　たんこ　高62ウ2
端午　たんこ　高74ウ5
たんご
丹後　タンコ　東43オ4
たんざく（短冊・單尺）→たんじやく
たんさつ
短札　タンサツ　国6ウ3
たんじやう
誕生　タンジヤウ　国6ウ3
たんじやうにち
誕生日　たんしやうにち　高20オ3
だんじやうのせうひつ

彈正小〔少〕弼　たんしやうせうひつ　高66オ3
だんじやうのゐん（彈正尹）→だんじやうのせうひつ（彈正少弼）
たんじやく
短冊　タンジヤク　国6ウ3
短冊　タンジヤク　東15オ3
單尺　同（タンジヤク）　東15オ4
短冊　たんしやく　高18ウ3
だんぜつ
斷絶　ダンゼツ　国6ウ3
たんせん
段錢　タンセン　東15オ1
段錢　たんせん　高19オ2
だんだん
段々　タンタン　国6ウ4
たんてき
彈的　タンテキ　国6ウ3
端的　たんてき　高20オ2
たんな（手綱）→たづな
たんぬ（足）→みちたんぬ（滿足）
たんば
丹波　タンハ　東43オ4
たんべつ
段別　ダンヘツ　国6ウ4
反別　たんへつ　高19オ2
たんぼ
旦暮　タンボ・アシタユウベ

国6ウ4
たんまい
　段米　たんまい　高19オ2
たんりよ
　短慮　タンリヨ・ミシカキヲモンハカル　国6ウ3
　短慮　タンリヨ　東14ウ3

ち

ち
　乳　ち　高57ウ1
ち
　血　ち　高57ウ1
ち（茅）→ちはら
ち（地）→むしゆのち（無主地）
ちいん
　知音　チイン・コヱヲシル　国3オ3
　知音　チイン　東7ウ5
　知音　ちいん　高9ウ5
ちうさく
　籌策　チウサク・ハカリコト　国3ウ1
　籌策　チウサク　東8オ3
　籌策　ちうさく　高10オ3
ちうしやく（籌策）→ちうさく
ちうじやく
　鍮石　チウジヤク　東8オ2
　鍮石　ちうしやく　高61ウ4
ちかごろ
　近比　チカコロ　東8オ2
　近比　ちかころ　高10オ2
ちかし（近）→とほきちかし（遠近）
ちかづき
　近付　チカツキ　東8オ3
　近付　ちかつき　高10オ3
ちかづく（近付）→ちかづき
ちかひ
　誓　チカイ　国3ウ3
　誓　ちかい　高11オ1
ちかひぶみ
　誓文　―モン・チカイフミ　国21オ3
ちかまつ
　近松　ちかまつ　高70オ3
ちがや（茅）→ちはら
ちから（力）→いきほひちから（勢力）
　・つよきちから（強力）
ちからあはす
　合力　カウリキ・チカラアハス　国5オ3
ちからがは
　力革　チカラカワ　東8オ4
　力革　ちからかわ　高11オ4
ちからなし
　無力　フリヨク・チカラナシ　国12ウ2
ちからのかみ
　主税頭　ちからのかみ　高65オ4
ぢきとつ
　直裰　ちきとつ　高11オ3
ぢきなふ
　直納　ぢきのう　高10オ5
ぢきむ
　直務　ちきむ　高10ウ1
ちぎやう
　知行　チキヤウ　東8オ3
　知行　ちきやう　高10オ2
ちぎり
　契　チギリ　国3ウ3
　契約　ケヤク・チキリ　国11ウ2
　契　チキリ　東8オ4
　→ちぎる
ちぎる
　芳契　―ケイ・チギル　国1ウ3
　→ちぎり
ちぐ
　値遇　チク・アイアフ　国3オ3
　値遇　ちぐ　高10ウ5
　→ちぐう
ぢく
　軸　チク　東8オ1
ちぐう
　値遇　チクウ　東8ウ2
　→ちぐ

ちくご
筑後　―コ　東44オ3
ちくしやう
畜生　チクシヤウ　東8ウ1
ちくぜん
筑前　チクセン　東44オ3
ちくてん
逐電　チクテン・イナズマヲヲウ　国3オ4
逐電　チクテン　東8オ1
逐電　ちくてん　高10オ1
ぢげ
地下　ヂゲ　東8オ5
地下　ぢげ　高10オ5
ちさ〈苣〉→ちしや
ちさん
遅參　チサン　東8ウ1
ぢさん
持參　ちさん　高10ウ2
ちしや
莅〈苣〉　ちしやく　高59ウ5
ちしやく〈莅〉→ちしや〈苣〉
ちじよく
恥辱　チジヨク・ハジハツカシム　国3オ5
恥辱　チシヨク　東7ウ5
恥辱　ちしよく　高9ウ5
ぢしん
地震　ちしん　高11オ4
ちそう
馳走　チソウ・ハセハシル　国3オ3
馳走　チソウ　東8ウ3
地〈馳〉走　ちそう　高10ウ3
ちそく
遅速　チソク・ヲソクスミヤカナリ　国3オ3
遅速　チソク　東8オ1
遅速　ちそく　高9ウ5
ちたい
遅怠　チタイ・ヲコタル　国3オ3
ちたび
千　ちたひ　高51ウ2
ちち
遅々　チヽ・ヲソシ　国3ウ2
遅々　ちゝ　高10オ4
ちち
先孝〔考〕　―カウ・チヽ　国21オ1
ちぢ
千　ちゝ　高51ウ2
ちちはは
父母　ちゝはゝ　高57ウ3
ちちぶ
秩父　ちゝふ　高72オ3
ちぢむ
拉　チヽム　東8オ3
拉　ちゝむ　高11オ4
ぢぢやう
治定　ヂヂヤウ・ヲサメサダム　国3ウ1
治定　チチヤウ　東8オ2
治定　ちちやう　高10オ2
ちつきよ
蟄居　チツキヨ・カクレイル　国3オ4
ぢつきん
昵近　チツキン・ムツヒタヽヨウ　国3オ5
昵近　チツキン　東8オ5
昵近　ちつきん　高10ウ2
ぢとう
地頭　チトウ・カシラ　国3オ4
地頭　チトウ　東8オ4
地頭　ぢとう　高10オ5
ぢとく
地徳〔得〕　チトク　東8ウ1
地徳〔得〕　ちとく　高10ウ4
ちどり
千鳥　チトリ　東40オ2
手〈千〉鳥　ちとり　高52ウ1
ちなみ
因　ちなみ　高11オ1
ぢばつ
治罰　チハツ　国3オ5
ちはら

茅　ちはら　高60ウ3
ぢびやう
持病　チヒヤウ・モツヤマイ　国3オ3
ぢぶのきやう
治部卿　ちふきやう　高65オ1
ちまき
粽　チマキ　東8ウ3
粽　ちまき　高10ウ1
ちまた
陌　ちまた　高11オ4
ちやうきう
長久　ちやうきう　高11オ1
ちやうぎやう
張行　チヤウキヨウ　国3オ4
張行　ちやうきやう　高10ウ4
ちやうげつ
暢月　ちやうけつ　高75オ3
ちやうじ
停止　チヤウジ・トヽム　国3オ4
停止　チヤウジ　東27オ5
停止　ちやうし　高11オ1
ちやうす
茶臼　チヤウス　東8ウ2
茶磨　ちやうす　高11オ2
ちやうだい
頂戴　チヤウダイ　国3ウ2
ちやうちやく
打擲　チヤウチヤク・ウツナグ　国3オ5
打擲　チ□ウチヤク　東8オ2
打擲　ちやうちやく　高10オ3
ちやうちん
燈提〈提燈〉　チヤウチン　東8ウ2
燈提〈提燈〉　ちやうちん　高11オ1
ちやうぼん
張本　チヤウホン・ハルモト　国3オ4
ちやうもん
聴聞　チヨウモン・キク　国3オ4
聴聞　チヤウモン　東7ウ5
聴聞　ちやうもん　高10ウ3
ちやきん
茶巾　ちやきん　高11オ2
ちやくし
嫡子　ちやくし　高57ウ5
ちやくそん
嫡孫　チヤクソン　国3ウ1
ちやくたう
著到　チヤクタウ　国3ウ2
著到　チヤクタウ　東8オ1
著倒〈到〉　ちやくたう　高10オ2
ちやくぢん
著陣　チヤクチン　東8オ1
著陣　ちやくちん　高10オ1
ちやせん
茶箋　―セン　国3ウ2
茶箋　チヤセン　東8ウ1
茶筅　ちやせん　高11オ2
ちやつき（茶土器）→ちやとき
ちやとき
茶土器　ちやとき　高11オ2
ちやへう
茶標〈瓢〉　チヤヘウ　東8ウ2
ちやわん
茶垸　チヤハン　国3ウ2
茶碗　ちやわん　高11オ3
ちゆういん
中陰　チウイン　東8オ2
ちゆうえう
中夭　チウヨウ・アタルアヤマチ　国3ウ2
中夭　ちうよう　高10ウ5
ちゆうか
柱下　ちうけ　高63ウ5
ちゆうきん
忠懃〔勤〕　ちうきん　高11オ3
ちゆうぐうのだいぶ
中宮大夫　ちうくうたゆう　高64オ1
ちゆうげ（柱下）→ちゆうか
ちゆうしう
仲秋　ちうしう　高75オ1
ちゆうしやう
中匠　ちうしやう　高64オ5

ちゆうじやう
中將　ちうしやう　高66ウ3
ちゆうしゆん
中春　ちうしゆん　高74ウ3
ちゆうしよ
中書　ちうしよ　高64オ3
ぢゆうしよ
重書　ちうしよ　高10ウ1
ちゆうしん
注進　チウシン・シルシス丶ム　国3ウ1
注進　ちうしん　高10ウ3
ちゆうす（誅）→ちゆうせらる（被誅）
ちゆうせつ
忠節　チウセツ・フシヲタヾス　国3ウ1
忠節　チウセツ　東7ウ5
忠節　ちうせつ　高10オ1
ちゆうぜつ
中絶　チウセツ　東7ウ5
中絶　ちうせつ　高10オ1
ちゆうせらる
被誅　チウセラル　東8ウ3
ぢゆうだい
重代　ヂウダイ　東8オ5
重代　ちうたい　高10ウ1
ぢゆうたく
住宅　ヂウタク　東8オ5
住宅　ちうたく　高10ウ2
ちゆうでう
中條　ちうてう　高71オ4
ちゆうなごん
中納言　高63オ5
ちゆうにん
仲人　チウニン　国3ウ2
仲人　チウニン　東8オ5
仲人　ちうにん　高10オ3
ぢゆうにん
住人　ちうにん　高10ウ2
ちゆうばい
仲媒　ちうはい　高11オ3
ちゆうばつ
誅罰　チウバツ　国3ウ1
ちゆうもん
住〈注〉文　ちうもん　高10ウ3
ちゆうりく
誅戮　チウリク・コロス　国3ウ1
ちゆうりよ（仲呂）→ちゆうろ
ちゆうろ
仲呂　ちうろ　高74ウ4
ちようあい
寵愛　チヨウアイ　国3オ4
寵愛　テウアイ　国14ウ4
寵愛　てうあい　高36オ2
ちようしよ（重書）→ぢゆうしよ
ちようじよく
寵職　チヨウシヨク　国3オ3
ちようじよく
寵辱　テウシヤク　国14ウ4
ちようほう
重寶　テウホウ　国14ウ4
重寶　テウホウ　東27オ2
ちようやう
重陽　てうやう　高62ウ3
ちよくかう
直講　ちよくかう　高64ウ4
ちよくがくじ
直學士　ちよくかくし　高64ウ4
ちよくさい
敕裁　チヨクサイ・ノスル　国3オ3
ちり
塵　チリ　国3ウ3
塵　チリ　東8ウ3
塵　ちり　高10ウ1
ちる（散）→にげちる（逃散）
ちゑ
智惠　チヱ　東8ウ2
智惠　ちゑ　高10ウ5
ちんざい
珍財　チンサイ　東8ウ1
珍財　ちんさい　高10ウ4
ちんじ
珍事　チンジ　国3ウ3
ぢんしゆ

陣衆　ぢんしゆ　高10オ4
ちんすい
沈酔　チンスル・ヨウ　国3オ5
ぢんぞう
陣〔陣〕僧　ヂンゾウ　東8オ4
ぢんたち
陣立　ぢんたち　高10オ4
ちんたふ
陳答　チンタウ・ノベコタウ　国3オ5
ぢんちゆう
陣〔陣〕中　チンチウ　東8オ3
陣中　ぢんちう　高10オ4
ぢんばう
陣傍　ちんはう　高10ウ4
ちんぶつ
珍物　チンブツ・メツラシキモノ　国3オ5
珍物　チンブツ　東8オ4
珍物　ちんふつ　高10オ5
ぢんぶれ
陣〔陣〕觸　ちんふれ　高11オ4
ちんりん
沈淪　ヂンリン・シツミタヽヨウ　国3オ5
沈淪　ちんりん　高10ウ5

つ

つ
津　つ　高23オ2
ついがさね
衝重　ついかさね　高22ウ5
ついきやく
追卻　―キヤク　国8オ1
ついしゆ
堆朱　ついしゆ　高22ウ4
ついしゆつ
追出　ツイジユツ　国8オ1
ついしよう
追従　ツイシヨウ　国8オ1
追従　ついせう　高22ウ3
ついぜん
追善　―セン　国8オ1
ついたち
朔日　サクシツ・ツイタチ　国16オ4
朔日　ツイタチ　東17オ4
朔日　ついたち　高23オ1
ついぢ
築地　ツイヂ　国8オ2
築地　ツイヂ　東17オ4
築地　ついち　高22ウ1
ついで
次　ツイデ　国8オ2
第　ツイニ・シバラク　国8オ3
ついでながら
乍次　ツイテナカラ　東17オ5
ついばつ
追罰　―バツ　国8オ1
ついひざまづく
撞跪　ツイヒサマツク　東17ウ2
つうはふ
通法　ツウハウ　国8オ1
通法　つうはう　高22ウ5
つうれい
通例　つうれい　高23オ3
つうろ
通路　ツウロウ　国8オ1
通路　ツウロ　東17オ5
通路　つうろ　高22ウ5
つか
塚　ツカ　東17オ3
塚　つか　高22オ5
つかさ
主　ツカサ　国8オ4
雜掌　サツシヤウ・ツカサ　国16オ2
司　ツカサ　東17オ2
司　つかさ　高22オ4
つかはす
遣　ツカハス　国8オ3
つかひ
使　ツカイ　国8オ2
つがふ
都合　ツカウ　国8オ1

都合　つかう　高23オ4
↓そうつがふ（總都合）
つかまつる
仕　ツカマツル　国8オ4
つかむ
[國+爪]　つかむ　高23オ2
つかもと
塚本　つかもと　高72オ5
つかるる
つかる（疲）↓つかるる
疲　ツカルヽ　東17オ3
疲　つかるゝ　高22オ5
つき
槻　つき　高58ウ3
つぎ
二　つき　高51オ4
つきあて
月充　ツキアテ　東17オ4
月充　つきあて　高22ウ1
つきげ
鴾毛　ツキケ　東41ウ1
つきたち（朔日）↓ついたち
つきなみ
月次　ツキナミ　国8オ2
月次　ツキナミ　東17ウ1
月竝　同（ツキナミ）　東17ウ1
月次　つきなみ　高22ウ3
つぎに

次　ツキニ　東17オ2
つきひざまづく（撞跪）↓ついひざまづく
つきびたひ
月額　ツキヒタイ　東41ウ2
つきまち
月待　つきまち　高22ウ3
つきやま
築山　つきやま　高22オ5
づぎり
百切　つきり　高23オ1
↓づんぎり
つく
就　ツク　国8オ2
參著　―チヤク・ツク　国15ウ1
祝著　シウチヤク・ツク　国18ウ2
つく
舂　ツク　国8オ3
↓はなをつく（突鼻）
つぐ
續　ツク　国8オ2
↓あひつぐ（相續）・かつみやうをつぐ（喝命續）・ははにつぐ（繼母）
つぐ（告）↓つぐる
つくしがたし
難盡　ツクシカタシ　国8オ2
つくす
盡　つくす　高22ウ2

十　つくす　高51ウ1
億　つくす　高51ウ2
つくづく
一一　つくつく　高22ウ4
↓つくづくと
つくづくし
土筆　つくつくし　高60オ1
つくづくと
諸安　ツクツクト　東17ウ3
↓つくづく
つくのひ
償　ツクノイ　東17オ2
↓つくのふ
つくのふ
償　つくのう　高22オ3
↓つくのひ
つぐみ
鶫　ツクミ　東39ウ4
鶫　つくみ　高52オ4
つくりいとなむ
造營　サウヱイ・ツクリイトナム　国16オ2
つくる
作　ツクル　国8オ3
修造　シユザウ・ツクル　国19オ1
↓よきことをつくる（作善）
つぐる
告　ツクル　国8オ3

告　つくる　高22オ4
つくろふ
繕　ツクロフ　国8オ3
つげ
黄楊　つけ　高58ウ2
つげ
柘植　つけ　高73ウ2
つけあつらふ
附屬　フソク・ツケアツラウ　国12オ5
つけあはす
府〔符〕合　フコウ・ツケアハス　国12オ5
つげきたる
告來　ツケキタル　東17オ4
つげく（告來）→つげきたる
つごもり（晦日）→つもごり
つさか
津坂　つさか　高74オ5
つじ
辻　ツシ　東17オ3
辻　つじ　高22オ5
つじかぜ
颸　つしかせ　高23オ3
つしだま
薏苡　つしたま　高60ウ5
つしま
對馬　ツシマ　東44オ5

づしよのかみ
圖書頭　つしよのかみ　高64オ2
つた
槝　つゝし　高59オ2
蔦　つた　高59ウ2
つだ
津田　つた　高71オ3
づだ
頭陀　ツタ　国8オ2
つたふ（傳）→つたへ・つたゆる
つたへ
傳　ツタヘ　国8オ2
相傳　サウデン・ツタヘ　国16オ2
→つたゆる
つたへきく
傳聞　ツタヘキク　東17オ5
つたゆる
傳　つたゆる　高22ウ2
→つたへ
つち
槌　つち　高56ウ5
つちぐら
窖　つちくら　高23オ3
つちだ
土田　つちた　高71オ1
つちのえ
戊　つちのへ　高75オ5
つちのと
己　高75オ5
つちばし
圯　つちはし　高23オ3
つつ
筒　ツヽ　東17オ3
つつがなく
無恙　ツヽカナク　東17ウ2
つつがなし（無恙）→つつがなく
つづき
都邊　つつき　高69オ5
つづく
聯緜　レンメン・ツヽク　国7オ3
→つづける
つづける
次連　つゝける　高23オ3
→つづく
つつじ
躑躅　同（つゝし）　高59オ2
つつじ（槝）→つた
つつしむ
愼　ツヽシム　国8オ2
つつしんでまうす
謹言　ツシンテマウス　東17オ5
謹言　つゝしんて―　高22ウ2
つゝどり
鳭〔鳿〕　つゝとり　高52ウ3
つつみ
堤　つゝみ　高22ウ1

[illegible]〈塘〉　—　高22ウ1
つづみ
鼓　つつみ　高22オ5
つつむ
裹　ツヽム　国8オ3
包　ツヽム　東17オ3
裹　つゝむ　高22ウ1
包　つゝむ　高22ウ2
つづり
綴　つゝり　高23オ1
つづる（綴）↓つづり
つとむ
公務　クム・ツトム　国9ウ5
参勲〔勤〕　—キン・ツトム　国15ウ1
つな
綱　つな　高23オ2
つなぐ
繫　つなく　高23オ2
つなて
綱手　つなて　高56ウ3
つね
常　ツネ　東17オ2
常　つね　高22オ3
恆　同（つね）　高22オ3
↓つねに・よのつね（尋常）
つねとみ
恆富　つねとみ　高71オ2

つねに
常　ツネニ　国8オ3
↓つね
つの（角）↓うさぎつの（兔角）
つのくに
攝津　ツノクニ　東42オ1
つのををる
折角　セツカク・ツノヲヲル　国21オ5
つば
鍔　ツハ　東17オ2
つばき
椿　つはき　高58オ4
つばた
津田〈畠〉　つはた　高71オ3
つばな
葽　つはな　高59ウ4
つばめ
燕　ツハメ　東40オ1
燕　つはめ　高52ウ1
つはもの
兵　ツハモノ　東17オ5
兵　つわもの　高22ウ2
つひえ
費　ツイヱ　国8オ2
費　ツイエ　東17オ2
費　ついゑ　高22オ4
つひに

終　ツイニ　東17オ2
終　ついに　高22オ4
つひゆ（費）↓つひえ
つぶさ
不具　フグ・ツブサ　国12オ4
具　ツフサ　東17オ2
具　同（つふさ）　高22オ4
↓つぶさに
つぶさに
具　ツブサニ　国8オ3
↓つぶさ
つぶて
飛礫　つふて　高23オ3
つぶてうち
土塊　ツフテウチ　東17ウ2
つぼ
壺　ツホ　東17オ3
壺　つほ　高22ウ2
つぼ
坪　つほ　高22ウ4
つぼね
局　ツホネ　東17オ3
局　つほね　高22オ5
つま
妻　つま　高57ウ5
つまぐる
掐　つまくる　高23オ2
つまど

妻戸　つまと　高22ウ5
つまびらか
不審　フシン・ツマヒラカ　国12オ4
一二　つまひら　高22ウ4
つみ
同罪　ドウザイ・ツミ　国2ウ4
罪　ツミ　国8オ3
つみ
雀鷂　ツミ　東39オ4
薩雞　同（ツミ）　東39オ4
鶺　つみ　高51ウ5
つみながす
流罪　ルザイ・ツミナガス　国4オ2
つむ
摘　ツム　国8オ3
摘　つむ　高23オ1
つむ
積　ツム　国8オ3
積　つむ　高22オ5
↓つもる
つむぎ
紬　ツムキ　東17オ3
紬　つむき　高22ウ1
つめ
爪　ツメ　東17オ3
つもごり
晦日　つもこり　高23オ1
つもる
積　ツモル　東17オ3
↓つむ
つよき
強緣　カウヱン・ツヨキ　国5オ3
つよきちから
強力　カウリキ・ツヨキチカラ　国5オ2
つよし（強）↓つよき
つよゆみ
勁弓　つよゆみ　高22オ3
つらつら
倩　つらつら　高22ウ2
つらなりまゐる
烈〔列〕参　レツザン・ツラナリマイ
ル　国7オ3
つらなる
連　ツラナル　国8オ3
連　つらなる　高23オ1
つらぬく
串　つらぬく　高23オ4
つり
釣　つり　高22ウ3
つりばり
鉤　つりはり　高22ウ3
つりばりぶね
釣船　ツリハリフネ　東17ウ1
つりぶね（釣船）↓つりばりぶね
つる
絃　ツル　東17オ2
絃　つる　高22オ3
絃　つる　高56オ1
つる
鶴　ツル　東39ウ2
鶴　つる　高52オ3
つるうち
弾　つるうち　高56オ4
つるぎ
剣　ツルキ　東17オ2
つるくび
鶴鵛〔頸〕　つるくひ　高23オ2
つるべ
雍己〈罋〉　ツルベ　東17ウ2
汲水　つるへ　高22ウ4
つるまき
縢　つるまき　高56オ4
つるみ
鶴見　つるみ　高72オ4
つれづれ
徒然　ツレツレ　東17ウ2
↓とぜん
つれない
強面　つれない　高22オ4
↓つれなし
つれなし
面長　ツレナシ　東17オ4
↓つれない

つゑ
杖　つへ　高22ウ4
づんぎり
凡切　ツンキリ　東17ウ1
寸切　同（ツンキリ）　東17ウ1
↓づぎり

て

ていしゆ
亭主　テイシユ　国14ウ2
亭主　テイシユ　東27オ1
亭主　ていしゆ　高35オ5
ていぜん
庭前　テイゼン　国14ウ2
ていたい
停滞　テウテイ・ト丶マリト丶コヲル　国14ウ2
ていたらく
爲體　ていたらく　高35ウ1
ていれば
者　ていれは　高35ウ3
ていゐ
廷尉　ていい　高67ウ2
てうおん
朝恩　てうおん　高35ウ5
てうか（朝家）↓てうけ
てうくわ
超過　テウクワ　国14ウ2
超過　テウクワ　東27オ3
超過　てうくわ　高36オ1
てうけ
朝家　テウケ　国14ウ1
てうさい
調菜　てうさい　高35ウ2
でうさん
逃散　テウサン・ニゲチル　国14ウ2
逃散　テウサン　東27オ2
逃散　てうさん　高35ウ2
てうし
調子　―シ　国14ウ1
調子　てうし　高36オ1
てうし
銚子　てうし　高35ウ4
てうしやう
招請　テウシヨウ　国14ウ5
招請　テウシヤウ　東27オ3
召〔招〕請　てうしやう　高35ウ3
てうしよく（朝食）↓あさめし
てうせき
朝夕　てうせき　高35ウ5
てうちよろこぶ
扑悦　ベンエツ・テウチヨロコブ　国2ウ1
でうでう
條々　デウデウ　国14ウ4
てうてき
朝敵　てうてき　高35オ5
てうな（釿）↓てうの
てうの
釿　テウノ　東27オ5
釿　てうの　高56ウ5
てうはい
朝拝　―ハイ　国14ウ1
てうばう
眺望　テウハウ・ミノゾム　国14ウ2
眺望　テウバウ　東27オ5
てうばふ
調法　テウハウ　東27オ4
調法　てうはう　高35ウ1
てうぶく
調伏　テウブク　国14ウ1
調伏　てうふく　高36オ1
てうぼ
朝暮　テウホウ　東27オ3
朝暮　てうほ　高35ウ3
てうまう（眺望）↓てうばう
てうもく
鳥目　テウモク　国14ウ2
鳥目　てうもく　高35ウ4
てうれん
調練　テウレン　東27オ3
調練　てうれん　高35ウ1
てうろう

嘲哢〔弄〕　てうろう　高36オ1
ておひ
　手負　てをい　高35ウ1
てきがた
　敵方　テキカタ　東27オ1
　↓てきはう
てきたい
　敵對　テキタイ・アタニムカフ　国14ウ3
　敵對　テキタイ　東27オ3
てきはう
　敵方　てきはう　高35オ4
　↓てきがた
てきめん
　覿面　テキメン・ヲモテミル　国14ウ3
てきをまちかく（待掛敵）↓てきをまちかけ
てきをまちかけ
　待掛敵　テキヲマチカケ　東27オ5
てぐみ
　手組　テクミ　東27オ2
　手組　てくみ　高35ウ2
でし
　弟子　デシ　国14ウ4
てずさみ
　手談　てすさみ　高36オ2
てだてにおよぶ
　及行　てたてにをよふ　高35ウ5
てつぎ
　手續　テツギ　国14ウ3
　手續　テツキ　東27オ4
　手續　てつゝき　高35ウ3
てつしよ
　徹所　てつしよ　高36オ2
てつだひ
　手傳　テツギ　国14ウ4
てつづき（手續）↓てつぎ
てならひ
　手習　テナライ　国14ウ4
　手習　テナライ　東27オ1
　手習　てならい　高35オ4
では
　出羽　テハ　東42ウ4
てふ
　蝶　てふ　高62オ1
てへれば（者）↓ていれば
てぼこ
　手鉾　高55オ5
てほん
　手本　てほん　高35オ4
てまき（鱍）↓へまき
てまり
　拍毬　てまり　高36オ2
てら
　寺　テラ　国14ウ5
てらす
　照　テラス　国14ウ5
てらつつき
　鴷　テラツヽキ　東39ウ5
　啄木　同（テラツヽキ）　東39ウ5
　鴷　てらつゝき　高52ウ3
てらまち
　寺町　てらまち　高69ウ3
てをの（釿）↓てうの
てんうま
　店馬　テンムマ　東27オ4
てんき
　天氣　テンキ　国14ウ1
　天氣　テンキ　東27オ2
てんきう
　典廄　てんきう　高67オ4
てんきうれい（典廄令）↓てんきう（典廄）
てんさつ
　點札　テンサツ　国14ウ3
　點札　テンサツ　東27オ4
てんじやう
　天井　—ジヤウ　国14ウ1
てんじん
　點心　テンジン　国14ウ3
　點心　てんしん　高35ウ4
てんず
　點　テンズ　国14ウ5

でんせつ
傳說　テンセツ　東27オ1
傳說　てんせつ　高35オ5
てんそう
傳奏　テンソ　国14ウ3
てんだう
顚倒　テンタウ・サカサマニタウル　国14ウ3
でんたつ
傳達　―タツ　東27オ2
傳達　てんたつ　高35オ5
てんでん
展轉　テンテン・ノブル　国14ウ3
てんばつ
天罰　―バツ　国14ウ1
天罰　てんはつ　高35ウ5
てんむま（店馬）→てんうま
てんもく
天目　テンモク　東27オ1
天目　てんもく　高35ウ2
てんもんはかせ
天文博士　てんもんはかせ　高64オ4
てんや
店屋　テンヤ　東27オ4
店屋　てんや　高35ウ4
てんやく
天役　―ヤク　国14ウ1
てんやくのかみ
典藥頭　てんやくのかみ　高65ウ5

と

とう
東　とう　高70オ2
どう
百　どう　高51ウ1
どう（銅）→あかがね
どうおん
同音　トウヲン　東7オ3
とうかん
等閑　トウカン　東7オ2
等閑　とうかん　高9オ1
とうぐうのがくじ
東宮學士　とうくうのかくし　高66ウ1
とうぐうのすけ
東宮亮　とうくうのすけ　高66ウ1
とうぐうのだいぶ
東宮大夫　とうくう―　高66オ5
とうぐうのふ
東宮傅　とうくうすけ　高66オ5
どうざい
同罪　ドウザイ・ツミ　国2ウ4
同罪　とうざい　高9ウ1
とうじみ
燈心　とうしみ　高9ウ4
とうじやう
鬪淨〈諍〉　トウシヨウ・アラソウ　国2ウ5
鬪諍　とうしやう　高8ウ1
とうしん（燈心）→とうじみ
どうしん
同心　―シン　東7オ2
同心　とうしん　高9オ1
どうだう
同道　トウタウ　東7オ2
同道　どうたう　高9オ1
とうでう
東條　とうてう　高71オ4
どうどう
百々　とうとう　高73ウ5
とうはい
等輩　トウハイ・トモカラ　国2ウ4
等輩　トウハイ　東7オ3
等輩　とうはい　高9オ4
どうほう
同朋　トウホウ　東7オ1
どうまる
筒丸　トウマル　東7オ3
筒丸　とうまる　高55オ1
とうもん
東門　とうもん　高62ウ5
とうらん
鬪亂　トウラン・タヽカウミタル

国2ウ5
鬪亂　とうらん　高9ウ1
どうらん
動亂　トウラン・ウコキミダル
国2ウ5
とうりう
逗留　トウリウ　東7オ3
逗留　とうりう　高8ウ1
とうりやう
棟梁　とうりやう　高9ウ1
どうるい
同類　トウルイ　東6ウ3
同類　どうるい　高8ウ3
どうれう
同僚　とうれい　高8ウ5
とが
科　とか　高8ウ4
とかく
兎角　トカク・ウサギツノ　国3オ1
兎角　トカク　東6ウ3
兎角　とかく　高8ウ1
とがし
富樫　とかし　高68オ4
とがむ（過・咎）↓おこたりをとがむ
（過怠）・とがむる
とがむる
咎　とかむる　高8ウ4
とがりや
鋒矢　トカリヤ　東7オ4
鋒矢　とかりや　高56オ4
とき
時剋　ジコツ・トキ　国18ウ1
↓しばらくのとき（暫時）・すなはち
のとき（卽時）
とき
土岐　とき　高68オ4
とき（鴇）↓たう
ときのこゑ
鯨波　トキノコエ　東7オ4
鯨波　ときのこゑ　高9ウ3
ときをうつさず
不移時　トキヲウツサス　東7オ4
ときん
頭巾　ときん　高9ウ4
とく
脫　トク　東7ウ2
↓むすぶとく（結解）
とく（說）↓のりをとく（說法）
とぐ
遂　トグ　国3オ2
とぐ
鎌　トク　国3オ2
とくう（土貢）↓とこう
どくがい
毒害　トクガイ　東7オ4
どくくわつ
獨活　とつくわつ　高61オ2
とくさ
木賊　とくさ　高60オ3
どくしん
獨身　ドクシン　東7オ5
とくせい
德政　トクセイ・マツリコト　国2ウ4
德政　トクセイ　東6ウ5
德政　とくせい　高8ウ3
とくだ
德田　とくた　高70ウ2
とくたい
得替　とくたい　高9ウ1
とくど
得度　―ド　国2ウ4
とくにん
德人　トクニン　東7オ4
德人　とくにん　高9オ4
とくぶん
得分　トクブン　国2ウ4
德〔得〕分　トクブン　東6ウ5
德〔得〕分　とくぶん　高8ウ1
とくやく
得益　―ヤク　国2ウ4
とこ
牀　とこ　高9ウ2
とこう

士貢　トコウ　東6ウ5
とこなみ
常石　とこなみ　高73ウ4
ところ
野老　ところ　高59ウ3
ところ
御所　―シヤウ・トコロ　国13オ2
戰陣　―チン・トコロ　国21ウ2
↓とほきところ（遠所）
とさ
土佐　トサ　東44オ1
とざし
扃　とさし　高9オ1
とざま
外様　とさま　高9オ4
とさん
土産　トサン・ハラム　国3オ1
土産　トサン　東6ウ4
土産　とさん　高8オ5
とし（年）↓ふるとし（舊年）
どしうち
同士討　としうち　高9ウ4
としごろ（年來）↓ねんらい
としつき
年月　トシツキ　東7オ2
としのくれ
歳暮　セイボウ・トシノクレ　国21オ4

としま
富島　としま　高69オ1
としをこゆる
越年　―ネン・トシヲコユル　国4オ4
とせい
渡世　とせい　高9オ5
とぜん
徒然　トゼン　東6ウ3
徒然　とせん　高8ウ2
↓いたづら・つれづれ
どだい
土代　トタイ　国3オ1
とたう
渡唐　とたう　高9ウ2
とだえ
洏　トタヱ　東7ウ2
とだゆ（耐）↓とだゆる
とだゆる
耐　とたゆる　高9オ1
とち
橡　とち　高58ウ3
とち（橙）↓たちばな
とちやう（取帳）↓とつちやう
どぢやう
鰍　とちやう　高53ウ3
とちゆう
途中　トチウ・ミチナカ　国3オ1

途中　トチウ　東7オ3
途中　とちう　高9オ2
とづ
閉籠　ヘイロウ・トツコモル　国2ウ1
↓くちをとづ（閉口）・とづる
とつぐ
嫁　トツク　東7ウ2
とづく
届　トツク　東7ウ3
↓とづくる
とづくる
届　とづくる　高9オ2
↓とづく
どつくわつ（獨活）↓どくくわつ
とつそく
頓速　トツソク・スミヤカリ　国2ウ5
↓とんそく
とつちやう
取帳　トチヨウ・トリハル　国3オ1
とつび
突鼻　トツビ・ハナヲツク　国2ウ4
とづる
閉　とづる　高9ウ3
とてつ
途徹〔轍〕　トテツ　東7ウ1
途徹〔轍〕　とてつ　高9オ5

とても
迚　とても　高9オ5
どど（百々）→どうどう
ととく
都督　ととく　高67ウ4
とどく（届）→とづく・とづくる
ととくしば
都督司馬　ととくしま　高67ウ5
ととくちやうし
都督長吏〈史〉　ととくちやうり　高67ウ5
ととくちやうり（都督長吏）→ととくちやうし（都督長史）
とどこほる
滞　トヾコヲル　国3オ2
→とどまりとどこほる（停滞）
ととのふ
調　トヽノウ　東7ウ2
とどまりとどこほる
停滞　テウテイ・トヽマリトヽコヲル　国14ウ2
とどまりまぼる
留守　ルス・トヽマリマボル　国4オ2
とどまる
止　トヽマル　国3オ2
→とどむる
とどむ
停止　チヤウジ・トヽム　国3オ4
→おしとどむ（抑留）・とどむる
とどむる
制　とゝまる　高9ウ3
→とどまる
とどめさす
螫留　とゝめさす　高8ウ2
とどろき（廿六）→とどろく
とどろく
廿六　とゝろく　高69ウ1
となふ
唱　トナウ　国3オ2
唱　トナウ　東7ウ3
となり
鄰　トナリ　東7ウ2
鄰　となり　高9オ5
とねり
舎人　とねり　高9ウ2
とのものかみ
主殿頭　とのものかみ　高65ウ5
とのゐ
宿直　トノイ　東6ウ5
宿直　とのい　高8オ5
とは
杜欄　トハ　国3オ1
とはう
外方　トハウ　東6ウ4
外方　とはう　高9オ3
とばう（蜻蜓）→とんばう
とはうなく
無十方　トハウナク　東6ウ3
とはうなし（無十方）→とはうなく
とばす（飛）→あしをとばす（飛脚）
とひ
都鄙　トヒ　東6ウ3
都鄙　とひ　高8オ5
とび
鵄　トヒ　東40オ1
鳶　トヒ　東40オ3
鵄　とひ　高52オ4
とびうを
鰩　ウヒウヲ　東41オ2
鰩　とひうを　高53ウ3
とびさかふ
福徳　フクトク・トビサカウ　国12ウ5
とひだ
筧田　といた　高69ウ1
とふ（問）→かんがへとふ（拷問）
とぶらひ
弔　とふらい　高8ウ4
訪　同（とふらい）　高8ウ4
→とぶらふ
とぶらふ
訪　トフラウ　国3オ2
弔　同（トフラウ）　国3オ2

弔　トフラウ　東7ウ2
↓とぶらひ
とほきちかし
遠近　—キン・トヲキチカシ　国14オ3
とほきところ
遠所　ヱンシヨ・トヲキトコロ　国14オ3
とほくゆく
遠行　ヱンカウ・トヲクユク　国14オ3
とほざかる
遠去　とをさかる　高9オ2
とほさぶらひ
外侍　トヲサフライ　東7ウ1
外侍　とうさぶらい　高9ウ3
とほし
遠　とをし　高8ウ4
とぼしび
燈　とぼしひ　高8ウ4
燭　同（とぼしひ）　高8ウ4
灯　同（とぼしひ）　高8ウ4
↓ともしび
とぼそ
扉　とぼそ　高9オ2
とほたふみ
遠江　トヲタウミ　東42オ4
とま
篷　とま　高56ウ3
とまつ
富松　とまつ　高68ウ3
とみさいはひ
富祐　フイウ・トミサイワイ　国12ウ1
とみさかふ（福徳）↓とびさかふ
とみたつとし
富貴　フツキ・トミタツトシ　国12ウ4
とみまつ（富松）↓とまつ
どみん
土民　トミン　東7オ5
土民　どみん　高9オ4
とむらふ（弔）↓とぶらふ
とも
艫　とも　高56ウ2
ともがら
等輩　トウハイ・トモカラ　国2ウ4
衆徒　シユト・トモカラ　国18ウ5
門徒　—ト・トモガラ　国20ウ1
ともし
照射　トモシ　東7ウ1
ともしび
燈　トモシヒ　東7ウ1
↓とぼしび
ともだ
友田　ともた　高69オ1
ともづな
纜　ともつな　高56ウ3
ともなふ
件　ともなう　高9ウ4
ともゑ
巴　ともへ　高9ウ2
とやせんかくやせん
爲左爲右　トヤセンカクヤセン　東7ウ2
とら
虎　とら　高54オ1
とら
寅　とら　高75オ4
とり
酉　とり　高75オ4
とり（鳥）↓あをきとり（青鳥）
とりあへず
不取敢　トリアヘス　東6ウ5
不取敢　とりあへず　高8ウ2
とりうしなふ
取失　トリウシ□ウ　東7オ1
取失　とりうしなう　高8ウ3
とりこ（鳥子）↓とりのこ
とりしづむ
取静　トリシツム　東7オ1
↓とりしづむる
とりしづむる
取静　とりしづむる　高9オ3

↓とりしづむ
とりちやう（取帳）↓とつちやう
とりちらす
　取散　トリチラス　東6ウ4
　取散　とりちらす　高8ウ3
とりつづく
　取續　トリツヽク　東7オ2
　取續　とりつゝく　高9オ3
とりのく
　取退　トリノク　東6ウ4
　北破　トリノク　東7オ5
とりのこ
　鳥子　とりこ　高9ウ3
とりはなす
　取放　トリハナス　東7オ1
　↓とりはなつ
とりはなつ
　取放　とりはなつ　高9オ3
　↓とりはなす
とりはる
　取帳　トチヨウ・トリハル　国3オ1
とりまはす
　取廻　トリマハス　東7オ5
　取廻　とりまわす　高9オ5
とりみだす
　取亂　トリミタス　東7オ1
　取亂　とりみたす　高8ウ5
　取乱　同（とりみたす）　高8ウ5

とりもち
　黐　とりもつ　高9ウ4
とりゐ
　鳥居　トリヰ　東7オ5
とりゐ
　鳥井　とりい　高74オ2
とる
　取　とる　高8ウ1
とゐ
　都尉　とい　高67オ5
とを
　十　とを　高51ウ1
どんごん
　鈍根　トンゴン・ニブキ　国3オ1
どんじき（鈍色）↓にぶいろ
とんしゆ
　頓首　トンシユ・カウベヲカタブク　国2ウ5
どんす
　段子　ドンス　東7ウ1
　段子　とんす　高9オ2
とんぜい
　遁世　トンセイ・ヨヲノガル　国2ウ5
　遁世　トンセイ　東6ウ4
　遁世　とんせい　高8ウ2
とんそく
　頓速　とんそく　高9ウ2

↓とつそく
とんばう
　蜻蜓　とはう　高62オ2
とんぴ
　遁避　トンビ・ノカレ・ハヤシヨクル　国2ウ5

な

な
　蔓　な　高60ウ3
ないがしら
　蔑　ないかしら　高24オ4
　↓ないがしろ
ないがしろ
　蔑如　ヘチシヨ・ナイガシロ　国2ウ2
　蔑如　ナイカシロ　国8ウ4
　輕忽　キヤウコツ・カロシナイガ□□　国17オ2
　↓ないがしら
ないぎ
　内儀〔議〕　ないき　高23ウ3
ないぐわい
　内外　ナイグワイ　国8ウ2
　↓ないげ
ないげ
　内外　ないけ　高23ウ5

↓ないぐわい
ないざうのかみ（内藏頭）↓くらのかみ
ないしや
　内者　ナイシヤ　東18オ4
ないしやう（内性）↓ないしよう（内證）
ないじやう
　内狀　ないしやう　高24ウ1
ないしやく
　内戚〈戚〉　—シヤク　国8ウ2
　内戚　ないしやく　高24ウ1
ないしよ
　内書　ないしよ　高24オ5
ないしよう
　内性〈證〉　ないしよう　高23ウ3
ないせき（内戚）↓ないしやく
ないぜんのかみ
　内膳正　ないせんのかみ　高66オ1
ないそ
　内訴　—ソ　国8ウ2
ないそう
　内奏　ナイソウ　東18オ5
　内奏　ないそう　高24オ5
ないだいじん
　内大臣　ないたいしん　高63オ4
ないだん
　内談　—ダン　国8ウ2
　内談　ナイタン　東18オ5
　内談　ないたん　高23ウ3
ないつう
　内通　ナイツウ　東18ウ1
ないとう
　内藤　ないとう　高70ウ4
ないふ（内府）↓だいふ
なうらん
　惱亂　ナウラン　国8ウ3
なか（中）↓みちなか（途中）・みやこなか（洛中）
ながきよ
　永代　ヱイタイ・ナカキヨ　国14オ2
なかざし
　中刺　な—さし　高24オ1
なかざは
　中澤　なかさは　高69オ3
ながす（流）↓つみながす（流罪）
なかだち
　媒　なかたち　高24ウ1
なかづかさ
　中務　なかつかさ　高64オ3
ながづき
　九月　高75オ2
　長月　なかつき　高75オ2
ながと
　長門　ナカト　東43ウ3
なかば
　半　ナカバ　国8ウ4
　半　ナカハ　東18ウ3
　半　なかは　高24オ5
ながびつ
　長櫃　ナカヒツ　東18オ5
　長櫃　なかひつ　高24オ4
ながむ（詠）↓ながめ
ながめ
　詠　ナカメ　東18ウ3
　詠　なかめ　高24オ5
ながもり
　長森　なかもり　高69ウ5
ながらふ（存命）↓ながらへ
ながらへ
　存命　ナカラヘ　東16オ3
ながる
　流　ナカル　国8ウ4
　↓ながるる・ながれ
ながるる
　流　なかるゝ　高24オ1
　↓ながる・ながれ
なかれ
　莫　ナカレ　国8ウ4
ながれ
　流　ナカレ　東18ウ2
　↓ながる
ながゐ
　長井　なかい　高70オ3
なかんづく

就中　ナカンツク　東18ウ1

就中　なかんつく　高24オ2

なぎなた

長刀　ナキナタ　東18オ5

長刀　なきなた　高55オ4

なく

泣　ナク　国8ウ4

啼　ナク　東18ウ2

啼　なく　高24オ1

鳴　同（なく）　高24オ1

なぐ

打擲　チヤウチヤク・ウツナグ　国3オ5

なぐさむ

慰　ナクサム　東18ウ3

慰　なくさむ　高24オ3

なげうつ

抛　なけうつ　高24オ5

なげく

歎　ナケク　国8ウ4

歎　ナケク　東18ウ2

歎　なけく　高23ウ4

なげすつ（抛）→なげすて

なげすて

抛　ナゲステ　国8ウ4

なごり

名殘　ナゴリ　国8ウ3

名殘　ナコリ　東18オ4

名殘　なこり　高23ウ3

餘波　同（なこり）　高23ウ3

なさけ

情　ナサケ　国8ウ4

情　ナサケ　東18ウ2

情　なさけ　高24ウ1

なし

梨子　なし　高58オ5

なし

無勢　―セイ・ナシ　国12ウ2

→おもひなし（無念）・きはまりなし（無窮）・ちからなし（無力）・ふたごころなし（無貳）

なじみ

名染　なしみ　高24オ2

なすび

茄子　なすひ　高60オ5

なた

桼〈柰〉刀　なた　高24ウ2

なだむ

宥　ナダム　国8ウ4

宥　ナタム　東18ウ3

→なだむる

なだむる

宥　なたむる　高24オ4

→なだむ

なづ（撫）→なづる

なつかし（馴風）→なつかしい

なつかしい

馴風　なつかしい　高24オ3

なつしよ

納所　ナツシヨ　国8ウ3

納所　なんしよ　高23ウ4

なつとう

納豆　ナツトウ　国8ウ3

納豆　なつとう　高24オ2

なづな

薺　なつな　高59オ5

なづる

撫　なづる　高24オ5

なでしこ

撫子　なてしこ　高59ウ1

ななつ

七　なかつ　高51オ5

ななめ

斜　ナヽメ　国8ウ4

なにごと

何事　ナニコト　国8ウ2

なのり

名乗　ナノリ　東18オ4

名乗　なのり　高23ウ4

なは

繩　ナワ　東18ウ2

繩　なわ　高24オ3

なはて

畷　ナワテ　東18ウ3

なびく
　靡　ナヒク　東18ウ3
　靡　なひく　高24オ3
なふじゆ
　納受　ナウジユ　国8ウ3
なぶる
　嬲　なふる　高24ウ2
なへ
　苗　なへ　高60ウ2
なほ
　猶　なを　高24オ3
　尚　同（なを）　高24オ3
なほさら
　猶更　なをさり　高24ウ1
なほざり
　等閑　ナヲサリ　国8ウ3
　等閑　なをさり　高24オ4
　↓とうかん
なほなほ
　猶々　ナヲナヲ　東18オ5
なほらひ
　直禮　なうらい　高24オ2
なまこ
　鯖〈鯹鯖〉　高53オ4
なまじひ
　慭　ナマシイ　東18ウ2
　慭　なましい　高24オ1
　↓なまじひに

なまじひに
　慭　ナマジイニ　国8ウ4
　↓なまじひ
なます
　鱠　ナマス　東41オ1
　鱠　なまつ　高53ウ2
なまづ（鱠）↓なます
なまり
　鉛　なまり　高61ウ4
なみ
　浪　ナミ　東18ウ1
　波　同（ナミ）　東18ウ2
　波　なみ　高24オ4
　浪　同（なみ）　高24オ4
なみだ
　涙　ナミダ　国8ウ4
　涙　ナミタ　東18ウ2
　泪　同（ナミタ）　東18ウ2
　涙　なみた　高23ウ5
　泪　同（なみた）　高23ウ5
　洟　なみた　高24オ1
　↓なんだ
なめかた
　行方　なめかた　高73ウ5
なめくじ（蜒）↓なめくぢ
なめくぢ
　蜒　なめくし　高62オ3
なめし

　屟脊　なめし　高24ウ2
なもみ（兎葵）↓いへにれ
なやみ
　御悩　―ナウ・ナヤミ　国13オ2
　↓なやむ
なやむ
　悩　ナヤム　東18ウ1
　悩　なやむ　高23ウ4
　↓なやみ
なよし
　鯔　ナヨシ　東40ウ1
　鯔　なよし　高53オ1
なら
　楢　なら　高59オ1
ならさき
　楢崎　ならさき　高73オ1
ならし
　習師　ナラシ　東18ウ1
ならふ
　習　ナラウ　国8ウ4
　習　ならう　高24オ3
なりた
　成田　なりた　高69オ2
なる（成）↓ひとになる（成人）
なる（馴）↓なるる
なるせ
　成瀬　なるせ　高71ウ3
なるる

馴　ナル丶　東18ウ3
馴　なる↘　高24オ1
なんがん
難堪　ナンカン　国8ウ2
難堪　なんかん　高23ウ4
なんがん
難岸　ナンガン　東18オ4
なんぎ
難儀　ナンギ　国8ウ2
難儀　ナンキ　東18オ4
難儀　なんき　高23ウ5
なんじふ
難澀　ナンシフ　国8ウ3
難澀　ナンシユウ　東18ウ1
難澀　なんしう　高23ウ5
なんしよ（納所）↓なつしよ
なんじよ
難所　ナンシヨ　国8ウ3
なんだ（涙）↓おつるなんだ（落涙）・なみだ
なんでう
南條　なんてう　高72ウ5
なんりよ（南呂）↓なんろ
なんれう
南鐐　なんりやう　高61ウ3
なんろ
南呂　なんろ　高75オ1

に

に
荷　に　高6ウ2
にあひ
似合　にあい　高6ウ3
にうなん
柔輭　ニウナン　国2オ2
柔輭　ニウナン　東4ウ1
柔輭　にうなん　高6オ5
にうわ
柔和　ニウワ　東4ウ3
柔和　にうわ　高6ウ4
にがし
苦　にかし　高6ウ3
にかは
膠　ニカワ　東4ウ4
膠　にかは　高6ウ2
にき（日記）↓につき
にき（新木）↓につき
にぎはふ
⿰石辱〈賑〉　ニキワウ　東4ウ4
⿰貝辱〈賑〉　にきわふ　高6ウ3
にぎり
弣　にきり　高56オ5
にぎりかは
弣革　ニキリカワ　東4ウ3
にぎる
拳　にきる　高6ウ2
にく
猊虎　にく　高54オ2
にく
羚羊　にく　高54オ3
にぐ（逃・失）↓にぐる
にくじき
肉食　にくしき　高6ウ4
にくむ
憎　ニクム　東4ウ3
悪　ニクム　東4ウ5
悪　にくむ　高6ウ2
にぐる
逃　ニクル　東4ウ5
失　東4ウ5
逃　にくる　高6ウ4
にくるべ（釋迦牟尼）↓みくるべ
にげちる
逃散　テウサン・ニゲチル　国14ウ2
にこう
尼公　にこう　高6ウ4
にごひ（似鯉）↓みごひ（鰠）
にごる
濁　ニゴル　東4ウ5
にし
辛螺　にし　高53オ3
にじ
虹　にし　高6ウ4

にしき
　錦　ニシキ　東4ウ4
　錦　にしき　高6ウ2
にしこり
　錦木里　にしこり　高74オ1
にしごり
　錦織　にしこり　高71オ3
にしな
　仁科　にしな　高71オ1
にしを
　西尾　にしほ　高70オ5
にせんごく（二千石）↓じせんせき
にせんせき（二千石）↓じせんせき
にちげん
　日限　ニチゲン　国2オ2
　日限　―ケン　東4ウ1
　日限　にちけん　高6オ4
につき
　日記　―キ　東4ウ1
　日記　につき　高6オ4
につき
　新木　につき　高74オ5
につこく（入國）↓にふこく
につしつ
　入室　ニツシツ　国2オ2
につしゆ
　日數　ニツシユ　東4ウ1
　日數　につしゆ　高6オ4

につしよく
　日蝕　ニツショク・ムシハム　国2オ2
につすう（日數）↓につしゆ
につたう
　入唐　につたう　高6オ5
になふ
　荷　ニナウ　東4ウ4
　擔　になう　高6ウ4
にのみや
　二宮　にのみや　高74オ4
には
　丹羽　には　高74オ2
にはか
　俄　ニワカ　国2オ2
　俄　にはか　高6オ4
　頓　同（にはか）　高6オ4
にはかごと
　俄事　ニワカコト　東4ウ4
にはとり
　雞　にわとり　高51ウ5
にびいろ（鈍色）↓にぶいろ
にぶいろ
　鈍色　ニフイロ　東4ウ5
にぶき
　鈍根　トンゴン・ニブキ　国3オ1
　↓にぶし
にふこく
　入國　ニウコク　東4ウ2
　入國　にうこく　高6オ5
にぶし
　鈍　にふし　高6ウ4
　↓にぶき
にふしつ（入室）↓につしつ
にふのや
　丹生屋　にうのや　高71ウ4
にふぶ
　入部　―ブ　国2オ2
　入部　ニウフ　東4ウ1
　入部　にうふ　高6オ5
にふめつ
　入滅　ニウメツ　国2オ2
　入滅　にうめつ　高6ウ3
にへ
　贄　ニエ　東4ウ5
にほ
　鳰　ニヲ　東40オ2
にほどり（鳰）↓にほ
にほひ
　匂　にほひ　高6ウ2
　↓にほふ
にほふ
　匂　ニホフ　東4ウ4
　↓にほひ
にようばう
　女房　ねうはう　高57ウ5

にょせつ
如說　にょせつ　高6ウ3
にょほふ
如法　にょはう　高6ウ2
にら
韮　にら　高60ウ3
にらむ
睨　ニラム　国2オ2
にる
似　ニル　東4ウ4
にれ
楡　にれ　高59オ1
にん
利潤　リシユン・ニン　国3ウ4
にんぎやう
人形　ニンギヤウ　東4ウ2
人形　にんきやう　高6ウ1
にんげん
人間　―ゲン　東4ウ3
にんごく
任國　ニンコク　東4ウ2
任國　にんこく　高6オ4
にんじやう
刃傷　ニンジヤウ　国2オ2
刃傷　ニンジヤウ　東4ウ2
にんじゆ
人數　にんしゆ　高6ウ1
にんじん
人參　高61ウ1
にんずう（人數）→にんじゆ
にんにく
忍辱　ニンニク　東4ウ3
にんにく
葷　にんにく　高61ウ1
にんぶ
人夫　ニンブ　東4ウ2
人夫　にんふ　高6ウ1
にんべつ
人別　―ヘツ　東4ウ5
人別　にんへつ　高6ウ1

ぬ

ぬえ
鵺　ヌエ　東39ウ3
ぬか
糠　ヌカ　東9ウ1
糠　ぬか　高12オ5
ぬか
鴾　ヌカ　東40オ1
鴾　ぬか　高52オ5
ぬかかす
糟糠　ザウカウ・ヌカカス　国16オ5
ぬかご
零餘子　ぬかこ　高61オ1
→むかご
ぬき
拔　ヌキク　国4オ1
ぬきあし
蹐　ヌキアシ　国4オ1
ぬきがき
拔書　ぬきかき　高12オ4
ぬきがけ（拔懸）→ぬけがけ
ぬきんづ
抽　ヌキンス　国4オ1
抽　ぬきんつ　高12オ3
ぬく
拔　ヌキク　国4オ1
→ぐんにぬく（拔群）
ぬぐ
脫　ぬく　高12オ5
ぬぐふ（巾・拭）→のごふ
ぬけがけ
拔懸　ぬきかけ　高12オ4
ぬさ
敝巾〈幣〉　ぬさ　高12オ5
ぬし
主　ヌシ　東9ウ1
主　ぬし　高12オ3
ぬすびと
盜人　ヌス―・タウニン　国4オ1
盜人　ヌスヒト　東9オ5
盜人　ぬすひと　高12オ4
ぬすむ（盜）→あながちにぬすむ（強

盗）

ぬの
布　ヌノ　東9オ5
ぬのこ
布子　ヌノコ　東9オ5
布子　ぬのこ　高12オ3
ぬのめ
布兎　ぬのめ　高74オ5
ぬび
奴婢　ヌビ・ヤツコ　国4オ1
奴婢　ぬひ　高12オ5
ぬひどののかみ（縫殿頭）↓ぬひのかみ
ぬひのかみ
縫殿頭　ぬいのかみ　高64オ3
ぬひもの
繡　ヌイモノ　国4オ1
縫物　ヌイモノ　東9オ5
ぬひものし
縫物師　ぬいものし　高12オ3
ぬま
沼　ヌマ　東9ウ1
沼　ぬま　高12オ5
ぬりごめ
涂〈塗〉籠　ぬりこめ　高12オ4
ぬる
塗　ヌル　国4オ1
塗　ヌル　東9オ5
ぬる（濡）↓ぬるる

ぬるで
樗　ぬるて　高58オ5
ぬるる
濡　ヌルヽ　東9オ5
濡　ぬるゝ　高12オ5

ね

ね
根　ね　高23ウ2
ね
子　高75オ4
ねがはく
願　ネガハク　国8ウ1
↓ねがふ
ねがひごと
願事　ネカイコト　東18オ1
ねがふ
願　ねかふ　高23ウ2
↓ねがはく
ねぎ
禰宜　ネキ　東18オ1
禰宜　ねぎ　高23ウ1
ねぎ（葱）↓ひともじ
ねこ
猫　ねこ　高23ウ1
猫　ねこ　高54オ3
ねごと
囈　ネゴト　国8ウ1
讇　ねこと　高23オ5
ねざめ
寝覺　ネサメ　東18オ2
ねずみ
鼠　ねすみ　高23ウ1
鼠　ねすみ　高54オ3
ねずみもち（楰）↓ねずもち
ねずもち
橅〈楰〉　ねつもち　高58ウ2
楰　ねつもち　高59オ1
ねたむ
妬　ネタム　国8ウ1
姕　ネタム　東18オ2
妬　ねたむ　高23オ5
𡣪　ねたむ　高23ウ1
ねどころ
寝所　ネドコロ　国8オ5
ねなしかづら
莵〈菟〉　ねなしかつら　高61オ1
ねぶ（合昏）↓ねむ
ねぶる
舐　ねぶる　高23オ5
ねぶる（睡・眠）↓ねむる
ねまる
踞　ねまる　高23オ5
ねむ
合昏　ねむ　高59オ2

ねむる
眠　ネムル　国8ウ1
睡眠　スイメン・ネムル　国21ウ4
眠　ネムル　東18オ2
睡　ねむる　高23ウ2
ねや
閨　ネヤ　東18オ1
閨　ねや　高23ウ2
ねやす
黏　ネヤス　国8ウ1
糊　ねやす　高23オ5
ねらふ
䠷　ネラウ　東18オ1
偲〈䠷〉　ねらふ　高23オ5
ねりがみ
八神　ねりかみ　高74ウ1
ねりぬき
練貫　ネリヌキ　国8ウ1
練貫　ネリヌキ　東17ウ5
練貫　ねりぬき　高23ウ2
ねる
練　ネル　国8ウ1
ねんがう
年號　ネンカウ　東18オ2
ねんき
年忌　―キ　国8オ5
ねんき
年紀　―キ　国8オ5
年記〔紀〕　ネンキ　東17ウ5
ねんぐ
年貢　ネング　国8オ5
年貢　ネンク　東17ウ5
年貢　ねんぐ　高23ウ1
ねんぐわん
念願　ネンクワン　国8オ5
念願　ネンクハン　東17ウ5
ねんげつ（年月）↓としつき
ねんごろ
懇　ネンコロ　国8ウ1
懇切　コンセツ・ネンコロ　国13オ5
懇　ネンコロ　東18オ2
苦　ねんころ　高23ウ1
ねんごろなるこころざし
懇志　コンシ・ネンゴロナルコヽロザシ　国13オ5
ねんごろにのぞむ
懇望　コンハウ・―ニノゾム　国13オ5
ねんし
年始　―ヂ　国8オ5
ねんじや
念者　ねんしや　高23ウ2
ねんじよ
年序　―シヨ　国8オ5
ねんぽ
年甫　ネンホ　東18オ1
ねんらい
年來　―ライ　東17ウ5
ねんらふ
年臘　―ラウ　国8オ5
ねんりき
念力　―リキ　国8オ5
念力　ネンリキ　東18オ2

の

のう
膿　のう　高57ウ2
のうかう
農耕　――　国9ウ4
のうげい
能藝　ノウケイ　国9ウ4
能藝　のうけい　高27オ5
のうじや
能者　ノウシヤ　東20ウ5
のうぜんかづら
旨苕　のうせんかつら　高61オ5
のうにん
農人　ノウニン　東20ウ5
濃〔農〕人　のうにん　高27オ4
のがる
逃　ノガル　国9ウ4
遁　ノカル　国9ウ4
↓のがるる・のがれ・よをのがる（遁

世）
のがるる
遁　のかるゝ　高27オ3
逃　のかるゝ　高27オ4
↓のがる・のがれ・よをのがる（遁世）
のがれ
遁避　トンビ・ノカレ・ハヤシヨクル　国2ウ5
↓のがる・のがるる・よをのがる（遁世）
のきば
軒端　ノキハ　東20ウ4
軒端　のきは　高27ウ1
のこぎり
鋸　ノコキリ　東21オ2
鋸　のこきり　高56ウ5
のごころ（野心）↓やしん
のごふ
巾　ノゴフ　国9ウ4
拭　のこう　高27ウ2
のこり
餘殘　ヨザン・ノコリ　国6オ3
↓のこる
のこる
殘　ノコル　国9ウ4
殘　のこる　高27オ5
↓のこり
のこるぶん
殘分　ノコルフン　東20ウ5
のざき
野崎　のさき　高71ウ2
のし
尉〈熨〉斗　ノシ　東41オ3
熨斗　のし　高53ウ3
のしあはび（熨斗鮑）↓のし（熨斗）
のしめ
熨目　ノシメ　東20ウ4
のす（載）↓のする
のする
敕裁　チヨクサイ・ノスル　国3オ3
のぞく
除　ノソク　東21オ1
のぞく
覘　のそく　高27ウ2
のぞみ
望　ノソミ　東20ウ5
のぞむ
臨　ノソム　国9ウ4
臨　のそむ　高27オ3
莅　同（のそむ）　高27オ3
↓きたりのぞむ（來臨）・みのぞむ（眺望）
のぞむ
望　同（ノソム）　国9ウ4
望　同（のそむ）　高27オ3
↓きほひのぞむ（競望）・ねんごろにのぞむ（懇志）・のぞみ・はかりのぞむ（謀叛）
のだ
野田　のた　高70オ2
のため
箟檠　ノタメ　東21オ1
のつとる
乘取　のつとる　高27ウ2
則　同（のつとる）　高27ウ2
のと
能登　ノト　東43オ1
のど
咽　のど　高58オ1
のどか
長閑　ノトカ　東21オ1
長閑　のとか　高27オ5
のどわ
喉輪　のとは　高55オ2
ののしる
詬　のゝしる　高27オ5
ののむら
野々村　のゝむら　高69ウ3
のびひく
延引　ヱンイン・ノビヒク　国14オ2
のぶ（延）↓のぶる（展轉）・のべ
のぶし
野伏　ノフシ　東20ウ4
野伏　のふし　高27ウ1

のぶる
展轉　テンテン・ノブル　国14ウ3
延　のふる　高27オ4
↓のべ
のべ
延　ノヘ　東21オ1
↓のぶる
のべこたふ
陳答　チンタウ・ノベコタウ　国3オ5
のべごと
延言　ノヘコト　東20ウ5
のぼり
昇殿　ショウデン・ノホリ　国19オ3
↓のぼる
のぼる
上　のほる　高27ウ2
昇　同（のほる）　高27ウ2
↓のぼり
のみ
鑿　ノミ　東21オ2
鑿　のみ　高56ウ5
のみ
蚤　のみ　高62オ5
のむ
飲　ノム　国9ウ4
飲　のむ　高27ウ1
呑　同（のむ）　高27ウ1

のむら
野村　のむら　高71ウ3
のもり
鷹　のもり　高52オ1
のや
箆矢　のや　高55ウ4
のり
憲法　ケンハウ・ノリ　国11オ4
規模　キボ・ノリイカダ　国16ウ5
↓すゑのり（末法）
のり
糊　のり　高27オ4
のりうま
乗馬　ノリムマ　東20ウ4
乗馬　のりむま　高27オ3
のりがへ
乗替　ノリカヘ　東20ウ4
乗替　のりかへ　高27オ4
のりたけ
則武　のりたけ　高70オ5
のりむま（乗馬）↓のりうま
のりをとく
説法　セツホウ・ノリヲトク　国21ウ1
のる（騎・乗）↓うまにのり（騎馬）・
かつにのる（乗勝）
のれん（暖簾）↓のんれん
のろし
狼煙　ノロシ　東21オ1
狼煙　のろし　高27オ5
のろふ
詛　ノロウ　東21オ2
詛　のろう　高27オ4
のんき
暖氣　ノンキ　東21オ1
のんど（咽）↓のど
のんれん
暖簾　のんれん　高27ウ1

は

は
八　は　高51ウ1
は
齒　は　高57オ4
は
葉　は　高59オ3
ば（場）↓たたかひば（戰場）
はいが
拜賀　ハイカ　国1ウ2
ばいかい
媒介　ハイカイ　国1ウ2
媒介　ハイカイ　東3ウ5
はいくわい
徘徊　ハイクワイ・タチモドヲル　国1ウ2

徘徊　ハイクワイ　東3オ5
俳佪　はいくわい　高5オ2
ばいげつ
梅月　はいもつ　高74ウ3
はいけん
拝見　はいけん　高4ウ3
はいしん
拝進　はいしん　高4ウ3
はいぜん
配膳　ハイセン・ハブク　国1ウ2
配膳　はいせん　高5ウ3
はいたう
配當　はいたう　高5オ2
はいたか
鷂　ハイタカ　東39ウ1
鴿　同（ハイタカ）　東39ウ1
鴿　はいたか　高51ウ5
はいたか（鶻）↓ひたか
はいだて
佩楯　ハイタテ　東3ウ3
はいとうのかみ（隼人正）↓はやとのかみ
ばいとく
買得　ハイトク・カイヱタリ　国1ウ2
買得　ハイトク　東3オ5
買得　はいとく　高5オ1
ばいばい
賣買　はいはい　高5ウ1
はいふ
配符　ハイフ　東3ウ1
配符　はいふ　高5オ2
はいぶん
配分　ハイフン　東3ウ2
配分　はいふん　高5オ3
はいまう
廢妄〔忘〕　ハイマウ　国1ウ2
癈〔廢〕忘　はいまう　高5ウ1
はいりう
配流　はいりう　高5オ2
はいりふ
配立　ハイリウ　東3ウ1
はいりやう
拝領　ハイリヤウ　東3オ2
拝領　ハイリヤウ　東3ウ4
拝領　はいりやう　高4ウ3
はうおん
芳恩　―ヲン　国1ウ3
芳恩　はうおん　高6オ1
はうがく
方角　ハウガク・スミ　国1ウ4
はうき
伯耆　ハウキ　東43オ5
はうきぐさ
苕　はうきくさ　高61オ2
ばうきやく
亡〔忘〕卻　バウキヤク・ハスル　国1ウ4
忘卻　はうきやく　高5ウ4
はうけい
芳契　―ケイ・チギル　国1ウ3
はうし
芳者〈志〉　はうし　高6オ1
ばうじやくぶじん
傍若無人　ハウシヤクフシン　東4オ4
ばうしよ
亡所　バウシヨ　国1ウ5
ばうぜん
忙然　ハウゼン　国1ウ4
はうだい
傍題　ハウタイ　東4オ4
はうちやう
包丁　ハウチヤウ　東4オ3
庖丁　はうてう　高5ウ4
はうばい
傍輩　ハウバイ　国1ウ3
傍輩　ハウハイ　東3オ3
傍輩　はうはい　高5ウ3
ばうまん
飽満　ハウマン　東3ウ1
飽滿　はうまん　高5ウ3
はうめん
芳免　ハウメン　国1ウ3

はうらつ
放埒　ハウラツ　国1ウ3
放埓〔埒〕　ハウラツ　東4オ4
はうりやう（方量）↓ほうりやう
はえ
鮠　はへ　高53オ2
はが
垪和　はが　高73ウ3
はが
芳賀　はか　高73ウ4
はかなし
無墓　ハカナシ　国1ウ5
はかま
袴　ハカマ　東4オ2
袴　はかま　高5オ4
はかまのこし
褵　はかまのこし　高6オ2
はかり
無量　―リヤウ・ハカリ　国9オ3
億　はかり　高51ウ2
↓まうすはかり（申計）
はかりうつたふ
謀訴　ホウソ・ハカリウツタフ　国2オ3
はかりこと
謀略　ボウリヤク・ハカリコト
籌策　チウサク・ハカリコト　国2オ4
謀　はかりこと　国3ウ1
はかりなし（無量）↓はかり（量）　高4ウ1
はかりのぞむ
謀叛　ムホン・ハカリノゾム　国9オ3
はかる（量）↓おしはかる（推量）
はぎ
脛　はき　高57オ5
はぎ
萩　はき　高59ウ4
はぎとる
剝取　ハキトル　東3オ5
剝取　はきとる　高5オ1
はきぬぐひ
掃拭　ハキヌクイ　東3オ5
はきぬぐふ（掃拭）↓はきぬぐひ
はきのごひ（掃拭）↓はきぬぐひ
はきもの
履物　はきもの　高6オ3
はく
咄〈吐〉　はく　高6オ3
はく
騰〔滕〕　はく　高6オ3
ばく
貘　はく　高54オ4
はくい（薄衣）↓はくえ
はくえ
薄衣　ハクエ　東3オ1
薄衣　はくゑ　高5オ1
ばくえき
博奕　ハクヱキ　国1ウ4
博奕　ハクエキ　東3オ2
薄〈博〉奕　はくゑき　高5オ1
はくかん
白鷳　ハクカン　東40オ4
白鷳　はつかん　高52ウ2
はぐくむ（育・孚）↓はごくむ・やしなひはぐくむ（養育）
はくじやう
白状　はくしやう　高5ウ5
はくせい（百姓）↓ひやくしやう
ばくたい
莫太〔大〕　バクタイ　国1ウ4
莫太〔大〕　ハクタイ　東3オ1
莫太〔大〕　ばくたひ　高4ウ2
はくちう
白晝　ハクチウ　東3ウ5
白晝　はくちう　高5ウ3
はくてう
白鳥　はくてう　高52オ2
はくらく
伯樂　ハクラク　東3ウ2
伯樂　はくらく　高6オ2
はげむ
勵　ハゲム　国2オ1

勵　はけむ　高4ウ1
はごいた
羽子板　ハコイタ　東4オ1
羽子板　はこいた　高5ウ5
はごくむ
育　ハコクム　国1ウ5
孚　ハコクム　東4オ2
孚　はこくむ　高5オ5
はこのを
箱緒　ハコノヲ　東3ウ5
はこばず
不運　フウン・ハコバ―　国12オ4
はこふた
函蓋　カンガイ・ハコフダ　国5ウ1
はこべ（蘩）↓おほばこ
はこべら（蘩）↓おほばこ
はさみ
鋏　ハサミ　東4オ2
鋏　はさみ　高5ウ1
はさみもの
插物　ハサミモノ　東3ウ3
挾物　はさみもの　高5ウ2
挾物　はさみもの　高56オ2
はし
橋　ハシ　東3ウ4
橋　はし　高5ウ2
はし
箸　ハシ　東4オ2

箸　はし　高5オ5
筯　同（はし）　高5オ5
はし（表）↓ことばのはし（辭表）
はじ
櫨　はし　高59オ2
はじ
土師　はじ　高72ウ4
はじかみ
姜　ハシカミ　東4オ3
薑　同（ハシカミ）　東4オ3
薑　はしかみ　高60ウ2
はしたか（鷙・鷂）↓はいたか
はしばみ
榛　はしはみ　高59オ3
はじむ（元）↓あらためはじむ（改元）
はじめ
混源　コンゲン・ハジメ　国13オ5
草創　―サウ・ハジメ　国16オ1
始　ハシメ　東4オ1
一　はしめ　高51オ4
はじめて
始而　はしめて　高5オ4
はじめをはり
始終　ジシウ・ハジメヲハリ　国18オ4
はしもと
橋本　はしもと　高70ウ1
ばじやう

馬上　ハシヤウ　東3オ4
ばじやうさん
馬上盞　はしやうさん　高5オ4
ばしやく
馬借　ハシヤク　東3ウ2
はしら
柱　ハシラ　東3ウ4
柱　はしら　高5ウ2
はしりまはる
走廻　ハシリマハル　東3オ1
走廻　はしりまはる　高4オ5
はしりまひ
走舞　はしりまい　高4オ5
はしりめぐる（走廻）↓はしりまはる
はしる
奔走　ホンソウ・ハシル　国2オ4
走　ハシル　東3オ5
走　はしる　高6オ2
↓はせはしる（馳走）
はす（鮰）↓はむ
はず
筈　ハス　東4オ3
筈　はす　高56オ5
弭　同（はす）　高56オ5
はせあつまる
馳集　ハセアツマル　東3ウ2
ばせう
芭蕉　はせを　高60ウ4

はせがは
　長谷川　はせかわ　高71ウ1
はせはしる
　馳走　チソウ・ハセハシル　国3オ3
はせびき
　馳挽　ハセヒキ　東3オ3
　馳挽　はせひき　高4ウ2
ばせを（芭蕉）↓ばせう
はた
　旗　ハタ　東4オ3
　幡　同（ハタ）　東4オ3
　旗　はた　高54ウ5
　幡　同（はた）　高54ウ5
はた
　畠　はた　高5ウ5
　畑　同（はた）　高5ウ5
　↓はたけ
はだ
　膚　はだ　高57ウ1
はたおり
　促織　はたをり　高62オ1
はたがみ（緜嚙）↓わたがみ
はたけ
　畠　ハタケ　東4オ2
　↓はた
はだけ
　罰　はたけ　高56オ3
はたけやま
　畠山　はたけやま　高68オ3
はたご
　旅籠　はたこ　高5ウ4
はたらく
　働　ハタラク　東4オ2
　働　はたらく　高5オ4
はち
　鉢　はち　高5ウ2
はち
　蜂　はち　高62オ1
はぢ
　恥　□チ　東4オ1
はぢいる
　恥入　□□□□　高4ウ1
はちおこる
　蜂起　ホウキ・ハチヲコル　国2オ3
はちす
　蓮　はちす　高59ウ2
はちすか
　蜂須賀　はちすか　高73ウ4
はぢはづかしむ
　恥辱　チジヨク・ハジハツカシム　国3オ5
はちまき
　鉢巻　ハチマキ　東3ウ4
　鉢巻　はちまき　高55オ3
はぢをすすぐ
　雪恥　ハチヲスヽク　東38ウ5
はつ（果）↓はつる
はつかう
　發向　ハツカウ　国1ウ5
　發向　ハツカウ　東3ウ3
　發向　はつかう　高5オ5
はづかしむ（辱）↓はぢはづかしむ（恥辱）
はつかん（白鷴・白鷳）↓はくかん
はづき
　八月　高75オ1
　葉月　はつき　高75オ1
ばつくん
　抜群　ハツクン・クンニヌク　国1ウ4
　抜群　ハンクン　東3オ3
　抜群　はつくん　高4ウ3
はつけん
　法聞〈眷〉　はつけん　高4ウ4
ばつざ
　末座　はつさ　高5ウ5
はづす
　弛　ハツス　国2オ1
　弛　はつす　高56オ5
はつた
　八田　はつた　高72オ1
はつつぶり
　半首　はんつふり　高55オ3
はつと

法度　ハツト　国1ウ5
はつとり
法度　はつと　高6オ1
服部　はつとり　高68ウ3
はづな
鼻綱　ハツナ　東4オ1
鼻綱　はつな　高6オ2
はつぶり
半首　ハツフリ　東3ウ3
↓はつつぶり
はつほ
初穂　ハツヲ　東3ウ4
最花　同（ハツヲ）　東3ウ4
最花　はつを　高4ウ2
はつもの
初物　ハツモノ　東3オ4
初物　はつもの　高4ウ2
はつる
果　ハツル　国1ウ5
はづる（卻・外）↓はづるる
はづるる
勒〈卻〉　はつるゝ　高56オ1
外　はつるゝ　高56オ2
はと
鴿　ハト　東39ウ4
鳩　はと　高52オ4
ばとゐ
馬都尉　はとい　高67オ5

はな（花）↓さかへはな（榮花）
はなかは
鼻皮　はなかは　高6オ1
はなづな（鼻綱）↓はづな
はなは（塙）↓はんなふ
はなはだ
甚　はなはた　高5オ3
太　同（はなはた）　高5オ3
はなむけ
餞　ハナムケ　国1ウ5
餞　□ナムケ　東3オ1
はなをつく
突鼻　トツビ・ハナヲツク　国2ウ4
はにや
埴谷　はにや　高73ウ3
はぬ（刎）↓かうべをはぬる（刎首）
はぬ（駁）↓はぬる
はぬる
駁　はぬる　高6オ2
はねだ
羽田　はねた　高69ウ4
はは
先妣　―ヒ・ハヽ　国21オ1
ばば
馬場　はは　高6オ3
馬場　はゝ　高70オ5
はばかりいる
憚入　ハヽカリイル　東3オ3

憚入　はゞかりいる　高4ウ1
はばき
箒　はゝき　高6オ2
脛巾　ハヽキ　東3ウ5
ははきぐさ（苕）↓はうきぐさ
ははそ
柞　はゝそ　高58ウ4
ははにつぐ
繼母　ケイボ・ハヽニツク　国11ウ2
はびこる
漫　ハビコル　国1ウ5
はふ
延　はう　高5ウ2
はぶ
土生　はぶ　高73ウ3
はぶきあつ（省充）↓はぶきあつる
はぶきあつる
省充　はふきあつる　高4ウ1
はぶく
配膳　ハイセン・ハブク　国1ウ2
省　ハフク　国2オ1
省略　セイリヤク・ハブク　国21オ3
はぶと
葉太　はふと　高73ウ3
はへ
蠅　はへ　高62オ3
はまぐり

蛤　ハマクリ　東40ウ4
蛤　はまくり　高53オ5
はまち
鰤　ハマチ　東41オ3
はまをか
濱岡　はまをか　高70オ4
はむ
鮰　はす　高53オ2
はめつ
破滅　ハメツ　国1ウ4
はも（鮰）→はむ
はや（鮠）→はえ
はやかは
早川　はやかは　高74オ4
はやきすみやかなり
早速　サウソク・ハヤキスミヤカナリ　国16オ1
はやし
林　はやし　高69オ2
はやし
遁避　トンビ・ノカレ・ハヤシヨクル　国2ウ5
はやしもの
拍子物　ハヤシモノ　東4オ1
囃物　はやしもの　高5ウ4
はやとのかみ
隼人正　はやとのかみ　高65オ5
はやぶさ
隼　ハヤフサ　東39ウ1
隼　はやふさ　高51ウ5
はやみ
速水　はやみ　高71ウ2
はら
腹　はら　高57オ5
はらあて
腹當　ハラアテ　東3オ4
腹當　はらあて　高55オ1
はらおび（腹帯）→はるび
はらか
鰚　はらか　高53ウ3
はらだ
原田　はらた　高72オ3
はらだつ
腹立　フクリウ・ハラタツ　国12ウ5
腹立　はらたつ　高5オ5
→ふくりふ
はらふ（拂）→あかつきはらふ（拂曉）
はらまき
腹巻　はらまき　高55オ1
はらむ
土産　トサン・ハラム　国3オ1
孕　はらむ　高6オ3
はり
針　ハリ　東4オ2
針　はり　高5ウ1
はり
張　はり　高56オ5
→はる
はりうを
針魚　サヨリ・ハリウヲ　東41オ3
はりま
播磨　ハリマ　東43ウ2
ばりん
馬藺　はりん　高61オ4
はる
張　ハル　東4オ2
→とりはる（取帳）・はり
はる（晴）→はるる
はるかにひさし（遙久）→はるかにひさしく
はるかにひさしく
遙久　ハルカニヒサシク　東3オ1
遙久　はるかにひさしく　高4オ5
はるかにへだつ
懸隔　ケンガク・ハルカニヘダツ　国11オ4
はるた
春田　はるた　高70オ3
はるび
腹帯　ハルヒ　東3オ4
はるもと
張本　チヤウホン・ハルモト　国3オ4
はるる

晴　はるゝ　高5オ5
ばん
萬　はん　高51ウ2
ばん
坂　はん　高68ウ5
ばん
伴　はん　高69オ2
ばんうつ
萬鬱　はんうつ　高4ウ5
はんぎやう
判形　ハンキヤウ　東3ウ1
判形　はんきやう　高5オ3
ばんげい
晩景　バンケイ　国1ウ3
晩景　ハンケイ　東3ウ5
晩景　はんけい　高5ウ1
はんさい
半齊〔齋〕　はんさい　高4ウ5
はんさい（半濟）↓はんせい
はんざうだらひ
棙手洗　ハンサウタライ　東4オ1
はんざは
榛澤　はんさわ　高69オ5
ばんじ
萬事　ハンシ　東3オ2
萬事　はんじ　高4ウ5
はんじやう
繁昌　ハンシヤウ　国1ウ2
繁昌　ハンシヤウ　東3ウ1
繁昌　ハンシヤウ　東34オ1
繁昌　はんしやう　高5オ3
ばんじやう
番匠　ハンシヤウ　東3オ2
ばんしゆ
番衆　ばんしゆ　高4ウ4
↓ばんしゆう
ばんしゆう
番衆　ハンシウ　東3オ2
↓ばんしゆ
はんせい
半濟　ハンセイ　国1ウ3
ばんたん
萬端　ハンタン　国1ウ5
ばんちやう
番帳　ハンチヤウ　東3ウ2
番帳　はんちやう　高4ウ4
はんつう（飯桶）↓はんどう
はんつぶり（半首）↓はつつぶり
はんどう
飯銅　ハントウ　東3ウ3
飯桶　はんとう　高5ウ2
ばんとう
晩冬　高75オ3
はんなは（塙）↓はんなふ
はんなふ
塙　はんなふ　高69オ4
はんぶん
半分　ハンフン　東3オ4
半分　はんふん　高4ウ4
ばんみん
萬民　ハンミン　東3オ3
萬民　はんみん　高4ウ5

ひ

ひ（日）↓きのふのひ（昨日）
ひいき
屭贔〈贔屭〉　ヒイキ　国20オ1
屭贔〈贔屭〉　ヒイキ　東36オ1
贔屭　ひいき　高47ウ1
ひうが
日向　ヒウカ　東44オ4
ひうちぶくろ
燧袋　ひうちふくろ　高48オ2
ひえ
稗　ひへ　高60ウ3
ひえどり
鵯　ヒヘトリ　東39ウ4
鵯　同（ヒヘトリ）　東39ウ4
嶋〈鷽〉　同（ヒヘトリ）　東39ウ4
ひかう
披講　―カウ　国19ウ4
ひがこと
僻事　ヒガコト　国20オ3

僻事　ヒカコト　東35ウ3
僻事　ひかこと　高47オ4
ひかず（日数）↓につしゆ
ひかふ（控）↓ひかゆる
ひがむ
僻案　ヘキアン・ヒガム　国2ウ1
ひかゆる
控　ひかゆる　高48オ1
搯　同（ひかゆる）　高48オ1
ひがら
飛雀　ひから　高52オ2
ひかり
光　ヒカリ　国20オ5
ひき
疋　ヒキ　国20オ4
ひぎ
非儀　ヒキ　東35ウ3
非儀〔義〕　ひき　高47オ3
ひきあはせ
引合　ヒキアハセ　東36オ3
引合　ひきあわせ　高47ウ3
ひきいでもの
引出物　ヒキイテモノ　国20オ4
ひきおひ
引追　ヒキヲイ　東35ウ3
引負　ヒキヲイ　東36オ2
ひきかけ（引懸）↓ひつかけ
ひきがひる
蟇蛙　ヒキカイル　東36ウ1
ひきがへる（蟇蛙）↓ひきがひる
ひきしりぞく
引退　ヒキシリソク　東36オ3
引退　ひきしりそく　高47ウ3
ひきちがふ（引違）↓ひきちがへ
ひきちがへ
引違　ヒキチカヘ　東36オ2
引違　ひきちかへ　高47ウ2
ひきちらす
引散　ヒキチラス　東36オ2
↓ひつちらす
ひきでもの（引出物）↓ひきいでもの
ひきのく（引退）↓ひきしりぞく
ひきめ
蟇目　ヒキメ　東36オ3
蟇目　ひきめ　高55ウ5
ひきやく
飛脚　ヒキヤク・アシヲトバス　国19ウ5
飛脚　ヒキヤク　東36オ1
飛脚　ひきやく　高47ウ1
ひきよ
非據　—キヨ・ヨントコロニ　国19ウ5
ひきよう
比興　ヒゲウ　国19ウ4
比興　ヒキヨウ　東36オ2
ひきよく
祕曲　ひきよく　高47オ3
ひく
彎　ヒク　国20オ5
引　ヒク　国20オ5
↓のびひく（延引）
ひくづ
籔屑　ひくつ　高48ウ1
ひぐらし
日晩　ひくらし　高62オ2
ひくわん
被官　ヒクワン　国20オ4
被官　ひくわん　高47オ5
ひくわんにん
被官人　ヒクワンニン　東35ウ4
ひげ
卑下　ヒケ　国19ウ5
ひげ
鬚　ひけ　高57オ3
ひけい
祕計　ヒケイ　国19ウ4
祕計　ヒケイ　東35ウ4
ひけん
披見　ヒケン　東36オ4
ひこ
彥　ひこ　高57ウ4
ひご
肥後　ヒコ　東44オ3

ひごろ
日來　ひころ　高47ウ5
びさい（微細）→みさい
ひさう
祕藏　ヒザウ　国19ウ4
祕藏　ヒサウ　東35ウ3
祕藏　ひさう　高47オ2
ひさかき
榊　ひさかき　高59オ1
ひさぎ
楸　ひさき　高58ウ4
ひさげ
提　ヒサゲ　国20オ5
ひさし（久）→はるかにひさしく（遙久）・ひさしく・ややひさし（良久）
ひさしく
久　ヒサシク　国20オ5
ひし
菱　ひし　高60オ1
ひじ
祕事　ヒシ　東36ウ1
祕事　ひし　高47オ2
ひしくひ
鴻　ヒシクイ　東39ウ2
菱食　同（ヒシクイ）　東39ウ2
菱食　ひしくい　高52オ3
ひしだ
菱田　ひした　高71ウ1

びじやく
微弱　ヒシヤク・ヨハシ　国19ウ5
ひしやう
祕書郎　ひしやう　高64オ2
びじん
美人　ひしん　高48オ3
ひすい
翡翠　ヒスイ　東40オ4
ひぜん
肥前　ヒセン　東44オ3
びぜん
備前　ヒセン　東43ウ2
ひそか
竊　ヒソ―　東35ウ5
→ひそかに
ひそかに
潛　ヒソカニ　国20オ5
→ひそか
ひそむ（密）→かくしひそむ（隱密）
ひだ
⿰衤亟　ひた　高48ウ5
ひだ
飛驒　ヒタ　東42ウ3
ひだう
非道　ヒドウ　国19ウ5
非道　ヒタウ　東36オ5
非道　ひたう　高47ウ5
ひたか

鶻　ヒタカ　東39ウ1
鶻　ひたか　高52オ2
ひだこ
干虮　ひたこ　高53ウ4
ひたすら
直空　ヒタスラ　東36ウ1
→ひらそら
ひたそら
直空　ひたそら　高47ウ5
→ひたすら
ひたたれ
直垂　ヒタヽレ　国20オ4
直垂　ヒタヽレ　東36オ1
直垂　ひたゝれ　高47ウ1
ひたち
常陸　ヒタチ　東42ウ1
ひたひ
額　ひたい　高57オ3
ひたひがね
額金　ひたいかね　高55オ3
ひぢ
肱　ひち　高57オ4
ひぢかた
土方　ひちかた　高72オ5
ひちらす（引散）→ひつちらす
ひつか
筆架　ひつか　高48オ3
ひつかけ

引懸　ひつかけ　高48ウ1
ひつきやう
　畢竟　ヒツキヤウ　国20オ3
　畢竟　ひつきやう　高48オ4
ひつさげ
　提〈提刀〉　高55オ5
ひつし
　必死　ヒツシ　東36オ5
ひつじ
　羊　ひつし　高54オ1
ひつじ
　未　ひつし　高75オ4
ひつせい
　筆勢　―セイ　国20オ3
　筆勢　ひつせい　高48オ3
ひつぜん
　必然　―ゼン　国20オ3
ひつぢやう
　必定　ヒツチヤウ　国20オ3
　必定　ヒツチヤウ　東36オ3
　必定　ひつちやう　高47ウ4
びつちゆう
　備中　ヒツチウ　東43ウ2
ひつちらす
　引散　ひちらす　高47ウ2
ひつぱく
　逼迫　ヒツハク　国20オ4
　逼迫　ヒツハク　東36ウ1
　逼迫　ひつはく　高48オ2
ひつぼく
　筆墨　ヒツボク　国20オ3
ひつぽつ（秉拂）→ひんぽつ
ひでり
　旱魃　カンハチ・ヒテリ　国5ウ3
ひと（人・仁）→いへひと（家人）・かしこきひと（賢仁）
びどう
　尾藤　ひとう　高73オ5
ひとかけ
　一掛　ひとかけ　高48オ4
ひとかた（人形）→にんぎやう
ひとかど
　一簾　ひとかと　高48オ5
ひとかどひ
　勾引　ひとかとい　高48オ5
ひとくくり
　一括　ひとくゝり　高48オ5
ひとこ
　一籠　ひとこ　高48オ5
ひとし
　平均　ヘイキン・ヒトシ　国2オ5
ひとしほ
　一入　ひとしほ　高47ウ2
ひとつ
　一　ひとつ　高51オ4
ひとつがひ
　一番　ひとつかい　高48オ1
ひとつやなぎ
　一柳　ひとつやなき　高70オ1
ひとになる
　成人　セイシン・ヒトニナル　国21オ4
ひとはね（一羽）→かぶとひとはね（甲一羽）
ひとへ
　偏　ひとへ　高48ウ1
　→ひとへに
ひとへに
　偏　ヒトヘニ　国20オ5
　→ひとへ
ひとみち
　一途　ひとみち　高48オ4
ひともじ
　葱　ひともし　高60ウ1
ひともと
　一聯　ひともと　高54ウ2
ひともみ
　一揉　ひともみ　高47ウ3
ひとり
　孤　ヒトリ　東36オ4
ひとりうどやとひ
　獨人雇　ヒトリウトヤトイ　東35ウ5
ひとりみ（獨身）→どくしん
ひねりぶみ

捻文　ヒネリフミ　東35ウ4
捻文　ひねりふみ　高47オ5
ひのえ
丙　ひのへ　高75オ5
ひのき
檜　ひのき　高58オ3
ひのと
丁　ひのと　高75オ5
ひは
鶸　ヒハ　東40オ1
鶸　ひわ　高52オ5
びは
枇杷　ひは　高58ウ5
ひばし
火箸　ひはし　高48オ2
ひばち
火鉢　ひはち　高48オ3
ひはふ
非法　ヒハウ・アラズ　国19ウ5
ひばり
雲雀　ひはり　高52ウ1
ひばりげ
騙　ヒハリケ　東41ウ1
鶬毛　ヒハリケ　東41ウ1
ひはん
批判　ヒハン　東35ウ5
批判　ひはん　高47オ3
びび

微々　ヒヽ　国20オ4
ひびう
訛〔紕〕繆　ヒヒウ　国19ウ5
ひびの
日比野　ひゞの　高69ウ2
びぶつ
美物　ヒブツ・ヨキモノ　国20オ1
美物　ヒフツ　東35ウ4
美物　ひふつ　高47オ3
ひぶん
非分　ヒフン　東36オ3
非分　ひふん　高47ウ3
ひぼがは
紐革　ひほかは　高48オ1
びぼく
眉目　ビボク　国20オ1
ひまん
肥満　――　国20オ4
肥満　ヒマン　東36オ5
ひみつ
祕密　ヒミツ　東36オ5
祕蜜〔密〕　ひみつ　高47オ2
ひめ
姫　ひめ　高57ウ5
ひもがは（紐革）→ひぼがは
びもく（眉目）→びぼく
ひものし
檜物師　ヒモノシ　東36オ2

檜物師　ひものし　高48オ1
ひやうぎ
評儀〔議〕　―ギ　国20オ1
びやうき
病氣　ビヤウキ　国20オ2
→やまひけ
ひやうぐ
兵具　ヒヤウグ　東6オ5
兵具　ヒヤウク　東36オ4
兵具　ひやうぐ　高47ウ4
ひやうごのかみ
兵庫頭　ひやうこのかみ　高67オ5
ひやうし
拍子　ヒヤウシ　国20オ2
ひやうぢやう
評定　ヒヤウジヤウ　国20オ1
評定　ヒヤウチヤウ　東6オ3
評定　ヒヤウチヤウ　東36オ1
評定　ひやうちやう　高47オ5
ひやうはふ（兵法）→ひやうほふ
びやうぶ
屏風　ビヤウブ　国20オ2
屏風　ヒヤフ　東36オ1
屏風　ひやうふ　高47ウ1
ひやうぶのきやう
兵部卿　ひやうふきやう　高65オ5
ひやうほふ
兵法　ヘイハウ・ヒヤウホウ

国2ウ2
兵法　―ハウ　国20オ2
兵法　ヒヤウハウ　東36オ4
兵法　ひやうはう　高47ウ4
ひやうらう
兵糧　―ロウ　国20オ2
兵糧　ひやうらう　高47ウ5
ひやうらん
兵亂　ヒヤウラン　国20オ1
ひやくしやう
百姓　ヒヤクシヤウ　東35ウ5
百性〔姓〕　ひやくしやう　高47オ4
びやくしん
柏樹　ひやくしん　高59オ3
ひやくせい（百姓）↓ひやくしやう
ひやしる
冷汁　ヒヤシル　東35ウ5
ひゆ
莧　ひゆ　高60ウ2
ひよどり
嶋〈鸜〉　ひよどり　高52オ4
ひよどり（鵟・鵯・鸜）↓ひえどり
ひらう
疲勞　ひらう　高47ウ2
ひらきみる
披覽　―ラン・ヒラキミル　国19ウ4
ひらく
開發　カイホツ・ヒラク　国5オ4
開　ヒラク　国20オ5
↓まゆをひらく（開眉）
ひらこ
平子　ひらこ　高73オ2
ひらたけ
平茸　ひらたけ　高60オ1
ひらて
平手　ひらて　高72ウ2
ひらの
平野　ひらの　高71ウ2
ひらん
披覽　―ラン・ヒラキミル　国19ウ4
びりよく
微力　ビリヨク　国20オ1
ひる
蒜　ひる　高60ウ1
ひるい
比類　ヒルイ　国19ウ4
ひるいなく
無比類　ヒルイナク　東35ウ3
無比類　ひるいなく　高48オ5
ひるいなし（無比類）↓ひるいなく
ひろう
披露　ヒロウ　国19ウ4
披露　ヒロウ　東35ウ4
披露　ひろう　高47オ4
びろう
尾籠　ヒロウ　国19ウ5
尾籠　ひろう　高47オ4
ひろぐ
繙　ヒログ　国20オ5
ひろし
廣　ヒロシ　国20オ5
廣　ひろし　高47オ4
弘　同（ひろし）　高47オ4
ひろせ
廣瀬　ひろせ　高68ウ5
ひろふ
十　ひろう　高51ウ1
ひをけ
火桶　ひをけ　高48オ2
びん
鬢　ひん　高57オ3
ひんか
貧家　ひんか　高48オ4
びんぎ
便宜　ビンギ　国20オ2
便宜　ヒンキ　東36オ4
便宜　ひんき　高47ウ4
ひんきゆう（貧窮）↓びんぐう
びんぐう
貧窮　ヒングウ　国20オ2
びんご
備後　ヒンコ　東43ウ3
ひんじゆつ
擯出　ヒンシユツ　国20オ4

びんせん
便船　ヒンセン　東36オ5
便舟〈船〉　ひんせん　高56ウ3
ひんぷく
貧福　―ブク　国20オ3
ひんぽつ
秉拂　ひつほつ　高48オ5

ふ

ぶあんない
無案内　ファンナイ　東25ウ5
無案内　ふあんない　高33オ4
ふいう
富祐　フイウ・トミサイワイ　国12ウ1
→ふくいう
ふうき
風氣　フウキ・カサケ　国12ウ1
ふうき（富貴）→ふつき
ふうず
封　フウス　国13オ1
ふうぞく（風俗）→よのならはし
ふうぶん
風聞　フウブン　国12ウ1
風聞　フウフン　東25ウ5
風聞　ふうふん　高33オ3
ふうりう（風流）→ふりう

ふうりやう
風鈴　ふうりやう　高33ウ2
ふうりん（風鈴）→ふうりやう
ふうん
不運　フウン・ハコバ―　国12オ4
不運　フウン　東25オ5
不運　ふうん　高32ウ5
ぶえき
無射　むしや　高75オ2
ふか
鱶　フカ　東41オ3
ふかう
不孝　フカウ　国12オ4
ふかく
不覺　フカク　国12オ4
不覺　フカク　東26オ1
不覺　ふかく　高33オ4
ふかし
深　フカシ　国13オ1
→あさしふかし（淺深）
ふがふ
府〔符〕合　フコウ・ツケアハス　国12オ5
ふき
蕗　ふさ　高60ウ1
ふき（富貴）→ふつき
ふきあぐ
吹擧　スイキヨ・フキアグ　国21ウ4

ぶぎやう
奉行　ブキヤウ　国12ウ2
奉行　フキヤウ　東25オ4
奉行　ふきやう　高32ウ4
ぶきゆう（無窮）→むぐう
ぶきよう
無器用　フキヨウ　東26オ1
無器用　ふきやう　高32ウ5
ぶきよう
無興　フケウ　国12ウ2
無興　フケウ　東26オ1
ふく
鰒　フク　東40ウ3
鰒　ふく　高53オ3
ふく（吹）→けをふく（吹毛）
ふぐ
不具　フグ・ツブサ　国12オ4
ふくいう
富祐　ふくゆう　高33ウ2
ふくき（福貴）→ふつき（富貴）
ふくだ
福田　ふくた　高70ウ5
ふくとく
福徳　フクトク・トビサカウ　国12ウ5
ふくとみ
福富　ふくとみ　高68ウ5
ふくむ（含）→しうそをふくむ（含愁

訴）
ふぐり
　闇　ふくり　高57ウ2
ふくりふ
　腹立　フクリウ・ハラタツ　国12ウ5
　腹立　フクリウ　東25ウ1
ふくりん
　輻輪　フクリン　東25オ5
ふくろ
　袋　フクロ　東26オ1
ふくろ
　梟　ふくろ　高52ウ2
ふくろふ（梟）→ふくろ
ふくわい
　不快　フクワイ・コヽロヨカラ―　国12オ4
ぶけ
　武家　―ケ　国12ウ3
ぶげい
　武藝　ブケイ　国12ウ2
ふけう
　拂曉　フケウ・アカツキハラフ　国12ウ4
　拂曉　フケウ　東25ウ4
　拂曉　ふけう　高33オ3
ぶげん（分限）→ぶんげん
ぶこ
　武庫　ふこ　高67オ5

ぶこつ
　無骨　―コツ・ホネ　国12ウ2
　無骨　フコツ　東25オ4
ぶこれい（武庫令）→ぶこ（武庫）
ふさ
　輔佐　フサ　国12オ5
ふさ（蕗）→ふき
ふざかし
　汗　ふざかし　高73オ5
ふさぐ
　塞　フサグ　国13オ1
ぶさた
　無沙汰　フサタ　東25ウ5
　無沙汰　ふさた　高33オ4
ふし
　節氣　セツキ・フシ　国21ウ1
ぶし
　武士　フシ　国12ウ3
　武士　フシ　東25ウ1
　武士　ふし　高33オ1
　→もののふ
ふしぎ
　不思議　フシキ　東26オ2
ぶしや（無射）→ぶえき
ふしをただす
　忠節　チウセツ・フシヲタヾス　国3ウ1
ふしん

　普請　フシン　東25オ4
　普請　ふしん　高32ウ4
ふしん
　不審　フシン・ツマヒラカ　国12オ4
　不審　フシン　東25オ5
　不審　ふしん　高32ウ3
ふす
　臥　フス　国13オ1
ふす
　賦　フス　国13オ1
ふすべがは
　焠革　ふすへかは　高33ウ1
ふすましやうじ
　襖障子　フスマシヤウシ　東26オ2
ふせ
　布施　フセ　国12ウ1
　布施　フセ　東26オ2
　布施　ふせ　高33オ5
ふぜい
　風情　フゼイ　国12ウ1
　風情　フセイ　東25ウ2
　風情　ふせい　高32ウ5
ぶせい
　無勢　―セイ・ナシ　国12ウ2
ふせう
　不肖　フセウ・モノヽカスナラン　国12オ4
ふせぐ

防　フセク　国13オ1
ふせつ（不屑）↓ふせう（不肖）・もののかずとせず
ぶぜん
豐前　フセン　東44オ4
ふそく
不足　フソク・タラ―　国12オ4
ふぞく
附屬　フソク・ツケアツラウ　国12オ5
ふた（蓋）↓はこふた（函蓋）
ふだ（札）↓よきふだ（賀札）
ふだい
譜代　フダイ　国12オ5
譜代　フタイ　東25オ5
譜代　ふたい　高32ウ5
ふたう
不當　フタウ　東25ウ4
ぶたう
無道　ブトウ　国12ウ2
無道　フタウ　東25ウ3
ふたごころなし
無貳　ムニ・フタ心ナシ　国9オ3
ふたたび
再　フタヽビ　国13オ1
ふたたびゆく
再往　―ハウ・フタヽビユク　国15ウ4

ふたつ
二　ふたつ　高51オ4
ふためく
翕　フタメク　東25ウ5
ふだん
不斷　フダン・タヘス　国12オ4
不斷　フダン　東25オ4
不斷　ふたん　高32ウ3
ふち
扶持　フチ・タスケモツ　国12ウ1
扶持　フチ　東25ウ2
ぶち
駁　フチ　東41ウ1
ぶち（鞭）↓むち
ふちかた
扶持方　ふちかた　高33オ1
ふぢなみ
藤浪　ふちなみ　高71オ4
ふちのそこ
淵底　ヱンテイ・フチノソコ　国14オ3
ふちゆう
不忠　フチウ　国12オ4
ふぢをか
藤岡　ふちをか　高71ウ3
ふちん
浮沈　フチン・ウキシズム　国12オ5
浮沈　フチン　東25ウ1

ふちん
不陳　フチン　国12ウ5
ぶちん
夫賃　フチン　東25ウ3
夫賃　ふちん　高33オ2
ふつう
不通　フツウ・カヨハス　国12オ4
ふつう
普通　フツウ・アマネクカヨウ　国12オ5
ふつき
富貴　フツキ・トミタツトシ　国12ウ4
富貴　フツキ　東25ウ2
富貴　ふつき　高33オ2
ふづき（七月・文月）↓ふみづき
ぶつきやう
物狂　―キヤウ・モノクルハシ　国12ウ5
ぶつけい
物詣　フツケイ・モノモフテ　国12ウ5
物詣　フツケイ　東25ウ3
物詣　ふつけい　高33オ2
ふつけう（拂曉）↓ふけう
ぶつさう（物騒）↓ぶつそう（物悤）
ぶつそう
物悤　フツソフ・モノイソカハシ

国12ウ5
物悤　フツソウ　東25オ4
物悤　ふつそう　高32ウ4
ふつてい
拂底　フツテイ　国12ウ5
拂底　ふつてい　高33オ1
ぶてうはふもの
不調法者　ふてうはうもの　高33ウ1
ふところ
懷　フトコロ　国13オ1
ふな
鮒　フナ　東40ウ1
鮒　ふな　高53オ1
ふなちん（船賃）↓せんちん
ふにん
補任　フシン　国12オ5
ぶねう
豐饒　ブネウ・ユタカナリ　国12ウ3
豐饒　ふねう　高33ウ1
ふのり
海羅〈蘿〉　フノリ　東26オ2
海羅〈蘿〉　ふのり　高33オ5
ふは
不破　ふわ　高69オ3
ふびん
不便　フビン　国12オ4
ふびん
不敏　フヒン　東25ウ1

ふぶき
[門+雪]〈風〉　ふゞき　高33ウ2
ふぶん（風聞）↓ふうぶん
ふべん
不辨　フヘン　東25ウ3
ふま
夫馬　ふま　高69ウ1
ふみ
御書　―ショ・フミ　国13オ2
玉章　ギヨクシヤウ・フミ　国17オ3
問狀　モンシヤウ・フミ　国20ウ1
↓おとしぶみ（落書）
ふみづき
七月　高75オ1
文月　ふみつき　高75オ1
ふみをまなぶ
文學　ブンカク・フミヲマナブ　国12ウ3
ふむ
踏　フム　国13オ1
ふもと
麓　フモト　東25ウ4
ふゆごもる
冬籠　フユコモル　東25ウ5
ふよう
芙蓉　ふよう　高59ウ2
ぶよう
撫鷹　ふよう　高52ウ4

ふり（瓜）↓うり
ぶり
鰤　フリ　東41オ1
鰤　ふり　高53ウ4
ふりう
風流　―リウ・ヲモシロシ　国12ウ1
風流　フリウ　東26オ3
ぶりやく
武略　フリヤク　国12ウ3
ふりよ
不慮　フリヨ・ヲモンハカラズ　国12オ4
不慮　フリヨ　東25ウ2
不慮　ふりよ　高32ウ3
ぶりよく
無力　フリヨク・チカラナシ　国12ウ2
無力　フリヨク　東25ウ2
無力　ふりよく　高33オ1
ぶるい
部類　ブルイ　国12ウ2
部類　ふるい　高33オ5
ふるきよしみ
舊好　キウコウ・フルキヨシミ　国17オ2
ふるし
舊　フルシ　東26オ1
舊　ふるし　高33オ5

旧　同（ふるし）　高33オ5
ふるた
古田　ふるた　高70オ4
ふるとし
舊年　フルトシ　東26オ2
ふるひ
篩　フルイ　国13オ1
ふるふ
振　フルウ　国13オ1
ふるまひ
振舞　フルマイ　東25ウ4
振舞　ふるまい　高33オ3
ふるまふ（振舞）↓ふるまひ
ふるや
古尾谷　ふるや　高72オ3
ふれまはる
觸廻　フレマハル　東25ウ1
ふれもよほす
觸催　フレモヨヲス　国12ウ5
ふろ
風爐　フロ　国12ウ1
風呂　フロ　東25ウ4
風呂　ふろ　高33オ3
ふゐ
怖畏　フイ・ヲヂヲソル　国12オ5
ぶゑい
武衛　ふゑい　高68オ3
ぶゑいかうゐ
武衛校尉　ふゑいかうい　高67オ3
ぶゑいじしやう（武衛次將）↓ぶゑいしやうぐん（武衛將軍）
ぶゑいしやうぐん
武衛將軍　ふゑいしやうくん　高67オ3
ぶゑいだいしやうぐん
武衛大將軍　ふゑいたいしやうくん　高67オ2
ぶん（分）↓のこるぶん（殘分）
ぶんがく
文學　ブンカク・フミヲマナブ　国12ウ3
ぶんげん
分限　ブンゲン・カギリ　国12ウ4
分限　フンケン　東25ウ3
分限　ふんけん　高33オ2
ぶんご
豐後　フンコ　東44オ4
ふんこつ
粉骨　フンコツ・ホネヲコニス　国12ウ4
粉骨　フンコツ　東25オ5
粉骨　ふんこつ　高32ウ4
ふんじつ
紛失　フンシツ・ウセル　国12ウ4
ぶんしやう
文章　フンシヤウ　東26オ1
ぶんだい
文臺　ふんたい　高33オ4
ふんづくえ
文机　ふんつくへ　高33ウ2
ふんぬ
忿怒　フンヌ・イカル　国12ウ4
ぶんぶ
文武　ブンブ　国12ウ3
ふんべつ
分別　フンベツ・ワカツ　国12ウ3
ふんみやう
分明　ブンミヤウ・アキラカナリ　国12ウ3
ぶんりやう
分量　―リヤウ　国12ウ4

へ

へ
舳　へ　高56ウ2
へいかい
炳誡　ヘイカイ　国2オ5
へいぎん
平均　ヘイキン・ヒトシ　国2オ5
平均　ヘイキン　東6オ3
へいぐわい
平外　―グハイ・ホカ　国2オ5
へいけ

平家　へいけ　高8オ4
へいこう
閉口　ヘイコ・クチヲトヅ　国2オ5
閉口　へいこう　高8オ1
へいじ
瓶子　ヘイシ　東6オ1
瓶子　へいし　高7ウ5
へいぜい
平生　―セイ　国2オ5
平生　ヘイセイ　東6オ4
へいはふ
兵法　ヘイハウ・ヒヤウホウ　国2ウ2
兵法　へいはう　高8オ4
↓ひやうほふ
へいほう
兵部　へいほう　高65オ5
へいま（平右馬）↓へうま
へいみん
平民　―ミン・タミ　国2オ5
へいもん
閉門　へいもん　高8オ3
へいゆ
平愈　―ユ・イユ　国2オ5
↓へいゆう
へいゆう
平愈　ヘイユウ　東6オ1
平𠿸［愈］　へいゆう　高7ウ4
↓へいゆ
へいろう
閉籠　ヘイロウ・トツコモル　国2ウ1
閉籠　ヘイロ　東6オ1
閉籠　へいろう　高8オ1
へう
豹　へう　高54オ1
へうし
表紙　ヘウシ　国2ウ1
表紙　へうし　高8オ2
へうほい
表背衣　ヘウホイ　東6オ4
へうほゑ（表補繪）↓へうほい（表背衣）
へうま
平右馬　へうま　高71ウ1
へうもつ
俵物　ヒヨウモツ　東6オ4
へうり
表裏　へうり　高8オ4
べうりよう
廟陵　へうりやう　高65オ3
べうりようれい（廟陵令）↓べうりよう（廟陵）
へぎ
日置　へき　高69オ5
へきあん
僻案　ヘキアン・ヒガム　国2ウ1
へきしよ
辟［壁］書　ヘキシヨ　国2ウ1
壁書　ヘキシヨ　東6オ2
壁書　へきしよ　高7ウ4
へた
下手　へた　高8オ3
へだつ
隔　ヘダツ　国2ウ3
↓はるかにへだつ（懸隔）・へだつる
へだつる
障　へたつる　高8オ1
↓へだつ
べちじよ
蔑如　ヘチシヨ・ナイガシロ　国2ウ2
べつが
別駕　へつか　高67ウ3
べつけ
別家　ヘツケ　東6オ5
べつし
別紙　へつし　高8オ2
べつして
別而　ヘツシテ　東6オ3
べつじよ（蔑如）↓べちじよ
べつたう
別當　ヘツタウ　東6オ5
べつだん

別段　ベツダン　国2ウ2
べつぶ
別部　へつふ　高69ウ5
べつぷく
別腹　ベツフク　東6ウ1
別腹　へつふく　高8オ3
へつらふ
諂　ヘツロウ　国2ウ3
諛　へつらう　高8オ1
へづらふ
簡略　カンリヤク・ヘツラウ　国5ウ1
へまき
𦪌　てまき　高54ウ2
へりくだる
謙下　ヘリクダル・ケンゲス　国2ウ2
へりさしむしろ
縁差莚　ヘリサシムシロ　東6オ2
へる
謙　ヘル　国2ウ3
へを
繳　へを　高54ウ2
へをづつ
𦪌　へをつゝ　高54ウ2
へんえき（變易）→へんやく
べんえつ
抃悦　ベンヱツ・テウチヨロコブ　国2ウ1

へんか
返哥　ヘンカ　東6オ5
返歌　へんか　高8オ3
へんがい
變改　ヘンカイ・カヘアラタム　国2ウ1
變改　ヘンガイ　東6オ1
べんくわん
辨宮〈官〉　へんのきう　高63ウ2
へんけん
返獻　ヘンケン・カヘシマイラス　国2ウ2
べんさい
辨濟　ベンサイ・ハキマヘスクウ　国2ウ2
へんし
片時　ヘンシ・カタトキ　国2ウ2
片時　ヘンシ　東6オ1
片時　へんし　高8オ1
へんじ
返事　へんし　高7ウ5
へんしふ
偏執　ヘンシユウ　東6オ3
へんじゆ（偏執）→へんしふ
へんしん
返進　ヘンシン　東6オ3
返進　へんしん　高7ウ4

べんせい（辨濟）→べんさい
へんたふ
返答　ヘンタウ　東6オ2
返答　へんたう　高7ウ5
へんちよ
片楮　ヘンテウ　東6オ5
へんど
邊土　へんど　高8オ2
べんのきゆう（辨宮）→べんくわん（辨官）
へんば
偏頗　へんは　高8オ2
へんびん
片便　ヘンヒン　東6オ4
へんべん
返辨　ヘンベン　東6オ2
へんぺん
變々　へんへん　高8オ4
へんぽう
返報　ヘンホウ　東6オ4
返報　へんほう　高7ウ5
へんやく
變易　ヘンヤス・カワル　国2ウ1

ほ

ほ
帆　ほ　高56ウ2

ほい（本意）↓ほんい
ほうが
奉加　ほうか　高7ウ3
ほうき
蜂起　ホウキ・ハチヲコル　国2オ3
蜂起　ホウキ　東5オ2
ほうぎよ
萠〔崩〕御　ホウキヨウ　国2オ3
ほうぐ（反古）↓ほんご
ぼうけい
謀計　ホウケイ　東5ウ2
ほうけん
寶劍　ホウケン　東5ウ1
ほうこう
奉公　ホウコウ　東5オ3
奉公　ほうこう　高7オ5
ぼうし
帽子　ホウシ　東36ウ5
ほうしや
報謝　ホウシヤ　国2オ3
ほうしよ
奉書　ホウシヨ　東5オ3
奉書　ほうしよ　高7オ5
ぼうしよ
謀書　ホウシヨ　東5オ2
謀書　ほうしよ　高7ウ1
ほうせんくわ
鳳仙花　ほうせんくわ　高59ウ4

ほうそ
寶祚　ホウソ　国2オ3
ぼうそ
謀訴　ホウソ・ハカリウツタフ　国2オ3
ほうどう
寶幢　ほうとう　高55オ2
ほうねん
豊年　ほうねん　高7ウ3
ぼうはん
謀判　ホハン　東5オ3
謀判　ほうはん　高7ウ1
ほうび
褒美　ホウビ　国2オ3
褒美　ホウヒ　東5オ3
褒美　ほうひ　高7オ1
ほうへん
褒貶　ホウヘン　東5ウ1
ほうりやう
方量　ほうりやう　高7ウ3
ぼうりやく
謀略　ボウリヤク・ハカリコト　国2オ4
謀略　ホウリヤク　東5オ4
ほうわう
鳳凰　ホウワウ　東40オ4
鳳凰　ほうわう　高52オ2
ほか

平外　ーグハイ・ホカ　国2オ5
↓おもひのほか（慮外）
ほかう
歩行　ほかう　高7オ3
ほかにきこゆ
外聞　グワイブン・ホカニキコユ　国10オ3
ほがらか
朗　ほからか　高7ウ2
ほかゐ
行器　ホカイ　東5オ2
行思〈器〉　ほかい　高7ウ1
ほぐ（反古）↓ほんご
ぼくじゆう
僕従　ホクシユ・シモベ　国2オ4
ぼくせう
乏少　ホクシヨ　東5オ5
乏少　ほくせう　高7オ2
ぼくり
木履　ホクリ　東5ウ2
木履　ほくり　高7ウ1
ぼけ（耄）↓おいぼけ（老耄）
ほこ
架上　ほこ　高54ウ3
ほご
布護　ほこ　高65オ5
ほこる
誇　ほこる　高6ウ5

ほころび

綻　ほころひ　高7ウ3

ほし

星　ホシ　東5ウ4

ほしいひ

糒　ホシイヽ　東5ウ3

↓ほしひ

ほしいまま

恣　ホシイマヽ　国2オ4

恣　ホシイマヽ　東5ウ3

恣　ほしいまゝ　高6ウ5

四　ほしいまゝ　高51オ5

ほしひ

糒　ほしい　高7オ5

↓ほしいひ

ぼしゆん

暮春　ほ―　高74ウ4

ほぞ

臍　ほそ　高57オ5

ほそかは

細川　ほそかわ　高68オ3

ほそすぢ

細筋　ホソスチ　東5オ5

ほそぬの

細布　ホソヌノ　東5オ5

ほた（煨）↓おき

ほたくひ（煨）↓おき

ほだしがね

絆金　ほたしかね　高7ウ2

ほたる

螢　ほたる　高62オ1

ほつかゐ（行器）↓ほかゐ

ほつき

發起　ホツキ　国2オ3

發起　ほつき　高7ウ2

ほつく

發句　ほつく　高7オ4

ほつけん

北絹　ほんけん　高7オ1

ほつた

堀田　ほつた　高71オ4

ほづみ

八月一日　ほつみ　高73オ3

ほど（程）↓このほど（此程）

ほどこす

播　ほとこす　高7オ1

施　同（ほとこす）　高7オ1

ほどこすおこなひ

施行　セギヤウ・ホドコスヲコナイ　国21ウ2

ほととぎす

郭公　ほとゝきす　高52オ5

時鳥　同（ほとゝきす）　高52オ5

ほどとほし

程遠　ホトトヲシ　東5オ2

ほとんど

殆　ホトント　東5ウ3

ほね

無骨　―コツ・ホネ　国12ウ2

骨　ほね　高57ウ1

ほねをこにす

粉骨　フンコツ・ホネヲコニス　国12ウ4

ほねをり

骨折　ホネヲリ　東5オ4

骨折　ほねおり　高7ウ2

ほのほ

焰　ホノヲ　東5ウ3

炎　同（ホノヲ）　東5ウ4

ほふぶく

法服　ホウブク　国2オ4

ほぼ

粗　ホヾ　国2オ4

粗　ホヽ　東5ウ1

粗　ほゝ　高6ウ5

ほほづき

蘵〈蘵〉　ほうつき　高61ウ1

ほほのき

朴　ほうのき　高58ウ1

ほむ

自歎　―タン・ホム　国18オ5

↓ほむる

ほむる

讃　ホムル　東5ウ3

讃　ほむる　高7オ5
→ほむ
ほゆ
吠　ホユ　国2オ4
→ほゆる
ほゆる
吼　ほゆる　高7ウ3
→ほゆ
ほり
堀　ホリ　東5ウ3
堀　ほり　高7オ5
ほる（耄）→ほるる
ほるる
耄　ほるゝ　高7ウ2
ほろ
母衣　ホロ　東5ウ2
縨　同（ホロ）　東5ウ3
縨〔幌〕　ほろ　高54ウ5
袰〔母衣〕　同（ほろ）　高54ウ5
ほろぶ
亡　ホロフ　東5オ5
→ほろぶる
ほろぶる
亡　ほろふる　高6ウ5
→ほろぶ
ぼん
盆　ホン　東5ウ3
盆　ほん　高7オ5

ほんい
本意　ホンイ　東5ウ1
本意　ほんい　高7オ2
ほんぐ（反古）→ほんご
ほんぐわい
本懐　ホンクワイ　東5ウ2
本懐　ほんくわい　高7オ2
ぼんげ
凡下　ほんけ　高7オ3
ほんけん（北絹）→ほつけん
ほんご
反古　ホンコ　国2オ4
ぼんじ
梵字　ほんし　高7オ3
ほんじよ
本所　ホンシヨ　東5オ5
ほんそう
奔走　ホンソウ・ハシル　国2オ4
奔走　ホンソウ　東5オ2
奔走　ほんそう　高6ウ5
ぼんそう
凡僧　ほんそう　高7オ4
ほんぢ
本地　ほんち　高7オ3
ぼんなう
煩悩　ホンナウ　東5ウ1
ほんにん
本人　ホンニン　東5オ4

ぼんぶ
凡夫　ホンフ　東5オ5
ほんぷく
本腹〔復〕　ホンフク　東5オ3
本服　ほんふく　高7オ4
本腹〔復〕　同（ほんふく）　高7オ4
ほんまう
本望　ホンソウ　東5オ4
本望　ほんもん　高7オ1
ほんもん（本望）→ほんまう
ほんりやう
本領　ホンリヤウ　東5オ4
本領　ほんりやう　高7オ2

ま

まいぐわち
毎月　マイクワチ　東23ウ2
→まいぐわつ
まいぐわつ
毎月　まいくわつ　高30ウ2
→まいぐわち
まいじ
毎事　マイジ　国11オ1
毎事　マイシ　東23オ5
毎事　まいし　高30ウ1
まいじつ
毎日　まいしつ　高30ウ2

↓まいにち
まいす
賣子　まいす　高31オ2
まいた
蒔田　まいた　高73ウ2
まいつき（毎月）↓まいぐわち
まいど
毎度　―ド　国11オ1
毎度　マイト　東23ウ3
毎度　まいと　高30ウ1
まいにち
毎日　―ニチ　東23オ5
↓まいじつ
まいねん
毎年　マイネン　東23オ5
毎年　まいねん　高30ウ2
まいへん
毎篇　マイヘン　東23ウ3
毎篇　まいへん　高30ウ1
まいまい
毎々　まいまい　高30ウ1
まうく
儲　まうく　高30ウ4
↓まうけ
まうけ
儲　マウケ　東24オ1
↓まうく
まうご

妄語　マウゴ・ミタリニカタル　国10ウ5
まうざう
妄想　マウザウ・ミタリニヲモフ　国10ウ5
まうしあぐ
言上　コンシヤウ・マウシアグ　国13ウ1
まうす（申）↓ささへまうす（支申）・さつしまうす（察申）・つつしんでまうす（謹言）
まうすはかり
申計　マウスハカリ　国11オ1
まうぜい
猛勢　マウセイ　東23ウ1
猛勢　まうせい　高30ウ3
まうづ（詣）↓まうづる
まうづる
詣　マウツル　国11オ3
まうで（詣）↓ものまうで（物詣）
まうとう
孟冬　まうとう　高75オ2
まうもく
網目　マウモク・アミノメ　国10ウ5
まうもく
盲目　マウモク　東24オ1
まかす
任　マカス　国11オ2

↓あしにまかす（行脚）・がいにまかせ（任雅意）・まかせ
まかせ
任　マカセ　東23ウ3
↓まかす
まかなふ
劵〈豢〉　まかなう　高30オ5
辨　同（まかなう）　高30オ5
まかりいづ（罷出）↓まかりいで
まかりいで
罷出　マカリイテ　東23ウ5
罷出　まかりいて　高30ウ3
まかりかへり
罷歸　まかりかへり　高30ウ3
↓まかりかへる
まかりかへる
罷歸　マカリカヘル　東23ウ2
↓まかりかへり
まかりくだる
罷下　マカリクダル　国11オ1
まかりこす
罷越　―コス　国11オ1
まき
槙　まき　高58ウ1
まき
牧　まき　高74オ1
まきぞめ
々（巻）染　マキソメ　東23ウ4

まきた（蒔田）↓まいた
まきの
　牧野　まきの　高74オ4
まきのうま
　牧馬　マキノムマ　東23ウ4
　牧馬　まき―むま　高31オ1
まきのむま（牧馬）↓まきのうま
まきむま（牧馬）↓まきのうま
まきもの
　巻物　マキモノ　東23ウ4
　巻物　まきもの　高31オ1
まぎる（紛）↓まぎるる
まぎるる
　紛　マキルヽ　東23ウ1
　紛　まきるゝ　高30ウ5
　↓まぎれ
まぎれ
　紛　マギレ　国11オ3
　↓まぎるる
まきゑ
　蒔繪　まきゑ　高31オ3
まく
　幕　マク　東24オ1
　幕　まく　高30ウ4
　幕　まく　高54ウ5
まく（負）↓かちまく（勝負）・まくる
まぐは
　眞桑　まくは　高70オ3
まくら
　枕　マクラ　国11オ3
　枕　まくら　高31オ1
まくる
　負　マダル　国11オ3
まぐろ（鮪）↓しび
まご
　孫　まこ　高57ウ4
まこと
　誠　マコト　東24オ1
　寔　同（マコト）　東24オ1
　誠　まこと　高30オ4
　寔　同（まこと）　高30オ4
　眞　同（まこと）　高30オ4
　實　同（まこと）　高30オ4
まこといなや
　實否　ジツブ・マコトイナヤ　国18オ3
まことし（信）↓きはめてまことし（極信）
まことにおそる
　誠惶　セイクワウ・マコトニヲソル　国21オ5
まことにもつて
　誠以　まことにもつて　高30オ4
まこも
　薦　まこも　高61オ2
まさご
　眞砂　マサコ　東23ウ3
まさし
　正　マサシ　国11オ2
　正　まさし　高30ウ5
　↓まさしく
まさしく
　正　マサシク　東24オ2
　↓まさし
まじなふ
　禁呪　ましなう　高31オ1
ましば
　眞柴　マシハ　東23ウ4
まじはる
　交　マジハル　国11オ2
　交　マシハル　東24オ2
　↓ともにまじはる（交友）・もろもろにまじはる（交衆）
ましやう
　魔障　マシヤウ・サハリ　国11オ1
ます
　升　マス　東24オ1
ます
　鱒　マス　東40ウ1
ます
　一倍　―ハイ・マス　国1オ4
　増　マス　国11オ2
　増　マス　東24オ2
　増　ます　高30ウ5

ませ
　墻　ませ　高31オ3
また
　俣　また　高57オ5
また（又）→もしまた（若又）
またがる
　跨　マタガル　国11オ3
まち
　町　マチ　東24オ2
まちいる
　待入　まちいる　高30ウ5
まちかけ（待掛）→てきをまちかけ（待掛敵）
まちたてまつる
　奉待　マチタテマツル　東23ウ3
まちまち
　區　マチマチ　国11オ2
まつ
　松　まつ　高58オ3
まつ
　待　マツ　国11オ2
まつざ（末座）→ばつざ
まつじ
　末寺　まつし　高31オ2
まつせ
　末世　マツセ　東23ウ4
　末世　まつせ　高30ウ3
まつだい
　末代　マツダイ・スヘノヨ　国10ウ5
　末代　マツタイ　東23ウ1
　末代　まつたい　高30ウ2
まつたく
　全　マツタク　国11オ2
まつだけ
　松茸　マツタケ　東23ウ5
　松茸　まつたけ　高60オ1
まつなみ
　松浪　まつなみ　高71ウ4
まつのを（松尾）→まつを
まつはる
　絞　マツハル　東24オ2
まつぽふ
　末法　—ホウ・スヘノノリ　国10ウ5
まつむし
　松蟲　むつむし　高62オ1
まづもつて
　先以　マツモツテ　東23オ5
　先以　まつもつて　高30オ5
まつりごと
　徳政　トクセイ・マツリコト　国2ウ4
　政事　マツトコト　東23ウ2
まつを
　松尾　まつを　高71ウ4
まつをか
　松岡　まつをか　高70ウ1
まて
　蟶　マテ　東41オ2
　鯙〈蟶〉　まて　高53ウ2
まで
　迄　まで　高31オ4
までがひ（蟶貝）→まて（蟶）
まと
　的　マト　国11オ3
まどか（圓）→まどかなり
まどかなり
　圓　マトカナリ　国11オ3
まとぐし
　的串　まとくし　高31オ3
まどほのころも
　間遠衣　マトヲノコロモ　東23ウ5
まとや
　的矢　マトヤ　東23ウ1
　的矢　まとや　高55ウ5
まどろむ
　寢寐　マトロム　東23ウ5
まな
　眞字　マナ　東23ウ1
　眞字　まな　高31オ3
まないた
　俎　まないた　高30ウ4
まなか（最中）→まんなか
まなこ
　眼　まなこ　高57オ4

まなこいる
　入眼　シユガン・イルマナコ　国19オ1
まなばし（鉗）↓かなばし
まなぶ
　學　まなふ　高31オ1
　↓ふみをまなぶ（文學）
まねく
　招　マネク　国11オ2
　招　マネク　東23ウ4
　招　まねく　高30ウ5
まのあたり
　親　マノアタリ　国11オ3
　親　まのあたり　高31オ4
まひ
　舞　マイ　国11オ3
まふ（舞）↓まひ
まへ
　門前　―ゼン・マヘ　国20ウ1
まへだ
　前田　まへた　高73オ2
まぼり
　魔本〈奔〉離　まほり　高31オ4
まぼりまぼる
　守護　シユゴ・マボリマボル　国19オ2
まぼる
　守　マボル　国11オ2
　護　まほる　高31オ2
　↓くはへまぼる（加護）・とどまりまぼる（留守）・まぼりまぼる（守護）
まま
　儘　まゝ　高31オ4
まめ
　大豆　マメ　東23ウ3
　大豆　まめ　高61オ5
まめつ
　磨滅　マメツ・スリケス　国11オ1
まもる（守護）↓まぼる
まゆをひらく
　開眉　マユヲヒラク　国11オ1
まよふ
　迷　マヨフ　国11オ2
　迷　まよう　高31オ2
まら
　閇　まら　高57ウ2
まり
　鞠　マリ　国11オ3
　鞠　マリ　東24オ1
　鞠　まり　高30ウ5
まるもの
　圓物　まるもの　高56オ2
まるやま
　圓山　まるやま　高72オ5
まれ
　希　マレ　東24オ1
　稀　まれ　高30オ5
　希　同（まれ）　高30オ5
　↓まれなり
まれなり
　稀　マレナリ　国11オ3
　↓まれ
まれなるよ
　希代　キタイ・マレナルヨ　国16ウ4
まろし
　圓　まろし　高30ウ5
まわう
　魔王　マワウ　東23ウ5
まゐらす（獻）↓かへしまゐらす（返獻）
まゐりあひ
　參合　マイリアヒ　東23ウ2
　參合　まいりあい　高30ウ4
まゐりあふ（參合）↓まゐりあひ
まゐる
　參　マイル　国11オ3
　參詣　サンケイ・マイル　国15ウ1
　參內　サンナイ・マイル　国15ウ1
　↓くだりまゐる（降參）・つらなりまゐる（列參）
まをとこ
　蜜〔密〕夫　まをとこ　高58オ1
まんしん
　慢心　マンシン・アナツルコヽロ

まんぞく　国10ウ5
満足　マンゾク・ミチタンヌ　国10ウ5
満足　マンソク　東23オ5
満足　まんそく　高30オ5
まんどころ
政所　マントコロ　国11オ2
政所　マントコロ　東23ウ2
政所　まんところ　高30ウ4
まんな（眞字）→まな
まんなか
最中　マンナカ　東23ウ1
最中　まんなか　高31オ2
まんねん
萬年　まんねん　高69オ3
まんべん
滿遍　マンベン　国11オ2

み

み
箕　ミ　東32オ1
箕　み　高42ウ2
み
巳　み　高75オ4
みあけ
三宅　みあけ　高70ウ2

みうまや（御廐）→みまや
みがく
碩學　セキガク・ミガク　国21オ5
瑩　みかく　高42ウ3
琢　みかく　高43オ1
みかぐら
御神樂　ミカクラ　東32オ2
みかた
味方　みかた　高42ウ4
みかのはら
瓶原　みかのはら　高74オ1
みかは
參河　ミカワ　東42オ4
みかり
御狩　ミカリ　東32オ4
御狩　みかり　高42オ4
みきく
見聞　ケンブン・ミキク　国11オ4
みぎは
汀　ミキワ　東32オ2
汀　みきは　高42オ5
みぎり
砌　ミキリ　東32オ3
みくさ
三種　みくさ　高42オ5
みぐるし
見苦　ミクルシ　東31ウ5
見苦　みくるし　高42オ3

みくるべ
釋迦牟尼　みくるへ　高70ウ3
みげうしよ
御教書　—キヤウショ　国17ウ5
御教書　ミキヨショウ　東32オ3
みごく
御穀　みごく　高43オ1
みごひ
鰠　みこい　高53ウ2
みごりのため
爲見懲　みこりのため　高42ウ4
みさい
未濟　みさい　高42オ4
みさい
微細　ミサイ　国17ウ5
微細　ミサイ　東32オ3
微細　みさい　高42ウ1
みさご
雎　ミサコ　東40オ3
雎　みさこ　高52オ4
みさざきのかみ
諸陵頭　みさゝきかみ　高65オ3
みじかきおもんぱかり
短慮　タンリヨ・ミシカキヲモンハカル　国6ウ3
みじかし
短　みしかし　高42ウ2
みじゆく

未熟　ミジユク　東32オ3
みしん
未進　ミシン　国17ウ5
未進　ミシン　東31ウ5
未進　みしん　高42オ4
みす
翠簾　ミス　東32オ2
翠　みす　高42ウ1
簾　同（みす）　高42ウ1
みせい（未濟）↓みさい
みそ
味噌　ミソ　東32オ2
味噌　みそ　高42ウ2
みぞ
溝　ミソ　東32オ4
溝　みぞ　高42オ5
みそはぎ
鼠尾草　みそはき　高61オ4
みだい
御臺　ミタイ　東32オ2
みたち
御館　みたち　高42オ5
みたび
三　みたひ　高51オ4
みだり
亂　ミタリ　東32オ4
みだりがはし
猥雜　ワウサウ・ミダリカワシ　国4ウ3
奸訴　カンソ・ミタリカハシ　国5ウ1
牢籠　ラフロフ・ムナシクコモル・ミタリカハシ　国9オ1
混亂　コンラン・ミタリカハシ　国13ウ1
↓みだりがはしく
みだりがはしく
猥　ミタリカハシク　東32オ2
擾亂　みたりかわしく　高42ウ5
↓みだりがはし
みだりがはしくさまたぐ
濫妨　ランハウ・ミタリカハシクサマタグ　国9オ2
みだりに
猥　みたりに　高42ウ1
みだりにおもふ
妄想　マウザウ・ミタリニヲモフ　国10ウ5
みだりにかたる
妄語　マウゴ・ミタリニカタル　国10ウ5
みだる
鬪亂　トウラン・タヽカウミタル　国2ウ5
↓うごきみだる（動亂）・みだるる・むなしくみだる（虛妄）
みだるる
亂　みたるゝ　高42ウ1
↓みだる
みだれさかふ
亂逆　ランケキ・ミタレサカウ　国9オ2
みち
無道　ムダウ・ミチ　国9オ3
みちたんぬ
滿足　マンゾク・ミチタンヌ　国10ウ5
みちなか
途中　トチウ・ミチナカ　国3オ1
みちのく
陸奥　ミチノク　東42ウ4
みちびく
導　みちひく　高42ウ3
みちゆき
道行　ミチユキ　東31ウ5
みつ
三　みつ　高51オ4
みづ
水　ミツ　東32オ3
みづがね
水銀　みつかね　高61ウ4
みづからもつぱらにす
自專　シセン・ミツカラモツハラニス　国18オ5

みづこぼし
　水翻　みつこほし　高42ウ5
みつじ
　密事　みつし　高42オ3
みつだん
　密談　ミツタン　東32オ1
　蜜〔密〕談　みつたん　高42オ3
みづつき
　与〔七寸〕　みつつき　高42ウ5
みつどう
　蜜筒　みつとう　高62ウ5
みづの
　水野　みつの　高74オ2
みづのえ
　壬　みつのへ　高75オ5
みづのと
　癸　高75オ5
みづぶき
　茨　みつふき　高60ウ5
みどり
　緑　みとり　高42ウ3
みなぎる
　漲　みなきる　高42ウ4
みなづき
　六月　高74ウ5
みなと
　湊　みなと　高42ウ2
みなとがは
　湊川　ミナトカハ　東32オ4
みなもと
　源　ミナト　東32オ5
　源　みなもと　高42ウ2
みにくし（醜）→みぬくし
みぬくし
　醜　みぬくし　高42ウ3
みの
　美濃　ミノ　東42ウ3
みのかさ
　蓑笠　ミノカサ　東32オ4
　蓑笠　みのかさ　高42ウ1
みのぞむ
　眺望　テウハウ・ミノゾム　国14ウ2
みのわ
　箕荷　みのわ　高69ウ1
みのわ
　箕輪　みのわ　高69ウ4
みまさか
　美作　ミマサカ　東43ウ2
みまや
　御廏　ミマヤ　東32オ4
みみず
　蚯　みゝす　高62オ3
みみづく
　木兔　ミヽツク　東39ウ2
　鵂　ミヽツク　東40オ4
　木兔　みゝつく　高52ウ2
みめ
　貌　みめ　高42ウ4
みもん（未聞）→ぜんだいみもん（前代未聞）
みやうが
　茗荷　みやうか　高61オ2
みやうが
　冥加　ミヤウガ　国17ウ5
　冥加　ミヤウガ　東32オ1
　冥加　みやうか　高42オ5
みやうがう
　名號　みやうかう　高42ウ5
みやうじ
　名字　ミヤウシ　東32オ1
みやうしゆ
　名主　みやうしゆ　高42ウ5
みやうだい
　名代　みやうたい　高42ウ4
みやうたん
　明旦　ミヤウタン　東32オ1
みやうばふはかせ
　明法博士　めいはうはかせ　高64ウ4
みやうもん
　名聞　ミヤウモン　国17ウ5
　名聞　みやうもん　高42ウ3
みやうり
　名利　みやうり　高42ウ3
みやうりよ

冥慮　ミヤウリヨウ　国17ウ5
冥慮　ミヤウリヨ　東32オ1
みやけ（三宅）→みあけ
みやこ
京　みやこ　高43オ1
洛　同（みやこ）　高43オ1
京　みやこ　高51オ4
みやこなか
洛中　ラクチウ・ミヤコナカ　国9オ2
みやこにかへる
歸洛　キラク・ミヤコニカヘル　国17オ1
みやた
宮田　みやた　高69オ2
みやづかひ
宮仕　ミヤヅカイ　国17ウ5
宮仕　みやつかい　高42ウ2
みゆき
御幸　ゴカウ・ミユキ　国13オ2
行幸　ギヤウコウ・ミユキ　国16ウ3
みよ
御代　ミヨ　国17ウ5
みらくきよ
未落居　ミラツキヨ　東31ウ5
みらつきよ（未落居）→みらくきよ
みる
海松　ウミマツ　東32オ3

みる（覿）→おもてみる（覿面）
みるめ（海松）→みる
みるもの
見物　ケンブツ・ミルモノ　国11オ4
みれん
未練　ミレン　国17ウ5
みれんもの
未練者　ミレンモノ　東31ウ5
未練者　みれんもの　高42オ4
みんぶのきやう
民部卿　みんふきやう　高65オ3

む

むえき（無益）→むやく
むかご
零餘子　ムカコ　東20オ1
→ぬかご
むかし
昔　ムカシ　東20オ1
昔　むかし　高25ウ5
むかで
百足　むかて　高62オ3
むかばき
行騰〔膝〕　ムカハキ　東19ウ4
行騰〔膝〕　むかはき　高26オ3
行騰〔膝〕　むかはき　高56オ1
むかひ
迎　ムカイ　東19ウ5
迎　むかい　高25ウ4
→むかふ
むかふ
來迎　—カウ・ムカウ　国8ウ5
向　ムカウ　東19ウ4
向　むかう　高25ウ5
→あたにむかふ（敵對）・むかひ
むかへ（迎）→むかひ
むぎ
麥　むき　高61オ5
むきゆう（無窮）→むぐう
むく
椋　むく　高58オ3
むぐう
無窮　—グウ・キハマリナシ　国9オ3
無窮　—グウ　東19ウ3
むくげ
木槿　むくけ　高58ウ4
むくのかみ
木工頭　むくのかみ　高65ウ4
むくふ
酬　ムクウ　東19ウ5
むくゆ（酬）→むくふ
むこ
聟　むこ　高57ウ3
むこいり

婿入　ムコイリ　東20オ1
むさう
夢想　むさう　高26オ1
むさし
武藏　ムサシ　東42オ5
むざん
無慙　―サン　東19ウ3
むしばむ
日蝕　ニツシヨク・ムシハム　国2オ2
むしや
武者　ムシヤ・タケキモノ　国9オ4
武者　むしや　高26オ1
むしや（無射）→ぶえき
むしゆのち
無主地　ムシユノチ　東19ウ4
むしろ
莚　ムシロ　東20オ1
莚　むしろ　高25ウ5
むしん
無心　―シン　東19ウ2
無心　むしん　高25ウ3
むじん
無盡　―ジン　東19ウ5
むずとくむ
無手組　ムストクム　東19ウ4
無手組　むすとくむ　高26オ2
むすぶ

結　ムスフ　東20オ1
結　むすふ　高25ウ4
むすぶとく
結解　ケツゲ・ムスブトク　国11ウ5
むすめ
娘　ムスメ　東20オ1
娘　むすめ　高57ウ4
むせぶ
咽　むせふ　高26オ2
むたい
無體　―タイ　東19ウ2
無體　むたい　高26オ2
むだう
無道　ムダウ・ミチ　国9オ3
むだうしん
無道心　ムタウシン　東19ウ5
むち
鞭　ムチ　東19ウ5
鞭　むち　高54ウ3
むつ
六　むつ　高51オ5
むついではのあぜち（陸奥出羽按察使）
→むつではのあんぜつし
むつかし
六借　ムツカシ　国9オ4
六借　ムツカシ　東19ウ3
→むつかしく
むつかしく

六个敷　むつかしく　高25ウ5
→むつかし
むつき
正月　高74ウ3
むつではのあぜち（陸奥出羽按察使）→
むつではのあんぜつし
むつではのあんざつし（陸奥出羽按察
使）→むつではのあんぜつし
むつではのあんぜつし
陸奥出羽按擦〔察〕使　むつのいては
―　高68オ1
むつのいでは（陸奥出羽）→むつではの
あんぜつし（陸奥出羽按察使）
むつびただよふ
昵近　チツキン・ムツヒタヽヨウ　国3オ5
むつびる
昵　むつひる　高25ウ5
むつぶ（昵）→むつびる
むつむ（睦）→やはらぎむつむ（和睦）
むつむし（松蟲）→まつむし
むとう
武藤　むとう　高68ウ4
むながい
靷　東20オ1
靷　むなかい　高26オ2
→むながけ
むながけ

胸懸　ムナカケ　東19ウ5
↓むながい
むなしくこもる
牢籠　ラフロフ・ムナシクコモル・ミタリカハシ　国9オ1
むなしくみだる
虚妄　コマウ・ムナシクミタル　国13ウ1
むに
無弐　ムニ・フタ心ナシ　国9オ3
むね
胸　むね　高57オ5
むね
大都　—ト・ムネ　国6オ5
↓このむね（此旨）
むねあて（臑當）↓すねあて
むねべつ
棟別　むねへつ　高26オ1
むねん
無念　ムネン・ヲモイナシ　国9オ3
無念　ムネン　東19ウ2
無念　むねん　高25ウ3
むはふ
無法　—ハウ　国9オ3
むほん
謀叛　ムホン・ハカリノゾム　国9オ3
謀叛　ムホン　東19ウ4
謀叛　むほん　高25ウ5
むま（馬）↓うま・まきのうま（牧馬）
むま（午）↓うま
むまぎぬ（馬被）↓うまぎぬ
むまにのり（騎馬）↓うまにのり
むまや（廏）↓うまや
むめ（梅）↓うめ
むやく
無益　—ヤク　国9オ3
無益　—ヤク　東19ウ3
無益　むやく　高25ウ4
むよう
無用　—ヨウ　東19ウ2
無用　むよう　高25ウ3
むらがりあつまる
群集　クンジユ・ムラガリアツマル　国10オ2
むらがる
群　むらかる　高26オ1
簇　同（むらかる）　高26オ1
むらせ
村瀬　むらせ　高69ウ4
むり
無理　—リ　国9オ3
無理　—リ　東19ウ2
無理　むり　高25ウ4
むりやう
無量　—リヤウ・ハカリ　国9オ3
無量　—リヤウ　東19ウ3
むんずとくむ（無手組）↓むずとくむ

め

め
婦　め　高57ウ5
め（目）↓あみのめ（網目）
めい
銘　メイ　国17ウ4
めいい
名醫　めいい　高41ウ4
めいえふ
命葉　メイヨウ　国17ウ3
めいけい
明鏡　メイケイ　国17ウ4
明鏡　めいけい　高41ウ2
めいしやう
名匠　メイシヤウ　国17ウ4
名匠　めいしやう　高41ウ5
めいしよ
名所　—シヨ　国17ウ4
めいじん
名人　めいしん　高41ウ4
めいたいしやう
名大將　めいたいしやう　高41ウ5
めいただき
鰭　めいたゝき　高53ウ3

めいばふはかせ（明法博士）→みやうばふはかせ
めいぶつ
名物　めいふつ　高41ウ4
めいよ
名誉　メイヨ　国17ウ4
名誉　めいよ　高41オ5
めいわく
迷惑　メイワク　国17ウ3
迷惑　めいわく　高41ウ5
めうが（蘘荷）→みやうが（茗荷）
めうご
犛牛　みやうこ　高54オ5
めうと
婦夫　めうと　高42オ2
めかだ
目賀田　めかた　高70オ2
めぐみ
恵　メクミ　国17ウ4
めぐらしぶみ
廻文　めぐらしふみ　高42オ1
めぐり
周　メグリ　国17ウ4
めぐる
廻　メグル　国17ウ4
めしいだす
召出　めしいたす　高41ウ3
めしうと
召人　めしうと　高41ウ1
囚人　めしうと　高42オ1
めしこむ（召籠）→めしこめ
めしこめ
召籠　メシコメ　国17ウ4
召籠　めしこめ　高41ウ1
めしつかふ
召仕　めしつかう　高41ウ3
めしとる
召捕　めしとる　高42オ1
擒　めしとる　高42オ2
めしはなつ
召放　めしはなつ　高41オ5
めしぶ
召符　めしふ　高41ウ5
めしよす（召寄）→めしよする
めしよする
召寄　めしよする　高41オ5
めす
召　メス　国17ウ4
めだう（馬道）→めんだう（面道）
めつき
滅金　めつき　高61ウ4
めづらし
珍　メツラシ　国17ウ4
めづらしきもの
珍物　チンブツ・メツラシキモノ　国3オ5
めでたく
目出度　めてたく　高41ウ3
めでたし（目出度）→めでたく
めどり
雌　めとり　高52ウ4
めのと
乳人　めのと　高41ウ2
めはじき
蓋　めはしき　高61オ4
めひ
姪　めい　高57ウ3
めやす
目安　めやす　高42オ1
めんえつ
面謁　めんかつ　高41ウ2
めんきよ
免許　メンキヨ・ユルス　国17ウ3
免許　めんきよ　高41ウ2
めんじやう
面上　めんしやう　高41ウ1
めんじゆ（毛受）→めんじよ
めんじよ
毛受　めんしよ　高73ウ2
めんだう
面道　めんたう　高41ウ3
めんだん
面談　―タン　国17ウ3
めんぢよ

免除　メンチヨ　国17ウ3
めんでん
面展　めんてん　高41ウ1
めんどり（雌）↓めどり
めんぱい
面拜　―バイ　国17ウ3
めんぼく
面目　メンボク　国17ウ3
面目　めんほく　高41ウ4
めんもく（面目）↓めんぼく

も

も
藻　も　高60オ1
もうき
朦氣　モウキ　東36ウ4
もうす
帽子　もうす　高49オ2
↓ぼうし
もうまい
朦昧　モウマイ　東37オ2
朦昧　もうまい　高48ウ5
もうもう
朦々　モウモウ　国20ウ2
もうり
毛利　もうり　高71ウ5
もえぎ（萌黄）↓もよぎ

もがり
雲鴈　モカリ　東37オ2
もくげんし
木槵子　もくけんし　高58ウ3
もくねん
默然　モクネン　国20ウ2
もくのかみ（木工頭）↓むくのかみ
もくよく
沐浴　モクヨク　国20ウ2
沐浴　もくよく　高49オ3
もくろく
目錄　モクロク　国20ウ2
目錄　モクロク　東36ウ3
目錄　もくろく　高48ウ2
もし
若　モシ　国20ウ3
若　もし　高48ウ3
もじ（文字）↓もんじ
もしまた
若又　モシマタ　東36ウ3
もず
百舌鳥　モス　東39ウ1
鴡　もす　高52オ2
もず（毛受）↓めんじよ
もだしがたし
難默止　モタシカタシ　東36ウ4
難默止　もたしかたし　高48ウ4
もちゆ

用　モチユ　国20ウ3
用　もちゆ　高48ウ3
もちろん
勿論　モチロン　国20ウ2
勿論　モチロン　東36ウ5
勿論　もちろん　高48ウ3
もちゐる（用）↓もちゆ
もつ
持　モツ　国20ウ4
↓たすけもつ（扶持）
もづく
海雲　モツク　東36ウ5
もつけ
物怪　モツケ　国20ウ2
物怪　もつけ　高49オ1
もつしゆ
沒收　モツシユ　国20ウ2
もつたい
物「勿」體　―タイ　国20ウ2
もつたいなく
無勿體　モツタイナク　東36ウ4
無勿體　もつたいなく　高48ウ4
もつたいなし（無勿體）↓もつたいなく
もつて
以　モツテ　国20ウ3
↓こうじやうをもつて（以口上）・まづもつて（先以）
もつてのほか

以外　モツテノホカ　東36ウ3
以外　もつてのほか　高48ウ3
もつとも
尤　モツトモ　国20ウ3
尤　もつとも　高48ウ3
もつぱら
専　モツバラ　国20ウ3
専　もつはら　高48ウ3
一　もつはら　高51オ4
もつぱらにす（専）↓みづからもつぱらにす（自専）
もつやまひ
持病　チヒヤウ・モツヤマイ　国3オ3
もてあそぶ
賞翫　シヤウクワン・モテアソブ　国19オ5
弄　モテアソブ　国20ウ4
翫　モテアソブ　国20ウ4
翫　もてあそふ　高48ウ4
もと（本）↓はるもと（張本）
もどかはし（戻）↓もどかはしく（戻敷）
もどかはしく
戻敷　もとかわしく　高49オ3
もとしげ
本重　モトシケ　東37オ2
もとどり
髻　もととり　高57オ3

もとのごとく
如元　モトノコトク　東36ウ3
もとのごとし（如元）↓もとのごとく
もとほし（旋子）↓もとほり
もとほり
旋子　もとおり　高54ウ2
もとむ
求　モトム　国20ウ3
求　もとむ　高48ウ4
↓おちもとむ（落索）
もとより
自元　モトヨリ　国20ウ1
索　モトヨリ　国20ウ3
もなか
最中　モナカ　国20ウ3
↓まんなか
もの（物）↓かてのもの（糧物）・みるもの（見物）・めづらしきもの（珍物）・よきもの（美物）
もの（者）↓たけきもの（武者）
ものいそがはし
物悤　フツソフ・モノイソカハシ　国12ウ5
ものいひ
物謂　モノ□□　東36ウ4
物云　ものいひ　高49オ2
ものいふ（物謂）↓ものいひ
ものうし

倦　ものうし　高49オ1
ものがたり
物語　ものかたり　高48ウ4
ものぐるはし
物狂　―キヤウ・モノクルハシ　国12ウ5
ものぐるひ
物狂　モノクルイ　東37オ2
もののかずとせず
不屑　モノヽカズトセス　国20ウ3
もののかずならん
不肖　フセウ・モノヽカスナラン　国12オ4
もののけ（物怪）↓もつけ
もののふ
武士　ものゝふ　高48ウ5
↓ぶし
もののべ
物部　もゝのへ　高72ウ5
ものまうで
物詣　フツケイ・モノモフテ　国12ウ5
↓ぶつけい
ものわすれ
失念　シツネン・モノワスレ　国18オ3
もみ
籾　モミ　東36ウ4

もみ
　櫟　もみ　高58ウ3
もみうしなふ
　擽失　モミウシナウ　東37オ1
もも
　百　もも　高51ウ1
ももて
　百手　もゝて　高56オ3
もものべ（物部）→もののべ
もゆ（燃）→もゆる
もゆる
　燃　もゆる　高49オ1
もよぎ
　萌黄　もよき　高49オ1
もよほす
　催　モヨヲス　国20ウ4
　催　もよほす　高49オ3
　→ふれもよほす（觸催）
もらす
　洩　モラス　国20ウ4
　漏　モラフ　国20ウ4
もる（漏）→もるる
もるる
　漏　モルヽ　東36ウ3
もれきこえ
　洩聞　モレキコヘ　東36ウ5
もれきこゆ（洩聞）→もれきこえ
もろとも
　諸共　モロトモ　東37オ2
もろもろ
　諸　モロモロ　国20ウ4
もろもろにまじはる
　交衆　ケウシユ・モロモロニマシハル　国11ウ5
もんぐわい
　門外　モンクワイ　東37オ1
もんじ
　文字　モンシ　東37オ1
　文字　もんし　高48ウ5
もんじやう
　問状　モンシヤウ・フミ　国20ウ1
もんじやうはかせ
　文章博士　もんしやうはかせ　高64ウ3
もんじよ
　文書　モンシヨ　国20ウ1
　文書　もんしよ　高48ウ2
もんじん
　問訊　―ジン　国20ウ1
もんぜき
　門跡　―セキ　国20ウ1
もんぜん
　門前　―ゼン・マヘ　国20ウ1
　門前　モンセン　東37オ3
もんだふ
　問答　モンドウ　国20ウ1
　問答　モンタウ　東36ウ5
　問答　もんたう　高48ウ2
もんぢやく
　捫著　モンチヤク　東37オ1
もんと
　門徒　―ト・トモガラ　国20ウ1
　門徒　もんと　高49オ1
もんどのかみ
　主水頭〈正〉　もんとのかみ　高66オ3
もんぱ
　門派　もんは　高49オ2
もんまう
　文盲　モンマウ　国20ウ3
　文盲　もんまう　高49オ2
もんやく
　門役　モンヤク　東37オ1
　門役　もんやく　高48ウ5

や

やいた
　八板　やいた　高68ウ2
やいやま
　八相山　やいやま　高73オ3
やいん
　夜陰　ヤイン　国10ウ3
　夜陰　ヤイン　東22ウ5

夜陰　やいん　高29ウ4
やういく
養育　―イク・ヤシナイハグヽム　国10ウ2
養育　―イク　東22ウ4
やうがう
影向　やうかう　高30オ2
やうきゆう
楊弓　ヤウキウ　国10ウ2
やうじ
養子　―ジ　東22ウ4
やうじ
楊枝　ヤウジ　東23オ2
楊枝　やうし　高30オ1
やうじやう
養性　ヤウジヨウ　国10ウ2
養性　ヤウシヤウ　東22ウ4
養生　やうしやう　高29ウ3
やうたい（永代）↓えいたい
やうち（屋内）↓やない
やうでう（横笛）↓よこぶえ
やうやう
漸々　センセン・ヤフヤフ　国21ウ2
↓やうやく
やうやく
漸　やうやく　高29ウ2
↓やうやう
やかた
屋形　やかた　高30オ2
やがて
軈而　ヤカテ　東22ウ2
軈　やかて　高29ウ1
やから
族　やから　高29ウ2
やがら
矢笴　やから　高56オ3
やからと
矢櫃　ヤカラト　東23オ2
↓やびつ
やき
薬器　やき　高30オ2
やきうしなふ
焼失　ヤキウシナウ　東22ウ2
やきぐし
煉　やきくし　高53オ4
やきごめ
糒　やきこめ　高30オ3
やぎした
柳下　やきした　高70ウ4
やく
焼　やく　高29ウ2
やくき（薬器）↓やき
やくしよ
役所　ヤクシヨ　東23オ2
役所　やくしよ　高30オ2
やくそく
約束　ヤクソク　国10ウ2
約束　ヤクソク　東22ウ2
約束　やくそく　高29ウ1
やくだい
薬代　ヤクタイ　東23オ1
薬代　やくたい　高29ウ5
やくだく
約諾　―ダク　国10ウ2
約諾　ヤクタク　東22ウ3
約諾　やくたく　高29ウ1
やくにん
役人　ヤクニン　東22ウ2
役人　やくにん　高29ウ2
やくびやう
疫病　ヱキレイ・ヤクヒヤウ　国14オ2
やぐら
櫓　ヤクラ　東23オ3
櫓　やくら　高30オ3
やけうしなふ
焼亡　シヤウマウ・ヤケウシナフ　国19オ4
やげん
薬研　ヤケン　東23オ1
薬研　やけん　高30オ1
やごとなき
無止事　ヤコトナキ　東22ウ4
やごとなし（無止事）↓やごとなき

やさき
匕　やさき　高56オ5
やさし（優）→やさしく（優敷）
やさしく
優敷　やさしく　高30オ3
やしき
屋敷　ヤシキ　国10ウ3
屋敷　ヤシキ　東22ウ3
屋敷　やしき　高29ウ3
やしなひご（養子）→やうじ
やしなひはぐくむ
養育　―イク・ヤシナイハグヽム　国10ウ2
やしなふ
養　ヤシナフ　国10ウ3
やしはご
玄孫　やしはこ　高57ウ4
やしやご（玄孫）→やしはご
やじり
鏃　やしり　高56オ4
やしろ
社　やしろ　高29ウ5
廟　同（やしろ）　高29ウ5
やしん
野心　ヤシン　国10ウ2
野心　ヤシン　東22ウ4
野心　やしん　高29ウ3
やす（痩・疲）→やする

やすきこと
安事　ヤスキコト　東23オ1
やすくたひらか
泰平　タイヘイ・ヤスクタイラカ　国6オ5
やすし
安　ヤスシ　国10ウ3
安　やすし　高29ウ2
易　やすし　高29ウ4
億　やすし　高51ウ2
やすとみ
安富　やすとみ　高70ウ5
やすみじよ（休所）→やすみどころ
やすみどころ
休所　ヤスミトコロ　東22ウ3
やすむ
休　ヤスム　国10ウ3
休息　キウソク・ヤスム　国17オ2
休　やすむ　高29ウ3
やする
痩　やする　高29ウ5
疲　同（やする）　高29ウ5
やぜん
夜前　ヤセン　東22ウ3
夜前　やせん　高29ウ4
やたう（夜盗）→よたう
やつ
谷　やつ　高74ウ1

やつ
八　やつ　高51ウ1
やつき（薬器）→やき
やつこ
奴婢　ヌビ・ヤツコ　国4オ1
やづつ
矢筒　やつゝ　高56オ5
やつばら
奴原　ヤツバラ　国10ウ2
奴原　ヤツハラ　東22ウ5
奴原　東23オ1
奴原　やつはら　高29ウ5
やつら
郎等　ラウトウ・ヤツラ　国8ウ5
やど
宿　ヤド　国10ウ4
やとふ
雇　ヤトフ　国10ウ3
雇　やとう　高29ウ2
やない
屋内　ヤナイ　東22ウ3
やなぎ
柳　やなき　高58オ3
やなだ
簗田　やなた　高69ウ1
やの
矢野　やの　高72オ1
やはらぎむつむ

和睦　クワボク・ヤハラギムツム　国10オ4
やはらぐ
和　やわらく　高29ウ1
やはん
夜半　ヤハン　東22ウ5
夜半　やはん　高30オ1
やびつ
矢櫃　やひつ　高56オ5
↓やからと
やぶ
藪　ヤブ　国10ウ4
やぶさめ
流鏑馬　ヤフサメ　国10ウ3
流鏑馬　ヤフサメ　東22ウ5
流鏑馬　やふさめ　高30オ1
やぶりぎ
破儀　ヤフリキ　東22ウ2
やぶる
破　ヤブル　国10ウ3
破　やふる　高29ウ3
七　やふる　高51オ5
やへやま（八相山）↓やいやま
やまうち（山内）↓やまのうち
やまが
山家　ヤマカ　東23オ1
やまがた
山縣〈縣〉　やまかた　高69オ4

やまがへり
山鵃　やまかへり　高52オ1
やまがら
山雀　ヤマカラ　東39オ3
山雀　やまから　高52オ4
やまざき
山崎　やまさき　高70ウ5
やまざと
山里　―サト　東23オ2
やましろ
山城　ヤマシロ　東41ウ5
やまと
大和　ヤマト　東41ウ5
やまな
山名　やまな　高68オ3
やまのいも
署蕷　やまのいも　高60オ4
やまのうち
山内　やまのうち　高69オ4
やまは
山羽　やまは　高74オ3
やまばと（鳩）↓はと
やまひ（病）↓もつやまひ（持病）
やまひけ
病氣　ヤマイケ　東23オ2
やまぶき
蕳　やまふき　高60オ3
款冬　同（やまふき）　高60オ3

やまもも
楊梅　やまもゝ　高58ウ5
やまをか
山岡　やまおか　高69ウ4
やみのよ
闇夜　ヤミノヨ　東23オ3
やみよ（闇夜）↓やみのよ
やむ
止　やむ　高29ウ2
↓やめて（輟）
やむことなし（無止事）↓やごとなき
やめて
輟　ヤメテ　国10ウ4
ややひさし
良久　ヤヽヒサシ　国10ウ2
↓ややひさしく
ややひさしく
良久　ヤヽヒサシク　東22ウ5
良久　やゝひさしく　高29ウ4
↓ややひさし
ややもすれば
動　ヤヽモスレハ　国10ウ3
動　やゝもすれは　高29ウ4
やよひ
三月　高74ウ4
彌生　やよい　高74ウ4
やり
鑓　ヤリ　東23オ1

鑓　やり　高55オ4
やる
遣　ヤル　国10ウ3
やんごとなし（無止事）→やごとなき

ゆ

ゆ
柚　ゆ　高58オ5
ゆいごん
遺言　ユイゴン　東31オ5
遺言　ゆいこん　高41オ1
ゆいしよ
由緒　ユイショ　国17ウ1
由緒　ユイショ　東31オ4
由緒　ゆいしよ　高40ウ4
ゆいしよ
遺緒　ユイショ　東31ウ2
ゆいせき
遺跡　ゆいせき　高40ウ5
ゆいもつ
遺物　ユイモツ　東31オ4
遺物　ゆいもつ　高40ウ4
ゆゑん
油煙　ゆゑん　高41オ4
ゆがけ
指懸　ユカケ　東31ウ3
韘〔韘〕　同（ユカケ）　東31ウ3
韘〔韘〕　ゆかけ　高54ウ3
韘〔韘〕　ゆかけ　高56オ4
ゆかし（牀敷）→ゆかしく
ゆかしく
牀敷　ユカシク　国17ウ2
ゆかたびら
内衣　ユカタビラ　東31ウ3
袞〔内衣〕　ゆかたひら　高41オ3
ゆがめ
邪　ゆかめ　高41オ3
ゆき
雪　ユキ　東31ウ1
ゆきき
往來　ユキヽ　東31オ5
往來　ゆきき　高41オ1
→わうらい
ゆく（行・往）→うつりゆく（遷行）・さんかう（參行）・とほくゆく（遠行）・ふたたびゆく（再往）
ゆくすゑ
行末　ユクスエ　東31オ5
行末　ゆくすへ　高41オ1
ゆさん
遊山　ユサン　東31オ5
遊山　ユサン　東31ウ2
遊山　ゆさん　高41オ2
ゆたか
豐　ユタカ　東31ウ3
豐　ゆたか　高41オ2
→ゆたかなり
ゆたかなり
豐饒　ブネウ・ユタカナリ　国12ウ3
→ゆたか
ゆたん
油單　ゆたん　高41オ3
ゆだん
油斷　ユダン　東31オ4
油斷　ゆたん　高40ウ4
ゆづけ
湯漬　ユツケ　東31ウ1
ゆづりじやう
讓狀　ユヅリジヤウ　国17ウ2
讓狀　ユツリジヤウ　東31オ4
讓狀　ゆつりしやう　高40ウ5
ゆづりは
楪　ゆつりは　高59オ1
ゆと
湯桶　ユト　東31ウ2
ゆとう（湯桶）→ゆと
ゆはゐ
岩井　ゆわい　高72オ4
ゆび
指　ゆひ　高57オ4
ゆふぐれ
夕暮　ユウクレ　東31ウ2
ゆふべ（暮）→あしたゆふべ（旦暮）・

きのふのゆふべ（昨夕）
ゆみぶくろ
弢　ゆみふくろ　高56オ3
韔　同（ゆみふくろ）　高56オ3
ゆみや
弓箭　ギウゼン・ユミヤ　国17オ2
弓箭　ユミヤ　東31ウ1
↓きゆうせん
ゆめ
夢　ゆめ　高40ウ5
ゆめゆめ
努力　ユメユメ　国17ウ2
努々　ユメユメ　東31オ5
努々　ゆめゆめ　高40ウ5
ゆらい
由來　ユライ　国17ウ1
由來　ユライ　東31ウ1
由來　ゆらい　高41オ1
ゆり
百合草　ゆり　高59ウ5
ゆる
淘　高41オ4
ゆるかせ（忽諸）↓いるかせ
ゆるくおこたる
緩怠　クワンタイ・ユルクヲコタル　国10オ2
ゆるす
免許　メンキヨ・ユルス　国17ウ3

許　ゆるす　高41オ4
免　同（ゆるす）　高41オ4
赦　同（ゆるす）　高41オ4
ゆるゆるし
緩　ゆるゆるし　高41オ2
ゆわう
硫磺　ユワウ　東31ウ1
硫磺　ゆわう　高41オ2
ゆんで
弓手　ユンテ　国17ウ2

よ

よ（代）↓すゑのよ（末代）・ながきよ（永代）・まれなるよ（希代）
ようい
用意　―イ・コヽロ　国6オ2
用意　ヨウイ　東13ウ4
用意　ようい　高17ウ2
ようがん
容顏　ヨウガン・スガタカヲワセ　国6オ2
容顏　ようかん　高17ウ4
ようじ
勇士　ようし　高18オ2
ようしや
用捨　―シヤ　国6オ2
用捨　ようしや　高18オ1

ようじん
用心　ヨウジン　国6オ2
用心　ヨウシン　東13ウ4
用心　ようしん　高17ウ2
ようち
夜討　ヨウチ　国6オ3
夜討　ようち　高17ウ5
ようど
用途　ようと　高18オ1
ようどう（用途）↓ようど
ようよう（能々）↓よくよく
よか
餘暇　ヨカ　東14オ3
よがけ
夜懸　ヨカケ　東14オ2
夜懸　よかけ　高17ウ5
よかん
餘寒　ヨカン・アマリサムシ　国6オ3
よきくすし
良醫　リヤウイ・ヨキクスシ　国3ウ5
よきくすり
良藥　ラウヤク・ヨキクスリ　国9オ1
よきことわり
儀〔義〕理　ギリ・ヨキコトハリ　国16ウ4

よきことをつくる
作善　サゼン・ヨキコトヲツクル　国16オ4
よきさう
瑞相　ズイサウ・ヨキサフ　国21ウ5
よきふだ
賀札　カサツ・ヨキフダ　国5オ3
よきもの
美物　ヒブツ・ヨキモノ　国20オ1
よきやう
能様　ヨキヤウ　東14オ3
よく（避）→よくる
よくじつ
翌日　ヨク—　国6オ3
翌日　ヨクシツ　東14オ1
よくしん
欲心　ヨクシン　東14オ1
よくよく
能々　ヨクヨク　東13ウ5
能々　よくよく　高17ウ3
よくりう
抑留　ヨクリウ・ヲシトヽム　国6オ3
抑留　ヨクリウ　東14オ1
抑留　よくりう　高17ウ3
よくる
遁避　トンビ・ノカレ・ハヤシヨクル　国2ウ5

よけい
餘慶　—ケイ　国6オ3
餘慶　ヨケイ　東14オ3
餘慶　よけい　高17ウ4
よご
余巨　よこ　高73オ5
よこぶえ
横笛　ヨコフヘ　東14オ3
よこまき
横巻　よこまき　高69ウ2
よさむ
夜寒　ヨサム　東14オ3
よざん
餘殘　ヨザン・ノコリ　国6オ3
餘殘　よせん　高18オ3
よしあし
是非　ゼヒ・ヨシアシヽ　国21ウ2
よしだ
吉田　よした　高69ウ4
よじつ
餘日　ヨジツ　国6オ3
よしみ
好　よしみ　高18オ3
→ふるきよしみ（舊好）
よしよろこぶ
吉慶　キツケイ・ヨシヨロコブ　国17オ3
よせすすむ

寄進　キシン・ヨセスヽム　国16ウ5
よそ
餘所　よそ　高17ウ5
よそほひ
妝　ヨソヲイ　東13ウ4
妝　よそおい　高17ウ4
よそめ
餘所目　ヨソメ　東14オ2
よたう
夜盗　ヨタウ　東14オ2
よだつ
與奪　ヨダツ　国6オ2
與奪　ヨタツ　東13ウ5
與奪　よたつ　高18オ1
よつ
四　よつ　高51オ5
よつじろ
雪踏　ヨツシロ　東41ウ2
よづめ
夜詰　ヨツメ　東14オ2
夜詰　よつめ　高17ウ5
よのつね
尋常　ヨノツネ　国6オ4
尋常　ジンジヨウ・ヨノツネ　国18オ2
尋常　ヨノツネ　東13ウ5
尋常　よのつね　高17ウ3
よのならはし

風俗　東14オ2
よのばかま
四幅袴　よのはかま　高18オ1
よはひ
齢　ヨハイ　東14オ1
よふ
沈酔　チンスル・ヨウ　国3オ5
↓ゑふ
よほろ
臁　ようろ　高57ウ1
よみがへり
蘇　よみかへり　高18オ3
よむ
續〈讀〉　よむ　高18オ3
誦　同（よむ）　高18オ3
讀　よむ　高18オ4
よもすがら
終宵　よもすから　高18オ4
よりあひ
寄合　ヨリアヒ　東13ウ4
寄合　よりあい　高17ウ1
よりき
與力　ヨリキ　東13ウ5
寄揆　よりき　高17ウ1
よりこ
寄據　よりこ　高17ウ1
よりのき
寄除　よりのき　高18オ2

よりふぢ
依藤　よりふち　高73オ1
よりより
時々　ヨリヨリ　国6オ4
時々　ヨリヨリ　東13ウ5
時々　よりより　高18オ2
よろこびぞんず
悦存　ヨロコビゾンズ　国6オ4
よろこびよろこぶ
喜悦　キヱツ・ヨロコヒヨロコブ　国16ウ3
よろこぶ
慶賀　ケイカ・ヨロコブ　国11ウ2
喜悦　キヱツ・ヨロコヒヨロコブ　国16ウ3
隨喜　―キ・ヨロコフ　国21ウ5
↓てうちよろこぶ（抃悦）・よしよろこぶ（吉慶）・よろこびよろこぶ（喜悦）
よろし
時宜　シキ・ヨロシ　国18ウ1
宜　ヨロシ　東14オ4
↓よろしく
よろしく
宜敷　よろしく　高17ウ2
↓よろし
よろづ
萬　よろつ　高51ウ2

よろひ
鎧　よろい　高54ウ5
よろひ（甲）↓かぶと
よろひぐさ
芷　よろいくさ　高59ウ4
よわし
微弱　ヒシヤク・ヨハシ　国19ウ5
弱　よわし　高17ウ4
よをかさぬ
累代　ルイタイ・ヨヲカサヌ　国4オ2
よをかせぐ
挊世　ヨヲカセク　東12ウ2
よをのがる
遁世　トンセイ・ヨヲノガル　国2ウ5
よをひについで
夜日繼　よをひについて　高18オ4
よんどころに
非據　―キヨ・ヨントコロニ　国19ウ5

ら

らいかう
來迎　―カウ・ムカウ　国8ウ5
來迎　らいかう　高25オ5
らいぎ

來儀　らいき　高25オ2
らいぐわつ
來月　らいくわつ　高25オ2
らいげつ（來月）→らいぐわつ
らいし
禮紙　ライシ　東19オ3
らいねん
來年　ライネン　東19オ2
來年　らいねん　高25オ2
らいはい
禮拜　ライハイ・ヲガム　国8ウ5
禮拜　らいはい　高25ウ1
らいりん
來臨　ライリン・キタノゾム　国8ウ5
來臨　ライリン　東19オ2
來臨　らいりん　高25オ2
らうご
老後　ラウコ　東19オ1
老後　らうこ　高25オ1
らうじん（老人）→らうにん
らうぜき
狼籍〔藉〕　ラウゼキ　国8ウ5
狼籍〔藉〕　ラウセキ　東19オ1
狼籍〔藉〕　らうせき　高24ウ4
らうたい
老體　ラウタイ・ヲイノスガタ　国8ウ5

らうどう
郎等　ラウトウ・ヤツラ　国8ウ5
郎等　らうとう　高25オ5
らうにやく
老若　ラウニヤク・ヲイワカシ　国8ウ5
老若　らうにやく　高25オ4
らうにん
牢人　ラウニン　東2ウ4
牢人　ラウニン　東19オ1
牢人　らうにん　高24ウ5
らうにん
老人　らうにん　高25オ1
らうぶつ
糧物　ラウフツ・カテノモノ　国9オ1
糧物　ラウフツ　東19オ4
らうぼ
老母　ラウホ　東19オ2
老母　らうほ　高25オ1
らうまい
糧米　らうまい　高25オ5
らうもう
老耄　ラウモウ・ヲイホケ　国8ウ5
老耄　ラウモウ　東19オ1
老耄　らうもう　高25オ1
らうもつ（糧物）→らうぶつ
らうやく

良藥　ラウヤク・ヨキクスリ　国9オ1
らうろう
牢籠　ラフロフ・ムナシクコモル・ミタリカハシ　国9オ1
牢籠　ラウロウ　東19オ1
らうをう
老翁　ラウヲウ　東19オ3
らくきよ
落居　ラツキヨ・ヲチツク　国9オ2
落居　ラツキヨ　東18ウ5
落居　らつきよ　高24ウ3
らくくわ
落花　ラツクワ　東19オ2
落花　らつくわ　高24ウ5
らくぐわい
洛外　ラククワイ　東18ウ5
洛外　らくくわい　高24ウ5
らくさく
落索　ラクサク・ヲチモトム　国9オ1
落索　ラクサク　東19オ4
落索　らくさく　高25ウ1
らくしよ
落書　ラクショ・ヲトシフミ　国9オ1
落書　ラクショ　東19オ3
落書　らくしよ　高25オ4

らくだ
落堕　―タ・ヲチヲツ　国9オ1
落堕　らくた　高25オ4
らくぢやく
落著　ラクチヤク　東18ウ5
落著　らくちやく　高24ウ3
らくちゆう
洛中　ラクチウ・ミヤコナカ　国9オ2
洛中　らくちう　高24ウ4
らくはつ
落髪　ラクハツ　東19オ5
落髪　らくはつ　高25オ3
らくやう
洛陽　ラクヤウ　東19オ5
洛陽　らくやう　高24ウ5
らくるい
落涙　―ルイ・ヲツルナンダ　国9オ1
落涙　ラクルイ　東19オ5
落涙　らくるい　高25オ3
らち
埒　らち　高25オ2
らちのほか
埒外　ラチノホカ　国9オ2
らちをゆふ
結埒［埒］　ラチヲユウ　東19オ2
らつきよ（落居）→らくきよ

らつくわ（落花）→らくくわ
らつし
臘次　ラツシ　国9オ2
臘次　ラツシ　東19オ4
らつそく
蠟燭　ラツソク　東19オ3
蠟燭　らつそく　高25ウ1
→らふそく
らつちや
蠟茶　らつちゃ　高25ウ2
らつぷ（亂舞）→らんぶ
らふそく
蠟燭　ラウソク　国9オ2
→らつそく
らふちや（蠟茶）→らつちや
らんかん
欄干　らんかん　高25ウ1
らんぎやう
亂行　ランキヤウ　国9オ2
亂行　らんきやう　高25オ5
らんぎやく（亂逆）→らんげき
らんぐひ
亂橛　ランクイ　東19オ4
亂橛　らんくい　高25オ3
らんげき
亂逆　ランケキ・ミタレサカウ　国9オ2
亂劇　ランケキ　東19オ4

亂劇　らんけき　高25オ3
らんせい
亂世　らんせい　高24ウ4
らんたい
亂退　らんたい　高25オ4
らんたい
蘭臺　らんたい　高63ウ2
らんにふ
亂入　ランニウ　東18ウ5
亂入　らんにう　高24ウ3
らんばう
濫妨　ランハウ・ミタリカハシクサマタグ　国9オ2
濫妨　ランハウ　東18ウ5
濫妨　らんはう　高24ウ4
らんぶ
亂舞　ランフ　東19オ3

り

りうりう
流々　リウリウ　東9オ3
流々　りうりう　高11ウ3
りうん
理運　リウン　国3ウ4
理運　―ウン　東8ウ5
理運　りうん　高11オ5
りきしや

力者　リキシヤ　東8ウ5
りく
六　りく　高51オ5
りくぢ（陸地）→ろくぢ
りこう
利口　リコウ　東9オ3
利口　りこう　高11ウ1
りこん
利根　リコン　国3ウ4
利根　リコン　東9オ1
利根　りこん　高11ウ1
りじゆん
利潤　リシユン・ニン　国3ウ4
利潤　―ジユン　東8ウ5
利潤　りしゆん　高11オ5
りたん
履端　りんた　高74ウ3
りつがくはかせ
律學博士　りんかくはかせ　高64ウ4
りつぱふ（率法）→そつぱふ
りばい
利買〔賣〕　りはい　高11ウ5
りひ
理非　リヒ　国3ウ4
理非　リヒ　東8ウ5
理非　りひ　高11オ5
りびやう
利平　リビヤウ　東8ウ5

利平　りひやう　高11ウ1
りふぐわんじやう
立願狀　りうくわんしやう　高11ウ3
りふよう
立用　リウヨウ　東9オ3
立用　りうよう　高11ウ3
りぶん
利分　リブン　東9オ3
利分　りふん　高11ウ1
りべつ
離別　りへつ　高11ウ2
りほう
李部　しほう　高64ウ1
りほうたいけい
大卿李部〈李部大卿〉　たいけいしほう　高64ウ1
りやう（領）→いへのりやう（家領）
りやうい
良醫　リヤウイ・ヨキクスシ　国3ウ5
りやううんれい（良醞令）→ししゆ（司酒）
りやうさんしゆ
兩三種　りやうさんしゆ　高11オ1
りやうし
兩使　りやうし　高12オ1
りやうじやう
領掌　リヤウシヤウ　国3ウ5

領掌　リヤウジ□□　東9オ1
領掌　りやうしやう　高11ウ3
領狀　同（りやうしやう）　高11ウ4
りやうしゆ
兩種　りやうしゆ　高11ウ5
りやうち
領知　リヤウチ　国3ウ5
りやうちゆう
領中　りやうちう　高11ウ4
りやうど
兩度　りやうとう　高11ウ4
りやうどう（兩度）→りやうど
りやうない
領內　リヤウナイ　東9オ1
りやうばう
兩方　リヤウバウ　東9オ3
兩方　りやうはう　高11ウ4
りやうやく（良藥）→らうやく
りやくぎ
略儀　りやくき　高12オ2
りゆうこ（龍虎）→りようこ
りゆうたん（龍膽）→りんだう
りようこ
龍虎　レウコ　東16オ1
りようりやく
凌躒　レウリヤク　国7オ4
陵礫　レウリヤク　東16オ1
りようれき（陵礫）→りようりやく

りよぐわい
　虜外　リヨクワイ・ヲモイノホカ　国3ウ5
　虜外　リヨクワイ　東9オ1
　虜外　りよくわい　高11ウ5
りよしゆく
　旅宿　りよしゆく　高11ウ5
りよりやう（虜掠）→りよりやく
りよりやく
　虜〈虜〉掠　リヤウリヤク　国3ウ5
りんう
　霖雨　リンウ　国3ウ4
りんがくはかせ（律學博士）→りつがく
　はかせ
りんげん
　綸言　リンゲン　東9オ2
　綸言　りけん　高11ウ2
りんご
　林檎　りんこ　高58ウ5
りんごく
　鄰國　りんこく　高12オ1
りんじ
　綸旨　リンシ　国3ウ4
　綸旨　―シ　東9オ2
　綸旨　りんし　高11ウ2
りんじ
　臨時　リンジ　国3ウ4
　臨時　リンシ　東9オ1
　臨時　りんじ　高11ウ2
りんじやく
　悋惜　リンシヤク・ヲシム　国3ウ4
りんしよう
　林鐘　りんしやう　高74ウ5
りんだう
　龍膽　りんたう　高59ウ2
りんゑ
　輪廻　りんゑ　高12オ2

る

るいくわ
　類火　るいくわ　高12ウ2
るいざ
　擂茶　るいさ　高12ウ4
るいじゆ
　類聚　るいしゆ　高12ウ4
るいしん
　類身　ルイシン　東9ウ4
　類親　るいしん　高12ウ3
るいそ
　累祖　―ソ　国4オ2
　累祖　るいそ　高12ウ4
るいたい
　累代　ルイタイ・ヨヲカサヌ　国4オ2
　累代　ルイタイ　東9ウ4
　累代　るいたい　高12ウ3
るいば
　羸馬　るいは　高12ウ4
るがん
　蘆鴈　るかん　高12ウ3
るざい
　流罪　ルザイ・ツミナガス　国4オ2
　流罪　ルサイ　東9ウ4
　流罪　るさい　高12ウ2
るす
　留守　ルス・トヽマリマボル　国4オ2
　留守　ルス　東9ウ3
　留守　るす　高12ウ3
るづう
　流通　ルツウ　国4オ2
　流通　ルツウ　東9ウ4
　流通　るつう　高12ウ1
るにん
　流人　ルニン　東9ウ3
　流人　るにん　高12ウ2
るふ
　流布　ルフ　東9ウ3
　流布　るふ　高12ウ1
るらう
　流浪　ルラウ　国4オ2
　流浪　ルラウ　東9ウ3
　流浪　るらう　高12ウ2

るり
瑠璃　ルリ　東9ウ3
瑠璃　るり　高12ウ1

れ

れいぎ
禮儀　レイギ　国7オ2
禮義〔儀〕　レイキ　東15ウ5
禮儀　れいき　高20ウ2
れいげん
靈驗　レイケン　国7オ2
靈驗　れいけん　高20ウ5
れいし
茘芰　れいし　高61オ3
れいしき
例式　―シキ　国7オ2
例式　レイシキ　東15ウ3
例式　れいしき　高20ウ1
れいしゃ
靈社　れいしや　高20ウ5
れいしょう
例證　レイセウ　国7オ2
れいじん
冷〈伶〉人　レイジン　国7オ5
れいせつ
禮節　―セツ　国7オ4
れいせん
禮錢　れいせん　高20ウ3
れいだい
靈臺　れいたい　高64オ4
れいねん
例年　レイネン　国7オ2
れいはい（禮拜）→らいはい
れいぶつ
靈佛　レイブツ　国7オ2
靈佛　れいふつ　高20ウ5
れいほう
禮部　れいほう　高65オ1
れいもつ
禮物　レイモツ　東16オ1
れいらく
零落　レイラク・ヲチヲツ　国7オ2
零落　れいらく　高20ウ1
れうけん
料簡　レウケン　国7オ4
了見　同（レウケン）　国7オ4
了簡　リウケン　東9オ2
了簡　リウケン　東15ウ4
了見　れうけん　高20ウ3
れうし
料紙　リヨウシ　東9オ2
料紙　れうし　高20ウ5
れうじ
聊爾　レウシ　国7オ4
聊爾　レウジ　東15ウ3
聊爾　れうし　高20ウ1
れうそく
料足　レウソク　国7オ3
料足　リヨウソク　東9オ2
料足　レウソク　東15ウ5
れうだつ
了達　レウタツ　東16オ1
れうぢ
療治　レヨウヂ　国7オ4
療治　レウチ　東15ウ5
療治　れうち　高20ウ3
れうり
料理　レウリ　東15ウ4
料理　れうり　高20ウ2
れきぜん
歷然　レキセン　国7オ4
歷然　レキゼン　東15ウ3
歷然　れきせん　高20オ5
れきれき
歷々　レキ―　国7オ4
歷々　れきれき　高20オ5
れつざ
烈〔列〕座　れつさ　高20ウ4
れつさん
烈〔列〕參　レツザン・ツラナリマイル　国7オ3
烈〔列〕參　レツサン　東15ウ5
烈〔列〕參　れつさん　高20ウ3

れふし
獵師　レウシ　東15ウ5
蠟〈獵〉師　れうし　高20ウ4
れんが
連歌　レンガ　国7オ3
れんじつ
連日　レンジツ　東15ウ4
れんじやく
連雀　れんしやく　高52ウ3
れんじよ
連暑〔署〕　レンシヨ　国7オ5
れんぜんあしげ
連銭葦毛　レンセンアシケ　東41オ5
れんぞく
連續　れんそく　高20ウ4
れんちゆう
簾中　レンチウ　東15ウ4
簾中　れんちう　高20ウ2
れんちよく
廉直　レンチヨク　国7オ3
簾〈廉〉直　レンチヨク　東15ウ3
廉直　れんちよく　高20オ5
れんばん
連判　―バン　国7オ3
連判　レンハン　東16オ1
れんぷ
蓮府　れんふ　高63オ4
れんま
練磨　れんま　高20ウ4
れんみん
憐愍　レンミン・アハレム　国7オ3
憐愍　レンミン　東15ウ4
憐愍　れんみん　高20ウ2
れんめん
聯緜　レンメン・ツヽク　国7オ3
れんれん
連々　レンレン　東15ウ3
連々　れんれん　高20ウ1

ろ

ろ
櫓　ろ　高56ウ2
ろ
六　ろ　高51オ5
ろうかく
樓閣　ろうかく　高4オ3
ろうきよ
籠居　ロウキヨ　国1ウ1
籠居　ろうきよ　高4オ1
ろうこくはかせ
漏剋博士　ろくこくのはかせ　高64オ5
ろうしや
籠舎　ロウシヤ・イエニコモル　国1ウ1
籠者　ロウシヤ　東2ウ3
籠者　ろうしや　高4オ1
ろうてう
籠鳥　ロウテウ　東2ウ4
ろうもん
樓門　ろうもん　高4オ3
ろがん（蘆鴈）→るがん
ろく
祿　ろく　高4オ2
ろくこん
六根　―コン　東2ウ3
六根　ろつこん　高4オ2
ろくじ
錄事　ろくし　高67ウ4
ろくしやう
錄〔緑〕青　ロクシヤウ　東2ウ4
緑青　ろくしやう　高4オ3
ろくしゆ
六趣　ろくしゆ　高4オ3
ろくだう
六道　ろくたう　高4オ2
ろくぢ
陸地　ロクチ　東2ウ3
ろくちく
六畜　ろくちく　高4オ4
ろくぢん
六塵　ろくちん　高4オ2

ろくもつ
　祿物　ろくもつ　高4オ4
ろくろ
　轆轤　ろくろ　高4オ1
ろくろし
　轆轤師　ロクロシ　東2ウ3
ろくろび
　四足八邊〈鳥〉　ろくろひ　高74ウ1
ろくろみ（四足八鳥）↓ろくろび
ろけん
　露顯　ロケン　国1ウ1
　露顯　ロケン　東2ウ2
　露顯　ろけん　高3ウ4
ろさい
　邏菜　ロサイ　国1ウ1
　邏齋　ロサイ　東2ウ3
　囉嚌〔齋〕　ろさい　高4オ1
ろし
　路次　ロシ　東2ウ2
　路次　ろし　高3ウ4
ろせん
　路錢　ろせん　高3ウ4
ろつこん（六根）↓ろくこん
ろとう
　露頭　ロトウ　国1ウ1
ろとう
　路頭　ロトウ　東2ウ2
　路頭　ろとう　高3ウ5
ろば
　驢馬　ろは　高54オ4
ろめい
　露命　ろめい　高4オ4
ろんぎ
　論儀〔義〕　ろんき　高3ウ5
ろんじよ
　論所　ロンシヨ　国1ウ1
　論所　ロンシヨ　東2ウ2
　論所　ろんしよ　高3ウ5
ろんにん
　論人　ロンニン　東2ウ2
　論人　ろんにん　高3ウ5

わ

わいざつ（猥雜）↓わいざふ
わいざふ
　猥雜　ワウサウ・ミダリカワシ　国4ウ3
わいろ
　賄賂　わいろ　高14ウ1
わうご
　往古　ワウゴ　国4ウ3
　往古　わうこ　高14ウ5
わうじやう
　王城　わうしやう　高15オ2
わうじやく
　往昔　ワウジヤク　国4ウ3
わうじやく
　尫弱　ワウジヤク　国4ウ3
　尫弱　ワウジヤク　東11オ3
　尫弱　わうしやく　高14ウ4
わうしよう（黃鐘）↓くわうしよう
わうとう（黃冬）↓くわうとう
わうばん
　垸飯　ワウハン　国4ウ3
　垸飯　ワウバン　東11オ3
わうらい
　往來　ワウライ　東11オ3
　↓ゆきき
わうわく
　誑或〔惑〕　ワウワク　国4ウ4
　誑惑　わうあく　高15オ1
わかさ
　若狹　ワカサ　東43オ1
わかし
　若　ワカシ　国4ウ5
　↓おいわかし（老若）
わかしゆ
　若衆　わかしゆ　高14ウ3
　↓わかしゆう
わかしゆう
　若衆　ワカシユウ　東11オ2
　↓わかしゆ
わかたう

若黨　ワカタウ　東11オ2
若堂〔黨〕　わかたう　高14ウ2
わかたか
黄鷹　ワカタカ　東39オ4
黄鷹　わかたか　高51ウ5
わかつ
分別　フンベツ・ワカツ　国12ウ3
↓しなじなにわかつ（差別）
わがてう
吾朝　ワカテウ　東11オ4
吾朝　わかてう　高14ウ5
わかな
若菜　ワカナ　東11オ4
わがふ
和合　ワカウ　東11オ2
和合　わかう　高14ウ2
わかん
和漢　ワカン　国4ウ4
和漢　わかん　高15オ2
わき
腋　わき　高57ウ2
わきあて
脇當　ワキアテ　東11オ5
脇當　わきあて　高55オ2
わきざし
脇差　ワキサシ　東11ウ1
腋差　高55ウ1
わきつめ

腋詰　ワキツメ　東11オ5
腋詰　わきつめ　高15オ1
わきまふ（辨）↓わきまへ
わきまへ
辨　ワキマヘ　東11オ3
辨　わきまへ　高14ウ3
わきまへすくふ
辨濟　ベンサイ・ハキマヘスクウ　国2ウ2
わく
億　わく　高51ウ2
わく
涌　ワク　国4ウ4
わく（分）↓わける
わける
隨分　ズイブン・ハケル　国21ウ5
わざと
態　ワサト　国4ウ4
わざはひ
災　わさわい　高14ウ5
わさび
葵〔山葵〕　わさひ　高60ウ2
わざん
和纔〔讒〕　ワサン　東11オ5
和纔〔讒〕　わさん　高14ウ5
わし
わし
和市　ワシ　国4ウ4

鷲　ワシ　東39オ5
鷲　わし　高51ウ4
わしす
鷲巣　わしす　高73ウ1
わする
亡〔忘〕卻　バウキヤク・ハスル　国1ウ4
忘　ワスル　国4ウ4
わすれがたく
難忘　ワスレカタク　東11オ3
↓わすれがたし
わすれがたし
難忘　わすれかたし　高14ウ4
↓わすれがたく
わた
緜　ワタ　国4ウ5
緜　ワタ　東11オ5
緜　わた　高14ウ1
わたがみ
緜嚙　はたかみ　高55ウ2
わたくし
私　ワタクシ　国4ウ4
私　わたくし　高15オ1
↓きみわたくし（公私）
わたしもり
渡守　ワタシモリ　東11オ4
渡守　わたしもり　高14ウ4
わたなべ

渡邊　わたなへ　高74オ3
わたぬき
四月一日　わたぬき　高73オ3
わたまし
移徙　ワタマシ　国4ウ3
移徙〔徙〕　ワタマシ　東11オ4
移徙〔徙〕　わたまし　高14ウ4
わたる
渡　ワタル　国4ウ4
八　わたる　高51ウ1
わだん
和談　ワダン　国4ウ3
和談　ワタン　東11オ2
和談　わたん　高14ウ2
わづか
纔　ワツカ　東11ウ1
僅　同（ワツカ）　東11ウ1
纔　わつか　高14ウ1
僅　同（わつか）　高14ウ1
→わづかに
わづかに
纔　ワヅカニ　国4ウ4
→わづか
わづらひ
煩　ワツライ　国4ウ4
煩　ワツライ　東11オ2
煩　わつらい　高14ウ1
わづらふ（煩）→わづらひ

わに
鰐　わに　高53ウ2
わにぐち
鰐口　ワニクチ　東11オ5
わびこと
侘言　ワヒコト　東11オ3
侘言　わひこと　高14ウ3
わびし
慘　ワヒシ・イタム　国4ウ5
わびびと
侘人　わひひと　高14ウ3
わぶ（侘）→わぶる
わぶる
侘　ワフル　国4ウ4
わぼく（和睦）→くわぼく
わゆう（和融）→くわゆう
わよ
和與　―ヨ　国4ウ3
和與　ワヨ　東11オ2
和與　わよ　高14ウ2
わら
藁　ワラ　東11ウ1
稾　わら　高14ウ5
わらはべ（童）→わらべ
わらひ
笑　わらい　高15オ1
→わらふ
わらび
蕨　わらひ　高60オ2
わらふ
笑　ワラウ　国4ウ4
→わらひ
わらべ
童　ワラベ　国4ウ5
童　ワラヘ　東11オ5
わらんべ（童）→わらべ
わりご
破籠　わりこ　高15オ1
われ
我　ワレ　国4ウ4
わん
椀　ワン　東11オ4
椀　わん　高14ウ3
わんれい
還禮　ワンレイ　東11ウ1

ゐ

ゐ
井　イ　東2オ4
ゐ
藺　い　高60ウ1
ゐ
亥　い　高75オ4
ゐきよく
委曲　イキヨク　東1ウ5

ゐくわう
　威光　イクワウ　東2オ1
ゐこん
　遺恨　イコン　国1オ2
　遺恨　ヰコン　国9ウ3
　遺恨　イコン　東1オ5
　遺恨　いこん　高2オ3
ゐさい
　委細　イサイ　国1オ3
　委細　イサイ　東1ウ5
ゐざる
　膝行　ヰサル　国9ウ3
ゐしゆ
　委趣　イシユ　国1オ3
ゐせい
　威勢　イセイ　国1オ3
　威勢　ヰセイ　国9ウ3
　威勢　イセイ　東1ウ4
　威勢　いせい　高2ウ1
ゐなか
　田舎　いなか　高2ウ5
ゐなかうど（田舎人）↓ゐなかびと
ゐなかびと
　田舎人　イナカヒト　東1ウ4
ゐねう
　圍繞　ヰネウ　国9ウ3
ゐのこづち
　牛膝　いのみつち　高60ウ1

ゐのしし
　豬　いのしし　高54オ2
ゐはい
　違背　イハイ・タガイソムク　国1オ2
　違背　―ハイ　国9ウ3
　違背　いはい　高2オ3
ゐはい
　位牌　イハイ　国1オ4
ゐへん
　違變　イヘン　国1オ2
　違變　いへん　高2オ3
ゐみぞ
　井溝　いみそ　高3オ5
ゐもり
　守宮　いもり　高62オ3
ゐらん
　違亂　イラン　国1オ2
　違亂　ヰラン　国9ウ3
　違亂　いらん　高2オ3
ゐる（居）↓かくれゐる（蟄居）
ゐるり
　圍爐裏　いるり　高3オ1
　↓ゐろり
ゐれい
　違例　イレイ　東1ウ1
　違例　いれい　高2オ5
ゐろり

　圍爐裏　イロリ　東1ウ5
　↓ゐるり
ゐんぐわいらう
　員外郎　いんくわらう　高67オ4
ゐんじゆ
　員數　イシユ　国1オ4
　員數　ヰンシユ　国9ウ3
　員數　インシユ　東1ウ2
　員數　いんじゆ　高3ウ1
ゐんずう（員數）↓ゐんじゆ
ゐんぜん
　院宣　インセン　東2オ2

ゑ

ゑか（會下）↓ゑげ
ゑかき
　繪書　エカキ　東35オ5
　繪書　ゑかき　高47オ1
ゑくぼ
　靨　ゑくほ　高57オ4
ゑげ
　會下　ヱ下　国14オ5
　會下　エケ　東35ウ1
　會下　ゑけ　高46ウ5
ゑしやく
　會釋　ヱシヤク　国14オ4
　會尺〔釋〕　エシヤク　東35オ4

ゑちご
越後　エチコ　東43オ2
ゑちぜん
越前　エチセン　東43オ1
ゑつちゆう
越中　エツチウ　東43オ2
ゑど
穢土　ヱド　国14オ4
ゑひくるふ
醉狂　スイキヤウ・ヱイクルウ　国21ウ4
ゑふ
醉　ヱフ　国14オ5
醉　ゑう　高46ウ3
↓よふ
ゑぶくろ
餌袋　ゑふくろ　高54ウ2
ゑんかう
遠行　ヱンカウ・トヲクユク　国14オ3
ゑんぎん
遠近　―キン・トヲキチカシ　国14オ3
遠近　ゑんきん　高47オ1
ゑんこう
猿猴　ゑんこう　高54オ5
ゑんごく（遠國）↓をんごく
ゑんざ
圓座　ヱンザ　国14オ3
圓座　エンサ　東35ウ1
圓座　ゑんさ　高46ウ5
ゑんじやく
圓寂　ヱンジヤク　国14オ4
圓寂　ゑんしやく　高47オ1
ゑんじゆ
槐　ゑんしゆ　高58ウ4
ゑんじよ
遠所　ヱンシヨ・トヲキトコロ　国14オ3
ゑんどう
園豆　ゑんとう　高61オ5
ゑんどう
遠藤　ゑんとう　高68ウ3
ゑんりよ
遠慮　ヱンリヨ　国14オ3
遠慮　ゑんりよ　高46ウ5
ゑんろ
遠路　エンロ　東35オ5
遠路　ゑんろ　高46ウ3

を

を
緒　を　高14オ4
を（尾）↓かしらを（首尾）
をか
岡　ヲカ　東10オ3
岡　をか　高13ウ3
岳　同（をか）　高13ウ3
をかざき
岡崎　をかさき　高71オ3
をがさはら
小笠原　をかさわら　高74オ2
をかさる
被侵　ヲカサル　東10ウ3
をかだ
岡田　をかた　高71オ2
をかべ
岡部　をかへ　高69ウ3
をがむ
禮拜　ライハイ・ヲガム　国8ウ5
參拜　―バイ・ヲガム　国15ウ1
拜　をかむ　高13ウ3
をぎ
荻　をき　高59ウ4
をきかべ（刑部）↓おさかべ
をきとる
呼取　をきとる　高54ウ3
をぐり
小栗　をくり　高69ウ5
をこぜ
鯖衡　をこせ　高53ウ2
をことあなづる
慠慢　ケウマン・ヲコトアナヅル

をさ　国11ウ4
　筬　ヲサ　東10ウ1
　筬　おさ　高13ウ1
をざき
　尾崎　をさき　高74オ4
をさむ
　納　ヲサム　国4ウ1
　収納　シユナウ・ヲサム　国18ウ5
　納　ヲサム　東10ウ4
をさめさだむ
　治定　ヂヂヤウ・ヲサメサダム　国3ウ1
をさめとる
　納収　おさめとる　高13オ2
をし
　鴛　ヲシ　東39ウ4
　鴛　をし　高52ウ2
　鴦　同（をし）　高52ウ2
をしどり（鴛）↓をし
をしふ（敎）↓をしゆ
をしむ
　悋惜　リンシヤク・ヲシム　国3ウ4
　惜　ヲシム　国4ウ2
をしゆ
　敎　ヲシユ　国4ウ2
をぜき
　尾寒〈塞〉　をせき　高74オ3

をち（越智）↓をつち
をぢ
　伯父　おち　高57ウ3
をちこち
　遠近　ヲチコチ　東10オ5
をちど（越度）↓をつど
をつきやう
　越境　―キヤウ　国4オ4
をつそ
　越訴　ヲツソ　国4オ4
をつち
　越智　おつち　高74オ3
をつど
　越度　ヲツド　国4オ4
　越度　ヲツト　東10オ1
　越度　おつと　高13オ1
をつねん
　越年　―ネン・トシヲコユル　国4オ4
　越年　ヲツネン　東10ウ2
　越年　をつねん　高13ウ5
をとこ
　男　ヲトコ　東10ウ4
をとり（雄）↓をんどり
をどる
　踊　をとる　高14オ2
をなづか（女塚）↓うなづか
をのでら

　小野寺　をのてら　高72ウ1
をば
　伯母　をば　高57ウ3
をはざま
　小間　をわさま　高71オ1
をばな
　蕙　をはな　高60ウ4
をはら
　小原　をわら　高69オ1
をはり
　終　ヲワリ　国4ウ2
　↓はじめをはり（始終）・をはる
をはり
　尾張　ヲハリ　東42オ3
をはる
　終　をわる　高13ウ5
　↓をはり
をひ
　甥　をい　高57ウ3
をぶせ
　小布施　をふせ　高72ウ1
をみなへし
　女郎花　おみなへし　高59ウ4
をみなめし（女郎花）↓をみなへし
をめく
　呼吠　をめく　高13オ5
をりかみ
　折紙　ヲリカミ　国4オ5

をりふし
折節　ヲリフシ　国4オ5
折節　ヲリフシ　東10ウ2
折節　をりふし　高14オ5
をる（折）↓つのををる（折角）
をわざま（小間）↓をはざま
ををな（鹽穴）↓しほな
をんごく
遠國　ヲンコク　東10オ4
遠國　おんこく　高13オ4
をんじ
遠志　おんし　高61オ3
をんでき
怨敵　ヲンテキ・アタノカタキ　国4オ3
をんどり
雄　をんとり　高52ウ4
をんな
女　ヲンナ　東10ウ4
をんねん
怨念　ヲンネン・アタニヲモフ　国4オ4
をんびん
穏便　ヲンビン・ヲタヤカナリ　国4オ3
穏便　ヲンヒン　東10ウ1
穏便　おんひん　高13ウ5
をんる

遠流　ヲンル　国4ウ1

三本総合漢字索引

三本総合漢字索引凡例

［採録の範囲］

一、国会本色葉字尽（略号「国」）・東大本伊呂波集（略号「東」）・高橋本色葉字（略号「高」）三本の標出語句全てを採録の対象とした。

一、但し、別筆書き入れは除外した。

［索引の形態］

一、索引見出しの漢字の次に、三本のいずれかに掲載されている、その漢字を含む漢字文字列を挙げ、次いで本の略号（国・東・高）、続いて所在（丁数、表裏、行数）を表示した。

一、漢字文字列の掲出に当たっては、各本に施されている傍訓、返り点、音合符・訓合符等の連読符、その他の訓点を省略した。

一、三本における漢字文字列が明らかに誤っている場合、その下に一般的な表記を山形括弧〈 〉に入れて示した。

一、三本における漢字文字列が誤りではなく、当時の文献に見られる通用現象・省画・増画である場合は、その下に一般的な表記を亀甲括弧〔 〕に入れて示した。

一、本文の文字が、虫損等で不明な場合は、その部分を□で示した。

一、東大本伊呂波集では、上の漢字を承けた「々」が使用されている。その場合、それが示す漢字を丸括弧（ ）に入れて示した。

［排列］

一、一つの見出しの内部における漢字文字列を排列する順番は、一字のものを初めに置き、字数の少ないものから多いものへ分類して並べた。二字以上のものの場合、見出し字が語頭に近いものを前に置いた。それぞれの内部は、見出し字以外で先頭にくる文字の、康熙字典における先後に従って排列した。

一、康熙字典に収載のない漢字（国字等）や、康熙字典の補遺・備考に収められてる漢字は、部首と画数により、排列・記載した。その際、当該部首の同画字数の諸字の末尾に置いた。

一、複数の本に同じ語句で同表記の項目が存する場合は、国、東、高の順に排列した。

一、〈〉と〔〕において示した一般的な表記にしたがったとき、複数の本の語句が同表記になる場合は、それらをまとめて、国、東、高の順に排列した。

［参照注記］

一、標出語句に使用されている漢字に、一般に使用される異体が存在する場合、そちらから検索できるように、空見出しを立てた。

［字体］

一、草体、異体、俗体が使用されている場合は、康熙字典に準拠して正体に改めた。但し、康熙字典と室町期通行の字体とに、大きな違いが見られる場合に、後者を採ったものもある。

一部

【一】

【丁】

【七】

【三】

不知山 高74オ1
不移時 東7オ4
不調法者 高33ウ1
【且】且 国5ウ5
且 高15ウ1
且々 東13オ2
且々 東13オ2
【世】世上 東37ウ5
世者 東15オ5
世路 東38オ2
世路 高50オ1
亂世 高24ウ4
巨世 高73オ2
拵世 東12ウ2
末世 東23ウ4
末世 高30ウ3
浮世 東20ウ1
渡世 高9オ5
當世 東15オ2
遁世 国2ウ5
遁世 東6ウ4
遁世 高8ウ2
世流布 国21オ2
世渡扉 国21ウ3
世度扉 高50オ4
世智辨 高50オ3
世知辯 国21ウ1
【丑】丑 高75オ4

【丙】丙 高75オ5
【丞】右太〔大〕丞 高63ウ3
左太〔大〕丞 高63ウ3

丨部

【个】一个條 高1ウ4
六个敷 高25ウ5
【中】中 高56オ1
中刺 高24オ1
中務 高64オ3
中匠 高64オ5
中夭 国3ウ2
中夭 高10ウ5
中將 高66ウ3
中春 高74ウ3
中書 高64オ3
中條 高71オ4
中澤 高69オ3
中絶 東7ウ5
中絶 高10オ1
中陰 東8オ2
侍中 高67ウ1
備中 東43ウ2
就中 東18ウ1
就中 高24オ2

懐中 国10オ5
懐中 高28オ5
折中 国21オ5
最中 国20ウ3
最中 東23ウ1
最中 高31オ2
洛中 国9オ2
洛中 高24ウ4
簾中 東15ウ4
簾中 高20ウ2
越中 東43オ2
途中 国3オ1
途中 東7オ3
途中 高9オ2
陳〔陣〕中 東8オ3
陣中 高10オ4
領中 高11ウ4
中納言 高63オ5
始中終 東33オ2
始中終 高45オ3
給事中 高63ウ1
中宮大夫 高64オ1
五月夜中山 高73ウ5
【串】串 高23オ4
串柿 東21ウ4
的串 高31オ3

丶部

【丸】石丸 高70オ1
筒丸 東7オ3
筒丸 高55オ1
【丹】丹後 東43オ4
丹波 東43オ4
丹羽 高74オ2
丹生屋 高71ウ4
伊丹見 高73オ4
【主】主 国8オ4
主 東9ウ1
主 高12オ3
主人 高46オ3
主客 高65オ2
主從 高45オ3
亭主 国14ウ2
亭主 東27オ1
亭主 高35オ5
名主 高42ウ5
庵主 東27ウ5
村主 高73ウ3
神主 東11ウ5
神主 高15ウ1
主殿頭 高65ウ5
主水頭〈正〉 高66オ3
主當令 高64オ1
主稅頭 高65オ4
主計頭 高65オ4

二部

亠部

人部

優免 国17ウ1
布免 高74オ5
損免 東16オ5
損免 高21オ4
赦免 高45ウ4
芳免 国1ウ3

【兔】
兔 高54オ1
兔葵 高61オ1
兔角 国3オ1
兔角 東6ウ3
兔角 高8ウ1
木兔 東39ウ2
木兔 高52ウ2

【兒】
可兒 高70オ2
鵜兒 高52オ1
鹿兒〔麑〕 高54オ3
兒手柏 高59オ3

入部

【入】
入唐 高6オ5
入國 東4ウ2
入國 高6オ5
入室 国2オ2
入御 東34オ1
入御 高44ウ4
入木 国19オ1
入滅 国2オ2
入滅 高6ウ3
入眼 国19オ1
入興 東34オ1
入興 高44ウ4
入部 国2オ2
入部 東4ウ1
入部 高6オ5
入院 高46オ2
入魂 高46オ4
一入 高47ウ2
亂入 東18ウ5
亂入 高24ウ3
初入 東33オ2
口入 国13ウ2
口入 東26ウ2
口入 高33ウ5
婿入 東20オ1
待入 高30ウ5
恐入 高13ウ2
恥入 高4ウ1
憑入 東15オ1
憚入 東3オ3
憚入 高4ウ1
痛入 高2ウ1
絶入 国21ウ1
進入 高43オ4
驚入 東10オ1
驚入 高12ウ5
入內島 高72オ2
強入部 東13ウ1
強入部 高16ウ2

【內】
內刀 高55オ5
內外 国8ウ2
內外 高23ウ5
內奏 東18オ5
內奏 高24オ5
內府 高63オ4
內歳〈戚〉 国8ウ2
內戚 高24ウ1
內書 高24オ5
內状 高24ウ1
內者 東18オ4
內藤 高70ウ4
內衣 東31ウ3
衲〔內衣〕 高41オ3
內裏 高20オ3
內訴 国8ウ2
內談 国8ウ2
內談 東18オ5
內談 高23ウ3
內性〈證〉 高23ウ3
內儀〔議〕 高23ウ3
內通 東18ウ1
參內 国15ウ1
境內 国12オ3
大內 高20オ4
大內 高68オ4
屋內 東22ウ3
山內 高69オ4
案內 東27ウ3
案內 高36ウ1
河內 東41ウ5
郡內 東21ウ2
領內 東9オ1
內匠頭 高64オ5
內大臣 高63オ4
內膳正 高66オ1
內藏頭 高64オ2
入內島 高72オ2
大內記 高63ウ5
宮內卿 高65ウ3
無案內 東25ウ5
無案內 高33オ4

【全】
全 国11オ2
全分 国21オ2
全盛 東38オ3
木全 高69ウ2

【兩】
兩使 高12オ1
兩度 高11ウ4
兩方 東9オ3
兩方 高11ウ4
兩種 高11ウ5
兩三種 高12オ1

八部

冂部

到來 東15オ4
到來 高19ウ5
僚到〈倒〉 高14オ1
著到 国3ウ2
著到 東8オ1
著倒〈到〉 高10オ2
【制】制 国21ウ3
制 高9ウ3
制札 東37ウ1
制札 高49ウ1
制法 国21オ4
禁制 国17オ1
禁制 東30オ4
禁制 高39ウ3
【券】券〈劵〉 高30オ5
新券 国18オ2
沽券 東20オ4
沽券 高26ウ2
質券 国18オ3
【刺】中刺 高24オ1
【剃】剃刀 高15ウ2
髮剃刀 東12オ1
【則】則 東39オ1
則 高27ウ2
則 高50ウ4
則武 高70オ5
夷則 高75オ1
【削】削 国12オ3

削 東24ウ2
【剋】剋々 国13ウ5
剋々 国13ウ5
卽剋 国7ウ4
數剋 国22オ1
數剋 東38ウ5
時剋 国18ウ1
時剋 東33オ1
漏剋博士 高64オ5
【前】前後 国21オ1
前後 東37ウ4
前後 高49ウ4
前田 高73オ2
以前 高2ウ5
備前 東43ウ2
夜前 東22ウ3
夜前 高29ウ4
庭前 国14ウ2
御前 国13オ2
最前 国15ウ3
最前 高38オ3
生前 東33オ3
眼前 国5ウ3
筑前 東44オ3
肥前 東44オ3
豐前 東44オ4
越前 東43オ1
門前 国20ウ1

門前 東37オ3
前代未聞 東37ウ4
【剗】剗 高35オ3
【剛】剛者 高17オ5
【剝】剝取 東3オ5
剝取 高5オ1
【剩】剩 国15オ5
剩 高36ウ3
【副】副 国7ウ5
副狀 東16ウ3
副狀 高21ウ2
【割】割符 国15ウ5
割符 東28ウ1
割符 高37オ4
校割 東13オ5
【創】草創 国16オ1
【劇】亂劇 東19オ4
亂劇 高25オ3
悤劇 国7ウ1
悤劇 東16オ5
悤劇 高21オ3
【劍】劍 東17オ2
寶劍 東5ウ1
插〈擁〉劍 東41オ1
插〈擁〉劍 高53ウ1

力部

【力】力者 東8ウ5
力革 東8オ4
力革 高11オ4
努力 国17ウ2
勢力 国21オ4
合力 国5オ3
強力 国5オ2
微力 国20オ1
念力 国8オ5
念力 東18オ2
戒力 東12ウ5
有力 東20オ5
有力 高26ウ2
氣力 国16ウ4
無力 国12ウ2
無力 東25ウ2
無力 高33オ1
與力 東13ウ5
三合勹 東12ウ5
【功】功德 国9ウ5
功能 国9ウ5
功能 高29オ2
勳功 高28ウ5
阿功田 高72オ1
【加】加 国10オ5
加之 国19ウ2
加之 高46オ3
加增 高17オ2

加減　東11ウ4
加減　高15ウ4
賀〈加〉藤　高68ウ3
加護　国5オ3
加賀　東43オ1
冥加　国17ウ5
冥加　東32オ1
冥加　高42オ5
奉加　高7ウ3
加下知　東24ウ3
【劣】劣　高13ウ4
下劣　高32オ5
【助】助　国6ウ5
助成　国18ウ3
助成　東34ウ1
助成　高45ウ1
助教　高64ウ3
大學助　高64ウ2
【努】努力　国17ウ2
努々　東31オ5
努々　高40ウ5
努々　東31オ5
努々　高40ウ5
【劫】劫多　東10ウ3
劫多敷　高14オ2
【勁】勁弓　高22オ3
【勇】勇　東2オ5
勇　高3ウ1
勇士　高18オ2
【勒】勒　高14オ4
勒〈卻〉　高56オ1
【動】動　国9ウ1
動　国10ウ3
動　高29ウ4
動亂　国2ウ5
騷動　国16オ5
騷動　高21ウ2
御動座　高34ウ2
↓〔働〕
【勘】勘　東12オ1
勘　高37オ3
勘定　国5ウ2
勘定　高16ウ4
勘料　東12オ2
勘状　国5ウ2
勘當　国5ウ2
勘當　東13オ2
勘辨　高17オ4
勾勘　高66ウ2
勘解由　高66ウ2
【務】中務　高64オ3
公務　国9ウ5
各務　高74オ5
所務　国18ウ2
所務　東33オ2
所務　高43ウ2
直務　高10ウ1
社務　東35オ2
【勝】勝　国22オ3
勝田　高74オ5
勝負　国19オ3
勝負　高44オ3
乘勝　東13オ1
乘勝　高16オ2
殊勝　国19オ1
殊勝　東33ウ1
殊勝　高46オ1
【勞】勞　東2オ4
勞敷　国1オ4
心勞　国18オ2
疲勞　高47ウ2
辛勞　東33オ1
【勢】勢力　国21オ4
勢揃　東37オ5
勢遣　東37ウ1
勢遣　高49オ5
伊勢　東42オ3
威勢　国1オ3
威勢　国9ウ3
威勢　東1ウ4
威勢　高2ウ1
御勢　国16ウ3
無勢　国12ウ2
猛勢　東23ウ1
猛勢　高30ウ3
筆勢　国20オ3
筆勢　高48オ3
語勢　東12ウ1
諸勢　東34オ2
諸勢　高44ウ5
軍勢　国10オ3
軍勢　東21オ5
軍勢　高27ウ3
【懃】懃〔勤〕仕　東30ウ4
懃〔勤〕厚　東31オ1
懃厚　高40ウ3
參懃〔勤〕　国15ウ1
忠懃〔勤〕　高11オ3
【勳】勳功　高28ウ5
【勵】勵　国2オ1
勵　高4ウ1
【勸】勸　国22オ3
勸進　国10オ2
勸進　東21ウ1
勸進　高28オ2

勹部

【勾】勾引　高48オ5
勾勘　高66ウ2
【匆】匆論　国20ウ2
匆論　東36ウ5

勿論 高48ウ3
物〔勿〕體 国20ウ2
無勿體 東36ウ4
無勿體 高48ウ4
【勺】勺 東4ウ4
勺 高6ウ2
【包】包 東17オ3
包 高22ウ2
包丁 東4オ3
押包 高14オ3

匕部

【匕】匕 高56オ5
【化】化 高14オ3
教化 国11ウ4
【北】北村 高70オ2
北破 東7オ5
北絹 高7オ1

匚部

【匠】匠作 高66ウ2
中匠 高64オ5
名匠 国17ウ4
名匠 高41ウ5
學匠 東11ウ4
宗匠 国7ウ2
宗匠 東16ウ1
宗匠 高21オ4
師匠 国18ウ1
師匠 高45オ3
番匠 東3オ2
鷹匠 高54ウ3
内匠頭 高64オ5

匸部

【區】區 国11オ2

十部

【十】十 高51ウ1
十月 高75オ2
十一月 高75オ3
十二月 高74ウ1
十二月 高75オ3
五十君 高73オ3
五十子 高70ウ4
五十島 高72ウ4
五十嵐 高70ウ3
無十方 東6ウ3
五十鈴河 東1ウ3
【千】千 高51ウ2
千石 高70オ3
千秋 高71ウ5
千鳥 東40オ2
手〈千〉鳥 高52ウ1
二千石 高68オ1
【廿】廿六 高69ウ1
【升】升 東24オ1
【午】午 高75オ4
端午 高62ウ2
端午 高74ウ5
【半】半 国8ウ4
半 東18ウ3
半 高24オ5
半分 東3オ4
半分 高4ウ4
半濟 国1ウ3
半首 東3ウ3
半首 高55オ3
半齊〔齋〕 高4ウ5
夜半 東22ウ5
夜半 高30オ1
【卑】卑下 国19ウ5
尊卑 国7ウ1
【卒】卒爾 東16ウ1
卒爾 高21オ3
【南】南呂 高75オ1
南條 高72ウ5
南鐐 高61ウ3
指南 国18オ3
指南 東33ウ2
指南 高44オ5
【博】博奕 国1ウ4
博奕 東3オ2
薄〈博〉奕 高5オ1
算博士 高64ウ5
音博士 高64ウ5
天文博士 高64オ4
律學博士 高64ウ4
文章博士 高64ウ3
明法博士 高64ウ4
漏剋博士 高64オ5
算學博士 高64ウ5

卜部

【卜】卜 国9ウ2
【占】占 高26ウ5

卩部

【卯】卯 高75オ4
卯月 高74ウ4
【印】印 東10ウ4
印 高13ウ1
印卷 高74ウ1
印可 国1オ1
印可 高3オ1
印治 国1オ1

印治　高3オ3
【却】↓〔卻〕
【巻】々（巻）染　東23ウ4
巻數　高28オ1
巻物　東23ウ4
巻物　高31オ1
印巻　高74ウ1
小巻　高71オ5
横巻　高69ウ2
腹巻　高55オ1
逆巻　高69ウ3
鉢巻　東3ウ4
鉢巻　高55オ3
【卻】勒〈卻〉　高56オ1
亡〔忘〕卻　国1ウ4
忘卻　高5ウ4
沽卻　国13オ3
沽卻　東26ウ3
沽卻　高34オ1
追卻　国8オ1
【卽】卽　国22オ3
卽　東39オ1
卽剋　国7ウ4
卽時　国22オ1
卽時　東16オ5
卽時　高21オ2
【卿】公卿　高28ウ1
兵部卿　高65オ5
司農卿　高65ウ3
大常卿　高63オ2
大府卿　高65ウ2
大藏卿　高65ウ2
宮内卿　高65ウ3
形〔刑〕部卿　高65ウ1
民部卿　高65オ3
治部卿　高65オ1
大卿李部〈李部大卿〉　高64ウ1
大卿李部〈李部大卿〉　高64ウ1

厂部

【厚】厚　国15オ5
厚紙　高37オ2
懃〔勤〕厚　東31オ1
勤厚　高40ウ3
【原】原田　高72オ3
奴原　国10ウ2
奴原　東22ウ5
奴原　東23オ1
奴原　高29ウ5
小原　高69オ1
杉原　東38ウ3
杉原　高51オ1
梶原　高71オ5
河原　高73オ2
瓶原　高74オ1
河原毛　東41ウ2
河原毛　高16ウ2
小笠原　高74オ2
粟飯原　高69オ5
【厭】厭　東2オ5
厭　高2ウ2

厶部

【去】去年　東30ウ2
去年　高40オ2
去比　東28ウ5
去比　高38オ2
乍去　東29ウ1
死去　東34オ2
死去　高46ウ1
逝去　東38オ1
遠去　高9オ2
難去　東29ウ1
難去　高38オ2
【參】參　国11オ3
參内　国15ウ1
參懃〔勤〕　国15ウ1
參合　東23ウ2
參合　高30ウ4
參拜　国15ウ1
參會　国15ウ1
參河　東42オ4
參籠　東29オ3
參籠　高38オ5
參著　国15ウ1
參行　国15ウ1
參詣　国15ウ1
々（參）詣　東29オ3
參詣　高38オ4
參賀　国15ウ1
人參　高61ウ1
烈〔列〕參　国7オ3
烈〔列〕參　東15ウ5
烈〔列〕參　高20ウ3
持參　高10ウ2
推參　国22オ2
推參　東38ウ1
推參　高50ウ2
々（當）參　東15オ3
社參　国18オ1
社參　東34オ3
苦辛〔參〕　高60オ3
見參　国11オ4
見參　東24ウ5
遲參　東8ウ1
降參　国5オ2
降參　東12ウ2

降參 高16オ1
以參上 高38オ4

又部

【又】兼又 国5ウ4
若又 東36ウ3
【及】及行 高35ウ5
【友】友田 高69オ1
交友 国5オ2
舊友 東30ウ5
【反】反 国7ウ5
反別 高19オ2
反古 国2オ4
小反刀〈刃〉 高55オ5
【取】取 高8ウ1
取乱 高8ウ5
取亂 東7オ1
取亂 高8ウ5
取失 東7オ1
取失 高8ウ3
取帳 国3オ1
取廻 東7オ5
取廻 高9オ5
取放 東7オ1
取放 高9オ3
取散 東6ウ4
取散 高8ウ3
取續 東7オ2
取續 高9オ3
取退 東6ウ4
取靜 東7オ1
取靜 高9オ3
乘取 高27ウ2
剝取 東3オ5
剝取 高5オ1
呼取 高54ウ3
奪取 国9オ5
奪取 東20オ4
搦取 国5ウ4
搦取 東12オ3
搦取 高15ウ3
杣取 高21ウ4
討取 高26ウ3
請取 東20オ4
請取 高26オ4
責取 国21ウ2
鬮取 高29オ2
不取敢 東6ウ5
不取敢 高8ウ2
【受】受領 国19オ2
毛受 高73ウ2
納受 国8ウ3
【叛】謀叛 国9オ3
謀叛 東19ウ4
謀叛 高25ウ5
【叡】叡感 国14オ2
叡慮 国14オ2

口部

【口】口入 国13ウ2
口入 東26ウ2
口入 高33ウ5
口宇〈口才・宏才〉 高34オ3
口惜 国10オ5
口惜 東21ウ3
人口 東34オ4
人口 高45ウ2
利口 東9オ3
利口 高11ウ1
惡口 国15オ1
惡口 高36ウ4
虎口 高34ウ2
閉口 国2オ5
閉口 高8オ1
鰐口 東11オ5
口惜敷 高28オ5
以口上 東26ウ2
打口解 高26ウ4
【古】古舊 国13オ3
古田 高70オ4
反古 国2オ4
往古 国4ウ3
往古 高14ウ5
稽古 国11ウ2
稽古 東24オ4
稽古 高31オ5
古尾谷 高72オ3
【句】發句 高7オ4
秀句 国18ウ2
結句 国11ウ5
結句 東24ウ1
結句 高32オ3
【叩】叩 国7オ1
【只】只今 国6ウ6
只懸 高73ウ4
【召】召 国17ウ4
召人 高41ウ1
召仕 高41ウ3
召出 高41ウ3
召寄 高41オ5
召捕 高42オ1
召放 高41オ5
召符 高41ウ5
召籠 高41ウ1
召籠 国17ウ4
召〔招〕請 高35ウ3
思召 高12ウ5
【可】可兒 高70オ2
印可 国1オ1

印可 高3オ1
【史】外史 高63ウ2
監門衛事〈史〉 高67オ2
都督長史〈史〉 高67ウ5
【右】右府 高63オ3
右筆 高41オ3
左右 国16オ4
右太〔大〕丞 高63ウ3
右大臣 高63オ3
右大辨 高63ウ3
平右馬 高71ウ1
左右馬頭 高67オ4
爲左爲右 東7ウ2
左右京大夫 高66オ4
左右兵衛佐 高67オ3
左右兵衛尉 高67オ3
左右兵衛督 高67オ2
左右衛門佐 高66ウ5
左右衛門尉 高67オ1
左右衛門志 高67オ1
左右衛門督 高66ウ5
左右衛門府生 高67オ2
【叶】叶 東11ウ5
叶 高15オ3

【司】司 東17オ2
司 高22オ4
司業 高64ウ2
司直 高65ウ1
司酒 高66オ2
司馬 高67ウ3
國司〈子〉 高64ウ3
司農卿 高65ウ3
所司代 東33オ5
都督司馬 高67ウ5
【各】各別 国5ウ3
各別 高15ウ4
各務 高74オ5
【合】合力 国5オ3
合壁 国5ウ5
合壁 東13オ4
合壁 高17オ2
合宿 東12オ5
合宿 高16オ2
合戰 国5オ3
合戰 東12ウ2
合戰 高15ウ4
合昏 高59オ2
似合 高6ウ3
參合 東23ウ2
參合 高30ウ4
和合 東11オ2
和合 高14ウ2

寄合 東13ウ4
寄合 高17ウ1
差合 国16オ5
引合 東36オ3
引合 高47ウ3
恰合 国5ウ5
指合 東28ウ4
指合 高37ウ5
會合 国10オ3
會合 東21ウ5
會合 高28ウ4
校合 国11ウ5
毆合 東15オ5
府〔符〕合 国12オ5
落合 高73オ5
談合 東14ウ3
談合 高18ウ3
請合 東20オ3
都合 国8オ1
都合 高23オ4
々〔香〕合 東13オ3
香合 高16ウ5
三合力 東12ウ5
百合草 高59ウ5
總都合 東16ウ3
【吉】吉兆 国17オ3
吉凶 国17オ4
吉慶 国17オ3

吉田 高69ウ4
【同】同僚 高8ウ5
同心 東7オ2
同心 高9オ1
同朋 東7オ1
同罪 国2ウ4
同罪 高9ウ1
同道 東7オ2
同道 高9オ1
同音 東7オ3
同類 東6ウ3
同類 高8ウ3
四同 高55ウ5
同士討 高9ウ4
偕老同穴 東13ウ1
【名】名主 高42ウ5
名乗 東18オ4
名乗 高23ウ4
名人 高41ウ4
名代 高42ウ4
名利 高42ウ3
名匠 国17ウ4
名匠 高41ウ5
名字 東32オ1
名所 国17ウ4
名染 高24オ2
名殘 国8ウ3
名殘 東18オ4

名殘　高23ウ3
名物　高41ウ4
名聞　国17ウ5
名聞　高42ウ3
名號　高42ウ5
名譽　国17ウ4
名譽　高41オ5
名醫　高41ウ4
交名　国11ウ4
交名　東24ウ5
假名　国12オ2
假名　高32ウ1
大名　高20オ1
山名　高68オ3
虚名　国17オ4
虚名　東30オ5
虚名　高39ウ4
高名　国5オ1
高名　東12ウ1
高名　高15ウ5
名大將　高41ウ5
海老名　高73ウ2
【吏】都督長吏〈史〉　高67ウ5
【吐】咄〈吐〉　高6オ3
【向】向　東19ウ4
向　高25ウ5
向後　高40オ3

向背　国17オ3
一向　東1オ3
一向　高1オ4
下向　国11ウ4
下向　東24ウ3
下向　高31ウ4
出向　高2ウ2
影向　高30オ2
日向　東44オ4
發向　国1ウ5
發向　東3ウ3
發向　高5オ5
【君】五十君　高73オ3
【呑】呑　高27ウ1
【吠】吠　国2オ4
呼吠　高13オ5
【否】安否　東28オ1
實否　国18オ3
實否　東34オ4
實否　高45オ2
【含】含愁訴　東33オ4
【听】听　高40ウ2
【吹】吹擧　国21ウ4
吹毛　国21ウ4
吹毛求疵　国12オ2
【吼】吼　高7ウ3
【吾】吾分　高35オ2
吾妻　高73オ4

吾朝　東11オ4
吾朝　高14ウ5
金吾衞將軍〈金吾將軍〉　高66ウ5
金吾校尉　高67オ1
金吾大將軍　高66ウ5
金吾衞將軍〈金吾將軍〉　高66ウ5
【告】告　国8オ3
告　高22オ4
告來　東17オ4
【呂】風呂　東25ウ4
風呂　高33オ3
仲呂　高74ウ4
南呂　高75オ1
【周】周　国17ウ4
周章　東34ウ4
周防　東43ウ3
【呪】禁呪　高31オ1
【味】味噌　東32オ2
味噌　高42ウ2
味方　高42ウ4
味鏡　高73オ5
一味　東2オ5
一味　高1オ3
氣味　国16ウ4
【呼】呼取　高54ウ3
呼吠　高13オ5

【命】命葉　国17ウ3
壽命　国19オ2
存命　東16オ3
存命　高21オ3
貴命　高40ウ3
運命　国9オ5
運命　高26ウ5
露命　高4オ4
喝命續　東12オ4
【咄】咄〈吐〉　高6オ3
【和】和　高29ウ1
和合　東11オ2
和合　高14ウ2
和市　国4ウ4
和泉　東41ウ5
和漢　国4ウ4
和漢　高15オ2
和睦　国10オ4
和睦　東21オ4
和睦　高27ウ5
和與　国4ウ3
和與　東11オ2
和與　高14ウ2
和融　高27ウ5
和談　国4ウ3
和談　東11オ2
和談　高14ウ2
和纔〔讒〕　東11オ5

在家 高38ウ3
在所 国15ウ4
在所 東29ウ1
在荘 国15ウ4
在荘 東29オ4
在陣 東29オ5
在陣 高38ウ1
如在 国18ウ3
如在 東32ウ5
如在 高43ウ3
在京人 東29オ1

【地】
地下 東8オ5
地下 高10オ5
地徳〔得〕 東8ウ1
地徳〔得〕 高10ウ4
地〈馳〉走 高10ウ3
地震 高11オ4
地頭 国3オ4
地頭 東8オ4
地頭 高10オ5
本地 高7オ3
白地 高36ウ5
築地 国8オ2
築地 東17オ4
築地 高22ウ1
陸地 東2ウ3
伊地知 高69オ3
無主地 東19ウ4

【圮】
圮 高23オ3

【坂】
坂 東29ウ3
坂 高68ウ5
坂井 高68ウ5
坂越 高73オ2
坂迎 高37ウ1
津坂 高74オ5

【均】
均等 東31オ2
平均 国2オ5
平均 東6オ3

【坏】
坏 高37ウ4
恩坏 国4ウ1

【坐】
坐 国7ウ5
坐禪 国16オ5

【坪】
坪 高22ウ4

【垂】
直垂 国20オ4
直垂 東36オ1
直垂 高47ウ1

【垜】
垜 高56オ2

【垢】
垢離 高35オ3

【垣】
垣屋 高70オ3
垣衣 高59ウ3

【垪】
垪和 高73ウ3

【垸】
垸飯 国4ウ3
垸飯 東11オ3
茶垸 国3ウ2
↓〔碗〕

【埋】
埋木 東20ウ1

【城】
城 高74オ3
城戸 高73ウ1
城墎〔郭〕 東33ウ2
城槨〔郭〕 高46オ3
傾城 東24ウ4
山城 東41ウ5
王城 高15オ2
城門郎 高63ウ5

【埒】
埒 高25オ2
埒外 国9オ2
放埒 国1ウ3
放垺〔埒〕 東4オ4
結垺〔埒〕 東19オ2

【㙈】
㙈〈塘〉 高22ウ1

【埴】
埴谷 高73ウ3

【執】
執奏 高43ウ1
執心 東34ウ3
執著 東34ウ4
偏執 東6オ3

【堀】
堀 東5ウ3
堀 高7オ5
堀田 高71オ4

【堂】
若堂〔黨〕 高14ウ2

【堅】
堅 東13オ3
堅固 国11オ4
堅田 高71オ5

【堆】
堆朱 高22ウ4

【堋】
堋 高56オ2

【堤】
堤 高22ウ1

【堪】
堪忍 東12オ1
堪忍 高15オ5
難堪 国8ウ2
難堪 高23ウ4

【堰】
堰 国21ウ3
堰 高50オ4

【報】
報謝 国2オ3
尊報 東16ウ4
尊報 高21ウ3
御報 国13オ2
果報 国10オ4
果報 東21ウ1
返報 東6オ4
返報 高7ウ5

【場】
戰場 国21ウ2
戰場 東37ウ3
道場 高18ウ4
馬場 高6オ3
馬場 高70オ5

【堵】
安堵 国15オ1
安堵 東27ウ3
安堵 高36オ5

【堺】
堺 高37オ5

【塊】
土塊 東17ウ2

【塗】
塗 国4オ1
塗 東9オ5
涂〈塗〉籠 高12オ4

見出し	語	出典
	壁塗	東12ウ2
	壁塗	高16オ4
【塘】	埦〈塘〉	高22ウ1
【塙】	塙	高69オ4
【塚】	塚	東17オ3
	塚	高22オ5
	塚本	高72オ5
	大塚	高69オ3
	女塚	高74ウ1
	肥塚	高73オ1
【塞】	塞	国13オ1
	尾寒〈塞〉	高74オ3
【塵】	塵	国3ウ3
	塵	東8ウ3
	塵	高10ウ1
	六塵	高4オ2
【境】	境	国16ウ2
	境	東28ウ1
	境	高37オ5
	境内	国12オ3
	越境	国4オ4
【墎】	城墎〔郭〕	東33ウ2
【墓】	無墓	国1ウ5
【墜】	失墜	東33ウ1
	失墜	高44オ5
【增】	增	国11オ2
	增	東24オ2
	增	高30ウ5
	增分	東16ウ1
	加增	高17オ2
	有增	東27ウ3
	淺增	東27ウ4
	荒增	高36ウ1
【墨】	墨	国22オ2
	墨	高50ウ3
	墨斗	高57オ1
	筆墨	国20オ3
【墮】	落墮	国9オ1
	落墮	高25オ4
【壁】	壁塗	東12ウ2
	壁塗	高16オ4
	辟〔壁〕書	国2ウ1
	壁書	東6オ2
	壁書	高7ウ4
	合壁	国5ウ5
	合壁	東13オ4
	合壁	高17オ2
【壙】	壙	高31オ3

士部

見出し	語	出典
【士】	勇士	高18オ2
	好士	東12ウ3
	武士	国12ウ3
	武士	東25ウ1
	武士	高33オ1
	武士	高48ウ5
	貢士	高65オ1
	進士	高65オ1
	同士討	高9ウ4
	直學士	高64ウ4
	算博士	高64ウ5
	音博士	高64ウ5
	天文博士	高64オ4
	律學博士	高64ウ4
	文章博士	高64ウ3
	明法博士	高64ウ4
	東宮學士	高66ウ1
	漏剋博士	高64オ5
	算學博士	高64ウ5
【壬】	壬	高75オ5
【壷】	壷	東17オ3
	壷	高22ウ2
	挈壷	高64オ5
【壹】	壹岐	東44オ5
【壽】	壽命	国19オ2

夊部

見出し	語	出典
【夏】	季夏	高74ウ5

夕部

見出し	語	出典
【夕】	夕暮	東31ウ2
	七夕	高62ウ2
	昨夕	国16オ4
	朝夕	高35ウ5
【外】	外	高56オ2
	外人	東21オ4
	外人	高27ウ5
	外侍	東7ウ1
	外侍	高9ウ3
	外曲〔典〕	国11ウ4
	外史	高63ウ2
	外戚	国11ウ4
	外戚	高32オ5
	外方	東6ウ4
	外方	高9オ3
	外様	高9オ4
	外聞	国10オ3
	外聞	高28オ1
	外記	高63ウ2
	以外	東36ウ3
	以外	高48ウ3
	內外	国8ウ2
	內外	高23ウ5
	埒外	国9オ2
	存外	東16ウ2
	存外	高21ウ1
	平外	国2オ5
	慮外	国3ウ5
	慮外	東9オ1

大部

名大將　高41ウ5
左太〔大〕丞　高63ウ3
左大臣　高63オ3
左大辨　高63ウ3
大卿李部〈李部大卿〉　高64ウ1
大宰大貳　高67ウ5
大宰小〔少〕貳　高67ウ5
皇太子大傅〈太子大傅〉　高66オ5
大〔太〕政大臣　高63オ2
大膳大夫　高65ウ3
中宮大夫　高64オ1
修理大夫　高66ウ2
大宰大貳　高67ウ5
大〔太〕政大臣　高63オ2
大膳大夫　高65ウ3
式部大輔　高64ウ1
大卿李部〈李部大卿〉　高64ウ1
東宮大夫　高66オ5
武衞大將軍　高67オ2
金吾大將軍　高66ウ5
左右京大夫　高66オ4

皇太子大傅〈太子大傅〉　高66オ5
【天】天井　国14ウ1
天役　国14ウ1
天氣　国14ウ1
天氣　東27オ2
天目　東27オ1
天目　高35ウ2
天罰　国14ウ1
天罰　高35ウ5
仰天　国17オ2
早天　高38ウ2
炎天　国14オ4
炎天　高46ウ4
【太】太　高5オ3
太刀　高55オ4
太夫　高68オ1
太布　高20オ2
太平　東14ウ1
太平　高18オ5
太〔大〕橋　高71オ1
太〔大〕略　国6オ5
太〔大〕西　高69ウ2
太〔大〕高　高68ウ4
太鼓　東15オ2
太鼓　高19オ3
莫太〔大〕　国1ウ4
莫太〔大〕　東3オ1

莫太〔大〕　高4ウ2
葉太　高73ウ3
右太〔大〕丞　高63ウ3
左太〔大〕丞　高63ウ3
皇太子大傅〈太子大傅〉　高66オ5
太子小〔少〕尹　高66オ5
太子賓客　高66ウ1
大〔太〕政大臣　高63オ2
皇太子大傅〈太子大傅〉　高66オ5
【天】天文博士　高64オ4
【夫】夫賃　東25ウ3
夫賃　高33オ2
夫馬　高69ウ1
人夫　東4ウ2
人夫　高6ウ1
凡夫　東5オ5
婦夫　高42オ2
太夫　高68オ1
蜜〔密〕夫　高58オ1
工夫　高29オ1
中宮大夫　高64オ1
修理大夫　高66ウ2

大膳大夫　高65ウ3
東宮大夫　高66オ5
左右京大夫　高66オ4
【夭】中夭　国3ウ2
中夭　高10ウ5
【失】失　東4ウ5
失墜　東33ウ1
失墜　高44オ5
失念　国18オ3
失念　東34オ3
失錯　東34ウ4
失食　東34オ2
失食　高45オ1
取失　東7オ1
取失　高8ウ3
擽失　東37オ1
燒失　東22ウ2
紛失　国12ウ4
追失　東10オ3
追失　高13オ3
【夷】夷則　高75オ1
【夾】挾〔夾〕鐘　高74ウ3
【奇】奇特　国16ウ3
奇特　東30オ2
奇特　高39オ5
奇瑞　国16ウ4
奇麗　国17オ4
寄〔奇〕麗　東31オ1

女部

子部

調子 高36オ1
賣子 高31オ2
銚子 高35ウ4
鑞〈鑷〉子 高32ウ2
鑵子 高29オ5
養子 東22ウ4
鳥子 高9ウ3
拍子物 東4オ1
羽子板 東4オ1
羽子板 高5ウ5
五十子 高70ウ4
安孫子 高72オ2
御曹子 高14オ5
木槵子 高58ウ3
烏帽子 東35オ5
烏帽子 高46ウ3
白拍子 東33ウ3
白拍子 高44ウ1
見子〈胡鬼子〉 高34ウ5
蒲穂子 高53ウ4
襖障子 東26オ2
覆盆子 高60オ4
零餘子 高61オ1
零餘子 東20オ1
皇太子大傅〈太子大傅〉 高66オ5
太子小〔少〕尹 高66オ5
太子賓客 高66ウ1
柑子栗毛 東41オ5
皇太子大傅〈太子大傅〉 高66オ5

【孔】孔雀 東40オ3
孔雀 高52オ1

【孕】孕 高6オ3

【字】名字 東32オ1
文字 東37オ1
文字 高48ウ5
梵字 高7オ3
眞字 東23ウ1
眞字 高31オ3

【存】存分 高21ウ1
存命 東16オ3
存命 高21オ3
存外 東16ウ2
存外 高21ウ1
存知 国7ウ2
恨存 国9ウ1
悦存 国6オ4
所存 国18ウ3

【孚】孚 東4オ2
孚 高5オ5

【孝】孝行 国5オ2
孝養 国12オ1
不孝 国12オ4
先孝〔考〕 国21オ1

【孟】孟冬 高75オ2

【季】季夏 高74ウ5
節季 東37ウ3

【孤】孤 東36オ4

【孫】孫 高57ウ4
嫡孫 国3ウ1
子孫 東33オ3
玄孫 高57ウ4
安孫子 高72オ2

【學】學 高31オ1
學匠 東11ウ4
學問 国5ウ3
學文 高15オ4
學頭 東11ウ4
後學 国13オ4
才學 国15ウ5
文學 国12ウ3
疎學 高21ウ5
碩學 国21オ5
大學助 高64ウ2
大學頭 高64ウ2
直學士 高64ウ4
律學博士 高64ウ4
算學博士 高64ウ5
東宮學士 高66ウ1

宀部

【宅】宅 高2オ5
三宅 高70ウ2
住宅 東8オ5
住宅 高10ウ2
安宅 高69オ5
歸宅 東30オ3
私宅 高46オ3

【宇】宇佐見 高70オ4

【守】守 国11オ2
守宮 高62オ3
守護 国19オ2
守護 東33ウ1
守護 高44オ5
大守 高67ウ2
渡守 東11オ4
渡守 高14ウ4
留守 国4オ2
留守 東9ウ3
留守 高12ウ3
關守 国21オ5
關守 東37ウ1
諸國守 高67ウ2

【安】安 国10ウ3
安 高29ウ2
安事 東23オ1
安否 東28オ1
安堵 国15オ1

安堵　東27ウ3
安堵　高36オ5
安宅　高69オ5
安富　高70ウ5
按排　国14ウ5
安房　東42オ5
安樂　国14ウ5
安樂　東28オ1
安穩　国14ウ5
安穩　高36ウ1
安藝　東43ウ3
安藤　高69ウ5
心安　国13ウ4
目安　高42オ1
諸安　東17ウ3
安孫子　高72オ2
【宇】口宇〈口才・宏才〉　高34オ3
【宏】宏才　国13ウ2
口宇〈口才・宏才〉　高34オ3
【宗】宗匠　国7ウ2
宗匠　東16ウ1
宗匠　高21オ4
唱門宗　高46オ2
香宗我部　高72ウ5
【官】管〔官〕途　国10オ2
代官　国6ウ2
代官　東15オ3
代官　高19オ3
莊官　国19ウ1
被官　国20オ4
被官　高47オ5
辨宮〔官〕　高63ウ2
被官人　東35ウ4
【定】定　国16ウ1
定　東29ウ4
定　高56オ3
勘定　国5ウ2
勘定　高16ウ4
必定　国20オ3
必定　東36オ3
必定　高47ウ4
撰定　東35オ4
決定　高32ウ1
治定　国3ウ1
治定　東8オ2
治定　高10オ2
評定　国20オ1
評定　東6オ3
評定　東36オ1
評定　高47オ5
【宜】宜　東14オ4
宜敷　高17ウ2
便宜　国20オ2
便宜　東36オ4
便宜　高47ウ4
時宜　国18ウ1
禰宜　東18オ1
禰宜　高23ウ1
【客】客人　東30ウ1
客仁〔人〕　国17オ3
客人　高40オ1
主客　高65オ2
太子賓客　高66ウ1
【宣】宣旨　国20ウ5
院宣　東2オ2
【室】入室　国2オ2
庵室　東27ウ5
庵室　高36ウ3
後室　高34オ3
【宥】宥　国8ウ4
宥　東18ウ3
宥　高24オ4
【宮】宮仕　国17ウ5
宮仕　高42ウ2
宮田　高69オ2
二宮　高74オ4
守宮　高62オ3
辨宮〔官〕　高63ウ2
宮內卿　高65ウ3
東宮亮　高66ウ1
東宮傅　高66オ5
中宮大夫　高64オ1
東宮大夫　高66オ5
東宮學士　高66ウ1
【宰】宰相　高63ウ1
大宰帥　高67ウ4
大宰大貳　高67ウ5
大宰小〔少〕貳　高67ウ5
【害】殺害　国21ウ1
毒害　東7オ4
自害　国18オ5
自害　高45ウ4
要害　国6オ2
要害　高17ウ4
【宴】遊宴　国17ウ1
酒宴　国19オ1
酒宴　東34ウ2
酒宴　高45ウ2
【宵】終宵　高18オ4
【家】家　高2オ5
家人　国11ウ3
家來　国11ウ3
家子　高3オ1
家督　国5オ1
家督　東13オ4
家督　高17オ2
家領　国12オ1
一家　東1オ2
一家　高1オ2

故實 国13オ2
眞實 国18オ1
眞實 東32ウ3
眞實 高43オ2
【審】不審 国12オ4
不審 東25オ5
不審 高14オ3
不審 高32ウ3
【寫】寫 国9ウ1
寫 高26ウ1
書寫 国18ウ4
【寵】寵愛 国3オ4
寵愛 国14ウ4
寵愛 高36オ2
寵職 国3オ3
寵辱 国14ウ4
【寶】寶 高19オ5
寶劍 東5ウ1
寶幢 高55オ2
寶祚 国2オ3
財寶 東29オ4
財寶 高38ウ1
重寶 国14ウ4
重寶 東27オ2

寸部

【寸】寸切 東17ウ1
寸尺 国21ウ5
寸尺 東39オ1
寸暇 国21ウ5
寸暇 東38ウ3
寸暇 高51オ1
寸法 国21ウ5
㝵〔七寸〕 高42ウ5
【㝵】㝵〔七寸〕 高42ウ5
【寺】寺 国14ウ5
寺家 国18ウ1
寺庵 高46オ1
寺町 高69ウ3
寺社 東34ウ1
寺社 高45オ5
寺領 高45オ5
末寺 高31オ2
小野寺 高72ウ1
【封】封 国13オ1
【射】射 高56オ1
射手 東1ウ2
照射 東7ウ1
無射 高75オ2
【將】將碁 東35オ2
將碁 高45ウ4
將衣〈裝束〉 高44オ1
將監 高66ウ4
將軍 国19ウ1
中將 高66ウ3
大將 高19オ5
大將 高66ウ3
小〔少〕將 高66ウ4
名大將 高41ウ5
武衞將軍 高67オ3
親衞將軍 高66ウ3
金吾衞將軍〈金吾將軍〉 高66ウ5
羽林郎將 高66ウ4
武衞大將軍 高67オ2
金吾大將軍 高66ウ5
金吾衞將軍〈金吾將軍〉 高66ウ5
【專】專 国20ウ3
專 高48ウ3
專一 国21オ2
專一 高49ウ2
自專 国18オ5
【尉】尉〈熨〉斗 東41オ3
廷尉 高67ウ2
都尉 高67オ5
馬都尉 高67オ5
武衞校尉 高67オ3
親衞校尉 高66ウ4
金吾校尉 高67オ1
左右兵衞尉 高67オ3
左右衞門尉 高67オ1
檢非違使尉 高67ウ2
【尊】尊卑 国7ウ1
尊報 東16ウ4
尊報 高21ウ3
尊密〈察〉 国7ウ2
尊意 東16ウ3
尊意 高21ウ3
尊札 東16ウ4
尊札 高21ウ3
尊答 高21ウ3
【尋】尋 国7オ1
尋 高18ウ3
尋常 国6オ4
尋常 国18オ2
尋常 東13ウ5
尋常 高17ウ3
尋常 高45オ1
尋求 東15オ1
【對】對揚 国6ウ1
對揚 高18ウ4
對決 国6ウ1
對面 国6ウ1
對面 東14ウ5
對面 高19オ1
對馬 東44オ5
一對 高1ウ1
出對 国19オ3
敵對 国14ウ3
敵對 東27オ3

檢對 高32ウ2
【導】導 高42ウ3

小部

【小】小下 高69オ5
小卷 高71オ5
小原 高69オ1
小〔少〕將 高66ウ4
小栗 高69ウ5
小池 高71ウ3
小泉 高71ウ2
小筒 高38オ5
小藏 高68ウ4
小袖 高34ウ4
小豆 高61オ5
小間 高71オ1
小反刀〈刃〉 高55オ5
小布施 高72ウ1
小笠原 高74オ2
小〔少〕納言 高63ウ1
小野寺 高72ウ1
大宰小〔少〕貳 高67ウ5
太子小〔少〕尹 高66オ5
彈正小〔少〕弼 高66オ3
【少】少 国22オ3
小〔少〕將 高66ウ4
少々 東37ウ4
乏少 東5オ5
乏少 高7オ2
少々 東37ウ4
幼少 東14オ1
幼少 高17ウ3
小〔少〕納言 高63ウ1
大宰小〔少〕貳 高67ウ5
太子小〔少〕尹 高66オ5
式部少輔 高64ウ1
彈正小〔少〕弼 高66オ3
【尚】尚 高24オ3
尚舍 高65ウ5
尚衣 高64オ3
尚食 高66オ1
權尚書 高63ウ4

尢部

【尤】尤 国20ウ3
尤 高48ウ3
【尨】尨魚 東41オ2
尨魚 高53ウ3
【尪】尪弱 国4ウ3
尪弱 東11オ3
尪弱 高14ウ4
【就】就 国8オ2
就中 東18ウ1
就中 高24オ2
成就 国19オ5

尸部

【尹】太子小〔少〕尹 高66オ5
【尺】尺八 高44ウ2
曲尺 高56ウ5
咫尺 国18ウ1
單尺 東15オ4
寸尺 国21ウ5
寸尺 東39オ1
會尺〔釋〕 東35オ4
【尻】尻 高57ウ2
尻籠 高56オ4
川尻 高71オ3
【尼】尼公 高6ウ4
釋迦牟尼 高70ウ3
【尾】尾寒〈塞〉 高74オ3
尾崎 高74オ4
尾張 東42オ3
尾籠 国19ウ5
尾籠 高47オ4
尾藤 高73オ5
松尾 高71ウ4
瀬尾 高72ウ3
西尾 高70オ5
鎌尾 高73ウ2
首尾 国19オ1
首尾 高44オ1
飯尾 高68ウ2
古尾谷 高72オ3
鼠尾草 高61オ4
【局】局 東17オ3
局 高22オ5
【居】居 高54ウ3
山居 東29オ1
礎居 東2オ1
籠居 国1ウ1
籠居 高4オ1
芝居 高70オ5
落居 国9オ2
落居 東18ウ5
落居 高24ウ3
蟄居 国3オ4
閑居 国5オ5
隱居 国1オ2
隱居 高3オ3

【崎】崎山 高71ウ1
尾崎 高74オ4
山崎 高70ウ5
岡崎 高71オ3
楢崎 高73オ1
野崎 高71ウ2
【崛】巖崛 国5ウ4
退崛 東14ウ2
【崩】萌〈崩〉御 国2オ3
【嵐】五十嵐 高70ウ3
【嶮】嶮岨 国12オ2
【⿱山癸】⿱山癸〔山葵〕 高60ウ2
【嶺】今嶺 高70オ5
【嶽】↓〔岳〕
【巖】巖崛 国5ウ4

巛部

【川】川尻 高71オ3
今川 高68オ5
早川 高74オ4
湊川 東32オ4
細川 高68オ3
荒川 高74オ2
長谷川 高71ウ1
【州】温州橘 高58オ5
【巡】巡役 国19オ2
一巡 高2オ1

【巣】鷲巣 高73ウ1

工部

【工】工夫 高29オ1
工部 高65ウ4
細工 東28ウ5
細工 高37オ4
木工頭 高65ウ4
【左】左右 国16オ4
左府 高63オ3
左目 東41ウ1
左道 国16オ4
左道 東28ウ5
左道 高38オ1
左大臣 高63オ3
左大辨 高63ウ3
左太〔大〕丞 高63ウ3
左右馬頭 高67オ4
爲左爲右 東7ウ2
左右京大夫 高66オ4
左右兵衛佐 高67オ3
左右兵衛尉 高67オ3
左右兵衛督 高67オ2
左右衛門佐 高66ウ5
左右衛門督 高66ウ5
左右衛門尉 高67オ1

左右衛門志 高67オ1
左右衛門府生 高67オ2
【巨】巨世 高73オ2
巨細 国13オ3
巨細 東26オ5
巨細 高33ウ3
余巨 高73オ5
【差】差出 東28ウ4
差別 国19オ4
差合 国16オ5
差圖 国16オ4
差圖 東28ウ5
脇差 東11ウ1
腋差 高55ウ1
縁差莚 東6オ2

己部

【己】己 高75オ5
雍己〈饔〉 東17ウ2
【已】已 国22オ3
已 高50ウ4
已 高75オ4
上已 高62ウ2
上已 高74ウ4
【巴】巴 高9ウ2

巾部

【巾】巾 国9ウ4
敝巾〈幣〉 高12オ5
脛巾 東3ウ5
茶巾 高11オ2
頭巾 高9ウ4
【市】市令 高66オ4
市來 高72ウ5
市橋 高70オ1
市正 高66オ4
和市 国4ウ4
私市 高69オ3
【布】布 東9オ5
布免 高74オ5
布子 東9オ5
布子 高12オ3
布施 国12ウ1
布施 東26オ2
布施 高33オ5
布護 高65オ5
太布 高20オ2
流布 東9ウ3
流布 高12ウ1
細布 東5オ5
小布施 高72ウ1
世流布 国21オ2
【帆】帆 高56ウ2

干部

【庭】庭前　国14ウ2
伊庭　高70ウ1
大庭　高68ウ4
秋庭　高70オ4
饗庭　高72オ5
【庵】庵主　東27ウ5
庵室　東27ウ5
庵室　高36ウ3
寺庵　高46オ1
草庵　国16オ1
【庶】庶子　東16オ3
庶子　高21オ1
庶幾　国7ウ3
庶幾　東16ウ4
庶幾　高21ウ2
【廉】廉直　国7オ3
簾〈廉〉直　東15ウ3
廉直　高20オ5
一廉　高48オ5
清廉　高50オ2
【廏】廏　東19ウ5
廏　高26オ2
典廏　高67オ4
御廏　東32オ4
【廟】廟　高29ウ5
廟陵　高65オ3
【廢】廢　国22オ4
廢妄〔忘〕　国1ウ2

癈〔廢〕忘　高5ウ1
【廣】廣　国20オ5
廣　高47オ4
廣瀬　高68ウ5

廴部

【延】延　東21オ1
延　高5ウ2
延　高27オ4
延々　高46ウ4
延引　国14オ2
延引　東35オ4
延引　高46ウ2
延言　東20ウ5
延々　高46ウ4
相延　東27ウ4
【廷】廷尉　高67ウ2
一廷〔梃〕　国1オ5
【建】建盞　高32オ3
建立　国13オ5
【廻】廻　国17ウ4
廻文　東21ウ1
廻文　高28オ2
廻文　高42オ1
取廻　東7オ5
取廻　高9オ5
觸廻　東25ウ1

走廻　東3オ1
走廻　高4オ5
輪廻　高12オ2

廾部

【弄】弄　国20ウ4
嘲哢〔弄〕　高36オ1

弋部

【式】式目　国19ウ1
例式　国7オ2
例式　東15ウ3
例式　高20ウ1
儀式　国16ウ4
規式　東30ウ5
規式　高40オ4
式部大輔　高64ウ1
式部少輔　高64ウ1

弓部

【弓】弓手　国17ウ2
弓箭　国17オ2
弓箭　東31ウ1
勁弓　高22オ3
楊弓　国10ウ2

【弔】弔　国3オ2
弔　東7ウ2
弔　高8ウ4
【引】引　国20オ5
引合　東36オ3
引合　高47ウ3
引懸　高48ウ1
引散　東36オ2
引散　高47ウ2
引物　国1オ1
引物　高2オ4
引負　東36オ2
引追　東35ウ3
引退　東36オ3
引退　高47ウ3
引違　東36オ2
引違　高47ウ2
勾引　高48オ5
延引　国14オ2
延引　東35オ4
延引　高46ウ2
承引　国19オ4
承引　東38オ1
承引　高49ウ5
櫛引　東21ウ4
誘引　東31オ4
誘引　高40ウ5
引出物　国20オ4

【弘】弘　高47オ4
【弛】弛　国2オ1
弛　高56オ5
【弟】弟　高57ウ4
弟子　国14ウ4
兄弟　高58オ1
【弢】弢　高56オ3
【弣】弣　高56オ5
弣革　東4ウ3
【弭】弭　高56オ5
【弱】弱　高17ウ4
尪弱　国4ウ3
尪弱　東11オ3
尪弱　高14ウ4
微弱　国19ウ5
足弱　高37オ2
【張】張　東4オ2
張　高56オ5
張本　国3オ4
張行　国3オ4
張行　高10ウ4
一張　高1ウ3
出張　高43ウ5
尾張　東42オ3
蚊張〔帳〕　東13オ3
【強】強　国13ウ5
強　国15オ4
強力　国5オ2
強盜　国5オ2
強盜　東13ウ1
強縁　国5オ3
強義　国5オ3
強面　高22オ4
強入部　東13ウ1
強入部　高16ウ2
【弼】彈正小〔少〕弼　高66オ3
【彈】彈　高56オ4
彈的　国6ウ3
彈正小〔少〕弼　高66オ3
【彌】彌　高2オ4
彌生　高74ウ4
【彎】彎　国20オ5

彡部

【形】形〔刑〕部　高65ウ1
人形　東4ウ2
人形　高6ウ1
判形　東3ウ1
判形　高5オ3
大形　高12ウ5
如形　東12オ4
如形　高15ウ5
屋形　高30オ2
現形　国12オ2
相形　国16オ3
鍬形　東21ウ5
鍬形　高55オ4
形〔刑〕部卿　高65ウ1
摺形木　東38ウ1
無跡形　国15オ3
【彦】彦　高57ウ4
【彩】精彩　国21オ3
【影】影向　高30オ2
面影　国4ウ1
面影　東10ウ1
面影　高13ウ4

彳部

【役】役人　東22ウ2
役人　高29ウ2
役所　東23オ2
役所　高30オ2
天役　国14ウ1
巡役　国19オ2
課役　国10オ4
課役　東22オ3
門役　東37オ1
門役　高48ウ5
【彼】彼是　東12オ3
彼是　高15ウ4
【往】往來　東11オ3
往來　東31オ5
往來　高41オ1
往古　国4ウ3
往古　高14ウ5
往昔　国4ウ3
一往　東1オ4
一往　高1オ4
再往　国15ウ4
再往　東28ウ4
【征】征矢　高55ウ4
【待】待　国11オ2
待入　高30ウ5
奉待　東23ウ3
攝〔接〕待　高49ウ2
月待　高22ウ3
待掛敵　東27オ5
【徊】徘徊　東3オ5
↓〔徊〕
【律】戒律　国5オ5
律學博士　高64ウ4
【後】後　高14オ3
後代　国13オ3
後代　高34オ2
後妻　高57ウ5
後學　国13オ4
後室　高34オ3

後年　国13オ4
後悔　国13オ3
後悔　東26ウ1
後日　国13オ3
後昆　国13オ4
後會　国13オ4
後朝　国13オ4
後朝　高34オ5
後記　国13オ4
後訴　国13オ4
後詰　東20ウ1
後詰　高26ウ3
後證　国13オ3
後進　国13オ4
後難　国13オ4
丹後　東43オ4
以後　高2ウ5
備後　東43ウ3
前後　国21オ1
前後　東37ウ4
前後　高49ウ4
向後　高40オ3
筑後　東44オ3
老後　東19オ1
老後　高25オ1
肥後　東44オ3
豐後　東44オ4
越後　東43オ2

爲後昆　東26ウ4

【徒】
徒然　東6ウ3
徒然　東17ウ2
徒然　高8ウ2
徒者〈然〉　高2ウ2
徒立　東12ウ4
僧徒　高22オ2
移徒〔徙〕　東11オ3
移徒〔徙〕　高14ウ4
衆徒　国18ウ5
衆徒　高46オ1
門徒　国20ウ1
門徒　高49オ1

【得】
得分　国2ウ4
德〔得〕分　東6ウ5
德〔得〕分　高8ウ1
得度　国2ウ4
得替　高9ウ1
得減　国12オ2
得益　国2ウ4
地德〔得〕　東8ウ1
地德〔得〕　高10ウ4
心得　東26オ5
心得　高33ウ3
感得　国5ウ1
既得　国17オ1
性〔生〕得　東33オ4
買得　国1ウ2

買得　東3オ5
買得　高5オ1

【徘】
徘徊　東3オ5
↓〔俳〕

【徙】
移徙　国4ウ3
移徒〔徙〕　東11オ3
移徒〔徙〕　高14ウ4

【從】
從　国19ウ3
從是　東26ウ2
從父　高58オ1
主從　高45オ3
侍從　高63ウ4
僕從　国2オ4
追從　国8オ1
追從　高22ウ3

【御】
御代　国17ウ5
御判　高34オ5
御前　国13オ2
御勢　国16ウ3
御報　国13オ2
御幸　国13オ2
御廐　東32オ4
御意　東30ウ3
御惱　国13オ2
御感　国16ウ3
御感　高40オ4
御所　国13オ2
御書　国13オ2

御狩　東32オ4
御狩　高42オ4
御穀　高43オ1
御臺　東32オ2
御諚　高34ウ4
御領　高34オ5
御館　高42オ5
光御　東22オ2
入御　東34オ1
入御　高44ウ4
萠〈崩〉御　国2オ3
貢御　国9ウ5
還御　国9ウ5
御動座　高34ウ2
御教書　国17ウ5
御教書　東32オ3
御料人　高34ウ2
御曹子　高14オ5
御髮髭　高13オ5
御神樂　東32オ2

【復】
本腹〔復〕　東5オ3
本腹〔復〕　高7オ4

【微】
微　国22オ3
微力　国20オ1
微弱　国19ウ5
微々　国20オ4
微細　国17ウ5
微細　東32オ3

無念 高25ウ3
祈念 東30ウ1
祈念 高40オ2
記念 高17オ2
【忽】忽 国6ウ5
怱〈忽〉 東14ウ3
忽緒〔諸〕 国1オ4
忽緒〔諸〕 高3オ4
楚忽 国7ウ2
楚忽 東16オ4
楚忽 高21オ2
輕忽 国17オ2
【忿】忿怒 国12ウ4
【怒】怒 高3ウ1
忿怒 国12ウ4
【怖】怖畏 国12オ5
【怙】依怙 東35オ4
依狀〈怙〉 高46ウ2
【思】思出 東10ウ1
思出 高13ウ4
思召 高12ウ5
思寄 高13オ1
思案 国18オ4
思食 国4ウ1
行思〈器〉 高7ウ1
不思懸 東10オ2
不思議 東26オ2
寄思食 東10オ2

【怠】怠 高13オ3
懈怠 国11ウ5
懈怠 東24ウ2
緩怠 国10オ2
緩怠 東21オ5
緩怠 高28オ1
過怠 国10オ4
遲怠 国3オ3
【怡】怡 高26ウ1
怡悦 東2オ3
【急】急 東1ウ1
急 高3オ5
急度 東30オ3
急度 高39ウ2
急用 東30ウ2
急用 高40オ1
急速 国17オ1
急速 東30オ4
急速 高39ウ2
火急 高29オ1
【性】性〔生〕得 東33オ4
内性〈證〉 高23ウ3
百性〔姓〕 高47オ5
養性 国10ウ2
養性 東22ウ4
【怨】怨念 国4オ4
怨敵 国4オ3
【怪】妖怪 高18オ3

物怪 国20ウ2
物怪 高49オ1
【怱】怱〈忽〉 東14ウ3
↓〔恩〕
【恒】恒 高22オ3
恒例 国13ウ2
恒例 高34ウ3
恒富 高71オ2
【恌】恌 国10オ5
恌 東15オ5
恌 高28ウ4
【恐】恐入 高13ウ2
恐々 高31ウ4
恐悦 国11ウ5
恐惶 国11ウ5
恐惶 高31ウ2
乍恐 東10オ4
乍恐 高14オ5
恐々 高31ウ4
誠恐 国21オ5
【恙】無恙 東17ウ2
【恣】恣 国2オ4
恣 東5ウ3
恣 高6ウ5
【恥】恥 東4オ1
恥入 高4ウ1
恥辱 国3オ5
恥辱 東7オ5

恥辱 高9ウ5
雪恥 東38ウ5
【恨】恨 東20オ3
恨 高26オ5
恨存 国9ウ1
遺恨 国1オ2
遺恨 国9ウ3
遺恨 東1オ5
遺恨 高2オ3
【恩】恩坏 国4ウ1
恩波 国4オ3
恩給 国4オ3
恩給 東10オ5
恩給 高13ウ2
恩賞 国4オ3
朝恩 高35ウ5
芳恩 国1ウ3
芳恩 高6オ1
【息】息災 国7ウ4
休息 国17オ2
子息 国18オ4
子息 東34オ1
子息 高57ウ5
消息 国19オ3
【恰】恰合 国5ウ5
【㤢】㤢〈祛〉野 高73オ4
【悦】悦喜 国14オ4
悦喜 東35オ5

悦喜 高46ウ4
悦存 国6オ4
喜悦 国16ウ3
喜悦 東30ウ2
喜悦 高40オ2
怡悦 東2オ3
恐悦 国11ウ5
感悦 国5ウ1
感悦 東13オ3
抃悦 国2ウ1
歡悦 東22オ1
【悉】悉 国13ウ5
悉皆 高45ウ3
【悋】悋惜 国3ウ4
【悔】悔 高29オ3
後悔 国13オ3
後悔 東26ウ1
懺悔 国15ウ2
懺悔 高38ウ4
【悟】悟 国16ウ1
覺悟 国5ウ3
覺悟 東12オ3
覺悟 高15ウ3
【悤】悤劇 国7ウ1
悤劇 東16オ5
悤劇 高21オ3
悤々 国7ウ4
悤々 国7ウ4

物悤 国12ウ5
物悤 東25オ4
物悤 高32ウ4
↓［怱］
【悲】悲 国6オ1
慈悲 国18オ5
慈悲 東32ウ5
【悴】悴者 東12オ1
猝〈悴〉者 高17オ3
【情】情 国8ウ4
情 東18ウ2
情 高24ウ1
任情 高34オ4
風情 国12ウ1
風情 東25ウ2
風情 高32ウ5
【惑】誑或〔惑〕 国4ウ4
誑惑 高15オ1
迷惑 国17ウ3
迷惑 高41ウ5
【惜】惜 国4ウ2
口惜 国10オ5
口惜 東21ウ3
悋惜 国3ウ4
絲惜 東2オ1
口惜敷 高28オ5
【惠】惠 国17ウ4
智惠 東8ウ2

智惠 高10ウ5
【惡】惡 東4ウ5
惡 高6ウ2
惡人 東28オ1
惡口 国15オ1
惡口 高36ウ4
惡〔亞〕相 高63オ5
惡言 高27オ2
惡黨 国15オ1
惡黨 東27ウ3
惡黨 高36ウ3
善惡 国20ウ5
善惡 東37ウ2
【惱】惱 東18ウ1
惱 高23ウ4
惱亂 国8ウ3
御惱 国13オ2
煩惱 東5ウ1
苦惱 国10オ1
【想】想像 国4ウ1
想像 東10ウ3
想緣〈像〉 高14オ4
夢想 高26オ1
妄想 国10ウ5
【惶】恐惶 国11ウ5
恐惶 高31ウ2
誠惶 国21オ5
【愁】愁 高26ウ5

愁傷 国18ウ2
愁傷 東33オ4
愁傷 高43ウ5
愁歎 国18ウ2
愁歎 高46オ5
含愁訴 東33オ4
【愈】愈 高3オ5
平愈 国2オ5
平愈 東6オ1
平噏〔愈〕 高7ウ4
【愍】憐愍 国7オ3
憐愍 東15ウ4
憐愍 高20ウ2
【意】意表 国1オ3
意趣 国1オ3
意趣 東1ウ5
上意 高44ウ1
尊意 東16ウ3
尊意 高21ウ3
御意 東30ウ3
愚意 東21ウ3
愚意 高28オ4
本意 東5ウ1
本意 高7オ2
用意 国6オ2
用意 東13ウ4
用意 高17ウ2
疎意 東16ウ5

造意 東29オ3
随意 国21ウ5
随意 東38オ5
雅意 国5オ4
任雅意 東12オ4
任雅意 高15ウ5
【愚】愚 国4ウ2
愚意 東21ウ3
愚意 高28オ4
愚札 高28ウ3
愚案 高28ウ5
愚癡 高27ウ4
愚老 国10オ1
愚身 国10オ1
愚身 東21オ4
愚鈍 高27ウ4
捧愚状 東21オ5
捧愚状 高28ウ3
【愛】愛憎 国15オ1
愛敬 国15オ2
愛敬 高36ウ5
寵愛 国3オ4
寵愛 国14ウ4
寵愛 高36オ2
最愛 国15ウ3
最愛 高3オ5
自愛 国18オ5
【感】感〈盛〉 高38オ1
感得 国5ウ1
感悦 国5ウ1
感悦 東13オ3
感涙 国5ウ1
感涙 高17オ1
叡感 国14オ2
御感 国16ウ3
御感 高40オ4
【愼】愼 国8オ2
愼火草 高61オ3
【慇】慇懃 国1オ1
慇懃 東1ウ3
慇懃 高3ウ1
【慈】慈悲 国18オ5
慈悲 東32ウ5
【態】態 国4ウ4
【慙】無慙 東19ウ3
【慢】慢心 国10ウ5
憍慢 国11ウ4
我慢 国5ウ3
【慥】慥 国6ウ5
慥 東15オ5
慥 高18ウ3
【慮】慮外 国3ウ5
慮外 東9オ1
慮外 高11ウ5
慮〈虜〉掠 国3ウ5
不慮 国12オ4
不慮 東25ウ2
不慮 高32ウ3
冥慮 国17ウ5
冥慮 東32オ1
叡慮 国14オ2
短慮 国6ウ3
短慮 東14ウ3
神慮 国18オ1
神慮 東34オ5
神慮 高45オ4
遠慮 国14オ3
遠慮 高46ウ5
【慰】慰 東18ウ3
慰 高24オ3
【慳】慳貪 国11オ4
慳貪 高32オ4
【慶】慶賀 国11ウ2
慶賀 高32ウ2
佳慶 東12オ3
吉慶 国17オ3
大慶 国6オ5
大慶 高18オ5
餘慶 国6オ3
餘慶 東14オ3
餘慶 高17ウ4
【憀】憀 国4ウ5
【憍】憍慢 国11ウ4
【憎】憎 東4ウ3
愛憎 国15オ1
【憐】憐愍 国7オ3
憐愍 東15ウ4
憐愍 高20ウ2
哀憐 国15オ1
【憑】憑入 東15オ1
【憖】憖 国8ウ4
憖 東18ウ2
憖 高24オ1
【憚】憚入 東3オ3
憚入 高4ウ1
憚〈輕〉微 東24ウ2
【憤】憤 国1オ5
憤 高2ウ2
鬱憤 国9オ5
鬱憤 高26ウ2
【憲】憲法 国11オ4
兼〈憲〉法 東24ウ1
憲法 高32オ1
【憶】憶持 国4オ5
【懃】懃〔勤〕仕 東30ウ4
懃〔勤〕厚 東31オ1
參懃〔勤〕 国15ウ1
忠懃〔勤〕 高11オ3
慇懃 国1オ1
慇懃 東1ウ3
慇懃 高3ウ1
【懇】懇 国8ウ1

懇 東18オ2
懇切 国13オ5
懇切 高34ウ5
懇志 国13オ5
懇志 高34ウ4
懇望 国13オ5
【懈】懈怠 国11ウ5
懈怠 東24ウ2
【應】應答 高36オ5
應鐘 高75オ2
相應 国16オ3
相應 東16ウ3
相應 高37ウ3
【懲】懲 高34ウ1
爲見懲 高42ウ4
【懷】懷 国13オ1
懷中 国10オ5
懷中 高28オ5
懷任〔妊〕 国10オ3
懷妊 東21ウ5
懷妊 高28ウ2
懷紙 国10オ3
懷紙 東21ウ3
懷紙 高28オ5
幽懷 国17ウ1
本懷 東5ウ2
本懷 高7オ2
舊懷 国17オ2
述懷 国19オ2
【懸】懸 国5ウ5
懸隔 国11オ4
懸隔 東25オ1
只懸 高73ウ4
夜懸 東14オ2
夜懸 高17ウ5
山懸〈縣〉 高69オ4
引懸 高48ウ1
拔懸 高12オ4
指懸 東31ウ3
篠懸 高51オ3
網懸 高52オ1
胸懸 東19ウ5
網懸鷹 東40オ4
不思懸 東10オ2
【懺】懺悔 国15ウ2
懺悔 高38ウ4
懺法 高49ウ3
【戀】戀 国14オ1

戈部

【戊】戊 高75オ5
【戌】戌 高75オ4
【成】成人 国21オ4
成人 高50オ1
成就 国19オ5
成敗 国21オ4
成敗 東37オ5
成敗 高49オ4
成瀬 高71ウ3
成田 高69オ2
助成 国18ウ3
助成 東34ウ1
助成 高45ウ1
【我】我 国4ウ4
我慢 国5ウ3
香宗我部 高72ウ5
【戒】戒力 東12ウ5
戒律 国5オ5
戒行 高17オ3
【或】或 国15オ5
誑或〔惑〕 国4ウ4
【戚】内歳〈戚〉 国8ウ2
内戚 高24ウ1
外戚 国11ウ4
外戚 高32オ5
【戮】誅戮 国3ウ1
【戰】戰 国7オ1
戰場 国21ウ2
戰場 東37ウ3
戰陣 国21ウ2
合戰 国5オ3
合戰 東12ウ2
合戰 高15ウ4
【戲】戲 国6ウ5
戲 高19ウ2
【戴】戴 高3ウ2
頂戴 国3ウ2

戸部

【戸】戸部 高65オ3
城戸 高73ウ1
妻戸 高22ウ5
神戸 高69オ4
關戸 高69オ2
【戽】戽 東13オ2
【戻】戻敷 高49オ3
【房】女房 高57ウ5
安房 東42オ5
牛房 高60ウ2
【所】所以 国13ウ4
所務 国18ウ2
所務 東33オ2
所務 高43ウ2
所存 国18ウ3
所帶 東32ウ2
所帶 高43ウ2
所持 国18ウ3
所持 東34オ4
所持 高45オ4
所望 国18ウ3

所望 東32ウ2
所望 高43ウ3
所職 国18ウ2
所行 東32ウ5
所詮 国18ウ3
所詮 東33オ2
所詮 高43ウ3
所領 国18ウ3
所領 東32ウ2
所領 高43オ5
亡所 国1ウ5
他所 東14ウ5
他所 高18ウ4
休所 東22ウ3
公所 東21ウ5
公所 高28ウ2
名所 国17ウ4
在所 国15ウ4
在所 東29ウ1
宿所 国18ウ4
寢所 国8オ5
役所 東23オ2
役所 高30オ2
御所 国13オ2
徹所 高36オ2
政所 国11オ2
政所 東23ウ2
政所 高30ウ4

本所 東5オ5
當所 東14ウ4
納所 国8ウ3
納所 高23ウ4
論所 国1ウ1
論所 東2ウ2
論所 高3ウ5
貴所 東30オ1
貴所 高39オ3
近所 東30オ4
近所 高39ウ1
遠所 国14オ3
闕所 東24オ5
闕所 東25オ2
闕所 高32オ2
難所 国8ウ3
餘所 高17ウ5
所司代 東33オ5
餘所目 東14オ2
公文所 高28ウ1

【扃】
扃 高9オ1

【扇】
扇 東28オ3
扇 高36ウ2
團扇 高26ウ3

【扉】
扉 高9オ2
世度扉 高50オ4
世渡扉 国21ウ3

手部

【手】
手傳 国14ウ4
手本 高35オ4
手組 東27オ2
手組 高35ウ2
手綱 東15オ2
手綱 高19オ3
手續 国14ウ3
手續 東27オ4
手續 高35ウ3
手習 国14ウ4
手習 東27オ1
手習 高35オ4
手談 高36オ2
手負 高35ウ1
手跡 東34ウ2
手跡 高45ウ1
手鉾 高55オ5
手〈千〉鳥 高52ウ1
上手 高44ウ2
下手 高8オ3
伐手 高14オ2
射手 東1ウ2
平手 高72ウ2
弓手 国17ウ2
搦手 東12ウ5
百手 高56オ3

籠〈籠手〉 高55オ1
綱手 高56ウ3
討手 東20オ5
追手 東10オ5
追手 高13オ4
下手人 国12オ2
兒手柏 高59オ3
椋手洗 東4オ1
無手組 東19ウ4
無手組 高26オ2

【才】
才學 国15ウ5
才覺 東28ウ3
宏才 国13ウ2
口[宀+才]〈口才・宏才〉 高34オ3

【打】
打寄 高26ウ4
打擲 国3オ5
打擲 東8オ2
打擲 高10オ3
打眠 東14ウ4
打破 国9オ5
打破 高27オ1
打立 東20オ3
打立 高26オ5
打續 東20ウ1
打續 高26ウ1
打置 東20オ4
打置 高26オ5

搦取　東12オ3
搦取　高15ウ3
搦手　東12ウ5
搦捕　東13オ5
【搯】搯　高48オ1
【摘】摘　国8オ3
摘　高23オ1
【摧】摧　国10ウ1
【摩】志摩　東42オ3
薩摩　東44オ5
【摺】摺形木　東38ウ1
【槨】城槨〔郭〕　高46オ3
【撞】撞跪　東17ウ2
【撫】撫　高24オ5
撫子　高59ウ1
撫鷹　高52ウ4
【播】播　高7オ1
播磨　東43ウ2
【撰】撰　国14オ5
撰　高46ウ3
撰定　東35オ4
【撲】相撲　国22オ1
相撲　高50ウ3
【擁】插〈擁〉劍　東41オ1
插〈擁〉劍　高53ウ1
雍〔擁〕護　国4ウ1
【擂】擂茶　高12ウ4
【操】操　高36ウ4

操物　東28オ2
【擒】擒　高42オ2
【擔】擔　高6ウ4
【據】寄據　高17ウ1
準據　東33ウ3
證據　国19オ4
證據　東35オ1
非據　国19ウ5
【擦】陸奥出羽按擦〔察〕使　高68オ1
【擧】擧　国14オ1
擧　国15オ3
擧狀　東30オ5
擧狀　高39ウ5
吹擧　国21ウ4
【擯】擯　高14オ1
擯出　国20オ4
【擲】打擲　国3オ5
打擲　東8オ2
打擲　高10オ3
【擽】擽失　東37オ1
【擾】擾亂　高42ウ5
【攝】攝〔接〕待　高49ウ2
攝津　東42オ1

支部

【支】支　東29ウ3
支　高38オ3
支申　国16オ5
支證　東32ウ4
支證　高43オ4
支配　国18オ4
支配　東33ウ2
支配　高44オ5
度支　高65オ4
頼支　高20オ1
【攲】鼓〈攲〉　国7ウ5
【鼓】鼓〈攲〉　国7ウ5

攴部

【收】收納　国18ウ5
沒收　国20ウ2
納收　高13オ2
【改】改　国15オ4
改元　国5オ5
改年　東12ウ4
改年　高16オ4
改易　国5オ4
改易　東12ウ3
改替　国5オ4
改替　東12オ4
改變　国5オ5
變改　国2ウ1
變改　東6オ1

【放】放埒　国1ウ3
放垺〔埒〕　東4オ4
取放　東7オ1
取放　高9オ3
召放　高41オ5
【政】政事　東23ウ2
政所　国11オ2
政所　東23ウ2
政所　高30ウ4
政道　東37オ5
政道　高49オ4
善政　国20ウ5
德政　国2ウ4
德政　東6ウ5
德政　高8ウ3
【政】大〔太〕政大臣　高63オ2
【故】故實　国13オ2
故鄉　国13オ3
故障　国13オ2
【效】效驗　国5ウ4
【教】教　国4ウ2
教化　国11ウ4
教訓　国11ウ4
教訓　東24オ5
儒教　国19オ2
助教　高64ウ3
御教書　国17ウ5

御教書 東32オ3
【敏】不敏 東25ウ1
【救】救 東39オ2
【敕】敕裁 国3オ3
【敗】成敗 国21オ4
成敗 東37オ5
成敗 高49オ4
【敝】敝巾〈幣〉 高12オ5
【敢】敢 国15オ5
敢 高36ウ5
不取敢 東6ウ5
不取敢 高8ウ2
【散】散々 東29オ3
散々 高38オ4
散用 国15ウ2
散田 高38ウ4
取散 東6ウ4
取散 高8ウ3
引散 東36オ2
引散 高47ウ2
散々 東29オ3
散々 高38オ4
蹴散 高32オ4
追散 東10オ3
追散 高13オ4
退散 国6ウ1
退散 東15オ4
逃散 国14ウ2

逃散 東27オ2
逃散 高35ウ2
【敬】敬 国9ウ1
崇敬 国7ウ1
崇敬 東16ウ2
愛敬 国15オ2
愛敬 高36ウ5
【敵】敵對 国14ウ3
敵對 東27オ3
敵方 東27オ1
敵方 高35オ4
怨敵 国4オ3
朝敵 高35オ5
待掛敵 東27オ5
【敷】優敷 高30オ3
労敷 国1オ4
嬉敷 東20オ5
宜敷 高17ウ2
屋敷 国10ウ3
屋敷 東22ウ3
屋敷 高29ウ3
座敷 東29オ1
座敷 高37ウ5
戻敷 高49オ3
棧敷 国15ウ2
棧敷 東28ウ2
棧敷 高39オ2
涼敷 東39オ2

牀敷 国17ウ2
閙敷 高3オ2
六个敷 高25ウ5
劫多敷 高14オ2
口惜敷 高28オ5
浦山敷 国9ウ1
浦山敷 東20ウ2
浦山敷 高26ウ4
疎々敷 高26ウ3
甲斐々々敷 東11ウ3
甲斐々々敷 高17オ1
【數】數剋 国22オ1
數剋 東38ウ5
數多 国22オ1
數多 東38ウ4
數多 高50オ5
數奇 国22オ1
數奇 高50オ5
數寄 東38オ5
數年 国21ウ5
數年 東38オ5
數年 東38ウ2
數年 高50ウ1
數度 国22オ1
數日 東38ウ2
數珠 高46オ5
數盃 東38ウ4
數盃 高50ウ2

數盆 国22オ1
數輩 東38オ5
數輩 高50オ5
人數 高6ウ1
巻數 高28オ1
員數 国1オ4
員數 国9ウ3
員數 東1ウ2
員數 高3ウ1
日數 東4ウ1
日數 高6オ4
數通狀 高50ウ1

文部

【文】文字 東37オ1
文字 高48ウ5
文學 国12ウ3
文書 国20ウ1
文書 高48ウ2
文机 高33ウ2
文月 高75オ1
文武 国12ウ3
文旨 国20ウ3
文旨 高49オ2
文章 東26オ1
文臺 高33オ4
作文 国16オ3

充文 東28オ1
充文 高37オ3
公文 東21ウ4
學文 高15オ4
廻文 東21ウ1
廻文 高28オ2
廻文 高42オ1
捻文 東35ウ4
捻文 高47オ5
住〈注〉文 高10ウ3
腰文 高34ウ2
誓文 国21オ3
誓文 東37ウ2
誓文 高49ウ4
公文所 高28ウ1
文章博士 高64ウ3
天文博士 高64オ4
【斐】揖斐 高73ウ1
甲斐 国5ウ4
甲斐 東42オ5
衣斐 高70オ1
甲斐荘 高70ウ1
甲斐々々敷 東11ウ3
甲斐々々敷 高17オ1
甲斐々々敷 東11ウ3
甲斐々々敷 高17オ1
【斑】斑鳩 高52ウ3

斗部

【斗】墨斗 高57オ1
尉〈熨〉斗 東41オ3
熨斗 高53ウ3
【料】料理 東15ウ4
料理 高20ウ2
料簡 国7オ4
料紙 東9オ2
料紙 高20ウ5
料足 国7オ3
料足 東9オ2
料足 東15ウ5
勘料 東12オ2
節料 国21ウ1
御料人 高34ウ2
【斜】斜 国8ウ4
【斟】斟酌 国18オ2
斟酌 東32ウ4
斟酌 高43オ2

斤部

【新】新 国15オ4
新儀 東33ウ1
新儀 高44オ3
新券 国18オ2
新年 東34ウ1
新年 高44オ4
新春 東34ウ1
新春 高44オ4
新〈親〉月 高74ウ3
新木 高74オ5
新米 東35オ1
新米 高44オ4
新茶 東34ウ5
新荘 高71ウ3
新藤 高68ウ2
新發田 高73オ2
【斷】斷 高19ウ4
斷絶 国6ウ3
不斷 国12オ4
不斷 東25オ4
不斷 高32ウ3
檢斷 国11オ5
檢斷 東24オ4
檢斷 高31ウ1
油斷 東31オ4
油斷 高40ウ4
清斷 国21オ4
禁斷 東30オ4
裁斷 国15ウ3
言語道斷 国13ウ1
言語道斷 高33ウ4

方部

【方】方角 国1ウ4
方量 高7ウ3
兩方 東9オ3
兩方 高11ウ4
味方 高42ウ4
土方 高72オ5
外方 東6ウ4
外方 高9オ3
大方 東10オ4
敵方 東27オ1
敵方 高35オ4
此方 国13オ3
行方 高73ウ5
諸方 東33オ2
貴方 東30オ1
貴方 高39オ3
公方様 高28ウ1
扶持方 高33オ1
無十方 東6ウ3
無爲方 東38オ2
無爲方 高50オ2
【施】施 高7オ1
施行 国21ウ2
施行 東38オ1
布施 国12ウ1
布施 東26オ2
布施 高33オ5

小布施 高72ウ1
【旁】旁 東13ウ1
【旅】旅 国6ウ5
旅人 高19ウ3
旅宿 高11ウ5
旅籠 高5ウ4
【族】族 高29ウ2
族姓 国7ウ1
一族 東1オ2
一族 高1オ2
大族〈族〉 高74ウ3
【旋】旋子 高54ウ2
【旗】旗 東4オ3
旗 高54ウ5

无部

【既】既 国22オ3
既 東39オ1
既得 国17オ1

日部

【日】日下 東35オ1
日來 高47ウ5
日向 東44オ4
日數 東4ウ1
日數 高6オ4
日晩 高62オ2
日置 高69オ5
日蝕 国2オ2
日記 東4ウ1
日記 高6オ4
日限 国2オ2
日限 東4ウ1
日限 高6オ4
先日 国20ウ5
先日 東37ウ5
兼日 東25オ2
兼日 高31ウ4
幾日 高3オ4
後日 国13オ3
忌日 国17オ1
忌日 高40ウ2
數日 東38ウ2
昨日 国16オ4
晦日 高23オ1
朔日 国16オ4
朔日 東17オ4
朔日 高23オ1
毎日 東23オ5
毎日 高30ウ2
翌日 国6オ3
翌日 東14オ1
近日 高39ウ1
連日 東15ウ4
餘日 国6オ3
日比野 高69ウ2
夜日繼 高18オ4
今明日 高34ウ1
誕生日 高20オ3
八月一日 高73オ3
四月一日 高73オ3
【旦】旦暮 国6ウ4
旦過 高18ウ5
一旦 東1オ3
一旦 高1オ4
早旦 国16オ1
早旦 東29オ4
明旦 東32オ1
歳旦 高62ウ2
【旧】旧 高33オ5
↓［舊］
【旨】旨苔 高61オ5
宣旨 国20ウ5
此旨 国13ウ3
此旨 東26ウ1
此旨 高33ウ5
綸旨 国3ウ4
綸旨 東9オ2
綸旨 高11ウ2
【早】早天 高38ウ2
早川 高74オ4
早旦 国16オ1
早旦 東29オ4
早々 高38ウ2
早晩 東2オ2
早朝 国16オ1
早朝 東29オ5
早朝 高38ウ2
早速 国16オ1
早速 東29オ5
早速 高38ウ2
早々 高38ウ2
【旱】旱魃 国5ウ3
旱魃 高16ウ4
水旱 東38ウ2
炎旱 国14オ4
【昆】後昆 国13オ4
爲後昆 東26ウ4
【昇】昇 高27ウ2
昇殿 国19オ3
【昌】繁昌 国1ウ2
繁昌 東3ウ1
繁昌 東34オ1
繁昌 高5オ3
【明】明 国15オ5
明旦 東32オ1
明暮 東27ウ3
明鏡 国17ウ4
明鏡 高41ウ2
五明 東26ウ4

分明 国12ウ3
糾明 国17オ2
紀〈糾〉明 東30ウ1
糾明 高40オ1
證明 国19オ4
今明日 高34ウ1
明法博士 高64ウ4
【昏】合昏 高59オ2
晨昏 国18オ3
【易】易 高29ウ4
交易 国11ウ5
改易 国5オ4
改易 東12ウ3
變易 国2ウ1
【昔】昔 東20オ1
昔 高25ウ5
往昔 国4ウ3
【星】星 東5ウ4
星霜 高49ウ3
【春】春田 高70オ3
中春 高74ウ3
初春 高74ウ3
新春 東34ウ1
新春 高44オ4
暮春 高74ウ4
【昧】朦昧 東37オ2
朦昧 高48ウ5
【昨】昨夕 国16オ4

昨日 国16オ4
【是】是以 国13ウ3
是非 国21ウ2
是非 東37ウ2
是非 高49ウ1
彼是 東12オ3
彼是 高15ウ4
從是 東26ウ2
自是 高34オ1
【昵】昵 高25ウ5
昵近 国3オ5
昵近 東8オ5
昵近 高10ウ2
【時】時分 東33ウ4
時分 高44ウ3
時剋 国18ウ1
時剋 東33オ1
時宜 国18ウ1
時々 国6オ4
時々 東13ウ5
時々 高18オ2
時節 国18ウ1
時節 東33オ1
時節 高43ウ4
時鳥 高52オ5
卽時 国22オ1
卽時 東16オ5
卽時 高21オ2

時々 国6オ4
時々 東13ウ5
時々 高18オ2
暫時 国15ウ3
暫時 東28ウ1
暫時 高37オ5
片時 国2ウ2
片時 東6オ1
片時 高8オ1
臨時 国3ウ4
臨時 東9オ1
臨時 高11ウ2
不移時 東7オ4
【晩】晩冬 高75オ3
晩景 国1ウ3
晩景 東3ウ5
晩景 高5ウ1
日晩 高62オ2
早晩 東2オ2
【晝】白晝 東3ウ5
白晝 高5ウ3
【晦】晦日 高23オ1
【晨】晨昏 国18オ3
【普】普 国15オ4
普請 東25オ4
普請 高32ウ4
普通 国12オ5
【景】景物 東25オ1

景物 高31ウ5
晩景 国1ウ3
晩景 東3ウ5
晩景 高5ウ1
【晴】晴 高5オ5
褻晴 国11ウ3
褻晴 高31ウ5
【智】智惠 東8ウ2
智惠 高10ウ5
越智 高74オ3
世智辨 高50オ3
【暇】暇 国1オ5
暇乞 東1ウ2
暇乞 高2ウ1
寸暇 国21ウ5
寸暇 東38ウ3
寸暇 高51オ1
餘暇 東14オ3
【暑】暑蕷 高60オ4
連暑〔署〕 国7オ5
【暖】暖 国15オ5
暖氣 国6ウ4
暖氣 東14ウ3
暖氣 東21オ1
暖簾 高27ウ1
【暗】暗 東22オ4
【暢】暢月 高75オ3
【暫】暫 国19ウ3

暫 高45ウ5
暫時 国15ウ3
暫時 東28ウ1
暫時 高37オ5
【暮】暮春 高74ウ4
夕暮 東31ウ2
旦暮 国6ウ4
明暮 東27ウ3
朝暮 東27オ3
朝暮 高35ウ3
歳暮 国21オ4
【暦】暦 高34オ3
【曉】曉 東27ウ4
曉 高36ウ2
曉 高36ウ3
拂曉 国12ウ4
拂曉 東25ウ4
拂曉 高33オ3
【曝】曝 高39オ1

曰部

【曲】曲事 東21ウ2
曲尺 高56ウ5
曲者 東22オ2
曲者 高27ウ5
曲舞 東21ウ3
外曲〔典〕 国11ウ4
奸曲 国5ウ1
奸曲 東12オ2
奸曲 高15ウ1
委曲 東1ウ5
祕曲 高47オ3
私曲 東33オ3
私曲 高43ウ5
音曲 国4オ4
音曲 高14オ4
【更】更々 国16オ5
更發 国5オ1
更々 国16オ5
殊更 国14オ1
殊更 東26オ5
殊更 高33ウ4
猶更 高24ウ1
【書】書寫 国18ウ4
書札 国18ウ4
書物 高16ウ3
書籍 国18ウ4
書絶 国5ウ3
書院 高43ウ1
中書 高64オ3
事書 国13ウ4
内書 高24オ5
具書 国10オ1
辟〔壁〕書 国2ウ1
壁書 東6オ2
壁書 高7ウ4
奉書 東5オ3
奉書 高7オ5
御書 国13オ2
拔書 高12オ4
文書 国20ウ1
文書 高48ウ2
科書 国10オ4
清書 国21オ3
繪書 東35オ5
繪書 高47オ1
艶書 国14オ3
落書 国9オ1
落書 東19オ3
落書 高25オ4
謀書 東5オ2
謀書 高7ウ1
過書 東22オ2
過書 高28オ3
重書 高10ウ1
鴈書 国5ウ2
圖書頭 高64オ2
祕書郎 高64オ2
御教書 国17ウ5
御教書 東32オ3
權尙書 高63ウ4
【曹】御曹子 高14オ5
【曾】木曾 高74オ1
【替】替 高15オ3
替目 国5ウ4
替錢 東11ウ3
乘替 東20ウ4
乘替 高27オ4
得替 高9ウ1
改替 国5オ4
改替 東12オ4
【最】最上 東29オ2
最上 高38オ2
最中 国20ウ3
最中 東23ウ1
最中 高31オ2
最初 国15ウ3
最初 東29ウ1
最初 高38ウ3
最前 国15ウ3
最前 高38オ3
最愛 国15ウ3
最愛 高3オ5
最花 東3ウ4
最花 高4ウ2
【會】會下 国14オ5
會下 東35ウ1
會下 高46ウ5
會合 国10オ3
會合 東21ウ5
會合 高28ウ4

月部

早朝　高38ウ2
【期】一期　東1オ5
一期　高1オ5
盡期　東34ウ3
【朦】朦昧　東37オ2
朦昧　高48ウ5
朦々　国20ウ2
朦氣　東36ウ4
朦々　国20ウ2

木部

【木】木下　高69オ2
木全　高69ウ2
木兔　東39ウ2
木兔　高52ウ2
木履　東5ウ2
木履　高7ウ1
木曾　高74オ1
木槿　高58ウ4
木澤　高70ウ2
木筆　高59オ2
木賊　高60オ3
久木　高70オ2
入木　国19オ1
啄木　東39ウ5
埋木　東20ウ1
新木　高74オ5

朽木　高72オ5
材木　東28ウ2
材木　高37ウ1
櫻木　高72ウ3
編木　高38ウ5
逆木　東29ウ2
鈴木　高72オ4
青木　高70ウ4
木工頭　高65ウ4
木槵子　高58ウ3
錦木里　高74オ1
佐々木　高68オ4
摺形木　東38ウ1
逆茂木　高39オ2
【未】未　高75オ4
未濟　高42オ4
未熟　東32オ3
未練　国17ウ5
未進　国17ウ5
未進　東31ウ5
未進　高42オ4
未練者　東31ウ5
未練者　高42オ4
未落居　東31ウ4
前代未聞　東37ウ4
【末】末　国22オ3
末世　東23ウ4
末世　高30ウ3

末代　国10ウ5
末代　東23ウ1
末代　高30ウ2
末寺　高31オ2
末座　高5ウ5
末法　国10ウ5
始末　高46オ4
歳末　国15ウ5
歳末　東29オ1
行末　東31オ5
行末　高41オ1
【本】本人　東5オ4
本地　高7オ3
本腹〔復〕　東5オ3
本腹〔復〕　高7オ4
本意　東5ウ1
本意　高7オ2
本懐　東5ウ2
本懐　高7オ2
本所　東5オ5
本服　高7オ4
本望　東5オ4
本望　高7オ1
本重　東37オ2
本領　東5オ4
本領　高7オ2
一本　高1ウ2
塚本　高72オ5

張本　国3オ4
手本　高35オ4
根本　国13オ5
根本　東26ウ3
根本　高34オ2
橋本　高70ウ1
魔本〈奔〉離　高31オ4
【札】制札　東37ウ1
制札　高49ウ1
尊札　東16ウ4
尊札　高21ウ3
愚札　高28ウ3
書札　国18ウ4
短札　国6ウ3
貴札　国16ウ3
賀札　国5オ3
鴈札　国5ウ2
點札　国14ウ3
點札　東27オ4
【朱】朱　高44オ2
堆朱　高22ウ4
【朴】朴　高58ウ1
【机】文机　高33ウ2
【朽】朽　国10ウ1
朽木　高72オ5
朽葉色　高29オ3
【杉】杉　高58オ3

【槲】檞〔槲〕 高58ウ3
【𣜿】𣜿〈楰〉 高58ウ2
【樹】柏樹 高59オ3
【樽】樽 東15オ5
樽 高19オ5
【橋】橋 東3ウ4
橋 高5ウ2
橋本 高70ウ1
佐橋 高73ウ1
太〔大〕橋 高71オ1
市橋 高70オ1
鞍橋 高29オ4
高橋 高71オ2
【橘】橘 高58ウ1
溫州橘 高58オ5
【橙】橙 高58ウ1
【橛】亂橛 東19オ4
亂橛 高25オ3
【機】機嫌 国16ウ4
機嫌 東30オ3
機嫌 高39ウ1
機緣 国16ウ5
【橡】橡 高58ウ3
【横】横巻 高69ウ2
横笛 東14オ3
横首杖 東12ウ3
【樫】富樫 高68オ4
【檉】檉 高58ウ2

【檎】林檎 高58ウ5
【檗】檗 高58ウ2
【檜】檜 高58オ3
檜物師 東36オ2
檜物師 高48オ1
【檞】檞〔槲〕 高58ウ3
【檠】箆檠 東21オ1
【檢】檢使 東24オ5
檢使 高31ウ1
檢對 高32ウ2
檢斷 国11オ5
檢斷 東24オ4
檢斷 高31ウ1
檢知 国11オ5
檢見 国11オ5
檢見 東24オ5
檢見 高31ウ1
檢非違使尉 高67ウ2
檢非違使別當 高67ウ1
【樹】樹 高59オ1
【檻】折檻 東37オ5
折檻 高49オ4
【榼】榼〔榼〕 高58ウ4
【櫃】櫃 東12オ4
矢櫃 東23オ2
矢櫃 高56オ5
長櫃 東18オ5

長櫃 高24オ4
【櫓】櫓 東23オ3
櫓 高30オ3
櫓 高56ウ2
【櫚】椶櫚 高58ウ3
【櫛】櫛引 東21ウ4
櫛田 高72ウ3
櫛箱 高28オ4
【櫟】櫟 高58ウ3
【櫨】櫨 高59オ2
【櫻】櫻 高58オ3
櫻井 高71ウ4
櫻木 高72ウ3
【欄】欄干 高25ウ1
【權】權柄 国11オ5
權辨 高63ウ4
權門 国11オ5
權門 東24ウ3
權門 高31ウ5
權尙書 高63ウ4
【欛】杜欛 国3オ1

欠部

【次】次 国8オ2
次 東17オ2
次連 高23オ3
乍次 東17オ5

月次 国8オ2
月次 東17ウ1
月次 高22ウ3
臘次 国9オ2
臘次 東19オ4
路次 東2ウ2
路次 高3ウ4
順次 東34ウ2
順次 高45ウ2
【欲】欲心 東14オ1
【款】款冬 高60オ3
【歌】歌 高27オ1
返歌 高8オ3
連歌 国7オ3
↓〔哥〕
【歎】歎 国8ウ4
歎 東18ウ2
歎 高23ウ4
愁歎 国18ウ2
愁歎 高46オ5
自歎 国18オ5
讃歎 東28ウ3
【歡】歡喜 東22オ1
歡悅 東22オ1
歡樂 国10オ2
歡樂 東21ウ1
歡樂 高28オ2

止部

【止】止 国3オ2
止 高29ウ2
停止 国3オ4
停止 東27オ5
停止 高11オ1
無止事 東22ウ4
難默止 東36ウ4
難默止 高48ウ4
【正】正 国11オ2
正 東24オ2
正 高30ウ5
正月 高74ウ3
正直 国19オ5
正直 東33ウ3
正直 高44ウ2
正路 国19オ5
修正 国19オ1
實正 東34オ4
實正 高45オ4
市正 高66オ4
無正體 東33オ1
主水頭〈正〉 高66オ3
內膳正 高66オ1
織部正 高65ウ2
造酒頭〈正〉 高66オ2
采女正 高66オ2
隼人正 高65オ5
彈正小〔少〕弼 高66オ3
【此】此方 国13ウ3
此旨 国13ウ3
此旨 東26ウ1
此旨 高33ウ5
此比 国13ウ3
此由 高33ウ5
此程 東26ウ2
此程 高34オ1
此間 東26ウ1
此間 高33ウ5
【步】步 国15オ4
步行 高7オ3
【武】武士 国12ウ3
武士 東25ウ1
武士 高33オ1
武士 高48ウ5
武家 国12ウ3
武庫 高67オ5
武略 国12ウ3
武者 国9オ4
武者 高26オ1
武藤 高68ウ4
武藏 東42オ5
武藝 国12ウ2
武衞 高68オ3
佐武 高71オ4
則武 高70オ5
文武 国12ウ3
武衞將軍 高67オ3
武衞校尉 高67オ3
武衞大將軍 高67オ2
【歲】歲旦 高62ウ2
歲暮 国21オ4
歲末 国15ウ5
歲末 東29オ1
內歲〈戚〉 国8ウ2
【歷】歷々 国7オ4
歷々 高20オ5
歷然 国7オ4
歷然 東15ウ3
歷然 高20オ5
歷々 国7オ4
歷々 高20オ5
經歷 国11ウ1
輕〈經〉歷 国17オ3
【歸】歸國 東30オ2
歸國 高39オ5
歸宅 東30オ3
歸洛 国17オ1
罷歸 東23ウ2
罷歸 高30ウ3

歹部

【死】死去 東34オ2
死去 高46ウ1
死骸 高45ウ3
必死 東36オ5
下解人〈下死人・解死人〉 高31ウ3
【殃】災殃 国16ウ1
【殆】殆 東5ウ3
【殊】殊 国13ウ5
殊勝 国19オ1
殊勝 東33ウ1
殊勝 高46オ1
殊更 国14オ1
殊更 東26オ5
殊更 高33ウ4
【殘】殘 国9ウ4
殘 高27オ5
殘分 東20ウ5
名殘 国8ウ3
名殘 東18オ4
名殘 高23ウ3
餘殘 国6オ3
餘殘 高18オ3

殳部

【段】段別 国6ウ4

段子　東7ウ1
段子　高9オ2
段々　国6ウ4
段米　高19オ2
段錢　東15オ1
段錢　高19オ2
一段　東1オ4
一段　高1オ5
別段　国2ウ2
段々　国6ウ4

【殺】
殺　国14オ1
殺害　国21ウ1
殺生　国21ウ1
殺生　東38オ2

【殿】
殿　高44オ2
昇殿　国19オ3
貴殿　東30オ1
貴殿　高39オ3
主殿頭　高65ウ5
縫殿頭　高64オ3

【毆】
毆合　東15オ5

毋部

【母】
母衣　東5ウ2
䙂〔母衣〕　高54ウ5
伯母　高57ウ3
父母　高57ウ3
祖母　高57ウ2
繼母　国11ウ2
老母　東19オ2
老母　高25オ1
雲母　東31オ1
雲母　高40ウ1

【毎】
毎　国13ウ5
毎事　国11オ1
毎事　東23オ5
毎事　高30ウ1
毎年　東23オ5
毎年　高30ウ2
毎度　国11オ1
毎度　東23ウ3
毎度　高30ウ1
毎日　高30ウ2
毎日　東23オ5
毎月　東23ウ2
毎月　高30ウ2
毎々　高30ウ1
毎篇　東23ウ3
毎篇　高30ウ1
毎々　高30ウ1

【毒】
毒害　東7オ4

比部

【比】
比　高20オ2
比　高28ウ4
比興　国19ウ4
比興　東36オ2
比類　国19ウ4
何比　高2ウ4
去比　東28ウ5
去比　高38オ2
此比　国13ウ3
近比　東8オ2
近比　高10オ2
日比野　高69ウ2
無比類　東35ウ3
無比類　高48オ5

【毘】
荼毘　東15ウ1

毛部

【毛】
毛　高29オ5
毛利　高71ウ5
毛受　高73ウ2
毛穴　高73オ1
吹毛　国21ウ4
狸毛　高20オ1
糠毛　高16ウ1
蘆毛　東41ウ2
鴾毛　東41ウ1
鶬毛　東41ウ1
鹿毛　東41ウ3
鹿毛　高16ウ1
毛鴈鼻　東24ウ2
宿鴾毛　東41ウ3
河原毛　東41ウ2
河原毛　高16ウ2
吹毛求疵　国12オ2
柑子栗毛　東41オ5
連錢葦毛　東41オ5

【毬】
拍毬　高36オ2

【氈】
氈　高49ウ3

氏部

【氏】
氏家　高72オ1

【民】
土民　東7オ5
土民　高9オ4
平民　国2オ5
萬民　東3オ3
萬民　高4ウ5
民部卿　高65オ3

气部

【氣】
氣力　国16ウ4
氣味　国16ウ4
氣色　国11ウ3
氣色　国16ウ4
氣色　東24ウ4

天氣 国14ウ1
天氣 東27オ2
暖氣 国6ウ4
暖氣 東14ウ3
暖氣 東21オ1
朦氣 東36ウ4
病氣 国20オ2
病氣 東23オ2
節氣 国21ウ1
風氣 国12ウ1

水部

【水】
水 東32オ3
水干 国22オ2
水損 東38ウ5
水損 高50ウ5
水旱 東38ウ2
水牛 高54オ4
水精 東38ウ3
水精 高51オ1
水練 東38ウ3
水翻 高42ウ5
水苔 高51オ3
水野 高74オ2
水銀 高61ウ4
水雞 高52ウ1
水雞 東40オ2

汲水 高22ウ4
泉水 高49ウ3
洪水 国13ウ2
洪水 高34ウ4
速水 高71ウ2
主水頭〈正〉 高66オ3
【永】
永代 国14オ2
永代 東35オ4
永代 高46ウ2
永領 国14オ2
【汀】
汀 東32オ2
汀 高42オ5
【汁】
冷汁 東35ウ5
【求】
求 国20ウ3
求 高48ウ4
尋求 東15オ1
求食火 高3オ2
吹毛求疵 国12オ2
【汗】
汗 東28オ3
汗 高73オ5
【汚】
汚 国12オ3
【江】
江豚 東40ウ5
近江 東42ウ3
遠江 東42オ4
祖父江 高72ウ3
【池】
池田 高70ウ4
小池 高71ウ3
【汰】
沙汰 国16オ4

無沙汰 東25ウ5
無沙汰 高33オ4
【汲】
汲水 高22ウ4
【決】
決判 高32ウ1
決定 高32ウ1
對決 国6ウ1
糾決 国17オ2
【沈】
沈 国19ウ3
沈淪 国3オ5
沈淪 高10ウ5
沈醉 国3オ5
浮沈 国12オ5
浮沈 東25ウ1
【沐】
沐浴 国20ウ2
沐浴 高49オ3
【沒】
沒收 国20ウ2
【沓】
沓 東22オ3
沓 高29オ4
沓見 高72オ1
【沖】
沖 東10ウ5
【沙】
沙汰 国16オ4
沙糖 高38ウ5
無沙汰 東25ウ5
無沙汰 高33オ4
【河】
河内 東41ウ5
河原 高73オ2
河村 高69ウ5
參河 東42オ4

駿河 東42オ4
河原毛 東41ウ2
河原毛 高16ウ2
五十鈴河 東1ウ3
【油】
油 東28オ3
油 高36ウ2
油單 高41オ3
油斷 東31オ4
油斷 高40ウ4
油煙 高41オ4
【治】
治定 国3ウ1
治定 東8オ2
治定 高10オ2
治罰 国3オ5
印治 国1オ1
印治 高3オ3
湯治 国6ウ2
灸治 国17オ4
灸治 東30ウ4
灸治 高40オ5
療治 国7オ4
療治 東15ウ5
療治 高20ウ3
退治 国6ウ1
退治 東14ウ1
退治 高18ウ2
鍜治〔鍛冶〕 東11ウ3
鍜治〔鍛冶〕 高15オ4

治部卿 高65オ1
多治見 高69オ1
【沼】沼 東9ウ1
沼 高12オ5
【沽】沽券 東20オ4
沽券 高26ウ2
沽卻 国13オ3
沽卻 東26ウ3
沽卻 高34オ1
沽洗 高74ウ4
【況】況 東2オ5
【泉】泉水 高49ウ3
和泉 東41ウ5
小泉 高71ウ2
滿泉 高73オ4
【法】法度 国1ウ5
法度 高6オ1
法服 国2オ4
法聞〈眷〉 高4ウ4
作法 国16オ4
兵法 国2ウ2
兵法 国20オ2
兵法 東36オ4
兵法 高8オ4
兵法 高47ウ4
制法 国21オ4
大法 高19ウ1
如法 高6ウ2

寸法 国21ウ5
憲法 国11オ4
兼〈憲〉法 東24ウ1
憲法 高32オ1
懺法 高49ウ3
末法 国10ウ5
無法 国9オ3
率法 国7ウ3
說法 国21ウ1
調法 東27オ4
調法 高35ウ1
通法 国8オ1
通法 高22ウ5
非法 国19ウ5
骨法 国13ウ2
骨法 高35オ1
明法博士 高64ウ4
不調法者 高33ウ1
【波】波 東18ウ2
波 高24オ4
丹波 東43オ4
恩波 国4オ3
阿波 東43ウ5
餘波 高23ウ3
鯨波 東7オ4
鯨波 高9ウ3
【泣】泣 国8ウ4
【泥】泥障 東28オ4

障泥 高36オ4
【注】注 国19ウ3
住〈注〉文 高10ウ3
注置 東33ウ2
注進 国3ウ1
注進 高10ウ3
【泪】泪 東18ウ2
泪 高23ウ5
↓［涙］
【泰】泰平 国6オ5
【泳】泳 国4ウ2
泳 東10ウ5
【洒】洒掃 高66オ1
【洗】洗 国15オ4
洗濯 国21オ4
洗濯 東37ウ5
洗濯 高49ウ5
沽洗 高74ウ4
椋手洗 東4オ1
【洛】洛 高43オ1
洛中 国9オ2
洛中 高24ウ4
洛外 東18ウ5
洛外 高24ウ5
洛陽 東19オ5
洛陽 高24ウ5
上洛 東33ウ3
上洛 高44ウ1

歸洛 国17オ1
【洞】仙洞 国20ウ5
【洟】洟 高24オ1
【津】津 高23オ2
津坂 高74オ5
津田 高71オ3
津田〈畠〉 高71オ3
攝津 東42オ1
板津 高71ウ1
【洩】洩 国20ウ4
洩聞 東36ウ5
【洪】洪水 国13ウ2
洪水 高34ウ4
【活】活計 国10オ5
活計 東21ウ2
活計 高28オ4
獨活 高61オ3
【派】門派 高49オ2
【流】流 国8ウ4
流 東18ウ2
流 高24オ1
流人 東9ウ3
流人 高12ウ2
流布 東9ウ3
流布 高12ウ1
流々 東9オ3
流々 高11ウ3
流浪 国4オ2

【湊】湊　高42ウ2
湊川　東32オ4
【湯】湯桶　東31ウ2
湯治　国6ウ2
湯漬　東31ウ1
【泡】泡　東7ウ2
【溫】溫州橘　高58オ5
【源】源　東32オ5
源　高42ウ2
混源　国13オ5
【準】準據　東33ウ3
【溝】溝　東32オ4
溝　高42オ5
井溝　高3オ5
【滅】滅金　高61ウ4
入滅　国2オ2
入滅　高6ウ3
破滅　国1ウ4
磨滅　国11オ1
【滯】滯　国3オ2
停滯　国14ウ2
【滴】滴　高45オ4
【滿】滿泉　高73オ4
滿足　国10ウ5
滿足　東23オ5
滿足　高30オ5
滿遍　国11オ2
充滿　国18ウ2

充滿　高45オ2
肥滿　国20オ4
肥滿　東36オ5
飽滿　東3ウ1
飽滿　高5ウ3
【漆】漆　高26ウ1
【漉】紙漉　東12オ5
紙漉　高16オ1
【漏】漏　国20ウ4
漏　東36ウ3
漏剋博士　高64オ5
【漢】和漢　国4ウ4
和漢　高15オ2
【漫】漫　国1ウ5
【漬】湯漬　東31ウ1
【漲】漲　高42ウ4
【漸】漸　高29ウ2
漸々　国21ウ2
漸々　国21ウ2
【潔】清潔　国21オ3
【潛】潛　国20オ5
【潤】潤　高27オ2
潤色　国19オ2
潤色　東34オ3
潤色　高45オ1
利潤　国3ウ4
利潤　東8ウ5
利潤　高11オ5

【澀】澀屋　高73オ1
澀柿　東34オ5
澀柿　高46オ2
難澀　国8ウ3
難澀　東18ウ1
難澀　高23ウ5
【澄】澄　国22オ3
【澆】澆　国7ウ5
【澤】澤瀉　高60オ4
中澤　高69オ3
木澤　高70ウ2
榛澤　高69オ5
【濁】濁　東4ウ5
濁醪　高19ウ5
清濁　国21オ3
【濃】濃〔農〕人　高27オ4
信濃　東42ウ3
美濃　東42ウ3
【濟】濟　東39オ1
濟々　国21ウ2
濟々　東37ウ2
半濟　国1ウ3
未濟　高42オ4
濟々　国21ウ2
濟々　東37ウ2
皆濟　高16オ1
辨濟　国2ウ2
【濡】濡　東9オ5

濡　高12オ5
【濫】濫妨　国9オ2
濫妨　東18ウ5
濫妨　高24ウ4
【濯】濯　国22オ3
洗濯　国21オ4
洗濯　東37ウ5
洗濯　高49ウ5
【濱】濱岡　高70オ4
【瀉】澤瀉　高60オ4
【瀧】瀧浪　東14ウ2
大瀧　高69ウ5
【瀨】瀨尾　高72ウ3
廣瀨　高68ウ5
成瀨　高71ウ3
村瀨　高69ウ4
高野瀨　高68ウ5
【灌】灌頂　高29オ4
【灑】灑　高22オ1

火部

【火】火急　高29オ1
火桶　高48オ2
火箸　高48オ2
火鉢　高48オ3
類火　高12ウ2
愼火草　高61オ3

求食火 高3オ2
【灯】灯 高8ウ4
↓〔燈〕
【灸】灸治 国17オ4
灸治 東30ウ4
灸治 高40オ5
【災】災 高14ウ5
災殃 国16ウ1
災難 国15ウ5
災難 東29オ2
災難 高38オ3
息災 国7ウ4
【炊】大炊頭 高65ウ4
【炎】炎 東5ウ4
炎上 国14オ4
炎天 国14オ4
炎天 高46ウ4
炎旱 国14オ4
【炙】炙 国15オ4
【炭】炭 高50ウ4
【炲】炲煤〈炲煤掃〉 国22オ2
焙煤〈炲煤掃〉 高51オ2
【炳】炳誡 国2オ5
【烈】烈〔列〕參 国7オ3
烈〔列〕參 東15ウ5
烈〔列〕參 高20ウ3
烈〔列〕座 高20ウ4
還烈 国9ウ5
【烏】烏 東40オ2
烏 高52オ3
烏芋 高61オ3
烏賊 東40ウ4
烏賊 高53オ3
烏頭 高55ウ2
烏黑 東41ウ1
烏帽子 東35オ5
烏帽子 高46ウ3
【焞】焞革 高33ウ1
【焙】焙煤〈炲煤掃〉 高51オ2
【無】無力 国12ウ2
無力 東25ウ2
無力 高33オ1
無勢 国12ウ2
無墓 国1ウ5
無射 高75オ2
無心 東19ウ2
無心 高25ウ3
無念 国9オ3
無念 東19ウ2
無念 高25ウ3
無恙 東17ウ2
無慙 東19ウ3
無法 国9オ3
無理 国9オ3
無理 東19ウ2
無理 高25ウ4
無用 東19ウ2
無用 高25ウ3
無益 国9オ3
無益 東19ウ3
無益 東28オ2
無益 高25ウ4
無盡 東19ウ5
無窮 国9オ3
無窮 東19ウ3
無興 国12ウ2
無興 東26オ1
無謂 東1ウ4
無貳 国9オ3
無道 国9オ3
無道 国12ウ2
無道 東25ウ3
無量 国9オ3
無量 東19ウ3
無限 東11ウ3
無骨 国12ウ2
無骨 東25オ4
無體 東19ウ2
無體 高26オ2
無主地 東19ウ4
無其隱 東16オ3
無勿體 東36ウ4
無勿體 高48ウ4
無十方 東6ウ3
無器用 東26オ1
無器用 高32ウ5
無心元 国13ウ4
無手組 東19ウ4
無手組 高26オ2
無案内 東25ウ5
無案内 高33オ4
無止事 東22ウ4
無正體 東33オ1
無比類 東35ウ3
無比類 高48オ5
無沙汰 東25ウ5
無沙汰 高33オ4
無爲方 東38オ2
無爲方 高50オ2
無跡形 国15オ3
無道心 東19ウ5
無四度計 国19ウ2
傍若無人 東4オ4
【焦】焦 高35オ1
【焰】焰 東5ウ3
【然】徒然 東6ウ3
徒然 東17ウ2
徒者〈然〉 高2ウ2
徒然 高8ウ2

爪部

父部

爻部

爿部

片部

牙部

牛部

逸物　東1ウ2
逸物　高3ウ1
遺物　東31オ4
遺物　高40ウ4
檜物師　東36オ2
檜物師　高48オ1
章物造　高55ウ2
縫物師　高12オ3
鑄物師　東1ウ3
鑄物師　高2ウ4
引出物　国20オ4
拍子物　東4オ1
犬追物　高2ウ4
監物〈門〉録事　高67オ1
【特】特　高54オ4
奇特　国16ウ3
奇特　東30オ2
奇特　高39オ5
【犀】犀　高54オ4
【犛】犛牛　高54オ5
【犢】犢子　高54オ4

犬部

【犬】犬　高54オ2
犬追物　高2ウ4
【狀】一狀〈帖〉　高1ウ2

依狀〈怙〉　高46ウ2
々〈充〉狀　東28オ1
內狀　高24ウ1
副狀　東16ウ3
副狀　高21ウ2
勘狀　国5ウ2
問狀　国20ウ1
契狀　国11ウ2
擧狀　東30オ5
擧狀　高39ウ5
白狀　高5ウ5
訴狀　国7ウ2
誓狀　高50オ3
讓狀　国17ウ2
讓狀　東31オ4
讓狀　高40ウ5
領狀　高11ウ4
領狀　高27オ2
捧愚狀　東21オ5
捧愚狀　高28ウ3
數通狀　高50ウ1
立願狀　高11ウ3
【狂】狂　国7オ1
狂拶　高39ウ5
物狂　国12ウ5
物狂　東37オ2
醉狂　国21ウ4
醉狂　高51オ2

【狐】狐　高54オ2
【狩】狩人　東11ウ5
狩人　高15オ4
狩杖　高54ウ3
狩衣　高16ウ1
御狩　東32オ4
御狩　高42オ4
【狸】狸　高54オ1
狸毛　高20オ1
【狹】狹　国21ウ3
狹閒　高39オ1
若狹　東43オ1
【狼】狼　高54オ2
狼煙　東21オ1
狼煙　高27オ5
狼牙　高60ウ5
狼籍〈藉〉　国8ウ5
狼籍〈藉〉　東19オ1
狼籍〈藉〉　高24ウ4
【猊】猊虎　高54オ2
【猛】猛勢　東23ウ1
猛勢　高30ウ3
【猜】情〈猜〉　国7ウ5
猜　東16ウ4
猜　高21オ5
【猝】猝〈悴〉者　高17オ3
【猥】猥　東32オ2
猥　高42ウ1

猥雜　国4ウ3
【猩】猩々　高54オ5
猩々　高54オ5
【猫】猫　高23ウ1
猫　高54オ3
【猴】猿猴　高54オ5
【猶】猶　高24オ3
猶更　高24ウ1
猶々　東18オ5
猶々　東18オ5
【猿】猿　高54オ1
猿子　高70オ4
猿樂　東28ウ4
猿樂　高38オ1
猿猴　高54オ5
淺猿　国15オ2
荒猿　国15オ2
【獅】獅子　高54オ1
【獏】獏　高54オ4
【獨】獨樂　東26ウ4
獨活　高61オ2
獨身　東7オ5
獨人屋　東35ウ5
【獵】獵師　東15ウ5
蠟〈獵〉師　高20ウ4
【獺】賴〈獺〉　高54オ2
【獻】一獻　東1オ3
一獻　高1ウ5

殺生 国21ウ1
殺生 東38オ2
瓜生 高71ウ4
畜生 東8ウ1
蘇生 高22オ1
誕生 国6ウ3
越生 高72オ2
養生 高29ウ3
麻生 高72ウ2
丹生屋 高71ウ4
誕生日 高20オ3
左右衛門府生 高67オ2

【産】
土産 国3オ1
土産 東6ウ4
土産 高8オ5

【甥】
甥 高57ウ3

用部

【用】
用 国20ウ3
用 高48ウ3
用心 国6オ2
用心 東13ウ4
用心 高17ウ2
用意 国6オ2
用意 東13ウ4
用意 高17ウ2
用捨 国6オ2
用捨 高18オ1
用途 高18オ1
借用 国19ウ1
借用 高43ウ4
公用 東21ウ2
公用 高27ウ4
器用 国16ウ5
器用 東30ウ4
器用 高40オ5
急用 東30ウ2
急用 高40オ1
散用 国15ウ2
無用 東19ウ2
無用 高25ウ3
立用 東9オ3
立用 高11ウ3
算用 東28ウ4
算用 高38オ1
要用 国6オ2
請用 国19オ5
雑用 国16オ2
無器用 東26オ1
無器用 高32ウ5

【甫】
年甫 東18オ1

田部

【田】
田上 高70ウ5
田舎 高2ウ5
八田 高72オ1
刈田 東12ウ4
刈田 高16オ5
前田 高73オ2
勝田 高74オ5
原田 高72オ3
友田 高69オ1
古田 高70オ4
吉田 高69ウ4
土田 高71オ1
堀田 高71オ4
堅田 高71オ5
大田 高68ウ2
宮田 高69オ2
岡田 高71オ2
岩田 高70オ4
岸田 高71オ2
徳田 高70ウ2
成田 高69オ2
散田 高38ウ4
春田 高70オ3
櫛田 高72ウ3
池田 高70ウ4
津田 高71オ3
津田〈畠〉 高71オ3
牛田 高74オ4
福田 高70ウ5
稲田 高68ウ2
筧田 高69ウ1
篠田 高73ウ2
簗田 高69ウ1
織田 高68オ5
羽田 高69ウ4
菱田 高71ウ1
蒔田 高73ウ2
薄田 高69ウ4
野田 高70オ2
隠田 東10ウ1
隠田 高13ウ5
飯田 高70オ1
田舎人 東1ウ4
新發田 高73オ2
目賀田 高70オ2
阿功田 高72オ1

【由】
由來 国17ウ1
由來 東31ウ1
由來 高41オ1
由緒 国17ウ1
由緒 東31オ4
由緒 高40ウ4
此由 高33ウ5
自由 国18オ5
勘解由 高66ウ2

【甲】
甲 高55オ3

検非違使別当　高67ウ1
【暇】暇　東18ウ3
【疊】疊　国7オ1
疊　東15オ2
疊　高19ウ2
疊紙　高20オ1

疋部

【疋】疋　国20オ4
一疋　高2オ2
【疎】疎　国4ウ2
疎　東10オ3
疎　高13ウ4
疎學　高21ウ5
疎意　東16ウ5
疎略　国7ウ2
疎略　東16オ4
疎略　高21オ2
疎相　国7ウ4
疎縁　国7ウ4
疎遠　国7ウ2
疎遠　東16ウ3
疎遠　高22オ1
親疎　東33ウ5
親疎　高45ウ5
疎々敷　高26ウ3

疎々敷　高26ウ3
【疏】↓〔疎〕
【疑】疑　国9ウ2
疑　東20オ4
疑　高26オ5
嫌疑　国11オ5
嫌疑　東24ウ3

疒部

【疫】疫病　国14オ2
【疲】疲　東17オ3
疲　高22オ5
疲　高29ウ5
疲勞　高47ウ2
【疵】疵　高39オ4
吹毛求疵　国12オ2
【病】病氣　国20オ2
病氣　東23オ2
持病　国3オ3
疫病　国14オ2
臆病　国4オ4
臆病　高13ウ1
【痛】痛入　高2ウ1
苦痛　国10オ1
苦痛　高28ウ5
【瘦】瘦　高29ウ5
【療】療治　国7オ4

療治　東15ウ5
療治　高20ウ3
【癈】癈〔廢〕忘　高5ウ1
【癒】↓〔愈・瘉〕
【癖】癖事　国10オ5
【癡】愚癡　高27ウ4

癶部

【癸】癸　高75オ5
【登】能登　東43オ1
【發】發向　国1ウ5
發向　東3ウ3
發句　高7オ4
發向　高5オ5
發起　国2オ3
發起　高7ウ2
々（再）發　東28ウ2
再發　高37ウ1
更發　国5オ1
進發　東33ウ4
開發　国5オ4
新發田　高73オ2

白部

【白】白井　高71オ5
白地　高36ウ5

白晝　高5ウ3
白狀　高5ウ5
白粉　高45ウ5
白鳥　高52オ2
白鷴　東40オ4
白鷴　高52ウ2
髮白　東41ウ2
面白　国4ウ1
面白　東10オ5
面白　高13ウ4
白拍子　東33ウ3
白拍子　高44ウ1
【百】百　高51ウ1
百切　高23オ1
百姓　東35ウ5
百性〔姓〕　高47オ5
百手　高56オ3
百々　高73ウ5
百足　高62オ3
百々　高73ウ5
百合草　高59ウ5
百舌鳥　東39ウ1
【的】的　国11オ3
的串　高31オ3
的矢　東23ウ1
的矢　高55ウ5
彈的　国6ウ3
端的　高20オ2

矢部

知人 高45ウ3
知行 東8オ3
知行 高10オ2
知音 国3オ3
知音 高9ウ5
知音 東7ウ5
下知 国11ウ3
存知 国7ウ2
心知 東26オ5
檢知 国11オ5
領知 国3ウ5
不知夜 東2オ2
不知山 高74オ1
世知辯 国21ウ1
當知行 国6ウ2
伊地知 高69オ3
加下知 東24ウ3
【短】短 高42ウ2
短冊 国6ウ3
短冊 東15オ3
短冊 高18ウ3
短慮 国6ウ3
短慮 東14ウ3
短札 国6ウ3
【⿰矢冊】⿰矢冊〔⿰矢舟〕 高56オ4
【⿰矢舟】⿰矢冊〔⿰矢舟〕 高56オ4

石部

【石】石丸 高70オ1
石竹 高59ウ2
石菖 高59ウ1
石見 東43オ5
石谷 高70ウ1
石黑 高72オ4
千石 高70オ3
大石 高74オ4
常石 高73ウ4
細石 東29ウ2
鍮石 東8オ2
鍮石 高61ウ4
二千石 高68オ1
【砂】砂金 高61ウ3
眞砂 東23ウ3
【砌】砌 東32オ3
【砧】砧 高39ウ5
【破】破 国10ウ3
破 高29ウ3
破儀 東22ウ2
破滅 国1ウ4
破籠 高15オ1
不破 高69オ3
北破 東7オ5
打破 国9オ5
打破 高27オ1
【研】藥研 東23オ1
藥研 高30オ1
【硫】硫磺 東31ウ1
硫磺 高41オ2
【硯】硯 国22オ2
硯 高50ウ3
【碍】碍〈賑〉 東4ウ4
【碁】碁盤 東26ウ4
碁盤 高34ウ1
碁笥 高34オ3
將碁 東35オ2
將碁 高45ウ4
【碇】碇 高56ウ3
【碔】碔 高45ウ3
碔簇 東35オ1
【碎】碎 高29オ2
【碗】茶碗 高11オ3
↓〔埦〕
【碩】碩學 国21オ5
【磨】磨滅 国11オ1
磨礱 国22オ2
播磨 東43ウ2
琢磨 国6ウ2
練磨 高20ウ4
茶磨 高11オ2
【磯】磯貝 高71ウ5
↓〔礒〕
【磺】硫磺 東31ウ1
硫磺 高41オ2
【礎】礎居 東2オ1
【礒】礒野 高72オ2
↓〔磯〕
【礫】陵礫 東16オ1
飛礫 高23オ3
【礱】磨礱 国22オ2

示部

【示】示 国19ウ3
示給 国18オ4
【社】社 高29ウ5
社務 東35オ2
社參 国18オ1
社參 東34オ3
寺社 東34ウ1
寺社 高45オ5
當社 東15ウ1
靈社 高20ウ5
【祇】神祇 東34オ5
神祇 高45オ5
神祇伯 高63オ2
【祈】祈 国1オ5
祈 東2オ3
祈 高2ウ3
祈念 東30ウ1
祈念 高40オ2
祈禱 東30ウ1

祈禱 高40オ2
【祐】富祐 国12ウ1
富祐 高33ウ2
【祕】祕事 東36ウ1
祕事 高47オ2
祕密 東36オ5
秘蜜〔密〕 高47オ2
祕曲 高47オ3
祕藏 国19ウ4
祕藏 東35ウ3
祕藏 高47オ2
祕計 国19ウ4
祕計 東35ウ4
祕書郎 高64オ2
【祖】祖母 高57ウ2
祖父 高57ウ2
先祖 国21オ1
先祖 東37ウ5
累祖 国4オ2
累祖 高12ウ4
祖父江 高72ウ3
【祗】祗候 国18オ4
祗候 高43オ3
【祚】寶祚 国2オ3
【祝】祝 国1オ5
祝著 国18ウ2
祝言 国18ウ2
【神】神主 東11ウ5

神主 高15ウ1
神妙 国18オ1
神妙 東33オ1
神妙 高43オ5
神屋 高69オ4
神慮 国18オ1
神慮 東34オ5
神慮 高45オ4
神戸 高69オ4
神樂 東11ウ4
神樂 高15ウ1
神祇 東34オ5
神祇 高45オ5
神罰 東34オ5
神罰 高45オ5
神變 高45オ4
神餘 高69ウ1
神館 高17オ3
神馬 国18オ1
八神 高74ウ1
鬼神 東30オ2
神祇伯 高63オ2
御神樂 東32オ2
【祠】祠部 高64オ4
【祭】祭禮 国15ウ5
祭禮 高38ウ4
祭酒 高64ウ2
【祿】祿 高4オ2

祿物 高4オ4
光錄〔祿〕 高65ウ3
回祿 国10オ3
【禁】禁 高2ウ5
禁制 国17オ1
禁制 東30オ4
禁制 高39ウ3
禁呪 高31オ1
禁斷 東30オ4
禁物 東30ウ3
禁裏 国16ウ3
【福】福富 高68ウ5
福德 国12ウ5
福田 高70ウ5
貧福 国20オ3
【禪】禪家 高49ウ2
坐禪 国16オ5
【禮】禮儀 国7オ2
禮義〔儀〕 東15ウ5
禮儀 高20ウ2
禮拜 国8ウ5
禮拜 高25ウ1
禮物 東16オ1
禮節 国7オ4
禮紙 東19オ3
禮部 高65オ1
禮錢 高20ウ3
直禮 高24オ2

祭禮 国15ウ5
祭禮 高38ウ4
葬禮 東29ウ4
還禮 東11ウ1
順禮 東33ウ5
順禮 高44ウ4
【禰】禰宜 東18オ1
禰宜 高23ウ1
【禱】祈禱 東30ウ1
祈禱 高40オ2

禾部

【秀】秀句 国18ウ2
【私】私 国4ウ4
私 高15オ1
私宅 高46オ3
私市 高69オ3
私曲 東33オ3
私曲 高43ウ5
私言 東29ウ2
私語 高39オ2
私領 東34ウ4
公私 国13ウ2
公私 高34ウ3
【秉】秉拂 高48オ5
【秋】秋庭 高70オ4
仲秋 高75オ1

穴部

立部

【究】究竟 東21オ4
究竟 高27ウ3
【章】周章 東34ウ4
回章 東22オ3
文章 東26オ1
玉章 国17オ3
玉章 東14ウ1
玉章 高20オ3
章物造 高55ウ2
文章博士 高64ウ3
【童】童 国4ウ5
童 東11オ5
【端】端午 高62ウ2
端午 高74ウ5
端的 高20オ2
履端 高74ウ3
萬端 国1ウ5
軒端 東20ウ4
軒端 高27ウ1
【競】競 高40オ3
競望 国11ウ2
競望 東24ウ5
競望 高31ウ5

竹部

【竹】竹島 高71オ2
佐竹 高72ウ5
爆竹 高39オ1
石竹 高59ウ2
【笑】笑 国4ウ4
笑 高15オ1
【笛】横笛 東14オ3
【笠】笠 東13オ5
笠璽 高15オ4
縛笠 東28オ2
縛笠 高36ウ3
蓑笠 東32オ4
蓑笠 高42ウ1
小笠原 高74オ2
【笥】搔笥 東13オ2
碁笥 高34オ3
【符】府〔符〕合 国12オ5
割符 国15ウ5
割符 東28ウ1
割符 高37オ4
召符 高41ウ5
給符 高39ウ4
配符 東3ウ1
配符 高5オ2
【第】第 国8オ3
【笴】矢笴 高56オ3
【笛】笛 高56オ1
【筅】茶筅 高11オ2
↓〔箋〕
【筆】筆勢 国20オ3
筆勢 高48オ3
筆墨 国20オ3
筆架 高48オ3
右筆 高41オ3
土筆 高60オ1
木筆 高59オ2
震〔宸〕筆 国18オ1
括筆 東22オ1
自筆 東33ウ3
【筈】筈 東4オ3
筈 高56オ5
【等】等輩 国2ウ4
等輩 東7オ3
等輩 高9オ4
等閑 国8ウ3
等閑 東7オ2
等閑 高9オ1
等閑 高24オ4
均等 東31オ2
郎等 国8ウ5
郎等 高25オ5
【筋】筋 国22オ3
筋 高57ウ1
筋目 東38ウ5
筋目 高50ウ4
細筋 東5オ5
【筏】筏 高2ウ3
【筑】筑前 東44オ3
筑後 東44オ3
【筒】筒 東17オ3
筒丸 東7オ3
筒丸 高55オ1
小筒 高38オ5
矢筒 高56オ5
蜜筒 高62ウ5
【答】問答 国20ウ1
問答 東36ウ5
問答 高48ウ2
尊答 高21ウ3
應答 高36オ5
請答 東20オ3
返答 東6オ2
返答 高7ウ5
陳答 国3オ5
【策】籌策 国3ウ1
籌策 東8オ3
籌策 高10オ3
【筧】筧田 高69ウ1
【筬】筬 東10ウ1
筬 高13ウ1
【筯】筯 高5オ5
【筵】↓〔莚〕
【箋】茶箋 国3ウ2
茶箋 東8ウ1
↓〔筅〕
【箒】箒 高6オ2

【箕】箕 東32オ1
箕 高42ウ2
箕苛 高69ウ1
箕輪 高69ウ4
【算】算 国6オ1
算用 東28ウ4
算用 高38オ1
算術 国15ウ2
算博士 高64ウ5
算學博士 高64ウ5
【篦】篦檠 東21オ1
篦矢 高55ウ4
【管】管絃 国10オ2
管絃 高29オ1
管〔官〕途 国10オ2
管領 国10オ2
管領 高29オ1
【箭】弓箭 国17オ2
弓箭 東31ウ1
【箱】箱緒 東3ウ5
櫛箱 高28オ4
【箸】箸 東4オ2
箸 高5オ5
火箸 高48オ2
【節】節供 国21ウ1
節季 東37ウ3
節料 国21ウ1
節氣 国21ウ1
忠節 国3ウ1
忠節 東7ウ5
忠節 高10オ1
折節 国4オ5
折節 東10ウ2
折節 高14オ5
時節 国18ウ1
時節 東33オ1
時節 高43ウ4
禮節 国7オ4
【範】師範 国18ウ1
【篇】大篇 高19ウ4
毎篇 東23ウ3
毎篇 高30ウ1
諸篇 高44オ3
【築】築地 国8オ2
築地 東17オ4
築地 高22ウ1
築山 高22オ5
【篠】篠懸 高51オ3
篠田 高73ウ2
篠目 東34ウ3
【篩】篩 国13オ1
【簑】↓〔蓑〕
【篷】篷 高56ウ3
【簀】簀子 国22オ1
簀子 東38ウ2
簀子 高50ウ3
【簇】簇 高26オ1
碇簇 東35オ1
【簗】簗田 高69ウ1
【簡】簡略 国5ウ1
了簡 東9オ2
了簡 東15ウ4
料簡 国7オ4
【簸】簸屑 高48ウ1
【簾】簾 東39オ1
簾 高42ウ1
簾 高50ウ3
簾中 東15ウ4
簾中 高20ウ2
簾〈廉〉直 東15ウ3
暖簾 高27ウ1
翠簾 東32オ2
【籌】籌策 国3ウ1
籌策 東8オ3
籌策 高10オ3
【籍】書籍 国18ウ4
狼籍〔藉〕 国8ウ5
狼籍〔藉〕 東19オ1
狼籍〔藉〕 高24ウ4
【籠】籠 国14オ1
籠居 国1ウ1
籠居 高4オ1
籠〈籠手〉 高55オ1
籠者 東2ウ3
籠者 高4オ1
籠舎 国1ウ1
籠鳥 東2ウ4
一籠 高48オ5
冬籠 東25ウ5
參籠 東29オ3
參籠 高38オ5
召籠 国17ウ4
召籠 高41ウ1
涂〈塗〉籠 高12オ4
尻籠 高56オ4
尾籠 国19ウ5
尾籠 高47オ4
旅籠 高5ウ4
牢籠 国9オ1
牢籠 東19オ1
破籠 高15オ1
閉籠 国2ウ1
閉籠 東6オ1
閉籠 高8オ1
食籠 高43ウ2
【籫】籫 高38ウ4

米部

【米】米 高34オ4
新米 東35オ1
新米 高44オ4

段米 高19オ2
糧米 高25オ5
興米 高14オ4
【籾】籾 東36ウ4
【粍】粍 高21ウ4
【粉】粉骨 国12ウ4
粉骨 東25オ5
粉骨 高32ウ4
白粉 高45ウ5
【粗】粗 国2オ4
粗 東5ウ1
粗 高6ウ5
【粟】粟 東28オ3
粟 高60ウ3
粟飯原 高69オ5
【粧】↓〔妝〕
【粮】↓〔糧〕
【⿰米羽】⿰米羽 高27オ4
【粼】粼 高51オ3
【粽】粽 東8ウ3
粽 高10ウ1
【精】精彩 国21オ3
精誠 高50オ3
精進 東35オ2
水精 東38ウ3
水精 高51オ1
【糄】糄 高30オ3
【糉】↓〔粽〕

【糊】糊 高23オ5
【糒】糒 東5ウ3
糒 高7オ5
【糖】糖 高36オ5
沙糖 高38ウ5
【糁】糁 高73ウ4
【糟】糟糠 国16オ5
亘〈甘〉糟 高72オ3
【糠】糠 東9ウ1
糠 高12オ5
糠毛 高16ウ1
糟糠 国16オ5
【糧】糧物 国9オ1
糧物 東19オ4
糧米 高25オ5
兵糧 国20オ2
兵糧 高47ウ5

糸部

【系】系圖 国11ウ3
【糾】糾 東15オ4
糾 高18ウ2
糾明 国17オ2
紀〈糾〉明 東30ウ1
糾明 高40オ1
糾決 国17オ2
裁糾 国15ウ3

【紀】紀伊 東43ウ5
紀〈糾〉明 東30ウ1
年紀 国8オ5
年記〔紀〕 東17ウ5
【約】約束 国10ウ2
約束 東22ウ2
約束 高29ウ1
約諾 国10ウ2
約諾 東22ウ3
約諾 高29ウ1
先約 東37ウ5
先約 高49ウ5
契約 国11ウ2
契約 東24ウ1
契約 高31ウ1
【納】納 国4ウ1
納 東10ウ4
納受 国8ウ3
納所 国8ウ3
納所 高23ウ4
納收 高13オ2
納豆 国8ウ3
納豆 高24オ2
收納 国18ウ5
直納 高10オ5
進納 高44ウ2
中納言 高63オ5
大納言 高63オ5

小〔少〕納言 高63ウ1
【紐】紐革 高48オ1
【紕】⿰言比〔紕〕繆 国19ウ5
【紙】紙漉 東12オ5
紙漉 高16オ1
別紙 高8オ2
厚紙 高37オ2
唐紙 高18ウ1
懐紙 国10オ3
懐紙 東21ウ3
懐紙 高28オ5
折紙 国4オ5
料紙 東9オ2
料紙 高20ウ5
疊紙 高20オ1
禮紙 東19オ3
表紙 国2ウ1
表紙 高8オ2
雙紙 東29ウ1
【紛】紛 国11オ3
紛 東23ウ1
紛 高30ウ5
紛失 国12ウ4
【索】索 国20ウ3
索麪 高38ウ5
落索 国9オ1
落索 東19オ4

落索 高25ウ1
【紫】紫苑 高59ウ1
紫雲 高51オ3
【紬】紬 東17オ3
紬 高22ウ1
【累】累代 国4オ2
累代 東9ウ4
累代 高12ウ3
累祖 国4オ2
累祖 高12ウ4
【細】細川 高68オ3
細工 東28ウ5
細工 高37オ4
細布 東5オ5
細石 東29ウ2
細筋 東5オ5
細美 東28ウ3
委細 国1オ3
委細 東1ウ5
子細 国18オ4
子細 高46オ4
巨細 国13オ3
巨細 東26オ5
巨細 高33ウ3
微細 国17ウ5
微細 東32オ3
微細 高42ウ1
【紳】紳 高13ウ3

【紺】紺播 高34ウ3
【終】終 国4ウ2
終 東17オ2
終 高13ウ5
終 高22オ4
終宵 高18オ4
始終 国18オ4
始終 東34ウ4
始終 高44オ1
始中終 東33オ2
始中終 高45オ3
【絃】絃 東17オ2
絃 高22オ3
絃 高56オ1
管絃 国10オ2
管絃 高29オ1
【組】手組 東27オ2
手組 高35ウ2
足組 高54ウ2
無手組 東19ウ4
無手組 高26オ2
【絆】絆 高40ウ2
絆金 高7ウ2
【結】結 東20オ1
結 高25ウ4
結句 国11ウ5
結句 東24ウ1
結句 高32オ3

結垺〔埒〕 東19オ2
結構 高31ウ3
結縁 国12オ1
結縁 高31ウ3
結解 国11ウ5
結解 高31ウ3
【絶】絶 高19ウ4
絶入 国21ウ1
中絶 東7ウ5
中絶 高10オ1
斷絶 国6ウ3
書絶 国5ウ3
【絞】絞 東24オ2
【給】給 国6ウ5
給人 東30オ5
給人 高39ウ3
給分 高39ウ3
給符 高39ウ4
給送 高13オ1
恩給 国4オ3
恩給 東10オ5
恩給 高13ウ2
示給 国18オ4
送給 国4オ5
送給 東10オ3
給事中 高63ウ1
【絬】絬〔括〕袴 東22オ5
絬〔括〕袴 高28オ1

【絲】絲惜 東2オ1
【絹】北絹 高7オ1
生絹 東38ウ5
【經】經歴 国11ウ1
輕〈經〉歴 国17オ3
經營 国11ウ1
看經 国5ウ5
看經 東13オ2
看經 高16ウ4
【綠】綠 高42ウ3
錄〔綠〕青 東2ウ4
綠青 高4オ3
【綣】綣 高16オ3
【綱】綱 高23オ2
綱手 高56ウ3
大綱 国6オ5
手綱 東15オ2
手綱 高19オ3
鼻綱 東4オ1
鼻綱 高6オ2
【網】網 高37オ1
網代 高37オ1
網目 国10ウ5
網懸 高52オ1
網懸鷹 東40オ4
【綴】綴 高23オ1
【綸】綸旨 国3ウ4
綸旨 東9オ2

綸言 東9オ2
綸旨 高11ウ2
綸言 高11ウ2
【綺】綺 東2オ3
綺 高2ウ3
【綻】綻 高7ウ3
【綾】綾 東28オ4
【緒】緒 高14オ4
下緒 高39オ1
大緒 高54ウ2
心緒 東34ウ5
忽緒〔諸〕 国1オ4
忽緒〔諸〕 高3オ4
由緒 国17ウ1
由緒 東31オ4
由緒 高40ウ4
箱緒 東3ウ5
遺緒 東31ウ2
【緘】緘 高16オ3
【緜】緜 国4ウ5
緜 東11オ5
緜 高14ウ1
緜嚙 高55ウ2
聯緜 国7オ3
【縁】縁者 高47オ1
縁起 国14オ3
俗縁 高22オ2
宿縁 国18ウ4

強縁 国5オ3
機縁 国16ウ5
疎縁 国7ウ4
結縁 国12オ1
結縁 高31ウ3
縁差莚 東6オ2
【編】編木 高38ウ5
【緩】緩 高41オ2
緩怠 国10オ2
緩怠 東21オ5
緩怠 高28オ1
【練】練 国8ウ1
練磨 高20ウ4
練貫 国8ウ1
練貫 東17ウ5
練貫 高23ウ2
未練 国17ウ5
水練 東38ウ3
調練 東27オ3
調練 高35ウ1
未練者 東31ウ5
【縛】縛 高45オ2
縛笠 東28オ2
縛笠 高36ウ3
【縢】䲢〔縢〕 高6オ3
行䲢〔縢〕 東19ウ4
行䲢〔縢〕 高56オ1
【縣】山縣〈縣〉 高69オ4

【縨】縨 東5ウ3
縨〔幌〕 高54ウ5
【縫】縫物 東9オ5
縫殿頭 高64オ3
縫物師 高12オ3
【縦】縦 国7オ1
縦 高19オ4
【總】總 国22オ3
總別 高21ウ5
總角 東28オ2
總角 高55オ4
總領 東16オ3
總領 高21オ1
上總 東42ウ1
下總 東42ウ1
總都合 東16ウ3
【繁】繁 国19ウ3
繁昌 国1ウ2
繁昌 東3ウ1
繁昌 東34オ1
繁昌 高5オ3
繁々 東34オ1
繁々 東34オ1
【繆】訛〔紕〕繆 国19ウ5
【織】織物 高14オ3
織田 高68オ5
促織 高62オ1
錦織 高71オ3

織染令 高65ウ2
織部正 高65ウ2
【繕】繕 国8オ3
【繙】繙 国20オ5
【繞】圍繞 国9ウ3
豐繞 国12ウ3
【繡】繡 国4オ1
【繩】繩 東18ウ2
繩 高24オ3
【繪】繪書 東35オ5
繪書 高47オ1
唐繪 東12オ5
蒔繪 高31オ3
【緣】想緣〈像〉 高14オ4
【繫】繫 高23オ2
【繰】繰 高29オ3
【繳】繳 高54ウ2
【繼】繼母 国11ウ2
夜日繼 高18オ4
【纈】纈纈 高69ウ2
【續】續 国8オ2
續〈讀〉 高18オ3
續松 高19ウ2
取續 東7オ2
取續 高9オ3
手續 国14ウ3
手續 東27オ4
手續 高35ウ3

打續 東20ウ1
打續 高26ウ1
相續 国16オ2
相續 高37ウ3
連續 高20ウ4
喝命續 東12オ4
【纈】纈纈 高69ウ2
【纔】纔 国4ウ4
纔 東11ウ1
纔 高14ウ1
纔〈讒〉言 高38ウ3
和纔〈讒〉 東11オ5
和纔〈讒〉 高14ウ5
【纜】纜 高56ウ3

缶部

【缺】缺辱〈脣〉 高3ウ2
【罋】雍己〈罋〉 東17ウ2
【罐】↓〔鑵〕

网部

【罪】罪 国8オ3
罪業 国15ウ4
罪科 国15ウ4
罪科 高37オ5
同罪 国2ウ4
同罪 高9ウ1
流罪 国4オ2
流罪 東9ウ4
流罪 高12ウ2
【置】置 国4ウ2
打置 東20オ4
打置 高25オ5
拘置 東12ウ3
抱置 高16オ5
日置 高69オ5
注置 東33ウ2
集置 東27ウ2
【罰】罰 高56オ3
天罰 国14ウ1
天罰 高35ウ5
治罰 国3オ5
神罰 東34オ5
神罰 高45オ5
誅罰 国3ウ1
追罰 国8オ1
【署】連署〔署〕 国7オ5
【罷】罷下 国11オ1
罷出 東23ウ5
罷出 高30ウ3
罷歸 東23ウ2
罷歸 高30ウ3
罷越 国11オ1
【羅】海羅〈蘿〉 東26オ2
海羅〈蘿〉 高33オ5

羊部

【羊】羊 高54オ1
羚羊 高54オ3
【美】美人 高48オ3
美作 東43ウ2
美濃 東42ウ3
美物 国20オ1
美物 東20ウ1
美物 東35ウ4
美物 高47オ3
細美 東28ウ3
褒美 国2オ3
褒美 東5オ3
褒美 高7オ1
【羚】羚羊 高54オ3
【群】群 高26オ1
群聚 高28オ4
群集 国10オ2
拔群 国1ウ4
拔群 東3オ3
拔群 高4ウ3
【羨】羨 高26ウ4
【義】儀〔義〕理 国16ウ4
義理 東30ウ3
儀〔義〕理 高40オ3
仁義 東34ウ5
仁儀〔義〕 高45ウ2
強義 国5オ3
禮義〔儀〕 東15ウ5
談義 国6ウ3
論儀〔義〕 高3ウ5
非儀〔義〕 高47オ3
【羸】羸馬 高12ウ4
【羹】羹 高16オ1

羽部

【羽】羽林 高66ウ3
羽田 高69ウ4
丹羽 高74オ2
出羽 東42ウ4
山羽 高74オ3
羽子板 東4オ1
羽子板 高5ウ5
甲一羽 東12オ5
羽林郎將 高66ウ4
陸奥出羽按擦〔察〕使 高68オ1
【翁】老翁 東19オ3
仙翁花 高59ウ1
【翌】翌日 国6オ3
翌日 東14オ1
【習】習 国8ウ4

老部

而部

耒部

耳部

肉部

臣部

自部

至部

臼部

舌部

舛部

舟部

艮部

色部

艸部

【莖】莖 高59オ3
【莛】莛 東20オ1
莛 高25ウ5
縁差莛 東6オ2
【莧】莧 高60ウ2
【莫】莫 国8ウ4
莫太〔大〕 国1ウ4
莫太〔大〕 東3オ1
莫太〔大〕 高4ウ2
【菊】菊 高59オ5
【菓】菓子 東22オ1
菓子 高28ウ4
【菖】菖蒲 高59オ5
石菖 高59ウ1
【菜】若菜 東11オ4
調菜 高35ウ2
邏菜 国1ウ1
【菫】菫 高60ウ4
【菱】菱 高60オ1
菱田 高71ウ1
菱食 東39ウ2
菱食 高52オ3
【萇】萇〈萇〉 高61オ1
【萠】萠〈崩〉御 国2オ3
萠黄 高49オ1
【萩】萩 高59ウ4
【萬】萬 高51ウ2
萬事 東3オ2

萬事 高4ウ5
萬年 高69オ3
萬民 東3オ3
萬民 高4ウ5
萬端 国1ウ5
萬鬱 高4ウ5
【萱】萱 高59ウ3
刈萱 高59ウ5
【⿱艹便】⿱艹便 高59ウ2
【落】落 国4ウ2
落合 高73オ5
落墮 国9オ1
落墮 高25オ4
落居 国9オ2
落居 東18ウ5
落居 高24ウ3
落書 国9オ1
落書 東19オ3
落書 高25オ4
落涙 国9オ1
落涙 東19オ5
落涙 高25オ3
落索 国9オ1
落索 東19オ4
落索 高25ウ1
落花 東19オ2
落花 高24ウ5
落著 東18ウ5

落著 高24ウ3
落髪 東19オ5
落髪 高25オ3
冠落 東22オ2
零落 国7オ2
零落 高20ウ1
未落居 東31ウ5
【葉】葉 高59オ3
葉太 高73ウ3
葉月 高75オ1
命葉 国17ウ3
朽葉色 高29オ3
【葒】葒 高61オ2
【著】著到 国3ウ2
著到 東8オ1
著倒〈到〉 高10オ2
著背 高55オ1
著陣 東8オ1
著陣 高10オ1
下著 東24ウ4
下著 高32オ1
京著 東30ウ2
參著 国15ウ1
執著 東34ウ4
捫著 東37オ1
祝著 国18ウ2
落著 東18ウ5
落著 高24ウ3

【葛】葛 高59オ5
葛西 高73ウ4
【葥】葥 高60オ3
【葦】葦 高59ウ5
連錢葦毛 東41オ5
【葬】葬禮 東29ウ4
【葱】葱 高60ウ1
【葵】葵 高61オ2
兔葵 高61オ1
葵〔山葵〕 高60ウ2
【葷】葷 高61ウ1
【葺】上葺 国9ウ1
【葽】葽 高59ウ4
【蒔】蒔田 高73ウ2
蒔繪 高31オ3
【蒙】蒙 国6オ1
蒙仰 国4オ3
蒙仰 東10オ2
蒙仰 高13オ2
【蒜】蒜 高60ウ1
島蒜 高60ウ5
【蒟】蒟蒻 高60ウ4
【蒲】菖蒲 高59オ5
蒲穗子 高53ウ4
【蒻】蒟蒻 高60ウ4
【蓄】蓄 高19ウ2
【蓉】芙蓉 高59ウ2
【蓋】蓋 国12オ3

函蓋 国5ウ1
【蓎】茂〈蓎〉 高61オ1
【蓑】蓑笠 東32オ4
蓑笠 高42ウ1
【葢】葢 高61オ4
【蓫】蓫 高60ウ3
【蓮】蓮 高59ウ2
蓮府 高63オ4
【蓼】蓼 高60オ4
【蔀】蔀子 高45ウ5
【蔑】蔑 高24オ4
蔑如 国2ウ2
蔑如 国8ウ4
【蔓】蔓 高60ウ3
【蔟】大蔟〈蔟〉 高74ウ3
【蔦】蔦 高59ウ2
【蔬】蔬 高60オ1
【蔭】蔭山 高69ウ3
【蔴】蔴非〈蘼〉 高61オ4
【蕃】玄蕃〈蕃〉 高65オ2
【蕉】芭蕉 高60ウ4
【蕗】蕗 高60ウ1
【蕙】蕙 高60ウ4
【蕤】蕤蕢〔賓〕 高74ウ5
【蕨】蕨 高60オ2
【蕷】署蕷 高60オ4
【薄】薄 高26ウ4
薄 高59ウ3

薄〈博〉奕 高5オ1
薄様 東20ウ2
薄様 高27オ1
薄田 高69ウ4
薄衣 東3オ1
薄衣 高5オ1
【薏】薏苡 高60ウ5
【薑】薑 東4オ3
薑 高60ウ2
【薟】薟 高60ウ4
【薦】薦 高61オ2
【薩】薩摩 東44オ5
薩雞 東39オ4
【薪】薪 国7オ1
薪 高19オ5
【薫】薫 高20オ4
【蕢】蕤蕢〔賓〕 高74ウ5
【薺】薺 高59オ5
【藁】藁 東11ウ1
【藉】狼籍〔藉〕 国8ウ5
狼籍〔藉〕 東19オ1
狼籍〔藉〕 高24ウ4
【藍】藍 高60オ2
伽藍 高17オ4
【藏】藏 東22オ4
藏 高28オ3
藏人 高67ウ1
小藏 高68ウ4

武藏 東42オ5
祕藏 国19ウ4
祕藏 東35ウ3
祕藏 高47オ2
內藏頭 高64オ2
大藏卿 高65ウ2
【藜】藜 高60ウ4
【藝】藝能 東25オ1
安藝 東43ウ3
武藝 国12ウ2
能藝 国9ウ4
能藝 高27オ5
諸藝 国18ウ4
諸藝 東34オ3
諸藝 高44ウ5
【藤】藤岡 高71ウ3
藤浪 高71オ4
伊藤 高68ウ4
佐藤 高68ウ4
依藤 高73オ1
內藤 高70ウ4
賀〈加〉藤 高68ウ3
安藤 高69ウ5
尾藤 高73オ5
新藤 高68ウ2
武藤 高68ウ4
近藤 高68ウ3
遠藤 高68ウ3

須藤 高68ウ3
齋藤 高68ウ2
【藥】藥 東22オ5
藥 高28ウ3
藥代 東23オ1
藥代 高29ウ5
藥器 高30オ2
藥研 東23オ1
藥研 高30オ1
良藥 国9オ1
芍藥 高61オ1
典藥頭 高65ウ5
【藪】藪 国10ウ4
【藾】藾〈藾〉 高61ウ1
【藺】藺 高60ウ1
馬藺 高61オ4
【藷】藷 高61オ1
【藻】藻 高60オ1
【蘆】蘆 高59ウ5
蘆毛 東41ウ2
蘆鴈 高12ウ3
↓〔芦〕
【蘇】蘇 高18オ3
蘇生 高22オ1
【蘩】蘩 高59オ5
【蘭】蘭臺 高63ウ2
【蘘】蘘〈藾〉 高61ウ1
【蘼】蔴非〈蘼〉 高61オ4

【蘿】海羅〈蘿〉　東26オ2
海羅〈蘿〉　高33オ5
【蘁】蘁　高60ウ5

虍部

【虎】虎　高54オ1
虎口　高34ウ2
虎杖　高60ウ1
猊虎　高54オ2
龍虎　東16オ1
【虚】虚名　国17オ4
虚名　東30オ5
虚名　高39ウ4
虚妄　国13ウ1
虚妄　高35オ1
虚言　国7ウ3
虚言　東16ウ3
虚言　高21ウ1
虚言　高39ウ5
虚説　国17オ4
虚誕　国17オ4
【虜】虜　東2オ3
虜　高2ウ2
慮〈虜〉掠　国3ウ5
【號】名號　高42ウ5
年號　東18オ2

虫部

【虹】虹　高6ウ4
【蚤】蚤　高62オ5
【蚊】蚊　高62オ2
蚊張〔帳〕　東13オ3
【虮】干虮　高53ウ4
【蚯】蚯　高62オ3
【蚱】蚱　高62オ4
【蚌】蚌蝐　東40ウ5
【蛙】蛙　高62オ2
蟇蛙　東36ウ1
【蛤】蛤　東40ウ4
蛤　高53オ5
【蛬】蛬　高62オ1
【蛸】蛸　東41オ3
蛸　高53オ5
【蜂】蜂　高62オ1
蜂起　国2オ3
蜂起　東5オ2
蜂須賀　高73ウ4
【蜋】螳蜋　高62オ5
【蜓】蜻蜓　高62オ2
【蜆】蜆　東41オ1
【蝐】蚌蝐　東40ウ5
【蜜】蜜〔密〕夫　高58オ1
蜜筒　高62ウ5
蜜〔密〕談　高42オ3
推蜜〈察〉　高50ウ2
祕蜜〔密〕　高47オ2
【蝪】蝪　高62オ3
【蛃】蟥〈蛃・蟎〉　高62オ4
【蜻】蜻蜓　高62オ2
【蜾】蜾　高62オ3
【蝕】日蝕　国2オ2
月蝕　国10オ4
【蝙】蝙蝠　高62オ4
【蝠】蝙蝠　高62オ4
【蝨】蝨　高62オ5
【蝱】蝱　高62オ3
【蝶】蝶　高62オ1
【蝸】蝸牛　高62オ4
【融】和融　高27ウ5
【螢】螢　高62オ1
【螫】螫　東29ウ4
螫留　高8ウ2
【螳】螳蜋　高62オ5
【螺】榮螺　東40ウ4
辛螺　高53オ3
【螻】螻　高62オ2
【蟄】蟄居　国3オ4
【蟆】蟆　高62オ2
【蟇】蟇目　東36オ3
蟇目　高55ウ5
蟇蛙　東36ウ1
【蟎】蟥〈蛃・蟎〉　高62オ4
【蟥】蟥〈蛃・蟎〉　高62オ4
【蟫】蟫　高62オ4
【蟲】松蟲　高62オ1
轡蟲　高62オ2
鈴蟲　高62オ1
【蟶】蟶　東41オ2
鯆〈蟶〉　高53ウ2
【蟻】蟻　高62オ3
【蠅】蠅　高62オ3
【蠙】蠙〈蠼〉　高62オ4
【蠟】蠟〈獵〉師　高20ウ4
蠟燭　国9オ2
蠟燭　東19オ3
蠟燭　高25ウ1
蠟茶　高25ウ2
【蠣】蠣　高53オ5
【蠼】蠙〈蠼〉　高62オ4
【蠶】蠶　高62オ4

血部

【血】血　高57ウ1
血脈　国12オ1
【衆】衆徒　国18ウ5
衆徒　高46オ1
衆儀〔議〕　高46オ1
交衆　国11ウ5
番衆　東3オ2

番衆 高4ウ4
若衆 東11オ2
若衆 高14ウ3
陣衆 高10オ4
近習衆 東30ウ4

行部

【行】行啓 国16ウ3
行器 東5オ2
行思〈器〉 高7ウ1
行妝 国5オ2
行幸 国16ウ3
行幸 高39ウ3
行方 高73ウ5
行末 東31オ5
行末 高41オ1
行燈 東28オ2
行騰〔縢〕 東19ウ4
行騰〔縢〕 高26オ3
行騰〔縢〕 高56オ1
行脚 国15オ1
行脚 東27ウ5
一行 高2オ1
下行 高31ウ2
下行 国11ウ4
亂行 国9オ2
亂行 高25オ5

他行 国6ウ4
他行 東14ウ5
他行 高19オ1
修行 国18ウ5
參行 国15ウ1
及行 高35ウ5
奉行 国12ウ2
奉行 東25オ4
奉行 高32ウ4
孝行 国5オ2
張行 国3オ4
張行 高10ウ4
戒行 高17オ3
所行 東32ウ5
施行 国21ウ2
施行 東38オ1
歩行 高7オ3
知行 東8オ3
知行 高10オ2
膝行 国9ウ3
興行 国13ウ1
興行 高34オ2
道行 東31ウ5
遠行 国14オ3
遵行 東34ウ2
遷行 国20ウ5
當知行 国6ウ2
【術】術計 国19オ2

算術 国15ウ2
【衝】衝重 高22ウ5
【衞】武衞 高68オ3
武衞將軍 高67オ3
武衞校尉 高67オ3
親衞將軍 高66ウ3
親衞校尉 高66ウ4
監門衞事〈史〉 高67オ2
武衞大將軍 高67オ2
左右衞門佐 高66ウ5
左右衞門尉 高67オ1
左右衞門志 高67オ1
左右衞門督 高66ウ5
金吾衞將軍〈金吾將軍〉 高66ウ5
左右兵衞佐 高67オ3
左右兵衞尉 高67オ3
左右兵衞督 高67オ2
左右衞門府生 高67オ2
【衡】鯖衡 高53ウ2

衣部

【衣】衣冠 国1オ3
衣斐 高70オ1
衣物 高21ウ5

衣裝 東1ウ2
衣裳 国1オ3
衣裳 高2ウ1
衣類 高3オ2
内衣 東31ウ3
⿴衣内〔内衣〕 高41オ3
垣衣 高59ウ3
將衣〈裝束〉 高44オ1
尙衣 高64オ3
母衣 東5ウ2
袰〔母衣〕 高54ウ5
浴衣 高20オ3
狩衣 高16ウ1
生衣 国22オ2
生衣 高51オ2
肩衣 東13オ1
肩衣 高16ウ3
胞衣 東35ウ1
薄衣 東3オ1
薄衣 高5オ1
表背衣 東6オ4
開遠衣 東23ウ5
【表】表紙 国2ウ1
表紙 高8オ2
表裏 高8オ4
上表 東33ウ1
上表 高44オ2
意表 国1オ3

辭表 国19ウ2
表背衣 東6オ4
【袞】袞〔内衣〕 高41オ3
【衰】衰 国4ウ2
衰 高13ウ3
衰微 国21ウ4
衰微 高51オ2
【袈】袈裟 高32オ3
【袋】袋 東26オ1
燧袋 高48オ2
餌袋 高54ウ2
【袖】袖 高55オ1
小袖 高34ウ4
【袪】㤝〈袪〉野 高73オ4
【被】被侵 東10ウ3
被官 国20オ4
被官 高47オ5
被誅 東8ウ3
馬被 高25ウ4
被仰付 東10オ2
被官人 東35ウ4
【袰】袰〔母衣〕 高54ウ5
【袴】袴 東4オ2
袴 高5オ4
絬〔括〕袴 東22オ5
絬〔括〕袴 高28オ1
四幅袴 高18オ1
【袷】袷 東28オ3

【裁】裁付 高19ウ4
裁断 国15ウ3
裁糾 国15ウ3
裁許 国15ウ3
裁許 東28ウ1
裁許 高37オ4
勅裁 国3オ3
【裏】内裏 高20オ3
禁裏 国16ウ3
表裏 高8オ4
圍爐裏 東1ウ5
圍爐裏 高3オ1
【補】補 国4ウ2
補 高14オ2
補任 国12オ5
【裝】裝束 東33オ4
將衣〈裝束〉 高44オ1
衣裝 東1ウ2
【裟】袈裟 高32オ3
【裓】裓 高48ウ1
【裰】直裰 高11オ3
【裳】帷裳 高43ウ2
衣裳 国1オ3
衣裳 高2ウ1
【裹】裹 国8オ3
裹 高22ウ1
押裹 東10ウ2
香裹 東13オ5

【褵】褵 高6オ2
【褻】褻晴 国11ウ3
褻晴 高31ウ5
【褒】褒美 国2オ3
褒美 東5オ3
褒美 高7オ1
褒貶 東5ウ1
【襖】襖障子 東26オ2
【襦】襦子 東35オ1
【襴】金襴 東31オ1
金襴 高40ウ1

襾部

【西】西尾 高70オ5
西樓 高50オ4
太〔大〕西 高69ウ2
葛西 高73ウ4
【要】要害 国6オ2
要害 高17ウ4
要用 国6オ2
要脚 東13ウ4
要脚 高17ウ2
肝要 国5ウ2
肝要 東11ウ4
【覃】難覃 国4ウ1
【覆】覆 国10ウ1
鞍覆 高29オ4

覆盆子 高60オ4

見部

【見】見下 高32ウ2
見参 国11オ4
見参 東24ウ5
見子〈胡鬼子〉 高34ウ5
見物 国11オ4
見物 東24ウ2
見物 高32オ2
見聞 国11オ4
見舒 高31ウ2
見苦 東31ウ5
見苦 高42オ3
了見 国7オ4
了見 高20ウ3
拝見 高4ウ3
披見 東36オ4
沓見 高72オ1
検見 国11オ5
検見 東24オ5
検見 高31ウ1
異見 東1ウ1
異見 高2オ4
石見 東43オ5
重見 高72ウ4

鶴見 高72オ4
驚見 高70オ1
爲見徵 高42ウ4
伊丹見 高73オ4
多治見 高69オ1
宇佐見 高70オ4
【規】規式 東30ウ5
規式 高40オ4
規模 国16ウ5
規模 東31オ2
規模 高40オ4
先規 国21オ2
【覘】覘 高27ウ2
【親】親 国11オ3
親 高31オ4
親 高57ウ3
新〈親〉月 高74ウ3
親父 東33ウ5
親疎 東33ウ5
親疎 高45ウ5
親類 国18オ2
親類 東32ウ4
親類 高43オ2
類親 高12ウ3
親衛將軍 高66ウ3
親衛校尉 高66ウ4
【覺】覺 高37ウ2
覺悟 国5ウ3

覺悟 東12オ3
覺悟 高15ウ3
不覺 国12オ4
不覺 東26オ1
不覺 高33オ4
寢覺 東18オ2
才覺 東28ウ3
【覽】披覽 国19ウ4
照覽 東38オ1
照覽 高50オ3
進覽 東32ウ3
進覽 高43オ3
遊覽 国17ウ1
遊覽 東31ウ2
遊覽 高41オ2
【覿】覿面 国14ウ3

角部

【角】角 国22オ3
兔角 国3オ1
兔角 東6ウ3
兔角 高8ウ1
折角 国21オ5
折角 東37オ5
折角 高49オ5
方角 国1ウ4
總角 東28オ2

總角 高55オ4
【解】結解 国11ウ5
結解 高31ウ3
勘解由 高66ウ2
下解人〈下死人・解死人〉 高31ウ3
打口解 高26ウ4
【觳】觳 高54ウ2
觳 高54ウ2
【觸】觸催 国12ウ5
觸廻 東25ウ1
觸穢 高43ウ1
相觸 東27ウ2
相觸 高36オ3
陳〔陣〕觸 高11オ4

言部

【言】言 高34ウ1
言上 国13ウ1
言上 東26ウ3
言傳 国13ウ3
言傳 東26ウ2
言傳 高34オ1
言儘 東2オ2
言詞 国12オ1
言語 東26ウ1
一言 東1オ4

一言 高1ウ4
他言 高19ウ3
侘言 東11オ3
侘言 高14ウ3
假言 東12オ2
假言 高15ウ2
延言 東20ウ5
惡言 高27オ2
梢言〈立〉 高16オ3
祝言 国18ウ2
私言 東29ウ2
綸言 東9オ2
綸言 高11ウ2
虛言 国7ウ3
虛言 東16ウ3
虛言 高21ウ1
虛言 高39ウ5
謹言 東17オ5
謹言 高22ウ2
讒言 国15ウ2
讒言 東29ウ2
纔〔讒〕言 高38ウ3
過言 国10オ4
遺言 東31オ5
遺言 高41オ1
金言 東30ウ4
雜言 国16オ2
雜言 東29オ4

雑言 東29オ5
雑言 高38オ5
中納言 高63オ5
大納言 高63オ5
小〔少〕納言 高63ウ1
言語道斷 国13ウ1
言語道斷 高33ウ4
【計】計會 国11ウ1
計會 東24ウ3
計會 高32オ1
計略 国11ウ1
計略 東24オ4
計略 高31オ5
活計 国10オ5
活計 東21ウ2
活計 高28オ4
申計 国11オ1
祕計 国19ウ4
祕計 東35ウ4
術計 国19オ2
謀計 東5ウ2
主計頭 高65オ4
無四度計 国19ウ2
【訊】問訊 国20ウ1
【討】討取 高26ウ3
討手 東20オ5
夜討 国6オ3

夜討 高17ウ5
同士討 高9ウ4
【訓】教訓 国11ウ4
教訓 東24オ5
【訕】訕 高21ウ1
【記】記念 高17オ2
記録 高40ウ3
外記 高63ウ2
年記〔紀〕 東17ウ5
後記 国13オ4
日記 東4ウ1
日記 高6オ4
大内記 高63ウ5
【訟】訴訟 国7ウ3
訴詔〔訟〕 東16オ3
訴詔〔訟〕 高21オ1
【訛】訛〔紕〕繆 国19ウ5
【訪】訪 国3オ2
訪 高8ウ4
【許】許 高41オ4
許容 国17オ4
許容 東30オ5
許容 高39ウ4
免許 国17ウ3
免許 高41ウ2
爰許 東26オ5
爰許 高33ウ3
裁許 国15ウ3

裁許 東28ウ1
裁許 高37オ4
【訴】訴人 東16オ4
訴人 高21オ5
訴状 国7ウ2
訴申 東20オ5
訴訟 国7ウ3
訴詔〔訟〕 東16オ3
訴詔〔訟〕 高21オ1
訴陳 国7ウ3
内訴 国8ウ2
大訴 高18ウ1
奸訴 国5ウ1
後訴 国13オ4
自訴 高45ウ4
謀訴 国2オ3
讒訴 国15ウ2
越訴 国4オ4
含愁訴 東33オ4
【詔】訴詔〔訟〕 東16オ3
訴詔〔訟〕 高21オ1
【評】評定 国20オ1
評定 東6オ3
評定 東36オ1
評定 高47オ5
評儀〔議〕 国20オ1
【詛】詛 東21オ2
詛 高27オ4

【詞】詞 国14オ1
詞 高34ウ1
言詞 国12オ1
【詠】詠 国14オ5
詠 東18ウ3
詠 高24オ5
【詢】詢 高27オ5
【詣】詣 国11オ3
參詣 国15ウ1
々〔參〕詣 東29オ3
參詣 高38オ4
物詣 国12ウ5
物詣 東25ウ3
物詣 高33オ2
【試】試 国13ウ5
試 高35オ1
【詩】詩哥 高45オ2
【詮】所詮 国18ウ3
所詮 東33オ2
所詮 高43ウ3
【詰】夜詰 東14オ2
夜詰 高17ウ5
後詰 東20ウ1
後詰 高26ウ3
腋詰 東11オ5
腋詰 高15オ1
【誂】誂物 東27ウ2
誂物 高36オ4

【誅】誅戮 国3ウ1
誅罰 国3ウ1
被誅 東8ウ3
【誇】誇 高6ウ5
【認】認 東32ウ4
認 高43オ5
【誑】誑或〔惑〕 国4ウ4
誑惑 高15オ1
【誓】誓 国3ウ3
誓 高11オ1
誓文 国21オ3
誓文 東37ウ2
誓文 高49ウ4
誓状 高50オ3
誓願 国21オ3
【誕】誕生 国6ウ3
虚誕 国17オ4
誕生日 高20オ3
【誘】誘 国13ウ5
誘 国16ウ1
誘 高35オ2
誘引 東31オ4
誘引 高40ウ5
【語】語勢 東12ウ1
妄語 国10ウ5
物語 高48ウ4
相語 東27ウ2
相語 高36オ3

私語 高39オ2
言語 東26ウ1
言語道断 国13ウ1
言語道断 高33ウ4
【誠】誠 東24オ1
誠 高30オ4
誠以 高30オ4
誠恐 国21オ5
誠惶 国21オ5
精誠 高50オ3
【誡】炳誡 国2オ5
【誣】誣 高17オ5
【誤】誤 国15オ5
誤 東28オ3
誤 高36ウ2
【誦】誦 高18オ3
【説】説法 国21ウ1
傳説 東27オ1
傳説 高35オ5
如説 高6ウ3
虚説 国17オ4
雑説 東29オ5
【誰】誰 国7オ1
【課】課役 国10オ4
課役 東22オ3
充課 高37オ3
究課 国15オ2
【誹】誹 東16ウ2

【調】調 東7ウ2
調伏 国14ウ1
調伏 高36オ1
調子 国14ウ1
調子 高36オ1
調法 東27オ4
調法 高35ウ1
調練 東27オ3
調練 高35ウ1
調菜 高35ウ2
四調 東12ウ5
不調法者 高33ウ1
【諂】諂 国2ウ3
【談】談合 東14ウ3
談合 高18ウ3
談義 国6ウ3
内談 国8ウ2
内談 東18オ5
内談 高23ウ3
和談 国4ウ3
和談 東11オ2
和談 高14ウ2
密談 東32オ1
蜜〔密〕談 高42オ3
手談 高36オ2
閑談 国5ウ1
閑談 東12ウ1
雑談 国16オ2

雑談 東29オ3
雑談 高37ウ2
面談 国17ウ3
【請】請取 東20オ4
請取 高26オ4
請合 東20オ3
請用 国19オ5
請答 東20オ3
再請 東29オ2
招請 国14ウ5
招請 東27オ3
召〔招〕請 高35ウ3
普請 東25オ4
普請 高32ウ4
起請 国16ウ5
【諍】鬪淨〈諍〉 国2ウ5
鬪諍 高8ウ5
【論】論人 東2ウ2
論人 高3ウ5
論所 国1ウ1
論所 東2ウ2
論所 高3ウ5
論儀〔義〕 高3ウ5
勿論 国20ウ2
勿論 東36ウ5
勿論 高48ウ3
【諚】御諚 高34ウ4
【諛】諛 高8オ1

【諦】俗諦 国7ウ1
【諫】湅〈諫〉 国1オ5
【諸】諸 国20ウ4
諸事 国18ウ3
諸事 東34オ3
諸共 東37オ2
諸勢 東34オ2
諸勢 高44ウ5
諸國 国18ウ3
諸安 東17ウ3
諸方 東33オ2
諸篇 高44オ3
諸藝 国18ウ4
諸藝 東34オ3
諸藝 高44ウ5
忽緒〔諸〕 国1オ4
諸公事 東33オ5
諸國守 高67ウ2
諸陵頭 高65オ3
【諾】約諾 国10ウ2
約諾 東22ウ3
約諾 高29ウ1
【謀】謀 高4ウ1
謀判 東5オ3
謀判 高7ウ1
謀叛 国9オ3
謀叛 東19ウ4
謀叛 高25ウ5

謀書 東5オ2
謀書 高7ウ1
謀略 国2オ4
謀略 東5オ4
謀計 東5ウ2
謀訴 国2オ3
【謁】面謁 高41ウ2
【謂】謂 高3オ1
無謂 東1ウ4
物謂 東36ウ4
【謐】靜謐 国21オ4
靜謐 東37ウ3
靜謐 高49ウ4
【謗】謗 国7ウ5
謗 高21ウ1
【謙】謙 国2ウ3
謙下 国2ウ2
【講】披講 国19ウ4
直講 高64ウ4
【謝】謝申 国19オ5
報謝 国2オ3
【謠】謠 高26ウ5
【謬】謬 東28オ4
謬 高36ウ2
【謹】謹言 東17オ5
謹言 高22ウ2
【證】證據 国19オ4
證據 東35オ1

證明 国19オ4
例證 国7オ2
内性〈證〉 高23ウ3
後證 国13オ3
支證 東32ウ4
支證 高43オ4
【譜】譜代 国12オ5
譜代 東25オ5
譜代 高32ウ5
【譟】譟 高29オ3
【警】警固 国12オ2
警固 東24ウ1
【議】内儀〔議〕 高23ウ3
僉儀〔議〕 東38オ2
僉儀〔議〕 高50オ1
異議〔儀〕 国1オ2
衆儀〔議〕 高46オ1
評儀〔議〕 国20オ1
不思議 東26オ2
【譴】譴責 国11オ5
譴責 東24オ4
譴責 高31ウ2
【護】護 高31オ2
加護 国5オ3
守護 国19オ2
守護 東33ウ1
守護 高44オ5
布護 高65オ5

雍〔擁〕護 国4ウ1
【譽】名譽 国17ウ4
名譽 高41オ5
【讀】續〈讀〉 高18オ3
讀 高18オ4
【讇】讇 高23オ5
【變】變改 国2ウ1
變改 東6オ1
變易 国2ウ1
變々 高8オ4
改變 国5オ5
神變 高45オ4
變々 高8オ4
違變 国1オ2
違變 高2オ3
遷變 国21オ2
【讒】讒言 国15ウ2
讒言 東29ウ2
纔〔讒〕言 高38ウ3
讒訴 国15ウ2
和纔〔讒〕 東11オ5
和纔〔讒〕 高14ウ5
【讓】讓状 国17ウ2
讓状 東31オ4
讓状 高40ウ5
【讚】讚 東5ウ3
讚 高7オ5
讚嘆 国15ウ2

讃岐 東43ウ5
讃歎 東28ウ3

谷部

【谷】谷 高74ウ1
埴谷 高73ウ3
石谷 高70ウ1
長谷川 高71ウ1
古尾谷 高72オ3

豆部

【豆】伊豆 東42オ4
園豆 高61オ5
大豆 東23ウ3
大豆 高61オ5
小豆 高61オ5
納豆 国8ウ3
納豆 高24オ2
【豐】豐 東31ウ3
豐 高41オ2
豐前 東44オ4
豐年 高7ウ3
豐後 東44オ4
豐繞 国12ウ3
豐饒 高33ウ1

豕部

【象】象 高54オ1
【豚】江豚 東40ウ5
【豢】券〈豢〉 高30オ5
【豫】伊豫 東44オ1
【豬】豬 高54オ2

豸部

【豹】豹 高54オ1
【貌】貌 高42ウ4
相貌 国16オ3
【貓】↓［猫］

貝部

【貝】磯貝 高71ウ5
貽貝 高53オ4
須貝 高73オ3
【負】負 国11オ3
負物 高13ウ2
負鷹 東39オ4
勝負 国19オ3
勝負 高44オ3
引負 東36オ2
手負 高35ウ1
【財】財 東15オ5
財 高19オ5
財寶 東29オ4
財寶 高38ウ1
珍財 東8ウ1
珍財 高10ウ4
【貢】貢士 高65オ1
貢御 国9ウ5
土貢 東6ウ5
年貢 国8オ5
年貢 東17ウ5
年貢 高23ウ1
【貧】貧家 高48オ4
貧福 国20オ3
貧窮 国20オ2
【貪】慳貪 国11オ4
慳貪 高32オ4
【貫】練貫 国8ウ1
練貫 東17ウ5
練貫 高23ウ2
【責】責伏 国21ウ2
責伏 東37ウ2
責取 国21ウ2
譴責 国11オ5
譴責 東24オ4
譴責 高31ウ2
【貯】貯 東15オ4
貯 高19ウ2
【貰】貰 東10ウ4
貰 高13オ3
【貳】無貳 国9オ3
大宰大貳 高67ウ5
大宰小［少］貳 高67ウ5
【貴】貴人 東30オ1
貴人 高39オ4
貴命 高40ウ3
貴國 高39オ5
貴所 東30オ1
貴所 高39オ3
貴方 東30オ1
貴方 高39オ3
貴札 国16ウ3
貴殿 東30オ1
貴殿 高39オ3
貴賤 国16ウ3
貴賤 東30ウ3
貴賤 高40オ3
貴邊 東30オ1
貴邊 高39オ4
富貴 国12ウ4
富貴 東25ウ2
富貴 高33オ2
【貶】褒貶 東5ウ1
【買】買得 国1ウ2
買得 東3オ5
買得 高5オ1

買物 東12ウ4
買物 高16ウ1
利買〔賣〕 高11ウ5
賣買 高5ウ1
【貸】
⿰亻貣〔貸〕 東10ウ4
⿰亻貣〔貸〕 高13オ3
【費】
費 国8オ2
費 東17オ2
費 高22オ4
【貽】
貽貝 高53オ4
【賀】
賀札 国5オ3
賀〈加〉藤 高68ウ3
伊賀 東42オ3
加賀 東43オ1
參賀 国15ウ1
慶賀 国11ウ2
慶賀 高32ウ2
拝賀 国1ウ2
多賀 高70ウ1
芳賀 高73ウ4
雑賀 高71ウ5
目賀田 高70オ2
伊香賀 高71ウ5
蜂須賀 高73ウ4
【賂】
賄賂 高14ウ1
【賃】
大賃 東25ウ3
大賃 高33オ2
船賃 高56ウ3
駄賃 高19ウ1
【賄】
賄賂 高14ウ1
【賊】
賊難 国7ウ1
賊難 高21ウ4
木賊 高60オ3
海賊 東13オ1
海賊 高16ウ3
烏賊 東40ウ4
烏賊 高53オ3
【賑】
⿰貝辱〈賑〉 高6ウ3
⿰石辱〈賑〉 東4ウ4
【賓】
⿰麥廷⿱艹賓〔賓〕 高74ウ5
太子賓客 高66ウ1
【賜】
賜 国6ウ5
贈賜 高13オ1
【賞】
賞翫 国19オ5
賞翫 高44オ4
恩賞 国4オ3
【賢】
賢仁〔人〕 国11オ4
賢人 高32オ3
賢者 東24ウ5
【賣】
賣 高26ウ1
賣子 高31オ2
賣買 高5ウ1
利買〔賣〕 高11ウ5
商賣 高44オ2
【賤】
賤 東2オ5
賤 高2ウ3
貴賤 国16ウ3
貴賤 東30ウ3
貴賤 高40オ3
【賦】
賦 国10ウ1
賦 国13オ1
賦 東22オ5
【質】
質券 国18オ3
質物 東32ウ5
質物 高43オ5
【頼】
頼〈獺〉 高54オ2
頼支 高20オ1
【贄】
贄 東4ウ5
【贈】
贈賜 高13オ1
【贓】
贓物 国16オ1
贓物 東28ウ1
贓物 高37ウ2
【⿰貝辱】
⿰貝辱〈賑〉 高6ウ3
【贔】
屓贔〈贔屓〉 国20オ1
屓贔〈贔屓〉 東36オ1
贔屓 高47ウ1

赤部

【赤】
赤松 高68オ4
赤林 高72ウ3
赤銅 高61ウ3
赤面 国21オ5
赤面 東37ウ1
【赦】
赦 高41オ4
赦免 高45ウ4

走部

【走】
走 東3オ5
走 高6オ2
走廻 東3オ1
走廻 高4オ5
走舞 高4オ5
奔走 国2オ4
奔走 東5オ2
奔走 高6ウ5
馳走 国3オ3
馳走 東8ウ3
地〈馳〉走 高10ウ3
【起】
起請 国16ウ5
發起 国2オ3
發起 高7ウ2
縁起 国14オ3
蜂起 国2オ3
蜂起 東5オ2
【超】
超過 国14ウ2
超過 東27オ3
超過 高36オ1
【越】
越 国14オ1
越中 東43オ2
越前 東43オ1

越境 国4オ4
越年 国4オ4
越年 東10ウ2
越年 高13ウ5
越度 国4オ4
越度 東10オ1
越度 高13オ1
越後 東43オ2
越智 高74オ3
越生 高72オ2
越訴 国4オ4
坂越 高73オ2
玉越 高72ウ4
罷越 国11オ1
【趣】趣 国4ウ2
趣 東10ウ4
趣 高13オ3
六趣 高4オ3
其趣 東16オ5
其趣 高21オ2
委趣 国1オ3
意趣 国1オ3
意趣 東1ウ5
【趨】師趨 高75オ3

足部

【足】足弱 高37オ2

足組 高54ウ2
足駄 高36ウ4
不足 国12オ4
料足 国7オ3
料足 東9オ2
料足 東15ウ5
満足 国10ウ5
満足 東23オ5
満足 高30オ5
百足 高62オ3
四足八邊〈鳥〉 高74ウ1
【跡】跡 高37オ2
手跡 東34ウ2
手跡 高45ウ1
蹤跡 国19オ4
遺跡 高40ウ5
門跡 国20ウ1
無跡形 国15オ3
【跨】跨 国11オ3
【跪】撞跪 東17ウ2
【路】路次 東2ウ2
路次 高3ウ4
路銭 高3ウ4
路頭 東2ウ2
路頭 高3ウ5
一路 東1オ5
世路 東38オ2

世路 高50オ1
正路 国19オ5
淡路 東43ウ5
通路 国8オ1
通路 東17オ5
通路 高22ウ5
遠路 東35オ5
遠路 高46ウ3
順路 東33ウ5
順路 高44ウ4
【踉】踉蹡 高19ウ2
【踊】踊 高14オ2
【踏】踏 国13オ1
雪踏 東41ウ2
【跰】跰 高38ウ5
【踞】踞 高23オ5
【蹐】蹐 国4オ1
【蹡】踉蹡 高19ウ2
【蹤】蹤跡 国19オ4
【蹲】蹲鴟 高21ウ4
【蹴】蹴散 高32オ4
【躅】躑躅 高59オ2
【躑】躑躅 高59オ2
【躒】凌躒 国7オ4

身部

【身】身上 東32ウ3

身類 東32ウ3
愚身 国10オ1
愚身 東21オ4
獨身 東7オ5
自身 国18オ5
随身 東38ウ4
類身 東9ウ4
【躬】躬 東18オ1
伛〈躬〉 高23オ5
【軈】軈 高29ウ1
軈而 東22ウ2

車部

【軍】軍 東2オ3
軍 高2ウ2
軍兵 東21ウ4
軍兵 高28オ5
軍勢 国10オ3
軍勢 東21オ5
軍勢 高27ウ3
軍陣 国10オ3
軍陣〔陣〕 東21オ4
軍陣〔陣〕 高27ウ3
將軍 国19ウ1
武衞將軍 高67オ3
親衞將軍 高66ウ3
金吾衞將軍 〈金吾將

辛部

辰部

辵部

近所 東30オ4
近所 高39ウ1
近日 高39ウ1
近松 高70オ3
近比 東8オ2
近比 高10オ3
近江 東42ウ3
近習 高40ウ1
近藤 高68ウ3
近邊 東30オ4
昵近 国3オ5
昵近 東8オ5
昵近 高10ウ2
遠近 国14オ3
遠近 東10オ5
遠近 高47オ1
近習衆 東30ウ4

【返】
返事 高7ウ5
返哥 東6オ5
返報 東6オ4
返報 高7ウ5
返歌 高8オ3
返獻 国2ウ2
返答 東6オ2
返答 高7ウ5
返辨 東6オ2
返進 東6オ3
返進 高7ウ4

一返 高2オ2

【迚】
迚 高9オ5

【迦】
釋迦牟尼 高70ウ3

【迫】
迫 国21ウ3
迫 高49ウ3
月迫 国12オ1
月迫 東24ウ4
逼迫 国20オ4
逼迫 東36ウ1
逼迫 高48オ2

【述】
述懐 国19オ2

【迷】
迷 国11オ2
迷 高31オ2
迷惑 国17ウ3
迷惑 高41ウ5

【追】
追出 国8オ1
追卻 国8オ1
追善 国8オ1
追失 東10オ3
追失 高13オ3
追從 国8オ1
追從 高22ウ3
追手 東10オ5
追手 高13オ4
追拂 国4オ5
追拂 高13オ4
追散 東10オ3
追散 高13オ4
追立 国4オ5
追罰 国8オ1
追而 東10オ1
追而 高13オ5
追風 東10オ5
追風 高13オ5
引追 東35ウ3
犬追物 高2ウ4

【退】
退 国19ウ3
退 高43オ4
退出 東14ウ2
退喔 国6ウ1
退屈 高18ウ2
退崛 東14ウ2
退散 国6ウ1
退散 東15オ4
退治 国6ウ1
退治 東14ウ1
退治 高18ウ2
退轉 国6ウ1
退轉 高19ウ3
亂退 高25オ4
取退 東6ウ4
引退 東36オ3
引退 高47ウ3
辭退 東32ウ2
辭退 高43オ3
進退 国18オ2
進退 東32ウ3
進退 高43オ4

【送】
送給 国4オ5
送給 東10オ3
送給 高13オ1
送迎 国4オ5
運送 高27オ1

【逃】
逃 国9ウ4
逃 東4ウ5
逃 高6ウ4
逃 高27オ4
逃散 国14ウ2
逃散 東27オ2
逃散 高35ウ2

【逅】
邂逅 高19ウ1

【逆】
逆修 高40ウ2
逆巻 高69ウ3
逆木 東29ウ2
逆鱗 東25オ2
逆鱗 高32ウ1
亂逆 国9オ2
逆茂木 高39オ2

【逐】
逐電 国3オ4
逐電 東8オ1
逐電 高10オ1
隨逐 国21ウ5
隨逐 東38オ5
隨逐 高50ウ1

【途】途中 国3オ1
途中 東7オ3
途中 高9オ2
途徹 東7ウ1
途徹〈轍〉 高9オ5
一途 東1オ3
一途 高1オ3
一途 高48オ4
先途 国21オ1
先途 高49オ5
管〔官〕途 国10オ2
用途 高18オ1
【逗】逗留 東7オ3
逗留 高8ウ1
【通】通 国5ウ5
通例 高23オ3
通法 国8オ1
通法 高22ウ5
通路 国8オ1
通路 東17オ5
通路 高22ウ5
不通 国12オ4
内通 東18ウ1
普通 国12オ5
流通 国4オ2
流通 東9ウ4
流通 高12ウ1
數通狀 高50ウ1

【逝】逝去 東38オ1
【逞】逞 高20オ2
【速】速 国22オ4
速 東38ウ5
速水 高71ウ2
急速 国17オ1
急速 東30オ4
急速 高39ウ2
早速 国16オ1
早速 東29オ5
早速 高38ウ2
遲速 国3オ3
遲速 東8オ1
遲速 高9ウ5
頓速 国2ウ5
頓速 高9ウ2
【造】造作 国16オ2
造作 東29オ2
造作 高38オ3
造意 東29オ3
造營 国16オ2
造營 高38オ4
修造 国19オ1
造酒頭〈正〉 高66オ2
章物造 高55ウ2
【逢】逢 国15オ3
【連】連 国8オ3
連 高23オ1

連判 国7オ3
連判 東16オ1
連日 東15ウ4
連歌 国7オ3
連續 高20ウ4
連暑〔署〕 国7オ5
連々 東15ウ3
連々 高20ウ1
連雀 高52ウ3
次連 高23オ3
連々 東15ウ3
連々 高20ウ1
連錢葦毛 東41オ5
【進】進 高50ウ5
進上 国18オ1
進上 東32ウ2
進上 高43オ3
進入 高43オ4
進出 東38ウ3
進士 高65オ1
進發 東33ウ4
進納 高44ウ2
進覽 東32ウ3
進覽 高43オ3
進退 国18オ2
進退 東32ウ3
進退 高43オ4
勸進 国10オ2

勸進 東21ウ1
勸進 高28オ2
大進 高64オ1
大進 高66ウ1
寄進 国16ウ5
寄進 東30ウ1
寄進 高40オ1
後進 国13オ4
拜進 高4ウ3
推進 国21ウ4
未進 国17ウ5
未進 東31ウ5
未進 高42オ4
注進 国3ウ1
注進 高10ウ3
精進 東35オ2
返進 東6オ3
返進 高7ウ4
【逸】逸物 東1ウ2
逸物 高3ウ1
【逼】逼迫 国20オ4
逼迫 東36ウ1
逼迫 高48オ2
【遁】遁 国9ウ4
遁 高27オ3
遁世 国2ウ5
遁世 東6ウ4
遁世 高8ウ2

遁避 国2ウ5
隠遁 高3オ3
【遂】遂 国3オ2
【遇】値遇 国3オ3
値遇 東8ウ2
値遇 高10ウ5
【遊】遊 国15オ4
遊宴 国17ウ1
遊山 東31オ5
遊山 東31ウ2
遊山 高41オ2
遊會 国17ウ1
遊覽 国17ウ1
遊覽 東31ウ2
遊覽 高41オ2
【運】運上 国9オ5
運命 国9オ5
運命 高26ウ5
運送 高27オ1
不運 国12オ4
不運 東25オ5
不運 高32ウ5
理運 国3ウ4
理運 東8ウ5
理運 高11オ5
高運 国5オ1
【遍】遍 国15オ5
滿遍 国11オ2

【過】過上 東21ウ1
過分 国10オ3
過怠 国10オ4
過書 東22オ2
過書 高28オ3
過言 国10オ4
旦過 高18ウ5
超過 国14ウ2
超過 東27オ3
超過 高36オ1
【道】道場 高18ウ4
道家 高70オ5
道理 国6ウ4
道理 東15オ2
道理 高19オ4
道行 東31ウ5
六道 高4オ2
同道 東7オ2
同道 高9オ1
左道 国16オ4
左道 東28ウ5
左道 高38オ1
政道 東37オ5
政道 高49オ4
無道 国9オ3
無道 国12ウ2
無道 東25ウ3
非道 国19ウ5

非道 東36オ5
非道 高47ウ5
面道 高41ウ3
無道心 東19ウ5
言語道斷 国13ウ1
言語道斷 高33ウ4
【達】達者 東14ウ2
了達 東16オ1
伊達 高73ウ1
傳達 東27オ2
傳達 高35オ5
先達 国21オ1
先達 高50オ2
公達 高39オ4
奏達 東16オ4
達上聞 東33オ5
【違】違亂 国1オ2
違亂 国9ウ3
違亂 高2オ3
違例 東1ウ1
違例 高2オ5
違背 国1オ2
違背 国9ウ3
違背 高2オ3
違變 国1オ2
違變 高2オ3
引違 東36オ2
引違 高47ウ2

相違 国16オ3
相違 東28ウ5
相違 高37ウ3
檢非違使尉 高67ウ2
檢非違使別當 高67ウ1
【遙】遙久 東3オ1
遙久 高4オ5
【遠】遠 高8ウ4
遠去 高9オ2
遠國 東10オ4
遠國 高13オ4
遠志 高61オ3
遠慮 国14オ3
遠慮 高46ウ5
遠所 国14オ3
遠江 東42オ4
遠流 国4ウ1
遠藤 高68ウ3
遠行 国14オ3
遠路 東35オ5
遠路 高46ウ3
遠近 国14オ3
遠近 東10オ5
遠近 高47オ1
疎遠 国7ウ2
疎遠 東16ウ3
疎遠 高22オ1

程遠 東5オ2
開遠衣 東23ウ5
【遣】遣 国8オ3
遣 国10ウ3
勢遣 東37ウ1
勢遣 高49オ5
【適】適 東14ウ3
適 高18ウ2
適々 国7オ1
適々 国7オ1
【遭】遭啓 高36ウ2
【遮】遮 国16ウ1
遮 高37オ5
遮而 東28ウ1
【遅】遅 東10オ2
遅 高13ウ3
遅參 東8ウ1
遅怠 国3オ3
遅速 国3オ3
遅速 東8オ1
遅速 高9ウ5
遅々 国3ウ2
遅々 高10オ4
遅々 国3ウ2
遅々 高10オ4
【遵】遵行 東34ウ2
【遷】遷行 国20ウ5
遷變 国21オ2
【選】清選 国21オ3
【遺】遺恨 国1オ2
遺恨 国9ウ3
遺恨 東1オ5
遺恨 高2オ3
遺物 東31オ4
遺物 高40ウ4
遺緒 東31ウ2
遺言 東31オ5
遺言 高41オ1
遺跡 高40ウ5
拾遺 高63ウ4
【避】遁避 国2ウ5
【邂】邂逅 高19ウ1
【還】還住 東24オ4
還御 国9ウ5
還烈 国9ウ5
還禮 東11ウ1
立還 東15オ1
【邋】邋 高46オ5
【邊】邊土 高8オ2
園邊 高70ウ5
渡邊 高74オ3
貴邊 東30オ1
貴邊 高39オ4
近邊 東30オ4
都邊 高69オ5
四足八邊〈鳥〉 高74ウ1
【邏】邏菜 国1ウ1
邏齋 東2ウ3

邑部

【邪】邪 高41オ3
【郎】郎等 国8ウ5
郎等 高25オ5
女郎花 高59ウ4
員外郎 高67オ4
城門郎 高63ウ5
祕書郎 高64オ2
羽林郎將 高66ウ4
【郡】郡内 東21ウ2
【部】部類 国12ウ2
部類 高33オ5
下部 東34ウ2
下部 高45ウ1
倉部 高64オ2
倉部 高65オ4
入部 国2オ2
入部 東4ウ1
入部 高6オ5
別部 高69ウ5
刑部 高70ウ3
兵部 高65オ5
岡部 高69ウ3
形〔刑〕部 高65ウ1
工部 高65ウ4
戸部 高65オ3
服部 高68ウ3
李部 高64ウ1
物部 高72ウ5
祠部 高64オ4
禮部 高65オ1
膳部 高66オ3
草部 高70ウ2
駕部 高67オ4
兵部卿 高65オ5
形〔刑〕部卿 高65ウ1
掃部頭 高66オ1
民部卿 高65オ3
治部卿 高65オ1
織部正 高65ウ2
強入部 東13ウ1
強入部 高16ウ2
式部大輔 高64ウ1
式部少輔 高64ウ1
大卿李部〈李部大卿〉 高64ウ1
大卿李部〈李部大卿〉 高64ウ1
香宗我部 高72ウ5
【郭】郭公 高52オ5

酉部

采部

里部

牧野 高74オ4
矢野 高72オ1
礒野 高72オ2
依〈祛〉野 高73オ4
野々村 高69ウ3
小野寺 高72ウ1
高野瀬 高68ウ5
野々村 高69ウ3
日比野 高69ウ2
【量】分量 国12ウ4
器量 国16ウ5
推量 国21ウ4
推量 東38ウ1
推量 高50ウ2
方量 高7ウ3
無量 国9オ3
無量 東19ウ3

金部

【金】金 高61ウ3
金柑 高58オ5
金襴 東31オ1
金襴 高40ウ1
金言 東30ウ4
滅金 高61ウ4
砂金 高61ウ3
絆金 高7ウ2
額金 高55オ3
金仙花 高59ウ3
金吾衞將軍〈金吾將軍〉 高66ウ5
金吾校尉 高67オ1
金吾大將軍 高66ウ5
金吾衞將軍〈金吾將軍〉 高66ウ5
【釘】針〔釘〕 東22オ4
【針】針 東4オ2
針〔釘〕 東22オ4
針 高5ウ1
針魚 東41オ3
【釣】釣 高22ウ3
釣船 東17ウ1
【釵】釵 高17オ4
【釿】釿 東27オ5
釿 高56ウ5
【鈍】鈍 高6ウ4
鈍根 国3オ1
鈍色 東4ウ5
愚鈍 高27ウ4
【鈴】鈴 国22オ2
鈴木 高72オ4
鈴蟲 高62オ1
風鈴 高33ウ2
五十鈴河 東1ウ3
【鉗】鉗 高30ウ4
【鉛】鉛 高61ウ4
【鉢】鉢 高5ウ2
鉢巻 東3ウ4
鉢巻 高55オ3
火鉢 高48オ2
【鉤】鉤 高22ウ3
【鉾】手鉾 高55オ5
玉鉾 高72ウ1
【銀】銀 高61ウ3
水銀 高61ウ4
【銅】銅 東28オ4
銅 高61ウ3
赤銅 高61ウ3
飯銅 東3ウ3
【銘】銘 国17ウ4
【銚】銚子 高35ウ4
【銫】銫 高56ウ5
【鋒】鋒矢 東7オ4
鋒矢 高56オ4
【鋤】鋤 国22オ2
鋤 高50ウ4
【鋷】鋷 東4オ2
鋷 高5ウ1
【鋸】鋸 東21オ2
鋸 高56ウ5
【錄】錄事 高67ウ4
錄〔綠〕青 東2ウ4
光錄〔祿〕 高65ウ3
目錄 国20ウ2
目錄 東36ウ3
目錄 高48ウ2
記錄 高40ウ3
監物〈門〉錄事 高67オ1
【錐】錐 高56ウ5
【錢】借錢 東32ウ5
借錢 高43ウ4
出錢 東33ウ4
替錢 東11ウ3
段錢 東15オ1
段錢 高19オ2
禮錢 高20ウ3
路錢 高3ウ4
々（香）錢 東13オ4
連錢葦毛 東41オ5
【錦】錦 東4ウ4
錦 高6ウ2
錦織 高71オ3
唐錦 高17オ1
錦木里 高74オ1
【錯】錯亂 国16ウ1
錯亂 国19ウ1
錯亂 東28ウ2
錯亂 高37ウ1
介錯 国5オ5
失錯 東34ウ4

介錯人　東12ウ1
【銃】銃　高16オ3
【鍔】鍔　東17オ2
【鍛】鍛治〔鍛冶〕　東11ウ3
鍛治〔鍛冶〕　高15オ4
【鍜】鍜治〔鍛冶〕　東11ウ3
鍜治〔鍛冶〕　高15オ4
【鍬】鍬　高28ウ4
鍬形　東21ウ5
鍬形　高55オ4
【鍮】鍮石　東8オ2
鍮石　高61ウ4
【鍾】鍾　高37ウ4
【鎌】鎌　国3オ2
鎌　高55オ5
鎌尾　高73ウ2
【鎖】鎖　高28オ3
【鎚】鐵鎚　東12ウ5
【鎧】鎧　高54ウ5
【鏃】鏃　高56オ4
【鏑】鏑矢　高55ウ4
流鏑馬　国10ウ3
流鏑馬　東22ウ5
流鏑馬　高30オ1
【鏡】味鏡　高73オ5
明鏡　国17ウ4
明鏡　高41ウ2
龜鏡　国16ウ5
龜鏡　東31オ1
龜鏡　高40ウ1
【鐐】南鐐　高61ウ3
【鐘】鐘樓　高43ウ1
挍〔夾〕鐘　高74ウ3
應鐘　高75オ2
林鐘　高74ウ5
黄鐘　高75オ3
【鐙】鐙　東28オ3
【鐵】鐵　高61ウ3
鐵槌　高56ウ5
鐵鎚　東12ウ5
【鑄】鑄物師　東1ウ3
鑄物師　高2ウ4
【鑓】鑓　東23オ1
鑓　高55オ4
【鑞】鑞〈鑷〉子　高32ウ2
【鑷】鑞〈鑷〉子　高32ウ2
【鑵】鑵子　高29オ5
【鑿】鑿　東21オ2
鑿　高56ウ5

長部

【長】長久　高11オ1
長井　高70オ3
長刀　東18オ5
長刀　高55オ4
長月　高75オ2
長森　高69ウ5
長櫃　東18オ5
長櫃　高24オ4
長者　高13ウ1
長門　東43ウ3
長閑　東21オ1
長閑　高27オ5
面長　東17オ4
長谷川　高71ウ1
都督長吏〈史〉　高67ウ5

門部

【門】門前　国20ウ1
門前　東37オ3
門外　東37オ1
門役　東37オ1
門役　高48ウ5
門徒　国20ウ1
門徒　高49オ1
門派　高49オ2
門跡　国20ウ1
一門　東1オ2
一門　高1オ2
東門　高62ウ5
桑門　国16オ3
樓門　高4オ3
權門　国11オ5
權門　東24ウ3
權門　高31ウ5
長門　東43ウ3
閉門　高8オ3
青門　高62ウ5
黄門　高63オ5
唱門宗　高46オ2
城門郎　高63ウ5
監門衛事〈史〉　高67オ2
監物〈門〉錄事　高67オ1
左右衞門佐　高66ウ5
左右衞門尉　高67オ1
左右衞門志　高67オ1
左右衞門督　高66ウ5
左右衞門府生　高67オ2
【閉】閉　高9ウ3
閉口　国2オ5
閉口　高8オ1
閉籠　国2ウ1
閉籠　東6オ1
閉籠　高8オ1
閉門　高8オ3
【開】開　国20オ5

阜部

隹部

雨部

青部

非部

【非】非儀 東35ウ3
非儀〔義〕 高47オ3
非分 東36オ3
非分 高47ウ3
非據 国19ウ5
非法 国19ウ5
非道 国19ウ5
非道 東36オ5
非道 高47ウ5
是非 国21ウ2
是非 東37ウ2
是非 高49ウ1
理非 国3ウ4
理非 東8ウ5
理非 高11オ5
蔴非〈靡〉 高61オ4
檢非違使尉 高67ウ2
檢非違使別當 高67ウ1
【靡】靡 東18ウ3
靡 高24オ3

面部

【面】面上 高41ウ1
面展 高41ウ1
面影 国4ウ1
面影 東10ウ1
面影 高13ウ4
面拜 国17ウ3
面白 国4ウ1
面白 東10オ5
面白 高13ウ4
面目 国17ウ3
面目 高41ウ4
面談 国17ウ3
面謁 高41ウ2
面道 高41ウ3
面長 東17オ4
對面 国6ウ1
對面 東14ウ5
對面 高19オ1
強面 高22オ4
覿面 国14ウ3
赤面 国21オ5
赤面 東37ウ1
【靨】靨 高57オ4

革部

【革】力革 東8オ4
力革 高11オ4
弣革 東4ウ3
焠革 高33ウ1
紐革 高48オ1
【靫】靫 東20オ4
靫 高55ウ5
【靭】靭 東20オ1
靭 高26オ2
【鞋】鞋〈⿰韋圭〉 高16ウ3
【鞍】鞍 東22オ4
鞍橋 高29オ4
鞍覆 高29オ4
【鞖】鞖 高46オ2
【鞠】鞠 国11オ3
鞠 東24オ1
鞠 高30ウ5
【鞢】鞢〔韘〕 東31ウ3
鞢〔韘〕 高54ウ3
鞢〔韘〕 高56オ4
【鞦】鞦 高46オ2
【鞭】鞭 東19ウ5
鞭 高54ウ3
【⿰革龍】⿰革龍頭 東10ウ3
⿰革龍頭 高14オ5
【韇】韇 高56オ1

韋部

【⿰韋圭】⿰韋圭〈鞋〉 高16ウ3
【韘】韘〔鞢〕 東31ウ3
韘〔鞢〕 高54ウ3
韘〔鞢〕 高56オ4

韭部

【韮】韮 高60ウ3

音部

【音】音信 国1オ1
音信 高2ウ4
音曲 国4オ4
音曲 高14オ4
同音 東7オ3
知音 国3オ3
知音 東7ウ5
知音 高9ウ5
音博士 高64ウ5
音韻儒 高64ウ5
【韻】音韻儒 高64ウ5

頁部

【頂】頂 高3ウ2
頂戴 国3ウ2
灌頂 高29オ4
【順】順次 東34ウ2
順次 高45ウ2

順禮 東33ウ5
順禮 高44ウ4
順路 東33ウ5
順路 高44ウ4
【須】須 国22オ4
須藤 高68ウ3
須貝 高73オ3
蜂須賀 高73ウ4
【預】預 国15オ4
【頓】頓 高6オ4
頓速 国2ウ5
頓速 高9ウ2
頓首 国2ウ5
【頗】頗 国22オ3
頗 高50ウ5
偏頗 高8オ2
【領】領中 高11ウ4
領内 東9オ1
領掌 国3ウ5
領掌 東9オ1
領掌 高11ウ3
領状 高11ウ4
領状 高27オ2
領知 国3ウ5
受領 国19オ2
家領 国12オ1
寺領 高45オ5
御領 高34オ5
所領 国18ウ3
所領 東32ウ2
所領 高43オ5
押領 国15オ2
押領 東10オ1
拜領 東3オ2
拜領 東3ウ4
拜領 高4ウ3
本領 東5オ4
本領 高7オ2
永領 国14オ2
私領 東34ウ4
管領 国10オ2
管領 高29オ1
總領 東16オ3
總領 高21オ1
【頭】頭 高57オ3
頭巾 高9ウ4
頭陀 国8オ2
出頭 国19オ3
出頭 東33オ3
出頭 高43ウ5
地頭 国3オ4
地頭 東8オ4
地頭 高10オ5
學頭 東11ウ4
烏頭 高55ウ2
矢頭 高55ウ5
船頭 高56ウ2
路頭 東2ウ2
路頭 高3ウ5
露頭 国1ウ1
䪊頭 東10ウ3
䪊頭 高14オ5
點頭 国9ウ1
主殿頭 高65ウ5
主水頭〈正〉 高66オ3
主税頭 高65オ4
主計頭 高65オ4
内匠頭 高64オ5
内藏頭 高64オ2
兵庫頭 高67オ5
典藥頭 高65ウ5
圖書頭 高64オ2
大學頭 高64ウ2
大炊頭 高65ウ4
掃部頭 高66オ1
木工頭 高65ウ4
縫殿頭 高64オ3
諸陵頭 高65オ3
造酒頭〈正〉 高66オ2
陰陽頭 高64オ4
雅樂頭 高65オ2
左右馬頭 高67オ4
【頸】頸 高29オ5
頸 高57オ5
鶴鵛〔頸〕 高23オ2
【頻】頻 国19ウ3
頻 東33オ4
頻 高43オ4
【題】題目 国6ウ1
傍題 東4オ4
【額】額 高57オ3
額金 高55オ3
月額 東41ウ2
【顔】顔 高57オ4
容顔 国6オ2
容顔 高17ウ4
【願】願 国8ウ1
願 高23ウ2
願事 東18オ1
念願 国8オ5
念願 東17ウ5
誓願 国21オ3
立願状 高11ウ3
【顛】顛倒 国14ウ3
【類】類 国6ウ5
類火 高12ウ2
類聚 高12ウ4
類親 高12ウ3
類身 東9ウ4
一類 東1オ2
一類 高1オ3
同類 東6ウ3

同類 高8ウ3
大類 高73ウ3
比類 国19ウ4
衣類 高3オ2
親類 国18オ2
親類 東32ウ4
親類 高43オ2
身類 東32ウ3
部類 国12ウ2
部類 高33オ5
黨類 国6ウ2
無比類 東35ウ3
無比類 高48オ5
【顧】顧 高16オ3
不顧 東13オ5
【題】題 国15オ5
題密 東25オ2
露題 国1ウ1
露題 東2ウ2
露題 高3ウ4

風部

【風】風俗 東14オ2
風呂 東25ウ4
風呂 高33オ3
風情 国12ウ1
風情 東25ウ2

風情 高32ウ5
風氣 国12ウ1
風流 国12ウ1
風流 東26オ3
風爐 国12ウ1
風聞 国12ウ1
風聞 東25ウ5
風聞 高33オ3
風鈴 高33ウ2
屛風 国20オ2
屛風 東36オ1
屛風 高47ウ1
追風 東10オ5
追風 高13オ5
馴風 高24オ3
【颷】颷 高23オ3

飛部

【飛】飛礫 高23オ3
飛脚 国19ウ5
飛脚 東36オ1
飛脚 高47ウ1
飛雀 高52オ2
飛驒 東42ウ3
飛鳥 東39オ5
飛鳥井 高73ウ1

食部

【食】食籠 高43ウ2
乞食 国13ウ2
乞食 高35オ1
喝食 高15ウ5
失食 東34オ2
失食 高45オ1
尙食 高66オ1
思食 国4ウ1
朝食 東27ウ5
聞食 東30ウ3
肉食 高6ウ4
菱食 東39ウ2
菱食 高52オ3
求食火 高3オ2
寄思食 東10オ2
【飢】飢渇 国11ウ3
飢渇 高32オ4
飢饉 国17オ1
飢饉 高40ウ2
【飩】餛飩 高26オ5
【飲】飲 国9ウ4
飲 高27ウ1
【飯】飯 高3オ1
飯尾 高68ウ2
飯桶 高5ウ2
飯田 高70オ1

飯銅 東3ウ3
垸飯 国4ウ3
垸飯 東11オ3
粟飯原 高69オ5
【飴】飴 高36オ5
【飼】鵜飼 高73オ5
【飽】飽 国15オ4
飽滿 高5ウ3
飽滿 東3ウ1
【飾】飾 高15ウ3
【養】養 国10ウ3
養子 東22ウ4
養性 国10ウ2
養性 東22ウ4
養生 高29ウ3
養育 国10ウ2
養育 東22ウ4
供養 国10オ1
孝養 国12オ1
【餌】餌袋 高54ウ2
【餔】餔 高29オ3
【餘】餘多 東27ウ5
餘多 高37オ1
餘寒 国6オ3
餘慶 国6オ3
餘慶 東14オ3
餘慶 高17ウ4
餘所 高17ウ5

餘日 国6オ3
餘暇 東14オ3
餘殘 国6オ3
餘殘 高18オ3
餘波 高23ウ3
餘々 東27ウ4
神餘 高69ウ1
餘々 東27ウ4
餘所目 東14オ2
王餘魚 東40ウ2
王餘魚 高53オ1
零餘子 東20オ1
零餘子 高61オ1
【餚】餚 高37ウ4
【餛】餛飩 高26オ5
【餞】餞 国1ウ5
餞 東3オ1
【館】御館 高42オ5
神館 高17オ3
【饉】飢饉 国17オ1
飢饉 高40ウ2
【饒】豐饒 高33ウ1
【饗】饗庭 高72オ5

首部

【首】首尾 国19オ1
首尾 高44オ1

一首 高1ウ5
刎首 東12ウ3
半首 東3ウ3
半首 高55オ3
県首 高16オ2
頓首 国2ウ5
横首杖 東12ウ3

香部

【香】香典 高17オ1
々（香）合 東13オ3
香合 高16ウ5
香奩 東13オ4
香爐 東13オ3
香爐 高16ウ3
香裹 東13オ5
々（香）錢 東13オ4
燒香 国19オ4
燒香 高49ウ1
茴香 高61オ4
伊香賀 高71ウ5
香宗我部 高72ウ5

馬部

【馬】馬 高54オ3
馬上 東3オ4

馬借 東3ウ2
馬場 高6オ3
馬場 高70オ5
馬藺 高61オ4
馬被 高25ウ4
乘馬 東20ウ4
乘馬 高27オ3
但馬 東43オ4
司馬 高67ウ3
夫馬 高69ウ1
對馬 東44オ5
店馬 東27オ4
牧馬 東23ウ4
牧馬 高31オ1
神馬 国18オ1
羸馬 高12ウ4
騎馬 国17オ1
騎馬 東30ウ5
騎馬 高40オ5
騰馬 高36オ4
驢馬 高54オ4
馬上盞 高5オ4
馬都尉 高67オ5
平右馬 高71ウ1
流鏑馬 国10ウ3
流鏑馬 東22ウ5
流鏑馬 高30オ1
左右馬頭 高67オ4

都督司馬 高67ウ5
【馮】馮 国7オ1
【馳】馳挽 東3オ3
馳挽 高4ウ2
馳走 国3オ3
馳走 東8ウ3
地〈馳〉走 高10ウ3
馳集 東3ウ2
【馴】馴 東18ウ3
馴 高24オ1
馴風 高24オ3
【馺】馺 高6オ2
【駁】駁 東41ウ1
【駄】駄賃 高19ウ1
一駄 国1オ5
足駄 高36ウ4
【駒】駒 高54オ4
生駒 高72オ2
【駕】駕部 高67オ4
別駕 高67ウ3
【駿】駿河 東42オ4
【騅】騅〈驅〉催 高15オ5
【騎】騎馬 国17オ1
騎馬 東30ウ5
騎馬 高40オ5
【騟】騟 東41オ5
【騙】騙 東41ウ1
【騰】騰〔滕〕 高6オ3

騰馬　高36オ4
行騰〔滕〕　東19ウ4
行騰〔滕〕　高26オ3
行騰〔滕〕　高56オ1
【騒】騒　高38オ5
騒動　国16オ5
騒動　高21ウ2
【騖】騖　東41オ5
【驅】驅催　東12オ2
雖〈驅〉催　高15オ5
【驍】驍　東2オ4
【驕】驕　高14オ2
【驒】飛驒　東42ウ3
【驗】驗　高46オ5
效驗　国5ウ4
靈驗　国7オ2
靈驗　高20ウ5
【驚】驚　国4ウ2
驚入　東10オ1
驚入　高12ウ5
驚耳目　東33オ5
【驛】驛　高26オ2
【驟】驟　高3オ5
【驢】驢馬　高54オ4

骨部

【骨】骨　高57ウ1
骨折　東5オ4
骨折　高7ウ2
骨柄　国13ウ5
骨法　国13ウ2
骨法　高35オ1
無骨　国12ウ2
無骨　東25オ4
粉骨　国12ウ4
粉骨　東25オ5
粉骨　高32ウ4
【骸】骸　高17オ4
死骸　高45ウ3
【體】物〔勿〕體　国20ウ2
無體　東19ウ2
無體　高26オ2
爲體　高35ウ1
異體　東1ウ1
老體　国8ウ5
無勿體　東36ウ4
無勿體　高48ウ4
無正體　東33オ1

高部

【高】高名　国5オ1
高名　東12ウ1
高名　高15ウ5
高察　国5オ1
高橋　高71オ2
高直　国5オ1
高直　高16ウ5
高聲　国5オ1
高運　国5オ1
高麗　高73ウ5
太〔大〕高　高68ウ4
高野瀬　高68ウ5

髟部

【髟】髟楯　高55ウ2
【髠】御髮髠　高13オ5
【髮】髮　高57オ3
髮白　東41ウ2
落髮　東19オ5
落髮　高25オ3
髮剃刀　東12オ1
御髮髠　高13オ5
【髻】髻　高57オ3
【鬚】鬚　高57オ3
【鬢】鬢　高57オ3

鬥部

【鬧】鬧敷　高3オ2
【鬪】鬪亂　国2ウ5
鬪亂　高9ウ1
鬪淨〈諍〉　国2ウ5
鬪諍　高8ウ5
【鬮】鬮取　高29オ2

鬯部

【鬯】鬯　高56オ3
【鬱】鬱憤　国9オ5
鬱憤　高26ウ2
鬱陶　国9オ5
積鬱　東37ウ3
積鬱　高49ウ2
萬鬱　高4ウ5

鬼部

【鬼】鬼神　東30オ2
見子〈胡鬼子〉　高34ウ5
【魂】魂魄　高34オ4
入魂　高46オ4
【魃】旱魃　国5ウ3
旱魃　高16ウ4
【魄】魂魄　高34オ4
【魔】魔王　東23ウ5
魔障　国11オ1
魔本〈奔〉離　高31オ4

魚部

【魚】魚住 高71オ1
魚脬 東41オ1
尨魚 東41オ2
尨魚 高53ウ3
針魚 東41オ3
王餘魚 東40ウ2
王餘魚 高53オ1
【魨】魨 東40ウ3
【鮁】鮩〈鮁〉 東40ウ3
【𩵖】𩵖 東41オ2
【鮇】鮇 東41オ1
鮇 高53ウ2
【鮊】鮊 東40ウ5
鮊 高53オ5
【鮎】鮎 東40ウ1
鮎 高53オ5
【鮑】鮑 東40ウ3
鮑 高53オ2
鮀〈鮑〉 高53オ4
【鮒】鮒 東40ウ1
鮒 高53オ1
【鮠】鮠 高53オ2
【鮦】鮦 高53オ2
【鮨】鮨 東40ウ5
鮨 高53オ5

【鮩】鮩〈鮁〉 東40ウ3
【鮪】鮪 東40ウ2
鮪 高53オ1
【鮫】鮫 東40ウ2
鮫 高53オ2
【鮭】鮭 東40ウ1
鮭 高53オ1
【鮲】鮲 東40ウ2
鮲 高53オ2
【鮤】鮤 高53ウ1
【鮀】鮀〈鮑〉 高53オ4
【鮵】鮵 東41オ2
鮵 高53オ2
【鯉】鯉 東40ウ1
鯉 高53オ1
【鯶】鯶〈𧋍〉 高53ウ2
【鯔】鯔 東40ウ1
鯔 高53オ1
【鯖】鯖 東40ウ2
鯖 高53オ2
鯖衡 高53ウ2
【鰟】鰟〔鰆〕 高53ウ1
【鯛】鯛 東40ウ1
鯛 高53オ1
【鯣】鰑〔鯣〕 東40ウ4
鯣 高53オ5
【鯨】鯨 東40ウ4
鯨波 東7オ4

鯨波 高9ウ3
【鯲】鯲 高53ウ3
【鰀】鰀 東41オ2
鰀 高53ウ1
【鰑】鰑〔鯣〕 東40ウ4
【鰆】鰟〔鰆〕 高53ウ1
【鰐】鰐 高53ウ2
鰐口 東11オ5
【鰒】鰒 東41オ2
【鰕】鰕 東41オ3
【鮹】鮹〈鱐〉 東41オ1
鮹〈鱐〉 高53オ4
【鰔】鰔 東40ウ4
【鰉】鰉 高53ウ3
【鱅】鱅 東41オ3
【鰠】鰠 高53ウ2
【鰣】鰣 東40ウ3
【鰤】鰤 東41オ1
鰤 高53ウ4
【鰧】鰧 東41オ3
【鰩】鰩 東41オ2
鰩 高53ウ3
【鰯】鰯 東40ウ5
鰯 高53オ5
【鰹】鰹 東40ウ5
鰹 高53オ4
【鰷】鰷〔鰺〕 高53ウ3
【鰺】鰺 東40ウ2

鰷〔鰺〕 高53ウ3
【鱈】鱈 東40ウ2
鱈 高53オ3
【鰶】鰶 高53ウ1
【鰭】鰭 高53ウ3
【鱓】鱓 東40ウ4
【鱏】鱏 東40ウ3
鱏 高53オ2
【鱘】鱘 高53ウ2
【鱐】鮹〈鱐〉 東41オ1
鮹〈鱐〉 高53オ4
【鱒】鱒 東40ウ1
【鱗】鱗 高53ウ4
回鱗 東22オ3
逆鱗 東25オ2
逆鱗 高32ウ1
【鰝】鰝 東40ウ3
鰝 高53オ3
【鱝】鱝 東40ウ3
【鱠】鱠 東41オ1
鱠 高53ウ2
【鱣】鱣 高53オ3
【鱸】鱸 東40ウ1
鱸 高53オ1
鱸 高72オ4

鳥部

鹵部

鹿部

麥部

麻部

黄部

黍部

黑部

一黨 高1オ5
惡黨 国15オ1
惡黨 東27ウ3
惡黨 高36ウ3
若黨 東11オ2
若堂〔黨〕 高14ウ2

鼓部

【鼓】
鼓 高22オ5
太鼓 東15オ2
太鼓 高19オ3

鼠部

【鼠】
鼠 高23ウ1
鼠 高54オ3
鼠尾草 高61オ4
煎海鼠 高53オ3

【鼬】
鼬 高54オ3

鼻部

【鼻】
鼻皮 高6オ1
鼻綱 東4オ1
鼻綱 高6オ2
突鼻 国2ウ4
毛鴈鼻 東24ウ2

【齁】
⿰鼻合⿰鼻包〔齁〕 高3ウ2

【⿰鼻包】
⿰鼻合⿰鼻包〔齁〕 高3ウ2

【⿰鼻合】
⿰鼻合⿰鼻包〔齁〕 高3ウ2

齊部

【齊】
半齊〔齋〕 高4ウ5

【齋】
齋藤 高68ウ2
半齊〔齋〕 高4ウ5
囉嚌〔齋〕 高4オ1
邏齋 東2ウ3

齒部

【齒】
齒 高57オ4

【齡】
齡 東14オ1

龍部

【龍】
龍膽 高59ウ2
龍虎 東16オ1

龜部

【龜】
龜鏡 国16ウ5
龜鏡 東31オ1
龜鏡 高40ウ1

研究

色葉字総論

高橋忠彦
高橋久子

序　問題の所在

室町期に流行し、かつ日本の辞書史において特徴的な形態を持つ辞書群として、和名集と色葉字の二つがあげられる。前者は、小型の意味分類体辞書であり、後者は、いろは分類体辞書であるが、一字や二字からなる漢語を主に収録している点、原則として詳細な注釈を施さない、語彙集的（語彙集という表現は厳密には不適切であるが、他に代わる表現がないので仮に使用する。ここでは、漢字で表記された語を集めた書物をいう）なものである点などに、一種の類似性がある。実際に、両者が自然な形で合本とされるケースもあり、その親和性は考慮に値する。また、和名集の一類たる下学集が特に流布し、さらにはその下学集が、いろは分類体要素を加えた節用集を生みだしたことを考えると、和名集と色葉字の流行は、全体として中世の文化と社会における必要性から生みだされ、中世から近世にかけての、日本の辞書の方向性を定めたものとして評価できよう。本稿は色葉字の性格について、過去の考察を踏まえながら、あらためて論ずるものである。

どのような書物を辞書と定義するかは困難であるが、日本に於いては、中国の漢字文化の強い影響の元、漢字字典の流れの他に、楊氏漢語抄、和名類聚抄のような、漢語中心の辞書が発展したことは衆目の一致するところであろう。

その後、色葉字類抄のような形で、その系統の辞書は多様に展開するが、漢語の語義の説明は概して縮小し、漢語や漢字そのものを編輯列挙した、語彙集的な著述が多くなる。和名集は、その典型である。ただし、辞書の性格を分析するためには、形態的な側面だけでなく、収録語がどのような基準で選ばれているか、ことに、当時の社会・文化の体系の中で、どのような側面に重点をおいて選ばれているかを考えなければならない。それは同時に、その辞書が編纂された目的でもある。

和名類聚抄のような辞書は、類書的構成によって、百科語彙をまんべんなく収録するという方向性が明らかである。その結果、一部を除いては、唐代文化を反映した古典的な漢語で、日本での教養として必要なものを収録するという結果になっている。その後、日本の社会で漢語の持つ意義は増大し、和製漢語が作られ、また、日本独自の意味が付与されることが増えていった。ことに重要なのは、官僚制度の発展にともなって作成、使用された大量の語彙である。具体的にいえば、文書において特有の意味を付与された文書語彙である。文書の多くが書簡の形態をとったため、書簡語彙を含むものとなる。また、古記録で使用される独特の語彙も、文書用語と近いものがある。

このように考えると、辞書における文書用語の導入の程度は、それは全体の中の比率として把握できるものであるが、日本の辞書の変容を知る目安として重要だということになる。たとえば、色葉字類抄系統の諸本は、全体として和名類聚抄を継承するように見られるが、文書用語の導入が日立っている。この問題については、「字類抄畳字部所収語彙の位相と諸本の系統[1]」で論じたことであるが、その結論として、字類抄原撰本に近い二巻本世俗字類抄は、異様な高率をもって古文書用語を収録した実用性の高いものであり、当時の実務官僚に受容されたということを述べた。後の十巻本伊呂波字類抄も、文書用語の大幅な増補が見られる。色葉字類抄諸本を調査すると、社会経済的な実用語たる文書語彙と、一般教養に属する文学的な語彙のそれぞれが、波状的に増補されるという、辞書の増補編纂のおおまかな道筋が見えてくる。しかしながら、文書用語を収録して実用に供するということが、中世の辞書の大きな目的となることは疑いを容れない。

一方で、消息詞・拾要抄・大乗院雑筆集のような、書簡用語を集めたといわれる一群の辞書が存在する。ただし、書簡用語は文書作成の用途に供されるものであるから、これも文書用語の一部ということができる。それだけでなく、消息詞については、李妍氏の「『消息詞』の日本語学的研究」[2]に研究があり、その結論として、

『消息詞』の体系的構造から考えると、第一に、本書が公文書の読み書きを初学者に修得させる学習書、つまり一種の教科書として機能したことは明らかである。学習の具体的な手順としては、手習い風の書き取りを主としたことも容易に想像される。第二に、本書は意味分類体的な辞書に近い性質を持つため、公文書の用語の体系的学習、また、場合によっては検索にも役立ったと思われる。これは従来の「第二の見解」[3]を単純に肯定するものではなく、本書の具体的な内容と体系に基づいて、確認されたものであり、それが教科書的辞書であるということを、実証し得たものと考える。

なお、この事実は、辞書の発展史の中で、本書が重要な位置を占めることも明らかにする。室町時代に入ると、『色葉字』という一類の辞書が作成されるようになり、現存するだけでも十七の諸本を数える。この辞書は、社会経済的内容の文書用語を収録するが、全体を第一音節により「いろは」順に類聚しているために、この名がある。大雑把に言えば、『消息詞』所収語彙を「いろは」順に分類し直せば『色葉字』となるのであり、日本の辞書の流れを俯瞰的に見るならば、『消息詞』を『色葉字』の先蹤と見なすことも可能であろう。しかし、「いろは」分類に編集し直したことにより、公文書作成の際の場面毎に想定される使用語彙を参照できるという利点は失われてしまったことになる。初学者にとっては、『色葉字』より『消息詞』の方が、格段に使用し易かったであろう。この点から、本書が有用な教科書的辞書であるということを再確認できるのである。

と述べられている。これは、消息詞が、実は書簡用語だけの辞書ではなく、広範な文書用語を、その使用場面ごとに

集約して排列したものであり、極めて体系的で実用的な文書用語辞典であることを論じた後に得られた知見である。ここで暗示されている「色葉字の源流」としての位置づけも首肯できるものである。

このように見てくると、文書用語の学習や確認、もしくは検索に役立つ辞書が必要とされてきており、字類抄や消息詞で示されたこの方向性に沿って、和名集と色葉字が生みだされたという想定が成り立つ。その確認のためには、もとより具体的な調査が必要である。

注

(1)古辞書研究会編「日本語と辞書」第十八輯所収。平成二十五年五月。
(2)東京学芸大学連合学校教育学研究科博士課程の学位論文。平成二十五年度提出。
(3)消息詞は古辞書であるとする川瀬一馬氏の見解。

第一章 「色葉字」の性格

一、「和名集」と「色葉字」

室町時代に流行した辞書の一類に、小型の意味分類体辞書、和名集[1]がある。①有坂本・②広島大学本・③亀井本・④頓要集・⑤撮壌集・⑥諸雑聞書・⑦桂本佚名古辞書・⑧諸字類聚・⑨用心集・⑩初心要抄・⑪宣賢卿字書・⑫天理図書館蔵和名集（仮題は節用残簡）・⑬通要古紙・⑭類集文字抄・⑮天理図書館蔵国籍類書字書・⑯琉球和名集・⑰下

村富士男氏蔵天正七年写古辞書・⑱高橋本和名集等、一八本が現存し、当時種々のものが簇出したことが窺い知られる。そして、これらのうち①②⑥⑨⑩⑰の六本は、いろは分類体の辞書を併せ持ち、あるいは巻末併載（①②⑥⑨⑰）、あるいは合本（⑩）の形をとる。(2)

一方同じ室町期には、いろは分類体辞書、色葉字を主とする辞書も種々編纂された。(3) ①国立国会図書館蔵色葉字尽・②東京大学文学部国語研究室蔵伊呂波集（仮題）・③同蔵色葉字集（仮題）・④山田本以呂波集甲(4)（仮題）・⑤高橋本色葉字(5)・⑥慶應義塾図書館蔵元和六年写色葉集(6)・⑦北野天満宮蔵佚名古辞書色葉集（仮題）・⑧妙本寺蔵永禄二年いろは字・⑨運歩色葉集（諸本あり）・⑩猪無野本伊呂波集（仮題）・⑪山田本以呂波集乙（仮題）等である。そして、これらのうち②③④⑤⑥⑦⑧⑨の八本が、巻末に意味分類体の辞書を併せ持ち、あるいは巻末併載（②③④⑤⑥⑧⑨）、あるいは合本（⑦）の形をとる。

本稿は、中世のいろは分類体辞書、色葉字について考察することを目的とするが、そのためには、和名集所載の色葉字を除外して考えることはできない。頓要集巻末に、「従是聞書也」として、「毀（ソコナウ）憎（ソネム）背（ソムク）」等、「そ」を第一音節とする四八項目を含む六〇項目が掲載され、一見して増補途中の状態を示している。日常生活において、文書や日記を書く際に座右に置いて参照する辞書として、博物語彙のみを収める和名集では、やはり十分ではなく、抽象概念語彙を補綴する必要を感じたのであろう。中国において、大広益会玉篇と広韻、類篇と集韻、五音篇海と五音集韻等、部首分類体辞書と韻分類体辞書とが「篇韻」と呼ばれて対をなし、場合により合刊されたことは良く知られている。それと全く同じ事情というわけではないが、中世日本においても、和名集と色葉字とが対をなし、編纂方式・形態を異にする両種の辞書が、相互に補い合って機能したと考えられる。

二、形式による諸本の分類

表1

＊零本、落丁等、欠落があることを示す。

形式による分類	和名集を主とし色葉字を付すもの				色葉字を主とし和名集を付すもの								色葉字のみのもの		未見	
	A	B	C	D	E	F	G	H	I	J	K	L	M	N	O	P
諸本	陽明文庫蔵諸雑聞書言語類	有坂本和名集伊路波字	広島大学本和名集（仮題）伊呂波字	お茶の水図書館成簣堂文庫蔵用心集（仮題）色葉次第	東京大学文学部国語研究室蔵伊呂波集（仮題）	山田本以呂波集甲（仮題）	高橋本色葉字	東京大学文学部国語研究室蔵色葉字集（仮題）	慶應義塾図書館蔵元和六年写色葉集	北野天満宮蔵佚名古辞書色葉集（仮題）	妙本寺蔵永禄二年いろは字	元亀二年京大本運歩色葉集	国立国会図書館蔵色葉字尽	猪無野本伊呂波集（仮題）	下村富士男氏蔵天正七年写古辞書言辞篇	山田本以呂波集乙（仮題）
複製	無	有	無	無	無	無	無	無	無	有	有	有	無	無	無	無
総丁数（a）	42	19	44	*36	44	44	74	*35	68	*73	*83	181	22	111		
色葉字の丁数（b）	5.4	4.1	18.5	*11.4	38.2	31	50.3	*33.3	63.8	*44.2	*65.4	170.5	22	111		
%（b÷a×100）	13	22	42	*32	87	70	68	*95	94	*61	*79	94	100	100		
総語数（c）	2892	2453	2899	*6176	1946	2279	3305	*5022	6446	*9655	*11385	16660	1677	12995		
色葉字の語数（d）	524	601	1244	*2914	1727	1589	2214	*4841	6114	*6021	*10748	15754	1677	12995		
%（d÷c×100）	18	25	43	*47	89	70	67	*96	95	*62	*94	95	100	100		
備考				ユ～ス欠				イ～ハ ホ～ヲ カ～タ メ～シ に欠落あり		イ～ト欠	イ～ク欠					

色葉字及び色葉字を併載する辞書の諸本は表1の一六本である。表1は、形式により分類したものであり、各本の総丁数・色葉字の丁数・その割合、及び総語数・色葉字の語数・その割合をそれぞれ示してある。

各本の全体像、及びその内部における色葉字の位置を確認するため、左記に各本の部類分類を示した上で、色葉字に相当する部分に傍線を施す。

A陽明文庫蔵諸雑聞書の部類名

天像部　天　日　月　星　北斗七星　九曜　二十八宿　風雨類　雨　雪　雲　雷　地部　神部　天神七代　地神五代　上七社　中七社　下七社　祭祀具　寺院　尼寺　諸堂　四个大寺　諸宗　行事　時節部　十干　十二支　十二月異名　衆色名　算数類　仮荘類　田畠　山類　水辺　海部　船部　海藻類　漁猟　魚類　貝類　鳥類　鷹部　鳥体類　獣部　牛類　虫類　草類　木類　竹類　五穀類　農作　車部　輿部　馬類　鞍馬　燈火類　金銀類　珠玉類　諸道部　番匠　紙類　屋具類　家具部　飾具　武具類　弓部　人倫部　支体類　武略部　衣服部　遊楽名　食物類　菜類　菓子類　酒類　言語類　藤氏系図

B有坂本和名集の部類名

天象部　地祇部　仏部　神部　四季部　海河部　人倫部　僧家官位部　形体部　病部　家部　鋪設部　精進部　菓子部　海藻部　辛物部　米穀部　点心部　茶具部　武具部　鞍部　装束部　染色部　金類部　獣部　禽部　魚部　貝部　虫部　馬部　木部　草部　京大小路部　官位相当部　幾内部　一何字部　対揚部　雑字部　伊路波字

C広島大学本和名集の部類名

天象部　地儀部　仏寺部　神祇部　四季部　海河部　人倫部　僧家官位部　形体部　病部　家部　鋪設類部　精進部　菓子部　海草部　辛物部　米穀部　点心部　茶具部　武芸部　鞍部　装束部　染物部　金類　獣　禽

魚部　貝部　虫部　馬部　木部　草部　京都小路部　伊呂波字　官名唐官　国名　百姓

D お茶の水図書館成簣堂文庫蔵用心集（仮題）の部類名

天象　地儀　時節　十二月異名　員数　水部　火部　草部　木部　雑穀　飲食　衣服　絹布　色部　魚類　貝類　鳥類　獣部　虫類　牛馬　輿車　舟類　鞍具　弓箭　兵具　人体　屋体　人倫　家具　茶香具　海藻　神祇　僧寺　聖道　公家　官位　仏具　金類　耕作　番匠　紙類　楽器　諸道　病部　薬種　漁部　色葉次第

E 東京大学文学部国語研究室蔵伊呂波集（仮題）の部類名

伊〜須　鳥之類　（魚之類）[7]　馬之毛　諸国名

F 山田本以呂波集甲（仮題）の部類名

以〜寸　貝之類　畜類　人倫　禅僧　鳥之部　魚ノ部　虫ノ部　木ノ部　草ノ部　海藻　禾穀　雑具　食物　衣類　絹布　甲冑　弓箭　鞍具　刀杖　金品　紙　香具　茶具　盆香　仮粧具　燈火　鷹字

G 高橋本色葉字の部類名

以〜寸　京　鳥之名　魚之名　獣之名　鷹之道具　武具　弓之法　船之名　番匠之道具　人之五体　木之名　草之名　金之名　虫之名　五節供異名　瓜異名　百官之次第　大名　名字

H 東京大学文学部国語研究室蔵色葉字集（仮題）の部類名

は〜す（イ〜ハの前半部を欠く、ホ〜ヲ、カ〜タ、メ〜シに欠落あり）　数量

I 慶應義塾図書館蔵元和六年写色葉集

以〜寸　一字　（十二月異名）[8]　雑字　点画少異字　（国名）[9]

J 北野天満宮蔵佚名古辞書の部類名

チ〜ス（イ〜トを欠く）　天象　地儀　時節　十二月異名　員数　水部　火部　草部　木部　雑穀　飲食　衣服

絹布　色部　魚類　貝類　鳥類　獣部　虫類　牛馬　輿車　舟類　鞍具　弓箭　兵具　人体　屋体　人倫　家具　茶香具　海藻　神祇　僧寺　聖道　公家　官位　仏具　金類　耕作　番匠　紙類　楽器　諸道　病部　薬種　漁部　点画少異字

K妙本寺蔵永禄二年いろは字の部類名

や〜す（上巻を欠く）　一　二　三　四　五　六　七　八　九　十(10)

L元亀二年京大本運歩色葉集の部類名

伊〜須　魚之名　鳥　獣名　（虫名）(11)　花木名　草名花

M国立国会図書館蔵色葉字尽の部類名

伊〜須

N猪無野本伊呂波集（仮題）の部類名

伊〜須

三、内容による諸本の分類

前記一六本中、原本につき調査し得た一四本（A〜N）の色葉字相当部分は、所収語の内容及び均質性により二類に分かれる。抽象概念語彙のみを収め、博物語彙を含まないグループ（Ⅰ類）と、抽象概念語彙と博物語彙の双方を収めるグループ（Ⅱ類）である。

一例として、「キ」の部を選び、博物語彙を各々の本が何項目含んでいるか、実数を示し、あわせて、「キ」部全体の中に占めるその割合（％）を示す（表2）。博物語彙を、ここでは、人名・地名・書名・動植物名（但し、異名・漢方薬種は除く）(12)とする。

表2

	諸本	総項目数(a)	博物語彙項目数(b)	%(b÷a×100)
A	陽明文庫蔵諸雑聞書言語類（キ）	21	0	0
B	有坂本和名集伊路波字（幾）	23	0	0
C	広島大学本和名集伊呂波字（キ）	39	(13)6	15
D	お茶の水図書館成簣堂文庫蔵用心集色葉次第（キ）	69	(14)6	9
E	東京大学文学部国語研究室蔵伊呂波集（幾）	60	0	0
F	山田本以呂波集甲（幾）	36	0	0
G	高橋本色葉字（幾）	66	0	0
H	東京大学文学部国語研究室蔵色葉字集（き）	212	(15)20	9
I	慶應義塾図書館蔵元和六年写色葉集（き）	183	(16)64	35
J	北野天満宮蔵佚名古辞書色葉集（キ）	203	(17)22	11
K	妙本寺蔵永禄二年いろは字（き）	722	(18)62	9
L	元亀二年京大本運歩色葉集（記）	373	(19)24	6
M	国立国会図書館蔵色葉字尽（幾）	62	0	0
N	猪無野本伊呂波集（幾）	386	(20)49	13

表2に見る如く、A・B・E・F・G・Mの六本がⅠ類、C・D・H・I・J・K・L・Nの八本がⅡ類に属する。表3は、所収語の内容及び均質性により、諸本をⅠ類・Ⅱ類に分類した上で、それぞれの項目数を部毎に示し、総語彙量の多寡に随って次第したものである。最下段の「計」は、各本の項目数の合計である。零本・落丁・欠損等、何らかの欠落がある部分には、アステリスク（*）を付したが、合計の順位付けには、欠落の有無は顧慮していない。

四、色葉字所収語の性格

色葉字の所収語を、同時代の他の古辞書類と比較した時、最も顕著な特色として指摘できる事は、行政・契約・租税・経済・訴訟関係の文書用語及び書簡用語を多く収載する事実である。試みに、色葉字Ⅰ類の諸本の「キ」の部、節用集の伊勢本二本（伊京集・饅頭屋本）、印度本二本（永禄二年本・弘治二年本）、乾本一本（易林本）の計五本、及び、温故知新書・塵芥に就いて、各本の「キ」部言語に相当する門を対象として調査を行った。漢字二字以上の語に就いて、CD-ROM版鎌倉遺文の全文検索機能を用いて検索し、鎌倉遺文に同表記の使用例の存する項目を確認し、全体の中に占める割合を算出したものが、表4である。

表 3-1

	I類						II類							
	A 陽明文庫蔵諸雑聞書言語類	B 有坂本和名集伊路波字	F 山田本以呂波集甲	M 国立国会図書館蔵色葉字尽	E 東京大学文学部国語研究室蔵伊呂波集	G 高橋本色葉字	C 広島大学本和名集伊呂波字	D お茶の水図書館成簣堂文庫蔵用心集色葉次第	H 東京大学文学部国語研究室蔵色葉字集	I 慶應義塾図書館蔵元和六年写色葉集	J 北野天満宮蔵佚名古辞書色葉集	K 妙本寺蔵永禄二年いろは字	N 猪無野本伊呂波集	L 元亀二年京大本運歩色葉集
イ	13	35	102	36	76	116	30	138	—	251	—	—	521	686
ロ	1	9	10	6	13	22	9	2	—	26	—	—	35	84
ハ	14	28	96	33	73	86	19	148	*215	277	—	—	611	642
ニ	0	15	28	9	29	33	10	52	57	62	—	—	151	169
ホ	8	21	33	15	41	42	25	85	*98	122	—	—	245	328
ヘ	5	19	33	24	25	24	14	20	—	57	—	—	129	203
ト	9	23	55	28	54	70	38	129	—	158	—	—	395	459
チ	13	26	48	42	44	62	26	36	—	106	104	—	244	441
リ	6	15	21	13	20	28	11	3	—	36	45	—	120	165
ヌ	2	9	17	7	9	14	7	24	—	35	32	—	62	53
ル	2	6	7	6	9	15	9	—	—	10	16	—	—	31
ヲ	16	10	57	43	54	78	19	189	*180	246	232	—	549	548
ワ	10	4	31	25	28	30	13	57	75	76	75	—	159	201
カ	18	34	76	83	100	102	48	257	*150	467	476	—	855	938
ヨ	11	9	21	18	26	37	19	72	—	82	117	—	205	204
タ	15	21	55	62	58	92	43	171	*146	263	338	—	477	727
レ	7	6	12	24	20	23	14	6	38	29	41	—	61	128
ソ	10	12	39	41	37	51	24	67	93	89	97	—	215	291
ツ	14	7	21	34	41	68	32	140	132	215	303	—	394	375
ネ	0	5	19	17	16	18	14	27	46	48	46	—	79	114
ナ	11	5	43	28	32	53	24	117	126	134	185	—	252	307
ラ	5	9	16	23	28	37	14	4	50	40	33	—	105	147
ム	11	4	21	11	29	26	19	59	81	81	108	—	181	193
ウ	11	7	34	21	27	44	36	106	182	173	225	—	344	371

表 3-2

＊欠落があることを示す。

Ⅱ類								Ⅰ類						
L 元亀二年京大本運歩色葉集	N 猪無野本伊呂波集	K 妙本寺蔵永禄二年いろは字	J 北野天満宮蔵佚名古辞書色葉集	I 慶應義塾図書館蔵元和六年写色葉集	H 東京大学文学部国語研究室蔵色葉字集	D お茶の水図書館成簣堂文庫蔵用心集色葉次第	C 広島大学本和名集伊呂波字	G 高橋本色葉字	E 東京大学文学部国語研究室蔵伊呂波集	M 国立国会図書館蔵色葉字尽	F 山田本以呂波集甲	B 有坂本和名集伊路波字	A 陽明文庫蔵諸雑聞書言語類	
—	—	—	6	—	—	9	9	—	—	7	—	—	—	ヰ
128	117	—	91	64	59	63	16	27	19	9	—	3	8	ノ
—	—	—	4	—	—	—	15	—	—	—	—	—	—	オ
534	350	—	235	276	270	119	67	80	64	53	58	24	14	ク
245	239	＊395	142	107	116	81	31	38	33	21	24	5	5	ヤ
299	287	537	159	150	150	123	32	54	46	39	49	5	8	マ
352	228	512	106	93	122	18	26	51	45	79	49	24	21	ケ
384	204	576	179	91	186	71	40	40	47	71	49	14	15	フ
589	530	913	248	208	232	101	46	69	27	88	57	6	20	コ
—	165	170	80	91	98	30	11	—	—	29	21	—	—	エ
296	236	296	58	86	107	15	11	35	24	34	29	6	10	テ
617	656	1082	390	315	295	184	66	54	46	52	43	13	17	ア
657	486	819	275	249	291	104	49	86	73	97	67	18	25	サ
373	386	722	203	183	212	69	39	66	60	62	36	23	21	キ
190	171	246	96	74	72	＊18	17	27	24	11	14	9	10	ユ
116	112	164	65	62	—	—	17	29	—	18	25	6	9	メ
285	262	412	142	104	—	—	24	44	30	9	22	3	7	ミ
1355	864	1531	426	342	＊332	—	97	145	131	143	49	43	36	シ
166	—	124	7	—	—	—	14	20	16	—	—	11	7	ヱ
546	486	804	214	216	235	—	50	63	44	54	29	14	16	ヒ
221	233	343	116	103	112	—	13	30	26	33	27	12	13	モ
310	214	598	116	84	125	—	18	43	42	67	30	17	20	セ
286	300	504	190	133	158	—	19	42	41	52	16	6	30	ス
15754	12995	＊10748	＊6021	6114	＊4841	＊2914	1244	2214	1727	1677	1589	601	524	計

表4

諸本	色葉字I類						節用集及びその他の古辞書							
	A 陽明文庫蔵諸雑聞書言語類（キ）	B 有坂本和名集伊路波字（幾）	E 東京大学文学部国語研究室蔵伊呂波集（幾）	G 高橋本色葉字（幾）	M 国立国会図書館蔵色葉字尽（幾）	小計	温故知新書（キ部態芸門・複用門）	伊京集（幾部言語進退門）	易林本節用集（幾部言辞門）	塵芥（幾部態芸門）	弘治二年本節用集（幾部言語進退門）	永禄二年本節用集（幾部言語門）	饅頭屋本節用集（幾部言語門）	小計
漢字二字以上の語の総項目数（a）	17	23	60	58	55	213	95	59	241	283	162	134	104	1078
鎌倉遺文の文字列と一致する項目数（b）	15	21	56	55	54	201	62	40	184	217	131	109	86	829
%（b÷a×100）	88	91	93	95	98	94	65	68	76	77	81	81	83	77

色葉字I類のB・F・Kは、鎌倉遺文語彙を九四%の高率で含んでいることが分かる。これに対して、他の古辞書類は鎌倉遺文語彙七七%程度であり、色葉字I類と比して、明確な差異を持っている。

そこで、色葉字I類の所収語の意味用法・使用される場を一語一語検討して行くと、後述するように、行政・契約・租税・経済・訴訟関係の文書用語及び書簡用語といった、実務的な文書用語を意識的に載録しようとする姿勢が明らかに看取される。これに対し、節用集等の言辞門・言語（進退）門・態芸門は、全く別の方向を指向している。節用集が、庶民の実用書ではなく、知識階級の漢詩文・聯句・連歌・和歌作成に資するためのものであったことは、夙に安田章氏の説かれた通りである。(21)

五、色葉字特有語の抽出

色葉字I類諸本の全所収語のうち、三巻本色葉字類抄・節用集諸本一六本（正宗文庫本・大谷大学本・明応五年本・玉里文庫本・岡田希雄氏旧蔵本・伊京集・天正十八年本・饅頭屋本・増刊本・広本・弘治二年本・黒本本・永禄二年本・堯空本・枳園本・易林本）に見えない語を左記に挙げる。同語の異表記、例えば「切諫」と「折檻」、「四調（がんでう）」と「三合力（同上）」と「五調（同上）」、「集来」と

「衆来」の如きケースは、同語と見做し、掲出しない。括弧内に原本の傍訓を示す。標出字・傍訓が誤っている、若しくは通用例である場合は、斜線／を付して下に訂正、若しくは一般形を注記する。鎌倉遺文に用例の存するものに○印、平安遺文に用例の存するものに◇印を付す。

A諸雑聞書言語類

気促（イキツメ）・表難（ヘウナン）・温坏（ヲンハイ）・賢々（ケ、シウ）・○後栄（コウエイ）・出葉（テニハ）・○◇喜慶（キケイ）・○◇門業（モンケウ）・○◇詔勅（セウチコク）・白過（スクワ）

B天理図書館蔵有坂本和名集伊路波字

○雄張（イサキヨルハル／ユウチヤウ）・○憤散（イキトヲリサン／イキドホリヲサンズ）・○◇走向（ハシリムカウ）・牓示際（ハウシキ）・◇亡屋（ハウヲク）・◇張賛（ハリカヘス／張替）・○経入（ヘイレ）・○◇所飼（トコロカイ）・渡船唐（トセンタウ／渡唐船トタウセン）・外張（トハリ）・○◇直銭（チキセン）・○◇離山（リセン）・送食（ヲクリシキ）・○◇掠給（リヤウキウ／カスメタマハル）・○◇勘料（カンリウ）・○◇勘甲（カンカヘ／勘申カンガヘマウス）・○◇開眼（カイケン）・濁浪（タクラウ）・館築（タテツキ）・○◇其名（―ノナ）・○追状（ツイシヤウ）・○投捨（ナケステ）・埒外（ラチホカ／埒外）・監械（ランカイ）・○打固（ウチカタメ）・○◇過済（クワサイ）・外跡（クワイセキ）・軽砕（ケイスイ／軽酔）・○下刻（―コク）・○口筆（コウヒツ）・阿助（アウスケ）・陳形（アトカタ）・再功（サイ□□）・狂相（キヤウサウ）・曲説（キヨクセツ）・及急（キウキウ）・○久好（キウカウ／旧好）・○◇遺領（ユイリヤウ）・○射的（シヤテキ）・○塩垂（シヲタレ）・城調（シヤウコシラヘ）・秀哥（シユウカ）・酌取（シヤクトル）・○宴飲（ヱンイン）・○◇被出（ヒシユツ）・○◇持楯（モツタテ）・○詮分（センフン）・遷香（センカウ）・◇施入主（セニウシユ）

M国立国会図書館蔵色葉字尽

○露頭（ロトウ）・亡所（ハウシヨ）・○◇謀訴（ホウソ）・○◇取帳（トチヨウ）・杜欛（トハ）・○◇良医（リヤウイ）・恩坏（ヲンハイ）・○◇勘状（カンシヨウ）・○悦存（ヨロコビゾンズ）・○当知行（タウチギヤウ）・○◇段別（ダンヘツ）・○◇賊難（ソクナン）・埒外（ラチノホカ）・恨存（ウラミゾンズ）・還烈（クワンレツ）・○◇貢御（グゴ）・○◇具書（グシヨ）・○開レ眉（マユヲヒラク）・○言詞（ゲンシ）・○富祐（フイウ）・○◇御悩（ゴナウ）・後会（―クワイ）・○◇後進（―シン）・詞付（コトバヲツケル）・○◇朝家（テウケ）・○無二跡形一（アトカタチナシ／アトカタナシ）・○哀々（アハレ〳〵）・◇裁糺（サイキウ）・○相貌（サウメイ／サウメウ）・相形（サウキヤウ）・○察申（サツシモウ）・○支申（サ、ヘ―）・○◇御勢（キヨセイ）・○旧懐（キウクワイ）・○命葉（メイヨウ）・○◇御代（ミヨ）・○◇新巻（シンケン）・○◇酒肴（シユカウ）・○抄物（シヤウモツ）・○◇謝申（シヤシマウス）・○辞表（シヘウ）・○微々（ヒ、）・○遷変（センベン）・清断（セイタン）・○関守（セキモリ）・○◇節料（セチリヤウ）・○推進（スイシン）・数益（スボン）

E東京大学文学部国語研究室蔵伊呂波集

○◇一代（―タイ）・○◇一路（―ロ）・言儘（イウマ、）・○箱緒（ハコノヲ）・○別而（ヘツシテ）・片便（ヘンヒン）・片楮（ヘンテウ／ヘンチヨ）・無十方（トハウナク）・○◇不移時（トキヲウツサス）・陣僧（ヂンゾウ／陣僧）・○地徳（チトク）・○流々（リウ〳〵）・○追而（ヲツテ）・○寄思食（ヲホシメシヨリ）・○◇不思懸（ヲモヒカケス）・押裏（ヲシツ、ム）・○◇吾朝（ワカテウ）・腋詰（ワキツメ）・○替銭（カヘセン）・○◇勘料（カンレウ）・○◇掠申（カスメマウス）・○仮言（カリコト）・喝命続（カツミヤウヲツク／渇命続）・介錯人（カイシヤクニン）・拚レ世（ヨヲカセク）・○拘置（カ、ヘヲク）・○◇海上（カイシヤウ）・強入部（カウニウフ）・○余暇（ヨカ）・○◇能様（ヨキヤウ）・○瀧浪（タキナミ）・殴合（タ、キアイ）・○◇当社（タウシヤ）・○増分（ソウブン）・○総都合（ソウツガウ）・○◇其聞（ソノキコヘ）・土塊（ツフテウチ）・撞跪（ツイヒサマツク）・○◇願事（ネカイコト）・難岸（ナンガン）・

習師（ナラシ）・結埒（ラチヲユウ／結埒）・○落花（ラックワ）・乱劇（ランケキ）・婿入（ムコイリ）・◇請合（ウケアイ）・○請答（ウケコタヘ）・○◇乗馬（ノリムマ）・延言（ノヘコト）・○残分（ノコルフン）・○捧二愚状一（グシヤウヲサ、ケ）・○◇郡内（クンナイ）・櫛引（クシヒキ）・公会（クエ）・括筆（ク、リフテ）・○光御（クワウキヨ）・○◇焼失（ヤキウシナウ）・破儀（ヤフリキ）・○◇山里（ヤマサト）・○◇先以（マツモツテ）・○牧馬（マキノムマ）・○巻物（マキモノ）・間遠衣（マトヲノコロモ）・○◇加下知（ケチヲクワウ）・○冬籠（フユコモル）・以口上（コシヤウヲ—）・○為後昆（ココンノタメニ）・店馬（テンムマ）・待掛敵（テキヲマチカケ）・○集置（アツメヲキ）・○余々（アマリニ〳〵）・○◇充状（アテジヤウ）・操物（アヤツリモノ）・○差出（サシタシ）・○◇去比（サンヌルコロ）・○在京人（サイキヤウニン）・◇再請（サイシン）・○◇聞伝（キ、ツタヘ）・○未練者（ミレンモノ）・○含二愁訴一（シウソヲフクム）・○達上聞（シヤウフンニタツシ）・○◇注置（シルシヲク）・繁々（シケ〳〵）・集来（シユライ）・○◇撰定（エラヒサタム）・引追（ヒキヲイ）・○被官人（ヒクワンニン）・独人雇（ヒトリウトヤトイ）・○引負（ヒキヲイ）・○◇如元（モトノコトク）・擽失（モミウシナウ）・○◇数輩（スハイ）・○摺形木（スリカタキ）

G高橋本色葉字

○◇一代（いちだい）・○一个条（いつ—てう）・路銭（ろせん）・万鬱（はんうつ）・○◇始而（はしめて）・○◇別紙（へつし）・○◇陣衆（ぢんしゆ）・陣傍（ちんはう）・○地徳（ちとく）・茶土器（ちやとき）・○立願状（りうくわんしやう）・○流々（りう〳〵）・利買（りはい）・両三種（りやうさんしゆ）・○◇類聚（るいしゆ）・○納収（おさめとる）・○追而（おつて）・押包（をしつ、む）・○◇吾朝（わかてう）・腋詰（わきつめ）・○◇掠申（かすめまうす）・○仮言（かりこと）・○◇唐物（からもの）・○拘置（か、へをく）・強入部（かうにうふ）・○◇唐錦（からにしき）・○◇段米（たんまい）・○◇反別（たんへつ）・○◇大法（たいはう）・○誕生日（たんしやうにち）・○◇賊難（そくなん）・揃出（そ、りいたす）・内性（ないしやう）・○落花（らつくわ）・乱劇（らんけき）・乱退（らんたい）・打口解

（うちくとく）・○◇乗馬（のりむま）・○◇乗取（のつとる）・結袴（くゝりはかま）・◇公方様（くはうさま）・○捧二愚状一（くしやうをさゝく）・掏醐（くみさかな）・朽葉色（くちはいろ）・○◇先以（まつもつて）・○巻物（まきもの）・○牧馬（まきむま）・的串（まとくし）・見舒（けんじよ）・検対（けんたい）・○◇見下（けんか）・扶持方（ふちかた）・不調法者（ふてうはうもの）・○◇御判（こはん）・○◇今明日（こんみやうにち）・○御動座（ことうさ）・○腰文（こしふみ）・吾分（こふん）・及レ行（てたてにをよふ）・騰馬（あけむま／あがりむま）・指儀（させるき）・○◇去比（さんぬるころ）・○以二参上一（さんしやう—もつて）・○◇貴国（きこく）・◇給符（きつふ）・狂拶（きやうさつ）・名大将（めいたいしやう）・○未練者（みれんもの）・○◇御狩（みかり）・○◇御館（みたち）・為二見懲一（みこりのため）・唱門宗（しやうもんしゆう）・一掛（ひとかけ）・○一籠（ひとこ）・西楼（せいろう）・○◇数輩（すはい）・○数通状（すつうのしやう）

右の文書用語には、「門業・詔勅・亡屋・勘申・遺領・勘状・朝家・御勢・辞表・総都合・郡内・加下知・充状・差出・達上聞・被官人・大法・公方様・扶持方・御判」等の行政関係語彙、「直銭・施入主・節料・替銭・引負・路銭」等の経済関係語彙、「経入・勘料・過済・取帳・段別（反別）・納収・段米」等の租税関係語彙、「新券・拘置・注置・別紙」等の契約関係語彙、「掠給・陳形・謀訴・当知行・具書・無二跡形一・裁糺・支申・掠申・仮言・含二愁訴一」等の訴訟関係語彙、「喜慶・旧好・片便・片楮・捧二愚状一・光御・為後昆・腰文・数通状」等の書簡関係語彙が含まれている。これらは、当時の社会生活において実務を行う上で必要不可欠な語彙である。色葉字は、そのような実務的な文書用語の収録を目指した辞書であると考えられる。

六、色葉字特有語の考察

色葉字特有語の中から、現行の国語辞典に載録されていないもの、及び、載録されていても記述が不適当・不十分なものを挙げ、管見の範囲で得た用例を示した上で考察を行う。

① 亡屋

〔1〕 金剛寺文書、養和二年（一一八二）頃四月十二日、僧某書状（平安遺文四〇二〇号文書）「已及老啒之間、相尋無常所之処、不慮之外に或人敷地を少分所分給也、仍折節云飢饉云世間不落居、旁雖有其憚、当時為体、追日憔悴、余命在旦暮、仍如形亡屋一宇、忩欲取立候也」

〔2〕 大乗院寺社雑事記、寛正六年（一四六五）十二月三十日（増補続史料大成による）「サル程ニ任律師後上洛参内之次ニ、久シク不見参トテ、旧里へ立寄レテ候ケルニ、先指入テ見廻ハ、亡屋年旧テ庭ニハ草深生ヒ、蓬蒿繁簷、タノ嵐空ニ音ツル」

〔3〕 山科家礼記、応仁二年（一四六八）二月十三日（史料纂集による）「一、本所御哥在之、当座也、／亡屋／昔したれむすひおきにし宿ならんふるき軒はのこけに朽にき」

〔4〕 日葡辞書（邦訳日葡辞書による）補遺「Bonuocu. ボンヲク（茅屋）Aretaru iye.（荒れたる家）人が住んでいなくて荒れはてた家」（ǒとあるべきをonとしたもの）

「亡屋（ばうをく）」は、かつては人が住んでいたが、空き家となって長い年月が経過し、荒廃した家屋をいう。日本国語大辞典初版及び第二版・角川古語大辞典初版に、この語は立項されていない。時代別国語大辞典室町時代編初版で「ばうをく［茅屋］かや葺きの、粗末な家」の項目下に日葡辞書補遺の「Bonuocu.」を引くのは、「亡屋」と「茅屋」を混同したものである。また、邦訳日葡辞書で「Bonuocu.」に「茅屋」の漢字表記を充当するのも同様の誤りである。

② 亡所

〔1〕 東寺百合文書、に函、応永二年（一三九五）三月日、東寺雑掌頼勝申状案（大日本古文書二之六四）「依レ致二

讃責㆒、百性等多分令㆓逐電㆒之間、可㆑成㆓亡処㆒之条、歎而有㆑余者哉」

〔2〕親長卿記、文明八年（一四七六）五月廿日（増補史料大成による）「子細更以無□間其故之（者カ）氏人数輩一揆、社司等悉落命了、若及発向、又境内可成亡所」

〔3〕親長卿記、文明八年（一四七六）八月廿三日（増補史料大成による）「午剋許社頭放火、氏人数十人被殺害、自去年度々雖及大変、社頭放火之条不可然之間、種々御下知等（イ无）令猶予之処、不及御下知、社司氏人等令発向、社頭成亡所之条、存外事也」

〔4〕大乗院寺社雑事記、文明十八年（一四八六）五月九日（増補続史料大成による）「此間云佐川方云稲屋妻方、称代官地下事責取之間、一向成亡所了、不便事也」

〔5〕親長卿記、文明十八年（一四八六）九月十三日「今日被（為カ）払土一揆、細川軍勢相向、仍聞其気勢放火寺中、仍自寺家追出一揆、少々打取云々、寺家焼亡、大師已来仏在所忽成亡所、末代之体不便々々、鎮守八幡同焼失云々」

〔6〕浅野家文書、天正十八年（一五九〇）八月十二日、豊臣秀吉朱印状（大日本古文書一一之五九）「六十余州堅被㆓仰付㆒、出羽、奥州迄そさうにはさせらる間敷候。たとへ亡所に成候ても不㆑苦候間、可㆑得㆓其意㆒候」

〔7〕ヴァチカン図書館蔵バレト写本、福音（キリシタン研究第七輯による）「nanjino yyeva bŏxoto naru bexi」、欄外注「もとは人が住んでいたが、今は住む人もない所」

〔8〕日葡辞書（邦訳日葡辞書による）「Boxo. バゥショ（亡処）Forobitaru tocoro.（亡びたる処）滅亡した所」

〔9〕慶長見聞録案紙、慶長七年（一六〇二）八月二十九日「小田原陣の時、八王子筋より上方の敵軍乱入て、寺々在々所々焼払ふ。此寺も亡所と成て、寺の門前に意光庵・乗国庵・上寺などと申す地、僧の寮少々残、寺の形些に残る計也」

「亡所（ばうしよ）」は、かつては人が住んでいたが、空き家となった家屋、また、管理者あるいは住人のいなくなった土地をいう。「亡屋」のように、「空き家となって長い年月が経過し」た要素、あるいは「荒廃した」要素は特に認められない。人が不在となって、時間的経過の殆ど無い状態においても、この語は用いられている。時代別国語大辞典室町時代編初版で「荒廃し、人跡の絶えた所。」と説明するのは誤りである。また、日本国語大辞典第二版の「住む者がなく使われなくなってしまった所。また、耕作者のいない田地。没収地。」とするのは、引用例に余りに即し過ぎた、不正確な語釈である。

③ 経入

〔1〕押小路文書八十三、弘安三年（一二八〇）正月廿六日、六波羅下知状（鎌倉遺文一三八四五号文書）「如茂重陳者、被補于預所職之間、経入巨多公用之処、以当御野用途、加五把利、可沙汰返之由、証文分明也、……所経入之公用無足之間、……次止庄家違乱者、於所経入之公用者、於京都可糺返之由、雖申之、無其儀、……次可被糺返所経入之公用百二十余貫〈加利分定〉由、浄阿雖申之、武士借与利銭於京都之仁事、無其沙汰」

〔2〕山城醍醐寺文書、永仁五年（一二九七）七月日、東寺安居用途支配状（鎌倉遺文一九四二〇号文書）「御油五升代四百文経入見物〈元八五百文〉」

〔3〕三河猿投神社蔵本朝文粋巻三裏文書、永仁六年（一二九八）九月、尾張熱田宮領注進状案（鎌倉遺文一九八三六号文書）「河俣郷〈依乱入濫責用途経入状到来〉」

〔4〕長門熊谷家文書、正安二年（一三〇〇）閏七月廿七日、関東下知状（鎌倉遺文二〇五三七号文書）「然則於彼年貢等者、明法可弁直光也、次弘安三年以後、明法無沙汰之間、経入畢、可召給之由直光申之」

〔5〕白河本東寺文書一、正安二年（一三〇〇）頃十二月廿日、東寺下行米帳（鎌倉遺文二〇六三一号文書）「七のつほの所々下米かつ〳〵……参斗九升へいる、正月分」

〔6〕肥前武雄鍋島家文書、正安二年（一三〇〇）十二月十二日、鎮西下知状案（鎌倉遺文二〇六八二号文書）「右、訴陳之趣、雖多子細、所詮、通重則氏女違背惣領催促、令対捍大小課役之上者、且任関東御事書相従所勘、且可被糺返所経入之公事用途之由訴之」

〔7〕肥後相良家文書、正安四年（一三〇二）六月日、肥後多良木村地頭代申状案（鎌倉遺文二一一一三号文書）「就中、於警固用途者、恐于当時懈怠、為全所役、悉惣領所経入之也」

〔8〕壬生家文書主殿寮領雑々、嘉元三年（一三〇五）五月日、伴重方申状案（鎌倉遺文二二二二八号文書）「任先例、可被下現用之旨、令言上之処、可被挙功人之由、度々就被下　院宣、経入六千五百疋、所令勤仕大功也」

〔9〕壬生家文書主殿寮領条々、嘉元三年（一三〇五）六月日、伴重方申状案（鎌倉遺文二二二五四号文書）「任先例、可被下現用之旨、令言上之処、可被挙功人之由、度々就被下　院宣、経入六千五百疋、所勤仕大功也」

〔10〕比志島文書、嘉元四年（一三〇六）正月二十八日、薩摩守護島津氏奉行人連署奉書（鎌倉遺文二二五一四号文書）「比志嶋石築地裏加佐并破損事、先度自惣領成其功之処、末子難渋之由、雖被申之、重破損弐丈、猶以自惣領被経入、有末子難渋者、以使可有沙汰之状如件」

〔11〕金沢文庫文書、嘉元四年（一三〇六）七月廿七日、金沢貞顕書状（鎌倉遺文二二六八四号文書）「又衆僧に進候扇、令経入給候覧、不審候、定御得分莫太事候歟」

〔12〕東大寺文書四ノ四、徳治二年（一三〇七）十一月八日、東大寺契約状案（鎌倉遺文二三〇八六号文書）「庄家牢籠之間、有限之庄役等、庄家不勤仕之間、懸当預所致其沙汰之上者、設雖令得替預所職、所経入之公事料并預所得分、勘公事勤仕之月々、為寺家之沙汰、差下使者於庄家、可沙汰渡者也」

〔13〕武蔵秩父神社文書、延慶三年（一三一〇）三月、中村行郷申状案（鎌倉遺文二三九三九号文書）「件御具足物等者、為国司御沙汰宛給之了、仍去年延慶二年十月廿二日御仮殿遷之時、雖擬合（令カ）言上此由、仍（依カ）

及火急、先行郷所経入之也」

〔14〕東寺百合文書と、延慶三年（一三一〇）九月日、大和平野殿荘預所平光清重陳状案（鎌倉遺文二四〇七九号文書）「而為止土打之役、雖経入用途即請取、令交替于百姓等之間、即乍令領状、何預所可令糺返之由、可掠申哉、……以土民等之私犯罪、令入部之時者、以土民等之私力、可経入歟、道理可然者哉、然今依盗賊等私之罪、令経入仏聖人供等之厳重之御年貢之条、其理不可然者哉」

〔15〕東寺文書百合外、延慶三年（一三一〇）十一月廿八日、東寺供僧方評定事書（鎌倉遺文二四一二〇号文書）「然者、於一石三斗者、為預所之沙汰、経入之」

〔16〕備前弘法寺文書、延慶三年（一三一〇）十一月日、備前弘法寺置文（鎌倉遺文二四一一五号文書）「一、如法経入供者水飯」

〔17〕東寺百合文書と、延慶四年（一三一一）二月、東寺下知状土代（鎌倉遺文二四二二八号文書）「而為止土打之役、雖経入用途即請取、令交替于百姓等之間、即乍令領状、何預所可令糺返之由、可掠申哉」

〔18〕東大寺文書四ノ五十三、応長元年（一三一一）五月日、摂津兵庫関所結解状（鎌倉遺文二四三三三号文書）「一、去年被経入分三十七貫三十二文」

〔19〕東寺文書百合外、応長元年（一三一一）十一月廿八日、東寺供僧方評定事書（鎌倉遺文二四四七三号文書）「然者、於一石三斗者、為預所之沙汰、経入之」

〔20〕東寺百合文書な、正和元年（一三一二）五月日、丹波大山荘雑掌陳状案（鎌倉遺文二四六〇六号文書）「随又所副進寺家雑掌如注文者、参斗九升経入之正月分云々」

〔21〕大和春日神社文書、正和二年（一三一三）五月十九日、洞院実泰御教書案（鎌倉遺文二四八七〇号文書）「長岡庄自延慶弐年至于正和元年、所被経入之公用、及本三百余貫云々、見散用状、財主頻歎申之条、非無其謂」

〔22〕上野長楽寺文書、正和三年（一三一四）五月廿八日、源朝兼在家売券（鎌倉遺文二五一四六号文書）「此外背定置旨、付公私有被別臨時夫直米仰下事者、於売主沙汰、可経入之」

〔23〕上野長楽寺文書、正和四年（一三一五）二月廿二日、源光在在家売券（鎌倉遺文二五四三八号文書）「此外背定置之旨、付公私別臨時夫直米有被仰下事者、於売主沙汰、可経入之」

〔24〕相模妙顕寺文書、正和五年（一三一六）十月六日、某請取状案（鎌倉遺文二五九八〇号文書）「聖人（日蓮）之本尊二鋪を、二貫五百文にて、綾小路大宮〈仁〉と、め置せ給て候を、上総国ゑのさはの孫左衛門殿の御使僧〈某某〉慥請取まいらせ候ぬ、経入させ給候ところの二貫五百文の用途をは、比企谷の御坊へ、慥可進上候、仍請取之状如件」

〔25〕東寺百合文書エ、文保元年（一三一七）十月、山城東寺十八口供僧年行事廻文案（鎌倉遺文二六四一三号文書）「大山庄去年々貢散用間事、百姓与重舜遂問答候処、重舜依及放言候、未治定候、且其次第先日百姓訴状等進入候了、此上者於重舜経入候寺用分者、落居之後、可有沙汰候哉」

〔26〕上野長楽寺文書、文保二年（一三一八）十月六日、源〈新田〉義貞在家畠売券案（鎌倉遺文二六八〇三号文書）「此外背□□□□公私有被別臨時夫直米仰下事者、於売主沙汰、可経入之」

〔27〕上野長楽寺文書、文保二年（一三一八）十月十八日、源頼親在家売券案（鎌倉遺文二六八〇九号文書）「此外背定置旨、付公私有被別臨時夫直米仰下事者、於売主沙汰、可経入之」

〔28〕東寺文書百合外、文保二年（一三一八）十月、丹波大山荘年貢散用状写（鎌倉遺文二六八一九号文書）「大山庄去年〈文保元〉年貢散用事／・・・・所残六石五斗三升二合〈ヲ〉重舜号経入分米・・・・三貫百廿文〈重舜号経入、当年寺用分注進分立用之、〉」

〔29〕東寺文書百合外、文保二年（一三一八）十月、丹波大山荘年貢散用状写（鎌倉遺文二六八二〇号文書）「三貫百

廿文〈重舜号経入注進、立用也〉」

（30）東寺文書百合外、文保二年（一三一八）十月、丹波大山荘年貢未進并経入分注進状案（鎌倉遺文二六八二一号文書）「経入分云々、／四貫二百四十六文〈本三貫百廿文〉」

（31）常陸塙不二丸文書、文保二年（一三一八）十一月日、関白〈二条道平〉家政所下文（鎌倉遺文二六八六四号文書）「而地頭等令違背御下知、不打渡之条、其咎難遁、将又当郷年貢追年減少之余、適所済之分対押（捍）之間、取借上、経入之条、難治次第也、然早至未済分者、以社例一倍、可糺返之旨、御下文明鏡也」

（32）肥前深江文書、元応元年（一三一九）九月六日、鎮西下知状（鎌倉遺文二七二二四号文書）「爰如正応二年六月日行心代行弁申状者、加津佐村者、於所経入之御年貢者、任員数可糺返之由、去三月廿日蒙下知訖」

（33）金沢文庫文書、元亨三年（一三二三）十二月廿六日、益清田在家売券（鎌倉遺文二八六二一号文書）「若又依旱水風損、得分減少之時者、以別得分可経入之」

（34）東寺百合文書ハ、元亨四年（一三二四）正月日、承誉申状（鎌倉遺文二八六五〇号文書）「次那須五郎入道就成非分望、依被補預所職、僅二个年之間、雖知行、御年貢等悉不及究済之沙汰、而於承誉者、凡雖致忠勤、曾不現不法、仍此等具就言上、文保二年十二月日返賜所務職之間、又別進参拾伍貫文沙汰進之畢、剰前司未進弐拾貫文、同経入之畢、然而于今不返給其足、難堪之次第也」

（35）美濃毛利文書、元亨四年（一三二四）三月日、尾張長岡荘預所充行状（鎌倉遺文二八七一〇号文書）「右、名主職者、為村神前入興行、経入公用之間、以開発□（之カ）輩、各々永代所補任也」

（36）禰寝文書、嘉暦元年（一三二六）十二月廿日、鎮西下知状（鎌倉遺文二九六九二号文書）「早任注文之旨、所経替年貢等、可糺給云々、……雖然、背彼譲文、云彼領家年貢、云当宮佃米等、難済之間、経入之、……於件領家年貢以下者、以所経入一倍、可糺返矣者」

〔37〕東寺百合文書ユ、元徳三年（一三三一）三月二日、若狭太良保名主職充行状案（鎌倉遺文三一三七一号文書）「右、所職者、依経入両方御年貢未進、覚秀所補任也」

〔38〕金沢文庫文書、元徳三年（一三三一）四月十九日、道明請文（鎌倉遺文三一三八三号文書）「右、件波多沢・子安・駒込三个村者、称名寺々領也、而依為経入公用、於毎年得分半分者所給也」

〔39〕白河本東寺文書五、正慶二年（一三三三）二月十九日、景光請文（鎌倉遺文三一九九三号文書）「凡乍請申寺領、奉為寺家存不忠、且致内外秘計、令乱妨地下者、被処所経入公用於無、被召放所務職、於公家・武家可被申行罪科」

〔40〕東寺百合文書、け函二―（六）、建武四年（一三三七）五月十六日、曾我時長美和庄兼行方預所職請文案（南北朝遺文中国四国編六一一号文書）「若云員数云約月、背請文之旨致懈怠者、縦雖経入公用、□□（被処カ）無、可被召放預所候」

〔41〕長門櫟木家文書、正平七年（一三五二）二月十八日、荘主某充行状（南北朝遺文中国四国編二二〇七号文書）「右件田地者、本作人角孫三郎年々御土貢〈於〉未進、御公事〈於〉依令懈怠、所被収公也、爰依為買得人、経入御年貢、令勤仕御公事之間、所充行也」

「経入（へいれ・へいる）」は、然るべき手続きを踏んで、金銭や米を納めることである。特に年貢を納入する行為に関して、この語を用いる場合が多い。日本国語大辞典初版及び第二版・時代別国語大辞典室町時代編初版・角川古語大辞典初版に、この語は立項されていない。

④　掠給

〔1〕貞永元年（一二三二）七月十日制定、御成敗式目（鶴岡本による）、第八条「一、雖帯御下文、不令知行、経年序所領事／右、当知行之後、過廿个年者、任大将家之例、不論理非、不能改替、而申知行之由、掠給御下

文之輩、雖帯彼状、不及叙用」

〔2〕貞永元年（一二三二）七月十日制定、御成敗式目（鶴岡本による）、第四十三条「一、称当知行、掠給他人所領、貪取所出物事／右、構無実、掠領事、式条所推、難脱罪科、仍於押領物者、早可令糺返、至所領者、可被没収也、無所帯者、可被処遠流、次以当知行所領、無指次、申給安堵御下文事、若以其次始致私曲歟、自今以後可被停止也」

〔3〕東大寺要録二、天福元年（一二三三）七月九日、関東下知状（鎌倉遺文四五三八号文書）「而右大将家御時、建久九年四月白松藤二資綱雖掠給地頭職、依寺家之訴、同五月召返御下文、下給寺家畢」

〔4〕山城南禅寺文書、徳治三年（一三〇八）五月二日、六波羅下知状（鎌倉遺文二三二四九号文書）「而佐羅別宮雑掌貞清対于牛嶋村地頭代乗賢、彼別宮御供田事、致同心表裏之沙汰、称令和与、貞清掠給御下知、其後嘉元四年七月廿三日申給重而下知之刻、御使出雲五郎左衛門尉景秀・肥後左衛門三郎秀時同八月令入部当郷、令打渡件佐羅村三十余町於貞清畢、……次白山中宮三社神主高兼代官実有訴事、如彼状者、加賀国得橋郷地頭代興範引隠当別宮御供田、号惣郷内佐羅村、違背先御下知、欲令掠給之条、無謂云々」

〔5〕東寺百合文書エ、徳治三年（一三〇八）八月日、安芸国在庁佐伯清基申状案（鎌倉遺文二三三六五号文書）「右、於彼職者、清基重代相伝之所職也、而光清任雅意、致押妨之間、就訴申、番三問三答之訴陳之処、相伝之道理顕然之間、清基所預御下知也、而光清其後亦無故掠給当職之間、愁歎無極者也」

〔6〕集古文書二十八、正和元年（一三一二）七月七日、六波羅下知状案（鎌倉遺文二四六二一号文書）「御公事以下事者、其身縦雖為御家人、以本所恩補之地、称地頭、不被知本所、窃掠給御教書、雖令勤仕其役、被糺明地頭有無之日、無御下文者、被棄捐之条定法也」

〔7〕東大寺具書、正和四年（一三一五）十二月日、東大寺注進状（鎌倉遺文二五七〇八号文書）「一、就東寺閇門、

醍醐掠給　院宣、敢非支証事、……併仰　上裁、而被下彼寺之　院宣者、無理而掠給之、……彼状云、東大寺雖掠給　院宣、醍醐依申披子細、有其謂之」

〔8〕筑後梅津文書、文保二年（一三一八）九月、筑後三潴薬師陳状案（鎌倉遺文二六七九一号文書）「随而所掠給領家御下知〈仁〉、不載其由緒、……凡敬心為遁自身之謀書、如此掠申歟」

〔9〕豊前宮成文書、元応元年（一三一九）頃、鎮西探題下知状（鎌倉遺文二七〇九五号文書）「愛輔与円空、致内通沙汰、掠給御下知之条、其科不軽、……雖掠給六波羅御教書、所募者宇佐氏沽券也、……自社家相伝買得地事、掠給安堵御下文、雖旧規可被付社家之由、御事書厳重之間、不可拘六波羅下知状歟」

〔10〕豊前宮成文書、元応元年（一三一九）頃、鎮西下知状（鎌倉遺文二七三五三号文書）「愛輔与円空、致内通沙汰、掠給御下知之条、其科不軽」

〔11〕書陵部本参軍要略抄裏文書、元亨二年（一三二二）六月日、尾張堀尾荘雑掌良有申状案（鎌倉遺文二八〇八一号文書）「此上者、後日長岡庄掠給御下知条分明也」

〔12〕備前安養寺文書、元亨四年（一三二四）四月十二日、藤原政貞願文（鎌倉遺文二八七二一号文書）「右、件願者、下司案主職以下名田畠等、無故他人掠給分、尽任理冥、政貞聊返給候物者、田地五段山王御社可奉寄進候」

〔13〕近江胡宮神社文書、元徳二年（一三三〇）頃、近江敏満寺僧・同寺荘地頭代申詞記（鎌倉遺文三一二五九号文書）「而寺僧等忽向背地頭、掠賜綸旨、及敵対条、言語同断之次第候、爰如所進証文、始為御祈願所之由、掠給官符宣之由所見也、為没収以前之上者、近年不被替地頭、不蒙関東御免、掠給之条、更非御信用之限候哉」

〔14〕薩藩旧記十七所収山田文書、建武元年（一三三四）六月十七日、谷山覚信代教信請文案（南北朝遺文九州編六三号文書）「薩摩国谷山郡内山田・上別符両村惣地頭所務事、式部孫五郎入道々慶可被正中二年和与状之由、

掠給鎮西下知状之間、件裁許為非拠之条、去年於決断所御沙汰訖」

〔15〕薩藩旧記十七所収山田文書、建武二年（一三三五）二月日、島津道恵代道慶目安状写（南北朝遺文九州編二二一号文書）「朝敵与同之族落遁之後、経年月不蒙勅免、号本主掠給安堵綸旨、於令濫妨勲功地者、恩賞拝領之輩、争可全知行哉、……如此党類、以不知行之地掠給御牒、令濫妨所々之間、是又去年十月以後、于今被閣之、敢無沙汰、何況於綸旨哉、尤不可有之歟」

〔16〕筑後大友文書、建武二年（一三三五）三月日、三聖寺嘉祥庵院主処英紛失状案（南北朝遺文九州編二三六号文書）「右、当寺者、素郁童名彦乙丸重代相伝所職也、……覚実為非分具妻之身、伺彦乙丸幼少之隙掠給之間、就訴申之、以去嘉暦弐年四月廿八日彦乙丸預御下知畢」

〔17〕肥後寿勝寺誌所収、暦応四年（一三四一）三月三日、栄明申状写（南北朝遺文九州編一六三一号文書）「而円郢立返去年奉掠当山之処、不及御糺明、掠給非拠御下知之間、未避退之」

〔18〕筑後梅津文書、貞和三年（一三四七）十一月日、得王美麗庭中申状案（南北朝遺文九州編二四〇八号文書）「□（右カ）、屋敷者、得王美麗相伝知行之条、御下文・譲状等明□（白）也、而世上動乱以後、当庄大友方非分知行之間、得王自元依為領家御恩之身、相待御還補、……薬師美麗伺無主之隙、属于御敵人大友方、掠給之、于今押領之条、愁歎無極次第也」

〔19〕山城八幡善法寺文書、正平廿二年（一三六七）九月日、弥勒寺所司等陳状案（南北朝遺文九州編四六九九号文書）「忝　勅施入之寺領等、号被寄附寺務得分於律院、今始而掠給　綸旨之、寺領牢籠之基也」

〔20〕豊前宮成文書、応安六年（一三七三）七月十九日、室町幕府下知状写（南北朝遺文九州編五〇三五号文書）「文和御教書者、伺普浩在国之隙、不及糺明掠賜之上、建武寄進不可依違云々」

〔21〕東京大学文学部所蔵長福寺文書四、康暦元年（一三七九）十月日、長福寺雑掌肯歓陳状土代（長福寺文書の研

究五四三号文書）「欲早被棄捐大中臣氏女非分謀訴、寺家任相伝当知行道理、蒙重御成敗、梅津庄内末時名事、…同目安云、云相伝之支証云先度御□□□□理非一云々、此条窃欲欺　上聞掠給御下知歟」

〔22〕日向伊東文書、明徳四年（一三九三）八月日、伊東祐安代訴状（南北朝遺文九州編六二八六号文書）「然備前入道禅東子息掃部助〈不知実名、〉鎌倉殿致奉公、自関東掠給之由有其聞、先以歎存者也」

〔23〕伏見宮本建内記、嘉吉元年（一四四一）十月十八日（大日本古記録による）「松田弥三郎男来、可真郷代官職事競望之、…已談矢田太郎左衛門入道間、只今難変之由答了、…結句観応年中帯領家職御教書云々、其時分軍陣之間、若暫時掠給哉、不審々々、旁難預彼男者也、当年分押而已収納云々、可糺返之由示了」

〔24〕大乗院寺社雑事記、康正三年（一四五七）八月一日（増補続史料大成による）「清承法橋不法条々…一、兵庫方初任料七十貫文進上之由、以御今参局条々申入内ニ在之、然而三十貫到来、四十貫文ハ清承掠給之条分明事、第一不法也」

〔25〕北野社家日記、長享二年（一四八八）正月廿日（史料纂集による）「北野宮寺領近江国高嶋郡田中郷・同西万木地頭職等事、於去年〈文明十八〉掠給　御判者被召返之上者、社家弥可全領知候段、被成奉書訖」

〔26〕北野社家日記、長享三年（一四八九）六月十二日（史料纂集による）「当社造営料所和泉国大鳥下条事、御代々御判明鏡之上、社領無煩之処、去々年波多野因幡守掠給者也」

〔27〕北野社家日記、延徳二年（一四九〇）正月十七日（史料纂集による）「抑当社領筑州河北庄并平方等事、為当社最初之神領之処、先年九州忩劇以来、社家令不知行候、仍去年青松院坊領之由、掠給御奉書候」

〔28〕北野社家日記、延徳二年（一四九〇）三月四日（史料纂集による）「一、造営料所并三个所事、宝成院去年十二月三十日掠給御下知云々、…松梅院禅予御師職事、常徳院殿様以来、以御紀明被仰付之処、去年禅椿狼籍之子細候之条申付、于今無為之儀候、雖然動申掠給候哉被聞食分、重而御成敗候様御取合本望候」

〔29〕北野社家日記、延徳二年（一四九〇）四月廿三日（史料纂集による）「仍造営方事、自　勝定院殿様御代々帯御判、致当坊奉行之条勿論候、但一旦雖被召放候、依申開被返下、既当年正月〈十一日〉社頭御事始等令執行之処、宝成院造営方去年掠給一方向云々」

〔30〕北野社家日記、延徳三年（一四九一）四月廿八日（史料纂集による）「当社造営料所事、…爰　普広院殿様御代祖父禅能法印一旦背　上意、永享年中宝成院申給云々、雖然長禄二年四月十六日、如元被返下訖、其後又雖掠給、文明十四年種々被懸御沙汰、重而忝被成下　御判知行無相違之処、長享元年妙蔵院祐繁一旦雖掠給、理運之旨依歎申御糺明之処、不能是非之条、同二年被成下厳重　御判知行無相違者也」

〔31〕大乗院寺社雑事記、延徳三年（一四九一）九月廿日（増補続史料大成による）「今度北戒壇院伊与掠給制札ハ破却之、於伊与者可打死旨郡代等雖申之、寿計事ハ百姓等申請免之云々」

〔32〕北野社家日記、延徳三年（一四九一）十一月十八日（史料纂集による）「右彼庄者為重色御願之料所、応永廿八年六月三日御寄附当社以来知行無相違之処、寄事於一乱、田中四郎兵衛尉令押領、剰去文明年中掠給　御判之間、依令達子細〈於〉上聞、同長享元年十二月廿五日被召返　御判社家、如元可全領知之旨、被成御下知訖」

〔33〕北野社家日記、明応元年（一四九二）七月五日（史料纂集による）「三上越前先年号当坊借銭、掠給御下知、西京新御寄進并御所内押置之」

〔34〕潮崎八百主文書、無年号七月十日、三宝院賢俊書状写（史料纂集古文書編による）「抑熊野那智山尊勝院護摩供料事泰済申旨候、此事非分覚厳僧都掠給令旨候けるを申披、安堵令旨無相違候とて悦申候、此仁事自童体聊加扶持候之間、不顧憚連々令申候、無相違之様ニ令申沙汰給候者、殊為本望候」

「掠給（かすめたまはる）」は、虚偽を上申して、幕府・天皇・上皇等の上位者から、不当に利権を認可してもらうことをいう。日本国語大辞典初版及び第二版・時代別国語大辞典室町時代編初版・角川古語大辞典初版に、この語は立項されていない。

⑤　掠申

〔1〕佐佐木信綱氏所蔵文書、寿永二年（一一八三）三月十三日、大和国春日神社神主等解案（平安遺文五〇七九号文書）「能季如此恣掠申之条、虚誕謀計也、偏為施威猛、擬虜掠神領、不恐神慮也、早欲被停止新議惣追捕使所望矣」

〔2〕東寺百合文書と、延慶三年（一三一〇）九月日、大和平野殿荘預所平光清重陳状案（鎌倉遺文二四〇七九号文書）「此条、存外申状也、於件土打之役者、偏在家役也、且当国之例也、何奉対本所可訴申哉、而為止土打之役、雖経入用途即請取、令交替于百姓等之間、即乍令預状、何預所可令糺返之由、可掠申哉」

〔3〕東寺百合文書と、延慶四年（一三一一）二月、東寺下知状土代（鎌倉遺文二四二二八号文書）「而為止土打之役、雖経入用途即請取、令交替于百姓等之間、即乍令領状、何預所可令糺返之由、可掠申哉」

〔4〕筑後梅津文書、文保二年（一三一八）九月、筑後三瀦薬師陳状案（鎌倉遺文二六七九一号文書）「随而所掠給領家御下知〈仁〉、不載其由緒、……凡敬心為遁自身之謀書、如此掠申歟」

〔5〕近江胡宮神社文書、元徳二年（一三三〇）頃、近江敏満寺僧・同寺荘地頭代申詞記（鎌倉遺文三一一五九号文書）「就之、如同二年六月二日地頭代盛元陳状者、敏満寺々僧等掠申、盛元以下輩寺領濫妨由事、当庄者追代々没収之跡、自往年至于今、地頭一円進止所無相違也、……所詮、敏満寺々僧等、地頭進止之上者、非対論限之由、任雅意令掠申計也、……地頭代何延慶始而申下　官符之由、可令掠申哉」

〔6〕薩摩山田文書、正慶元年（一三三二）十二月十日、鎮西下知状（鎌倉遺文三一九一八号文書）「経上裁、申成御教書之処、覚信抑留之由、掠申之条、奸謀之次第也」

〔7〕肥後青方文書、建武元年（一三三四）八月六日、青方高直申状写（南北朝遺文九州編一〇六号文書）「謹申、／肥前国五島西浦目地頭青方孫四郎藤原高直申、安堵御牒事、／右、以不知行地、掠申当知行之由候者、知行所領不残一所被収公、可被処其身於罪科、以此旨可有御披露候」

〔8〕長門小早川家証文、建武三年（一三三六）九月六日、小早川景宗本領安堵申状案写并中原章有勘文写（南北朝遺文中国四国編四七一号文書）「此上不可有子細之処、号寺家雑掌、依掠申、寺社施入之地、不可被還返歟之由、御沙汰最中云々」

〔9〕長門小早川家文書、建武五年（一三三八）二月二十四日、小早川景宗自筆譲状（南北朝遺文中国四国編七三四号文書）「此外若称有前後譲状、雖有掠申之仁、以自筆譲与上者、更非御沙汰之限」

〔10〕山城九条家文書、建武五年（一三三八）八月日、吉備津宮雑掌覚胤申状案（南北朝遺文中国四国編七八六号文書）「而上原郷者、称先年勤仕、有限為遁神役、掠申御教書条、甚以無謂」

〔11〕祇園執行日記紙背文書、暦応三年（一三四〇）二月日、一色道猷目安状（南北朝遺文九州編一四八一号文書）「件所々為上裁預給之処、濫妨押妨之由、本主等掠申之条無其謂歟」

〔12〕日向長谷場文書、暦応三年（一三四〇）八月十九日、門貫貞阿売券（南北朝遺文九州編一五七二号文書）「又子息等中に、後日有譲状ト掠申て、彼下地異論申輩出来候ハん時者、返て罪科可申行候」

〔13〕薩摩島津家文書、暦応三年（一三四〇）八月日、三池近房申状案（南北朝遺文九州編一五七四号文書）「任□□（譲状）氏女当知行無相違之処、嶋津上総入道々鑒、不帯一紙之状、闇当知行□（之）氏女、対于不知行之田村助三郎、致作沙汰、為安威左衛門入道奉行、今年六月廿五日掠申御奉書□被打渡之間、支申之、捧訴状之処」

〔14〕宇佐郡諸家古文書六所収、貞和二年（一三四六）五月廿八日、田部氏女代郷輔請文写（南北朝遺文九州編二二

○三号文書）「号宇佐若宮神主秀基令掠申候豊後国田染庄内垣任・永正両名田事」

〔15〕肥後阿蘇家文書、正平十一年（一三五六）六月日、宇治惟澄申状案（南北朝遺文九州編三八八〇号文書）「而此三四个年之間、混乱知行之条、併無道之甚故也、惟基依掠申、若有被仰下之旨者、任□綸旨、欲蒙御成敗」

〔16〕豊前益永文書、延文六年（一三六一）正月廿八日、宇佐頼宣起請文写（南北朝遺文九州編四二四三号文書）「宇佐宮御領豊前国江嶋別符内子犬丸名〈号住江少江在之〉事、依人讒訴、被成宰府奉書之処、為頼宣知行之由、披露之条、無跡形不実也、争以一円神領、為武領之由、可掠申哉」

〔17〕山城八幡善法寺文書、正平廿二年（一三六七）二月日、弥勒寺所司等陳状案（南北朝遺文九州編四六六七号文書）「以支状可被究淵底之処、掠申御教書之条、造意之企奸曲也」

〔18〕山城八幡善法寺文書、正平廿二年（一三六七）七月日、常善申状案（南北朝遺文九州編四六九〇号文書）「乍捧彼状、又立帰種種構今案掠申之条、一事両様作沙汰顕然也」

〔19〕山城八幡善法寺文書、正平廿二年（一三六七）九月日、弥勒寺所司等陳状案（南北朝遺文九州編四六九九号文書）「次下崎庄事、尚清法印寄進状明白也、仍無其儀之由、可掠申哉云々、……此条、有寺領之煩時者、就所司等申、被成下　院宣・官符・武家代々御下知・御教書之条、載于先段訖、今号　綸旨者、就掠申、無是非被下歟、……而乍捧彼状、又立帰種々構今案掠申之条、一事両様沙汰顕然也」

〔20〕筑前太宰府天満宮文書、康暦二年（一三八〇）十二月十四日、今川了俊書状（南北朝遺文九州編五六三一号文書）「これも大鳥居か本領にて候を、萱方法眼掠申候段、返々不可然之由、及御沙汰候、乍去も一往可然御教書を萱方へも可被下之由、其沙汰候」

〔21〕肥後佐田文書、嘉慶二年（一三八八）六月日、宇都宮親景代申状（南北朝遺文九州編六〇六二号文書）「如此処、参当御方、掠申公方、押領彼所領〈於〉之段、奸曲至極也」

〔22〕肥前有浦文書、明徳四年（一三九三）十月日、波多祝後家源氏代定慶陳状案（南北朝遺文九州編六二九四号文書）「武并舎弟等不顧押妨自由罪科、立返氏女違乱之由掠申之条、希代濫訴也」
〔23〕肥後志賀文書、無年号、三月十一日、顕心請文（南北朝遺文九州編六四〇一号文書）「□堂物抑留之由掠申候」
〔24〕看聞御記、応永廿四年（一四一七）六月十六日（続群書類従による）「其上善理畠山奉公之間訴訟申、公方様へ可掠申之条勿論也」
〔25〕大乗院寺社雑事記、文明元年（一四六九）十一月廿二日（増補続史料大成による）「去御造替一国平均反銭ニ、長屋庄負田事、可為九条庄之田数之内之由、名主等掠申」
〔26〕親長卿記、文明十一年（一四七九）十二月廿九日（増補史料大成による）「予居住敷地〈正親町、〉事自浄花院去年掠申給了、当年歎申入之処、今日被返付了、自愛也」
〔27〕親長卿記、文明十八年（一四八六）三月十六日（増補史料大成による）「昨日自室町殿被申故祐躬遺跡事、先年祐躬就有不義事、被処御罪科了、今度申状故祐躬就申之儀、故梨木祐香掠申之間、可申披云々」
〔28〕北野社家日記、長享二年（一四八八）二月十日（史料纂集による）「右所々者、普広院殿様御代、別タル有子細致拝領、度々対　御判、先々師明憲法印・先師明範法印代々知行之処、松梅院禅椿一乱中申給之由掠申、去文明十四年押領仕畢」
〔29〕北野社家日記、延徳元年（一四八九）十月廿二日（史料纂集による）「鬼窪弥次郎申丹州氷所之内北野之松林坊領〈号阿当護田〉事、帯契状申請御成敗、于今知行無相違処、為一乱兵粮料押領之旨、自社家掠申給奉書条、言語道断次第也」
〔30〕お湯殿の上の日記、延徳元年（一四八九）十二月廿三日（続群書類従による）「ふな木の御れう所三ほう院よりかすめ申されて、ひんかし山とのへほう所申さるゝ、このしさいとく大寺へおほせられて、ない〳〵のひ

ろうにてなしかへさる、、ほう所まいる、めてたし〳〵」

〔31〕北野社家日記、延徳二年（一四九〇）四月廿八日（史料纂集による）「不被及御紀明御沙汰、偏任宝成院掠申之旨、可奉成還幸之由被仰出之条、愁訴至極也」

〔32〕北野社家日記、延徳二年（一四九〇）十一月廿四日（史料纂集による）「然処今度高辻家彼庄就訴訟、不及御紀明御沙汰、拙者掠申候由被申給御下知旨、自国注進候、驚入存候」

〔33〕北野社家日記、延徳三年（一四九一）四月五日（史料纂集による）「如此掠申条近比曲事由申上処」

〔34〕北野社家日記、延徳三年（一四九一）五月六日（史料纂集による）「当社領諸国所々事、以注文別紙令言上候、或守護押領、或寄事於左右、有名無実之条、御祈禱及退転候、任当知行之旨各被成下御下知候者、可為御祈禱之専一候、若掠申儀候者、任御法可預御成敗候」

〔35〕大乗院寺社雑事記、延徳三年（一四九一）十月一日（増補続史料大成による）「薬師寺別当領蒲生郡之内豊浦庄事、此間当門跡当知行也、……此間北戒壇院伊与公掠申、奉行飯尾大蔵大夫、号院家領高札申給在庄了、彼札自此方破却了、条々伊与公掠申子細在之」

〔36〕大乗院寺社雑事記、延徳三年（一四九一）十月廿七日（増補続史料大成による）「抑豊浦庄年貢千石之内三百石并諸公事物事、彼寺可直納旨、長享年中申掠、彼寺奉書給之、此事新儀也、今度事掠申、奉書事所望申、長享事者掠申入歟」

〔37〕北野社家日記、明応元年（一四九二）八月四日（史料纂集による）「就松梅院禅予御師職事、禅椿并密乗院以下重致訴訟之由候、度々執申被入聞召事候処、動可掠申　公儀造意、以外次第候、……就松梅院禅予御師職事、禅椿并密乗院以下重致謀訴由其聞候、此段者禅予申旨度々執申被入聞召事候処、動可掠申　公儀造意不可然次第候、……自然掠申儀候者可有御意得由葉室殿へも被申候」

「掠申（かすめまうす）」は、虚偽を上申して、利権を不当に主張することをいう。時代別国語大辞典室町時代編初版の「ある事を目上の人に取次ぐ際に、ありのままを言わないで、それとなくほのめかして申し上げる。」という語釈は、誤りである。日本国語大辞典第二版の「『かすめいう（掠言）』を丁寧にいう語。いつわって上申、報告する。」という説明は、この語の中心的な意味が記述されていない。つまり、「掠申」という行為は、特定の目的を持ってなされる行為であるが、その点の認識が欠如している。

⑥ 過済

〔1〕東南院文書二ノ一、寛徳二年（一〇四五）七月十一日、周防国雑掌秦成安解（平安遺文六二五号文書）「周防国雑掌秦成安解申注進東大寺御封米所済勘文事／合／前司任終長久二年御封百烟代准米二百四十一石二斗九升一合・・・都合准米九百六十五石一斗六升四合／所済米千四百五十四石八合六勺・・・過済四百八十八石八斗四升四合六勺／右件四箇年　御封米所済勘文、注進如件」

〔2〕東京大学所蔵東大寺文書、永承三年（一〇四八）六月二日、美作国前雑掌秦成安解（平安遺文六六一号文書）「美作前司雑掌秦成安解　申請　東大寺　政所　裁事／請早任道理并使者請文、被裁許御封勘出状／右成安、謹検案内、件御封始従初任、随寺家勘文并牒状、副色々雑事等進済先了、而今所進国勘文之日、被勘下之処、多有車力勘出、抑使者請取正物之間、以車力為先、何今件車力被勘出乎者、早任道理、被勘合者、将知勤節之不失之由、就中如調度文書合文等者、過済廿余石也、何於未済者、有其弁乎、仍注事状、以解」

〔3〕東南院文書二ノ一、天喜五年（一〇五七）月日、若狭国雑掌秦成安解（平安遺文八八〇号文書）「若狭国雑掌秦成安解　申進天喜三四両年東大寺御封所済勘文事／天喜三年料准米百五十二石一斗八合・・・同四年料准米百五十二石一斗八合／并准米参佰肆斛弐斗壱升陸合／所済肆佰拾参斛陸斗捌合・・・過済百九石三斗九升二合／右、勘文注進如件」

〔4〕東南院文書二ノ二、康平三年（一〇六〇）五月日、若狭国東大寺封米結解（平安遺文九五七号文書）「一、康平元二両年同御封米結解／合百八十五石五斗／同元年下符五十五石五斗閏十二月日／同二年下符百卅石／所済／八十七石……六石五斗……四十石……廿三石……十三石……十六石……見米十石……所済／過済／右、件若狭御封、新史時注進結解、如件」

〔5〕薬師院文書、天養二年（一一四五）五月廿七日、永禅・時高問注勘状（平安遺文二五五六号文書）「随寺家被注取免田十四町五段半也、既十一町之本免、所過三町五段余也、何可及被放棄之公田哉、雖然定免一町之外八段六十歩、尚以過済了、不可及未進乎者、時高弁申実否如何」

〔6〕東大寺文書四ノ十二、弘安二年（一二七九）八月日、東大寺重申状土代（鎌倉遺文一三六八四号文書）「近年米穀銭直最狭少之間、絹又准其者也、依之、何可失公平哉、被求折中之法者、無先例并証文時之事歟、迎蓮縦雖令歎申、争可被背正儀哉、且絹綿之直縦雖為事外減少之時、於年貢者、有限員数之上、全過済之儀無之」

「過済（くわさい・くわせい）」は、規定の年貢高より多く納入した場合に、その過剰分を計上する際に用いた文書用語である。日本国語大辞典初版・時代別国語大辞典室町時代編初版・角川古語大辞典初版に、この語は立項されていない。筆者は、平成七年に「過済と未済」[22]なる小論を草し、日本国語大辞典編修委員会にお送りしたところ、有難いことに、第二版に立項・採用された。

七、色葉字の成立

中世のいろは分類体辞書、色葉字は、実務的な文書用語を収めることを目的とした辞書であることが、ここで確認された。その内容は、同時代の他の古辞書類、即ち節用集・温故知新書・塵芥等と自ずから異なっている。抽象概念語彙のみ収めるものと、博物語彙も含むものと、諸本間で相違が見られるが、次のような経緯で生成発展して行ったと考えられる。本来、頓要集末尾の「従是聞書也」の如き断片的な補綴が纏まりを成した形が、有坂本和名集の「伊路波字」の如き、巻末併載の色葉字であった。それが更に増益を受けて発展し、和名集から色葉字が独立した。そのような略本色葉字が、その後、独立することによって失った部分を補うべく、博物語彙を巻末に増補して行った。東京大学文学部国語研究室蔵伊呂波集（東大本A）・高橋本色葉字等は、この段階の形態を示すものである。一方、抽象概念語彙と博物語彙を分かつことなく、大幅な増益を重ねて行ったところに、運歩色葉集・猪無野本伊呂波集の如き広本色葉字が出現した。

注

（1）『有坂本和名集』（鈴木真喜男・高橋久子編著、平成五年、汲古書院）開題参照。

（2）『本邦辞書史論叢』（山田忠雄編、昭和四二年、三省堂）、「日本一鑑所引の古辞書」、編輯者注四、八三一頁～八三四頁参照。

（3）管見の範囲のいろは分類体辞書の書名（もしくは部類名）は、言語類（諸雑聞書）・伊路波字（有坂本）・伊呂波字（広大本）・色葉次第（用心集）・色葉字（高橋本）・いろは字（妙本寺本）・運歩色葉集・色葉字尽（国会図書館本）の八つであり、「いろはじ」の表記の変異形が半数を占める。

（4）『本邦辞書史論叢』（山田忠雄編、昭和四二年、三省堂）、八三三頁七行目に見える本である。表紙に「以呂波節用集」と仮題。平成十七年に、山田明雄氏の御厚意により、原本を実見し、主に数量的な調査を行うことができた。仄聞するところによれば、山田忠雄氏は、この種の本を後に更に一本入手され、右の「以呂波節用集」を山田本以呂波集甲、もう一本を山田本以呂波集乙と呼ばれていた由である。

（5）平成十三年十一月『九十周年記念古典籍展観大入札会目録』（東京古典会）一一頁、目録番号二八九番の『色葉字』である。巻頭の写真が同目録一〇七頁に掲載されている。その折、筆者が落札し、現在架蔵している。

(6)平成十年十一月『古典籍下見展観大入札会目録』（東京古典会）、目録番号九一四番、『節用集』（仮題）。同目録に「高知尾庄安田与左衛門筆　元和六年写　花押・印入　墨付六十八枚……伊呂葉別、振仮名、意味などカナ付。字句及国名を付す」とある。巻頭・巻末の写真が同目録二四五頁に掲載された。その後、慶應義塾図書館の所蔵に帰し、「色葉集」という書名で登録された。

(7)部類名を欠く。括弧内は推定形。

(8)注7に同じ。

(9)注7に同じ。

(10)「一」部〜「十」部は名数語彙を収める。

(11)部類名を欠く。括弧内は推定形。あるいは「虫」「虫之名」か。

(12)異名は、例えば猪無野本の「金梭・金英・金鱗・金魚・金鳥・金花・春鉏・銀雁・銀葉・玉虫・玉孕・玉精・金衣柚・棄老国・姫氏国・金衣公子」等。漢方薬種は、例えば猪無野本の「枳殻・枳実・杏仁」等。

(13)桔梗（キキヤウ）・狐（キツネ）・蛬（キリキリス）・胡瓜（キウリ）・蘗（キワダ）・雉（キジ）。

(14)梧（キリ）・桐（キリ）・黍（キビ）・菊（キク）・雉（キシ）・蛩（キリキリス）。

(15)耆婆（キハ）・京（キヤウ）・畿内（キナイ）・黄蘗（キワタ）・金柑（キンカン）・金橘（キンキツ）・銀杏（キンアン）・梧（キリ）・桐（キリ）・桔梗（キキヤウ）・菊（キク）・金銭花（キンセンクワ）・金竹（キンチク）・筯（キンチク）・黍・野干（キツネ）・雉（キシ）・蛬（キリキリス）・鰓（キヒナコ）・麒麟（キリン）。

(16)木（キ）・気（キ）・牙（キハ）・供備菜（キウビサイ）・磬（キン）・金糸花（キンシクワ）・饗膳（キヤウゼン）・香匙（キヤウジ）・祇園（ギヲン）・京都（キヤウト）・畿内（キナイ）・巾子（キンシ）・幕帳（キチヤウ）・木戸（キド）・着背（キセナカ）・桐頭（キリノタウ）・耆婆（ギバ）・曲彔（キヨクロク）・脚布（キヤツフ）・切柈（キリハン）・劇階（キサハシ）・木鋒（キホウ）・毬杖（キチヤウ）・衣張（キヌハリ）・砧（キヌタ）・碪（キヌタ）・絹（キヌ）・衣（キヌ）・

巾（キヌ）・胡瓜（キウリ）・黄蘗（キワダ）・金柑（キンカン）・銀杏（ギンアン）・鬼神太夫（キシンタイウ）・梧（キリ）・桐（キリ）・枳殻（キコク）・檽（キメ）・榾（キリカブ）・朩（キリカブ）・菊（キク）・桔梗（キ、ヤウ）・金銭花（キンセンクワ）・鬼神草（キジンサウ）・金竹（キンチク）・筋（キンチク）・黍（キビ）・秬（キビ）・雲母（キラヽ）・金伏輪（キンフクリン）・黄幅輪（キフクリン）・杵（キネ）・栓（キクギ）・錐（キリ）・麒麟（キリン）・野干（キツネ）・豻（キツネ）・雉（キシ）・蛬（キリ〳〵ス）・鮍（キビナコ）・鰭旧（キギウ）・樵夫（キコリ）。

(17)葱（キ）・菊（キク）・日精草（キク）・桔梗（キキヤウ）・葱（キ）・黍（キヒ）・丹黍（アカキヒ）・秬（クロキヒ）・橘柑（キンカン）・黄瓜（キウリ）・胡瓜（キウリ）・蕣（キハチス）・梧（キリ）・桐（キリ）・椅（キリ）・雉（キシ）・狐（キツネ）・蛩（キリキリス）・翬（キシ）・翟（キシ）・蟻（キサス）・蘗（キワタ）。

(18)梧（キリ）・桐・橦・狐（キツネ）・狼・蛬（キリギリス）・蟄・蠁・蛩・黍（キビ）・雉（キジ）・翟・翬・荷（キハチス）・蕣・蟣（キサコ）・蛞・蚶・象（キサ）・檗（キハダ）・金柑（キンカン）・及己（キツネグサ）・胡瓜（キウリ）・孤瓜・蟋蟀（キリキリス）・蟋蟉・莎虫・莎雞・桔梗（キキヤウ）・麒麟（キリン）・行基（キヤウキ）・吉良（キラ）・吉川（キツカハ）・木津（キツ）・木戸（キド）・木曾（キソ）・木部（キヘ）・茄子（キヤス）・橘柑（キンカン）・黄檗（キハダ）・薜皮（キハダ）・黄木（キハダ）・金銭花（キンセンクワ）・雲母坂（キララサカ）・基肆郡（キレイノコホリ）・杵嶋郡（キネノコホリ）・菊池郡（キクチノコホリ）・城崎郡（キノサキノコホリ）・企久郡（キクノコホリ）・君去津（キサラヅ）・鬼兎仙（キトセン）・鬼満国（キマンコク）・鬼海嶋（キカイカシマ）・伎倍林（キベノハヤシ）・象中山（キサノナカヤマ）・耆婆鳥（ギバテウ）・亀茲国（キウシコク）・耆婆（キハ）・扁鵲（ヘンシヤク）・橘裏仙人（キツリノセンニン）・吉備大臣（キビノダイジン）・清原深養父（キヨハラノフカヤブ）。

(19)貴妃（キヒ）・義経（キケイ）・金柑（―カン）・私市（キサイチ）・紀伊（キイ）・紀州（キセウ）・九州（―セウ）・金葉集（キンユウセウ）・玉葉集（キヨクユウセウ）・鬼界島（キカイガシマ）・着座山（キマセノヤマ）・亦我山（キマセノヤマ）・着狎里（キナレノサト）・象中山（キサノナカ―）・吉良殿（キラドノ）・紀伊郡（キイノコヲリ）・清見関（キヨ

ミガセキ）・行碁菩薩（―ギボサツ）・吉備大臣（―ビタイジ）・鬼神大夫・玉磵山水（ギヨツカンノサンスイ）・姜道士牛（キウダウシカウシ）・平清盛・木曾義仲。
(20)野鶏（キジ）・鱠残魚（キスゴ）・木耳（キクラゲ）・金柑・私市（キサイチ）・象中山（キサノ―）・姜道士牛（―カ―）・八月一日（キヌガサ）・鬼界嶋（キカイカ―）・金峯山（キンブゼン）・雲母坂（キララサカ）・蟣虱（キサザ）・岐佐々（キサザ）・金毛獅子・野雞（キジ）・鵗・耆婆鳥・銀杏・金芝花（―ジケ）・橘柑（キンカン）・金柑（キンカン）・垂露（キボウシ）・野干（キツネ）・蟋蟀（キリキリス）・鯤（ギギ）・金銭花・金鳳花・葱花（ギボウシ）・秬（キビ）・吉良（キラ）・規矩（キク）・私市（キサイチ）・吉川（キツカワ）・衣摺（キヌスリ）・喜多野（キタノ）・蛬（キリキリス）・蟼（キリキリス）・胡瓜（キウリ）・木耳（キクラケ）・金橘（キンカン）・鱠残魚（キスコ）・粱（キビ）・橘次（キチジ）・吉香（キツカウ）・宮六（キウロク）・貴賀井島（キカイカシマ）・岐岨（キソ）・清須（キヨス）・岐阜鯨（ギフアユ）。
(21)安田章「辞書の復権」。『中世辞書論考』所収。昭和五十八年九月、清文堂。
(22)古典研究会編「汲古」第二八号。平成七年十二月、汲古書院。

第二章　漢字表記より見た「色葉字」の性格

一、辞書と漢字表記

色葉字を、和名集・節用集と比較した場合、どのような特徴を持つか、別の角度から確認するため、その漢字表記について調査する。特に注目するのは、漢字の正書表記に対して、それから逸脱した表記がどの程度使用されるかという問題である。この表記の問題は、それぞれの辞書のグループが、どのような用途で作られ、どのような社会的機能を持ったかという問題と、かかわってくるものと推測される。

遺存している現実の文献は、漢字字体に関しても、干禄字書・正名要録(1)・龍龕手鏡等で言うところの正体より、むしろ通体・俗体で書記されることが多く、また、漢字用法に関しても、正書法から逸脱している用字が多用されることが多い。万葉集古写本に異体字・通用字が夥しく見られ、御堂関白記自筆本に通用字・略体・扁揃が多用され、原本三河物語に同音の通用字が極めて多いことは良く知られている。かかる事実を前提として、中世の辞書類が、当時の書記言語の実態をどの程度反映しているか、という観点からの調査を行った。本稿は、正書法から逸脱している用字として、通用、略体、扁揃、合字、分字を取り上げ、和名集、色葉字、節用集写本、節用集刊本の四類間に存在する、漢字表記上の位相差について考察するものである。

ここで、異体字そのものを取り上げずに、通用字などの「正書法から逸脱した用字」を問題にした理由について述べたい。そもそも俗字という概念は言うまでもなく、異体字の概念も、時代によって曖昧である。第一に、漢字の正体という概念は、干禄字書における正体と俗体のように、時代に制約された体系の中で共時的に論ぜられるべきものであり、本質的な正体というものは存在しない。字源を正しく反映しているかどうかを基準に考えれば、唐代に標準的に使用されている「春」は、「萅」ほど正体ではないことになる。また、康熙字典体を基準にすれば、「者」は「者」が正体であるが、そのような字は唐代前後には使用されていない。従って、正体と異体（俗体）の判別は事実上困難である。

それに対し、正書法以外の用字である、通用、略体、扁揃、合字、分字は、それがどの程度正書法から逸脱しているかについての使用者の認識には、違いがある可能性はあるものの、逸脱しているという事実自体は、客観的に確認しやすい。それゆえ、今回の調査においては、そのような事象に、対象を限定し、異体字（俗字）一般に議論を広げることはしなかったのである。

本稿では、辞書のグループの種類により、漢字表記上の特徴に種々の違いが見られる現象を、日本語学でいう「位相」の一種と仮定して「位相差」と呼ぶ。(2)

二、漢字表記の逸脱

二―一、通用

先秦や漢代の文献では、「早」の意味で「蚤」を用いる例が多い。例えば、孟子、離婁下に「蚤起、施従良人之所之」(斉人の妻は、朝早く起きて、こっそりと夫の行く先について行った)とある。「蚤」は、文意から見て、虫の「ノミ」ではなく、「早」つまり「朝早く」という意味である。本来「蚤」は虫部の文字であるから、昆虫の「ノミ」を表し、「朝早い」という意味を持つことはあり得ないが、たまたま両者が同音であることにより、通用されている。このように、中国における漢字の「通用」とは、ある漢字について、それと同音もしくは近い発音の別の漢字をあてて用いる現象を言う。

なお、説文解字にいわゆる「六書」の一である仮借は、通用と混同して用いられることもあるが、厳密に言えば区別される。仮借は「本無其字、依声託事」(ある意味をあらわす本来の文字が存在しないので、やむをえず、発音の近い別字を借りてその意味をあらわすこととした)、つまり、漢字の形成が困難な語に対し、別の同音字を借りて用いる現象を言い、「亦」「焉」など、虚辞にその例が多い。これに対し、通用は、すでに「早」という字があるにもかかわらず、別の「蚤」を用いるような現象をいう。中国の辞典の題に「通仮」という語が使用されることが多いが、「通用」と「仮借」を合わせた語ではなく、単に「通用」を「通仮」と言い換えているのである。

通用の現象は、漢字の用法が不安定であった中国古代の文献に多く、正書意識が高まるに従い減少して行く。先秦や漢代の文献には通用例が多数存するため、それらの時代に成立した文献を解読する際は、通用字を見抜く能力が不可欠である。そのためには、上古音に通じていなければならない。例えば、「而」は往々にして「能」にあてて用いられるが、これは、両者の子音が近く、母音が対転の関係にあることから説明ができる。

通用字に関する知識は、中国においては清朝考証学以来の厖大な蓄積があり、その成果は、以下の字典類に纏められている（刊行年代順）。

1通仮字小字典（夏剣欽・夏炳臣著。一九八六年。湖南人民出版社）
2古漢語通用字字典（楊金鼎主編。李潤生・沙駕濤・沈抱一編撰。一九八八年。福建人民出版社）
3通借字萃編（鄭権中著。一九八八年。天津古籍出版社）
4古字通仮会典（高亨纂著。董治安整理。一九八九年。齊魯書社）
5上古漢語通仮字字典（許偉建著。一九八九年。海天出版社）
6古漢語通仮字字典（馬天祥・蕭嘉祉編著。李毅夫校訂。周祖謨審定。一九九一年。陝西人民出版社）
7通仮大字典（張桁・許夢麟主編。李之亮・趙宗乙副主編。一九九三年。黒龍江人民出版社）
8古文字通仮釈例（王輝撰。一九九三年。藝文印書館）
9通仮字典（馮其庸審定、鄧安生纂著。一九九八年。花山文芸出版社）
10秦文字通仮集釈（劉鈺・袁仲一編著。一九九九年。陝西人民教育出版社）
11中医薬通仮字字典（李戎編著。二〇〇一年。上海科学技術文献出版社）
12漢字通用声素研究（張儒・劉毓慶著。二〇〇二年。山西古籍出版社）
13古代漢語通仮字大字典（王海根編纂。二〇〇六年。福建人民出版社）

14通仮字彙釈（馮其庸・鄧安生纂著。二〇〇六年。北京大学出版社）
15簡牘帛書通仮字字典（白於藍編著。二〇〇八年。福建人民出版社）
16古文字通仮字典（王輝編著。二〇〇八年。中華書局）
17増広通仮字筌（李清波編纂。二〇一一年。内蒙古人民出版社）
18楚簡帛通仮彙釈（劉信芳編著。二〇一一年。高等教育出版社）
19戦国秦漢簡帛古書通仮字彙纂（白於藍編著。二〇一二年。福建人民出版社）

これらの字典類に載録された通用字のうち、代表的なものは、漢語大字典などの大型字典に取り上げられている。

日本においては、先秦・漢代以来の中国文献に普通に見られる通用現象がほぼそのままの形で継承された。従って、右の字典類に共通して載録されている通用例は日本の上代以来の文献においても多数観察される。例えば、「刑」と「形」、「小」と「少」、「覩」と「勸」、「安」と「案」、「列」と「烈」、「義」と「儀」、「義」と「議」、「廃」と「癈」、「禄」と「録」、「堀」と「掘」、「懐」と「壊」、「幾」と「畿」等、それぞれの組の通用は、中国先秦文献に極めて多くの事例が見られるが、これらは全て、日本の文献上にも多数見出されるところであり、誤字と見做すべきでないことは、論ずるまでもなかろう。

それらとは別に、中国には見られない、日本独自の通用字もある。第一に、日本漢字音同士の類似による通用が広く見られ、現代まで定着して用いられているものもある。例えば、「疳」と「癇」、「胴」と「筒」、「張」と「丁」、「歳」と「才」等は、同音による通用である。第二に、字形類似による通用があり、定着度の高いものは視野に入れる必要がある。例えば、「替」と「賛」、「栂」と「梅」、「密」と「蜜」、「枚」と「牧」、「促」と「役」、「逐」と「遂」等である。これら日本独自の通用は、従来、校勘の過程で指摘されることはあっても、単なる誤字と扱われて来たため、体系的な議論が十分行われているとは言い難い。しかし、これらの通用も、時代を通じて多くの人々に用いられ、ある程度定着しており、個人の誤記として処理すべきではない。このような通用は、殆どが淘汰されてしまったが、「宛」と「充」など、今に残るものもある。日本の文献における通用に関する論考としては、次のものがある（発表年代順）。

1高橋久子「室町時代の文献に見られる漢字の通用現象に就いて　其一・其二」（「東京学芸大学紀要第二部門人文科学」第四十六・四十七集、平成七・八年）、同「南北朝時代の文献に見られる漢字の通用現象に就いて　其一・其二」（「東京学芸大学紀要第二部門人文科学」第四十八・五十一集、平成九・十二年）、同「鎌倉時代の文献に見られる漢字の通用現象に就いて　其一・其二」（「東京学芸大学紀要第二部門人文科学」第五十二・五十三集、平成十三・十四年）、同「平安時代の文献に見られる漢字の通用現象に就いて　其一・其二」（「東京学芸大学紀要第二部門人文科学」第五十四・五十五集、平成十五・十六年）、同「真福寺資料に見られる漢字の通用現象について　其一・其二」（「東京学芸大学紀要人文社会科学系Ⅰ」第六十三・六十四集、平成二十四・二十五年）

2山口純礼「字形類似による漢字の通用現象について」（「日本語と辞書」第一輯、平成八年）

3高橋久子「神は非例を享けず―漢字通用の一事例―」（「学芸国語国文学」第三十三号、平成十三年）

4酒井憲二「甲陽軍鑑の通用字」（『国語文字史の研究四』、和泉書院、平成十年）

5高橋久子「「留守」と「留主」―漢字通用の一事例―」（「東京学芸大学紀要第二部門人文科学」第五十六集、平成十七年）

6高橋久子・劉瀟雅「漢字表記から見た日本と中国―「城郭」の異体・通用の事例―」（「東京学芸大学紀要人文社会科学系Ⅰ」第六十二集、平成二十三年）

7小杉麻美「中世古記録に見える漢字の特殊用法―其一　通用―」（「日本語と辞書」第十三輯、平成二十年）、同「中世古記録に見える漢字の特殊用法―其二　訓通―」（「日本語と辞書」第十六輯、平成二十三年）

8于文秀「古記録から見た中国と日本の漢字通用現象」(「学芸国語国文学」第四十五号、平成二十五年)

二―二、略体・扁揃その他

漢字の略体や類化現象(扁揃)を含む異体字の研究は、現代中国において、「俗字」研究として認識されることが多い。中国の漢字文化では、一方で、説文解字以来の字源研究があり、一方で、聖人の経典を研究し、そのテキストを校訂するという儒学の伝統と、儒教に基づく科挙制度の整備にともない、解答を統一した正当な字体で書き記す必要があったため、「正字」という概念が理解しやすかった。国が校訂して建てた石経がその象徴である。「俗字」は、それに対する概念であるが、異体字の一部を指す呼称に他ならない。特に「俗字」研究の中心となっているのは、厖大な敦煌文献であり、時代としては唐が中心となる。

張涌泉氏は敦煌文献の「俗字」研究の泰斗であり、個別の文字の判別や成立の研究だけでなく、「俗字」の形成について、巨視的な議論を行った。氏は『敦煌俗字研究』の「緒論」の「俗字流行小史」において、次のような内容の理論付けをされている。―中国で、楷書が成立して以降、「俗字」が生産されるピークは「魏晋六朝」と「晩唐五代」の二つある。紙の発明により、文字が民間に普及し、文字が書かれる機会が増大したため、六朝時代には多くの「俗字」が生産された。唐王朝の文字統一事業によって、「俗字」が減った時期もあるが、唐の権威が落ちると、再び「俗字」が増大したのである。さらに、宋以降に印刷が普及すると、「俗字」は減少する結果となった。写本中心の唐代が、印刷の普及した宋代に比べて、「俗字の時代」であったことは否定できないであろう。唐代に於いて、字の正俗を弁じた干禄字書や正名要録が編纂されたのは、理由のあることであった。

ここに論じられているように、唐代は俗字が相対的に減少した時期であり、開成石経や仏典の良質の写本などに俗字が少ないのは事実である。しかし、敦煌写経に代表される地方的、民間的なテキストにおいては、多数の俗字が使用され、俗字研究の基礎となっている。
張涌泉氏をはじめとする中国俗字研究者の成果としては、次のものがある（発表年代順）。
1敦煌俗字譜（潘重規主編。石門図書公司。一九七八年）
2敦煌俗字研究（張涌泉著。上海教育出版社。一九九六年）
3漢語俗字叢考（張涌泉著。中華書局。二〇〇〇年）
4敦煌漢文写巻俗字及其現象（蔡忠霖著。文津出版社有限公司。二〇〇二年）
5唐碑俗字録（呉鋼輯。呉大敏編。三秦出版社。二〇〇四年）
6敦煌俗字典（黄征著。上海教育出版社。二〇〇五年）
7俗字及古籍文字通例研究（曾良著。百花洲文芸出版社。二〇〇六年）
8漢語俗字研究（張涌泉著。商務印書館。二〇一〇年）
9敦煌仏経字詞与校勘研究（曾良著。厦門大学出版社。二〇一〇年）
10仏経音義与漢字研究（陳五雲・徐時儀・梁曉虹著。鳳凰出版社。二〇一〇年）
11漢語異文字典（陳荊長編著。厦門大学出版社。二〇一〇年）
12張涌泉敦煌文献論叢（張涌泉著。上海古籍出版社。二〇一一年）
13敦煌南朝写本書法研究（王菡薇・陶小軍著。人民出版社。二〇一一年）
14敦煌写本漢字論考（趙紅著。上海古籍出版社。二〇一二年）
15敦煌仏典語詞和俗字研究（于淑健著。上海古籍出版社。二〇一二年）
日本においては、唐代の中国文献に普通に見られる略体・類化（扁揃）等がそのままの形で継承されたと推定される。従って、右の研究書や字典類に共通して載録されている例は、日本の上代以来の文献においても、多数観察される。

「略体」は、漢字を簡化あるいは簡省した結果成立するものである。これは、人的交流の場において、相手または第三者の発する言葉を速く記録・書写する必要に迫られて成立するケースが多い。漢字字形の簡省は、古今の文字変化の主流をなすものである。「礙」を「㝵」（敦研 024 大方等大集経・津藝 38 大方広仏華厳経・P.2173 御注金剛般若波羅蜜経宣演・敦博 072 妙法蓮華経）、「蠶」を「蚕」（S.134 詩経・S.3491 破魔変押座文）、「蟲」を「虫」（敦研 309 修行本起経・敦研 257 賢愚経・敦研 036 金光明経）・「虫」（Φ.096 双恩記・S.76 食療本草・S.189 老子道徳経・S.126 太子出家讃）、「號」を「号」（敦研 194 太子瑞応本起経・敦研 035 妙法蓮華経・S.5594 開元釈教大蔵経目録）、「叡」を「睿」（S.388 正名要録・Φ.096 双恩記・S.388 正名要録）と作る略体の例は、中国唐代文献に極めて多くの事例が見られるが、これらは日本の文献にも多数見出されるところである。それらとは別に、中国には見られない、日本独自の略体もある。「沙糖」を「沙唐」（言継卿記・大乗院寺社雑事記）・「砂唐」（言経卿記）、「蠟燭」を「虫火」（金沢文庫文書・大乗院寺社雑事記）、「釈迦」を「尺迦」（後愚昧記・岡屋関白記・大福田寺目録・花文集・法華経勧進抄・往因類聚抄・諸聖教説釈・因縁処・説経才学抄・烏亡問答鈔・安極玉泉集・肝心集・釈迦如来八相次第・金言類聚抄・天地霊覚秘書仙宮秘文・日諱貴本紀・熱田宮秘釈見聞・八幡大菩薩・日本記三輪流・高野山秘記・高野口決・高野山深秘・擲金抄・真如蔵本王沢不渇鈔・常喜院作集目録・拾遺往生伝・三外往生記・本朝新修往生伝・法則集・覚任表白集・聖徳太子伝暦・仏法最初弘仁伝・大和葛城宝山記・真言付法纂要抄・覚禅鈔・顕密最極口決・富楼那集・類聚既験抄・本朝諸社記・醍醐寺初度事書・醍醐寺初度具書・性霊集注・実隆公記・言継卿記・大乗院寺社雑事記）、「釈尊」を「尺尊」（花文集・法華経勧進抄・因縁処・説経才学抄・烏亡問答鈔・安極玉泉集・肝心集・神祇秘抄・東大寺衆徒参詣伊勢大神宮記・高野山秘記・高野口決・高野山深秘・三外往生記・覚任表白集・無名集）、「帝釈」を「帝尺」（法華経勧進抄・諸聖教説釈・因縁処・説経才学抄・烏亡問答鈔・安極玉泉集・肝心集・釈迦如来八相次第・金言類聚抄・熱田講式・後拾遺往生伝・聖徳太子伝暦・隠語集・覚禅鈔・高野山文書又続宝簡集・気多神社

文書・大乗院寺社雑事記）、「銚子」を「兆子」（実隆公記）、「瓢簞」を「瓢単」（舜旧記）、「蜜柑」を「蜜甘」（大乗院寺社雑事記）・「櫁甘」（伊達家文書・義演准后日記）、「琵琶」を「比巴」（後愚昧記・明月記・葉黄記・説経才学抄・岩崎小彌太氏所蔵文書・公衡公記・十訓抄・花園天皇宸記・園太暦・十輪院内府記・教言卿記・言国卿記・師郷記・実隆公記・言継卿記）、「課役」を「果役」（前田家文書・長福寺文書・東寺百合文書・葛川明王院文書・国会図書館所蔵文書・雨森善四郎所蔵文書・梅津文書・薬徳寺文書・国立国会図書館所蔵長福寺文書・西園寺家記録・古今消息集・大乗院寺社雑事記・東海道中膝栗毛）、「譜代」を「普代」（東大寺文書・千家文書・三鈷寺文書・春華秋月抄裏文書・北風文書・向井家文書・九条家文書・筒井英俊所蔵文書・歓喜寺文書・備忘録抄・梅宮神社文書・和田文書・島津家文書・大樹寺文書・熊野那智大社文書・相馬文書・間宮文書・千葉市立郷土博物館所蔵原文書・青方文書・親長卿記・言継卿記・後北条氏文書・源威集・北野社家日記・大乗院寺社雑事記・梅津政景日記）、「懈怠」を「解怠」（春日社旧記・東大寺文書・堂本四郎氏所蔵文書・後藤家文書・光明寺文書・大光寺文書・阿蘇家文書・奈古神社文書・行宗文書・地蔵院文書・相良家文書・長福寺文書・永弘文書・源威集）と書いた例は枚挙に遑が無い。これらの事例は、特に古文書・古記録に多く見られる。猶、「幅」を「巾」、「轄」を「沓」とする略体は、定着して現代まで使用されている。

「類化」は、上下の漢字の影響を受けて、扁旁が新しく加わったり、同じ扁旁に変化したりする現象である。一例を挙げれば、「真珠」を「瑱珠」（蔵経音義随函録）、「趁迭」を「趁趃」（敦煌写本P.2962張義潮変文）、「石榴」を「石磂」（敦煌写本P.2838傾杯楽詞）とする例、「爛漫」を「爛熳」（敦煌写本P.2292維摩詰経講経文）とする例等である。中国においては、元々、双声・畳韻の聯綿詞は、扁を揃えるものが多い。「蟋蟀」「蜘蛛」（「鼅鼄」とも書く）「匍匐」「踟躕」「趦趄」「玲瓏」（「朎朧」とも書く）「轆轤」（「樚櫨」とも書く）「躊躇」「躑躅」等の双声語、「逶迤」（「蜲蛇」とも書く）「逍遙」（「招摇」とも書く）「徘徊」（「俳佪」とも書く）「綢繆」「窈窕」「混沌」「彷徨」（「仿偟」とも書く）「穹窿」等の畳韻語は、合成詞と異なり、二字で二音節の一語を構成する。また、中国では、合成詞の上下二字の扁旁を

揃える例も、僅かながら見られる。「滋味」を「嗞味」（敦煌写本P.2418父母恩重経講経文）とする例、「奴僕」を「奴媄」（敦煌写本S.6836葉浄能詩）とする例等である。日本においては、中国の聯綿詞をそのままの形で受容した。更に、聯綿詞でなく、合成詞であるにもかかわらず、上下二字の扁を揃える類化、即ち、扁揃の事例が、上代から近世に至る諸種の文献に多数見られる。「蠟燭」を「蠟蠋」（正暦寺文書・大光寺文書・山密往来・内閣文庫蔵庭訓往来）・「爉燭」（公衡公記・建内記・義演准后日記・富山之記・北野社家日記・言継卿記・舜旧記・梅津政景日記）、「呪詛」を「呪咀」（小右記・殿暦・権記・公衡公記・玉造小町子壮衰書・十訓抄・九条家文書・春日社記録・勝尾寺文書・柞原八幡宮文書・三浦家文書・続左丞抄・壬生家文書・日蓮聖人遺文・秦金蔵氏文書・金沢文庫文書・金剛寺文書・三千院救世観音像胎内文書・諸聖教説釈・諸諷誦・六字経験記・聖徳太子伝暦・仏法最初弘仁伝・富楼那集紙背文書・花園天皇宸記・実隆公記・大乗院寺社雑事記・浮世風呂）、「螺鈿」を「螺蜔」（御堂関白記・平安時代文書・明月記）・「鏍鈿」（観世音寺文書・後二条師通記・実冬公記・実隆公記）、「蜜柑」を「櫁柑」（後北条氏文書・政覚大僧正記・大乗院寺社雑事記・言継卿記・舜旧記・義演准后日記・梅津政景日記）・「榓柑」（後北条氏文書・北野社家日記・兼見卿記・舜旧記・梅津政景日記・一茶七番日記）、「嘲弄」を「嘲哢」（小右記・廬山寺文書・東南院文書・内閣文庫所蔵周防国古文書・後日之式条・興正菩薩年譜・春日神社文書・日蓮聖人遺文・願成寺文書・東寺百合文書・東大寺具書・葛川明王院文書・古簡雑纂・仏光寺着色一流相承系図・興正菩薩行実年譜・鰐淵寺文書・烏亡問答鈔・真如蔵本王沢不渇鈔・性霊集注・雲州往来・明月記・貴嶺問答・葉黄記・花園天皇宸記・園太暦・建内記・実隆公記・尺素往来・大乗院雑筆集・言継卿記・椿説弓張月・南総里見八犬伝）、「妹夫」を「妹妋」（九条家本延喜式・竹柏園本平家物語・南総里見八犬伝）、「呵責」を「呵嘖」（日蓮聖人遺文・中山法華経寺文書・金剛仏子叡尊感身学生記・西大寺蔵騎獅子文殊菩薩像胎内経・東大寺文書・宗像辰美文書・日本法花験記・後拾遺往生伝・聖徳太子伝暦・仏法最初弘仁伝）、「蹴鞠」を「蹴踘」（小右記・雲州往来・垂髪往来・葉黄記・内閣文庫蔵庭訓往来・実隆公記）・「鞦鞠」（岡屋関白記・龍門文庫蔵文明十四年写庭訓往来・伝経覚筆本庭訓往来・東京大学国語研究室蔵天正四年写新撰類聚往来）、「診脈」

を「胗脈」（花園天皇宸記・実隆公記・舜旧記）、「紛失」を「紛紩」（長福寺文書・水木直箭氏所蔵文書・百巻本東大寺文書・黒田文書・井形正寿所蔵長福寺文書）、「潔斎」を「潔済」（大音甚蔵文書・北野社家日記）と書いた例は枚挙に遑が無い。これらの事例は、特に古文書・古記録に多く見られる。使用頻度の特に高いものは各時代の辞書にも掲載された。また、「蠟蠋」の「蠋」字や「爉燭」の「爉」字は、それぞれ単独で使用されることもある。また、類化現象の一つとして、漢字内部の類化がある。敦煌写本P.2292維摩詰経講経文に「卓定深沈莫測量、心猿意馬罷顛狂」とあり、「顛」は「顚」に当たる。集韻によれば、「顚」字は俗に「𩕳」に作るとする。「𩕳」は即ち「顚」の声旁類化字である。楷書化の後、「眞」は多く「真」と書写されるようになったため、「顚」をまた「顛」とも作るようになった。したがって、「顛」は、「顛」の声旁類化字、あるいは「𩕳」の楷定俗字として説明できる。龍龕手鏡に「顛、古文、丁年反」、康熙字典に「顛、正字通、俗巔字」とある。漢字内部の類化の事例は、「體」を「髆」（龍龕手鏡骨部）、「體」を「豊」（敦煌写本P.3618秋吟）に作る例、「魄」を「皃」に作る例（敦煌写本P.3418王梵志詩）、「谿」を「豀」に作る例（敦煌写本S.2224・S.2499・S.2967・S.4352究竟大悲経）等、敦煌写本に多数の例がある。類化現象のうち、このような漢字内部の類化は、異体字として分類されると考え、本稿では調査対象から外した。

このほか、正書法から逸脱した用字として「合字」「分字」がある。「合字」は、通常二字の漢字で表記する語もしくは形態素を、その二字を合成した一字の漢字で書き表す用字を言う。「分字」は、通常一字の漢字で表記する語もしくは形態素を、その一字を分離した二字の漢字で書き表す用字を言う。「般若」を「䑺」（花文集・諸聖教説釈・安極玉泉集・高野山秘記・性霊集注）、「静慮」を「憲」（公家最勝講聴聞集）、「盤渉」を「鞶」（説経才学抄）、「灌頂」を「汀」（八幡大菩薩・日本記三輪流・高野山秘記・覚任表白集）、「如法」を「㳒」（自鈔目録）、「山葵」を「䕓」（正、窦山科家礼記）、「利鬼」を「魁」（大塔物語）、「目出」を「䀚」（真名本曾我物語）、「時雨」を「𩃎」（真名本曾我物語）、「口堅」を「嘡」（真名本曾我物語）、「米」を「八木」（石清水文書・狩野亭吉氏蒐集文書・醍醐寺文書・禅定寺文書・北野神社文書・小右記・権記・建内記・実隆公記・大乗院寺社雑事記・言継卿記・義演准后日記・舜旧記・梅津政景日記）等の例が見られる。良く知られていて使用例の多いものとしては、「麻呂」を「麿」、「堅魚」を「鰹」、「久米」を「粂」と表記するケースがある。

日本の文献の略体・扁揃・合字・分字に関する論考としては、各文献の注釈作業の結果蓄積された厖大な分量の研究成果のほかに、以下の論考がある（発表年代順）。

1高橋久子「扁揃えと古辞書」（『国語文字史の研究三』、和泉書院、平成八年）
2水野鉄平「扁揃えについて」（「日本語と辞書」第七輯、平成十四年）
3高橋忠彦・高橋久子「扁揃え再考」（「日本語と辞書」第十輯、平成十七年）
4高橋忠彦・高橋久子「「薩子」と「薩米」―分字例に見る日中漢字字形変化の差異」（「東京学芸大学紀要人文社会科学系Ⅰ」第六十二集、平成二十三年）
5高橋久子・劉瀟雅「漢字表記から見た日本と中国―「城郭」の異体・通用の事例―」（「東京学芸大学紀要人文社会科学系Ⅰ」第六十二集、平成二十三年）

三、中世辞書の分類

中世日本においては、種々の目的に適う、様々な組織・体裁の辞書が編纂された。主なものを挙げれば、シソーラスとしての役割を果たした意味分類体辞書、和名集、色葉分類体の文書・書簡用辞書、色葉字、色葉分類の下位を意味で分類した総合的日用辞書、節用集、部首分類体の字書、倭玉篇、韻分類体の詩文用字書、聚分韻略、意味分類体の連歌用辞書、詞林三知抄、意味分類体の事物起源・語源辞典、壒嚢鈔等々である。これらのうち、本稿では、和名集・色葉字・節用集を調査対象とする。

平安中期に源順が著した和名類聚抄は、直接・間接に次代の小型のシソーラス和名集類の誕生を馴致した。漢語の博物語彙を類聚形式で編集することは、その淵源を中国に求めることができる。往々にしてかかる形式は爾雅系の字書や類書と関係付けて説明されるが、形態上、日本の和名集類に最も近接しているのは、敦煌文書に残存する啓蒙的な辞書類、俗務要名林[3]（P.5001・P.5579・S.617・P.2609）・雑集時用要字等[4]である。前者は七世紀頃の抄写と推定されている。共に意味分類体辞書で、部名を立て、一つの部に収録する語彙量は数語から数十語の規模である。全ての語を網羅しようという意識は薄く、書名に象徴される通り、確かに「要」なる字を集めた辞書であることが窺われる。辞書の規模も、日本の和名集類及び琉球和名集、延いては越南（ベトナム）の意味分類体辞書、大南国語と共通する。更に言えば、これらの辞書に共通する特徴として、博物語彙だけで辞書を構成することに不備を感じたためか、末尾に特殊な部を立てて観念語彙を補う、ということがある。東アジアのシソーラス的な辞書同士の直接的影響関係を証明することは難しいが、識字層の子弟のための初学者用辞書が、日本・琉球・中国・越南において類似性を示すことは極めて興味深い。

和名集類は南北朝末期から編纂され始め、武家の子弟が教養として身に付けるべき漢字語彙を類聚することを主眼とする。①天理図書館蔵有坂本和名集、②広島大学本和名集、③亀井本和名集、④頓要集、⑤撮壌集、⑥諸雑聞書、⑦桂本佚名古辞書、⑧諸字類聚、⑨用心集、⑩初心要抄、⑪宣賢卿字書、⑫天理本和名集（節用残簡）、⑬通要古紙、⑭類集文字抄、⑮天理図書館蔵国籍類書字書、⑯琉球和名集（沖縄節用集）、⑰下村富士男氏蔵天正七年写古辞書、⑱高橋本和名集、等が現存する。有坂本類（①～③）、桂本類（⑦～⑪）は各々一類をなす。①②⑥⑨⑩⑰の六本は巻末併載若しくは合本の形で色葉分類体の辞書を併せ持つ。下学集も和名集類に属する。前記諸本が、多くは孤本のまま伝わり、流布せずに終わったのに対し、下学集は現存する古写本だけでも約三〇本にのぼり、元和三年に出版され、以降版を重ねて広汎に流布した点で、和名集類中、特異な位置を占める。

中世においては、様々な往来物が盛行を極めたが、往来物が摸倣につとめた、現実の「消息」あるいは「書状」も、現存するものの多くは公的文書であり、政治経済的内容を有するものばかりである。高位の者が直接命令を下す「直状」、或いは、高位の者の意を受けて侍臣等が出した「奉書」は、初めは私的なものであったが、上位者の政治的地位によって、院宣・綸旨・令旨・御教書・御内書として、公的命令を伝える内容になる場合、権威を持った公文書として機能した。これが、いわゆる「私状様式の普遍化」或いは「書札様文書の公文書化」等と呼ばれる現象である。この現象は、発給者が高位の者の場合にとどまらず、広く武家社会において適用されることとなった。武家社会の行政を支えた御家人層が、政治経済的内容の書簡を多く作成する必然性が生じていたのである。従って、文書の発達という観点から見れば、書簡用語と文書用語とは、本質的には同じ位相に属し、同一の社会的機能を有するのである。さらに言えば、一見手紙の決まり文句として理解されるような語彙も、実は甚だ公的な文書表現の一環をなし、武家の教養として必須のものだったということである。また、社会経済、具体的に言えば、行政、裁判などに関して文書に使用されがちな語彙も、当然、文書用語として重視された。

室町時代には、武家社会において必須の知識である行政・契約・租税・経済・訴訟関係の文書用語や書簡用語を載録する辞書、色葉字が作られた。語句の第一拍を色葉分類し、下位分類は施さない。①陽明文庫蔵諸雑聞書言語類、②天理図書館蔵有坂本和名集伊路波字、③広島大学本和名集伊呂波字、④お茶の水図書館成簣堂文庫蔵用心集色葉次第、⑤下村富士男氏蔵天正七年写古辞書言辞篇、⑥東京大学文学部国語研究室蔵伊呂波集、⑦山田本以呂波集甲、⑧高橋本色葉字、⑨東京大学文学部国語研究室蔵色葉字集、⑩北野天満宮蔵佚名古辞書色葉集、⑪妙本寺蔵永禄二年いろは字、⑫運歩色葉集（元亀二年京大本他）、⑬慶應義塾大学蔵元和六年写色葉字、⑭国立国会図書館蔵色葉字尽、⑮猪無野本伊呂波集、⑯山田本以呂波集乙、等が現存する。①～⑤は和名集を主とし色葉字を巻末に付す形態で、色葉字は略本に属する。⑥～⑬は色葉字を主とし和名集を巻末に付す形態である。⑭⑮は色葉字のみから成る。⑫⑮は広本に属する。中国において部首分類体字書と韻分類体字書とが「篇韻」と呼ばれて対をなし合刊されたのと同様、中世日本においては色葉字と和名集とが対をなし、編纂方式・形態を異にする両種の辞書が相互に補い合って機能したと考えられる。

室町中期、下学集の影響下、当時の公武知識階級の日用辞書として誕生した、色葉分類の下位を意味で分類した組織の辞書が節用集である。慶長・元和以前の写本・刊本として、約六〇種が知られている。伊勢本系諸本として①正宗文庫本、②大谷大学本、③増刊下学集、④明応五年本、⑤玉里文庫本、⑥吉沢文庫本、⑦種徳堂本、⑧岡田希雄氏旧蔵本、⑨龍門文庫蔵室町中期写本、⑩龍門文庫蔵天文十九年本、⑪伊京集、⑫三省堂本、⑬天正十八年本、⑭早大本、⑮阿波国文庫本、⑯饅頭屋本、⑰空念寺本、⑱増刊本、⑲天正十七年本、⑳広本（文明本）、印度本系諸本として①弘治二年本、②弘治二年別本、③永禄十一年本、④黒本本、⑤図書寮零本、⑥和漢通用集、⑦東京大学国語研究室本、⑧永禄二年本、⑨新写永禄五年本、⑩村井本、⑪鈴鹿本、⑫慶長九年本、⑬高野山本、⑭堯空本、⑮両足院本、⑯前田本、⑰経亮本、⑱五辻本、⑲枳園本、乾本系諸本として①原刻易林本、②平井版、③平井版別版、④小山版、⑤草書本、⑥草書本別版、⑦寿閑本、等がある。

諸本により所収語の性格は区々である。伊勢本略本の内容から、原撰本は、和名集・色葉字合本、若しくは下学集の語彙を分類し直した程度の少ない語彙量を擁するものであったと推定される。原本成立後種々の目的のために増補された。歌語（歌枕を含む）、物語語彙（源氏物語・御伽草子語彙を含む）、連歌用語、詩聯句用語（異名を含む）、漢籍語彙、仏教語彙、神道語彙、往来物語彙、本草・鍼灸語彙、囲碁用語、鷹詞、和漢画家名、武家姓氏名字、行政・契約・租税・経済・訴訟関係文書用語（式目語彙を含む）、書簡用語、等が増補され、更に下学集・色葉字類抄・運歩色葉集・和名集・色葉字訓等の辞書による増益も顕著である。節用集は、室町期人士の和漢聯句を初めとする文芸活動や碁・鷹狩等の趣味活動、実用的な文書・日記・書簡を作成する記録活動等に欠かせぬ総合的日用辞書として活用され、室町末期以後版行されて流布し、その名は辞書の代名詞ともなった。

四、調査対象と方法

前節に述べたように、南北朝から室町期にかけて続々と成立・流布した辞書類について、先に述べた用字法、即ち、正書法以外の用字としての、通用、略体、扁揃、合字、分字等の使用の実態を探ろうとするものであるが、具体的には、以下の諸本について、分析・検討を行う。写本については、古写本・善本を優先させて選択した。

和名集類

a天理図書館蔵有坂本和名集（意味分類体部分）
b広島大学本和名集（意味分類体部分）
c亀井本和名集
d頓要集
e桂本佚名古辞書
f用心集（意味分類体部分）
g宣賢卿字書
h類集文字抄
i元亀二年京大本運歩色葉集（意味分類体部分）

色葉字類

a天理図書館蔵有坂本和名集伊路波字（色葉分類体部分）
b広島大学本和名集伊呂波字（色葉分類体部分）

c東京大学文学部国語研究室蔵伊呂波集（色葉分類体部分）
d高橋本色葉字（色葉分類体部分）
e北野天満宮蔵佚名古辞書色葉集（色葉分類体部分）
f元亀二年京大本運歩色葉集（色葉分類体部分）
g国立国会図書館蔵色葉字尽

節用集写本類

a正宗文庫本節用集
b大谷大学本節用集
c増刊下学集
d明応五年本節用集
e玉里文庫本節用集
f龍門文庫蔵室町中期写本節用集
g伊京集
h黒本本節用集

節用集刊本類

a饅頭屋本節用集
b天正十八年本節用集
c易林本節用集

以上の資料について、正書法以外の用字法としての、通用、略体、扁揃、合字、分字の例を、左記の方法により抽出する。

［凡例］

一、標出語及び注文中の漢字の用法について検討する。別筆部分は除外する。また、節用集については、「点画少異字」「十干十二支」「京師九陌名」「俗名」「名乗」「分毫字様」「証疑」「諸国名」「五山」等の巻末附録部分を除く。

二、各テキストの用例を示すに当たり、テキスト毎に【通用】【略体】【扁揃】【合字】【分字】に五分類して示す。

三、各テキストの正書法以外の用字法の用例は、原本の漢字表記のみを原本通りに記載し、傍訓は省略する。その上で、正書法と考えられる表記を、亀甲括弧〔 〕に括って注記する。

和名集類

a天理図書館蔵有坂本和名集（意味分類体部分）

【通用】

悪〔亜〕相・綾少〔小〕路・苺〔莓〕子・一陳〔陣〕・一牧〔枚〕・一解〔斛〕・一当〔党〕・衣鉢待〔侍〕者・伊与〔予〕・大〔太〕秦・孟〔盂〕蘭盆・小〔少〕将・大熕〔炊〕・櫂〔擢〕笥・拷〔拷〕問・勘解由少〔小〕路・鍛治〔冶〕・干標〔栗〕・下三群〔郡〕・北少〔小〕路・幾〔畿〕内部・形〔刑〕部・癪〔瘠〕・啓〔磬〕・形〔刑〕部（2例）・交〔夾〕鐘・腋〔脇〕息・心大〔太〕・乞凶〔匃〕・大小〔少〕弼・朔弊〔幣〕・待〔侍〕従・猟〔臘〕月・癩〔瘶〕・待〔侍〕従・塩少〔小〕路・請暇〔客〕侍者・相模〔摸〕・小〔少〕納言・小〔少〕将・小〔少〕弐・率〔卒〕・湯薬待〔侍〕者・詫〔託〕宣・太宰輔〔帥〕・茶〔荼〕毘・鶏〔鷄〕・調〔凋〕年・田薬〔楽〕・梅〔栂〕尾・鉾〔鋒〕矢・都督小〔少〕卿・大小〔少〕輔（2例）・生癈〔廃〕・抜〔祓〕・腹〔腸〕・幡〔播〕摩・幡摩〔磨〕・幡〔播〕州・桧〔栓〕・飛弾〔驒〕・倍〔陪〕堂・捧〔奉〕弊・捧弊〔幣〕・慕〔暮〕秋・牡〔杜〕丹・

酸漿〔漿〕・上八群〔郡〕・大十五群〔郡〕・暑預〔署預〕・茄〔茹〕栗・与〔予〕州・季〔李〕部・龍瞻〔胆〕・駕
少〔小〕路

【略体】
足太〔駄〕・旦〔檀〕紙・高〔膏〕薬・玄番〔蕃〕・鯑〔鯏〕・下農〔濃〕・瓢単〔箪〕・村農〔濃〕

【扁揃】
蠟蠋〔燭〕・檮〔擣〕衣・苞著〔蒟若〕・蒻蒻〔蒻頭〕・紙蠋〔燭〕・柘〔石〕榴・駞〔鈍〕馬・縹〔標〕紙・硫礦
〔黄〕

【合字】
魹〔尨魚〕・雰〔雨氷〕・葵〔山葵〕

【分字】
解門〔觹〕・雲木〔榅〕・余田〔畬〕

b広島大学本和名集（意味分類体部分）

【通用】
苺〔苺〕・与〔予〕州・左右兵太〔大〕夫・鞍〔敉〕・槲〔槲〕・鍛治〔冶〕・交〔夾〕鐘・大小〔少〕輔（6例）・
鑴〔觹〕・蜊〔蚓〕・造栄〔営〕・完〔宍〕戸・癩〔瘷〕・志磨〔摩〕・暑〔薯〕預・暑預〔蕷〕・胲〔骸〕・小〔少〕
将・小〔少〕納言・率〔卒〕・詫〔託〕宣・小〔少〕府・輔〔帥〕・小〔少〕弐・都督小〔少〕卿・大小〔少〕
弼・築〔筑〕波・細〔紬〕・合観〔歓〕木

【略体】
玄番〔蕃〕（2例）・苟〔蒟〕若

【扁揃】

苟萿〔若〕・蕿蓍〔賓〕・柘〔石〕榴（2例）・爉〔蠟〕燭

c 亀井本和名集

【通用】

青弊〔幣〕・陰〔隠〕州・蓐〔褥〕・陰〔隠〕岐・咳嗽〔嗽〕・鍜治〔鍛冶〕・従〔徒〕立・賀〔駕〕部郎中・賀〔駕〕部員外郎・桐〔柯〕・穀〔轂〕・鬼蜂〔鋒〕・宮囲〔闈〕丞・宮囲〔闈〕少令・宮囲〔闈〕令・宮囲〔闈〕令史・王〔玉〕石・曲録〔录〕・御史禄〔録〕事・金吾禄〔録〕事・金欄〔襴〕・掛塔〔搭〕・経栄〔営〕・京兆禄〔録〕事・五幾〔畿〕内・心大〔太〕・御弊〔幣〕・膊〔転〕筋・昆〔昆〕布・斉〔斎〕宮寮・斉〔斎〕院司・蒼王〔玉〕・朔弊〔幣〕・左〔佐〕藤・侘〔他〕任・榼〔榼〕・待〔侍〕従・将作禄〔録〕事・車棸〔渠〕・白弊〔幣〕・茄〔茹〕・箐〔簀〕子・魚脩〔條〕・青王〔玉〕・責〔青〕磁・小〔少〕（19例）・小〔少〕輔・小〔少〕納言・小〔少〕府監・小〔少〕弁・絶鈞〔鉤〕・訴詔〔訟〕・師〔帥〕・大〔太〕子少尹・大〔太〕子大師・大〔太〕子大傅・大〔太〕子賓客・大〔太〕白・詫〔託〕宣・多小〔少〕・納〔衲〕子・鄮〔鯽〕・中書待〔侍〕郎（2例）・女孺〔嬬〕・黒〔墨〕斗・庭〔廷〕尉正・朝儀〔議〕大夫・調〔凋〕年・鶗〔鶗〕・都護禄〔録〕事・納〔衲〕衣・糖〔糠〕藁・治〔沼〕田・根大〔太〕巻・篦〔箆〕矯・博従〔徒〕・抜郡〔群〕・幡〔播〕摩・幡摩〔磨〕・半斉〔斎〕・幡〔播〕州・飛弾〔驒〕・罘〔罘〕・奉弊〔幣〕・武衛禄〔録〕事・弊〔幣〕白・倍〔陪〕堂・焙焔〔爐〕・風〔鳳〕尾・北芒〔邙〕・弊〔幣〕帛・斐炊〔姿〕・蘗〔糵〕・主氷〔水〕司・篦〔箆〕・柳笞〔筥〕・湯清〔漬〕・浴解〔斛〕・忽緒〔諸〕・涼〔冷〕麺・論儀〔議〕・移従〔徙〕・衛禄〔録〕事

【略体】

蔦〔梟〕茈・国狭追〔槌〕尊・玄番〔蕃〕寮・初皇〔篁〕・摂録〔籙〕・天将〔漿〕・葱蓑〔蓐〕・海羅〔蘿〕・弊白

〔帛〕

【扁揃】

嘲哢〔弄〕（2例）・鎌〔鎌〕倉・柘〔石〕榴（2例）・柱〔拄〕杖・獵漁〔漁〕・澪漂〔標〕・油熿〔黄〕

【合字】

脊木〔羊付來〕・葺〔菜耳〕・毘〔由比〕

【分字】

腓冂〔騰〕・火逐〔燧〕

d 頓要集

【通用】

幡〔播〕・袙〔祖〕・安〔案〕主所・鴨栖〔柄〕・賀〔駕〕輿丁・蜘蟵〔蟵〕・官弊〔幣〕・群〔郡〕司・児王〔玉〕・朔弊〔幣〕・完〔宍〕戸・紫震〔宸〕殿・箐〔簀〕子・小〔少〕輔・小〔少〕将・小〔少〕納言・小〔少〕弐（2例）・率〔卒〕・大〔太〕平楽・当摩〔麻〕寺・幡〔播〕・詫〔託〕宣・太宰師〔帥〕・大〔太〕政大臣・壊〔懐〕（2例）・梅〔栂〕尾・基〔墓〕・沼〔治〕田・白録〔禄〕・陰嚢〔囊〕・弊〔幣〕・倍〔陪〕従・平郡〔群〕・奉弊〔幣〕・杜〔牡〕丹・相撲〔模〕・基〔墓〕所・莚〔筵〕・暑〔薯〕預・留主〔守〕所

【略体】

掛答〔搭〕・黒〔墨〕壷・喬〔蕎〕麦・海羅〔蘿〕

【扁揃】

柘〔石〕榴・皸〔蹴〕鞠・粳粉〔粉〕

【合字】

安〔山女〕

【分字】

戔鳥〔鳶〕

e 桂本佚名古辞書

【通用】

橒〔樗〕・与〔予〕州・吾〔五〕茄・太〔大〕楽・艚〔槽〕・陰〔隠〕州・太〔大〕顔・宮囲〔闈〕・揆〔掻〕笥・揆〔掻〕板・蜻蛤〔蛉〕・掲〔褐〕布・玉〔王〕余魚・枳穀〔殻〕・形〔刑〕部・蜀黍〔漆〕・𦢊〔胗〕・掛塔〔搭〕・桂装〔漿〕・紺揆〔掻〕・五幾〔畿〕内・𦃃〔縠〕・新〔親〕衛・鶘胡〔鵠〕・請暇〔客〕侍者・水旱〔干〕・小〔少〕将・小〔少〕納言・小〔少〕判事・大〔太〕子寮・光録〔禄〕・韘〔韝〕・師〔帥〕・小〔少〕監・大〔太〕政官・大〔太〕政大臣・鶊〔鵯〕・癵〔攣〕・蝘蜒〔蜓〕・癧〔歴〕易・椯〔檽〕・𪲔〔柃〕・翟〔雛〕・白臘〔鑞〕・𦢩〔鱶〕・駮〔駁〕・標〔褾〕紙・裱〔表〕背絵・縵〔幔〕幕・貫箐〔簀〕・𧜺〔褯〕・𩋘〔靭〕・錑〔戻〕布・鑪〔鑢〕・橃〔櫠〕椵・垺〔埒〕・両斑〔班〕・棱〔楞〕厳会・邏嚌〔斎〕・梠〔筥〕子・篧〔篗〕・移徒〔徙〕

【略体】

陟厘〔釐〕・求〔梂〕栗・宮囲〔闈〕・沢写〔瀉〕・訶利〔梨〕勒・玄番〔蕃〕・女公〔妐〕・鯑〔鯯〕・才〔撮〕・𠲽〔嗽〕・段〔緞〕子・白介〔芥〕子・横皮〔被〕

【扁揃】

硫磺〔黄〕・烛熿〔硫黄〕・繧繝〔雲間〕・蒭〔芻〕蕘・柘〔石〕榴・柱〔拄〕杖・泗洲〔州〕・祝祠〔詞〕

【合字】

袰〔母衣〕

【分字】

龍巫〔龔〕・巫鳥〔鵐〕・厭面〔靨〕

f 用心集（意味分類体部分）

【通用】

袙〔袹〕・頣〔顋〕・吾〔五〕茄・叡門〔聞〕・叡盧〔慮〕・雀鶏〔鷂〕・道〔導〕官・高良姜〔薑〕・蠄〔蜘〕・櫓〔櫑〕・欚〔穀〕・掲〔褐〕布・頡〔顳〕・臙〔胗〕・駑〔駕〕・壊〔懐〕香・坑〔吭〕・確〔霍〕乱・掛塔〔搭〕・花幔〔鬘〕・蜻蛚〔蛚〕・縠〔縠〕・苟〔蒟〕蒻・斉〔斎〕宮・斉〔斎〕院・蛆〔蛆〕・重藤〔籐〕弓・待〔侍〕従・柳栄〔営〕・鶘鵰〔鴣〕・簣〔簀〕子・鴟〔鵃・鷂〕・小〔少〕弍・禅学〔客〕・太〔大〕食調・大掌〔嘗〕会・除〔涂〕・鴟〔鵃・鷂〕・甲羸〔贏〕・殰〔殰〕・癴〔攣〕・蝘蜓〔蜓〕・石壇〔檀〕・鱓〔鱳・鰡〕・鴿〔鴿〕・鬖〔鬃〕筆・樬〔檽〕・螢〔蛬〕・鞓〔鞓〕・庭〔廷〕尉・積〔襀〕・魦〔魦〕・鮇〔鮇〕・倍〔陪〕堂・母義〔儀〕・禿〔秀〕倉・鏞〔糒〕・縵〔幔〕・湯瀆〔漬〕・梠〔筥〕子・黄鍾〔鐘〕調

【略体】

霍〔藿〕香・玄番〔蕃〕・鴻盧〔臚〕・砂唐〔糖〕・味〔嗽〕・喬〔蕎〕麦・段〔緞〕子・肉蓯容〔蓉〕・菴盧〔蘆〕

【扁揃】

繧繝〔雲間〕・草〔早〕苗月・柘〔石〕榴・柱〔拄〕杖・饅頭〔頭〕・烛熿〔硫黄〕

【分字】

龍巫〔龔〕・飛鳥〔飜〕・長箆舌〔篭〕

g 宣賢卿字書

【通用】

蘭蒕〔蒚〕・艟〔艟〕・吾〔五〕茄・雀鶏〔鶬〕・蝍〔蝍〕・櫒〔穀〕・掲〔褐〕布・夾鍾〔鐘〕・毦〔髦〕・駑〔駑〕・坑〔吭〕・黒駮〔駁〕・確〔霍〕乱・掛塔〔搭〕・花幔〔鬘〕・繳〔縠〕・斉〔斎〕釀・蛆〔蛆〕・重藤〔籐〕・日観蒲〔葡〕萄・鶘胡〔鴣〕・禅学〔客〕・大〔太〕阿・馳基〔駝碁〕・除〔涂〕・都管〔官〕・鵃〔鵃〕・甲羸〔羸〕・殨〔殨〕・調〔凋〕年・蝘蜓〔蜓〕・石壇〔檀〕・長大〔太〕刀・癧〔歴〕易・鵅〔鵅〕・野瓠〔靴〕・檽〔檽〕・薑〔蔤〕・鞓〔鞓〕・積〔襀〕・百練〔錬〕・魦〔魦〕・鮇〔鮇〕・駮〔駁〕・仏髻〔髻〕・鮪〔鰤〕・平郡〔群〕・別堂〔当〕・倍〔陪〕堂・母義〔儀〕・鏞〔糒〕・縵〔幔〕・襌〔襌〕・本滋藤〔籐〕・鑪〔鑢〕・埒〔埒〕（2例）・林鍾〔鐘〕・梠〔筥〕子・壓〔醫〕

【略体】

陟厘〔鼇〕・沢舄〔瀉〕・香需〔薷〕・苟〔蒟〕蒻・倉〔蒼〕髯叟・才〔撮〕・哫〔嗽〕・薔微〔薇〕・喬〔蕎〕麦・都門〔聞〕・段〔緞〕子・盾〔遁〕世粽・菴盧〔蘆〕・蘩婁〔蔞〕・名〔茗〕荷

【扁揃】

繧繝〔雲間〕・草〔早〕苗月・柘〔石〕榴・柱〔拄〕杖・饅饅〔頭〕・烛熿

【合字】

褁〔母衣〕・�〔鹿心〕柿

【分字】

龍巫〔龔〕・飛鳥〔飛鳥〕・至鳥〔鵄〕

h 類集文字抄

【通用】

粇〔秔〕米・蒲〔葡〕萄・江役〔俣〕・懸槃〔盤〕・風癮胗〔胗〕・隠㾭〔癮疹〕・櫓〔櫓〕・檞〔槲〕・鈾〔鈾〕・河

役〔俣〕・蟇役〔俣・股〕・葛殻〔穀〕・胕〔胗〕・鉤〔釣〕樟・鑼〔钁〕・皇祖孝〔考〕・掛塔〔搭〕・牙槃〔盤〕・狼芽〔牙〕・殻〔穀〕・石蓟〔蔛〕・簀〔簀〕・墨役〔俣〕・暦〔歴〕草・篁〔篁〕・張〔帳〕台・鉤〔釣〕殿・伝死〔屍〕病・桂〔楗〕・茆〔茅〕屋・基〔墓〕・交〔夾〕物・榑〔搏〕風・塡〔埴〕岡・太〔大〕角・塡〔埴〕破・栓〔栓〕・罘〔罘〕・蒲〔葡〕萄・班〔斑〕目・本腹〔復〕・蜜〔密〕突・濾〔濾〕・蒺藜〔蔾〕・鑪〔鑢〕・杜〔杠〕・浴解〔斛〕・杜〔牡〕瓦

【略体】

香柔〔茉〕・沢舄〔瀉〕・玉虫〔燭〕・銀虫〔燭〕・紫威〔葳〕・鳥〔皀〕茈・縠束〔觫〕・抜〔菝〕契・抜契〔葜〕・冊〔珊〕瑚・春莫〔暮〕・喬〔蕎〕麦・丁〔疔〕瘡・蕪青〔菁〕・龍癸〔葵〕草・黒〔墨〕淵・天麻〔魔〕草

【扁揃】

相桃〔挑〕・鯙〔錦〕鱗・谀〔腴〕田・鉐〔鍮石〕・蕪荑〔夷〕・蹴踘〔鞠〕・哢〔弄〕捨

【分字】

酢将水〔酢漿〕・解門〔觿〕・蒟将首〔蒟醬〕・雨鮮〔霹〕

i 運歩色葉集（意味分類体部分）

【通用】

鰷〔鱶〕・鳻〔斑〕鳩・鱸〔鮑〕・苺〔莓〕・鸒〔鸞〕・金風〔鳳〕花・苦辛〔参〕・華幔〔鬘〕花・鶘胡〔鵠〕・石解〔斛〕・茶〔荼〕・米嚢〔嚢〕花・密〔蜜〕柑・精〔積〕・檖〔櫢〕椴

【略体】

莉〔棃・藜〕蘆・瓢単〔箪〕・莉〔棃・藜〕蘆

【扁揃】

蕀〔棘〕・澤〔沢〕瀉・澤瀉〔瀉〕・柘〔石〕榴・蹇〔寒〕蟬・霍〔雲〕雀

色葉字類

a 天理図書館蔵有坂本和名集伊路波字（色葉分類体部分）

【通用】

悪当〔党〕・有憎〔増〕・安〔案〕文・誅代〔伐〕・厭脚〔却〕・陰〔隠〕密・賛〔替〕物・堪不〔否〕・久〔旧〕好・儀〔義〕絶・外跡〔戚〕・観〔勧〕賞・軍陣〔陣〕・軍丘〔兵〕・軽砕〔酔〕・沽脚〔却〕・雑嘗〔掌〕・纔〔讒〕言・城擲〔郭〕・戦傷〔場〕・訴詔〔訟〕・納冷〔涼〕・談儀〔義〕・憐〔隣〕・陳〔陣〕頭・従叔〔徒然〕・得賛〔替〕・逐〔逃〕陰〔隠〕・癈〔廃〕忘・莫太〔大〕・張賛〔替〕・不詳〔祥〕・漂到〔倒〕・垺〔埒〕外・倫〔綸〕旨・留主〔守〕・涼〔冷〕然・連暑〔署〕・移従〔徙〕・隠〔穏〕便

【略体】

大赤〔赦〕・監〔濫〕妨

【扁揃】

訛謬〔紕繆〕・迷〔未〕進

b 広島大学本和名集伊呂波字（色葉分類体部分）

【通用】

詔〔訟〕・遂〔逐〕膳・蚊張〔帳〕・奇伐〔代〕・奇〔棄〕置・掛塔〔搭〕・大心〔心太〕・蜊〔虭〕・訴詔〔訟〕・莫太〔大〕・鏒〔鬖〕

【略体】

小生〔性・姓〕・黒〔墨〕・瓢単〔簞〕

【扁揃】

呵嘖〔責〕・柘〔石〕榴・檜桓〔垣〕

【分字】

雨衆〔霥〕

c東京大学文学部国語研究室蔵伊呂波集（色葉分類体部分）

【通用】

鍛治〔冶〕・蚊張〔帳〕・寄〔奇〕麗・懃〔勤〕厚・懃〔勤〕仕・針〔釘〕・絬〔括〕袴・鶴〔霍〕乱・軍陳〔陣〕・元腹〔服〕・性〔生〕得・僉儀〔議〕・訴詔〔訟〕・陳〔陣〕僧・陳〔陣〕中・年記〔紀〕・放埓〔埒〕・莫太〔大〕・狼籍〔藉〕・結埓〔埒〕・礼義〔儀〕・烈〔列〕参・簾〔廉〕直・和纔〔讒〕・移徒〔徙〕

【略体】

海羅〔蘿〕・会尺〔釈〕

【扁揃】

城墎〔郭〕・硫磺〔黄〕

d高橋本色葉字（色葉分類体部分）

【通用】

一淮〔準〕・一疋〔匹〕・異儀〔議・義〕・忽緒〔諸〕・論儀〔義・議〕・莫太〔大〕・半斉〔斎〕・徘佪〔徘徊〕・癈〔廃〕忘・騰〔滕〕・本服〔復〕・本腹〔復〕・徳〔得〕分・途徹〔轍〕・着倒〔到〕・住〔注〕文・智恵〔慧〕・利買〔売〕・貣〔貸〕・僚到〔倒〕・若堂〔党〕・移徒〔徙〕・和纔〔讒〕・鍛治〔冶〕・挊〔桛〕・拵〔栫〕・太〔泰〕平・烈〔列〕参・烈〔列〕座・訴詔〔訟〕・内儀〔議・義〕・狼籍〔藉〕・行騰〔縢〕・濃〔農〕人・絬〔括〕袴・召

〔招〕請・儀〔義〕理・蜜〔密〕談・実儀〔義〕・仁儀〔義〕・衆儀〔議・義〕・城擲〔郭〕・秘蜜〔密〕・非儀〔義・議〕・百性〔姓〕・摂〔接〕待・僉儀〔議〕

【扁揃】

囉嚌〔羅斎〕・忠懃〔勤〕・鶴鵛〔頸〕・嘲哢〔弄〕・硫磺〔黄〕

【合字】

袞〔内衣〕・㝵〔七寸〕

【分字】

敝巾〔幣〕・将衣〔装束〕

e 北野天満宮蔵佚名古辞書色葉集（色葉分類体部分）

【通用】

顋〔顋〕・簇〔蔟〕・責〔青〕・詔〔訟〕・簿〔薄〕・杁〔朳〕・堕〔惰〕・遂〔逐〕・槦〔墉〕・鍛治〔冶〕・鉄装〔漿〕・呵〔苛〕法・頡〔頡〕・勘〔堪〕否・議〔儀〕式・蜜〔密〕・許〔巨〕害・議〔義〕理・貢〔供〕御・崛〔崛〕請・懐任〔妊〕・掛塔〔搭〕・厳蜜〔密〕・櫂〔攫〕細・錕〔餛〕鈍・錕鈍〔飩〕・鐘〔鍾〕・朔弊〔幣〕・櫂〔攫〕細・榼〔榼〕・瀘〔濾〕・仁儀〔義〕・随遂〔逐〕・水擯〔濱〕・癈〔廃〕・前裁〔栽〕・族性〔姓〕・属詑〔託〕・訴詔〔訟〕・率〔卒〕爾・韝〔韝〕・詑〔託〕宣・璧〔壁〕・頂載〔戴〕・陳〔陣〕頭・追補〔捕〕・遺〔遣〕・形〔刑〕・雀鶏〔鵲〕・債〔倩〕・鑊〔鑵〕・手筈〔筥〕・典楽〔薬〕・倩〔債〕・郊〔効〕・鐶釵〔鈕〕・鐶剣〔鈕〕・震〔宸〕・蜜〔密〕・蜜〔密〕懐・評儀〔議〕・杜〔牡〕丹・蒲〔葡〕萄・蹱〔踵〕・縵〔幔〕幕・鑪〔鑢〕・玃〔獲〕・狼籍〔藉〕・落胤腸〔腹〕・埒〔埒〕外・蘭〔闌〕蕒・蘭蕒〔遺〕・盧〔慮〕外・例〔礼〕儀・連暑〔署〕・恋暮〔慕〕・櫂〔欋〕・移徒〔徙〕・穏党〔当〕

【略体】

渉厘〔釐〕・相〔想〕像・乞〔吃〕・宰令〔領〕・虫〔蠟〕火・虫火〔燭〕・雉〔薙〕刀・蔦〔莧〕・尉〔熨〕斗・料間〔簡〕

【扁揃】

呪咀〔詛〕・漁浦〔捕〕・鍮鉐〔石〕・嘲哢〔弄〕（2例）・呪咀〔詛〕・榓〔蜜〕柑・硫礦〔黄〕・論〔綸〕言如汗

【合字】

甹〔曲刀〕

f元亀二年京大本運歩色葉集（色葉分類体部分）

【通用】

踢〔踼〕・嗽〔欺〕・夏熱涕〔沸〕・五〔吾〕跡川・相姓〔性〕・青茄〔茹〕・安〔案〕者・安〔案〕内・案〔安〕字・安〔案〕排・安〔案〕文・斉〔斎〕宮・茄〔茹〕・奉斉〔斎〕・伊与〔予〕・有気〔卦〕・大〔太〕秦・続〔績〕・叡盧〔慮〕・啺〔喝〕・太〔大〕蔵・大戸之導〔道〕尊・隠〔陰〕陽師・隠〔陰〕陽頭・開碁〔基〕・渥〔涯〕際・渥〔涯〕分・頌〔効〕験貴僧・拷門〔問〕・覚語〔悟〕・格勒〔勤〕・掲〔褐〕布・典〔曲〕尺・神盧〔慮〕・賀〔加〕薬・加〔駕〕輿丁・雁役〔俣〕・孝〔考〕・閑索〔素〕・寄〔奇〕異・九花〔華〕帳・寄〔奇〕怪・寄〔奇〕語・寄〔奇〕瑞・寄〔奇〕特・幾〔畿〕内鷹・行碁〔基〕菩薩・形〔刑〕部・宮囲〔闈〕・義〔儀〕礼・寄〔奇〕麗・勒〔勤〕・禁囲〔闈〕・群〔郡〕上・典〔曲〕事・典〔曲〕人・典〔曲〕者・夂〔夊〕・愚盧〔慮〕・光隠〔陰〕・荒癈〔廢〕・掛塔〔搭〕・群〔郡〕司・郡〔群〕書治要・軍陳〔陣〕・軍盧〔慮〕・桂装〔漿〕・結斉〔斎〕・潔斉〔斎〕・協洽〔治〕・阮藉〔籍〕・賢盧〔慮〕・基〔碁〕・興癈〔廃〕・小鍛治〔小鍛冶〕・五幾〔畿〕内・基〔碁〕器・五胡〔胋・鈷〕・五姓〔性〕・細鑼〔钁〕・細擢〔欋〕・鑼〔钁〕・牛玉〔王〕・振〔侲〕子・捷〔健〕児所・斉〔斎〕

宮・斉〔斎〕場所・斉〔斎〕院・斉〔斎〕会・喪〔葬〕送・臓〔贓〕物・擢〔攫〕・三社之詫〔託〕宣・讃〔譖〕・完〔宍〕草・穀〔穀〕・紫震〔宸〕殿・日観蒲〔葡〕萄・品乗〔垂〕・之〔辷〕・将基〔棊〕・上檀〔壇〕・赭態〔態〕・啘〔咳〕労・啘〔咳〕・修造司〔主〕・順儀〔義〕・鐘〔鍾〕馗・思盧〔慮〕・震〔宸〕朝・震〔宸〕襟・神詫〔託〕・震〔宸〕筆・神盧〔慮〕・哀幣〔弊〕・典待〔侍〕・墨役〔侯〕・柄〔栖〕（2例）・青囲〔闈〕・少〔小〕家・少〔小〕利・接〔摂〕家・千〔遷〕化・千戴〔載〕集・属詫〔託〕・訴詔〔訟〕・大〔太〕掖宮・当陳〔陣〕・詫〔託〕宣・詫〔託〕美・大宰師〔帥〕・慥〔慥〕・他性〔姓〕・崇〔祟〕・太刀堀〔掘〕・大〔太〕布・談議〔義〕・丹接〔摂〕・短盧〔慮〕・持斉〔斎〕・常〔長〕闇冥（2例）・張〔長〕蛇（2例）・鎮主〔守〕府将軍・擢〔攫〕・詫〔託〕・築〔筑〕江沼・築〔筑〕紫・築〔筑〕波河・裼〔褐〕・接〔摂〕津国・藤〔籐〕・同陳〔陣〕・梅〔栂〕尾茶・斉〔斎〕・独学〔覚〕・社〔杜〕門・名垂〔乗〕・歴瘍〔瘍〕・瘍〔瘍〕・塗籠藤〔籐〕弓・抝〔拗〕頸・抝〔拗〕廻・抝〔拗〕・癈〔廃〕忘・癈〔廃〕壊・傍〔膀〕爾・放埒〔埒〕・莫太〔大〕・抜郡〔群〕・婆〔波〕羅密・幡〔播〕磨・鞑〔韃〕・半斉〔斎〕・幡〔播〕州・飛弾〔驒〕・飛弾〔驒〕細江・評儀〔議〕・病想〔相〕・百性〔姓〕・白録〔緑〕・平箚簶〔籙〕・忕〔伏〕犠・不徳〔得〕心・不盧〔慮〕・文交〔夾〕・碧岩禄〔録〕・平郡〔群〕・弁〔辯〕説・捧弊〔幣〕・風〔鳳〕凰城・凡盧〔慮〕・無気〔卦〕・村重藤〔籐〕・斉〔斎〕・貸〔貣〕・太〔大〕和（2例）・日本書記〔紀〕・茄〔茹〕・茄〔茹〕物・要〔用〕明天皇・欲徳〔得〕・奇〔寄〕・埒〔埒〕・立議〔義〕・盧〔慮〕外・臨兵闘者皆陳〔陣〕列在前・霊詫〔託〕・歴〔暦〕左・歴〔暦〕日・歴〔暦〕書・歴〔暦〕道・囉斉〔斎〕・熊〔態〕・喠〔噇〕・重〔童〕・遠太〔大〕

【略体】

朝熊高〔嵩〕・涉厘〔釐〕・髪〔髮〕・引道〔導〕・泥〔埿〕士瓊尊・孰〔熟〕・前〔煎〕漿・玄番〔蕃〕頭・苟〔蒟〕蒻・将〔漿〕衣・紙包〔炮〕・咳唻〔嗽〕（2例）・多門〔聞〕天王・聴〔廳〕官・聴〔廳〕庭・鉄包〔砲〕・洞廷

〔庭〕秋月・東弗波〔婆〕提（2例）・門〔問〕答・日連〔蓮〕宗・八岡〔綱〕之方・婆〔波〕羅々啼・海羅〔蘿〕・釜弗〔沸〕脈・夫〔麩〕羊羹・反土〔吐〕・肖〔屑〕・門〔問〕答・門〔問〕註所

【扁揃】

阿堵〔堵〕物・呪咀〔詛〕（2例）・繧繝〔雲間〕縁・妗〔介〕妁・肴〔希〕有・怐〔拘〕惜・裁拌〔判〕・城墎〔郭〕・錯〔鍾〕馗・陳防〔方〕・鈁鉼〔餅〕・琱〔彫〕琢・嘲哢〔弄〕・咀〔詛〕・配酔〔帙〕・跿〔徒〕跣・拌〔判〕断・批拌〔判〕・評拌〔判〕・紫裙襛〔濃〕・逿〔腴〕迫・誏〔朗〕詠

【分字】

毒懸〔纛〕・馬中〔⿱中馬〕・薩子〔孽〕・薩米〔蘖〕・告非〔靠〕（2例）

g 国立国会図書館蔵色葉字尽

【通用】

異議〔儀〕・忽緒〔諸〕・幼雅〔稚〕・儀〔義〕理・懐任〔妊〕・管〔官〕途・外曲〔典〕・参懃〔勤〕・震〔宸〕筆・先孝〔考〕・太〔大〕略・廃妄〔忘〕・莫太〔大〕・評儀〔議〕・府〔符〕合・蒴〔崩〕御・狼籍〔藉〕・慮〔虜〕掠・冷〔伶〕人・烈〔列〕参・連暑〔署〕

【略体】

一廷〔梃〕・雍〔擁〕護・亡〔忘〕却・辟〔壁〕書・誑或〔惑〕

【扁揃】

偈〔渇〕仰・訛〔紕〕繆

節用集写本類

a 正宗文庫本節用集

【通用】

幡〔播〕磨・幡〔播〕州・太〔大〕和・蘆〔盧〕橋・莫太〔大〕・癈〔廃〕忘・癈〔廃〕壊・治部太〔大〕輔・両斑〔班〕・大蔵太〔大〕輔・移徒〔徙〕・櫓〔櫨〕・玉〔王〕余魚・外陳〔陣〕・詫〔託〕宣・属詫〔託〕・年記〔紀〕・中務太〔大〕輔・釭〔鉛〕・狼籍〔藉〕・温鈍〔飩〕・宮内太〔大〕輔・直〔真〕羽・直〔真〕那鰹・直〔真〕乾・幼〔幻〕・教〔孝〕養・蒲〔蒲〕萄・不盧〔慮〕・蒲〔蒲〕萄・蜜〔密〕石・愛増〔憎〕・左小〔少〕弁・民部大〔太〕輔・檣〔榼〕・鍾馗太〔大〕臣・重藤〔籐〕・仁儀〔義〕・石解〔斛〕

【略体】

首余〔途〕・禺〔愚〕痴・玄番〔蕃〕頭・慈非〔悲〕

【扁揃】

硫磺〔黄〕・妹妋〔夫〕・返〔反〕逆・瓢簞〔箪〕・鍮鉐〔石〕・陳防〔方〕・詋〔祝〕言・呪咀〔詛〕・蹴〔蹴〕鞠

坪・柱〔拄〕杖・葱苳〔冬〕

b大谷大学本節用集

【通用】

囉斉〔斎〕・幡〔播〕摩・幡摩〔磨〕・幡〔播〕州・蘆〔盧〕橋・準〔隼〕人正・準〔隼〕・莫太〔大〕・癈〔廃〕忘・半斉〔斎〕・馬嫁・狼籍〔藉〕・放埒〔埒〕・癈〔廃〕壊・茶〔荼〕毘・脚〔却〕含・両斑〔班〕・塗籠藤〔籐〕・隠密或作音蜜〔密〕・盧〔慮〕・王羲〔義〕之・移徒〔徙〕・佗〔侘〕事・格〔恪〕勤・伊与〔予〕・詫〔託〕宣・談議〔義〕・茶〔荼〕毘・退屈〔窟〕・訴詔〔訟〕・属詫〔託〕・年記〔紀〕・釭〔鉛〕・難義〔儀〕・狼籍〔藉〕・掛塔〔搭〕・郡〔群〕集・郡〔群〕聚・太〔大〕和・教〔孝〕養・蒲〔蒲〕萄・不盧〔慮〕・小性〔姓〕・蚓〔蚓〕・蒲〔蒲〕萄・叡盧〔慮〕・調渡〔度〕懸・蜜〔密〕石・愛増〔憎〕・案〔安〕堵・安〔案〕排・左小〔少〕弁・古

〔故〕郷・大〔太〕白星・四至傍〔牓〕爾・榼〔榼〕・頭蜜〔密〕・鐘〔鍾〕馗大臣・蒲〔葡〕萄・重藤〔籐〕・滋
藤〔籐〕・小〔少〕義・鐘〔鍾〕愛・仁儀〔義〕礼智信・思盧〔慮〕・飛弾〔騨〕・難義〔儀〕

【略体】

馬袁〔遠〕・華段〔緞〕子・玄番〔蕃〕頭・襖章〔障〕子・名〔茗〕荷・雷〔檑〕盆

【扁揃】

硫磺〔黄〕・返〔反〕逆・瓢⿰票單〔箪〕・鍮鉐〔石〕・忠懃〔勤〕・陳防〔方〕・誅謬〔戮〕・呪咀〔詛〕・蝴〔胡〕蝶・
鞦〔蹴〕鞠坪・葱苳〔冬〕

c 増刊下学集

【通用】

幡〔播〕磨・傍〔牓〕爾・準〔隼〕人正・準〔隼〕・莫太〔大〕・癈〔廃〕忘・葱〔忍〕辱・藤〔籐〕・度〔渡〕
唐・治部太〔大〕輔・塗籠藤〔籐〕・移徒〔徙〕・嬾〔嫩〕・格〔恪〕勤・大〔太〕政大臣・大〔太〕布・詫〔託〕
宣・談議〔義〕・茶〔荼〕毘・崇〔祟〕・属詫〔託〕・年記〔紀〕・釭〔鉛〕・難義〔儀〕（2例）・狼籍〔藉〕（2例）・
幡〔播〕磨印南野・掛塔〔搭〕・太〔大〕和・孝〔教〕養・蒲〔葡〕萄・小性〔姓〕・振〔侲〕子・蒲〔葡〕萄・
調渡〔度〕懸・愛増〔憎〕・案〔安〕堵・左小〔少〕弁・訴詔〔訟〕・基〔碁〕子麺・義〔議〕定・刑〔形〕儀・
四至傍〔牓〕爾・式部太〔大〕輔・葱〔忍〕・飛弾〔騨〕細江

【略体】

厭〔壓〕・段〔緞〕子・玄番〔蕃〕頭・五蔵〔臓〕六腑

【扁揃】

硫磺〔黄〕・返〔反〕逆・瓢⿰票單〔箪〕・鍮鉐〔石〕・誅謬〔戮〕・陳防〔方〕・呪咀〔詛〕・硫磺〔黄〕・城墎〔郭〕・

葱苳〔忍冬〕

d明応五年本節用集

【通用】

接〔摂〕州・顕注蜜〔密〕勘・日本記〔紀〕・鐀〔鑓〕（2例）・脩〔修〕羅・囉斉〔斎〕・築〔筑〕紫（3例）・皤〔播〕摩・皤摩〔磨〕・皤〔播〕州・傍〔膀〕爾・準〔隼〕人正・準〔隼〕・鬖〔鬆〕筆・半斉〔斎〕・茶〔荼〕毘・葱〔忍〕辱・別義〔儀〕・藤〔籐〕・度〔渡〕唐・塗籠藤〔籐〕・小〔少〕輔・儀〔義〕（54例）・佗〔侘〕事・熊〔態〕・孄〔嫩〕・格〔恪〕勤・掲〔褐〕布・典待〔侍〕・大〔太〕政大臣・小〔少〕弐・大〔太〕鼓・侘祭〔際〕・談議〔義〕・詫〔託〕宣・属詫〔託〕・逐〔遂〕・年記〔紀〕・釭〔鉛〕・難義〔儀〕・垺〔埒〕・狼籍〔藉〕・尉〔熨〕鮑・掛塔〔搭〕・太〔大〕和・遣〔遺〕戸・遺〔遣〕・元霄〔宵〕・教〔孝〕養・蒲〔葡〕萄（3例）・不盧〔慮〕・不詳〔祥〕・粉〔紛〕失・無信要〔用〕・心大〔太〕・小性〔姓〕・蚓〔蜊〕・細擢〔櫂〕・鑼〔鑼〕・叡盧〔慮〕・調渡〔度〕懸・愛増〔憎〕・安〔按〕排・左小〔少〕弁・義〔儀〕式・義〔議〕定・密〔蜜〕柑・榁〔榼〕・待〔侍〕者・待〔侍〕所・鐘〔鍾〕馗大臣・重藤〔籐〕・滋藤〔籐〕・小〔少〕・佗〔侘〕事・潔斉〔斎〕・飛弾〔騨〕・弾〔騨〕州・門〔問〕註所・勢遺〔遣〕

【略体】

厭〔壓〕・段〔緞〕子・狂〔誑〕惑・尺〔釈〕迦・丹青会〔絵〕・喬〔蕎〕麦・玄番〔蕃〕頭・匀〔韻〕書・段〔緞〕子・雷〔櫑〕盆

【扁揃】

硫磺〔黄〕・返〔反〕逆・瓢䉼〔箪〕・鍮鉐〔石〕・誅謬〔戮〕・陳防〔方〕・濫次〔吹〕・繧繝〔雲間〕・呪咀〔詛〕・忘〔妄〕念・経絗〔徊〕・賢〔堅〕責・哢〔弄〕・葱苳〔忍冬〕

【分字】

薩子〔孽〕

e玉里文庫本節用集

【通用】

盤〔磐〕梨・幡〔播〕磨・幡〔播〕州・傍〔膀〕爾・鬖〔髤〕筆・莫太〔大〕・放埓〔埒〕（2例）・瓢簞〔箪〕・塗籠藤〔籐〕・王羲〔義〕之・嬾〔嫩〕・格〔恪〕勤・鍛治〔冶〕・伊与〔予〕・談儀〔義〕・太〔大〕犯・侘際〔傺〕・属詫〔託〕・懃〔勤〕・年記〔紀〕・釭〔鉛〕・難義〔儀〕・狼籍〔藉〕・掛塔〔搭〕・管〔官〕堵・教〔孝〕養・蒲〔葡〕萄・不思儀〔議〕・小性〔姓〕・蚓〔蛚〕・調渡〔度〕懸・安〔案〕排・幾〔畿〕内・懃〔勤〕仕・箐〔簀〕・震〔辰〕旦・紫震〔宸〕殿・朝庭〔廷〕・葱〔忽〕・榼〔榼〕・鐘〔鍾〕馗大臣・重藤〔籐〕・鐘〔鍾〕愛・神詫〔託〕・本腹〔復〕・飛弾〔驒〕・弾〔驒〕州・僉儀〔議〕・儀〔義〕

【略体】

瓢単〔簞〕・玄番〔蕃〕頭・雷〔擂〕盆

【扁揃】

硫磺〔黄〕・鈑〔飯〕銅・葱蓐〔忍辱〕・返〔反〕逆・鑰鉐〔石〕・陳防〔方〕・呪咀〔詛〕・哢〔弄〕・柱〔拄〕杖・葱苳〔忍冬〕

f龍門文庫蔵室町中期写本節用集

【通用】

幡〔播〕磨・幡〔播〕州・傍〔膀〕爾・鬖〔髤〕筆・莫太〔大〕・放埓〔埒〕（2例）・瓢簞〔箪〕・藤〔籐〕・塗籠藤〔籐〕・王羲〔義〕之・嬾〔嫩〕・格〔恪〕勤・鍛治〔冶〕・伊与〔予〕・談儀〔義〕・侘際〔傺〕・属詫〔託〕・懃

〔勤〕・年記〔紀〕・那知〔智〕・釭〔鉛〕・難義〔儀〕・垺〔埒〕・狼籍〔藉〕・掛塔〔搭〕・管〔官〕堵・蜜〔密〕夫・教〔孝〕養・潔斉〔斎〕・蒲〔葡〕萄（2例）・不思儀〔議〕・小性〔姓〕・蚓〔蛚〕・調渡〔度〕・安〔案〕排・訴詔〔訟〕・日本記〔紀〕・箒〔簀〕・紫震〔宸〕殿・重藤〔籐〕・飛弾〔騨〕・弾〔騨〕州・難義〔儀〕

【略体】

瓢単〔箪〕・玄番〔蕃〕頭・海羅〔蘿〕・五蔵〔臓〕・雷〔擂〕盆

【扁揃】

硫礦〔黄〕・鈑〔飯〕銅・葱蓐〔忍辱〕・返〔反〕逆・鍮鉐〔石〕・陳防〔方〕・呪咀〔詛〕・硫礦〔黄〕・葱〔忍〕・柱〔拄〕杖・葱苳〔忍冬〕

g伊京集

【通用】

王〔玉〕垣・岩逈〔迫〕・論議〔義〕・竪議〔義〕・幡〔播〕磨・幡〔播〕州・傍〔牓〕爾・太〔大〕常卿・鬖〔髤〕筆・莫太〔大〕・癈〔廃〕忘・狼籍〔藉〕（3例）・半斉〔斎〕・女姓〔性〕・載〔戴〕星・中小〔少〕将・糖〔糠〕・莫太〔大〕・僨〔貸〕・賄賂属詫〔託〕・倅〔悴〕者・格〔恪〕勤・用〔要〕脚・太〔大〕簇・太〔大〕呂・大〔太〕政大臣・詫〔託〕宣・茶〔荼〕毘・属詫〔託〕・監〔濫〕吹・行騰〔縢〕・掛塔〔搭〕・垺〔埒〕（2例）・元霄〔宵〕・教〔孝〕養・蒲〔葡〕萄・小性〔姓〕・蚓〔蛚〕・細擢〔欋〕・鑼〔钁〕・調渡〔度〕・懸・愛増〔憎〕・古〔故〕郷・玉〔王〕卿・義〔儀〕式・榼〔榼〕・太〔大〕夫・待〔侍〕所・鐘〔鍾〕馗大臣・蒲〔葡〕・重藤〔籐〕・鐘〔鍾〕愛・主氷〔水〕正・難義〔儀〕

【略体】

离〔離〕（2例）・蒺莉〔蔾〕・段〔緞〕子・頼离〔離〕・神瑞篱〔籬〕・虎篱〔籬〕・玄番〔蕃〕頭・莆〔葡〕萄・

笊篱〔籬〕・匋〔陶〕膳・酸将〔醤〕草・咳[口束]〔嗽〕

【扁揃】妹妋〔夫〕・硫磺〔黄〕・鈑〔飯〕銅・返〔反〕逆・吋〔叵〕耐・鍮鉐〔石〕・誅謬〔戮〕・陳防〔方〕・呪咀〔詛〕・恨〔根〕性・潤〔閏〕浮提・挵〔弄〕拗・責〔嘖〕

【合字】瞀〔肬目〕・應〔鹿心〕柿・袠〔内衣〕・褜〔明衣〕

【分字】薩子〔孽〕・兆鼓〔鼗〕・飛鳥〔[飛/鳥]〕・鹿叚〔麚〕

h黒本本節用集

【通用】班〔斑〕鳩・忽緒〔諸〕・傍〔膀〕爾・埴生少〔小〕屋・準〔隼〕人正・準〔隼〕・髿〔鬃〕筆・莫太〔大〕・女姓〔性〕・藤〔籐〕・度〔渡〕唐・略義〔儀〕・塗籠藤〔籐〕・大掌〔嘗〕会御禊・宮囲〔闈〕令・佗〔侘〕事・格〔恪〕勤・大〔太〕政大臣・詫〔託〕宣・談議〔義〕・茶〔荼〕毘・侘際〔傺〕・年記〔紀〕・歴瘍〔瘍〕・釭〔鉛〕・動〔勲〕功・元霄〔宵〕・教〔孝〕養・蒲〔葡〕萄（2例）・不思儀〔議〕・小性〔姓〕・蚓〔蛚〕・調渡〔度〕懸・安〔案〕内者・安〔按〕排・安〔案〕内・青弊〔幣〕・青弊白弊〔幣〕・枳穀〔殻〕・義〔儀〕式・義〔議〕定・太山榼〔榼〕・四至傍〔膀〕爾・榼〔榼〕・重藤〔籐〕・白弊〔幣〕・前裁〔栽〕・曲〔典〕侍

【略体】盧〔廬〕・喬〔蕎〕折敷・段〔緞〕子・蒔会〔絵〕師・玄番〔蕃〕頭・浮泉〔線〕綾・倉〔蒼〕頡・雷〔櫑〕盆

【扁揃】

硫磺〔黄〕・葱蓐〔忍辱〕・返〔反〕逆・鍮鉐〔石〕・妎〔介〕妁・呪咀〔詛〕・嘲哢〔弄〕・哢〔弄〕・硫磺〔黄〕・
葱苳〔忍冬〕

節用集刊本類

a 饅頭屋本節用集

【通用】

詫〔詑〕人・佗〔侘〕言・誹〔俳〕諧・四至傍〔牓〕爾・義〔儀〕式・実儀〔義〕・順儀〔義〕・非儀〔義〕・評儀〔議〕・刃〔叉〕簇・鐶剣〔鈕〕・叡盧〔慮〕・太〔大〕名・掛塔〔搭〕・塗籠藤〔籐〕・太〔大〕将・莫太〔大〕・大〔太〕政大臣・奉弊〔幣〕・行季〔李〕・霄〔宵〕・綿蜜〔密〕・小性〔姓〕・左小〔少〕弁・属詫〔託〕・播〔幡〕磨・青弊〔幣〕・癈〔廃〕・征〔鉦〕鼓・年記〔紀〕・忽緒〔諸〕・遠盧〔慮〕・班〔斑〕鳩・迮〔旋〕・準〔隼〕・潰〔漬〕物・漬〔潰〕胆・答〔荅〕・義〔議〕定・蕪箐〔菁〕・藤〔籐〕・重藤〔籐〕・忽緒〔諸〕・讒〔纔〕・詫〔詑〕言・神詫〔託〕・商買〔売〕・陰〔隠〕遁・釭〔鉛〕・鐕〔鑽〕

【略体】

宥如〔恕〕・玄番〔蕃〕頭・芝闌〔蘭〕

【扁揃】

㕲〔叵〕耐・吹呻〔伸〕・呪咀〔詛〕・嘲哢〔弄〕・誅謬〔戮〕・柱〔拄〕杖・檐〔担〕桶・硫磺〔黄〕・鍮鉐〔石〕

【合字】

瞖〔眈目〕

b 天正十八年本節用集

【通用】

幡〔播〕州・盤〔磐〕梨・綸〔論〕訴・築〔筑〕紫（2例）・傍〔牓〕爾・準〔隼〕人正・準〔隼〕・髪〔鬊〕筆・莫太〔大〕・狼籍〔藉〕（4例）・女姓〔性〕・母義〔儀〕・瓣〔辨〕香・藤〔籐〕・塗籠藤〔籐〕・王羲〔義〕之・格〔恪〕勤・鍛治〔治〕・用〔要〕脚・太〔大〕識官・太識〔織〕官・大〔太〕政大臣・談議〔義〕・茶〔荼〕毘・侘際〔傺〕・紀〔紇〕・恋暮〔慕〕・率〔卒〕哭忌・属詑〔託〕・年記〔紀〕・歴瘍〔瘍〕・蚰蜒〔蜒〕・難義〔儀〕・紫斉〔齏〕濃・箂〔筆〕・掛塔〔搭〕・遺〔遣〕戸・伊勢太〔大〕神宮・睡〔瞳〕・元霄〔宵〕・教〔孝〕養・蔔〔葡〕萄（3例）・艇〔綎〕・不思儀〔議〕・分斎〔斉〕・抜〔跋〕扈・小性〔姓〕・蚓〔蜊〕・細擢〔欋〕・鑺〔钁〕・言悟〔語〕道断・調渡〔度〕懸・韓〔障〕泥・安〔按〕排・古〔故〕郷・玉〔王〕卿・四至傍〔牓〕爾・太〔大〕夫・重藤〔籐〕弓・飛弾〔驒〕・弾〔驒〕州・斎〔斉〕・世度〔渡〕卑・小〔少〕弼・難義〔儀〕・小斉〔斎〕・索〔素〕彎・濟〔済〕

【略体】

段〔緞〕子・玄番〔蕃〕頭・笊篱〔籬〕・昭〔照〕覧・雷〔櫑〕盆

【扁揃】

硫磺〔黄〕・鈑〔飯〕銅・返〔反〕逆・瓢礋〔簞〕・鍮鉐〔石〕・陳防〔方〕・苷〔甘〕草・蠟蠋〔燭〕・呪咀〔詛〕・忘〔妄〕念・箶〔胡〕・箶〔胡〕簏・狂言誇〔綺〕語・樒〔蜜〕柑・葱苳〔冬〕

【合字】

衂〔鼻血〕

c 易林本節用集

【通用】

引接〔摂〕・忽緒〔諸〕・論義〔議〕・榼〔榼〕子・大不教〔孝〕・莫太〔大〕・女姓〔性〕・夾鍾〔鐘〕・率〔卒〕

爾・築〔筑〕紫鎮西・絚〔拉〕・陸脩〔修〕静・塗篭藤〔籐〕・王義〔羲〕之・余義〔儀〕・大〔太〕政大臣・大〔太〕布・率〔卒〕爾・築〔筑〕紫・築〔筑〕波山・難義〔儀〕・内義〔儀〕・歴瘍〔瘍〕・篦〔箆〕・篦〔箆〕撓・斂死〔屍〕箱・掛塔〔搭〕・矢箆〔篦〕・鑪〔鑢〕子・榼〔榼〕葉・目膜〔瞙〕・蒲〔葡〕萄・不儀〔義〕・蜻蚓〔蛚〕・脩〔修〕羅（2例）・細擢〔欋〕・蒲〔葡〕萄・悦預〔予〕・乳揆〔搔〕藻・条禄〔録〕・相姓〔性〕・左小〔少〕弁・渋篦〔箆〕・奇伐〔代〕・義〔議〕定・旧義〔儀〕・大〔太〕白星・遊覚〔学〕・四至傍〔牓〕爾・榼〔榼〕・重藤〔籐〕・滋藤〔籐〕・論議〔義〕・大〔太〕白神・刃〔叉〕簇・摂禄〔籙〕

【略体】

段〔緞〕子・里〔黒〕蝦蟇・玄番〔蕃〕頭・白微〔薇〕・摂禄〔籙〕・昭〔照〕覧・雷〔擂〕盆

【扁揃】

哢〔弄〕言・葱蓐〔忍辱〕・逗遛〔留〕・鍮鉐〔石〕・繧繝〔雲間〕・遻〔景〕迹（2例）・嘲哢〔弄〕（2例）・哢〔弄〕・呪咀〔詛〕・魮䱷〔比目〕

六、調査結果

調査の結果得られた、各文献の総語彙量、及び各該当例数、合計数を以下に示す。

文献の種類、文献名、総語彙量、「通用」「略体」「扁揃」「合字」「分字」の数、それらの合計数の順に、実数の数値を、辞書の類（和名集類・色葉字類・節用集写本類・節用集刊本類）ごと、辞書ごとに、「通用」「略体」「扁揃」「合字」「分字」「合計」のそれぞれについて表に纏め、表1として示す。次いで、各辞書の総語彙量に占める実数の割合（％）を、同様に辞書の類ごと、辞書ごとに、「通用」「略体」「扁揃」「合字」「分字」「合計」のそれぞれについて表に纏め、表2として示す。％は小数点以下三位を四捨五入した。各類内での辞書の排列は、割合の低いものから高い

	書名	通用	略体	扁揃	合字	分字	合計	総語彙量
和名集類	頓要集	42	4	3	1	1	51	3100
	宣賢卿字書	60	15	6	2	3	86	4450
	用心集	61	9	6	0	3	79	3270
	広大本和名集	34	3	5	0	0	42	1660
	運歩色葉集付録	15	3	6	0	0	24	910
	桂本佚名古辞書	62	12	8	1	3	86	2940
	類集文字抄	48	17	7	0	4	76	2510
	亀井本和名集	122	9	9	3	2	145	4070
	有坂本和名集	77	8	9	3	3	100	1850
	計	521	80	59	10	19	689	24760
色葉字類	広大本和名集 伊呂波字	11	3	3	0	1	18	1240
	国会本色葉字尽	21	5	2	0	0	28	1680
	東大本色葉集	25	2	2	0	0	29	1730
	北野天満宮蔵 佚名古辞書色葉集	79	10	9	1	5	104	6020
	運歩色葉集	220	31	23	0	6	280	15750
	高橋本色葉字	47	0	5	2	2	56	2210
	有坂本和名集 伊路波字	40	2	2	0	0	44	600
	計	443	53	46	3	14	559	29230
節用集（写本）	黒本本節用集	48	8	10	0	0	66	7390
	龍門文庫蔵 室町中期写節用集	45	5	11	0	0	61	6420
	玉里文庫本節用集	50	3	10	0	0	63	6430
	増刊下学集	47	4	10	0	0	61	5510
	正宗文庫本節用集	39	4	11	0	0	54	4640
	伊京集	57	13	13	4	4	91	6080
	大谷大学本節用集	66	6	11	0	0	83	5500
	明応五年本節用集	138	10	14	0	1	163	5790
	計	490	53	90	4	5	642	47760
節用集（刊本）	易林本節用集	57	7	12	0	0	76	14440
	饅頭屋本節用集	50	3	9	1	0	63	7270
	天正十八年本節用集	74	5	15	1	0	95	7610
	計	181	15	36	2	0	234	29320

表1

	書名	通用 %	略体 %	扁揃 %	合字 %	分字 %	合計 %	総語彙量
和名集類	頓要集	1.35	0.13	0.1	0.03	0.03	1.65	3100
	宣賢卿字書	1.35	0.34	0.13	0.04	0.07	1.93	4450
	用心集	1.87	0.28	0.18	0	0.09	2.42	3270
	広大本和名集	2.05	0.18	0.3	0	0	2.53	1660
	運歩色葉集付録	1.65	0.33	0.66	0	0	2.64	910
	桂本佚名古辞書	2.11	0.41	0.27	0.03	0.1	2.93	2940
	類集文字抄	1.91	0.68	0.28	0	0.16	3.03	2510
	亀井本和名集	3	0.22	0.2	0.07	0.05	3.44	4070
	有坂本和名集	4.16	0.43	0.49	0.16	0.16	5.41	1850
	計	2.1	0.32	0.24	0.04	0.08	2.78	24760
色葉字類	広大本和名集 伊呂波字	0.89	0.24	0.24	0	0.08	1.45	1240
	国会本色葉字尽	1.25	0.3	0.12	0	0	1.67	1680
	東大本色葉集	1.45	0.12	0.12	0	0	1.68	1730
	北野天満宮蔵 佚名古辞書色葉集	1.31	0.17	0.15	0.02	0.08	1.73	6020
	運歩色葉集	1.4	0.2	0.15	0	0.04	1.78	15750
	高橋本色葉字	2.13	0	0.23	0.09	0.09	2.53	2210
	有坂本和名集 伊路波字	6.67	0.33	0.33	0	0	7.33	600
	計	1.52	0.18	0.16	0.01	0.05	1.91	29230
節用集（写本）	黒本本節用集	0.65	0.11	0.14	0	0	0.89	7390
	龍門文庫蔵 室町中期写節用集	0.7	0.08	0.17	0	0	0.95	6420
	玉里文庫本節用集	0.78	0.05	0.16	0	0	0.98	6430
	増刊下学集	0.85	0.07	0.18	0	0	1.11	5510
	正宗文庫本節用集	0.84	0.09	0.24	0	0	1.16	4640
	伊京集	0.94	0.21	0.21	0.07	0.07	1.5	6080
	大谷大学本節用集	1.2	0.11	0.2	0	0	1.51	5500
	明応五年本節用集	2.38	0.17	0.24	0	0.02	2.82	5790
	計	1.03	0.11	0.19	0.01	0.01	1.34	47760
節用集（刊本）	易林本節用集	0.39	0.05	0.08	0	0	0.53	14440
	饅頭屋本節用集	0.69	0.04	0.12	0.01	0	0.87	7270
	天正十八年本節用集	0.97	0.07	0.2	0.01	0	1.25	7610
	計	0.62	0.05	0.12	0.01	0	0.8	29320

表2

ものへ、上から下に並べてある。更に、各類の平均値をグラフとしたものが表3である。

表3

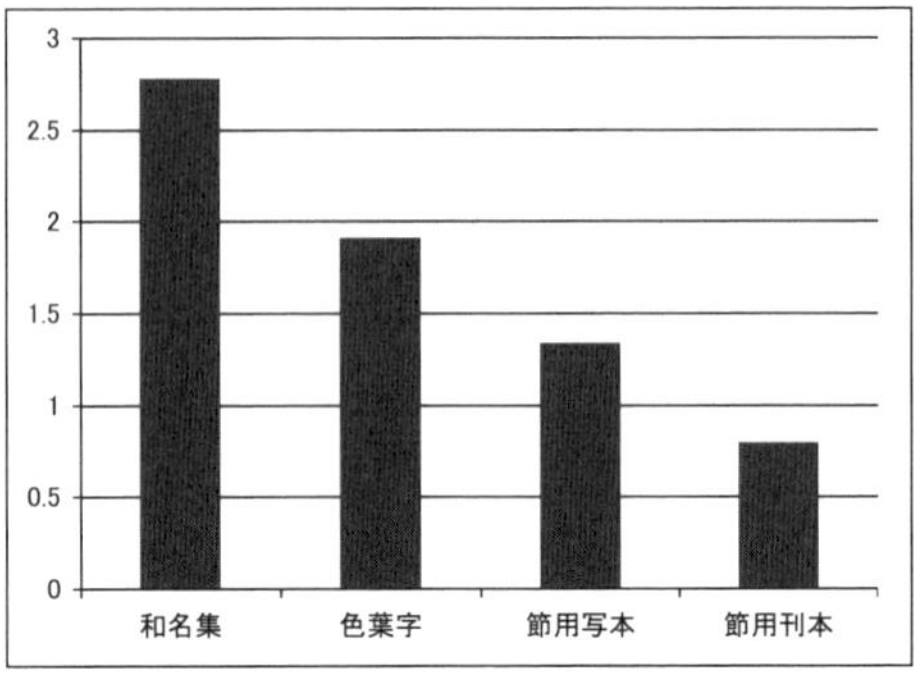

	和名集	色葉字	節用写本	節用刊本

七、結論

和名集類は、頓要集の一・六五%から、天理図書館蔵有坂本和名集(意味分類体部分)の五・四一%まで、かなりの幅が有る。しかし、他の三類に比べて、諸本共に概ね高率であり、全体の平均値は二・七六%となっており、四類の中で最も高い。

色葉字類は、広島大学本和名集伊呂波字（色葉分類体部分）の一・四五％から、天理図書館蔵有坂本和名集伊路波字（色葉分類体部分）の七・三三％まで、更に大きな幅が認められる。但し、有坂本以外の諸本の数値には余り大きな差異は認められず、全体の平均値は一・九一％に留まっている。

節用集写本類は、黒本本の〇・八九％から明応五年本の二・八二％まで、幅が有る。但し、明応五年本以外の諸本の数値には余り大きな差異は認められず、諸本共に概ね低率であり、全体の平均値は一・三四％となっている。

節用集刊本類は、易林本の〇・五三％から天正十八年本の一・二五％まで、幅が認められる。饅頭屋本・天正十八年本の二本を見る限り、「刊本はある程度校訂されているだろう」という大方の予想に反して、節用集写本類との大きな差異は無い。しかし、後述するように、易林本はかなり厳密な校訂が施されており、平均値を押し下げている。全体の平均値は〇・八％となっており、四類の中で最も低い。

以上の結果について、その原因を考察する。唐の干禄字書には正字意識が見えるものの、それは科挙という特殊な状況を前提としていた上に、印刷物ではないので、日本への影響力は限られていた。わずかに、図書寮本類聚名義抄に「干云」として干禄字書が引かれていることが確認されているが、このような事例は僅少である。つまり、平安時代までは、字体・用字の両面に関して、漢字を正しく書かなければいけないという義務感は薄かったし、その基準とすべきものも無かったと見て良い。日本においては、中世に至るまで、中国の敦煌文献に代表される、「俗字の時代」とも言うべき唐代の表記・用字法が長く踏襲された。特に古文書・古記録類中の通用・略体・扁揃・合字・分字の使用は極めて盛んである。

今回、かかる事実を前提として、中世の辞書類が、当時の書記言語の実態をどの程度反映しているか、という観点からの調査を行った。その結果、室町期の辞書四類中和名集類が、中世の書記言語の実態を最も良く反映していることが明らかとなった。色葉字がそれに次ぐが、この辞書が文書用語辞典であることからすれば、当然の結果であろう。

一方、中国との国交が復活した鎌倉時代以降、宋代の漢字文化の影響が徐々に強くなって行く。宋・元代以降は、中国では国家事業として字書の編纂と印刷が行われたため、止字の根拠とすべき漢字資料、例えば大広益会玉篇・広韻・附釈文互註礼部韻略・増修互註礼部韻略・古今韻会挙要等の版本が、容易に日本に渡来したからである。

室町時代の建内記・実隆公記・言継卿記・言経卿記・義演准后日記等の古記録や、新撰之消息・新札往来・尺素往来等の往来物には、広韻・大広益会玉篇（玉篇）・韻府群玉（韻府）・附釈文互註礼部韻略（礼部韻）・増修互註礼部韻略（毛晃韻）・古今韻会挙要（韻会）等の書名が見える。そして、公家の家では、これらの中国の字書・韻書類を、購入したり互いに貸し借りしていたこと、特に室町期には、旧来の字書類は敬遠され、毛晃韻、即ち増修互註礼部韻略が尊重されるようになったこと等が記録されている。

今回の調査により、節用集の編纂・増補が行われた室町中期頃から、辞書編纂者の間に、徐々に正字意識の高まりが有ったことも明らかになった。易林本節用集の跋文に「此節用集、十字九皆贋也。正諸於韻会礼部韻」とあるのは、室町末期頃、易林をめぐる人士の間で、正字意識がかなり高く、実際の本文校訂に韻会や礼部韻が使用されていたことを端的に示す叙述であり、そこに籠められている意味や歴史的背景を、我々は充分に理解すべきであろう。

注

（1）正名要録（S.388）は『敦煌経部文献合集』（中華書局、二〇〇八年）第八冊（小学類字書之属）に収録されている。

（2）「位相」の概念を日本語学に初めて取り入れたのは菊沢季生氏であった。菊沢氏は、「国語研究」一―一（一九三三年）の論文「国語の科学的研究に就て」において、「水は固体である時は氷といひ、気体と化せば水蒸気とか湯気とか唱へられるのでありますが、物理化学的に見ますとこれは全く同一の物質でありまして、たゞ位相 (phase) を異にするに過ぎないと認められてゐます。この「位相」なる術語を国語学にも採用致しますならば、言語は社会が位相を異にする毎にその位相を異にし、国語学者は、この様に国語が位相を異にする毎にこれを研究する必要があるといふ事になる訳であります。国語学の綜合的研究の一面にはこの位相の相違による特殊の事実を認識し、位相の相違による変化の状況を究め、その間にはたらく法則を見出すべき方面の存する事が分るのでありまして、この様な研究部門を名づけて位相論（英語にすればPhaselogy）と唱へようと思ふのであります。」と述べる。このように、菊沢季生氏は、物理学の位相の概念を取り入れ、社会集団が異なると言語も様相を異にし、それを比喩的に「位相」と名付けた。以来、国語学では、地域や社会集団の違いによって言葉の違いが現れる現象について「位相」という術語を使用することが多い。本稿では、辞書のグループの種類により、漢字表記上の特徴に種々の違いが見られる現象を、日本語学でいう「位相」の一種と仮定して「位相差」と呼ぶ。

（3）俗務要名林（P.5001・P.5579・S.617・P.2609）は『敦煌経部文献合集』（中華書局、二〇〇八年）第八冊（小学類字書之属）に収録されている。

（4）雑集時用要字（S.610・S.3227・S.6208・P.3391・S.3836・P.3776・S.5514・P.2880他）は『敦煌経部文献合集』（中華書局、二〇〇八年）第八冊（小学類字書之属）に収録されている。

［付記］

本稿の第一章は高橋久子「色葉字の性格に就いて」（『訓点語と訓点資料』第一一六輯所収、平成十八年三月）を改稿したものであり、第二章は高橋久子「中世辞書の漢字表記の位相差について」（『訓点語と訓点資料』第一三三輯所収、平成二十六年九月）を改稿したものである。

国会本色葉字尽について

李　妍

はじめに

辞書というものは、成立時代の社会・文化・学術の状況に応じつつ、編纂者の個性を相当反映して作成される。僧侶昌住が仏典の難字を読むために新撰字鏡を作成したこと、及び、公家である源順の和名類聚抄において仏典の引用が極少であることとは、看過できない事実である。つまり、編纂者の立場や身分により、辞書の成立事情、編纂意図、編纂方法等は、大きく異なってくるのである。それ故、古辞書における編纂者の特定は、古辞書を研究する上で、極めて重要な手掛かりを齎すものと考えられる。

室町時代について言えば、中国をはじめ外国との交易が頻繁に行われ、文化も多様性に富んだため、編纂者の学問的な多様性が、辞書にも及んだと言える。それは、ある程度、彼らの身分及び官職という形であらわれてくる。辞書の編纂者は、序文や跋文の記述により確定できる場合もあれば、その他の資料で推定できるものもあるが、中古の辞書の編纂者がほぼ特定できているのに対し、中世の代表的な辞書は、節用集、運歩色葉集、倭玉篇等、編纂者が不明なものが大多数であることは遺憾とされるところである。

なかで、編纂者名が確定しているのは、虎関師錬の聚分韻略、大伴広公の温故知新書、飯尾永祥の撮壌集、清原宣賢の塵芥、日我のいろは字である。虎関師錬は五山の禅僧、大伴広公は新羅明神社の宮司、飯尾永祥はもと室町幕府奉行職をつとめた人物で、官僚と言えようし、清原宣賢は当代随一の儒者、日我は鎌倉の日蓮僧である。つまり、その身分官職は極めて多岐にわたる。

室町時代に編纂された辞書・字書は、以下のように分類できる。

ア、和名集…武家の初学者が教養として身につけるべき漢字語彙を類聚した小型のシソーラス

イ、色葉字…武家社会において必須の知識である文書用語や書簡用語を載録した、色葉分類体辞書

ウ、節用集…全体を色葉分類し、その下位を意味で分類した総合的日用辞書

エ、倭玉篇…部首分類体の漢和字書

オ、その他の特殊辞書…韻分類体の詩文用字書、和歌・連歌用辞書、事物起源・語源辞書、薬物名辞書、名数辞書等

このような分類と、上に挙げたような編纂者との関係は、今後の研究を待たねばならないが、五山僧虎関師錬が漢詩文作成用の字書を、幕府の奉行人飯尾永祥が、武家の教養書たる和名集を、武家に近い日蓮宗の僧侶日我が、武家社会の実用知識、色葉字を編集していることは、偶然とは言えないであろう。

これら各種の辞書・字書の中で、色葉字の特徴として特記すべきは、中世武士階級の社会生活に有用な、実務的側面である。具体的に言えば、行政・契約・租税・経済・訴訟関係の文書を作成する際に不可欠な文書用語や、公的書状を作成する際に必要な書簡用語を載録する辞書だということである。

従来、古辞書研究は節用集系統を中心に行われ、一定の伝統と蓄積があるが、他の形態の辞書については、取り上げられることが少なかった。なかで、和名集については高橋久子氏、倭玉篇については鈴木功眞氏が研究を進めているものの、色葉字の研究は僅少である。管見の及ぶ限りにおいて、色葉字についての論考には、鈴木博氏『妙本寺蔵永禄二年いろは字』(1)解説、木村晟氏『北野天満宮蔵佚名古辞書』(2)開題、高橋久子氏「色葉字の性格に就いて」(3)がある

のみで、研究はかなり遅れている。本稿は、色葉字の一本たる色葉字尽の編纂者を特定することで、色葉字の特質の研究、ひいては室町時代の辞書全体の研究に、一歩を進めようとするものである。

一、色葉字尽の文書用語含有率

色葉字尽の漢字二字以上の全標出語を調査対象とし、中世文書使用語彙の含有率を調べる。竹内理三氏・史料編纂所が編纂されたデータベース『CD-ROM 版鎌倉遺文』（第一版、平成二十年、東京堂出版）を使用し、色葉字尽各部の所収語彙につき、データベースに使用例があるか否かを確認する。その際、前述したように、調査対象は、データベース検索で語の認定が可能である、漢字二字以上の語彙とする。

右の方法により調査した結果を、表1に示す。

表1

	国会	鎌倉	比率
イ	28	25	89.29%
ロ	6	4	66.67%
ハ	26	23	88.46%
ニ	7	7	100.00%
ホ	12	12	100.00%
ヘ	21	20	95.24%
ト	21	19	90.48%
チ	39	37	94.87%
リ	13	13	100.00%
ヌ	2	2	100.00%
ル	6	6	100.00%
ヲ	29	28	96.55%
ワ	11	9	81.82%
カ	70	65	92.86%
ヨ	18	17	94.44%
タ	39	37	94.87%
レ	24	24	100.00%
ソ	27	24	88.89%
ツ	12	12	100.00%
ネ	10	10	100.00%
ナ	16	15	93.75%
ラ	23	21	91.30%
ム	11	11	100.00%
ウ	12	8	66.67%
ヰ	7	6	85.71%
ノ	2	1	50.00%
オ			
ク	44	41	93.18%
ヤ	11	10	90.91%
マ	17	17	100.00%
ケ	72	70	97.22%
フ	60	59	98.33%
コ	68	62	91.18%
エ	24	22	91.67%
テ	31	28	90.32%
ア	20	15	75.00%
サ	82	77	93.90%
キ	55	54	98.18%
ユ	11	7	63.64%
メ	12	12	100.00%
ミ	9	9	100.00%
シ	131	130	99.24%
ヱ			
ヒ	43	41	95.35%
モ	19	17	89.47%
セ	62	56	90.32%
ス	30	27	90.00%
計	1293	1210	93.58%

色葉字尽の漢字二字以上の標出語一二九三語中、鎌倉遺文に使用例のあるものは一二一〇語であり、その含有率は九三・五八パーセントである。この割合は、今回調査した色葉字諸本十一本中、最も高い。

二、色葉字尽の特徴

色葉字の所収語彙を、同時代の他の古辞書類と比較した時、最も顕著な特色としては、行政・契約・租税・経済・訴訟関係の文書用語、及び書簡用語を多く収載することである。中世のいろは分類体辞書、色葉字は、実務的な文書用語を収めることを目的とした辞書であり、その目的は、同時代の他の古辞書類と、自ずから異なっている。

色葉字諸本の中では、特に国立国会図書館蔵色葉字尽が、一見して文書用語を多く収載すると同時に、他に見られない特殊な用語を含むものとして注目される。まず、ここにその概要を記す。

写本一冊。国立国会図書館蔵。貼題簽は無く、表紙に打ち付けに「色葉字尽」と書かれている。内題有り。表紙裏左寄りに、本文と同筆で「色葉字尽」とある。全二二丁。毎半葉五行書き。いろは分けの辞書。落丁無し。総語数は一六七七。末尾には「天和二壬戌年／霜月下旬写之」なる奥書が記されている。現在に至るまで、公刊された写真複製は無い。各部の語彙量は、以下に示す通りである。

イ(36)　ロ(6)　ハ(33)　ニ(9)　ホ(15)　ヘ(24)　ト(28)　チ(42)　リ(13)　ヌ(7)
ル(6)　ヲ(43)　ワ(25)　カ(83)　ヨ(18)　タ(62)　レ(24)　ソ(41)　ツ(34)　ネ(17)
ナ(28)　ラ(23)　ム(11)　ウ(21)　ヰ(7)　ノ(9)　オ(—)　ク(53)　ヤ(21)　マ(39)
ケ(79)　フ(71)　コ(88)　エ(29)　テ(34)　ア(52)　サ(97)　キ(62)　ユ(11)　メ(18)
ミ(9)　シ(143)　ヱ(—)　ヒ(54)　モ(33)　セ(67)　ス(52)

色葉字尽の編纂の問題については、拙論「『色葉字』諸本における国立国会図書館蔵『色葉字尽』の位置付け」[4]において、「国立国会図書館蔵『色葉字尽』は、『色葉字』諸本の中でも、文書用語を蒐集する率が高く、そのような特殊な用途を意図して作成された辞書である可能性が高い。しかも、本書にしか収載されない語彙には、特殊な読み、用法が確認されるものがあり、内実の面から見ても、文書用語の専用辞書としての性格が強い。」と結論づけたところである。つまり、国立国会図書館蔵色葉字尽は、文書用語の専用辞書としての明確な意図をもって作成された辞書であり、それ以外の色葉字諸本は、程度の差はあっても、特殊な文書用語を削ったり、百科語彙を増補したりしている点で、原形を失ったものと言えるのである。

具体的な事例として、国立国会図書館蔵色葉字尽の所収語彙中、色葉字の他の諸本、及び節用集諸本に載録の稀な語を抽出し、その語の文書での用例を検討した結果をここに示す。

A 取帳（トッチャウ）

薩摩山田文書、文永九年（一二七二）三月、薩摩谷山郡水田取帳写（鎌倉遺文一〇九九六号文書）

［文書本文］

注進　文永九年分水田神田寺田取帳事

合

三月十八日

ひしや門一丁あまり　　あまか上五反ハカリ

上ろ院三反ハカリ　　住田四段ハカリ

上ろ院七反ハカリ　　上ろ院あまた一丁ハカリ

カシハ原三反ハカリ

ひしや門田八段ハカリ　　ゆ田一丁あまり

すみよし一丁アマリ
三月廿七日
住田四段
寺主田一丁〈ヲチミ田〉
寺主田五段
国分寺一反
上ろ院一段卅
後迫国領七段ハカリ
こんけ宝田五段
同園卅
上ろ院五段ハカリ
収納使園四段
うすく
国領一段廿ハカリ
寺田三段ハカリ
五月九日
薬師堂一丁一段卅
　以上廿一丁廿
谷山郡内〈神田幷寺田注文〉

門田いまたつくらす
見依如見反十
八田内五反〈寺主田〉
そうしや二反十
大浦田二丁三反ハカリ
ほりの内二段卅ハカリ
黒丸五段ハカリ
同園十
北山田二段
寺主田二丁半
住田二段
妙見三段ハカリ
うすくの国領五段ハカリ

［訓み下し］〈省略〉

［補説］

薩摩の国、谷山の郡のうちの、神田と寺田とを実地に調査して、それらの所有者・所在・面積などを列挙したものである。このように、「取帳」は、中古・中世において、国衙領または荘園の田畠を巡検して作成された、一種の検田帳の種類を表す用語である。この租税関係用語を載録するのは、色葉字諸本中、国立国会図書館蔵色葉字尽一本のみである。更に、管見の古本節用集諸本のいずれにも収載されていない。[5] また、ここで特に問題とすべきは、中世における「取帳」の語形である。日本国語大辞典・国史大辞典ともに、「とりちょう」の見出しのもとに、この語を掲出する。更に、古文書・古記録用語辞典類[6]も「とりちょう」で掲載する。しかし、色葉字尽に「取帳（トチヨウ）」とあり、この傍訓を、促音便無表記形と解釈すれば、中世におけるこの語の語形は、「トッチョー」であった可能性が極めて高い。「とり（取）」が促音便化して「とっ」となる事例は、中世において、「とりつか（取柄）」→「とっつか」、「とりつけ（取付）」→「とっつけ」、「とりて（取手）」→「とって」その他、平行例が多数存する。従来無反省に使用されて来た、文書用語を中心とする日本史関係の用語群について、色葉字諸本の傍訓を精査することにより、語形を修正することができるケースは、少なくないと考えられる。

B　新券（シンケン）

厳島神社文書、永久四年（一一一六）十月、安芸国橘光時解案（平安遺文一八六三号文書）

［文書本文］

　椽橘光時解　申度進私領水田事

　　合伍丁　在風早郷和田村

　　　四至　本券面在〈直卅五石済了、材木五百支代、在判、〉

右水田、筏未進代、限永年、当郷司対藤原朝臣所渡進実也、為後日、造新券、以解

〔訓み下し〕

椽橘の光時解す。申し度し進ず、私領水田の事。

合せて五丁　風早の郷、和田村に在り。

四至は本券の面に在り。〈直三十五石、済し了んぬ、材木五百支の代、判在り、〉

右、水田、筏未進の代として、永年を限り、当郷司、藤原の朝臣に対ひて、渡し進ずるところ、実なり、後日のために、新券を造り、以て解す。

〔補説〕

安芸の国の橘の光時は、筏を納めることができなかったので、その代わりに、自己の所有である和田村の水田五丁を、郷司である藤原朝臣に、確かに譲ったが、後日になって問題が起きないように、証文を作り、上申する、という内容である。「新券」は、中世において、土地などの売買・譲渡に当たり、売り手・譲渡者が発給する、土地所有権を証明する証文を言う。この契約関係用語を載録するのは、色葉字諸本中、国立国会図書館蔵色葉字尽一本のみである。更に、管見の古本節用集諸本のいずれにも収載されていない。

C　当知行（タウチギャウ）

和泉日根文書、弘安七年（一二八四）十一月十四日、中原氏女所職譲状（鎌倉遺文一五三五九号文書）

〔文書本文〕

譲与　和泉国長瀧御荘惣公文幷弥富方下司職事

副渡〈貞永御教書幷天福以下代々政所御下文次第証文等〉

右、両職者、天福以来相伝当知行、敢無相違之次第、具見証文等、而舎兄僧明心依無成長之子息、氏女得其譲畢、

仍申賜政所御下文、多年知行之、爰彼明心息女四条局既成人之間、則又相副調度之文書等、所譲渡也、更不可有
他妨之状如件、

[訓み下し]

譲り与ふ。和泉の国、長瀧の御荘の惣公文幷びに弥富方の下司職の事。

副へ渡す。〈貞永の御教書、幷びに天福以下の代々の政所の御下文・次第証文等。〉

右、両職は、天福以来相伝の当知行、敢て相違無きの次第、具さに証文等に見ゆ。而るに、舎兄僧明心、成長の子息無きに依り、氏女、其の譲りを得畢ぬ。仍て政所の御下文を申し賜りて、多年之を知行す。爰に、彼の明心の息女、四条の局、既に人と成るの間、則ち又、調度の文書等を相副て、譲り渡す所なり。更に他の妨げ有るべからざるの状、件の如し。

[補説]

和泉の国、長瀧の荘園の、官職（現実には得分権）を譲る文書である。長瀧荘の惣公文、及び弥富方の下司職、という二つの官職は、天福年間以来、中原家が代々受け継ぎ、その得分権（収益権）を実際に行使して来た。しかし、私の兄の明心には、成人した子息が無いので、私（中原の氏女）が、その官職を譲り受け、長年にわたり、その権利を行使して来た。ところでここに、兄明心の娘、四条の局（私の姪に当たる）が成人したので、この二つの官職を、権利証文等を添えて、確かに四条の局に譲り渡す、という内容である。「当知行」という語は、ある権利（この場合は、荘園の得分権）を現実に行使していることを言う。この経済関係用語を載録するのは、色葉字諸本中、国立国会図書館蔵色葉字尽一本のみである。更に、管見の古本節用集諸本のいずれにも収載されていない。

D　裁糾（サイキウ）

九条家本延喜式、巻四裏文書、長元七年（一〇三四）二月八日、播磨大掾播万貞成解（平安遺文五二四号文書）

［文書本文］

播磨大掾播万貞成解　申請　非違庁裁事

請、被任道理裁定、為西七条刀禰安倍清安不知姓豊延等、従者男近正〈加〉川原毛父馬一疋幷黒鞍一具等、被奪取不安愁状

右、貞成、自彼国参上新司御許之間、件近正従者〈止之天〉京上□間、清安豊延等随身数多之人、西七条之末〈爾〉出来〈天〉申云、件馬〈八〉中臣松犬丸〈加〉以去年六月十三日被盗取之馬〈奈利止〉申〈天〉、不論是非奪取已了、抑件馬元者彼国飾磨郡〈乃〉□村〈□〉居住〈為留〉大石頼安〈加〉馬也、領知已経数年之間、依有各毛々之要〈天〉、以去長元五年十二月中近正所領黒毛母馬〈爾〉相替〈天〉所領知也、皆非無券文、随馬年巳廿余歳、此程已在地郡司・刀禰等皆所見知也、又領主顕然也、而被盗取馬〈止〉申〈天〉偏触申非違之庁裁、近正之身被召禁者、重検案内、件馬者、於頼安〈加〉許〈爾之天〉経十余年、随〈天〉近正領知之後又三箇年、而清安豊延等〈加〉所申〈八〉、以去年六月中被□〈盗カ〉取申、又近辺之人々或不在〈止〉申、或慥〈爾〉見〈天〉可申之由〈遠〉申〈止〉云々、専無一定者、前後已相違者、為愁之甚、莫過於斯、望請　庁裁、任理被裁糾、将知正理之貴、仍注事状、以解、

［訓み下し］

播磨の大掾、播万の貞成解す。申し請く、非違の庁裁の事。

請く。道理の裁定に任せられ、西七条の刀禰、安倍の清安、不知姓豊延等のために、従者の男、近正が川原毛の父馬一疋、幷びに黒鞍一具等を、奪ひ取らるる不安の愁状。

右、貞成、彼の国より、新司の御許に参上する間、件の近正、従者として京に上る間、清安・豊延等の随身、数多の人、西七条の末に出来て申て云く、件の馬は、中臣の松犬丸が、去年の六月十三日を以

て、盗み取らるる馬なり、と申して、是非を論ぜず、奪ひ取り已ぬ。抑も、件の馬、元は、彼の国の飾磨の郡の□村に居住せる、大石の頼安が馬なり。領知、已に数年を経る間、各毛々の要有るに依て、去ぬる長元五年十二月中を以て、近正が領する所の黒毛の母馬に相ひ替て、領知する所なり。皆、券文無きにあらず。随ひて、馬の年、已に廿余歳になり、此の程、已に在地の郡司・刀禰等、皆、見知る所なり。又、領主顕然なり。而るに、盗み取らるる馬と申して、偏へに非違の庁裁を触れ申し、近正の身、召し禁ぜらるるといへり。重ねて案内を検ずるに、件の馬は、頼安が許にして十余年を経、随ひて、近正が領知の後、又、三箇年になる。而るに、清安・豊延等が申す所は、去年の六月中を以て、盗み取らるると申す。又、近辺の人々、或いは、在らず、と申し、或いは、慥かに見て、之を申すべき由を申すと、云々。専ら一定なる者無く、前後已に相違すといへり。愁を為すの甚しきこと、斯に過ぐる莫し。望み請く、庁裁、理に任せて裁糺せられ、将に正理の貴きを知るべし。仍て事の状を注し、以て解す。

［補説］

播万の貞成が、違法な庁裁（院の庁の裁き）を調べ直してほしいと、朝廷の上位機関に願い出た文書である。播磨の国から、従者近正が、京の都に上ってきた時に、清安・豊延の家来たちが、近正の馬を、中臣の松犬丸のもとから、去年盗まれた馬だと主張して、馬と鞍を、不正に奪い取った。しかし、元来その馬は、播磨の国の飾磨の郡の大石の頼安の所有だったものを、一昨年、近正が譲り受けたものであることは、関連する証拠書類から確認でき、清安・豊延らの主張は根拠が無い。また、松犬丸がその馬を所有していたという近隣住民の証言はまちまちで、信用できない。このような論拠を勘案して、正しい裁定を下されるよう願い上げる、という趣旨であり、現在でいう再審請求に当たる。「裁糺」は、間違っている裁定等を、調べ直して、正しく裁き直すことである。この訴訟関係用語を載録するのは、色葉字諸本中、国立国会図書館蔵色葉字尽一本のみである。更に、管見の古本節用集諸本のいずれにも収載されていない。この「裁糾」なる語は、日本国語大辞典・時代別国語大辞典室町時代編・角川古語大辞典・国史大辞典等の大型の辞書類にも載録されていない。また、古文書・古記録用語辞典類(7)にも項目が立てられていない。このような、従来見落とされていた文書用語を収めている点にも、国立国会図書館蔵色葉字尽の存在意義は認められる。

E　得益（トクヤク）

日蓮聖人遺文、文永十年（一二七三）五月日、日蓮書状（鎌倉遺文一一二七五号文書）

［文書本文］

（上略）我等か本師釈迦如来は、初成道の始より、法華を説んと思食しかとも、衆生の機根未熟也しかは、先権教たる方便を四十余年か間説て、後に真実たる法華経を説せ給也、此経の序分無量義経にして、権実のはうしを指て、方便真実を分給へり、所謂、以方便力、四十余年、未顕真実是也、大荘厳等の八万の大士、施権開権廃権等のいはれを得意分給て、領解して言、法華已前の歴劫修行等の諸経は、終不得成無上菩提と申きり給ひぬ、然後正宗法華に至て、世尊法久後、要当説真実と説給しを始として、無二亦無三、除仏方便説、正直捨方便、乃至不受余経一偈と禁め給へり、是より已後は、唯有一仏乗の妙法のみ、一切衆生を仏になす大法にて、法華経より外の諸経は、一分の得益もあるましきに、末法の今の学者、何れも如来の説教なれは、皆得道あるへしと思て、或真言、或念仏、或禅宗・三論・法相・倶舎・成実・律等の諸宗諸経を取取に信する也、（下略）

［訓み下し］〈省略〉

［補説］

日蓮の書状である。私たちの師である釈迦如来は、悟りを開かれた初めから、法華経を説こうとお思いになっていらっしゃったが、衆生の能力が未熟であったため、まず、方便として説く仮の経を、四十年余りの間説いて、後に真実の経である法華経を説かれたのである。この経の序に当たるのは、無量義経であって、仮の経と真実の経の境目を指し示して、方便と真実を区別された。いわゆる「以方便力、四十余年、未顕真実」というのが是である。大荘厳等の八万の大士は、仮の経を施し、開き、廃することの根拠を理解し分別して、了解して言うことには、法華経以前の長い時間のさまざまな経は「終不得成無上菩提」（結局完全な仏の悟りを得ることができない）、と断言された。正統な法華経に至って、「世尊法久後、要当説真実」とお説きになったのをはじめとして、「無二亦無三、除仏方便説」、「正直捨方便」、「乃至不受、余経一偈」といましめられた。それ以後は、「唯有一仏乗」の妙法だけが、一切衆生を成仏させる大法であって、法華経以外の色々な経は、少しの御利益も得られるはずはないのに、末法の世の現在の学者は、どれも如来の説教であるので、みな得道できるはずだと思い、真言、念仏、禅宗・三論・法相・倶舎・成実・律等の宗派の経を、それぞれに信じるのである、という内容である。「得益」（トクヤク）は、御利益を得ること。この語は、密教の用語であるとともに、日蓮の書状に頻出する用語である。この語を載録するのは、色葉字諸本中、国立国会図書館蔵色葉字尽一本のみである。更に、管見の古本節用集諸本のいずれにも収載されていない。

F　得減（ゲンヲウ）

山城神護寺文書、貞応三年（一二二四）頃十月二十日、行慈書状（鎌倉遺文三三〇一号文書）

［文書本文］

（上略）逐申…行慈か所労と申候は、右足中風し候て、えふみたて候はす、当時も十所はかりやきて候、惣て廿余所灸して候へとも、いまたけむをえす候、灸所平愈して得減候は、来月中旬上洛之議を存候也、

［訓み下し］〈省略〉

［補説］

行慈の書状の追伸である。私の病気と申しますのは、右足が中風にかかり不随になりまして、足が立たないのです。病気になった時も十か所ほど灸をすえました。全部で二十か所余り灸をすえましたが、まだ治癒しておりません。灸をすえた所が平癒して、治りましたら、来月の中旬に、京の都にのぼる予定でございます、という内容である。「減（げん）を得（う）」は、病気が治る、快復する意。この書状用語を載録するのは、色葉字諸本中、国立国会図書館蔵色葉字尽一本のみである。更に、管見の古本節用集諸本のいずれにも収載されていない。

以上は、国立国会図書館蔵色葉字尽特有の語彙の幾つかについて、文書中の使用例を、文書全体の内容を検討することにより、語の意味用法を帰納したものである。右に指摘したように、

ア、「取帳」の語形は、「トリチョウ」から「トッチョウ」に修正すべきである。従来無反省に使用されて来た、文書用語を中心とする日本史関係の語彙について、色葉字諸本の傍訓を精査することにより、当時における語形（発音）を、より正しく推定し得ると予想される。

イ、「裁料」は、日本国語大辞典・時代別国語大辞典室町時代編・角川古語大辞典・国史大辞典等の大型の辞書類にも載録されていない。色葉字諸本の語彙を精査することにより、このような、従来見落とされていた文書用語を発掘し、それらの語形・意味用法を闡明することが可能であると予想される。

三、色葉字尽の編纂者について

ところで、色葉字尽について、高橋久子氏は、「色葉字の性格に就いて」の中で、「国立国会図書館蔵色葉字尽は、略本色葉字であるが、独立直後の原姿を保存していると考えられる」と指摘されている。ここで、色葉字諸本中、他の諸本より相対的に原形を保存していると目される国立国会図書館蔵色葉字尽については、古記録の記述から、その編纂者を特定する可能性について指摘したい。

国立国会図書館蔵色葉字尽の末尾には「天和二壬戌年霜月下旬写之」なる奥書があり、書写年月は一六八二年の旧暦十一月と特定できるが、序文も跋文も無いこともあり、従来、編纂者は未詳とされてきた。『国書総目録』にも、「いろは字づくし　一冊〔別〕色葉字尽〔類〕辞書〔写〕国会（天和二写）〔版〕東大・石川謙」(8)とあるのみで、著者・編者名の記載は無い。古辞書の編纂者は、序文や跋文の記述により確定されるのが通常である。

しかし、それらを欠く本書においては、そのような捷径は求め得べくもない。今回の調査では、以下に挙げる古記録を精査することにより、解明への道を開いた。

1　言国卿記(9)（史料纂集による）
2　十輪院内府記(10)（史料纂集による）
3　政覚大僧正記(11)（史料纂集による）
4　兼見卿記(12)（史料纂集による）
5　北野社家日記(13)（史料纂集による）
6　舜旧記(14)（史料纂集による）
7　師郷記(15)（史料纂集による）
8　経覚私要鈔(16)（史料纂集による）
9　山科家礼記(17)（史料纂集による）
10　慶長日件録(18)（史料纂集による）
11　公衡公記(19)（史料纂集による）
12　上井覚兼日記(20)（大日本古記録による）
13　親長卿記(21)（増補史料大成による）

14　言経卿記[22]（大日本古記録による）
15　長興宿禰記[23]（史料纂集による）
16　言継卿記[24]（新訂増補本による）
17　多聞院日記[25]（増補続史料大成による）
18　蔭涼軒日録[26]（増補続史料大成による）
19　大乗院寺社雑事記[27]（増補続史料大成による）
20　梅津政景日記[28]（大日本古記録による）
21　建内記[29]（大日本古記録による）

上掲二一種の古記録を繙読し、調査を行ったところ、これらのうち、古辞書に関する記述の見られるものは、兼見卿記・舜旧記・言経卿記・言継卿記・大乗院寺社雑事記の五つの古記録であった。そして、ここで問題となる色葉字尽については、山科言経の日記である言経卿記の、天正四年四月十五日及び六月二十日の条に、二箇所言及したくだりがあることを見出し得た。まず、その二条を、［本文Ⅰ］［本文Ⅱ］として掲出し、筆者の私案として、訓読し、内容解説を行った。なお、引用文中の傍線は、筆者が施したものであることをお断りしておく。

［本文Ⅰ］天正四年四月十五日条

十五日、戊寅、天晴、
一、高辻へ冷泉令同道罷向了、樽代〈五十疋、〉持之、一盞有之、次色葉字尽〈自作、〉・愚管抄等令借用了、又愚管抄宮御方へ進上アルヘキ之由有之、

〔訓読〕

十五日、戊（つちのえ）の寅（とら）、天晴る。

一、高辻へ冷泉を同道せしめ、罷り向かひ了ぬ。樽代五十疋、これを持つ。一盞これ有り。次に、色葉字尽〈自作〉・愚管抄等借用せしめ了ぬ。また、愚管抄、宮の御方へ進上あるべきの由、これ有り。

〔内容〕

山科言経が、文章博士兼大学の頭まで歴任した大学者、高辻長雅のもとに、冷泉為満を、門下生として受け入れてもらう目的で、同道した、という記事で始まる。入門の謝礼として、五十疋を用意している。無事入門を許され、酒を振る舞われる。話題が変わり、山科言経は、高辻長雅自作の色葉字尽及び愚管抄を、高辻長雅から借用した。また、長雅は、誠仁親王に愚管抄を献上する予定であることを話した。

［本文Ⅱ］天正四年六月二十日条

廿日、壬午、天晴、

一、高辻ヨリ色葉字尽・愚管抄等取来了、則返了、

〔訓読〕

二十日、壬（みずのえ）の午（うま）、天晴る。

一、高辻より色葉字尽・愚管抄等、取りに来了ぬ。則ち返し了ぬ。

〔内容〕

高辻長雅から、色葉字尽と愚管抄の返却を求めて、使いの者が来た。ただちに両書籍を返却した。

本文Ⅰは、言経卿記、天正四年（一五七六）四月十五日の記録であり、本文Ⅱは、同じく天正四年六月二十日の記録である。言経のこの記載内容を検討すると、

（1）冷泉為満は、高辻長雅の門下生となり、学問を教授されることになった。

（2）山科言経は、高辻長雅のもとから、天正四年（一五七六）四月十五日に、長雅編纂の色葉字尽を借用し、同年六

月二十日に返却した。

以上の分析を踏まえて、色葉字尽の編纂者は、室町期の碩学、高辻長雅である蓋然性が高いことが分かる。しかしながら、高辻長雅・山科言経それぞれの経歴、及び二者の関係等について、更に追究する必要が有ると考える。以下に、両人の家系と事績について調査した結果を纏めて示す。

四、高辻家及び高辻長雅

「高辻家」については、国史大辞典[30]に次のようにある。

菅原姓。菅原道真の後裔是綱を家祖とする。家格は半家。紀伝道の家で、代々文章博士。式部大輔に任ぜられ、改元の際には勘文を上るのが慣例であった。また歴代天皇の侍読を勤めた。是綱の曾孫為長が参議・正二位にまで昇って以来、子孫は公卿に列し、南北朝時代の長衡からは弁官にも任ぜられ、その曾孫継長が権大納言に昇任してからは、権大納言が極官となった。以後は壮年に達するまでに文章博士・大内記・少納言を勤め、ついで弁官を経て、式部大輔・権中納言に任ぜられ、老年に至って権大納言になるのを通例とした。（以下略）

上記の記述からも知られるように、高辻家は、公卿に列し、代々文章博士に任ぜられ、時に大学頭もつとめる、学問（紀伝道）の家である。

このような家に生まれた高辻長雅は、公卿人名大事典[31]に、以下のように詳細に記載されている。

室町・安土桃山時代の人、権大納言。永正一二（一五一五）年八月二五日生～天正八（一五八〇）年九月一〇日没。六六才。法名＝文盛。権中納言高辻章長の子。母は権大納言町広光の娘（権中納言町資将の養女）。永正一八（一五二一）年学問料の学生となり文章得業生に及第。同年元服。叙爵。大永三（一五二三）年従五位上に叙され、同六年正五位下に進み、享禄三（一五三〇）年式部大輔に任ぜられ、同四年従四位下に進み、同五年大内記・文章博士、天文二（一五三三）年少納言・侍従に任ぜられ、同三年従四位上、同五年正四位下に進み、同七年加賀権介、同一三年紀伊権守に任ぜられ、同一六年従三位に進み左大弁に任ぜられ、同一七年参議に任ぜられる。同一八年正三位に進み、同二〇年大学頭に任ぜられ、同二二年従二位に進み、弘治元（一五五五）年権中納言に任ぜられる。永禄二（一五五九）年大学頭・左大弁・文章博士を辞す。同年正二位に進み再び式部大輔に任ぜられ、同三年侍読となる。同五年権中納言を辞す。同七年氏長者となる。天正八（一五八〇）年権大納言に任ぜられる。

家督養子に為経がいる。

年若くして文章得業生に及第し、十代で文章博士、三十代で大学頭に任ぜられた碩学である。高辻家は紀伝道の家であり、長雅は、史記・漢書・後漢書等の歴史書、及び文選等の漢文学に通暁し、それらを講義していたと考えられる。学問の家に生まれ、汗牛充棟の文献を蔵し、多くの門下生を擁し、同時代の主要な公家の人士と頻繁に学問的交流を行っていたことは、言経卿記等の古記録中の記事によっても知られる。

五、山科家及び山科言経

「山科家」については、国史大辞典に次のようにある。

藤原氏北家、魚名末裔の四条家庶流。徳大寺公親の次男実教（一一五〇～一二二七）に始まる。実教は四条家成の猶子となり、後鳥羽天皇に衣紋を奉仕したと伝える。その子教成は、童名を金毘羅丸と称し、実父は後白河院の近臣平業房、母は高階栄子。業房の没後、栄子は院に仕え、宣陽門院覲子内親王を儲け、丹後局と称されて権力を振るった。教成も院の北面に候し、侍の子でありながら勅命によって卿相一流を相続し、一族から曩祖と称された。後白河院の死後、山科の別業は栄子に託され、そのことごとくは教成が相続して山科家の所領の基礎が作られた。その後、所領内に後白河院の遺徳を讃えて御影堂を建て、所領を寄進したが、同族での所領争奪の内紛もあった。山科の家名は、特に冷泉・藤井とも号したが、『山科家系譜』に「山科称号間事、被申趣則披露候畢、可得其御意之旨御沙汰之状如件、貞和二年（一三四六）七月十八日、山科中将入道殿」と記され、教行から正式に勅許されている。家格は、教言以来羽林家として仕え、おおむね権中納言を極官とした。役職は、教行以降内蔵頭を世襲して御服所を管掌し、もっぱら装束の調進を家職とし、御厨子所別当をも兼帯し供御人を支配した。また代々、楽に堪能で笙をよくした。（中略）著名な人物に、言継・言成・言縄らがいる。この家は日記が多く伝存されている家として著名であるが、教言の代に出火し、以前の日記は伝わらず、それ以後の代々の日記は、内閣文庫・宮内庁書陵部・東大史料編纂所などに現存している。

上掲の記事によれば、山科家は、代々内蔵寮を世襲した公卿である。後白河院の寵臣となって所領を拡大し、権中納言に至るのを通例とした。山科家の代々の記主の手になる、教言卿記・教興卿記・言国卿記・言継卿記・言経卿記等の日記には、禅僧の往来・管弦・医薬・禁裏の供御・装束服飾・文学・和漢の典籍に関する様々な記事が豊富に含まれており、当時の文化を知る上で好個の資料となる。

さて、このような家に生まれた山科言経は、国史大辞典に、以下のように記載されている。

一五四三～一六一一　安土桃山・江戸時代前期の公家。天文一二年（一五四三）七月二日、正二位権大納言山科言継を父、右大弁葉室頼継の女を母として生まれる。同一八年七歳にして叙爵。二二年一二月二五日十一歳で元服し、従五位上内蔵頭となり昇殿を聴された。累進して元亀二年（一五七一）に、父の太宰権帥辞任の譲りにより、参議となり、天正二年（一五七四）正三位に叙せられ、同四年二月二四日冷泉為益の女を娶って翌五年長子言緒を得た。一三年六月一九日、冷泉為満・四条隆昌とともに勅勘を蒙ると、室の姉興正寺佐超室冷泉氏を頼って京都を出奔して一時堺に居住した。豊臣秀吉・同秀次・徳川家康らに働きかけて勅免を願ったが、慶長二年（一五九七）一一月一一日に勅勘がとけるまで一三年半の浪々の生活を送った。勅勘の理由は定かではないが、所領の相論がきっかけとなったらしい。浪人中から佐超夫妻の庇護を受け、佐超の父本願寺光佐や佐超の一門の診療にあたり、有職に関する諮問に与った。また衣紋（えもん）を奉仕したり、豊かな学識をかわれて秀次・家康から扶持を与えられている。慶長七年正月六日、山科家として最高位の正二位に叙せられ、同一六年二月二七日没。享年六九。法名白言。兄弟に言経誕生の二日前の天文一二年六月三十日、五歳で夭折した兄教明、四歳年下で同一六年一一月二八日に生まれた以継と妹二人があった。なお以継は薄以緒の養子となり諸光と改名したが、天正一三年十月五日秀吉の命により殺されている。

また、言経卿記そのものを読めば、有職故実に関する確かな知識と、和漢の文献を渉猟する豊かな学識を有する人物であったことが知られる。例えば、その広い学問世界のごく一部を占めるに過ぎないが、言経卿記中に見える和漢の古辞書(32)、若しくはそれに準ずる、意味分類体語彙を含む文献資料として、次のようなものが見える。

〔和漢の古辞書〕

広韻　…天正十九年三月十七日・慶長六年一月九日

韻府　…天正十九年三月十七日・慶長元年五月十八日・慶長元年五月二十六日・慶長元年七月十二日

玉篇　…天正十九年三月十七日・慶長元年一月十二日

聚分韻…文禄二年五月六日

三重韻…文禄二年七月七日

拾芥抄…文禄三年五月二十九日・文禄四年一月二十八日・文禄四年二月四日・文禄四年三月二十九日・文禄四年七月二十一日・文禄四年九月二十日・慶長三年一月十二日・慶長三年二月二十日・慶長三年四月二十三日・慶長三年五月十一日・慶長四年十一月十四日・慶長五年十一月二日・慶長五年十一月二十八日・慶長六年一月二十三日・慶長六年四月九日・慶長七年一月七日・慶長七年二月四日・慶長七年二月二十四日

韻会　　…文禄四年六月三日・慶長元年一月十二日
礼部韻…慶長元年一月十二日
壒嚢抄…慶長三年六月十六日・慶長三年六月二十八日・慶長三年十一月二十九日・慶長五年一月二十二日

〔意味分類体語彙を含む文献〕

鴉鷺物語　…天正十六年七月十一日・天正十六年八月十六日
職原抄抜書　…文禄二年三月二十六日
庭訓往来　…文禄三年十月十九日
明衡往来　…文禄四年六月二十五日
職原抄　…文禄四年八月十四日・慶長三年二月七日・慶長四年四月六日・慶長五年四月二日・慶長五年四月三日・慶長五年五月十五日・慶長五年七月二十日・慶長七年七月六日
職原抄文字読…文禄四年九月二十日
証類本草　…慶長元年七月二十六日・慶長元年七月二十七日・慶長四年七月二十七日・慶長四年八月三日
精進魚類物語…慶長二年八月二十日
百官仮真愚抄…慶長五年四月六日

以上のように、山科言経は、中国の韻書・字書・本草書をはじめとして、日本の詩文用韻書・意味分類体百科事典・往来物・有職故実書・物尽型御伽草子等を、知人から借用して書写したり、あるいは自身の蔵書中から、他人に貸与したりしている。これらの文献はいずれも、辞書そのもの、若しくは辞書に連なる資料群である。記主山科言経の、辞書類に対する関心の深さの程が窺われる。

天正四年（一五七六）四月当時、高辻長雅は六十二歳、山科言経は三十四歳であった。言経は、当代随一の碩学長雅に師事し、教えを受けるとともに、その著作や蔵書を頻繁に借り受けていた。従って、色葉字尽の編纂者と、学問的交流を行っていた言経が、その日記、言経卿記中に、色葉字尽の編者について言及しているのは、むしろ当然のことと言えるであろう。

まとめ

以上見てきたところから、色葉字尽は、高辻長雅が編纂し、山科言経を代表とする知識人に受容されたことが、ほぼ確認し得たと考えられる。室町時代の辞書として、具体的な編纂者が明らかになったという一点だけでも重要であるが、さらに色葉字尽の辞書としての特徴と関連させて考えてみよう。

そもそも、色葉字尽は、他の同時代の辞書と比べて、書簡用語・文書用語を多く掲載するという特徴を持つ。これは、ある意味で実用的な辞書というべきであるが、一方、書簡・文書を作成する可能性のある特定の階層、つまり、一定以上の学識を備えた公家、武家、禅僧のように、何らかの形で行政に携わる人間、さらには間接的に行政に参加する都市の富裕商人層が想定される。これらの階層の需要に応じて作成された辞書であるからこそ、山科言経が興味を示して筆写したのであろうし、さらに彼と交流のある人々に普及させたことも想定される。

山科言経は、中国渡来の漢語辞書、広韻・韻府群玉・玉篇・韻会・礼部韻や、日本人が作成した聚分韻・三重韻・拾芥抄・壒嚢抄を読解、利用していたことから、漢字・漢語の素養は当代一流であったと思われる。また、往来物の知識も吸収していることから想定し、和語の語彙も豊かであったであろう。そのような知識人であっても、書簡用語・文書用語のような実用語彙を知るためには、色葉字尽のごとき、別形態の辞書を必要としたことは、注目に値する。このような実用的な辞書については、従来、それ自体が辞書史の研究対象とはなっているものの、それが実際に受容された背景は、いまだ明らかではない。今回検討した資料は、その手がかりとして重要である。

翻って、色葉字尽の編纂者が高辻長雅と判明したことについても、その意義を検討しなければならない。高辻長雅は、家学たる紀伝道に通じ、文章博士、大学頭を歴任して生涯を終えた人物であり、伝統的な漢学の素養によって行政に参画した人物の典型であろう。その学問の中心は、漢学（今でいうところの歴史学と古典文学を中心とする）であり、漢籍の語彙、つまり漢字漢語の知識は水準が高かったに違いないが、特にその分野で著述を残したという資料はない。伝統的な「紀伝道」を継承する立場としては、述べて作らずという態度を取る方がむしろ自然であり、それ自体は異とするに足りない。

そのような人物が色葉字尽のごとき、実用的辞書を編纂したことは、そのような辞書の需要が高かったことを如実に示すものである。その編纂の動機や経緯は不明であるが、高辻長雅が高位の人物の依頼を受けて編纂した可能性と、自らの手控えとして作成した可能性などが指摘できる。前者であれば、高辻家の名声を背景とした依頼であろうことも見逃せない。こうして成立した色葉字尽が、先に述べたように、当時の知識人の間に、二次的に流布したのである。

ここであえて実用的辞書という呼称を用いたが、実用的漢語語彙に対する教養は、決して軽視されたものでなく、むしろ必要不可欠の物として認識されていたことを強調しなければならない。繰り返していうが、当代一流の公家が作成し、一流の知識人が流布させたのであるから。それは、ある意味で、実用的漢語語彙という存在が社会で認知されていたことを暗示する。現代の感覚では、このような語彙知識は、学校制度のような教育組織で伝達されるものであるが、室町時代においては、このような辞書の貸し借りこそが、教養を普及させる機能を持ち、一種の教育組織であったことが確認できるのである。色葉字尽は、日本の教育史においても、重要な意義を持つ存在であることを、最後に指摘してこの論を終えたい。

注

（1）鈴木博著『妙本寺蔵永禄二年いろは字』（昭和四十九年三月、清文堂出版）
（2）山内潤三監修、木村晟編輯『北野天満宮蔵佚名古辞書』（近思学報第三、昭和五十九年九月、洛文社）
（3）高橋久子「色葉字の性格に就いて」（「訓点語と訓点資料」一一六輯、平成十八年三月）
（4）李妍「『色葉字』諸本における国立国会図書館蔵『色葉字尽』の位置付け」（「学芸国語国文学」平成二十三年三月）
（5）古辞書以外の文献では、庭訓往来、三月往状に「取帳」の語が見え、内閣文庫蔵室町期写本・山田俊雄氏蔵天文六年写本に「取帳（トツ）」、阪本龍門文庫蔵文明十四年写本・寛永五年版・東京学芸大学高橋研究室蔵室町期写本に「取帳（トツチヤウ）」とある。
（6）使用した古文書・古記録用語辞典類は、左記の通りである。

①古文書用語辞典（荒居英次、飯倉晴武、太田順三、佐々木克、高橋正彦、広瀬順妟、福田アジオ編、平成十三年六月、柏書房）
②古文書用語大辞典（佐藤孝之、天野清文編、平成十八年四月、新人物往来社）
③古文書古記録語辞典（阿部猛編、平成十七年九月、東京堂出版）
④音訓引き古文書辞典（林英夫編、平成十六年一月、柏書房）
⑤古文書用字用語大辞典（池田正一郎編、平成七年六月、新人物往来社）

このうち、「とりちょう（取帳）」を載録するのは①と③である。
（7）注6参照。
（8）国書総目録の記事には不備と誤りがある。国会本は、表紙見返に、本文と同筆で、内題「色葉字尽」とあり、表紙左上部に別筆で「色葉字尽」と打付に書かれている。東大本は、原表紙左上部の元題箋に「いろは字つくし」とあり、内題無し。謙堂文庫所蔵の版本も同版である。そして、この国会本と東大本・謙堂文庫本とは、全く異なる内容を持つ別種の本であり、目録においては、当然別項目として扱われるべきものである。従って、色葉字尽という文字列の内題を有する本は、少なくとも、国書総目録に掲載されている範囲の現存国書中では、国会本が唯一であることが確認される。

(9)史料纂集『言国卿記』第一〜第八（昭和四十四年十月〜平成七年三月、続群書類従完成会）
(10)史料纂集『十輪院内府記』（昭和四十七年十月、続群書類従完成会）
(11)史料纂集『政覚大僧正記』第一・第二（平成元年四月・平成七年八月、続群書類従完成会）
(12)史料纂集『兼見卿記』第一・第二（昭和四十六年十月・昭和五十一年一月、続群書類従完成会）
(13)史料纂集『北野社家日記』第一〜第七（昭和四十七年五月〜平成十三年九月、続群書類従完成会）
(14)史料纂集『舜旧記』第一〜第八（昭和四十五年四月〜平成十一年八月、続群書類従完成会）
(15)史料纂集『師郷記』第一〜第六（昭和六十年一月〜平成十二年五月、続群書類従完成会）
(16)史料纂集『経覚私要鈔』第一〜第七（昭和四十六年六月〜平成二十年五月、続群書類従完成会）
(17)史料纂集『山科家礼記』第一〜第五（昭和四十二年十二月〜昭和四十八年十月、続群書類従完成会）
(18)史料纂集『慶長日件録』第一・第二（昭和五十六年一月・平成八年六月、続群書類従完成会）
(19)史料纂集『公衡公記』第一〜第三（昭和四十三年六月〜昭和四十九年十一月、続群書類従完成会）
(20)大日本古記録『上井覚兼日記』上・中・下（昭和二十九年三月〜昭和三十二年六月、岩波書店）
(21)増補史料大成『親長卿記』一〜三（昭和四十年九月、臨川書店）
(22)大日本古記録『言経卿記』一〜十四（昭和三十四年三月〜平成三年三月、岩波書店）
(23)史料纂集『長興宿禰記』（平成十年八月、続群書類従完成会）
(24)新訂増補『言継卿記』第一〜第六（昭和四十一年五月〜昭和四十二年十一月、続群書類従完成会）
(25)増補続史料大成『多聞院日記』一〜五（昭和五十三年五月、臨川書店）
(26)増補続史料大成『蔭涼軒日録』一〜五（昭和五十三年九月、臨川書店）
(27)増補続史料大成『大乗院寺社雑事記』一〜十二（昭和五十三年四月〜昭和五十三年七月、臨川書店）
(28)大日本古記録『梅津政景日記』一〜九（昭和二十八年三月〜昭和四十一年十二月、岩波書店）

(29)大日本古記録『建内記』一〜十（昭和三十八年三月〜昭和六十一年一月、岩波書店）
(30)国史大辞典編集委員会編『国史大辞典』（昭和五十四年三月〜平成五年三月、吉川弘文館）
(31)野島寿三郎編『公卿人名大事典』（平成六年七月、日外アソシエーツ）
(32)言経卿記中の具体的な記述は以下の通りである。年代順に掲出する。
①天正十六年（一五八八）七月十一日「一、西御方へ四物湯ニ香附子・人参・沈香・羌活・山薬等加之三包進了、又烏〔鴉〕鷺物語・保元物語上等返了」
②天正十六年（一五八八）八月十六日「一、興門ヨリ可来之由有之、少所労也トテ也、種々雑談了、次鴉鷺物語（半分計）読之、次夕飡有之」
③天正十九年（一五九一）三月十七日「一、梅庵へ罷向了、後小松院・後土御門院御両代宸筆、又古筆短冊十枚計、広韻、白氏文集ノ内一冊、源氏聞書等遣了、又大学二冊・韻府九冊、玉篇等可沽却之由申預置了」
④文禄二年（一五九三）三月二十六日「一、持明院へ職原抄抜書借用了」
⑤文禄二年（一五九三）五月六日「一、備前守子息将監双瓶持来了、又小聚分韻上下平判ニ開度之由申間、借用間遣了」
⑥文禄二年（一五九三）七月七日「一、寿命院へ礼ニ罷向、白キ帷一、遣了、対顔了、祝着之由有之、三重韻送与了、為相卿筆同与了、祝着了」
⑦文禄三年（一五九四）五月二十九日「一、今河入道〈仙岩斎、〉へ拾芥抄中巻借用之間遣了、度々書状有之」
⑧文禄三年（一五九四）十月十九日「一、本能寺之大儀坊ユカウ〈十、〉持来云々、哥共見度之由、預置了、阿茶丸対顔了、庭訓往来之青蓮院殿御筆持来、令見了」
⑨文禄四年（一五九五）一月二十八日「一、今川左馬助礼ニ扇子三本、阿茶丸ニ香箸等被持来之間、勧酒了、同仙岩斎ヨリ拾芥抄中巻被返了」
⑩文禄四年（一五九五）二月四日「一、今川仙岩斎ヨリ拾芥抄下借用、遣了」

⑪文禄四年（一五九五）三月二十九日「一、今河仙岩斎ヨリ拾芥抄下巻被返了」
⑫文禄四年（一五九五）六月三日「一、門跡へ韻会去声上借用了、驄返送了」
⑬文禄四年（一五九五）六月二十五日「一、幽庵ヨリ明衡往来取ニ来間、則返了」
⑭文禄四年（一五九五）七月二十一日「一、今川仙岩斎ヨリ拾芥抄下借用之間遣了」
⑮文禄四年（一五九五）八月十四日「一、古市入道宗超被来了、赤豆粥相伴了、職原抄上下返了」
⑯文禄四年（一五九五）九月二十日「一、今川入道ヨリ拾芥抄下返給了、／一、門跡ヨリ夕飡ニ可来之由使有之間罷向了、相伴者、門跡・予・常楽寺中将・式部卿等也、済々儀也、次職原抄文字読望之間則教之、入夜田楽・酒有之、戌刻ニ帰宅了」
⑰慶長元年（一五九六）一月十二日「一、門跡之御姫御方〈御上〉へ罷向了、曦字注可見之用ニ韻会・礼部韻・玉篇等借用了、注分見之、ヤカテ返了、御酒有之、次西御方へ罷向了」
⑱慶長元年（一五九六）五月十八日「一、横田不卜斎来了、韻府上平上借用之間遣了」
⑲慶長元年（一五九六）五月二十六日「一、横田不卜斎ヨリ韻府上平下返了、又下平下借遣了」
⑳慶長元年（一五九六）七月十二日「一、横田不卜入夜来了、種々雑談了、韻府下平下持来了、返了」
㉑慶長元年（一五九六）七月二十六日「一、横田不卜斎ヨリ証類本草自十五至二十〈一冊〉借給了」
㉒慶長元年（一五九六）七月二十七日「一、横田不卜斎へ証類本草昨日借用ヲ返了」
㉓慶長二年（一五九七）八月二十日「一、石川隼人佑ヨリ精進魚類物語・犬ツクハ等返了」
㉔慶長三年（一五九八）二月七日「一、仙石徳斎ヨリ中折一束・扇子送了、後刻罷向了、職原抄々出一冊校合、奥書之遣了」
㉕慶長三年（一五九八）二月十二日「一、幽庵門跡ヨリ使ニ来了、相尋ラル、条々有之、次拾芥抄下借用之間、遣了」
㉖慶長三年（一五九八）二月二十日「一、幽庵ヨリ拾芥抄下巻返了、又節用集上下借給了」

㉗慶長三年（一五九八）四月二十三日「一、寿命院へ薬取遣了、三包来了、又拾芥抄借用之間、上巻遣了、人来了」
㉘慶長三年（一五九八）五月十一日「一、寿命院ヨリ拾芥抄上返了、同中下借用之間、遣之」
㉙慶長三年（一五九八）六月十六日「一、寿命院ヨリ壒囊抄一之巻借給了、又名月抄借用之間、遣了」
㉚慶長三年（一五九八）六月二十八日「一、寿命院へ罷向脈ヲトラセ薬方談合了、壒囊抄一返了、又同二之巻借用了、キリムキニテ酒有之」
㉛慶長三年（一五九八）十一月二十九日「一、寿命院へ罷向了、壒囊抄二之巻・続世続第一・二令借用了、古今集見了」
㉜慶長四年（一五九九）四月六日「一、持明院へ罷向、暫雑談了、御譲位部類記・禁秘抄・職原抄不審一冊・公事根源抄等返了」
㉝慶長四年（一五九九）七月二十七日「一、備前守ヨリ証類本草二冊来云々、予借用了」
㉞慶長四年（一五九九）八月三日「一、宗味来間、証類本草二冊返了、備前守ヨリ借用之本也、来間、次ニ返了」
㉟慶長四年（一五九九）十一月十四日「一、門跡――半三郎ヨリ拾芥抄上巻返了」
㊱慶長五年（一六〇〇）一月二十二日「一、寿命院罷向二百文遣了、診脈了、センサイ・吸物、酒有之、暫時令雑談了、壒囊鈔四之巻・謡之本注等令借用、又正嘉三年能書誰人ヲ記テ所望之由也」
㊲慶長五年（一六〇〇）四月二日「一、五条薬屋与三右衛門尉職原抄・謡之本目六可見之由有間、取ニ遣了、到来了」
㊳慶長五年（一六〇〇）四月三日「一、五条薬屋へ職原抄・謡之本目六等返了」
㊴慶長五年（一六〇〇）四月六日「一、本願寺内――半三郎ヨリ百官仮真愚抄〈全〵〉到来了、従旧冬アツラへ了」
㊵慶長五年（一六〇〇）五月十五日「一、多田休三郎ヨリ職原抄表紙之出入有之間、送了、又帝王系図借用之間、遣了」
㊶慶長五年（一六〇〇）七月二十日「一、今朝番次ニ　禁中ヨリ職原抄〈刊〵〉拝領、忝者也、則長橋殿ニ参了、御礼申入了」
㊷慶長五年（一六〇〇）十一月二日「一、持明院へ罷向了、又罷向了、――拾芥抄三冊借用之間、遣了」

㊸慶長五年（一六〇〇）十一月二十八日「一、持明院へ晩ニ罷向了、拾芥抄上・中・下借遣了、田楽有之」
㊹慶長六年（一六〇一）一月九日「一、寿命院来了、今日　禁中群参ニ参云々、様体相尋了、勧酒了、広韻返了、旧冬借用了」
㊺慶長六年（一六〇一）一月二十三日「一、持明院へ早朝ニ罷向了、昆布一束遣了、拾芥抄中巻借用之間、遣了、又公卿補任取テ帰了」
㊻慶長六年（一六〇一）四月九日「一、近衛殿拾芥抄中巻取進了、後刻到来了」
㊼慶長六年（一六〇一）九月十五日「一、備前守来了、平声分韻閉之事挑〔誂〕了」
㊽慶長六年（一六〇一）十月二日「一、伶人備前守平声分韻閉テ持来也云々」
㊾慶長七年（一六〇二）一月七日「一、近衛殿ヨリ拾芥抄中巻被返給了」
㊿慶長七年（一六〇二）一月十日「一、近衛殿ヨリ拾芥抄中巻御借用之間、進了」
51慶長七年（一六〇二）二月四日「一、近衛殿ヨリ拾芥抄中巻御借用之間、持参了、頭痛気トテ無御対顔了」
52慶長七年（一六〇二）二月二十四日「一、近衛殿ヨリ拾芥抄中巻返給了」
53慶長七年（一六〇二）七月六日「一、禁中ヨリ懺法講記三巻被返下了」

［付記］

本稿は、主として、拙論「『色葉字』諸本における国立国会図書館蔵『色葉字尽』の位置付け」（「学芸国語国文学」平成二十三年三月）、及び同「『色葉字尽』の編纂者について」（「國語國文」平成二十四年一月）の内容をふまえ、本書のためにあらためて全面的に改稿したものである。

東大本伊呂波集について

石和田理沙

はじめに――色葉字と東京大学文学部国語研究室蔵『伊呂波集』について――

東京大学文学部国語研究室蔵『伊呂波集』（以下東大A）は中世のいろは分類体辞書であり、色葉字諸本の内の一本である。高橋久子「色葉字の性格に就いて」（二〇〇五）（『訓点語と訓点資料』）によると、色葉字は「実務的な文書用語を収めることを目的」とし、「同年代の他の古辞書類と比較したとき、行政・契約・租税・経済・訴訟関係の文書用語及び書簡用語を多く収載している」点が大きな特徴である。また、同氏は色葉字諸本として、以下の一六本を挙げている。

【一、和名集を主とし色葉字を付すもの】A陽明文庫蔵諸雑聞書言語類、B有坂本和名集伊路波字、C広島大学本和名集（仮題）伊呂波字、Dお茶の水図書館成簣堂文庫蔵用心集（仮題）色葉次第

【二、色葉字を主とし和名集を付すもの】E東京大学文学部国語研究室蔵伊呂波集（仮題）、F山田本以呂波集甲、G高橋本色葉字、H東京大学文学部国語研究室蔵色葉字集（仮題）、I北野天満宮蔵佚名古辞書色葉集（仮題）、J妙本寺蔵永禄二年いろは字、K元亀二年京大本運歩色葉集

【三、色葉字のみのもの】L国立国会図書館蔵色葉字尽、M猪無野本伊呂波集（仮題）

【四、未見】N下村富士男氏蔵天正七年写古辞書言辞篇、O山田本以呂波集乙（仮題）、P元和六年写節用集（仮題）

この内、Ｐは、現在、慶應義塾大学に所蔵されており、閲覧することが可能である。上記の分類では、二に該当する。本稿では、「慶應義塾大学三田メディアセンター蔵元和六年写『色葉集』」と呼ぶこととする。

東大Ａの成立年代及び編者は未詳である。総丁数四十四丁、総語数一九四六語であり、巻末の遊び紙への後人の書き入れがなされている。いろは分類体部分（伊～須。ヰ、オ、エの部立てはない。また、「ミ」も部立てされていないが、「免（メ）」の部の内容が「ミ」となっている。これは、「免」の部に後続の「ミ」の部の内容を誤って書いたものとみられ、実質は「メ」がないことになる。）と付録部分（鳥之類、魚之類[1]、馬之毛、諸国名（東海道・東山道・北陸道・山陰道・山陽道・南海道・筑紫））から成る。

従来、東大Ａを主題とした研究は無い。また、他の諸本については、各本の研究はあるものの、それらを色葉字諸本の一本と捉えた上で論じているものは余り見られない。そこで、本稿では、東大Ａと色葉字諸本の、所収語・排列の比較、文書用語掲載状況の調査等を行い、色葉字諸本内での東大Ａの位置付けを検討する。比較対象は、東大Ａ及び他色葉字諸本の任意一部（ユ部）を比較し、東大Ａ所収語と五割以上の一致率があり、かつ、様々な部で比較が可能である本を選定した[2]。以上の方法により選定した比較本（括弧内は本稿での略称）は、高橋本『色葉字』（高橋本）・元亀二年京大本『運歩色葉集』（運歩）・東京大学文学部国語研究室蔵『色葉字集』（東大Ｂ）・慶應義塾大学三田メディアセンター蔵元和六年写『色葉集』（慶應本）の四本である。各本の構成は以下の通りである。

【高橋本】以～寸（ゐ、お、ゑの部立てはない。）数量[3]　鳥之名　魚之名　獣之名　鷹之道具　武具　弓之法　船之名　番匠之道具　人之五体　木之名　草之名　金之名　虫之名　五節供異名　瓜異名　百官之次第　大名　名字

【運　歩】伊～須（お、ゑの部立てはない。）魚之名　鳥　獣名　虫名[4]　花木名　草名花

【東大Ｂ】は～す（い～はの前半部を欠く、ほ～を、か～た、め～しに欠落あり。ゐ、お、ゑの部立てはない。）数量

【慶應本】以〜寸（ゐ、お、ゑ の部立てはない。）数量(5) 雑字 点画少異字 諸国名

付録部分について、東大Aと共通する部は、⑴高橋本の鳥之名と魚之名、運歩の鳥と魚之名、⑵慶應の諸国名の二つが挙げられるが、⑵は各本で余り差異が見られるものではなく、また、複数本に共通しないことからも、比較には適さないだろう。よって、本稿では、いろは分類体部分では四本、付録部分では高橋本・運歩の二本を比較対象とし、前者は任意三部（ニ・ヤ・ユ）、後者は⑴の部を調査する。

一、いろは分類体部分検討

一―一 所収語一致率からの考察

今回の調査範囲の所収語一致状況から、確実に関係性があるといえるのは、既に米谷隆史（二〇一〇）「古辞書における方言掲載をめぐって―元和六年写［色葉集］を中心に―」（西日本国語国文学会発表資料）が近縁性を明示している東大Bと慶應本である。同氏が取りあげた「ニ」部以外に、本研究対象の三部でも近縁性が確認できた。東大B三部所収語（全二〇二語）の内、慶應本との共通語数は一六九語、一方、慶應本三部所収語（全二〇一語）の内、東大Bとの共有語数は一七八語であり、これは、各々の所収語の八三・七%、八八・六%に当たる（小数点第二位四捨五入。以下同様）。つまり、東大Bと慶應本は所収語の八割以上が一致しており、非常に近い関係にあると見られる。

表1は、東大A所収語の何%が各本所収語と一致しているかを示したものである。ここからは、最も高い一致率をもつ本は運歩と認められるが、表2から、高橋本の方が運歩との一致率が高いことが分かる。故に、東大Aは運歩と特別強い関係性を持っているとは言い難い。高い一致率が出た理由の一つとしては、運歩の所収語数が他色葉字と比して多い(6)ことが挙げられるだろう。

ただし、運歩との一致率は、約七割の東大A・七割以上の高橋本、六割を切る東大B・慶應本と、前者と後者の数値に一割以上の開きがあり、注目されるところである。また、表1では、東大Aと東大B・慶應本との一致率は約五割と、比較的低いことが確認できる。これらのことから、東大Aの系統は、東大B・慶應よりも、運歩や高橋本に近いと考えられる。しかし、一致率の観点だけでは、明瞭な関係性を読みとることは困難である。そこで、さらに別の観点から調査を行った。詳細は、次項に示す。

一―二　文書用語所収率からの考察

先述した通り、高橋（二〇〇五）によれば、色葉字は「実務的な文書用語を収めることを目的」とした辞書と見られ、文書用語所収率の観点から検討を行うことは、色葉字の系統を考える上で有効な調査の一つであると考えられる。ここでは各本所収語（漢字二字以上）(7)を CD-ROM 版『鎌倉遺文』(8)で検索し、一致率を算出した。表3は共通本数別に一致率を示したものである。

考え得る組み合わせの中で〈東大A・高橋本・東大B〉〈東大A・高橋本・慶應本〉〈東大A・東大B・運歩〉〈東大A・東大B〉〈高橋本・慶應本〉の共有語はゼロであった。

表1　東大A所収語と各本一致率

書名	ニ部		ヤ部		ユ部		3部総計	
	一致数(A)	一致率(A÷28×100)	一致数(B)	一致率(B÷32×100)	一致数(C)	一致率(C÷22×100)	一致数(D)	一致率(D÷82×100)
運歩	22	78.6%	19	59.4%	16	72.7%	57	69.5%
高橋本	17	60.7%	19	59.4%	14	63.6%	50	61.0%
東大B	15	53.6%	17	53.1%	12	54.5%	44	53.7%
慶應本	14	50.0%	17	53.1%	12	54.5%	43	52.4%

※東大A　ニ部所収語数　28語
ヤ部所収語数　32語
ユ部所収語数　22語

表2　運歩所収語と各本一致率（3部）

書名	総項目数(A)	運歩一致数(B)	一致率(B÷A×100)
高橋本	93	69	74.2%
東大A	82	57	69.5%
東大B	202	120	59.4%
慶應本	201	116	57.7%

また、五本、四本といった所収本数の多い共有語の八割以上は、文書で使用される語であることが確認できる。

主に、検索対象となった項目（漢字二字以上の語）が比較的多いグループを見ていくと、⑦東大Ｂ・慶應・運歩、⑹東大Ｂ・慶應の共有語は、六割台、四割台と、一致率が比較的少ない。これに対して、②東大Ａ・高橋本・運歩、⑶東大Ａ・運歩、⑸高橋本・運歩は九割〜十割と高く、前者と後者で、文書で使用される語の収載状況が異なることは明らかである。前者は東大Ｂ・慶應が含まれている点で一致しており、後者はこの二本を含まず、東大Ａ・高橋本の両方、またはいずれかが必ず含まれている。運歩は前者・後者共に含まれていることが確認できる。

また、各本別の『鎌倉遺文』一致率（表４）を確認すると、全体の一致率は高橋本が九割台、東大Ａが八割台、東大Ｂと慶應が六

表３【共通本数別】鎌倉遺文一致率（３部）

	語数	2字以上の語数（A）	鎌倉遺文一致数（B）	一致率（B÷A×100）
5本共通総計	30	24	21	87.5%
4本共通総計	36	17	14	82.4%
Ⅰ	3	3	3	100.0%
Ⅱ	3	2	1	50.0%
Ⅲ	1	1	1	100.0%
Ⅳ	8	5	4	80.0%
Ⅴ	21	6	5	83.3%
3本共通総計	76	46	32	69.6%
①	2	1	0	0.0%
②	10	10	10	100.0%
③	3	2	2	100.0%
④	6	1	1	100.0%
⑤	1	0	0	
⑥	4	1	0	0.0%
⑦	50	29	19	65.5%
2本共通総計	85	53	30	56.6%
⑴	5	5	4	80.0%
⑵	1	1	0	0.0%
⑶	6	6	6	100.0%
⑷	1	0	0	
⑸	12	10	9	90.0%
⑹	47	25	9	36.0%
⑺	7	4	2	50.0%
⑻	6	2	0	0.0%
独自語総計	405	340	153	45.1%
東大A	14	11	6	54.5%
高橋本	6	2	1	50.0%
東大B	23	19	4	21.1%
慶応本	22	8	3	37.5%
運歩	340	300	139	46.3%

【４本共通】
Ⅰ東大Ａ・高橋本・東大Ｂ・慶応
Ⅱ東大Ａ・高橋本・東大Ｂ・運歩
Ⅲ東大Ａ・高橋本・慶応・運歩
Ⅳ東大Ａ・東大Ｂ・慶応・運歩
Ⅴ高橋本・東大Ｂ・慶応・運歩
【３本共通】
①東大Ａ・東大Ｂ・慶応
②東大Ａ・高橋本・運歩
③東大Ａ・慶応・運歩
④高橋本・東大Ｂ・慶応
⑤高橋本・東大Ｂ・運歩
⑥高橋本・慶応・運歩
⑦東大Ｂ・慶応・運歩
【２本共通】
⑴東大Ａ・高橋本
⑵東大Ａ・慶応
⑶東大Ａ・運歩
⑷高橋本・東大Ｂ
⑸高橋本・運歩
⑹東大Ｂ・慶応
⑺東大Ｂ・運歩
⑻慶応・運歩

割台、運歩は五割台となっている。

表3と表4より、明確な境界線はないものの、文書で使用される語を多く掲載している東大A・高橋のグループと、博物語彙も比較的収載している東大B・慶應のグループ、というように大別できるのではないだろうか。

ただし、高橋本が東大Aよりも純粋性が高いとはいえない。東大Aと高橋本は構成に差異が見られる。改めて二本の構成を対照すると、次の通りである。

【東大A】

・いろは分類体部分

伊〜須（ヰ、オ、エ の部立てはない。また、「ミ」も部立てされていないが、「免（メ）」の部の内容が「ミ」となっている。これは、「免」の部に後続の「ミ」の部の内容を誤って書いたものとみられ、実質は「メ」がないことになる。）

・付録部分

鳥之類　魚之類(9)　馬之毛　諸國名（東海道・東山道・北陸道・山陰道・山陽道・南海道・筑紫）

【高橋本】

・いろは分類体部分

以〜寸（ゐ、お、えの部立てはない。）

・付録部分

表4　『鎌倉遺文』一致率

	2字以上の語数（A）	鎌倉遺文一致数（B）	一致率（B÷A×100）
東大A3部総計	69	57	82.6%
二部	17	16	94.1%
ヤ部	31	25	80.6%
ユ部	21	16	76.2%
高橋本3部総計	57	54	94.7%
二部	19	19	100.0%
ヤ部	20	18	90.0%
ユ部	18	17	94.4%
運歩3部総計	428	210	49.1%
二部	120	80	66.7%
ヤ部	174	71	40.8%
ユ部	134	59	44.0%
東大B3部総計	114	74	64.9%
二部	25	16	64.0%
ヤ部	51	32	62.7%
ユ部	38	26	68.4%
慶應本3部総計	102	68	66.7%
二部	21	13	61.9%
ヤ部	44	29	65.9%
ユ部	37	26	70.3%

数量[10]　鳥之名　魚之名　獣之名　鷹之道具　武具　弓之法　船之名　番匠之道具　人之五体　木之名　草之名
金之名　虫之名　五節供異名　瓜異名　百官之次第　大名　名字

対照すると、東大Aの方が付録部分が少ないことが分かる。部数と語数を確認すると、東大Aの付録は四部、二一八語であるのに対して、高橋本は一九部、一〇九一語と豊富である。このことからは、高橋本の方が博物語彙の収載が多いと判断でき、東大Aよりも増補がなされた形であると推定される。

前述した通り、二本はいろは分類体部分の文書用語所収率が高いグループに属しており、高橋本の方が東大Aよりも高い比率を有している。しかしながら、構成面の違いを考慮すると、東大Aの方が増補が少なく、色葉字の原型に増補がなされた段階の中でも早い段階にあると見られ、高橋本よりも東大Aは色葉字の原型に近いと言えよう。いろは分類体部分において、高橋本の文書用語所収率の方が高い結果となったのは、東大Aに比して増補が多くなされているものの、増補された語の多くを付録として掲載し、その一方で、いろは分類体部分については色葉字の原型に近い形を残していたためであると考えられる。東大Aよりも明確に、いろは分類体部分と付録部分を分割し、編集した形のものと見られる。

二、高橋本との類似点

調査を進めていく中で、東大Aと高橋本について、表記及び排列の類似が数カ所で確認された。以降、二本の表記、排列について対照していくこととする。

㈠付録部分の所収語表記

東大Aの鳥之類・魚之類[11]の所収語と高橋本の鳥之名・魚之名の所収語について対照・検討した結果、東大Aと高橋本が同様の表記であり、かつ他古辞書[12]には見られない表記が数例見られた。次の通りである。

①
東大A　「鵮(四十カラ)」
高橋本　「鵮(四十から)」
東大B　「鵖(シ、ウカラ)　鶾(同)」
慶應本　「鵖(シゞウカラ)　鶾(シゞウカラ)」
妙本寺　「鶋(シゞフガラ)」「鴫(シゞフガラ)」
北野　「四十柄(カラ)」
猪無野　「四十雀(カラ)」
黒本本　「四十雀(シジウガラ)」（天正十八・饅頭屋本同）
易林本　「四十雀(シジフカラ)」
色葉字類抄（掲載なし）

「鵮」は通常「コガラ」の表記に用いられる（運歩、及び正宗・大谷・増刊下学・岡田・天正十八・早大・阿波国・増刊本・広本・堯空・前田・経亮・枳園本の各節用集）。東大Aと高橋本が「シジフガラ」を「鵮」と表記するのは、厳密には誤りである。東大Aと高橋本が同じ誤りを共有していることは注目される。

②
東大A　「挿剣(カサミ)」
高橋本　「挿剣(かさみ)」
慶應本　「鱵(ガサメ)　麻魛(カサメ)」
北野　「擁剣(カサメ)」
猪無野　「蝤蝶(カザメ)〈若州出ル〉」
黒本本　「蝤蜞(ガザメ)〈又作螃、蟹類、或云擁剣〉」

伊京集　「蝤蝶（カザメ）〈蟹類、或云擁剣〉」
天正十八「蝤蝶（カサメ）〈蟹類、又云擁剣〉」
饅頭屋本「蝤蝶（ガザメ）」
易林本　「蝤蝶（ガザメ）　擁剣（同）」
明応本　「蝤蝶（ガサミ）〈蟹類〉」
色葉字類抄「擁剣（ヰヨウケム）〈カサメ〉」

呉都賦に「烏賊、擁剣」とあり、李善注に「擁剣、蟹属也、従広二尺許、有爪、其螯偏大」と説明する。片方のハサミが大きい蟹、即ちガザミを「擁剣」と言う。剣を擁するように、片方のハサミが大きいところから、このように呼ぶ。本草和名に「擁剣…和名加佐女」、和名類聚抄に「擁剣　本草云、擁剣〈和名、加散女〉、似蟹色黄、其一螯偏長三寸者也」とある。このように、「ガザミ」（ガザメとも）の表記としては「擁剣」が通例である。東大Aと高橋本は、共に一字目の「擁」を「挿」に誤る。

③　東大A　「鯖（サチホコ）」
高橋本　「鯖（さけほこ）」
東大B　「鱐（シヤチホコ）〈魚也〉」
慶應本　「鱐（シヤチホコ）〈ウヲ〉」
妙本寺　「鮤魩（サチホコ）〈シヤチホコ共〉」「鱐（シヤチホコ）　鰊」
猪無野　「鱐（シヤチホコ）〈鮐母（サメノハ、）〉」
黒本本　「鱐（シヤチホコ）」（伊京集・易林本同）
天正十八「鱐（シヤチホコ）〈玉篇曰、鮥母也〉」

饅頭屋本「鯱(シヤチホコ)」

明応本　「鯱(サチホコ)」「鱐(シヤチホコ)」

色葉字類抄（掲載なし）

「シヤチホコ」及びその直音表記「サチホコ」は、中世以降使用された語である。通常「鱐」と表記される。「鮪」はウヲノコ、即ち魚卵である。ここは「鱐(サチホコ)　鮭鮪(ナマコ)」のような形が原形であり、いずれかの段階で、標出字と傍訓にずれが生じたものと考えられる（『御伽草子精進魚類物語研究・索引篇』一三一〜一三三頁参照）。東大Aと高橋本は同じ誤りを共有している。

古辞書において、鳥や魚の名称は多様な表記が見られる。その様な中、他色葉字や節用集等の古辞書に見られない表記を東大Aと高橋本が共通して有していることは、注目される。しかも、これらはいずれも表記上の特殊な誤りの事例であり、偶然の一致とは考えられない。これらの事例は、東大Aと高橋本が系統的に近いことを示していると考えられる。

㈡排列

東大Aと高橋本のいろは分類体部分・付録部分共に排列順の類似が数カ所確認された。

まず、色葉字諸本の「コ」部の初め十項目を示すと次の通りである。

【東大A】爰許　巨細　心得　殊更　心知　今度　言語　後悔　此旨　此間

【高橋本】爰許　心得　巨細　殊更　今度　言語道断　此由　此旨　此間　口入

【運歩】　御所　御供　御幸　御器　御諚　御悩　御符　御殿　御亭　御祐

【東大B】子　児　碁　籠　恒例　恒規　根源　根元　古今　古来

【慶應本】古　碁　棊　檬　籠　子　児　粉　建立　恒例

【妙本寺】氷　兄　姨　腰　苔　腨　黈　功　顆　諂
【北野】巨細　故実　宏才　心憂　洪水　沽却　口論　混合　懇志　混乱
【猪無野】極短　極長　極上　極下　後架　後証　後勘　後鑑　後記　後用
【陽明】故　攊　裁　懲　濃　漕　漉　漲　極心　古実
【広大本】菎蒻　極信　興行　根本　拒　公私　恒例　後悔　故障　沽却
【有坂本】故実　五色　口筆　恒例　沽脚　建立（全六項目）

右からは、色葉字諸本中、東大Aと高橋本の排列が互いに類似し、他の諸本の排列と異なりを示していることが分かる。この二本の類似は、「コ」部だけでなく、他の複数の部で確認される。東大Aと高橋本の排列を対照して行くと、次の通りである。

①高橋本排列を基準とした番号で示した東大A排列（初め十五項目）
高橋本の各部毎で、所収語に順に通し番号を振り、その番号を用いて東大Aの排列を示す。

路　：1　2　4　5　6　10　8　陸地　11　13　籠鳥　19　牢人（全13項目）
津　：剣　2　3　4　5　6　次　8　12　11　24　鍔　19　18　15
気　：1　2　8　還住　5　7　6　28　教訓　31　32　4　厳密　警固　兼法
恵　：2　撰定　1　3　会尺　遠路　7　8　枝　11　20　12　14　16　13
魚之類：1　2　3　4　5　34　鱒　6　8　7　52　9　10　19　11

②東大A排列を基準とした番号で示した高橋本排列（初め十五項目）
東大Aの各部毎で、所収語に順に通し番号を振り、その番号を用いて高橋本の排列を示す。

呂　：1　2　路銭　3　4　5　論議　7　籠居　6　9　六塵　10　六道　禄

閂：勁弓 2 3 4 恆 5 告 7 恒 強面 9 8 14 15 13

計：1 2 軽微 12 5 7 6 3 見舒 下行 恐惶 下解人 結構 結解

幾：3 5 2 1 4 疵 聞 公達 貴国 9 6 7 11 16 近日

恵：3 1 4 6 撰 酔 7 8 炎天 延々 10 12 15 13 遠慮

魚之名：1 2 3 4 5 9 10 8 12 13 10 15 鮰 17 50

途中、非共通語や、順番の前後が見られるものの、排列の一致・類似が確認できる。また、この排列の類似は、前述以外の部―例えば、ソ、コ、サ、セ、スでも確認できる。複数の部での類似は、偶然とは言い難く、東大Aと高橋本は近い系統にあると考えられる。

また、排列の類似は高橋本、東大Aを基準とした①、②いずれか一方だけに目立つものではなく、双方で見られることから、どちらか一方が他方を典拠したというよりも、共通の典拠が存在した可能性が高いと考えられる。

以上のように、所収語の表記及び排列の観点から、東大Aと高橋本が類似していることが認められる。東大Aと高橋本は、いろは分類体部分及び付録部分の双方の検討から、近縁関係にあると言えよう。

三、東大Aの成立年代

いろは分類体辞書である東大Aは先行研究[13]において室町期の成立とされているものの、東大Aには書写年等の奥書はなく、その成立年代は未だ明らかにされていない。そこで、本章では、東大A所収語の用例および、その用例の見られる文書の成立年調査を行い、東大Aの成立年代の特定を試みる。

年代特定の行程は次の通りである。

①東大A全所収語中、色葉字特有語[14]―三巻本色葉字類抄・節用集諸本一六本（正宗文庫本・大谷大学本・明応五年

本・玉里文庫本・岡田希雄氏旧蔵本・伊京集・天正十八年本・饅頭屋本・増刊本・広本・弘治二年本・黒本本・永禄二年本・堯空本・枳園本・易林本）に見えない語について、東京大学史料編纂所古文書フルテキストデータベース[15]（以下古文書データベース）で用例を検索する。

②用例の該当数が三〇件以下の場合、用例が見られる文書の成立年（和暦）を全て確認し、西暦に変換する。

③西暦二〇年毎に該当件数を集計し、グラフ化する。和暦年月日欄に「室町後期」等、具体的な年の記載がない場合は、集計に含めない。ただし、「文安年中」（一四四四～一四四九年）等、元号が特定でき、かつ、期間が短い（二〇年以内で集計可能である）場合は集計に含めることとする。

①～③の行程を経て、グラフ1のような結果を得た。

一五六〇～一五七九年及び一五八〇～一五九九年が二七件と同件数であり、これらの数値が目立って高いことが分かる。この結果からは、東大Aは、一五六〇～一五九九年において使用頻度が高い語を収載しており、東大Aの成立年は、一五六〇～一五九九年のどこかに存在すると考えられる。しかしながら、一五六〇～一五九九年の用例が見られる語の中には、特に一定の年代に使用頻度が高いということではな

グラフ１　年別用例数（20年区切り）

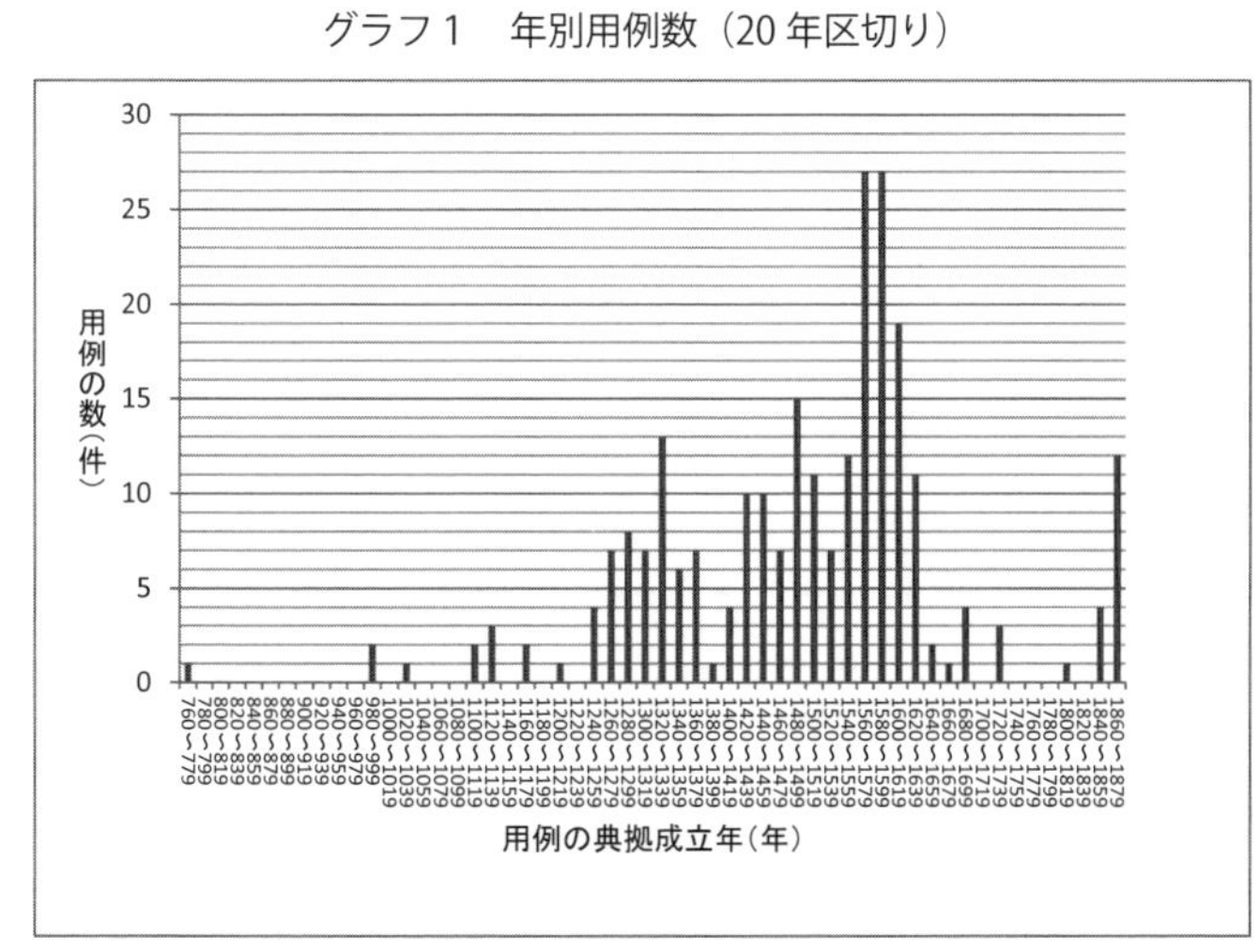

く、どの年代でも普遍的に使用されていた語も存在する可能性がある。

そこで、さらに、一五六〇～一五九九年の用例をもつ語の内、一五〇〇年代よりも前には用例が見られない語について、用例として不適なものを除外した上で、同様に用例数を算出してみると、表5のような結果となった（語表記は東大Aに拠る）。

なお、除外したものは次の通りである。

㈠仮言（カリコト）…本文では「かりこと」と平仮名で表記されており、除外。
㈡櫛引（クシヒキ）…用例が不適。「…頸数百五十余為持進上候、櫛引（清長）と申者も走入申候、…」
㈢集来（シユライ）…三つの文書は全く同じ内容であり、写しと見られる。ここでは三件を一件として集計した。

表5によれば、一五八〇～一五九九年よりも、一五六〇～一五七九年の用例数が多いことが分かる。つまり、先の①～③の調査において、一五八〇～一五九九年に用例が見られる語には、それ以前から普遍的に用いられていた語が一五六〇～一五七九年よりも含まれていたこととなり、ある年代から使用されるようになった―成立年代の特定の手がかりとなる語の用例数は一五六〇～一五七九年の方が多いと言える。

さらに、表5に示した語の内、一五六〇～一五七九年に用例が見られる「陳僧（ヂンゾウ）」「破儀（ヤフリキ）」「聞伝（キヽツタヘ）」の三語について、具体的にその用例が見られる文書の成立年を再度確認すると次の通りである。成立年が明確なものについては、西暦を併記する。

【陳僧（ヂンゾウ）（＝陳僧）】

1大徳寺文書、明応九年（一五〇〇）九月二十五日、播磨寺田村公事銭納下日記

表5　年別用例数（対象：1560～1599年に見られ、かつ1550年代より前に見られない語）

	1500～1519	1520～1539	1540～1559	1560～1579	1580～1599	計
無十方（トハウナク）	0	0	0	0	1	1
陳僧〈陣僧〉（ヂンゾウ）	3	0	2	5	0	10
請答（ウケコタヘ）	0	0	0	0	1	1
破儀（ヤフリキ）	0	0	1	1	0	2
聞伝（キヽツタヘ）	0	0	1	2	0	3
繁々（シケシケ）	0	0	0	0	1	1
集来（シユライ）	0	0	0	0	2	2
計	3	0	4	8	5	20

2正伝寺文書、永正元年（一五〇四）五月、土岐政房米山寺定書写
3大内氏掟書、永正十年以前八月二十八日、寺社徳政事
4西福寺文書、永正十年（一五一四）十一月十一日、朝倉教景西福寺条書
5毛利家文書、天文十年（一五四一）一月十三日、尼子陣切崩頸注文
6毛利家文書、天文二十一年（一五五一）八月二十八日、毛利元就同隆元連署軍忠状
7東観音寺文書、永禄三年（一五六〇）十月二日、今川氏真吉祥院安堵状
8遠江本興寺文書、永禄六年（一五六三）五月二十八日、今川氏真遠江鷲津法華堂定書
9大通院文書、永禄十年（一五六七）二月二十九日、今川氏真大通院定書
10南海院文書、永禄十一年（一五六八）三月二十八日、今川氏南海院禁制
11徳川家判物并朱黒印、元亀三年（一五七二）二月日、徳川家康本興寺定書
12毛利家文書、年月日未詳、騎馬衆以下注文

【破儀（ヤフリキ）】
1石清水文書、弘治二年（一五五六）十月二十二日、公文所院慶書状
2大原勝井文書、永禄十三年（一五七〇）三月二十四日、大原同名中与掟書写
3毛利家文書、慶長十年（一六〇五）、毛利輝元自筆天野元信罪状書

【聞伝（キヽツタヘ）】
1甲州法度之次第、天文十六年（一五四七）六月一日、旧被官他人召仕之時本主見合捕之事
2熊谷家文書、元亀三年（一五七二）四月日、熊谷信直伝家宝刀根源書置状
3細川家文書、天正元年（一五七三）三月七日、細川藤孝宛黒印状

4毛利家文書、慶長十九年（一六一四）十二月二十一日、毛利宗瑞（輝元）書状案
5島津家文書、元和五年（一六一九）七月三日、島津家久掟書
6島津家文書、寛永五年（一六二八）頃十二月三十日、島津家久条書
7山内家文書、年未詳七月十四日、毛利就継自筆書状
8吉川家文書別集、年未詳十月七日、吉川元長自筆書状
9甲州法度之次第、年月日未詳、譜代被官他人召仕之時本主見合搦之事
10甲州法度之次第、年月日未詳、旧代被官他人召仕時本主人見合捕之事
11山内家文書、年月日未詳、国重三郎兵衛口羽四郎五郎対談口上覚書

これらの調査内容を元に、各語の用例が見られる文書の成立期間を示したものがグラフ2である。このデータにより、三語の用例が見られる期間の内、重なる期間（グラフ2の濃色の部分）が存在することが分かる。ここから、三語の用例が見られる共通の期間は一五五六～一五七二年であることが確認できる。

これに加え、先述の調査（表5）より、一五六〇～一五七九年の用例数が多いことも勘案すると、東大Aの成立年は一五六〇～一五七二年であると言えよう。その期間は永禄及び元亀年間であるが、永禄年間は一五五八～一五七〇年である一方、元亀年間は一五七〇～一五七三年と短いことや、「陣僧〈陣僧〉」の用例が永禄年間に多く見られることから、永禄年間成立の可能性が高いと考えられる。

グラフ2　用例が確認される期間

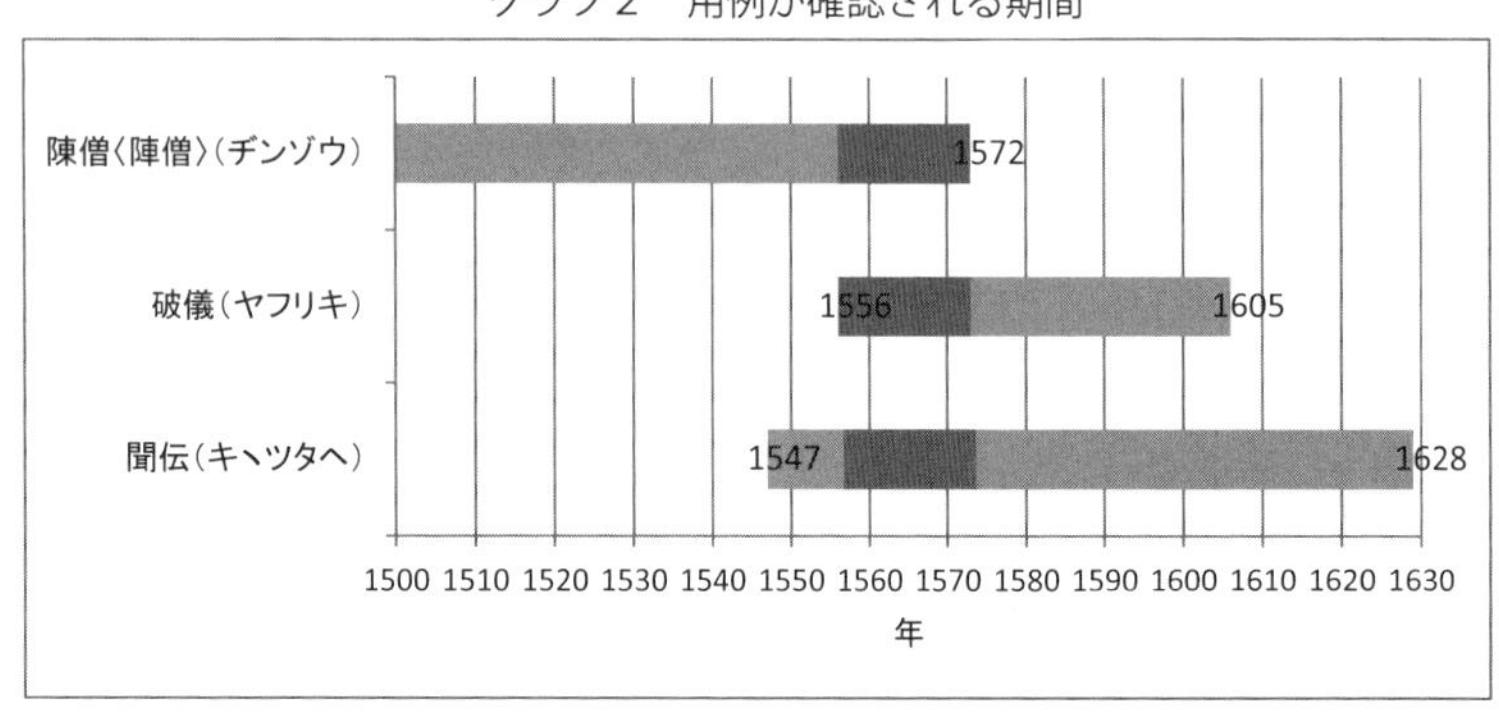

四、総括

本研究では、東大Ａは色葉字諸本の中でも文書用語の収載率が高く、付録部分では近縁の他二本に比べ、標準的な博物語彙を収載していることが確認できた。色葉字の原型を想定すれば、東大Ａは、色葉字の原型に博物語彙が増補された段階の中でも、早い段階の形であると考えられよう。

また、今回調査した色葉字五本は、東大Ａ・高橋本・運歩と、東大Ｂ・慶應の二つのグループに大別できると考えられる。後者は、先述の米谷（二〇一〇）でも示されているように、非常に類似点が多く、同系統であることは確実である。所収語の一致状況を検討すると、この後者と前者は別系統である可能性が高い。後者は、東大Ａよりも博物語彙が多く、後の段階の形であると考えられる。

さらに、後者ほどの強い結びつきはないが、東大Ａは高橋本と近似していることが確認できた。同じ典拠を有する可能性があるが、高橋本は付録が豊富であり、東大Ａよりも増補がなされた形であろう。ただし、いろは分類体部分については文書用語を多く掲載しており、色葉字の原型に近い形を保存していると見られる。運歩は文書使用語彙が他本に比べて少なく、この観点からは他四本と離れた存在であるが、所収語一致率の調査からは、東大Ｂ・慶應の系統よりも、東大Ａや高橋本の系統寄りであると判断できる。

以上のように、本研究では、主に、

①東大Ａが五本の中で、最も『色葉字』としての純粋性が高いこと

②東大Ａ・高橋本・運歩のグループと東大Ｂ・慶應のグループに大別でき、東大Ａは特に高橋本と近い関係にあること

③東大Ａは永禄年間の成立と見られること

この三点が明らかとなった。

注

(1)部類名を欠くため、想定して付けた名称。

(2)選定のため、一致率を調査した色葉字、及び、一致率の数値（各諸本と東大A（全二三語）との一致率（東大A所収語を基準とした数値。各色葉字一致数÷二三語×一〇〇を四捨五入したものを算出）は次の通りである。高橋本『色葉字』六三・六％（一四÷二三×一〇〇）、元亀二年京大本『運歩色葉集』七二・七％（一六÷二三×一〇〇）、東京大学文学部国語研究室蔵『色葉字集』五二・二％（一二÷二三×一〇〇）、慶應義塾大学三田メディアセンター蔵元和六年写本『色葉集』五二・二％（一二÷二三×一〇〇）、猪無野本『伊呂波集』三四・七％（八÷二三×一〇〇）、国立国会図書館蔵『色葉字尽』一七・四％（四÷二三×一〇〇）、陽明文庫蔵『諸雑聞書』言語類八・七％（二÷二三×一〇〇）、有坂本『和名集』伊路波字八・七％（二÷二三×一〇〇）、広島大学本『和名集』伊呂波字二一・七％（五÷二三×一〇〇）、妙本寺蔵永禄二年『いろは字』九一・三％（二一÷二三×一〇〇）、お茶の水図書館成簣堂文庫蔵『用心集』（仮題）色葉次第一％（一÷二三×一〇〇）（順不同）。妙本寺は数値は高いが、上巻を欠いている零本であり、幅広い部での比較は困難となる。東大Aの前半部から後半部、付録部分も含んだ様々な部からの考察を試みたいため、今回は妙本寺を除外することとした。今後の東大Aの研究では、比較対象としたい。東大Bも零本であるが、米谷（二〇一〇）から、慶應本と同系統であることが明確であり、慶應本と切り離さず、対象とした。

(3)注1に同じ。

(4)注1に同じ。

(5)注1に同じ。

(6)総語数は次の通りである。東大A一九四六語、高橋本三三〇五語、東大B五〇二一語、慶應本六四四六語、運歩一六六六〇語。

（7）一文字を検索する場合、熟語の一部が該当する場合があるため、二文字以上を対象としている。

（8）竹内理三CD-ROM版『鎌倉遺文』（二〇〇八）（東京大学史料編纂所編）

（9）注1に同じ。

（10）注1に同じ。

（11）注1に同じ。

（12）色葉字諸本（運歩・東大B・慶應本・妙本寺・北野・猪無野・陽明・広大本）・節用集（黒本本・天正本・饅頭屋本・伊京集・易林本・明応五年本）・三巻本色葉字類抄

（13）高橋久子「色葉字の性格に就いて」（二〇〇五）（『訓点語と訓点資料』）において、「室町期には、いろは分類体辞書、色葉字を主とする辞書も種々編纂された」とある。

（14）高橋久子「色葉字の性格に就いて」（二〇〇五）（『訓点語と訓点資料』）「五　色葉字特有語の抽出」に列挙されている語を参考とした。

（15）東京大学史料編纂所古文書フルテキストデータベース　http://wwwap.hi.u-tokyo.ac.jp/ships/shipscontroller

［付記］

本論の前半部（一・二）は、日本語学会二〇一四年度秋季大会（於北海道大学札幌キャンパス）における研究発表、石和田理沙「東京大学文学部国語研究室蔵『伊呂波集』の位置付け」に基づき、大幅な修訂・改稿を行ったものである。後半部（三・四）は、その後の新たな調査結果を呈示し、これまでの研究全体を纏めたものである。

高橋本色葉字について

望月敬子
中原友美子
高橋久子

はじめに

高橋本色葉字の漢字二字以上の全標出語を調査対象とし、中世文書使用語彙の含有率を調べる。竹内理三氏・史料編纂所が編纂されたデータベース『CD-ROM 版鎌倉遺文』（第一版、平成二十年、東京堂出版）を使用し、高橋本色葉字各部の所収語彙につき、データベースに使用例があるか否かを確認する。その際、前述したように、調査対象は、データベース検索で語の認定が可能である、漢字二字以上の語彙とする。右の方法により調査した結果を、表1に示す。高橋本色葉字の漢字二字以上の標出語一六一六語中、鎌倉遺文に使用例のあるものは一三六一語で、その含有率は八四・二二パーセントにのぼるという結果が得られた。この割合は調査範囲の色葉字諸本十一本中、三位の高率であり、高橋本の編纂者が、政治・経済・司法に関わる実務的文書用語を収録することを主眼としたことが推察される。

更に、高橋本色葉字には、他の古辞書に見られない特徴、また、他の古辞書に収められていない特殊な語句が収録されている。その原因は、中世の文書・書翰作成に資する辞書として編纂上の配慮がなされ、更に、現実社会で使用されている社会経済用語、すなわち文書用語を積極的に収録したのではないかという推定がなりたつ。本稿では、それら特殊語句の中から、従来の一般大型辞書に掲載されていないもの、もしくはその記述が不正確であるものを取り上げて、その語義や使用状況を検討することで、語句の性格を確認し、あわせて高橋本色葉字の性質を検討したい。

表1

	高橋	鎌倉	比率
イ	88	77	87.50%
ロ	21	19	90.48%
ハ	61	46	75.41%
ニ	19	19	100.00%
ホ	28	23	82.14%
ヘ	22	20	90.91%
ト	50	43	86.00%
チ	56	45	80.36%
リ	29	28	96.55%
ヌ	7	5	71.43%
ル	15	11	73.33%
ヲ	47	37	78.72%
ワ	20	14	70.00%
カ	72	55	76.39%
ヨ	30	22	73.33%
タ	64	53	82.81%
レ	23	22	95.65%
ソ	41	36	87.80%
ツ	19	16	84.21%
ネ	4	4	100.00%
ナ	26	21	80.77%
ラ	36	30	83.33%
ム	14	12	85.71%
ウ	24	17	70.83%
ヰ			
ノ	11	4	36.36%
オ			
ク	52	40	76.92%
ヤ	20	18	90.00%
マ	28	24	85.71%
ケ	50	44	88.00%
フ	36	33	91.67%
コ	53	45	84.91%
エ			
テ	35	28	80.00%
ア	31	26	83.87%
サ	63	55	87.30%
キ	58	56	96.55%
ユ	18	17	94.44%
メ	28	24	85.71%
ミ	24	19	79.17%
シ	128	116	90.63%
ヱ	18	18	100.00%
ヒ	57	46	80.70%
モ	21	18	85.71%
セ	41	32	78.05%
ス	28	23	82.14%
計	1616	1361	84.22%

一、草書体の併載

高橋本色葉字の標出字中には、恐らく文字教育に関わる配慮からであろう、標出漢字の草書体の併載がなされているケースがある。ある語の楷書体表記の下に、引き続いて草書体表記を掲載し、「同」と傍訓する体裁をとる。これに該当する事例は、全体で左記の六箇所である。

8ウ1「取」　13ウ3「拝」　22オ4「具」　23オ2「津」　37オ2「跡」　50ウ5「進」

このような辞書編纂上の配慮は、中世の公家・武家の生活において重要な役割を果たす書翰・文書を作成する上で、必須の知識である草書体の学習に資する辞書としての性格を、極めて端的に表すものである。

二、合字・分字の使用

高橋本色葉字には、合字・分字、若しくはそれと識別し難いケースが少なからず観察される。これに該当する箇所は、左記の二十一例である。これらについては、直接影印について確認されたい。

9ウ4「同士」　11オ2「土器」　12オ5「幣」　35オ2「以降」　39オ2「茂木」　41オ3「内衣」
42ウ5「七寸」　48ウ4「黙止」　51ウ4「鷹」　52オ4「雉子」　54オ1「獅子」　54オ3「魔」
54ウ1「鷹」　54ウ5「母衣」　55オ1「筒丸」　55オ4「鍬形」　55ウ5「四目」　57オ3「脣」
60オ5「山女」　61オ4「靡」　69ウ1「日比」

三、漢字の通用現象

高橋本色葉字には、漢字の通用現象の事例が多い。これは、中世の具体的な文書・書翰・記録において、通用現象の頻度が高いことを勘案すると、成立当時のこれらの文献の実情をよく反映しているものと認められる。高橋本色葉字の該当例を左記に示す。

1ウ3一准↓一準　2オ2一疋↓一匹　2オ3違乱↓違濫　2オ4異儀↓異議・異義　3ウ4論儀↓論義・論議　4オ1囉嚌↓羅斎・囉斎　4ウ2莫太↓莫大　4ウ5半斉↓半斎　5オ2俳佪↓徘徊　5ウ1癈忘↓廃忘　5ウ4庖丁↓包丁　6オ3騰↓縢　7オ4本服↓本復　7オ4本腹↓本復　7ウ4平癒↓平愈　8ウ1徳分↓得分　8ウ1逗留↓逗遛　9オ5途徹↓途轍　10オ2着倒↓着到　10オ4陣立↓陳立　10オ4陣衆↓陳衆　10オ4陣中↓陳中　10ウ3注進↓註進　10ウ3住文↓注文　10ウ5智恵↓智慧・知恵　11オ3忠懃↓忠勤　11ウ5利買↓利売　13オ3僨↓貸　14ウ2若堂↓若党　14ウ3侘言↓詫言　14ウ3侘人↓詫人　14ウ4移徙↓移徒　14ウ5和纔↓和讒　15オ4鍛治↓鍛冶　16オ2挊↓桛　17オ3搾↓榨　17ウ2要脚↓用脚　17ウ4要害↓用害　18オ5太平↓泰平　19オ3太鼓↓大鼓　20ウ3烈参↓列参　20ウ4烈座↓列座　21オ1訴詔↓訴訟　23オ2鶴鵄↓鶴頸　23ウ3内儀↓内議・内義　23ウ5難儀↓難義　24ウ4狼籍↓狼藉　25ウ5謀叛↓謀反　26オ1夢想↓夢相　26オ3行騰↓行縢　26ウ2有徳↓有得　27オ4濃人↓農人　35ウ3召請↓招請　36オ1嘲哢↓嘲弄　36ウ1案内↓安内　38ウ5索麺↓素麺　39オ5希代↓稀代　40オ3儀理↓義理　40ウ3勤厚↓懃厚　42オ3蜜談↓密談　44ウ3実儀↓実義　45ウ2仁儀↓仁義　46オ1衆儀↓衆議・衆義　46オ3城擲↓城郭・城墎・城槨・城廓　46ウ5円座↓円坐　47オ2秘蜜↓秘密　47オ3非儀↓非義・非議　47オ5百性↓百姓　49オ2摂待↓接待　50オ1僉儀↓僉議　50ウ1随逐↓随遂　54ウ5縨↓幌　55オ2臑当↓腨当　55オ4太刀↓大刀　55ウ4篦矢↓箆矢　56オ1行騰↓行縢　56オ4韘↓鞢　56オ4鋒矢↓鉾矢　56ウ5曲尺↓典尺　58オ5楜桃↓胡桃　58ウ3檞↓槲　58ウ4檑↓榴　60オ4暑蕷↓暑預・薯蕷

四、使用場面を同じくする語彙のグループ化

高橋本色葉字では、使用場面を同じくする語彙を纏める傾向が認められる。類義語がグループ化されているものが多いが、反対の意味を持ちながら、文書・書翰の同一場面で選択的に使用される語を纏めたグループもある。このような、語彙を使用場面により分類・排列する方法は、鎌倉時代成立の消息詞（菅原為長撰）にも観察される。高橋本色葉字の該当例を左記に挙げる。

1オ「一家・一門・一族・一類」「一揆・一味」「一期・一生」、1ウ「一種・一瓶」、2オ「違乱・違背」、2ウ「以後・以前」、3オ「隠居・隠遁」「幾程・幾日」、3ウ「論人・論所」、4オ「六塵・六根」「走廻・走舞」、4ウ「最花・初物」「番衆・番帳」、5オ「配当・配符・配分」、6オ「芳志・芳恩」「日限・日数」「入部・入国」、7オ「本望・本懐・本意」、7ウ「謀書・謀判」「返進・返答・返報・返事」、8オ「別紙・表紙」、8ウ「取散・取失」、9オ「同道・同心」、10オ「着陣・着到」、10ウ「重書・重代」「注進・注文」、11ウ「利根・利口」「利分・利平」「綸旨・綸言」、12ウ「流通・流布」、14ウ「和合・和与・和談」「若党・若衆」、15ウ「仮言・借染」、16ウ「鹿毛・糠毛・河原毛」、17ウ「寄拠・寄揆」「用心・用意」「夜詰・夜懸・夜討」、18ウ「他所・他郷」「他出・他行」、19オ「段銭・段米・反別」、20オ「歴然・歴々」、20ウ「霊仏・霊社」、21オ「総領・庶子」「損亡・損免」、21ウ「存分・存外」「尊報・尊意・尊札・尊答」、23ウ「内談・内儀・内性」「難儀・難渋」、24オ「内書・内状」、24ウ「落着・落居」「濫妨・狼藉」「洛中・洛外・洛陽」、25オ「来臨・来儀」、25ウ「無心・無念」「無用・無益」、26オ「打置・打続」、26ウ「有徳・有力」、27オ「乗馬・乗替」、27ウ「軍陣・軍勢」「愚痴・愚鈍」「公用・公事」「和睦・和融」「外人・外聞」、28ウ「公家・公方様」「捧愚状・愚札」、29ウ「約諾・約束」、30ウ「毎度・毎篇・毎々・毎事」「毎年・毎月・毎日」「末代・末世」「罷帰・罷出」、31ウ「検断・検見・検使」、

33オ「富貴・分限」「無沙汰・無案内」、33ウ「此由・此旨」、34ウ「懇志・懇切」、35オ「手習・手本」、36オ「相触・相催・相語」、37ウ「相当・相応」「座席・座敷」、38オ「造作・造営」「参詣・参籠」、38ウ「在京・在国」「早速・早々」「早天・早朝」、39オ「貴所・貴殿・貴方・貴辺」「奇特・希代」、39ウ「急速・急度」、40オ「祈禱・祈念」「規式・規模」、41ウ「召寄・召放」「召籠・召人」「面上・面展・面謁」「召仕・召出」、42オ「密談・密事」「未進・未済」、42ウ「名聞・名利」、43オ「進覧・進上・進入」、43ウ「借物・借銭・借用」、44オ「新春・新年」、46ウ「栄花・栄耀」、47オ「秘事・秘密」「被官・百姓」、49オ「政道・成敗」、50ウ「推量・推察」

第二章　「万鬱」について

高橋本色葉字には、「鬱」を造語要素（字音語素とも言う）とする語が三点見られる。すなわち「万鬱」（波部）、「鬱憤」（宇部）、「積鬱」（世部）である。「鬱憤」は、班固の「竇将軍北征頌」に「唱呼鬱憤、未逞厥願」とあるのが最古例で、その後も多くはないが古典で使用されており、日本語としても定着した。一方、「積鬱」は、芸文類聚、巻四十四に引く宋玉の「笛賦」に「発久転、舒積鬱」とあるものの、宋玉の作であることは疑われており、あまり古典で使用されることはないが、紅楼夢、第八十三回には見える。したがって、日本でしか使用されない語は「万鬱」のみである。この語は他の古辞書に見えず、その意味を決定することは困難であるが、「鬱」を造語要素とする一連の語が、往来物や実際の書状に頻出することに注目し、そのような書状用語の一つとして検討を加えることとする。

一、往来物における「鬱—」「—鬱」

往来物において、相手と長期間会わなかった場合、或いは、音信を通じなかった場合に、その間の自身の心情を表現する語彙として、「鬱」を造語要素とする諸語が目立つ。例えば、次のような例が採集される。

雲州往来（享禄本による。原本成立は平安後期）

1「右、改年之後、須先拝温顔也。連日参内之間、于今闕如、悚鬱之処、故被投玉章。且為悦、且為恐耳」（1ウ）

2「久不参謁、従公務之間、無寸暇之故也。鬱憤之腸一時九廻」（1ウ）

3「右、対面相隔如胡与越、悚鬱之深、蒼海還浅」（5オ）

4「伏奉厳旨鬱陶已散」（5ウ）

5「鬱念之処幸投芳札。数日積思一時解散」（35ウ）

6「右、鬱望之処幸投恩簡。幸甚々々」（43ウ）

7「拾謁相隔一鬱尤深」（44オ）

釈氏往来（謙堂文庫蔵世尊寺行俊写本による。原本成立は平安後期）

8「理趣三昧晩陰御結願。仍不致拾謁、鬱憤尤多」（二月状）

9「高野御参籠後、自然依違、不通案内。境絶路僻、壱鬱千廻」（三月状）

10「鬱悒之処、禅札到来」（三月状）

11「恩問久絶、伊鬱尤深」（八月状）

12「見参隔日居、毎事多煙鬱」（十月状）

13「大乗会間、無二御出仕一、成(ナ)レ怪(アヤシミ)之処、今披二恩札一、忽(チ)散(シ)二鬱念(ネン)一畢(ヌ)」（十月状）

菅丞相往来（謙堂文庫蔵万治二年刊本による。原本成立は平安後期）

14「鳳章(ホウシヤウ)忽(タチマチ)来(テ)、鴈牒(ガンテウ)既(ニ)過(ヌ)。鬱結(ウツケツ)之意、競(キソツテ)レ春氷解(ヲトケ)、歓喜(クハンギノ)之余(アマリ)、争(アラソヒ)レ節霞開(トキヲカスミヒラク)」（3オ）

15「鬱結(ウツケツノ)之間、適(タマタマ)及二貴封(キフウニ)一。玉章(ギヨクシヤウ)連(ツラネ)レ詞(コトバヲ)、花筆荘(カザル)レ文(ブンヲ)」（7ウ）

和泉往来（高野山西南院蔵本による。原本成立は平安末期）

16「徒送(ヲクリ)二年月一、空闕(カク)二拝謁(ハイカツヲ)一、抑下官従(ヨリ)三下(クシ)二鎮西(チンセイ)一、鬱結(ウケツカタシ)難二解(トケ)一」（四月状）

17「山複(カサナリ)海涅(ヘタテ)、音信(インシン)難(カタシ)蕩(トラレ)一、恋鬱(ヘンウツ)之間、適(タマタマ)以還御(キヨ)、悦(ヨロコフテ)而重悦(テフ)、互(ニ)在(リ)拝謝」（四月状）

貴嶺問答（謙堂文庫蔵江戸時代前期写本による。原本成立は一一八五〜一一八九）

18「日者(コロ)鬱(ノウツ)望、在(テムネニ)胸一難(カタシ)散(サシ)一、今関(アツカテ)芳問(ハウモンヲ)一、向(テ)方一拝悦(ハイエツ)」（七月状）

19「恐鬱之処、悦承候畢」（1オ）

20「面謁相隔、伊鬱尤多」（3ウ）

21「良久不申案内、又無恩問、恐鬱尤多」（18オ）

十二月往来（謙堂文庫蔵伝尊円親王写本による。原本成立は鎌倉初期）

22「何事候哉。面謁久隔、心事多積、鬱念無極候者也」（二月状）

23「伊鬱之処、芳札為悦候」（二月状）

24「鬱望之際、恩章恐悦候」（七月状）

25「久不驚高聴、又不述寸懐、一鬱難謝、万事暗然候」（九月状）

垂髪往来（謙堂文庫蔵僧綱厳写本重写本による。原本成立は一二五三頃）

26「久不レ啓二案内一、鬱念(ネン)尤多端(シハシ)」（2ウ）

27「鬱陶之処、恩問忽至。恐悦之甚、言辞難レ覃」（3ウ）

28「恩問久絶、恐鬱交深。今披二一章一、如遂二拾謁一」（7ウ）

29「数日不レ見、鬱悒之淵、如レ向二于壁一」（13ウ）

常途往来（謙堂文庫蔵江戸前期写本による。原本成立は鎌倉中期）

30「久不啓案内、恐鬱相積」（1ウ）

異本十二月往来（謙堂文庫蔵伝尊円親王写本による。原本成立は鎌倉時代）

31「誠久不遂面拝、恐鬱之処、悦承了」（十月状）

新札往来（謙堂文庫蔵康暦二年素眼写本による。原本成立は一三六七）

32「恩問久絶、伊鬱相積之処、今披芳札、聊散蒙霧候了」（5オ）

新撰之消息（謙堂文庫蔵天文十四年写本による。原本成立は一三七二以前）

33「何様企二推参一、此間之恐鬱可散候」（一月状）

34「抑東山参会之後、久不申入候、何条御事御座候哉、恐鬱々々」（二月状）

35「芳札遙絶、恐鬱無極之処」（三月状）

36「不審之処、委細示給候、令レ散二此間積鬱一候」（六月状）

37「一日参拝之後、壱鬱難レ散之処、委細承候条」（八月状）

新撰遊覚往来（謙堂文庫蔵天文十三年写本による。原本成立は一三七二以前）

38「兼又、少生住山之間、有二入御一、被レ懸二御目一者、可畏入候。万鬱併期二面謁一」（二月状）

39「見参之後、久不レ申二案内一、何事候哉、鬱念無レ極」（五月状）

40「如仰久不遂向顔之間、万事鬱念無極」（六月状）

41「如レ仰久不レ遂二面謁一、鬱望候之処、只今預恩札給、日来不審忽以散了」（七月状）
42「遙久不レ捧二拙状一、万鬱之至無レ極候」（八月状）
43「久不レ及二高聞一、鬱結之至甚深」（十月状）
44「此間不二申承一、何条御事候哉。恐鬱之至無レ極候」（十一月状）

山密往来（尊経閣文庫蔵吾妻鏡紙背による。原本成立は一三七三頃）

45「披二委細之芳翰一、散二多端之鬱緒一」（仲春状）
46「鬱湯〈陶〉之処、芳訊之趣、恐悦叵謝一」（孟夏状）
47「胸鬱之処、恩章為悦」（蕤賓状）
48「数日閣二禿毫一、鬱霧満二中心一」（無射状）
49「悚鬱之処、恩信忽至」（孟冬状）

南都往来（謙堂文庫蔵僧経覚筆本重写本による。原本成立は一三八九）

50「久不レ驚二高聴一、伊鬱不レ少侍」（2ウ）
51「御上洛之後、伊鬱不レ少」（6オ）
52「未レ承二御報一、鬱望難レ散者也」（10ウ）

庭訓往来（天理図書館蔵宝徳三年正救写本による。原本成立は南北朝〜室町初期）

53「良久隔面謁、積鬱如山、何日披朦霧哉」（五月状）
54「不審之処、玉章忽到来、更無三貽二余鬱一」（五月状）

十二月消息（謙堂文庫蔵応永十年頃写本重写本による。原本成立は室町初期）

55「良久不レ遂二拝謁一、伊鬱如二山岳一」（二月状）

56「厳札之旨、喜拝見、忽散二万緒之伊鬱一」（四月状）
57「悚鬱之処、預二芳訊一之条、尤欣歓之至也」（八月状）
58「貴簡旨、委披覧、忽散二蒙鬱一候」（十一月状）

新撰類聚往来（東京大学文学部国語研究室蔵天正四年写本による。原本成立は室町中期）

59「一日欠下面会上、猶レ隔二胡越一、何矧乎積鬱千里空経二三旬一乎」（30ウ）

新撰類聚往来（内閣文庫蔵慶安元年刊本による。原本成立は室町中期）

60「一日欠レ面会、猶レ隔二胡越一、何矧乎積鬱千里只経二三旬一乎」（巻上39オ）
61「面会之後、良久絶レ音問条、頗違レ本懐、誠咿鬱之至也」（巻中28ウ）
62「仍而去比、詩哥論談之後、不レ能レ再会条、于レ今鬱襟難レ披候之処」（巻中34オ）
63「如レ仰花下之御会已後、已至二楓葉落尽一、鬱念積如レ山」（巻中36オ）

消息手本（謙堂文庫蔵天正四年写本による。原本成立は安土桃山時代）

64「悚鬱之処、尊墨跪令拝読候」（5ウ）
65「随而恐鬱之処、貴章披閲、恐悦候」（5ウ）
66「就其鬱結之処、芳翰似悦候」（6オ）
67「鬱々多端処、御札委細拝見、歓悦候」（6オ）
68「蒙鬱之砌、芳簡即拝覧、本望候」（6ウ）
69「煙鬱之境節、珍札披見、相叶本懐候」（6ウ）

1・3・49・57・64は「悚鬱」、2・8は「鬱憤」、4・27・46は「鬱陶」、5・13・22・26・39・40・63は「鬱念」、6・18・24・41・52は「鬱望」、7・9・25・37は「一（壱）鬱」、10・29は「鬱悒」、11・20・23・32・50・51・

55・56・61は「伊（咿）鬱」、12・69は「煙鬱」、14・15・16・43・66は「鬱結」、17は「恋鬱」、19・21・28・30・31・33・34・35・44・65は「恐鬱」、36・53・59・60は「積鬱」、38・42は「万鬱」、45は「鬱緒」、47は「胸鬱」、48は「鬱霧」、54は「余鬱」、58・68は「蒙鬱」、62は「鬱襟」、67は「鬱々」の語を含む。

右の諸例は、いずれも、諸般の事情で相手と長期間会うことができない、若しくは、相手からの音信が途絶えて久しく、気持ちがふさいでいる所に、当の相手からの書状が届いたり、拝眉がかなったりなどして、心を晴らすことができた場合に、それ以前のむすぼおれた心情を表現する際に、「鬱」を造語要素とする語が使用されている。

二、書状における「鬱―」「―鬱」

では、実際の書状(1)に目を転じてみよう。

1素絹記所収、弘仁三年（八一二）四月十四日、僧空海書状（平安遺文四三五〇号）「去仲春之比、雖献上書、未散鬱望之間、重以啓達子細状」

2伝教大師消息所収、弘仁三年（八一二）十一月七日、最澄書状（平安遺文四三六二号）「屡垂好物、深慰鬱情」

3仁和寺本伝教大師求法書、弘仁七年（八一六）四月二十一日、僧最澄書状（平安遺文四四一〇号）「憶前乍別、信宿憤鬱、夜来不審、道体如何」

4伝述一心戒文下所収、承和元年（八三四）二月七日、僧光定書状（平安遺文四四三八号）「今月二十日登山、聞師等諮、鬱結既開、愁思亦開」

5山城小笹喜三氏所蔵、長和四年（一〇一五）六月日、藤原道長書状（平安遺文補二六五号）「然而間以雲天、奈馳恋何、行李難通、問松容而鬱陶」

6東寺本東征伝裏文書、元永二年（一一一九）、安房守某書状（平安遺文四六七六号）「去十六日御消息同廿二日拝見、数日伊鬱悉散了」

7造興福寺記裏文書、保延元年（一一三五）頃、筑後守某書状（平安遺文補六三号）「近曾見参之後、何等事□□、鬱望々々」

8高祖遺文録三、嘉禄三年（一二二七）十二月十五日、大僧都俊範書状（鎌倉遺文三六九二号）「年序久積、煙鬱難散之処、忽開禅札且慰懇歎、幸甚幸甚」

9民経記貞永元年十月巻裏文書、寛喜三年（一二三一）頃、某書状（鎌倉遺文四二一〇号）「久不申承、久鬱不少候」

10日蓮聖人遺文、文永五年（一二六八）頃、日蓮書状（鎌倉遺文一〇二九四号）「去八月之比令□（進カ）愚札之後、至于今月、付是非不給返報、難散鬱念」

11蓬左文庫所蔵金沢文庫本斉民要術第八裏文書、文永十一年（一二七四）七月十三日、基広書状（鎌倉遺文一一五八九号）「其後御辺何事候乎、聊相労事候、久不啓案内候、心中久鬱、不知所謝候」

12兼仲卿記建治元年十一月巻裏文書、建治元年（一二七五）頃、某書状（鎌倉遺文一二一五九号）「無殊事条、不言上、積鬱端多」

13兼仲卿記建治元年十一月巻裏文書、建治元年（一二七五）頃、某書状（鎌倉遺文一二一六二号）「其後依無余事、不申承候、何条事候哉、無何蒙鬱候之間、近日面謁□」

14弘安二年内宮仮殿遷宮日記、弘安元年（一二七八）十月九日、大神宮禰宜延季書状（鎌倉遺文一三一九八号）「本宮正殿仮殿御遷宮事、重注文調署印、令献覧候訖、悚鬱之余、尋申物官之所、迄昨日九日未到云々」

15神宮文庫文書、弘安元年（一二七八）頃十二月八日、内宮禰宜延季書状（鎌倉遺文一三三二九号）「恐鬱之処、恩問之旨、殊以令欽仰候」

16実躬卿記永仁元年八月巻裏文書、正応六年（一二九三）頃、某書状及某勘返状（鎌倉遺文一八三二三号）「何事候乎、其後不参会候之間、煙鬱候」

17実躬卿記永仁元年八月巻裏文書、正応六年（一二九三）頃、某書状（鎌倉遺文一八三二二号）「其後不参会、恐鬱候、自去月相労事候、蟄居候也」

18金沢文庫蔵倶舎論本第十一裏文書、永仁二年（一二九四）頃、某書状（鎌倉遺文一八六二三号）「不審候之処、披芳札散□（積）鬱候了」

19金沢文庫所蔵探玄記第一略類集裏文書、乾元元年（一三〇二）頃七月二十六日、頼玄書状・妙元勘返状（鎌倉遺文二一三一四号）「其後何条御事候哉、積鬱無極候」

20金沢文庫文書、乾元元年（一三〇二）頃六月二十一日、如月書状・某勘返状（鎌倉遺文二一三一五号）「其後何条御事候乎、無差事候之間、不令申案内候、積鬱無極思給候」

21山城仁和寺文書、徳治二年（一三〇七）九月二十日、後宇多上皇書状（鎌倉遺文二三〇四九号）「無指事候之間、久不申承、積鬱無極候、于今不入見参候之条、遺恨候」

22山城醍醐寺文書、徳治三年（一三〇八）頃三月十七日、性徳書状（鎌倉遺文二三二〇三号）「抑其後久不令申候之間、恐鬱無極候、先度も以状令申候」

23金沢文庫蔵湛稿冊子第九裏文書、延慶二年（一三〇九）頃二月三十日、隆円書状（鎌倉遺文二三七六七号）「御返報委細拝見仕候了、久不入見参之間、積鬱無申計候、近御程に可有御上洛由、承候条、返々恐悦覚候」

24尊経閣所蔵、延慶四年（一三一一）三月二十四日、花園天皇書状（鎌倉遺文二四二六三号）「其後積鬱之間、可申之由思給候之処、大病余気以外窮屈、右筆も弥不合期候之間、閣筆候つ」

25東大寺文書四ノ九十一、正和元年（一三一二）十二月五日、東大寺年預五師清寛書状案（鎌倉遺文二四七二三号）「先日雖経　奏聞、于今不承　勅答之間、鬱憤難散之処」

26壬生家文書、正和二年（一三一三）頃十月二十七日、某書状（鎌倉遺文二四八二四号）「誠久不参会、恐鬱為恐候之処、委細之一札慥可給候」

27伏見宮記録元二、正和三年（一三一四）五月十三日、伏見上皇書状（鎌倉遺文二五二〇九号）「夜間何事候に、無何難散蒙鬱候」

28伏見宮蔵、正和三年（一三一四）九月十日、伏見上皇書状（鎌倉遺文二五二一〇号）「遼遠之間、思成も積鬱候歟、事々期見参候」

29安芸久枝武之助蔵、正和三年（一三一四）九月二十六日、伏見上皇書状（鎌倉遺文二五二三四号）「積鬱之処、悦承候了」

30金沢文庫文書、正和三年（一三一四）頃、範義書状（鎌倉遺文二五三二九号）「抑今年未申入候之条、恐鬱無極候、雖無指事候、便宜之時者被仰下、可令言上候」

31金沢文庫蔵湛稿冊子六裏文書、正和四年（一三一五）十一月五日、頼照書状（鎌倉遺文二五五四四号）「畏申入候、其後遙不啓案内候間、伊鬱不少候」

32金沢文庫蔵愚案抄第三裏文書、正和四年（一三一五）頃十月十一日、頼照書状（鎌倉遺文二五六三七号）「折節便宜事絶候間、乍思不入申、伊鬱之間、委細ニ蒙仰之条、真実為恐之至、無謝方候」

33金沢文庫文書、文保二年（一三一八）頃八月二十日、倉栖兼雄書状（鎌倉遺文二六六六〇号）「其後被妨公務、不申案内候、伊鬱不少候」

34山城仁和寺蔵、元徳元年（一三二九）、後醍醐天皇書状（鎌倉遺文三〇八〇五号）「何事候哉、其後不申承、積鬱候、寒中老体窮屈察申候、無殊事候哉」

35山城曼殊院蔵、元徳二年（一三三〇）八月、花園上皇書状（鎌倉遺文三一一九七号）「其後久不得見参之便宜、積鬱候」
36山城大徳寺文書、元徳三年（一三三一）二月二十四日、妙超宗峰書状（鎌倉遺文三一三五五号）「其後何条御事候哉、積鬱候」
37尊経閣文書、正慶二年（一三三三）閏二月十四日、花園上皇書状（鎌倉遺文三二〇一五号）「山洛相隔、積鬱万端、先日状参着不審之処、芳札為悦候」
38山城大橋寛治文書、正慶二年（一三三三）閏二月二十四日、花園天皇自筆消息（鎌倉遺文三二〇二一号）「遼遠之上、無指事候之間、其後不申奉、積鬱之処、御札為悦候」
39金沢文庫文書、正慶二年（一三三三）頃、金沢貞顕書状（鎌倉遺文三二一九二号）「恐鬱之処、委細御報、畏以承候了」
40尊経閣所蔵文書、元弘三年（一三三三）六月三日、花園上皇書状（鎌倉遺文三二二三一号）「毎事何とか御案候□、面申たく候へとも、近日不可叶候歟、積鬱無極候」
41東寺百合文書り、貞和五年（一三四九）九月十一日、大覚寺宮寛尊法親王御書状（大日本古文書六七号）「其後何条御事候哉、積鬱候、参会可期何日候哉」
42東寺百合文書り、貞和五年（一三四九）九月、梶井宮尊胤法親王御書状（大日本古文書六八号）「此間必々可令参会候、毎事積鬱無極候」
43大徳寺文書別集、真珠庵文書之五、延文五年（一三六〇）閏四月二十日、覚円花山院兼信書状（大日本古文書七一五号）「何条御事候乎、恐鬱候」
44醍醐寺文書之八、応安六年（一三七三）二月八日、大僧正道淵書状（大日本古文書一八一一号）「事絶久不申奉之間、煙鬱如蒙瓫候」

45醍醐寺文書之六、明徳四年（一三九三）四月四日、光助書状（大日本古文書一一〇六号）「此間又不申奉恐鬱候」

46東寺百合文書ち、応永元年（一三九四）七月二十八日、宗助書状（大日本古文書一―一八号）「此間不申通、鬱念候」

47醍醐寺文書之七、応永三十三年（一四二六）八月十三日、義円書状（大日本古文書一三二〇―三号）「恐鬱之処、御音信殊以本望候」

48石清水文書之二、明応三年（一四九四）一月三十日、田中雑掌書状案（大日本古文書四四七号）「先日は以面謁閑談、年来之本懐候、委曲之儀門主之致転達候、誠不断積鬱之至候」

49益田家文書之一、文亀元年（一五〇一）頃十月十三日、大内義興書状（大日本古文書二〇四号）「如何由申候之処、依委細承候、散積鬱候了」

50蜷川家文書、年未詳三月七日、亘理元宗書状（大日本古文書五〇九号）「余鬱富松四郎左衛門尉方任口頭候」

1・7は「鬱望」、2は「鬱情」、3は「憤鬱」、4は「鬱結」、5は「鬱陶」、6・31・32・33は「伊鬱」、8・16・44は「煙鬱」、9・11は「久鬱」、10・46は「鬱念」、12・18・19・20・21・23・24・28・29・34・35・36・37・38・40・41・42・48・49は「積鬱」、13・27は「蒙鬱」、14は「悚鬱」、15・17・22・26・30・39・43・45・47は「恐鬱」、25は「鬱憤」、50は「余鬱」の語を含む。


平安から室町にかけての実際の書状における諸例も、同期の往来物と意味用法は同じである。様々な事情により相手と会うことができず、心がふさいでいる状況下において、当の相手からの書状が届いたり、拝眉がかなったりなどして、屈した気持ちを晴らすことができた場合に、それ以前のむすぼおれた心情を表現する場合に、「鬱」を造語要素とする語が用いられている。

三、往来物・書状の比較と造語

では、往来物と実際の書状とで、語彙の種類はどの程度重なっているであろうか。左記に、調査範囲で見出された語をそれぞれ五十音順に排列した上で、使用に重なりの見られる語に傍線を付した。更に中国古典文献(2)での使用例が有るか無いかを（　）内に示した。

《往来物》

「鬱」を上部要素とする語

「鬱悒」（有）「鬱襟」（無）「鬱結」（有）「鬱緒」（無）「鬱陶」（有）「鬱念」（無）「鬱望」（無）「鬱憤」（有）「鬱霧」（有）

「鬱」を下部要素とする語

「伊鬱」（有）「一鬱」（有）「煙鬱」（無）「恐鬱」（無）「胸鬱」（無）「悚鬱」（無）「積鬱」（有）「万鬱」（無）「蒙鬱」（無）「余鬱」（無）「恋鬱」（無）

「鬱」の畳語

「鬱々」（有）

《実際の書状》

「鬱」を上部要素とする語

「鬱結」（有）「鬱情」（有）「鬱陶」（有）「鬱念」（無）「鬱望」（無）「鬱憤」（有）

「鬱」を下部要素とする語

「伊鬱」（有）「煙鬱」（無）「久鬱」（有）「恐鬱」（無）「悚鬱」（無）「積鬱」（有）「憤鬱」（有）「蒙鬱」（無）「余

鬱」（無）

往来物所載の二一語中一二語、書状所載の一五語中一二語が、両者共通の語彙となっている。当然予想されることではあるが、実際の書状より往来物の方が、語彙が豊富である。編者の教育的配慮によるものであろう。

また、「鬱悒」「鬱結」「鬱情」「鬱陶」「鬱憤」「鬱霧」「伊鬱」「一鬱」「久鬱」「積鬱」「憤鬱」「鬱々」の一二語は、古く中国で使用のある語、「鬱襟」「鬱緒」「鬱念」「鬱望」「煙鬱」「恐鬱」「胸鬱」「悚鬱」「万鬱」「蒙鬱」「余鬱」「恋鬱」の一二語は、中国文献における使用例が無く、和製漢語である可能性が高い。概略で見れば、書簡・往来物双方において使用される、「鬱」を造語要素とする語彙の約半数が、日本で造語されたものであることが予想される。

これを文献の種類別に見直すと、往来物所載の二一語中九語（四二・九パーセント）、書状所載の一五語中八語（五三・三パーセント）が、それぞれ中国で使用の有る語である。前者の割合が、後者に比して低く、往来物より実際の書状の方が、中国由来の語を使用する傾向が強いことが分かる。

四、古辞書における「鬱―」「―鬱」

平安時代末期成立の色葉字類抄以来、書簡用語を収録する辞書は、各時代に存在する。色葉字類抄では、各篇の畳字部に収められ、その中でも特に雑部に目立つ。

以下に、書簡用語を多く収録する主な古辞書と、それぞれに収められた「鬱」を造語要素とする諸語を挙げる。その上で、各語について、

①右掲出の往来物に用例が見られるもの（往来）
②右掲出の書状に用例が見られるもの（書状）
③平安遺文・鎌倉遺文・古文書フルテキストデータベースに書状以外の文書での使用例[3]が有るもの（文書）

④古記録での使用例[4]が有るもの（記録）
⑤中国古典文献での使用例[5]が有るもの（中国）
は、それぞれ○で示し、無いものはそれぞれ×で示した。

三巻本色葉字類抄（原本成立は平安末期）

	往来	書状	文書	記録	中国
「壱鬱」（伊篇畳字部）	○	×	○	○	○
「伊鬱」（伊篇畳字部）	○	○	○	×	○
「鬱朦」（宇篇畳字部）	×	×	×	×	×
「鬱結」（宇篇畳字部）	○	○	○	○	○
「鬱憤」（宇篇畳字部）	○	○	○	○	○
「鬱陶」（宇篇畳字部）	○	○	○	○	○
「鬱念」（宇篇畳字部）	○	○	○	○	×
「鬱蒙」（宇篇畳字部）	×	×	×	×	×
「鬱望」（宇篇畳字部）	○	○	○	×	×
「鬱懐」（宇篇畳字部）	×	×	×	×	×
「為鬱」（井篇畳字部）	×	×	×	○	○
「恐鬱」（久篇畳字部）	○	○	○	○	×
「憤鬱」（布篇畳字部）	×	○	×	×	○

「仰鬱」（木篇畳字部）	×	×	×	×	×
「欣鬱」（木篇畳字部）	×	×	×	×	×
天正十五年尊朝親王筆消息詞（原本の成立は鎌倉前期）					
「鬱念」（2丁裏）	○	○	○	○	×
「壱鬱尤深」（2丁裏）	○	×	×	×	×
「鬱憤」（2丁裏）	○	○	○	○	○
「鬱望」（2丁裏）	○	○	○	×	×
「伊鬱」（2丁裏）	○	○	○	×	○
「鬱陶」（2丁裏）	○	○	○	○	○
「悚鬱」（2丁裏）	○	○	×	○	×
「鬱結」（2丁裏）	○	○	○	○	○
「鬱悒」（2丁裏）	○	×	×	×	○
「積鬱」（2丁裏）	○	○	○	○	○
謙堂文庫蔵青蓮院蔵本重写拾要抄（原本の成立は南北朝時代）					
「伊鬱」（伊部）	○	○	○	×	○
「壱鬱」（伊部）	○	×	○	○	○
「鬱陶」（宇部）	○	○	○	○	○
「鬱念」（宇部）	○	○	○	○	×
「鬱結」（宇部）	○	○	○	○	○

「鬱望」（宇部）	○	○	○	×	×
「鬱憤」（宇部）	○	○	○	○	○
「恐鬱」（計部）	○	○	○	○	×
元亀二年本運歩色葉集（原本の成立は室町後期）					
「伊鬱」（伊部）	○	○	○	×	○
「余鬱」（与部）	○	○	×	×	×
「鬱憤」（宇部）	○	○	○	○	○
「鬱念」（宇部）	○	○	○	○	×
「愁鬱」（志部）	×	×	○	○	×
「積鬱」（勢部）	○	○	○	○	○
高橋本色葉字（原本の成立は室町末期）					
「万鬱」（波部）	○	×	×	×	×
「鬱憤」（宇部）	○	○	○	○	○
「積鬱」（世部）	○	○	○	○	○

「鬱」を造語要素とする熟語は、平安時代末期成立の色葉字類抄に一五語収録されているが、そのうち八語が中国古典文献に使用の見られない語である。日本において、既にこの時期から「鬱」を造語要素とする新語が活発に作成されていたことが分かる。しかも、調査範囲の日本の往来物・書状・書状以外の古文書・古記録にも用例の見られない語が五語存する。これは、平安時代の文献の残存率が、それ以降の時代に比べて低いことによると考えられる。

消息詞の収録語一〇語のうち三語が、中国古典文献に使用の見られない語である。日本の文献では、調査範囲の往来物に一〇語全て使用例が有り、また、書状に八語、書状以外の古文書に七語、古記録に六語見出される。

拾要抄の収録語八語のうち四語が、中国古典文献に使用の見られない語である。日本の文献では、調査範囲の往来物・書状以外の古文書に全て使用例が有り、また、書状に七語、古記録に六語見出される。

運歩色葉集の収録語六語のうち三語が、中国古典文献に使用の見られない語である。日本の文献では、調査範囲の往来物・書状・書状以外の古文書に各五語、古記録に四語見出される。

高橋本色葉字の収録語三語のうち一語が、中国古典文献に使用の見られない語である。日本の文献では、調査範囲の往来物に全て使用例が有り、また、書状・書状以外の古文書・古記録に二語見出される。

以上のように、「鬱」を造語要素とする書簡用語に関しては、色葉字類抄を除く四種の古辞書において、現実の書状の使用語彙が十分反映されている状況が確認できた。

五、「万鬱」

上述のごとく、高橋本色葉字には、「万鬱（はんうつ）」なる語が採録されている。管見の範囲で、「万鬱」の用例は極めて少ない。古辞書の採録も無く、大型国語辞典類・漢和辞典類・古文書用語辞典類にも立項されていない。また、中国の主要古典文献（データベース検索による）・中国大型辞書類にも見られない。

わずかに、新撰遊覚往来に次の例が見出される。

○「兼又、少生住山之間、有テ二入御一、被レ懸二御目ニ一者、可畏入候。万鬱併期ラ二面謁一。恐惶謹言」（二月状）

○「遙久不レ捧二拙状ヲ一、万鬱之至リ無レ極候」（八月状）

この二箇所の本文における「万鬱」の使用については、諸本に異同が無く、高野山金剛三昧院蔵（高野山大学附属図書館蔵）天文五年写本・謙堂文庫蔵天文十三年写本・東北大学附属図書館蔵室町末期写本・内閣文庫蔵天正二年写本・東京大学文学部国語研究室蔵天正五年写本・謙堂文庫蔵江戸前期刊本、全て「万鬱」となっている。

しかしながら、次の二箇所は、諸本間に異同がある。

《aのケース》―五月状

①高野山金剛三昧院蔵（高野山大学附属図書館蔵）天文五年写本「玉章久絶、互ニ心隔万里一。而今令ニ恩問一、明万鬱一」

②謙堂文庫蔵天文十三年写本「玉章久絶、互ノ心如レ隔二万里一ヲ。然今得二恩問一ヲ、日来不審只今散畢」

③東北大学附属図書館蔵室町末期写本「玉章久絶、互心如隔万里。然日来之不審散只今」

④内閣文庫蔵天正二年写本「玉章久絶テ、互ノ心如レ隔二万里一ヲ。然ルニ日来之不審只今散候畢」

⑤東京大学文学部国語研究室蔵天正五年写本「玉章久絶テ、互ノ心如レ隔ル二万里一ヲ。然而日来不審散シ二只今一マ」

⑥謙堂文庫蔵江戸前期刊本「玉章久絶、互心如レ隔二万里一。而今披二恩札一明二万鬱一」

《bのケース》―六月状

①高野山金剛三昧院蔵（高野山大学附属図書館蔵）天文五年写本「如仰一久不面拝一間、万事鬱念無極一候」

②謙堂文庫蔵天文十三年写本「如レ仰久不遂向顔之間、万事鬱念無極」

③東北大学附属図書館蔵室町末期写本「如仰久不面拝候之間、万事鬱念無極候」

④内閣文庫蔵天正二年写本「如レ仰久不二面拝一之際、鬱念無レ極候」

⑤東京大学文学部国語研究室蔵天正五年写本「如レ仰久ク不レ能二面拝一ニ候間、万鬱無レ極」

⑥謙堂文庫蔵江戸前期刊本「如レ仰久不二致面拝一之間、万事鬱念無レ極候」

aのケースは、①⑥の本文と③④⑤の本文とが対立しており、②はその中間形である。①⑥の本文の修辞上の技巧に着目するならば、「万里」と対句表現にするために「万鬱」を使用したと推定される。bのケースは、①③⑥の本文が相互に近似し、他はそれぞれ小異がある。諸本の「万事鬱念」に当たる本文が、⑤では「万鬱」となっている。

六、中国における意味用法との比較

「鬱」がこのような意味用法を獲得した理由として、やはり中国本来の字義が、日本に於いて何らかの変化を遂げたものと考えられる。まず「鬱」の、中国における字義をまとめると、以下のようになろう。「鬱」は、「⿰鬯彡」の略体と「林」から構成される会意兼形声文字だと言われている。「⿰鬯彡」は、「鬯」つまり濃厚な香りが、「缶」に閉じこめられているようすを示す会意文字であるから、「鬱」の原義としては、山林に木々が鬱蒼と生い茂ることなのであろう。この本義が一般化し、雲霧が立ちこめているようすや、心の中にわだかまりがあるようすを表すようになったと推定される。本稿で主題とした心理的な「鬱」に関係するのは後者であるが、その古い用例はむしろ、「鬱陶」のような連綿詞としてあらわれ、孟子、万章上で、兄の舜を殺しそこなった弟の象が、偽りの心配をして「鬱陶思君爾（鬱陶として君を思ひしのみ）」と述べている。このように、心理的な「鬱」の用法は戦国時代から顕著に見られるが、後世の文芸作品に影響を与えたという意味では、屈原の作を中心とした、戦国から漢初にかけての作品群、楚辞が重要であろう。ここでは、「離騒」の「忳鬱邑余侘傺兮、吾独窮困乎此時也（忳と鬱邑として余侘傺たり、吾独り此の時に窮困す）」をはじめとして、「九章、惜誦」の「心鬱邑余侘傺兮、又莫察余之中情（心鬱邑として余侘傺たり、又た余の中情を察するものなし）」、同じく「背膺牉而交痛兮、心鬱結而紆軫（背膺牉れて交も痛み、心鬱結して紆軫す）」、「九章、哀郢」の「惨鬱鬱而不通、蹇侘傺而含慼（惨と鬱鬱として通ぜず、蹇と侘傺として慼みを含む）」、「九章、抽思」の「心鬱鬱之憂思兮、独永歎乎増傷（心に鬱鬱たるの憂思あり、独り永歎して傷みを増す）」、「九章、懐沙」の「鬱結紆軫兮、離慜而長鞠（鬱結して紆軫し、慜ひに離ひて長く鞠す）」、「九章、悲回風」の「愁鬱鬱之無決兮、居戚戚而不可解（愁ひ鬱鬱として決する無く、居りて戚戚として解くべからず）」、「遠遊」の「遭沈濁而汚穢兮、独鬱結其誰語（沈濁に遭ひて汚穢たり、独り鬱結してそれ誰にか語らむ）」など、枚挙に遑が無い。「鬱邑」「鬱鬱」「鬱結」といった同様の表現が繰り返され、その意味も文脈から甚だ明瞭で、心の中に鬱屈するところがあるが誰に告げることもできず、解消もできないといった状態を示す。「鬱結」という連語から分かるように、「鬱」は「結」の同義語であり、ほどくことが困難だという意味合いも持つ。後世日本語として定着した「鬱積」も、後漢の養奮の対策文（全後漢文、巻四十九）に「衆怨鬱積」とあるのが古く、「積」との字義のつながりも認められる。ここで注目されるのは、中国の古典語として確立した「鬱」は、単用されるのも普通だが、往々にして、熟語や、「鬱邑」「伊鬱」といった双声語を構成し、その用法から見ると、物のようすをあらわす語である。しいて品詞でいえば、形容詞もしくは動詞的性格が強いと言えよう。漢字の用法としては、本来形容詞や動詞であっても、名詞化して使われることがありうる。例えば、「累」は本来「かさなる」という意味で、動詞的性格が強いが、「面倒なこと」という意味の名詞となる。しかし、「鬱」に関しては、そのような名詞化した例は見られない。「散鬱（鬱を散ず）」とか「消鬱（鬱を消す）」などと言いそうなものだが、そのように「鬱」を目的語にすることは殆ど無い（「鬱陶を散ず」ならわずかに見られる）。なお、「肝鬱」のように、例外的に「鬱」が名詞的に使われるとしたら、内臓などの気が停滞している状態という、医学的な意味である。

これに対し、日本での「鬱」の用法は、一方で中国の古典的な意味合いは維持され、「鬱陶」「伊鬱」など、中国由来の語も使われるものの、上述の「怏鬱」「一（壱）鬱」「煙鬱」「恋鬱」「恐鬱」「積鬱」「万鬱」「余鬱」「蒙鬱」「胸鬱」「煙鬱」のような多様な熟語を創造したと考えられる。多くは中国に用例が無く、唯一「積鬱」のみは、わずかな使用例があるが、文選の「笛賦」に見られるにも拘わらず、後世あまり使用されていないという事実が、むしろその不自然さを示している。中国でも下に「鬱」が置かれた熟語はあるが、「悶鬱」「抑鬱」の如く、おおむね同義語・類義語を並べたものである。または、上述のように医学用語である。これらの内には、そもそも意味がはっきりしないものもあるが、概ねは、書簡用語として、相手に会えないことによる、もしくは相手から返事が貰えないことによる、自らの心の鬱屈を指すようである。「鬱」の上に色々な形容語を付けていることから、「鬱」は、一種の抽象名詞という機能を獲得し、造語力を増したと言える。この点は、日本独自の「鬱」の用法と言ってよい。

高橋本に載せる「万鬱」の語も、自らの鬱屈を甚だ強調した書簡用語の典型であり、新撰遊覚往来の用例しか見いだせないとはいえ、現実に使用されていた可能性は高い。

注

(1)東京大学史料編纂所による平安遺文・鎌倉遺文のデータベース、及び、古文書フルテキストデータベースの検索システムを使用させていただいた。

(2)中国のデータベース、首都師範大学電子文献研究所による「国学智能書庫」の検索システムを使用させていただいた。

(3)注1に同じ。

(4)東京大学史料編纂所による古記録フルテキストデータベースの検索システムを使用させていただいた。

(5)注2に同じ。

〔参考文献〕

佐伯梅友「鬱と髣髴」(「国語と国文学」十九—十一、東京大学国語国文学会編、一九四二年十一月)
森田良行『基礎日本語1』(角川書店、一九七七年十月)。
鈴木博「林四郎のいわれ」(「語源探求」二、日本語語源研究会編、一九九〇年七月)

第三章　「変々」について

「変々」は、高橋本色葉字（部部）ほか数種の古辞書に見えるが、漢語大詞典・大漢和辞典等の大型の漢語・漢和辞典類、日本国語大辞典・時代別国語大辞典室町時代編・角川古語大辞典等の大型の国語辞典類、及び、各種の古文書・古記録用語辞典類にも載録されていない。

この語は、漢語としてはもちろん成り立ち、意味としては「変化に変化を重ねる」というようなことが想定される。しかしながら、「変々」が中国の古典に殆ど見えないのも事実である。少なくとも、文選や唐詩には見えず、管見の限り、古く確実なものでは、以下の一例のみである。文子、精誠篇（戦国時代の道家の著術と標榜するが、後世の偽作とされる）に、「故言之用者、変乎小哉。不言之用者、変変乎大哉（故に言の用（はたら）きは、変乎として小なるかな。不言の用きは、変変乎として大なるかな）」とある。ここでは、道家の思想らしく、「不言（言を用いない内面の誠心）」が「言」に勝ることを述べていて、「変乎」という表現に比べて「変変乎」の方が、あらゆる状況に対応して変化する力が強いことを示すのであろう。

このように、動詞を重ねた言葉としての「変々」は、古典中国語として考えれば、「何度も変化する」というような意味になるのであろうが、近世以降の口語文学では、現代中国語と同様、「ちょっと変化する」という軽い意味合いで用いられるようである。西遊記では、登場人物が術で変身する場面で、「這猢猻必然下水去也、定変作魚蝦之類、等我再変変拿他（猿は水中に潜って、魚かエビに変身したに違いない。私もまた変身して捕まえてやろう）」（同書第六回の二郎真君の語）のように用いられているので、必ずしも「何度も変化する」の意味ではないこと明らかである。ただ、本論は、主に室町時代の語としての「変々」を扱うので、中国の口語の影響は視野に入れる必要は取り敢えず無かろう。

古辞書類では、管見の範囲で、左記のものに見える。(1)

字類抄諸本(2)　「変々〈ヘンヘン〉」（及びその変異）
高橋本色葉字　「変々（へんへん）」
運歩色葉集　「変々（ヘンベン）」
広本節用集　「変（ヘン）々」
印度本系節用集諸本(3)　「変々」（及びその変異）

右の古辞書の一部の傍訓によれば、「変々」は「へんぺん」と読むのであろう。そしてこの語の基本義は、《様々に変わる》、若しくは《次々に変わる》、の意味であると考えられる。例えば、左記の鎌倉遺文四三七三号文書中の「変々」は、そのような意味において使用されている。

1御成敗式目後付、貞永元年（一二三二）九月十一日、北条泰時書状（鎌倉遺文四三七三号）「娑婆世界南贍部州大日本国従四位上行左京権大夫平朝臣泰時敬白真言教主大日如来・十方三世一切諸仏・大慈大悲地蔵菩薩・地前地上諸大薩埵・声聞縁覚諸賢聖主・梵天帝釈・四大天王・諸天北辰北斗・七曜九曜・十二宮神・廿八宿・本命元辰、当年御成敗候へき条々の事注され候状を、目録となつくへきにて候を、さすかに政の体をも注載られ候ゆへに、執筆の人々さかしく式条と申字をつけあて候間、その名をことことしきやうに覚候によりて、式目とかきかへて候也、其旨を御存知あるへく候歟、さてこの式目をつくられ候事は、なにを本説として被注載之由、人さためて謗難を加事候歟、ま事にさせる本文にすかりたる事候はねとも、たゝとうりのおすところを被記候者也、かやうに兼日にさため候はすして、或はことの理非をつきにして其人のつよきよはきにより、或は、御裁許ふりたる事をわすらかしておこしたて候、かくのごとく候ゆへに、かねて御成敗の体をさためて、人の高下を不論、偏頗なく裁定せられ候はんために、子細記録しをかれ候者也、この状は法令のおしへに違するところなと少々候へとも、たとへは律令格式は、まなをしりて候物のために、やかて漢字を見候かことし、かなはかりをしれる物のためには、まなにむかひ候時は人の目をしいたるかことくにて候へは、この式目は只かなをしれる物の世間におほく候ことく、あまねく人に心えやすからせんために、武家の人へのはからひのためはかりに候、これによりて京都の御沙汰、律令のおきて聊もあらたまるへきにあらす候也、凡法令のおしへめてたく候なれとも、武家のならひ民間の法、それをうか〻ひしりたる物は百千か中に一両もありかたく候歟、仍諸人しらす候処に、俄に法意をもて理非を勘候時に、法令の官人心にまかせて軽重の文ともをひきかむかへ候なる間、其勘録一同ならす候故に、人皆迷惑と〈云云〉、これによりて文盲の輩もかねて思惟し、御成敗も変々ならす候はんために、この式目を注置れ候者也、京都人々の中に謗難を加事候は〻、此趣を御心え候て御問答あるへく候、恐々謹言、／貞永元九月十一日／武蔵守〈在―〉／駿河守殿」

〔内容〕

御成敗式目は、貞永元年（一二三二）七月十日に制定、同年八月十日に公布された、鎌倉幕府の基本法規である。その編纂の中心人物が、執権北条泰時であった。この他、連署北条時房、評定衆の中でも特に法制に詳しい太田康連・矢野倫重・斎藤浄円（長定）・佐藤業時等が関わっていたとされる。右は、御成敗式目公布直後の貞永元年九月十一日に、泰時が六波羅にいる弟重時に書き送った書状である。内容は以下の通り。

今年裁断のために諸々の条項を定めた。それを「目録」とでも名付ければ良かったのであるが、さすがに政道の在り方についての条項もあるため、当初、関係者の間では「式条」と呼ばれていた。私（泰時）はそれを大袈裟な名称であるとして、「式目」に書き改めたのである。その事を承知しておいて欲しい。さて、この式目を制定するに当たっては、何を拠り所としたものか、非難されることもあるであろう。しかし、この式目は、特定の先行法規類に頼ることなく、ただ「道理」（武家社会における実践的道徳規範）に基づいて規定したのである。今まで成文法が無かったために、ある場合は、事の理非を二の次にして強い者が勝ち、またある場合は、裁判の判決が既に下っていることを忘れて、濫訴を起こすわけである。このような事が無くなるように、予め裁断の在り方を定めて、身分の高下によらず、公平に裁断が行われるように、細かく書き記されたのである。この式目は、法令（公家法）の教えに違背しているところも少しあるけれども、律令格式が識字層のためのものであるのに対して、この式目は、世間のあらゆる階層の人々にも理解し易いよう、特に武家階級の人々のためのものである。但し、この式目の制定により、公家の律令格式は、いささかも改められる必要は無い。すべて法令（公家法）の教えは尊ぶべきものであるけれども、武家の慣習法や民間法を知っている者は、百人・千人のうちに一人・二人もいないであろう。このように、人々が法を知らなかったので、俄に法規に従って理非を裁断する際に、幕府の裁判所の役人が、重要な書類やそうでもない書類を、勝手気ままに調査し判断した結果、その判決草案がまちまちなので、人々が皆困ったということである。そのため、漢字を知らず律令が読めない人達（武家）も法律に関して考えることができ、幕府の御裁定も一定するように、この式目を制定したのである。京都の公家衆が批判されるようなことがあれば、以上の趣旨を十分理解した上で問答してください。

右の北条泰時の書状に見える「御成敗も変々ならす候」は、当該本文の少し前に見える「其勘録一同ならす候」と対揚関係にあり、反対の意味で用いられている。このように「変々」には、《様々に変わる》の基本義がある。鎌倉遺文中、右のような用法の「変変」（変々）を含む文書としては、上掲の四三七三号文書をはじめとして、左記の如き例がある。

2薩摩比志島文書、建長六年（一二五四）三月日、栄尊申状（鎌倉遺文補一五四五号）「（文書頭欠）社家者非御殿守之所行之由、出書状、変々両舌之条、謀案之所致也、為割取、仮神威、権門御領申付無実於御殿守其科条、時村可遁之哉」

3摂津勝尾寺文書、文応元年（一二六〇）十一月十二日、右馬寮牧下司信念下知状（鎌倉遺文八五七二号）「専念申云、対決之条、所庶幾也、早帯彼自筆之状、披見之〈云々〉者、両方任申請、差日限可出対之由、令相触之処、於衆徒者、度度雖被進申、専念或時称他行之由、或時者不相向于使者、構変々之子細、遁避対決、空送数月之条、無理之至顕然也」

4摂津勝尾寺文書、文応二年（一二六一）二月日、摂津勝尾寺衆徒等訴状案（鎌倉遺文八六一四号）「仍下司信念可披見証文之由、差日限相触両方之間、於寺僧者、連々雖進申、専念或時者称他行由、或時者隠居住宅、構変々之子細、遁避対問、空送数月之間、専念謀略之条依為顕然、於燈油田者、早任本主寄進状、可為寺家之進止、於専念者、有謀書疑之間、令改易与町之公文職之由、出成敗之状畢」

5中臣祐賢記建治元年八月二日条、建治元年（一二七五）七月二十四日、春日神主泰道書状（鎌倉遺文一一九七〇号）「先日示給候守安事、奉打落御冠之条、為実事者、可有同心御訴訟之由、最前御評定之時、令申候き、仍自寺家預御尋候之刻〈モ〉、令言上其趣候了、此上者、変々之儀、何事候哉、存外候」

6神宮文庫蔵豊受大神宮儀式帳裏文書、弘安二年（一二七九）七月日、礒士与子解（鎌倉遺文補一六六三号）「然則、早召出保延施入文并文永元年謀施入文・同文師等、遂糾正、任謀書実、没収資財田畠等〈於〉、永為被停止変々用々謀論」

7入来院家文書、弘安二年（一二七九）十二月二十三日、関東下文（鎌倉遺文一三八〇八号）「以〈次カ〉重道等弘安元年五月十九日申給召符之処、同六月三日掠給安堵御下文之条、変々猛悪之由、為重雖申之、定仏存生之時、令付申状於奉行人伊勢入道行願之間、経御沙汰、成給之旨、重道等陳答之刻、為重不論申、然則、於件所領者、任定仏譲状并安堵御下文、重道等可令領掌也」

8筑後鷹尾神社文書、正応二年（一二八九）十月十三日、紀元員申状案（鎌倉遺文一七一六四号）「適末友状〈仁母〉如式祭使難治之間、借馬上□□□□旨乍申之、宣楽已下所役無之由、混申条、一紙面変々相違之状、顕□（然）□」

9東寺百合文書ル、永仁元年（一二九三）十二月十六日、定厳書状（鎌倉遺文一八四二二号）「昨日〈十五日〉、弓削雑掌以専使申上候、此御沙汰事、日来奉行依平禅門事、被改由事者、先度令申候了、惣御沙汰徳政之儀〈とて〉、三番〈ニ〉被縮候て、可為急速御沙汰之由、風聞候し程〈ニ〉、其儀又被改候て、当時者六番〈ニ〉被成候、如此変々罷成候程〈ニ〉、于今此沙汰令延引候間、歎入候」

10東寺文書百合外、永仁六年（一二九八）九月日、大和平野殿荘注進案（鎌倉遺文一九八二三号）「爰願妙已下輩等、或時者、依一□□（乗院）家之□□□（百姓等）乱妨、称押御年貢等、或時者、号自身一乗院御□（房）人、構変々謀略、而成本所於敵対、奉違背　綸旨并□□□□度、旁以令露顕之上者、早於年々押留物等者」

11金剛三昧院文書、正安二年（一三〇〇）二月日、素浄外十五名連署陳状案（鎌倉遺文二〇三八三号）「一、勝宝院僧正御房於　公家武家両様御訴訟所見分明事／於関東者、号衆僧掠給御教書、於公家者、号聖断、彼掠下宣旨之条、両様変々御咎、難遁者也」

12昭和五十六年弘文荘待賈文書、乾元二年（一三〇三）七月十四日、法印某契状（鎌倉遺文二一五七九号）「寂静坊之間事、雖申付房守律師、世途不階之間、修理于今不事行、寺家頻歎申、実其謂候、仍相副彼坊之供僧、可申付性然律師、悤致修理之沙汰、可被居住候也、被入沙汰之坊之上者、始終又可申付、更不可有変々之儀」

13九条家文書、正和二年（一三一三）三月日、静成申状案（鎌倉遺文二四八三七号）「而真浄為武家被管之身、或時者号京極局、今者称宰相局、構其名於変々、掠給九条殿御挙状、相語地頭義清、致其煩之間、於武家訴申之処、就義清和与状、預三个度下知了」

14山城禅定寺文書、文保元年（一三一七）十二月日、山城禅定寺・曽束荘由緒注進状案（鎌倉遺文二六四九五号）「一、曽束所申堺、依無本証、注進在所方角、度々変々事、／当年〈文保元〉目安云、／治安寄進状〈ニハ〉、南方〈ハ〉糸谷〈ヲ〉堺〈ト云々〉、／延応指図銘文臂合・桂峰〈云々〉、／延慶四年注進状〈ニハ〉、／南方ヒチアヒ、三ハウシ〈ヨリ〉西へ、雲谷ノカシラヲサカウ、同立石・同馬ノリ石・カツラカ峯〈ヨリ〉、フタノ尾クタリ、シヤウシ石ナリ、曽束〈ヨリ〉ヒツシサルノ方〈ニ〉アタルナリト〈云々〉」

15壬生家文書、元亨三年（一三二三）、某申状案（鎌倉遺文二八六三三号）「是併開発余流之自称、失拠之間、没収儀限神主之由、奉掠　上聞、於武家者、又寄事於闕所之号、支申　勅載施行之条、要用変々之会尺、偏迷是非之故歟」

16伊勢光明寺文書、嘉暦二年（一三二七）後九月七日、僧恵観書状案（鎌倉遺文二九九九〇号）「次相博便田之段、背本願起請之旨載之歟、前者号不入法常住院領、後者称背本願起請、要用変変謀言、非御沙汰之限矣」

17東大寺文書四ノ五、嘉暦二年（一三二七）十月十八日、東大寺年預五師頼昭書状案（鎌倉遺文三〇〇四九号）「黒田荘悪党事、御教書者、去月廿日比付進候き、然者、急可有入部候之処、至今月十五日延引之条、猶以雖非衆徒之所存、為御使被定日限候之間、存其旨、差下尋所使等候之処、或守護方者於寺門定日限、或服部方者対寺家之使、十五日不可有相違之由、乍被申之、尋所之使下向之時、改日比之詞、両方未申定日限之処、無左右下向、不可然之由被申之、徒被返上寺門之使等候之間、此条併得悪党等之語、為延日数、如此及変々沙汰候之条、衆徒失面目候之間、以悪党引汲之篇、可訴申之由、衆議令一同」

18伊勢光明寺文書、嘉暦二年（一三二七）十一月日、恵観陳状（鎌倉遺文三〇〇八三号）「以前条々、抽要披陳如斯、円然為白要者、替面雖為御裁判之下、以同奉行申下御下知、欲奉違背事者、雖為厳密数度之御成敗之下、一切不叙田（用）、致怨緒張行、押領住坊敷地等、要用謀略之悪党也、縦雖為理訴、難及御□□、何況、於無理結構表裏変々謀計哉、旁以可被棄捐者也」

19東大寺文書四ノ一〇、嘉暦三年（一三二八）十一月四日、東大寺衆徒集会評定事書案（鎌倉遺文三〇四四一号）

「就中、会料之下地依不足、動会料闕乏之処、適以無想御興隆之儀、被沙汰立神講田之足、被結入会料足之処、以変々種々面依歎申、被免除之者、何輩不歎申之哉」

一方、「変変」（変々）は、ある特定の文脈で使用されることも多い。即ち、裁判機関における訴訟沙汰の三問三答において、訴人の訴状・論人の陳状それぞれの記述内容、及び訴人と論人が奉行人に召喚されて引付の座で口頭弁論を行う、いわゆる引付問答の内容に関して、記述・発言内容が一貫性を欠く場合に、使用されるケースである。例えば、典型的な例として、左記の如きが挙げられる。

20伊達文書、永仁五年（一二九七）九月十三日、関東下知状（鎌倉遺文一九四五〇号）「（文書頭欠）時長相論陸奥国伊達郡内桑折郷田在家事、／右、訴陳之趣子細雖多、所詮、藤原氏則帯心円文永六年譲状之処、弘安六年心円他界之後、構謀書、追出氏女之由訴之、時長亦於当郷者、得弘安二年譲状、同八年給安堵御下文畢、氏女所帯状、為謀書之旨陳之、爰心円男女子息十四人建治・弘安以両度譲状、分与所領畢、氏女一人不可帯文永譲状之由、時長令申之処、氏女母死去之刻、書給彼状之由、於引付座問答之時、氏女申之、而依母之死去、可給与譲状者、一腹兄七郎行朝可帯同時状之処、無其儀之由、時長所申非無子細、而行朝分者、令紛失之間、建治年中重給与之旨、氏女申之、頗難信用歟、〈是一、〉次執筆事、誰人哉之由、載時長陳状之処、心円自筆之旨、令自称歟、而自筆之由、不載訴状之旨、雖書三問状、不顕執筆名字、問答之時、聞性令書之由、始申之、今変変之上、建治・弘安両度譲状聞性為執筆否尋問処、無其儀之旨答之、限藤原氏所帯状、用執筆条、非無疑殆、〈是二、〉次掃部助六郎入道心阿者、氏女兄也、氏女相嫁心阿子息六郎太郎之間、依彼不調、心円追出領内、不知行方之条、一門存知之由、時長令申之処、於六郎太郎篇者、承伏畢、被追出事、一門称不可存知、遁申之条、有其実之故歟、〈是三、〉次時長所帯状事、為謀書之由、兄心阿訴訟之時、藤原氏同可申子細之処、心阿訴訟事、不存知之旨、氏女申之、而心阿為氏女申口、遂問答之間、氏女帯譲状事、存知否尋問之処、兼日存知畢〈云々〉、爰氏女者、相嫁心阿子息之間、遺領相論事、尤可令存知之処、無其儀之間、彼相論之時、氏女無訴訟企之条、勿論也、心阿被棄置訴訟後、令構結（結構の転倒）歟、非無其疑、〈是四、〉次如時長所帯譲状者、分譲男子女子之旨載之、氏女帯譲状之条、勿論之由、雖申之、氏女之外有女子五人、面々得譲状歟、於彼状者、皆以建治・弘安譲也、称一烈状者、他筆可有其難之間、構文永状之由、時長所申、非無子細、〈是五、〉次時長所帯譲状事、為謀書之由、氏女雖申之、心阿訴訟之刻、時長給御下知畢、氏女難申之趣、無指紕繆歟、爰心阿越訴之時、恐謀書之難、避与田在家之旨、氏女所申也、而如時長陳状者、以心阿相伝田在家、被付時長畢、心阿企越訴之後、令懇望之間、給彼田在家〈田壱町弐段在家弐宇〉畢、請取之、止訴訟之上者、時長所帯状無其難之条、勿論之旨申之、有其謂歟、〈是六、〉然則、於桑折郷者、任心円弘安譲状・安堵御下文〈并〉正応御下知状、時長知行不可有相違、至氏女者、可被行謀書之咎也者、依鎌倉殿仰、下知如件、／永仁五年九月十三日／陸奥守平朝臣（花押）／相模守平朝臣（花押）

〔内容〕

陸奥の国、伊達の郡の内、桑折の郷の田在家（後述のように、田一町二段、家屋二宇）をめぐる相論に関する、鎌倉幕府の訴訟判決である。当時の訴訟制度に基づき、原告（訴人）の訴状に対して被告（論人）が陳状を提出する手続きを三回繰り返す、いわゆる三問三答が行われ、その訴陳状の記述内容が、詳細に吟味・検討されている。原告側は、「藤原の某女は心円の文永六年（一二六九）の譲り状を保持しているが、弘安六年（一二八三）に心円が死亡した後、時長は文書を偽造し、藤原の某女を追出した。」と訴えている。それに対して被告側は、「時長は弘安二年（一二七九）の譲り状を取得し、同八年（一二八五）に安堵の御下文をいただいた。藤原の某女の保持する文書は偽造されたものである。」と答弁している。

さて、心円は、男女の子供十四人に対し、建治年間（一二七五〜一二七八）に一回、弘安年間（一二七八〜一二八八）に一回、合わせて二回譲り状を作成し、所領を分け与えた。当時の所領相論を専門に扱う裁判機関では、担当の奉行人が、原告と被告を召喚して口頭弁論をさせる、いわゆる引付問答を行った。その引付問答の際、時長が、藤原の氏女一人だけが、文永の譲り状を保持しているはずはない、と指摘したところ、藤原の某女は、母が死去した時、その譲り状を書いてもらったと答弁した。しかし、母の死去により、譲り状を書き与えられたのならば、同腹の兄、七郎行朝も同じ時の譲り状を持っているはずなのに、持っていないのはおかしい、と時長が主張するのも尤もなことである。ところが、行朝が母からもらった譲り状は紛失したので、建治年中（一二七五〜一二七八）にもう一度書き与えられたと、藤原の某女は主張している。全く信用できないであろう。〈以上第一点〉

次に、時長の陳状によれば、文書書記者が誰であるかという点については、藤原の某女は「心円自筆である」と自ら称しているらしい。しかし、「訴状には自筆であるとは書いていない」ということを、三回目の訴状で主張しているけれども、文書書記者の名前を明示するところまでは行かず、引付問答の時、「聞性が文書書記者である」ことを、初めて明かした。今また、二転三転して、建治年間と弘安年間の二度の譲り状は、聞性が文書書記者であるのか否か、尋問したところ、そうではないと答えた。藤原の某女の所領状に限って、文書書記者を用いることは、疑わしい。〈以上第二点〉

次に、掃部の助六郎入道心阿は、藤原の某女の兄である。藤原の某女は、心阿の子息、六郎太郎に嫁したが、不始末を仕出かしたため、心円が所領内から追出し、行方不明になっていた。この事実を一族の者達が知っていたことは、時長の陳状によると、六郎太郎側も認めているところである。藤原の某女が、追出された事実を一族

の者達が知っている筈は無いと称して、言い遁れをするのは、謀書の事実があるためであろう。〈以上第三点〉

次に、時長の所領状については、かつて、兄心阿が裁判沙汰を起こした時に、文書偽造であると、藤原の某女が異論を申し立てるべきところである。しかし、藤原の某女は、心阿の裁判沙汰の事は知らなかったと申し立てている。ところが、心阿は藤原の某女の代理人として引付問答を行ったので、藤原の某女が譲り状を保持していたことを知っていたか否か尋問したところ、前から知っていたということであった。さて、藤原の某女は、心阿の子息に嫁したのであるから、領地争いのことは、良く知っているはずであるのに、知らなかったので、心阿と時長の相論の時、藤原の某女は、まだ訴訟を企てていなかったことは自明である。心阿が訴訟をやめた後に、この計画を立てた疑いがある。〈以上第四点〉

次に、時長の所領譲状の通りであるならば、男子・女子に分けて譲る旨が記載されている。藤原の某女が譲り状を保持しているのは自明であると申し立てるけれども、藤原の某女のほかに、女子が五人おり、皆譲状を得ているらしいが、それらの譲り状は、皆、建治・弘安の譲り状である。同類の譲り状と称するのは、他筆である点に問題があるので、文永年間の譲り状であると偽っていると、時長の主張するのも、尤もである。〈以上第五点〉

次に、時長の所領譲状について、藤原の某女は、偽造文書であると申し立てるけれども、心阿の裁判沙汰の際、時長は、訴訟判決の裁許状をいただいた。藤原の某女の批判の趣旨を考えてみると、たいした誤りの指摘ではないであろう。さて、心阿が越訴（再審請求）した時、文書偽造の非難を恐れて、田在家（田一町二段、家屋二宇）を手放して譲ったと主張している。しかし、時長の陳状の通りであるならば、心阿が代々受け継いだ田在家は、時長に付与された。心阿が越訴を企てた後、時長が切に望んだので、その田在家〈田一町二段、家屋二宇〉を幕府からたまわり、受け取った。心阿が訴訟をやめたからには、時長の所領状に問題無いことは自明であると主張するのも、道理である。〈以上第六点〉

したがって、桑折の郷は、心円の弘安の譲り状・安堵の御下文、ならびに正応の御下知状にしたがい、時長の知行であること間違い無い。藤原の某女については、文書偽造の咎に処せられるべきである。将軍の仰せにより、訴訟判決は、前記記載の通りである。／永仁五年九月十三日／陸奥の守平の朝臣（花押）／相模の守平の朝臣（花押）

右の鎌倉遺文一九四五〇号文書中の「変変」は、訴人である藤原の某女の発言内容が次々に変わって行く様相を表現したものである。随って、古文書における特定の文脈においては、「変変」（変々）は、

《裁判機関における訴訟沙汰の三問三答において、訴人の訴状・論人の陳状それぞれの記述内容、及び訴人と論人が奉行人に召喚されて引付の座で口頭弁論を行う、いわゆる引付問答の内容に関して、記述・発言内容が一貫性を欠く》

意味で使用される。

鎌倉遺文中、右のような用法の「変変」（変々）を含む文書としては、上掲の一九四五〇号文書をはじめとして、左記の如き例がある。

21肥前青方文書、文永九年（一二七二）五月十日、関東下知状案（鎌倉遺文一一〇二九号）「子息能高与湛就得分相論之篇、文永五年経其沙汰之処、湛則或非西念領之由申之、或不嫌得分旨称之、申状変々矯飾也」

22肥後平川文書、弘安六年（一二八三）七月三日、関東下知状案（鎌倉遺文一四八九八号）「我欲令押領之時者、永吉与西村者称為一所之由、念阿〈仁〉被改補之今者、又両所各別之由、以文治本御下文言上之条、変々申状、仰御賢察」

23高橋文書、正応四年（一二九一）十一月二十七日、関東下知状（鎌倉遺文一七七六〇号）「爰如頼章所進沙汰人忍拾三月十六日〈無年号、〉和字状者、堰神之田壱段之由載之、心覚所申神田既令符合畢、随為参段由、頼章申之処、如頼章所帯状者、壱段少〈云云〉、変々申状、頗無理之所致歟」

24高橋文書、正応五年（一二九二）九月十八日、関東下知状（鎌倉遺文一八〇〇四号）「右、一宮之神官池宮内大夫与同弟中務大夫等当条内争論之地、従弘安八年于今至、不得止事、既雖三裁仰、双方毎度変々申条、可謂頗迷私心歟、訴諫（陳カ）無究、而背物儀者也、於是、得咎当恐伏而無言也、依為全新開地、以後公収之、而条内薬師堂守護全禅朝僧附任、然二夫無恨期之畢」

25紀伊薬王寺文書、永仁七年（一二九九）一月二十七日、関東下知状案（鎌倉遺文一九九三四号）「右、郷内兼ー女子跡者、波多野佐藤左衛門尉広能跡拝領訖、所残薬勝寺免田敷地之外、無段歩下地、薬勝寺為本所進止者、可充給其替之由、問答之時、乗憲雖申之、如良俊所進久安四年検註目録者、免田之外弐町漆段〈云々〉、如建長二年目録者、肆町伍段半〈云々〉、有地頭分下地之条、分明也、而如乗憲今月廿五日申状者、雑掌寄事於免田敷地、押領地頭分〈云々〉、前後申詞変々之条、非無私曲」

26山内首藤文書、正安二年（一三〇〇）五月二十三日、六波羅下知状（鎌倉遺文二〇四四八号）「是国名則為田所職之条、共以無異論之間、地頭当知行旁分明也、何為了信相論内之旨、秀信可称申哉、此上秀信懇望状為実書之条、不及御不審歟之旨、広氏等所申、非無子細、就中、始則秀信知行之由、中之後、亦為了信代官之旨称之、変々申詞、頗無理之所致歟、然則、可令停止秀信押領矣」

27豊前黒水文書、文保元年（一三一七）八月二十五日、鎮西下知状（鎌倉遺文二六三二七号）「両方譲状共以放与得分親之時者、宜為本主意之間、不可載悔返之詞歟、而以七月三日勘渡譲状・証文之由、載経方訴状之条、前後変々至、招其咎歟」

28山城禅定寺文書、元応元年（一三一九）八月日、山城禅定寺寄人等目安案（鎌倉遺文二七二二二号）「此条初進目安〈二ハ〉、寄進状其四至分明之由令申、第二度目安〈二ハ〉、不用治安四至之旨申之、前後詞変々也」

29瀬多文書、元亨三年（一三二三）八月十七日、記録所官人評定事書（鎌倉遺文二八四八九号）「件屋地・土倉等、為浄円・妙円遺財之条、無子細歟、爰彼地可給与勝智之由、浄円等令遺言之旨、勝智雖申之、不備支証之間、正和五年・元亨二年両度有評定、被棄捐畢、而如勝智追訴状者、浄円等譲状為加古女被奪取〈云々〉、変々之申状、難取其信」

以上、裁判機関における三問三答において、訴人の訴状・論人の陳状それぞれの記述内容が、回を重ねるに連れて次々に変化したり、訴人と論人が奉行人に召喚されて引付の座で口頭弁論を行う、いわゆる引付問答の際に、訴人・論人それぞれの発言内容が、訴状・陳状の内容とは異なったりして、記述・発言内容が一貫性を欠く場合に、その状況に関して使用されている事例を挙げた。

また、右の諸例に準ずるものとして、訴陳状の内容や評定の場における弁論ではないが、不正を企てている人物が、発言内容を次々に変える様相を表す事例も多い。多くは「変変（変々）申状」の形をとる。左記のような例である。

30小早川家文書、仁治元年（一二四〇）閏十月十一日、関東下知状写（鎌倉遺文五六四六号）「但如康憲申者、信広者、為地頭依有内縁、出書状者也、且放免等申状顕然之由、雖申之、図守等出変々申状於両方之間、難被指南之上、康憲所進者私執進、親康所進者以御教書被召之状等也、争無用捨哉者、…一、山事／右、両方申詞変々、共以不進証文之間、難被是非」

31中臣祐賢記建治元年八月二日条、建治元年（一二七五）七月十二日、春日正預祐継書状（鎌倉遺文一一九五五号）「所詮、各申訴訟之時者、雖為烈参、雖為御加暑（署）、随申可有御同心之趣、両度御領状候き、仍深存其旨候処、即御変改之間、無其儀候歟、剰自寺家令預御尋給刻、御申状変々間、御成敗殆如無候歟」

32東大寺文書四ノ十八、正応三年（一二九〇）七月日、周防与田保雑掌陳状案（鎌倉遺文一七四〇〇号）「爰覚朝欲懸百姓名未進之時者、為直納之間、不可懸彼未進之由令申之、今為分取莚付米、可停納所之旨、令濫訴、変々申状、自語相違、奸謀無比類者哉」

33壬生家文書、徳治二年（一三〇七）五月五日、伴重方陳状案（鎌倉遺文二二九六三号）「一、致欠沙汰由事、不差申題目、胸臆之由、先度令言上候了、而今□文分明〈云々〉、不備進之間、不存知候、先度者無侘傺之由申之、今度者侘傺仕候〈云々〉、依何事、令侘傺候哉、前後変々申状、更非御信用限候哉」

34伊勢光明寺文書、嘉暦二年（一三二七）十月日、蔵人所供御人松王丸代久季重申状案（鎌倉遺文三〇〇六二号）「一、同状云、縦雖非寺領、為本主已和与他人之上者、不能久季之口入由事、／此条、初者為寺領之旨、雖掠申御下知、無陳謝之間、□□□（今者非）寺領之由、承伏之上者、恵観可知行無由緒也、要用変々申状、旁以松王丸理運開眉者也」

35山城醍醐寺文書、嘉暦四年（一三二九）八月日、帆足義鑒申状案（鎌倉遺文三〇七〇二号）「（文書頭欠）其上或号守護領、或号私領之間、其詞変々也、野司者、高祖父家通得理之条、先進建久御下知明白也、如御下知者、野司事、可為家通進止〈云々〉」

以上検討してきたように、「変変」（変々）は、

《様々に変わる》―同時的変異

《次々に変わる》―継起的変化

の基本義を有する。また、特定の文脈において、

《裁判機関における訴訟沙汰の三問三答において、訴人の訴状・論人の陳状それぞれの記述内容、及び訴人と論人が奉行人に召喚されて引付の座で口頭弁論を行う、いわゆる引付問答の内容に関して、記述・発言内容が一貫性を欠く》

の意味で使用されるケースが多い。

高橋本所載の「変々」も、当然このような限定的な意味を持った、重要な裁判用語であり、文書用語の収録の一環

ということができよう。

注

（1）非辞書体辞書としては、永正五年（一五〇八）印融写塵袋、巻第九に「諒闇ト云フハ、イカテイノ心ソ、…諒ハ、信ト云ヘリ、信ハ、アサムカス、変々ナルマシキヨシ歟、ナケキノ色、ニハカニ変スマシキ心ナルヘシ」（21ウ）の例がある。

（2）尊経閣文庫蔵永禄八年（一五六五）写二巻本色葉字類抄・前田本色葉字類抄（平安末期写）・黒川本色葉字類抄（江戸中期写）・学習院大学蔵十巻本伊呂波字類抄（鎌倉初期写）・早稲田大学蔵花山院本伊呂波字類抄（江戸中期写）・大東急記念文庫蔵十巻本伊呂波字類抄（室町初期写）・天理図書館蔵二巻本世俗字類抄（江戸中期写）・東京大学国語研究室蔵二巻本世俗字類抄（江戸末期写）・尊経閣文庫蔵七巻本世俗字類抄（室町中期写）

（3）新写永禄五年本節用集（永禄五年〈一五六二〉本の影写）・永禄二年本節用集（永禄八年〈一五六五〉以後写）・村井本節用集（慶長〈一五九六〜一六一五〉頃写）・国立国語研究所蔵慶長九年（一六〇四）本節用集・堯空本節用集（永禄八年〈一五六五〉以後写）・前田本節用集（永禄十年〈一五六七〉写）・経亮本節用集（永禄八年〈一五六五〉以後写）・枳園本節用集（室町末期写）

第四章　「大篇」「毎篇」「諸篇」について

高橋本色葉字には、同じ「篇」を構成要素とする、「大篇」（太部）、「毎篇」（末部）、「諸篇」（之部）の三語が採録されている。これらの語は、一見すると、それぞれ「大型の著述」「書物のそれぞれの篇」「多くの文章」のような、通常の語に思われる。ただ、そのような平凡な漢語を収載する意味はそもそもなく、後述するように、これらは当時の文書用語として新たな意味で用いられている。その共通要素の「篇」は、日本において形式名詞としての新機能を獲得したため、造語能力を発揮するに到ったものである。高橋本色葉字にそのような語が三点も収録されていることは注目に値する。以下、「篇」とそれを用いた語群について詳細に論じる。

一、「篇目」の新用法

漢書、芸文志に「劉向輒条其篇目、撮其指意、録而奏之」とあり、これが「篇目」という語の初出である。ここで「其の篇目を条す」とは、劉向が、宮中に所蔵された書籍の整理校勘に当たったとき、それぞれの書物の各篇の題名を箇条書きにし、要するに目次を作成して、その内容をわかりやすくしたことをいう。篇の内容を表す言葉や、冒頭の言葉をとって、篇名としたのである。そもそも「篇」は、元来、竹簡を編んで作った簡冊を表す漢字であり、そこから書籍の意となり、転じて、書籍の中の構成部分を表すこととなった。「目」は、標題、題目の意である。桓譚の新論、正経篇に「秦近君能説堯典、篇目両字之説至十余万言」という話を載せるが、書経の「堯典」という二字の題名だけ講義するのに十余万言を費やしたということである。

これは、書籍編纂関係の用語として伝わり、唐の成玄英の「南華真経疏序」にも、「内篇理深、故毎於文外別立篇目。郭象仍於題下即注解之。《逍遙》《斉物》之類是也。自《外篇》以下、則取篇首二字為其題目、《駢拇》《馬蹄》之類是也」とある。荘子、内篇には、内容に応じた「逍遙遊」「斉物論」といった「篇目」がつけられ、外篇からは篇首の二字をとった「駢拇」「馬蹄」などの「題目」がつけられているということであるが、ここで「篇目」と「題目」は、互文であって意味は等しい。一篇の題目も「篇目」であるが、書物全体の「篇目」を羅列したもの、すなわち目次も当然「篇目」と呼ばれた。太平広記、巻二十七に引く仙伝拾遺の「劉白雲」には、道士から二巻の書物を与えられた劉白雲について、「白雲捧書、開視篇目」とある。巻子本を開いて、冒頭の目次を見た様子がよくうかがえる。中国では、「篇目」という語には、基本的に以上述べたような用法しか存在しない。

この語は、日本に移入され、平安末期頃より、新しい意味用法を生じ、中世以降の文書・記録においては、寧ろ新用法の方が一般化して行く。本章は、その変化の結果とその影響を明らかにすることを目的とする。

まず、古文書の例を挙げる。尊経閣所蔵文書、寿永二年（一一八三）五月十九日、藤原兼実願文（平安遺文四〇八九号）に左記の例がある。

1敬白／奉籠金銅盧遮那仏大像／生身法身舎利事／…因茲去年、或図仏眼清浄之画像、或写法華如説之真文、忽立因位果後之誓願、鎮慕現世当生之悉地、篇目雖□二十、肝心只在社稷、今之祈請、為成彼願也、…生身舎利一粒〈奉納水精小塔〉…廿種願篇目／終身安穏願　銷怨休愁願／双親同度願　衆生共利願／神事崇重願　仏法興隆願／薦賢却姦願　崇文偃武願／禁麗好倹願　才芸登用願／治国清廉願　濫望懲粛願／理非糾定願　君臣守礼願／政道反素願　国王善政願　□□□□願　□□□□願／□□□□□　癸□□□□

藤原（九条）兼実の願文である。寿永二年当時、位階は従一位、官職は右大臣である。右の文書は、九条兼実が、東大寺の盧遮那仏に、水精の小塔に納めた生身の仏舎利一粒を奉納する仏事を修した際に、願意を記した文書である。盧遮那仏に対する「終身の安穏」等の二十種類の「願」を列挙しており、箇条書きにされた、それぞれの願の条項を「篇目」としている。

古記録の例を挙げる。平安後期から鎌倉初期にわたって書かれた、公卿九条兼実の日記、玉葉、安元二年（一一七六）一月二日の条に、左記の例がある。

2一、空勘文事、申曰、自後朱雀院御時、不載可叙之者、只載例許云々、則是外記、不知可叙之者、只依年限、加階叙爵例、不漏其篇目、注載之也、至于男叙位者、知可叙之者、仍共勘載例并叙人也、又御即位女叙位与恒例女

叙位、混合被行之時、載例之様、頗有故実、而信俊之時有違失事、所謂、只載御即位例、不載尋常女叙位之例、仍追被召件勘文云々

「空勘文」は、「うつおかんもん」または「うつぼかんもん」と読み、女叙位に際して、外記が提出する勘文を言う。江次第鈔、及び、右の玉葉、安元二年（一一七六）一月二日の条・文治三年（一一八七）一月十三日の条等によれば、後朱雀院の時から、叙せらるべき者の名を、外記が知らないので、ただ、年限によって、加階・叙爵された先例だけを、漏らさずリストにして提出することになったことが知られる。ここで使用されている「篇目」も、「空勘文」における、列挙された、女叙位の先例の条項を指す。

同じく、玉葉、文治三年（一一八七）六月三日の条に、左記の例がある。

3自今朝主上聊有御不予事、欲行御占之処、依日次不宣延引、御悩之体、偏御腹病之所為也。召典薬頭定成、問御療治事、又以職事御教書、可奉祈念之由、仰御持僧等、召宗隆仰御厨子所訴、可申沙汰之由、又親経申右中弁基親朝臣、帰洛条々申状等、仰可奏聞之由、其後条々有可被召問事等、就先日被仰下之旨、注篇目可申上之由仰之

今朝から主上はやや御加減が悪い。占いをしようとしたところ、日柄が宜しくないので延期した。御病気の様子は、専ら御腹病のせいである。典薬の頭定成を召して、御治療のことを尋ねる。また、職事が御教書を下して祈念申し上げよと、御持僧らに命じる。宗隆を召して、御厨子所の訴訟について裁定せよと命じる。また、平基親が、都に帰りたいという箇条書きの嘆願書を提出した旨、親経が申して来たが、その内容を奏聞せよと命じる。その後、各条について、呼び出されて事情を尋ねられるであろう。先日御下命のあったことについて、篇目を記して申し上げよと命じる。以上のような記録内容である。「篇目」は、箇条書きの条項を言う。

次に、鎌倉幕府の創始期から中期までの事蹟を日記体に記した、幕府編纂の歴史書、吾妻鏡、文治四年（一一八八）二月二日の条に、左記の例がある。

4所所地頭等所領已下事。自京都。或属強縁。或献消息。愁申人人多之。仍有其御沙汰。而廷尉公朝自去年冬在鎌倉。近日可帰洛之間。得其意為令披露彼訴条条。載篇目一紙。可与公朝之由云云。彼公朝下向之次。消息等所有其沙汰也。御事書云／宝殿／越後国奥山荘地頭不当事／修理大夫家／尾張国津島社板垣冠者不弁所当之由事／右衛門佐御局／信濃国四宮荘地頭不進弁年貢并領家得分由事／大宮御局／伊勢国志礼石御厨字輪田右馬允不当事／賀茂神主／大夫判官捜求之由事／高雄上人背　宣旨押領神領由事／新中将殿／伊賀国若林御園内七町九段妨由事／佐佐木太郎方五町四段／平六兵衛尉壱町五段／阿保別府壱町／公朝／備前国吉備津宮領西野田保地頭職貞光事。任道理停止論人之妨。如本無相違欲令知行事／已上所所尤可有御成敗之処。凡如此之訴訟。自君被仰下之時者。無左右雖令成敗。私付縁縁於触来者。全不可致沙汰也。善悪於御定者。不能左右事也。以縁縁令沙汰者。世間人定似偏頗之由令存歟。仍今度無御沙汰也

各地の地頭らの所領等の事について、京都から、ある者は権力者との縁故関係に頼り、ある者は書状を献上し、嘆願する人々が多い。そこで、その政務上の処理につき、御下命があった。廷尉公朝が、昨年の冬から鎌倉に詰めており、近日帰京する予定なので、その事情を勘案して、公朝の訴えの条々を上申するため、篇目を一枚の紙に記載して、公朝に与えよ、とのことである。公朝が鎌倉に下った折、書状などでその通知があったところである。御事書には、「宝殿…欲令知行事」と記載されている。記載の各所につき、御裁定を下すべきであるが、そもそも、このような訴訟は、主君から御下命があった時は、とやかく言う迄もなく裁断するけれども、個人的縁故関係に頼って言って来るような場合は、全く御裁定を下すべきではない。善悪の御命令を決定することはできない。縁故で裁定すれば、世間の人々は、きっと依怙贔屓だと思うであろう。そこで、この度は、御裁定は下されないのである。以上のような内容である。ここでは、嘆願の各項目を一枚の紙に箇条書きで書き記している。そして、「…事」で終わる諸条項のリストを「事書（ことがき）」と呼んでいる。この「事書」は、今日言うところの箇条書きで、当時の記載様式で必ず各

条目を「…事」で終結させたところからの呼称である。つまり、「篇目」と「事書」とは、極めて近い概念を表すと言うことができる。

同じく、吾妻鏡、嘉禄三年（一二二七）十一月六日の条に、左記の例がある。

5酉刻大地震。左近将監親実為奉行。連連地震事被驚思食。云善政篇目。云御祈禱事。可進意見之由。被仰諸道云云

酉の刻に大地震があった。左近の将監親実が担当奉行である。打ち続く地震のことを、主上は驚かれている。善政の篇目なりとも、御祈禱の事なりとも、意見を進上せよと、諸道（陰陽道・紀伝道・宿曜道・天文道・明経道等）に御命令を下される。以上の如き内容である。大地震に対応した政策のことでも、祈禱の事でも良いから、諸道からの進言を、リストにして提出するよう求めている。「云善政篇目。云御祈禱事」の対句の部分において「篇目」と「事」とが対になっており、両語の意味が接近していることは、この例からも確認できる。

同様に、吾妻鏡、文暦二年（一二三五）閏六月二十八日の条に、左記の例がある。

6今日。被定起請失之篇目。所謂鼻血出事。書起請文後病事。〈但除本病者。〉鵄烏矢懸事。為鼠被喰衣裳事。自身中令下血事。〈但除用楊枝時并月水及持病者。〉重軽服事。父子罪科出来事。飲食時咽事。〈但被打背之程可定失者。〉乗用馬斃事。已上九个条。是於政道。以無私為先。而論事有疑。決是非無端。故仰神道之冥慮。可被糺犯否云云

今日、起請の失（しつ）の篇目を定められた。一、鼻血が出ること、二、起請文を書いたあとの病気のこと（ただし、持病の者を除く）、三、トビ・カラスの糞をかけられること、四、ネズミに衣服をかじられること、五、自身で血を流すこと（ただし、楊枝を使った時や、月経及び痔疾の者を除く）、六、喪に服すること、七、父子が処罰されること、八、飲食のときにむせること（ただし、背中を打たれた時は失に定めない）、九、乗用の馬が死ぬこと。上記の九箇条は、政道において依怙贔屓が無いことを第一とする。とは言え、裁判の事で疑いがあるなら、是非を決しようとしても、ど

うにもならない。そこで、神道の冥慮を仰ぎ、罪を犯したか否かを糾明すべきである。以上の如き内容である。この「起請の失」は、鎌倉時代の訴訟制度における検証方法の一つである。訴訟の当事者が、主張を起請文に書き、神社に七日間参籠し、その期間に所定の失が現れた場合は、それは虚偽の主張であり、失が現れない場合は、真実の主張であると判定された。ここでの「篇目」は、起請の失の九箇条を言う。

右の六例は、平安末期から鎌倉初期の「篇目」の例である。いずれも、箇条書きにされた、それぞれの条項を「篇目」としている。前述したように、この意味は、中国におけるこの語の本来の意味用法からは外れている。平安末期頃より、新しい意味用法が発生していることが明らかになった。その他、

A、「篇目」と「事書」とが、極めて近い概念を表すようになった。

B、対句表現において「篇目」と「事」とが対になっており、両語の意味が接近した。

ことも確認できた。

二、「篇目」の意味変化の原因

「篇目」の場合、中国の意味用法から大きく外れた意味において理解されるに至った原因として、三つの可能性が考えられる。

第一は、漢籍の「篇目」を抜き出して、目次を作成する習慣があったことである。漢書、芸文志の冒頭に「毎一書已、向輒条其篇目、撮其指意、録而奏之」（一書の校勘作業が終わるたびに、劉向がその本の篇目を箇条書きに並べた。その要点をまとめ、書き記して上奏した。）とある。劉向等四人が、書物を分類校勘し、「篇目」を箇条書きし、要旨をまとめて整理し、天子に上奏した。一例を挙げれば、論語の場合、一篇一篇が全体を構成している。「学而篇」「為政篇」「八佾篇」「里仁篇」等の「篇」があり、その「篇」は「章」により構成されている。そして、それぞれの「篇」

の題目が、「学而」「為政」「八佾」「里仁」である。それらの題目は、右の漢書、芸文志の記述からも知られるように、列挙あるいは羅列されることが多い。そのような事例が多いことから、日本人は、羅列されたものを「篇目」であると誤解した可能性が考えられる。

第二は、「篇」即ち「目」と誤解された可能性である。日本においては、合成詞と聯綿詞との弁別も曖昧であり、熟語の造語要素は、漢字一つ一つの意味を分析的に把握する手続きを経ること無く、直感的に理解されることが多い。熟語を構成する二つの漢字の意味を同一視、若しくは入れ替えるケースは他にも多い。「蕪菁」「甲冑」「襁褓」「薇蕨」等である。(1) この平行例として捉え、「篇」即ち「目」と理解したと仮定すれば、「篇目」の「篇」は、書物の構成部分ではなく、条目・項目として認識されることとなろう。

第三は、「事書」と「篇目」の形式的類似である。「事書」には二種あり、一つは公式様文書冒頭部分の「…事」という末尾形態をとる文書全体の要旨部分、もう一つは「…事」という末尾形態をとる箇条書き形式の文書様式名である。「事書」の後者の様式は、日本の軍記物の各巻冒頭の目次と酷似している。例えば、延慶本平家物語の場合、「一、平家先祖之事、二、得長寿院供養事、三、忠盛昇殿之事、四、清盛繁昌之事、五、清盛子息達官途成事、六、八人娘達之事、七、義王義女之事、八、主上々皇御中不快之事」となっている。時期的には、文書における「事書」の様式の成立が平安時代、軍記物の各巻冒頭の「篇目」の成立が鎌倉時代で、「事書」が軍記物の「篇目」に先立つ。しかしながら、両者の形式的類似が、混同を助長した可能性は十分に考えられる。

以上三つのうち、単独の原因により、若しくは、複数の原因が複合して、日本における「篇目」の意味の屈折変化が起こったと考えられる。

三、「篇」の意味変化

次に、造語要素としてではなく、漢語として単独で「篇」が使用される事例について考察する。平安時代成立の漢詩文集(2)における用例は、全て中国と同じ意味で使用されている。また、以下に挙げる平安時代前期の文書の用例も、変化は無い。延暦寺文書、延暦二十四年（八〇五）五月、僧最澄将来目録（平安遺文四三二一号）に見える「浮漚篇一巻」は、崔根の「浮漚賦」である。長い賦であるので、一巻に仕立てられていたものであろう。また、入唐新求聖教目録、承和十四年（八四七）、僧円仁請来目録（平安遺文四四五五号）に見える「心鏡弄珠々耀篇并禅性般若吟一巻」は、偈のような形式で仏教の教えを書いたものであろう。「篇」と「吟」で一巻に仕立てられている。これらは、最澄・円仁が中国から将来した文献の一篇を表している。

漢語としての、単独の「篇」の意味用法に明らかな変化が起こるのは、鎌倉時代初期である。

7吾妻鏡、文治元年（一一八五）十一月十二日「今日、河越重頼所領等被収公。是依為義経縁者也。其内、伊勢国香取五个郷、大井兵三次郎実春賜之。其外所者、重頼老母預之。又下河辺四郎政義同被召放所領等。為重頼聟之故也。凡今度次第、為関東重事之間、沙汰之篇、始終之趣、太思食煩之処」

源義経と縁故関係のある武士の所領が没収され、親族及び他の武士に与えられた顚末が記されている。そして、この度の処置は、幕府の重大事であるので、政治的処理の仕方や事態の経過について、将軍は大変悩まれた、と記録されている。「篇」と「趣」が対になっている。

8吾妻鏡、文治三年（一一八七）一月二十三日「前廷尉知康同意于行家義顕叛逆事、露顕之後、為遁一旦之難、参向関東訖。断罪之篇、二品頗難被決賢慮之間、度度雖被伺奏、于今依無左右」

源義経に荷担し、幕府に対して謀叛を働いた源行家らに同心した、前の廷尉、平知康が、難を遁れようとして、幕府に出頭し、謝罪して来た。死刑（斬首の刑）の事について、将軍頼朝は、お考えを決めがたく思し召され、たびたびおうかがい申し上げるが、今に至るまで、いずれとも決定なさらない、と記録されている。

このように、鎌倉初期以降、「篇」は、趣旨・内容・事の意に変質し、この新用法が圧倒的に優勢となり、それに伴って、使用頻度が急激に高まる。また、対句表現において、「事」・「儀」・「段」と対にして使用される事例が増加する。例えば左記のような例である。

a.「篇」と「事」を対にする例

9皇字沙汰文、永仁四年（一二九六）十一月日、内宮神主注進状（鎌倉遺文一九二〇八号）「先彼皇字者、相論之字也、而沙汰之中間、云当論之篇、云神領之事、連連解状、恣載皇字、令推進之条、濫吹之甚也」

10金沢文庫文書、元徳二年（一三三〇）八月十二日、某願文（鎌倉遺文三一一八一号）「若禁裏仙院之御護持、若竹園大王之御祈禱、四海静謐、万民与楽、事ソ替ハリ篇ソ異ナレトモ、旁是ヲ承ハリ行御シハ、皆是一切衆生、利益安楽之計、五幾（畿）七道、攘災招福之基」

11金沢文庫文書、元徳三年（一三三一）六月十一日、顕弁四十九日仏事廻向文（鎌倉遺文三一四四二号）「或天変地夭（妖）ノ御慎、或祈雨止雨御祈、若藩王大守御不預（予）、若天下泰平之御祈請、事ヲ替リ篇ヲ異ナレトモ、旁ニ承ハリ悉ク行御シ、ニ、時トシテ何時カ不満御願之時、事トシテ何事カ不成悉地之事、毎度法験掲焉ニシテ、毎度勝利顕然タリキ」

b.「篇」と「儀」を対にする例

12山城醍醐寺文書、正和元年（一三一二）七月日、後宇多上皇院庁下文（鎌倉遺文二四六二七号）「所詮、於罪過之一段者、云本所敵対之篇、云謀計露顕之儀、為向後傍輩、所仰上裁也」

c.「篇」と「段」を対にする例

13輯斗帖九、正安元年（一二九九）九月十一日、伊勢大神宮庁事書案（鎌倉遺文二〇二二五号）「此事、秀宗雖立申可補新神戸司職之由緒、云季直瑕瑾之篇、云非器不調之段、尤先被尋糺之後、御成敗可為難治者」

14若狭大音家文書、正和五年（一三一六）、乙王女申状案（鎌倉遺文二六〇三七号）「謹仰御高察、云後家并妹三人追出之段、云押領遺財之篇、恐令承伏畢」

15薩摩比志島文書、元亨二年（一三二二）五月三日、上原基員契約状（鎌倉遺文二八〇一五A号）「云当知行之段、云幼少養子之篇、無子細候之上、税所殿御放状御見知之候之上者、無相違被進御請文候之条、生前悦入候」

16高野山文書続宝簡集十九、元亨二年（一三二二）十月九日、地頭代観円申状案（鎌倉遺文二八一九九号）「凡云返抄之段、云済納之篇、雖可申子細候」

17肥前河上神社文書、元亨四年（一三二四）四月十六日、鎮西下知状（鎌倉遺文二八七二五号）「件畠地為神領之条、証文等分明之上、論人不応召文之旨、季朝進誓文訖、云違背之段、云無理之篇、旁不遁罪科」

18伊勢光明寺文書、嘉暦二年（一三二七）十一月日、恵観陳状（鎌倉遺文三〇〇八三号）「次吹上畠事、為御成敗下之間、円然□□之刻、改名字於下人久季等、就掠申及改御沙汰之条、難堪次第也、云申入奉行所之段、云問答使等之篇、併円然之所行也」

19紀伊間藤文書、嘉暦三年（一三二八）六月十八日、某下知状（鎌倉遺文三〇二八九号）「湛慶状十六丁之由所見上者、可打渡之由訴申、非無由緒〈云々、已上正応元年九月五月御下知文言〉既云本願記文無相違之篇、云安貞置文有不審之段、令顕然畢」

20禰寝文書、嘉暦三年（一三二八）八月二十九日、鎮西下知状（鎌倉遺文三〇三六四号）「押領事、無跡形不実云々者、云沽却之段、云避与之篇、道智承伏訖」

21近江胡宮神社文書、元徳二年（一三三〇）十月、近江敏満寺僧・同寺荘地頭代申詞記（鎌倉遺文三一二五九号）「只限延慶官符宣一通、雖加謬難、云追補之篇、云刈田之段、曾以不及一言陳答之上者、承伏勿論也」

右の9～21のうち10・11を除く諸例に見られるように、鎌倉期における「篇」の一用法として、「事」・「儀」・「段」等とともに、それ自体は実質的意味を余り持たず、連体修飾語句（事態・状況・作用等を表す上の語句）を受けて体言格とする形式名詞として機能していたと考えられる。(3)

四、「大篇」について

このように、「篇」が形式名詞であるとすると、高橋本色葉字の「大篇」にしても、必ずしも「大きな書物」という意味ではないことになる。この点について検討しよう。

中国における「大篇」の古い使用例としては、旧唐書、礼儀志三に引く開元十三年、泰山封禅の際の、玄宗の制に「伏以、先聖儲祉、与天同功、荷伝符以在今、敢侑神而無報。大篇斯在、朕何譲焉」とある。この「大篇」は、先祖の大功を記した「偉大な文献」程度の意味であろう。

このような意味を有する一方で、「大篇」の語は、後世、「長編の文学作品」特に「長編の詩」という意味に傾斜して用いられた。韓愈の「送権秀才序」に、「其文辞引物連類、窮情尽変、宮商相宣、金石諧和、寂寥乎短章、舂容乎大篇、如是者閲之、累日而無窮焉」とあるのがそれである。ここで「舂容」というのは、題材をゆったりと長編に詠み上げることであろう。ここで「大篇」は「短章」と対にされており、「篇章」というのは、本来的には詩に関わる言葉である。この「大篇」は、宋代になると使用例が増え、数十句からなる長編の詩（全てではないが、七言古詩のスタイルのような）を指すことが多い。具体的な例を挙げれば、陸游の「次韻和楊伯子主簿見贈」には「大篇一読我起立、喜君得法従家庭」の句があるが、相手より贈られた詩（それを大篇と呼んでいる）に、同じ韻同じ長さの詩で答えた作品であって、七言三十二句からなる。以て目安とすることができよう。宋以降発達する詩の評論でも、「大篇」の語が用いられる。唐子西の語録である唐子西文録では、杜甫が律詩のような短い詩で全てを述べ尽くすのに対し、「（李）太白、（韓）退之の輩」が「率ね大篇を為り、其の筆力を極むるも、終に逮ばざるなり」というような議論が見られる。一般に「大篇」は詩論において、「小篇」「小詩」「短章」の反対語とされるが、文脈に依っては文・賦など、他の形式の長大な文学作品を指すこともある。

なお、漢語大詞典は、上述の「篇幅が大きい詩文」の他に、「相手の詩文への尊称、大作に同じ」という語義も載せ、清の周工亮の例を挙げるが、その語義を別に挙げる必要は認められない。このような意味は文脈に依るものであるし、その作品が短い場合はそもそも「大篇」とは言わないであろう。上の陸游の例にしても、相手の詩を「大篇」と言っているので、敬意が有ると言えば有ることになるが、「相手の詩文への尊称」とは言い切れない。

室町時代の文献から採集し得た「大篇」の用例は、多くは古文書・古記録中の用例であるが、それらに先立つ早い例として、一四〇〇年代はじめの論語抄の例が有る。

1応永二十七年（一四二〇）本論語抄、学而第一「有子曰、其為人也孝弟而好犯上者、鮮矣也。不好犯上而好作乱者、未之有也。君子務本。本立而道生。孝弟也者其仁之本歟。二、△有子曰、―有子ハ孔子ノ弟子、有若ト云者也。○其トハ孝悌ニソレナリ。孝弟ノ人ノヤウソハト云心ナリ。能事父母謂孝、能事兄謂悌也。孝悌ノ人ハ、君親ニアヤマチアルヲミテ、顔ヲ犯シテ諫ル事ヲ不好也。犯トハ諫メ争フヲ云也。○難〈鮮〉トハ、一向ナシト云ニ非ス。是有子カ深キ心アリ。若アリトイハヽ、孝悌ノ者ハ、上ヲ諫ル法トテ、サセル義ニ非ル事ヲモ、争諫ムヘシ。若無シトイハヽ、孝悌ノ者ハ、上ヲ不諫法也トテ、大篇ニ可及コトヲモ、不可諫也。今有子カ鮮ト云ヘル心ハ、君親タル者ノ、国ヲ乱コト、家ヲヤフル程ノ過アラハ、孝子トシテハ、必ス諫言ヲ納ルヘシ。若不諫打ヲケハ、帰テ君子ヲ不義ニヲトシ入ル、物也。カヤウノ時ハ、孝悌ノ者モ、必可諫。ユヘニ鮮ト云ヘル也。諫トイヘトモ不好シテ不及カ諫也。○不好犯―上ヲ諫ル事ヲ不好者ハ是孝子也。何ソ乱ヲ起シテ君親ヲクツカヘスヘキコト有ヘキヤ」

〔内容〕

△「有子曰―」について、有子は孔子の弟子で、本名を有若という人物である。
○「其の」とは、孝悌にかかる言葉である。孝弟（＝悌）なる人の有様はどうかといえば、という意味である。能く父母に事えることを孝と謂い、能く兄に事えることを悌と謂う。孝悌な人物は、君主や親に過失があるのに気がついた場合でも、面と向かって争い諫るようなことを好まないのである。ここで「犯す」とは、諫め争うことをいう。
○「鮮い」という表現は、全く無いということではない。これは有子の深い意味を込めた言い回しである。もし「有る」と言ってしまえば、孝悌なる臣下たちは、上を諫めることを決まりと考え、大して重要でない事柄についても、諫争することとなるであろう。逆に、もし「無い」と言い切ってしまえば、孝悌なる臣下たちは、上を諫めないのが決まりということになり、政治的に重大な結果に至るようなことでも、諫めてはいけないことになる。ここで有子が「鮮い」と述べられた意味は、このようなことである。もしも自分の君主や親にあたる人物に、国を乱したり、家を滅ぼすような過失があったなら、孝子の立場としては、諫言を述べなければならない。もしも諫言せずに放置しておくなら、かえって君子を不義に陥れてしまうこととなる。そのような場合は、孝悌なる者であっても、必ず諫めねばならないのだ。そこで「鮮し」と述べられたのだ。「諫める」とはいっても、「いやいやながらも意見をする」のが「諫める」ことなのである（「不及」の「不」は衍字か。）。
○「不好犯」について。上を諫めることを好まないのが孝子というものである。どうして乱を起して君親の権力をくつがえすことがあろうか。
抄物は、室町期、特に文明年間以降の話し言葉を研究する上で有用であり、従来、主にその方面での探究がなされて来たが、室町期の文字・表記の研究にも資するところ大である。右の応永本論語抄の例は、「大篇」の例として、かなり早いものである。ここでの「大篇ニ可及コト」は、「政治的に重大な結果に至るようなこと」である。

その後の用例は、左記に示すように、殆ど古文書中のものである。調査範囲における「大篇」の初出例である論語抄の事例と同じ意味用法と認められる諸例を挙げる。

2吉川家文書之一、寛正六年（一四六五）十一月二日、吉川元経宛、武田信賢書状（大日本古文書三三六—一号）「一个条申承候間事、如承候若早々無落居候者、此面事被急事候、既備芸石面々可被成御教書候之処、管領（畠山政長）依差合子細候、自先職（細川勝元）被遣状候而、彼進発急々之由、被申候之上者、先如此間候共、大篇落居候者、可有容易之由存候、又寺事、於彼在所内者、不可有相違候、承候之通、何も不可存等閑之儀候、委細猶修理進可申候之間、令省略候、恐々謹言」

3毛利家文書之一、応仁元年（一四六七）十一月三十日、細川持賢書状（大日本古文書一二一号）「就京都大篇事、被致参洛候之由承候、先以目出候、雖然、大内勢令乱入摂州中島候之間、差下代官候、直御進発彼島候て、此方之儀、預御合力候者、可令悦喜候、同自右京大夫（勝元）方以書状令申候、此段自武田方も可被申候、恐々謹言」

4相良家文書、年未詳、大内政弘（一四四六〜九五）書状「天下之儀、種々御計略最中候、時宜大篇候之間、兎角延引之趣、且者尤候」

5九条家歴世記録、文亀元年（一五〇一）十一月「時之大篇に打副而心中に懸事者、是事候」

6九条家歴世記録、文亀元年（一五〇一）十二月「可覚悟候ては候はす候、如御書大篇御沙汰候者、慥に承候て」

7政基公旅引付、永正元年（一五〇四）七月七日「彼順良已企大篇、根来之悪僧共小々相語」

8毛利家文書之二、弘治三年（一五五七）頃五月六日、児玉就忠宛、毛利隆元自筆書状（大日本古文書七四六号）「其面之儀、日和落居こそ肝要候へ、先々是非共に〳〵備芸之衆被融候て可然候、此ま、河本への取懸ははたと不可然候〳〵〳〵、我々はか様に存迄候〳〵、只今之世上には誠腹せを切候へと人に申かけ候共、いなと申候者はあるましく候へ共、大篇之内よりこそ悪事は出来候物にて候へ」

「大篇」の用例を通覧すると、ここであげたような、（A）世の中全体の政治体制を覆す政変や動乱、といった大規模な出来事・事件という意味から、より個人的なレベル、即ち、（B）当事者にとって重大な事件、という意味へ移行・変化して行く。そして、一五〇〇年代はじめより、本来の名詞としての用法から、形容動詞的意味用法の例が増加する。そのような例を、次に挙げる。

9毛利家文書之二、年月日未詳、毛利隆元（一五二三〜六三）自筆書状（大日本古文書六八三号）「先度被仰下候、今度此方家来之者らうせき人の事、不及是非候間、何とやうにも弥聞立、少つゝ仕候者はいかほとも可有候へ共、先ぬき出大篇之儀仕候者を申付候はてはにて候間、其浅深を涯分聞かせへく存候、又御聞かせも候て、仰も可被下候くゝ、少もおろかにも、我々も不存候、誠かやうの事くつれ候へは、家をゐかゝゐさる事候間、其段も致分別候」

〔内容〕

毛利隆元の自筆書状であるが、宛名は不明である。毛利家において、家来が狼藉事件を起こし、その処分に関するものである。先ごろお言葉を頂戴しました、このたびの毛利家の家来の狼藉者の事についてですが、是非を論ずる余地の無い事態でございますので、いかようにも事情聴取して明らかにし、ちょっとした罪を犯した者はいくらでも居るから追究してもしかたがありませんが、さきだって刀を抜き、甚だしく重大な事をしでかした者に、罪を申し付ける最終局面でございますので、その罪の重さの違いを、できる限り説明したいと存じます。また、あなた様からも御説明くださって、御言葉を頂戴したいと存じます。本当に、このような狼藉事件で秩序が崩れてしまいますと、毛利家という家を維持することができなくなってしまいますので、その事も十分わきまえております。

このように、「大篇之儀（たいへんのぎ）」全体で、深刻な異常事態、重大事件、の意味を持ち、具体的には、毛利家の家来が起こした狼藉事件を指している。右のBの用法である。ここでの「大篇」は、形容動詞の語幹用法と考えることができる。以下に、Bの意味用法と認められる諸例を挙げる。

10毛利家文書之二、年月日未詳、毛利隆元（一五二三～六三）自筆書状（大日本古文書七一六号）「此間御内書之通をは、只如御意、我々か心持に承知仕候て居候つ、粟右へ我々申候つる事は、由宇津々其外正覚寺取次候とて、粟右一人シテ計物こと申候間、我々申事に、今度此面諸村申付さま事は、五人シテ無油断地下より申さまをも聞、又地下へ申下候事をも一同に申付候へ、大篇事共候間、一人二人シテ申候ても不可然候、操落事候（候事）共も可有候と、正覚寺取次候とて、其方一人シテ毎々披露仕候事は不可然候」

11毛利家文書之二、年月日未詳、毛利隆元（一五二三～六三）自筆書状（大日本古文書七三二号）「今度此弓矢出来之事、近比吉田之家の大篇之大事之儀に候、乍去、つね〳〵弓矢にさへ、是非共に一度敵合を仕、随分如此こそさせ候へ、仕候へと、人の申候やうにと存事候、然処、此弓矢出来候て、今之分にも候は丶、敵合も有さうに候へは、ちか比本望まて候、とかく此方心遣なく候へは、敵合仕候事、いかにも仕合不成候」

12毛利家文書之二、年月日未詳、毛利隆元（一五二三～六三）自筆書状（大日本古文書七四七号）「国雅に物語共候つるよし申候、委細聞候、ちか比懇之儀、祝着千万候、入魂至、心を付て被申候段、難申尽候〳〵、左候間、如被見及候、我々事も只大かたの趣こそ取計候へ、元就一人の請取候て、気遣短息辛労此事候、内々も此儀をこそ、いやとの連々の我々との問答被申事候、何とも大篇に弥成候て、不及了簡候、さて〳〵いか丶候て可然候はんやと被存候哉、弥内存被申越候へく候、又此段元就にもかたり候へと被存候や、左も候は丶、かたり候へく候、先我々計へと被申候間、尋候、其事迄候〳〵、懇意祝着候〳〵、かしこ」

13毛利家文書之三、永禄十一年（一五六八）六月八日、粟屋元種宛、小早川隆景書状（大日本古文書八二〇号）「別而向後之儀可致馳走之通、被仰聞候、殊御心底之程こま〳〵被成御意候、一段難有存計に候、御意こそ疎に候へ、御当家長久之念願計に候、御家諸事之御操御大儀に被思召候よし、誠々無余儀御事に候、前々に替候て、大篇之国数御裁判之儀候処、可然人は無之候て、何共御心遣なる事までとの、内々も申事に候」

14毛利家文書之二、年月日未詳、毛利元就（一四九七〜一五七一）自筆書状（大日本古文書四一八号）「是故に、仁不肖共に大分限になりつれ、又大分限になりたかり候て、はたと諸人之心底も替り候、不及沙汰〳〵、大篇之弓矢に勝候間、主人に位こそつよく可成行事にて候之処、結句将之位者うすく、下〳〵諸卒之奢恣之存分に、内儀成たる体候哉、左候而、上つらはかりの慇懃、面むきはかりの成計と見え候、其実すくなく成行候はんやと見えたる計候〳〵」

15毛利家文書之三、天正十一年（一五八三）八月二十二日、井上春忠宛、安国寺恵瓊書状（大日本古文書八六二号）「元春様之儀、御分別肝心候条、今朝も飛脚進上候、其段も、（吉川）経信（言）御立之事、来月にも入候は、、元総御事、先今月中に御乗船候て、室、牛窓にても御待合候様に可然とこそ申上候、来月五日六日之比にて候者、更無申事候、私事は先御供難申候、其故者、上使先指下候歟、御着候者、押籠申候て、境目先可請取之由可申候、殊更大船御乗候由候間、来月廿日より内には不可有御着候、大篇之御事候条、其分之旁御付候て、我等事は此度之儀可被成御免候、殊更老母煩散々式候、此度必死と存候間、出家になされ候届にて候間、取置共仕候て、上辺罷上候はて不叶儀候は、、其節以早船可被指上候、今度我等体鉢ひらき僧上候ては大事候、御大事さはき申ましく候、一から十まて御調候て、首尾合たる衆可有御上候、私事は可被成御赦免候」

16吉川家文書別集、慶長六年（一六〇一）、吉川広家自筆覚書案（大日本古文書九一七号）「去七月、安国寺佐和山被罷越候て、石治大形〔刑〕被遂相談、如何御座候つるか、忍候而大坂被罷下候、吾等儀、早々可罷上之由候而、七月十三日、飛脚到来候、於幡〔播〕州参会候、大坂罷越、長老対談候之処、彼被申様者、内符〔府〕様会津御出馬被相定候、今度（上杉）景勝上洛延引之儀者、大閤様依　御諚、国之仕置被申付候、三年役儀御免被成候、故如此候、其身非如在候間、先擠に可被仰出哉之段、為各度々雖言上候、無御承引、今度御出馬被相極候、彼表之儀可相果迄に候、か様に候へは、諸大名進退更無安堵之事に候、已来之儀者、秀頼様御為も如何可有御座候哉、会津堅固之内、各申合、可及弓矢之通、於佐和山、石治大刑申合、増右其外も同意に候、於于今者、中納言様一刻片時も早々御上洛尤之通申下之由被申候、然者、我等申様者、日本二つ之御弓矢、大篇之儀候間、我等式存道無御座候、安国寺御分別此時に候」

17毛利家文書之三、年未詳五月四日、毛利輝元（一五五三～一六二五）覚書写（大日本古文書一一四五号）「重畳申尽候様に、爰元調方之儀、太分之儀者無渡候、借銀大篇之儀候之条、何と候ても、今年来年に大形仕払候て、家も相続候之様にと、朝夕存候而、誠爰元之為体可申様なく相詰候而在之事に而候、其面之儀、遠国と申、何篇不差置公儀之事候之条、何と様に候ても、其元之儀見苦無之様にとの気遣迄に而候、此段少も心底に不存忘却候、長門（秀就）事も、我等此気遣疎には存ましく候、就夫、被申事に而候、其元之用之儀者、不被差置儀候、其段を相調候やうにとの儀迄之如此之心遣に候、其段者不及申候、以其上、物入之所又よせのけも可有之候之間、其所を御方偏に御異見候て可給候、我等事は今にも不存身上候、偏に家も相続、長門長久国をも存候之様にと念願迄に候付而、朝夕此歎迄候事」

18吉川家文書別集、年月日未詳、吉川元長（一五四八～八七）自筆書状（大日本古文書一九一号）「此表之儀、無相替事候、大篇之弓矢に候条、何ともする〳〵はか行候はす候、其段無御存事候、兎角さのみまけそうにはなく候間、御心安かるへく候」

次いで、一五〇〇年代の終わり頃から、「大篇」には、並大抵の労力では処理できないさま、並一通りの苦労ではないさま、の意味が付与されてくる。調査範囲における諸例を挙げる。

19後藤家戦功其外事跡并諸書物覚、天正十二年（一五八四）四月十二日「於㆑然者伊佐早之通道難㆑成存候間、早速従㆓此方㆒遮而可㆑取構㆓覚悟㆒候之条、乍㆓太篇㆒従㆓其元㆒至㆓岳崎㆒人数可㆑被㆓差籠㆒候」

〔内容〕

標記の史料は、鍋島佐賀藩の家臣であった後藤家に伝来する、古文書や由緒書等を、編年体に集めたもの。通称『後藤家事蹟』。編者未詳。全四巻。永承二年（一〇四七）〜元禄十二年（一六九九）に至る。右の記事の内容は、以下の通り。そういうことですから、伊佐早（諫早）の通い道（軍勢・兵糧等を通す道）は、実現し難いと存じますので、早速、こちらから先手を打って、しかるべき覚悟を致します。よって、御苦労ではありますが、そちらから岳崎まで大軍勢を動かし、入城させてください。

このように、「乍太篇（たいへんながら）」全体で、並大抵でない苦労を伴うことではあるが、の意味を表す。「大」と「太」は通用である。ここでの「太（大）篇」は、形容動詞の語幹用法と考えることができる。以下の例もこれに同じである。

20吉川家文書別集、天正十五年（一五八七）三月二十二日、周伯恵雍宛、吉川元長書状（大日本古文書九三号）「此表之儀、自赤間関卅七八里先豊後之内戸次と申所に居陣候、今度上勢大軍之由聞及候て、豊後符〔府〕内に罷居候薩州衆破軍候、戸次者府内より先にて候、自爰元陣易候て行候へ者、はや日向にて候、上衆者此口へすきにて候、此方者一列に秋月へ仕懸度迄候、其議定一両日中可相澄候、日向にて候へ者、大篇之事にて候、大軍と申候ても大事之行候」

21吉川家文書別集、文禄三年（一五九四）五月日、吉川広家自筆書状（大日本古文書六七七号）「去廿一日之書状披見候、并香又（香川春継）、福与（福富春昌）、兵介（二宮長実）以下へ之状同前に候、其方之人数悉々差上せ勢（精）に被入候、此剋心馳之至祝着候、殊更自身事も、近日着之由候、心懸之とをり於身悦入候、然者、先度申候様、細工方之儀大篇之事候間、路次此状披見次第頓に帰国候て、可被申付事頼入候、殊富田（出雲）にも小越一人之事候、爰もとは各居候て可成ほと才覚は無油断候、此剋於其もと短束之事、結局苦労共候、心馳之ほと聞届候上は、早々帰路尤候」

22吉川家文書別集、慶長八年（一六〇三）頃七月十一日、吉川広家自筆書状（大日本古文書六九九号）「普請方長々苦労段不及是非候、暑気時分各々大儀共に候、此方于今逗留迷惑に候、公儀も漸相調候間、はや雖可為下国之候、越州（福原広俊）相談候とて長引申候、此中煩候故、然々申遣候はて無沙汰之様に候、公儀并天下之事無異事候、土居作事等之儀被成次第に尤候、城之普請大篇候間、暇下余不入事候、謹言」

23益田家文書之二、慶長十二年（一六〇七）九月三日、益田元祥宛、毛利輝元書状（大日本古文書四二七号）「爰元之銀子仕出は、佐長（佐世元嘉長門守）申付候へは、京に居候而、万さいはん仕手はかりにつまり候、就其存所ひらりと申事候、誠御方之儀、今度大篇之作事被相調候、此御心遣更可申様無之儀候、互之本望此事候、其上に如此申候事は、御方御心中察候而難申儀とも候へ共、藤七郎（毛利秀就）祝言は我等一生之悦、此上なく候」

24毛利家文書之三、慶長十八年（一六一三）十二月、毛利輝元書状案（大日本古文書一一五七号）「用方之儀など、掃部采女主殿なとに申付之由候つ、又誰〳〵存候哉、手廻之遣方算用肝心候、今迄は何とも不聞候、左候故、此方より万調差下候而も、それより後は不存候、大分之調儀候之条、むさと成行、算用なく候へは、外実不可然候、万しまり専一候、爰元なとの事、聊之儀も、算用せんさくかたく此節者取分申付候故、みちんほとも緩無之候、速にかやう之事申付候へは、こと役存候者も悦申儀候、如此日夜大篇之調申付候而も、何と成行候も不存様に候へは、無曲気遣と、まめしけもなく候、併長門万遣かた究せんさくかたく申付候事、孝々此儀候、よく〳〵旁御分別候而可有御覧候」

25吉川家文書別集、元和元年（一六一五）頃月日未詳、吉川広家自筆書状（大日本古文書二一〇号）「尊墨并御祈禱之御洗米、殊更此表珍物一種送被下候、誠御芳志共不少別而忝候、此段者尊顔ならては難申尽存計候、如御意今年之御陣御太利、諸人満足此御事に候、又次郎（吉川広正）事仕合よく帰国候而、外実大慶此時に候、可被成御

推量候、次に来年必定可被成御来駕候哉、今年は□□□由候、無御余儀候、□□近々隠居之覚悟候、左候間、参あい候て、昔を語申候て、慰申度心中計候、又次郎家共萩に作事申付之候、新地之儀に候て大篇之□（手）間入共候、難儀仕候、□□□諸国并に及破却候、是も手間入候て、漸々一両日以前大形仕調分に候」

古辞書類では、管見の範囲で、左記のものに見える。

高橋本色葉字「大篇（たいへん）」（太部）

易林本節用集「大篇（タイヘン）」（太部言語門）

日本国語大辞典第二版には、

たいへん【大編・大篇】〔名〕詩歌・文章の、編章の長く雄大なもの。大作。雄編。＊易林本節用集（1597）「大篇　タイヘン」＊日本詩史（1771）一「其他大篇巨什。経二見諸書一」＊経国美談（1883-84）〈矢野龍渓〉後・自序「尾崎兄は地租改正の議に関し大篇を結撰するの挙あり」＊蘇舜欽－答章伝詩「大篇随自出、爛漫風力老」［発音］〈標ア〉［0］［辞書］易林　［表記］大篇（易）

とある。つまり、易林本節用集所収の「大篇」を、「大編」の異表記として扱う。この扱いの是非に関しては、如上のような事情・経緯から、大いなる疑問を呈しておきたい。基本的には、「大篇」の「篇」は形式名詞であって、「重大なことがら・状況」という基本的な意味を持つのであろう。

「大篇」を取り上げる辞書は少ないが、文書での機能が発達した重要な語であったことは確認したとおりである。高橋本色葉字がこれを取り上げた意義は大きいと言えよう。

五、造語要素「篇」を含む新語の発生

上述べた如く、「篇」に形式名詞としての用法が生まれると、造語要素としての「篇」を含む新語が、続々と作ら

れるようになる。「大篇」以外にも、「諸篇」「何篇」「篇々」「同篇」「毎篇」等があり、「諸篇」と「毎篇」は高橋本色葉字に見える。

《諸篇》

「諸篇」の原義は「多くの書物」或いは「多くの詩文」である。前代から引き続いて、次のような原義での使用も継続的に見られる。

26山城高山寺文書、寛喜二年(一二三〇)閏正月十七日、僧空弁書状(鎌倉遺文三九二九号)「爰空弁自無一徳、心柱諸篇、辞華洛入柴戸以来、唯望聞法受法之縁、抛卑官居高山之後、専好定龍土龍之態」

文意から明らかなように、「柱」は「注」の誤りであろう。ここでの「諸篇」は、書物、ひいては学問の意である。

これに対して、新語としての意味は、「あらゆる事柄」或いは「色々な事柄」である。次のような例がある。

27東大寺具書、正和四年(一三一五)十二月日、東大寺注進状(鎌倉遺文二五七〇八号)「作出良弁法相宗、鑑真天台宗之由、令申之条、交身於唯密之寺、隔聞於伝顕之跡、不顧不知案内之愚陋、猥但我慢偏執之枉心、吐胸臆無窮之謀言之間、毎事非実正、諸篇皆虚妄也」

「毎事」と「諸篇」が対になっており、両語が類義語として認識される段階に至っていたことが確認できる。

《何篇》

「何篇」は、「いづれへん」若しくは「なにへん」と読み得る。中世以降新出の語である。意味は「どういう事柄」「どんな事をしても、あらゆる方法で」「どうして〜か(いや、全くそうではない)」。反語表現で使用されることが多い。また、「何篇も無し」で、取り上げるに足りない意。次のような例がある。

28金沢文庫文書、嘉暦元年(一三二六)頃二月一日、順忍書状(鎌倉遺文二九五五六号)「相構々々御対面候て、熊谷事可有御物語候、又同道申候て、入見参候て、申候はやと相存候、相構々々何篇にても、可有御秘計候」

高位の人物にお会いして熊谷の話を聞きたいという目的達成のために、どんな事をしても、内々にとりなしていただきたい、と相手に依頼する内容の書状である。

《篇々》

「篇々」は、「へんぺん」と読み、原義は「どの詩にも」「文章の一篇一篇」である。陶淵明集序に「有疑陶淵明詩、篇篇有酒。蕭統」、白居易の「効陶潜体詩」に「篇篇勧我飲、此外無所云」、南史、「劉孝綽伝」に「武帝覧其文、篇篇嗟賞」とある。唐の例を見る限りにおいて、殆どは詩の例であり、文章に関して使用された例は僅少である。新語としての意味は、「種々様々の事項」「色々な事柄」の意味である。

29内閣本大乗院文書御参宮雑々、文永二年（一二六五）十一月二十六日、相芸等陳状案（鎌倉遺文九四一七号）「権専当相芸等謹弁申／御餺飩等折敷等料正木間事／右、子細者、行幸・御参宮等之時、御塔家寄人等弁出正木之条、先例候。即故橋本法橋御房公文目代、度々　行幸・御参宮等被執行了。毎度正木為寄人等之役、弁出了。而去建長・正嘉等之時、福丸嗷々令対捍之間、問答之処、日数迫之間、無力而止了。雖然、有限御餺飩等料正木、令失墜之条、不便次第也。且雖申篇々会尺、弁出之条者、已承伏了」

論人（被告）である相芸らが裁判所に提出した陳状の案文である。餺飩の折敷の材料となるマサキを弁済することは、先例となっていたが、福丸の対捍により、沙汰止みとなっていた。尊重されるべき餺飩の折敷の材料となるマサキが不足することは、誠に不都合なことである。色々の言い訳を申してはいるが、弁済・納入せよとの御沙汰には従う、という内容である。

《同篇》

「同篇」は中世以降新出の語である。「同じ趣旨・事態・状況であること」「時間が経過しても、事態・状況に変化が無いこと」の意味である。

30東大寺文書、嘉暦二年（一三二七）八月二日、東大寺衆徒等申状土代（鎌倉遺文二九九一一号）「副進／二通御教書案〈但為同篇之間、一通略之、〉」

副状（訴訟手続きにおいて添付される文書）として、二通の御教書案を提出するが、同じ趣旨の内容なので、一通は省略する、とする。

《毎篇》

「毎篇」は、「毎事」というにほぼ等しく、「色々な事」「どんな事でも」の意味である。

31実隆公記、明応三年（一四九四）正月一日「彼一会之儀猶次目計御沙汰、誠可然事候、明後日辺随体可参入候かと存候、清書之儀も乍恐さそと存候、御自分にうちそへられ候は六借御事候歟、毎篇奉察候々々々」

32籠手田文書、年未詳、五月二十一日、飯田興秀書状「相当御用等御心安被仰付候者、可為大慶候、毎篇重畳可申承候」

以上のように、中世において、

a．形態上は漢語と一致するものの、意味用法は異なる新語（篇・諸篇・篇々）

b．形態上も新しい新語（何篇・同篇・毎篇）

が使用された。平安・鎌倉時代の古文書・古記録等における使用状況を確認してみると、左記の表1～4の如き分布が観察される。表1は平安遺文、表2は玉葉、表3は吾妻鏡、表4は鎌倉遺文である。＊印を付した内数は、中国における意味用法と同じ意味用法で使用されている例の数である。但し、これらの数値は完璧なものではなく、おおまかな趨勢・傾向を見るためのものであることをお断りしておく。

表1

	790～	890～	990～	1090～
篇目	0	0	0	1
両篇	0	0	0	0
一篇	0	0	0	0
篇	2(*2)	0	0	0
諸篇	0	0	0	0
何篇	0	0	0	0
篇々	0	0	0	0
同篇	0	0	0	0
毎篇	0	0	0	0
大篇	0	0	0	0

表2

	1164～	1170～	1180～	1190～
篇目	0	1	3	3
両篇	0	0	0	0
一篇	0	0	1(*1)	0
篇	0	6(*6)	1(*1)	4(*4)
諸篇	0	0	0	0
何篇	0	0	0	0
篇々	0	0	0	0
同篇	0	0	0	0
毎篇	0	0	0	0
大篇	0	0	0	0

表3

	1180～	1190～	1200～	1210～	1220～	1230～	1240～	1250～	1260～
篇目	1	0	0	0	1	2	1	1	1
両篇	1	0	0	1	0	0	0	0	0
一篇	1	0	0	0	0	0	0	0	0
篇	3	1	0	1(*1)	0	0	0	0	0
諸篇	0	0	0	0	0	0	0	0	0
何篇	0	0	0	0	0	0	0	0	0
篇々	0	0	0	0	0	0	0	0	0
同篇	0	0	0	0	0	0	0	0	0
毎篇	0	0	0	0	0	0	0	0	0
大篇	0	0	0	0	0	0	0	0	0
篇什	0	0	0	1(*1)	0	0	0	0	0
綍既絶篇籍	1(*1)	0	0	0	0	0	0	0	0

表4

	1185～	1195～	1205～	1215～	1225～	1235～	1245～	1255～	1265～	1275～	1285～	1295～	1305～	1315～	1325～
篇目	0	0	0	1	1	2	1	2	2	10	6	3	8	8	11
両篇	1	0	0	0	0	0	0	0	1	2	1	1	1	3	1
一篇	0	0	1	2	0	3(*3)	0	1	0	2(*1)	3(*1)	1(*1)	2(*2)	5(*5)	5(*3)
篇	0	0	0	0	1(*1)	0	1	2(*2)	5	17	19(*1)	35	46(*1)	56(*1)	55(*2)
諸篇	0	0	0	0	1(*1)	0	1(*1)	0	1	0	2	0	1	3	0
何篇	0	0	0	0	0	0	0	2	0	1	1	3	6	6	5
篇々	0	0	0	0	0	0	0	0	1	0	0	0	0	1	1
同篇	0	0	0	0	0	0	0	0	1	0	2	1	8	11	9
毎篇	0	0	0	0	0	0	0	0	0	0	0	0	0	0	0
大篇	0	0	0	0	0	0	0	0	0	0	0	0	0	0	0

（上記四表の※は、中国と同じ意味の用例数）

五、終わりに

「篇」を造語要素とする諸語の変化と発生について見てきた。古文書・古記録における使用例の分析が第一義であることに変わりは無いが、例えば古辞書の注なども、当時における語感を端的に示すことがある。節用集の印度本系統の一本である和漢通用集に次のような簡略な注が施されている。江戸初期におけるこれらの語は、このような把握の仕方で、理解されていたのであろう。

「常篇（じやうへん）〈つねの事也〉」（し、言語）
「何篇（いづれへん）〈いつれも也〉」（い、言語）
「何篇（なにへん）〈いつれも也〉」（な、言語）
「同篇（どうへん）〈同事也〉」（と、言語）

終わりに、転義における「篇」と類義の関連語彙をグループ化してみると、下のようになろう。

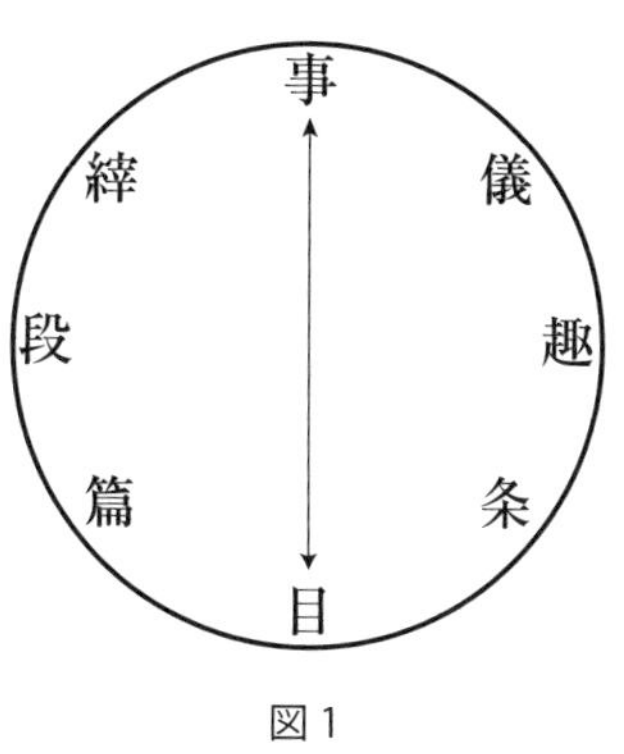

図1

この図1は、語の相互関係を、位置によって厳密に表したわけではなく、それは不可能でもあるが、おおむね、次のように排列できるよう試みたものである。

一、近い位置にあるもの同士は、意味用法・使用場面が互いに相近いものである。使用場面とは、同じ様式の文書における形式的位置、及び、慣用表現における位置を含む。

二、図1の上位に位置する諸語は、元来「ことがら」を表す語、下位に位置する諸語は、本来「細目」を表す語であったが、日本語としては後に変化して、いずれも「ことがら」を意味するようになったと言える。但し、「目」

は、「篇目」「条目」の形でそのような意味変化に関与しており、単独では「細目」の意味を失わなかった。

猶、「篇目」と平行例として扱われるべきものに、「事絶常篇」がある。「事絶常篇」は『文選』遊天台山賦を出典とし、中国ではごく普通の表現であったのに対し、日本では「とんでもない」という意味の慣用句として使用されるようになった。つまり、「常篇」は、「普通の書物」ではなく、「普通の事柄」という意味になったのである。一般に、慣用句になった途端に意味の屈折変化は起こり易くなるが、「事絶常篇」も「篇目」と共に、同じ方向性で「篇」の意味が変化し、「篇」そのものの原義が忘れられ、新しい意味を獲得して行く。これらは通底する現象であると見做すことができるであろう。

高橋本色葉字に、「大篇」「毎篇」「諸篇」の三語が所載されているのは、「篇」を造語成分とする語が中世に発達したことを顕著に反映しているものであり、この辞書の現実に有用な語を採録するという特徴を示すといってよいであろう。

注

(1)高橋忠彦「国訓の構造」(東京学芸大学紀要第二部門人文科学第五十一集、平成十二年二月)

(2)懐風藻・文華秀麗集・菅家文草・菅家後集・和漢朗詠集・本朝文粋を調査した。

(3)「篇」の形式名詞としての用法に関しては、大型の国語辞典類でも記述されていない。

第五章　「見下」について

高橋本色葉字の計部に、「見下」(傍訓「けんか」)なる語が載録されている。「げんか」と読むのであろう。この語は、管見の字類抄諸本・色葉字諸本・節用集諸本に見えず、古辞書における採録の稀な語であることが確認できる。「見下」は、「現」に通ずる「見」を造語要素とする語の一つと考えられるが[1]、大型の国語辞典類にも収録されておらず、古文書古記録用語辞典類においても、いまだ正確な意味記述がなされていない。

この「見下」を含む文書の内容を検討・分析することにより、この語の意味用法を明らかにしたい。

―平安時代文書の例―

1東大寺文書四ノ八十二、天喜四年（一〇五六）九月六日、東大寺使僧勝範請文（平安遺文八一五号文書）「謹辞　請米事／合弐拾弐斛漆斗〈賀古本可下〉／正米廿石　車力一石　雑用一石七斗／右、東大寺御封内、天喜四年五月廿三日仮納卅石内、見下十石残、僧勝範今年四―七月十九日僧徒代、国本斗定、所請如件、／天喜四年九月六日　使僧（花押）」

東大寺は、朝廷から施入された五千戸の封戸と上限四千町の寺田により、寺の経営が始まったが、次第に封戸が削減された。更に、荘園の増加などによる負担増大のため、諸国の国司は、封物弁済に苦しむようになった。そこで、九世紀になると、封主である東大寺の徴物使が、直接、国・郡・郷等に徴収に赴くことも多かった。便補の保（びんぽのほう）などの代替措置が行われる前の段階であり、東大寺は、財源確保のために、様々な努力をする必要があった。右の文書は、東大寺の徴物使として派遣された、僧勝範の受け取り状である。天喜四年五月二十三日付けの仮納（予算）の三十石のうち、実際に支給された十石の残りとして、現物の米二十石、運賃一石、雑費一石七斗、合計二十二斛（石）七斗を、国衙の公定升で計って、確かに受領した、という内容である。「見下」（げんか）は、実際に下付されることである。

2東大寺文書一ノ一、承徳元年（一〇九七）十二月二十四日、官宣旨（平安遺文一三八八号文書）「左弁官下東大寺／応早弁申近江国司訴申、封戸代年別仟余斛、以見米皆悉徴納子細事、／右、得彼国司今月十七日解状偁、謹検案内、国富民淳之昔、課役民悉誇田業、調庸租税合期進済、百姓離散之今、作田減少、新加封戸頻来、課丁之数多以不足、因茲前司以往、殆泥勘済公文之勤、然則就代代雑掌、尋訪済例之処、当寺封戸准物代内、見下之弁不過二三百斛、其残併下符国内名、所令弁補也、而背彼例、偏催責見納、亡弊之国以何致弁、就中今年去八月大風洪水之難殊甚、民戸絶煙、各企〈令〉侘際〈傺〉之由、依有其聞、巡検境内、蒙給複〈復〉宣旨、欲致撫育之間、称可有往反之煩、挙首隠居云云、仍愁止巡検、屢所廻安堵也、若夫当見米之責、逃散之日、治術為何矣、望請官裁、且因准先例、令致進済之計、且停止非例難堪之責、廻安堵之計、欲留窮民浮跡者、権大納言源朝臣俊明宣、奉 勅、宜仰彼寺、早令弁申件子細者、寺宜承知、依宣行之、／承徳元年十二月廿四日大史小槻宿禰（花押）／右少弁平朝臣（花押）」

左弁官が東大寺に下した宣旨、いわゆる弁官の下文である。近江の国司が訴えている「東大寺が、一年の封戸代である千余斛につき、現物の米千余斛を、残らず強制的に取り立てる」という事情について、東大寺は早く弁明せよ、というのが、一通の主旨である。近江の国の国司の今月十七日付の訴状の内容は以下の通りである。「国衙の書類を調べたところ、国が富み人民が質朴であった昔は、課役を負わせられた人民が、皆、意気揚々と耕作に励んで豊かであり、調・庸・租・税が、期限を過ぎないで納められていた。百姓が離散してしまった現在は、耕作田が減少し、封戸は頻りに新しく加わり、課役を負担する男子の数は不足している。これにより、前の国司から以後、大方、年貢関係の勘定を済ませることに難渋した。そこで、歴代の雑掌（中央への貢納物・封戸・調庸・納物の運送等に従事した、国衙の在庁官人）に、年貢弁済の先例について尋ね問うたところ、以下のようなことを述べた。「当寺（東大寺）の封戸の准物代のうち、実際に支給されたのは、二、三百斛に過ぎない。その残りは全て国符（国の命令文書）を近江国内の名（みょう）に下し、不足分を弁済させたところである。しかるに、東大寺は、その先例に背き、ひたすら実際の納入を厳しく催促する。荒廃し衰えた近江の国には、とうてい弁済できそうにない。殊に、今年の八月は大風・洪水の災害がひどかった。人民の家の竈の煙は絶え、貧しさをかこっているということを伝え聞いて、近江国内を巡察した。重ねての宣旨を頂戴して、人民を撫育する政策を施そうとしたのである。そこで、国内各所を巡察する面倒が今後も有るに違いない、と言い、我々雑掌は皆隠れてしまった」とのことである。そこで、巡察を取り止め、それぞれの土地に百姓が安心して住めるようにした。もしも、実際の米を厳しく取り立てられて、百姓が土地を捨て領主のもとから逃げ去る結果を招くならば、そうなった段階では、政治的方策は施しようが無いであろう。お上の御裁断をお願い申し上げる。一方では、先例に従い、封戸代を東大寺に弁済するための方策をめぐらし、他方では、前例が無いほど耐え難い厳しい催促を止めさせ、人民安住の方策をめぐらし、困窮している人民が逃げようとしているのを留めようと願うところである。」という次第である。権大納言、源朝臣俊明が言い渡す、天皇の勅命を受けて、東大寺に命じ、早くこの件の事情について弁明せよ、とのことである。東大寺は命令に従え。宣旨の形式で施行するものである。

『古文書古記録語辞典』（阿部猛編著、東京堂出版、2005.9）に「見下の弁（げんかのべん）国司の下文（くだしぶみ）により、納所（なっしょ）（国の倉庫）から貢納物を支出する（弁ずる）こと。」とある。この記述は、ここで問題にしている文書、即ち東大寺文書一ノ一、承徳元年十二月二十四日、官宣旨（平安遺文一三八八号）の文脈に即し過ぎた解釈であり、語句そのものの正確な意味記述とはなっていない。

3東大寺文書一ノ一、大治元年（一一二六）十一月十九日、東大寺三綱申文（平安遺文二〇九六号文書）「東大寺／請重蒙　天裁、任道理、被裁断寺領泉木津木屋所四町内住人中興福寺木守等、俄称長者宣、不随寺家愁状、／右、重検案内、件木屋所者、本願　勅施入之地也、是則以住人為令勤雑事也、而今居住輩中、興福寺木守六人并類伴等合十余家、従今年春比、号有彼寺木守不可勤他所役之由長者宣、俄不随寺家所勘者、依　奏聞事由、被尋実否之処、所巧申種種無実謀計也、先陳申云、以東大寺木屋所四町、号興福寺領、不随寺家之由、訴申之条、極無実也云云、解状之旨趣、乍居住東大寺領、号興福寺木守不勤雑事之由也、今陳申状、是何意趣哉、但又号興福寺領者、非謂移此土地置彼寺中、横募彼権威、不弁地利、不勤所役之名也、又申云、件四町地、或興福寺之人人所知、或彼寺木守相伝所領之地也云云、不輸之地不可有私領主之由、度度所被下　宣旨也、今申旨、偏是企虜領之計也、於不背本家者、任不妨伝領、至于対捍之時、更不用相承、是神社仏寺権門勢家荘園田地之常事也、今此一処何不随本寺之左右、可為木守之進退哉、又申云、募所当地利、運上寺家材木云云、材木運上車賃者、以寺家納物、依員所見下也、於彼四町之地子者、元来所免給臨時雑役之食物也、今申旨専無実也、（以下略）／大治元年十一月十九日　都維那法師「円尊」／寺主大法師「林幸」／上座大法師「範縁」

東大寺の三綱の申状（訴状）である。重ねて天皇の御裁定をいただくことをお願い申し上げる。道理に従い、東大寺領である山城国相楽郡泉木津（東大寺・興福寺・元興寺の木屋が設置されていた）にある東大寺の木屋所（木材の集積場兼運輸の拠点）の四町（宝亀九年に勅施入された）の内の住人のうち、興福寺の木守等が、急に、長者宣と称して、東大寺に従わないことを訴え、善処を求める訴状である。寺の書類を調べたところ、くだんの木屋所は、宝亀九年に、光仁天皇の誓願によって東大寺に寄進された土地である。これは、住人に雑役を勤めさせるためである。ところが、現在居住している者共のうち、興福寺の木守六人、並びに同類の者共、合わせて十家族余りが、今年の春頃より、「興福寺の木守は、他の寺の課役を勤めてはいけない」旨の長者宣（藤原氏が興福寺に与える御教書）が有ると称して、急に東大寺の命令に従わなくなった、という次第である。事態を天皇に奏上するために、それが事実か否か尋ねられたところ、種々の事実無根の計略をめぐらしているのである。先に弁解して言うことには、「東大寺の木屋所の四町を興福寺領と称し、東大寺に従わない旨訴え申すことは、全く事実無根である」と主張している。解状（訴状）の趣旨は、東大寺領に居住しながら、興福寺の木守と称し、雑役を勤めない事である。この度弁解した事柄は、一体どういう意味であろうか。一方で、興福寺領と称するのは、この土地を移して興福寺の中に置く、という意味ではない。不正に、藤原氏を後ろ楯とする興福寺の権威をふりかざし、地利（畠の収穫物）を納めず、課役を勤めないための言い訳である。また申して言うことには、「くだんの四町の土地は、一部は興福寺の人々の知行する土地であり、一部は興福寺の木守が代々受け継いできた私領である」と主張している。不輸の地（この場合、寺家への地子が免除された土地）に個人的な領主が有ってはいけないということは、度々宣旨を下されたところである。この度弁解した趣旨は、もっぱらくだんの四町を統治下に置こうとする計略である。荘園領主に背かない場合は自由に代々知行させ、敵対する場合は一切それを許さない。これが、神社・仏寺・権門勢家の荘園田地の常識である。くだんの土地だけ、どうして東大寺の支配に従わず、木守の自由勝手で良いわけがあろうか。また弁解して言うことには、「賦課された地利（畠の収穫物）を代償として、東大寺の材木を運搬していた」と主張している。しかし、材木運搬の車賃は、東大寺の納物で、人数に応じて実際に支給されたはずである。例の四町の地子（東大寺に納める収穫物の一部）は、元来、臨時の雑役を免除されていた。このたび弁解した内容は、全く事実に反している。（以下略）以上のような内容である。

十二世紀初めに、泉木津の木屋所に居住する木守の雑役賦課をめぐり、東大寺と興福寺との間に争いが起こったことは有名である。この文書は、東大寺の三綱が、東大寺の立場から、相手側の申し開きの内容に対して、一々反駁したものである。この文書では、荘園領主である東大寺から、材木運賃が木屋所に下付されていたケースについて、「見下」が使用されている。『古文書古記録語辞典』では「国司の下文（くだしぶみ）により、納所（なっしょ）（国の倉庫）から貢納物を支出する（弁ずる）」場合にのみ限定された記述がなされている。しかし、「見下」は、もっと広い概念である。荘園領主としての神社・仏寺・権門勢家や国衙等の上位者から、それに知行支配されている下位者に対して、実際に金品を支給・下付することを表す。

4土佐国蠹簡集一、嘉応元年（一一六九）八月日、土佐国金剛福寺僧弘睿解（平安遺文三五一二号文書）「注進／蹉跎御崎金剛福寺三昧供并修造料事／合佰捌拾斛〈募供僧六口〉／在〈法行寺三口　間崎寺三口〉／右件三昧供、嵯峨天皇御施入　当山并金剛頂寺之間、各三百三十三石也、然於金剛頂寺者、任員見下于今不絶、於金剛福寺者、

存立用無実、（以下略）／嘉平（応カ）元八月　日　金剛福寺住僧弘睿〈上〉

土佐の国の金剛福寺の僧、弘睿の解状である。土佐の国の蹉跎岬（足摺岬の別称）の金剛福寺の三昧供並びに修復料の事、合計百八十斛（現在、法行寺に所属している三人、間崎寺に所属している三人、合計六人を、供奉の僧として集める）について上申する。くだんの三昧供は、嵯峨天皇が、金剛福寺並びに金剛頂寺に、それぞれ三百三十三石寄進された。ところが、金剛頂寺においては、人数に応じた実際の支給が、今に至るまで絶えることなく続いている。金剛福寺においては、運営の費用が実際には無い。（以下略）「見下」（げんか）は、実際に下付・支給されることであり、この文書においては、名詞として使用されている。

5西尾種熊氏所蔵文書、康和五年（一一〇三）八月二十四日、東大寺封越後済物結解（平安遺文補一九七号文書）

「注進　越後済物結解事／合漆佰玖拾捌尺〈之中〉　駄賃参拾伍尺／御蔵納定漆佰陸拾参尺〈之内〉／納所得分陸拾玖尺／見下陸佰玖拾肆尺〈在判書廿五枚〉／過進陸尺／康和五年八月廿四日　出納久末／同国依」

東大寺（封主）に越後の国の封戸から納められた産物（絹布）の出納記録である。

越後の国からの封戸物　合計七百九十八尺
　そのうち、運賃　三十五尺
国衙の収納所に納められた絹布　七百六十三尺
そのうち、収納所の収益　六十九尺
東大寺に実際に支給された絹布　六百九十四尺
　納め過ぎ　六尺

右の出納記録によれば、七九八尺から運賃分三五尺を差し引いた七六三尺が国衙に納められた。その内、納所の得分六九尺を除いた六九四尺が、実際に東大寺に納められたことになる。納め過ぎが六尺分あり、これは次年度に調整される予定である。「見下」（げんか）は、実際に下付・支給されることであり、この文書においては、名詞として使用されている。

この他、内閣文庫所蔵観世音寺文書、康治二年（一一四三）二月日、筑前国観世音寺年料米相折帳（平安遺文二五〇四号）・正倉院文書、弘仁四年（八一三）、正倉院御物出納注文（平安遺文四三八四号）・東大寺新収文書、康和三年（一一〇一）六月十二日、東大寺解除会支度注文（平安遺文四六六〇号）・石山寺所蔵「十六羅漢記」所収、久寿二年（一一五五）八月日、丈六金色阿弥陀仏像支度注文案（平安遺文補八一号）に「見下」の使用例がある。

以上、平安時代の文書における「見下」の用例は、請文・官宣旨・申文・解・結解状・相折帳・出納注文・支度注文等、様式は様々であるが、内容的には、

一、ある機関が債務履行した場合に、具体的数値を示した受領証明として発行するもの。

二、ある機関の過去または現在の経済的事情を説明するために、具体的数値を以て記録するもの。

として、出納記録・収支決算を示す場面で使用されるケースが目立つ。平安期における「見下」の意味は、荘園領主としての神社・仏寺・権門勢家や朝廷・国衙等の上位者から、それに知行支配されている下位者に対して、実際に金品を支給・下付することを表す。

―鎌倉時代文書の例―

6壬生家伊勢斎宮文書、寛元三年（一二四五）七月二十日、行伊勢初斎院事所申状（鎌倉遺文六五一七号文書）「行伊勢初斎院事所／重言上、入御諸司用途内見用万三千疋、于今不下給間、来月十三日以前、方々御物難調出子細事、／右、件用途、度々御勘定之後、定用十万余疋内、見下四万疋、其残募任官功、相構存別忠、可致沙汰、於功人者、任申請、殊可被忠任也、存此旨、可致沙汰之由、可召進行事官請文之由、被仰下之間、慭進上請文畢、而見下内、於二万七千疋者、依下給、即省下道御細工以下畢、残万三千疋、于今不下給之条、難堪事□□両三日

之内、不被下見用万三千疋者、□□□所挙申之功人、不漏一人雖被任□□□□□□□歟、為遁後勘、重言上如件、
／寛元三年七月廿日　左□□／右史生菅野□□／左大史中原成村」

未婚の内親王の中から卜定された伊勢の斎宮や賀茂の斎院は、賀茂川で禊を行い、宮城内の雅楽寮等を潔斎所として入御され、一年または二年間潔斎につとめ、再び賀茂川で禊してから、本院に参入した。このように、伊勢の斎宮及び賀茂の斎院が、卜定後一乃至二年間過ごされた宮城内の潔斎所を「初斎院」と言う。『延喜式』神祇五、斎宮によれば、初斎院の職員は、計八十人が奉仕し、野宮に遷られる時、更に六十五人が加わった。右の文書は、その初斎院における費用の不足について、窮状を訴え、改善を嘆願する申し状である。大意は以下の通りである。斎院が宮城内の初斎院にお入りになるに伴って支給されるはずの諸司の費用のうち、実際に使用した一万三千疋が、今に至るまで支給されません。来月（八月）十三日より前の段階で、人々に入用な品々を御用意することができなくなってしまう事情について、繰り返して申し上げます。前述の費用は、何度も計算された後、定用（定まった予算額）十万余疋のうち、実際に支給されるのは四万疋に過ぎず、しかも四万疋のうち、二万七千疋は既に下付されたのですが、残る一万三千疋が、今に至るまで下付されていないため、耐え難い経済的窮状に陥っております。以上のような内容である。この一通の文書に含まれる「見用（げんよう）」「定用（ぢやうよう）」「見下（げんか）」等の語は、大型辞典類でも記述されていない。この文書によれば、「見下（げんか）」の「四万疋」は実際に支給される金額であり、既に支給された「二万七千疋」とは区別されている。斎宮寮の財政は、京庫及び伊勢国から送られるものや、多気・度会・飯野三郡の供田の稲その他で賄われた。それを司る斎宮頭は、伊勢国司を兼任することが多かった。この文書では、京庫・伊勢国から、斎宮寮に対して、その管轄である初斎院の費用が下付されるケースについて、「見下」が使用されている。『古文書古記録語辞典』では「国司の下文（くだしぶみ）により、納所（なつしよ）（国の倉庫）から貢納物を支出する（弁ずる）」場合にのみ限定された記述がなされている。しかし、「見下」は、もっと広い概念であることが、右の文書によっても確認し得る。

7壬生家伊勢斎宮文書、寛元三年(一二四五)九月十四日、中原国継申状(鎌倉遺文六五五六号文書)「(折紙)□□□(左少史カ)中原国継申/諸司御所御装束之時、未下并見下等事、/見下竹文織物一疋/同蘇芳絹四丈八尺/同大文高孔二丈八尺/同莚一枚/同四寸釘五十九連/銭一貫五百八十文/今度除目之時、所申任右馬允藤原能久任料三貫文内一貫五百八十文者立用了、所残一貫四百十七文分者、早可調進也、其外之於公用者、更不可叶、身不諧之間、依不合期、本奉行御所御装束、猶以被改仰下「(折返)□□宛了、猶々於公用者、難叶之由、雖令申、重継不承引、可付吉上之由、令申之条、返々存外事也、為迎後勘言上如件、/九月十四日」

中原国継の申し状である。要点は以下の通りである。諸司の御所の御装束(衣裳・装身具・調度類を調えること)の時に、未下(まだ支給されないもの)ならびに見下(実際に支給されたもの)の事情について、窮状を訴え、改善を嘆願する申し状である。諸司の御所の御装束として実際に支給されたものは、「竹文織物一疋」以下の六点だけである。残額の一貫四百十七文を、早く調達していただきたい。この文書においては、「未下」と「見下」が、対の概念として使用されており、「見下」の時制(テンス)と意味を確認する上で、極めて重要な例である。

この他、東大史料編纂所所蔵南無阿弥陀仏作善集裏文書、建仁三年(一二〇三)七月日、備前麦進未進納所惣散用帳(鎌倉遺文一三七〇号)・内閣文庫蔵大乗院文書、元応元年(一三一九)頃、越前坪江上郷公私納物注文(鎌倉遺文二七三五五号)・内閣文庫蔵大乗院文書、元応元年(一三一九)十二月、越前坪江下郷三国湊年貢夫役等注文(鎌倉遺文二七三五六号)に「見下」の使用例がある。

以上、鎌倉時代の文書における「見下」の用例は、申状・散用帳・納物注文・年貢夫役等注文等、様式は様々であるが、内容的には、

一、ある機関が経済的困難に陥り、改善を嘆願する場合に、現在の窮状を具体的数値を以て説明するもの。

二、納入物品・年貢・夫役等の明細を記録して、上位機関に提出するもの。

として、出納記録・収支決算を示す場面で使用されるケースが目立つ。鎌倉期における「見下」の意味は、平安期と同様、荘園領主としての神社・仏寺・権門勢家や朝廷・国衙等の上位者から、それに知行支配されている下位者に対して、実際に金品を支給・下付することを表す。

「見下」は、平安時代と鎌倉時代の用例に微妙な差はあるものの、金品を「見に（現に）下す」、つまり実際に給付するという基本的な意味合いを持つ。伝統的に使用される文書用語であると言えよう。高橋本色葉字に収載された「見下」も、文書用語と認識されたものであろう。

注

（1）「見」を造語要素とする語は、

「見金（げんきん）」「見科（げんくわ）」「見口（げんこう）」「見穀（げんこく）」「見今（げんこん）」「見座（げんざ）」「見在（げんざい）」「見作（げんさく）」「見作田（げんさくでん）」「見子（げんし）」「見色（げんしき）」「見質（げんじち）」「見象（げんしやう）」「見成（げんじやう）」「見衆（げんしゆう）」「見熟（げんじゆく）」「見銭（げんせん）」「見卒（げんそつ）」「見存（げんそん）」「見住（げんぢゆう）」「見丁（げんてい）」「見丁帳（げんていちやう）」「見佃（げんでん）」「見任（げんにん）」「見兵（げんぺい）」「見米（げんまい）」「見用（げんよう）」「見力（げんりき）」「見糧（げんりやう）」「見員（げんゐん）」

等、多数存する。この中には、「見」を「現」に置き換えることが可能なものもある。猶、「現有の」「現存の」を意味する「見」は、古く中国に見え、例えば、次の例がある。

三国志、呉書、華覈伝「州郡見米、当待有事、冗食之衆、仰官供済」（見米は、役所の倉にある米）

旧唐書、順宗本紀（上元二十一年六月）「太倉見米八十万石、貯来十五年」（見米は、役所の倉にある米）

第六章　「及行」について

高橋本色葉字には、「及㆑行」を「てたてにをよふ」と訓じた例がある。色葉字・和名集・節用集の各諸本に見られない語句であり、文字列である。本稿では、この語句の意味と使用時期について考察する。

一、古典語としての「行」

和語の「てだて」は、本来、「物事をおこなう手段」の意味で用いられた。前田本色葉字類抄、手篇人事部に「行〈テダテ、争博奕ー〉道〈同〉」とあるように、漢字表記としては「行」「道」をとることが多い。「行」「道」は、もとより古典語で、意味の幅は広い。ここでは前田本色葉字類抄の注文「争博奕ー」に注目し、あわせて、「争行」「争道」の用法が存在することを考えると、これらの「行」や「道」は、本来、博奕の用語であると推測される。博奕は、双六すなわちバックギャモンであり、自らのコマを盤上に巡回させつつ、相手のコマの巡回を妨害するゲームである。次のような例が、中国の古典に見られる。

○（荘公）十一年秋、湣公与南宮万獵、因博争行、湣公怒（史記、宋微子世家）

○秦始皇時、嫪毒驕奢。后与帝左右博、争行、乃瞋目大呼（太平御覧、巻七五四に引く説苑）

とあるのは、双六で勝をあらそうことを「争行」と呼んでいる例であり、

○魯句踐与荊軻博、争道、魯句踐怒而叱之（史記・刺客列伝）

○孝文時、呉太子入見、得侍皇太子飲博。呉太子師傅皆楚人、軽悍又素驕、博、争道不恭。皇太子引博局提呉太子、

殺之（史記、呉王濞列伝）

とあるのは、コマを巡回させて勝ちを争うという、全く同じ行為を「争道」と呼んでいる。ちなみに、「行」の字義は、単なる進行でなく、本来、巡回的な運行の意味がある。さらに太平御覧、巻九二四に引く明皇雑録には、「上（玄宗）毎与貴妃及諸王博戯、上稍不勝、左右呼雪衣娘（玄宗が飼っていた聡明な白い鸚鵡）、必飛入局中一鼓舞、以乱其行列。或啄嬪御及諸王手、使不能争道」とあり、同一の文章の中で、双六のコマが並んだ状態を「行列」と呼び、コマを進めることを「道」と呼んでいる。双六に関して言えば、「行」と「道」は、ほぼ同義語であったと言える。このような遊戯の用語として考えれば、「行」と「道」が、勝ちを争うためのコマの進め方として、「てだて」と訓まれたことも理解できる。

二、古文書における「及行」の用例数

前節に述べたように、元来、「争行」は博奕特に双六の用語であったが、日本において、「行」が勝ちを争うための「てだて」と理解されたところから、中世以降、術策、策略、武略の方向に、語義が傾斜して行くことになる。東京大学史料編纂所のデータベースで検索すると、平安遺文・鎌倉遺文の各フルテキストデータベースでは「及行」の文字列は見られないが、古文書フルテキストデータベースでは、天文年間以降の用例が四〇例程見られる。十年毎の用例数を以下に示す。

1540～1549	1
1550～1559	3
1560～1569	1
1570～1579	16
1580～1589	12
1590～1599	5
1600～1609	2
1610～1619	0
1620～1629	0
1630～1639	0
1640～1649	1
1650～1659	0
1660～1669	0
1670～1679	0
1680～1689	0

表1

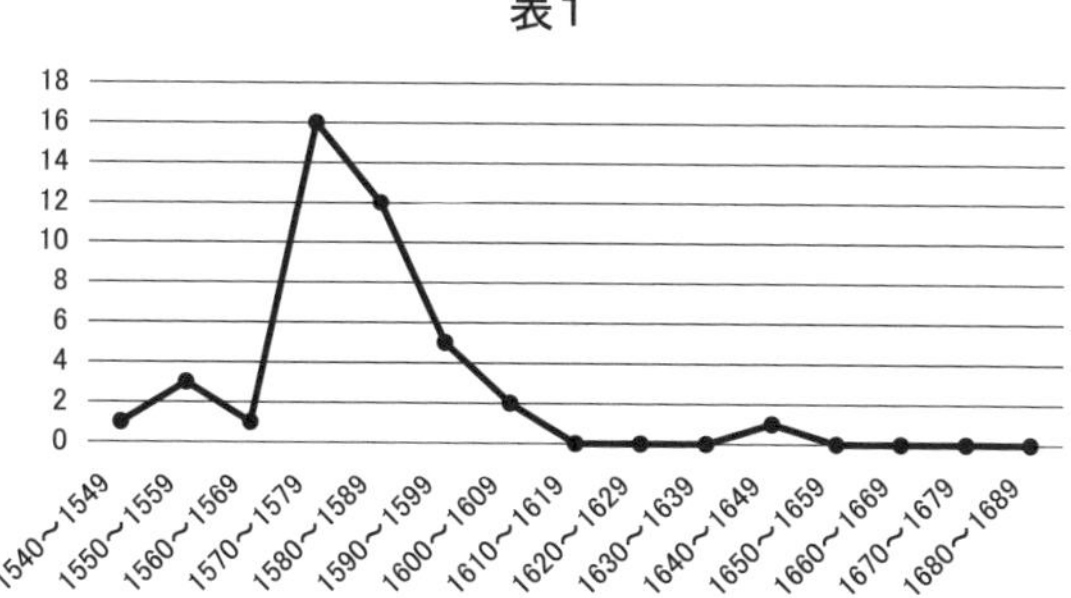

三、古文書における「及行」の意味用法

東京大学史料編纂所の古文書フルテキストデータベースの検索システムにより採集し得た「及行」の文字列を含む古文書の用例を以下に示し、意味用法を確認して行く。

1高野山恵光院文書、永禄十二年（一五六九）頃四月七日、紀伊金剛峯寺惣分沙汰所宛朱印状（増訂織田信長の研究、一六一号）「当山衆僧以連判御敵令一味、度々及行剰構要害、宇智郡押妨、言語道断之次第候、早々可開渡候、不然者、急度可被成御成敗候」

織田信長が金剛峯寺に宛てた朱印状である。金剛峯寺の僧侶達が同盟して、将軍足利義昭の敵である三人衆（三好長逸ら）に味方し、たびたび軍事行動を起こし、あまつさえ要害を築いて宇智郡を押領している。言語道断の所行である。早く宇智郡から立ち退きなさい。命令に従わないならば、直ちに将軍の命により成敗するところである、という趣旨である。

2古澤正臣氏所蔵文書、元亀三年（一五七二）八月十日、武田氏遠江出陣定書（中世法制史料集、武家家法Ⅲ、七六三号）「一、今度有首尾、向遠州出馬企、一大事之行候之間、暫可為張陣候、然則、必就家康訴訟、信長、木曾者伊奈へ可及後詰与、伊奈郡上下之貴賤、兼日成其覚悟、……一、兼日向敵陣及行者、以火狼煙之首尾、山々嶺々之人数可相集事」

武田信玄が、家臣である保科正俊に対して、遠江国に向けて出陣することを要請し、二十八箇条にわたって、事細かに指示を与え、命令した文書である。そのうちの一か条として、予め敵陣に向けて出陣したならば、狼煙をあげて山々の軍勢を駆り集めよ、と指示している。

3吉川家文書、天正元年（一五七三）八月一日、足利義昭御内書（大日本古文書、吉川家文書之一、八二号）「態差下柳沢候、今後信長働無是非候、急度散無念度之間、其国之儀、第一頼思召候、出勢儀、令異見輝元、馳走尤可為忠節候、当家再興此時候、大坂、若江遊佐、根来寺已下不可存疎略由候間、近日可及行覚悟候」

足利義昭が吉川元春（駿河守。毛利元就の二男）に送った内密の書状である。意図有って柳沢に書状を託す。今後の信長の活躍は、仕方の無いことである。必ず無念を晴らしたいので、毛利氏の平定した国々のことは、第一に頼みとするところである。出陣のことを、兄である毛利輝元に意見してくれた由、貴方のその尽力を忠義として感悦するところである。足利家の再興の機会がめぐって来た。大坂（石山本願寺）・若江の遊佐氏・根来寺等の僧兵衆が、義昭を決して疎略には扱わない旨伝えて来たので、近いうちに出陣する覚悟である。

4本願寺文書、天正元年（一五七三）八月二十日、上杉謙信宛覚書（増訂織田信長文書の研究、三八五号）「一、今日先勢差越、義景楯籠所之（々）及行候、大略可討果模様ニ候、若於相踏、馬寄可令追発候、時宜可御心易事」

織田信長が上杉謙信に通達した覚書である。天正元年八月、織田信長は朝倉義景の立て籠もる要害に軍勢を送り、攻撃し、ほぼ義景勢を全滅させられそうな様子である、と知らせている。

5太田文書、天正五年（一五七七）五月十六日、紀伊三組惣中宛朱印状（増訂織田信長文書の研究、七一三号）「就雑賀成敗、可抽忠節之由、神妙候、根来寺事、是又無二可馳走之旨申遣候、其以前急度於及行者、別而可為忠儀（義）候、立色次第即可出人数候、恩賞事、依戦功可随望候也」

織田信長が紀伊国の宮郷・中川郷・南郷の三郷に宛てた朱印状である。紀伊国雑賀の残党を成敗することについて、三郷が助力を申し出たこと、誠に神妙である。根来寺の僧衆も奔走すると言って来ている。根来寺の挙兵以前に、ただちに出陣するならば、特にその忠義を重んずるものである。三郷が出陣したならば、すぐにこちらからも援軍を遣わすことにする。恩賞のことは、軍功次第で望みのままに与えよう、と約束している。

6長家文書、天正七年（一五七九）一月十九日、能登長好連宛黒印状（増訂織田信長文書の研究、八〇九号）「為年頭之祝儀、書状殊塩引十到来、遥々懇志悦入候、仍南方・中国属平均候、来秋者至其面及行悉可打果候、可被成其意候也」

織田信長が能登国の長好連に宛てた黒印状である。新年の祝儀として、書状と塩引十本頂戴した。遠来の地からの御厚志を嬉しく思う。大坂・中国地方は平定した。今年の秋は、能登方面に軍勢を進め、長好連の敵を悉く討ち果たすつもりである、という趣旨の黒印状である。

7山内家文書、天正八年（一五八〇）頃一月二十九日、毛利輝元書状（大日本古文書、山内家文書、二六五号）「内々御愁訴之通、令承知候、然者、今度就宇喜多逆心、此口及行之間、以備作一着之上、一所可進置之候、聊不可有忘却候、猶以御馳走可為本望候」

宇喜多直家が毛利輝元に逆心を抱き、叛いたため、山内隆通に対して、出陣を促した書状である。備州・作州に先駆けたならば、褒賞として土地一所を必ず与える旨、確約している。

8島津家文書、慶長三年（一五九八）十一月二日、浅野長政・石田三成連署状（大日本古文書、島津家文書之二、九八九号）「徳永法印・宮木長次郎方、今日二日至名島着岸、仍御存分各へ御請之通、於当地両人承届候、／一、今度唐人諸城へ、以大軍取懸候処、何も被得太（大）利之故、敵敗北、先以珍重候、…一、如右諸城帰朝之刻、自然唐人重何之城へ成共、及行有子細、帰朝難成体に候者、諸城共に来三月迄、可被相拘候事」

いわゆる文禄慶長役（文禄元年から慶長三年にかけて、豊臣秀吉が二度にわたり朝鮮出兵をし、大陸進出をはかった。征明の道案内を朝鮮王に命じ、回答が無かったことを理由に出兵、漢城を陥れ更に北上して明軍を破り、和議に及んだが成らず、慶長二年に再度出兵。しかし戦局は進展せず、慶長三年、秀吉の死により中止された。）に関する慶長三年の連署状である。多くの城郭を構えて戦った日本軍は、明の大軍による攻撃を退けた。日本の諸軍は、揃って帰国しようとしている。しかし、日本軍の帰国に当たり、明軍が再度いずれかの城郭に戦いを仕掛けてくることもある。そのような事情で、撤退し難い場合は、来年の三月まで現在の城郭に留まること、と命令されている。

以上、検討してきたところから、「及行（てだてにおよぶ）」は、軍事行動を起こす、出陣する、の意味となる。前々節で述べたように、元来、中国の「争行」は博奕特に双六の用語であり、日本において、「行」が勝ちを争うための「てだて」と理解されたところから、中世以降、術策、策略、武略の方向に、語義が傾斜して行く。更に、天文ごろから、慣用句「及行」の形をとることにより、軍事行動に至る、の意味用法に固定する。この用法は天文から弘治・永禄にかけて増加傾向を示す。遺存する古文書での用例数は、天正年間がピークであり、特に織田信長朱印状での使用例が目立って多い。

四、中世の古辞書の記事

中世以降、「てだて」の表記は、「行」「道」のほか、「手段」「質」「手立」「圉」等も見られる。中国において、「手段」は、宋代に入って使用され始めた漢語であり、それが日本に取り入れられたのであろう。漢語の「手段」は、能力技巧の意味である。室町時代の辞書の記事は、以下の通りである。

饅頭屋本重刊本節用集、天部雑用門「手段〈テダテ〉」

饅頭屋本重刊本節用集、天部雑用門「争レ道〈テダテヲアラソウ〉―レ行〈同〉」

伊京集、天部言語財宝門「圉〈テダテ、イクサ〉行〈同、ギヤウ〉」

伊京集、天部言語進退門「手段〈テダテ、カラ〉」

広本節用集、天部態芸門「手段〈テダテ、或作二手立(テダテ)、行(テダテ)、質(テダテ)、山谷争レ道〉」

黒本本節用集、天部言語門「争レ道〈テダテヲアラソウ、在二山谷一〉」

黒本本節用集、天部言語門「手段〈テダテ・―ダン〉」

和漢通用集、て部言語門「争レ道〈てだてをあらそふ、いくさ、又は棊(ご)〉」

和漢通用集、て部言語門「手段〈てだて、武略(ぶりやく)〉」

塵芥、天部態芸門「行〈テタテ、軍〉道〈同〉」

室町末期から江戸初期における「てだて」の主要な意味用法は、和漢通用集・塵芥等の注文に簡潔に記述されている。

第七章　「指儀」について

高橋本色葉字、左部に「指儀」を載せ、「させるぎ」との傍訓を付す。これは他の古辞書に見られないばかりか、大型の国語辞典類に立項されていない。この「指儀」は、平安時代から使われる「指事（させること）」との関係から説明がつけられよう。

「特にこれといった事が無い」「たいした事がない」意味を表す語句として、平安時代から鎌倉時代にかけて使用された表現として「無指事」がある。九条家本九条殿記裏文書、承徳元年（一〇九七）閏一月三日、源師隆書状（平安遺文補一九四号文書）に「指事不候」、東寺本東征伝裏文書、元永二年（一一一九）六月十一日、大江則遠書状（平安遺文四六七五号文書）に「不指□（事）候」、東大寺文書四ノ五十二、承安四年（一一七四）四月十九日、僧覚顕書状（平安遺文三六五七号文書）に「指事不候」、御堂関白記、寛弘七年（一〇一〇）八月二十一日に「無指事」とあるのを初めとして、平安・鎌倉時代の古文書・古記録に、「無指事」「指事不候」の例は多数見られる。書状の用例は、ほぼ、互いの無沙汰の理由を述べるくだりにおいて使用されている。

この「指事」の読みは、平安時代は「させること」であったが、中世以降、「させること」「さしたること」両形併存になって行く。

一方、鎌倉時代に入って、形式名詞「こと（事）」とほぼ同義で「ぎ（儀）」が使用され始めるようになる。例えば、延慶本平家物語に「其儀ならば」「其儀にては候はず」「とかくの儀に及ぶまじ」「疎略の儀有るまじ」等の表現が見られる。「こと」を「儀」に言い換えることにより、荘重さ、重々しさが添加されている。

平安・鎌倉期の「指事（させること・さしたること）」は、中世後期になると、「指儀（させるぎ・さしたるぎ）」という言い換えもなされるようになる。例えば、次のような例である。

1大徳寺文書別集、真珠庵文書之三、大永四年（一五二四）十月八日、三光院仙澄書状（一一三九号文書）「先度舛之儀承候、以前如申候、此方にも只一候之条、難進之候、近日於興禅庵候而可令納所候之間、其砌写可被召候、如仰於向後雖無指儀候、細々可申通事本望候、猶以御懇承候、祝着至候、恐々謹言、／十月八日　仙澄（花押）／真珠庵　納所禅師／侍者御中」

三井寺の三光院の仙澄が、真珠庵納所禅師に充てた書状である。書状の趣旨は以下の通りである。先ごろ、公定舛[1]を用立てて欲しい旨、承りましたが、こちらもただ一つしか所有していないため、お渡しすることができません。近く、京都の興禅庵において年貢を納めますので、その折に、公定舛の複製をお作りになられたら良いでしょう（本文行間に、複製についての詳細は使者が申し伝える旨の記載がある）。今後は、特にこれといった事が無くても、細やかにお手紙を遣り取りさせていただきたいと存じます。書状の「無指儀」は、「特にこれといった事が無い」の意味で使用されている。実際には、近来久しく音信を通じていなかったことを省みて、今後は、「指儀」が無くても頻繁に音信を取り交わすことが望みである、としている。

2醍醐寺文書之六、天文七年（一五三八）九月二十日、僧豪忠書状（一一四四号文書）「御折紙拝見仕候、仍宗音法師補任之事心得申候、其外両人何も心得申候、相調可遣候、細々可申入候へとも無指儀候間、無音所存之外候、如何様以面拝毎事可申入候間、不能詳候、恐々謹言、／大渓民部卿／九月廿日　豪忠（花押）」

僧豪忠が大渓民部卿に充てた書状である。書状の趣旨は以下の通りである。頂戴した文書を拝読しました。例の官職に宗音法師を任命することは、承知致しました。そのほかの二人についても、いずれも承知致しました。ただちに書類を用意して、使者を遣わす所存でございます。詳細にお話し申し上げるべきところではございましたが、特にこれといった事が無かったので、心ならずも御無沙汰してしまいました。是非とも直接お目に掛かって万般の事柄をお話し申し上げたいと存じますので、この書状では一々詳述致しません。書状の「無指儀」は、「特にこれといった事が無い」の意味で使用されている。実際には、近来久しく音信を通じていなかったことの言い訳をし、お会いする折に委細お話し申しあげるつもりなので、この手紙では縷々述べない、としている。

3上井覚兼日記、天正十年（一五八二）十一月二十五日「廿五日、比志島宮内少輔宿にて、忠棟・拙者寄合也、新右・鎌刑なと也、此日筑後田尻殿籠城より、山くゝり一人到来候、趣者、龍造寺方より陣を十着候、併無人数にて候間、無指儀候、此方より兵船を五十艘も百艘も被指登候はゝ、其時分陣を一も二も追払候する由也」

上井覚兼日記の天正十年十一月二十五日の日記である。記録の趣旨は以下の通りである。比志島宮内少輔国貞の宿において、伊集院右衛門大夫忠棟と私などが集まった。他に、新納右衛門佐久饒・鎌田刑部左衛門尉政景等である。この日、筑後国山門郡の田尻中務大輔鑑種殿がたて籠もっている鷹尾城から、山中の敵の包囲網を潜り抜けて、使者が一人到着した。その知らせの趣は、「龍造寺隆信方から、軍陣が十押し寄せ、鷹尾城を包囲致しました。しかしながら、人数が少のうございますので、たいした事はございません。こちら様から兵船を五十艘・百艘派遣してくださるならば、龍造寺軍の陣を一つ二つ追い払うことができます」とのことである。鷹尾城から到着した使者の発話中の「無指儀」は、「たいした事が無い」の意味で使用されている。

4上井覚兼日記、天正十年（一五八二）十一月二十九日「廿九日、兵庫頭殿、田尻中務太輔殿より書状之御返書、比宮被認候へと被仰付候、其案文、拙者へ談合之由候て持来候、…此座中に、田尻籠城に被指通候兵庫頭殿御使罷帰、彼方之様子絵図を以物語也、龍造寺着陣九にて候、雖然少〔小〕勢にて候間、無指儀由也」

上井覚兼日記の天正十年十一月二十九日の日記である。記録の趣旨は以下の通りである。島津兵庫頭義弘殿から、田尻中務大輔鑑種殿からの手紙の返事を、比志島宮内少輔国貞に執筆するよう御命令があった。その草案を作成するに当たり、私に相談すべきことがあって持参され、大体御相談が纏まった。…その酒宴の座に、田尻中務大輔鑑種殿がたて籠もっている鷹尾城に派遣された使者が帰って参り、かの鷹尾城の様子の絵図を示しながら説明しました。龍造寺隆信方から押し寄せた軍陣の数は九でございます。けれども小勢でございますので、たいした事は無い、との由である。鷹尾城に派遣された使者の発話中の「無指儀」は、「たいした事が無い」の意味で使用されている。

5上井覚兼日記、天正十四年（一五八六）七月六日「六日、無指儀候」

上井覚兼日記の天正十四年七月六日の日記である。記録の趣旨は以下の通りである。特にこれといった事がありませんでした。この日は一日中、特別な出来事が無かったため、日次記に記録すべきことは無い、という意味で使用されている。

右に挙例したように、「無指儀」の例は、室町期の書状・記録に見られ、左記の使用傾向が見られる。

（一）無沙汰の詫び、言い訳をする場面において使用される。

（二）重大な事態ではないことを表現する場面において使用される。

（三）特記するほどの出来事が無いことを表現する場面において使用される。

翻って、室町期の辞書において、「させる（さしたる）こと」「させる（さしたる）ぎ」の採録の状況は、いかがであろうか。管見の古辞書では、永正五年印融写塵袋に「サセル事ナキ」・「サセルコトナク」、北野天満宮蔵佚名古辞書色葉集に「指〈ー事〉」（無訓）、節用集諸本は、おおむね「サシタルコト（差事・指事）」を載録する。管見の範囲の古辞書で「サセルギ（指儀）」を採録するのは、高橋本色葉字のみであった。高橋本以外の色葉字諸本にも載録されていないことが特に注目される。これもまた、高橋本色葉字が、現実に使用されている文書・記録用語を収録した例である。

注

（1）十巻本伊呂波字類抄に次の記事がある。

「升〈マス　慶雲元ー始賜諸国於斗升〉」（末、雑物）

「斗〈慶雲元ー始賜諸国斗升、延久宣旨云、方一尺六分、高三寸六分〉」（土、雑物）

（2）古辞書の具体的記述は以下の通りである。

―「させる（さしたる）こと」系統―

永正五年（一五〇八）印融写塵袋「サセル事ナキ」（巻九20ウ）・「サセルコトナク」（巻十27ウ3）

北野天満宮蔵佚名古辞書色葉集（室町後期写）「指〈ー事〉」（無訓）

正宗文庫本節用集（室町後期写）「差事（サシタルコト）」

大谷大学本節用集（室町末期写）「差事（サセルコト）〈指事（同）〉」

増刊下学集（室町中期写）「差事（サシタルコト）〈或作指事〉」

龍門文庫蔵室町中期写節用集「差事（サシタルコト）〈又作指事〉」

龍門文庫蔵天文十九年（一五五〇）写節用集「差事（サシタルコト）〈或（アルイハ）作二指事（サセルコト）一〉」◎左訓「サセルコト」

明応五（一四九六）年本節用集「差事（サシタルコト）　指事（同）」

玉里文庫本節用集（江戸初期写）「差事（サシタルコト）　指事（同）」

吉澤文庫本節用集（室町末期写）「差事（サシタルコト）〈或作指事〉」

岡田希雄旧蔵節用集（室町後期写）「差事（サシタルコト）〈或指事〉」

饅頭屋本節用集（室町末期刊）「差事（サシタルコト）　指事（同）」

伊京集（室町末期写）「差事（サシタルコト）〈或作二指事一〉」

天正十八年（一五九〇）本節用集「差事（サシタルコト）〈又作指事〉」

早大本節用集（江戸初期写）「差事（サシタルコト）〈或作指事〉」
阿波国文庫本節用集（室町末期写）「差事（サシタルコト）〈又指事〉」
空念寺本節用集（室町末期写）「差事（サシタルコト）〈或作指事〉」
増刊本節用集（慶長一三年〈一六〇八〉写）「差事（サシタルコト）〈或作指ー〉」
広本節用集（室町中期写）「指事（サシタルコト）〈又作差事〉」
村口四郎蔵弘治二年本節用集（室町末期写）「差事（サシタルコト）指事（同）」
東京大学附属図書館蔵弘治二年本節用集（江戸後期写）「差事（サシタルコト）…指事（サシタルコト）」
永禄十一年（一五六八）本節用集「差事（サシタルコト）〈指事（同）〉」
徳遊寺本節用集（室町時代末期写本の影写）「差事（サシタルコト）指事（同）」
慶應義塾図書館蔵寛永十九年（一六四二）本節用集「差事（サシコト）〈指事（同）〉」
黒本本節用集（室町中期写）「差事（サシタルコト）〈又作指事〉」
和漢通用集（江戸初期写）「差事（さしたる事）指事（同）」
図書寮零本節用集（室町末期写）「差事（サシタルコト）〈或作（ハス）ニ指事（サシタルコト、）一〉」
高野山大学図書館本節用集（室町末期写）「差事（サシタルコト）〈又指事〉」
新写永禄五年本節用集（永禄五年〈一五六二〉本の影写）「差事（サシタル）」
永禄二年本節用集（永禄八年〈一五六五〉以後写）「差事（サシタルコト）」
堯空本節用集（永禄八年〈一五六五〉以後写）「差事（サシタルコト）」
前田本節用集（永禄十年〈一五六七〉写）「差事（サシタルコト）」
経亮本節用集（永禄八年〈一五六五〉以後写）「差事（サシタルコト）」
天正十七年（一五八九）本節用集「差事（サシタルコト）指事（同）」

枳園本節用集（室町末期写）「差事（サシタルコト）　指事（サシタルコト）」
慶長五年（一六〇〇）本節用集「差事（サシタルコト）」

―「させるぎ」系統―

高橋本色葉字（江戸初期写）「指儀（させるき）」

第八章　「数通状」について

高橋本色葉字所収語「数通状（すつうのしやう）」は、他の古辞書類に見えない語句である。また、大型の国語辞書類でも取り上げられていない。単に「数通の書簡」であるはずはなく、その意味はあらためて検討しなければならない。

以下、文書の使用例を読み、いかなる場において、どのような文脈で使用されるか、検討する。

1押小路文書八十三、弘安三年（一二八〇）一月二十六日、六波羅下知状（鎌倉遺文一三八四五号）「掃部寮領河内国大庭御野雑掌与渋谷七郎二郎入道浄阿并茂重等相論当荘預所職事、／右、訴陳之趣子細雖多、所詮、如雑掌申者、去々年十二月比、浄阿以茂重立于面、懇望当荘預所職之間、充給之畢、而去年正三四五月以上四箇月、相節以下公事、令懈怠之上、乍請取六月分相節下文、無沙汰之間、止所務之処、自去年十月比、入置数多使於荘内、奪取重色米、取籠荘家斗致濫妨之条、太無道也、然者、先被止件使者狼籍（藉）、運上年貢所勘入之米弐石・銭伍拾貫文、雖為麦結解以前、於京都可糺返之云々、如茂重陳者、被補于預所職之間、経入巨多公用之処、以当御野用途、加五把利、可沙汰返之由、証文分明也、但月別相節用途等者、以当荘所出物可募之由、雖有注文、依為不実、所経入之公用無足之間、其後聊雖令猶予之、漸々致其沙汰之処、称有懈怠、不遂一収納、改易預所職、不請取月別用途、差下数多人勢、濫妨荘家之条、無其謂、次止荘家違乱者、於所経入之公用者、於京都可糺返之由、雖申之、無其儀、早被糺返件公用百弐拾伍貫文〈自正月至十一月加利分定云々、〉歟、不然者、停止雑掌濫妨、茂重可致荘務歟、次取籠荘家斗云々、令下行月別相節等之上者、何取籠由可掠申哉、有限公物落居之時者、定可糺返也云々者、於引付座、如浄阿所進之弘安元年十二月廿九日利尚・覚証等状者、明年正月分御相節弐拾石壱斗五升七合〈政所斗定〉令下行、雑仕已下給、以明年大庭所当内、加五分利、可被沙汰返之由候也云々、如同所進同二月卅日同状者、子細同前、此外雖捧十二月廿八日・二月五日・同十六日・同廿六日・三月三日・同十二日同書状等、如是等状者、相節以下公事之請取歟、指無請所々見、爰如雑掌所進正月九日〈付弘安二年〉浄阿和字状者、御領於拝領志候天、御公事争其懈怠可候、悤々沙汰可仕候、歳末・元三方々指合候天遅々仕候、不法仕候波牟波、人野他同仁阿良須候、伊加仁毛々々々々、可致忠候、〈取詮、云々、〉〈以和字摸漢字、〉同所進正月廿二日〈付弘安二年〉同状者、御領野雑掌於仕候之程仁天波、奉公之条更々不可有等閑之儀候、恒例有限御公事定案、面不可有懈怠候、〈取詮、云々、〉如状者、為恩顧歟、此外数通状在之、浄阿乍為関東御恩身、望補預所職、剰敵対本所、濫妨荘家之条、太無道也、早停止浄阿・茂重等濫妨、可糺返荘家斗也、次可被糺返所経入之公用百二十余貫〈加利分定〉由、浄阿雖申之、武士借与利銭於京都之仁事、無其沙汰、然者、可令糺返否、非沙汰之限之状如件、／弘安三年正月廿六日／左近将監平朝臣（花押）／陸奥守平朝臣（花押）」

六波羅探題が、訴訟内容について審理し、その判決の結果を下達した文書である。河内国大庭御野の雑掌（訴人）と、浄阿・茂重（論人）との間の、荘園預所職の権利と横領米の返済をめぐる訴訟沙汰に関する裁判である。一昨年即ち弘安元年の十二月頃、浄阿が茂重を面に立てて当荘園の預所職を懇望し、任命された。ところが、茂重は、昨年の四か月間、相節（荘園の収益から祭祀・仏事費用に充てる予算）などの公事銭を納入しなかった上、その後命令されても、納めなかったため、預所職（及び荘園の収益を得る権利）を止められた。すると、昨年十月頃より、多くの使者を荘園内に送り込み、荘園領主の御仏事の費用に充てるべき大切な米を収奪した。その無道な行為について、荘園の雑掌が訴え、訴人・論人共に証拠書類とともに訴陳状を提出し、引付の場においては、三問三答を行い、茂重側は弁駁し反論した。右の文書では、①雑掌の訴状、②茂重の陳状、③引付の場において浄阿が提出した八通の書状、④引付の場において雑掌が提出した浄阿の二通の書状、このほか、数通の証拠書類がある、とする。ここでの「数通状」は、河内国大庭御野荘の預所職をめぐる裁判において、訴陳状とともに提出された具書、即ち、証拠として訴論人が提出した添付書類のうち、右の①から④に取り上げられなかった書類を指す。

2兼仲卿記正応二年正月・二月巻・正応元年五月巻裏文書、弘安七年（一二八四）六月二十八日、明法勘文（鎌倉遺文一五二二二号）「（正応二年正月・二月巻裏）…申之、以此趣可仰含（清原）康重と申、／□□□（住カ）吉社使者正禰宜浦綱・供僧定恵・所司隆遍等□□□、件神事執行間事、可停止康重新儀之由、被下　院宣之処、康重一切不叙用　勅裁、致妨□之間、重有御沙汰、去（弘安七年）閏四月被下　院宣、本社□□□□其沙汰之処、康重猶違背　院宣之間、訴申□□□□今如康重代申者、去年十二月康重申給　院宣、近日又任去年十二月　院宣、可令執務之由、被　仰□□□之旨申之歟、所詮、云度々　聖断、云閏四月　院宣、可有相違哉否、先可有沙汰歟之由、雖令如□□□□、申根元神事□□篇之由、被尋下之間、粗可申□□□□其旨趣、凡住吉社末社別宮等雖在諸国、□□□於座摩社者、開闢以来本社一円所管領□□／（正応元年五月巻裏）…庁官畢、康重不帯証文之上、違背　勅裁□□□□顕然也、就中、本社管領座摩社之条、証文非□□□□副目録進上之数通之状、子細炳焉歟、抑（津守）国平□□□□借之由、康重代申之歟、雖須弁申、只被尋下神□□□□行事狼籍（藉）事、無御問之間、不言上之、有御不□□□事□□□明申、又今年六月被下　院宣之由、□□歟、此事歎申御奉行伝奏并職事、□□□於件　院宣者、被棄破之由、被仰出、□□□□明　院宣可被仰下と申、／弘安七年六月廿八日／左衛門少尉中原朝臣□□」

明法博士が、幕府の諮問に答え、先例や法令に照らして調べ考えた結論を上申した文書である。摂津国座摩社（住吉社の末社）の神事に関して、座摩社神主清原康重が、神事の費用を抑留・奪取したため、神事の執行に支障が出たことを、住吉社の禰宜等が訴え出たものである。住吉社側と摂津守国平は、康重が院宣に従わないと主張する。特に、住吉社が座摩社を管理支配し、末社としていることは、目録とともに提出された数通の証拠書類により、詳細な事情は明らかであろう、とする。ここでの「数通之状」は、座摩社の神事費用をめぐる裁判において、訴陳状とともに提出された具書、即ち、証拠として訴論人が提出した添付書類のうち、座摩社が仁平以後代々住吉社の末社であることを証明する書類を指す。なお、関連文書として、兼仲卿記正応元年□月巻裏文書、弘安七年六月頃、摂津座摩社相論注申状（鎌倉遺文一五二二三号）・兼仲卿記正応元年□月巻裏文書、弘安七年六月頃、摂津住吉社氏人等申状（鎌倉遺文一五二二四号）・兼仲卿記弘安十年五月巻裏文書、弘安七年六月頃、清原康重申状（鎌倉遺文一五二二七号）がある。

3山城醍醐寺文書、正和元年（一三一二）七月日、後宇多上皇院庁下文（鎌倉遺文二四六二七号）「院庁下　醍醐寺報恩院供僧等／可早且依申請、且任延慶元年十一月　院宣旨、寺辺田畠・屋敷等奇〔棄〕破一代院務輩放券儀、停止甲乙人伝領并本寺已下検断・追捕狼籍〔藉〕、専長日不退勤行事、／右、去月　日彼院供僧等解状偁、当院家者、累代法統転秘輪之浄場、一寺僧佉伝恵灯之霊崛也、憖受職於金場而九十余度、可謂人間兮非人間、崇真乗於玉案而一百余部、已知仙室兮異仙室、地摸青龍之衢、籠法界於三密之結界、人向丹蛍之幌、究智水於両部之鎮仰、是以、吾寺智徳高行、灌頂国師多輪於斯地者歟、加之、所納者秘仏・秘漫荼羅、皆是鎮護国家之浄財也、攸伝者累祖累代重書、豈非師資附法之拯府乎、然則、法流之為法流者、留印信於此浄地故、寺門之為寺門者、護国家於今霊場故也、就中、後嵯峨院御代憲深僧正之時、祈雨并仁王経・如法愛染王・五大虚空蔵等大法秘法、数度勤仕之、法験不空兮、被寄数口阿闍梨之職位、叡信無双兮、忝定万代御祈願之仁祠畢、成賢僧正遺誡云、当院家事、為予弟子者、悉可崇重、匪啻一代、弟弟合力兮、相互令営作、代代連続兮各可修造云々、慇懃之教誨、門葉誰人不仰信乎、仍諸弟誓文承諾、連暑（署）加判畢、今寺中何輩非彼遺塵乎、然則、世上可有尊重者此仁祠也、皇祖先朝叡信之庭故、寺中応令欽仰者斯輪喚（奂）也、祖師往代紹隆之砌故、何況、相当伝持密蔵之聖代、殊可耀鎮国利民之霊験者也、而憲深僧正紹隆之初、依無仏性灯油之料所、屢廻法宝伝持之計略、遂而買得寺辺田畠・屋敷、寄附院内勤行料所畢、彼都合拾町余之中、於有本所之地者、弁寺用於其所、於下地并領主職、永為成院家領、令載院号於買得状、或副開発領主之手実、或加重代相伝之券契、納置経蔵、永成院家三宝物畢、爾降雖経廻之星霜、敢無一事之依違、憲深僧正逝去之刻、実深僧正院務之日、又件小田等、不可離本所之間、本尊・聖教一具被載院宣、被付本院家畢、敢不被許分散之義、後嵯峨之先朝不易之勅許、頗可為万代之明証者歟、然間、実深僧正一代、又以無牢籠之義、爰自正応・永仁之比、甲乙人知行之、長日不退之勤行、忽令退転之条、且背法曹之旧云、且違厳重之制符、凡寺院等領一代執務不可自専之間、有非分之牢籠之時、任道理被返付者、聖代聖主之徳政、自門他門之流例也、仍不違永仁之前裁及延慶之評議、件田畠・屋敷、止甲乙人之領知、如元被返付院家畢、且被下院宣於当寺座主（聖雲法親王）親王家之間、以惣寺公人、悉打渡院家之由、親王家御請文分明也、其後又経年月、敢無違失、而去年甲乙人等、及非分之濫訴、挙所帯之文書刻、一一被披覧之処、皆報恩院領之由載之、訴人所進之文書如此、法令制符又又炳然之間、重重被経御沙汰之後、任道理、被奇〔棄〕置畢、爰甲乙人等不顧無理、忽奉敵対本所、差違就掠申、持明院殿（伏見上皇）不被知食事子細、一旦被下勅問院宣之間、当院家御管領上者、甲乙人之訴訟、非御沙汰之限之由、前左大弁宰相（万里小路宣房）為御使、被申持明院殿之刻、被奇（棄）捐甲乙人之偽訴畢、其後本所敵対之輩、奉属永嘉門院（端子女王）、立帰雖有申入之旨、無理同篇之間、今年又被奇〔棄〕置濫訴之処、去三月之比、忽構出謀計、号武家之口入、出数通之状之間、被尋究子細之処、更不存知、且自本非可有口入之事之旨、武家出状之間、甲乙人等謀略、一一露顕、於今永絶後訴之道畢、所詮、於罪過之一段者、云本所敵対之篇、云謀計露顕之儀、為向後傍輩、所仰上裁也、於院家領小田畠・屋敷者、任法令制符之理致、依永仁・延慶之朝議、永停止甲乙人之競望、被奇〔棄〕捐一代院務之放券、如元任憲深僧正之素意、及世世末代、永為報恩院院家領、任先例、停止惣寺他院権門勢家検断・追捕狼籍〔藉〕・寄沙汰等、全長日不退之勤行并仏性灯油、兼又匪啻被改以前非拠之放券、被止向後院務之沽却者、遙継三密之仏種、蔵金授心之会正、煽祖師両壇之場、奉祈万乗之皇統、海水灌頂之儀、永伝我君六合之家者、且依申請、且任延慶元年十一月　院宣旨、彼寺辺田畠・屋敷等、奇〔棄〕破一代院務輩放券儀、停止甲乙人伝領并本寺已下検断・追捕狼籍〔藉〕、可専長日不退勤行之状、所仰如件、供僧等宜承知、不可違失、故下、／正和元年七月日主典代春宮権少属兼右兵衛尉安倍（花押）／別当大納言兼左近衛大将藤原朝臣（洞院実泰）（花押）判官代春宮大進藤原朝臣（中御門経宣）（花押）／前権中納言藤原朝臣（吉田定房）（花押）」

後宇多上皇の院の庁が下した命令文書である。山城醍醐寺報恩院においては、当代の院主である実深僧正が、正応・永仁の頃、寺周辺の田畠・屋敷等を、他院の権門勢家に売却譲渡してしまった。そのため、本来権利の無い者が、その土地屋敷を支配し、財産の没収・乱暴狼藉等を行っている。このような行為を禁止し、仏前での不断の勤行を永く継続できるようにしていただきたい、という趣旨の訴状が、報恩院の供僧等から院の庁に上申された。この売却譲渡の後、永仁から延慶にかけて、問題の土地・屋敷の所有権をめぐる裁判が行われ、その結果、本来権利の無い者の支配が止められて、元通り報恩院に返還された。ところが、最近になって、その者達が本所に敵対し、詳しい事情を御存知無い伏見上皇に偽って訴える等、不当な訴訟をくり返している。今年もまた濫訴が棄却されたところ、この三月頃、更に謀略をたくみ、将軍家の口添えだと偽って、数通の証拠書類を提出したので、詳しく調査したところ、そのような事実は無いことが露顕した、とする。この院の庁の命令文書では、実深僧正による報恩院領の売却譲渡を破棄し、他家による支配・財産没収・乱暴狼藉等の行為を禁止する旨の裁断が通達されている。ここでの「数通之状」は、裁判所に具書として他家から提出された、醍醐寺報恩院周辺の田畠・屋敷の所有権を証明する複数の証拠書類を指す。

なお、関連文書として、山城醍醐寺文書、正和元年七月日、後宇多上皇院庁下文案（鎌倉遺文二四六二八号）がある。

4薩摩比志島文書、正和二年（一三一三）九月十日、薩摩守護代本性書下（鎌倉遺文二四六五六号）「薩摩国満家院内上原三郎基員与同院中俣弥四郎入道々証相論師若女事／右、訴陳具書雖多子細、所詮、基員則彼女為相伝所従之処、現在道証許之間、可出度之由相触之時、可返与之旨乍出返状、于今不糺返之条、無謂之由申之、道証又返状事不審也、披見正文之時、可申子細之由陳之、爰如基員所進二月十日〈時延慶元〉道証〈于時成能〉状者、抑今度□□為相尋□□下人弥次郎男許候之由、承及候、善悪可進候云々、於彼状者不審之由、道証雖申之、披見正文之時、道証承伏畢、但件女返遣基員許之後、多年召仕之□□（実否カ）可被尋近隣輩之由、道証令申之間、当院名主比志島孫太郎・西俣又三郎等当参之間、可被尋問之旨、基員令申之処、為敵方之由、道証遁申之上、不立申自余証人歟、此上者、任返状承伏□（旨カ）、可令糺返彼女於基員方也、次悪口由事、基員者、対道証為非分身之由申之、道証者、以基員為税所介郎従□□（之由カ）称之、而如基員所進当院正地頭大隅禅門御下知并税所介篤秀・篤胤等状者、能基〈基員曾祖父〉為義祐代官、知行当院郡司職之時、依地頭代非法事、令訴申之刻、充能基身、預正地頭下知状畢、随義祐・篤秀・篤胤三代之間、自能基至基員、代々雖有数通状、郎従之礼儀無之、□□月二日〈付正和元〉篤胤状者、上原三郎入道頼念為養子譲得上原屋敷一所、当知行事、兼存知候畢、且被帯比志島孫太郎忠範状之上者、不可有後日煩候也云々、称頼念者当院一分名主也、基員自幼少被取養、彼頼念譲得屋敷之条、証文顕然之上、一族輩中篤茂以来、代々給関東御下文畢、為彼子孫等、于今院内現在之処、道証以基員為税所介郎従之由、載訴状之条、雖似過言、基員先祖為無足、不知行各別之上、為税所介代官之条、無異論之間、悪口之篇、相互雖申子細、非沙汰限之状如件／正和元（二）年九月十日／『守護代』沙弥本性（花押）」

薩摩国守護代本性が、基員と道証の訴訟沙汰について審理し、その判決の結果と命令を下達した文書である。訴訟の第一は、師若女という所従の所有権をめぐるものである。問題の女は、現在道証の所で召し使われているが、本来は基員の代々相伝の所従であり、基員の「引き渡してほしい」という通達に対して、道証は「返還する」という返状を出しながら、いまだに返さないと、基員は主張する。延慶元年二月十日付の道証（当時成能）が書いた返状の正文において、確かに道証は承引しているので、それにもとづき、師若女は基員に返還すべきである、という裁定を下す。訴訟の第二は、基員・道証相互の、根拠の無い誹謗中傷である。基員は道証に対して「分不相応だ」と言い、道証は基員に対して「税所介の郎従だ」と言う。しかし、基員が提出した具書（正地頭の命令下達文書ならびに税所介篤秀・篤胤等の文書）によれば、基員の曾祖父能基が義祐の代官として当院郡司職にあった時、地頭代に任命する旨、正地頭の命令下達文書をたまわった。義祐・篤秀・篤胤三代の間、能基より基員に至るまで、代々数通の証文があるが、郎従の報酬の記録は無い。また、正和元年□月二日付の篤胤状によれば、基員が、上原三郎入道頼念の養子として上原の屋敷を譲り受け、現実にその土地を支配していることは以前から知っていた。頼念は当院の歴とした名主であり、基員は幼少の頃に養子として迎えられていた。頼念が上原の屋敷の権利を確かに所有していたことは、証文により明らかであり、篤茂以来、代々将軍家の下達文書をたまわっている。道証が「基員は税所介の郎従だ」と訴状に書いているのは、度を過ぎた言葉である。ただし、確かに基員の先祖が、所領を持たず、不知行であったこと、税所介の代官であったことは異論が無いこと等を勘案して、誹謗中傷のことはお構いなし、との裁断を下す。ここで、「数通状」は、義祐・篤秀・篤胤三代の間、能基より基員に至るまで、税所介の家に代々伝来する文書を指している。

5東寺百合文書ト、元亨二年（一三二二）頃、大和平野殿荘文書目録（鎌倉遺文二八〇二二号）「大和国平野殿荘興福寺公人乱入停止事／一通　興福寺別当範憲僧正請文〈乾元二年四月廿一日〉／一通　雑掌隆円重申状〈嘉元々年八月日〉／一通　供僧挙状〈定厳法印進殿下〉／一通　殿下（二条兼基）御教書〈雅仲奉書　嘉元々年九月十四日〉／一通　長者宣〈左少弁経世　嘉元々年九月十六日　被下南都、〉／一通　興福寺公文所下知状〈可停止公人等乱妨由事　同年十月十八日〉／一通　長者宣〈被下東寺、嘉元二年三月七日〉／此外数通状有之、与南都番訴陳時、嘉元以前両方状共也、／一通　院宣〈平野殿荘住人狼籍尋沙汰事　有忠奉書〉／一通　院宣〈如元被返付寺家由事　元亨二五十三　俊光奉書〉／一通　雑掌請文／一通　同雑掌請人請文／以上」

東寺百合文書ヨ、文永十年八月十二日、聖宴書状案（鎌倉遺文一一三九〇号）等によれば、大和国平群郡平野殿荘は、延応元年正月、宣陽門院が行遍を通じて東寺に寄進した荘園であり、東寺領である。しかし、大和国一円に支配力を持つに至った興福寺による年貢取り立て、財物奪取、荘官殺害等が度々行われ、それをめぐる訴訟沙汰が絶えなかった。右の東寺百合文書は、その関連文書の目録である。経緯は、まず、平野殿荘の雑掌隆円が訴状を提出し、興福寺の公人（年貢取り立てを行う職員）が東寺領である平野殿荘に乱入することを訴えた。幕府は、訴人隆円から提出された訴状にもとづき、その主張に対する答弁をなすべき旨の官宣旨を、論人である興福寺に下付した。興福寺の別当範憲僧正は、官宣旨を受け取った旨の報告をなすとともに、訴人隆円の主張に対する答弁を記載した請文を提出した。平野殿荘の住人が興福寺公人に対して乱暴狼藉を働いたと弁駁した内容の陳状である。鎌倉時代の裁判制度では、訴陳に番える（訴状・陳状を交換し、相手の主張を論難して自己の立場を弁護する）ことが、三問三答まで認められた。この目録には、その訴陳状のほか、二条兼基の御教書、藤原氏が氏寺である興福寺に下した命令文書である長者宣、興福寺の公文所の下知状等が記されている。このほか「数通状」がある、とする。興福寺と訴陳に番える時に具書として提出された、嘉元以前の双方の証拠書類のうち、主なものを呈示し、その他の書類を指して「数通状」としている。

なお、関連文書として、東寺百合文書と、文永十一年三月四日、興福寺一乗院門跡信昭御教書案（鎌倉遺文一一五六六号）・白河本東寺文書百五十、正安二年十二月二十六日、興福寺下所司琳賢申状（鎌倉遺文二〇六九四号）・東寺百合文書ミ、嘉元元年九月二十二日、藤氏長者二条兼基御教書案（鎌倉遺文二一六五四号）・東寺百合文書と、嘉元二年十一月日、大和平野殿荘文書目録（鎌倉遺文二二〇三九号）・白河本東寺文書三十四、延慶三年二月二十三日、大和平野殿荘百姓申状（鎌倉遺文二三九一二号）・東寺百合文書と、延慶三年三月日、大和平野殿荘雑掌平光清陳状（鎌倉遺文二三九五二号）・東寺文書百合外、延慶三年四月二十八日、東寺長者聖忠御教書（鎌倉遺文二三九七七号）・白河本東寺文書百四十九、延慶三年五月二十九日、澄寛請文（鎌倉遺文二四〇〇〇号）・白河本東寺文書百五十、延慶三年五月日、興福寺下所司琳賢等申状（鎌倉遺文二四〇〇一号）・白河本東寺文書三、延慶三年五月日、大和平野殿百姓申状（鎌倉遺文二四〇〇二号）・東寺百合文書と、延慶三年八月二十日、大和平野殿荘下司市熊丸書状封紙書事書（鎌倉遺文二四〇四五号）・東寺百合文書と、延慶三年九月日、大和平野殿荘預所平光清重陳状案（鎌倉遺文二四〇七九号）・東寺百合文書と、延慶三年十月二十四日、頼尊文書請取状（鎌倉遺文二四一〇五号）・東寺百合文書と、延慶四年二月日、東寺下知状土代（鎌倉遺文二四二二八号）がある。

6入来院寺尾文書、正中二年（一三二五）六月、渋谷別当次郎丸代申状（鎌倉遺文二九一四一号）「渋谷別当次郎丸□（代）沙弥了禅謹追進言□□□／欲早依祖父惟重遺状□□□□（関東御事カ）書□（旨）、被止渋谷□□□□□／養□□／□□□以重貞知行之北方号惣領、以惟重分領之南方称庶子、経知行年序之後、広化（重貞）譲渡惣領職於舎弟惟重畢、仍惟重子惣領兼帯知行之間、以根本之庶子分南方者、譲与当腹子息次郎三郎内重、至惣領職者、相副次第重書等、而譲給嫡孫別当次郎丸之条、先進之□（状）明白也、将又、以同所内野在家田園者、惟重譲甥河北又三郎信重〈今者死去、〉之間、是又一分庶子也、争不可有惣領庶子号之由、可掠申之哉、就中、□（如）遣于下総権守之許惟重之状者、へんたう御せんにこそ、かい〳〵しからぬ、かたはらいた□（く）候へとも、これしけかあとのそうりやう、したいてうつのせうもんをもとらせ候、〈自余略之、〉又同書□追書仁云、このそりやうにて候へは、さつまのたうのはらの事、きこしめしつかれ候はん事、かしこまり入候、河内殿（渋谷重郷）にも御心え候て、申させ給へく候□□（云々カ）、惟重自筆数通状炳焉也、別当次郎丸之外、誰人歟可成競望於彼遺領哉、而重名乍称未分之跡、或令押領当郷内数个所田園、或可預配分御裁許之由、亙両端之条、無理所致也、次於重名者、自襁褓之中、被取養渋谷次郎左衛門尉頼重後家字竹鶴女〈今者号十町尼〉之間、相続養母名字、童

名号竹王之条、一門皆以所存知也、争可悕望実父遺領哉、且如元亨元年御事書者、被養他人之族者、縦雖望□実父之遺領、無譲状者、不及沙汰云々、御事□（書）厳重之上者、雖未分、重名不能競望、何況哉於処分之地、且任新法、且任別当次郎丸相伝、欲早被停止重名押領、仍追進言上□□（如件）、／正中二年六月」

渋谷別当次郎丸の代理了禅が提出した追進状である。鎌倉時代の訴訟制度で、三問三答を終えた後、裁判所の許可を得て例外的に提出する申状を「追進状」または「追加申状」と言う。渋谷惟重の自筆の遺言状及び手継証文（土地所有の権利を証明する代々の書類）により、その所領全て、孫の次郎丸に譲渡されるべきであること明らかである。しかるに、幼少の頃養子に出され、遺領相続の権利を持たないはずの重名が、自己の所有権を主張して、土地を押領している。一方では惟重の遺領の未処分の土地であるからと言い、他方では相続の御許可にあずかっているからと言って、異なる二様の事を主張するのは理屈に合わない。元亨元年の新法に照らし、重名の押領を禁じていただきたい、とする。ここでの「数通状」は、裁判所に具書として提出された、次郎丸の祖父惟重が遺領について自筆で書いた処分状等の複数の証拠書類である。

以上、検討してきたように、鎌倉時代の裁判制度では、裁判に先立ち、訴人・論人共に、訴陳状及び具書（証拠書類）を提出することが求められた。また、訴陳に番えることが、三問三答まで認められていた。「数通（之）状」は、裁判所に訴陳状とともに提出された具書、即ち、証拠として訴論人が提出した添付書類について、数量を明確に示さず、多くの証拠書類が存在することを示唆する場合に、不特定の複数の書類を表す語句として使用されることが多い。このような裁判の専門語を、文書用語として取り上げたのが、高橋本色葉字なのである。

まとめ

以上検討してきたところから、高橋本色葉字の以下のような特徴が明らかになったと考えられる。

a、文書用語含有率が高く、標出字の草書体併載、漢字の合字・分字・通用事例の多用、使用場面を同じくする語彙のグループ化等、文書・書翰作成に資する、編纂上の工夫がなされている。

b、他の古辞書に見られない文書用語を多く収載する。

c、右のbに該当する語句は、一見特殊なものに見えるが、全体的な状況から検討すると、室町時代の現実の文書や書翰において使用された可能性が高い。

d、個々の語句について言えば、「万鬱」は、書翰の挨拶等の儀礼的表現において使用される。

e、「変々」は、裁判関連の文書で特に使われ易い。

f、「大篇」「諸篇」「毎篇」は、室町時代に発達した「篇」を造語要素に持つ一連の文書用語であり、事態を説明する抽象語として便利に機能したものと思われる。

g、「見下」は、政治・経済的文脈で使用された文書用語である。

h、「及行」は、政治的文脈、特に軍事に関わる書翰で使用された文書用語であり、天正年間での使用が顕著である。

i、「指儀」は、否定表現を伴って慣用句的に使われるが、状況を説明する抽象的な文書用語である。

j、「数通状」は、裁判関連の文書で特に使われ易い。

k、要するに、検討した語句全てが、文書用語として重要な語句であったと言える。ここに、高橋本色葉字が、どのような編纂傾向を持っていたかを窺うことができる。

l、高橋本色葉字の編纂時期は天正年間頃と推定される。

運歩色葉集について

島田栄子
高橋久子

一、運歩色葉集の文書用語含有率

運歩色葉集は、室町期に作成された、いろは分類体辞書のうち、最大のものであり、中世日本語の語彙研究資料としてきわめて重要な存在である。

室町期には、色葉字すなわち、いろは分類体辞書を主とする辞書が種々編纂されたが、運歩色葉集は、巻末に意味分類体の辞書を付すという形態をとっている。具体的に言えば、いろは分類体の部分、伊から須と、意味分類体の部分、魚之名、鳥、獣名、虫名、花木名、草花名、であるが、量的には前者がほとんど（95％）をしめる。運歩色葉集の、色葉字としての特徴をとらえることが重要となるが、そのためには、この厖大な辞書が、どのような方面の語彙の収録に努めているかを調査検討することが有効な手段となろう。

色葉字一般についての所収語の性格に関しては、別に「色葉字総論」で論じたところであるが、その最も顕著な特色として指摘できるのは、行政・契約・租税・経済・訴訟関係の文書用語及び書簡用語を多く収載するという事実である。運歩色葉集についてもそれを確認する必要がある。

まず、運歩色葉集（元亀二年京大本による）の漢字二字以上の全標出語を調査対象とし、中世文書使用語彙の含有率を調べる。竹内理三氏・史料編纂所が編纂されたデータベース『CD-ROM版鎌倉遺文』（第一版、平成二十年、東京堂出版）を使用し、運歩色葉集各部の所収語彙につき、データベースに使用例があるか否かを確認する。その際、前述したように、調査対象は、データベース検索で語の認定が可能である、漢字二字以上の語彙とする。

右の方法により調査した結果を、表1に示す。

表1

	運歩	鎌倉	比率
イ	525	308	58.67%
ロ	77	46	59.74%
ハ	421	197	46.79%
ニ	120	80	66.67%
ホ	246	158	64.23%
ヘ	167	100	59.88%
ト	335	174	51.94%
チ	401	226	56.36%
リ	153	96	62.75%
ヌ	32	10	31.25%
ル	30	25	83.33%
ヲ	324	143	44.14%
ワ	140	71	50.71%
カ	666	346	51.95%
ヨ	138	75	54.35%
タ	528	287	54.36%
レ	121	79	65.29%
ソ	207	120	57.97%
ツ	169	70	41.42%
ネ	82	38	46.34%
ナ	190	96	50.53%
ラ	140	74	52.86%
ム	128	64	50.00%
ウ	251	114	45.42%
ヰ			
ノ	65	19	29.23%
オ			
ク	403	241	59.80%
ヤ	174	71	40.80%
マ	185	81	43.78%
ケ	311	199	63.99%
フ	301	205	68.11%
コ	475	256	53.89%
エ			
テ	268	160	59.70%
ア	385	158	41.04%
サ	519	273	52.60%
キ	298	184	61.74%
ユ	134	59	44.03%
メ	89	53	59.55%
ミ	204	101	49.51%
シ	1197	704	58.81%
ヱ	125	76	60.80%
ヒ	400	209	52.25%
モ	138	61	44.20%
セ	272	154	56.62%
ス	173	68	39.31%
計	11707	6329	54.06%

この調査から、運歩色葉集所収の漢字二字以上の標出語全一一七〇七語中、鎌倉遺文に使用例のあるものは六三二九語であり、その含有率は五四・〇六パーセントであるという結果が得られた。

二、運歩色葉集の特有語彙

次に、運歩色葉集所収語から任意に抽出した語彙のうち、三巻本色葉字類抄・節用集諸本一五本、即ち正宗文庫本・大谷大学本・明応五年本・玉里文庫本・岡田希雄氏旧蔵本・伊京集・天正十八年本・饅頭屋本・増刊本・広本・黒本本・永禄二年本・堯空本・枳園本・易林本に見えない語を左記に挙げる。同語の異表記、例えば「切諫（せっかん）」と「折檻（同上）」、「四調（がんでう）」と「三合力（同上）」と「五調（同上）」、「集来（しゅらい）」と「衆来（同上）」の如きケースは、同語と見做し、掲出しない。鎌倉遺文に用例の存するものに◎印、平安遺文に用例の存するものに○印を付す。

◎○「一代」（伊部一7オ5）・◎○「亡父」（葉部一11オ9）・「亡処」（葉部一11オ10）・◎○「謀訴」（保部一19オ8）・「片便」（遍部一21ウ4）・◎○「別紙」（遍部一22オ5）・「地坪」（地部一30ウ8）・◎○「地類」（地部一30ウ8）・◎○「地券」（地部、一30ウ10）・◎○「良医」（利部、一33ウ7）・◎○「類地」（留部一35ウ5）・◎○「類聚」（留部一35ウ5）・◎○「吾朝」（和部一41ウ5）・◎○「唐錦」（賀部一44オ5）・◎○「開眼」（賀部一44ウ8）・◎「替銭」（賀部一46ウ3）・「強入部」（賀部一47ウ1）・◎「了見〈式条〉」（礼部二10オ5）・◎○「損否」（楚部二12オ5）・「尊筆」（楚部二12ウ5）・○「尊君」（楚部二12ウ6）・「尊友」（楚部二12ウ6）・「尊翁」（楚部二12ウ7）・◎○「坪付」（津部二15オ4）・◎○「坪内」（津部二15オ4）・◎○「納下」（那部二18オ8）・◎○「濫望」（羅部二21オ7）・「聟入」（無部二23ウ1）・◎「火印」（久部二31オ3）・◎「愚書」（久部二32オ3）・◎○「下文〈自二将軍一賜所帯時、先肩被レ書二下之字也、其次地之分限等、年号月日也、袖判〉」（久部二33オ7）・○「約年」（屋部二36オ2）・◎「約月」（屋部二36オ2）・◎○「約日」（屋部二36オ2）・◎○「不落居」（福部二48ウ3）・◎○「封戸田〈自天子神社被寄田之名〉」（福部二48ウ4）・◎○「御悩」（古部二49ウ9）・「懇筆」（古部二50オ3）・「懇墨」（古部二50オ3）・◎「御動座」（古部二53オ1）・◎「再入」（佐部三6オ4）・「再説」（佐部三6オ4）・○「再勘」（佐部三6オ5）・「再奏」（佐部三6オ5）・「再訴」（佐部三6オ5）・「再覧」（佐部三

6オ6)・◎○「妻女」(佐部三7オ4)・◎○「貴国」(記部三13オ6)・◎「開喜悦眉」(記部三16オ3)・「[辶+曳]迫」(遊部三19オ6)・◎「雄長」(遊部、三19オ8)・◎○「免帳」(免部、三20ウ7)・◎○「未下」(見部、三22オ5)・◎○「酒肴」(志部、三27オ5)・◎「所々」(志部、三27オ7)・○「新式」(志部、三28ウ6)・◎○「新荘」(志部、三28ウ6)・◎「新郷」(志部、三28ウ6)・◎○「新保」(志部、三28ウ7)・「熟迫」(志部、三30オ4)・◎「実不実」(志部、三33ウ3)・◎○「執達如件」(志部、三34オ8)・◎○「不知所謝」(志部、三34オ9)・◎「守護不入」(志部、三34ウ2)・◎「百个日」(飛部、三45オ2)・◎「一籠」(飛部、三45オ5)・「清断」(勢部、三49オ4)・◎「抄物」(勢部、三49オ10)・◎「前司新司」(勢部、元亀本脱落、静嘉堂本による)・◎○「数輩」(須部、三52オ8)

これら七〇項目は、節用集の前記諸本に載録が無く、運歩色葉集に収載されている特徴的な語彙と見做すことができる。全七〇項目中、鎌倉遺文に用例の存するもの(◎印)が四九項目で七〇・〇%、平安遺文に用例の存するもの(○印)が三六項目で五一・四%、鎌倉遺文か平安遺文のいずれかに用例の存するものが五三項目で七五・七%を占める。この結果より、運歩色葉集も、他の色葉字と同様、社会生活に役立つ実務的語彙の収録に努めたものであることが確認されるであろう。

三、伊京集との関係

運歩色葉集は、「色葉字」類の広本として位置づけられる辞書であるが、節用集との関係もまた、看過できない。運歩色葉集は、古本節用集諸本中、特に伊京集類との密接な親縁関係が認められる。以下、その点について述べる。

伊京集と運歩色葉集との共通項目(同語で、しかも同表記のもの)は、三七八一に及ぶ。

ア、伊京集の全所収項目数は五九八五であり、全体に占める共通項目の割合、即ち一致率は、六三・二パーセントである。

イ、運歩色葉集の全所収項目数（元亀二年本による）は約一六六六〇であり、全体に占める共通項目の割合即ち一致率は、二二・七パーセントである。

伊京集所収語全体に占める運歩色葉集との共通項目が、六割を超過していることは、両者の親縁関係を考える上で、充分な数値ではある。しかしながら、数値より寧ろ問題となるのは、所収語の具体的な様相である。即ち、どのような特徴もしくは「偏り」を共有しているのか、といった、「内実」である。以下に、その問題を論ずる。

伊京集と運歩色葉集との共通項目（同語で、しかも同表記のもの）のうち、他の古辞書類に載録の稀なものを抽出し、「両者の近縁関係を考える上での傍証となり得る事例」として、主なものを分析する。抽出に当たっては、次の方法を用いた。

Ⅰ　伊京集類（伊京集・三省堂本）と運歩色葉集の関係について考える時、各々が依拠した資料と、各々が影響を与えた資料に目配りをする必要がある。伊京集類は、字類抄系統の辞書の影響が色濃いので、三巻本色葉字類抄・十巻本伊呂波字類抄に採録されているものは、ここでは除外した。

Ⅱ　節用集諸本中、排他的に伊京集を選ぶ根拠として、他の伊勢本系節用集での掲載状況を確認しておく必要がある。そこで、正宗文庫本・大谷大学本・増刊下学集・明応五年本・玉里文庫本・吉澤文庫本・岡田希雄氏旧蔵本・龍門文庫蔵室町中期写本・同蔵天文十九年本・天正十八年本・早大本・阿波国文庫本・饅頭屋本初刊本・同重刊本・空念寺本・増刊本・広本に採録されているものは、ここでは除外した。

Ⅲ　印度本系節用集諸本は、運歩色葉集の影響下にある。そこで、印度本系諸本に採録されているものは、ここでは除外しなかった。

また、色葉字諸本における当該語の採録状況も重要な情報である。そこで、陽明文庫蔵諸雑聞書言語類・有坂本和名集伊路波字・広島大学本和名集伊呂波字・お茶の水図書館成簣堂文庫蔵用心集色葉次第・東京大学文学部国語研究室蔵伊呂波集・高橋本色葉字・北野天満宮蔵佚名古辞書色葉集・妙本寺蔵永禄二年いろは字・国立国会図書館蔵色葉字尽に見えるものは、各本の当該語の形を掲出した。

以下に、右の条件に適う共通語彙を示す。各テキストの採録状況と当該語の文字列・傍訓・注記等を、比較し得る形で掲出する。その際、完本でなく、当該部門が欠落している場合は「欠」、当該部門は存在するが、その語が採録されていない場合は「無」と表示した。

1　ひなぶり（夷曲）

伊京集・三省堂本「夷曲(ヒナブリ)〈田舎〉」（比、天地）

運歩色葉集「夷(イ)曲(キヨク)〈ヒナブリ〉」（伊、一3オ2）

2　いかものづくりのたち（鯤物作太刀）

伊京集「鯤(イカモノヅクリノ)作之太刀(タチ)」（伊、財宝）

三省堂本　欠

運歩色葉集「鯤物作(イカモノヅクリノ)太刀(タチ)」（伊、一6オ3）

3　いかり（碇・椕）

伊京集「碇(同(イカリ))椕(同)」（伊、財宝）

三省堂本　欠

運歩色葉集「碇(同(イカリ))椕(同)」（伊、一7ウ2）

「椕」は改併四声篇海所引の俗字背篇に「尼展切」とあり、音は「ネン」・「デン」、また同書に「磨椕也」とあり、みがく、の意味である。「⿰木仆⿰木仆」は、聯綿詞の一種で重音詞。方言で、すみっこ、すきま。また、狭くへんぴな場所の比喩。川劇喜劇集、蘿蔔園に「重重府門結燈彩、⿰木仆⿰木仆角角掛花燈」とある。すみずみまで提灯が下がって、色鮮やかなあかりがともっている様を表す。いずれも、和語の「いかり」とは無縁の意味用法である。和語の「いかり」と、中国の僻字「⿰木仆」とは関係無いことが確認し得る。故に、「いかり」を「⿰木仆」で表記する事例は、日本的用法と見て良いであろう。他の古辞書類に所見の無い、珍しい例である。

4 いぶり（逸）

伊京集 「逸（イブリ）」（伊、言語進退）

三省堂本 欠

運歩色葉集 「逸（イブリ）」（伊、一8オ4）

5 はや（甲矢・兄矢）

伊京集 「兄矢（ハヤ） 甲矢（同（ハヤ））」（波、財宝）

三省堂本 無

運歩色葉集 「甲矢（同（ハヤ）） 兄矢（同）」（葉、一11オ5）

6 かうやく（衡梔）

伊京集 「衡梔（カウヤク）〈陣名〉」（賀、天地）

三省堂本 「衡梔（カウヤク）〈陣名〉」（賀、天地）

運歩色葉集 「八陣（チン）〈魚鱗、鶴⿰犭我（ヨク）、雁行、張蛇、偃月、衡梔、鋒矢、方円、諸葛孔明図之〉」（葉、一12ウ7）

7 はだけ（罰）

伊京集 「罰（ハダケ）〈矢ー也〉」（波、言語進退）

三省堂本　無

運歩色葉集　「罰（ハタケ）〈矢〉」（葉、一15オ6）

弓矢の「はだけ」は、日本国語大辞典にも収録されていない語である。日葡辞書に「Fadaqe. ハダケ（はだけ）弓（の本体）と弓弦との間の間隔」（邦訳日葡辞書による）とあるように、弓竹と弓弦との間の幅、隔たり、の意である。主要な軍記物類（保元物語・平治物語・平家物語・太平記）にも所見の無い、珍しい語であり、語と表記の対応も特殊である。

8　はごくむ（翕）

伊京集・三省堂本「翕（ハゴクム）」（波、言語進退）

運歩色葉集「翕同（ハコクム）」（葉、一15オ7）

9　はじく（抓）

伊京集「抓（ハジク）」（波、言語進退）

三省堂本「抓同（ハジク）」（波、言語進退）

運歩色葉集「抓同（ハシク）」（葉、一15ウ3）

10　はぬる（駇）

伊京集・三省堂本「駇（ハネル）」（波、言語進退）

運歩色葉集「駇同（ハヌル）」（葉、一15ウ6）

高橋本色葉字「駇（はぬる）」（は）

11　はやこと（詷）

伊京集「詷（ハヤコト）（ドウ）」（波、言語進退）

三省堂本　「調（ハヤコト）」（波、言語進退）

運歩色葉集　「調（ハヤコト）」（葉、一15ウ9）

後漢書、皇后紀上、和熹鄧皇后に「毎覧前代外戚賓客、仮借威権、軽薄謥詷、至有濁乱奉公、為人患苦」、三国志、魏志、程暁伝に「其選官属、以謹慎為粗疏、以謥詷為賢能」とある。また、宋版大広益会玉篇に「謥詷、且送切、言急」、玄応の一切経音義、巻八（阿弥陀経下）に「纂文云、謥詷、急也」とある。このように、「謥詷」は、あわてて早口で言う様子を表す畳韻の聯綿詞である。運歩色葉集と三省堂本節用集とが、ともに「詷」を「調」に誤る点、重視されるべきであろう。

12　ほうし（鋒矢）

伊京集・三省堂本「鋒矢（ホウシ）〈陣名〉」（保、天地）

運歩色葉集「八陣（チン）〈魚鱗、鶴⿰犭我（ヨク）、雁行、張蛇、偃月、衡枙、鋒矢、方円、諸葛孔明図之〉」（葉、一12ウ7）

運歩色葉集「鋒矢（ホウシツ）〈諸葛八陣内名〉」（保、一18ウ10）

13　ほのぼの（十三・若々）

伊京集・三省堂本「十三（ホノホノ）若々（同）」（保、言語進退）

運歩色葉集「十三（ホタホタ）若々（同）〈若々ト、人丸哥〉」（保、一20オ4）

用心集「若（ホノホノ）」（色葉次第、ホ）

14　ほた（朾）

伊京集・三省堂本「朾（ホタ）」（保、草木）

運歩色葉集「朾（ホタ）」（保、一20ウ9）

15　へ（寠）

伊京集・三省堂本　「㝐（へ）」（辺、人倫）

運歩色葉集　「㝐〈同（へ）〉〈註云、尻息〉」（遍、一23ウ5）

16　へづる（扟）

伊京集　「扟（ハツル）（シン）〈ヘツル〉」（波、言語進退）

三省堂本　無

運歩色葉集　「扟（ヘツル）」（遍、一23ウ6）

17　ときのこゑ（㖘声）

伊京集・三省堂本　「㖘声（トキノコヱ）」（登、言語進退）

運歩色葉集　「㖘声（トキノコエ）」（登、一26オ8）

18　とさまかうさま（ノ乀）

伊京集　「ノ乀（トサマカクサマ）」（登、言語進退）

三省堂本　「ノ乀（トサマカウサマ）」（登、言語進退）

運歩色葉集　「ノ乀（トサマカウサマ）」（登、一26ウ2）

19　とちがね（椽）

伊京集　「椽金（トチガネ）」（登、財宝）

三省堂本　「椽鉄（トチカネ）」（登、器財）

運歩色葉集　「椽金（トチガネ）」（登、一26ウ2）

20　とにとぐ（発硎）

伊京集　「発（トク）レ硎（トニ）」（登、言語進退）

三省堂本　「発(ドク)レ硎(トキニ)」（登、言語進退）
運歩色葉集　「発(トゲ)レ硎(トニ)〈刀〉」（登、一26ウ2）

21　どよむ（飤僮）
伊京集・三省堂本「飤僮(ドヨミ)」（登、言語進退）
運歩色葉集　「飤僮(ドヨム)」（登、一26ウ3）

「飤」は海篇に「食也」とあって、やしなう意。「僮」は広韻に「僮、儱僮、不遇貌」（去声宋韻之隴切）とあり、不遇なさま。いずれも、和語「どよむ」とは無縁である。万葉集での「とよむ」・「とよもす」の表記には「動」「響」「慟」「令動」「令響」等のヴァリエーションがあるが、「飤僮」との濃厚な関係が認められるのは「令動」である。西本願寺本万葉集、巻第八、一四九三番歌の「吾屋前乃花橘乎霍公鳥来鳴令動而本爾令散都」、同巻第九、一七六一番歌の「三諸之神辺山爾立向三垣乃山爾秋芽子之妻巻六跡朝月夜明巻鴦視足日木乃山響令動喚立鳴毛」、同一七六二番歌の「明日之夕不相有八方視足日木乃山彦令動喚立鳴毛」、巻第十、一九五七番歌の「宇能花乃散巻惜霍公鳥野出山入来鳴令動」等、少なからぬ歌において、「とよむ」を「令動」で表記する。平安中期以降、この語は「どよむ」と濁音化し、意味的にも、上代は、鳥や獣の鳴き声が鳴り響くことに関して用いられる用法が中心であったが、中世以後、主として人の声が騒々しく鳴り響くことに関して用いられるようになった。上代の表記は受け継がれつつも、意味用法の変化を反映すべく、人扁で揃える改変を加えたのであろう。「伶僮」を誤写、若しくは書き崩したものが、「飤僮」であると考えられる。伊京集・三省堂本節用集・運歩色葉集、三本ともに「飤僮」であることは注目されて良い。

22　とりのく（頓離鷁）
伊京集　「鷁 同(トリノク) ゲキ…頓离(トリノク)」（登、言語進退）

三省堂本　「頼离(同(トリノク))鷁(同)〈退飛鳥也〉」(登、言語進退)
運歩色葉集　「頓離鷁(トリノク)〈退飛鳥也〉」(登、一27オ3)

「退飛鳥」という注記の出典は、春秋左氏伝、僖公十六年の「六鷁退飛、過宋都」である。春秋左氏伝のこの記事から、後世「鷁退」という語が生まれた。前に進もうとしても後ろに押しやられる状態、の意味で用いられる。宋の蘇軾の「喬太博見和復次韻答之」に「未遭甘鷁退、並進恥魚貫」とある。「とりのく」という和語は、和漢通用集に「取除(とりのく)〈退(しりぞく)レ陣(ぢんを)〉」、日葡辞書に「Torinoqi.quo.oita. トリノキ、ク、イタ(取り退き、く、いた) 戦争の時などに、遠ざかり離れる、または、後退する。」(邦訳日葡辞書による)とあるように、戦の際に退却する意である。左伝の影響で、日本においては、「鷁」を「退」の縁語として使用したと考えられ、その連想関係が、「頓離鷁(とりのく)」の如き表記を生み出したのであろう。「退」の定訓は「のく」である。「とりのく」の通常の表記は「取除」であり、伊京集・三省堂本節用集・運歩色葉集の、左伝に基づく表記は極めて珍しい。

23　とりのゑ(粍)

伊京集　「粍(トリコ)」(登、財宝)
三省堂本　「粍(トリノコ)」(登、器財)
運歩色葉集　「粍(トリノコ)」(登、一28ウ7)

広雅、釈器に「飦、餰、粘、粍、粖、粥、粰、糜、毇、糮、饘也」とあり、王念孫は「粍之言微、粖之言末也、玉篇、屎、粥粖也、或作粍」と説明する(広雅疏証)。また、広韻に「粍〈饘也、亦作屎〉」(去声未韻無沸切)とある。「粍」は、米に水を加えて、汁気の少ない状態になるように煮たものであり、「かたがゆ」に当たる。鳥の餌となる。伊京集の傍訓「トリコ」、及び三省堂本節用集・運歩色葉集の傍訓「トリノコ」は、「トリエ」・「トリノエ」若しくは「トリヱ」・「トリノヱ」の誤りである。

24 りつぱん（立班）

伊京集　「立班《リツハン》」（利、人倫）

三省堂本　「立班《リツハン》〈僧立位也〉」（利、人倫）

運歩色葉集　「立班《バン》〈タツ　クライニ〉」（利、一33オ9）

25 おろしも（下々）

伊京集　「下々《ヲロシモ》〈名字〉」（遠、官名）

三省堂本　無

運歩色葉集　「下々《ヲロシモ》」（遠、一37オ7）

26 をばなげ（桃花馬）

伊京集　「桃花馬《ヲバナゲ》」（遠、畜類）

三省堂本　「桃花馬《ヲバナゲ》」（遠、生類）

運歩色葉集　「桃花馬《ヲバナゲ》」（遠、一38オ8）

27 おぎろ（漢）

伊京集　「漢《ヲキロニ》」（遠、言語進退）

三省堂本　「漢《ヲキロ》」（遠、言語進退）

運歩色葉集　「漢《ヲキロ》」（遠、一40オ9）

28 おしふする（辷）

伊京集　「辷《ヲシフス》」（遠、言語進退）

三省堂本　「辷《ヲシフスル》」（遠、言語進退）

運歩色葉集「辷《ヲシフスル》」（遠、一40ウ1）

29　くはがた（食歯形）

伊京集「食歯形《クハガタ》」（久、財宝）

三省堂本「食形《クワガタ》」（久、財宝）

運歩色葉集「食歯形《クハガタ》」（賀、一51ウ6）

30　たふのや（答矢）

伊京集「答矢《タフノヤ》」（多、言語進退）

三省堂本「答矢《タウノヤ》」（多、言語進退）

運歩色葉集「答《（タウ）》矢《ヤ》」（多、二5ウ1）

31　たかる（集）

伊京集・三省堂本「集《タカル》〈鳥―〉」（多、言語進退）

運歩色葉集「集《タバカル》」（多、二9ウ7）

32　ためす（錑）

伊京集・三省堂本「錑《タメス》」（多、言語進退）

運歩色葉集「錑《タメス》」（多、二9ウ7）

33　たらす（哆）

伊京集「哆《タラス》」（多、言語進退）

三省堂本「哆《タカル》」（多、言語進退）

運歩色葉集「哆《タラス》〈―人《ヲ》〉」（多、二9ウ8）

34　そこなふ（中）
伊京集　「中《ソコナフ》〈トヲスル、カタヒニ、ヘダツ〉」（曾、言語進退）
三省堂本　「中《ソコナウ》」（曾、言語進退）
運歩色葉集　「中《ソコナウ》」（楚、二13ウ3）

35　つと（苫）
伊京集　「苫《ツト》〈タスク〉」（津、財宝）
三省堂本　「苫《ツト》」（津、器財）
運歩色葉集　「苫《同（ツト）》」（津、二15ウ8）

36　むかばき（⿰巾敫）
伊京集　「⿰巾敫《ムカバキ》《ゲウ》」（牟、財宝）
三省堂本　「⿰巾敫《同（ムカバキ）》〈一懸〉」（牟、財宝）
運歩色葉集　「⿰巾敫《ムカハキ》」（無、二24ウ1）

37　うつた（爵田）
伊京集　「爵田《ウツタ》〈名字〉」（宇、官名）
三省堂本　無
運歩色葉集　「爵田《ウツタ》」（宇、二25ウ9）

38　ののめく（迺）
伊京集　「迺《ノヽメク》《チ》〈ナビカス〉」（能、言語進退）
三省堂本　「迺《ノヽメク》」（能、言語進退）

運歩色葉集　「迤同（ノ、メク）」（乃、二29オ8）

39　くくむる（〓）

伊京集　「〓（ク、ムル）〈物（ヒ）ー、哺同〉」（久、言語進退）

三省堂本　「〓（ク、ムル）〈物〉」（久、言語進退）

運歩色葉集　「〓同（ク、ムル）」（久、二35オ2）

40　くづほる（牢）

伊京集・三省堂本　「牢人（クツヲル、）」（久、言語進退）

運歩色葉集　「牢（クツフル、）」（久、二35オ2）

41　やうきやう（養郷）・やうこく（養国）・やうえい（養営）

伊京集　「養郷（ヤウキヤウ）〈五十齢也〉　養国（ヤウコク）〈六十名也〉　養営（ヤウヱイ）〈七十名〉」（夜、言語進退）

三省堂本　「養郷（ヤウキヤウ）〈五十齢〉　養国（ヤウコク）〈六十名〉　養営（ヤウエイ）〈七十名〉」（屋、言語進退）

運歩色葉集　「養郷（（ヤウ）キヤウ）〈曰二五十年一（ヲ）〉　養国（コク）　養営（エイ）〈曰二七十歳一（ヲ）〉」（屋、二36ウ3）

「養郷」・「養国」・「養営」の出典は、礼記、王制の「凡養老、有虞氏以燕礼、夏后氏以饗礼、殷人以食礼、周人修而兼用之、五十養於郷、六十養於国、七十養於学、達於諸侯」である（内則にも同文がある）。「五十」・「六十」・「七十」等の注記もこれに拠る。伊京集・三省堂本節用集・運歩色葉集ともに、「養学」を「養営」に誤る。

42　まな（実名）

伊京集　「実名（マナ）〈ーー又真字〉」（麻、言語進退）

三省堂本　無

運歩色葉集　「実名同（マナ）」（満、二38ウ9）

43　まとゐ（円居）

伊京集　「囲居《マトヰ》〈普居也〉」（麻、言語進退）

三省堂本　「円居《マトイ》〈普居也〉」（麻、言語進退）

運歩色葉集　「円居《マトイ》」（満、二39オ9）

妙本寺本いろは字　「円居《マトヰ》」（ま）

44　けしやうぶみ（一二三）

伊京集・三省堂本　「一二三《ケシヤウブミ》」（計、言語進退）

運歩色葉集　「一二三《ケシヤウブミ》」（気、二45オ5）

45　ふれい（不例）

伊京集　「不例《フレイ》〈違例也〉」（不、言語進退）

三省堂本　「不例《（フ）レイ》〈違例之義〉」（不、言語進退）

運歩色葉集　「不例《レイ》」（福、二46オ10）

妙本寺本いろは字　「不例《（フ）レイ》〈病中也〉」（ふ）

46　ふぐりぞめき（届利鬼）

伊京集　「届利鬼《フグリザヽメキ》」（不、言語進退）

三省堂本　「届利鬼《フクリソヽメキ》」（不、言語進退）

運歩色葉集　「届利鬼《フクリヲヽメキ》」（福、二48ウ2）

観智院本類聚名義抄に「届〈音介、イタル、ヨル、キハム（マル）、トツク、フクリ〉」（法下45ウ）とある。「利鬼」は、平安以来一般に「いららぐ」という和語という結び付いているが、中世以降、「ぞぞめく」を表記する文字列として用いられる。大塔物語に「敵利鬼懸者、身方鎮返手縄与手綱押取組可待掛」（敵利鬼て懸ば、身方は鎮まり返て手縄と手綱と押取組で待ち掛くべし）とある。日葡辞書に「Zozomeqi,u,eita. ゾゾメキ、ク、イタ（ぞぞめき、く、いた）大勢の人が一緒に群れをなして行く時などに、どやどやと大きな音を立てたり、騒ぎ立てたりすること」と説明する。三巻本色葉字類抄に「利鬼〈イラ、ク、｜臂也〉」（ソ部複用門）。温故知新書に「利鬼〈臂〉」（イ部態芸門）・「利鬼」（ソ部複用門）。「ふぐりぞぞめき」なる語は、時代別国語大辞典室町時代編に載録されている。同書では、自戒集と谷村本三体詩抄の用例を挙げ、「自慢にもならないことを、これ見よがしにひけらかすこと、得意気に意味もなく騒ぎ立てることをあざけっていう語」と釈す。要するに、一時的に威勢の良い様を表現する語である。中世の話し言葉で使用された俗語であり、口語性の強い抄物以外の資料では、書記言語に反映される可能性は少なく、古辞書での所見も稀である。

47　ふく（衡）

伊京集　「衡ㇾ鱗」（伊、言語進退）

三省堂本　欠

運歩色葉集　「衡〈｜鱗〉」（福、二49ウ6）

名語記、巻第五に「魚ノイロコヲフク如何、ハヌキルヲ反セハフクトナル」、大蔵虎寛本狂言、惣八に「ハ、ア、皮をむくはく〳〵、是はいかな、皮をむくとはいはぬ、鱗をふくと申、うろこをふく、中〳〵、むつかしい事でおりやるの、能う覚へさしめ、心得た」とある。また日葡辞書に「Iroco. イロコ（鱗）魚の鱗。例、Irocouo fuqu.（鱗をふく）魚の鱗を除く」、「Vroco. ウロコ（鱗）魚の鱗。Vrocouo toru,l,cosogu.（鱗を取る、または、刮ぐ）魚の鱗を除く。上（*Cami*）では、vrocouo fuqu（鱗をふく）と言う」、「Fuqi,u,uita. フキ、ク、イタ（ふき、く、いた）例、Vuo,l,vrocouo fuqu.（魚、または、鱗をふく）魚の鱗を落とす。Qeuo toru.（毛を取る）ある地方で（*Alicubi*）上の語と同義に用いる」

と記述されている。このように、魚を料理する際、魚のうろこを、庖丁等を用いて刮げ落とすことを「いろこをふく」または「うろこをふく」と言う。日葡辞書では、京都方言として説明されている。但し、いずれの資料にも、漢字表記形が呈示されておらず、表記が定まっていなかった可能性が高い。古辞書には載録の稀な語句である。

48 こうふ（紺布）

伊京集　「紺布（コウフ）〈笠懸ーー〉」（古、財宝）

三省堂本　「紺布（コウフ）〈笠懸紺布〉」（古、財宝）

運歩色葉集　「紺布（コウブ）〈笠懸在之〉」（古、二51オ1）

49 こまざらひ（杴爬）

伊京集　「杴爬（コマザラヒ）」（古、財宝）

三省堂本　無

運歩色葉集　「杴爬（同（コマザライ））」（古、二52オ3）

50 こけざる（長猿）

伊京集　「長猿（コケザル）」（古、畜類）

三省堂本　「長猿（コケサル）」（古、生類）

運歩色葉集　「長猿（コテザル）」（古、二52ウ6）

51 こかんし（拒捍使）

伊京集　「拒捍使（コカジ）〈山伏〉」（古、人倫）

三省堂本　無

運歩色葉集　「拒捍使（コカンシ）〈山伏（ノ）下奉行〉」（古、二53ウ8）

52 ここちあしし（歎）

伊京集　「歎（コ、チアシ）（ケン）」（古、言語進退）

三省堂本　無

運歩色葉集　「歎（コ、チアシ、）」（古、二56ウ3）

妙本寺本いろは字　「歎（コ、チアシ）（キヨ）」（こ）

53 こく（稀）

伊京集　「稀（コク）〈ーレ桑〉」（古、言語進退）

三省堂本　「稀（コク）〈ーレ稲、ーレ桑〉」（古、言語進退）

運歩色葉集　「稀（コグ）〈ー桑〉」（古、二56ウ4）

54 こしひき（尵・踔）

伊京集　「尵（コシヒク）（タウ）踔（同）」（古、人体）

三省堂本　「尵（コシヒキ）踔（同）」（古、人倫）

運歩色葉集　「尵（同）（コシキ）踔（同）」（古、二56ウ6）

妙本寺本いろは字　「尵（コシヒク）（タウ）」（こ）

55 てんりゅう（天龍）

伊京集　「天龍（テンリウ）〈銭名也〉」（天、財宝）

三省堂本　「天（テン）龍（リウ）〈同（銭名）〉」（伝、財宝）

運歩色葉集　「天（テン）龍（リウ）」（天、二57オ5）

56 ていきん（剃巾）

伊京集　「剃巾(テイキン)」（天、財宝）

三省堂本　「剃巾(テイキン)〈剃髪具〉」（伝、財宝）

運歩色葉集　「剃巾(同(テノコイ))　」（天、二57ウ5）

57　てだて（圑）

伊京集　「圑(テダテ)(イクサ)」（天、財宝）

三省堂本　「囲(テダテ)〈戦場具〉」（伝、財宝）

運歩色葉集　「圑(同(テダテ))　」（天、二60オ8）

58　てぐみ（叉）

伊京集　「叉(テクミ)(マタブリ　シヤ)」（天、言語進退）

三省堂本　「叉(テクミ)」（伝、言語進退）

運歩色葉集　「叉(テグム)」（天、二60オ9）

59　あかげ（赤毛）

伊京集　「赤毛(アカゲ)〈鷹名也〉」（安、畜類）

三省堂本　「赤毛(アカケ)〈鷹〉」（安、生類）

運歩色葉集　「赤毛(同(アカケ))　」（阿、三1ウ6）

60　あぶれもの（迤者・溢者）

伊京集　「迤者(アブレモノ)　溢者(同)」（安、人倫）

三省堂本　「迤者(アフレモノ)　溢者(同)」（安、人倫）

運歩色葉集　「迤者(アワレモノ)　溢者(同)」（阿、三2ウ4）

妙本寺本いろは字「溢者(アブレモノ)〈アマリモノ共〉」（あ）

61　あやつる（颩）

伊京集　「颩(アヤツル)」（安、言語進退）

三省堂本　「颩(アヤツル)」（安、言語進退）

運歩色葉集　「颩 同(アヤツル)」（阿、三5オ10）

62　きようをさます（俙興）

伊京集　「俙(サマス)レ興(ケウヲ)」（計、言語進退）

三省堂本　「俙(マス)レ興(ケウヲ)」（計、言語進退）

運歩色葉集　「俙(サマス)〈｜興〉」（佐、三12ウ4）

文選、司馬相如の封禅文に「於是天子俙然改容曰、兪乎、朕其試哉」とあり、李善注所引の張揖に「俙、感動之意也」と説明されている。このように、「俙」は、感動する様である。随って、右の三本の内、傍訓が正しいのは、三省堂本節用集の「ケウヲマス」であろう。伊京集・運歩色葉集の「サマス」の「サ」は衍字と考えられる。

63　ぶんずい（文粋）

伊京集　「文粋(ブンスイ)〈書名〉」（不、財宝）

三省堂本　「文粋(ブンスイ)〈書名〉」（不、財宝）

運歩色葉集　「文粋十四巻」（記、三17オ6）

妙本寺本いろは字　「文粋((ブン)ズイ)〈書ノ名、唐ニモ和ニモアリ〉」（ふ）・「文粋(ブンズイ)十四巻」（四）

64　ゆくやかなり（竘）

伊京集　「竘(ユクヤカ)ク」（由、言語進退）

三省堂本　「跔（ユクヤカ）」（由、言語進退）

運歩色葉集　「跔（ユクヤカ也）」（遊、三20オ5）

65　みかのはら（瓺）

伊京集　「瓺原（ニカノハラ）」（仁、天地）

三省堂本　無

運歩色葉集　「瓺原（ミカノハラ）〈大和〉」（見、三23オ2）

万葉集に「三日原」・「三香原」・「三香之原」、三巻本色葉字類抄・十巻本伊呂波字類抄に「瓺原〈ミカノハラ〉」（美、国郡）、岡田希雄氏旧蔵本節用集・阿波国文庫本節用集に「瓺原（ミカノハラ）〈城州〉」（見、天地）、天正十八年本節用集に「瓺（ミカ）原（ハラ）〈城州有之〉」（見、天地）とある。新撰字鏡に「甕〈酒之器也、瓮也、美加〉」「瓺〈彌加也〉」とあるように、和語「みか」の表記は「甕」若しくは「瓺」が通例である。「瓺」は「瓮」の異体であり、「甕」・「瓺」のいずれとも別字である。随って、伊京集・運歩色葉集の「瓺原」は「瓺原」の誤りである。加えて、伊京集の傍訓「ニカノハラ」は、「ミカノハラ」の誤りであり、仁部ではなく、見部に属せしむべきところである。

66　みのけよだつておそろし（竦而凌兢）

伊京集　「竦而凌兢（ミノケヨタツテヲソロシ）」（見、言語進退）

三省堂本　「竦而凌兢（ミノケヨダツテヲソロシ）」（見、言語進退）

運歩色葉集　「竦而（ミノケヨダツ）」（見、三23オ4）

「凌兢（同（ヲソロシ、））」（遠、一36オ10）

67　みより（身寄）

伊京集　「身寄（ミヨリ）〈鷹羽〉」（見、人倫）

三省堂本「身寄（ミヨリ）〈鷹ーー〉」（見、生類）
運歩色葉集「身寄羽（ミヨリノハ）」（見、三23オ7）

68 しののめ（東布）

伊京集「東布（同（シノヽメ））」（之、時節）
三省堂本「東布（同（シノヽメ））」（之、時節）
運歩色葉集「東布（同（シノヽメ））」（志、三29オ9）

69 しやぐま（赭熊・猲）

伊京集「赭熊（同（シヤグマ）） 猲（シヤグマ）（イサム）〈畠山尾州内人今井大蔵卿自大唐伝之〉」（之、財宝）
三省堂本「赭熊（同（シヤクマ））、猲（同）〈畠山尾張守殿ノ之内今井大蔵卿自大唐伝之〉」（之、財宝）
運歩色葉集「赭態（同（シヤクマ））…猲（同）〈今唐書之〉」（志、三32ウ4）
運歩色葉集「猲（同（シヤグマ））〈今唐書之〉」（賀、一51ウ7）

70 しれもの（邂）

伊京集「邂（シレモノ）」（之、言語進退）
三省堂本「邂（シレモノ）」（之、言語進退）
運歩色葉集「邂（シレモノ）」（志、三40オ1）
高橋本色葉字「邂（しれもの）」（し）
妙本寺本いろは字「邂（シレモノ）」（し）

71 えいやごゑ（永呼声）

伊京集「永呼声（エイヤゴヱ）」（江、言語進退）

三省堂本　「永呼声（エイヤコヘ）」（江、言語進退）
運歩色葉集　「永呼声（エイヤゴヘ）」（衛、三41オ4）

72　ひしめく（九付）

伊京集　「九付（ヒシメク）」（比、言語進退）
三省堂本　「九付（ヒシメク）」（比、言語進退）
運歩色葉集　「九付（ヒシメク）」（飛、三44オ5）

73　ひがむ（嫻・惹）

伊京集　「嫻（ヒガム）（カン）…惹（ヒガム）」（比、言語進退）
三省堂本　「惹（ヒカム）　嫻（同）」（比、言語進退）
運歩色葉集　「孄（ヒガム）〈嫻本字也〉　惹（同）」（飛、三46オ6・7）

梁の何遜の九日侍宴楽遊苑詩に「晴軒連瑞気、同惹御香芬」、唐の李賀の昌谷北園新筍四首に「古竹老梢惹碧雲、茂陵帰臥歎清貧」とある。また、大広益会玉篇に「惹〈人者切、乱也、引也〉」、増韻に「惹〈乱也、引著也〉」（上声馬韻爾者切）、清の鄭珍の説文新附考に「謂唐人詩用惹為牽、玉篇訓惹為乱、亦謂辞説紛繁、故以語言牽引為本義」とある。このように、「惹」は、「ひく」、「ひきずる」、「言葉でひきつける」の意を有する。「惹」の和訓は、玉篇要略集・米沢文庫本倭玉篇に「ヒク」「ミタル」、弘治二年本倭玉篇・慶長十五年版倭玉篇に「ヒク」、篇目次第に「ミタル」「ヒク」「サソフ」とある。和語の「ひがむ」と「惹」の字義とに、接点は無く、伊京集・三省堂本節用集・運歩色葉集の「惹」の傍訓「ヒガム」・「ヒカム」は、「ヒク」の誤りであろう。

74　ひ（樹）

伊京集　「樹（ヒ）〈筵ー〉」（比、財宝）

三省堂本　「樹《ヒ》〈筵ウツヒ〉」（比、財宝）
運歩色葉集　「樹《ヒ》〈筵打〉」（飛、三46オ7）

75　ひな（跐）
伊京集　「跐《ヒナ》」（比、財宝）
三省堂本　「跐《ヒナ》」（比、財宝）
運歩色葉集　「跐《ヒナ》」（飛、三46オ7）

76　もぐ（攎・擭・虧）
伊京集　「攎《モグ》〈木枝｜〉擭《モグ》〈鷹｜〉虧《モグ》〈鷹《ノ》物｜レ之〉」（毛、言語進退）
三省堂本　「攎《モグ》〈木枝〉…虧《同》〈鷹〉…擭《モグ》〈鷹〉」（毛、言語進退）
運歩色葉集　「攎《同（モク）》〈枝〉擭《同》…虧《同》」（毛、三48オ4・5）

77　せびこ（蝉子）
伊京集　「蝉子《セビツコ》」（世、畜類）
三省堂本　「蝉子《セヒツコ》」（世、生類）
運歩色葉集　「蝉子《セビコ》」（勢、三49ウ10）

以上、七十七の事例を取り上げ、うち十一の事例については、問題点がどこにあるかを詳論した。その結果、十一語全てが、運歩色葉集と、伊京集・三省堂本の密接な関係を示している。ことに、6・11・21・41・65のケースでは、漢字の誤記すなわち誤字を共有すること、さらに23と73のケースでは、傍訓の誤読を共有することが確認される。十一事例以外のケースについても、現状では説明のつかないものが多いものの、特殊な語形や表記や傍訓を持つものがほとんどである。以上から、運歩色葉集と伊京集・三省堂本の間に単純な継承関係を想定することは早急に過ぎるが、共通の祖本若しくは編纂資料の存在を想定することは可能であろう。

三、伊京集の問題点

ところで、ここで付け加えれば、現存する伊京集類テキストの本文自体、次に述べるような、様々な問題を内包している。

①ほほづき（百部根）

伊京集　「百部根(同(ホウヅキ))」（保、草木）

三省堂本　無

三巻本色葉字類抄に「百部(ハクフ)〈俗ホトツラ、ホトカツラ〉」（保、植物）、十巻本伊呂波字類抄に「百部〈ホトツラ、ホトカツラ〉」（保、殖物）、とある。広本（文明本）節用集に「茨菰(ホウヅキ)〈或云二鬼燈(ト)一、其実赤如(シテ)レ燈也〉百部根(ホド)」（保、草木）とある。伊京集の「百部根」の傍訓「ホウヅキ」は誤りである。広本のように、「ほほづき」に次いで「ほど」が位置する排列のテキストから編集・書写した際の誤りであると推測される。

②へとぎす（別都頓宜寿）

伊京集　「別都頓宜寿(ヘト、キス)〈即杜鵑也、見于十王経〉」（辺、畜類）

三省堂本　「別都頓宜寿(ヘト、キス)〈即杜鵑也、見十三経〉」（辺、生類）

玉里文庫本節用集・龍門文庫蔵室町中期写本節用集に「別都頓宜寿(ホト、ギス)〈杜ー也、見十王経〉」（保、畜類）、岡田希雄氏旧蔵本節用集に「別都頓宜寿(ホトトギス)」（保、畜類）、天正十八年本節用集に「別都頓宜寿(ホトトギス)〈即杜鵑也、見十王経〉」（保、畜類）、早大本節用集に「別都頓宜寿(ホト、ギス)〈即杜鵑也、見于十王経〉」（保、畜類）、阿波国文庫本節用集に「別都頓宜寿(ホト、ギス)〈杜鵑也、見于十王経〉」（保、畜類）とある。伊京集・三省堂本節用集の傍訓「ヘト、キス」は「ホト、キス」の誤りであり、所属部も、辺部ではなく、保部に属せしむべきところである。

③ぬひぢにのみこと（沙土瓊尊）

伊京集　「沚瓊尊（ヌイチニノミコト）〈天神第四之女〉」（奴、天地）

三省堂本　無

古事記に「須比智邇神」、日本書紀に「沙土煮尊」、撮壌集に「沙土瓊尊（スヒチニノ）〈女体〉」（神部、天神七代）、亀井本和名集に「沚瓊命（ヌヒチニノ）〈陰神ナリ、孝子経ニ云、陰陽（インノ）清濁一気分テ、天地人三才ト云也〉」（神祇部、天神七代）、妙本寺本いろは字に「沙土煮尊（スヒチニノミコト）〈陰神（インシン）〉」（巻末、十二代）とある。伊京集の傍訓「ヌイチニノミコト」は「スイチニノミコト」の誤りであり、所属部も、奴部ではなく、須部に属せしむべきところである。

④ましね（糈）

伊京集　「糈（マシネ）」（麻、言語進退）

三省堂本　無

元和三年版和名類聚抄に「糈米　離騒経注云、糈〈和呂反、和名久万之禰〉、精米所以享神也」（調度部祭祀具）、三巻本色葉字類抄に「糈（ショ）米〈クマシネ、和呂反〉」（久、飲食）、易林本節用集に「糈米（クマシネ）〈神手（ニ）向（ル）米〉」（久、衣服）とある。伊京集の傍訓「マシネ」は「クマシネ」の誤りであり、所属部も、麻部ではなく、久部に属せしむべきところである。

随って、現存する伊京集類の資料的な性格を論ずる場合にも、慎重にせざるを得ないのである。

［参考文献］

三ヶ尻浩『校訂運歩色葉集』（三ヶ尻浩解題、謄写版、昭和十一年、私家版）

川瀬一馬『古辞書の研究』（昭和三十年、講談社）

米山寅太郎解題『運歩色葉集』（静嘉堂文庫蔵本複製、昭和三十六年、白帝社）
山田忠雄「節用集と色葉字類抄」（『本邦辞書史論叢』、昭和四十二年、三省堂）
中田祝夫・根上剛士解題『中世古辞書四種研究並びに総合索引』（古辞書大系、静嘉堂文庫蔵本複製、昭和四十六年、風間書房）
安田章解題『元亀二年京大本運歩色葉集』（元亀二年写京都大学蔵本複製、昭和四十四年、臨川書店）
柏原司郎「中世国語辞書（運歩色葉集）の一調査」（『今泉忠義博士古稀記念国語学論叢』、桜楓社、昭和四十八年三月）
迫野虔徳「京大図書館蔵元亀二年本運歩色葉集」について」（『国語国文』四十二巻七号、昭和四十八年七月）
遠藤和夫「『運歩色葉集』の一異本—西来寺蔵天正十五年本—」（『成城大学短期大学部紀要』八号、昭和五十二年三月）
安田章解題『天正十七年本運歩色葉集』（京都大学国語国文資料叢書一、昭和五十二年、臨川書店）
清水登「『運歩色葉集』における年代表記について」（『長野県短期大学紀要』三十七号、昭和五十七年十二月）
安田章『中世辞書論考』（昭和五十八年、清文堂）
清水登「「静嘉堂文庫蔵運歩色葉集」と新写本」（『長野県短期大学紀要』三十八号、昭和五十八年十二月）
清水登「運歩色葉集の新写本（六本）について」（『長野県短期大学紀要』三十九号、昭和五十九年十二月）
清水登「運歩色葉集と印度本節用集—所収語彙の注記をめぐって—」（『長野県短期大学紀要』四十号、昭和六十年十二月）
川瀬一馬『増訂古辞書の研究』（昭和六十一年、雄松堂出版）
清水登「運歩色葉集と印度本第一類節用集」（『長野県短期大学紀要』四十一号、昭和六十一年十二月）
木村晟・萩原義雄開題『天正十五年本運歩色葉集』（古辞書研究資料叢刊、西来寺蔵天正十五年本複製、平成八年、大空社）
菊田紀郎「『運歩色葉集』と印度本節用集との親近関係—田数・郡名を中心に—」（『岩手大学人文社会科学部紀要』六十七号、平成十二年十二月）
相澤貴之「『運歩色葉集』と『仮名文字遣』」（駒澤大学大学院国文学会編『論輯』別冊、平成十五年二月）

木村晟「中世辞書史考察の一側面―辞書編纂の意図をめぐりて―」（日本語辞書研究第一輯、平成十五年、港の人）
相澤貴之「『運歩色葉集』の編者に関する一考察―『八幡愚童訓』を中心に―」（駒澤大学大学院国文学会編『論輯』三十一号、平成十五年六月）
木村晟「中世辞書史考察の一側面　続貂―辞書編纂の意図をめぐりて―」（日本語辞書研究第二輯、平成十五年、港の人）
相澤貴之「『運歩色葉集』の編纂意図をめぐって」（日本語辞書研究第三輯上、平成十七年、港の人）
高橋久子「色葉字の性格に就いて」（『訓点語と訓点資料』一一六輯、平成十八年三月）
菊田紀郎『続中世・近世辞書論考』（平成二十年、港の人）

［付記］

本稿は高橋久子「運歩色葉集の性格について」（『東アジア語彙研究資料3　運歩色葉集単語索引』所収、平成二十一年十月）を改稿したものである。

猪無野本色葉集について

小池一恵
石和田理沙

はじめに

東京大学文学部国語研究室蔵猪無野本色葉集は、全体が色葉分類のみから成り、かつ博物語彙の比率が高いという特徴を持つ。他の色葉字諸本との関係で、特に注目されるのが、運歩色葉集である。「色葉字総論」第一章の表2に示したように、運歩色葉集、記部の総項目数は三七三で、猪無野本色葉集、幾部の三八六にかなり近い。一方で、そのうちの博物語彙総項目数は、前者の二四に対し、後者が四九とやや多い。また、同じく表3に示したように、各部の所収語彙量を比較すると、全ての部において、運歩色葉集と猪無野本色葉集の数値が最も接近している。外形だけから見て、両者が近縁関係にあるという想定が可能である。もとよりこれは数値の上だけから見たものであり、個々の語の比較が必要であることは言う迄も無い。

一、文書用語含有率

まず、猪無野本色葉集の漢字二字以上の全標出語を調査対象とし、中世文書使用語彙の含有率を調べる。竹内理三氏・史料編纂所が編纂されたデータベース『CD-ROM版鎌倉遺文』（第一版、平成二十年、東京堂出版）を使用し、猪無野本色葉集各部の所収語彙につき、データベースに使用例があるか否かを確認する。その際、前述したように、調査対象は、データベース検索で語の認定が可能である、漢字二字以上の語彙とする。

右の方法により調査した結果を、表1に示す。

表1

	猪無野	鎌倉	比率
イ	404	166	41.09%
ロ	34	16	47.06%
ハ	376	119	31.65%
ニ	90	31	34.44%
ホ	158	67	42.41%
ヘ	100	43	43.00%
ト	270	90	33.33%
チ	202	101	50.00%
リ	104	57	54.81%
ヌ	28	8	28.57%
ル	0	0	
ヲ	367	133	36.24%
ワ	111	37	33.33%
カ	660	253	38.33%
ヨ	129	51	39.53%
タ	312	107	34.29%
レ	60	39	65.00%
ソ	147	63	42.86%
ツ	227	73	32.16%
ネ	45	14	31.11%
ナ	178	64	35.96%
ラ	103	40	38.83%
ム	113	51	45.13%
ウ	249	79	31.73%
ヰ			
ノ	74	21	28.38%
オ			
ク	239	94	39.33%
ヤ	164	56	34.15%
マ	186	42	22.58%
ケ	203	122	60.10%
フ	194	87	44.85%
コ	397	182	45.84%
エ	112	48	42.86%
テ	214	115	53.74%
ア	441	154	34.92%
サ	363	121	33.33%
キ	304	140	46.05%
ユ	124	47	37.90%
メ	67	33	49.25%
ミ	198	90	45.45%
シ	698	329	47.13%
ヱ			
ヒ	322	106	32.92%
モ	142	58	40.85%
セ	177	65	36.72%
ス	185	57	30.81%
計	9271	3669	39.57%

猪無野本色葉集の漢字二字以上の標出語九二七一語中、鎌倉遺文に使用例のあるものは三六六九語であり、その含有率は三九・五七パーセントである。この割合は、今回調査した色葉字諸本十一本中、最も低い。この数値から、猪無野本色葉集の編者が、政治・経済・司法に関わる実務的な文書用語を収めることを主眼としていなかったと判断される。

二、特有語彙の比較

「運歩色葉集の性格について」において、運歩色葉集と伊京集・三省堂本の間には、共通性が強く、系統的な近縁関係が存在することを、七七例を挙げて確認した。そのような項目はかなりの割合で、猪無野本色葉集にも出現する。中で特に注目すべきものを以下に挙げる。

1　いかり（磌・椕）

伊京集　「磌同(イカリ)　椕同」（伊、財宝）

三省堂本　欠

運歩色葉集　「磌同(イカリ)　椕同」（伊、一7ウ2）

猪無野本　「磌同(イカリ)　椕同」（伊、3オ10）

「椕」の訓を「いかり」とするのは、日本独自のものであるだけでなく、他の古辞書には見えない。

2　はだけ（罰）

伊京集　「罰(ハダケ)〈矢ー也〉」（波、言語進退）

三省堂本　無

運歩色葉集　「罰(ハタケ)〈矢〉」（葉、一15オ6）

猪無野本　「罰(ハタケ)〈矢〉」（葉、8ウ3）

「はだけ」の意味は、弓竹と弓弦との間の幅であるが、主要な軍記物類にも所見の無い、珍しい語であり、「罰」で表記するのも特殊である。

3　どよむ（傖偅）

伊京集・三省堂本「傖偅(ドヨミ)」（登、言語進退）

運歩色葉集「傖偅(ドヨム)」（登、一26ウ3）

猪無野本「傖僮(ドヨム)」（登、16ウ8）

「傖偅」なる漢字表記で「どよむ」と訓む理由はなく、万葉語の「令動」を「伶偅」、さらに「傖偅」と変化させた可能性が強い。猪無野本の「傖僮」は、さらにその誤記であるが、運歩色葉集との近縁関係を示すものと言えよう。

4　とりのく（頓離鷁）

伊京集「鷁(同)(トリノク)(ゲキ)：頓离(トリノク)」（登、言語進退）

三省堂本「頼离(同)(トリノク)　鷁(同)〈退飛鳥也〉」（登、言語進退）

運歩色葉集「頓離鷁(トリノク)〈退飛鳥也〉」（登、一27オ3）

猪無野本「頓離鷁(トリノク)〈退飛鳥〉」（登、17オ1）

「頓離鷁」なる難解な表記は、「退飛鳥」という注から推して、春秋左氏伝、僖公十六年の「六鷁退飛、過宋都」から由来すると見られる。通常は「取除」と表記する「とりのく」をこのように書くのは珍しく、特に、運歩色葉集と猪無野本の一致が注目される。

5　やうきやう（養郷）・やうこく（養国）・やうえい（養営）

伊京集「養郷(ヤウキヤウ)〈五十齢也〉　養国(ヤウコク)〈六十名也〉　養営(ヤウヱイ)〈七十名〉」（夜、言語進退）

三省堂本「養郷(ヤウキヤウ)〈五十齢〉　養国(ヤウコク)〈六十名〉　養営(ヤウエイ)〈七十名〉」（屋、言語進退）

運歩色葉集「養(ヤウ)郷(キヤウ)〈曰㆓五十年㆒(ヲ)〉　養国(コク)　養営(エイ)〈曰㆓七十歳㆒(ヲ)〉」（屋、一36ウ3）

猪無野本「養郷〈五十歳〉　養国〈六十歳〉　養営〈七十歳〉」（屋、59オ4）

「養郷」「養国」「養営」は、礼記、王制の記事に基づくので、「養営」は「養学」の誤りである。猪無野本が、この誤りまで共有するのは、注目に値する。

6　ふく（衡）

伊京集　「衡(フク)レ鱗(イロコヲ)」（伊、言語進退）

三省堂本　欠

運歩色葉集　「衡(フク)〈ー鱗〉」（福、二49ウ6）

猪無野本　「衡鱗(フクリン)」（福、66ウ3）

魚を料理する際、魚のうろこを、庖丁等を用いて刮げ落とすことを「いろこをふく」または「うろこをふく」と言うが、これを「衡」で表記するのは珍しい。

7　みかのはら（珁）

伊京集　「珁原(ニカノハラ)〈処名〉」（仁、天地）

三省堂本　無

運歩色葉集　「珁原(ミカノハラ)〈大和〉」（見、三23オ2）

猪無野本　「珁原(ミカノハラ)〈大和〉」（見、92オ11）

伊京集・運歩色葉集の「珁原」は「瓺原」の誤りである。猪無野本がこの誤記を共有するのは注目に値する。これらの例の他、次のようなものも、猪無野本と運歩色葉集の近縁性を示す。

8　とりのゐ（粍）

伊京集　「粍(トリコ)」（登、財宝）

三省堂本　「粍(トリノコ)」（登、器財）

運歩色葉集　「［米＋尾］（トリノコ）」（登、一28ウ7）

猪無野本　「［米＋瓜］（トリノコ）」（登、17オ12）

「［米＋尾］」を、鳥の餌とする粥の意で用いたものであり、訓としては「トリエ」・「トリノエ」が正しいのであろう。猪無野本は、誤記によると思われる「トリノコ」を、運歩色葉集、三省堂本と共有している。「［米＋瓜］（トリノコ）」は、「［米＋尾］」の字形類似による誤りである。

これらのケースを含み、七十七のうち、五十六は猪無野本に同形もしくは近い形で見え、見えないものは、二十一に過ぎない。これは、猪無野本色葉集と、運歩色葉集・伊京集類が系統的に近いことを示している。

三、猪無野本編纂の基礎資料

猪無野本の「シ」部の二行目からは、第一字目に「神」をもつ語が頭字類聚されており、一方で運歩色葉集は、第一行目から、第一字目に「神」をもつ語が頭字類聚されている。そこで、猪無野本の第二行目の語から所収語に順に番号（1、2、3…）を振り、その番号を用いて運歩色葉集の排列を示すと次のようになる。

〈運歩の排列①〉

神明　神慮　神記　神妙　1　神罰　神体　2　神道　3　4　神人　5　神農　神道　神水　神変　神社　神馬　6　7　8　9　神宮　神祇　神儀　10　11　12　13　14

以降は第一字目が「心」や「真」等の語彙が頭字類聚されている。以降も同様に示すと次のようになる。

〈運歩の排列②〉

15　16　心経　17　心底　心気　心中　心肝　18　19　真言　真実　真如　親子　親父　親族　親切　親疎　親王　親近　親衛　進士　貢士　進上　進覧　進献　進入　進物　20　21　24　23　信男　信女

このように、猪無野本と運歩色葉集が共有する語については、その排列はほぼ崩れることなく一致していることが確認できる。これは、第一字目が「神」の場合に限らず、第一字目がそれ以外の語についても同様に見られる。猪無野本の「シ」部では、例えば「○神職」と、語の先頭に「○」が付されている語が前半に並び、付されていない語が後半に並んでいる。その内、運歩色葉集との排列の一致は、「○」が付いた部分に見られる。ただし、猪無野本「シ」部の「○」が付されている語の内、「芝手」以降については、運歩色葉集との排列の一致は見られない。

これらのことから、語の先頭に「○」が付されている部分の多くは運歩色葉集との関連が強いと言える。そして、それ以降の「○」が付されていない部分や欄外の語は運歩色葉集とは別の書物を元に編纂したと考えられる。では、「○」以降の部分はどのような書物と関係があると考えられるのか。今回、「○」以降の語の中で、他の色葉字諸本に無く、猪無野本にのみ収載されている、もしくは、他の色葉字諸本と表記が異なる語について、いくつかの表記が易林本節用集（以下、易林本）と一致または酷似していることが判明した。

左にその数例と、他の色葉字諸本及び易林本との比較状況を示す。

① 猪無野「颯灑（シナヘリ）」
易林本「颯纚（シナヘリ）」
他色葉字（収載なし）

易林本の「颯纚」は、舞人の長い袖が風に動く様子を示す準双声語である。文選に載せる張衡の「西京賦」に「振朱屣於盤樽、振長袖之颯纚」という用例が見られ、李善は「颯纚、長貌也」と注する。「シナヘリ」という訓はこれに対応する。また、班固の「西都賦」にも「紅羅颯纚、綺組繽紛」、李注に「颯纚、長袖貌也」とある。これに対し、猪無野本の「颯灑」は「颯纚」と音が近く、意味も類似した双声語であり、やはり風に物が揺れたり、音を立てる様子を示す。ただ、古い用例を見ると、後漢書本伝に引く班固の「東京賦」に「鳳蓋颯灑、和鸞玲瓏」とあるものの、文選は「鳳蓋棽麗」に作っており、「颯灑」は疑わしい。また、文選に載せる後漢の王延寿「魯霊光殿賦」に、「祥風翕習以颯灑、激芳香而常芬」とあるが、「颯灑」について、九条本文選では「サッシとなる」と訓じ、風の音と解する。要するに、「シナヘリ」の古典的な表記としては「颯纚」が正統であり、「颯灑」は誤記または改変の可能性が高い。他の色葉字諸本や色葉字類抄、他の節用集諸本には、「颯灑」若しくは「颯纚」と表記して「シナヘリ」と読む語は見られない。

②　猪無野「独揺柳（シタリヤナキ）」
易林本「独揺柳（シダリヤナキ）」
妙本寺「小楊（シダリヤナギ）　独揺（同）」
北野本「独揺（シタレヤナキ）　小楊（同）」

本草和名（寛政八年版）に「柳華、一名柳絮、一名水楊〈出陶景注、蘇敬云非〉、一名小楊、一名椑立、一名楽渉〈已上三名出兼名苑〉、一名高飛、一名独揺〈微風大揺、出古今注〉、和名、之多利也奈岐」、和名類聚抄（元和三年版）に「柳　兼名苑云、柳、一名小楊〈柳、音力久反、和名、之太里夜奈木〉、崔豹古今注云、一名独揺、微風大揺、故以名之」、三巻本色葉字類抄（前田本）に「柳（リウ）〈シタリヤナキ、力久反〉　小楊〈同〉　独揺〈同、微風大揺、故以名之〉」とある。崔豹の古今注の今本には「移楊、円葉弱蔕、微風大揺、一名高飛、一名独揺」とあり、初学記巻二十八、芸文類聚巻八十九、太平御覧巻九百五十七の引用も大同小異である。柳は、風が弱くても大きく揺れるので、独りで揺れるように見えるから「独揺」と言うのであり、「独揺柳」という語が漢籍などにあるわけではない。「柳」の説明に「独揺」の語が見えるために後世合成されたものと推測される。色葉字諸本では、妙本寺本・北野本の「独揺」が近い表記であるものの、同表記は無い。日国の「しだり‐やなぎ【垂柳】」の項によれば、易林本と「和漢音釈書言字考合類大節用集」において同表記が見られる。古本節用集諸本において「シダリヤナギ」を掲載しているものは確認できなかった。

③　猪無野「敷目鎧（シキメノヨロイ）」
易林本「敷目鎧（シキメノヨロヒ）」
他色葉字（収載なし）

他の色葉字諸本や色葉字類抄、他の節用集諸本に掲載は見られない。日国では立項がなされていない語である。

④　猪無野「窃盗（シノビ）」
易林本「窃盗（シノビ）」（左訓「セツタウ」）
他色葉字（収載なし）

庭訓往来抄には「窃盗（セツタウ）トハ、ホソル盗人ナリ。名ヅケテシノビト云也」とある。他の色葉字諸本、色葉字類抄、節用集諸本のいずれにも掲載されていない語であり、古辞書類ではあまり見られない語であると考えられる。

このように、猪無野本と易林本は酷似した、または同じ表記をした語をもち、それらは他の色葉字諸本や節用集諸本に見られない表記であると確認できる。

以上の検討から、猪無野本の「○」の付された語の多くは運歩色葉集と、「○」の付されていない語については易林本と類似が認められ、猪無野本は、運歩色葉集、易林本それぞれと近縁関係にあると考えられる。

なお、今回調査した色葉字類抄は三巻本であり、節用集は、易林本・正宗文庫本・大谷大学本・明応五年本・玉里文庫本・岡田希雄氏旧蔵本・伊京集・天正十八年本・饅頭屋本・増刊本・弘治二年本・黒本本・永禄二年本・堯空本・両足院本・前田本・永禄十一年本（順不同）の十七本である。

このように、猪無野本の編纂に、運歩色葉集が使用されたことが推測されるが、他にも易林本節用集が使用された形跡がある。調査の結果、各部の前半に運歩色葉集の語彙、後半に易林本節用集の語彙が配されていることが確認された。両者は相補的分布をなしており、それらの項目群のあとに、後述するように、その他の増補資料により更に若干の語彙が補綴されている。幾つかの部について具体的に示す。

路部　1露地～15六具…運歩色葉集の路部の語彙の抄出
　　16驢腸羹～31篭舎…易林本節用集の路部の語彙の抄出

和部　1和融～59温…運歩色葉集の和部の語彙の抄出
　　60広原海～112悩…易林本節用集の和部の語彙の抄出

乃部　1喉輪～46野太刀…運歩色葉集の乃部の語彙の抄出
　　54茈胡～96絹粥…易林本節用集の乃部の語彙の抄出

遊部　1遊佐～51決拾…運歩色葉集の遊部の語彙の抄出
　　55雨打～138族…易林本節用集の由部の語彙の抄出

須部　1随意～100桷…運歩色葉集の須部の語彙の抄出
　　101洲流～175耨…易林本節用集の寸部の語彙の抄出

他の諸部も、概ね同じような状況を呈する。

四、その他の補綴資料

猪無野本色葉集で、書名を明らかにして、補綴資料として用いられているものを以下に示す。

○東鑑による増補（全74例）
「河勾（カハワ）〈名字、東鑑〉」（賀、34ウ10）

「譜第（フダイ）〈｜｜之勇士、東鑑〉」（福、67ウ11）
「馬長（アケムマ）〈｜｜十騎、馬場之儀｜｜、東鑑〉」（阿、81オ8）
「水豹皮（アサラシカワ）〈東鑑〉」（阿、81オ8）
「貴賀井島（キカイカシマ）〈東鑑〉」（幾、88ウ1）
○碧岩抄（全25例）
「嶮（アブナイ）〈碧岩抄〉」（阿、81ウ2）
「連忙（アワテ、）〈碧岩八十七則ノ評ニアリ〉」（阿、81ウ2）
○多識編による増補（全7例）
「鉄搭（クマデ）〈多識編、熊手也〉」（久、58オ10）
「翟雉（ヤマドリ）〈多識編ニアリ〉」（屋、60ウ7）
「聚　毛（アシノナ、ツゲ）〈多識編〉」（阿、81ウ6）
○富士野往来による増補（全2例）
「岩波起（カツハトヲク）　可波士（カハト）〈富士〉」（賀、30ウ8）
「一切（ツヤツヤ）〈富士〉」（津、43オ7）
○三宝類聚名義抄による増補（全1例）
「短刀（同（ノタチ））〈三宝名義鈔〉」（乃、55オ10）

他に、出典名を明記して使用されている資料としては、職原抄、大恵書（大慧普覚禅師書抄）、史記、春秋左氏伝、日本書紀、万葉集、伊勢物語、源氏物語、僅語抄、遊仙窟、老子、毛詩、山谷詩、文選、白氏文集、僻案集、日用集、声明集、太平記、信長記、楚辞、性霊集、下学集が確認できる。

これらのうち、多識編は、慶長十七年（一六一二）に林羅山の自筆原稿が完成しているが、流布したのは、寛永七年（一六三〇）の古活字本、寛永八年（一六三一）の製版本の刊行以降であろう。このあたりを、猪無野本色葉集の最終的な補綴の時期と推定することができる。

五、まとめ

猪無野本色葉集は、運歩色葉集と易林本節用集を基礎的編纂資料とし、東鑑・碧岩抄・多識編その他を補綴資料として、寛永七年（一六三〇）以降に完成したと考えられる。猪無野本色葉集の文書用語含有率は、三九・五七パーセントと、色葉字諸本十一本中最も低いが、これは、猪無野本色葉集の編纂者に実務的文書用語を収録しようという意図が無く、運歩色葉集所収の文書用語を間接的に継承したに過ぎないからであると考えられる。

北野本色葉集について

戸谷順子
高橋久子

第一章　音韻・表記・注文から見た特徴

本章は、北野天満宮蔵佚名古辞書の前半のいろは分類体辞書（以下、北野本色葉集と略称）の所収語の性格について論じたものである。筆者（戸谷順子）は、平成九年四月一日、北野天満宮（北野文庫）に赴き、原本を閲覧させていただき、直接原本について調査する機会を得た。また、筆者らは、北野本色葉集の単語索引と漢字索引を既に公にしている。(1)

北野天満宮蔵佚名古辞書は、全一冊、墨付き七十三丁、毎半葉十行書きの写本。表紙打ち付けに「節用集」と書かれている。巻頭を欠いており、内題・尾題は無い。前半部（一丁表～四十五丁表）は、いろは分類体辞書で、チ～ス部を有し、約六千語を収める。後半部（四十五丁裏～七十二丁表）は、「初心要抄」の内題を有する意味分類体辞書で、約三千六百語を収める。

一、音韻的特徴

第一に、四つ仮名の書き分けの状況について述べる。北野本色葉集には四つ仮名を傍訓に含む項目が四一七項目[2]あるが、混同は見られない。一見、誤りと見える例として「麹　ムキカウシ」が挙げられるが、混同例ではない。かつて山田忠雄氏は「麹におけるカウジ」[3]について、次のように説かれた。

従来の語原説はカムダチの後身と考えるが故にカウヂを擬するが、カムダチ→カウヂの変化は無理があって遽かに首肯し難い。（中略）カウジは恐らくカムダチとは直接の関係を持たぬもので、新撰字鏡の古訓カムシの後身であり、共通の祖は、カモシ（醸）とすべきものと考える。

第二に、開合の書き分けの状況について述べる。北野本色葉集には開合音を傍訓に含む項目が五一一項目存する。うち五一〇項目は問題が無い。しかし、「春法　ツイホウ」の一例のみ、正しくは「ツイハフ」であり、誤りが認められる。また、「治方　チホウ」[4]・「宏才　コウサイ」[5]の二例は、北野本色葉集のみで開合の正誤を論じることは難しい。

第三に、合拗音の書き分けの状況について述べる。北野本色葉集には、クヮ（グヮ）とカ（ガ）を傍訓に含む項目が九六項目存し、それら全ての項目に問題は無い。一見、誤りと見える例として、「確執　クワクシウ」が挙げられるが、合拗音と直音の混同例ではない。有坂秀世氏は「古辞書「和名集」について」（『国語音韻史の研究　増補新版』）の中で次のように説かれた。

第卅九伊路波字の久の部に礭執（クハクシウ）と見える。礭はここでは確に通じて用ゐられたものと見えるが、確・礭いづれも苦角切の字で、之に従へば開口のカクの音たるべきである。併しながら、元和本下学集にも礭執（クワクシユウ）、温故知新書にも確執（クハクシウ）、運歩色葉集にも確執（クワクシウ）、易林本節用集にも確執（クワクシウ）（ー論ロン）と見えるので、その出自や正不正の問題はさて措き、クワクは中世広く用ゐられてゐた音であることは明かである。

北野本色葉集の書写年代は、室町末期頃であるが、その原本の成立時期についてははっきりしていなかった。しかし、以上のように四つ仮名・開合・合拗音等の全篇の文字用法に観察される音韻的特徴は、原本の成立が、室町末期よりもかなり遡ることを示している。

二、表記上の特徴

まず、扁揃えについて述べる。北野本色葉集に扁揃えと思われる例が六例見られた。扁揃えについては、高橋久子「扁揃えと古辞書」(6)・水野鉄平「扁揃えについて」(7)・高橋忠彦・高橋久子「扁揃え再考」(8)を参照されたい。扁揃えとは、「聯綿詞でないにも拘わらず、上下二字の扁をそろえる現象」のことである。以下に該当例を挙げる。各項の上は北野本色葉集の形、矢印の下は一般形である。

嘲哢（チヨウロウ・テウロウ）↓嘲弄　論言如汗（リンケンアセノコトシ）↓綸言如汗

呪咀（ノロウ）↓呪詛　櫁柑（ミツカン）↓蜜柑　仁儀（シンキ）↓仁義　漁浦（スナドリ）↓漁捕

次に漢字の通用について述べる。北野本色葉集には漢字の通用現象(9)と認められる事例が、左記の諸例を初めとして七十五例存する。各項の上は北野本色葉集の形、矢印の下は一般形である。

臚外↓慮外　穏党↓穏当　勘否↓堪否　詫宣↓託宣　連暑↓連署　訴詔↓訴訟　族性↓族姓

追補↓追捕　形↓刑　落胤腸↓落胤腹　厳蜜↓厳密　朔弊↓朔幣　議理↓義理　評儀↓評議

随遂↓随逐　癈↓廃

このように、北野本色葉集には、中世の古文書・古記録における使用頻度の高い、漢字の扁揃えと通用の事例が豊富に観察される。従って本書は、編纂の段階で生の言語資料から用例を採集し、補訂を経ることなく、それらの例を載録したことが窺える。

三、下学集との関係

北野本色葉集には、注文の施された項目が少なからず存する。それらの注文には、下学集[10]の同一項目の注文と酷似しているという共通点がある。以下に主な具体例を幾つか挙げる。

○無恙　ツ、カナシ　恙者人螫虫也。上古時、人未知造家屋、皆処土窟。此時、彼之恙虫螫人為害。故人相慰同又云卅恙也。

これは下学集諸本の「無恙（ツ、カナシ）」の注文に、訓みや送り仮名の有無、返り点の位置等細かい点を除けば、ほぼ一致する。ただし、北野本色葉集の注文の末尾「相慰同又云卅恙也」は、下学集諸本の同項目の注文の末尾の如く「相慰問云無恙也」が正しい。これは、「問」を「同」、「無」を「卅」に誤ったものであり、北野本色葉集が下学集を誤記した結果である可能性が高い。

○輻湊　ヤ　湊、或作輳。輻車具也。孝子経云、三十之輻湊一之轂云云。言、万人帰依一人、譬如車輪三十輻湊一之轂也。三十之輻者、法一月三十日也。

これも下学集諸本の「輻湊」の注文とほぼ一致する。老子経、すなわち老子道徳経十一章に基づく。しかしながら、下学集諸本では「輻湊」に「フクソウ」と字音読みを付し立項しており（教育大本は無訓）、北野本色葉集と同じくこの漢字文字列に対して「ヤ」と付訓するものは無い。北野本色葉集フ部に「フクソウ」は立項されておらず、注文は下学集諸本と一致しつつも独自の項目となっている。「輻湊」は、車輪の輻が轂にあつまるように一箇所に寄り集まる意である。轂にあつまるものが「や（輻）」と呼ばれる棒状のものであるから、北野本色葉集では「輻湊」に標出字の一字目から「輻」としたのであろう。因みに、北野本色葉集ヤ部には「輻　ヤ」も存する。なお、北野本色葉集注文の「孝子経」は「老子経」の誤りである。

○穴賢　アナカシコ　上古時、倭漢両国未知家居。人々居土窠、恙虫螫人。故本朝往来書札之末、相勧云ーー也。言、土窠之穴賢閉塞、可防恙虫云。又見態芸門無恙注矣。

北野本色葉集は、いろは分類体辞書であり、その内部は意義分類されていない。つまり、北野本色葉集には「態芸門」なる部門は存在しないのである。この注文も、下学集諸本の「穴賢」の注文とほぼ一致しており、下学集諸本の態芸門を見ると「無恙」が立項されている。この注文は下学集より転写された注文である。

○神馬藻　シンハサウ　神功皇后攻異国給時、船中無馬秣。取海中藻飼馬。故云ーーー。

これも下学集諸本の注文と似ているが、前田本に「神馬草　シンハサウ　神宮皇后攻異国時、船中無馬秣。取海中之藻飼馬。故云ーーー也」とあるように、今回管見に及んだ下学集諸本は全て標出字を「神馬草」としており、「神功皇后」を「神宮皇后」としている点が異なる。神功皇后は古事記や日本書紀によれば、仲哀天皇の皇后で、オキナガタラシヒメのことである。北野本色葉集の注文にある「攻異国」は、所謂「新羅征討説話」を指す。古辞書では、印度本系節用集の数本に「神宮皇后」が掲出されている。弘治二年本節用集のみ、異本注記として「功」を「宮」の横に施しているのは注目すべき点である。

○孤独　コトク　孟子云、老而無子曰独、幼而無父曰孤也矣。

下学集では、「鰥寡孤独　クワンクワコドク　孟子云、老而無妻曰ー、老而無夫曰ー、幼而無父曰ー、老而無子曰ー也」となっている。孟子梁恵王下に基づく語である。北野本色葉集は「孤独」を標出しているため、注文も下学集の「鰥寡孤独」の注から「孤」「独」の部分のみを抜き出すという、独自の形を取っている。北野本色葉集が、もし孟子から直接採ったのであれば、「孤」「独」の順を転倒することはあまり考えられず、何らかの間接的な資料によったと考える方が自然である。この場合は、下学集の可能性が強いといえよう。

以上の諸事例から総合的に考えれば、北野本色葉集の編纂資料の一つとして、下学集が用いられたことは確実であろう。

注

（1）高橋久子・藤沼（戸谷）順子編「北野天満宮蔵佚名古辞書色葉集単語索引」（「日本語と辞書」第四輯、古辞書研究会編、平成十一年）、及び、高橋久子・崔玲編「北野天満宮蔵佚名古辞書色葉集漢字索引」（「日本語と辞書」第十四輯、古辞書研究会編、平成二十一年）

（2）無訓のもの、傍訓の仮名遣いに誤りのあるもの（例「厳重　ケンテウ」。正しくは「ゲンヂユウ」）は除外した。

（3）「古辞書の訓」（天理図書館善本叢書『節用集二種』付載、月報14）

（4）「治方」を「ヂホウ」とする例に関しては、池上禎造氏「「方」字の合音用法」（『島田教授古稀記念国文学論集』関西大学国文学会）、及び福島邦道氏「四方なる石」（「国語学」第四十六集、国語学会編集）を参照されたい。それらに拠ると、「方」には開合両音があり、その別は意味に関係するという。合音で「ホウ」とする場合、「四方」の意、また医学に関する語であるという。

（5）「宏才」を「コウザイ」とする例に関しては、林義雄氏が『古本下学集七種研究並びに総合索引』の解説の中で次のように説明された。

○コウザイ（春・榊）（宏才）／コウサイ（十一）／コウ（サイ）（前）／は、開合のほかに、長拗音の直音化の問題を含む例のようであるが、／こうさいの人に尋ぬべし。（無明抄）／当世無双の厚才博覧也。（平治物語・上）（日本古典文学大系による。後者は、古活字本では「宏才」に作る）／などの例から見ると、この語は元来「コウザイ」と合音であって、漢字表記は、「厚才」または「弘才」であったと思われるので、「宏才」は、むしろ後からあてられたものと考えるべきであろう。（以下略）

（6）『国語文字史の研究　三』所収。和泉書院、平成八年。

（7）「日本語と辞書」第七輯、古辞書研究会編、平成十四年。

(8)「日本語と辞書」第十輯、古辞書研究会編、平成十七年。
(9)色葉字総論参照。
(10)調査対象としたのは、『古本下学集七種研究並びに総合索引』（風間書房）所収の教育大本・春林本・文明十七年本・前田本・文明十一年本・榊原本・亀田本、及び元和三年版下学集である。

第二章　文書用語から見た特徴

一、北野本色葉集所収の文書用語

北野天満宮蔵佚名古辞書色葉集（以下、「北野本色葉集」または「色葉」と略称することがある）には、「掠(カスメ)給」・「開(ヒラク)二喜悦之眉(キエツノマユヲ)一」・「蜜(ヒツ)（密）懐(クワイ)〈他人妻(ノ)〉」・「被(ラル)レ没収(モツシユウセ)」等、御成敗式目に見える特異な文書用語が採録されている。色葉字の幾つかのテキストの特徴として、政治・経済に関わる文書用語を編纂することが既に実証されているが、北野本色葉集もまた、そのような特徴を有していると予想される。

本章は、北野本色葉集と御成敗式目との共通語彙の質と量、またその他の文書用語について検討・考察することにより、北野本色葉集所収語の位相を明らかにしようとする試みである。

まず、北野本色葉集の漢字二字以上の全標出語を調査対象とし、中世文書使用語彙の含有率を調べる。竹内理三氏・史料編纂所が編纂されたデータベース『CD-ROM版鎌倉遺文』（第一版、平成二十年、東京堂出版）を使用し、北野本色葉集各部の所収語彙につき、データベースに使用例があるか否かを確認する。その際、前述したように、調査対象は、データベース検索で語の認定が可能である、漢字二字以上の語彙とする。

右の方法により調査した結果を、表1に示す。

表1

	北野	鎌倉	比率
イ			
ロ			
ハ			
ニ			
ホ			
ヘ			
ト			
チ	63	58	92.06%
リ	36	32	88.89%
ヌ	0	0	
ル	16	15	93.75%
ヲ	44	24	54.55%
ワ	25	15	60.00%
カ	150	94	62.67%
ヨ	34	26	76.47%
タ	104	65	62.50%
レ	39	32	82.05%
ソ	48	34	70.83%
ツ	66	24	36.36%
ネ	15	9	60.00%
ナ	41	20	48.78%
ラ	31	22	70.97%
ム	25	12	48.00%
ウ	53	25	47.17%
ヰ			
ノ	14	6	42.86%
オ			
ク	88	52	59.09%
ヤ	44	22	50.00%
マ	32	13	40.63%
ケ	78	71	91.03%
フ	80	56	70.00%
コ	98	51	52.04%
エ	30	18	60.00%
テ	46	35	76.09%
ア	93	36	38.71%
サ	105	68	64.76%
キ	107	82	76.64%
ユ	25	17	68.00%
メ	33	25	75.76%
ミ	37	20	54.05%
シ	224	170	75.89%
ヱ	2	0	0%
ヒ	74	39	52.70%
モ	38	19	50.00%
セ	91	70	76.92%
ス	57	27	47.37%
計	2186	1404	64.23%

この調査から、北野本色葉集所収の漢字二字以上の標出語二一八六語中、鎌倉遺文に使用例のあるものは一四〇四語であり、その含有率は六四・二三パーセントであるという結果が得られた。

次に、北野本色葉集の漢字二字以上の字音語を調査対象とし、中世文書使用語彙の含有率を調べる。右と同様、竹内理三氏・史料編纂所が編纂されたデータベース『CD-ROM版鎌倉遺文』（第一版、平成二十年、東京堂出版）を使用し、北野本色葉集各部の所収字音語につき、データベースに使用例があるか否かを確認する。その際、前述したように、調査対象は、データベース検索で語の認定が可能である、漢字二字以上の語彙とする。

右の方法により調査した結果を、表2に示す。

表2

	北野	鎌倉	比率
イ			
ロ			
ハ			
ニ			
ホ			
ヘ			
ト			
チ	61	57	93.44%
リ	36	32	88.89%
ヌ	0	0	
ル	16	15	93.75%
ヲ	10	9	90.00%
ワ	12	10	83.33%
カ	81	66	81.48%
ヨ	23	22	95.65%
タ	53	43	81.13%
レ	37	31	83.78%
ソ	35	29	82.86%
ツ	17	11	64.71%
ネ	8	5	62.50%
ナ	11	9	81.81%
ラ	29	22	75.86%
ム	8	6	75.00%
ウ	12	7	58.33%
ヰ			
ノ	4	2	50.00%
オ			
ク	44	39	88.64%
ヤ	13	10	76.92%
マ	7	6	85.71%
ケ	74	69	93.24%
フ	61	53	86.89%
コ	43	36	83.72%
エ	17	16	94.12%
テ	31	26	83.87%
ア	12	11	91.67%
サ	59	49	83.05%
キ	91	72	79.12%
ユ	15	15	100.00%
メ	18	16	88.89%
ミ	14	12	85.71%
シ	178	159	89.33%
ヱ	2	0	0%
ヒ	34	31	91.18%
モ	16	12	75.00%
セ	84	67	79.76%
ス	29	20	68.97%
計	1295	1095	84.56%

この調査から、北野本色葉集所収の漢字二字以上の字音語一二九五語中、鎌倉遺文に使用例のあるものは一〇九五語であり、その含有率は八四・五六パーセントにのぼるという結果が得られた。これは、漢字二字以上の字音語に限っていえば、相当の高率で文書の用語が含まれているということになる。これを表1の結果と比較した場合、非字音語における文書用語率が比較的低い（計算上は三四・六八パーセント）ことになる。すなわち、北野本色葉集は、漢字二字以上の字音語については、文書用語を重点的に収録し、非字音語の方は、多様な内容の素材から採ったという推定が成り立つ。

二、古文書・古記録の用語・用字

北野本色葉集所収語のうち、中世末までの詩歌・物語等には見られず、古文書・古記録に専ら見える用語・用字と判断される事例について、具体的な使用例を検討しつつ、考証を行う。

1「虫火（チウクワ）〔蠟燭〕」

○金沢文庫文書、嘉暦二年（一三二七）頃三月五日（鎌倉遺文三〇〇一五号）「…御札返々悦存候、虫火〔蠟燭〕一合給候了、悦入候」

○経覚私要鈔、嘉吉三年（一四四三）四月二十六日（史料纂集による）「為予祈禱、琰魔天供於河内大平寺沙汰之、用途少々・虫火〔蠟燭〕十三廷進之了」

○経覚私要鈔、嘉吉四年（一四四四）一月六日（史料纂集による）「盆一枚・檀紙十帖・差縄一筋・髪剃一手・火箸一前・虫火〔蠟燭〕十廷」

○経覚私要鈔、嘉吉四年（一四四四）一月七日（史料纂集による）「尊琳房来、杉原十帖・扇給之、檀紙廿帖・虫火〔蠟燭〕三廷遣之」

○経覚私要鈔、文安四年（一四四七）十一月十四日（史料纂集による）「琳専良識房向越智之由申之間、言付遣銚子提一具・虫火〔蠟燭〕箱一合遣了」

○経覚私要鈔、文安五年（一四四八）九月十四日（史料纂集による）「教法院入来、一昨日下向云々、虫火〔蠟燭〕十廷賜之」

○経覚私要鈔、宝徳二年（一四五〇）二月七日（史料纂集による）「鷹司冬家公息相国寺禅僧周厳首座来臨、不思寄者也、虫火〔蠟燭〕十廷・扇一本・杉原十帖給之間、花瓶一〈胡銅〉・引合十帖遣了」

○経覚私要鈔、宝徳三年（一四五一）一月六日（史料纂集による）「元興寺領人夫一人上京都了、油・虫火〔蠟燭〕以下為取下也、徒上之間、不断光院へ遣榼・鏡等了」

○経覚私要鈔、宝徳三年（一四五一）一月九日（史料纂集による）「元興寺領人夫下了、油免油一樋〈八升云々〉、虫火〔蠟燭〕六七十廷下了」

○経覚私要鈔、宝徳三年（一四五一）十月二十九日（史料纂集による）「九条不断光院端坊越後虫火〔蠟燭〕五十廷賜之、不思寄者也、下越後今日上洛云々」

○経覚私要鈔、康正二年（一四五六）一月二日（史料纂集による）「又隆舜法橋〈付衣・袷〉来、是モ榼一双并円鏡・勝栗等賜之、厚紙一束・虫火〔蠟燭〕五廷遣之」

○経覚私要鈔、康正三年（一四五七）六月二十八日（史料纂集による）「室町殿令違例賜之間、一乗院上洛トテ、別当僧正可上洛馬事被申間遣了、虫火〔蠟燭〕同所望之間、五廷遣了」

○経覚私要鈔、康正三年（一四五七）九月二十六日（史料纂集による）「与一男可下細呂宜郷之間、誂物事加下知了、／条々／綾二代五貫文　御服絹三丈／絹一代二貫文　虫火〔蠟燭〕二色二貫文〈五廷虫火〔蠟燭〕五十廷、十廷虫火〔蠟燭〕百廷〉」

○大乗院寺社雑事記、長禄二年（一四五八）十二月十三日（増補続史料大成による）「仕丁国弘参ス、虫火〔蠟燭〕十廷進之、国儀共巨細申入、御悦喜之由仰了」

○経覚私要鈔、長禄二年（一四五八）十二月二十八日（史料纂集による）「与一男虫火〔蠟燭〕三十廷賜之」

○大乗院寺社雑事記、長禄二年（一四五八）十二月二十九日（増補続史料大成による）「与一来、虫火〔蠟燭〕十廷進之、同為悦旨仰了、…又虫火〔蠟燭〕十廷賢秀進之」

○大乗院寺社雑事記、長禄三年（一四五九）一月二日（増補続史料大成による）「虫火〔蠟燭〕五廷経胤進之」

○経覚私要鈔、長禄三年（一四五九）一月十一日（史料纂集による）「普賢院奘弘律師榼一・鏡一面・蜜甘一盆持参之間、□□献、虫火〔蠟燭〕二廷・檀紙十帖遣之了」

○経覚私要鈔、長禄三年（一四五九）一月十二日（史料纂集による）「安位寺返事可書遣之由仰付畑男、杉原十帖・虫火〔蠟燭〕二廷遣之」

○経覚私要鈔、長禄三年（一四五九）一月二十五日（史料纂集による）「東大寺水門助公来、雑紙三束・虫火〔蠟燭〕二廷遣了」

○大乗院寺社雑事記、長禄三年（一四五九）二月十二日（増補続史料大成による）「自公方御下行分…虫火〔蠟燭〕三廷〈近年御略〉」

○大乗院寺社雑事記、長禄四年（一四六〇）八月一日（増補続史料大成による）「杉原一束・虫火〔蠟燭〕三十廷・小瓶子一双為御返事被送下了、過分至也」

○大乗院寺社雑事記、長禄四年（一四六〇）十月二十日（増補続史料大成による）「松明十廿把　丁珍二并虫火〔蠟燭〕」

○経覚私要鈔、長禄四年（一四六〇）十一月二十一日（史料纂集による）「寺門使節□□□□□□□□ヨリ虫火〔蠟燭〕五廷□□□□□□□賜之、悦遣了」

○大乗院寺社雑事記、長禄四年（一四六〇）十二月十三日（増補続史料大成による）「虫火〔蠟燭〕六廷同遣之了」

○大乗院寺社雑事記、寛正二年（一四六一）一月二日（増補続史料大成による）「畑経胤来、虫火〔蠟燭〕五廷持参、扇一本給之」

○大乗院寺社雑事記、寛正二年（一四六一）一月二十四日（増補続史料大成による）「自随心院殿虫火〔蠟燭〕十廷送給之了」

○経覚私要鈔、寛正二年（一四六一）四月五日（史料纂集による）「河口荘下向之仕丁友清為礼来云々、虫火（蠟燭）十廷進之、仰神妙之由了」

○大乗院寺社雑事記、寛正二年（一四六一）四月十九日（増補続史料大成による）「此外虫火（蠟燭）少々随申可給之ナリ」

○大乗院寺社雑事記、寛正二年（一四六一）十一月十三日（増補続史料大成による）「自小坂殿音信、虫火（蠟燭）十廷送給了」

○大乗院寺社雑事記、寛正二年（一四六一）十二月二十三日（増補続史料大成による）「虫火（蠟燭）十廷／合二百文」

○経覚私要鈔、寛正三年（一四六二）七月十七日（史料纂集による）「自三宝院有書状、帷荘事等被申送畢、次柳阿虫火（蠟燭）廿廷賜之、先日以吉阿風流用小テ久シクモヘ侍ヘキヲ五廷計所用之由仰了、其故如此賜候歟、懇悦賜了」

○大乗院寺社雑事記、寛正三年（一四六二）十一月十九日（増補続史料大成による）「友清虫火（蠟燭）五廷進之、武真大虫火（蠟燭）三廷進之」

○大乗院寺社雑事記、寛正四年（一四六三）一月二十三日（増補続史料大成による）「慶徳法師虫火（蠟燭）十五廷進之」

○大乗院寺社雑事記、寛正四年（一四六三）十一月二日（増補続史料大成による）「武次仕丁参申、虫火（蠟燭）三廷進之」

○大乗院寺社雑事記、寛正六年（一四六五）十二月三日（増補続史料大成による）「友清・武友参上、各虫火（蠟燭）十廷進之、不日上洛云々」

○経覚私要鈔、寛正六年（一四六五）十二月二十八日（史料纂集による）「木阿来、虫火〔蠟燭〕五廷賜之、一昨日罷帰云々」

○大乗院寺社雑事記、寛正七年（一四六六）一月二十二日（増補続史料大成による）「自随心院殿虫火〔蠟燭〕一合送給」

○経覚私要鈔、文正元年（一四六六）八月二十四日（史料纂集による）「戌剋申楽参云々、仍於障子上〈堂上〉可沙汰之由被下知、奉行玄深寺主〈付衣〉、虫火〔蠟燭〕二所ニ燭之、七八番沙汰了」

○大乗院寺社雑事記、文正元年（一四六六）八月二十四日（増補続史料大成による）「芸能夜入之間、於障子上行之、虫火〔蠟燭〕出之、下北面宗順持出之、芸能中燈替事ハ猿楽沙汰也」

○大乗院寺社雑事記、文正元年（一四六六）十二月二十九日（増補続史料大成による）「東北院僧正・光宣法印・筒井代官、各対面、室武友虫火〔蠟燭〕十廷持参、友清十廷・タヒ一足昨日進之」

○大乗院寺社雑事記、応仁三年（一四六九）二月二十七日（増補続史料大成による）「河口使武友虫火〔蠟燭〕十廷進之、友清ハ相残□□□」

○経覚私要鈔、文明二年（一四七〇）一月十四日（史料纂集による）「楠葉備中守元次男来、去十一日京着、今日罷下云々、虫火〔蠟燭〕五十丁持来了、坪江事委細演説了」

○大乗院寺社雑事記、文明二年（一四七〇）一月十四日（増補続史料大成による）「北国使武友仕丁虫火〔蠟燭〕十廷進之」

○大乗院寺社雑事記、文明二年（一四七〇）一月十七日（増補続史料大成による）「楠葉新衛門参申、虫火〔蠟燭〕十廷進之」

○大乗院寺社雑事記、文明二年（一四七〇）一月十九日（増補続史料大成による）「経胤参賀、虫火〔蠟燭〕五廷進之」

○経覚私要鈔、文明二年（一四七〇）十月八日（史料纂集による）「虫火（蠟燭）少々懸之、上北面良鎮〈舜専房〉召之了」

○大乗院寺社雑事記、文明二年（一四七〇）十二月二十五日（増補続史料大成による）「武友虫火（蠟燭）十廷進之」

○大乗院寺社雑事記、文明二年（一四七〇）十二月二十八日（増補続史料大成による）「順宣・英算法印代官英祐・萩別所・泰尊・光守律師〈虫火（蠟燭）十廷給之〉対面」

○経覚私要鈔、文明四年（一四七二）二月十五日（史料纂集による）「武友来、虫火（蠟燭）十丁・梅染一、号宮気給之、又誂絹二巻、糸五十目代五百五十文、絹二巻代三貫五十文云々、上絹也、神妙」

○大乗院寺社雑事記、文明四年（一四七二）二月十六日（増補続史料大成による）「北国定使武友仕丁虫火（蠟燭）十廷進之」

○大乗院寺社雑事記、文明四年（一四七二）八月一日（増補続史料大成による）「方々進物事、白布一反・杉原一帖〈仏地院〉、白布一反〈奘舜〉、虫火（蠟燭）十廷・茶二十袋〈清賢法橋〉」

○大乗院寺社雑事記、文明四年（一四七二）八月二日（増補続史料大成による）「虫火（蠟燭）十廷遣訓英方」

○大乗院寺社雑事記、文明七年（一四七五）九月八日（増補続史料大成による）「夜ニ入之間、ラウ觸（燭）ヲ予相尋テ棚ヲ探廻之処、是ニ候トテ、自懐中虫火（蠟燭）一廷取出テ、予ニ給之」

○大乗院寺社雑事記、文明十年（一四七八）十一月二十四日（増補続史料大成による）「夜ニ入新座・本座田楽交名付之、専実等身衣・指貫取進也、則退了、正燈下北面供之、於公文所虫火（蠟燭）申次持之」

○大乗院寺社雑事記、文明十一年（一四七九）一月二十七日（増補続史料大成による）「直志院殿より虫火（蠟燭）

五廷給之、当年音信始也」

○大乗院寺社雑事記、文明十二年（一四八〇）一月二十五日（増補続史料大成による）「京都御返事到来、自二条殿虫火〔蠟燭〕十廷被下之」

○大乗院寺社雑事記、文明十二年（一四八〇）九月八日（増補続史料大成による）「御前以下御油ハ寺務用意之、虫火〔蠟燭〕等同」

○大乗院寺社雑事記、長享三年（一四八九）三月十三日（増補続史料大成による）「櫛田右京助加賀紙一束・虫火〔蠟燭〕五廷持参」

○政覚大僧正記、長享三年（一四八九）三月十四日（史料纂集による）「櫛田右京亮下向、賀州井家荘事加問答、虫火〔蠟燭〕五廷・紙一束右京亮進之、不思寄由仰之」

○大乗院寺社雑事記、明応三年（一四九四）三月二十六日（増補続史料大成による）「直指院殿より虫火〔蠟燭〕一合為後智恵光院御前燈火被下之、可遣己心寺也」

○大乗院寺社雑事記、明応五年（一四九六）一月十四日（増補続史料大成による）「御油入次第給之、虫火〔蠟燭〕同、ハケ・板・尺・燈心〈小童方〉」

○大徳寺文書、永正十六年（一五一九）、如意庵施食小日記（大日本古文書、大徳寺文書之十二、三一七〇号）「廿五文　茄子〈汁菜共〉／廿五文　瓜／三文　水向米／三文　落葉／卅文　虫火〔蠟燭〕／廿文　油〈ランタウ迄〉／六十五文　幡紙色々」

○大徳寺文書別集真珠庵文書、大永六年（一五二六）二月二十八日、大徳寺山門造営方納下帳（大日本古文書、大徳寺文書別集真珠庵文書之六、八三六号）「山門納下帳…六十四文　虫火〔蠟燭〕二丁、箔共／参十文　疏紙／八文　土器、同台共」

○大徳寺文書、天文十六年（一五四七）二月九日、正印禅師二百年忌納下帳（大日本古文書、大徳寺文書之十、二六〇七号）「正印禅師二百年忌納下帳…五升　箕弐个／四斗弐升四合　虫火〔蠟燭〕大小〈常庵真前法堂共〉／六升　縄三束〈棹縄色々〉／参斗四升　豆腐」

○大徳寺文書別集真珠庵文書、天正八年（一五八〇）十月二十一日、宗純一休百回忌出銭帳（大日本古文書、大徳寺文書別集真珠庵文書之二、一五〇号）「一百回忌之出銭帳…虫火〔蠟燭〕十丁　新六／大根　四束　与次郎〈上野〉／菜　一束　与五郎」

○大徳寺文書別集真珠庵文書、天正八年（一五八〇）十月二十一日、宗純一休百回忌少林寺分奉加帳（大日本古文書、大徳寺文書別集真珠庵文書之二、一五三号）「祖師百周忌奉加帳…昆布〈廿本　代百文〉宗運／虫火〔蠟燭〕〈十丁、代百六十文〉同」

○大徳寺文書別集真珠庵文書、天正二十年（一五九二）十一月二十五日、小斎作法并納下注文（大日本古文書、大徳寺文書別集真珠庵文書之四、四六一号）「廿五日小斎…十文　モチ、ク、、常住へ納之、…三文　スタチ〈同〉／七文　虫火〔蠟燭〕〈同〉／廿文　小赤豆〈二升〉」

○大徳寺文書、慶長六年（一六〇一）四月二十八日、月窓忌入目小日記（大日本古文書、大徳寺文書之十、二六二六号）「檀那月窓忌　小日記…壱升　昆布／五合　大豆／五合　茶／八合　虫火〔蠟燭〕」

○大徳寺文書別集真珠庵文書、慶長七年（一六〇二）七月五日、菊仙院華岳慈春半井瑞策室仏事儲日記（大日本古文書、大徳寺文書別集真珠庵文書之五、五四八号）「菊仙院殿ヨリ仏事日記／納／卅三文　白紙一帖〈施、色々遣之〉／十五文　虫火〔蠟燭〕〈二丁〉／卅三文　土器色々」

○大徳寺文書、慶長九年（一六〇四）三月二十九日、龍翔寺寺用納下状（大日本古文書、大徳寺文書之十二、三一八六号）「壱升六合　虫火〔蠟燭〕／…壱升六合　虫火〔蠟燭〕／…壱升六合　虫火〔蠟燭〕／…三升五合　虫火

〔蠟燭〕、修正満散〈共〉／…壱升六合　虫火〔蠟燭〕／…壱升六合　虫火〔蠟燭〕」
○大徳寺文書別集真珠庵文書、慶長二十年（一六一五）閏六月二十九日、真珠庵銭子納下帳（大日本古文書、大徳寺文書別集真珠庵文書之二、一四七-四七号）「真珠庵銭子納下帳／納／…四分　虫火〔蠟燭〕　大一丁、同時売之」
○大徳寺文書、元和元年（一六一五）九月一日、大徳寺諸塔主連署定文（大日本古文書、大徳寺文書之十二、三一六八号）「総見院定月下行…参斗　油炭〈茶堂真前〉／参斗　真前虫火〔蠟燭〕／壱斗　納所月俸」
○大徳寺文書別集真珠庵文書、元和元年（一六一五）十二月二十九日、真珠庵銀子納下帳（大日本古文書、大徳寺文書別集真珠庵文書之二、一四七-五〇号）「真珠庵銀子納下帳…壱分　虫火〔蠟燭〕一丁、侍真勤代」
○大徳寺文書別集真珠庵文書、元和二年（一六一六）二月二十九日、真珠庵銀子納下帳（大日本古文書、大徳寺文書別集真珠庵文書之二、一四七-五一号）「真珠庵銀子納下帳…五分六厘　虫火〔蠟燭〕三丁、侍真へ渡之」
○大徳寺文書別集真珠庵文書、元和二年（一六一六）四月二十九日、真珠庵銀子納下帳（大日本古文書、大徳寺文書別集真珠庵文書之二、一四七-五二号）「真珠庵銀子納下帳…九分　虫火〔蠟燭〕五丁、侍真渡之」
○大徳寺文書別集真珠庵文書、元和二年（一六一六）六月三十日、真珠庵銀子納下帳（大日本古文書、大徳寺文書別集真珠庵文書之二、一四七-五三号）「真珠庵銀子納下帳…三分五リ　虫火〔蠟燭〕二丁、侍真へ渡之」
○大徳寺文書、寛永十七年（一六四〇）、龍翔寺用納下状（大日本古文書、大徳寺文書之十二、三一八七号）「弐升虫火〔蠟燭〕、修正中之□／…壱升弐合　同虫火〔蠟燭〕／…弐斗八合　虫火〔蠟燭〕〈十二个月分、但一个月ニ付壱升六合充〉」
○大徳寺文書別集真珠庵文書、年未詳、四月二十日、宗純一休入牌料納下帳（大日本古文書、大徳寺文書別集真珠庵文書之一、一二一号）「一休和尚入牌料之事…百八十八文　祠堂方供具　虫火〔蠟燭〕」

○大徳寺文書、年月日未詳、龍翔寺年貢銭納下帳（大日本古文書、大徳寺文書之六、二三二七号）「三十文　八日
添菜　四十文　銀銭紙／五十文　結制　虫火（蠟燭）五十文　油」

○大徳寺文書、年月日未詳、龍翔寺寺用納下状（大日本古文書、大徳寺文書之十二、三一八八号）「参斗五升　糞、
菓子／弐升　虫火（蠟燭）〈修正中〉…弐升弐合　同虫火（蠟燭）／…□□九斗弐合　虫火（蠟燭）十二个月分
〈但一个月ニ付壱升六合充〉」

「蠟燭」を略体で「虫火」と表記した例は、中世以降、枚挙に遑が無く、特に一四五〇〜一四八〇年の三十年間の使用が著しい。当時の文書・記録を書いた人々の表記意識としては、「らつそく」を「虫火」と表記した、というものであったと推定される。しかしながら、北野天満宮蔵佚名古辞書色葉集の編纂者は、「虫火」を字音読みして「チウクワ」と傍訓し、「チ」の部に収載している。また、現代のことではあるが、増補続史料大成『大乗院寺社雑寺記』の校訂において、「虫火」の諸例に当然期待される傍註が一切無く、史料纂集『経覚私要鈔』の頭注には「九條不斷光院端坊越後虫火を進む」（宝徳三年十月二十九日条）、「蟲火」（文明二年十月八日条）、「河口荘定使武友土産品蟲火梅染帷を進め誂物絹と絲を持參す」（文明四年二月十五日条）とあり、「虫火」あるいは「蟲火」として説明されている。このように、中世の然るべき識者にも、現代の専門家にも、「虫火」が「蠟燭」と認識されていないケースを、幾つか指摘することができる。書き手以外の者にとって認識しにくい略体の一つであったと考えて良いであろう。但し、鎌倉遺文を編纂された竹内理三氏は、三〇〇一五号文書の「虫火」の右に「（蠟燭）」と傍注を施された。

「蠟燭」を「虫火」と略体表記するのは、しかしながら、日本独自に発達した略体の形式の一例として認識することができる。中国に於ける俗体の形式は、『漢語俗字研究（増訂本）』（張涌泉、商務印書館）に類型化が試みられており、そこにも「簡省」の項が立てられている。そこで挙げられている例は、字の全体もしくは一部を簡略な表

記に改めたり、一部を省略したり、合成したり、草書体に近づけたりするものであり、あくまでも漢字一字の象である。「蠟燭」を「虫火」にあらためるような、二次熟語単位の簡省の例は無い。

ここで想起されるのは、日本でもよく用いられた、「菩薩」を「𦬇」と書くような例で、これは中国に由来する。敦煌文書にも見られ、仏典で極めて多用される「菩薩」を効率よく書くため、それを二つの草冠に略し、さらに合成したものと考えられる。「𦬇」の下部に点を加えたものは、「菩提」として用いられたが、これは必然性のないもので、「𦬇（菩薩）」を前提として変形させたものであろう。

「𦬇」は、二字熟語の扁のみを並べた点では、「虫火」と発想が似ているものの、あくまでも一字に合成するところが違っている。また、「𦬇」のような表記は、他に類例が見られず、仏教用の特殊な略体としてわずかに存在したに過ぎない。

それに比べて、日本では、「虫火」に似た略体の形式が多様に存在する。それが「𦬇」の発想の延長上にあるにしても、二字熟語を二字に省略する形式は、日本で独自に発達したものといってよいであろう。まず、「虫火」のように、扁のみ記す例として、「水丁（灌頂）」「厂广（暦應）」「宀王（宝珠）」「言广（護摩）」「扌言（擬講）」「羊广（羯磨）」等が挙げられる。いずれも画数の多い熟語を要領よく略したものである。同じ扁を重ねたものも多く、「酉酉（醍醐）」「忄忄（懺悔）」「女女（娑婆）」「辶辶（進退）」「王王（瑠璃）」「氵氵（淄洲）」「扌扌（撲揚）」「扌扌扌（権検校）」等がある。

これに対し、旁に当たる部分を残した例もある。「比巴（琵琶）」「主丈（拄杖）」「吉更（桔梗）」「白眞（柏槇）」「昆屯（餛飩）」「少太（沙汰）」「巨達（炬燵）」「里取（理趣）」がある。扁が揃っているものが多い。「是古（醍醐）」もこれに類するのだろう。「羊石（羯磨）」は、原則的ではないが、「羊广」の異形である。「九九（究竟）」は、やや特殊な例ではあるが、以上に述べたものの一類であることは疑いをいれない。

以上のように、全てが原則的というわけではないが、画数が多く、おそらくは使用頻度の高い二字熟語を省略する場合、「虫火」のような簡単な二文字（もしくは二つの偏）で表記する習慣があったことが確認されるのである。

2 「無（ナシ）レ予（ヨキ）儀」

「無予儀」は、意見状・注進状・牒状・評定引付・申状等に見え、漢字の通用が関わるため、一概に論ずることは差し控えなければならない。

［aグループ］

○兼仲卿記弘安四年七月巻裏文書、弘安元年（一二七八）九月日、妙阿申状（鎌倉遺文一三一九〇号）「…随彼院宣者、自当家依被執申、所被尋下之問状也、任道理□□□之条、何不可為非拠哉、抑帯彼等先祖恒包之曳文、通于恒□□□四代已服仕一類、于今召仕之、此等次第郡内皆以存知也、争可被許□（所カ）従敵対之輩乎、幸奉逢徳政御代、聖断定無予儀者歟、□□□服仕之条、恒吉等已承伏、子細見彼等問答之状、然則早任代々□□□道理、恒吉等一類五人、如元妙阿可進退之由、欲被仰下矣、仍勒状以解」

尼妙阿の申状である。妙阿の申し立てによれば、恒吉らの一族は、四代にわたり妙阿の家に仕えており、それに対して異議を唱えるのは根拠の無い謬言である。恒吉ら一族もすでに判決に従っている。今上の理想的な治世下において、天皇の御裁断は、さだめて速やかに執行されることであろう、とする。

○皇字沙汰文、永仁五年（一二九七）四月十一日、外宮神主注進状（鎌倉遺文一九三三九号）「豊受皇太神宮神主／注進、可早重経次第　上奏、就去年　綸旨、不可有当宮皇字条、不帯別所見由、出承伏請文上者、停止内宮禰宜等非拠濫奏、被糾行　尊神告訴重科等子細事、／…不可有外宮皇字事、不帯別所見之由、出承伏請文之上者、停止彼宮禰宜等非拠謀論之条、勅裁定無予儀歟」

伊勢神宮の内宮の禰宜等が、外宮には「皇」字を用いてはならない、という根拠の無い訴えを起こした。内宮の禰宜等に尋ねたところ、この件について、別の証拠書類を持っていないことを認め、答申する文書を提出した。この上は、内宮の禰宜等の根拠の無い謀論を止めさせるべき、天皇の御勅裁は、さだめて速やかに執行されるであろう、とする。

○東大寺文書、文和二年（一三五三）十月三日、興福寺六方衆牒状（大日本古文書、東大寺文書之七、四四九号）「当国凶党等、傾〔頃〕年以来、寄事於世上之騒乱、奪取宗教弘通之依怙、頻為神祭仏会之違乱之間、不待普天之責、為加六方之刑、下向国中之処、貴寺青鳥在、今沙汰之要枢之上者、無予儀者也、早給注文、可被評定由、一揆候也、恐々謹言」

興福寺六方衆の牒状である。大和国において、世上の争乱に便乗して、賊徒が寺の財物を盗む事件が多発している。御公儀のお咎めを待たずに、興福寺の六方組織の僧衆が刑罰を加えるため大和国中に下向したところ、東大寺より書状が届いた。ただちに司法的裁定をすることが喫緊である以上、猶予すべきではない。速やかに注進状を頂戴し、裁定していただきたいと、我々の意見が一致したところである、とする。「無予儀」は、猶予すべきでない、滞り無く速やかに、の意味である。

○伏見宮本建内記、嘉吉元年（一四四一）七月五日「三宝院僧正御房給御使、〈治部、〉謁見、斎藤入道〈常継事也、俗名国継、〉赦免事也、先御代時分及勘気、近日諸人御免連綿也、恩免可為御本意之由承之、彼事就南隣土蔵事有浮説之間、厳密相尋之、其身無過怠之条及告文、打刀〈ヤリ、〉両種朝日内宮地取之了、其成敗之不及之故歟、後日之御沙汰難治之間、放被管了已及多年、非殊自科、連々雖歎申未免之処、被聞食及蒙仰之条、其身面目過分之至也、早可免許之由申了、此事先日浄花院前住・先年真蘂蔵主等可恩赦之由口入、今又門跡芳命無予儀者也」

建聖院内大臣万里小路時房の日記である。三宝院僧正御房が御使者を遣わし、謁見した。斎藤入道国継の赦免の件である。国継は、先代の時に御勘気を蒙った。最近、人々の御赦免が引き続いている。国継の恩免が三宝院僧正御房の御本意であるとの旨をうかがった。この件については、先日浄花院の前の住職、昨年は季瓊真蘂から、国継を恩赦に付すべきであるとの由、御口添えがあった。今また、門跡の御命令があり、国継の恩免を、これ以上猶予すべきではない、とする。

以上aグループの用例における「無予儀」の「予」は、「猶予」の「予」であり、時間的なゆとりを置くことである。「無予儀」で、滞り無く速やかに、猶予すべきでない、の意味を持つと考えられる。

［bグループ］

○東寺百合文書、応永二十九年（一四二二）七月十日、二十一口方評定引付（大日本古文書、東寺百合文書ち、五号）「良文上人追放事／此聖進退、以外無正体上、近日如風聞者、西院具足等取出之、質物置之由有其沙汰、仍糾明之処、無予儀歟、即加問答之間、不及陳答、只可有御免之由計也、披露之処、此上者、急可替職之由、衆儀了」

廿一口方の評定引付である。僧良文の追放に関する判決文である。この僧の行動は、ひどく常軌を逸している上、最近聞くところによれば、西院の財物を盗んで質物としたということである。そこで糾明したところ、全くその通りで、議論の余地が無い、と判断された。すぐに三問三答の訴陳をつがえようとしたが、良文は陳述をせず、ただ御許しくださいと言うばかりである。この由を上申したところ、かくなる上は、ただちに職を罷免すべきであるということで衆議一決した。

○毛利家文書、嘉吉三年（一四四三）十一月日、武田信賢申状写（大日本古文書、毛利家文書之一、六七号）「武田治部少輔信賢謹重言上／安芸国入江保事／右彼保者、被管人馬越左京亮知行仕、和州播州所々在陣、砕手致合戦忠功之条、先度言上事旧畢、而馬越与所官長者不快之間、充身去年九月廿四日被成補任、既沙汰年貢〈貢〉

之上者、毛利争致押妨哉、縦以前雖有契約之儀、令悔返、於申付当方者、競望奸陳、更非御沙汰之限者也、其上去々年天下御大敵御退治之刻、号為用意、下向芸州、指寄馬越要害、致度々合戦、任雅意之段、承伏仕之間、不忠緩怠無予儀者哉、結句去年為先職、於当保可止弓箭之由、雖被出厳蜜〔密〕御状、不及承引、還而語完戸、称 上意、令開城墎〔郭〕、希代之虚言、濫悪之企、絶常篇者也、所詮任本所去年補任、可渡付地下要害之旨、堅被成下 御教書、全領掌、為畏入、粗重言上如件」

武田信賢の申状の写しである。安芸国の入江の保は、元は、被管人馬越左京亮が合戦において粉骨砕身の働きをした忠功により知行していたが、その後、馬越と本所の関係が不和となったため、私が補任されるところとなった。ところが、正統な権利を持たない毛利氏が、武力を用いて侵害するようになり、その行為は常識を越えている。更に一昨年、天下の大敵を幕府が退治された時、用心のためと称して、安芸国に下向し、馬越の要害に押し寄せ、度々の合戦をし、我が儘を押し通そうとしたことは自ら認めたので、毛利氏が、忠義に反し、無礼であることは、議論の余地が無い。結局、去年、先職として、入江の保において戦いを止めるべき由、幕府から厳しい御命令を受けたにも拘わらず、承知せず、完戸氏を語らって、上意と称し、開城させた。希代の虚言であり、悪いたくらみは、言語道断の所行である、とする。

以上bグループの用例における「無予儀」は、「余」と「予」の通用例であり、「無余儀」と同義である。中国・日本において、「余」と「予」は通用する。bグループの用例の「無予儀」は、全くその通りで、議論の余地が無い、の意味であると考えられる。

［cグループ］

○建内記、文安四年（一四四七）一月十一日「慈恩院僧正入夜又来、有可謁事□□相□出座、今朝之儀謝之、興福寺別当近年両三年之後大都辞退也、当□□（別当カ）□□□定可有辞退歟、其時権別当次第有転任者、権官事勝願院良雅法印云﨟次云遂講理運也、窮貧無双無坊舎、近年一乗院□□（部屋カ）□、□□（然共カ）居極官者無坊舎不可叶、仍東院坊当時坊主□□□（壮年之カ）間、為□□（讃仰カ）□□同宿之間、可令借住之由約束了、座次□□□（喜多院カ）法印也、云年﨟云学道後進也、不可相争、後闕之時必可預扶持、良雅法印異他申通之間、伝語□□（云々）、理運無予儀、不可依貧福之由答了、依歓楽不勧一器、無念々々」

夜に入り、慈恩院僧正兼暁が来宅し、謁見した。今朝の贈り物に対する謝意を述べた。用件は、興福寺の権別当職の後任人事の件である。興福寺の別当職は、近年は二、三年で辞職している。今の別当松林院貞兼も、さだめて辞職するであろう。その場合、権別当には勝願院良雅が最も適任であろうと推薦した。貞兼は貧窮していて坊舎も持たない。極官は、坊舎を持たないわけにはいかない。よって、東院坊に他の坊主と同宿して借住できるようにする由を約束した。次の候補は喜多院空俊法印である。年﨟長といい、学道といい、後進であり、良雅の相手にもならない。後任人事の時は必ずお力添えをお願いしたい。良雅法印とは特別に親しくしているので、申し伝える、とのことである。道理に適った人事として他の可能性は無い、貧富によるべきではない旨、返答した。病気のため、客に酒を出さなかった。残念残念。

○建内記、文安四年（一四四七）四月二十六日所収、細川勝元宛万里小路時房書状「興福寺別当職事、松林院貞兼僧正両三年居其職、於今者可上表之由申候、可為何様候哉、辞退治定候者、権別当西南院僧正任次第可被補別当之由被申候、権別当事者勝願院良雅法印同望申候、共以理運無予儀候、随御計可　奏聞候哉、恐々謹言」

興福寺の別当職は、松林院貞兼僧正がこの二、三年つとめ、今は辞表を奉ると申しています。辞職が確かならば、権別当西南院重覚僧正が別当職に補せられるべきであると望んでおります。また、それにより空位となる権別当職は、勝願院良雅法印が望んでおります。共に、道理に適った人事として他の可能性はございません。あなたの御考えにしたがって、天皇に奏上致しましょう。

以上cグループの用例における「無予儀」も、「余」と「予」の通用例であり、「無余儀」と同義である。中国・日本において、「余」と「予」は通用する。cグループの用例の「無予儀」は、他の可能性は無い、他の選択肢は無い、の意味であると考えられる。

bグループの用例中の「無予儀」と、cグループの用例中の「無予儀」は、共に「それ以外は無い」「他の事は無い」という基本義を持つ。しかし、bグループのように事実関係について使用される場合と、cグループのように可能性や選択肢について使用される場合とで、一見しただけでは、文脈上の意味が変わっているようにも見える。しかし、既定の事実を話題にするか、未定の事実を話題にするか、の相異があるだけであり、「ある状況について他の可能性を排除する」という点では同義である、と判断される。

3「励（ハゲマス）ㇾ微力（ヲ）」

○田中忠三郎氏蔵文集、永承元年（一〇四六）頃、某郡司等解（平安遺文六四一号）「諸郡司等解　申請　国裁事／不堪弁進造襲芳舎材木并作料等状／□□□任官宣旨并国宣旨弁進也、而当国去長久四年四五両月之比渉旬炎旱、苗子燋損、田畝燦乾、播殖違期、徒以荒廃、同五年作田百姓雖遭去々年難、励微力所殖、得不減往年之作田、偏待秋獲之間、始従五月中旬至于八月上旬、計其日数已八十余日之間、雨沢不降、炎旱尤甚、爰百姓等春時疲□耕、秋日乏稲穀、就中近日、受両年費、飢死之輩盈満道路、加以去年十月比、不堪件作料等之由、注在状言上於官底、雖経数日不承免否之定、空以罷下、或又逃去他境、国宣之日、偏守朝□、雖被勘仰、郡司等以誰人令採進件材木、仍擬相催、更無方計、望　請国裁、重被奏　公底、被言上此由、将慰民」

○栄山寺文書、承徳二年（一〇九八）八月十五日、栄山寺別当実経置文（平安遺文一三九七号）「一、不可成以他家他門僧別当職事／…実経当其仁、拝任寺司以後、建立堂舎興隆仏法、偏励微力也、誰人有一支助成哉、倩見諸氏建立寺院者、為末葉人帰依氏伽藍、殊専其勤節、是古今常事也、而当寺者雖及堂舎破壊、全无有修理之志人、寺務知行之時、各思一旦之利潤、致非例之異論者、自今以後実経一門相承、撰其器可補任別当職也」
○東大寺文書四ノ四十七、養和二年（一一八二）四月二十八日、野寺僧弁慶申状案（平安遺文四〇二三号）「爰聖人臨終之剋、琳慶申請房中之聖教本尊仏具資財等、余弟子等之中全不可取領、只為処之流通物可附置本房云々、如此加制止、一塵〈毛〉不散、附置本房、雖然卌九日後悉以多仁御荘自房〈ニ〉運取了、以少僧一人付本房、雖号院主代、堂舎破壊、修造全不加力、何況師琳慶彼永順聖人調度文書流記施入帳等、指無譲状押取、田畠領掌、并寺内僧達雖進退仕、□（破カ）壊修造之□敢不与力、師弟共為所全無益院主僧也、有樹木者菓子悉他所持運、有竹林者無残切取、院内非□、偏不知荒廃、如此経年来之間、往古本堂已以顛倒、爰弁慶励微力令修造、以去々年冬供養已了」
○下野鑁阿寺文書、正安元年（一二九九）、下野鑁阿寺一切経会等記録（鎌倉遺文二〇三五四号）「至会式之具足等・法服舞装束者、可有御国下、無所残悉可注申之由、被仰下之間、供僧等成勇、曼荼羅供・道場荘厳之道具・庭上之御具足等、式衆法服・舞装足・楽伎之具足等、大概令注進之処、恩可有御計之由、重被仰下之間、彌開喜悦之眉之処、下賜執蓋玉幡計、自余之具足等雖未下、今年計ト各励微力、十六个年之間雖令勤仕、今者計略尽術之間、如被仰下、預御計歟」
「励微力」は、請文・置文・書下・官宣旨・願文・解・下知状・去状・書状・訴状・売券・申状等に見える。右の田中忠三郎氏蔵文集、某郡司等解においては、旱魃が続き、困難な状況下において、百姓が微力を尽くして田に籾を蒔き、稲を育てること、栄山寺文書、栄山寺別当実経置文、及び東大寺文書、野寺僧弁慶申状案においては、寺の堂舎が損壊・老朽化してきた段階で、自分が微力を尽くして修造・補修すること、下野鑁阿寺文書、下野鑁阿寺一切経会等記録においては、鑁阿寺の衆徒が、一切経会の準備を一所懸命にすることを、それぞれ表している。平安・鎌倉時代を通じて、特に寺家の文書では、堂舎の破壊を修補する行為に関連して使用されるケースが多い。

「励微力」は、身分の高くない者が少ない力量を奮い立たせて精励する行為を表現する場合と、自分が一所懸命に力を尽くす行為の謙譲表現として使用される場合とがある。鎌倉遺文（CD-ROM版）では、「微力」の使用例は全五八例あり、そのうちの36・2％に当たる二一例が、「励微力」の形である。

4「悔（クユル）レ前非（センヒヲ）」

○大内青巒氏所蔵、元久二年（一二〇五）十月日、興福寺奏状案（鎌倉遺文一五八六号）「興福寺僧綱大法師等誠惶誠恐謹言／請被殊蒙天裁、永糺改沙門源空所勧専修念仏宗義状、／右、謹考案内、有一沙門、世号法然、立念仏之宗、勧専修之行、其詞雖似古師、其心多乖本説、粗勘其過、略有九箇条、…第四妨万善失　凡恒沙法門待機而開、甘露良薬随縁而授、皆是釈伽大師無量劫中、難行苦行、所得正法也、今執一仏之名号、都塞出離之要路、不唯自行、普誡国土、不唯棄置、剰及軽賤、而間浮言雲興、邪執泉涌、或云、読法花経之者堕地獄、或云、受持法花浄土業因者、是謗大乗人也云々、本誦八軸十軸及千部万部之人、聞此説永以廃退、剰悔前非、所捨本行宿習実深、所合念仏薫修未積、中途仰天歎息者多矣」

興福寺の僧綱が法然を批判した奏状である。法然は阿弥陀仏のみを信仰し、悟りへの道を塞ぎ、自ら邪説を信奉するだけでなく、全国に広め、他説を無視するだけでなく、軽蔑した。かくして、軽薄な言論が雲のように起こり、誤った見解が泉のように涌いた。ある者は、「法華経を読むと地獄に堕ちる」と言い、ある者は、「法華浄土の因縁を支持する者は、大乗の教えをそしるものだ」と言う。もともと、厖大な仏典を読破してきた人々も、この説を聞くと、意気消沈し、さらには自分が間違っていたと反省するに至る。彼等は、それ以前の修行を完全に捨て去ったにも拘わらず、新たな念仏の修行はまだ充分でない。道半ばにして天を仰いで嘆く者が多いのである。

○摂津勝尾寺文書、文応二年（一二六一）二月日、摂津勝尾寺衆徒等訴状案（鎌倉遺文八六一四号）「而件燈油田三段之作人専念、対捍所当、現不法之間、改専念充賜油問丸、而経一両年之処、専念為問丸、致違乱之間、寺家相□（尋）子細之刻、失為方之余、属呉庭御荘、募権威、彌令濫妨之間、寺家経次第沙汰之処、荘官等伏于理、出懇望之状畢、〈案文三通進覧之、〉如状者、専念抑留所当之条、無其謂、自今以後、雖有如在事、為呉庭荘之沙汰、可令弁済所当也、改易作人職之事、枉可被優如〔恕〕、若猶現不法者、早如本可被改易之由、顕然也、其上専念舎弟下野房勧進書状如此、〈案文進覧之、〉懇望之子細以同前、加之、専念兄弟三人列参于当寺、種種令大望之間、寺家以哀憐之儀、件作人職如本充賜畢、其後暫悔前非、雖以存公平、又本寺之分致未進之上、於西谷之分者、自去正嘉二年、一向抑留所当、剰押領下地之間、相尋子細之処、専念申云、於西谷之分者、雖被寄進之、恵眼房〈西谷古老〉一期之後者、専念可進退之由、本主禅尼賜契状畢云々、凡謀計之企、言語道断之間、件燈油田、是右馬寮豊島御牧与町内也」

摂津国勝尾寺の燈油田の作人専念が、年貢所当を抑留し、荘官等と結託して勝尾寺に対捍したため、所職を改易した。その後、専念の兄弟三人が取りなしを願い出たため、寺も専念を憐れんで元のように専念を作人職に復帰せしめた。専念はその後暫くの間は以前の悪行を反省し公明正大であったが、再び寺の年貢を納入しないばかりか、西谷の阿弥陀堂の分は、年貢を抑留するのみならず、土地を押領するに至ったので、詳しい事情を尋ねたところ、専念の主張によれば、西谷の分は、恵眼房が亡くなった後は専念が自由に支配領有して良いと元の持ち主の禅尼から契約状を賜ったというのである。全て陰謀であり言語道断の計略である、とする。

○高野山文書、正和三年（一三一四）二月二十八日、高野山諸衆評定置文（大日本古文書、高野山文書続宝簡集六、一六五号）「定置　荒川荘陀羅尼田東山垣内弐拾歩事／右、彌四郎入道之没収田東山垣内廿歩者、去弘安年中、遍明院寺務之時、所被寄附于御影堂陀羅尼田也、而先年、三毛入道心浄、為荘官勧賞地之由雖申之、依為姦訴、被棄置畢、雖然、不悔前非、不憚後悪、彼垣内廿歩者、充賜於荘官之旨、去年十二月、頻又就訴申、被交合御影堂陀羅尼田支配帳之時、心浄之謀訴令露顕之条々内、先被寄進彼地於陀羅尼田事者、弘安八年也、如称支証所進之充文者、正応四年也、然者厳密被寄附于御影堂陀羅尼田之後、首尾送七个年、争悔還可充賜於山下荘官哉、〈是一、〉次如心浄申者、彼垣内廿歩田者、為荘官勧賞地云々、而所被籠置御影堂没収田支配帳云、荘官分、東山垣内畠山野等一所云々、作畠山野書載之外、更廿歩田地充賜之由、所不見也、〈是二、〉次彌四郎入道之妻女跡者、心浄賜之旨就申、被糾明刻、称亀鏡、所備進之充文〈仁〉、賜妻女跡之由、曾不載、〈是三、〉如此云年紀相違、云条々姦謀、為眼前矯飾之上者、向後縦雖有申越訴之旨、三人沙汰人更不可取続披露之由、度々御集会〈仁〉、一同御評定事切畢、若於背此旨之沙汰人者、可被行重科之由、依諸衆評定、所定置之状如件」

彌四郎入道の没収田は、弘安八年（一二八五）に御影堂陀羅尼田として寄進された。ところが数年前、三毛入道心浄が、荘官勧賞の地である旨訴え、不当な姦訴であったので棄却された。それにも拘わらず、自らの悪行を悔いあらためず、昨年十二月、再び問題の土地が正応四年（一二九一）に荘官に下賜されたと訴えて来た。高野山の評定衆は、三箇条の根拠を挙げ、心浄の謀訴は明らかな偽りであり、今後越訴をすることがあっても、沙汰人が取り上げることを禁ずる旨の裁断が下された。

　このように、「悔前非」は、自分が間違っていたと反省する、あるいは、自らの悪行を悔い改める意で使用される。右の高野山文書続宝簡集、高野山諸衆評定置文のように、訴訟関係の文書においては、「不悔前非」と、打ち消しを伴って用いられることもある。鎌倉遺文（CD-ROM版）では、「前非」の使用例は全九例あり、そのうちの二例が、「悔前非」の形である。

以上、北野本色葉集の所収語のうち、「虫火（チウクワ）（蠟燭）」の用字、「無（ナシ）レ予儀（ヨキ）」・「励（ハケマス）レ微力（ヲ）」・「悔（クユル）レ前非（センヒヲ）」の意味用法について、古文書・古記録の使用例にもとづき、それぞれ検討を加えてきた。特に「無（ナシ）レ予儀（ヨキ）」は、漢字の通用現象も関わり、かなり複雑な状況を呈しているものの、句としての基本義を明らかにすることができたと考える。

三、北野本色葉集と御成敗式目の共通語彙

本節では、北野本色葉集各部の所収語彙と御成敗式目使用語彙との共通語彙を抽出する。その際、調査対象は、データベース検索で語の認定が可能である、漢字二字以上の熟語とする。次いで、北野本色葉集各部の所収語彙量に占める共通語彙量の割合を示す。

北野本色葉集は巻頭を欠いており、チ部から始まっている。したがって調査範囲は、チ部からス部に至る三七部（ヰ・ノ・オ部を欠く）となる。

［チ部］式目の「ち」で始まる漢字二字以上の熟語は20語

「知行」「恥辱」「地頭」「地頭職」「地頭代」「張行」「停止」「打擲」「停廃」「嫡子」「嫡庶」「忠勤」「重科」「住国」「注進」「重代」「住人」「重犯」「住民」「地利」

色葉と式目の共通語彙中、漢字二字以上の熟語は7語

「恥辱（チシヨク）」「打擲（チヤウチヤク）」「重科（チウクワ）」「停止（チヤウシ）」「嫡子（チヤクシ）」「重代（チウタイ）」「註進（チウシン）」

［リ部］式目の「り」で始まる漢字二字以上の熟語は11語

「理運」「理非」「理不尽」「離別」「領家」「領主」「両所」「領知」「領地」「両方」「陵夷」

色葉と式目の共通語彙中、漢字二字以上の熟語は3語

「領主（リヤウシユ）」「理運（リウン）」「理非（リヒ）」

［ヌ部］式目の「ぬ」で始まる漢字二字以上の熟語は1語

「奴婢」

色葉と式目の共通語彙中、漢字二字以上の熟語は0語

［ル部］式目の「る」で始まる漢字二字以上の熟語は1語

「流罪」

色葉と式目の共通語彙中、漢字二字以上の熟語は1語

「流罪（ルサイ）」

［ヲ部］式目の「を」「お」で始まる漢字二字以上の熟語は5語

「越訴」「越度」「穏便」「遠流」「恩顧」

色葉と式目の共通語彙中、漢字二字以上の熟語は3語

「穏便（ヲンビン）」「越度（ヲツト）」「越訴（ヲツソ）」

［ワ部］式目の「わ」で始まる漢字二字以上の熟語は6語

「往日」「往昔」「尫弱」「往代」「和奸」「和与」

色葉と式目の共通語彙中、漢字二字以上の熟語は1語

「尫弱（ワウシヤク）」

［カ部］式目の「か」で始まる漢字二字以上の熟語は21語

「改易」「改嫁」「害心」「海賊」「改替」「改補」「強縁」「強奸」「強窃」「高僧」「強盗」「行程」「綱位」「好悪」「各別」「合戦」「感歎」「勘定」「堪否」「奸謀」「奸濫」

色葉と式目の共通語彙中、漢字二字以上の熟語は9語

「勘定（カンチヤウ）」「勘否（カンフ）」「合戦（カツセン）」「奸謀（カンボウ）」「強縁（カウエン）」「強盗（カウタウ）」「改易（カイエキ）」「改替（カイタイ）」「海賊（カイソク）」

［ヨ部］式目の「よ」で始まる漢字二字以上の熟語は2語

「抑留」「与力」

色葉と式目の共通語彙中、漢字二字以上の熟語は1語

「抑留（ヨクリウ）」

［タ部］式目の「た」で始まる漢字二字以上の熟語は23語

「対捍」「代官」「対決」「大将家」「帝釈」「大小」「代々」「剃除」「大破」「怠慢」「対論」「当給人」「当座」「当時」「当世」「盗賊」「当知行」「道理」「道路」「侘傺」「他事」「他人」「断罪」

色葉と式目の共通語彙中、漢字二字以上の熟語は4語

「盗賊（タウソク）」「対論（タイロン）」「対捍（タイカン）」「対決（タイケツ）」

［レ部］式目の「れ」で始まる漢字二字以上の熟語は2語

「礼奠」「了見」

色葉と式目の共通語彙中、漢字二字以上の熟語は0語

［ソ部］式目の「そ」で始まる漢字二字以上の熟語は16語

「僧綱」「崇敬」「惣地頭」「僧徒」「惣領」「賊徒」「庶子」「訴状」「訴訟」「卒法」「訴人」「存日」「存日」「存知」「損物」「損亡」

色葉と式目の共通語彙中、漢字二字以上の熟語は5語

「訴詔（ソセウ）〔訟〕」「損亡（ソンマウ）」「崇敬（ソウキヤウ）」「庶子（ソシ）」「宗領（ソウリヤウ）〈同惣—〉」

［ツ部］式目の「つ」で始まる漢字二字以上の熟語は2語

「追却」「追放」

色葉と式目の共通語彙中、漢字二字以上の熟語は0語

［ネ部］式目の「ね」で始まる漢字二字以上の熟語は2語

「年貢」「年序」

色葉と式目の共通語彙中、漢字二字以上の熟語は1語

「年貢(ネンク)」

［ナ部］式目の「な」で始まる漢字二字以上の熟語は3語

「内々」「難渋」「男女」

色葉と式目の共通語彙中、漢字二字以上の熟語は1語

「難渋(ナンシウ)」

［ラ部］式目の「ら」で始まる漢字二字以上の熟語は10語

「労効」「労功」「郎従」「狼籍〔藉〕」「落居」「臈次」「濫吹」「濫訴」「濫妨」「濫望」

色葉と式目の共通語彙中、漢字二字以上の熟語は3語

「狼籍(ラウセキ)〔藉〕」「濫妨(（ラン）ハウ)」「落居(（ラク）キヨ)」

［ム部］式目の「む」で始まる漢字二字以上の熟語は6語

「無才」「無実」「無足」「謀叛」「謀叛人」「無理」

色葉と式目の共通語彙中、漢字二字以上の熟語は1語

「謀叛(ムホン)」

［ウ部］式目の「う」で始まる漢字二字以上の熟語は5語

「右大将家」「有智」「鬱憤」「有封」「云々」

色葉と式目の共通語彙中、漢字二字以上の熟語は1語

「鬱憤(ウツフン)」

［ク部］式目の「く」で始まる漢字二字以上の熟語は17語

「愚暗」「公事」「供僧」「公平」「懐抱」「火印」「過怠」「過分」「寛宥」「官仕」「官爵」「緩怠」「官途」

「関東」「官位」「郡郷」「勲功」

色葉と式目の共通語彙中、漢字二字以上の熟語は7語

「勲功(クンコウ)」「緩怠(クワンタイ)」「過怠(クワタイ)」「過分(クワフン)」「公平(クヒヤウ)」「懐抱(クワイハウ)」「官途(クワント)」

［ヤ部］式目の「や」で始まる漢字二字以上の熟語は1語

「養子」

色葉と式目の共通語彙中、漢字二字以上の熟語は0語

［マ部］式目の「ま」で始まる漢字二字以上の熟語は1語

「猛悪」

色葉と式目の共通語彙中、漢字二字以上の熟語は1語

「猛悪(マウアク)」

［ケ部］式目の「け」で始まる漢字二字以上の熟語は24語

「契状」「競望」「継母」「教令」「下司」「解状」「下知」「結解」「月卿雲客」「結構」「決断」「懸隔」

「嫌疑」「喧嘩」「兼日」「減少」「顕然」「眷属」「見存」「憲法」「検非違使」「権門」「眷養」「権威」

色葉と式目の共通語彙中、漢字二字以上の熟語は9語

「結構(ケツコウ)」「憲法(ケンハウ)」「喧嘩(ケンクワ)」「競望(ケイハウ)」「結解(ケツケ)」「権門(ケンモン)」「懸隔(ケンカク)」「継母(ケイホ)」「嫌疑(ケンキ)」

［フ部］式目の「ふ」で始まる漢字二字以上の熟語は26語

「撫育」「不易」「不孝」「諷諫」「奉行」「奉行人」「父子」「不実」「不日」「父祖」「無道」「扶持」

「不知行」「仏事」「仏寺」「仏寺領」「風聞」「父母」「不慮」「無力」「部類」「不和」「無為」「分限」

「分補」「分明」

色葉と式目の共通語彙中、漢字二字以上の熟語は7語

「不慮（フリョ）」「分限（（フン）ケン）」「部類（フルイ）」「無道（フタウ）」「風聞（（フウ）フン）」「撫育（フイク）」「扶持（フチ）」

［コ部］式目の「こ」で始まる漢字二字以上の熟語は23語

「後勘」「後輩」「後判」「恒例」「口論」「御恩」「沽却」「国衙」「国司」「国務」「後家」「御家人」「虎口」

「口入」「虚言」「後世」「後日」「御分」「顧眄」「御免」「勤行」「権現」「言上」

色葉と式目の共通語彙中、漢字二字以上の熟語は４語

「沽却（コキャク）」「口論（コウロン）」「国衙（（コク）カ）」「口入（コウシウ）」

［エ部］式目の「え」で始まる漢字二字以上の熟語は６語

「要用」「衣鉢」「縁座」「縁者」「淵底」「縁辺」

色葉と式目の共通語彙中、漢字二字以上の熟語は１語

「淵底（エンテイ）」

［テ部］式目の「て」で始まる漢字二字以上の熟語は13語

「貞心」「庭中」「朝恩」「逃毀」「逃散」「逃脱」「条々」「敵人」「敵対」「田宅」「殿中」「田畠」

「天満大自在天神」

色葉と式目の共通語彙中、漢字二字以上の熟語は５語

「庭中（テイチウ）」「敵対（テキタイ）」「田宅（テンタク）」「田畠（（テン）ハク）」「敵人（テキシン）」

［ア部］式目の「あ」で始まる漢字二字以上の熟語は５語

「悪党」「悪口」「押妨」「押領物」「安堵」

色葉と式目の共通語彙中、漢字二字以上の熟語は３語

「安堵(アント)」「悪党(アクタウ)」「押領(アウリヤウ)」

［サ部］式目の「さ」で始まる漢字二字以上の熟語は36語

「裁許」「催勤」「罪科・罪過」「在家」「西国」「在国」「罪業」「妻子」「祭祀」「在状」「罪状」「妻妾」「催促」「裁断」「妻女」「財宝」「財物」「左右」「早速」「相伝」「相論」「相違」「沙汰」「雑具」「雑人」「雑物」「三箇度」「三箇年中」「参決」「讒言」「讒者」「参上」「讒訴」「山賊」「讒人」「三分一」

色葉と式目の共通語彙中、漢字二字以上の熟語は９語

「裁許(サイキヨ)」「讒訴(サンソウ)」「讒言(サンケン)」「早速(サウソク)」「罪科(サイクワ)」「相違(サウイ)」「相論(サウロン)」「裁断(サイタン)」「催促(サイソク)」「相伝(サウテン)」

［キ部］式目の「き」で始まる漢字二字以上の熟語は33語

「糺決」「求媚」「糺返」「糺明」「帰依」「喜悦」「棄捐」「起請」「寄進」「義絶」「貴賤」「棄置」「議定」「寄附」「給人」「経教」「軽重」「京都」「向背」「凶賊」「曲折」「虚言」「挙状」「去年」「去留」「器量」「禁遏」「勤厚」「勤仕」「禁制」「禁断」「近年」「勤労」

色葉と式目の共通語彙中、漢字二字以上の熟語は13語

「虚言(キヨコン)」「挙状(キヨシヤウ)」「糺明(キウメイ)」「器量(キリヤウ)」「禁制(キンセイ)」「禁断(キンタン)」「議定(キチヤウ)」「寄進(キシン)」「寄〔棄〕置(キチ)」「（開(ヒラク)）喜悦(キエツ)〔之(ノ)眉(マユヲ)〕」「貴賤(キセン)」「起請(キシヤウ)」「勤厚(キンコウ)」

［ユ部］式目の「ゆ」で始まる漢字二字以上の熟語は２語

「由緒」「猶予」

色葉と式目の共通語彙中、漢字二字以上の熟語は１語

「由緒（ユイショ）」

［メ部］式目の「め」で始まる漢字二字以上の熟語は2語

「免許」「面々」

色葉と式目の共通語彙中、漢字二字以上の熟語は1語

「免許（メンキョ）」

［ミ部］式目の「み」で始まる漢字二字以上の熟語は7語

「未処分」「未済」「未断」「未定」「名主」「名主職」「冥罰」

色葉と式目の共通語彙中、漢字二字以上の熟語は1語

「冥罰」

［シ部］式目の「し」で始まる漢字二字以上の熟語は99語

「慈愛」「旨趣」「愁鬱」「志孝」「時宜」「式条」「式目」「死去」「私曲」「祗候」「自今以後」「子細」「死罪」「資財」「寺社」「自身」「自然」「子息」「子孫」「辞退」「四大天王」「二盗」「寺塔」「十箇年」「実検使」「執筆」「実否」「実犯」「私物」「正義」「成功」「荘官」「将軍」「賞罰」「荘保」「諍論」「荘園」「自由」「宿意」「収公」「宿老」「守護」「守護使」「守護所」「守護人」「修造」「主人」「出仕」「修理」「受領」「准拠」「巡年」「自余」「寺用」「鍾愛」「承久」「勝計」「証拠」「昇進」「証跡」「証文」「所行」「諸国」「如在」「所職」「所生」「書状」「所従」「所出物」「所々」「所帯」「所当」「諸人」「処分」「所犯」「所望」「所役」「叙用」「所領」「所領内」「所為」「私領」「親愛」「新儀」「神祇」「参差」「新司」「親子」「進止」「神社」「斟酌」「新叙」「仁政」「親疎」「進退」「心中」「神罰」「親父」「信用」

色葉と式目の共通語彙中、漢字二字以上の熟語は28語

「所為（ショイ）」「所行（（ショ）キヤウ）」「所望（（ショ）マウ）」「所帯（（ショ）タイ）」「所職（（ショ）ショク）」「所当（（ショ）タウ）」「祗候（シコウ）」「資財（シサイ）」「諍論（シヤウロン）」「修理（シユリ）」「荘園（シヤウエン）」
「自由（シユウ）」「信用（シンヨウ）」「親疎（シンソ）」「私曲（シキヨク）」「私領（シリヤウ）」「辞退（シタイ）」「実検（シツケン）」「実否（シツフ）」「斟酌（シンシヤク）」「進止（シンシ）」「進退（シンタイ）」「宿意（シユクイ）」
「如在（シヨサイ）」「証文（（シヨウ）モン）」「受領（シユリヤウ）」「証拠（セウコ）」「昇進（セウシン）」

［ヱ部］式目の「ゑ」で始まる漢字二字以上の熟語は0語

色葉と式目の共通語彙中、漢字二字以上の熟語は0語

［ヒ部］式目の「ひ」で始まる漢字二字以上の熟語は14語

「非拠」「披見」「密懐」「非法」「心謬〔紕繆〕」「非分」「評議」「評定」「評定衆」「兵乱」「百箇日」
「百姓」「披露」「鬢髪」

色葉と式目の共通語彙中、漢字二字以上の熟語は3語

「評定（ヒヤウチヤウ）」「評儀〔議〕（ヒヤウキ）」「蜜〔密〕懐（ヒツクワイ）」

［モ部］式目の「も」で始まる漢字二字以上の熟語は5語

「没収」「問状」「文籍」「文書」「問注・問註」

色葉と式目の共通語彙中、漢字二字以上の熟語は1語

「被（ラル）レ没収（モツシユウセ）」

［セ部］式目の「せ」で始まる漢字二字以上の熟語は25語

「逝去」「聟君」「歳月」「成人」「精誠」「政道」「成敗」「制符」「少年」「小破」「少分」「殺害」「殺害人」
「（強）窃（二）盗」「善悪」「前司」「先蹤」「浅深」「先人」「先祖」「先条」「先判」「前夫」「禅侶」「先例」

色葉と式目の共通語彙中、漢字二字以上の熟語は7語

「政道（セイタウ）」「精誠（セイセイ）」「殺害（セツカイ）」「先祖（センソ）」「成敗（セイハイ）」「成人（セイシン）」「窃盗（セツタウ）」

［ス部］式目の「す」で始まる漢字二字以上の熟語は3語

「酔狂」「吹挙」「受領」

色葉と式目の共通語彙中、漢字二字以上の熟語は3語

「受領(シユリヤウ)」「吹挙(スイキヨ)」「酔狂(スイキヤウ)」

式目語彙、漢字二字以上の熟語全四七八語中、北野本色葉集に所載されている語彙は一四六語で、三〇・五四パーセントに当たる。この数値は、北野本色葉集の編纂に御成敗式目が関与していた可能性を示唆するものである。以上は、北野本色葉集と御成敗式目との共通語彙に関する量的調査の結果である。

以上の調査結果を纏め、表3として示す。

表3

	式目	共通	比率
イ			
ロ			
ハ			
ニ			
ホ			
ヘ			
ト			
チ	20	7	35.00%
リ	11	3	27.27%
ヌ	1	0	0.00%
ル	1	1	100.00%
ヲ	5	3	60.00%
ワ	6	1	16.67%
カ	21	9	42.86%
ヨ	2	1	50.00%
タ	23	4	17.39%
レ	2	0	0.00%
ソ	16	5	31.25%
ツ	2	0	0.00%
ネ	2	1	50.00%
ナ	3	1	33.33%
ラ	10	3	30.00%
ム	6	1	16.67%
ウ	5	1	20.00%
ヰ			
ノ	0	0	
オ			
ク	17	7	41.18%
ヤ	1	0	0.00%
マ	1	1	100.00%
ケ	24	9	37.50%
フ	26	7	26.92%
コ	23	4	17.39%
エ	6	1	16.67%
テ	13	5	38.46%
ア	5	3	60.00%
サ	36	10	27.78%
キ	33	13	39.39%
ユ	2	1	50.00%
メ	2	1	50.00%
ミ	7	1	14.29%
シ	99	28	28.28%
ヱ	0	0	
ヒ	14	3	21.43%
モ	5	1	20.00%
セ	25	7	28.00%
ス	3	3	100.00%
計	478	146	30.54%

四、式目語彙

本節では、北野本色葉集所収語彙中、御成敗式目に使用されている語彙、即ち両者の共通語彙のうち、他の古辞書類に採録の稀な語句について検討して行く。

1「掠給（カスメ）」

○御成敗式目、第八条「雖帯御下文、不令知行、経年序所領事、／右、当知行之後、過二十箇年者、任右大将家之例、不論理非、不能改替、而申知行之由、掠給御下文輩、雖帯彼状、不及叙用」

将軍家政所の下文を持っていても、実際に知行を行わないで、歳月を経た所領の事／実際の知行を行わなくなってから二十年を経過した場合、将軍家の前例通りに、是非にかかわらず、規則を前と違ったものに変えることはできない。それなのに、知行していると虚偽の申し立てをし、将軍家の御下文を不正に頂戴している輩は、その御下文を持っていても、任用するには及ばない。

○御成敗式目、第四十三条「称当知行、掠給他人所領、貪取所出物事／右、構無実、掠領事、式目所推、難脱罪科、仍於押領物者、早可令糺返、至所領者、可被没収也、無所領者、可被処遠流、次以当知行所領、無指次、申給安堵御下文事、若以其次、始致私曲歟、自今以後、可被停止」

実際に知行していると虚偽を申し立てて、他人の所領の利権を不正に頂戴し、その所領の作物を奪い取る事／事実に反することを捏造し、不当に土地を領有することは、式目の推進するところでは、罪を免れ難い。したがって、押領した作物は、早く正当な所有者に返還せよ。所領は没収せよ。所領が無ければ遠流に処せ。次に、実際に知行している所領について、たいしたきっかけも無く、安堵の御下文の下付を御願いすることは、もしかすると、その機会に不正行為を企てているのであろう。今より以後は、止めさせよ。

このように、「掠給（かすめたまはる）」は、虚偽を上申して、幕府・天皇・上皇等の上位者から、不当に利権を認可してもらうことを言う。御成敗式目の使用例のほか、古文書での用例も極めて多数に上り、院宣・請文・勘文・願文・下文・解状・下知状・国宣・事書・書状・注進状・陳状・評定事書・奉書・御教書・目安状・申状・和与状等に見える。高橋久子「色葉字の性格に就いて」（「訓点語と訓点資料」第一一六輯、平成十八年三月）参照。

2

「開（ヒラク）二喜悦（キエツ）之（ノ）眉（マユヲ）一」

○御成敗式目、第七条「右大将家以後、代々将軍并二位殿御時、所充給所領等、依本主訴訟、被改補否事／右、或募勲功之賞、或依官仕之労、拝領之事、非無由緒、而称先祖之本領、於蒙裁許者、一人縦雖開喜悦之眉、傍輩定難成安堵之思歟、濫訴之輩、可被停止、但当時給人有罪科之時、本主守其次、企訴訟事、不能禁制歟、次代々御成敗畢後、擬申乱事、依無其理、被棄置之輩、歴歳月之後、企訴訟之条、存知之旨、罪科不軽、自今以後、不顧代々御成敗、猥致面々之濫訴者、須以不実之子細、被書載所帯之証文」

源頼朝殿以後、代々の将軍、ならびに北条政子殿の時に与えられた所領は、元の持ち主の訴訟により、所有権を変更されることが有るかどうかという事／ある者は勲功の褒美として、またある者は仕事の功労として土地をいただくことは、所領を知行する正当ないわれのあることである。しかるに、先祖の元からの領地と称して、幕府の御裁許を受けることは、仮に一人の人が愁眉を開いても、同輩はさだめて安堵し難いであろう。不当な訴訟を起こす輩は、やめさせるべきである。ただし、その時給与されている人が罪を犯した時は、元の領主がその機会に訴訟を計画することを禁じなくても良いであろう。次に、将軍家代々の御裁断が終わった後、濫訴を起こして混乱させようとする行為は、その道理が無いので、捨て置かれた輩が、長い歳月を経た後、訴訟を計画することは、罪が重い。今から後は、代々の御裁断を顧みず、むやみに各自が濫訴を起こすならば、事実に反しているという事情を所領の証文に書き記すべきである。

また、御成敗式目の他に、古文書では、次のような例がある。
○近江葛川明王院文書、文永六年（一二六九）十月八日、豪慶施行状（鎌倉遺文一〇五〇九号）「伊香立荘官百姓等訴申葛川常住浪人等之新儀狼藉事、以百姓恪被申入之処、御教書如此、子細被載厳密之候歟、所詮、任慈鎮和尚以下代々御成敗之旨、於件新儀者、所被停止也、此上荘官百姓等、各開喜悦之眉、日次等御公事、無退転、可令致其沙汰之由、所被仰下候也」
○東大寺文書、永仁六年（一二九八）六月日、大部荘百姓等申状（大日本古文書、東大寺文書之十八、一一〇〇号・鎌倉遺文一九七三一号）「大部御荘百姓等謹言上／欲殊被垂撫民御徳政、依去今両年旱魃、百姓無為方上者、於事被優荘民条々子細状／…一、神人・公人・小綱等数輩、連々下向、依不黙止、百姓及佗傺難堪事／右、御使下向之時、日別（入）厨・京上之夫・伝馬料用途等、毎度被責取之間、百姓之衰弊不可勝計者也、而成御寺御管領者、故可有優民御徳政之旨、被仰下之間、開喜悦之眉之処、御使無隙令下向、荘民及佗傺之間、度々勒子細、雖令言上、如水尽其費、更無停」
○下野鑁阿寺文書、正安元年（一二九九）、下野鑁阿寺一切経会等記録（鎌倉遺文二〇三五四号）「至会式之具足等・法服舞装束者、可有御国下、無所残悉可注申之由、被仰下之間、供僧等成勇、曼荼羅供・道場荘厳之道具・庭上之御具足等、式衆法服・舞装足・楽伎之具足等、大概令注進之処、悤可有御計之由、重被仰下之間、彌開喜悦之眉之処、下賜執蓋玉幡計、自余之具足等雖未下、今年計ト各励微力、十六ケ年之間雖令勤仕、今者計略尽術之間、如被仰下、預御計歟」
○高野山文書又続宝簡集、嘉元三年（一三〇五）五月日、阿氏河荘雑掌申状案（大日本古文書、高野山文書又続宝簡集五十七、一一五〇号・鎌倉遺文二二四九九号）「高野山金剛峯寺領紀伊国阿氏川荘雑掌申／欲且違承久　院宣、貞応・嘉禄関東御下知、且背先規傍例、被奇〔棄〕置理訴上者、被究淵底、被退掠称地頭湯浅兵衛尉宗光跡輩等、為寺家一円領、全仏聖人供料、倍可致国土泰平懇祈旨、蒙将軍家御裁許阿氏川荘事／…早被垂御哀憐、且依大師御手印記文、且任傍例、預御成敗者、二所明神者、各々含納受之咲、三千衆徒面々開喜悦之眉、捧真言蜜〔密〕教之法味、倍奉祈柳営億兆載之遐運」

○東寺百合文書ヱ、嘉元三年（一三〇五）九月日、若狭太良荘百姓申状（鎌倉遺文二二三四三号）「太良御荘百姓等謹重言上／欲早御憐愍重蒙御成敗、当年損亡間事、／右、損亡子細、両度令言上之処、五石御免之由、百姓等且雖開喜悦之眉、当年損亡之体、早田者皆損分所之、令立捨之、所残且為御公事・私身命、雖刈納、有名無実次第也」

○薩摩国分寺文書、元亨元年（一三二一）七月日、薩摩天満宮国分寺所司神官等申状（鎌倉遺文二七八一九号）「仍被寄符〔付〕料所六个所〈祁答・東郷・入来・山門・南郷・加世田〉於寺家之間、祠官等開喜悦之眉、営其節之処、彼料所地頭名主等、募武威、有限不弁正税之間、僅所尋出之以所当等、且令採要御殿以下材木之刻、無程被妨国司料所之間、不終造営、却希所令採要之材木等、徒令朽損乎」

○薩藩旧記前編巻十三岸良内蔵丞蔵、元亨三年（一三二三）七月十六日、栄寂奉書（鎌倉遺文二八四五五号）「当郡所務就地頭押領、御使入部之間、村々弁済使等、開喜悦之眉之処、兼尚不究地頭押領之実否、地頭与兼尚以相論之御下知、本所御進止于今無相違、而庶子等各別相伝、当地行之処、住宅共仁寄事於左右、兼尚押領之条、希代未聞之次第也」

○東寺百合文書な、元亨四年（一三二四）三月日、伊予弓削島荘沙汰人百姓等申状（鎌倉遺文二八七一二号）「右、件子細者、先雑掌被帳〔張〕行新儀非法之間、百姓等皆以不絶譴責、令侘傺之間、弁房致所務者、可離散之由、呑一味神水之処、当預所殿去二月之比、帯御下知御入部之間、開喜悦之眉、欲全御年貢之処、彼弁殿語当国他国数百人大勢、去廿日押寄当島、終日合戦、驚耳目畢」

○石清水文書、応永十七年（一四一〇）六月日、善法寺雑掌性宗申状（石清水文書之六、菊大路家文書、二五六号）「善法寺雑掌性宗申、…右当寺者、為　宗廟之神宮寺、代々御崇敬異于他、而寺領等国人甲乙人等押妨之間、堂舎仏閣悉以破壊、慈尊忽被侵雨露、懃行追年令退転之条、冥慮難測者、就中修理行事職為本所令補之処、下切井侍従房義俊、為私相計津布佐荘之条、希代之濫吹也、…是等之条、含愁訴之処、幸今奉逢有道之時之条、開喜悦之眉也」

○醍醐寺文書、（年未詳）二月日、丹波国佐伯荘地頭方名主百姓等申状（醍醐寺文書之九、二〇四七号）「丹波国佐伯御荘地頭御方名主百姓等謹目安言上／…依之若不被改替伊与法眼宗快者、不可有還住之儀之由、荘家一同一味神水畢、所詮云為御領云為百姓、急速被改当御代官者、百姓等開喜悦之眉為成安堵之思、粗目安言上如件」

○石清水文書、（年未詳）四月十日、五智輪院孝済書状（石清水文書之二、五三四号）「当院領筑前国筥崎宮座主分満寿丸、其外所々、并神役料所等事、…就長在国、先女中江由緒筋目之趣令啓、則出頭粗開喜悦之眉候、彌右了簡可然候」

○大徳寺文書、（年未詳）四月十五日、永淳書状（大徳寺文書別集、真珠庵文書之五、七〇四号）「抑、先度者致上洛、奉拝　尊顔、寔開喜悦之眉訖、毎篇御懇意過当之至、難申尽候、仍御寺領之儀、遅引候共、涯分可被申付候、於寺納者、運上之儀不可有疎略候、興禅寺以直札被申上候、猶委曲紹益申入候之条、不能言説候、此等之旨御披露所仰候」

「開喜悦之眉」は、意味的には「開愁眉」に類する慣用表現であり、かねてからの心配事が解決して、安心し、よろこびに満ちた顔つきになる意である。御成敗式目のほか、文書での使用例は多数見られ、意見状・起請文・解状・言上状・書状・施行状・陳状・奉書・申状等に見られる。各文書において「開喜悦之眉」という動作を引き起こした事項を確認してみる。近江葛川明王院文書の豪慶施行状は、伊香立荘官や百姓らが不法な狼藉を行う浪人どもに困惑していたところに、悪事をやめさせるべく、御裁断が下されたこと、である。東大寺文書の大部荘百姓等申状は、最近二年間の旱魃・飢饉による御徳政である。下野鑁阿寺文書の下野鑁阿寺一切経会等記録は、「会式を催すに必要な装束・道具をお願いしたところ、すべて御準備いただけるとのこと、である。高野山文書又続宝簡集の阿氏河荘雑掌申状案は、地頭職の権力を不当に行使していた者を退けてほしいという訴えを、神が聞き入れてくださったこと、である。東寺百合文書の若狭太良荘百姓申状は、損亡による年貢免除である。薩摩国分寺文書の薩摩天満宮国分寺所司神官等申状は、御料所に御寄付がなされること、薩藩旧記の栄寂奉書は、当郡の地頭の押領に弁済使等が困惑していたところに、領主の御使者が荘園に入部されること、である。東寺百合文書の伊予弓削島荘沙汰人百姓等申状は、弓削荘の前雑掌の無法な取り立てに困り果てていたところに、当預所が領主の御命令を帯びて荘園に入部されること、である。石清水文書（1）の善法寺雑掌性宗申状は、宇佐彌勒寺領の押妨について愁訴し、道にかなった御裁許を得ること、である。東大寺文書の大部荘百姓等申状は、旱魃・飢饉による徳政、である。醍醐寺文書の丹波国佐伯荘地頭方名主百姓等申状は、佐伯荘の預所が改易されること、である。石清水文書（2）の五智輪院孝済書状は、五智輪院領である筑前国筥崎宮座主分及び神役料所等について、本領安堵につながる根回しをすること、である。大徳寺文書の永淳書状は、興禅寺の永淳が、先ごろ上洛して、徳禅寺侍衣閣下の御尊顔を拝したこと、である。管見の範囲で、日葡辞書以外の古辞書には見出せなかった。

3
「蜜（ヒツ）〔密〕懐（クワイ）〈他人（ノ）妻〉」

○御成敗式目、第三十四条「密懐他人妻罪科事／右、不論強奸和奸、懐抱人妻之輩、被召所領半分、可被罷出仕、無所帯者、可処遠流也、女所領同可被召之、無所領者、又可被配流之也、次於道路辻捕女事、於御家人者、百箇日之間可止出仕、至郎従已下者、任右大将家御時之例、可剃除片方之鬢髪也、但於法師罪科者、当其時可被斟酌」

他人の妻と密通する事／強姦か同意かに拘わらず、他人の妻と密通する輩については、所領の半分を没収し、出仕を止めよ。所帯の無い場合は、遠流に処せ。女の所領も同様に没収すべし。所領が無ければ配流せよ。次に、道端において女を捕らえること、御家人の場合は、百箇日間出仕を停止すべし。郎従以下の場合は、源頼朝殿の時の前例通りに、片方の鬢髪を剃り落とすべし。ただし、法師の罪科の場合は、鬢髪が元々無いので、その時に勘案せよ。

「密懐他人妻」という漢字文字列は、管見の範囲でも、また、各種データベース検索によっても、御成敗式目の第三十四条とその引用文、及び追加法に見えるのみである。追加法としては、次の例がある。

○吾妻鏡建長四年十月十四日条、建長四年（一二五二）十月十四日、関東条々事書（鎌倉遺文七四八五号）「一、密懐他人妻事／名主・百姓等中密懐他人妻事、訴人出来者、召決両方、可尋明証拠、名主過料三十貫文、百姓過料五貫文、女罪科事以同前」

○新編追加、建長五年（一二五三）十月一日、関東下知状（鎌倉遺文七六二一号）「密懐他人妻罪科事／右、同所被載式目也、但名主百姓等中、密懐人妻事、風聞之時、不糺明実否、証拠不分明之処、無左右処罪科之条、甚不可然、若訴人出来者、召決両方、尋明証拠、無所遁者、名主輩者、過料弐拾貫文、百姓等者、過料五貫文可充行之、女罪科以同前焉」

御成敗式目では、「密懐他人妻罪科」を犯した者が、領主・御家人・郎従以下・法師であるケースについてのみ定められていたが、建長年間に至り、追加法として、名主・百姓であるケースに関しての罪科を定めている。

4 「被(ラル)レ没収(モッシユウセ)」

○御成敗式目、第十条「殺害刃傷罪科事〈付父子咎相互被懸否事〉／右、或依当座之諍論、或依遊宴之酔狂、不慮之外、若犯殺害者、其身被行死罪、并被処流罪、雖被没収所帯、其父其子不相交者、互不可懸之、次刃傷科事、同可准之、次或子或孫、於殺害父祖之敵、父祖縦雖不相知、可被処其罪、為散父祖之憤、忽遂宿意之故也、次其子若欲奪人之所職、若為取人之財宝、雖企殺害、其父不知之由、在状分明者、不可処縁座」

殺害・刃傷の罪の事〈父と子の咎は、相互に及ぶかどうかの事〉ある者はその場の言い争いにより、またある者は宴会の酔いにより、思いがけず殺人を犯すならば、その身は死刑に処せられ、ならびに流罪に処せられ、所帯を没収されても、父と子が交際していないならば、その罪科は、相互に及ぶべきではない。次に、刃傷の咎の事も、同じくこれに准ずべきである。次に、子や孫が、父や祖父の敵を殺害した場合、父や祖父が知らなくても、その罪に処するべきである。父と祖父の怒りを解消せんがために、積年の恨みを晴らしたからである。次に、子が他人の職を奪おうとし、または、他人の財宝を取るために、殺害を計画したとしても、その父がこれを知らなかったことが明らかならば、連座に処するべきではない。

右の例を初めとして、御成敗式目中、「没収」の例は全一八例あり、そのうちの一二例（66・7%）が「被没収」の形である。古文書の使用例は、平安遺文（CD-ROM版）で一例、鎌倉遺文（CD-ROM版）で五六例検索される。鎌倉遺文では、「没収」の使用例は全一六四例あり、そのうちの34・1%に当たる五六例が、「被没収」の形である。中世以降の各時代の使用例が極めて多く、充文・請文・勘文・起請文・下文・下知状・事書・避状・書状・相博券・訴状・注進状・注文・陳状・売券・奉書・御教書・申状・遺誡等に見える。院政期（平安末期）の例と室町前期の例を一例ずつ挙げる。

○櫟木文書、永暦二年（一一六一）四月一日、千葉常胤申状（平安遺文三二四八号）「抑下総国相馬郡者、常胤先祖相伝之私領候、仍親父当国介常重存日、貢進太神宮御厨、敢異論不候之間、常重伝領之後、前下野守源義朝存生之時、就于上総介常晴男常澄之浮言、自常重之手、雖被責取圧状之文候、自神宮御勘発候之日、永可為太神宮御厨之由、被令進避文候畢者、其時国司以常胤可令知行郡務之由、所被与判候也、然而猶義朝謀叛之故、自国衙被没収候畢」

○蜷川家文書、長禄四年(一四六〇)九月五日、幕府壁書案(大日本古文書、蜷川家文書之一、四六号)「闕所証人事〈長禄四、九、五〉/右、闕所出来之時、就証人之注進、被恩補者、古今之例也、然本主等無咎之旨、依歎中、糾明之処、無其咎者、於知行分者、被返付本主、至証人者、被没収所帯、可充給他人、無所帯者、可被処遠流、本主又自科乍令露顕、或致庭中、或属権家、及訴訟者、同可被処流刑矣」

室町期の古辞書、例えば節用集の多くの諸本は「没収(モッシュ)」を収載する。しかし、御成敗式目においても、現実の古文書においても、「被没収」と受身表現をとる事例が極めて多い。そのような現実の使用状況を反映して、北野本色葉集の編纂者は、「被没収」の形で採録したものと考えられる。

五、結論

北野天満宮蔵佚名古辞書は、前半が色葉字(イロハ分類体辞書)、後半が和名集(意味分類体辞書)からなる辞書である。後半の「初心要抄」と内題された和名集は、桂本佚名古辞書・諸字類聚・お茶の水図書館成簣堂文庫蔵用心集・宣賢卿字書と近縁関係にある。これら一類の中では、最大語彙量の色葉字を有する点に特徴がある。

本稿では、量的調査として、次の結果を得た。

○北野本色葉集所収の漢字二字以上の標出語二一八六語中、鎌倉遺文に使用例のあるものは一四〇四語であり、その含有率は六四・二三パーセントである。

○北野本色葉集所収の漢字二字以上の字音語一二九五語中、鎌倉遺文に使用例のあるものは一〇九五語であり、その含有率は八四・五六パーセントである。

○式目語彙、漢字二字以上の熟語全四七八語中、北野本色葉集に所載されている語彙は一四六語で、三〇・五四パーセントに当たる。

これらの調査から、北野本色葉集は、漢字二字以上の字音語については、文書用語を重点的に収録し、非字音語の方は、多様なジャンル・内容の素材から採ったという推定が成り立つ。

また、具体的な文書の用例を検討しつつ、北野本色葉集所収語句の意味用法を検討する質的調査から、同書には、古文書に使用例の多い政治・経済・司法関係の文書用語の含有率が高く、特に法制用語が多いことを明らかにした。法制用語の出典に関しては、文字数の大きい慣用句及び注文内容の一致等から見て、同書が御成敗式目を主要な編纂資料として使用し、結果的に式目語彙が多数採録されていることを、実証的に論じた。

まとめ

以上両章より得られた結論の要点は以下のとおりである。

一、北野本色葉集原本の成立は、その音韻的特徴から、写本が成立した室町末期頃よりかなり遡る。他の古辞書に見られない、北野本色葉集に特異な表記として「虫火」（蠟燭の略体）があるが、古記録における「虫火」の使用例が一四五〇～一四八〇年の三十年間に集中していることから、その期間に編纂された可能性が考えられる。

二、北野本色葉集の編纂資料の一つとして、下学集が挙げられる。北野本色葉集で注文を有する項目の殆どが、下学集の同項目の注文を使用したと考えられる。

三、北野本色葉集は文書用語を六四・二三％含有する。御成敗式目を主要な編纂資料として使用した結果、特に法制用語が多数収載されたと考えられる。

［参考文献］

田中祥子「北野天満宮蔵の古辞書について」(「滋賀大国文」第十五号、昭和五十二年十二月)
木村晟編『北野天満宮蔵佚名古辞書』(近思学報第三、昭和五十九年九月、洛文社)
高橋久子・古辞書研究会編著『御成敗式目影印・索引・研究』(笠間索引叢刊、平成七年九月、笠間書院)
高橋久子・藤沼(戸谷)順子編「北野天満宮蔵佚名古辞書色葉集単語索引」(「日本語と辞書」第四輯、平成十一年五月)
戸谷順子「北野天満宮蔵佚名古辞書色葉集の性格」(「学芸国語国文学」第三十三号、平成十三年三月)
竹内理三・史料編纂所編『CD-ROM 版鎌倉遺文』(平成二十年、東京堂出版)

[付記]

本稿は戸谷順子「北野天満宮蔵佚名古辞書色葉集の性格」(「学芸国語国文学」第三十三号所収、平成十三年三月)および、高橋久子「北野天満宮蔵佚名古辞書色葉集所収語の位相について」(「日本語と辞書」第二十輯所収、平成二十七年五月)を改稿したものである。

色葉字その他の諸本

山口純礼
市川加奈
佐々木倭子

色葉字諸本の異なった性格については、さまざまな角度から検討することが可能であるが、比較するための共通した視点として、中世の文書に使用される語彙の含有率を挙げることができる。その含有率は、その辞書がどの程度、実務を目的として作成されたかを知る手がかりとなるからである。ここでは、他に専論を設けなかった、諸雑聞書、広大本和名集、慶應本色葉集、妙本寺本いろは字の四本について、要点をまとめて論ずるものである。

諸雑聞書、言語類

諸雑聞書、言語類の漢字二字以上の全標出語を調査対象とし、中世文書使用語彙の含有率を調べる。竹内理三氏・史料編纂所が編纂されたデータベース『CD-ROM 版鎌倉遺文』（第一版、平成二十年、東京堂出版）を使用し、諸雑聞書、言語類の所収語彙につき、データベースに使用例があるか否かを確認する。その際、前述したように、調査対象は、データベース検索で語の認定が可能である、漢字二字以上の語彙とする。右の方法により調査した結果を、表1に示す。諸雑聞書、言語類の漢字二字以上の標出語三一二語中、鎌倉遺文に使用例のあるものは二五六語で、その含有率は八二・〇五パーセントにのぼるという結果が得られた。この割合は調査範囲の色葉字諸本十一本中、五位であり、諸雑聞書の言語類は、概ね、政治・経済・司法に関わる実務的文書用語を収録していることが確認される。

表1

	諸雑	鎌倉	比率
イ	7	6	85.71%
ロ	2	2	100.00%
ハ	6	4	66.67%
ニ			
ホ	5	5	100.00%
ヘ	3	2	66.67%
ト	6	5	83.33%
チ	8	8	100.00%
リ	6	5	83.33%
ヌ	1	1	100.00%
ル	2	2	100.00%
ヲ	5	3	60.00%
ワ	3	3	100.00%
カ	10	9	90.00%
ヨ	5	2	40.00%
タ	6	4	73.08%
レ	6	6	100.00%
ソ	5	3	60.00%
ツ	4	3	75.00%
ネ			
ナ	5	5	100.00%
ラ	5	5	100.00%
ム	4	2	50.00%
ウ	3	1	33.33%
ヰ			
ノ	3	2	66.67%
オ			
ク	8	7	87.50%
ヤ	2	2	100.00%
マ	4	2	50.00%
ケ	17	16	94.12%
フ	12	12	100.00%
コ	12	10	83.33%
エ			
テ	8	5	62.50%
ア	9	7	77.78%
サ	14	12	85.71%
キ	17	15	88.24%
ユ	5	4	80.00%
メ	7	6	85.71%
ミ	4	4	100.00%
シ	28	25	89.29%
ヱ	6	6	100.00%
ヒ	9	6	66.67%
モ	8	5	62.50%
セ	17	14	82.35%
ス	15	10	66.67%
計	312	256	82.05%

陽明文庫蔵諸雑聞書全体については、安田章「辞書の層」（『中世辞書論考』所収、清文堂出版、昭和五十八年）、木村晟「陽明文庫蔵『諸雑聞書』」（「駒沢国文」第十七号、昭和五十五年三月、古辞書研究資料集成2『古辞書の基礎的研究』所収、翰林書房、平成六年）、鈴木真喜男・大熊（高橋）久子『有坂本和名集』（汲古書院、平成五年）を参照されたい。

広大本和名集、伊呂波字部

表2

	広大	鎌倉	比率
イ	28	28	100.00%
ロ	9	6	66.67%
ハ	19	13	68.42%
ニ	9	7	77.78%
ホ	23	18	78.26%
ヘ	14	12	85.71%
ト	34	25	73.53%
チ	26	24	92.31%
リ	11	11	100.00%
ヌ	3	2	66.67%
ル	9	8	88.89%
ヲ	14	9	64.29%
ワ	9	4	44.44%
カ	39	27	69.23%
ヨ	13	10	76.92%
タ	26	19	73.08%
レ	14	14	100.00%
ソ	15	14	93.33%
ツ	13	7	53.85%
ネ	10	9	90.00%
ナ	15	13	86.67%
ラ	13	13	100.00%
ム	12	9	75.00%
ウ	16	8	50.00%
ヰ	7	5	71.43%
ノ	6	1	16.67%
オ	6	6	100.00%
ク	44	33	75.00%
ヤ	16	15	93.75%
マ	5	3	60.00%
ケ	24	20	83.33%
フ	30	26	86.67%
コ	30	21	70.00%
エ	7	7	100.00%
テ	9	8	88.89%
ア	23	15	65.22%
サ	34	26	76.47%
キ	29	22	75.86%
ユ	11	4	36.36%
メ	13	11	84.62%
ミ	15	12	80.00%
シ	72	63	87.50%
ヱ	9	8	88.89%
ヒ	27	19	70.37%
モ	9	8	88.89%
セ	15	10	66.67%
ス	11	9	81.82%
計	846	662	78.25%

広大本和名集、伊呂波字部の漢字二字以上の全標出語を調査対象とし、中世文書使用語彙の含有率を調べる。竹内理三氏・史料編纂所が編纂されたデータベース『CD-ROM版鎌倉遺文』（第一版、平成二十年、東京堂出版）を使用し、広大本和名集、伊呂波字部の所収語彙につき、データベースに使用例があるか否かを確認する。その際、前述したように、調査対象は、データベース検索で語の認定が可能である、漢字二字以上の語彙とする。右の方法により調査した結果を、表2に示す。広大本和名集、伊呂波字部の漢字二字以上の標出語八四六語中、鎌倉遺文に使用例のあるものは六六二語で、その含有率は七八・二五パーセントであるという結果が得られた。この割合は調査範囲の色葉字諸本十一本中、六位であり、広大本和名集、伊呂波字部は、概ね、政治・経済・司法に関わる実務的文書用語を収録しているものの、同系統でより祖本に近いと考えられる有坂本和名集の九一・三七パーセント（十一本中二位）に比し

てかなり低率である。これは文書用語以外の語彙、即ち博物語彙等が、相当数増補されている結果と考えられる。

広島大学文学部国語学国文学研究室蔵和名集（題簽「古節用篇」）全体については、山田忠雄「辞書」（『日本古典文学大辞典』第三巻所載の項目、岩波書店、昭和五十九年）、鈴木真喜男・大熊（高橋）久子『有坂本和名集』（汲古書院、平成五年）、木村晟・西崎亨「古節用篇［和名集］翻字本文」（古辞書研究資料叢刊16、大空社、平成八年）を参照されたい。

慶應本色葉集

慶應本色葉集の漢字二字以上の全標出語を調査対象とし、中世文書使用語彙の含有率を調べる。竹内理三氏・史料編纂所が編纂されたデータベース『CD-ROM 版鎌倉遺文』（第一版、平成二十年、東京堂出版）を使用し、慶應本色葉集の所収語彙につき、データベースに使用例があるか否かを確認する。その際、前述したように、調査対象は、データベース検索で語の認定が可能である、漢字二字以上の語彙とする。右の方法により調査した結果を、表3に示す。慶應本色葉集の漢字二字以上の標出語二七七七語中、鎌倉遺文に使用例のあるものは一七三一語で、その含有率は六二・三三パーセントにとどまるという結果が得られた。この割合は調査範囲の色葉字諸本十一本中、八位であり、慶應本色葉集は、政治・経済・司法に関わる実務的文書用語を六割程度収録しているものの、文書用語以外の語彙、即ち博物語彙も、相当数載録しているものと認められる。

慶應義塾図書館蔵元和六年写色葉集全体については、米谷隆史「古辞書における方言掲載をめぐって―元和六年写［色葉集］を中心に―」（西日本国語国文学会発表資料、平成二十二年）、米谷隆史「シモの古辞書に見える方言の反映をめぐって」（「日本語学会二〇一三年度秋季大会予稿集」所収、日本語学会、平成二十五年）を参照されたい。

妙本寺本いろは字

妙本寺本いろは字の漢字二字以上の全標出語を調査対象とし、中世文書使用語彙の含有率を調べる。竹内理三氏・史料編纂所が編纂されたデータベース『CD-ROM版鎌倉遺文』（第一版、平成二十年、東京堂出版）を使用し、妙本寺本いろは字の所収語彙につき、データベースに使用例があるか否かを確認する。その際、前述したように、調査対象は、データベース検索で語の認定が可能である、漢字二字以上の語彙とする。右の方法により調査した結果を、表4に示す。妙本寺本いろは字の漢字二字以上の標出語六六九七語中、鎌倉遺文に使用例のあるものは三四〇二語で、その含有率は五〇・八〇パーセントにとどまるという結果が得られた。この割合は調査範囲の色葉字諸本十一本中、十位であり、妙本寺本いろは字は、政治・経済・司法に関わる実務的文書用語は五割程度にとどまり、文書用語以外の

表3

	慶應	鎌倉	比率
イ	80	49	61.25%
ロ	19	13	68.42%
ハ	114	55	48.25%
ニ	21	13	61.90%
ホ	71	41	57.75%
ヘ	33	22	66.67%
ト	68	38	55.88%
チ	67	50	74.63%
リ	30	24	80.00%
ヌ	7	1	14.29%
ル	7	6	85.71%
ヲ	66	44	66.67%
ワ	29	13	44.83%
カ	189	84	44.44%
ヨ	34	23	67.65%
タ	97	61	73.08%
レ	27	18	66.67%
ソ	46	36	78.26%
ツ	57	26	45.61%
ネ	20	13	65.00%
ナ	48	25	52.08%
ラ	36	25	69.44%
ム	25	14	56.00%
ウ	47	15	31.91%
ヰ			
ノ	17	7	41.18%
オ			
ク	125	85	68.00%
ヤ	44	29	65.91%
マ	39	20	51.28%
ケ	70	65	92.86%
フ	85	67	78.82%
コ	98	62	63.27%
エ	1	1	100.00%
テ	70	55	78.57%
ア	116	58	50.00%
サ	143	89	62.24%
キ	117	79	67.52%
ユ	37	26	70.27%
メ	32	26	81.25%
ミ	42	25	59.52%
シ	216	155	71.76%
ヱ	36	26	72.22%
ヒ	101	57	56.44%
モ	41	27	65.85%
セ	61	39	63.93%
ス	48	24	50.00%
計	2777	1731	62.33%

語彙、即ち博物語彙が相当程度載録されていると言える。同書は、日本書紀、万葉集、真名本伊勢物語、古今和歌集、真名本曽我物語のような古典籍からの取材が目立つのが特徴である。和歌・連歌に対する興味から、この結果が生じたものとも考えられ、これが、実務的な文書用語と混在していることになる。なお、「妙本寺蔵永禄二年いろは字奥書」の現代語訳・注釈が、高橋忠彦・高橋久子「続古辞書序跋選―『日本の古辞書』の補遺として―」（『日本語と辞書』第十九輯、平成二十六年五月）に収録されており、作者の日我が記した本書の成立過程をうかがうことができる。

妙本寺蔵永禄二年いろは字全体については、鈴木博『妙本寺蔵永禄二年いろは字　影印・解説・索引』（清文堂出版、昭和四十九年）を参照されたい。

表4

	妙本寺	鎌倉	比率
イ			
ロ			
ハ			
ニ			
ホ			
ヘ			
ト			
チ			
リ			
ヌ			
ル			
ヲ			
ワ			
カ			
ヨ			
タ			
レ			
ソ			
ツ			
ネ			
ナ			
ラ			
ム			
ウ			
ヰ			
ノ			
オ			
ク			
ヤ	188	77	40.96%
マ	228	71	31.14%
ケ	424	231	54.48%
フ	340	192	56.47%
コ	567	290	51.15%
エ	91	40	43.96%
テ	247	133	53.85%
ア	503	194	38.57%
サ	479	250	52.19%
キ	551	300	54.45%
ユ	143	67	46.85%
メ	80	36	45.00%
ミ	228	120	52.63%
シ	1156	685	59.26%
ヱ	97	53	54.64%
ヒ	476	228	47.90%
モ	173	81	46.82%
セ	510	275	53.92%
ス	216	79	36.57%
計	6697	3402	50.80%

表5

	書名	総数	鎌倉	比率
1	国会本色葉字尽	1293	1210	93.58%
2	有坂本和名集	510	466	91.37%
3	高橋本色葉字	1616	1361	84.22%
4	諸雑聞書	312	256	82.05%
5	東大本伊呂波集	1420	1171	81.95%
6	広大本和名集	846	662	78.25%
7	北野本色葉集	2186	1404	64.23%
8	慶應本色葉集	2777	1731	62.33%
9	運歩色葉集	11707	6329	54.06%
10	妙本寺本いろは字	6697	3402	50.80%
11	猪無野本色葉集	9271	3669	39.57%

以上、其の他の諸本を含め、色葉字諸本十一本について、各本の全所収語彙の量（総数）、それらの語彙のうち鎌倉遺文に使用例のある語彙の量（鎌倉）、及び各本の所収語彙全体に占めるパーセンテージ（比率）を、それぞれ表5にして示す。その際、パーセンテージ（比率）を基準にし、上から下へ、一位から十一位の順序で排列する。

この表から分かるように、色葉字諸本の中には、国会本色葉字尽、有坂本和名集、高橋本色葉字のように、八割以上の高率で、文書用語が収録された、いわば純度の高いものがある一方、妙本寺本いろは字、猪無野本色葉集のように、文書用語以外の増補語彙（主として博物語彙）を多く含むものが存在する。妙本寺本いろは字については上述したが、猪無野本色葉集については、本書の「猪無野本色葉集について」を参照されたい。一般論として言えば、前者が色葉字の本質に近く、その成立の目的がそこにあることを示している。

倭玉篇と高橋本色葉字

鈴木功眞

はじめに

『高橋本色葉字』に就いての多角的研究に参加し、中世に成立した漢和辞書『倭玉篇』を調査している立場から、『高橋本色葉字』と『倭玉篇』との関連性に就いて考察することにした。

本稿では、まず既発表のものと重複するが『倭玉篇』に就いての概要を示し、その上で、『高橋本色葉字』との関連性を考察する手順を述べ、具体的に「いろは分類体」部分および「意義分類体」部分、『高橋本色葉字』箚記採録語より、それぞれ一部を具体的に採り挙げて対応状況を報告したい。

一、『倭玉篇』に就いて

『倭玉篇』は中世に成立した漢和辞書であり、原典は未詳と言わざるを得ない。書名「倭玉篇」（傍点筆者）から漢籍字書『玉篇』や掲出字を増補した『大広益会玉篇』を典拠とする立場があるが、内容面から言えば、『大広益会玉篇』の他に、『世尊寺本字鏡』、『聚分韻略』はもとより、『類聚名義抄』『字鏡集』も想定され、改編時に『龍龕手鑑』が参照されたことも指摘されている。現存本数では、慶長期までのものに限っても、写本四十四本、刊本が八種に上り、当時の漢和辞書の総称とも目される一群の伝本ということになる。それらの『倭玉篇』諸本を私に系統立てて影

〔表1〕倭玉篇諸本一覧

略号	資料名	書写年次	巻数	部首排列の冒頭	部首数	影響関係等の備考
①	音訓篇立	室町末期写	三巻	日・月・肉・火……	219	『世尊寺本字鏡』の系統。
②	賢秀写本	慶長十年写1605	三巻	日・月・肉・火……		
③	篇目次第	室町中期写	三巻	土・里・田・畾……	420	内容に『字鏡集』との関連性あり。
④	古活字版	慶長年間刊、三種あり	三巻	金・人・言・心……	217・238	右を『龍龕手鑑』により改編。四段本→五段甲本→五段乙本
⑤	拾篇目集	室町中期写	三巻	日・月・火・水……	243	
⑥	第四類本	長享三年写1489以降で三〇本。	三巻	日・月・人・言…… 日・月・肉・人・言	308前後	『会玉篇』部首を改編したものか。イ種→ロ種→玉篇略系の三種三〇本。
⑦	円乗本	慶長二年写1597	三巻	日・月・木・火……	100	右の改編。主要部首の百部首とした。
⑧	夢梅本	慶長十年刊1605	三巻	日・月・人・言……	197	⑥に『会玉篇』等漢籍による増補改編。
⑨	落葉集小玉篇	慶長三年刊1598	一巻	日・月・人・女……	105	
⑩	玉篇要略集	大永四年写1524	三巻	〈部首を意義分類〉	73	部首の意義分類に『字鏡集』の影響ありとされる。⑪は零本。
⑪	京大残欠本	室町末期写	三巻	〈部首を意義分類〉		
⑫	新編訓点略玉篇	室町末期写、三種あり	四・三巻	一・上・示・二……	約500	『会玉篇』の系統。『日大本』・『天理本』・『京女本』あり。
⑬	弘治二年写本	弘治二年写1556	三巻	示・玉・土・田……	114	右の改編。主要部首を抄出。
⑭	延徳三年写本	延徳三年写1491	九巻	一・上・示・二……	127	零本。『会玉篇』に①⑥での増補。
⑮	類字韻永禄本	永禄六年写1563	三巻	一・上・示・二……	477	『会玉篇』・『聚分韻略』・⑫での編纂。
⑯	類字韻松井本	慶長年間写	三巻	一・上・示・二……		右の改編。『音訓篇立』『夢梅本』『古活字版』での増補。『松井本』と『慶長版』の前後関係は未詳。
⑰	慶長十五年版	慶長十五年刊1610三種あり	三巻	一・上・示・二……		

響関係をもとに分類したのが鈴木〔二〇一四〕より転載した〔表1〕である。

〔表1〕は一覧表の上段より、本稿で使用する番号、資料名、書写年代、巻数、部首排列の冒頭の順序、影響関係等の備考という形で示した。右から左へと並べた諸本の排列順序は、書写年次等の関連性は示していない部分もある。

『倭玉篇』の構成は部首分類体であり、〔表1〕に示したように部首排列は諸本によって大きく異なる。そして、単漢字が採録される。単漢字に対して、字音、和訓がカタカナで記され、漢文注や異体字注、まれに韻が記される。単漢字それぞれに対して、字音は殆どが一通りのものしか記さないが、和訓は複数記されることが多い。部首排列の順序や採録字の排列順序とともにその単漢字と和訓との対応状況から諸本の影響関係を推定することも可能である。

二、『高橋本色葉字』から考えられること

次に、『高橋本色葉字』の構成に就いて、ここで改めてまとめておくと次のように記述出来るであろう。

一種の国語辞書、又は、語彙集と捉えられるものであって、単漢字もしくは熟語の漢字語とそれに対応するほぼ単一の和訓が記載される。語頭の音によるイロハ順分類部分と、巻末に語義による意義分類部分とがある。

本書に類似する辞書として『色葉字』諸本や『節用集』諸本、又は『下学集』諸本などが挙げられる。これらの影響関係の考察では、対象項目としては、語順、採録語の傾向、和訓の対応などが想定出来る。

その点で述べるならば、『倭玉篇』諸本との対照は、単漢字語に限られること、『高橋本色葉字』に採録された和訓に限るといった限界があるので、その範囲での調査となるが、興味深い項目も見られるようである。

さて、次に、単漢字和訓の対照といった点で、作業上の気がかりな点を述べておく。それは「定訓」の存在である。例えば、単漢字「高」の和訓は「たか」であり、「橋」は「はし」という和訓が当たり前、といった問題である。そのような和訓や掲出字を具体的に示しても影響関係は指摘しにくい。

また、『高橋本色葉字』の編纂過程で、単漢字は第一に『倭玉篇』諸本の何かを見たのかという問題である。これは『高橋本色葉字』が漢字語を漢字数順で分類している訳ではないことから、『倭玉篇』ではなく、『色葉字』諸本や『節用集』諸本が第一の参照資料であって、構成の点から『倭玉篇』諸本は遠いと予想されると言わざるを得ないであろう。つまり、『高橋本色葉字』は他の『色葉字』類や『節用集』類との関連性が優先されるであろうから、それらに見られない典拠を明らかにしがたい項目に就いて『倭玉篇』諸本との対照研究を行うことが考えられる。それは、ベン図（Venn diagram）で考えるならば〔図1〕のようになろう。〔図1〕は『高橋本色葉字』と『色葉字』諸本、『節用集』諸本という三つの集合によって仮に描いてみたイメージに過ぎないが、〔図1〕でいう場合のEの部分に就いて『倭玉篇』諸本との対照研究を行うことになるだろう。

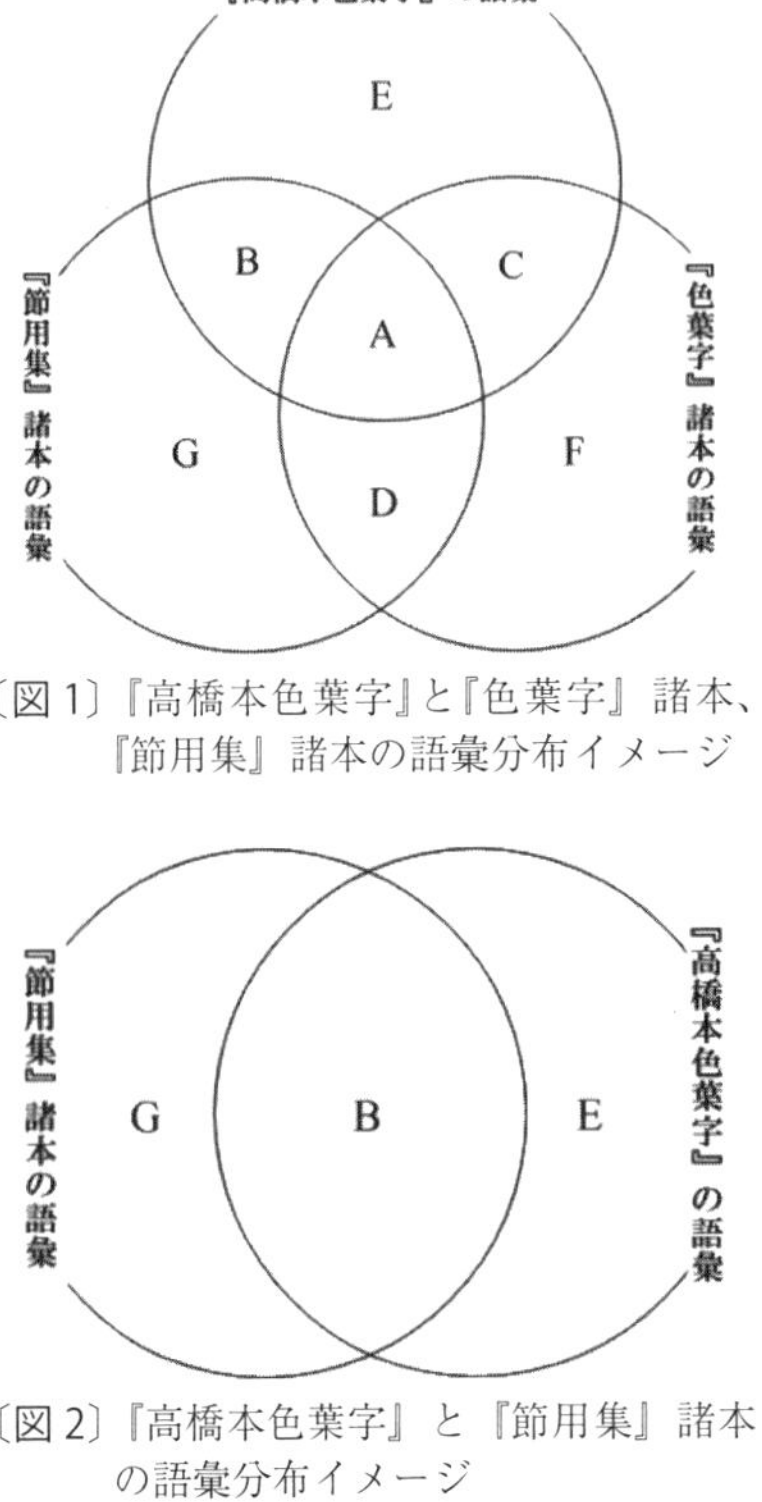

〔図1〕『高橋本色葉字』と『色葉字』諸本、『節用集』諸本の語彙分布イメージ

〔図2〕『高橋本色葉字』と『節用集』諸本の語彙分布イメージ

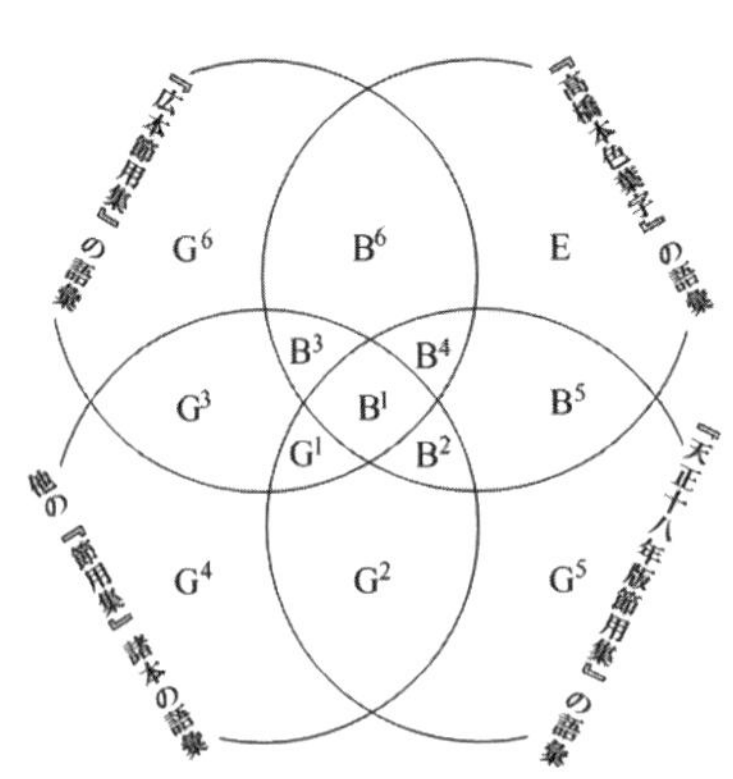

〔図3〕『高橋本色葉字』と、『天正十八年本節用集』、『広本節用集』、他の『節用集』諸本の語彙分布イメージ

しかし、〔図2〕のように『高橋本色葉字』と『節用集』諸本という二つの集合によって仮に描いてみたイメージを想定した場合に、Bの部分（これは〔図1〕で言えばAの部分も含まれる）にはさまざまなレベルでの『節用集』との対応が出てきてしまう。それは具体的に示すならば、〔図3〕のように『高橋本色葉字』と、『天正十八年版節用集』、『広本節用集』、その他の『節用集』諸本という四つの集合によって仮に描いてみたイメージで示したような問題である。つまり、『天正十八年版節用集』や『広本節用集』はその他の『節用集』と採録語彙が大きく異なることは夙に指摘されているのであって、『高橋本色葉字』が殆どの『節用集』諸本と対応するB1のような場合がある一方で、『天正十八年本節用集』とのみ対応するB5のような場合や、『広本節用集』とのみ対応するようなB6のような場合もあるのであって、B部分もさまざまであることは論を俟たない。

三、『高橋本色葉字』と『倭玉篇』との関係に就いて ― いろは分類体の部分 ―

『高橋本色葉字』と『倭玉篇』諸本とを対照するに際しては、『高橋本色葉字』の単漢字語を抽出し、それらに就いて、『色葉字』諸本、『節用集』諸本と対応するものは除外した、いわば『高橋本色葉字』独自語を明確にした上で、『倭玉篇』諸本との対照を行うという方法が一つには考えられる。

試みとして『高橋本色葉字』の研究会で行った対照調査でデータの揃っている部分より、仮に冒頭に近い五丁表より十五丁裏まででどのような語が抽出されるかを示すと〔表2〕の通りである。具体的な対象語は〔表3〕の通りである。〔表2〕のように十一丁分で百三十六語より『高橋本色葉字』独自語を十二語を抽出するという結果は得られるが、この結果にも疑問が残る。例えば、『易林本節用集』とのみ対応する語「牀 とこ」や『東大本伊呂波集』とのみ対応する「鋤 はさみ」、『広本節用集』とのみ対応する「荷 に」などと、多くの『色葉字』諸本や『節用集』諸本と対応する「俄 にわか」や「耄 ほるる」などとを同列に扱うことが出来るのかといった問題である。つまり、前掲〔図

〔表2〕『高橋本色葉字』独自語サンプル

『高橋本色葉字』での位置	『高橋本色葉字』の単漢字語数	『色葉字』『節用集』に典拠なしの語数
5 オ	8 語	0 語
5 ウ	8 語	2 語
6 オ	9 語	3 語
6 ウ	16 語	0 語
7 オ	6 語	0 語
7 ウ	4 語	0 語
8 オ	2 語	1 語
8 ウ	9 語	1 語
9 オ	6 語	1 語
9 ウ	6 語	1 語
10 オ	0 語	0 語
10 ウ	2 語	0 語
11 オ	4 語	1 語
11 ウ	0 語	0 語
12 オ	7 語	0 語
12 ウ	0 語	0 語
13 オ	6 語	1 語
13 ウ	13 語	0 語
14 オ	10 語	0 語
14 ウ	8 語	0 語
15 オ	12 語	1 語
15 ウ	0 語	0 語
計	136 語	12 語

3〕でいうところのB1とB7を同列に扱えるかということである。

しかし、まずは調査を進めるに当たり、これら『高橋本色葉字』の独自語とともに、ほぼ同じ範囲で私に注目した語も対象として『倭玉篇』諸本との対応状況を報告する。注目語は〔表4〕に示した。

〔表3〕〔表4〕の示し方は次の通りである。

上段に『高橋本色葉字』の対象語を採録位置と漢字、和訓（ひらがな書き）の順に示し、その次に『倭玉篇』諸本での対応状況を○や×の記号で示した。『倭玉篇』諸本の順序は〔表1〕と揃えてあるが一部諸本は省略した。

対応状況の記号は次のように用いた。以下の〔表5〕〔表6〕も同様である。

○（●）……漢字と和訓の両方が一致するもの。（清濁や仮名遣いの誤差は無視したものがある。）

△（▲）……漢字と和訓の関連性を認めたもの。（表下段の備考欄にどのような対応かを示した。）

×……漢字は採録されているが該当和訓が記されていないもの。

—……該当漢字すら採録されていないもの。

なお、●や▲は対応することに重要性があると予測したものを卓立させるために用いた。

〔表3〕『高橋本色葉字』独自語の『倭玉篇』諸本採録状況

『高橋本色葉字』語彙 ＼ 『倭玉篇』略号資料名	①音訓篇立	③篇目次第	④古活字版	⑤拾篇目集	⑥第四類本	⑧夢梅本	⑨落葉集小玉	⑩玉篇要略集	⑫新編訓点略	⑬弘治二年本	⑮類字韻永禄	⑰慶長十五年	備考
5ウ25 延 はう	—	×	—	—	—	×	×	×	×	×	×	×	
5ウ51 畠 はた	△	—	—	—	—	—	△	△	△	—	—	△	△はハタケ
6オ24 箒 ははき	○	○	○	○	○	○	—	○	△	△	△	△	△はハワキ
6オ34 騰（縢）はく	△	×	×	×	×	×	—	×	×	×	×	×	△はムカハキ也
6オ45 頓 にはか	△	×	—	△	○	×	○	△	△	△	△	—	△はニハカニ
8オ12 障 へたつ（る）	×	○	○	×	×	○	○	×	×	×	○	○	
8ウ41 咎 とかむる	△	×	—	×	×	—	—	—	—	×	△	△	△はトカム（メ）
9オ11 耐 とたゆる	×	—	×	×	×	×	—	×	—	—	—	—	
9ウ33 制 ととまる	△	△	△	△	△	×	△	—	△	×	△	△	△はトトム
11オ12 因 ちなみ	○	×	×	○	○	○	△	△	△	△	△	△	△はチナム（ミニ）
13オ32 貫 をきのり	△	△	△	△	△	△	—	—	△	—	△	△	△はヲキノル
15オ33 替 かへ	△	△	△	×	△	×	△	△	—	—	—	△	△はカハル

〔表4〕『高橋本色葉字』注目語の『倭玉篇』諸本採録状況

『高橋本色葉字』語彙 ＼ 『倭玉篇』略号資料名	①音訓篇立	③篇目次第	④古活字版	⑤拾篇目集	⑥第四類本	⑧夢梅本	⑨落葉集小玉	⑩玉篇要略集	⑫新編訓点略	⑬弘治二年本	⑮類字韻永禄	⑰慶長十五年	備考
3オ52 嘶 いはゆる	△	△	△	△	△	△	—	△	△	△	△	△	△はイハワ ユ・フル
3オ53 驟 いはゆる	△	×	×	△	×	×	—	—	×	×	×	×	△はイハユ
5オ43 働 はたらく	—	—	—	—	—	—	○	—	—	—	—	○	
5ウ13 鋏 はさみ	×	×	—	—	●	×	—	×	×	×	×	×	
6オ25 駁 はぬる	×	×	×	×	×	×	—	×	—	—	—	×	
6オ26 褵 はかまのこし	—	×	—	—	×	×	—	—	×	×	×	×	×もコロモヲビはあり
6ウ21 荷 に	△	×	×	—	△	×	△	△	△	△	△	△	△はニナフ
6ウ26 拳 にきる	×	○	○	○	○	×	—	—	×	×	○	○	
7オ11 播 ほとこす	○	○	×	○	○	○	—	○	○	○	○	○	
9オ12 扃 とさし	○	×	×	○	○	○	—	△	○	○	○	○	△はトサス
9ウ43 伴 ともなう	○	×	×	×	×	○	○	×	○	×	○	○	
11オ41 ⿰扌豆 ちちむ	△	—	—	△	—	—	—	—	—	—	—	—	△はミシカシ
11オ41 （異）⿰糸豆 ちちむ	—	—	—	—	—	—	—	—	—	—	—	—	
12オ53 濡 ぬるる	×	×	×	△	×	△	—	—	△	△	○	○	△はヌラス

	1	2	3	4	5	6	7	8	9	10	11	12	
12オ56 幣 ぬさ	×	×	×	×	×	×	—	×	×	×	×	×	×はミテクラなど
13オ33 僟 をきのり	△	×	—	△	×	×	—	—	×	×	△	△	△はヲキノル
13ウ13 印 をして	○	×	×	—	○	○	○	○	×	×	○	○	
13ウ38 紳 をひ	△	—	△	○	○	△	—	△	—	○	○	○	△はヲホヲヒ
14オ14 擯 をいいたす	×	×	×	×	×	×	—	×	×	▲	●	—	△はヲヲヒタス
14オ34 化 をもかけ	×	—	×	×	×	×	×	×	×	—	×	●	
14オ42 勒 をもかへ	×	×	×	×	×	×	—	●	×	×	●	×	
15ウ11 且 かつかつ	○	○	—	—	○	△	—	○	×	—	○	△	△はカツ
15ウ31 厳 かさる	×	×	—	×	○	×	○	×	○	○	○	○	
17オ44 轟 からめく	▲	×	×	×	●	×	—	—	×	—	×	×	△はカハメク

使用資料は次の通りである。『古辞書大系』（勉誠出版）より③篇目次第⑧夢梅本⑰慶長十五年版を、『倭玉篇五本和訓集成』（汲古書院）より⑤拾篇目集⑩玉篇要略集⑬弘治二年写本を、『古辞書音義集成』（同）より①音訓篇立を、『天理図書館善本叢書』（八木書店）より⑨落葉集小玉篇を用いた。②賢秀写本は①音訓篇立とほぼ同じであるので省略し、①音訓篇立の欠巻（人下巻）部分は②賢秀写本で示してある。④古活字版諸本は全巻が揃う五段甲本（国立国会図書館蔵本）で代表させた。⑥第四類本は『静嘉堂文庫蔵室町末期写本』で代表させたが誤写がいくらか見られるので『伝紹益筆静嘉堂文庫蔵本』で校訂した。両本とも『静嘉堂文庫所蔵古辞書集成』（雄松堂フィルム出版）所収のものである。⑦円乗本は⑥第四類本の改編本なので省略した。⑪京大残欠本は⑩玉篇要略集とほぼ同じであるので省

略した。⑫新編訓点略玉篇は現存部分の多い日本大学蔵本で代表しマイクロ紙焼きを使用した。⑭延徳三年写本は①音訓篇立と⑥第四類本により成立しているものなので省略した。⑮類字韻永禄本は東京大学国語研究室蔵永禄六年写本のマイクロ紙焼きを使用した。⑯類字韻松井本は⑰慶長十五年版とほぼ同じであるので省略した。

そこで、〔表3〕〔表4〕から考えられることを、具体的に述べると次のようになる。

〔表3〕の『高橋本色葉字』独自語という設定で抽出した語の場合、『倭玉篇』諸本の側で特徴的な対応は見出しにくいようである。

例えば、5ウ23「延 はう」や9オ11「耐 とたゆる」は『倭玉篇』諸本に見られず、5ウ51「畠 はた」は「ハタケ」、8ウ41「咎 とかむる」は「トカメ・トカム」、13オ32「貰 をきのり」は「ヲキノル」、15オ33「替かへ」は「カハル」で採録されているといった状況である。

次に〔表4〕の私に注目した語の場合は次の通りである。

まず、注目語の選定は⑮類字韻永禄本もしくは⑥第四類本に採録されていないものを主とした。この二系統が『倭玉篇』の代表になっているものと現段階で考えているからである。

5オ43「働 はたらく」は国字であって⑨落葉集小玉篇、⑰慶長十五年版に採録されているのは、〔表3〕独自語の5ウ51「畠 はた」も⑨落葉集小玉篇と⑰慶長十五年版に見え、特徴的のようだ。

6オ25「駇 はぬる」、6オ26「褵 はかまのこし」、12オ56「幣 ぬさ」は『倭玉篇』諸本に見られない。11オ41「拉 ちちむ」は見られないが①音訓篇立と⑤拾篇目集に「ミシカシ」とあり、これは『倭玉篇』の側では古語に該当するようである。「拉」の異表記「縆」は『倭玉篇』諸本で採録するものがない。

6ウ21「荷 に」は「ニナウ」の語形でのみ採録されている。

5ウ13「鋏 はさみ」、17オ44「轟 からめく」の二語は⑥第四類本諸本にのみ見られる。『倭玉篇』の中で第四類本にのみ記載の語は〔表5〕〔表6〕にも見られる。

17オ44「轟 からめく」は①音訓篇立②賢秀写本はいずれも「カハメク」としており、④第四類本でも『静嘉堂文庫蔵室町末期写本は「カハメク」とするように、「カラメク」「カハメク」の間で揺れが見られる。

14オ14「擯 をいいたす」が⑬弘治二年写本と⑮類字韻永禄本に見られるが⑬⑮および⑫新編訓点略玉篇と⑰慶長十五年版は系統が近く、〔表5〕〔表6〕でも同様の対応がいくらか見られる。

14オ34「化 をもかけ」が⑰慶長十五年版に、14オ42「勒 をもかへ」が⑩玉篇要略集と⑮類字韻永禄本に見られることも特徴的である。⑩玉篇要略集も『高橋本色葉字』と特徴的に対応することがいくらか見られるのである。

以上の考察から、『高橋本色葉字』の採録語の傾向は⑫新編訓点略玉篇⑬弘治二年写本⑮類字韻永禄本⑰慶長十五年版といった同系統の間での対応が見られる一方で、古語的性格を有する①音訓篇立や⑤拾篇目集との対応や、⑥第四類本や⑩玉篇要略集との対応も見られると指摘出来そうである。

四、『高橋本色葉字』と『倭玉篇』との関係に就いて ― 意義分類体の部分より「草の名」―

次に、『高橋本色葉字』のうち、巻末意義分類体の部分より「草の名」部を具体的に採り挙げ、『倭玉篇』諸本との対応状況を考察する。対象語と採録状況は〔表5〕の通りである。なお、具体的に採り挙げる語の選定は、〔表4〕と同様に、仮に⑥第四類本や⑮類字韻永禄本に見られないものを主とした。

まず、『高橋本色葉字』の傾向を指摘しにくい語を指摘すると次の通りである。

〔表5〕『高橋本色葉字』「草の名」注目語の『倭玉篇』諸本採録状況

『高橋本色葉字』語彙 ＼ 『倭玉篇』略号資料名	音訓篇立①	篇目次第③	古活字版④	拾篇目集⑤	第四類本⑥	夢梅本⑧	落葉集小玉⑨	玉篇要略集⑩	新編訓点略⑫	弘治二年本⑬	類字韻永禄⑮	慶長十五年⑰	備考
59オ53 蘩 おほはこ	×	×	×	×	×	×	—	×	—	×	×	×	×もハコベあり
59オ55 葛 くす	○	×	○	×	○	○	—	○	—	○	—	○	
59ウ25 使 あちさへ	○	○	○	○	—	—	—	—	○	○	○	—	
59ウ41 萋 つはな	—	×	—	—	—	×	—	—	●	—	×	×	
59ウ45 芷 よろいくさ	○	×	×	—	—	×	—	—	×	○	○	○	
59ウ51 莅 ちしやく	—	△	△	—	×	×	—	×	△	×	△	×	△は莒チシヤ
60オ35 葥 やまふき	○	○	○	—	×	×	—	—	○	—	○	○	
60オ44 苺 こけ	○	○	—	○	○	×	—	○	—	—	×	○	
60オ52 安 あけひ	—	×	—	×	—	—	—	—	—	—	—	—	
60ウ14 苧 からむし	×	×	×	○	×	×	—	×	—	—	○	○	
60ウ15 葱 ひともし	×	×	○	×	—	○	—	—	○	○	○	○	
60ウ31 茅 ちはら	×	×	—	△	△	△	—	×	△	△	△	—	△はチカヤ
60ウ32 蒃 しのふ	—	×	—	—	—	—	—	—	▲	—	▲	▲	△はシノネ
60ウ37 韮 にら	○	—	×	○	—	—	—	—	—	—	—	—	

		1	2	3	4	5	6	7	8	9	10	11	12	
60ウ38	蔓 な	×	×	×	×	×	×	×	●	—	×	×	●	
60ウ42	葓 かたはみ	—	×	—	—	—	×	—	—	—	—	—	—	
60ウ44	蕙 をはな	×	×	—	×	×	○	—	×	○	×	○	○	
60ウ45	藜 あかさ	○	○	○	—	○	○	—	○	—	○	—	○	
60ウ52	芡 みつふき	△	△	—	—	×	×	—	×	○	○	○	○	△はミツフキ
60ウ53	蘁 からし	—	—	—	×	—	—	—	—	—	—	—	—	
61オ11	莀 ねなしかつら	—	×	—	—	—	×	—	—	▲	▲	▲	×	△は蓎
61オ12	藷 さねかつら	○	×	—	○	—	×	—	—	○	—	○	○	
61オ23	芋 いも	×	○	×	—	×	○	○	○	○	○	○	○	
61オ24	薦 まこも	△	×	△	△	△	—	—	△	○	○	—	—	△はコモ
61オ41	葢 めはしき	—	×	—	—	—	×	—	—	●	●	●	●	
61オ44	蘼 すまふくさ	—	×	—	—	—	—	—	—	—	●	×	—	○はスマイクサ
61ウ11	蘘 ほうつき	—	—	—	—	—	—	—	—	—	—	—	—	
61ウ12	葷 にんにく	×	×	×	×	●	×	—	—	×	×	×	×	

61ウ11「蘘 ほうつき」は『倭玉篇』諸本のいずれにも漢字自体採録されない。

60オ52「安 あけひ」、60ウ42「葓 かたはみ」、60ウ53「蘁 からし」は漢字採録も少なく和訓の対応もない。

59オ53「蘩 おほはこ」の漢字「蘩」は『倭玉篇』諸本殆どに採録されるが、和訓は「ハコベ」となっている。

59ウ51「莅 ちしやく」は『倭玉篇』諸本では「茞 チシヤ」とある。

次に、やや傾向として状況を指摘出来そうな語を指摘すると次の通りである。

59ウ25「[illegible] あちさへ」、59ウ45「芷 よろいくさ」、60オ35「葥 やまふき」、60ウ14「苧 からむし」、60ウ52「茓 みつふき」、61オ12「藸 さねかつら」は、①音訓篇立、③篇目次第、⑤拾篇目集と、⑫新編訓点略玉篇～⑰慶長十五年版系統との両方で対応が見られる語である。

60ウ52「茓 みつふき」は①音訓篇立と③篇目次第が古語形の「ミツフフキ」であり、⑫新編訓点略玉篇～⑰慶長十五年版系統は新語形の「ミツフキ」であり、『高橋本色葉字』も新語形で対応している。

ただし、『高橋本色葉字』の60ウ37「菲 にら」は『倭玉篇』諸本では①音訓篇立と⑤拾篇目集との対応のみであるから、新古の対応は単純ではなさそうである。

次に、特徴的な対応を指摘すると次の通りである。

60ウ32「蓫 しのふ」、61オ11「萀 ねなしかつら」、61オ41「[illegible] めはしき」が⑫新編訓点略玉篇～⑰慶長十五年版系統と対応することがまず挙げられる。ただし、60ウ32「蓫 しのふ」は『倭玉篇』は「シノネ」とする、61オ11「萀 ねなしかつら」は漢字字形を「蓎」とする点で異なる。

最後に、対応する諸本の少ないものを指摘すると次の通りである。

59ウ41「萋 つはな」は⑫新編訓点略玉篇とのみ対応する。⑧夢梅本と⑰慶長十五年版は和訓が「クサ」のみであり、他本は和訓を採録しない。

60ウ38「蔓 な」は⑩玉篇要略集と⑰慶長十五年版とのみ対応する。

61ウ12「葷 にんにく」は⑥第四類本とのみ対応する。この語は第四類本で多くの諸本が採録している。

以上が『高橋本色葉字』巻末意義分類体部分の「草之名」部の考察である。

五、『高橋本色葉字』箚記より得られた独自語と『倭玉篇』との関係に就いて

具体的考察として最後に『高橋本色葉字』箚記採録語のうち、単漢字語に就いて『倭玉篇』諸本での対応状況を報告したい。採録語と対応状況は〔表6〕の通りである。

これらの語は箚記として採録されるだけあって、さすがに『倭玉篇』諸本でも対応しない語が多くなる。

33ウ23「闇 ふぶき」、52ウ32「鴫 つつとり」、53ウ24「鮮 まて」は全く対応しない。また、53オ42「鮹さけほこ」は漢字は採録されているが和訓が記されていない。

58ウ31「櫟 もみ」は見えないが、⑰慶長十五年版に「擽 モム」（「手」部）があり、これと名詞類推としての「櫟 もみ」という可能性は今後の課題としたい。

59オ25「鴇 つつし」は『倭玉篇』諸本に散見され、⑥第四類本では「モチツツシ」の語形で記載される。

46オ53「邂 しれもの」は⑥第四類本にのみ見られる語だが、第四類本諸本間では比較的多くの伝本に記載される語である。

27ウ22「覗 のそく」も⑥第四類本にのみ見られるが、第四類本諸本中でも少数の伝本のみに採録されている。多くの第四類本では、音「シ」和訓「ミル」のみ記すが、『静嘉堂文庫蔵室町末期写本』『大東急記念文庫蔵本一〇六―二―一二』に和訓「ミル ノソク」（傍線筆者）と記されている。ただし、『倭玉篇』諸本は漢字字形が「覘」である。『大広益会玉篇』では義注が「見也 盗視皃也」（「見」部）などとあることから他本は和訓を「ヌスミミル」と記すのであろう。

45ウ32「砥 しかと」は⑮類字韻永禄本に見られる。その他の諸本は「ウキイシ」「カルイシ」とあるが、これは『大広益会玉篇』の義注「浮石」（「石」部）と対応する和訓であろう。

〔表6〕『高橋本色葉字』箚記収載単漢字語の『倭玉篇』諸本採録状況

『高橋本色葉字』語彙 ＼ 『倭玉篇』略号資料名	①音訓篇立	③篇目次第	④古活字版	⑤拾篇目集	⑥第四類本	⑧夢梅本	⑨落葉集小玉	⑩玉篇要略集	⑫新編訓点略	⑬弘治二年本	⑮類字韻永禄	⑰慶長十五年	備考
17オ33 拵 かこう	○	○	—	○	×	×	—	○	—	—	△	△	△は栫カコム
19ウ53 徼 たしぬく	×	×	—	×	△	×	—	×	△	△	△	△	△はヌク
27ウ22 最 のそく	—	△	—	×	●	△	—	—	—	—	—	×	△はヌスミミル
33ウ23 闇 ふぶき	—	—	—	—	—	—	—	—	—	—	—	—	
45ウ32 碱 しかと	—	×	×	—	—	×	—	—	×	—	●	×	×はウキイシ・カルイシ
46オ53 邂 しれもの	—	—	—	—	●	—	—	—	—	—	—	—	
52オ47 嶋 ひよとり	—	—	—	×	—	—	—	×	—	—	—	—	×はメトリ
52ウ32 鴗 つつとり	—	—	—	—	—	—	—	—	—	—	—	—	
53オ42 鮪 さけほこ	—	×	—	—	—	×	—	—	—	—	—	—	
53ウ24 鯆 まて	—	—	—	—	—	—	—	—	—	—	—	—	
56オ36 罰 はたけ	×	△	△	×	×	×	×	×	×	—	×	×	△はハタル
58ウ31 櫟 もみ	×	×	—	×	×	×	—	×	×	×	×	×	⑰擽モムあり
59オ25 梟 つつし	○	×	×	○	△	×	—	○	×	×	×	×	△はモチツツシ
62オ36 蟐 なめくし	—	○	○	×	×	○	—	—	○	○	○	○	
62オ46 蟥 たに	×	—	×	×	—	×	—	—	—	—	—	—	

以上が、『高橋本色葉字』箚記採録語のうち、単漢字語に対する『倭玉篇』諸本の対応状況である。

まとめ

以上、『高橋本色葉字』の単漢字語に就いて、『倭玉篇』諸本との関連性を、具体的に「いろは分類体」部分および「意義分類体」部分、箚記採録語より、それぞれ一部を採り挙げて考察した。

ここまでの結論をまとめると、⑫新編訓点略玉篇、⑬弘治二年写本、⑮類字韻永禄本、⑰慶長十五年版の系統と対応する語、①音訓篇立、③篇目次第、⑤拾篇目集など比較的古い諸本と対応する語、⑥第四類本や、⑩玉篇要略集と個別的に対応する語、といった状況であることが判った。

このように書くと『高橋本色葉字』単漢字語の傾向が明らかになったように思われる可能性があるだろうが、ふと疑問が生じてくる。それは次のように述べることが出来る。

ここまでで、④古活字版、⑧夢梅本、⑨落葉集小玉篇はあまり話題に上らなかった。しかし、④古活字版は③篇目次第の改編、⑧夢梅本は⑥第四類本の系統、⑨落葉集小玉篇は⑥を参照している可能性がある（鈴木功眞［二〇一三］）と捉えると、全ての『倭玉篇』諸本が候補として挙がってくることになり、『高橋本色葉字』とどの『倭玉篇』との関連性が大きいのかという傾向は見えてこなくなる。

しかし、よく考えてみれば、辞書を編むということは、それなりの知識が必要であって、当然参照資料も多岐に亙ったであろう。もちろん、それは他の『色葉字』諸本や『節用集』諸本や『下学集』諸本もあり得るのであって、その中の一つの可能性として漢和辞書である『倭玉篇』との関連性がなにがしかの形であったのだということであろう。

［参考文献］

鈴木功眞［二〇一三］「倭玉篇から落葉集小玉篇への継承と工夫に就いて」『二〇一三年度秋季大会予稿集』（日本語学会）
鈴木功眞［二〇一四］「字鏡集と倭玉篇の境界と継承に就いて」国語語彙史研究会編『国語語彙史の研究』三三

日葡辞書と高橋本色葉字

近藤健次
高橋忠彦

はじめに

高橋本色葉字の編纂時期については、「高橋本色葉字について」の考察によれば、天正年間と推定される。この辞書が文書用語を多く取り入れたものであることも、同論で明らかにされている。一般に文書用語は、政治社会的文脈の中で、特定の意味に使用されるため、漢字の表面的な意味の検討では理解がしにくい。その分析の方法としては、もとより文書の実際の用例から帰納するのが一番であるが、比較的近い時期（慶長八年〜九年）に編輯された日葡辞書は、標出語の概念規定を詳細に行っており（これは日本人が編んだ辞書には当時は求むべくもないことだが）、参照すべき資料といえる。実際、表1に示すように、高橋本色葉字の総語彙は、九二パーセント近く日葡辞書に掲載されており、両者がほぼ同時代の辞書として、相互に参照すべき資料として扱い得ることを示している。

本論は、高橋本色葉字の文書用語を全般的に論ずるものではなく、そのような語を形成するために機能している語、具体的には「儀」と「篇」を取り上げたい。そのような造語要素は、それ自体抽象的な概念であり、また、抽象的な意味の強い文書用語を形成するため、その概念や機能・用途の検討が殊に必要であり、日葡辞書の記述が役立つと思われるからである。以下、引用は邦訳日葡辞書（土井忠生他編訳　岩波書店　一九八〇）による。

表1

高橋本色葉字と日葡辞書の語彙

	色葉字の語彙量	日葡辞書で一致する語彙量	一致率
い部	111	103	92.79%
ろ部	22	20	90.91%
は部	81	74	91.36%
に部	32	30	93.75%
ほ部	40	38	95.00%
へ部	24	23	95.83%
と部	66	58	87.88%
ち部	62	57	91.94%
り部	27	26	96.30%
ぬ部	14	12	85.71%
る部	15	11	73.33%
を部	72	59	81.94%
わ部	29	26	89.66%
か部	101	85	84.16%
よ部	36	31	86.11%
た部	87	83	95.40%
れ部	23	18	78.26%
そ部	49	45	91.84%
つ部	65	62	95.38%
ね部	18	18	100.00%
な部	48	47	97.92%
ら部	37	36	97.30%
む部	24	23	95.83%
う部	40	38	95.00%
の部	22	22	100.00%
く部	77	70	90.91%
や部	36	36	100.00%
ま部	49	45	91.84%
け部	51	49	96.08%
ふ部	38	35	92.11%
こ部	66	54	81.82%
て部	35	29	82.86%
あ部	49	44	89.80%
さ部	81	76	93.83%
き部	66	58	87.88%
ゆ部	24	24	100.00%
め部	29	26	89.66%
み部	42	37	88.10%
し部	145	137	94.48%
ゑ部	20	18	90.00%
ひ部	61	57	93.44%
も部	30	29	96.67%
せ部	43	41	95.35%
す部	40	38	95.00%
計	2127	1948	91.58%

一、「儀」を造語要素とする語について

1　異儀いき（高橋本2オ4）

遠江本興寺文書、永禄十年（一五六七）七月三日、今川氏本興寺定書（中世法制史料集、武家家法Ⅲ、六四六号）「定／一、山林竹木不可伐取事、／一、鵜津山、吉美其外之陣衆、号見物猥出入、堅停止之事、／一、陣衆寄宿事、／右条々、於違犯之輩者、可処厳科、殊什物之法華経窃取云々、鵜殿休庵為檀那之間、相改可請取之、於及異儀者、披露之上可加成敗者也、如件、／永禄十年七月三日／鷲津／本興寺」とあり、このような用法が、室町末期における「異儀」の典型例である。一通の前半は、遠江国今川氏による定書で、「山の樹木を伐採することを禁ず」「陣営の武士達が見物と称してみだりに陣営を出入りすることを禁ずる」「陣営の武士達が他人の家に寄寓することを禁

ず」等、三箇条の禁止事項が列挙され、後半は、それらに違反した場合の厳しい処罰について述べ、この三箇条に違反した輩は厳罰に処し、さらに、「異儀に及ぶ」即ち、この定書の内容に異論を唱え、承服しない者も、広く公開した上で処罰する、としている。邦訳日葡辞書に「Igui. イギ（異儀）Cotonaru gui.（異なる儀）的はずれなこと、あるいは、不適当なこと。例、Iguiuo iuasuna.xibare,tataqe.（異儀を言はすな、縛れ、叩け）つべこべと言わせるな、すなわち、的はずれなことを言わせるな、そいつを縛りつけよ、なぐれ」とある。

2　論儀ろんき（高橋本3ウ5）

高野山文書又続宝簡集、長禄三年（一四五九）一月至五月、学侶公事入目注文（大日本古文書、高野山文書之六、一三七二号）「正月ヨリ学侶公事入目注文／一、連判〈三所十聴衆本会新会学道論儀衆シタクリ清書〉人数〈宝持院性実房総厳房〉」とあるほか、古文書では「論儀法談」「論議法事」「御論議三番」「勧学院論議」「教学論議法談」「御斎会、御論議」等、法会等で経論の要理について問答する儀式を指す例が殆どである。その場合、正書法は「論義」であるが、中国・日本において「義」と「議」と「儀」は互いに通用するため、「論儀」「論議」とも書かれる。邦訳日葡辞書に「Rongui. ロンギ（論議）Ronzuru cotouari.（論ずることわり）論争」とある。日葡辞書の見出しに続く、想定された漢字表記の訓読は「Ronzuru cotouari」であり、名詞形「cotouari」と対応するのは、「議」でなく「義」であると考えられる。したがって、邦訳版の見出し語漢字表記は、ここでは「論義」とすべきところであろう。

3　略儀りやくき（高橋本12オ2）

上諏訪神社文書、永禄八年（一五六五）十一月一日、武田晴信諏訪下社祭祀再興定書（中世法制史料集、武家家法Ⅲ、六一一号）「諏方下社祭祀数年退転之分、今茲永禄八年乙丑十一月朔日令再興、加下知次第／…正月十五日御祭、如前々自土田分可相勉、備物等聊不可有略儀候事、／…一、七月五日之御神事、是〈茂〉、弐貫五百之費用従料所之

内請取、竹居祝可致沙汰、備物不可有略儀之事」とある。武田晴信（信玄）が、信濃国諏訪下社の祭祀神事の復興について記した定書である。諏訪下社の祭祀神事は数年にわたり中絶していたが、永禄八年に再興し、古来の伝統に則り正式な作法で執り行うべきことを定めている。右の「略儀」を含む引用部分では、正月十五日の御祭、七月五日の御神事について、神饌を簡略化せず、正式な作法でお供えすべきことを記す。邦訳日葡辞書に「Riacugui. リャクギ（略儀）何事であれ、省略され〔簡略化され〕たこと、または、要略」とある。

4　大儀たいき（高橋本18ウ1）

吉川家文書、長享三年（一四八九）四月二日、浦上則宗書状（大日本古文書、吉川家文書之一、三〇九号）「其後不申入候、非本意相存候、仍掃部助（吉川経光）殿永々御在陣、御大儀御辛労無勿体候、就中播州福井荘事、可預進通、兵部少輔（赤松政則）以書状申候、其子細者、当国落居合戦間、具足数三百彼在所被置、可有御合力旨、依被仰申合候処、無其儀候条、当荘諸給人等、何も不可致承引候由申候、雖然、掃部助殿江州御在陣之事候、一所可致申沙汰心中候之処、更可然在所不尋得候間、先拙者知行分播州長田荘可預進候、福井荘内御土居分事、進奉書候、委細掃部助殿可被仰候之間、令省略候、恐々謹言、／四月二日　則宗（花押）／吉川駿河守殿／御宿所」とある。浦上則宗が吉川経信宛てに送った書状である。一通の内容は次の通りである。心ならずも御無沙汰しております。吉川経光殿は長期間にわたり江州に陣営を張られ、誠に大変なお骨折り、御苦労をされましたこと、忝く存じます。よって、私は播磨国長田荘を経光殿に進上します。詳細は経光殿に通達しますので、ここでは省略します、という趣旨である。このように、室町末期において、「大儀」は、他人の戦功を慰労する際に使用された事例が多い。邦訳日葡辞書に「Taiguil.taiguina. タイギ、または、タイギナ（大儀、または、大儀な）Vôqinarugui.（大きなる儀）大きな（こと）、骨の折れる（こと）、または、困難な（こと）」とある。

5　礼儀れいき（高橋本20ウ2）

吉川家文書、天文十六年（一五四七）二月十一日、吉川興経書状（大日本古文書、吉川家文書之一、四一八号）「態令啓候、抑為養子之御礼儀、御太刀一腰御馬令進覧候、猶同名伊豆守、森脇和泉守、境雅楽助可得御意候条、期後喜候、恐々謹言、／二月十一日　興経（花押）／毛利右馬頭殿／御宿所」とある。吉川興経が毛利元就宛てに送った書状である。毛利元就は、二男元春を吉川氏に養子に出した。この書状は、吉川興経が、元春の養子縁組の謝礼として、太刀一腰と馬一頭を元就に進上する旨、記している。右の書状の例を初めとして、室町末期における「礼儀」の古文書の用例は、社交上の作法の一種としての謝礼（贈物）の意味で使用されている例が多い。邦訳日葡辞書に「Reigui. レイギ（礼儀）Reino coto.（礼のこと）礼節、あるいは、礼儀作法」とある。

6　内儀ないき（高橋本23ウ3）

吉川家文書、永禄十二年（一五六九）十二月十日、毛利輝元自筆起請文（大日本古文書、吉川家文書之一、一九二号）「我等悴心底之趣、頓に可申入処、打過心外存候、／一、雖不及申候、我等事、対申御方様、毛頭不相構別心、無二に打頼申一念之事、／一、我等事、若輩之儀候条、自然いかやうなる者とも候て、御方様我等半之儀、雑説とも申懸候者、直に互に可申承候事、／一、今度之於立花陣之御心遣御辛労之段、於輝元少も不可致忘却事、／一、御方様内儀、みつみつにて被仰聞こと、一言も不可致他言候事、／一、中も疎候へとも、此以後者、内外ともに諸事心底不残、可申談候事、／右之五个条、於輝元若偽申候者、可罷蒙／梵天帝釈、四大天王、総而日本国中大小神祇、殊　厳島大明神、八幡大菩薩、別而者摩利支尊天王、天満大自在天神御罰者也、仍起請文如件、／永禄十二年十二月十日　輝元（血判）（花押）／元春殿」とある。毛利輝元が叔父である元春に対して忠誠を誓う起請を立てた文書であり、熊野牛王宝印の裏に書かれ、血判が押されている。起請の箇条は、一、元春に対して異心を抱かず、一途に信頼する事、一、私が若輩なので、元春様と私が不和である等という、根も葉もない噂をお耳に入れることもあるので、直に互いにお話をうかがう事、一、この度の立花の陣における元春様の御心遣い、御苦労のことは、決して忘れることなく感謝申し上げる事、一、元春様の内々の事、秘密に仰せられた事は、決して他言しない事、一、今後は、あらゆる事を、包み隠さず御相談申し上げる事、右五箇条について、輝元が偽りを申したならば、梵天帝釈を初めとして日本の神々の御罰を蒙るものである、と起請している。このように、「内儀」は内々の事、内密の事、の意味である。邦訳日葡辞書に「Naigui. ナイギ（内儀）Vchino coto.（内のこと）内密の事、または、内輪の事。例、Naiguiuo mōsu.（内儀を申す）誰かにこっそりと、あるいは、公に知れ渡らないように話す。また、結婚している婦人〔妻〕。すなわち、*Naifō.*（内方）」とある。

7　難儀なんき（高橋本23ウ5）

大徳寺文書、宝徳四年（一四五二）五月十五日、土御門宗瑞（定長）自筆書状（大日本古文書、大徳寺文書之四、一五四六号）「敷地之事、被充行于人候者、可然之仁可被仰付候、於官家方者、自然違乱出来之時、御成敗可為御難儀候、只如地下人尤可然存候、御寺領等被任　先師御制法、於官家方者、無御契約候歟、此地以可為同前候哉、如地利無相違可被立寺用之条、月窓（有通）本意候、拙者又此所存候之間、及巨細言上仕候、恐惶敬白、／五月十五日宗瑞（花押）／如意庵／侍衣禅師」とある。土御門宗瑞が如意庵の禅師に宛てた自筆書状である。一通の要旨は、以下の通りである。宗瑞が寄進した敷地は、然るべき人物に充て行うべきである。ただし、貴人方の場合、秩序を乱すような事態が出来した時、処罰することは極めて困難な事であろう。地下人（位階・官職を持たぬ者）に充て行うのが適切であろう。また、月窓（有通）の本意の通りに、敷地からの利益は、寺の費用に充てるべきであるという内容である。また、次のような例も多い、小早川家文書、文明六年（一四七四）十二月十八日、足利義政御内書写（大日本古文書、小早川文書之二、二〇七号）「知行分芸州高山城事、敵取寄陣、及難儀云々、早馳下、相談御方輩等、可抽戦功、然者、為西国可然候也、／十二月十八日　（義政花押）／小早河掃部助とのへ」とある。足利義政が小早川元平に内々に送った書状である。貴殿の知行である安芸国高山城に敵軍が攻め寄せ、危機的状況となった。

貴殿は京都から芸州高山城に早く馳せ下り、味方の者共と相談し、抜群の戦功を上げよ、という内容である。このように、室町後期から末期の古文書における「難儀」は、極めて困難なこと、重大な危難、の意味で使用されることが多い。邦訳日葡辞書に「Nangui. ナンギ（難儀）危難、または、苦悩。Nanguini voyobu.（難儀に及ぶ）大きな危難、あるいは、非常な苦悩に直面する。Nanguini vǒ.（難儀に遭ふ）危険なことに出くわす」とある。

8　来儀らいき（高橋本25オ2）

西禅永興両寺旧蔵文書、天正十一年（一五八三）、吉川元長自筆書状（大日本古文書、吉川家文書別集、九八号）「昨日は万徳庵へ御出之由候、畏悦之至候〳〵、／如仰明日吉田へ可罷出存候処、従伯州尾高使者罷下之由候条、一両日者相待申候、殊に如御紙面気分悪候て罷居候間、彼是以延引候、／一、自済蔭和上如此被仰下候、我等吉田罷出之通申候間、彼表に可有御待候かと存候、留守於御来儀者、可被得御意候、（以下略）」とある。吉田元長が西禅寺の周伯（恵雍）に送った書状である。一通の前半の内容は以下の通りである。昨日は万徳庵へおいでくださったそうで、忝く有り難く存じます。／貴殿の仰せの通り、明日は吉田郡山城（毛利家の居城、現在の広島県安芸高田市吉田町吉田）に出掛けようと予定しておりましたところ、伯耆国尾高城より使者が派遣されるということで、一日二日、その使者を待つことになりました。また、特に、貴殿からの御書状にありました通り、私の体調が悪いこともございまして、いずれにしても、吉田郡山城への出発は延期致します。／一、済蔭和尚より、このような御書状が届きました。我等も吉田郡山城に出発する旨を申しましたので、かの地（吉田城）でお待ちくださることと存じます。そのような事情ですので、私の留守中、貴殿が拙宅に御来訪くださった場合、どうぞ御理解ください、という趣旨である。このように「来儀」は、尊敬すべき人の来訪を意味する。邦訳日葡辞書に「Raigui. ライギ（来儀）すなわち、Von ide.（御出で）貴人、または、身分の高い人の来訪」とある。

9　光儀くわうき（高橋本28ウ5）

醍醐寺文書、天文十七年（一五四八）五月五日、松田藤頼書状（大日本古文書、醍醐寺文書之六、一一九一号）「返々被仰候儀、具佐殿へ可申由、籾い意得可申由候、／芳札本望之至候、如仰昨日者光儀之由御大儀候、其折節出用候而罷出、不能向顔、背本意存候、／一、行樹院与戒光寺内随音相論儀付而、佐殿へ之事、唯今即御札通、籾いに申只々佐とのへ可申候へ共、霜台なとしこう候て其もいまた無退出候、御酒に沈酔候条、酔醒候はゝ、すなはち可申由候、殊いまに無退出候、聊以不可有御等閑候、／一、昨日は御腹被示候由珍重候、委曲可申候へ共、他所候条不能長筆候、恐々謹言、／五月五日　藤頼拝」とある。松田藤頼が宰相（参議）に送った書状である。一通の趣旨は以下の通りである。繰り返しお示しの御腹案を詳細に佐殿（畠山義続）へお伝えすべき由、籾井殿は心得たと申しております。／御芳書を頂戴し有り難く存じます。仰せの通り、昨日は御来訪くださったとのこと、御骨折りいただき、恐縮に存じます。ちょうどその折、用事がございまして外出しておりまして、お会いすることが叶いませんでした。誠に不本意なことです。／一、宗音の遺した跡地をめぐり、深応と随音がそれぞれ権利を主張している訴訟について、只今貴殿から届いた御芳書の通り、籾井殿に申し、佐殿（畠山義続）へお伝え申すべきところですが、霜台（弾正の唐名、六角定頼を指す）等が祗候しておりまして、それもまだ退出しておりません。酒に酔っておりまして、酔いが醒めましたら、すぐに申し伝えますが、いまだに退出しません。貴殿の御言葉を少しもなおざりに存じているわけではございません。／一、昨日は御腹案をお示しいただき、有り難く存じます。詳しく申し上げるべきところですが、出先のため、長文の書状を書くことができません、という内容である。このように「光儀」は、尊敬すべき人の来訪を意味する。邦訳日葡辞書に「Quõgui. クワウギ（光儀）すなわち、Von ide.（御出で）貴人が来ること、または、行くこと。Goquõgui nasaruru.（御光儀なさるる）ある高貴な方が行く、または、来る」とある。

10 公儀こうき（高橋本35オ2）

菊大路家文書、文亀二年（一五七二）十一月二十八日、室町幕府奉行衆下知状（大日本古文書、石清水文書之六、二

三二号）「石清水八幡宮領播磨国福田保内三名并〈時元名二木名〉等事、為厳重神領之処、近日守護被官人服部小三郎令強入部云々、且不恐神慮、且不憚公儀者歟、言語道断次第也、所詮早退其妨、任御下知并当下行之旨、彌全領知、可被専神用之由、所被仰下也、仍執達如件、／文亀二年十一月廿八日／加賀前司（花押）／大和守（花押）／当宮善法寺雑掌」とある。室町幕府の奉行人、飯尾清房・飯尾元行等が下した命令の文書である。命令の内容は以下の通りである。石清水八幡宮領である播磨国の福田保内の三つの名は、幕府の権威のもとに、善法寺領として安堵したところである。しかるに、最近、守護の被官人、服部小三郎が、無理やり領地に入り込んだとのことである。神の思し召しをも恐れず、将軍家をも恐れない所行であり、言語道断の次第である。結論から言えば、早く服部小三郎の妨害を退け、御命令の通り、また、当知行（現地を実際に支配していること）であることからも、全て支配し、神をまつる費用に充てるよう、命ずるものである、という趣旨である。このように「公儀」は、朝廷や幕府等の公権力を指す。邦訳日葡辞書に「Cógui. コゥギ（公儀）宮廷、または、宮廷における礼法上の事柄や用務。Cogui,cógui gatauo suru.（公儀、または、公儀方をする）宮廷に勤務する、すなわち、宮廷の公家たちを扱うに際して守るべき礼儀などを心得て、宮廷の用務を処理する」とある。

11　指儀させるき（高橋本37ウ5）

本書「高橋本色葉字について」第七章参照。主として書状の冒頭に使用し、「指儀」（たいしたこと）も無かったので、御無沙汰していた、と言い訳する際に用いる。邦訳日葡辞書に「Saxeru,saxeranu,saxitaru. サセル、サセラヌ、サシタル（させる、させらぬ、さしたる）常に否定文に、または、ある否定動詞〔否定形〕と共に用いられる欠如動詞。例、Saxeru cotodenai.（させる事でない）大した事でない。または、Saxeranu cotogia.（させらぬ事ぢゃ）同上」とある。

12　儀理きり（高橋本40オ3）

毛利家文書、永禄十二年（一五六九）四月十六日、毛利元就自筆書状（大日本古文書、毛利家文書之二、五四九号）「御状拝見申候、我等事数年備芸石国衆申合、すいちく（随逐）仕候、不思儀之弓箭出来候而、国衆老若被罷出、気遣仕候、然処、元就事所労之儀とは乍申、此時不罷出候事、儀理をもかき候事、あまりに口惜候条、関府まて罷出、程近く談合を成とも仕叶儀候間、此分存立候〱、（中略）卯月十六日　もと就（花押）／輝元殿〈御返事〉／申給へ」とある。毛利元就が孫の輝元に充てた書状である。一通の前半の内容は以下の通りである。いただいた書状は拝見しました。毛利家と大友家の戦い、即ち所謂多々良濱の戦いは、ここ数年、備州・芸州・石州の武士共が相談して取り決め、付き従っています。予想外の戦いが出来し、国の武士共は老いも若きも出陣し、懸念しています。私自身、病中ではありますが、今出陣しなければ、道義上当然すべきことを怠ることになり、余りに残念です。下関まで出陣し、近々軍議をしなければなりませんので、この事を思い立ちました、という趣旨である。このように、「儀理」は「義理」の通用であり、物事の正しい道理、または、立場上・体面上当然しなければならないことを言う。邦訳日葡辞書に「Guiri. ギリ（義理）Yoqi cotouari.（義き理）良い道理、あるいは、ことをわけて述べた事柄〔意味〕。例、Cono qiõno guiriga cudaranu.l.qicoyenu.（この経の義理がくだらぬ、または、聞えぬ）この経・書物の道理、あるいは、ことをわけて述べた事柄〔意味〕がわからない。また、礼儀正しさ・律儀さ。例、Guirino fucai fito.（義理の深い人）非常に礼儀正しい人・律儀な人」とある。

13　新儀しんき（高橋本44オ3）

石清水文書、天文二十四年（一五五五）六月二十日、室町幕府奉行衆下知状案（大日本古文書、石清水文書之三、八四二号）「石清水八幡宮田中家督事、無実弟子時者、為当院主相続之段、先祖契状炳焉之処、先年庶子西竹交清企新儀、息教清号彼跡、令進止之神領等、或沽却或契約之儀在之、剰数年致在国、社役以下退転云々、以外次第也、所詮田中跡相続之儀、被尋下一社中、任先祖置文之旨、被仰付之条、被存知之、如先々専神役、可被抽御祈禱精誠

之由、所被仰下也、仍執達如件、／天文廿四年六月廿日／前加賀守（在判）／散位（在判）／竹院主雑掌」とある。室町幕府の奉行人、飯尾清房等が下した命令の文書である。命令の内容は以下の通りである。石清水八幡宮田中家の家督は、先祖の契約通りに、東竹氏に相続させたところであるが、先頃、庶子西竹交清が先例に背いた事を企み、交清の子息教清を跡取りと称して神領を自由に支配せしめ、売却したり契約したりした。加うるに、数年にわたり在国し、神社の役職も中断した。以ての外の次第である。結局のところ、田中家の相続は、先祖の遺書の趣旨通りに申し付ける。神人の仕事に専念し、御祈禱に精励すべきことを命ずるものである、という内容である。このように、「新儀」は、新しい事であり、先規・先例を極めて重視する中世においては、非難すべき行為とされた。邦訳日葡辞書に「Xingui. シンギ（新儀）Ataraxij coto.（新しいこと）新しい事柄。例、Xinguiuo tacumi idasu.（新儀を巧み出だす）新しい事を発明する」とある。

14　実儀しんき（高橋本44ウ3）

毛利家文書、永禄十三年（一五七〇）四月十九日、毛利元就書状（大日本古文書、毛利家文書之一、三七二号）「急度申入候、牛尾要害去十七日被切崩、為始牛尾弾正忠兄弟三人、楯籠所之者共、無残被打果之由候、大慶此事候、外聞実儀、満足不可過之候、猶佐藤又右衛門尉（元実）可得御意候、恐々謹言、／卯月十九日／元就（花押）／少輔太郎殿／申給へ」とある。毛利元就が少輔太郎に宛てて送った書状である。内容は以下の通りである。急ぎ申し入れます。去る十七日、孫の毛利輝元が、牛尾城（現在の島根県雲南市にあった）の要害を切り崩し、牛尾弾正忠（牛尾幸信）及び兄弟三人を初めとして、楯籠もっていた武士共を、余すところ無く討ち果たしました。誠に喜ばしいことです。世間での名誉と実質的利益と、これ以上の満足はありません、というのが趣旨である。このように「実儀」は、実質的なことを表す。中世の古文書では「外聞実儀」と対にして用いられ、名声と実益を意味する。邦訳日葡辞書に「Iitgui. ジッギ（実儀）Macotono gui.（実の儀）真実の事」「Guaibun jitgui tomoni yoi. グヮイブンジッギトモニヨイ（外聞実儀共に良い）名誉も利益も共に得ることに成功する」とある。

15　仁儀しんき（高橋本45ウ2）

醍醐寺文書、永徳二年（一三八二）十二月、武家十講祈願文（大日本古文書、醍醐寺文書之五、九七〇号）「是以、仁義忠臣、独歩洙泗之道、真実孝順、帰入尺氏之門」とある。永徳二年、足利義満が施主となり、父足利義詮追善のために催した法会の際の願文「武家十講」の一部である。内容は、（施主足利義満自身が学問に励まれたため、その感化を受け）仁義の徳を持つ忠臣たちは、孔子の説いた儒教の道を歩むようになり、篤実な心の孝行者たちは、釈迦の教えの仏門に入ったのである、という趣旨である。「洙泗」は、魯の川の名で、孔子が教えを説いたところ。また、毛利家文書、年未詳八月二十二日、宍戸元続起請文（大日本古文書、毛利家文書之三、一二一九号）「超（起）請文前書之事／一、御家頼衆中、大小によらず、深重申談旁々一人も無御座候、仁儀之寄合迄之事、（以下略）」とあるように、「義」と「儀」は通用し、「仁儀」とも書かれた。邦訳日葡辞書に「Ingui. ジンギ（仁義）日本人およびシナ人が非常に尊重する二つの道徳上、また、礼儀上の美点であって、それは他人に対する愛および同情と、義理・尊敬または謙遜とである。Ingui uo mopparato suru.（仁義を専らとする）この道徳的な二つの徳を重んじ好む」とある。

16　衆儀しゅき（高橋本46オ1）

山内家文書、永禄十年（一五六七）五月十二日、法印尭海書状（大日本古文書、山内家文書、二三七号）「明年　元三会御捧物役之事、以天台座主二品親王御差文、三院為衆議、貴殿〈江〉差定被申候、天下無双之御祈禱、無止子細候、被成御敬信、於令勤役者、彌可為御武運長久候、就其精誠祈念之巻数〈一合〉、扇子〈一本〉、杉原〈十帖〉奉送候、表祝儀計候、猶長日之懇祈、満徒不可有疎意候、委曲使者可申候、恐々謹言、／五月十二日／法印尭海（花押）／山内新左衛門尉（隆通）殿／御宿所」とある。法印尭海が山内隆通に宛てた書状である。一通の内容は以下

の通りである。来年の元三会（元三大師の忌日である一月三日に比叡山の楞厳院で修する追善法会）の捧物の役のことについて、天台座主であられる二品親王の御差文（社寺の法会等の諸役を定めてその配役を記録した文書）により、三院（比叡山の止観院・宝幢院・楞厳院）が多人数で評議し、貴殿に決定されました。天下一の御祈禱であり、行わざるを得ない事情です。敬信の心を起こされ、役をお勤めになれば、いよいよ武運長久が成就されましょう。お役の決定を祝い、経文一箱、扇子一本、杉原紙十帖をお送り致します。懇ろな御祈禱を続けられれば、比叡山の衆徒も隔て無い気持ちを持つことでしょう。詳しくは使者が申し述べるはずです、という趣旨である。「衆儀」は正書法では「衆議」であり、大勢の人々が議論する意である。「儀」と「議」は通用するので、日本国語大辞典の「しゅぎ（衆儀）」の項目と「しゅぎ（衆議）」の項目は、一つに統合されるべきである。邦訳日葡辞書に「Xugui. シュギ（衆議）Moromoro,facaru.（衆、議る）すなわち、大勢の人々の意見や言説。例、Xugui machimachi.（衆議区）いろいろに異なった意見。Xugui namini mairu.（衆議並に参る）皆の者のするとおり、または、言うとおりをする」とある。

17　非儀ひき（高橋本47オ3）

前編旧記雑録三十九、文明十二年（一四八〇）十月二十日、島津友久等連署契状案文写（中世法制史料集、武家家法Ⅱ、一九九号）「契状案文／…一、雖為親子兄弟、年来之知音、対武久有存非儀族時者、依為旧好再往可加教訓、若違背其儀者、直申入御成敗之儀、可致奔走事、（以下略）」とある。島津家は古来、親類縁者が結束して守護に対抗し、動乱を起こすことが度々に及んだ。そのことを反省し、島津家一族が契約を結んだのが、この文書である。右引用部分の内容は以下の通りである。たとえ親子兄弟や長年の友達であっても、島津武久に対し、道義に背いた事を考える輩がいる時は、古くからの馴染みでもあるので、再度教え諭し、それでも背く場合は、ただちに処罰のことを申し入れ、事の処理のために奔走すること、という趣旨である。このように「非儀」は正書法では「非義」であり、道義に違背する行為の意である。「儀」と「義」は通用し、中世古文書においては「非儀」の例数が「非義」の例数を遥かに上回る。邦訳日葡辞書に「Figui. ヒギ（非義）Fidō.（非道）に同じ。道理に外れたこと、または、不義・不正」とある。

18　僉儀せんき（高橋本50オ1）

東大寺文書、元徳二年（一三三〇）六月日、東大寺衆会事書案（大日本古文書、東大寺文書之十一、二三七号）「被東大寺衆徒僉議偁、寺領伊賀国黒田荘悪党盛俊・明心・禅道以下交名人等事、敵対本所、打止年貢課役、悪行□（超）常篇之間、恒例臨時之仏神事併退転之条、為　朝為寺、不可不誡者哉、（以下略）」とある。黒田荘の悪党らの東大寺への対捍に関わる文書であり、黒田の悪党の悪行の数々について訴えたものである。一通の前半の内容は以下の通りである。東大寺の僧侶たちは以下のように評議した。東大寺領である伊賀国黒田荘の悪党、盛俊・明心・禅道らの交名人達は、本所に敵対し、年貢・課役を差し止め、悪行が通常の程度を遙かに超えたひどいものである。恒例・臨時の仏事・神事は、ことごとく中絶している。朝廷としても寺としても、処罰せざるを得ない、という趣旨である。このように「僉議」は多人数で評議する意である。正書法では「僉議」であるが、「議」と「儀」は通用し、中世古文書においては「僉儀」とも書かれる。邦訳日葡辞書に「Xengui. センギ（僉議）Facari.ru. すなわち、Dancō.（談合）相談」とある。

以上検討した結果に基づき、次のように言うことができる。

一、「儀」が使用されている語は、全てが文書に使用されており、その多くは中世に成立した和製の表現である。

二、「儀」は、多くの場合、「ことがら」「事情」などを示し、抽象的な概念を意味する語を形成している。

三、「儀」は、中国に於いても「義」や「議」と通用するが、これら中世の文書用語でも、そのような用法が見られる。

四、中国の「儀」の字義は、もともと人の立派なふるまいを意味する。ここから、規範、儀礼的行為、容貌などの意味が展開する。

五、日本では「儀」は、観智院本類聚名義抄に、「ノリ」「トル」「ヨソヲヒ」「カタチヨシ」「スガタ」「フルマヒ」「メヅラシ」「ナラフ」「カタブク」「キタル」「□ル」「ソナフ」「ヲホイナリ」「タグヒ」とあり、漢字の原義が理解されていたことを示し、事柄・事情のような抽象的な意味合いは、後世のものであることがわかる。

六、「来儀」は、書経、益稷の「鳳凰来儀」に由来する古典語であり、日本での用法も、それを意識して、貴人の到来を意味する尊敬表現となる。ここの「儀」は、威儀がある意であろう。「光儀」は、文選の「鸚鵡賦」などから見られる古典語であり、君子の立派な容貌を意味することから、文脈によっては、日本での用法のように「高貴の人の来訪」という意味になるのであろう。その際、「来儀」を意識したことも考えられる。もし、「来儀」や「光儀」が古典的表現として意識されず、文書用語として機能していたとすれば、「儀」は、他の語の造語要素と同様に認識されていた可能性もある。

七、「論儀」「衆儀」「非儀」「僉儀」は、当時の通常の表記であるとはいえ、「儀」を「議」と通用させたものである。「儀理」「仁儀」は、「儀」を「義」と通用させている。文書用語の構成要素として「儀」が自然であったことを示している。

八、これらさまざまな語に於ける「儀」の意味を同一視することは不可能であるが、具体的な事実を指すよりは、漠然とした状況を示す傾向が、全体に見られる。「儀」は、使い勝手のよい造語要素であったのであろう。

九、これらの語の日葡辞書の説明は概ね正確で当を得ていることが、あらためて確認される。

二、「篇」を造語要素とする語について

「篇」を造語要素とする文書用語三点について、以下に論ずる。なお、形式名詞の「篇」が造語要素として機能したことについては、「高橋本色葉字について」の第四章「「大篇」「毎篇」「諸篇」について」においても詳論されており、参照されたい。

1　大篇たいへん（高橋本19ウ4）

毛利家文書、応仁元年（一四六七）十一月三十日、細川道賢書状（大日本古文書、毛利家文書之一、一二一号）「就京都大篇事、被致参洛候之由承候、先以目出候、雖然、大内勢令乱入摂州中島候之間、差下代官候、直御進発彼島候て、此方之儀、預御合力候者、可令悦喜候、同自右京大夫（勝元）方以書状令申候、此段自武田方も可被申候、恐々謹言、／十一月卅日　道賢（花押）／毛利少輔太郎殿」とある。細川道賢が毛利豊元に宛てて送った書状である。一通の内容は以下の通りである。京都の一大事に当たり、貴殿が上洛なさる由、承りました。まずは慶賀の至りに存じます。しかしながら、大内勢が摂津国中島に乱入したので、代官を差し遣わしました。ただちに中島に軍勢を進められ、御加勢くだされば、嬉しく存じます。細川勝元からも助勢の申し出の書状が届いております、武田方からの加勢も見込めます、という趣旨である。「大篇」は応仁の乱を指している。小早川文書、永正四年（一五〇七）七月五日、足利義澄御内書写（大日本古文書、小早川家文書之二、二六一号）「就右京大夫（細川政元）生涯之儀、都鄙可及大篇候、然者、今出川（義尹）可有出張候、所詮、其以前罷向、取懸、致合戦、抽軍忠、尤可為神妙候、猶（伊勢）貞宗朝臣可申候也、／七月五日（義澄花押）／小早川掃部頭とのへ」とある。足利義澄が小早川扶平宛てに送った御内書の写しである。一通の内容は以下の通りである。細川政元が殺害されたことで、京都も地方も深刻な事態となった。そこで、今出川義尹が上洛するであろう。かくなる上は、貴殿が、今出川上洛以前に、出陣

し、今出川義尹に攻め懸かり、合戦をして、軍功を挙げるなら、殊勝である、という趣旨である。「大篇」は永正の錯乱を指す。毛利家文書之二、年月日未詳、毛利隆元（一五二三～六三）自筆書状（大日本古文書、毛利家文書、六八三号）「先度被仰下候、今度此方家来之者らうせき人の事、不及是非候間、何とやうにも弥聞立、少つゝ仕候者はいかほとも可有候へ共、先ぬき出大篇之儀仕候者を申付候はてはにて候間、其浅深を涯分聞かせへく存候、又御聞かせも候て、仰も可被下候〳〵、少もおろかにも、我々も不存候、誠かやうの事くつれ候へは、家をゐかゝゐさる事候間、其段も致分別候」とある。毛利隆元の自筆書状であるが、宛名は不明である。毛利家において、家来が狼藉事件を起こし、その処分に関するものである。内容は以下の通りである。先ごろお言葉を頂戴しました、このたびの毛利家の家来の狼藉者の事についてですが、是非を論ずる余地の無い事態でございますので、いかようにも事情聴取して明らかにし、ちょっとした罪を犯した者はいくらでも居るから追究してもしかたがありませんが、さきだって刀を抜き、甚だしく重大な事をしでかした者に、罪を申し付ける最終局面でございますので、その罪の重さの違いを、できる限り説明したいと存じます。また、あなた様からも御説明くださって、御言葉を頂戴したいと存じます。このたびの事件を、我々は、少しも等閑には思っておりません。深刻に受け止めております。本当に、このような狼藉事件で秩序が崩れてしまいますと、毛利家という家を維持することができなくなってしまいますので、その事も十分わきまえております、という趣旨である。このように、「大篇之儀（たいへんのぎ）」全体で、深刻な異常事態、重大事件、の意味を持ち、具体的には、毛利家の家来が起こした狼藉事件を指している。なお、詳細は本書「高橋本色葉字について」第四章「「大篇」「毎篇」「諸篇」について」参照。邦訳日葡辞書に「Taifen.I,taifenna. タイヘン、または、タイヘンナ（大変、または、大変な）非常に大きな（こと）、または、大問題の（こと）、または、難儀な（こと）」「Taifenni. タイヘンニ（大変に）副詞。Taifenni vomô.（大変に思ふ）一大事、あるいは、難事だと考える」とある。これらの語義説明は、実際の文書での用例に対応するものである。ところで邦訳日葡辞書では、

「タイヘン」の漢字表記として「大変」を用いているが、これは「大篇」とすべきであろう。たしかに「大変」という漢語は「大きな変化、変動」という意味で古くより存在し、大きな変事を意味、文脈によっては、大事を意味する文書用語「大篇」と近いものがある。しかし、当時の文書用語としては「大変」と「大篇」のどちらが標準的であったのだろうか。表2は、東京大学史料編纂所ホームページの、奈良時代古文書フルテキストデータベース、平安遺文フルテキストデータベース、鎌倉遺文フルテキストデータベース、古文書フルテキストデータベースを用いて、文書における該当語の使用例を数えたものである。ここで示されるように、「大変」が文書で使用される例は、「大篇」に比べて明らかに少ないし、十六世紀から十七世紀にかけては認められない。現代語の「大変」の表記を日葡辞書の時代に及ぼすのは適切ではない。

表2

	大篇	大変	大辺	毎篇	毎辺	諸篇
1250～1299	0	1	0	0	0	1
1300～1349	0	1	0	0	0	8
1350～1399	0	1	0	0	0	2
1400～1449	0	1	0	0	0	5
1450～1499	3	2	0	2	0	12
1500～1549	1	0	0	15	1	6
1550～1599	5	0	1	8	0	18
1600～1649	6	0	0	0	0	1
1650～1699	0	0	0	0	0	0
1700～1749	0	1	0	0	0	0
1750～1799	0	0	0	0	0	0
1800～1849	0	0	0	0	0	0
1850～1899	0	17	0	0	0	0

2　毎篇まいへん（高橋本30ウ1）

益田家文書、永正（一五〇四～一五二一）頃十月十三日、伊勢貞堅（貞就）書状（大日本古文書、益田家文書之三、六八九号）「良久不能面謁候、慮外之至極候、細々可申候之処、無何事候之間、罷過候、背本意候、随而来十六日御参内之御供候、毎々申事候へ共、御小者一人、中間両人之分、預借候者、可為祝着候、余々御心安たのみ申事、其憚多候、雖然毎篇奉頼候、剋限之儀は、昼之時分とて候、被成其御意得、可被懸御意候、旁参謁之時、可令申候、恐々謹言、／十月十三日　貞堅（花押）」とある。伊勢貞堅が益田宗兼宛てに送った書状である。内容は以下の通りである。特別な事も無かったため、不本意ながら、御無沙汰しております。来たる十六日参内の際、その供衆として、小者一人、中間二人をお借りできますなら、有り難く存じます。色々と遠慮無くお願いし、恐縮に存じます。しかしながら、何事につけても頼みにしております。お借りする時刻はお昼頃です。御了解くださり、お心に留め置かれるようお願い致します、という趣旨である。東大寺文書、天文十七年（一五四八）四月十四日、東仁井令代官職補任状案（大日本古文書、東大寺文書之十六、八一七号）「補任　防州東仁井令代官職事／合／一、正米伍拾石／一、正銭伍拾貫文／一、塩五石／一、干鯛五十枚／一、崟一、／右、江口五郎〈仁〉所補任也、毎篇守請文旨、不可有不法懈怠者也、万一無沙汰之時者、改代（替）代官職、於未進者、可有窮（究）済状如件、／天文十七年〈戊申〉四月十四日　学侶年預／憲祐」とある。代官職の補任状である。一通の内容は以下の通りである。防州の東仁井令の代官職に、江口五郎を任ずるところである。何事につけても請文を守り、法に背いたり、怠けたりしてはならない。もし、記載の年貢納入の無い場合は、現代官職の任を解くので、年貢未納分を残らず納めなさい、という趣旨である。籠手田文書、年未詳、五月二十一日、飯田興秀書状（史料纂集古文書編、籠手田文書、八号）「次博多津御宿事、此間委細如申候、はや申下へく候、相当御用等御心安被仰付候者、可為大慶候、毎篇重畳可申承候」とある。右引用部分の内容は以下の通りである。次に、博多の港の御宿泊所のことについてですが、先日詳しく申し上げた通りです。早くおいでくださるようお願い致します。然るべき御用など、遠慮無く仰せ付けくだされば嬉しく存じます。どんな事でも喜んで承ります、という趣旨である。上記二例の「毎篇」は、「毎事」というにほぼ等しく、「色々な事」「どんな事でも」「何なりと」の意味である。なお、詳細は本書「高橋本色葉字について」第四章「「大篇」「毎篇」「諸篇」について」参照。邦訳日葡辞書に「Maifen. マイヘン（毎遍）Fitoyegotoni.（ひとへ毎に）その度ごと。文書語」とあり、実際の用例と対応する。また、訳者注として「「遍」に「ひとへなり」の訓を付したものに落葉集小玉篇がある」と説明されている。なお、邦訳日葡辞書では、「毎遍」の表記を当てているが、このような表記は文書に見出せず、表2に示すように、「毎辺」の例が一点あるのみである。したがって、文書用語としては「毎篇」が正しく、「毎遍」は適切でない。「辺」は「篇」の音通として理解できる。

3　諸篇しよへん（高橋本44オ3）

東大寺具書、正和四年（一三一五）十二月日、東大寺注進状（鎌倉遺文二五七〇八号）「作出良弁法相宗、鑑真天台宗之由、令申之条、交身於唯密之寺、隔聞於伝顕之跡、不顧不知案内之愚陋、猥但我慢偏執之枉心、吐胸臆無窮之謀言之間、毎事非実正、諸篇皆虚妄也」とある。右引用部分の内容は以下の通りである。（なにがしが）良弁の法相宗と鑑真の天台宗を「作出」したなどと称しているが、彼は、密教の寺に出入りし、顕教の寺から又聞きし、自らの無知を顧みず、高慢な心にとらわれて、誇大なはかりごとを述べているのにすぎない、だから、全てのことはうそで、全ての議論はでたらめだ。「毎篇」の意味は、「あらゆる事柄」である。「毎事」と「諸篇」が対になっており、両語が類義語として認識される段階に至っていたことが確認できる。島津家文書、天正十四年（一五八六）九月二十七日、島津義久書状案（大日本古文書、島津家文書之三、一四三七号）「去春差登使節候之刻、万般御才覚故、凡相調下向仕、欣快不可過之候、抑被仰下条々、以鎌田（政広）可申伸覚悟候処、従途中令所労、未得快気候之条、先々為御返答、両使申付候、殊若輩候之間、諸篇可被加御指南事、頼入候、…九月廿七日　修理大夫義久／謹上石田治部少輔（三成）殿」とある。島津義久が石田三成宛てに送った書状である。右引用部分の内容は以下の通りである。去ぬる春、使節を上洛させた折には、万事にわたり、貴殿の御才覚により、全て準備がととのい、領国に下ることができました。喜びこれに過ぐるものはありません。さて、御芳書にて御下命のありました箇条について、鎌田政広に申し述べさせる用意をしておりましたが、道中病気にかかり、未だ快復しておりませんこと、（豊臣秀吉様に）ともかく申し開きをするよう、二人の使者を派遣しました。殊に若輩者ですので、あらゆる事について御指南を賜りますよう願い上げます、という趣旨である。なお、詳細は本書「高橋本色葉字について」第四章「「大篇」「毎篇」「諸篇」について」参照。邦訳日葡辞書に「Xofen. ショヘン（諸辺）Moromorono fotori.（諸の辺）例、

Xofenni sauaru.Xofẽni cacaru.（諸辺にさはる。諸辺に懸かる）すべてに関係する。Xofenni tazzusauaru.（諸辺に携わる）同上。Xofenni tçuite.（諸辺に就いて）すべてに関して」とある。この語義説明も、文書での用法を的確に捉えている。なお、邦訳日葡辞書では「諸辺」の漢字を当てているが、このような表記は文書に見いだすことができない。表2に示されるように、中世の文書用語としては、「諸篇」が一貫して用いられたものであろう。

以上検討した結果および、「高橋本色葉字について」の議論に基づき、次のように言うことができる。

一、「篇」が使用されている三語は、全てが文書に使用されており、いずれも中世に成立した和製の表現である。

二、「篇」は、多くの場合、「ことがら」「事情」などを示し、抽象的な概念を意味する語を形成している。

三、「篇」は、中国に於いては、あくまでも書物の意味であり、抽象概念としては使用されない。「篇」のそのような用法は、日本独自のものである。

四、とはいえ「篇」の漢字としての意味が、これらの用法と全く無縁と断定することもできない。「篇目」という語があるように、「篇」は、条目、箇条などの意味を帯びることができるからである。「篇」のつく全ての語ではないが、ここの「毎篇」「諸篇」、また他で論じた「常篇」「何篇」には、そのようなニュアンスが看て取れる。

五、したがって、造語要素としての「篇」の成立について、単純化はできないものの、漢語の「篇」が、日本的な用法として、より抽象化されたものと見られ、もとの漢字と全く無縁な用法とは言いきれない。

六、時代的にいうならば、表2から見られるように、「篇」を構成要素とする語がよく使われたのは、十五世紀から十六世紀にかけてであり、高橋本色葉字と日葡辞書は、これらの語を同時代の実用語として収録しているのであろう。

七、「大篇」に対して「大変」、「毎篇」に対して「毎辺」のような異表記が一部存在することは事実であるが、表2に示されるように、高橋本の採る「大篇」「毎篇」「諸篇」こそが、中世に於いて規範的な表記であったと思われる。したがって、邦訳日葡辞書の「大変」「毎遍」「諸辺」などの表記を規範的と考えるわけにはいかない。

八、これらの語の日葡辞書の説明は概ね正確で当を得ていることが、あらためて確認される。

まとめ

高橋本色葉字に見える文書用語のうち、「儀」と「篇」を造語要素とするものを取り上げ、その文書での用法と日葡辞書の双方から確認した結果、日葡辞書は、抽象的な語についての語義説明が当を得ていることが確認された。また、「篇」に関して確認したように、日葡辞書の見出し語の本来の漢字表記を確認するために、高橋本色葉字の表記を標準的なものとして用い得る。日葡辞書と日本人が編纂した古辞書は、多くの面で対照的で異質なものであるが、実際の文献を媒介として、相補的に活用できることを再確認したい。

天理本和名集と高橋本色葉字

市川加奈
村田隆太郎

はじめに

高橋本色葉字全体の構成は

○いろは分類体部分
　以部～寸部
○付録部分
　数量　鳥之名　魚之名　獣之名　鷹之道具　武具　弓之法　船之名　番匠之道具　人之五体　木之名　草之名
　金之名　虫之名　五節供異名　瓜異名　百官之次第　大名　名字

のように成り立っており、同系統で先行する東京大学文学部国語研究室蔵伊呂波集の

○いろは分類体部分
　伊部～須部
○付録部分
　鳥之類　魚之類　馬之毛　諸国名

と比較して、巻末付録の意味分類体部分の部類分類数・語彙量ともに、かなり増えていることは一目瞭然である。ここから、高橋本色葉字の付録部分の編集には、何らかの意味分類体辞書が関与している可能性が考えられる。そこで、中世広く使用されたシソーラス、和名集類との比較・調査を行うこととした。和名集類の諸本としては、

①有坂本和名集、②広島大学本和名集、③亀井本和名集、④頓要集、⑤撮壌集、⑥諸雑聞書、⑦桂本佚名古辞書、⑧諸字類聚、⑨用心集、⑩初心要抄、⑪宣賢卿字書、⑫天理本和名集（天理図書館蔵節用残簡）、⑬通要古紙、⑭類集文字抄、⑮天理図書館蔵国籍類書字書、⑯琉球和名集（沖縄節用集）、⑰下村富士男氏蔵天正七年写古辞書、⑱高橋本和名集、⑲下学集（村口本他多数の諸本有り）

等が現存する。有坂本類（①〜③）、桂本類（⑦〜⑪）は各々一類をなす。①②⑥⑨⑩⑰の六本は巻末併載若しくは合本の形で色葉分類体の辞書を併せ持つ。ここで重要なのは、下学集もまた、和名集類に属することである。下学集以外の和名集諸本が、多くは孤本のまま伝わり、流布せずに終わったのに対して、下学集は現存する古写本だけでも約三十本にのぼり、元和三年以降版を重ねて広汎に流布した点で、和名集類中、極めて特異な位置を占めている。右の諸本のうち、⑧・⑰は、現在のところ、所在が分からず、調査不能である。そこで、今回は、これら二本を除く十七本（下学集は村口本で代表させる）を調査対象とした。(1)

一、和名集諸本との比較

まず、調査の第一段階として、高橋本色葉字の付録部分と、和名集諸本の意味分類体部分について、部類分類（即ち語彙の範疇）の共通性と差異性、及び同語の同表記の割合（即ち一致率）の二つの観点からの比較調査を行った。その結果、

Ⅰ高橋本色葉字の付録部分の意味分類の範疇と、和名集十七本のそれとを比較対照したデータ

Ⅱ高橋本色葉字の付録部分の各部の所収語彙と、和名集十七本のそれとを比較対照したデータが得られた。しかしながら、これら全てのデータをここに呈示する紙幅の余裕は無いため、省略にしたがう。但し、特定のテキストに関する詳細なデータは、次の**表1**・**表2**に示す予定である。

この第一段階の調査を行った結果、高橋本色葉字の付録部分と密接な関係を有する可能性のある和名集は、和名集類諸本中、天理本和名集(2)に限られることが判明した。

第二段階として、高橋本色葉字の付録部分（但し、「鳥之名」から「草之名」まで）の所収語と、天理本和名集の当該部の所収語について、あらためて共通語彙を確認した。次に、それら二本の共通語彙に関して、漢字表記・傍訓が一致するか、あるいは一致しないか、更に詳細な比較調査と検討を行った。その際、

ア、高橋本色葉字の鳥之名・魚之名は、東京大学文学部国語研究室蔵伊呂波集の鳥之類・魚之類と語彙の種類と排列が近似している。そのため、他の古辞書の影響は少ないと考えられるので、この二部のみ、別に扱うこととする。

イ、「鯉〈コイ〉」と「鯉〈コヒ〉」のような仮名遣いの違い、「萩〈ハギ〉」と「萩〈ハキ〉」のような濁点の有無の違い、「鰡〈ナヨシ〉」と「鯔〈ナヨシ〉」のような漢字の異体関係等については、異なるケースとは見做さず、一致するものとして処理した。

右の調査により、高橋本色葉字付録部分（但し、「鳥之名」から「草之名」まで）と天理本和名集において、各部の共通語彙のうち、漢字表記・傍訓ともに完全に一致する項目の数と割合を部毎に示す。前記の理由により、鳥之名・魚の名を**表1**、獣之名〜草之名を**表2**に示す。

ここに見られるように、**表1**の一致率に比べて、**表2**の一致率は相当高く、平均すると五割を越える。ここから、**表2**の範囲では、高橋本色葉字が、天理本和名集と近い資料を以て増補されたという可能性が確認された。

表1

	高橋本色葉字	天理本和名集	一致率(%)
鳥之名	70	18	25.71
魚之名	60	30	50
合計	130	48	36.92

表2

	高橋本色葉字	天理本和名集	一致率(%)
獣之名	34	24	70.58
鷹之道具	15	2	13.33
武具	41	14	34.14
弓之法	44	23	52.27
船之名	14	11	78.57
番匠之道具	9	3	33.33
人之五体	69	42	60.86
木之名	76	35	46.05
草之名	94	52	55.31
合計	396	206	52.02

二、二本共有の特異項目

以上から、高橋本色葉字と最も密接な関係を有するのは、天理本和名集であることが判明した。そこで、和名集諸本との全比較において、他の十七本に見られず、高橋本色葉字と天理本和名集にのみ共通する特異項目を抽出し、語形・表記について、日本語学的検討を加えることとする。

1　高橋本「⿰魚車〈まて〉」(魚之名)
　天理本「蛼〈マテ〉」(魚類)

「まて」はマテガイの古名で、様々な表記がとられる。概ね「蟶」「馬刀」「馬蛤」等が多用されたようである。「蟶」の表記を、標出語あるいは注文のいずれかで掲載する古辞書には、天治本新撰字鏡、黒川本色葉字類抄、大東急記念文庫蔵十巻本伊呂波字類抄、観智院本類聚名義抄、弘治二年本・音訓篇立・慶長十五年版の各倭玉篇・春林本下学集、伊京集・天正十八年本・早大本の各節用集、無窮会神習文庫本・東京大学文学部国語研究室本・宮内庁書陵部本の各撮壌集、広島大学本和名集、東京大学文学部国語研究室蔵伊呂波集がある。妙本寺蔵永禄二年いろは字には、虫扁を魚扁に改変した、魚扁に「聖」が掲出されている。一方、「蛼」が通例「あしまつひ」「あしまとひ」の表記漢字に当たることは、天治本新撰字鏡、黒川本色葉字類抄、天正十八年本・易林本の各節用集、桂本佚名古辞書・用心集・初心要抄・宣賢卿字書の各和名集、北野天満宮蔵佚名古辞書色葉集、音訓篇立等から明らかであり、「まて」とは全く関係無い。また「鯶」は冷僻字である。高橋本色葉字と天理本和名集における、語と表記のねじれについては、以下のような説明が可能である。「蛵」の草書体は、例えば東京大学文学部国語研究室蔵伊呂波集では、下図のように現れる。

このような草書体を媒介として、楷書化する際に誤写したものが、天理本和名集の「蜱」であり、高橋本の「鯶」は、更に虫扁を魚扁に誤ったものであろうと推測される。したがって、高橋本色葉字・天理本和名集は、同趣の誤りを共有していることになる。

2 高橋本「猊虎〈にく〉」（獣之名、54オ2）

天理本「猊〈ニク〉」（獣類、6オ6）

苕渓漁隠叢話前集、巻二十九に「苕渓漁隠曰、六一居士守汝陽日、因雪会客賦詩…詩曰、…龍蛇掃起断復続、猊虎囲成呀且攫」とある。(3)「六一居士」は欧陽脩の号であり、彼の詩において、「龍蛇」と対にして「猊虎」が用いられていることが分かる。「猊虎」は、仏典には用いられない語で、『大蔵経』には出ない。「猊」は、唐音（南方呉語）「ニ」、漢音「ゲイ」、「虎」は、呉音「ク」、漢音「コ」である。したがって、「猊虎」を「にく」と読んでいるのは、南方呉語の読み方である。「猊」は獅子、「虎」はトラで、「猊虎」の熟語で、シシとトラ、即ち代表的な猛獣を意味する。天理本和名集の「猊〈ニク〉」は、「虎」の脱字である。この語は、他の和名集諸本、ひいては古辞書類全般に載録されていないだけではなく、現代の大型辞典類にも立項されていない。

3 高橋本「袰〈ほろ〉」（武具、54ウ5）

天理本「袰〈ホロ〉」（弓箭兵具類、34オ4）

戦場において流れ矢を防ぐために背を保護する「ほろ」には、様々な表記が見られる。概ね「縨」「母衣」「武羅」等が多用されたようである。「母衣」の表記を、標出語あるいは注文のいずれかで掲載する古辞書には、村口本・東京教育大学本・春林本・文明十七年本・前田本・文明十一年本・榊原本・亀田本の各下学集、正宗文庫本・龍門文庫蔵室町中期写本・同蔵天文十九年本・増刊下学集・増刊本・伊京集・饅頭屋本・黒本本・天正十八年本・早大本・広本・弘治二年本・新写永禄五年本・永禄二年本・堯空本・両足院本・天正十七年本・徳遊寺本・経亮本・易林本の各節用集、元亀二年京大本・天正十七年本・静嘉堂文庫本の各運歩色葉集、通要古紙・天理図書館蔵国籍類書字書の各和名集、塵芥、東京大学文学部国語研究室蔵伊呂波集等がある。この「母衣」の漢字文字列が頻用されたため、「袰」という合字として使用されることもあった。この合字は、青森県大字袰懸という地名にも残る。合字の「袰」を標出する古辞書は多くはない。桂本佚名古辞書に「袰〈ホロ〉」(兵具)、初心要抄・宣賢卿字書に「袰〈同(ホロ)〉」(兵具)、温故知新書に「⿰衤母〈ホロ〉」とある。和名集類では、天理本和名集のほか、桂本類に見える。温故知新書の「⿰衤母」は、「袰」の動用字である。

4　高橋本「弭〈同(はす)〉」(弓之法、56オ5)

天理本「弭〈同(ハス)〉」(弓箭兵具類、32ウ5)

「はず」は、弓と矢の双方について、末端をいう。「ゆはず」「ゆみはず」は弓の両端、「やはず」は矢の端で、やじりの反対の、弦が当たる部分をいう。弓の両端は、弦が結びつけられる部分であり、場合によっては装飾の対象となった。日本では弓の上端を「すゑはず」、下端を「もとはず」と呼び分けるが、漢字において両者の区分は無い。日本に於ける「ゆみはず」の漢字表記としては、「弰」、「弭」、「彇」、「彄」、「弧」などが使用される。「弰」は、「弓」と「肖」からなる会意兼形声文字である。「肖」は「梢」(樹木の先端)のように、先端の意味があり、単に弓の先端を意味する語と思われる。南北朝の庾信の詩「擬詠懐」に「軽雲飄馬足、明月動弓弰」とあるのは、弓の高く上がった端に月影が重なる情景を言う。したがって、「弰」には、「ゆみはず」と対応する意味があると言える。「弭」は、「弓」と「耳」からなる形声文字である。説文解字に「弓無縁、可以解轡紛者。从弓耳声」とあるのは、爾雅、釈器の「弓有縁者謂之弓。無縁者謂之弭」と、毛詩、采薇「象弭魚服」の毛伝「象弭、弓反末也。所以解紛者」によるものである。ここで「無縁」とは、弓の先端に装飾が無いという意味ではなく、糸を巻いて漆塗りをするということをせず、象牙をかぶせたものを言う。そのような象牙の弓端で、馭者がもつれた手綱を解くというのである。ここから、「弭乱」のように、紛糾を解く意にも用いられる。したがって、「弭」には、弓の先端という意味があり、「ゆみはず」と対応する意味がある。「彇」は、「弓」と「肅」からなる形声文字であるが、古字ではなく、礼記、曲礼に「凡遺人弓者、右手執簫、左手承弣」とあるような、弓の先端を言う「簫」の代用として成立した後出字であると思われ、広韻に「彇、弓弭」とある。もと、弓の先端が楽器の簫のように斜めになっているのでこの用法があるようである。したがって、「彇」には、弓の先端という意味があり、「ゆみはず」という和訓と対応する。「彄」は、「弓」と「區」からなる形声文字である。説文解字に「弓弩耑、弦所居也。从弓区声」とあるように、弓の両端の、弦を結びつけるところの呼称である。一般には「弓の端」の意味ではなく、「鉤」と近音のため、鉤環の意味で使用されることが多いようである。とはいえ、「ゆみはず」という和訓とは対応する。「弧」は、弓の全体を指す言葉であり、説文解字の「弧、木弓也」について、段玉裁は、「案木弓謂弓之不傅以角者也」と述べ、「木弓」とは、角を使用しない素朴な弓のことと解している。「弧」は、「弧月」のように、弓状の形態を指す語として広く用いられるが、弓の端を意味することはあり得ないと思われる。したがって、「ゆみはず」という和語とは対応しない。なお、「はず」の表記としては、「筈」、「括」、「幹」などが用いられるが、これらは矢の「はず」である。「筈」は矢の「はず」であり、矢の後端の、弦をかませる部分である。会意兼形声文字で、「舌」はここではくぼみの意を持つ。「括」は、釈名に「矢末曰括、謂与弦相会也」とあるように、「筈」と通用する。「幹」は矢幹、すなわち矢の鏃と羽根以外の部分を指し、特に「はず」を意味することは無い。鏃と反対に位置するものとして、あえて「はず」の意に当てたものか。以上から、弓箭の各部の名称に相当する漢字と和語の対応関係が確認され、「弭」は、弓の先端という意であり、和語の「ゆみはず」に対応することが分かる。古辞書で「ゆみ（の）はず」「ゆむはず」または「ゆはず」の語に対応するものとして、「弭」の表記を、標出語あるいは注文のいずれかで掲載するものには、新撰字鏡、黒川本色葉字類抄、大東急記念文庫蔵十巻本伊呂波字類抄、観智院本類聚名義抄、正宗文庫本・大谷大学本・増刊下学集・増刊本・岡田希雄氏旧蔵本・広本・天正十八年本・早大本・天正十七年本・易林本・慶長五年本の各節用集、温故知新書、色葉字訓、玉篇略・米澤文庫本・拾篇目集・弘治二年本・音訓篇立の各倭玉篇等がある。ところで一方、古く、日本書紀、巻三、神武紀に「皇弓之弭」とあり、天理図書館蔵兼右本では「ミユミノハス」と訓じ、「弭」に「ユハス」の左訓を付す。また万葉集、巻一、三番歌の「奈加弭」に西本願寺本で「ナカハス」の傍訓が施されている。このように上代文献において、「はず」に「弭」が対応していたと考えられる。このことは、つとに狩谷棭斎が箋注倭名類聚抄の「弓」の項で「按神武紀、弓弭訓由三乃八須、又由八須、万葉集亦弭訓八須」と指摘している。しかし古辞書では、無窮会神習文庫本・東京大学文学部国語研究室本・宮内庁書陵部本の各撮壌集、正宗文庫本・大谷大学本節用集、音訓篇立において、「弭」と「はず」を対当させているが、上記の「ゆみはず」「ゆはず」に対応させるものに比して、少数派である。

5　高橋本「⿰矢冊（くるり）」（弓之法、56オ4）
天理本「⿰矢冊（クル）」（弓箭兵具類、32ウ4）

「くるり」は、鳥等を射るための矢の一種の名である。和名類聚抄に「⿰矢舟　唐韻云、⿰矢舟〈張留反、漢語抄云、久流利〉、射鳥矢名也」とある。元来「⿰矢舟」という文字自体が古いものでなく、和名類聚抄に引く唐韻が最古例と言えるものの、中国文献での使用例は見出せない。ただ、唐韻の「射鳥矢名也」は、「くるり」という和訓と重なるものである。日本の古辞書において、「くるり」の語に対応するものとして、「䑨」または「䑨矢（箭）」の表記を、標出語あるいは注文のいずれかで掲載するものには、黒川本色葉字類抄、大東急記念文庫蔵十巻本伊呂波字類抄、世尊寺本字鏡、易林本節用集、用心集・初心要抄・宣賢卿字書・類集文字抄・通要古紙・天理図書館蔵国籍類書字書の各和名集、元亀二年京大本・天正十七年本・静嘉堂文庫本の各運歩色葉集、拾篇目集がある。高橋本色葉字・天理本和名集は、「䑨」の右旁「舟」を「冊」に誤る。二本が同じ誤りをおかしていることは、特に注目されて良いであろう。なぜこのような誤りが生じたのであろうか。それは、「舟」の異体を媒介としたものと思われる。『漢魏六朝碑刻異体字典』（毛遠明著、中華書局）に載せる「舟」の異体には、上の点を略す例や、内部を二本の横画にする例が見られる。中でも、延昌三年の「長孫瑱墓誌」は、「舟」の内部を、一本の縦画と、左右に突き抜けた二本の横画にしており、「冊」の一般的な異体である「冊」に酷似している。日本でもこのような「舟」の異体が使用されたため、「䑨」を書き誤る結果となった可能性がある。とはいえ、高橋本色葉字と天理本和名集が、近似した資料を使用してなければ、このような誤字の類似は生じなかったものと思われる。

以上検討してきたように、高橋本色葉字と天理本和名集の特異項目について検討したところ、右の五例は、次のように分類整理できる。

○同一のまたは類似の誤りをおかしている事例（1・5）
○文献上に所見の稀少な語を掲載している事例（2）
○古辞書に載録の稀な表記を掲載している事例（3・4）

高橋本色葉字と天理本和名集がこのような事例を共有することは、偶然の結果とは言えず、両者間の資料的な接点が存在したことを窺わせるに十分であろう。

三、語彙排列の類似

高橋本色葉字と天理本和名集の所収語は、以上述べてきたように、所収語彙とその漢字表記が、かなりの割合で一致している。それのみならず、更に注目すべきは、語彙排列までも類似している事実である。ここ一つの事例を挙げて、検討してみよう。

高橋本色葉字の五六丁表四行目～五行目（弓之法）の排列は次のようである。

1 鞢(ゆかけ)　2 鏃(やしり)　3 姗(くるり)　4 鋒矢(とかりや)　5 弣(にきり)　6 張(はり)　7 弛(はつす)　8 筈(はす)　9 弭(同)

一方、天理本和名集の三二丁裏四行目～五行目（弓箭兵具類）の排列は次のようになっている。

1 鞢(ユカケ)　2 鏃(ヤシリ)　3 姗(クル)　4 弣(ニキリ)　5 鉾矢(トカリヤ)　6 張(ハリ)　7 馳(ハツシ)　8 筈(ハス)　9 弭(同)

高橋本の所収語の番号を基準とし、その番号を用いて天理本の排列を示すと左記のように示される。

1 2 3 5 4 6 7 8 9

このように、所収語の種類のみならず、排列までも酷似することは、偶然とは言えない。「鋒矢」と「弣」の位置が逆であり、漢字表記に小異が見られるものの、その差異は微細である。

右は一例を示したのみであるが、他にも、魚之名、獣の名、船之名、人之五体等においても、二本の語彙排列の近似した部分が観察される。したがって、この排列という観点からも、二本の関係性は十分確認できると考えられる。

まとめ

以上、高橋本色葉字の付録部分と和名集類諸本との比較対照を行った結果、高橋本色葉字と天理本和名集の関連性が高いことが確認された。具体的には、一致項目数の比率が高いこと、共有特殊語彙が存在すること、語彙排列に一致が見られることである。ただし、その類似の度合いは極めて高いものとは言い難く、一方の編纂に他方が大きく関与しているとまでは断定できない。しかし、逆に言えば、偶然の一致とは考えられない点もあるので、何らかの関係を確認することで、今後の研究の土台としたい。

注

(1)古辞書研究会は、東京学芸大学の学部生を中心とする金曜ゼミと、学外者のために偶数月の月末の日曜日に開催される日曜ゼミの二つの場がある。この調査は、日曜ゼミに参加している、島田栄子・中原友美子・市川加奈・望月敬子の諸氏が、和名集諸本を一人約四本ずつ分担して行った。本論文では、そのデータを使用した。

(2)高橋久子・小池一恵・小松(市川)加奈「天理図書館蔵和名集翻字本文」(『日本語と辞書　第十五輯』(古辞書研究会編、有限会社サンプロセス、二〇一〇年五月一日発行)五五~一四三頁)、及び、小池一恵「天理図書館蔵和名集と類集文字抄との関係について」(同、二五~五一頁)参照。

(3)歐陽修詩文集校箋では、「起」を「処」に、「囲」を「団」に作る。

高橋本色葉字の動詞の様相

中原友美子

はじめに

高橋本色葉字の成立時期を検証する一つの手がかりとして、掲出されている動詞の様相を観察する。中世から近世にかけて動詞の活用に大きな変遷があったことはよく知られた事実であり、高橋本色葉字で採られた動詞の様相にこれらの特徴が認められれば、高橋本色葉字の位置づけの証左となるのみならず、動詞活用の変遷の一資料ともなるであろう。

一、高橋本色葉字の動詞

本稿では高橋本色葉字に収載された動詞を対象とするのであるが、動詞と判断するにあたって、あいまいなものはこれを除外し、動詞と判断しうるものだけを取り上げる。ここでいうあいまいな語とは主に名詞と思われる語、あるいは名詞の可能性を持つ語である。例えば、「馳挽（はせひき）」は動詞由来の語形ではあるが、『日本国語大辞典』では「馳せ挽く」などの動詞が見られず、名詞であると判断し対象外とした。また、「偽（いつわり）」は、動詞「いつわる」の活用形態の一つともとれるが、「いつわり」という名詞としての使用もあり、どのような意識で収録されたかが不明である以上、動詞としての可能性も残す事は承知の上で対象外とした。傍訓がないものについては、文字列上動詞の可能性があるものでも考察できないため対象から外している。

さらに、動詞を含んではいるが連語であるもの、助詞の「て」を伴った形で掲載されているもの等についてもひとまず対象外とする。高橋本色葉字は積極的に文書・記録用語を収録するという特徴を有しているとみられ[1]、「蒙レ仰（おほせかうむる）」「及レ行（てたてにをよふ）」のように返り点を伴った文字列で掲出されたり、「誤（あやまって）」のように助詞を含む傍訓を持っていたり、「夜日繼（よをひについて）」[2]のように連語の形であったりするものが散見される。これらは連語の形や、—テ形が使用の恒であったためとも思われ、またそう意識しているのであれば、慣用された言い方・書き方であり、慣用表現であれば、ここでの考察対象から外してもよい。今回は参考程度にとどめることとして、返り点を伴うもの、助詞など他品詞を伴うものを対象から外した。

こうして拾い出した高橋本色葉字に見られる動詞は次のとおりである。まず、活用の種類ごとに強変化動詞、弱変化動詞、混合活用動詞の三つに分け、ぞれぞれを形態別に分類・列挙する。それぞれの語句の後の（　）には傍訓を示す。また、傍訓の／の後は、右訓以外に施された注である。

Ⅰ　強変化動詞（四段　ラ変）

A　終止形、連体形の形態であるもの。

以部：虜（いけとる）　厭（いとう）　出向（いてむかう）　祈（いのる）　急（いそく）　怒（いかる）　戴（いたゝく）

波部：走廻（はしりまはる）　憚入（はゞかりいる）　勵（はけむ）　剝取（はきとる）　働（はたらく）　孚（はこくむ）　走（はしる）　孕（はらむ）　咄（はく）

仁部：悪（にくむ）　拳（にきる）　賑（にきわふ）　擔（になう）

保部：誇（ほこる）　播（ほとこす）　施（ほとこす）

部部：諛（へつらう）

止部：取（とる） 螫留（と丶めさす） 取散（とりちらす） 取失（とりうしなう） 取亂（とりみたす） 遠去（とをさかる） 取放（とりはなつ） 取廻（とりまわす） 制（と丶まる） 伴（ともなう）

遠部：驚入（をとろきいる） 贈賜（をくりたまはる） 送給（をくりたまはる） 納收（おさめとる） 怠（おこたる） 追失（をいうしなう） 追拂（をいはらう） 追散（おいちらす） 呼吠（をめく） 仰下（をほせくたす） 恐入（をそれいる） 拜（をかむ） 劣（おとる） 排（おしひらく） 終（をわる） 押隱（をしかくす） 侈（おこる） 擯（おいいたす） 補（をきのふ） 踊（をとる） 游（をよく） 驕（をごる） 押包（をしつ丶む） 想像（をもいやる）

加部：限（かぎる） 掠申（かすめまうす） 雖催（かりもよほす） 嚴（かさる） 飾（かさる） 搦取（からめとる） 挵（かせく） 抱置（か丶へをく） 拵（かこう） 轟（からめく） 誣（かこつ）

与部：續＊1（よむ） 誦（よむ） 讀（よむ）

太部：踉蹡（ためらう） 斷（たつ） 徼（たしぬく）

曾部：揃（そそる） 猜（そねむ） 謗（そしる） 訕（そしる） 灑（そ丶く） 揃出（そ丶りいたす）

鬥部：償（つくのう） 積（つむ） 裹（つ丶む） 包（つ丶む） 盡（つくす） 連（つらなる） 摘（つむ） 掐（つまくる） 齱（つかむ） 串（つらぬく）

禰部：糊（ねやす） 踞（ねまる） 舐（ねぶる） 妬（ねたむ） 偬（ねらふ） 嫐（ねたむ） 願（ねかふ） 睡（ねむる）

奈部：歎（なけく） 啼（なく） 鳴（なく） 習（ならう） 拋（なけうつ） 嫐（なふる）

武部：結（むすふ） 咽（むせふ）

宇部：窺（うかかう） 伺（うかかう） 移（うつる） 寫（うつす） 打取（うつとる） 羨（うらやむ） 打口解（うちくとく） 領狀（うなつく） 潤（うるほう） 霑（うるほう）

乃部：臨（のそむ） 莅（のそむ） 望（のそむ） 詛（のろう） 殘（のこる） 詾（の丶しる） 飲（のむ） 呑（のむ） 拭（のこう） 覗（のそく） 上（のほる） 昇（のほる） 乘取（のつとる） 則（のつとる／しろなとを）

久部：與（くむ） 悔（くやむ） 餔（くらう）

也部：雇（やとう）

末部：眷（まかなう） 辨（まかなう） 招（まねく） 增（ます） 待入（まちいる） 禁呪（ましなう） 迷（まよう） 護（まほる）

計部：蹴散（けちらかす） 梳（けつる／かみなと）

己部：理（ことわる） 好（このむ） 倒（ころふ） 冀（こいねかう）

安部：相催（あいもよほす） 相語（あいかたる） 扱（あつかう） 應答（あいしらう） 聚（あつまる） 操（あやつる） 侮（あなつる） 勘（あてかう）

左部：捜（さぐる） 覺（さとる） 閣（さしをく） 騷（さわく） 咡（さ丶やく） 跰（さまよふ） 曝（さらす／ぬの丶）

幾部：聞（きく） 極（きはまる） 競（きおう）

由部：許（ゆるす） 免（ゆるす） 赦（ゆるす）

女部：召放（めしはなつ） 召仕（めしつかう） 召出（めしいたす） 召捕（めしとる） 擒（めしとる）

美部：瑩（みかく） 導（みちひく） 漲（みなきる） 琢（みかく）

之部：縛（しはる） 滴（した丶る）

恵部：撰（ゑらふ）　醉（ゑう）
比部：引散（ひちらす）
毛部：翫（もてあそふ）　催（もよほす）
世部：迫（せまる）
　＊1　「讀」の誤りか。

B　連用形の形態であるもの。
宇部：打續（うちつゝき）
末部：罷歸（まかりかへり）　参合（まいりあい）

Ⅱ　弱変化動詞（上一段　下一段）
C　終止形、連体形の形態であるもの。
加部：顧（かへりみる）
門部：次連（つゝける）
武部：睨（むつひる）
己部：試（こゝろみる）

Ⅲ　混合変化動詞（上二段　下二段　カ変　サ変　ナ変）

D　未然形、連用形の形態であるもの。

遠部：押掠（をしかすめ）

末部：罷出（まかりいて）

E　終止形の形態であるもの。

以部：禁（いましむ）

奴部：抽（ぬきんつ）

末部：儲（まうく）

安部：充課（あておほす）

毛部：用（もちゆ）　求（もとむ）

F　連体形の形態であるもの。

以部：愈（いゆる）

波部：晴（はるゝ）　駁（はぬる）　省充（はふきあつる）

仁部：逃（にぐる）

保部：亡（ほろぶる）　讃（ほむる）　耄（ほるゝ）　吼（ほゆる）

部部：障（へたつる）

止部：咎（とかむる）　耐（とたゆる）　届（とつくる）　取静（とりしづむる）　閉（とづる）

奴部：濡（ぬるゝ）

遠部：仰付（おほせつくる） 押寄（をしよする） 僚到＊1（をちふるゝ） 後（をくるゝ）
加部：緘（からくる） 綣（からくる） 校（かんかゆる）
太部：尋（たつぬる） 蓄（たくはゆる） 貯（たくはゆる） 絶（たゆる） 比（たくらふる）
閂部：告（つくる） 疲（つかるゝ） 傳（つたゆる）
奈部：流（なかるゝ） 馴（なるゝ） 宥（なたむる） 撫（なつる）
宇部：打寄（うちよする）
乃部：遁（のかるゝ） 逃（のかるゝ） 延（のふる）
久部：比（くらふる）
也部：瘦（やする） 疲（やする）
末部：紛（まきるゝ）
己部：懲（こるゝ） 焦（こかるゝ） 誘（こしらゆる）
安部：相觸（あいふるゝ） 集（あつむる） 崇（あかむる）
左部：捧（さゝくる） ※支（ささゆる） 授（さつくる） 醒（さむる）
幾部：听（きこゆる）
女部：召寄（めしよする）
美部：亂（みたるゝ）
之部：認（したたむる）
比部：控（ひかゆる） 擂（ひかゆる）
毛部：燃（もゆる）

寸部：進（す、むる）

＊1 「潦倒」の誤りか。

Ⅳ 強変化動詞か混合変化動詞であるもの

それぞれの活用語形に同じ語形を持つため一つにはしぼれない。例えば「脱（ぬく）」なら、他動詞の脱ぐの場合と、自動詞の脱げるの場合とで活用の仕方は異なるけれども、「ヌグ」という活用語形が両方に出現する。他動詞で脱げるの意の「ぬぐ」であればEに分類され、自動詞で脱ぐの意の「ぬぐ」であればAに分類されるが、どちらかは不明である。

G 終止、連体の形態であるもの。

以部：勇（いさむ）

波部：腹立（はらたつ） 騰＊1（はく）

止部：取續（とりつ、く）

知部：捚（ち、む）

奴部：脱（ぬく）

加部：構（かまゆ） 叶（かなう）

曾部：添（そう） 峙（そはたつ）

門部：繋（つなぐ）

奈部：惱（なやむ） 靡（なひく） 慰（なくさむ）

武部：向（むかう）　群（むらかる）　簇（むらかる）
宇部：打立（うちたつ）　賣（うる）　打破（うちやふる）
久部：恌（くつろく）　碎（くたく）
也部：和（やわらく）　燒（やく）　止（やむ）　休（やすむ）　破（やふる）
末部：學（まなふ）
之部：退（しりそく）　凋（しほむ）
比部：引退（ひきしりそく）

＊1　「縢」の誤りか。

H　未然形、連用形、あるいは已然形、命令形の形態であるもの。

由部：邪（ゆかめ）

二、高橋本色葉字の動詞形態

高橋本色葉字における動詞の取り立て方には、例えば「晴」であれば「はる」「はるる」あるいは「はれ」など複数の語形を列挙させることがない。「晴」ならば「はる丶」に代表させており、そうすることで規範性を持たせているのであろう。そして、その代表させた語形の形態をみると、終止形と連体形とに偏ってみえる。活用形がはっきりと断定できないものでも、大部分が終止形か連体形かのどちらかとみられるものであり、それ以外の形態をとるのはわずか六語である。

このうち連用形の形態であるもの、ここではBに分類したものは打續（うちつ丶き）、罷歸（まかりかへり）、參合

（まいりあい）の三語である。そうして終止形でも連体形でもないDには、押掠（をしかすめ）、罷出（まかりいて）が分類され、これら五語全て似た組成のものである。ほとんどが終止形か連体形かで立項される中でこれらは異質にみえる。しかし、動詞抽出にあたり例外として外したものと合わせ見ると、先に―テ形のものを対象外としており、―テ形である連用形なら他にあるのである。慣用表現として―テ形のものを外しているのであれば、ここに残る連用中止形もこれ相当とも考えられる。文書用語等から収載されたものであるならば、わずか五語のみが連用形の形態で掲出される事になった理由として分かりやすい。勿論個別に精査される必要はあるが、ひとまずそう仮説してこれら連用形での掲出は例外的な扱いにしてもよいであろう。ちなみにこれら五語は、いずれも鎌倉遺文での使用が見られる。(3)

Hに分類したものについては、語形の幅も広く、これのみでは判断しかねるものである。

こう整理すると、高橋本色葉字の動詞は、基本終止形か連体形かで掲出されており、形態が確定される混合変化動詞ではほとんどが連体形をとっている。

いわゆる連体形は連体修飾として用いられるからそう呼ばれているのだけれども、用法として終止法も持つ。係り結びにおける結びとしての言い切りや、連体止めと呼ばれる終止法がそれにあたる。そして、この文末を連体形で結ぶ用法は、院政時代には地の文でも用いられ、鎌倉室町時代の後半から末にかけては一般の話し言葉では普通となったと指摘がある。(4)連体形が新終止形として台頭したのである。地の文でも盛んにおこなわれたのであろうから、話し言葉に時代を遅れず地の文でも連体形終止法が新終止形となったであろう。

高橋本色葉字で、掲出した動詞に規範性を持たせているのだとすると、形態上は終止形か連体形に見えるけれども、すべて終止法を取り扱ったものであると見ても良い。むしろ、そう見るのが自然である。つまりすべて終止形との意識でこうあげられていると言える。四段活用動詞や一段活用動詞等では終止形と連体形に形態上の区別がないのでこのような変化は起こり得ないが、EとFとで比べ見ると、Fの数が圧倒的に多く、連体形終止法が一般的に広く行われていた実態がうかがわれる。EとFの語の間に、拍数であるとか、現代語での使用の有無であるとかというレベル差が特に感じられないところから、従来の終止形もわずかに残してはいるが、連体形終止がほぼ確立したのであろう。

Gは活用の種類が判然としないとしたが、EとFとの偏りから鑑みると二つの種類の可能性を持つものについては、四段動詞を代表に意識したか、どちらにも現れる「—ル」に集約したかであろうか。

高橋本色葉字の二段活用の動詞はほとんどが連体形で掲出され、連体形終止が一般的となった姿を反映していると考えられる。

三、高橋本色葉字にみられるヤ行下二段化

室町時代において文語のア・ハ・ワ行下二段活用動詞がヤ行下二段活用動詞化する現象は早くから多くの研究者によって指摘される。資料の上から「—ウル」の形をとっていたものが「—ユル」の形をとるようになり、さらには「—ユル」が規範的となる姿が観察できるのである。高橋本色葉字にもこれらヤ行下二段活用動詞化したものが見える。

構（かまゆ）　傳（つたゆる）　支（ささゆる）　控（ひかゆる）　搊（ひかゆる）

校（かんかゆる）　蓄（たくはゆる）　貯（たくはゆる）　誘（こしらゆる）

漢字表記が違う同じ語を入れて九語、漢字表記違いを除けば七語がこれに当たる。

一方でヤ行化していない語の可能性を持つのが、

添（そう）　叶（かなう）　向（むかう）

の三語である。これらは、自動詞では四段に活用するものであり、もしそう意識して掲出しているのであればこの例とならず、ヤ行化は百パーセントであるとみることになる。

文語のア・ハ・ワ行下二段活用に属する動詞のヤ行下二段化については出雲朝子氏が抄物を主として国内資料を広く調査され、また学史としても詳しい(5)。そこでの成果から

・語幹が一音節の動詞は「―ユル」の形をとりやすい。

・語によって「―ユル」の形をとりやすいものとそうでないものがある。

・応永年間において、すでに話し言葉では相当程度「―ユル」の形が使われていたことが推測される。

ことが指摘される。また氏は亀井孝編『五本対照　改編節用集』によって、節用集類の表記からの裏付けを行い、抄物における常にヤ行化している語とヤ行化しにくい語との存在は、単なる偶然としてそのような現象があるのではなく、ある程度は現実のことばの状態の反映と考えることができるのではなかろうか。すなわち、実際の話しことばではともに「―ユル」の形で使われていても、抄物で「―ウル」の形が見えやすいような語は、書く場合により規範的な形として「―ウル」あるいは「―ウ」の形がとられやすかったのに対して、「―ユル」の形のみが見えるような語は、「―ユル」という形がすでに相当に規範的な形として定着していたために、それ以上規範的な形が求められることなく、そのまま書きことばとしても用いられたものと考えられるのである。

と結論付ける。

高橋本色葉字でのヤ行化は該当語も限られ、これだけで時代的な考証をすることは困難ではあるが、氏の研究に重なるように現象を纏めておく。

・語幹一音節動詞は「そう」のみであるがこれが下二段活用動詞であるならば語幹一音節動詞にヤ行化がみられない(6)。

・ヤ行化した動詞のうち「かまゆ」として、「―ユ」表記が見られる。

・「カマユ」以外のヤ行化した動詞はすべて「―ユル」表記である。

・ヤ行化していない可能性も持つ動詞はすべて「―ウ」表記である。

高橋本色葉字に見える「―ウ」表記の三語は自動詞ならば四段に活用し他動詞ならば下二段に活用するもので、こう表記することで活用の種類が判然とせず、逆に、こう表記すれば一語でどちらも表わすことができるのである。一方、「―ユル」表記では「つたゆる」のみが「ツタフ（ウ）」で四段活用と下二段動詞をもち、ここでは「―ユル」と表記することで下二段活用動詞と確定され得るものである。もし、「―ウ」はすべて四段活用動詞に代表させて掲出したのであれば、語幹一音節動詞の「そう」がヤ行化していないのも頷ける。しかし、そう捉えると、「つたう」のみが、四段活用と下二段活用を持ちながら、なぜ下二段活用動詞に代表させたのかが問題となる。

「かまゆ」については、下二段活用動詞が四段活用化したとも考えられており、もともと二段活用動詞としてヤ行化が完了し「かまゆる」であったところに、四段活用化がおこり、四段活用に代表させる意識が働き「かまゆ」としたもの、つまり「カマフ」→「カマユル」→「カマユ」であろうか。四段化も併せて個別に精査が必要であろう。

高橋本色葉字のヤ行化についてはほぼ完成した姿ではないかと思われる。

四、高橋本色葉字にみられる二段活用動詞の一段化

鎌倉室町期から江戸期にかけておきた大きな変遷の一つに活用の種類の減少がある。そのうち文語ア・ハ・ワ行下二段活用動詞のヤ行化を原因として起こったのが二段活用動詞の一段化である。(7) 高橋本色葉字にも、この一段化の語例が見られる。

次連（つゝける）　昵（むつひる）

の二例である。

山内洋一郎氏が院政鎌倉時代資料を詳細に検討され、判断を留保しつつも一段化例としてあげられたものに「書ツ

ヅケル」があり、(8)「つ、ける」については早くから一段化が起こっていたのかもしれない。また、氏によれば「上二段の一段化の方が下二段のそれよりも進んでいる」ことが明らかであるという。高橋本色葉字のもう一例は「むつひる」であり、上二段活用にあたる。ただ、この「ムツビル」は現在は使われていない語であり、また古語では一時四段に転じた例も持つ語であり、一般に言う一段化と同列に扱えるかどうかから別途個別に検討する必要があろう。

高橋本色葉字にみられる二段活用の一段化については、一段化が早くに起こった可能性を持つ語がわずか二語挙がるのみで、早期に起こったと思われるヤ行化した文語ア・ハ・ワ行下二段の一段化も全く見られない。連体形終止の盛んさに比べても一段化につながった様相がみられない。

坂梨隆三氏は室町末期の一段化について、

室町末期資料として代表的な抄ものやキリシタン文献においては二段活用の一般化した例は稀であり、それにくらべれば慶長板和玉篇や運歩色葉集においては二段活用が一段活用となっている例が多いと言えるのである。

と記し、その解釈について、それらの資料性に求めている。(9)当時二段活用が相当に行われてはいても、まだ完成に至っていないため、高橋本色葉字ではまだ規範性が認められなかったのであろうか。

五、その他

これまで取り上げたもの以外では上二段動詞「用（もちゆ）」が特殊であろうか。上一段活用動詞「もちゐる」から転じたとされ、ハ・ワ行の混同から「モチヒ（イ）ル」が生じ、ヤ行化もみられる。「モチフ（ウ）」「モチユ」と多くの表記が見られる中、高橋本色葉字では「もちゆ」で掲出する。「モチユ」の表記は節用集類にもみられ、特異ではないが形態の気になる例として記しておく。

まとめ

以上、動詞の形態から検討を加えた結果、高橋本色葉字にみられる特徴は以下のとおりである。

1　一語に対する複数の語形併記や、語形を変えての立項はみられず、掲出された語形が当時の規範との意識とみえる。

2　連体形終止が盛んであり、一般化していたのであろう。

3　文語のア・ハ・ワ行下二段活用動詞のヤ行下二段活用動詞化はほぼ完成している。

4　二段活用動詞の一段化はほとんどみられず、一段化完了以前の成立ではないか。

二段活用動詞の一段化時期が問題であるが、早い時期の例としては、小林賢章氏が、断定は難しいが延宝頃と提唱している[(10)]。これに従えば、高橋本色葉字は室町末期から江戸初期頃の成立ではないかと思われる。

注

(1)「高橋本色葉字について」

(2)『精進魚類物語』にも「夜を日についで」という文字列が見られる。やはり慣用表現として使われていたのであろう。

(3)『CD-ROM 版鎌倉遺文』（第一版、平成二十年、東京堂出版）を使用した検索による結果である。

(4)松村明『日本語の世界2　日本語の展開』中央公論社による。

(5)出雲朝子「中世における文語ア・ハ・ワ行下二段活用に属する動詞のヤ行下二段化現象について」『中田祝夫博士功績記念　国語学論集』勉誠社による。

(6)出雲氏による亀井孝編『五本対照　改編節用集』を用いた調査で、易林本は「ソフ」であるという。ちなみに他はすべて「ソユル」である。

(7)柳田征司『室町時代の国語』(国語学叢書5)東京堂出版に指摘される。

(8)山内洋一郎「院政鎌倉時代における二段活用の一段化」『国語学』88による。

(9)坂梨隆三「近松世話物における二段活用と一段活用」『近世語』(論集日本語研究14)による。

(10)小林賢章「二段活用の一段化時期」『語文』56による。

[参考文献]

出雲朝子「中世における文語ア・ハ・ワ行下二段活用に属する動詞のヤ行下二段化現象について」『中田祝夫博士功績記念国語学論集』勉誠社　一九七九年

柳田征司『室町時代の国語』(国語学叢書5)東京堂出版　一九八五年

坂梨隆三「近松世話物における二段活用と一段活用」『近世語』(論集日本語研究14)有精堂　一九八五年

松村明『日本語の世界2　日本語の展開』中央公論社　一九八六年

渡辺実『日本語史要説』岩波書店　一九九七年

高橋忠彦・高橋久子・古辞書研究会『御伽草子　精進魚類物語　本文・校異篇』汲古書院　二〇〇四年

山内洋一郎「院政鎌倉時代における二段活用の一段化」『国語学』88　一九七二年

小林賢章「二段活用の一段化時期」『語文』56　一九九一年

高橋本色葉字の漢字語の位相

具　香
劉　瀟雅
高橋忠彦

はじめに

高橋本色葉字は、他の色葉集諸本と同様、二字以上の漢字語を、主たる表記詞としている。その多くは、主に唐代以来、日本に伝来した古代中国語の語彙であり、それが多少は意味を変えながら、日本語として定着したものである。その定着の理由は、いろいろあるにせよ、社会的な実用語として機能したというのが重要で、単に漢学の素養というようなことだけではなかった。より具体的にいえば、律令国家や、その後の武家社会において、多くの漢語は文書に用いられ、実用に供されたのである。

同時に、漢語を模倣して作られたいわゆる和製漢語（字音で発音するので、見た目は漢語と変わらない）や、原則訓読みされる和語でありながら二字の漢字で表記される語なども、日本語として増加していった。これらの一部は、文書用語のうち、本来の漢語では不足する部分を補ったことになる。

本書の「高橋本色葉字について」に示されるように、高橋本色葉字をはじめ、色葉集の多くは、文書用語の掲載率が異常に高く、高橋本の場合は、漢字二字以上の標出語一六一六語中、鎌倉遺文に使用例のあるものは一三六一語で、その含有率は実に八四・二二パーセントにのぼっている。この事実だけでも、高橋本色葉字が実務的文書用語の収録につとめたということができるが、本論は、さらに、二字以上の漢字語（純粋な漢語、和製漢語、訓読語などの和語を含む）のそれぞれの位相（ここでは、語の出自、経歴、使用目的などを体系的に認識することをいう）を確認し、そこから高橋本色葉字の本質を探ろうとするものである。

第一章　語彙の位相

高橋本色葉字収載語（二字以上の漢字語）の位相を考えるため、比較的多くの語数を持つ保部、太部、良部、世部の四部を選び、その全ての漢字語について、鎌倉遺文（「鎌倉」と略称）、平安遺文（「平安」と略称）に使用されているか否かを○×で表し、さらに「備考」として、その語の性格、出自などについて要点を記した。これは、高橋本色葉字の平均的な特徴を調査するためである。次に同様の作業を、高橋本色葉字が他の色葉集諸本と共有しない独自語全てについて行い、その特徴を確認した。その結果を以下に示す。

〔保部〕	鎌倉	平安	備考
奔走	○	○	先秦よりある古典語
北絹	×	×	〔詳しくは後述〕室町時代より使用された和製漢語、文書用語
褒美	○	○	漢代よりある古典語

本望	○	○	晉よりある古典語
本懐	○	○	晉よりある古典語
本意	○	○	漢代よりある古典語
乏少	○	○	先秦よりある古典語
本領	○	○	晉よりある古典語
本地	○	○	唐代語で仏教語でもある。
歩行	○	○	先秦よりある古典語
梵字	○	○	唐代語で仏教語でもある。
凡下	○	○	晉よりある古典語
凡僧	○	○	梁よりある古典語
発句	×	×	鎌倉時代の連歌用語（古文書では永禄以降）
本服	×	×	〔詳しくは後述〕室町末期より使用された和製漢語、文書用語
本腹	○	○	和製漢語で文書用語、「本復」の異表記
奉公	○	○	先秦よりある古典語
奉書	○	○	先秦よりある古典語
謀書	○	○	唐詩に一例のみ
謀判	○	○	和製漢語で文書用語
行思	○	×	訓読語、和語「行器」の誤記
木履	○	○	晉よりある古典語

骨折	○	×	漢代よりある古典語
発起	○	○	漢代よりある古典語
絆金	×	×	訓読語、和語で義未詳
方量	×	×	和製漢語で古記録用語
奉加	○	○	和製漢語で文書用語
豊年	○	○	和製漢語で文書用語
〔太部〕			
太平	○	○	先秦よりある古典語
大慶	○	○	晉よりある古典語
大概	○	○	漢代よりある古典語
大儀	○	○	先秦よりある古典語
大略	○	○	先秦よりある古典語
唐紙	○	○	和製漢語で名物用語
退訴	○	○	和製漢語で文書用語
退治	○	×	和製漢語で文書用語
退屈	○	×	唐代語より意味が変化したもの
他界	○	×	唐代語より意味が変化したもの
短冊	○	○	和製漢語で文書用語
談合	○	○	和製漢語で文書用語

他所	○	○	漢代よりある古典語
他郷	○	○	漢代よりある古典語
道場	○	○	晉よりある古典語
対揚	○	○	先秦よりある古典語
旦過	×	×	宋代よりある仏教語
他国	○	○	先秦よりある古典語
他家	○	○	漢代よりある古典語
他出	×	×	〔詳しくは後述〕室町時代より使用された唐代語で文書用語
他行	○	○	和製漢語で文書用語
対面	○	○	梁よりある古典語
大切	○	○	和製漢語で文書用語
当家	○	○	唐代語
当陣	×	×	〔詳しくは後述〕室町時代より使用された和製漢語、文書用語
段銭	○	×	和製漢語で文書用語
段米	○	○	和製漢語で文書用語
反別	○	○	和製漢語で文書用語
太鼓	○	○	漢語「大鼓」の書き換え
手綱	○	○	訓読語、和語で文書用語
代物	○	○	和製漢語で文書用語

代官	○	○	唐代語「代官」と同形異義、和製漢語で文書用語
仮使	○	○	先秦よりある古典語
道理	○	○	先秦よりある古典語
当代	○	○	漢代よりある古典語
大将	○	○	先秦よりある古典語
邂逅	○	○	訓読語、先秦よりある古典語
駄賃	○	○	和製漢語で文書用語
単皮	×	×	一説に唐代語に由来する。詳しくは後述
大法	○	○	先秦よりある古典語
踉蹡	×	×	訓読語、唐代よりある聯綿詞
続松	○	○	訓読語、和語
退転	○	○	晉よりある仏教語
多年	○	○	晉よりある古典語
他言	○	×	先秦よりある古典語
旅人	○	△	訓読語、先秦よりある古典語
裁付	×	×	〔詳しくは後述〕室町末期より使用された和語
大篇	×	×	〔詳しくは後述〕室町時代より使用された和製漢語、文書用語
濁醪	×	△	晉よりある古典語
種子	○	○	訓読語、晉よりある古典語

到来	○	○	晉よりある古典語
畳紙	○	×	訓読語、和語
大名	○	○	先秦よりある古典語より意味が変化したもの
狸毛	×	○	訓読語、唐代語にある
頼支	×	×	〔詳しくは後述〕室町時代より使用された表記、文書用語
太布	○	×	和語
端的	○	△	唐代語
玳瑇	×	○	漢代よりある古典語「玳瑁」と「瑇瑁」に由来する、日本独自の異表記
誕生日	○	×	仏教語
浴衣	×	×	訓読語、和語
玉章	○	△	訓読語、唐代語にある。
内裏	○	○	唐代語
大内	○	○	漢代よりある古典語、「内裏」の字音訓で読む。
〔良部〕			
落著	○	×	宋代語
落居	○	○	和製漢語で古記録用語
乱入	○	○	唐代語
乱世	○	○	先秦よりある古典語
乱妨	○	○	和製漢語で文書用語

狼籍	○	○	先秦よりある古典語
洛中	○	○	漢代よりある古典語
洛外	○	○	和製漢語で文書用語
洛陽	○	○	先秦よりある古典語
牢人	○	×	和製漢語で文書用語、唐代語「浪人」の異表記
落花	○	○	斉よりある古典語、詩語
老耄	○	○	漢代よりある古典語
老後	○	○	唐の白居易が用いた詩語
老母	○	○	先秦よりある古典語
老人	○	○	先秦よりある古典語
来臨	○	○	漢代よりある古典語
来儀	○	○	先秦よりある古典語、『尚書』の語
来年	○	○	先秦よりある古典語
来月	○	○	漢代よりある古典語
乱劇	×	×	〔詳しくは後述〕室町時代より使用された和製漢語、文書用語
乱橛	×	×	和語、軍記物の用語
落涙	○	○	劉宋よりある古典語
落髪	○	○	晋よりある古典語
乱退	×	×	『周書』に一例のみ、無秩序に敗走すること、日本での用例は確認できない。

老若	○	×	和製漢語で文書用語
落書	○	○	和製漢語で文書用語、「おとしぶみ」の字音語化
落墮	○	×	晉よりある古典語
郎等	○	○	和製漢語で文書用語
乱行	○	○	先秦よりある古典語
糧米	○	○	唐代語
来迎	○	○	漢代よりある古典語
礼拝	○	○	劉宋よりある古典語
落索	×	×	北斉よりある古典語
欄干	○	○	晉よりある古典語
蠟燭	○	△	劉宋よりある古典語
蠟茶	×	×	〔詳しくは後述〕室町時代に使用された漢語
〔世部〕			
政道	○	○	漢代よりある古典語
成敗	○	○	先秦よりある古典語
折檻	×	×	〔詳しくは後述〕室町時代より使用された一種の和製漢語、文書用語
折角	×	○	漢代よりある古典語より意味が変化したもの
勢遣	×	×	室町期の文書用語、節用集に多く見える。
先途	○	×	和製漢語で文書用語

先例	○	○	劉宋よりある古典語
善根	○	○	仏教語
是非	○	○	先秦よりある古典語
制札	○	○	和製漢語で文書用語
焼香	○	○	三国よりある古典語、仏教語
専一	○	○	先秦よりある古典語
積鬱	○	×	宋玉の「笛賦」（唐以前の偽作）に一例あるのみ、書簡用語
禅家	○	○	唐代語
攝待	×	×	「接待」の異表記、仏教語
懺法	○	○	仏教語
泉水	○	○	先秦よりある古典語、『毛詩』の語
星霜	○	○	唐代語
静謐	○	○	三国よりある古典語
誓文	○	○	唐代語
切々	○	×	晉よりある古典語
前後	○	○	先秦よりある古典語
先約	○	○	唐代語
先度	○	○	和製漢語、文書用語
洗濯	○	○	漢代よりある古典語

承引	○	○	三国よりある古典語
成人	○	○	先秦よりある古典語、『毛詩』の語
拙者	×	○	先秦よりある古典語より意味が変化したもの
世路	○	○	漢代よりある古典語
僉儀	○	×	「僉議」（晉よりある古典語）の日本での異表記
省略	○	○	晉よりある古典語
清廉	○	○	先秦よりある古典語
先達	○	○	和製漢語で文書用語
精誠	○	○	先秦よりある古典語
誓状	○	○	和製漢語で文書用語
照覧	○	○	唐代語
世智辨	×	×	和製漢語
世度扉	×	×	和製漢語
西楼	×	×	漢代よりある古典語
〔高橋本独自語〕			
一代	○	○	漢代よりある古典語
一个条	○	×	和製漢語で文書用語
路銭	×	×	〔詳しくは後述〕室町時代より使用された和製漢語、文書用語
万鬱	×	×	室町時代の書簡用語、「高橋本色葉字について」第二章参照。

始而	○	○	先秦よりある古典語
別紙	○	○	三国よりある古典語
陣衆	○	○	和製漢語で文書用語
陣傍	×	×	和製漢語
地徳	○	○	〔詳しくは後述〕室町時代より使用された和製漢語、文書用語
茶土器	×	×	和語の「茶つき」の一種の表記。多く「茶杯」と表記する。
立願状	○	×	和製漢語で文書用語
流々	○	×	和製漢語で文書用語
利買	×	×	和製漢語
両三種	×	×	〔詳しくは後述〕室町時代より使用された和製漢語、古記録用語
類聚	×	×	先秦よりある古典語、『周易』の語
納収	○	○	唐代の用例があるが稀少
追而	○	○	先秦よりある表現
押包	×	×	訓読語、和語
吾朝	○	○	晉の用例があるが稀少
腋詰	×	×	訓読語、和語
掠申	○	○	訓読語、和語
仮言	○	×	漢代よりある古典語
唐物	○	○	訓読語、和語

拘置	○	×	和製漢語で文書用語
強入部	×	×	〔詳しくは後述〕室町時代より使用された和製漢語、文書用語
唐錦	○	○	訓読語、和語
段米	○	○	和製漢語で文書用語
反別	○	○	和製漢語で文書用語
大法	○	○	先秦よりある古典語
誕生日	○	×	仏教語
賊難	○	○	漢籍で晉より用いられているが、仏教語
揃出	×	×	訓読語、和語
内性	×	×	「内証」の異表記、和製漢語
落花	○	○	斉よりある古典語、詩語
乱劇	×	×	〔詳しくは後述〕室町時代より使用された和製漢語、文書用語
乱退	×	×	『周書』に一例のみ、無秩序に敗走すること、日本での用例は確認できない。
打口解	×	×	訓読語、和語
乗馬	○	○	訓読語、和語、文書用語
乗取	×	×	〔詳しくは後述〕室町末期より使用された和語、文書用語
絬袴	×	×	和語、「括袴」の異表記
公方様	×	×	〔詳しくは後述〕室町時代より使用された和語、文書用語
捧二愚状一	○	×	「愚状」は和製漢語

掏醐	×	×	漢籍に使用例なし、未詳
朽葉色	×	×	訓読語、和語
先以	○	○	先秦よりある表現
巻物	○	×	訓読語、和語、文書用語
牧馬	○	○	訓読語、和語、文書用語
的串	×	×	訓読語、和語、文書用語
見舒	×	×	未詳、文書用語「けんじょ（見証、見所）」の異表記か。
検対	×	×	未詳、漢唐に用例があるが、稀少
見下	○	○	一種の和製漢語で広く使われた文書用語。「高橋本色葉字について」第五章参照。
扶持方	×	×	〔詳しくは後述〕室町末期より使用された和語、文書用語
不調法者	×	×	和語
御判	○	○	和製漢語で文書用語
今明日	○	○	和製漢語で文書用語
御動座	○	×	和製漢語で文書用語
腰文	○	○	訓読語、和語で文書用語、書簡用語
吾分	×	×	〔詳しくは後述〕室町末期より使用された和製漢語、文書用語
及レ行	×	×	室町時代末期に多用された文書用語。「高橋本色葉字について」第六章参照。
騰馬	×	○	先秦よりある古典語、『礼記・月令』に見える。
指儀	×	×	〔詳しくは後述〕室町末期より使用された和語、古文書、古記録用語

去比	○	○	訓読語、和語で文書用語
以参上	○	○	〔詳しくは後述〕室町時代より使用された書簡の表現、文書用語
貴国	○	○	唐代語
給符	×	○	和語、「切符」の異表記
狂撈	×	×	未詳、和製漢語で書簡用語か。
名大将	×	×	和製漢語、室町期に使用された。
未練者	○	×	和語
御狩	○	×	訓読語、和語で文書用語
御館	○	○	訓読語、和語で文書用語
為㆓見懲㆒	×	×	〔詳しくは後述〕室町末期より使用された表現、文書用語
唱門宗	×	×	未詳、和製漢語。「唱門師（唱門士）」の類語か。
一掛	×	×	〔詳しくは後述〕室町時代より使用された和語、文書用語
一籠	○	○	訓読語、和語で数量詞、文書用語
西楼	×	×	漢代よりある古典語
数輩	○	○	梁よりある古典語
数通状	○	×	和製漢語、鎌倉時代以降広く使われた文書用語。「高橋本色葉字について」第八章参照。

ここに調査した結果から、次のことが確認される。

一、高橋本色葉字の漢語は、唐代もしくは唐代以前のものがほとんどを占め、宋代以降の語彙の影響は少ない。

一、高橋本色葉字の漢語に、唐代語、宋代語の占める割合は低く、元明等、それ以降の時期の近世語は確認されない。つまり、室町時代と同時代の中国語が、新語として取り入れられている形跡は無い。

一、このような、唐代に集積されて日本に伝えられた漢語群は、ほとんどが、鎌倉遺文に使用されており、日本語として定着していたことを示す。かりにそれが古典語であっても、難解な古典の読解に役立てるとか、漢詩のような文芸への使用に供するとかいう目的に使用されたのではなく、実用語として存在したことは明らかである。高橋本色葉字は、したがって、実用的な漢語を集めた辞書ということになる。

一、中国の古典藉に淵源する可能性がありながら、鎌倉遺文に見えない語は少数ながら、以下のとおり存在する。それは、「実用語でない古典漢語」の存在を示すように見える。しかし、次のように個々について説明すれば、そのような側面は打ち消されるであろう。

【単皮】和名類聚抄において、源順は「単皮履」なる表記詞を立て、「唐令云、諸舃履並烏色、舃重皮底、履単皮底」と、唐令(今、同じ文が『旧唐書・輿服志』に見える)をその根拠としてあげる。しかしながら、「舃重皮底、履単皮底」という表現は、「舃」と「履」の差異を示したものにすぎず、「単皮」もしくは「単皮履」という履き物は漢籍には見られない。源順はさらに「今案、野人以鹿皮為半靴、名曰多鼻、宜用此単皮二字乎」と述べるが、この議論は、和語らしき「多鼻」を漢語で説明しようとしたとも思われ、狩谷棭斎がその牽強付会を批判するのは正しい。そういうわけで、和語の「たび」が漢語の「単皮」に由来するという根拠は薄いので、本書に「単皮」を掲載するのは、漢語の自然な定着といった問題ではなく、和名類聚抄の間接的な影響による中世の一般的な表記を挙げたものであろう。つまり、単皮は厳密には唐代語ではなく、中世の日本で使用された実用語といえる。

のか。

【乱退】漢籍でも稀少な語であり、日本での用例も確認できない。『北周書・王思政伝』に「岳（東魏の太尉高岳）衆不敢当、引軍乱退」とあり（『太平御覧』巻三二九に引く『後周書』も同じ）、戦場で無秩序に敗走する意味だが、熟語ではない可能性もあるし、これが日本語に導入されたというものではないだろう。高橋本色葉字に収載された経緯は不明であるが、戦場の様子を記す表現であり、あるいは文書等での使用を視野に入れたものか。

【落索】寂しげな様子を意味する畳韻詞、珠が連なる意に用いる場合もある。『顔氏家訓・治家』に引く諺に「落索阿姑餐（姑との食事は味気ない）」とあり、その影響もあってか、日本では、中世以降、宴会の飲食の残りを意味したらしく、文明本節用集に「日本俗呼残盃冷炙云落索」とある。文書の用例は見いだしがたいが、実社会で使用された語である。なお、連なる意の「落索」は、宋以降の詩にまれに使われるが、唐詩には全く見られない。

【蠟茶】詳しくは第二章参照。元明以降中国で生産された、茶を含む固形の薬品を指す実用語。明より輸入されたらしく、室町時代の貴顕の間で流通した。「蠟茶」は、宋詩では北苑茶などを指すが、それとは別に考えねばならず、詩語とはいえない。

【折檻】詳しくは第二章参照。もとは「切諫」の異表記であろう。室町時代には、「強く意見をする」、「暴力を加える」などの意味で広く使われ、文書の用例も多い。これを『漢書・朱雲伝』の故事と結びつけるのは、二次的な説明に過ぎない。

【西楼】西の楼閣というだけの意味で、唐詩に多用されていて、詩語として機能するとは思えるが、特定の典故と結びついたような重要語ではない。このような語が辞書に収載される必然性はなく、「井楼」（戦場に立てる櫓）の異表記である可能性を指摘したい。

【類聚】『周易』に由来するうえ、『芸文類聚』『和名類聚抄』など、古来和漢の書名に多く用いられるが、実務的な日本の文書に使われることは少ない。漢語が日本語として定着したものには違いないが、きわめて散文的な語であって、詩に使用されるような語ではない。書名の知識としてあげられているのであれば、実用語ということもできる。

一、高橋本色葉字に収載された和製漢語は、調査範囲においてはほとんどが鎌倉遺文に使用されており、多くが平安遺文に使用されている。つまり、実務的な文書用語として、和製漢語が増加していった跡を窺うことができる。

一、高橋本色葉字の独自語には、和製漢語が多く、また、室町時代にはじめて使用された文書用語が多い。

一、高橋本色葉字の独自語の和製漢語のうち、「陣傍」と「利買」については未詳であるが、明らかに前者は軍事関係の語、後者は経済関係の語であり、室町時代の文書用語と見なしうる。

一、訓読で読む漢字語は、和語ということができるが、これも多くは文書用語である。

一、高橋本色葉字の漢語の中で、純粋に文芸用語に使用された古典語は、きわめて少ない。詩に使用するような語は、「落花」くらいであろう。つまり、ほとんど全てが、文書用語その他の実用語で占められている。

一、漢語に限らず、高橋本色葉字に収載された二字以上の漢字語のほとんどは、実用的な文書用語であり、文芸用語は極めてわずかである。

第二章　個別的な検討

高橋本色葉字の漢字語のうち、時代性の強いもの、つまり、使用された時期が室町以降に特定できるものについて、個別的に論ずる。「蠟茶」は、背景となる事情が特殊なので、別に論じ、その他の個別例を、室町前期、室町中期、室町末期に分けて論じた。

一、「蠟茶」について

「蠟茶」という言葉自体は、宋代に溯る。もともと五代南唐頃、福建の北苑で「蠟面」と呼ばれる茶が生産され、北宋期に発展をとげる北苑茶の源流となった。これは、茶の粉を湯に混ぜた様子が、蠟を溶かしたようだということからの命名である。宋代には、このような乳白色の茶が評価されたため、上質の北苑茶を一般に「蠟茶」と呼ぶことになった。ただ、「臘茶」と表記されることが多い。劉克荘の詞「浪淘沙令」に「臘茶盂子太清些」とあるのがそれである。とはいえ、「蠟茶」や「臘茶」が、宋代の茶書や茶詩に目立って多用されるわけでなく、むしろ茶法関係の経済文献における使用が目立つ。『喫茶養生記』では、臨安の朝廷で作成する高級茶を「臘茶」と呼んでいるが、この用法が正確かどうか不明である。

しかし、この「蠟茶」のもととなった北苑茶自体は、南宋以降品質が低下し、茶文化の前面から消えていった。それに代わるように現れたのが、元以降の「蠟茶」である。元の王禎の『農書』では、茶の芽を挽いてから龍脳香などと混ぜ、型に入れて作った固形茶を「蠟茶」と呼び、同様のものを元の忽思慧の『飲膳正要』では、「香茶」と呼んでいる。このような「蠟茶」や「香茶」は、本来の、茶葉を蒸してすり固めた純粋な北苑茶とは異なるものである。

室町時代には、この種の「蠟茶」が、薬品として流通していたらしく、看聞御記などに頻出する。たとえば、同書応永二十四年五月二十二日に、安一なる琵琶法師に「琵琶絃一具、茶、羅茶等賜之」とあるのは、「茶」と別に「羅茶」すなわち「蠟茶」を、伏見宮から賜ったものである。このように「蠟茶」が「羅茶」と表記されるのは、「ロウチャ」でなく、「ラッチャ」と発音されていたからである。

このような状況を反映して、下学集（文安元年　一四四四）、飲食門には、「乳味　酪味　生蘇味　熟蘇味　醍醐味　屠蘇白散　蘇合円　潤胎円　神仙解毒円　阿伽陀円　神明円　理中円　菟糸子円　脳麝円　蠟茶　五香連翹湯　養胃湯　楊梅煎　香蘇煎　内補散　仙人丸（中略）鷹爪　建渓　北焙　雲脚　籛屑　芳茗　苦茗」（「村口本」による）とある。つまり、「蠟茶」は、薬品の一種として扱われ、茶の一種でないことが示されている。また、温故知新書（文明十六年　一四八四）には「香茶（ラッチャ）」とあり、「香茶」を「蠟茶」と同一視して「ラッチャ」と呼んでいることは、上掲の元の資料に鑑みて理解できる。

一方、運歩色葉集、羅部に「蠟茶（ラッチャ）　団茶（同）」とあるのは、固形茶という意味を失っていないが、慶應義塾図書館蔵色葉集、ら部（元和六年）では、端的に「蠟茶（ラッチャ）〈クスリノ名〉」という。恵空の節用集大全（延宝八年）「蠟茶（らうやく）」とあるのは、すでに混乱しており、「蠟茶」の知識が江戸時代には薄れていったためであろうか。

このように、「蠟茶」は、室町時代に明から輸入され、貴顕の間に薬として流通していた。これが高橋本色葉字に掲載されているのは、同時代の重要語として認識されたからであろう。なお、「ロウチャ」でなく「ラッチャ」と唐音で読むのは、それが宋の古語でなく、同時代の製品名であることによる。

二、室町前期の語彙

【北絹】室町時代に中国から輸入された絹織物の名。なぜ「北絹」と表記するか未詳。「黄絹」とも表記し、その発音が「ホンケン」に近いことからすれば、「北絹」は単なる当て字である可能性が強い。もとより中国での使用例は無い。文書の用例としては、高野山文書続宝簡集、文安六年（一四四九）六月、高野山天野舞童装束注文（大日本古文書、高野山文書之三、五〇六号）が古い。

【当陣】自軍の陣地を意味する和製漢語と思われる。用例としては、益田家文書、康永二年（一三四三）八月二十一日、益田兼見軍忠状、（大日本古文書、益田家文書之、一四七号）が古く、以降天正、慶長頃まで多く見られる。

【乱劇】「乱劇」という漢語は、中国に用例が無く（『論衡・語増』に、漢の高祖が「用兵苦、誅乱劇」とあるのは、「兵を用いること苦、乱を誅すること劇」であろう）、和製漢語と見られるが、同じく世の動乱を意味する「乱逆」の異表記の可能性がある。この表記は、室町初期の「富士野往来」に「平家乱劇、西国合戦」とある。古文書での使用例は、大永年間から見える。以下にそれを示す。

1島津家文書、大永六年（一五二六）頃十一月二十八日、近衛尚通書状（大日本古文書、島津家文書之二、六五五号）

「久不能音問、御床敷思給候処、芳札本望候、御分国乱劇之由、驚入候、雖然、属無事之条、珍重候、殊内々令申候儀、無等閑之間、一段祝着候、来春急度御馳走可為喜悦候、抑世上之風波不静之条、在京難叶候、併頼芳助計候、兼又、唐木机・同硯箱、近比之見事驚目、秘蔵無極候、仍雖比興候、一帖進之候、猶々申含使僧候之間、令省略候也、状如件、／十一月廿八日（花押）／島津修理大夫殿」

島津勝久宛ての、近衛尚通の書状である。書状とともに、逍遙院ならびに栄雅の短冊を贈っている。書状の前半の内容は以下の通りである。心ならずも、久しく御無沙汰致しております。いかがお過ごしか、案じておりましたので、貴殿より御芳書を頂戴し、大いに喜んでおります。島津家の御分国（島津忠直）が反乱を起こし（宗家に叛いて平山城に立て籠もっ）たこと、誠に驚きました。しかしながら、程無く平定され、鎮まりましたこと、大慶に存じます。特に、内々に申し上げましたことは、いい加減な気持ちではございませんので、祝着至極と心よりお慶び申し上げます。来る新春の御招待をいただき、恐悦の至り、是非とも謹んで参上致します。世間が不穏ですと、在京が叶いません。何事につけても、貴殿の御助力をお願い申し上げます。

「乱劇」については、その他に慶長、寛永の用例もあり、室町初期から使用された、政治的行為を表現する文書用語ということができる。

【路銭】交通費を意味する和製漢語。用例としては、大徳寺文書、応永三十二年（一四二五）九月二日、兵庫島修固算用状（大日本古文書、東大寺文書之二十、一三五八）が古く、江戸時代まで見られる。

【公方様】室町以降、将軍や守護を呼ぶ尊称。「公方」は鎌倉時代より政権を指す言葉であったが、室町時代には将軍の尊称となった。これに「様」を付して「公方様」とした例は、次の文書に見える。

2益田家文書、永徳二年（一三八二）十二月八日、石見守護大内義弘書状（大日本古文書、益田家文書之一、三六号）「益田越中入道祥兼（兼見）申石見国所領安堵事、自三郎（大内満弘）方注進之候、於公方様（足利義満）無相違之様、可被申候、尚々可被入心候、恐々謹言、／十二月八日（大内）義弘（花押）／平井（道助）備前入道殿」家臣の平井道助に宛てた、大内義弘の書状である。書状一通の内容は以下の通りである。益田祥兼より、石見国の所領安堵の件について、三郎（大内満弘）方を通じて、上申してきた。将軍足利義満様におかれては、間違い無く、祥兼の所領安堵が完遂されるべくお取り計らい下さるよう、是非とも、貴殿からもお口添えの程お願い致します。

このように「公方様」は、室町初期から、江戸時代まで一貫して多用された文書用語といえる。

三、室町中期の語彙

【他出】外出する、留守にするという意味の唐代語。文明本節用集に見える。次に示すように、十五世紀半ばに例があるが、以降江戸時代まで、古文書と古記録に用例が多い。

3東寺百合文書へ、康正二年（一四五六）十二月十五日、山城上久世荘公文代寒川光康書状（大日本古文書、東寺文書之三、一二五号）「昨日御下之時分、他出仕候て、不懸御目候、所存之外存候、兼又、わらの事、京へ申候処に、御わひ事被申子細候、近日以□（参）其趣可申□□（述候カ）、先明後日〈十七日〉且御寺納可申□（候）、御さいそくの御□（使）までもあるましく□（候）、委は此使□□（可申カ）事候、恐々謹言、／上久世荘公文代　光康

（花押）／極月十五日／□（上）使法橋御坊／進之候」

東寺の上使（この場合、東寺から公命を帯びて派遣された使い）である法橋御坊に宛てて、山城国の上久世の荘の公文代の寒川光康が出した書状である。同年十二月十九日付の書状によると、東寺に対して上久世荘が納入すべき一二〇三束三把の藁のうち、九一四束が未納であった。その催促のために派遣された使いである。光康の書状は、昨日おいでくださった折、外出しておりまして、御目にかかることができず、誠に残念なことでございました。ところで、藁の納入の件につきましては、納入が遅れている事情を御説明するとともに、明後日の十二月十七日には、可能な限り、藁を東寺に納入させていただきます。したがいまして、御催促のお使いを派遣いただくには及びません。詳細は、こちらからの使いが申し上げます、という趣旨である。

「他出」は、室町中期以降使用された文書用語ということができる。

【大篇】和製漢語で、室町時代より発達した文書用語、政変など「重大なことがら」の意で用いられる。古文書としては、吉川家文書之一、寛正六年（一四六五）十一月二日、吉川元経宛、武田信賢書状が古く、以後慶長、天正年間の使用例が多い。詳しくは「高橋本色葉字について」第四章参照。

【頼支】和語。民間の相互扶助的な金融制度としての「たのもし」は、言葉としては古いかもしれないが、「頼支」という表記は、永正年間から安土桃山にかけて確認できる。

4古代取集記録、永正八年（一五一一）十一月一日、赤松義村聴政制札抄（武家家法Ⅱ、参考資料二〇号）「同年十一朔日、御成敗〈而〉当国徳政行候、則内山宿〈仁〉被打札畢、其文言云ク、於旧借銭者、悉以寄（棄）破〈并〉年内借銭現員（質）物〈仁〉於者、可有十分□事、将亦信貴講頼支等、一円被破畢」

播磨国、内山宿に立てられた徳政令の制札に記された文言である。徳政の内容は、以下の通り。古い借金は、全て契約を破棄すべきこと。また、年内の借金・質物については、十分の一に当たる金品を、幕府に納入すべきこと。また、信貴講の頼母子講等については、悉く破棄すべきこと、というものである。

「頼支」は、表記と合わせて考えれば、室町中期から使用された経済関係の文書用語ということができる。

【折檻】一見漢籍に由来する正統な漢語に見える。もともと日本後紀などに見える「切諫」の異表記であろう。ただ、この「折檻」なる表記に限れば、室町半ば以降に使用が普及する。意味としては「強く注意する」から「暴力を加える」まで幅がある。下学集は、これを漢書、朱雲伝の故事と結びつけるが、疑わしい語源説である。古文書の用例としては、享徳二年、醍醐寺文書二八七〇「朝倉常英書状」あたりが古く、江戸時代まで見られる。現代語の「折檻」につながる語である。ここでは天正年間の例を挙げる。

5大徳寺文書、天正十二年（一五八四）七月十八日、羽柴秀吉判物（大日本古文書、大徳寺文書之一、九七号）「当寺為参禅学道修行、以真実之道心走入輩者、可被任一分之覚悟、或刃傷殺害、或折檻人、為免其過、号遁世押入之族、一切不可有御許容、且者為御寺中安寧如此候也、仍如件、／羽柴筑前守／秀吉（花押）／天正拾弐年七月十八日／大徳寺」

羽柴秀吉から、大徳寺宛てに命令を下した文書である。判物の内容は以下の通りである。禅学修行と称して、真実の道心から発念して、貴寺に入門する者共については、本人の覚悟の通りに、貴寺で修行させてください。しかし、傷害や殺人、あるいは暴力の罪を犯した者共が、その科を免れようとして、遁世と称して貴寺に押し入ろうとした場合、一切御許容なさらないよう命じる。一つには、貴寺の寺内の安寧のためでもある。

このように、「折檻」は、その表記とあわせて考える限り、室町中期より使用された、おおむね政治的な文脈で使用される文書用語である。

【地徳】「徳」は「得」の通用であり、「地得」の異表記と見られる。先秦からある古典語の「地徳（大地の偉大な力）」とは別語と見るべきであるが、平安遺文、鎌倉遺文に見られる用例はそちらに属す。室町時代には「地得」という語が、田畑の収穫の私的な取り分の意味で用いられ、その同義語として「地徳」も使われた。『古文書古記録用語辞典』（阿部猛編　東京堂出版社）は「地徳　じとく　中世、加地子・作徳など、本年貢以外の私的な収益部分を指している」と述べる。これを示すのが、次の二通の文書である。

6大徳寺文書、文明八年（一四七六）二月七日、堅田祥瑞庵校割状（大日本古文書、大徳寺文書之十二、三〇二五号）「江州志賀郡堅田荘／祥瑞庵什物〈次第不同〉／本尊文殊／華叟影〈付箱〉一幅／養叟影　一幅／虚堂影〈半身〉一幅／三具足〈古銅〉一飾／香炉〈古銅平〉一箇／鈴〈小〉一箇／法華経〈巻本〉一部／理趣分〈唐折〉一巻／天目〈皆唐三个金覆輪〉五箇／茶臼　一箇／……当庵中興海心（宗巨）新添分／田〈壱段、字ヒシ田、壱石三斗五升ノ内公方六斗弐升、地得七斗三升、〉…文明八年丙申二月七日　宗穎（花押）／（海心）宗巨（花押）」

7大徳寺文書、長享二年（一四八八）三月十八日、宗巨海心田地寄進状（大日本古文書、大徳寺文書之四、一七〇四号）「奉寄進　田地之事／合壱段者、〈字上ノヒシ田、公方橘三位ナリ、公方年貢七斗、地徳六斗五升也、〉／右、此下地者、雖為海心宗巨書記私領、為当庵中興位拝（牌）田、祥瑞庵〈江〉奉寄進処也、雖可相副本文書、依有類地不副申候、為其本券裏破畢、然上者、雖経後々末代、不可有他妨者也、仍為後日寄進状如件、／長享二年戊申三月十八日／宗巨（花押）／宗穎（花押）／証人簗瀬左衛門三郎／能宗（花押）／祥瑞庵常住　寄進申」

6と7は、僧侶の海心宗巨が名主となっていた、近江堅田荘の田地「ヒシ田」に関する文書である。文明八年には、一石三斗五升のうち、公方（橘三位）に納める分が六斗二升、残りの七斗三升が所有者（宗巨）の取り分になるとい い、長享二年には、一石三斗五升のうち、公方に七斗、残りが六斗五升と変化している。前者は「地得」、後者は「地徳」と表記されているが、全く同一の概念であること明かであろう。

このように、「地徳」は、経済活動を意味する文書用語として、室町中期に使用されたことが確認できる。

【両三種】漢語として用例を見ないが、あり得ない表現ではない。但し、単に二三種類という意味よりは、辞書に掲載されていることを考えると、原注に「さけさかなあふきなどそゆる事也」とあるとおり、二三種類の酒肴や引出物を示す言葉であろう。建内記、嘉吉元年（一四四一）五月十日に「左中弁来臨、一樽両三種随身、催多興、可云芳情」とある。ちなみに酒肴については、「一種一瓶」「一荷両種」などこれに類似した表現がある。

【強入部】一種の和製漢語。係争中に、自己の権利を主張して、管轄するところに立ち入るような行為を意味する。相手を批判する文言として、裁判の際に用いられる文書用語である。次の文書を初出として、享禄年間まで用例が見られる。

8東大寺文書、宝徳四年（一四五二）四月二十一日、蒲御厨諸公文等申状（大日本古文書、東大寺文書之二十、一一八八号）「目安、／蒲御厨諸公文謹言上、／右条者、就吉美方名公文識（職）事、御尋之　御奉書、惣公文方へ御下候、其子細聽拝見申、五郎太郎入道召出、巨細被相尋之処に、代々之証文を出対候之間、御代官様被理運聞召分、彼在所之事者、雖五郎太郎入道理運至極、先御沙汰之前はと被仰候て、公方へ被召置候之処に、渡（綿）瀬衛門太郎今月十五日より、きら（吉良）との、御領の人を憑申、弓矢かまへを仕、同十六日未剋に強入部仕候之間、言語道断之次第に候、如此無理を企候て、公方・私へ緩怠を至（致）者之事に候間、皆々罷出、事之子細をも可相尋候へとも、御代官様御下向候ていか程も候はて、御領之大事取出候ては、公私不可然存、万事を堪忍仕如此注進申候」

吉美方名の公文職の権利をめぐる、五郎太郎入道と渡（綿）瀬衛門太郎の間の争いにつき、問い合わせの書状が届いたので、それに対する返状である。裁判所に五郎太郎入道を召し出し、詳しく質問したところ、代々の証文を証拠書類として提出した。それに対して、渡（綿）瀬衛門太郎は、証文を持っていない。しかし、裁判以前に如何ともし難いので、そのまま幕府に留め置かれた。ところが、渡（綿）瀬衛門太郎は、四月十五日より、三河守護、吉良殿の被官と結託し、同十六日未の刻に、政務を執行する目的で無理やり管轄の所領に入り込んだことは、言語道断の行為である。渡（綿）瀬衛門太郎が、このような理不尽な所行を企てたのは、極めて不都合なことである、という趣旨の回答をしている。

「強入部」は、裁判関連の文書用語として、室町中期に使用されたことが確認される。

【以参上】「以参上（さんじょうをもって）」という文字列は特殊な意味を持たず、平安時代から使用されるが、これは、「以参上可申」という、書簡の言い回しを意識したものと推測できる。室町中期以降の文書では、「以参上可申上」「以参上可申入」「以参上可申承」などの表現が、「直接お目にかかってご説明します」という文脈で使われている。表記語として、「以参上」の三字のみ挙げたのは、辞書の体裁を維持するためであろう。

9醍醐寺文書、永享八年（一四三六）十二月二十九日、伊勢国司家雑掌垂水公瑜書状（大日本古文書、醍醐寺文書之十三、二八六八号）「曾禰荘損免之事、申入候之通、悉八拾貫文御閣候事、畏入候、何様明日以参上、御礼可申入候、御参候て、可預御指図之由、申せとて候、返々後々年、不可有比量之由申候、恐々謹言、／十二月廿九日

公瑜（花押）」

伊勢国の国司、北畠教具の雑掌である、垂水公瑜が、若狭法眼に宛てた書状である。書状の前半部の内容は以下の通りである。伊勢国一志郡曾禰荘の損免（自然災害を理由とした租税の減免）について、お願い申し上げたところ、願い出た通り、八十貫文の減免をお許しくださり、感謝致します。是非とも明日貴方様のもとに直接参上し、御礼を申し上げたく存じます。

このように考えれば、「以参上」は、室町時代の文書の定型的表現を意識して採録したものということができよう。

【一掛】訓読語で和語。幅の広い布を数える数量詞。原注に「けさなと（袈裟等）」とあるように、袈裟、垂布、平江帯などに用いられている。文明年間から、江戸にかけて、文書の用例が見られる。

【本服】一種の和製漢語。古文書においては、病より回復する意の「本復」の通用として使用されることがあり、永禄、慶長、元和の文書に用例が見える。醍醐寺文書、永禄六年（一五六三）頃七月二十八日、英存書状（大日本古文書、醍醐寺文書之七、一四六〇号）に「追而、私膝気大略致本服仕候」とある。なお、「本服」の語は、平安時代の古記録においては、正式の服喪期間の意味で使用されることがあるが、そのような古語を採録したとは考えにくい。

【裁付】訓読語で和語。裾を紐で膝の下にくくりつけ、下部が脚絆仕立てになっているもの。信長公記に「御たち付」と見える他、室町末期の古文書に、以下の例がある。

10毛利家文書、慶長九年（一六〇四）二月六日、本多正信書状（大日本古文書、毛利家文書之三、一一七三号）「御両国之絵図被進之趣、令披露候処、御内意之通、尤に被思召候条、福原越前守殿へ委細申談候、可被為得其意候、然者、於御国出来之皮衣十、裁付十下進上被成候、御祝着之旨、御直書被成候、爰元之様体、福原殿万端可被仰上候、此等之趣、可然様御披露所仰候、恐々謹言、／本多佐渡守／二月六日　正信（花押）／福原越前守殿」

毛利家の重臣たる福原広俊宛ての、本多正信（徳川家康の家臣）の書状である。書状の前半部の内容は、以下の通りである。毛利輝元殿の領国である周防国・長門国両国の絵図（及び居城の書付）を将軍徳川家康様に呈示されることを御報告しましたところ、御意向の通り、当然そうすべきである旨を、あなた様に万般にわたり御相談申し上げ、事態がうまく運びました。将軍徳川家康様におかれましては、大変満足に思し召しておいでです。そこで、佐渡国の特産品である裘袋十着、裁付十着を進上致します。

【乗取】訓読語で和語。いくさで城、曲輪などを占領する意の和語。文書の使用例は、天正年間から、江戸時代にかけて見られる。

11浅野家文書、天正十八年（一五九〇）七月六日、井伊直政書状（大日本古文書、浅野家文書、三一号）「以飛脚令申候、仍於其地廻輪被為乗取、数多被討捕之由、無其隠候、于今不始御手柄共、於拙者大慶此事候、御手負衆多御座候由候、無御心元存候、次者小田原之儀、昨日氏直、同岩付之十郎、羽芝下総陣所迄走入申候、然に彼申分者、氏直腹を切、城中上下之者共、相助申度之由、小寺官兵衛殿、羽下を以被申上候処、神妙罷出候に付而、氏直儀をは被成御助、氏政、陸奥守両人、可被成御成敗之由、被為成　御朱印候、氏政儀何とも御詫言申上度之由被存候、此上候間、其地之城之儀も□（程カ）有間敷候、諸事御帰陣之刻、可申上候、得貴慮候、恐惶謹言、／井伊兵部少輔／七月六日　直政（花押）」

浅野長政宛ての、井伊直政の書状である。小田原城の篠曲輪における井伊直政の活躍により、北条氏直の城を征服することができた。小田原城主である北条氏直が七月五日に降伏し、翌日の六日に、氏直自身が切腹するので、小田原城の他の者共の助命をしてほしい旨を請うた。その小田原城攻めの状況を、直政が浅野弾正に知らせたものである。一通の内容は以下の通りである。この書状を飛脚に託してお届け申し上げます。小田原城の篠曲輪を占領するため、多くの勢を討ち取られたこと、広く知れ渡っています。あなた様のお手柄は、今に始まったことではありませんが、この度の御軍功軍は、殊の外、私にとりましても、同慶の至りでございます。負傷者が沢山いるということ、心配しております。次に、小田原城のことですが、昨日、城主北条氏・北条氏房等が、瀧川勝雅の陣所に出頭して参りました。その言い分は、氏直自身が切腹し、城中の全員を助けて欲しい旨、黒田孝高・瀧川勝雅を介して、関白豊臣秀吉様に申し上げたところ、「神妙に出頭したことに免じて、氏直を助命し、氏政・氏照両名を成敗すべきである」と、御朱印状を下されました。氏政のことは、どうにかしてお取り成ししたいと存じます。かくなる上は、御地の城郭も程無く解かれることと存じます。万事御帰陣の折に、御報告申し上げます。

このように、「乗取」は、軍事関係の文書に使用される用語であることが確認される。

【扶持方】扶持を給付する役職で、甲陽軍鑑に見える。文書では、元亀年間より、江戸にかけて使用例がみられる。

【吾分】「自分の分、運命」という意味では、唐代に用例があるが、ここはそれではなく、一種の和製漢語で、武家に於ける対称代名詞「御分」の異表記であろう。「吾分」という表記は、永禄から天正にかけての古文書に例が見える。書言字考節用集に「吾分（ゴブン）〈本朝ノ俗語。猶言足下〉」とあり、江戸までこの語が使用されたことを示す。

12上杉文書、天正元年（一五七三）十月十九日、謙信（上杉輝虎）越中太田上郷定書案（中世法制史料集、武家家法Ⅲ、七八九号）「今度改而太田之上郷、吾分に為料所申付候、縦如何様に前々無沙汰申候百姓等有之共、此度者令宥赦召返、如前々用所等申付、可相立人家候也、仍如件、／天正元年／十月十九日　謙信／村田忠右衛門尉殿」

上杉謙信から、その家臣である村田秀頼に宛てて書かれた定書の案文である。一通の内容は以下の通りである。このたび、あらためて、越中太田の上郷を、貴殿に領地として与えるものである。たとえどんなに、長い間逃散して耕作を懈怠していた百姓が居ても、この際許して呼び戻し、元通り田畠を与えて耕作させ、居住させなさい。

【指儀】「させるぎ」と読み、訓読語で和語。否定語をともなって、これということがない、大したことがないの意味に用いる。十六世紀以降、古文書、古記録に使用例が多い。詳しくは本書「高橋本色葉字について」第七章参照。

【為₂見懲₁】「みごりのため」と読み、「悪業の報いを見て懲りさせるため」、つまり「見せしめのために」の意で用いられる文書用語。天正期の古文書に例が見える。

13吉川家文書、天正十四年（一五八六）十二月十日、羽柴秀吉朱印状（大日本古文書、吉川家文書之一、一一一号）「其面令在陣、色々入精被申付之趣、小西摂津守（行長）申上之処具聞召候、寒天之刻長々苦労痛被思食候、城井事取詰落居不可有幾程之由尤候、将亦、肥後表之事、和仁辺春取巻之由候、自今以後為見懲候之間、一人〈も〉不遁可責殺候、残党之事者迚明春御人数被差遣、無残所可被仰付候条、可成其意候、何も追々可有言上候也、／十二月十日（秀吉朱印）／吉川治部少輔（元春）とのへ」

吉川元長宛ての、羽柴秀吉の朱印状である。一通の内容は以下の通りである。小西行長からの報告により、貴殿は、城井城の城攻めにおいて、最前線で粉骨砕身された由、天皇におかれては、貴殿の軍功の詳細を聴取なされました。天皇は、貴殿の厳寒の野外での長きにわたる御苦労の程、痛ましく思し召されておいでです。城井城の落城も間も無いことは疑問の余地がありません。また、肥後方面の一揆については、年が明けたら和仁氏の立て籠もる田中城を取り囲む計画です。今より後は、他の武家共への戒めとして、一人も逃すこと無く攻め殺しなさい。残党のことは、いずれにしても、年明けに軍勢を差し遣わし、一人残らず退治するよう御命令が下された旨、しかとそのようにお心得ください。

このように、戦国の政治状況に適した言い回しであることがわかる。

まとめ

以上、高橋本色葉字の漢字語について検討したことから、次のような結論が引き出せる。

一、高橋本色葉字は、全体として社会経済的な実用語である文書用語の収載を、主たる目的としている。

一、逆に言えば、古典的漢語であっても、学術的もしくは文芸的目的で収載された語はほとんどない。

一、古典的な漢語以外で収録された、和製の漢語や、漢字で表記される語も、当然ながら、実用的文書用語として収載されることがほとんどである。

一、高橋本色葉字に採録されている漢字語には、室町時代にあらたに使用された実用的な文書用語が含まれており、時代の要求に応える目的を以て、編纂された辞書であることをうかがわせる。

一、「及行」を始め、特に天正年間に使用された語彙が多く、これが編纂時期を考える一定の参考になろう。

ちなみに、このような状況は、日本における漢語と文書用語の関わりを背景とするものである。次に図示したように、中国から導入された漢語は、鎌倉時代までは、文書用語を形成する主たる母体として機能したが、室町期に到ると、日本製の漢字語を文書用語として使用する必要が生じたと思われる。高橋本色葉字の固有語は、多く室町時代の実用語として増補されたものと見られるが、その多くが日本で作られた漢字語や、伝統的漢語に独自の表記や意味を加えたものであることが、それを裏付けていよう。

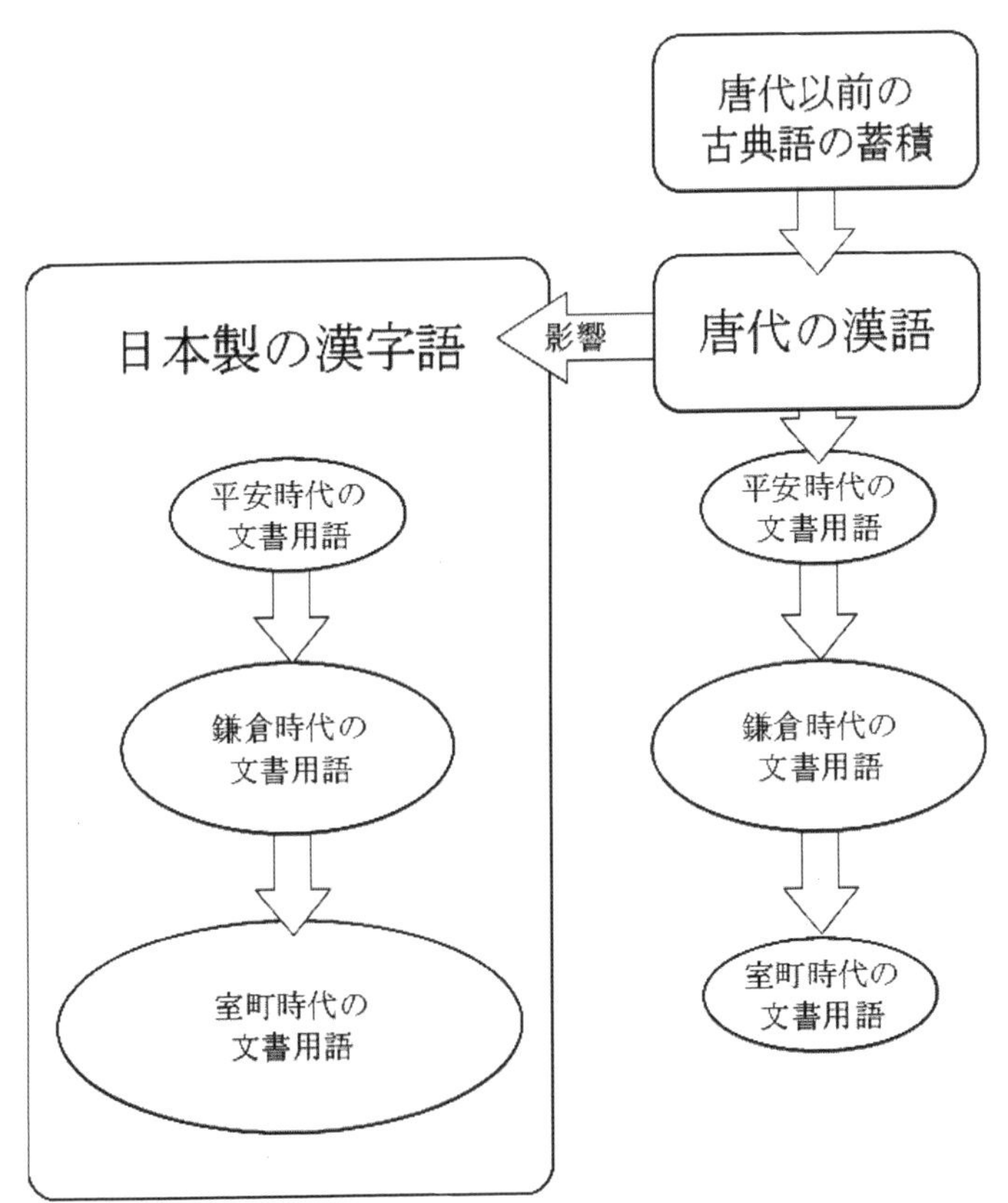

研究協力者一覧

石川麻由子　東京学芸大学卒　同大学院修士課程修了　元学校法人盈進学園東野高等学校教諭
石和田理沙　東京学芸大学卒　同大学院修士課程在学
市川（小松）加奈　東京学芸大学卒　東京都新宿区立四谷第六小学校教諭
稲干ひかる　東京学芸大学卒　埼玉県ふじみ野市立大井中学校講師
李賢淑　韓国仁川大学卒　京畿大学教育大学院修士課程修了　東京学芸大学大学院修士課程修了　同大学院連合学校教育学研究科博士課程修了　京畿大学招聘教授
臼井飛翔　東京学芸大学在学
于文秀　中国大連海事大学卒　東京学芸大学大学院修士課程修了　上海兼松商社勤務
大石康太　東京学芸大学卒　同大学院修士課程修了　日本郵便株式会社清瀬郵便局勤務
大木健太郎　東京学芸大学在学
鹿沼摩衣　東京学芸大学卒　白石建設株式会社勤務
川内浩樹　東京学芸大学在学
川﨑美結稀　東京学芸大学在学
具香　中国延辺大学卒　東京学芸大学大学院修士課程修了　一松学舎大学大学院博士後期課程修了　中国広東恵州学院外語系日本語教師
小池一恵　東京学芸大学卒　東京都江戸川区立第三葛西小学校教諭
小杉（國領）麻美　東京学芸大学卒　同大学院修士課程修了　慶應義塾普通部教諭

胡靚　中国南京師範大学卒　平成23年度東京学芸大学交換留学生

越田暁文　東京学芸大学在学

近藤健次　東京学芸大学卒　同大学院修士課程修了　岐阜県立大垣東高等学校教諭

斉藤文太　東京学芸大学在学

佐々木倭子　東京学芸大学卒　同大学院修士課程在学

芝彩花　東京学芸大学在学

島田栄子　東京学芸大学卒　みずほ証券株式会社勤務

徐茂峰　中国浙江農林大学卒　東京学芸大学大学院修士課程修了　浙江農林大学講師

鈴木智子　東京学芸大学在学

鈴木功眞　日本大学卒　同大学院博士課程修了　日本大学准教授

髙橋瑞穂子　東京学芸大学在学

高橋雄一　東京学芸大学在学

田中秀征　東京学芸大学在学

玉田菜摘　東京学芸大学卒　同大学院修士課程修了　元成蹊大学図書館員

丹野知佳　東京学芸大学在学

陳姝　中国南京師範大学卒　平成23年度東京学芸大学交換留学生　東京学芸大学大学院修士課程在学

陳爽　東京学芸大学研究生終了

出口和弥　東京学芸大学在学

戸谷（藤沼）順子　東京学芸大学卒　同大学院修士課程修了　お茶の水女子大学附属中学校教諭

豊高正浩　東京学芸大学卒　札幌市立稲陵中学校教諭
中島梨乃　東京学芸大学卒　麻布大学附属高等学校教諭
永野啓介　東京学芸大学在学
中原（高島）友美子　東京学芸大学卒　同大学院修士課程修了　道灌山保育福祉専門学校常勤講師
南部陽子　東京学芸大学卒　同大学院修士課程修了　東京都立多摩高等学校教諭
橋之口清美　東京学芸大学在学
朴成琳　東京学芸大学大学院修士課程在学
早川隆文　龍谷大学卒　東京学芸大学大学院修士課程修了　西大和学園中学・高等学校教諭
部山怜華　東京学芸大学卒　ディーエムソリューションズ勤務
廣東加奈　東京学芸大学卒　鳥取県米子市役所勤務
堀口直香　東京学芸大学卒
前川真一郎　東京学芸大学卒　東京都立五日市高等学校教諭
前川（梶野）春奈　東京学芸大学卒　帝京大学薬学部教務課勤務
松倉めぐみ　東京学芸大学在学
松浪亜紀　東京学芸大学卒　福岡県桂川町立桂川小学校教諭
松本莉菜　東京学芸大学在学
丸山花織　東京学芸大学在学
村田隆太郎　東京学芸大学在学
望月敬子　東京学芸大学卒　旺文社ブック事業部国漢辞書グループ勤務

山口純礼　東京学芸大学卒　早稲田大学大学院博士後期課程単位取得退学　株式会社損害保険ジャパン日本興亜勤務

山口尚子　東京学芸大学在学

楊建興　北京師範大学卒　同大学院修士課程修了　平成16年度東京学芸大学国費研究留学生　中国文化省対外文化連絡局勤務

楊帆　中国浙江農林大学卒　東京学芸大学大学院修士課程在学

吉原健太　東京学芸大学在学

ラーミンハン〔La Ming Hang　呂明恒〕ベトナムハノイ師範大学卒　ハノイ国家大学大学院博士課程修了　ベトナム社会科学院ハンノム研究所研究員　平成24年度東京学芸大学研究員

李妍　中国東北師範大学卒　東京学芸大学大学院修士課程修了　同大学院連合学校教育学研究科博士課程修了　中国遼寧大学外国語学院講師

李晨子　山梨学院大学卒　東京学芸大学研究生終了

李智涵　中国遼寧師範大学卒　東京学芸大学大学院修士課程修了　鴻鋭商事株式会社会長

劉瀟雅　中国太原科技大学卒　東京学芸大学大学院修士課程修了　二松学舎大学大学院博士後期課程在学

梁旭璋　中国広東外語外貿大学・札幌大学卒　東京学芸大学大学院修士課程在学

盧海生　中国東北師範大学卒　東京学芸大学大学院修士課程修了　中国天津市濱海新区所属中新天津生態城管理委員会商務局勤務

◆編著者紹介

高橋忠彦（たかはし・ただひこ）

1952年、神奈川県生まれ。東京大学文学部中国哲学専修課程卒業。同大学院人文科学研究科修士課程修了。現在は、東京学芸大学教育学部、人文社会科学系、日本語・日本文学研究講座、中国古典学分野教授。専攻は中国文化史。

〔主な編著書〕

『文選（賦篇）中』（明治書院）、『文選（賦篇）下』（同上）、『東洋の茶』（淡交社）、『真名本伊勢物語　本文と索引』（新典社）、『御伽草子精進魚類物語　本文・校異篇』（汲古書院）、『御伽草子精進魚類物語　研究・索引篇』（同上）、『日本の古辞書』（大修館書店）、『桂川地蔵記　影印・訳注・索引』（八木書店）、『茶経・喫茶養生記・茶録・茶具図賛』（淡交社）、『庭訓往来　影印と研究』（新典社）。

高橋久子（たかはし・ひさこ）

1956年、東京都生まれ。東京学芸大学教育学部中等教育教員養成課程卒業。同大学院教育学研究科修士課程修了。現在は、東京学芸大学教育学部、人文社会科学系、日本語・日本文学研究講座、日本語学分野教授。専攻は国語学。

〔主な編著書〕

『十巻本伊呂波字類抄の研究』（続群書類従完成会）、『有坂本和名集』（汲古書院）、『御成敗式目　影印・索引・研究』（笠間書院）、『真名本伊勢物語　本文と索引』（新典社）、『御伽草子精進魚類物語　本文・校異篇』（汲古書院）、『御伽草子精進魚類物語　研究・索引篇』（同上）、『日本の古辞書』（大修館書店）、『桂川地蔵記　影印・訳注・索引』（八木書店）、『庭訓往来　影印と研究』（新典社）。

古辞書研究会（こじしょけんきゅうかい）

1992年発足。東京学芸大学教育学部、人文社会科学系、高橋久子研究室を中心にした研究会であり、中世の言語の研究を主とした活動を行っている。その成果を各種の出版物として刊行しており、年刊誌『日本語と辞書』は、現在第二十一輯まで発行している。

いろは分類体辞書の総合的研究

2016年10月16日初版第1刷発行

編著者：高橋忠彦
高橋久子
古辞書研究会

発行者：前田智彦
発行所：武蔵野書院
〒101-0054
東京都千代田区神田錦町3-11 電話03-3291-4859　FAX 03-3291-4839

印　刷：三美印刷㈱
製　本：㈲佐久間紙工製本所

ISBN 978-4-8386-0299-5 Printed in Japan